Enzyklopädie
Erziehungswissenschaft

Handbuch und Lexikon der Erziehung
in 11 Bänden und einem Registerband

Herausgegeben von
Dieter Lenzen

unter Mitarbeit von
Agi Schründer-Lenzen

Klett-Cotta

Enzyklopädie Erziehungswissenschaft

Band 1: Theorien und Grundbegriffe der Erziehung und Bildung
hg. von Dieter Lenzen und Klaus Mollenhauer

Band 2: Methoden der Erziehungs- und Bildungsforschung
hg. von Henning Haft und Hagen Kordes

Band 3: Ziele und Inhalte der Erziehung und des Unterrichts
hg. von Hans-Dieter Haller und Hilbert Meyer unter Mitarbeit von Thomas Hanisch

Band 4: Methoden und Medien der Erziehung und des Unterrichts
hg. von Gunter Otto und Wolfgang Schulz

Band 5: Organisation, Recht und Ökonomie des Bildungswesens
hg. von Martin Baethge und Knut Nevermann

Band 6: Erziehung in früher Kindheit
hg. von Jürgen Zimmer unter Mitarbeit von Angelika Krüger

Band 7: Erziehung im Primarschulalter
hg. von Klaus Peter Hemmer und Hubert Wudtke

Band 8: Erziehung im Jugendalter – Sekundarstufe I
hg. von Ernst-Günther Skiba, Christoph Wulf und Konrad Wünsche

Band 9: Teil 1 und 2: Sekundarstufe II – Jugendbildung zwischen Schule und Beruf
hg. von Herwig Blankertz †, Josef Derbolav, Adolf Kell und Günter Kutscha

Band 10: Ausbildung und Sozialisation in der Hochschule
hg. von Ludwig Huber

Band 11: Erwachsenenbildung
hg. von Enno Schmitz und Hans Tietgens

Band 12: Gesamtregister

Enzyklopädie
Erziehungswissenschaft

Band 4

Methoden und Medien der
Erziehung und des Unterrichts

Herausgegeben von
Gunter Otto
Wolfgang Schulz

Klett-Cotta

CIP-Kurztitelaufnahme der Deutschen Bibliothek

Enzyklopädie Erziehungswissenschaft : Handbuch u. Lexikon d. Erziehung in 11 Bd. u. e. Reg.-Bd. / hrsg. von Dieter Lenzen. Unter Mitarb. von Agi Schründer-Lenzen. – Stuttgart : Klett-Cotta

NE: Lenzen, Dieter [Hrsg.]

Bd. 4. Methoden und Medien der Erziehung und des Unterrichts. – 1985

Methoden und Medien der Erziehung und des Unterrichts / hrsg. von Gunter Otto ; Wolfgang Schulz. – Stuttgart : Klett-Cotta, 1985. (Enzyklopädie Erziehungswissenschaft ; Bd. 4)
ISBN 3-12-932240-X

NE: Otto, Gunter [Hrsg.]

Alle Rechte vorbehalten
Fotomechanische Wiedergabe nur mit Genehmigung des Verlages
Verlagsgemeinschaft Ernst Klett Verlage KG/J. G. Cotta'sche Buchhandlung
Nachf. GmbH, Stuttgart
© Ernst Klett Verlage GmbH u. Co. KG, Stuttgart 1985 · Printed in Germany
Umschlag: Heinz Edelmann
Satz: Ernst Klett, Stuttgart
Druck: Gutmann + Co., Heilbronn

Inhalt

Benutzungshinweise 9

Vorwort des Herausgebers der
Enzyklopädie Erziehungswissenschaft 11

Vorwort der Herausgeber von Band 3 und 4 13

Handbuch 21

A Methodisch-mediales Handeln

Methodische und mediale Aspekte des Handlungszusammenhangs
pädagogischer Felder 25
Jörn Wittern

Methoden der Erziehung und des Unterrichts unter der Perspektive der
Mündigkeit 53
Wolfgang Schulz

Medien der Erziehung und des Unterrichts 74
Gunter Otto

Medien im Unterricht der Sonderschulen 108
Otto Kröhnert/Waldtraut Rath

B Dimensionen methodisch-medialen Handelns

Prinzipien der Erziehung und des Unterrichts 121
Wolfgang Schulz/Michael Treder

Erziehungs- und Unterrichtsstile 131
Horst Heidbrink/Helmut E. Lück

Sozialformen des Unterrichts 143
Harm Prior

Lernen und Lerntheorien 160
Bernd Weidenmann

Erfassung und Rückmeldung des Lernerfolgs 173
Karlheinz Ingenkamp

C Methodisch-mediales Handeln in den Lernbereichen

Methodisch-mediales Handeln im Lernbereich Philosophie – Religion ... 209
Otto Betz/Ekkehard Martens

Methodisch-mediales Handeln im Lernbereich Ästhetik 230
Werner Bergmann/Hans Bollmann/Thomas Ott/Gunter Otto/
Karlheinz Scherler/Klaus Wellner

Methodisch-mediales Handeln im Lernbereich Sprache................. 255
Hans-Jürgen Krumm

Methodisch-mediales Handeln im Lernbereich Mathematik 269
Walter Neunzig

Methodisch-mediales Handeln im Lernbereich Natur 280
Gerda Freise

Methodisch-mediales Handeln im Lernbereich
Technik – Wirtschaft – Gesellschaft 307
Georg Groth

Methodisch-mediales Handeln im Lernbereich
Politik – Geschichte – Erdkunde 328
Bodo v. Borries

Lexikon 367

Abkürzungsverzeichnis der zitierten Zeitschriften 679

Namenregister 685

Sachregister 707

Autorenverzeichnis 717

Benutzungshinweise

Aufbau
Jeder Band der Enzyklopädie Erziehungswissenschaft umfaßt zwei Teile, das *Handbuch* und das *Lexikon*.
- Die Beiträge des *Handbuchteils* stellen in ihrer *systematischen* Anordnung eine Gesamtdarstellung des Bereiches dar, dem der ganze Band gewidmet ist. Einzelne Beiträge des Handbuchteils können als umfassende Einführung in das jeweilige Gebiet gelesen werden, dem sich der Beitrag zuwendet. Die Zusammenfassung in drei Sprachen und die Gliederung am Anfang des Beitrags ermöglichen eine schnelle Orientierung über den Inhalt des Textes.
- Der *Lexikonteil* ist *alphabetisch* geordnet. Er enthält kürzere Artikel, die Informationen über ausgewählte Sachverhalte des in dem Band behandelten Bereichs geben.

Informationssuche
- Der *Zugang zum Handbuchteil* kann über das Inhaltsverzeichnis (S. 7) oder über das Sachregister (S. 707) erfolgen.
- Die Suche nach einem bestimmten *Stichwort* beginnt in der Regel im *Sachregister*. Es enthält Verweise auf die Titel im Lexikon und auf alle Textstellen des Handbuch- *und* des Lexikonteils, die Auskünfte über das betreffende Stichwort geben.
- Alle Namen von *Personen* und *Institutionen,* die in den Texten oder Literaturverzeichnissen vorkommen, sind im *Namenregister* (S. 685) mit entsprechenden Verweisen zu finden.

Nur die Benutzung beider Register erschließt alle Informationen des Bandes.
Bei der alphabetischen Anordnung der lexikalischen Artikel, des Sach- und des Namenregisters, des Abkürzungsverzeichnisses der zitierten Zeitschriften, des Autorenverzeichnisses und aller Literaturverzeichnisse werden Umlaute wie Selbstlaute behandelt und die Buchstaben „I" und „J" getrennt aufgeführt.

Literaturverzeichnisse
Jedem Artikel ist ein Literaturverzeichnis beigegeben, das die zitierte und weiterführende Literatur enthält. Die in KAPITÄLCHEN gedruckten Namen (MEYER 1913, S. 24 ff.) verweisen grundsätzlich auf das Literaturverzeichnis. Die Angaben im Literaturverzeichnis sind alphabetisch geordnet. Publikationen, die keinen Verfasser nennen, werden nach dem ersten Wort ihres Titels zugeordnet. Gesetze von Bund und Ländern sind in der Regel nicht gesondert im Literaturverzeichnis der Einzelbeiträge ausgewiesen. Sie werden bei Inkrafttreten im Bundesgesetzblatt oder in den Gesetz- und Verordnungsblättern der Bundesländer veröffentlicht und sind in dem Jahrgang aufzufinden, der im Text für das Inkrafttreten genannt wird (Beispiel: Berufsbildungsgesetz von 1969 in: Bundesgesetzblatt 1969).

Abkürzungen
Aus Umfangsgründen werden deutsch-, englisch- und französischsprachige Zeitschriftentitel abgekürzt. Um identische Abkürzungen für verschiedene Zeitschriften auszuschließen, wurde ein an der DIN-Vorschrift für Zeitschriftenabkürzungen orientiertes System entwickelt, das die Rekonstruktion des vollständigen Titels in der Regel mühelos ermöglicht. Dabei konnten eingeführte Abkürzungen für Zeitschriften nicht berücksichtigt werden. Die Groß- und Kleinschreibung in den Abkürzungen folgt den Titeln der Zeitschriften. Alle Zeitschriftenabkürzungen sind in einem Abkürzungsverzeichnis enthalten (S. 679).

Vorwort des Herausgebers der Enzyklopädie Erziehungswissenschaft*

Die Enzyklopädie Erziehungswissenschaft ist ein auf insgesamt 12 Bände mit etwa 8000 Druckseiten angelegtes Nachschlagewerk der Erziehungswissenschaft.
Der Band „Methoden und Medien der Erziehung und des Unterrichts" gehört zur *ersten Abteilung*, innerhalb deren Probleme dargestellt werden, die *die Erziehungswissenschaft und den Prozeß der Erziehung insgesamt* betreffen (Band 1: Theorien und Grundbegriffe der Erziehung und Bildung, Band 2: Methoden der Erziehungs- und Bildungsforschung, Band 3: Ziele und Inhalte der Erziehung und des Unterrichts, Band 5: Organisation, Recht und Ökonomie des Bildungswesens). Die *zweite Abteilung* bezieht sich demgegenüber in ihren einzelnen Bänden jeweils auf eine *bestimmte Phase des Erziehungs- und Bildungsprozesses* (Band 6: Erziehung in früher Kindheit, Band 7: Erziehung im Primarschulalter, Band 8: Erziehung im Jugendalter – Sekundarstufe I, Band 9, Teil 1 und 2: Sekundarstufe II – Jugendbildung zwischen Schule und Beruf, Band 10: Ausbildung und Sozialisation in der Hochschule, Band 11: Erwachsenenbildung).
Mit diesem Aufbau erweist sich die Enzyklopädie Erziehungswissenschaft als *problemorientiert*. Auf eine Gliederung, die einer Struktur der Disziplin „Erziehungswissenschaft" folgt, wurde bewußt verzichtet, zum einen, weil unter den Vertretern der Erziehungswissenschaft eine verbürgte Auffassung über *die* Struktur einer so jungen Disziplin nicht existiert, und zum anderen deshalb, weil ein problemorientierter Aufbau dem Leser das Auffinden *seiner* Probleme erleichtert. Um die volle Informationskapazität der Enzyklopädie Erziehungswissenschaft auszuschöpfen, genügt nicht die Suche in einem einzelnen Band. Zu diesem Zweck ist vielmehr der *Registerband* heranzuziehen, in dem die Begriffe aufgenommen sind, die in der Enzyklopädie Erziehungswissenschaft erfaßt werden.
Beiträge und Ergebnisse der *Nachbarwissenschaften* zu erziehungswissenschaftlichen Problemen, etwa der Psychologie, Soziologie, Ökonomie oder Philosophie, werden in die einzelnen Beiträge integriert, ebenso *historische Sachverhalte* und *internationale Entwicklungen,* die besonders dann Berücksichtigung erfahren, wenn Strukturen und Entwicklungen des Bildungswesens im Ausland Perspektiven vermitteln, die aus der Sicht der Herausgeber als Alternativen zur Diskussion über das Bildungssystem in der Bundesrepublik Deutschland anregen können.
Die Enzyklopädie Erziehungswissenschaft ist ein *integriertes Handbuch und Lexikon*: Jeder Band enthält einen Handbuchteil mit systematischen Beiträgen, die Auskünfte über den Gegenstand eines größeren Bereichs geben, und einen Lexikonteil mit alphabetisch geordneten Artikeln zu einzelnen Stichwörtern.
Wegen der Nähe zum Band 3 warf der vorliegende Band zahlreiche Probleme auf. Ihre Bewältigung sowie die geduldige, freundschaftliche Detailarbeit sind das besondere Verdienst von Gunter Otto und meiner Frau, Agi Schründer-Lenzen. Ich danke beiden herzlich dafür. Mein weiterer Dank gilt für redaktionelle Arbeit Friedrich Rost, Sigmar Stopinski und Barbara Sommerhoff sowie für die stetige Hilfe bei der Manuskripttechnik Jutta Lehmann und Heidi Scholz-Ziegelbauer.

Berlin, im Januar 1985 *Dieter Lenzen*

---
* Eine ausführliche Einleitung in die Enzyklopädie Erziehungswissenschaft enthält Band 1.

Vorwort der Herausgeber von Band 3 und 4

Die Bände 3 und 4 der Enzyklopädie Erziehungswissenschaft haben Teile eines Ganzen zum Gegenstand. Sie werden mit einem gemeinsamen Vorwort eröffnet, durch das der Zusammenhang von Zielen und Inhalten einerseits (Band 3) und Methoden und Medien andererseits (Band 4) bewußt gemacht werden soll.

1 Der Aspektzusammenhang von Zielen, Inhalten, Methoden und Medien

Ziele und Inhalte, Methoden und Medien sind Strukturmomente *eines* pädagogischen Feldes, wie es beispielsweise ROTH in seiner „Skizze einer Theorie des Erziehungsfeldes" (1967) beschrieben hat. Die vielfältigen Bezüge, die zwischen den Strukturmomenten bestehen, haben Winnefeld schon 1957 veranlaßt, von einer „Faktorenkomplexion pädagogischer Felder" zu sprechen (vgl. WINNEFELD u.a. 1957, S.34 ff.). Keinesfalls beabsichtigen die Herausgeber und ihre Autoren, diesen komplexen Zusammenhang zu zerreißen. Sie gehen aber von der Annahme aus, daß dieser Zusammenhang aufgrund seiner „teleologischen Struktur", wie wir wieder in Anlehnung an Winnefeld (vgl. WINNEFELD u.a. 1957, S.32ff.) sagen, zumindest ein Stück weit von seinem Umfeld, von seinen gesellschaftlichen Bedingungen abgehoben betrachtet werden kann. Durch pädagogische Zielsetzung, durch Lehr- und Lernabsichten, durch das erzieherisch-unterrichtliche Telos (Ziel) entsteht ein pädagogisches Handlungsfeld. Die daran Beteiligten müssen sich über die Ziele, Inhalte, Methoden und Medien verständigen, mit denen die Erziehungsaufgaben gelöst werden sollen. Dies schließt die Aufklärung der gesellschaftlichen Bedingungen, unter denen diese Handlungen stattfinden, ein (vgl. WINNEFELD u.a. 1957, S.34ff.). MOLLENHAUER (vgl. 1972, S.28ff.) hat darüber das Nötige gesagt.
Der Handlungszusammenhang, in dem die in der Enzyklopädie Erziehungswissenschaft auf zwei Bände verteilten Strukturmomente der Erziehung und des Unterrichts immer wieder aufeinander bezogen werden, ist von HEIMANN (1962, S.418) als „Interdependenzzusammenhang" gekennzeichnet worden, als ein Geflecht von Wechselbezügen. KLAFKI (vgl. 1977, S.15) hat mit Recht darauf hingewiesen, daß damit nicht etwa ausgesagt wird, daß alle Strukturmomente auf die gleiche Weise wechselseitig wirken. Es kommt gerade darauf an, die Gesetzmäßigkeiten in den Wechselwirkungen von Zielen, Inhalten, Methoden und Medien zu erforschen, wie dies auch in der Didaktik-Diskussion in der DDR – unter deutlich anderen gesellschaftlichen Bedingungen – gleichermaßen gefordert wird (vgl. KLINGBERG 1972, S.279). BLANKERTZ (1969, S.92) hatte vor allem die Folgen im Blick, die diese Erkenntnisse für das Analysieren, Planen und Realisieren von Erziehungs- und Unterrichtsprozessen haben, und sprach deshalb von einem „Implikationszusammenhang": Wer Ziele formuliert und Inhalte auswählt, hat dabei die Wege und Mittel mit in den Blick zu nehmen, damit er die Realisationschancen seiner Überlegungen angemessen einbezieht; wer nach Methoden und Medien sucht, sucht im Hinblick auf die Ziele und Inhalte, zu deren Vermittlung sie dienen sollen.
Dieser Gedankengang hat für die Darstellung in den Bänden 3 und 4 einige durchgehend auftretende Konsequenzen:
- Es findet keine streng analytische, sondern nur eine deutlich akzentuierende Arbeitsteilung statt; denn eine große Zahl von Äußerungen zu Themen des einen Bandes sind ohne Hinweise und Bezüge zum jeweils anderen Band gar nicht darzustellen.

Vorwort

- Nicht selten findet von Band 3 zu Band 4 bei gleichbleibender Thematik ein Perspektivenwechsel statt. Im einen Band werden Ziel- und Inhaltsfragen behandelt, die im anderen Band als Methoden- und Medienprobleme auftreten können. So kann es beispielsweise Ziel des Unterrichts sein, einen Film herzustellen, in dem Konfliktlösungen dargestellt werden. Der Inhalt des Films sind Lehrer-Schüler-Konflikte, weil davon Schüler und Lehrer betroffen sind. Andererseits ist der Film, auch der Spielfilm, ein mögliches Medium des Unterrichts und die Interpretation von Schulkonflikten und Rollenspielen eine bekannte Methode.
- Schließlich gibt es eine ganze Reihe von Beiträgen in den beiden Bänden, die ihrem eigenen Anspruch nach nur eine *integrierte Behandlung* von Ziel-, Inhalts-, Methoden- und Medienaspekten zulassen: das „exemplarische Lehren" zum Beispiel, die „Kollektiverziehung" oder die „Kulturtechniken". Eindeutige Entscheidungen, in welchen der beiden Bände diese Beiträge gehören, sind nicht möglich.

Die Bände 3 und 4 haben Teile eines Ganzen zum Gegenstand. Dies schließt unterschiedliche Akzente und Bewertungen keineswegs aus. Schließlich sind die Herausgeber der beiden Bände und auch die einzelnen Autoren nicht nur notwendigerweise selektiv informiert, sondern sie gewichten auch von unterschiedlichen Positionen aus. Wir bemühen uns, diese Positionen, wo nötig, deutlich und diskutierbar zu machen. Im übrigen halten wir eine pluralistische Orientierung in einer Enzyklopädie für angemessen. Die Leser haben so den Vorteil umfassender Information.

2 Der Gegenstand der Erziehung und des Unterrichts

Beide Bände beziehen sich auf Erziehung und Unterricht. Dabei dient der Begriff Erziehung als umfassende Bezeichnung für pädagogisch gemeinte Aktivitäten. Das heißt: Nicht jede gesellschaftliche Einwirkung auf sich bildende Menschen wird in unseren Bänden behandelt; andernfalls hätten wir den Begriff Sozialisierung/Sozialisation gewählt, wie FEND (vgl. 1969) dies vorgeschlagen hat. Wir schließen uns an das Erziehungsverständnis an, das SCHWENK (vgl. 1983) im ersten Band dieser Enzyklopädie entwickelt hat.
Andererseits findet absichtsvolles und planmäßig über lange Zeit verfolgtes pädagogisches Handeln für alle Kinder und Jugendlichen, für neu- und umlernende Erwachsene noch immer vorzugsweise in Schulen statt, als Unterricht. Dort wird planmäßig und professionell, pädagogisch und institutionell verankert gehandelt; dort wird die wissenschaftlich, künstlerisch und technisch vorinterpretierte Welt in den Horizont der Schüler gerückt. Von den Zielen, den Inhalten, den Methoden und den Medien des *Unterrichts* ist deshalb in beiden Bänden am umfänglichsten die Rede, ohne daß deshalb erziehungswirksame Lebens- und Lernsituationen außerhalb der traditionellen Bildungseinrichtungen ausgespart würden.
Eine weitere Gemeinsamkeit der Bände 3 und 4 besteht darin, daß sowohl in der Begriffsbildung als auch der Sache nach häufig vom *didaktischen* beziehungsweise *methodisch-medialen* Handeln die Rede ist. Der Handlungsbegriff wird in einem weiten Sinne nicht nur zur Kennzeichnung der unmittelbaren Interaktion von Lernenden und Lehrenden genutzt, sondern darüber hinaus für alle pädagogisch geleitete Analyse-, Planungs- und Reflexionstätigkeit verwandt. Ob diese Begriffsbildung tragfähig ist, mag der Leser beurteilen.
Gerade weil von einem enzyklopädischen Werk zu recht eine aufgeklärte Vielfalt von Fragestellungen, Themen und Theoretisierungsvorschlägen erwartet werden kann, sind bestimmte *Kriterien* für die thematische Begrenzung der Bände 3 und 4

unverzichtbar geworden. Eine allseits anerkannte Theorie didaktischen und methodisch-medialen Handelns, auf die wir uns hätten stützen können, liegt nicht vor.
Sollten wir all das zum Gegenstand machen, was andere vor uns in der Absicht dargestellt haben, daß es Erziehung, daß es Unterricht sei? Diese Auffassung – sie ist präzis von BREZINKA (vgl. 1978, S. 42f.) entwickelt worden – hätte es erlaubt, alles ohne Schwierigkeit zu behandeln, was irgendwann und irgendwo von wem auch immer in pädagogischer Absicht über Ziele und Inhalte, Methoden und Medien ausgeführt worden ist. Dies hätte den Herausgebern die Arbeit zwar möglicherweise erleichtert, aber auch eine ebenso unerwünschte wie unproduktive Beliebigkeit der Zuordnungen geschaffen. Andererseits schlägt wohl niemand eine Enzyklopädie in der Erwartung auf, nur die Meinung *einer* pädagogischen „Schule" darin zu finden.

In diesem Spannungsfeld haben die Herausgeber einen mittleren Weg gewählt. Sie bevorzugen es, von Erziehung und Unterricht zu sprechen, wenn bestimmte, von weiten Teilen der pädagogischen Wissenschaften als unerläßlich angesehene Bedingungen erfüllt sind, und führen gegensätzliche Auffassungen kritisch mit auf, denen eine breite Wirksamkeit in der Gegenwart nicht abgesprochen werden kann. Die Bedingungen, die nach unserer wissenschaftlichen Überzeugung erfüllt sein müssen, um heute und hier angemessen von Erziehung und Unterricht zu reden, sind:

- *Erziehungsbedürftigkeit* wird – wohlwissend daß jeder Mensch erziehungsbedürftig ist – gleichwohl nicht als Noch-nicht-Mensch-Sein begriffen. Vielmehr werden Kinder, Jugendliche und Erwachsene, denen Erziehung und Unterricht angeboten wird, als gleichgestellte Personen behandelt, die auch unabhängig von Erziehern und Lehrern an der Entfaltung ihrer Fähigkeiten und ihrer Orientierung in der Realität arbeiten. Wir sind auf ihre Mitarbeit, auf ihr Interesse an ihrer Selbsthervorbringung als mündige Personen angewiesen, auch da, wo wir als Übermittler gesellschaftlicher Forderungen auftreten.
- Dem entspricht ein Verständnis der Gesellschaft als *Erziehungsgesellschaft,* das seinen „Mut zur Erziehung" (kritisch dazu BENNER u. a. 1978) darin erweist, daß es tradierte Orientierungs- und Wertungssysteme als ein Angebot sowohl zur Übernahme als auch zur Veränderung unter der Perspektive einer Humanisierung der Gesellschaft wie des eigenen Lebens begreift.
- *Ziele und Inhalte* des didaktischen Handelns sind deshalb notwendig offen für Diskussion, Erprobung und Veränderung, ja, es ist gerade ein Ausweis ihrer Legitimität, daß sie im Prozeß von Erziehung und Unterricht in Frage gestellt werden können. Erziehung zielt auf die Selbständigkeit des Erzogenen, ja sie hat ihr eigenes Ende zum Ziel (vgl. BENNER 1983, S. 294). Gesellschaftliche Erwartungen an die Auswahl von Zielen und Inhalten der Erziehung und des Unterrichts werden durch dieses Prinzip ebenso gebrochen wie dasjenige, was als „Eigenwert der Fachinhalte" erscheint.
- Die *Wege und Mittel der Erziehung und des Unterrichts* sind dementsprechend Wege des Dialogs zwischen zur Mündigkeit herausgeforderten Menschen und Mittel zur möglichst selbstbestimmten und kooperativen Aneignung der Realität.

Von den wissenschaftstheoretischen Voraussetzungen dieses Selbstverständnisses handeln die systematischen Darstellungen des 1. Bandes der Enzyklopädie Erziehungswissenschaft.

Vorwort

3 Die Untergliederung in Lernbereiche

Sowohl in Band 3 als auch in Band 4 findet sich eine Untergliederung der Einzelbeiträge nach Lernbereichen. Ein Beispiel: Kunst, Musik, Literatur, Spiel und Bewegung werden in beiden Bänden zum Lernbereich Ästhetik zusammengefaßt. „Lernbereiche" stellen für uns eine pädagogisch absichtsvolle Bündelung von Lernaufgaben dar, und zwar im Interesse und aus der Perspektive der lernenden Subjekte. Die Herausgeber haben sich bemüht, die Fassung dieser Lernbereiche in den beiden Bänden einander anzunähern, auch wenn dies nicht vollständig geglückt ist.
Wer gegenwärtig über Unterricht und Erziehung, über reale Vermittlungssituationen und -prozesse nachdenkt, bezieht sich auf Unterricht, der in Institutionen stattfindet und nach Fächern gegliedert ist. Mehr noch: Er findet sich selbst sowohl verstrickt in eine traditional bestimmte, seit Wichmann nicht mehr verstummte Diskussion über den „Eigenwert" der Unterrichtsfächer (vgl. WICHMANN 1930) als auch konfrontiert mit einer hartnäckigen Kritik an der Eignung und offenbaren Unfähigkeit des traditionellen Fächersystems zur Abbildung und Bearbeitung der Problemlagen unserer gegenwärtigen Wirklichkeit (vgl. RUMPF 1981). Die Kritik hat zu vielfältigen Versuchen geführt, die Enge der Einzelfächer zu durchbrechen (zur erneuten Diskussion über den Projektunterricht: vgl. FREY 1982, KAISER/ KAISER 1977). Auf der Ebene der Lehrplanentwicklung und der administrativen Regelungen für die Reifeprüfung ist etwa der inzwischen wieder teilweise zurückgenommene Versuch zu nennen, die gymnasiale Oberstufe in die drei Aufgabenfelder des literarisch-sprachlich-künstlerischen, mathematisch-naturwissenschaftlich-technischen und gesellschaftswissenschaftlichen Bereichs zu untergliedern. Weiterhin sind in diesem Zusammenhang Konzepte eines integrierten naturwissenschaftlichen Unterrichts (vgl. FREY/BLÄNSDORF 1974), der Entwurf einer polyästhetischen Erziehung (vgl. ROSCHER 1972) ebenso wie die vielfältigen Bemühungen um die Verwirklichung der Arbeitslehre (vgl. GROTH/KLEDZIK 1983) zu nennen.
In dieser offenen Situation haben sich die Herausgeber für ein Vorgehen entschieden, in dem zwar von den bestehenden Fächern als Orientierungsgrundlage ausgegangen wird, mit der Erörterung struktureller und methodologischer Gemeinsamkeiten einzelner Fächer und Fachgruppen jedoch programmatisch zur Überwindung der Fachgrenzen aufgefordert werden soll. Wir erhoffen uns davon, die immer noch beobachtbaren Sprachbarrieren zwischen den Fächern ein Stück weit zu überwinden; wir wären jedoch mißverstanden, wenn die Aufnahme eines bestimmten Themas in einen Lernbereich sogleich als Plädoyer für ein neues Schulfach aufgefaßt würde. Jedes Fächersystem tendiert immer wieder neu zur Isolierung und Partikularisierung der Fachfragen. Die Aufnahme neuer Inhalte sollte diese Tendenzen nicht verstärken, sondern umgekehrt der Erhaltung oder Herstellung jener *Komplexität* dienen, die für eine kritische und zugleich realitätsbezogene Abbildung gesellschaftlichen Lebens in der Schule erforderlich ist. Im Lernbereichsdenken scheint uns diese Komplexität der Fragestellung angelegt zu sein.

4 Zur Anlage des Bandes 4

Die Abhandlungen des vorliegenden Bandes lassen sich in zwei Gruppen aufteilen: Prinzipielle Probleme des methodisch-medialen Handelns (A und B) stehen vor den Darlegungen der methodisch-medialen Spezialformen in den Lernbereichen (C).
Der Beitrag von Wittern untersucht vor dem Hintergrund der zwischen allen didaktischen Entscheidungen angenommenen Interdependenz (vgl. HEIMANN 1962)

die *Relation* zwischen Medien und Methoden des erzieherischen und unterrichtlichen Handelns; in den Beiträgen der beiden Herausgeber werden die *Positionen* der Methodendiskussion (Schulz) und der Mediendiskussion (Otto) beschrieben und eingeschätzt; die Sondersituation der Behindertenpädagogik führt zu einem eigenen Zugriff, insbesondere auf die mediale Problematik des Unterrichts (Kröhnert/ Rath); schließlich werden von verschiedenen Autoren jene *Dimensionen* des didaktischen Feldes behandelt, die zu einer verstärkten Produktion von Methoden und Medien geführt haben, beispielsweise Stile des Erziehens und Unterrichtens (Heidbrink/Lück) oder Sozialformen des Unterrichts (Prior) oder Prüfverfahren (Ingenkamp). Hieran schließen sich die Darstellungen zur Problematik methodisch-medialen Handelns in sechs Lernbereichen an: Philosophie/Religion; Ästhetik; Sprachen/Mathematik; Natur; Gesellschaft/Wirtschaft/Technik; Geschichte/Erdkunde/Politik.

Im folgenden soll vor allem die Strukturierung unserer Darstellung von Methoden und Medienproblemen nach Lernbereichen begründet werden.

Die Motive für die Untergliederung in Lernbereiche sind im obigen Abschnitt erläutert worden: Es geht darum, gemeinsame Fragestellungen zu entwickeln, um Fachgrenzen zu öffnen, das Gespräch zwischen den Disziplinen zu erleichtern und letztlich dazu beizutragen, die immer komplexer werdende Aneignung gesellschaftlicher Wirklichkeit für den Lernenden zu erleichtern und zu verbessern. Hierfür sind in den einzelnen Abschnitten von Teil C durchaus unterschiedliche Wege, der Tendenz nach ein additiver und ein integrativer Weg, gewählt worden:

Eher *additiv* stehen die Fächer Theologie und Religion (Betz/Martens) nebeneinander und laden zum Aufspüren unterschiedlicher Wege und der verschiedenen Prämissen ein, mit denen Sinnfragen gestellt und Angebote für Antworten interpretiert werden. Ähnlich stellt sich der Lernbereich Sprachen (Krumm) und Mathematik (Neunzig) dar, wenn auch aus ganz anderen Gründen. Die methodisch-mediale Ausgestaltung der jeweiligen Problemfelder hat zur Zeit noch Vorrang vor Integrationsversuchen, die das eine Symbolsystem mit dem anderen verbinden könnten. Das hat nicht zuletzt auf der einen Seite seinen Grund in der Vieldimensionalität des sprachlichen Aufgabenfeldes (Neue Sprachen, Alte Sprachen, Muttersprache, Eigensprache, Fremdsprache, Herkunftssprache, Landessprache) und in dem Abstraktionsgrad des mathematischen Lernbereichs auf der anderen Seite. Hier halten wir andere Zuordnungsversuche auch noch für keineswegs ausdiskutiert. Legt die Entwicklung der modernen Naturwissenschaften nicht ebenso eine gemeinsame Erörterung methodischer und medialer Fragen von Mathematik-, Chemie-, Physik- und Biologieunterricht nahe? Oder brauchen wir möglicherweise schulstufenbezogen verschiedenartige Integrationsmodelle? Der Sachunterricht der Primarstufe regt zu solcher Erörterung durchaus an.

Für die Suche nach einer gemeinsamen methodisch-medialen Basis für die Bearbeitung wortsprachlicher und mathematischer Symbolprozesse könnten schließlich von der Informatik wichtige Impulse im Zusammenhang mit der Suche nach Möglichkeiten ausgehen, die menschliche Sprache als direktes Verständigungsmedium – unter Ausschaltung von basic also – mit dem Computer zu benutzen.

Diese Relativierung des eigenen Vorgehens, aber auch die Verschiedenartigkeit der Zugriffe ebenso wie Überschneidungen bei der Fachgruppenbildung sollen den experimentellen Status anzeigen, in dem wir unseren Versuch der Öffnung von Einzelfächern sehen. Die Tatsache, daß wir sie als Ausgangspunkt akzeptieren, fordert zugleich auf, Mut zu vielfältigen alternativen Konzepten zu machen und nicht neuen Dogmen zu verfallen.

Vorwort

Beispiele für unterschiedliche Weisen *integrativer* Behandlung methodisch-medialer Probleme sehen wir in den Beiträgen von Freise (Lernbereich Natur) und von v. Borries (Lernbereich Geschichte/Erdkunde/Politik). Im einen Fall liefert die Analyse des Verhältnisses zwischen Umweltbedrohung und Wissenschaftsverständnis den Schlüssel für die Aufgaben des Lernbereichs und die dafür geeigneten beziehungsweise nicht mehr geeigneten Methoden und Medien. Im anderen Fall bietet die Analyse vorliegender Unterrichtsplanungen in allen drei Fächern den Ausgangspunkt für bereichsspezifische und nicht mehr nur fachspezifische Aussagen über Methoden und Medien. In wieder anderer Weise *integrativ* ist der Zugriff der Vertreter des ästhetischen Lernbereichs (Bergmann/Bollmann/Ott/Otto/Scherler/Wellner) zu verstehen. Sie fragen nach konstitutiven Strukturmerkmalen der Gegenstände und nach solchen der Herstellungs- wie Lernprozesse. In dem Schema von Normation und Innovation einerseits und von Produktion und Rezeption andererseits lassen sich interessanterweise Lehr-Lern-Prozesse aller vier Fächer abbilden. Dabei tritt auch zutage, daß die Methodendiskussion in der Regel weiter vorangeschritten ist als das Nachdenken über geeignete Medien für die Lehr-/Lern-Prozesse. Wie sehr sich der fortgeschrittene Stand fachwissenschaftlicher Methodenreflexion auf unterrichtsmethodisches Nachdenken auswirken kann, zeigt das Beispiel des Literaturunterrichts, gerade weil lineare Fortschreibungen der Wissenschaftsmethode in die Unterrichtsmethode hinein zurückgewiesen werden.
Schließlich bleibt jener Typus *integrierender* Darstellung zu nennen, der das Vermittlungsproblem zwischen Inhaltsfeldern und korrespondierenden Wissenschaften schon auf der Konstitutionsebene eines Unterrichtsfaches antrifft – die Arbeitslehre (Groth). Die Konstitution des Lernbereichs Technik/Wirtschaft/Gesellschaft und die damit verbundenen fachübergreifenden Probleme methodisch-medialen Handelns werden hier zugleich als Beispiel für verschiedenartige Versuche in der Geschichte des öffentlichen Schulwesens und des pädagogischen Denkens erwähnt, zentralen Fragen des Lebens und Überlebens, der Arbeit und der Kultur mehr Aufmerksamkeit als nur die eines Unterrichtsfaches zu widmen. Die Musische Erziehung, die Polytechnische Erziehung, die Politische Bildung stehen für solche Ansätze, deren Problem vielleicht oft gewesen ist, in der Pädagogik eher programmatisch als praktisch vorzukommen, das heißt auf der Ebene der Inhalte und Ziele mindestens ideologieanfällig und auf der Ebene der Methoden und Medien häufig unreflektiert geblieben zu sein.
Einer großen Zahl sich anbietender aktueller Lernfelder wie etwa Museumspädagogik, Massentourismus, Sexualerziehung, Familienerziehung, Umwelterziehung, Friedenspädagogik, um nur einige zu nennen, haben wir in Band 4 keine, die Lernbereiche strukturierende Funktion gegeben, weil wir glauben, daß damit wichtige aktuelle Inhalte intentional und methodisch in einem *überfordert* und *benachteiligt* wären. Neue gesellschaftliche Inhalte sollten nicht durch vorschnelle Instituierung in die Gefahr der Erstarrung geraten, sondern das bestehende System sollte sich umgekehrt durch neue gesellschaftliche Lernforderungen und -bedürfnisse aus seiner Erstarrung herausreißen lassen. Das Beispiel des Lernbereichs Natur (Freise) scheint hier zukunftsweisend zu sein. Wahrscheinlich nützte es beispielsweise wenig, Rechtskunde, Psychologie oder Gesundheitserziehung – von denen allen rational nicht begründbar ist, warum sie nicht den Status von Unterrichtsfächern haben – heute zu Unterrichtsfächern mit minimalem Zeitquantum zu machen. Demgegenüber ist es jedoch unerläßlich, bestehende Fachstrukturen so zu interpretieren, daß sich Fächer in Richtung auf Lernbereiche so verändern, daß zum Beispiel die Probleme von Recht und Gesundheit verhandelt werden können. Das Fächersystem

Vorwort

tendiert stets zur Isolierung und Partikularisierung. Neue Inhalte dürfen dieser Strategie nicht folgen, sondern sind eher der entgegengesetzten von Erhaltung oder Herstellung jener *Komplexität* verpflichtet, die allein die Abbildung gesellschaftlichen Lebens in der Schule erlaubt. Im Lernbereichsdenken scheint sie uns angelegt zu sein.

Schließlich ergibt sich aus der Anlage des Gesamtwerkes noch ein Benutzerhinweis: Fachspezifische Methoden und Medien werden im Band 4 unter der jeweiligen Fachgruppe, die als Lernbereich repräsentiert ist, zu finden sein; unter den *Fächern* und *Lernbereichen,* von denen der Band 3 handelt, wird seinem Schwerpunkt gemäß eher dargelegt, auf welche Inhalte und Ziele sich Methoden und Medien beziehen. Die enge Verschränkung von Ziel-Inhalts-Fragen mit denen des methodisch-medialen Handelns bringt es mit sich, daß in jedem der beiden Bände aus wechselnder Sicht wowohl etwas zum Ziel-Inhalts-Gefüge als auch über das methodisch-mediale Handeln stehen kann.

Bedingt durch den vergleichsweise langen Entstehungszeitraum stammen die Manuskripte aus den Jahren 1980 bis 1984 und sind, wo notwendig, vor Drucklegung noch einmal überprüft worden.

Allen Beiträgern und Mitarbeitern bei einer mehrere Jahre umspannenden Arbeit danken wir ebenso wie den Berliner Editoren für Geduld und Kritik.

Hamburg/Oldenburg
im Sommer 1984

Gunter Otto
Wolfgang Schulz
Hans Dieter Haller
Hilbert Meyer

BENNER, D.: Grundstrukturen pädagogischen Denkens und Handelns. In: Enzyklopädie Erziehungswissenschaft, Bd. 1, Stuttgart 1983, S. 283 ff. BENNER, D. u. a.: Entgegnungen zum Bonner Forum ‚Mut zur Erziehung', München/Wien/Baltimore 1978. BLANKERTZ, H.: Theorien und Modelle der Didaktik, München 1969. BREZINKA, W.: Metatheorie der Erziehung, München/Basel 1978. FEND, H.: Sozialisierung und Erziehung, Weinheim/Basel 1969. FREY, K.: Die Projektmethode, Weinheim/Basel 1982. FREY, K./BLÄNSDORF, K. (Hg.): Integriertes Curriculum Naturwissenschaft der Sekundarstufe I, Weinheim 1974. GROTH, G./KLEDZIK, U.: Arbeitslehre 5–10, Weinheim/Basel 1983. HEIMANN, P.: Didaktik als Theorie und Lehre. In: D. Dt. S. 54 (1962), S. 407 ff. KAISER, A./KAISER, F.-J. (Hg.): Projektstudium und Projektarbeit in der Schule, Bad Heilbrunn 1977. KLAFKI, W.: Zum Verhältnis von Didaktik und Methodik. In: KLAFKI, W. u. a.: Didaktik und Praxis, Weinheim/Basel 1977, S. 13 ff. KLINGBERG, L.: Einführung in die Allgemeine Didaktik, Berlin 1972. MOLLENHAUER, K.: Theorien zum Erziehungsprozeß, München 1972. ROSCHER, W. (Hg.): Polyästhetische Erziehung, Köln 1972. ROTH, H.: Skizze einer Theorie des Erziehungsfeldes. In: ROTH, H.: Erziehungswissenschaft, Erziehungsfeld und Lehrerbildung, Hannover 1967, S. 193 ff. RUMPF, H.: Die übergangene Sinnlichkeit. Drei Kapitel über Schule, München 1981. SCHWENK, B.: Erziehung. In: Enzyklopädie Erziehungswissenschaft, Bd. 1, Stuttgart 1983, S. 386 ff. WICHMANN, O.: Eigengesetz und bildender Wert der Lehrfächer, Halle 1930. WINNEFELD, F. u. a.: Pädagogischer Kontakt und pädagogisches Feld, München/Basel 1957.

Handbuch

A Methodisch-mediales Handeln

Jörn Wittern

Methodische und mediale Aspekte des Handlungszusammenhangs pädagogischer Felder

1   Zur Einordnung medialer und methodischer Aspekte in pädagogische Handlungszusammenhänge
1.1 Der methodische und mediale Aspekt in einzelnen didaktischen Konzeptionen
1.2 Die Begründung für die Notwendigkeit von medialer Vermittlung und methodischem Vorgehen in pädagogischen Handlungszusammenhängen
1.3 Die Vorrangigkeit normativer Zielentscheidungen im pädagogischen Handlungszusammenhang und die Interdependenz didaktischer Entscheidungen als offenes System
1.4 Die Interdependenz von Medien und Methoden im Unterricht als offenes Handlungssystem
1.5 Die Systematik von methodischen Grundentscheidungen und ihre medialen Aspekte
2   Mediale und methodische Aspekte der Interaktion
2.1 Die systematische Einordnung von Interaktionsformen als personale Methodenentscheidung
2.2 Der personal-sprachliche Bereich als methodische und mediale Grundentscheidung
2.3 Methodische und mediale Aspekte der Rolle des Lehrers als staatlicher Funktionsträger
3   Methodische und mediale Aspekte der Wissenschaftsorientierung von Unterricht
3.1 Wissenschaftssystematik als Unterrichtsinhalt und Wissenschaftsorientierung für alle – ungeklärte Defizite der methodischen Vermittlung von Unterrichtsinhalten
3.2 Folgerungen für den medialen Bereich der Vermittlung

Zusammenfassung: Lernen und dessen Vermittlung, unabhängig in welchem Zusammenhang beide erfolgen, können nicht ohne Medien und ohne Methode vor sich gehen. Da Lernen jeweils zielgerichtet ist, besteht zwar eine Priorität der Zielentscheidung. Die Ziele sind aber global und müssen im einzelnen Lernzusammenhang operationalisiert werden. Sie sind über diesen Schritt nicht nur wiederum auf Methoden als Wege und Medien als Mittel der Vermittlung verwiesen, sondern können auch durch jeden einzelnen Faktor verändert werden. Damit ist eine Interdependenz vorhanden, durch die Lernen als Handlungsfeld und dessen Ermöglichung als pädagogischer Handlungszusammenhang bestimmt werden. Dieses System ist offen, weil Interdependenz auch Veränderung der Entscheidungen im Vollzug der Lern- und Vermittlungshandlung mit sich bringt. Methode ist dabei insofern mehrdeutig, als sie die Art des Vorgehens innerhalb der Vermittlung – wobei sie selber Medium werden kann – als auch die einem Lerngegenstand immanente Art der Annäherung und dadurch nicht nur den Vermittlungsweg, sondern auch dessen Inhalt zu bestimmen vermag. Diese Ambivalenz macht eine Systematik des methodischen Vorgehens und seiner medialen Aspekte erforderlich, die ihrerseits dazu

Jörn Wittern

zwingt, ein pädagogisches Handlungsfeld beispielhaft herauszugreifen. Dadurch werden die Interaktion zwischen Lehrer und Schüler mit in den Vermittlungsprozeß einbezogen und deren auf die Vermittlung wirkende Komponenten zumindest in Ausschnitten erfaßt.

Summary: No matter what the context, learning and its propagation cannot be carried out without media and methodology. As learning in any form is target-oriented, setting the targets has priority, but targets are global objectives and have to be operationalized in the individual learning context. Targets are not only dependent on methods as pathways and media as the means of passing on information, they can also be altered by every individual factor. This means that there is an interdependence whereby learning is determined as a field of activity and its propagation as a pedagogically co-related activity. This is an open system, as interdependence also produces changes in decisions during the learning and teaching process. Methodology is thus ambiguous insofar as it can determine not only the type of procedure involved in putting across a piece of knowledge (whereby it is capable of becoming a medium itself) but also the immanent type of approach to a topic, determining not only the pathway towards knowledge but also its content. This ambivalence necessitates a systematization of methodological procedure and its media aspects which, on its part, compels the selection of a pedagogical action field in an exemplary manner. This relates the interaction between teacher and pupils to the process of putting the material across, enabling the components acting on the process of teaching to be categorized at least in part.

Résumé: L'apprentissage et sa réalisation, quel que soit le contexte dans lequel ils se trouvent, ne peuvent être effectués sans médias ni méthodologie. Comme l'apprentissage a dans chaque cas une certaine orientation, il existe, certes, une priorité de la décision quant aux objectifs. Mais les objectifs sont globaux et doivent être adaptés au contexte considéré. Etant donné cette démarche, ils sont renvoyés non seulement à des méthodes, en tant que voies, et à des médias, en tant que moyens pour servir d'intermédiaires, ils peuvent en outre être modifiés par chaque facteur particulier. Par là même existe une interdépendance, par laquelle sont déterminés l'apprentissage, en tant que champ d'action et sa réalisation en tant que contexte pédagogique. Ce système est ouvert, parce que l'interdépendance amène également des modifications dans les décisions, et ce, dans l'accomplissement de l'acte d'apprentissage et de sa réalisation. La méthode est alors ambiguë dans la mesure où elle détermine le mode de procédure au sein de la réalisation – elle peut alors devenir elle-même un médium –, dans la mesure également où elle détermine le mode d'approche immanent à un objet d'apprentissage et, par là, non seulement la voie de réalisation, mais aussi son contenu. Cette ambivalence rend nécessaire une systématique du procédé méthodique et de ses aspects médiatiques, systématique qui, de son côté, conduit à dégager un champ d'action pédagogique, en guise d'exemple. Par là, l'interaction entre professeur et élève est impliquée dans le processus de réalisation et ses composantes agissant sur ladite réalisation sont saisies, du moins par fragments.

1 Zur Einordnung medialer und methodischer Aspekte in pädagogische Handlungszusammenhänge

1.1 Der methodische und mediale Aspekt in einzelnen didaktischen Konzeptionen

Zwischen methodischen und medialen Aspekten in pädagogischen Handlungsfeldern einen besonderen Zusammenhang zu vermuten liegt nahe, weil eine Entscheidungsabhängigkeit zu bestehen scheint – Methodenentscheidungen bestimmen die Medienwahl – und beide gegenüber den Zielen und Inhalten eines Lernprozesses eine scheinbar nachgeordnete Rolle spielen. Die Prämisse für diese Form des Entscheidungsablaufes besteht entweder darin, daß Ziele und Inhalte didaktische Priorität genießen oder daß sich die Planung des Lernprozesses, ausgehend von der durch fremde Instanzen gesetzten Vorentscheidung über Ziele und Inhalte, lediglich mit den Formen der Vermittlung, ihrer Angemessenheit im Hinblick auf den Gegenstand und die Lerngruppe, sowie der Kontrolle zu beschäftigen habe. Ändert man die Prämisse, entsteht ein anderes Entscheidungsmodell mit anderen didaktischen Ansprüchen.

Die Prämisse, von der hier ausgegangen werden soll, besteht in der Annahme einer *Interdependenz der Entscheidungsfelder*. Dadurch werden Methoden und Medien nicht isoliert und Inhalte und Ziele, auch wenn sie durch Lehrpläne, Kommissionsentscheidungen, Vorschriften von übergeordneten Instanzen und ähnliches den am Lernprozeß unmittelbar Beteiligten vorgeschrieben sind und damit ihrer Kompetenz entzogen zu sein scheinen, in den didaktischen Entscheidungszusammenhang des jeweils zu organisierenden Lernprozesses gestellt.

Die Konzeption, daß die Organisation von Lernen durch Entscheidung bestimmt wird und diese sowie die Erforschung ihrer Bedingungen, Abläufe und Regeln Gegenstand der Didaktik seien, hat sich seit der Auseinandersetzung mit Vertretern der geisteswissenschaftlichen Richtung so differenziert und durchgesetzt, daß sich in der gegenwärtigen Diskussion lediglich Variationen dieser Grundauffassung finden. Bei aller Gefahr der Verkürzung sollen die Unterschiede, bezogen auf die Gewichtung von Methoden und Medien, skizziert werden. Dadurch wird auch die Einordnung der Prämisse von der Gleichgewichtigkeit der Entscheidungsfelder erleichtert, bevor auf ihrer Grundlage systematische Folgerungen für die Interdependenz von Methoden und Medien gezogen und die sich daraus ergebenden Konsequenzen für den Ablauf, die Struktur und die Zielsetzung des Entscheidungsprozesses erörtert werden.

Die *geisteswissenschaftliche* und die *bildungstheoretische Konzeption der Didaktik* sowie der sogenannte *strukturelle Ansatz* – sie können für unseren Zusammenhang trotz wichtiger Nuancierungen vor allem in der ihnen immanenten Methode gleichgesetzt werden – betrachten die Medien weder als eigenes Entscheidungselement noch als selbständig den Lernprozeß beeinflussende Faktoren (vgl. BECKMANN 1972, DERBOLAV 1960; vgl. KLAFKI 1959, 1963, 1974, 1978; vgl. KÖNIG/RIEDEL 1973, SEILER 1973). Medien sind im wesentlichen wertneutrale Vermittler von Informationen, das heißt Lerninhalten und Zielen. Bei der Beschreibung von methodischen Aspekten des Lernprozesses ist dagegen die Entscheidungskompetenz des Lehrers gefordert. Sie wird allerdings nicht durchweg als didaktisch bezeichnet, weil Didaktik die Entscheidung über Inhalte darstellt, aber sie wird doch als der Weg angesehen, der eine sachgerechte Vermittlung sicherstellen soll. Ein Kennzeichen dieser Konzeption besteht darin, daß sie ihr eigenes bevorzugtes wissenschaftliches Erkenntnisverfahren – ein historisch-hermeneutisches Vorgehen und eine Strukturanalyse der Gegenstände – auch für den entsprechenden Unterricht in der Schule und allgemein für Lernprozesse als Methode anbietet (vgl. KLAFKI 1972, S. 126 ff.). Da es hier nicht um eine allgemeine Würdigung der Konzeption geht, genügt für unseren thematischen Zusammenhang die Feststellung, daß in der strukturellen und der bildungstheoretischen Richtung der Didaktik die Priorität der Entscheidung auf Inhalten und Zielen, insbesondere auf der Auswahl der Inhalte liegt, die den Zielen angemessen sein müssen. Der methodische Aspekt beschränkt sich auf die Verfahren, die am ehesten geeignet sind, die Inhalte oder Gegenstände unter der gesetzten Zielrichtung für die Schüler zu erschließen. Der Lehrer tritt – zumindest dem Anspruch nach – als der neutrale Vermittler dieses Prozesses auf, die Medien nehmen, sofern sie überhaupt erwähnt werden, die gleiche Funktion ein.

Der *curriculumtheoretische Ansatz* übernimmt aus der eben umrissenen Konzeption insofern ein wesentliches Element, als auch hier die didaktische Prioritätsentscheidung auf Inhalten und Zielen beruht, sich das Schwergewicht aber zugunsten der Zielentscheidung verschiebt (vgl. ACHTENHAGEN/MEYER 1971, CURRICULUMDISKUSSION 1974, FREY 1973, ROBINSOHN 1973, ZIECHMANN 1973). Dies führt teilweise dazu, daß die eigentlichen Entscheidungen nicht mehr auf der Zielebene selbst fallen, sondern daß deren Operationalisierung den Entscheidungsschwerpunkt in Form unterschiedlich differenzierender Zielhierarchisierungen bildet. Dieser grundsätzlichen Priorität passen sich auch die Methoden und Medien an. Sie erhalten, ebenso wie der Lehrer, eine eigenständigere Rolle, sollen überprüfbar gemacht und mithin der Kontrolle und Veränderung zwecks Optimierung der Lernziele ausgesetzt werden. Insofern sind Medien nicht mehr neutrale Vermittlungsinstanzen und Methoden nicht nur Vermittlungstechniken mit dem alleinigen Ziel, Inhalte aufzuschließen.

Dieser neue Stellenwert von Medien und Methoden kommt im wesentlichen dadurch zustande, daß die Curriculumtheorie ihren didaktischen Entscheidungsrahmen durch möglichst umfangreiche empirische Kontrolle abzusichern sucht (vgl. FLECHSIG 1971, S. 243 ff.). So werden Unterrichtsmedien ebenso untersucht wie methodische Ansätze, vor allem etwa die unterschiedlichen Sozialformen des Unterrichts (vgl. ARMBRUSTER/HERTKORN 1979, CORELL 1971, DÖRING 1975, SCHALLENBERGER 1973, SCHREINER 1973). Der Hypothesenkatalog und die Kriterien der Untersuchung werden jedoch jeweils aus der vorher getroffenen Lernzielentscheidung gewonnen, und falls festgestellt wird, daß mit Hilfe bestimmter Medien und Methoden das Ziel nicht erreicht worden ist, wird nicht dieses selbst geändert, sondern allenfalls werden dessen Operationalisierung oder die Medien sowie die angewandten Vermittlungsformen ausgetauscht.

Die Priorität der Zielentscheidung sowie die mit ihr verbundene Hierarchisierung der Lernziele und der Kontrolle bereitet den Boden für die intensiv geführte Diskussion um das offene Curriculum (vgl. BRINKMANN 1974, BRÜGELMANN/BRÜGELMANN 1973, GARLICHS 1976).

Das Attribut „offen" will besagen, daß durch die am curricular gegliederten Lernprozeß Beteiligten oder von ihm Betroffenen, also Lehrer, Schüler, Eltern, interessierte Öffentlichkeit, durch Diskurs und Einbringung von Erfahrungen Veränderungen bewirken, also neue Entscheidungsmöglichkeiten eröffnet werden können. Die Priorität der Zielentscheidung bleibt zwar erhalten, und eine Interdependenz gegenüber methodischen und medialen Entscheidungen wird nicht eingeräumt. Mit der Öffnung des Entscheidungssystems ist jedoch eine neue Dimension gewonnen, weil jetzt – unter Ausnutzung des ursprünglich empirischen Ansatzes der Curriculumtheorie – Raum für die Zusammenarbeit verschiedener Institutionen ge-

schaffen worden ist und sich so auch der Stellenwert der medialen und methodischen Entscheidungen verändert.
Nun wäre freilich die empirische Wendung der Curriculumtheorie als Weiterführung des bildungstheoretischen Ansatzes der Didaktik kaum möglich gewesen ohne die vorausgegangene Auseinandersetzung um die Hinwendung zu Schule und Unterricht als einem pädagogischen Handlungsfeld. Pädagogische Tatsachenforschung, realistische Wende der Erziehungswissenschaft, Entwicklung und Übernahme empirischer Methoden auf Gebieten wie Lernpsychologie, Unterrichtsforschung, Sprachsoziologie sind einige Stichworte, die zwischen 1955 und 1965 Umfang und Richtung der Diskussion kennzeichnen (vgl. BECKER/JUNGBLUT 1972, BLANKERTZ 1969, DÖRING 1971, FAMILIENERZIEHUNG... 1973, GUKENBIEHL 1979, HOFER 1970, ROTH 1969, TAUSCH/TAUSCH 1977). Gegenüber der bildungstheoretischen Konzeption (vgl. KLAFKI 1959) mußte, obgleich die Betonung der Praxis dem zu widersprechen schien, eine theoretische Begründung der sich in Entwicklung befindlichen didaktischen Position erfolgen, die von der *Berliner Schule* um Heimann in Angriff genommen wurde und dann, durch den Verlauf der späteren Diskussion, ein wenig irreführend die Bezeichnung „lerntheoretische Richtung" der Didaktik erhielt. Auch hier muß auf eine allgemeine Kennzeichnung der Position verzichtet werden; wir wollen uns darauf beschränken, was der ursprüngliche theoretische Ansatz bei HEIMANN (vgl. 1962) und seine Fortführung bei Otto und Schulz (vgl. HEIMANN u. a. 1972) für den medialen und methodischen Aspekt im pädagogischen Handeln erbrachte.
Heimann charakterisiert unterrichtliches Handeln als Entscheidungsfeld und trennt dieses von Voraussetzungen und Bedingungen, die der Handelnde bei seinen Entscheidungen zu berücksichtigen hat, die er aber nicht beeinflussen kann. Dabei tauchen Medien und Methoden als selbständige Strukturelemente des Entscheidungsfeldes auf, wobei der Lehrer die Entscheidung fällt. Bei Heimann kann jedes einzelne Strukturelement des Entscheidungsfeldes Einfluß auf das andere ausüben. Damit bildet die Prioritätensetzung keine Grundsatzfrage mehr, sondern bleibt dem jeweiligen Entscheidungsprozeß überlassen. Die Interdependenz der einzelnen Elemente (Absicht, Gegenstände, Methoden und Medien) ist gekennzeichnet als Gleichgewichtigkeit und wechselseitige Abhängigkeit.
In der auf Heimann folgenden Explikation und Differenzierung des Strukturschemas wird aus dem Element „Medien" die „Medienwahl". Das ist ein bezeichnendes Detail, weil dadurch zwar nicht die Interdependenz, wohl aber die Struktur von „außen" und „innen", also von dem, was vom Lehrer entschieden werden kann, und dem, was er als Bedingungen für seinen Entscheidungsprozeß zu berücksichtigen oder auch - zumindest in seiner Funktion als Lehrer - hinzunehmen hat, berührt wird. Kann ein Lehrer nur zwischen Medien wählen, die von außen gesetzt sind, ist dies eine Angebotswahl, und infolge der Interdependenz sind Methodenentscheidungen nicht möglich, deren mediale Entsprechung in der Angebotspalette nicht enthalten sind (vgl. SCHULZ 1972).
Auch die Frage, ob es sich um ein offenes oder geschlossenes System von Entscheidungen handelt, bleibt vorerst ungelöst. Von der Antwort wird vor allem der methodische Aspekt berührt, weil geklärt werden muß, wie Planung von Lernprozessen und Methode korrespondieren. Die Öffnung der Planung gegenüber dem Lernenden ist im späteren Verlauf der Diskussion erfolgt (vgl. SCHULZ 1972, 1978) und entwickelt sich parallel zur Differenzierung der Curriculumtheorie durch das offene Curriculum. Der methodische Aspekt scheint sich dadurch zwangsläufig in Richtung auf Lernstrategien (vgl. HAUSMANN 1969) zu entwickeln, wobei wieder

beantwortet werden muß, wie Binnenentscheidungen und Außenbedingungen zu bestimmen sind.
Eine didaktische Konzeption, die auf dem Entscheidungsmodell der Berliner Schule basiert und deren Beziehungssystem durch die Übertragung kybernetischer Regelkreise auf das Geschehen im Unterricht gelöst hat, ist die *kybernetische Didaktik* (vgl. v. CUBE 1968, HEDER/SCHMID 1969). Bei ihr sind Medien und Methoden als Steuerungselemente fest in den Regelkreis eingebunden. Dieser bildet in sich ein geschlossenes System, das Lernen als informationstheoretisch begründbar annimmt. Für unseren Zusammenhang ist weniger der theoretische Ansatz interessant als vielmehr der Einfluß auf einen Teil der Medienproduktion und der methodischen Unterrichtsgestaltung (vgl. ALISCH/RÖSSNER 1978, EIGLER 1971, GIZYCKI 1980, LORBEER 1979, RADEMACKER 1974a). Die kybernetische Didaktik hat vor allem die Diskussion um den programmierten und den computerunterstützten Unterricht (CUU) sowie die Unterrichtstechnologie allgemein beeinflußt. Zwar ist es aus unterschiedlichen Gründen – vor allem wegen mangelnder Finanzierungsmöglichkeiten – um die damit verbundenen didaktischen Möglichkeiten still geworden, aber andererseits ist vorauszusehen, daß die Diskussion wiederaufgenommen und zu einer für den Unterricht insgesamt tragbaren Lösung geführt werden muß, wenn die Schule nicht an der zukünftigen Lebenswelt, verstanden als Berufs- und Freizeitbereich, vorbeiarbeiten will. Für unser Thema stellen computerunterstützter und programmierter Unterricht auch eine konzeptionelle Herausforderung dar, da methodische und mediale Aspekte bei dieser Form von Lernen nicht zu trennen sind.
In einem scheinbaren Gegensatz zum kybernetischen Modell steht die an Kommunikations- und Rollentheorie anknüpfende *kommunikative Didaktik* (vgl. BAACKE 1973, SCHAEFER/SCHALLER 1971). Da aber zumindest teilweise die theoretischen Grundlagen gleich sind (Informationstheorie), werden bei genauerem Hinsehen Parallelen sichtbar (Sender-Empfänger-System, Sprache als Handlungsfeld), auch wenn die Folgerungen unterschiedlich sind. Für unseren Zusammenhang ist der Gesichtspunkt wichtig, daß Kommunikationssysteme – seien sie verbaler oder nonverbaler Art, seien sie an Personen oder Gegenstände gebunden – nicht nur Informationen je unterschiedlicher Art für die einzelnen Mitglieder einer Gruppe transportieren können, sondern auch Handlungsfelder darstellen. So ist Sprache einerseits medial einsetzbar, das Sprechen aber andererseits auch Methode und Handeln. Hier deutet sich eine Möglichkeit systematischer Trennung von Medium und Methode an, die sich dem kommunikativen Ansatz der Didaktik entnehmen läßt. Darüber hinaus führt sie auch „Rolle" als ein neues Entscheidungsfeld ein, insofern als in jedem Kommunikationsprozeß die Beteiligten sich für eine Rolle entscheiden müssen, wobei die Frage zunächst offenbleiben soll, wieweit von außen vorgegebene institutionell abgesicherte Funktionen (Lehrer – Schüler) die Rollen im Unterricht bestimmen. Damit öffnet die kommunikative Didaktik Unterricht für prozeßhaftes handlungsorientiertes Lernen, aber sie steht in der Gefahr – hier ist die Diskussion durchaus noch nicht abgeschlossen (vgl. BÖNSCH 1970, HILLER 1973, SCHAEFER/SCHALLER 1971, WINKEL 1981) –, die didaktische Komponente zugunsten allgemeiner Kommunikationsfaktoren zu vernachlässigen oder die Zielentscheidung als normative Priorität zu setzen, um damit einen festen Punkt zu gewinnen, kommunikative Prozesse als didaktisch bestimmt zu legitimieren. So steht die kommunikative Didaktik hinsichtlich der Interdependenz der Strukturelemente grundsätzlich vor dem gleichen Problem wie der bildungstheoretische, strukturelle und kybernetischer Ansatz, auch wenn in ihrer Konzeption ein offener, unter Beteiligung aller Mitglieder der Lerngruppe ablaufender Findungsprozeß möglich bleibt.

Dieser mehr summarische als exemplarische Exkurs über einzelne Konzeptionen der Didaktik hat gezeigt, daß didaktisches Handeln durchgängig an Vermittlungsentscheidungen gebunden wird, wer auch immer sie treffen mag, in welchem Abhängigkeitsverhältnis auch immer sie geschehen mögen.
Bei allen feststellbaren Unterschieden in der Frage der Priorität oder des Ausgangspunktes stellt dieser Aspekt nicht nur die gemeinsame Grundlage der verschiedenen Ansätze dar, sondern zeigt auch implizit wie bei der Bildungs- und Curriculumtheorie oder explizit wie in der lerntheoretischen Didaktik, daß über die Formen und Wege sowie die Träger der Vermittlung Aussagen getroffen werden müssen (vgl. SCHULZE 1979). Ohne den Willen zur Vermittlung eines Gegenstandes oder Zieles, das heißt, ohne die grundlegende Entscheidung zu fällen, ob ein bestimmter Inhalt oder ein bestimmtes Ziel vermittelt werden soll, beginnt der didaktische Prozeß nicht. Damit ist die Entscheidung über die Vermittlung das auslösende Moment (vgl. BÖNSCH 1974). In dieser Entscheidung müssen aber die Formen der Vermittlung (Methoden) und ihre Träger (Medien, beteiligte Personen, Institutionen) immer schon mitbedacht werden. Geschieht dies nicht, bleibt die Frage nach Inhalten und Zielen Philosophie und eröffnet keinen Zugang zu einem pädagogischen Feld als Handlungsebene. Insofern kann als vorläufige Funktionsbestimmung von Medien und Methoden innerhalb pädagogisch organisierter Handlungszusammenhänge festgehalten werden, daß unter Medien alles verstanden werden soll, was als *Träger,* und unter Methoden, was als *Formen der Vermittlung* charakterisiert werden kann.

1.2 Die Begründung für die Notwendigkeit von medialer Vermittlung und methodischem Vorgehen in pädagogischen Handlungszusammenhängen

Ein Gegenstand (Inhalt) kann sich nicht selbst vermitteln. Wenn es scheinbar doch geschieht, beruht dies auf Übertragung oder der Fähigkeit dazu (Transfer), wobei ein Lernprozeß, das heißt ein Vermittlungsvorgang vorausgegangen sein muß.
Wenn ich ein Buch lese, so ist sein Inhalt der Lerngegenstand, die Absicht des Autors die Zielentscheidung, das geschriebene Wort der Vermittlungsträger, die Art des Umgangs mit Sprache die Vermittlungsform. Ich kann zwar den Lernprozeß jederzeit unterbrechen, indem ich meine Entscheidung für dieses Buch revidiere, denn es handelt sich hier nicht um eine Institution wie etwa Schule, aber ich setze mich der Entscheidungsstruktur aus. Die Beziehung zwischen dem Autor und dem Leser konstituiert ein pädagogisches Handlungsfeld. Die Entscheidung für das Buch sowie die Fähigkeit des Durchhaltens dieser Entscheidung ist jedoch nur durch Übertragung möglich. Ich habe nämlich nicht nur durch vielfältigen Umgang das Medium (Sprache) und seine Schriftform gelernt, sondern ebenso, Texte zu verarbeiten. Der Gegenstand ist in einen umfassenden Lernprozeß eingebunden, aufgrund dessen er „sich" mit den ihm eigenen Formen und Trägern vermitteln kann.
Ein Kleinkind, das erproben will, ob es selbständig auf einen Stuhl klettern kann, wird durch den Gegenstand angeregt und läßt sich ebenso wie der Buchleser auf einen Lernprozeß ein. Nachahmen, Zeigen, Unterweisen, Beobachten und viele andere methodische Grundkategorien können diese Animation ausgelöst haben, zum Lernprozeß wird der Vorgang erst durch die Entscheidung, es zu versuchen, und wer den Vorgang beobachtet, wird feststellen, wie der Versuch in viele methodische Schritte zerlegt wird. Auch hier ist also Handlung ein entscheidendes Kriterium, und zwar nicht nur der einmalige Entschluß, sondern dessen Durchhalten bis zum Ziel.

Jörn Wittern

Die Beispiele sind gewählt worden, um drei Zusammenhänge aufzuzeigen:
- Die gegenseitige Abhängigkeit der einzelnen Elemente, welche die jeweiligen Entscheidungen gliedern.
- Die Rollenverteilung im pädagogischen Handlungsfeld, in das Lehrer oder andere Unterweisende als Rollenträger nach allgemeinem Verständnis eingebaut zu sein scheinen. (Die Beispiele werden diese Rollenbestimmung im Hinblick auf die Funktion von Medien und Methoden erleichtern.)
- Lernen erfolgt nicht durch einen einmaligen Entscheidungsakt, sondern verlangt permanente Entscheidungen und steht mithin in einem Zusammenhang von Gelerntem.

Das Beispiel des Buchlesers zeigt besonders deutlich, daß ein Gegenstand, der selbst Medium ist, in seiner didaktischen Konstruktion der gleichen Entscheidungsstruktur unterliegt wie der Lernprozeß, in dem er beispielsweise als Lehrbuch oder Lektüre eingesetzt wird. Das Buch ist also selbst Ergebnis eines Entscheidungsprozesses in einem Handlungsfeld, es kann sogar an die Stelle des Unterweisenden treten und seine Funktion übernehmen. Das Medium ist mithin Träger von Inhalten, Zielen, Methoden und ihm eigenen Formen medialer Vermittlung, also nicht nur Ergebnis, sondern auch Auslöser von Entscheidungen, die zu Lernprozessen führen.

Der Stuhl ist in einem anderen Sinne Medium. Das Buch ist in unserem Beispiel sozusagen eindimensional verwendet worden. Dies liegt nahe, da der Leser weiß, was ein Buch ist, da kein Buch ohne die Absicht geschrieben wird, etwas zu vermitteln, und damit die Entscheidung, sich auf das Buch einzulassen, auch den freiwilligen Eintritt in einen vorgeformten, eventuell sogar geplanten Vermittlungsprozeß darstellt. Dies alles trifft auf den Stuhl nicht zu, denn um den im Beispiel angedeuteten Lernprozeß zu vollziehen, braucht das Kind den Stuhl nicht, um zu lernen, daß er ein Sitzmöbel darstellt, sondern um Bewegungsabläufe zu erproben. Es könnte dazu nicht nur einen anderen Gegenstand wählen, sondern den Stuhl auch zu etwas anderem benutzen, etwa als Spielmaterial. Die Mehrdimensionalität liegt also in der Art, wie das Medium konstruiert ist, in seinem Aufforderungscharakter. Allerdings können unsere Beispiele auch mit dem Alter oder dem Können, dem gelernten Umgang mit den Dingen erklärt werden; aber gerade diese Lernergebnisse rufen die Verengung des Entscheidungsspielraums hervor. Je deutlicher also ein Medium auf seine Vermittlungsabsicht hin konstruiert ist, je eindeutiger seine Einsetzbarkeit formal vorgeprägt ist, um so eher ist zufällige Verwendung, mithin auch zufälliges Lernen ausgeschlossen.

Diese Überlegung zeigt über die vorhin getroffene formalbegriffliche Trennung hinaus einen funktionalen Unterschied zwischen Medien und Methoden auf. Werden die Kletterversuche des Kindes unterbrochen und erfolgt durch Vorführen des Hinsetzens, durch begleitende sprachliche Erklärungen und nonverbale Zeichen die Unterweisung, so bleibt der Stuhl Medium, solange die Unterweisung anhält, und zwar durch die Entscheidung, einen Lernprozeß mit bestimmter Zielsetzung auszulösen. Das Medium wird eindimensional, sein Aufforderungscharakter geht verloren. Neu eingeführt aber wird Methode.

Welche Unterweisungsform auch gewählt wird, wenn eine Entscheidung für die Vermittlung gefallen ist, man kommt nicht ohne Methode aus. In diesem Sinne ist durchaus richtig, wenn betont wird, daß der Lehrer Methode haben muß, aber dies kann nur als allgemeine Regelforderung für jedes Handlungsfeld gelten, nicht nur für den Unterricht in der Schule (vgl. CHIOUT/STEFFENS 1971, DICHANZ 1979, L. ROTH 1972). Die Methodenentscheidung mag zwar nach der Zielentscheidung liegen, aber die Umsetzung in Handlung erfolgt erst durch sie, insofern ist Methode

immer eine Handlungsform und konstitutiv mit jedem pädagogischen Handlungszusammenhang verbunden. Da Methoden nur Formen vermittelnden Handelns sein können, müssen Personen oder Gegenstände, also Medien, zu Trägern beziehungsweise Vermittlern einer didaktischen Absicht, einer zielgerichteten Unterweisung werden, um pädagogische Handlungszusammenhänge entstehen zu lassen.
Das Beispiel des Kleinkindes zeigt, daß Lernen sich auch außerhalb pädagogischer Handlungsfelder vollziehen kann, Lernen innerhalb pädagogischer Handlungszusammenhänge aber an Methoden der didaktischen Unterweisung gebunden ist. In unserem Beispiel kann der Unterweisende sich völlig passiv verhalten. Sobald er den Stuhl als Aufforderung, sich damit zu beschäftigen, hinstellt, schafft er ein Medium und wählt eine Methode. Er baut durch seine Entscheidung einen pädagogischen Handlungszusammenhang auf. Dabei braucht er keine Zielentscheidung getroffen zu haben, sondern kann diese offenhalten und sich der Zielentscheidung des Kindes anpassen.
Damit ist die Funktionsteilung von Medium und Methode, aber auch deren doppelte Bedeutung deutlich. Methode kann sowohl die Form der Unterweisung als auch die Form des Lernens, der lernenden Aneignung eines Gegenstandes sein, bei den ersteren muß eine Zielentscheidung vorausgegangen sein, bei der letzteren nicht. Medium kann didaktisch konstruierte Vermittlung von Absichten, Inhalten und Methoden sein, andererseits aber auch ein Gegenstand, der allein durch sein Vorhandensein ohne jede Zielsetzung als Aufforderung wirkt und einen Lernprozeß auslöst. Daß dieser dann wieder in einem pädagogischen Handlungszusammenhang aufgefangen werden kann, stellt eine weiterführende Entscheidung dar.

1.3 Die Vorrangigkeit normativer Zielentscheidungen im pädagogischen Handlungszusammenhang und die Interdependenz didaktischer Entscheidungen als offenes System

Ein Streit um die Vorrangigkeit von Methoden- und Medienentscheidungen ist also ebenso müßig wie um die Priorität von Zielen und Inhalten, sofern es um den Stellenwert der Entscheidungsfelder überhaupt geht; denn eine Vorrangigkeit besteht nur in dem einzelnen Lernprozeß innerhalb eines pädagogischen Handlungsfeldes, sie besteht nicht allgemein. Trotzdem werden Zielentscheidungen Priorität haben müssen, wenn verhindert werden soll, daß die Entscheidungsfelder einen beliebig verwendbaren Regelkreis begründen. Dabei handelt es sich jedoch um Normentscheidungen. Sie sollen im Unterschied zu den Lern- oder Lehrzielen, die an den jeweiligen Lernprozeß gebunden sind, als Erziehungsziele bezeichnet werden (vgl. BREZINKA 1972; vgl. KLAFKI 1974, S. 13 ff.). Allerdings sind normative Entscheidungen über Erziehungsziele nicht wertneutral in ihrem Einfluß auf den Vermittlungsprozeß. Die Fähigkeit zu autonomem Denken und Handeln, die Bereitschaft zu kritischer Reflexion sozialer, politischer und ökonomischer Lebensbezüge verlangt andere Vermittlungswege als eine Erziehung, die auf den autoritätsgläubigen und auf kritische Transparenz verzichtenden Menschen ausgerichtet ist. Die gegenwärtig politisch geführte Diskussion um Erziehungsziele zeigt, daß die zuerst genannte Norm – obgleich sie seit Begründung des modernen Schulwesens in der Voraufklärung gefordert wird – noch immer Gefahr läuft, aufgehoben zu werden (vgl. KONEFFKE 1982, MUT ZUR ERZIEHUNG 1978). Im folgenden soll von ihr ausgegangen werden. Diese Klarstellung ist notwendig, weil Vermittlungswege, institutionelle Regelungen, Inhalts- und Lernzielentscheidungen, die der Normentscheidung nicht entsprechen, deren Realisierung verhindern können. Es ist also durchaus mög-

lich, Ziele im Sinne der Erziehung zum selbständig Handelnden, kritisch engagierten Individuum zu fordern, ihre Realisierung aber durch inadäquate Organisation von Schule, Methoden und Medien zu blockieren. Die Interdependenz der einzelnen Entscheidungselemente besteht also auch hier (vgl. BEST 1979, HUSÉN 1980).
Eine der Voraussetzungen für die Verwirklichung der genannten Normentscheidung besteht darin, das didaktische Entscheidungsfeld als offenes System anzusehen. Dies wird durch Lernziel- und Inhaltsentscheidungen nach außen, durch Methoden und Medien von innen her erreicht. Damit ist die Funktion der Planung von Lernprozessen und darin die Rolle der Methoden und Medien angesprochen. Planung wird vor allem im schulischen Unterricht deutlich, daher soll dieser als Beispiel für einen pädagogischen Handlungszusammenhang dienen.
Planung ist, für sich genommen, neutral. Man kann also nicht von einer offenen oder geschlossenen Planung von Unterricht sprechen. Daher müssen Methoden- und Medienentscheidungen als Bestandteile der Planung sowie deren Interdependenz zu den anderen Elementen des Entscheidungssystems genauer untersucht werden. Vorweg sei bemerkt, daß im Rückgriff auf die beiden Beispiele Unterricht und Lernprozesse nicht gleichgesetzt werden dürfen. Es gibt durchaus ungeplante Lernprozesse, das heißt zufälliges Lernen im Unterricht. Eine Fülle solcher Lernprozesse spielt sich dort ab – von der Lehrperson bemerkt oder nicht. Ein Merkmal des offenen Planungssystems besteht darin, diese Spannung nicht nur auszuhalten, sondern zufälliges Lernen zu fördern und aufzufangen. Die Begründung dafür liegt in der erzieherischen Normentscheidung. Ihre Zielsetzung kann nur erreicht werden, wenn Raum für selbständiges Lernen und damit für Irrwege, für Suchen und Finden, also für Zufälle gelassen, aber andererseits auch die Möglichkeit geschaffen wird, Lernen als methodische Aneignung des Gefundenen, des durch Zufall Entdeckten zu erfahren.
Diese Binnenstruktur des Systems haben Methoden und Medien mit zu sichern, denn methodisches Vorgehen im Sinne einer vollständigen Vorplanung durch den Unterrichtenden allein führt zu einem geschlossenen System von Entscheidungen und zum Medium als Hilfsmittel der jeweiligen Methode. Methodisches Vorgehen jedoch im Sinne der Organisation von Lernprozessen, wobei die jeweilige Unterrichtsstunde nicht immer als einheitlicher Lernprozeß zugrunde gelegt werden sollte, benötigt Medien, mit denen der Lernende selbständig umgehen und deren Vermittlung mehrdimensional wahrgenommen werden kann (vgl. WITTERN 1975a).
Die Bezeichnung *Organisation von Lernprozessen* ist aus drei Gründen gewählt worden. Einmal drückt der Begriff die Notwendigkeit permanter Entscheidungen aus. Zum zweiten läßt Organisation die Beteiligung aller Betroffenen zu, sie geht nicht von einer singulären Planungsinstanz aus. Zum dritten ist Unterrichtsplanung häufig festgelegt auf die Zeiteinheit einer Unterrichtsstunde. Lernprozesse aber sind, obgleich abhängig von Zeit, nicht von vornherein an bestimmte Zeiteinheiten zu binden, schon gar nicht, wenn sie eine Gruppe betreffen. Der Begriff Organisation läßt außerdem mehr Flexibilität in der Methodenentscheidung zu als vorher festgelegte Planung. Schließlich verändert sich auch die Funktion des Lehrers. Als Organisator muß er anbieten, bereitstellen, durch seine Methoden- und Medienentscheidung Lerngelegenheiten zu schaffen suchen. Als alleinverantwortliche Planungsinstanz muß er die Lernwege und -mittel weisen. Seine Planungsentscheidungen bestimmen das Unterrichtsgeschehen wesentlich unmittelbarer.
Die Schaffung von Lernchancen im Unterricht erfordert Medien, die nicht nur Informationen vermitteln, sondern Kommunikation stiften und Handeln auslösen können. Die Medien haben sich also der Normentscheidung anzupassen, damit das

genannte Erziehungsziel durch den Vermittlungsprozeß nicht gefährdet wird. Die Entscheidung, Unterricht als offenes System zu organisieren und damit auf rigide Vorplanung zu verzichten, ist noch nicht methodisch, denn die Methoden, durch die Organisation gesichert wird, müssen für sich gesucht und entschieden werden. Damit wird die Interdependenz zwischen Medien und Methoden deutlich. Sie geht auf die Vorentscheidung über das Erziehungsziel zurück. Sie bestimmt auch das Verhältnis zu den Inhalten und Lernzielen. Die anfangs erwähnte Hypothese über die Interdependenz der einzelnen Entscheidungselemente muß also modifiziert werden. Sie besteht aufgrund einer Zielvorstellung von dem, was erzieherisch durch Unterricht erreicht werden soll. Sie ist gegeben, weil jedes einzelne Entscheidungsfeld dieses Ziel gefährden kann, wenn es ihm gegenüber inadäquat ist und Unterricht dadurch dysfunktional wird.

Organisation von Lernen im Unterricht umfaßt mehr als die Entscheidung über Inhalte, Lernziele, Methoden und Medien. Sie ist an bestimmte räumliche und zeitliche Bedingungen, an einen Konsens der unmittelbar Beteiligten ebenso wie an eine grundsätzliche Übereinkunft im gesellschaftlichen, ökonomischen und politischen Umfeld gebunden (vgl. v. HENTIG 1973, LANGEVELD 1960, LOCH 1963, MANN 1973, ROTH 1968). Diese besteht darin, um des alle verpflichtenden Erziehungszieles willen die Organisationsentscheidung zu respektieren, wenn auch keinesfalls im einzelnen immer zustimmend zur Kenntnis zu nehmen. Der Lehrer hat seine Entscheidung nicht den von außen gesetzten Bedingungen anzupassen, sondern in seiner Lernorganisation darauf zu achten, daß keine Dysfunktionalität zwischen Erziehungsziel, Entscheidungsebene des Unterrichts sowie dessen Bedingungen in der Schule auftritt. Zu diesen Bedingungen gehören beispielsweise die zeitlichen und räumlichen Bedingungen ebenso wie durch den Lehrplan gesetzte Lernziele und Inhalte und der Zwang zur Zensur und Selektion (vgl. HIELSCHER 1972, PFEIFFER 1982, SOMMER 1983).

Ein Widerspruch zwischen Bedingungen und Erziehungsziel kann jedoch nur teilweise durch die dem Lehrer zur Verfügung stehenden Entscheidungsmöglichkeiten ausgeglichen werden. Aber er kann ihn (etwa als Gegenstand) über geeignete Medien und Methoden in den Lernprozeß vermitteln. Ob dies geschieht, hängt von seinem Berufsverständnis und der Entscheidung über seine Rolle im Lernprozeß ab. Trotz der Bemühungen des Lehrers kann ein Widerspruch aber das Erziehungsziel gefährden. Insofern ist Unterricht als Organisationsfeld unmittelbar von den Bedingungen abhängig. Organisation von Lernprozessen erfordert also – auf unser Beispiel „Schule" bezogen – eine Entscheidungslehre, die sowohl das ihr unmittelbar zugehörige Feld (Unterricht) als auch die Entscheidungsebenen berücksichtigen muß, durch die die Bedingungen für Lernen geschaffen werden.

1.4 Die Interdependenz von Medien und Methoden im Unterricht als offenes Handlungssystem

Daraus ergibt sich die Frage, wie Medien und Methoden aufeinander bezogen sind und ob sich eine Systematik für diesen Bezug aufzeigen läßt. Außer der bisher für Methoden genannten formalen und funktionalen Bestimmung sollen drei Entscheidungsebenen voneinander getrennt werden:
- Die *Mikroebene,* auf der über Formen des Vorgehens in Einzelabschnitten des Unterrichts entschieden wird. Der Methodenwechsel im engeren Sinne, die Rituale der sozialen Interaktion zwischen Lehrer, Einzelschüler und Lerngruppe, die meistens so eingeschliffen sind, daß sie der Entscheidungsebene entzogen zu

sein scheinen, sprachliche Gewohnheiten, nonverbale Riten (etwa der Disziplinierung) durch Gesten, Blickkontakte und ähnliches gehören in diesen Zusammenhang. Der Lehrer muß sich nicht nur bewußt sein, daß die hier gemeinten Formen von Interaktion und Kommunikation zur methodischen Entscheidung gehören, sondern auch, daß eingeschliffene Formen – sosehr sie Kontinuität sichern und damit positiv wirken können – der ständigen Überprüfung und Neuentscheidung bedürfen (vgl. EDELSTEIN/HOPF 1973, WELLENDORF 1973). Zur Mikroebene gehören auch alle Anweisungen und Übereinkünfte, die Arbeitstechniken und Arbeitsabläufe im Unterricht betreffen. Diese zählen zu den methodischen Entscheidungen, weil sie, vom Lehrer aus gesehen, Formen des Arbeitens bestimmen und, vom Schüler aus, Arbeitsformen erlernbar machen.

- Die *mittlere Entscheidungsebene* betrifft weniger methodische Techniken und Rituale als mehr Vermittlungsformen der Unterrichtsgegenstände, so beispielsweise Entscheidungen über die Art der Einführung in umfangreichere Lerngebiete, die Motivationsimpulse oder die Sozialformen für einzelne Arbeitsabschnitte oder die Vorgehensweisen bei zusammenhängenden Fachgebieten, etwa beim Erstleseunterricht oder bei der Textgestaltung. Auch die Formen der Durchführung von Lernkontrollen gehören in den mittleren Entscheidungsbereich.
- Die *Makroebene* betrifft in erster Linie den Bezug zum Erziehungsziel, daher fallen hier die im eigentlichen Sinne lernstrategischen Entscheidungen über die Grundformen der Vermittlung bis hin zu den Kooperationsarten innerhalb einer Lerngruppe. Sie reichen über einzelne Unterrichtsstunden, sogar über Lerneinheiten hinaus und beziehen die Methoden von Interaktion und Kommunikation ein, die einen pädagogischen Handlungszusammenhang konstituieren. Je nach den Erfordernissen können zwar kurzfristige Änderungen auf der Mikroebene erfolgen, aber methodische Grundentscheidung besagt, daß die damit festgelegte Sozialform immer wieder durchschlägt und nicht nur vom Lehrer, sondern auch von den Schülern als bestimmende Arbeits- und Kommunikationsform anerkannt wird.

Die drei Ebenen umreißen eine horizontale Gliederung der Methoden. Die Verbindung zu den Medien stellt ein vertikal dazu verlaufendes Schema her, das die drei Ebenen durchzieht, auf allen präsent sein muß und pädagogisches Handeln bestimmt. Die einzelnen Elemente sollen als didaktische Handlungsphänomene bezeichnet werden, denn sie bilden Bestandteile jedes pädagogischen Handlungszusammenhanges, auch des unterrichtlichen Lernprozesses. So ist zum Beispiel das *Zeigen* in verschiedenen Formen ein methodisches Prinzip des didaktischen Tuns, sei es, daß Gegenstände oder Abbilder vorgewiesen werden, sei es, daß Realbegegnungen herbeigeführt werden oder mit Worten und Gestik ein Sinnzusammenhang deutlich gemacht wird (vgl. EICHBERG 1972; vgl. GIEL 1969, S. 51 ff.). Das Zeigen ist aber auf ein Medium angewiesen, um sich zu vermitteln, wobei der Medienbegriff auch auf die Person ausgedehnt werden muß.

Ein ähnliches didaktisches Phänomen stellt das *Vergleichen* dar. Wie Zeigen ist es an Ziel und Inhalt gebunden und kann von allen am Lernprozeß Beteiligten aufgenommen werden. Die Voraussetzung ist, daß sie, ähnlich wie beim Zeigen, über Informationen verfügen und diese über Medien vermitteln.

In diesen Kontext gehört auch das Prinzip von *Versuch und Irrtum* und, eng damit zusammenhängend, das *Entdecken* und damit *Lernen als Prozeß,* als Handlungsvorgang aufeinanderfolgender Entscheidungen und selbständig erworbener Erfahrungen. Entdecken über Versuch und Irrtum ist keine Methode, bei der das zu Entdeckende durch den Lehrer oder gegenständliche Medien bereitgestellt wird. Soll

der Schüler einen echten Handlungszusammenhang erfahren, dürfen Lehrer oder andere Experten sowie die eingesetzten Medien nicht als Voraussende erscheinen. Erforderlich sind daher für alle in gleicher Weise unbekannte und unerwartete Handlungs- und Sachzusammenhänge, die den Lehrer auch als Suchenden zeigen und dem Irrtum aussetzen. Ein in diesem Sinne konzipiertes Medium oder ein medial ausgestatteter Handlungsbereich muß also unfertige Informationen und Handlungsanweisungen enthalten, damit das Entdecken nicht nur scheinbar ist.
Neben der Gruppe von didaktischen Handlungsphänomenen, die in erster Linie der Weiterleitung und Erarbeitung von Sachinformationen im weitesten Sinne dienen, steht eine andere Gruppe, die eher den kommunikativen Handlungszusammenhang des Lernfeldes betrifft. Hierher gehören beispielsweise Beratung, Zuspruch, Abwarten und Mitteilen (vgl. BOLLNOW 1959, BOLLNOW u. a.1969). Auch diese stellen Gestaltungs- und Vermittlungsformen pädagogischer Handlungsfelder dar, weil sie wie die in der ersten Gruppe genannten, nicht ohne Inhalte und Zielbezüge auskommen und auf Lernen ausgerichtet sind. Daß man weniger bereit ist, sie unter Methoden zu subsumieren, liegt vermutlich daran, daß Methoden in der Regel als Weg der Aneignung informativen Wissens verstanden werden. Methoden stellen aber auch die Strategie für das Lernen in sozialen Bezügen dar (vgl. SCHULZE 1978, S. 19 ff.). In diese Strategie gehört die psychosoziale und therapeutische Komponente. Sie macht „Methode" didaktisch im Sinne des Erziehungszieles, wie etwa Zuspruch und Abwarten als systematisches Element der strategischen Gestaltung von Lernprozessen erst den Begabungsbegriff im Sinne Roths umzusetzen vermögen (vgl. HUSÉN 1975; vgl. ROTH 1960, 1969, 1968/1971). Denn damit erfolgt der bewußte Einbau anthropologisch bestimmter Voraussetzungen in die methodische Entscheidung, so etwa daß Lernen an unbestimmbare Zeit gebunden ist, während Unterricht darauf basiert, daß Lernen sich in einer gesetzten Zeiteinheit vollziehen muß.
Die genannten Phänomene und Entscheidungsebenen systematisieren nicht nur Methoden, sondern auch Medien, zumindest deren Konstruktion. Einen Film im Unterricht zu zeigen (unter der Voraussetzung, daß Film nicht selbst Unterrichtsgegenstand ist) stellt eine Entscheidung für ein Medium dar (Einsatzentscheidung) und ist eine methodische Entscheidung, weil das Thema nicht durch Eigenanschauung oder Ähnliches erarbeitet wird. Der Film selbst aber kann nach didaktischen Gesichtspunkten, also unter Beachtung der hier gemeinten Phänomene und Entscheidungsebenen, konstruiert sein, oder er kann diese außer acht lassen (Konstruktionsentscheidung) (vgl. WITTERN 1975, S. 48 ff.). Beides stellt Lehrer und Gruppe vor unterschiedliche Verarbeitungsprobleme im Hinblick auf den ermittelten Gegenstand und die Verwendung des Mediums. Innerhalb des Bezugssystems besitzen also einige Elemente eine unterschiedliche mediale Affinität, Zeigen etwa eine andere als Beratung und Zuspruch.
Die zweite Ebene des medialen Aspekts wurde schon angedeutet. Jedes Medium vermag Lernprozesse auszulösen, die außerhalb der Planung eigenständig verlaufen. Es kann infolge seines Aufforderungscharakters ein didaktisches Eigenleben entfalten. Falls sich die so entstandenen Interessen im Unterricht artikulieren, bedarf es neuer oder auch permanenter methodischer Entscheidungen über das weitere Verfahren. Insofern hat jedes Medium eine im eigentlichen Sinne offene Struktur innerhalb des didaktischen Entscheidungsfeldes, da die sich aus ihm möglicherweise entwickelnden Lernanstöße für den Lehrer unplanbar sind.
Diese strukturell mit dem Medium verbundene Unplanbarkeit kann grundsätzlich nicht beseitigt, nur abgemildert werden, und zwar außer durch die methodische Entscheidung zur Einhaltung des Plans durch die Konstruktion des Mediums selbst.

Damit ist als dritte Ebene des medialen Aspekts die der Entscheidung über die didaktische Konstruktion angesprochen. Dabei werden alle Felder des didaktischen Entscheidungsprozesses durchlaufen. Allerdings ist die Konstruktion eines Mediums keine Garantie für eine adäquate Einsatzentscheidung. Jedoch ist die Affinität zwischen bestimmten Medien und bestimmten Methoden evident. So sind zum Beispiel alle Medien, welche die Stelle des vor der Klasse unterrichtenden Lehrers einnehmen, etwa Filme, Folien und Dias oder Projektoren, die durch die Lerngruppe nicht veränderbar sind und vor allem die Funktion haben, Informationen zu transportieren, besonders für den Frontalunterricht geeignet. Andere Medien, an denen gearbeitet werden kann, die verändert werden dürfen und ihren Aufforderungscharakter betonen, können besonders gruppen- und handlungsorientierten Unterricht fördern (vgl. SCHÜLER 1982; vgl. SCHULZE 1979, S. 47 ff.).
Auch die Konstruktionsentscheidung vermag die zweite Ebene des medialen Aspekts nicht so zu überspielen, daß ein geschlossenes Medium entsteht. Selbst ein Unterrichtsprogramm, das über Computer gesteuert wird, kann seinen Aufforderungscharakter nicht verleugnen. Geschlossene Unterrichtsformen können mithin zwar durch entsprechend konstruierte Medien unterstützt, aber letztlich nur durch methodische Entscheidung abgesichert werden. Der Grund für diese prinzipielle Offenheit von Medien liegt in erster Linie in der Lernbiographie der Beteiligten. Jedes Mitglied einer Lerngruppe bringt in die Beschäftigung mit einem Medium die Geschichte seiner gelernten Erfahrungen ein. Außerdem sind Medien, auch wenn sie bewußt eindimensional konstruiert sind, nicht eindeutig, weil Zeichen, Begriffe oder Bilder für den einzelnen, und sei es nur in Nuancen, unterschiedliche Bedeutung besitzen können.
Ein am Erziehungsziel orientiertes Medium darf nicht nur Informationen vermitteln, sondern muß Kommunikation stiften und zu Handlung anregen oder selbst Handlungsgegenstand sein. Erfüllt es diese Anforderungen, wird dadurch die selbständige Methodenentscheidung nicht überflüssig, weil sie dem Medium und seiner Konstruktion adäquat sein muß. Sonst kann das Medium entweder nur teilweise eingesetzt werden, oder es ist von seiner Konstruktion her überfordert, und der Lehrer oder die Gruppe müssen durch Kombination mehrerer Einzelmedien oder durch eigene Konstruktion ihrem Lernprozeß adäquate Medien schaffen und dadurch in einen handlungsorientierten Lernprozeß eintreten.
Die Handlungsorientierung kann als Beispiel für methodische Grundentscheidung gelten. Sie geht auf die Überlegung zurück, daß der Transfer in die Zukunft (auch von Inhalten und Lernzielen) am besten durch frühzeitige und kontinuierliche Gewöhnung und Übung selbständiger Entscheidungen und, in einem jeweils festzulegenden Rahmen, von selbst zu verantwortendem Handeln zu sichern sei (vgl. BÖNSCH/SCHITTKO 1979, GARLICHS/GRODDECK 1978). Diese Qualifizierung stellt eine Normentscheidung im Sinne des Erziehungsziels dar. Sie ist „emanzipatorisch", da sie kritisch-rationale Autonomie als Erziehungsziel anstrebt, eine Vorstellung, die seit dem 17. Jahrhundert die aufklärerisch ausgerichtete, politisch gesehen, die demokratisch-liberale Erziehung bestimmt und die bis in die Gegenwart, wie die aktuelle Diskussion ausweist, gegenläufige Tendenzen ausgelöst hat (vgl. KONEFFKE 1982).
Daher ist der Kampf für pädagogische Methoden, welche die genannte Norm erfüllen und die angestrebte Qualifikation fordern, und für Medien, durch die sie vermittelt werden, das heißt also letztlich für einen didaktischen Entscheidungsprozeß ohne Widerspruch gegenüber der erzieherischen Normentscheidung auch immer eine politische Auseinandersetzung, aus der der Lehrer, in der Tradition der

Aufklärung stehend, das Bewußtsein für die Erfüllung seiner Berufsrolle und seiner gesellschaftlichen Funktion gewinnen kann. Handlungsorientierung als eine Gestaltungsform didaktischer Vermittlung ist mithin eine methodische Grundentscheidung, welche die Übereinstimmung des Entscheidungsfeldes mit dem Erziehungsziel herstellen soll. Sie kann dies nicht allein bewirken und benötigt, wie alle Methoden im pädagogischen Handlungszusammenhang, die Medien als Träger der Vermittlungsfunktion.

Der häufigste Einwand gegen das handlungsorientierte Vorgehen betrifft die Zeitaufwendigkeit. Das Verhältnis von Lernen und Zeit bestimmt sich zum Teil aus dem Erziehungsziel. Geht man von der Hypothese aus, daß das zukünftige Handeln des Zöglings durch Inhalte und deren Aneignung bestimmt wird, muß eine festgelegte Menge von Inhalten in einer begrenzten Zeit vermittelt werden, da der inhaltliche Kanon erst jenseits des Abschlusses (man beachte dazu die verschiedenen „Reife"-Grade der einzelnen Schularten) für Handeln relevant wird. Der andere Teil des Verhältnisses von Lernen und Zeit wird institutionell bestimmt. Auf ihm beruhen im wesentlichen die Selektionsmechanismen der Schulen bis in die zeitliche Festsetzung für einzelne Stunden, Lernabschnitte und Tests hinein.

Geht man aber von der Hypothese aus, daß zukünftige Handlungsfähigkeit durch Lernen in Handlungszusammenhängen erreicht wird und diese so selbständig wie möglich zu organisieren seien, so wird die Lernzeit mit der Handlungsdauer identisch. Wir haben schon darzulegen versucht, daß mit dieser Grundentscheidung Methoden und Medien einen anderen Stellenwert erhalten. Aber ihr Verhältnis zu den Inhalten und Zielen ist unter der Prämisse des Erziehungsziels nur dann zu erklären, wenn die unterschiedliche Zeitrelation der beiden didaktischen Ansätze deutlich ist. Der Vorwurf der Zeitverschwendung trifft also nur, wenn die Priorität auf der Vermittlung eines inhaltlichen Kanons in festgelegter Zeit liegt. Er trifft nicht mehr, wenn der Vermittlungsweg (Methoden und Medien) zum Lerninhalt und der adäquate Zugang zu Inhalten und Zielen anhand dieses Weges erfahren und entschieden wird. Der Zeitaufwand wird, das zeigen die Erfahrungen mit handlungsorientiertem Vorgehen immer wieder, geringer, je mehr man lernt, wie die Lernwege zu organisieren sind und welche Entscheidungen getroffen werden müssen (vgl. BRÜGELMANN 1982, KEMPER 1981, NUHN 1982, RAMSEGER 1977, STEINTHAL 1981, STRUCK 1980). Dadurch entsteht auch ein Kanon von Inhalten, aber nicht einheitlich, sondern vielschichtig und damit kommunikationsfördernd.

1.5 Die Systematik von methodischen Grundentscheidungen und ihre medialen Aspekte

Das Erlernen des Umgangs mit an gegenständliche oder personale Träger gebundenen Informations-, Kommunikations- und Handlungsformen ist schon Lernziel, nicht in erster Linie die Information selbst. Insofern kann der Weg zum Inhalt des Lernprozesses werden. Wenn der Lehrer beispielsweise ein Spiel einsetzt, trifft er sowohl eine methodische als auch eine mediale Entscheidung: medial, weil jedes Spiel die drei genannten Elemente transportieren kann, methodisch, weil eine bestimmte Form der Aneignung von Inhalten und Verhaltensweisen erprobt beziehungsweise eingeübt wird. Spiel, konsequent durchgeführt, ermöglicht im Sinne curricularer Lernzielorientierung nur zufälliges Lernen. Auch beim sozialen Lernen ist in der Spielsituation Konkurrenz- und Aggressionsverhalten genauso erfahrbar wie Gruppensolidarität und Partnerschaft. Ein Spiel kann zwar als Medium für Lernprozesse konstruiert sein und sich auf einen Gegenstandsbereich beschränken, so daß die Beschäftigung mit einem bestimmten Inhalt nahegelegt wird, aber grundsätzliche Phänomene des Spiels, etwa Abbruch und Neuanfang, Abänderung von Regeln und Material, lassen sich nicht ausschalten, es sei denn, man nimmt dem Spiel seinen spielerischen Charakter (vgl. DAUBLEBSKY 1973, FLITNER 1972, GOFFMAN 1973; vgl. HECKHAUSEN 1978, S. 133 ff.). Damit ist ein Stichwort für den Bezug des Spiels zur Methode gefallen. Methode kann spielerisch sein, das heißt, sie nimmt die Phänomene des Spiels als Elemente auf und setzt sie als Form der Annäherung ein. Sie ist auch ohne Spielmaterial, das heißt ohne Spiel als Medium möglich und kann auf ganz andere Vermittlungsträger zurückgreifen. Jede Methode ist spielerisch, sofern sie im Hinblick auf den Ausgang des Lernprozesses offen, also nicht auf den kontrollierbaren Erwerb eines vorgeplanten Inhalts ausgerichtet ist. Immer wenn die Methode beispielsweise die Änderung geplanter Inhalte oder Zielentscheidungen wegen eines Interessenwandels innerhalb der Lerngruppe erlaubt, weist sie spielerischen Charakter auf.

Sich einem Gegenstand oder einem Thema spielerisch oder durch das Medium Spiel zu nähern, wird bei jüngeren Kindern eher geduldet als bei älteren. Als Sozialisationseffekt, also nicht nur durch die Schule, vollzieht sich diese Entwicklung auch im Selbstverständnis des Heranwachsenden. Für ältere Schüler und für Erwachsene wird Spiel als Medium und spielerische Erschließung als Methode (etwa Planspiele in der Managerausbildung) höchstens als Auflockerung, als Vorstufe einer Ernstsituation eingeschätzt. Spiel wird so zum Motivationsinstrument (vgl. ABT 1970, BUDDENSIEK 1979, FREUDENREICH 1979, SCHÜTZENBERGER/ARFEUIL 1976). Analog steht daher spielerisches im Widerspruch zu systematischem Lernen. Darin kommt sowohl ein Inhalts- als auch ein Methodenverständnis zum Ausdruck. Daß viele Inhalte spielerisch und damit in Übereinstimmung mit dem Erziehungsziel vermittelt werden könnten, steht außer Frage. Daß der Schüler lernen muß, einen Gegenstand systematisch zu bearbeiten, ist ebenso unbestritten. Der Gegensatz kann aufgehoben werden, weil das Spielerische Systematik besitzt. Allerdings handelt es sich nicht um die Systematik, die von Wissenschaften für sich selbst in Anspruch genommen und als Inhalt in das korrespondierende Schulfach transportiert wird. Sobald aber die Systematik einer Wissenschaft Methoden und Inhalte eines Schulfachs didaktisch weitgehend bestimmt, entsteht der Widerspruch zum Spielerischen als Methoden- und zum Spiel als Medienentscheidung.

Spiel kann also im herkömmlichen Sinne dann Medium sein, wenn es Inhalte systematisch transportiert und damit nicht oder nur begrenzt offen ist. Methode stellt Spiel nicht dar, sondern das „Spielerische", das heißt eine handlungsorientierte Form der Annäherung, der Durchführung, des Erfassens von Wirklichkeit und Zusammenhängen, wo mehr dem Zufall (als Prinzip: alles dem Zufall) überlassen wird als dem Plan und damit eine eigene, didaktisch am Erziehungsziel ausgerichtete Systematik Platz greift. Wenn Methode als Entscheidung über Handlungswege verstanden werden kann, ist Medium, wie Spiel als Beispiel zeigt, Mittel des Tuns und steht als Mittler zwischen Plan, Inhalten, Absichten und Handlung.

Wie Spiele stellen auch audiovisuelle Medien, ob aus einer didaktischen Konstruktionsentscheidung hervorgegangen oder nicht, sowohl Träger von Informationen als auch eine Methode der Annäherung und Erarbeitung eines Inhalts dar. Die visualisierende oder auditive Umsetzung eines Inhalts kann eine Methode der Darstellung, aber auch der informatorisch-systematischen Erarbeitung sein. Wird ein Film als Informationsträger eingesetzt, handelt es sich um den medialen, wird er oder eine andere Visualisierungsform – zum Beispiel innerhalb projektorientierten Unterrichts – von der Lerngruppe erarbeitet, um den methodischen Aspekt eines in diesem Fall handlungsorientierten Lernprozesses. Baut ein Lehrer die Heranführung an Inhalte und die Bearbeitung des Stoffes auf verschiedene Formen von Visualisierung auf, bezieht er Realbegegnungen und Anschauungsmaterialien ein, fällt er eine methodische Grundentscheidung innerhalb eines pädagogischen Handlungszusammenhangs. Die Entscheidung für einen bestimmten Film, eine Bildreihe oder ähnliches macht dagegen die Medienentscheidung aus (vgl. HOLSTEIN 1973; vgl. SCHULZE 1979, S. 97f.).

Medien, die in erster Linie verbal-schriftlich ausgerichtet sind, werden vor allem als Informationsträger angesehen und eingesetzt. Sie kommen in der Regel durch ihre Konstruktion einem derartigen Einsatz entgegen. Bei der Entscheidung, Realität durch Schriftlichkeit zugänglich zu machen, handelt es sich ebenso um eine methodische Grundentscheidung der Makroebene wie die, Gleiches durch Visualisierungsformen oder spielerisch-handlungsorientiert zu vermitteln. Indem man sich also, sei es als Lehrer, sei es in einem selbstorganisierten Lernprozeß, für den Einsatz eines verbal-schriftlichen Mediums entscheidet, trifft man einerseits eine methodische Grundentscheidung, die alle anderen Ebenen bestimmen kann, andererseits begegnet man im Medium selbst, in der programmierten Form ist dies am deutlichsten, Methoden, denen man folgen muß oder, genauer, auf deren Nachvollzug hin das Medium konstruiert ist. So werden in den meisten Lehrbüchern, abgesehen von Methoden der didaktischen Aufbereitung, wissenschaftlich-methodische und „systematische" Darstellungs- und Vermittlungsformen wie selbstverständlich mitverwendet.

Mithin zeichnen sich auf der Makroebene neben den schon genannten folgende vier Bereiche als methodische Grundentscheidungen ab, die jeweils die ihnen entsprechende mediale Komponente aufweisen: das *Spielerische,* die *visualisierenden Formen,* die *verbal-schriftliche Vorgehensweise* und, auf diese wird in anderem Zusammenhang noch einzugehen sein, die *personal-sprachlichen Formen.* Wenn man diese Systematik akzeptiert, erhält der vorhin erwähnte Methodenwechsel zusätzliche Bedeutung. Er spielt sich dann nämlich nicht mehr nur auf der Mikroebene ab, sondern stellt sich als didaktische Strategie mit einer umfassenden Zielsetzung dar, nämlich wie durch Vermeidung einseitig ausgerichteter Vermittlung eine methodisch und medial breit gefächerte Erfassung von Inhalten ermöglicht werden kann. Die in unseren Schulen vorherrschende verbal-schriftliche Vermittlungsform, durchsetzt mit bestimmten Arten sprachlich-personaler Kommunikation, deckt sich lediglich teilweise mit den im außerschulischen Bereich vorherrschenden Medien und stellt daher in zunehmendem Maße einen nur noch für das System Schule gültigen Methoden- und Medienbereich dar. Sie bewirkt auch, daß die an schulischen Lernprozessen Beteiligten ein einseitiges Verhältnis zur Annäherung an Realität und zu Bewußtseinsinhalten entwickeln. Außerdem wird durch den Mangel an handlungsorientierten Medien und Methoden das häufig beklagte Defizit verstärkt, Inhalte auch emotional und sozial adäquat einzuordnen.

Dabei muß beachtet werden, daß Methode als an Zeit gebundenes Vorgehen nur ein zeitliches Nacheinander erlaubt, Medien aber durch ihre Konstruktion Gleichzeitigkeit, beliebig häufige Rückschau, individuelle Zeitfolge des Lernens sowie das Ineinander der einzelnen Grundbereiche und Sozialformen koppeln können.

Jörn Wittern

2 Mediale und methodische Aspekte der Interaktion

2.1 Die systematische Einordnung von Interaktionsformen als personale Methodenentscheidung

Infolge der Handlungsorientierung des pädagogischen Feldes entsteht die Frage nach den Interaktionsformen im Unterricht (vgl. BROPHY/GOOD 1976; vgl. THURNER 1981, S. 32 ff.). Sie betrifft in erster Linie den Lehrer, weil er, was die Form seiner Rollenwahrnehmung angeht, Entscheidungsträger ist. Didaktisches Entscheidungsfeld ist seine Rolle allerdings nur, sofern die Funktion des Unterweisens, des Lehrens betroffen ist. Die staatlich-soziale Funktion läßt keinen Entscheidungsspielraum zu, es sei denn darüber, wie sie in das Interaktionsfeld eingebracht wird. Auch darin kann ein methodisches Moment liegen.
Die erstgenannte Rollenfigur, die auch in der Berufsbezeichnung „Lehrer" zum Ausdruck kommt, fällt in den theoretischen Rahmen der didaktischen Erörterung und den systematischen der Entscheidungsstruktur. Sie spielt, unter Anerkennung dieses Rahmens, auf zwei Ebenen. Die eine wird vor allem sichtbar im handlungsorientierten Unterricht, die zweite bei der Wahrnehmung der personal gebundenen Gruppe der methodischen Grundphänomene (etwa Beratung, Zuspruch, Mitteilung) sowie im personal-sprachlichen Aspekt des medialen und methodischen Bereichs. Damit öffnet sich ein weites Feld didaktischer Entscheidungen, die von der zweiten Rollenfigur, des Trägers staatlicher Funktionen, getrennt betrachtet werden müssen und unseren Zusammenhang berühren (vgl. COMBE 1972, DÖRING 1975, GROOTHOFF 1972, v. HENTIG 1981, MOLLENHAUER 1975).
Der handlungsorientierte Lernprozeß verlangt je nach der Lernsituation die Fähigkeit zum Rollenwechsel. Der Lehrer muß beispielsweise ebenso Informator wie Mitlernender, Organisator oder Schiedsrichter und Unterweisender sein können. Er muß entscheiden, welche Situation welche Rolle von ihm verlangt. Dadurch bringt er sich als Person ein. Rollenwechsel, wie er hier gemeint ist, kann selbst nicht als Methode bezeichnet werden. Er ist vielmehr Folge einer methodischen Entscheidung, wobei die Art und Weise, wie die Rolle wahrgenommen wird, den methodischen Aspekt ausmacht. Die Zurücknahme der Lehrerrolle, etwa bei der Eingliederung in die Diskussionsrunde einer Klasse, kann als methodische Entscheidung gelten und gehört innerhalb der Systematik zur Mikroebene. Der hier gemeinte Rollenwechsel ist jedoch Folge einer methodischen Grundentscheidung, nämlich den Lernprozeß handlungsorientiert zu organisieren. Er stellt insofern eine eigene didaktische Entscheidungsstruktur dar, als die dysfunktionale Wahrnehmung der Lehrerrolle den Lernprozeß um seine Wirksamkeit im Hinblick auf das Erziehungsziel bringen kann. Im übrigen ist der Rollenwechsel nicht auf den Lehrer beschränkt. Gerade im handlungsorientierten Lernen müssen Schüler, möglicherweise auch Eltern und andere Erwachsene die gleiche Bereitschaft aufbringen. Sie macht die Interaktion zwischen den am Lernprozeß Beteiligten aus (vgl. BRELOER/WITTENBRUCH 1981; vgl. SCHLEICHER 1972, 1973).
Die vorwiegend personal gebundenen Grundphänomene, wie Beratung, Zuspruch, Mitteilung, gehören zum methodischen Bereich, weil sie Arten der Interaktion zwischen den am Lernprozeß Beteiligten darstellen. Allerdings handelt es sich hierbei um eine andere Ebene des Umgangs als die ritualisierte, die sich vor allem auf der methodischen Mikroebene abspielt und sich, was „Zuspruch" betrifft, beispielsweise in gewohnheitsmäßigen und vom Schüler schon erwarteten Formen des Lobens und Tadelns äußert (vgl. BEISENHERZ/FEIL 1982, SADER 1979, TAUSCH/TAUSCH 1977,

WAGNER-WINTERHAGER 1982, WELLENDORF 1973). Findet dagegen persönliche Zuwendung statt, so zählen ihre Formen zur Methode, die Entscheidung, ob sie überhaupt geschieht, zur Rollenwahrnehmung als Struktur des didaktischen Entscheidungsfeldes. Der Lehrer muß entscheiden, ob er auch die Seite seiner Rolle wahrzunehmen bereit ist, die, wenn nötig, bis in die Sozialtherapie reicht. Die Formen, die er wählt, bestimmen die Interaktion, den Umgang in der Lerngruppe und bilden damit eine Grundlage für das Gelingen methodischer Ansätze des Unterrichts.

Die Zugehörigkeit zur Methode läßt sich auch an einfachen Beispielen, die in der täglichen Unterrichtspraxis zu beobachten sind, rechtjertigen. Beratung besitzt nicht nur eine andere Qualität des sozialen Umgangs, sondern auch der didaktischen Absicht als etwa Anweisung oder gar Befehl. Letztere wollen Handeln auslösen mit dem Ziel, den Angewiesenen zum Befolgen der Anweisung, im optimalen Fall unter Bejahung des Inhalts, zu veranlassen. Beratung aber besitzt eine andere didaktische Qualität, weil sie den Partner in die offene Entscheidung führt, ob er dem Rat folgen will oder nicht. Sie entspricht damit der Erziehung zum selbständigen Handeln. Ob sich der Lehrer für diese Form von Beratung entscheidet und nicht nur die Anweisung als rituellen Sprachgebrauch in den „guten Rat" kleidet, ist methodische Entscheidung, die der Gestaltung des gesamten Unterrichts entspricht. Der Lehrer vermittelt dadurch Formen der Kommunikation für den sozialen Umgang. Darin liegt die Berechtigung, die Formen der Interaktion innerhalb des pädagogischen Handlungszusammenhangs als methodisch einzustufen.

2.2 Der personal-sprachliche Bereich als methodische und mediale Grundentscheidung

Die personal-sprachlichen Methoden im Unterricht, an denen die gesamte Lerngruppe aktiv teilnehmen kann, sind nicht auf den Lehrer als den alleinigen Entscheidungsträger angewiesen. Als Beispiel können die verschiedenen Gesprächsformen gelten. Die Gestaltung von Unterricht durch bestimmte Arten verbaler Kommunikation gehört zur Methode. Unterricht durch Gespräch aufzubauen kann als methodische Grundentscheidung eingestuft werden. Gespräch ist, im Unterschied etwa zur Diskussion mit festgelegtem Thema, Rednerfolge und Leitung, offen, flexibel in Ablauf und Thematik sowie unabhängig von zeitlicher Begrenzung. Es kann jederzeit in andere verbale, schriftliche oder visualisierende Kommunikations- und Lernformen übergehen, wobei sich nicht unbedingt die gesamte Lerngruppe zu beteiligen braucht. Die Gruppierungen, die jeweils ihren durch das Gespräch geweckten Lern- oder Informationsinteressen nachgegangen sind, können beliebig in den Gesprächskreis zurückkehren. Lernen bleibt wie beim Spielerischen zufällig.

So wie das Spielerische als methodische Grundentscheidung die Zufälligkeit behält, diese aber durch Medien didaktisch organisiert und aufgefangen wird, geschieht Ähnliches beim Gespräch durch Personen. Die Aufgabe braucht nicht immer der Lehrer wahrzunehmen, sie kann ebenso einer Teilgruppe der Gesprächsrunde oder einem einzelnen Teilnehmer zufallen, der durch Interessenäußerungen, Inhalte und Ziele, vielleicht auch Vorschläge für weiteres Vorgehen einbringt. Dadurch wird das Gespräch nicht zur Diskussion, obgleich es jederzeit dorthin umschlagen kann (vgl. BECKER 1972, BOETTCHER u.a. 1976; vgl. HABERMAS 1981, S.30ff.; vgl. THURNER 1981, S.101ff.).

Der Unterschied wird an der Rolle deutlich, die das Fragen spielt. *Fragen* stellt eines der methodischen Grundphänomene dar. Im Gespräch ist die Frage offen gegenüber einer Antwort, obgleich sie inhaltlich leitend wirken kann. In der Diskussion wird eine festgelegte Antwort erwartet, zumindest sollte diese innerhalb eines thematischen Rahmens erfolgen, sonst wird sie als nicht zur Sache gehörend empfunden. Im Gespräch können Fragen, die aus der Runde entstehen, Kristallisationspunkte bilden, ohne daß neue Impulse den thematischen Zusammenhang sprengen, denn Gespräch erlaubt thematische Umkehr und inhaltlichen Neubeginn. Wenn im Gespräch Inhalte als Fragen offenbleiben, sind die Ausgangspunkte für didaktische Organisation gewonnen, die durch weiteres Befragen von Gegenständen und Personen über den Teilnehmerkreis hinaus auch wieder in den medialen Bereich führt, wobei die Rückkehr in den Gesprächskreis aber möglich bleibt.

Während des Gesprächs können verschiedene Formen personal-verbaler Mitteilung wie etwa Vortrag, Referat, Statement, auch Diskussion auftauchen, ohne die prinzipielle Offenheit des Anfangs aufzuheben. Daß in unserer herkömmlichen Schule die hier skizzierte Form von Gespräch kaum stattfindet, liegt an ähnlichen Gründen, die das Spiel verhindern. Beides benötigt Zeit und thematische Freiheit.

Trotzdem entspringt die Wahl von Gesprächsformen und Fragen als Einleitung oder Teil von Lernprozessen der methodischen Grundentscheidung für den personalen Kontakt durch das gesprochene Wort. Dieses wird in dem Augenblick zum verantwortlichen Tun, in dem es als Mitteilung an andere Mitglieder der Lerngruppe gemeint ist und sich damit einer Antwort aussetzt. Der Mitteilende stellt sich gewissermaßen ungeschützt den Äußerungen des anderen, was auch die wortlose Verweigerung einschließt. So bleibt sprachliche Mitteilung als Handlung offen, sie geht zwar von Erwartungen und damit von Zielsetzungen aus, aber sie läßt dem Angesprochenen nicht nur die Wahl zwischen Antworten und deren Formen, sondern setzt sich mit der Möglichkeit der Verweigerung auch dem Scheitern aus.

Das eindimensionale Frage- und Antwortritual zwischen Lehrer, Schüler oder Lerngruppe erfüllt diese aus der methodischen Grundentscheidung für das Gespräch herrührende Offenheit des sprachlich-personalen Handlungszusammenhangs nicht, selbst wenn Fragen in die methodische Form der Impulssetzung gekleidet wird. Es stellt sprachlichen Kontakt her, aber mit der Einstufung der Antwort in richtige oder falsche Kategorien erlischt dieser. Die Antwort ist nicht Gegenmitteilung im obigen Sinne, sondern eine von der Erwartungshaltung des Fragenden her bestimmte Reaktion (vgl. BOLLNOW 1966, SPANHEL 1971).

Aus diesen Überlegungen wird auch deutlich, wo der mediale Aspekt von Sprache beginnt. Die Entscheidung für das Gespräch als Gestaltungsart des Unterrichts zählt zum methodischen Bereich. Die Verwendung einer bestimmten sprachlichen Form, um Inhalte mitzuteilen oder Informationen zu vermitteln, gehört zu den medialen Entscheidungen. Denn der Entscheidungsträger kann die gleiche Mitteilung durch einen Film, ein Schriftstück oder eine Zeichnung weitergeben, die er aus einem Angebot ausgewählt oder selber konstruiert hat. Um beispielsweise Verhalten und Aufzucht einer Fuchsfamilie zu zeigen, dürfte, auch innerhalb eines Lernprozesses, der methodisch durch Gesprächsformen bestimmt ist, ein Film als visualisierender Vermittlungsträger besser geeignet sein als Sprache. Um das Erlebnis mit einem Fuchs wiederzugeben, ist dagegen sprachliche Mitteilung angemessener. Hierin beruht die Eigenständigkeit der Medienentscheidung. Entspricht sie nicht dem Inhalt, kann sie die adäquate Vermittlung gefährden.

Der personengebundene mediale Aspekt ist jedoch umfassender. Die Mitteilung des Erlebnisses mit Hilfe des gesprochenen Wortes kann „lebendig" oder „trocken" erfolgen. Dies hat nichts mit dem Inhalt, etwa der Informationsmenge zu tun, aber mit der Präsentation. So werden Gestik, Mimik und Intonation zu Medien der Mitteilung. Sie unterstützen das gesprochene Wort, sind selbst aber nonverbale Zeichen, jedoch immer personengebunden. Mit ihnen setzt sich die Person selbst als Medium ein. Nehmen wir an, der Lehrer wäre Erzähler des Erlebnisses, so ist der dramaturgisch gesetzte Spannungsbogen, den er seiner Erzählung gibt, methodisch als Stilmittel und, sofern die Pointe den fruchtbaren Moment des Lernprozesses auslösen soll, als didaktisches Prinzip eingesetzt. Seine Erzählform einschließlich der sie begleitenden nonverbalen Zeichen bildet aber das Medium. Dieses Bild von Dramaturgie als Methode und Gestaltung mit Hilfe von Medien läßt sich auf kleinere und größere Zeiteinheiten sowie auf den gesamten Lernprozeß übertragen (vgl. COPEI 1960, HAUSMANN 1959). Die bislang beschriebene Rolle zeigt den Lehrer als Träger permanenter didaktischer Entscheidungen, die umfassender sind, je offener der Lernprozeß organisiert ist.

2.3 Methodische und mediale Aspekte der Rolle des Lehrers als staatlicher Funktionsträger

Die Analyse der Rollenwahrnehmung als methodischer und medialer Aspekt pädagogischer Interaktion wäre jedoch unvollständig, ohne die Rolle des Lehrers als staatlichen Funktionsträgers einzubeziehen. Von daher leitet sich seine Amtsautorität ab, die noch immer mit obrigkeitsstaatlichen Traditionen unseres Schulsystems durchsetzt ist. Im Lehrer gewinnt das Gewaltmonopol des Staates für das Kind erstmals Gestalt. Diese Funktion steht dem Erziehungsauftrag des Lehrers, sofern er ihn nicht als Gewöhnung an staatliche Autorität versteht, entgegen und führt zu ständigen Rollenkonflikten (vgl. CLAESSENS 1968, GUDJONS/REINERT 1981, SCHEPP 1982). Ein Beispiel ist der Zwang, eine Form von Leistungsmessung einhalten zu müssen, die mit dem Blick auf das Erziehungsziel nicht didaktisch, wohl aber ökonomisch und politisch sowie aus soziokulturellen Zusammenhängen erklärt werden kann. Sie verlangt vom Lehrer die Beurteilung einer Lerngruppe nach von außen gesetzten und nicht dem individuellen Lernprozeß immanenten Maßstäben, die allein durch die personalgebundenen methodischen Grundkategorien wie Zuspruch, Beratung, Lob und Tadel in einen nach pädagogischen Gesichtspunkten strukturierten Handlungszusammenhang eingegliedert werden könnten (vgl. INGENKAMP 1971, STEINTHAL/v. HENTIG 1982, STRITTMATTER 1973, ZIEGENSPECK 1973).
Der Rollenkonflikt läßt sich außer an Leistungsmessung auch an den Inhalts- und Zielentscheidungen der staatlichen Entscheidungsträger und der gesellschaftlichen Interessengruppen über den Lehrplan sowie an den Medien aufzeigen. Der Lehrer muß ihn nicht nur als Person aushalten, sondern er setzt ihn auch auf die eine oder andere Weise im Lernprozeß um. Seine Methoden- und Medienentscheidungen können diese Rollenfunktion stärken oder schwächen. Spielerische Prinzipien sind beispielsweise eher geeignet, sie zu egalisieren, als die Einteilung in Leistungsgruppen. Jede geschlossene methodische Form (etwa durch die Detailplanung des Unterrichts) erleichtert die Wahrnehmung der Selektion und ihrer Begründung durch Zensurierung von Einzelleistungen. Den Rollenkonflikt zum Gegenstand von Unterricht zu machen stellt zwar formal eine inhaltliche Entscheidung dar, ist aber von grundsätzlicher methodischer Bedeutung. Denn damit stellt sich der Lehrer als Träger des Systems in die Fragemöglichkeit der Schüler und gleichzeitig der Eltern. Er schafft so die Grundlage für Formen des Umgangs mit Organisationssystemen und öffnet diese als Interaktionsfeld. Damit wird Methode, verstanden als Form der Annäherung an Gegenstände und der Vergewisserung von Zusammenhängen, In-

halt und Ziel eines Lernweges, die Person aber zu dessen Medium. Der Umgang mit der Rolle als staatlicher Funktionsträger bildet also einen Bestandteil des methodischen und medialen Entscheidungsbereichs, weil dadurch die Gestaltung von Unterricht und die Interaktionen zwischen Lehrer, Schüler und Eltern betroffen sind. Der Widerstand, den Lehrer im organisatorischen Bereich, in Fragen der Übereinstimmung mit Lehrplänen, Sicherheits- und sonstigen Vorschriften zu überwinden haben, wenn sie versuchen, regelhaft methodische und mediale Entscheidungen zu treffen, durch die die hier angesprochene Rollenfigur weitgehend zurückgedrängt wird, ist symptomatisch für die politischen und sozialen Bedingungen des Entscheidungsfeldes. So sind etwa Projekt- und Handlungsorientierung von Unterricht, Anleitung zur Kooperation statt zur Einzelleistung, Einführung von Planspielen und anderen Spielformen in der Sekundarstufe I an Regelschulen nur relativ selten anzutreffen und auf alternative Schulmodelle beschränkt, obgleich die didaktischen Vorzüge längst erwiesen sind und viele dieser Methoden und Medien seit langer Zeit Bestandteile von Reformbemühungen darstellen (vgl. BEHNKEN u.a. 1982, DEWEY 1951, HOFFMANN 1980).

Eng mit der Rolle als staatlicher Funktionsträger ist die des Experten verbunden. Als Experte gilt der Lehrer in zweifacher Hinsicht, einmal als Erzieher, zum anderen als Fachwissenschaftler. Seine Rolle als Experte ist ebenso konfliktträchtig im Sinne einer beruflichen Identifikation wie die des staatlichen Funktionsträgers. Auch diesen Konflikt kann er nur aushalten, wenn er ihn in den pädagogischen Handlungszusammenhang hineinnimmt. Er schafft dadurch, ebenso wie gegenüber dem System Schule, einen methodischen Zugang für den kritischen Umgang mit Expertenwissen. Beschränkt sich der Lehrer aber auf seine Rolle als Experte, verstärkt und ergänzt durch die des staatlichen Funktionsträgers, und macht sie nicht gegenüber Eltern und Schülern fragwürdig, so läßt er die jungen Menschen im Sinne des Erziehungszieles unqualifiziert. Die Erfüllung der Erziehungsnorm des selbständig denkenden und handelnden Menschen fordert das Expertenwissen zu ständiger Legitimation heraus. Der Lehrer verfügt durch entsprechende methodische und mediale Entscheidungen über die Möglichkeit, die Fragehaltung der Schüler so fest zu begründen, daß zumindest die Fähigkeit und der Wille zu einer solchen Herausforderung entsteht.

3 Methodische und mediale Aspekte der Wissenschaftsorientierung von Unterricht

3.1 Wissenschaftssystematik als Unterrichtsinhalt und Wissenschaftsorientierung für alle – ungeklärte Defizite der methodischen Vermittlung von Unterrichtsinhalten

Methode kann nicht nur als Vermittlungsform des Unterrichts und damit des pädagogischen Handelns verstanden werden, sondern sie stellt auch eine spezifische Form systematischer Erschließung von Gegenständen dar. Sie wird als Methodenlehre selber zum Inhalt und bildet, da sie die Vermittlungsträger mitbestimmt, einen methodischen und medialen Aspekt von Unterricht. Der Hinweis auf die Legitimation von Expertenwissen führt darauf zurück. Inhalte werden in den Unterrichtsmedien in der Regel aus Expertenwissen abgeleitet. Um es zu verstehen, muß man dessen Systematik und Methodik kennen. Aus dieser Begründung heraus wird die Heranführung an wissenschaftliche Methoden als Ziel von Lernprozessen und, bezogen auf die einzelnen Schulfächer, die Kenntnis fachwissenschaftlicher Syste-

matik und Methodik als Inhalt erklärbar (vgl. FREISE 1983). Die Forderung nach Wissenschaftsorientierung (vgl. FISCHER 1983, S. 704) der Inhalte ist gegen die Ausrichtung von Methoden, Medien und Gegenständen an dem Leitbild der „volkstümlichen Bildung" entstanden und prägt seitdem die methodische Gestaltung von Unterricht sowie die Konstruktion von Medien. Man sollte sich, um die Entwicklung im methodischen und medialen Bereich gewichten zu können, an den Kern der Kritik gegenüber der volkstümlichen Bildung erinnern (vgl. GLÖCKEL 1964). Er bestand in der politisch-gesellschaftlich begründeten Forderung, daß eine demokratisch organisierte Gesellschaft nicht in volkstümlich gebildete Laien und wissenschaftlich gebildete Experten auseinanderfallen dürfe und daß darum didaktische Methoden entwickelt werden sollten, die geeignet seien, die wissenschaftliche Denkweise für jeden nachvollziehbar zu machen. Dies sollte aber nicht als Forderung nach didaktischer Einführung in die einzelnen Methoden der Fachwissenschaften verstanden werden, die in Schulen durch Fächer repräsentiert sind.
Angesichts der wachsenden Ausbreitung des Expertenwissens als Herrschaftswissen ist die Forderung nicht nur noch dringlicher geworden, sondern auch, zum Teil durch Schuld der Erziehungswissenschaft selbst, unerfüllt geblieben, weil bisher außer in einigen Ansätzen, die sich vor allem auf den Primärbereich beziehen, kaum didaktische Methoden und Medien entwickelt worden sind, durch welche die Umsetzung wissenschaftlicher Methoden, Gegenstände und Erkenntnisse im Sinne des allgemeinen Erziehungszieles hätte gelingen können (vgl. KLUGE 1971, NEUHAUS 1970, ROTH 1969).
Die Entwicklung von didaktischen Methoden und Medien, welche die Heranführung des Schülers an wissenschaftliche Erklärungsmuster im Sinne spezifischer Wissenschaftsmethodik vermeiden, aber die Fähigkeit vermitteln, Sachzusammenhänge so zu erschließen, daß wissenschaftliches Vorgehen verstehbar wird und reflektiert werden kann, bleibt also als Aufgabe weiterhin bestehen. Sie kann im Sinn der Zielrichtung, daß Expertenaussagen, die den einzelnen betreffen und sein Leben beeinflussen, von diesem durchschaut und adäquat in inhaltliche Zusammenhänge eingeordnet werden können, nur gelingen, wenn der Unterricht forschendes Lernen für alle Schüler ermöglicht, er muß also handlungsorientiert aufgebaut sein. Dies ist methodisch und medial in der Schule zu sichern, kann aber nicht ohne entsprechende Änderungen in den übrigen didaktischen Entscheidungsfeldern und den sie unmittelbar bestimmenden organisatorischen Bedingungen erfolgreich umgesetzt werden. Methoden und Medien müssen zwar in Korrespondenz, aber unabhängig von Fachwissenschaften entwickelt werden, denn sie dürfen nicht wie gegenwärtig als Einführung in fachwissenschaftliche Methoden und Systeme verstanden werden. In dieser Aufgabenbestimmung besteht die Eigenständigkeit der Fachdidaktik gegenüber der Fachwissenschaft (vgl. OTTO 1983).
Außerdem kann man nicht davon ausgehen, daß Fachwissenschaften und Schulfächer, wenn auch auf einer unterschiedlichen Verständnisebene, deckungsgleich sind. Die Frage besteht vielmehr darin, ob Schule nicht wegen der mit Recht an sie herangetragenen thematischen Anforderungen, die sich ständig erweitern und wandeln, nur mit der Zusammenlegung von Fächern zu Lernbereichen antworten kann. Diese müssen Realbereichen, also in der gegenwärtigen Lebenswirklichkeit erfahrbaren und auf die Zukunft ausgerichteten Inhaltszusammenhängen entsprechen (vgl. ROBINSOHN 1971).
Darüber hinaus gilt die angenommene Adäquanz von Schulfächern und wissenschaftlichen Disziplinen auch nicht mehr für die Wirklichkeit, die der Abiturient an Universität und Hochschule erfährt. Die wissenschaftlichen „Fächer" entwik-

keln sich immer rascher zu vorwiegend organisatorischen Einheiten und bestehen aus heterogenen Einzeldisziplinen. Um die Einheitlichkeit zu retten, greift man vielfach auf die Methode oder auf den Gegenstand in abstrakter Form (Erde, Raum oder Natur) zurück. Dagegen wird das Schulfach, insbesondere aber der Fachlehrer als ausgebildeter Fachwissenschaftler in die Rolle gedrängt, das Auseinanderdriften aufzuhalten. Dies wird mit Hilfe einer angeblich der Gesamtdisziplin eigentümlichen Methodik oder Systematik zu erreichen versucht, durch die das methodische Vorgehen und die mediale Vermittlung der Inhalte im Unterricht geprägt werden (vgl. FREISE 1983; vgl. HELLWEGER 1981, S. 18 ff.). Die Vermittlungsstrategie müßte aber darin bestehen, wissenschaftliche Aussagen nicht nur verständlich zu machen, sondern sie in verstehbare Handlungszusammenhänge zu integrieren. Dadurch können sich Fähigkeiten entwickeln, durch die wissenschaftliche Kategorien einsichtig gemacht und in das eigene Handeln aufgenommen werden. Diese Ziele kann die Schule allein jedoch nicht erreichen. Auch wenn der Didaktik auf einzelnen Gebieten (etwa bei Wagenschein) Ansätze der Vermittlung gelungen sind, die in den Fachwissenschaften Beachtung gefunden haben, braucht sie dazu deren Unterstützung (vgl. WAGENSCHEIN 1966, 1968, 1973). Fachwissenschaften müssen auch gegenüber der breiten Öffentlichkeit Selbstdarstellung üben, und zwar nicht nur mit dem Ziel, lediglich Ergebnisse mitzuteilen und Anwendungen zu erläutern, sondern die Grundlage für Dialogfähigkeit zu schaffen. Die Bereitschaft für den Dialog zu wecken und die Fähigkeit zur Umsetzung zu fördern ist vorwiegend eine hochschuldidaktische Aufgabe, die allgemeine Didaktik ist also aufgefordert, Methoden zu entwickeln, die den Fachwissenschaften die angemessene Selbstdarstellung erleichtern (vgl. HUBER 1969).

Das bedeutet nicht, den Fachwissenschaftler in einer Art Kulturrevolution an „die Basis" zu binden, vielmehr muß die Einsicht aus politisch-gesellschaftlichem, demokratisch motiviertem Verantwortungsgefühl wachsen, die Gegenstände des Wissens und dessen methodische Grundform möglichst vielen Menschen zugänglich zu machen und sie auch an Auseinandersetzungen teilnehmen zu lassen, also nicht nur fertige Ergebnisse und abgeschlossene Meinungsbildung zu präsentieren (vgl. HABERMAS 1981, S. 56 ff.). Die Bereitschaft dazu erfordert Einsichten und Qualifikationen, die nicht allein von fachwissenschaftlich ausgebildeten Lehrern, sondern von den Fachwissenschaftlern selbst aufgebracht werden müssen. Sich gegenüber dem Laien adäquat mitzuteilen bildet einen unverzichtbaren Bestandteil der kommunikativen Kompetenz, zu der erzogen werden muß. Da nicht nur die Wissenschaftler, sondern zahlreiche Personen als Experten anzusehen sind, stellt diese Erziehung eine Aufgabe dar, die im allgemeinen pädagogischen Handlungszusammenhang gelöst werden muß und nicht erst beim Erwachsenen als Appell einsetzen darf. Als Dialogfähigkeit und -bereitschaft muß sie in der Schule beginnen. Damit ist außer der inhaltlichen und zielgerichteten Ebene auch ein Prinzip im methodischen und medialen Bereich gemeint. Gesprächs- und sonstige personal-verbale Mitteilungsformen sollten daher eine zentrale Rolle bei der Gestaltung von Unterricht spielen.

3.2 Folgerungen für den medialen Bereich der Vermittlung

Andererseits ist auch ein Konstruktionsgrundsatz der Medien angesprochen. Sie dürfen sich nicht nur auf die Mitteilung fertiger Informationen beschränken. Viele Medien teilen ebenso wie die Experten nur Ergebnisse abgeschlossener Erkenntnisprozesse, feststehende Tatsachen oder unbezweifelbare Zusammenhänge mit. Auf-

gaben, die an Texte, Bildserien, Schilderung von Versuchen und ähnliches angeschlossen werden, stellen häufig nicht das Mitgeteilte in Frage, sondern zwingen zu dessen Wiederholung, um Einprägung zu fördern, oder dienen spezifischen Zielsetzungen der Unterrichtsfächer, etwa der Schulung sprachlicher Fertigkeiten. Fragen als methodische Grundentscheidung will aber gerade die Öffnung eines Gegenstandes erreichen. Die Unfertigkeit und der offene Fragenhorizont zeigen nicht nur die Zeitgebundenheit von Lösungen, sondern muten dem am Lernprozeß Beteiligten auch ein von ihm zu verantwortendes Handeln zu. Dadurch vermag dann die Fähigkeit zur Kooperation, zur Mitteilung zu entstehen. Allerdings ist damit der Lehrplan, sofern er als der verbindliche Kanon des Erlernbaren für alle in gleicher Zeiteinheit verstanden wird, in Frage gestellt. Gleiches Wissen über einen Gegenstand ermöglicht zwar leichter dessen Überprüfung, aber keinen Dialog, der auch die Auseinandersetzung aufgrund unterschiedlicher Kenntnisvoraussetzungen umfaßt.
Die offene Fragehaltung gehört zu einer demokratisch legitimierten Allgemeinbildung, deren Kennzeichen gerade in der Unfertigkeit des Wissens, in der Unabgeschlossenheit des Kenntniserwerbs und im Erkennen der Zeitgebundenheit kanonisch vermittelter Tatsachen, aber auch in der Bereitschaft zum Dialog bestehen. Darin liegt auch kein Gegensatz zu einer beruflichen Fachausbildung, die in erster Linie Methoden des Kenntniserwerbs und durch die Medien fachlich gebundene Inhalte vermitteln muß. Medien der beruflichen Fachausbildung können bemüht sein, alles Wissen bereitzustellen, das zum gegenwärtigen Stand des Faches gehört, aber sie bleiben zeitbedingt (vgl. REETZ/WITT 1973). So müssen sie die noch nicht gelösten Fragen und die Unfertigkeit der Sachzusammenhänge ihres Faches in die Ausbildung einbeziehen, falls sie die Fähigkeit zur fachlich-beruflichen Orientierung auch für die Zukunft mitbewirken sollen. Für die Allgemeinheit muß dieser Aspekt der Ausbildung besonders wichtig sein, weil nur so die Bereitschaft zum lebenslangen Lernen und zur beruflichen Um- und Neuorientierung herbeigeführt werden kann. Dieses Ziel wird aber verfehlt, wenn Methoden und Medien innerhalb des Ausbildungsganges, ob im allgemein- oder berufsbildenden Sektor, lediglich als neutrale Vermittlungsinstanzen eines auf Expertenwissen beruhenden Kanons gelten und die Eigenständigkeit ihrer didaktischen Entscheidungsmöglichkeiten unberücksichtigt bleibt.

ABT, C.C.: Ernste Spiele – Lernen durch gespielte Wirklichkeit, Köln 1970. ACHTENHAGEN, F./MEYER, H.L. (Hg.): Curriculumrevision – Möglichkeiten und Grenzen, München 1971. ALISCH, L.-M./RÖSSNER, L.: Erziehungswissenschaft als technologische Disziplin, München/Basel 1978. ARMBRUSTER, B./HERTKORN, O.: Handbuch der Lernplätze, Bad Heilbrunn 1979. BAACKE, D.: Kommunikation und Kompetenz, München 1973. BECKER, E.: Problemerörterung in der Volksschuloberstufe, Hannover 1972. BECKER, E./JUNGBLUT, G.: Strategien der Bildungsproduktion, Frankfurt/M. 1972. BECKMANN, H.-K.: Aspekte der geisteswissenschaftlichen Didaktik. In: RUPRECHT H. u.a.: Modelle grundlegender didaktischer Theorien, Hannover 1972, S. 73 ff. BEHNKEN, J. u.a.: Lernen in Projekten als Unterrichtskonzept. In: D. Dt. S. 74 (1982), S. 444 ff. BEISENHERZ, H.G./FEIL, Ch.: Lehrer zwischen Alltagsproblemen und pädagogischem Auftrag. In: D. Dt. S. 74 (1982), S. 305 ff. BEST, P.: Die Schule im Netzwerk der Sozialkontrolle, München 1979. BLANKERTZ, H.: Theorien und Modelle der Didaktik, München 1969. BOETTCHER, W. u.a.: Lehrer und Schüler machen Unterricht. Unterrichtsplanung als Sprachlernsituation, München/Berlin/Wien 1976. BOLLNOW, O.F.: Existenzphilosophie und Pädagogik, Stuttgart 1959. BOLLNOW, O.F.: Sprache und Erziehung, Stuttgart/Berlin/Köln/Mainz 1966. BOLLNOW, O.F. u.a.: Erziehung in anthropologischer Sicht, Zürich 1969. BÖNSCH, M.: Produktives Lernen in dynamischen und variabel organisierten Unterrichtsprozessen, Essen 1970. BÖNSCH, M.: Unterricht als Vermittlungsprozeß und als Reflexion des

Vermittlungsprozesses. In: D. Dt. S. 66 (1974), S. 298 ff. BÖNSCH, M./SCHITTKO, K. (Hg.): Offener Unterricht, curriculare, kommunikative und unterrichtsorganisatorische Aspekte, Hannover 1979. BORN, W./OTTO, G. (Hg.): Didaktische Trends, München/Wien/Baltimore 1978. BRELOER, G./WITTENBRUCH, W.: Eltern-Lehrer-Schülertag. In: D. Dt. S. 73 (1981), S. 476 ff. BREZINKA, W.: Was sind Erziehungsziele? In: Z. f. P. 18 (1972), S. 497 ff. BRINKMANN, G.: Geschlossene oder offene Curricula – eine falsche Alternative. In: D. Dt. S. 66 (1974), S. 388 ff. BROPHY, J. E./GOOD, Th. L.: Die Lehrer-Schüler-Interaktion, München/Berlin/Wien 1976. BRÜGELMANN, H.: Fallstudien in der Pädagogik. In: Z. f. P. 26 (1982), S. 609 ff. BRÜGELMANN, H./BRÜGELMANN, K.: Offene Curricula – ein leeres Versprechen? In: D. Grunds. 5 (1973), S. 165 ff. BUDDENSIEK, W.: Pädagogische Simulationsspiele im sozioökonomischen Unterricht der Sekundarstufe I, Bad Heilbrunn 1979. CHIOUT, H./STEFFENS, W.: Unterrichtsvorbereitung und Unterrichtsbeurteilung, Berlin/München ²1971. CLAESSENS, D.: Rolle und Macht, München 1968. COMBE, A.: Kritik der Lehrerrolle, München 1972. COPEI, F.: Der fruchtbare Moment im Bildungsprozeß (1930), Heidelberg 1960. CORELL, W.: Unterrichtsdifferenzierung und Schulorganisation, Hannover ²1971. CUBE, F. v.: Kybernetische Grundlagen des Lernens und Lehrens, Stuttgart ²1968. CUBE, F. v.: Der informationstheoretische Ansatz in der Didaktik. In: RUPRECHT, H. u. a.: Modelle grundlegender didaktischer Theorien, Hannover 1972, S. 117 ff. CURRICULUMDISKUSSION, hg. v. der Redaktion betrifft: erziehung. b:e tabu, Weinheim/Basel 1974. DAUBLEBSKY, B.: Spielen in der Schule, Stuttgart 1973. DERBOLAV, J.: Versuch einer wissenschaftstheoretischen Grundlegung der Didaktik. In: Z. f. P., 2. Beiheft, 1960, S. 17 ff. DEWEY, J.: Wie wir denken, Zürich 1951. DICHANZ, H. u. a.: Medien im Unterrichtsprozeß, München 1979. DÖRING, K. W. (Hg.): Lehr- und Lernmittelforschung, Weinheim/Berlin/Basel 1971. DÖRING, K. W.: Lehrerverhalten und Lehrerberuf, Weinheim/Basel ²1975. EDELSTEIN, W./HOPF, D. (Hg.): Bedingungen des Bildungsprozesses, Stuttgart 1973. EICHBERG, E.: Über das Vergleichen im Unterricht, Hannover 1972. EIGLER, G.: Auf dem Weg zu einer audio-visuellen Schule, München 1971. ENNENBACH, W.: Programmierter Unterricht im Umbruch, Neuwied/Berlin 1972. FAMILIENERZIEHUNG, SOZIALSCHICHT UND SCHULERFOLG, hg. v. der Redaktion betrifft: erziehung. b:e tabu, Weinheim/Basel ³1973. FISCHER, W.: Wissenschaftspropädeutik. In: Enzyklopädie Erziehungswissenschaft, Bd. 9.2, Stuttgart 1983, S. 703 ff. FLECHSIG, K.-H.: Programmierter Unterricht als pädagogisches Problem. In: DER PROGRAMMIERTE UNTERRICHT, Auswahl, Reihe A, Bd. 5, Hannover/Berlin/Darmstadt/Dortmund ³1969, S. 59 ff. FLECHSIG, K.-H.: Probleme der Entscheidung über Lernziele. In: ACHTENHAGEN, F./MEYER, H. L. (Hg.): Curriculumrevision, München 1971, S. 243 ff. FLITNER, A.: Spielen-Lernen. Praxis und Deutung des Kinderspiels, München 1972. FRANK, H.: Kybernetische Grundlagen der Pädagogik, 2 Bde., Baden-Baden ²1969. FREISE, G.: Warum es wichtig ist, die Diskussion über „Wissenschaftsorientierung von Unterricht" wiederaufzunehmen und weiterzuführen. In: D. Dt. S. 75 (1983), S. 3 ff. FREUDENREICH, D.: Das Planspiel in der sozialen und pädagogischen Praxis, München 1979. FREY, K.: Curriculumentwicklung und Schule, Hannover 1973. GARLICHS, A.: Didaktik offener Curricula, Weinheim/Basel ²1976. GARLICHS, A./GRODDECK, N. (Hg.): Erfahrungsoffener Unterricht. Beispiele zur Überwindung der lebensfremden Lernschule, Freiburg 1978. GIEL, K.: Studie über das Zeigen. In: BOLLNOW, O. F. u. a.: Erziehung in anthropologischer Sicht, Zürich 1969, S. 51 ff. GIESECKE, H. u. a.: Politische Aktion und Politisches Lernen, München ²1971. GIZYCKI, R. v./WEILER, U.: Mikroprozessoren und Bildungswesen, München/Wien 1980. GLÖCKEL, H.: Volkstümliche Bildung? Versuch einer Klärung, Weinheim 1964. GOFFMAN, E.: Interaktion: Spaß am Spiel/Rollendistanz, München 1973. GROOTHOFF, H.-H.: Funktion und Rolle des Erziehers, München 1972. GUDJONS, H./REINERT, G.-B. (Hg.): Lehrer ohne Maske? Grundfragen zur Lehrerpersönlichkeit. Ratgeber Schule, Bd. 8, Königstein 1981. GUDJONS, H. u. a.: Didaktische Theorien, Braunschweig 1981. GUKENBIEHL, H. L. (Hg.): Felder der Sozialisation, Braunschweig 1979. HABERMAS, J.: Theorie des kommunikativen Handelns, 2 Bde., Frankfurt/M. 1981. HAUSMANN, G.: Didaktik als Dramaturgie des Unterrichts, Heidelberg 1959. HAUSMANN, G.: Bemerkungen zur Didaktik als einer offenen Strukturtheorie des Lehrens und Lernens. In: POLITIK, WISSENSCHAFT, ERZIEHUNG. Festschrift f. E. Schütte, Frankfurt/M. 1969, S. 98 ff. HECKHAUSEN, H.: Entwurf einer Psychologie des Spielens. In: FLITNER, A. (Hg.): Das Kinderspiel, München ⁴1978, S. 133 ff. HEIMANN, P.: Didaktik als Theorie und Lehre. In: D. Dt. S. 54 (1962), S. 407 ff.

HEIMANN, P. u. a.: Unterricht – Analyse und Planung, Hannover ⁶1972. HELLWEGER, S.: Chemieunterricht 5–10, München/Wien/Baltimore 1981. HENTIG, H. v.: Spielraum und Ernstfall, Stuttgart ²1973. HENTIG, H. v.: Vom Verkäufer zum Darsteller. Absagen an die Lehrerbildung. In: N. Samml. 21 (1981), S. 100 ff., S. 221 ff. HIELSCHER, H. (Hg.): Die Schule als Ort sozialer Selektion, Heidelberg 1972. HILLER, G. G.: Konstruktive Didaktik, Düsseldorf 1973. HOFER, M.: Die Schülerpersönlichkeit im Urteil des Lehrers, Weinheim/Berlin/Basel ²1970. HOFFMANN, W.: Disziplinprobleme im Unterricht und soziales Lernen. In: Z. f. P. 26 (1980), S. 587 ff. HOLSTEIN, H.: Zur Medienabhängigkeit des Schulunterrichts, Ratingen 1973. HUBER, L.: Kann man Hochschuldidaktik „institutionalisieren"? Blickpunkt Hochschuldidaktik 5, Hamburg 1969. HUSÉN, T.: Begabung und Bildungspolitik. Auswahl, Reihe B, Bd. 81, Hannover/Dortmund/Darmstadt/Berlin 1975. HUSÉN, T.: Schule in der Leistungsgesellschaft, Braunschweig 1980. INGENKAMP, K. (Hg.): Die Fragwürdigkeit der Zensurengebung, Weinheim/Berlin/Basel 1971. KEMPER, H.: Das Schulprojekt Glocksee. In: Z. f. P. 27 (1981), S. 539 ff. KLAFKI, W.: Das pädagogische Problem des Elementaren und die Theorie der kategorialen Bildung, Weinheim 1959. KLAFKI, W.: Studien zur Bildungstheorie und Didaktik, Weinheim 1963. KLAFKI, W.: Hermeneutische Verfahren in der Erziehungswissenschaft. In: KLAFKI, W. u.a.: Funk-Kolleg Erziehungswissenschaft, Bd. 3, Frankfurt/M. 1972, S. 126 ff. KLAFKI, W.: Didaktische Analyse als Kern der Unterrichtsvorbereitung. Auswahl, Reihe A, Bd. 1, Hannover/Berlin/Darmstadt/Dortmund ¹¹1974, S. 5 ff. KLAFKI, W.: Von der bildungstheoretischen Didaktik zu einem kritisch-konstruktiven Bildungsbegriff. In: BORN, H.W./OTTO, G. (Hg.): Didaktische Trends, München/Wien/Baltimore 1978, S. 49 ff. KLUGE, H.: Die Reform der Grundschule. Auswahl, Reihe A, Bd. 11, Hannover/Dortmund/Darmstadt/Berlin 1971. KONEFFKE, G.: Wert und Erziehung. In: Z. f. P. 28 (1982), S. 935 ff. KÖNIG, E./RIEDEL, H.: Systemtheoretische Didaktik, Weinheim/Basel 1973. KUNERT, K. (Hg.): Beispiele zum offenen Unterricht, München 1979. LANGEVELD, M. J.: Die Schule als Weg des Kindes, Braunschweig 1960. LOCH, W.: Die anthropologische Dimension der Pädagogik, Essen 1963. LORBEER, W.: Computer in der Schule? München/Wien 1979. MANN, I.: Interesse, Handeln, Erkennen in der Schule, Gießen 1973. MEDER, S. B./SCHMID, W. (Hg.): Kybernetische Pädagogik. Schriften 1958–1972, 4 Bde., Stuttgart/Berlin/Köln/Mainz 1973/1974. MEYER, E. (Hg.): Gruppenaktivität durch Medien, Heidelberg 1973. MOLLENHAUER, K.: Die Rollenproblematik des Lehrerberufs und die Bildung. In: FREIHEIT UND ZWANG DER LEHRERROLLE. Auswahl, Reihe A, Bd. 14, Hannover/Dortmund/Darmstadt/Berlin 1975. MUT ZUR ERZIEHUNG. Beiträge zu einem Forum am 9./10.1.1978 im Wissenschaftszentrum Bonn-Bad Godesberg, Stuttgart 1978. NEBER, H. (Hg.): Entdeckendes Lernen, Weinheim ³1981. NEUHAUS, E.: Frühkindliche Bildungsförderung und Grundschulreform. In: DIE REFORM DER GRUNDSCHULE. Auswahl, Reihe A, Bd. 10, Hannover/Dortmund/Darmstadt/Berlin 1970, S. 7 ff. NICKEL, H.-W./KLEWITZ, M. (Hg.): Kindertheater und Interaktionspädagogik, Stuttgart 1972. NICKLIS, W. S.: Didaktik als Informationsumsatz. In: Z. f. P. 16 (1970), S. 537 ff. NUHN, H.-E.: Schüler organisieren ihr Lernen selbst. Ein Projekt im englischen Anfangsunterricht. In: D. Dt. S. 74 (1982), S. 35 ff. OTTO, G.: Zur Etablierung der Didaktiken als Wissenschaften. In: Z. f. P. 29 (1983), S. 519 ff. PFEIFFER, H.: Über den Zusammenhang zwischen sozialer Organisation des Wissens und pädagogischer Organisation des Lehrprozesses. In: Z. f. P. 28 (1982), S. 577 ff. RADEMACKER, H.: Zur Entwicklung der Unterrichtstechnologie in der BRD. In: betr. e. 7 (1974), 4, S. 18 ff. (1974a). RADEMACKER, H.: Was leistet computer-unterstützter Unterricht? In: betr. e. 7 (1974), 4, S. 30 ff. (1974b). RAMSEGER, J.: Offener Unterricht in der Erprobung, München 1977. REETZ, L./WITT, R.: Berufsausbildung in der Kritik, Cuxhaven 1973. ROBINSOHN, S. B.: Bildungsreform als Revision des Curriculum, Neuwied/Berlin 1971. ROBINSOHN, S. B.: Ein Strukturkonzept für Curriculumentwicklung. In: BRAUN, F. (Hg.): Erziehung als Wissenschaft, Stuttgart 1973, S. 182 ff. ROTH, H.: Pädagogische Psychologie des Lehrens und Lernens, Berlin/Hannover/Darmstadt ⁴1960. ROTH, H. (Hg.): Begabung und Lernen, Stuttgart 1969. ROTH, H.: Pädagogische Anthropologie, 2 Bde., Hannover 1968/1971 (Bd. 1: Bildsamkeit und Bestimmung, 1968; Bd. 2: Entwicklung und Erziehung, 1971). ROTH, L.: Effektiver Unterricht, München 1972. RUPRECHT, H. u. a.: Modelle grundlegender didaktischer Theorien, Hannover/Dortmund/Darmstadt/Berlin 1972. SADER, M.: Psychologie der Gruppe, München 1979. SCHAEFER, K. H./SCHALLER, K.: Kritische Erziehungswissenschaft und kommunikative Didaktik, Heidelberg 1971. SCHAL-

LENBERGER, E. H. (Hg.): Das Schulbuch – Produkt und Faktor gesellschaftlicher Prozesse. Zur Sache Schulbuch, Bd. 1, Ratingen/Kastellaun/Düsseldorf 1973. SCHEPP, H.-H.: Das Amt des Lehrers und der Lehrer als Beamter. In: N. Samml. 22 (1982), S. 334 ff. SCHLEICHER, K. (Hg.): Elternhaus und Schule, Düsseldorf 1972. SCHLEICHER, K. (Hg.): Elternmitsprache und Elternbildung, Düsseldorf 1973. SCHREINER, G.: Schule als sozialer Erfahrungsraum, Frankfurt/M. 1973. SCHÜLER, H.: Wider das Schulbuch, das Schüler und Lehrer verplant. In: N. Samml. 22 (1982), S. 64 ff. SCHULZ, W.: Unterricht zwischen Funktionalisierung und Emanzipationshilfe. In: ROTH, H. (Hg.): Beiträge zu einer neuen Didaktik, Hannover 1972, S. 155 ff. SCHULZ, W.: Von der lehrtheoretischen Didaktik zu einer kritisch-konstruktiven Unterrichtswissenschaft. In: BORN, W./OTTO, G. (Hg.): Didaktische Trends, München/Wien/Baltimore 1978, S. 85 ff. SCHULZ, W.: Unterrichtsplanung, München/Wien/Baltimore 1980. SCHULZE, Th.: Methoden und Medien der Erziehung, München 1979. SCHÜTZENBERGER, A./ARFEUIL, J.-P.: Einführung in das Rollenspiel, Stuttgart 1976. SEILER, Th. (Hg.): Kognitive Strukturiertheit, Stuttgart 1973. SOMMER, W.: Bewährung des Lehrerurteils, Bad Heilbrunn 1983. SPANHEL, D.: Die Sprache des Lehrers, Düsseldorf 1971. STEINTHAL, H.: Schule als Lernort und Lebensraum. In: N. Samml. 21 (1981), S. 325 ff. STEINTHAL, H./HENTIG, H. v.: Kontroverse über Zensuren. In: N. Samml. 22 (1982), S. 143 ff. STRITTMATTER, P. (Hg.): Lernzielorientierte Leistungsmessung, Weinheim/Basel 1973. STRUCK, P.: Projektunterricht, Stuttgart/Berlin/Köln/Mainz 1980. TAUSCH, R./TAUSCH, A.: Erziehungspsychologie, Göttingen ^{8}1977. THURNER, F.: Lehren – Lernen – Beurteilen, Königstein 1981. WAGENSCHEIN, M.: Zum Problem des genetischen Lehrens. In: Z. f. P. 12 (1966), S. 305 ff. WAGENSCHEIN, M.: Die Sprache im Physikunterricht. In: BOLLNOW, O. F. (Hg.): Sprache und Erziehung. Z. f. P., 7. Beiheft, 1968, S. 125 ff. WAGENSCHEIN, M.: Verstehen lehren, Weinheim/Basel ^{4}1973. WAGNER-WINTERHAGER, L.: Die Angst des Lehrers vor der Erziehung. In: D. Dt. S. 74 (1982), S. 259 ff. WELLENDORF, F.: Schulische Sozialisation und Identität, Weinheim/Basel 1973. WINKEL, R.: Didaktische Theorien. In: GUDJONS, H. u. a.: Didaktische Theorien, Bd. 1, Braunschweig, 1981, S. 82 ff. WITTERN, J.: Mediendidaktik, 2 Bde., Opladen 1975 (Bd. 1: 1975a; Bd. 2: 1975b). ZIECHMANN, J.: Curriculumkonstruktion, Bad Heilbrunn 1973. ZIEGENSPECK, J.: Zensur und Zeugnis in der Schule, Hannover 1973.

Wolfgang Schulz

Methoden der Erziehung und des Unterrichts unter der Perspektive der Mündigkeit

1 Zum Ansatz der Darstellung
2 Reichweite und Bedeutungsschichtung des pädagogischen Methodenbegriffs
3 Stellenwert der Methodenfrage im pädagogischen Handlungs- und Reflexionszusammenhang
4 Bedeutung von unterschiedlichen Vorannahmen für die Behandlung pädagogischer Methodenfragen
5 Methoden der Verständigung zwischen Lehrenden und Lernenden über Erziehungs- und Unterrichtsziele
6 Methoden der Verständigung zwischen Lehrenden und Lernenden über ihre Ausgangslage
7 Methoden der Verständigung zwischen Lehrenden und Lernenden über ihre Lehr-Lern-Wege und Lehr-Lern-Mittel
8 Methoden der Verständigung zwischen Lehrenden und Lernenden über die Ergebniskontrolle des Unterrichts
9 Methoden der Verständigung über die institutionellen und gesellschaftlichen Bedingungen der Interaktion zwischen Lehrenden und Lernenden

Zusammenfassung: Methoden der Erziehung und des Unterrichts sind im gesellschaftlichen Leben mindestens auf drei Ebenen nachweisbar: als durchgängige Wegbahnungen der Gesellschaft und ihrer Institutionen für die nachwachsende Generation, als komplexe Handlungskonzepte für die pädagogische Interaktion in diesen Institutionen und als Elemente solcher Konzepte. Die methodischen Handlungen interpretieren historische Situationen und ergeben erst in ihrem Zusammenwirken Sinn. – Die gegenwärtige Behandlung der Methodenfrage ist nur noch auf der Grundlage des Respekts auch vor jugendlichen und lernenden Menschen, im Hinblick auf deren Beitrag zu einer sich demokratisierenden Gesellschaft, dem Stand der Diskussion angemessen. Dies bedeutet, daß Erziehung und Unterricht als Dialog zwischen Lehrenden und Lernenden aufgefaßt werden. Die Verständigung über Ziele, Ausgangslagen, Methoden und Medien, über institutionelle Determinanten der Erziehung und des Unterrichts, das heißt die Reflexion auf den Erziehungsprozeß, wird zum Kriterium menschenwürdiger Pädagogik und ihre Ermöglichung zum Gradmesser der Demokratie. Aus dem Widerspruch zwischen Selbstverständnis und Verfassungswirklichkeit erwachsen die Motive partizipatorischer Methodik unter der Perspektive der Mündigkeit.

Summary: Methods of teaching and education can be demonstrated on at least three planes of social life: as continuous preparation organized by society and its institutions, as complex concepts of pedagogical interaction in these institutions, and as elements of such concepts. The methodical actions interpret historical situations and are only meaningful in their co-ordinated interaction. At the present stage of the debate on methodology, respect for young people and those involved in learning in view of their contribution towards a society in the course of democratization is the only suitable attitude. This means that education and teaching is conceived as a dialogue between teachers and learners. Communication with regard to aims, starting points, methods and media, the institutional determinants of education and teaching, that is to say reflection on the educational process, becomes a criterion of humane pedagogics, and the degree to which this is made possible is a measure of the degree of democracy prevailing. From the contradiction between self understanding and constitutional reality, the motives for participatory methods based on the acceptance of maturity are born.

Résumé: Les méthodes d'éducation et d'enseignement sont repérables dans la vie sociale, au moins sur trois plans: en tant que traçages de voies généraux de la société et de ses institutions pour la génération montante, en tant que concepts d'action complexes pour l'interprétation pédagogique dans ces institutions et en tant qu'éléments de ces concepts. Les actions méthodes interprètent les situations historiques et ne donnent du sens que dans leur effet coincidant. Le traitement actuel de la question méthodologique n'est plus adapté à l'état de la discussion que sur la base du respect aux hommes – jeunes et apprenants – eu égard à leur contribution à une société qui va en se démocratisant. Ceci veut dire que l'éducation et l'enseignement sont considérés comme dialogue entre enseignants et apprenants. L'entente sur les objectifs, les situations de départ, les méthodes et les médias, sur les déterminantes institutionnelles de l'éducation et de l'enseignement, c'est-à-dire la réflexion sur le processus d'éducation devient le critère de pédagogie humaine et sa réalisation l'échelle de la démocratie. De la contradiction entre compréhension de soi et réalité constitutionnelle naissent les motifs de méthodique participative sous la perspective de l'émancipation.

1 Zum Ansatz der Darstellung

Die Methodenfrage in Erziehung und Unterricht wird hier *nicht historisch* aufgearbeitet. Soweit vor allem Schulpädagogen in die Geschichte dieser Frage eingeführt werden wollen, finden sie in den interpretierten Textsammlungen von SCHWERDT (vgl. 1952), G. GEISSLER (vgl. 1970), H. GEISSLER (vgl. 1977) und der auf die Herbartianer bezogenen von Adl-Amini, Oelkers und Neumann (vgl. ADL-AMINI u. a. 1979) einen Einstieg; auf der Beispielebene leisten dies die „Unterrichtsbeispiele von Herbart bis zur Gegenwart" von DIETRICH (1962) oder eine bewußt einseitige, aber Eltern, Erzieher und Lehrer gleichermaßen provozierende Dokumentation „Schwarze Pädagogik" von RUTSCHKY (1977). Eher systematisierend, aber nicht unhistorisch verfahren TROST (vgl. 1967), E. E. GEISSLER (vgl. 1975); als Bilanzierung der empirischen psychologisch-pädagogischen Untersuchungen zu Erziehungsstilen verstehen sich Peters (vgl. PAUSE/PETERS 1973) und HERRMANN (vgl. 1974). Damit ist nicht gesagt, daß aus der Rekonstruktion älteren Methodendenkens nicht auch neue Einsichten über die Geschichte und für die Gegenwart gewonnen werden könnten, wie dies zuletzt FREY (vgl. 1982) in Auseinandersetzung mit Deweys Projektdenken gezeigt hat.
Auch manches an dem Streit zwischen dem Versuch einer Nachordnung der Methodik, wie sie früher KLAFKI (vgl. 1963) in geisteswissenschaftlicher Tradition, besonders im Anschluß an WENIGER (vgl. 1965) vertreten hat, und den sozialwissenschaftlichen Versuchen von HEIMANN (vgl. 1976) und SCHULZ (vgl. 1965), eine Gleichrangigkeit der Methodik in der dynamischen Struktur didaktischer Felder zu be-

gründen, ist inzwischen geschichtlich. So stellen es nicht nur die Kontrahenten dar (vgl. KLAFKI 1980, SCHULZ 1980); in einer ganzen Reihe neuerer Versuche wird unternommen, die dem Streit zugrunde liegenden Probleme neu zu interpretieren (vgl. ADL-AMINI 1981, MENCK/THOMA 1972, SCHULZE 1978, WITTERN 1985). Wenn an dieser Stelle die Probleme, die gegenwärtig relevant sind oder es zumindest sein sollten, analog zu der strukturellen Gliederung des didaktischen Feldes geordnet werden, wie sie Heimann eingeführt hat, dann heißt dies nicht, daß die Interpretation der Aufgaben, die auf diese Weise beschrieben worden ist, sich nicht weiterentwickelt hat. Das Gegenteil wird sofort deutlich werden bei dem Versuch, den Gegenstand „Methoden der Erziehung und des Unterrichts" heute anzusprechen. Dabei ist zunächst zu reden über
- Reichweite und Bedeutungsschichtung des Begriffs von der pädagogischen Methode oder von den pädagogischen Methoden,
- Stellenwert der Methodenfrage im Zusammenhang pädagogischen Denkens und Tuns,
- Bedeutung von unterschiedlichen Vorannahmen für die Behandlung pädagogischer Methodenfragen.

Im Nacheinander der Darstellung soll der Wechselbezug zwischen diesen Aspekten nicht verlorengehen. – Daß Erziehungsfragen dabei häufig als Unterrichtsfragen behandelt werden, hängt mit der Quellenlage zusammen: Die verbreitetste Form öffentlicher Erziehung und die größte Gruppe professioneller Erzieher haben diese Akzentuierung der Problematik herausgefordert.

2 Reichweite und Bedeutungsschichtung des pädagogischen Methodenbegriffs

W. Flitner hat sicher den weitesten Begriff von pädagogischer Methode, wenn er darunter die „Wegbahnungen für den Zögling und die Gesamteinwirkungen auf ihn" bezeichnet (FLITNER 1950, S. 134). Sicher gab es und gibt es für jeden Heranwachsenden in jeder Gesellschaft eine Fülle von vorgebahnten Wegen und vielfältigen Einwirkungen, die ihm Entfaltungsmöglichkeiten und -grenzen signalisieren. Soweit dies durch vorgegebene, gar nicht oder zumindest nicht vorrangig in pädagogischer Absicht wirksame soziokulturelle Strukturen und im Mitleben von Orientierungs- und Verhaltensmustern geschieht, hat die ältere Pädagogik hier vom Weg funktionaler Erziehung (vgl. WEISS 1961) gesprochen. Diese Wirkung wird heute mit der bewußt pädagogischen Einwirkung zusammengefaßt und als Sozialisation bezeichnet (vgl. FEND 1980, HURRELMANN 1975).
Wenn hier von pädagogischer Methode auch nur noch im Zusammenhang von Erziehung und Unterricht als bewußter Einwirkung gesprochen wird, so bleiben aus dieser älteren Überlegung doch zwei Bestimmungen festzuhalten:
- Der jeweilige Methodos, der intendierte pädagogische Weg für Heranwachsende, ist historisch entstanden und dem geschichtlichen Wandel unterworfen wie die Ziele, die Inhalte, die bevorzugten Medien der Erziehung, wie die beteiligten Personen und Institutionen. Damit ist die Hoffnung dahin, für historisch sich wandelnde Aufgaben ein Repertoire einzelner, wertfreier, optimierter Förderungstechniken zur Verfügung stellen zu können, wie sie hinter der Mehrzahl der Methodenuntersuchungen stand: „Die langjährigen Versuche, durch Effektivitätsvergleiche verschiedener Lehrmethoden, durch Entwicklung von Modellen zur Prognose des Schulerfolgs oder durch Wirkungsanalysen isolierter Verhaltensmuster des Lehrers unmittelbar praktisch verwertbare Einsichten zu produzieren, haben sich als Fehlschlag erwiesen" (TREIBER/WEINERT 1982, S. 8).

Wolfgang Schulz

– W. Flitner erinnert uns daran, daß nicht nur die unmittelbar zwischen Erziehern und „Zöglingen", zwischen Lehrenden und Lernenden bewußt eingesetzten Lernhilfen Methoden genannt werden können, sondern daß auch der in institutionellen Vorgaben investierte pädagogische Wille Methode hat. Auf ihre Neigung zur naiven Unterschätzung der Schulorganisation als Methode hatte Bernfeld die Didaktiker schon lange vorher hingewiesen (vgl. BERNFELD 1967). FÜRSTENAU (vgl. 1972) und WELLENDORF (vgl. 1973) haben diesen Gedanken erneuert. In den Grenzen nur pädagogischer Reform haben Landerziehungsheime, Jena-Plan, Produktionsschule, Alternativschulen mit Gesamtkonzeptionen geantwortet, die die Schule gewissermaßen als methodisches Environment auffassen. LANGEVELD hat jede Schule als „Weg des Kindes" (1960) gesehen; TILLMANN (vgl. 1976) hat die unterschiedlichen und in dieser Verschiedenheit fragwürdigen Wege der Institution Schule herauszuarbeiten versucht, ihren „heimlichen Lehrplan" (vgl. ZINNECKER 1975), der in einer sich aufklärenden Gesellschaft wider Willen offenbar wird.

Methode wird hier also als ein Moment jedes bewußt erziehlichen und unterrichtlichen Handelns verstanden, als jenes Moment, das, in der Einzahl genannt, alle Möglichkeiten einer bewußt pädagogisch gemeinten Einwirkung bezeichnet, die unter definierten Bedingungen zur Realisierung einer pädagogischen Zielsetzung führen sollen. Erziehung wird dabei als die umfassende Bezeichnung der pädagogischen Aufgabe verstanden; Unterricht ist ein durch fach- und humanwissenschaftliche Orientierung (vgl. BLANKERTZ 1971), durch Planmäßigkeit, Institutionalisierung, Professionalisierung herausgehobener Teil der Erziehung.

Beschreibt man den *Weg* der absichtsvollen Förderung von Menschen im ganzen als μέϑοδος, dann in dem Wissen, daß viele methodische Maßnahmen – Methoden – jeweils zu diesem μέϑοδος zusammengefügt werden. Es sind komplexe Maßnahmen, *methodische Konzepte*, wie sie als Schulungskurs, als Projektmethode, als Trainingsprogramm, als diskursiver Unterricht, als Fachleistungskurs oder Team-Kleingruppen-Modell im Stichwortteil dieses Bandes näher beschrieben werden, und innerhalb dieser komplexen Methoden sind wieder kleinere *methodische Elemente* zu unterscheiden, wie sie etwa WINNEFELD u. a. (vgl. 1957) als Impulse beschrieben haben.

Die Mehrzahl der Autoren prinzipieller Erörterungen der Methodenfragen des letzten Jahrzehnts (vgl. ADL-AMINI 1981, MENCK/THOMA 1972, SCHULZE 1978) stimmen in der Wertung überein, die Methodenreflexionen seien in den Jahren der großen curricularen Entwürfe zu kurz gekommen; sie suchen auch überwiegend nach Wegen, die aus der geisteswissenschaftlichen Didaktik übernommene Nachordnung der Methodenfrage in Richtung auf ein Interdependenzverhältnis (vgl. BLANKERTZ 1975, HEIMANN 1962, SCHULZ 1982), also in Richtung auf eine gleichrangige, von der Ziel- und Inhaltsfrage, von der Medienfrage, von den institutionellen Bedingungen der Erziehung und des Unterrichts nicht abzulösende Problematik zu behandeln.

3 Stellenwert der Methodenfrage im pädagogischen Handlungs- und Reflexionszusammenhang

Wer die Aufgaben des Lehrens und Lernens als Handlungsaufgaben begreift, findet leicht, daß er seine Handlungsabsichten, das heißt seine pädagogischen *Intentionen*, nicht ohne Einbeziehung der Frage nach ihrer Realisierbarkeit mit Hilfe pädagogischer Methoden als pädagogische Intentionen zu denken vermag. Wer die Inhalte

oder *Themen* als lehr- und lernbare reflektiert, reflektiert sie als Inhalte oder Themen, die sich in Lernprozessen mit gezielten Förderungsmethoden aneignen lassen. Insofern *impliziert* BLANKERTZ' (vgl. 1975) Frage nach Ziel/Absicht/Intention eines pädagogisch gemeinten Prozesses und ebenso die Frage nach Gegenstand/Inhalt/Thema, um das Lernende und Lehrende sich mühen, die Methodenfrage von Anfang an und nicht nur als eine cura posterior. Umgekehrt heißt das aber auch, daß Methoden nicht unabhängig von diesen Intentionen und Themen abschließend bestimmt werden können, wie es immer wieder, um der Vorteile einer quantifizierenden Empirie willen (kritisch: vgl. HOLZKAMP 1972, RUMPF 1972) versucht worden ist. Alle diese Momente erziehungs- und unterrichtsbezogenen Handelns – und auch die an anderer Stelle behandelten Medien und Ergebniskontrollen – beziehen sich auf historische Personen, die ihre Lebensgeschichte (personelle Voraussetzungen) in den Unterrichtsprozeß einbringen, und auf historische Vorgaben institutioneller Art (institutionelle Voraussetzungen); auf diese Vorgaben beziehen sich die erziehlich/unterrichtlich Handelnden mit im Kern historisch einmaligen Antworten.
BLANKERTZ (vgl. 1975, S. 98 f.) faßt diese Aufwertung der Methode in den Gedanken der „methodischen Leitfrage", deren Aufgabe es sei, auf eine Vereinigung der individuell-subjektiven Voraussetzungen der Schüler (und der Lehrer; Zusatz: W. S.) mit dem „objektiven Sachanspruch" (besser: den objektivierten Sachanforderungen von Wissenschaft und Gesellschaft; Zusatz: W.S.) hinzuwirken. Damit ist der Gedanke der Nachrangigkeit der Methodenfrage einmal mehr zurückgewiesen: Weder von der Ausgangslage der Unterrichtsteilnehmer her noch von der Vorordnung des Sachwissens und Könnens durch gesellschaftliche Instanzen her ist der Weg des Lernens und Lehrens so abschließend zu bestimmen, daß dem Was und Wozu des Unterrichts und der Erziehung nachträglich Methoden und Medien als optimale technische Hilfsmittel zugeordnet werden könnten. Was gelernt und gelehrt wird, konstituiert sich vielmehr erst abschließend in einem unter pädagogischer Intentionalität erfolgenden Verknüpfungsprozeß, einem methodischen Gesamtentwurf, dessen Gestaltung aus person- und sachbezogen variierten, methodischen und medialen Elementen nach Heimann nicht zuletzt eine Sache pädagogischer Phantasie ist und beim Stand der Forschung auch nach Einsicht der Empiriker in die Komplexität pädagogischer Felder (vgl. TREIBER/WEINERT 1982) vorerst bleibt.
Menck versucht nun, diesen umfassenden Begriff von Methode sogar von der nachgeordneten auf die vorgeordnete Position zu setzen: „Da Unterrichtsmethode einen bestimmten Unterrichtsprozeß und bestimmte Ergebnisse *intendiert*, wird das Intendierte auch ‚Unterrichtsziel' genannt [...] Der Begriff Unterrichtsmethode wird also geradezu synonym mit Heimanns ‚Intention' gebraucht: ‚Intention [...] im Sinne von Festsetzung und Sinngebung unterrichtlicher Akte' (Heimann)" (MENCK/THOMA 1972, S. 163). – Aber dies verwirrt nur und bringt keinen theoretischen Sinn: Erstens wird der Intentions-Begriff Heimanns dabei fehlinterpretiert; dieser setzt Intentionen ja zu Themen, *Methoden* und Medien in Beziehung. Zweitens muß Menck die Unterscheidung von Methoden und *Techniken* einführen, um Verhaltens- und Verfahrensformen benennen zu können, weil diese sich der Gleichung Methoden = Intentionen nicht fügen.
Die „edukative Intentionalität" (BLANKERTZ 1972, S. 163), die Menck in der Methode findet, ist ja ein Bestandteil jeder bewußten Teilentscheidung innerhalb einer von den Teilnehmern als pädagogisch interpretierten Interaktion. SCHULZ (vgl. 1982) spricht von pädagogischer oder didaktischer Perspektive; denn nicht nur professionelle Pädagogen, sondern auch Eltern, Lehrmeister, Jugendgruppenleiter und

andere Laienerzieher lassen sich beim Planen, Realisieren und Analysieren pädagogischer und unterrichtlicher Einheiten von Perspektiven leiten, die über die einzelne Lehr-Lern-Einheit hinausreichende Vorstellungen über Absichten, Inhalte, Mittel und Wege der pädagogischen Arbeit enthalten und auf prinzipiellen Einschätzungen von Mensch und Gesellschaft beruhen. Hier liegt die praktische Bedeutung prinzipieller Vorüberlegungen bis hin zur pädagogischen Utopie.
Wer die Methodenfrage als Teil der Erziehungs- und Unterrichtsproblematik auf verschiedenen Ebenen diskutiert, unterstellt damit nicht selbstverständlich eine induktive (vgl. BELLAK u. a. 1974, WINNEFELD u. a. 1957) oder deduktive Beziehung (vgl. FLITNER 1950) zwischen den Ebenen: Die langfristige edukative Perspektive mit ihrem Bestandteil einer Vorstellung vom μέθοδος, vom Weg der Erziehung und des Unterrichts, leitet uns beim Planen, Realisieren und Kritisieren von Unterrichtseinheiten an und hilft uns, Wichtiges von Unwichtigem zu unterscheiden und Konsistenz in unser Handeln zu bringen, wie etwa die Theorie pädagogisch wertvoller *Erfahrung* von DEWEY (vgl. 1963). Aber die Erfahrungen, die Lernende und Lehrende in einzelnen Projekten machen, wie sie sich aus der Perspektive jener Erfahrungstheorie ergeben haben, wirken auf die perspektivischen Vorstellungen von pädagogisch wertvoller Erfahrung zurück; sind jene Vorstellungen doch ihrerseits reflektierte Erfahrungen. Auf die Weiterführung des reflektorischen Elements in der Projektpädagogik bei FREY (vgl. 1982) sei in diesem Zusammenhang hingewiesen.
Dies gilt sinngemäß auch für das Verhältnis zwischen dem methodischen Gesamtkonzept einer Lehr-Lern-Einheit und den einzelnen methodischen Maßnahmen innerhalb dieses Konzepts. *Darin* gleichsinnig sind die Ordnungsvorstellungen von SCHULZE (vgl. 1978, S.41 ff.), während dessen Idee vom „methodischen Handeln" mit der mitzudenkenden anderen Hälfte, einem auf Was und Wozu reduzierten didaktischen Handeln, wohl wieder hinter den Stand der Diskussion zurückfällt.
Im erziehungswissenschaftlichen Aufgabenfeld Unterrichtsplanung, in dem methodische Reflexion wohl bisher am weitesten verbreitet und differenziert worden ist, sind mindestens drei Reflexionsebenen zu unterscheiden, denen sich jeweils schwerpunktmäßig die skizzierten *methodischen* Reflexionsebenen zuordnen lassen (vgl. Abbildung 1, S.59):
Werden pädagogische Einrichtungen wie die Schule nach einem Bürokratiemodell organisiert (vgl. FÜRSTENAU 1968), dann wird jede der in Abbildung 1 bezeichneten Planungsebenen am ehesten einer Planungsinstanz zugeordnet und ein hierarchisches Gefälle zwischen den Instanzen hergestellt, um Zuständigkeiten und Verantwortlichkeiten leicht kontrollieren zu können: So sind die Perspektivplanung und die Rahmenplanung schon Curriculum-Instituten und Lehrplankommissionen zugeordnet worden; die Umrißplanung wird in vielen Fächern von den Lehrerbegleitheften der Schulbuch- und Lehrmittelhersteller vorgelegt und von den Lehrern am Ort nur noch den Gegebenheiten angepaßt; ihnen und ihren Schülern bleiben vor allem die Modifikation im Bereich der Prozeßplanung und die laufende Planungskorrektur. Dahinter steht die Auffassung: Erziehung und Unterricht auf der Höhe wissenschaftlicher Erkenntnis seien ebenso wie ein landesweit einheitliches Niveau und kontinuierlich methodisch durchdachte Arbeit am ehesten durch curriculare Arrangements zu gewährleisten, die in hohem Maße teacher proof seien (vgl. die kritischen Darstellungen von PAPASILEKAS-OHM 1983, RÜLCKER 1976).
Wer dagegen Erziehung und Unterricht nach dem human-relations-Modell auffaßt (vgl. FÜRSTENAU 1968, S.40), stellt die professionelle Dienstleistung an den Kindern und Jugendlichen in den Vordergrund, aus der sich unmittelbare Erfahrungen er-

Abbildung 1: Unterrichtsplanung – Erkennen methodischer Reflexion

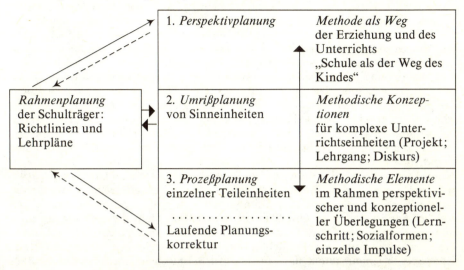

geben, die durch vorgeordnete Entscheidungen nicht abgenommen, nicht ersetzt werden können. Sie müssen umgekehrt immer wieder korrigierend auf jene einwirken, um die Humanität des pädagogischen Systems zu sichern. Die Gegenbewegung der Lehrerschaft gegen die immer detaillierter werdenden Lehrzielkataloge vorgeordneter Instanzen, gegen die Vorwegplanung des gesamten methodischen Weges in Programmen (vgl. GLASER 1971), reichte vom Ignorieren der Vorgaben bis zum Aufbau eigener Sammlungen von Unterrichtseinheiten und Materialien. Mit Überlegungen zu offenen Curricula (vgl. BRÜGELMANN 1976), mit Entwürfen zu informellem Unterricht (vgl. NUBER 1977) und gemeinsamer Lehrer-Schüler-Planung (vgl. BOETTCHER u.a. 1976) sowie mit einer Bevorzugung von Praxisberichten nach dem Muster des Vorläufers WÜNSCHE (vgl. 1972) reagierte die publizierende Pädagogik. Schwerpunktmäßig ging es dabei um die Verteidigung nicht zuletzt der methodischen Kompetenz des Lehrers. Die Mitbestimmung der Kinder und Jugendlichen, der Schüler, wurde vor allem mitverhandelt, indem der Entscheidungsspielraum der Lehrer und Erzieher als Voraussetzung für einen Unterricht und eine Erziehung verteidigt wurde, in der den educandi Möglichkeiten von Mitbestimmung und Mitwirkung eröffnet werden konnten. Dieser Fragenkomplex ist aber prinzipiellerer Überlegungen bedürftig (vgl. 4).

4 Bedeutung von unterschiedlichen Vorannahmen für die Behandlung pädagogischer Methodenfragen

Der überwiegende Teil der Erziehungs- und Unterrichtsentwürfe der letzten 200 Jahre geht davon aus, daß die Erziehenden und Unterrichtenden die *Subjekte* des Lehr-Lern-Prozesses sind, die Formenden; die Schülerinnen und Schüler dagegen sind die *Objekte* formender Aktivität, wie fürsorglich die erzieherische Einwirkung auch interpretiert werden mag, bis hin zur Haltung der rationalen Stellvertretung für die Mündigkeit des Zöglings. So dokumentiert es die einseitige Quellensammlung RUTSCHKYS (vgl. 1977), so wird es in den Unterrichtsentwürfen der fachdidaktischen Zeitschriften überwiegend vorausgesetzt. Voller Abscheu setzen die „Antipädagogen" diese Haltung mit der pädagogischen Haltung überhaupt gleich und lehnen sie deshalb prinzipiell ab (vgl. etwa v. BRAUNMÜHL 1980; vgl. MILLER 1980, 1981). Auf der Grundlage einer solchen Haltung ist die Wahl der Lehrmethode allein in die Verantwortung der Lehrenden gelegt. Daran ändert auch die Einsicht nichts, daß Lehren und Erziehen bedeutet, wünschenswerte Lernprozesse zu fördern. Dann wird eben die Lernpsychologie zur Grundlage der Didaktik, wie bei den Schülern Piagets, beispielsweise AEBLI (vgl. 1963), oder Galperins, etwa VAN PARREREN (vgl. 1966). So ist es wieder der Lehrende, der aus der Kenntnis einer Lerntheorie geradezu moralisch verpflichtet scheint, den Kindern und Jugendlichen, die nicht mitentscheiden können, was für ihre Lernprozesse gut ist, eine Lernhilfe professionell anzudienen.

Wenn Lernprogramme, etwa nach dem Skinner- oder nach dem Crowder-Algorithmus (vgl. GLASER 1971, ZIELINSKI/SCHÖLER 1965), eingesetzt werden, die für die unmittelbar Lehrenden nur noch Kalfaktorendienste verlangen, dann ändert sich dadurch nur die Rolle des Lehrenden, die Lerner-Rolle bleibt die des Objektes einer möglichst effizienten Lehrstrategie. Zwar begibt sich jemand, der für eine Sache, die er benutzen will, die Gebrauchsanweisung lernt, auch ohne Mitsprache in die Hände des Programmautors; das kann aus freiem Entschluß geschehen und im Rahmen selbstgesteuerten Lernens sinnvoll sein (vgl. HINTE 1980, S. 121), aber als Regelfall des Lernens bedeutet es doch: Lernen auf bloße Anpassung an vorgegebene Fremdbestimmung zu verkürzen. Die bloße Anpassung aber an herrschende Weltinterpretationen und Verhaltensmuster läßt sich als Programm einer Erziehung und eines Unterrichts in einer demokratischen Gesellschaft nicht mehr hinreichend legitimieren (vgl. ADORNO 1971, HABERMAS 1973, HEYDORN 1972, MOLLENHAUER 1972).

Spätestens jetzt ist es an der Zeit, daran zu erinnern, daß es in der Pädagogik auch eine andere Tradition gibt; sie reicht von jenem Sokrates, der den Schierlingsbecher trinken mußte, weil er die Jugend lehrte, nicht an die Götter zu glauben, bloß weil die herrschende Meinung an sie glaubt, bis hin zu Reichwein, dem Pädagogen des 20. Juli, und zu Korczak, der den Kindern im Konzentrationslager in die Gaskammer folgte, für sie und gegen die herrschenden Zustände Partei ergreifend. Für diese waren – in jeweils historisch begrenztem Verständnis – die Kinder und Jugendlichen *nicht Objekte,* nicht Materialien zur Sicherung der Weitergabe des eigenen Lebensentwurfes, sondern zur Selbstbestimmung herausgeforderte *Subjekte,* wie die Lehrenden selbst; sie sind daher wie diese zum Übernehmen der herrschenden Ordnung wie zu ihrer Korrektur gleichermaßen zu befähigen. ROTH hat in seiner „Pädagogischen Anthropologie", besonders im zweiten Teil (1971), im großen Stil zusammengefaßt, was wissenschaftlich in unserer Generation dazu an Belegen vorlag.

Diese Auffassung korrespondiert in neuester Zeit mit einer Auffassung von der demokratischen Gesellschaft als einer offenen Gesellschaft, deren Verfassung kein dogmatisches Gebäude ist, sondern ein Forum, das Grenzen und Spielregeln für die argumentierende Auseinandersetzung setzt, ohne eine Lösung für alle Zukunft festzuschreiben (vgl. SEIFFERT 1979), aber auch mit der Erfahrung, daß die Möglichkeit der Prüfung der Verallgemeinerungsfähigkeit von – gerade auch pädagogischen – Zielsetzungen durch die ungleiche Verteilung wirtschaftlicher Macht und Kommunikationsmöglichkeit in der Praxis unserer Gesellschaft eingeschränkt ist (vgl. BAETHGE 1970, NYSSEN 1969). Den Widerspruch zwischen Freiheitsanspruch und

Verfassungswirklichkeit zum Thema zu machen, ist denn auch das Anliegen der pädagogischen und didaktischen Konzepte, die auf diesen Vorüberlegungen beruhen. Sie werden entwickelt unter dem erkenntnis- und handlungsleitenden *Interesse an Mündigkeit, an Emanzipation.*

Pädagogen, die sich von diesem Interesse leiten lassen, wären naiv, wenn sie unterstellten, allein ihre Bemühungen könnten Mündigkeit bewirken. Sie verarbeiten heute nicht nur die alte Erfahrung, daß die *Bildung* letztlich unverfügbarer Personen nur mit deren aktiver Mithilfe gelingt, auf die Erziehung und Unterricht angewiesen bleiben. In neuerer Zeit ist der Pädagogik dazu deutlicher geworden, daß sie nicht aus ökonomisch begründeten primären Abhängigkeiten befreien kann, sondern höchstens von der Verblendung des Bewußtseins, diese Abhängigkeiten für naturwüchsig zu halten und so der Reflexion zu entziehen (vgl. RUHLOFF 1983). Sie kann der Reduzierung und Spezialisierung der Ausbildung im Dienste herrschender Interessen die Förderung nach „Entfaltung aller Sinne und Eigenschaften" (MARX 1966) entgegenhalten und die widersprüchlichen und teilweise eindeutig gegenläufigen institutionellen Gegebenheiten aufklären, die sie als Agenten ihrer Sozialisationsagenturen begrenzen, ja, unglaubwürdig machen können (vgl. ZINNEKKER 1975).

In diesem Rahmen erhält die Methodenfrage eine andere Bedeutung. Sie ist nur im *Dialog* zwischen den Unterrichtsteilnehmern zu lösen, in einem Verständigungsprozeß zwischen prinzipiell zur Selbststeuerung herausgeforderten Personen (vgl. BRUMLIK 1983, SCHULZ 1982). Dies bedeutet keineswegs, auf die Erfahrungsvorsprünge, auf das pädagogische Engagement, auf Professionalität der Berufserzieher zu verzichten: Die Professionalität erweist sich in dieser Sicht gerade in der Fähigkeit der Erziehenden und der Lehrenden,

- Probleme und Informationsbestände so darzustellen, daß Lernende zur Mitplanung ihrer Lernprozesse ermutigt und befähigt werden,
- die Vorerfahrungen, Ängste, Hoffnungen und Wünsche der Lernenden aufzunehmen und mit ihnen einzubringen,
- Anregungen und Unterstützungen für die Entwicklung individueller und kollektiver Lernstrategien zu geben,
- bei der Beschaffung, Erschließung und Nutzung von Medien zu helfen,
- Selbstkontrolle zu erleichtern, solidarische Fremdkontrolle zu organisieren oder selbst zu leisten,
- bei der Aufklärung der Bedingungen des Lernens, wie sie sich im gesellschaftlichen Umfeld finden, ebenso zu helfen wie bei ihrer kritischen und kreativen Einbeziehung in die Lernhandlung. Dazu gehört auch die Hilfe bei Offenlegung jener Widersprüchlichkeit in der Erzieher-(Lehrer-)Rolle, wie sie zwischen humanitärem Engagement und amtlichem Auftrag auftreten kann.

Es dürfte deutlich sein, daß solche Pädagogen sowohl mit einem eigenen Entwurf an ihre Aufgabe gehen müssen, als auch ein unmittelbares Interesse an den Entwürfen ihrer Klienten haben müssen, um mit ihnen die Lernhandlung zugleich emanzipatorisch relevant und möglichst effektiv steuern zu können. Der Methodos der Erziehung und Bildung ist gerade dann, wenn er heute menschenwürdig und so pädagogisch verantwortbar ist, kein von Erziehern und Lehrern allein planbares Konstrukt (vgl. Abbildung 2, S. 62).

Methode ist dann im ganzen der zwischen Erziehern und „Zöglingen" zu vereinbarende Weg zur Erlangung oder Wiedererlangung von Mündigkeit, ebenso wie im einzelnen der gemeinsame Entwurf von methodischen Strategien und Taktiken innerhalb von Erziehungs- und Unterrichtsprojekten.

Abbildung 2: Methode als Weg der institutionalisierten Erziehung

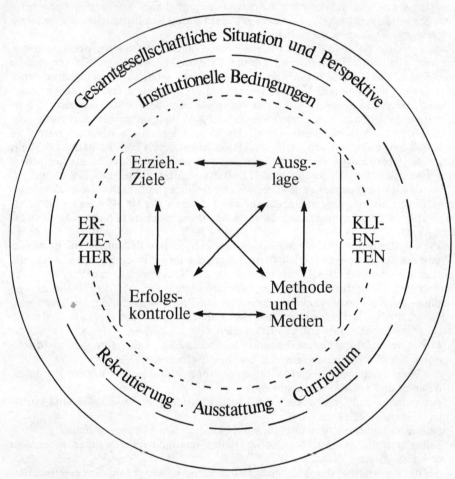

5 Methoden der Verständigung zwischen Lehrenden und Lernenden über Erziehungs- und Unterrichtsziele

Unter der Perspektive der Mündigkeit können Erziehungs- und Unterrichtsziele, die Erwachsene oder professionelle Erzieher in ihrer geschichtlichen Situation im Interesse der Heranwachsenden für förderungswürdig halten, nicht ohne ein Mindestmaß an Einverständnis der Lernenden legitim verfolgt werden; ist es doch gerade deren Selbst- und Mitbestimmung, die Mündigkeit ausmacht und nur durch ermutigenden Gebrauch entfaltet werden kann. Dem widerspricht teilweise eine Methode, wie sie GRELL (vgl. 1977) als Technik des Lehrerverhaltens vorschlägt: Lehrer überlegen sich, wie sie Schüler aktiver, selbständiger machen können, und prüfen die Realisierung empirisch, ohne daß die Schüler an Entwicklung und Kontrolle der Strategien zu ihrer Aktivierung aktiv beteiligt worden wären.

Am Anfang solcher Entwicklungen lassen sich Methoden der Verständigung über pädagogische Absichten (Intentionen) einerseits notwendig abstrakt gegenüber den besonderen Problemen auf verschiedenen Altersstufen und in verschiedenen Institutionen der Erziehung und des Unterrichts, andererseits bereits verhältnismäßig differenziert angeben: Im *Respekt* vor den Lebensäußerungen schon von Säuglingen und Kleinkindern, in der behutsamen Unterstützung ihrer Pläne, im gelassenen Verhindern von Gefährdungen, in der freundlichen, aber bestimmten Verteidigung auch der eigenen Sphäre des Erziehers läßt sich vor und neben sprachlicher Verständigung das Vertrauen des Kindes, das selbst jemand sein will, stärken und mit der Achtung anderer verbinden. Die *Transparenz* von allem, was Erzieher in pädagogischen Feldern für ihre Schutzbefohlenen tun, die *Legitimierung* des Handelns aus verallgemeinerbaren Interessen, lassen Partizipation erwarten: Gründe offengelegt zu erhalten und selbst vorbringen zu müssen, den eigenen Lernprozeß und den der Gruppe mitverantwortlich zu organisieren. In der Respektierung der Lernenden auch dann, wenn über das konkrete Ziel keine Übereinkunft erreicht werden kann, erfahren diese ihre Unverfügbarkeit ebenso wie den Anspruch, den Pädagogen an jemanden stellen, der sich darin übt, „sein eigener Chairman" zu sein (COHN 1978, S. 120).

Die *Intentionen,* die beispielsweise Schulträger und Heimträger letztlich verfolgen, werden unter der Perspektive von Mündigkeit möglichst in allgemeinverständlicher Sprache und für alle Benutzer zugänglich gemacht und begründet. Der Handlungsspielraum wird in Auseinandersetzung mit diesen Vorgaben gemeinsam interpretiert. Daß die irgend erreichbare *Kompetenz* für das Leben in dieser Gesellschaft gefördert wird, ist ebenso selbstverständlich wie die größtmögliche Verbindung der Kompetenzförderung mit Ermutigung zur *Autonomie* und *Solidarität* in der Lebensführung. Dies aber geht nur mit Methoden, die Selbststeuerung und Kooperation als konstitutives Moment enthalten. Die Partizipation bei der Zielfindung hilft Zielsetzungen zu fördern, die *Sacherfahrungen* in Verbindung mit wünschenswerten *Sozialerfahrungen und Selbsterfahrungen* zu machen erlauben (vgl. SCHULZ 1982).

Die Inhalte/Gegenstände/Themen – die Ausschnitte aus der erfahrbaren Welt –, die mit diesen Absichten gelehrt und gelernt werden sollen, werden von den einzelnen Unterrichtsteilnehmern nicht nur nach ihrer fachlichen oder fachübergreifenden Struktur, sondern ebenso in einem mit dem Alter wachsenden Maße nach ihrem gesellschaftlichen Entstehungs- und Verwertungszusammenhang befragt, wobei die Fachmannschaft des Lehrers und seine Neugierhaltung von erschließendem Nutzen sein soll. Ebenso wird methodisch immer wieder von jedem Teilnehmer gefragt werden müssen, was der Gegenstand ihm mit Sicherheit jetzt, möglicherweise später, für Chancen und Probleme bringt. Die Organisation der Lehr-Lern-Gruppe im Umgang mit dem Gegenstand ist ein weiteres, gleichberechtigtes Problem, das methodisch angegangen werden muß. Die Methode, in der dies in der didaktischen Analyse Klafkis noch der Lehrer allein unternimmt, ist zu einem gemeinsamen Weg der Lehr-Lern-Gruppe weiterzuentwickeln.

Mit Recht hat RUMPF (vgl. 1972), teilweise in der Auseinandersetzung mit DIEDERICH (vgl. 1970), darauf hingewiesen, wie unterschiedlich die unter pädagogischer Perspektive erschlossene Sachstruktur schon einzelner Themen des gleichen Erfahrungsbereiches sein kann und mehr noch die verschiedener Bereiche und der sie untersuchenden Disziplinen; er hat damit das Recht der Fachdidaktik gegenüber verallgemeinernden, scheinbar gegenstandsunabhängigen Methodenexperimenten verteidigt. Erst der Zugang zu dieser Struktur eröffnet den Lernenden emanzipa-

torisch relevantes, von unbefragten Autoritäten unabhängiges Wissen und Können: Partizipation an der inhaltlichen Planung ist ein Weg, diesen Zugang zu erleichtern.
Die Methoden der Aneignung von Realität selbst zum Unterrichtsthema zu machen, mit der Intention, selbstgesteuertes Lernen zu lehren, ist immer wieder einmal versucht und untersucht worden. Aber über die Methoden hinaus, die etwa GAUDIG (vgl. 1928) lehren wollte, von dem Unterricht mit immer mehr Anstößen durch die Schüler, den Petersen und seine Frau in den Jena-Plan-Schulen nachzuweisen versuchten (vgl. MÜLLER-PETERSEN 1951), über die Freiheitsgrade der Experimente hinaus, die NEBER (vgl. 1981) zusammenfassend als „entdeckendes Lernen" beschreibt, geht es bei der Verständigung, die hier zwischen Lehrenden und Lernenden gesucht wird, um die gemeinsame Konstituierung der Lernaufgabe in der pädagogischen Interaktion. Diese Aufgabe ergibt sich zwingend aus dem skizzierten Selbstverständnis und ist bisher weitgehend Programm geblieben.

6 Methoden der Verständigung zwischen Lehrenden und Lernenden über ihre Ausgangslage

Die Ziele (Intentionen und Themen) von Lehr-Lern-Handlungen beziehen sich auf Menschen in einer bestimmten Ausgangslage. An der Ausgangslage entscheidet sich, ob Lehr-Lern-Ziele gut gewählt wurden; umgekehrt sind diese Ziele nur für Menschen mit bestimmter Ausgangslage Lehr-Lern-Ziele. Die Ausgangslage der zu Erziehenden zu erkunden ist bisher in der Regel allein als Angelegenheit der Erziehenden und Unterrichtenden angesehen worden. In neuerer Zeit haben es Pädagogen deshalb von der empirischen Sozialforschung übernommen, vor allem den Sozialstatus, die aufgabenbezogenen Erfahrungen, Hoffnungen und Wünsche etwa der Unterrichtsteilnehmer zu erheben und schließlich deren Lebenswelt zu rekonstruieren. Dies hätte mit dem Thema dieses Beitrags nichts zu tun, weil es im Vorfeld von erziehungsmethodischen Entscheidungen Sache der Lehrenden war.
Im Modell der pädagogischen Interaktion als Verständigungsprozeß behalten die Ergebnisse solcher Untersuchungen eine begrenzte Gültigkeit als Hilfen für eine erste Orientierung für Lehrende und Lernende. Aber sie werden letztlich Teil eines Unterrichts und einer Erziehung, in denen sich die Beteiligten über ihre Ausgangslage verständigen, um sie zur Steuerung des Lehr-Lern-Prozesses zu nutzen. Daß sie dies tun, ist geradezu ein Kennzeichen emanzipatorisch relevanter Pädagogik.
Formen, die in therapeutischen Gruppen entwickelt worden sind, werden für diese Aufgabe in Lehr-Lern-Gruppen erprobt, vom „Blitzlicht", in dem alle in einem Satz sagen, wo sie im Verhältnis zur Aufgabe stehen, über das wechselseitige Interview, das Rollenspiel bis zur Ich-Botschaft, die die anderen über die eigenen Motive aufklärt (vgl. ANTONS 1975, COHN 1978, HINTE 1980, TAUSCH/TAUSCH 1977). Alle diese Praktiken haben vermutlich nur in dem Maße eine Chance, die individuellen und kollektiven Ausgangslagen aufzudecken, in dem Lehrende in der Situation ein glaubwürdiges Modell für aktives Zuhören, akzeptierendes Verhalten und integrierende Verarbeitung sind (vgl. ROGERS 1974, SCHÄFER 1971).
Diese Verständigungswege sind nicht einfach ein Mittel, den Unterricht und die Erziehung durch bessere Anpassung an die Kinder und Jugendlichen effektiver zu gestalten. Wäre es so, könnten sie einfach abgebrochen werden, wenn die Lehrer und Erzieher mit diesem Verhalten einmal keinen Effekt machen. Aber sie können nicht anders handeln, weil ihr Respekt vor den educandi kein Trick ist und weil sie deren Befähigung zur Selbst- und Mitbestimmung immer wieder herausfordern müssen. Das alte Prinzip der „Überforderung" (vgl. KRAMP 1961) erhält hier eine

neue Bedeutung. Nicht, indem Pädagogen ihren Klienten politische Mitbestimmungsrechte einräumen, sondern, indem sie die Möglichkeit schaffen, immer noch mehr Selbstbestimmung zu wagen, als die Klienten bisher zu realisieren versucht haben, zeigen sie ihr Interesse am Abbau der komplementären Strukturen pädagogischer Interaktion (vgl. SCHÄFER 1971, S. 144 ff.) und ihr unerschütterliches Zutrauen.

Mit dem Prinzip der Überforderung ist zur Berücksichtigung des *Entwicklungs*standes der Kinder und Jugendlichen gesagt worden, was hier möglich ist. Da die so methodisch erarbeitete Ausgangslage aber in der Regel viel differenzierter ist, als sie im gemeinsamen Vorgehen einer größeren Gruppe aufgefangen werden könnte, wird die Ausgangslage ähnlicher oder interessant verschiedener Klienten fruchtbar für deren wechselseitige Anregung gemacht werden können. Verschiedene Aspekte zu behandeln, für die übrigen Gruppen interessant zu machen oder auch nicht, wird zum selbstverständlichen Bestandteil eines Unterrichts und einer Erziehung, die Menschen respektieren, wenn es sein muß, auch im Konflikt (vgl. GORDON 1977).

Die Grenzen dieser Verständigung über die unterschiedlichen Ausgangslagen in einem System der Individualkonkurrenz und der Auslese werden in den beiden folgenden Abschnitten angesprochen. Es läßt sich nicht bestreiten, daß diese Verständigung zusätzlich Zeit kostet. Aber in der zusätzlichen Zeit wird auch Zusätzliches geleistet: Aufklärung über die je einzelne Ausgangslage, Versuche, sie für den Lehr-Lern-Prozeß fruchtbar zu machen: Angstminderung, Kreativität, bessere soziale Stützung, bewußtere Selbststeuerung können die Folge sein. Jene anspruchsvolleren Lehr-Lern-Ziele wie Einsicht in die Geschichte der Personen, mit denen man interagiert, und verschiedene Sichten auf die Aufgabe werden hier gelernt. Eine inhaltliche Konzentration und eine größere Sicherung der Freiräume unserer Lehrpläne würden Zeit schaffen. Das gilt auch für eine arbeitsteilige Zusammenarbeit von Lehr-Lern-Gruppen über den Klassenrahmen hinaus. Hinweise auf die (Wieder-?)Entdeckung der wünschenswerten Anknüpfung an persönliche Erfahrung sind sozialwissenschaftlichen Jugenduntersuchungen wie „Jugend '81" (vgl. JUGENDWERK DER DEUTSCHEN SHELL AG 1981), die immer mehr mit Selbstzeugnissen von Jugendlichen arbeiten ebenso zu entnehmen wie den zahlreich gewordenen Erzählungen vom Lehrerleben (vgl. BOIS-REYMOND/SCHONIG 1982).

7 Methoden der Verständigung zwischen Lehrenden und Lernenden über ihre Lehr-Lern-Wege und Lehr-Lern-Mittel

Der Begriff Methode in pädagogischen Handlungszusammenhängen war bereits anfangs als mehrschichtig verstanden worden: auf das Ganze der Wegbahnung für die Heranwachsenden in einer Gesellschaft oder wenigstens einer Institution der Gesellschaft bezogen, als Konzipierung einer komplexen Lehr-Lern-Einheit, schließlich als Element komplexer Konzepte bis zum kleinsten, ermutigenden Förderungsimpuls. Das Lehrbuch von HAUSSER (vgl. 1981) hat deshalb seine Einführung in das methodische Problem der Differenzierung auf den Ebenen Unterricht – Schule – Schulsystem behandelt. Unter der Perspektive der Mündigkeit ist die wachsende Partizipation der Schüler an der Planung des methodischen Vorgehens auf allen Ebenen unumgänglich.

Entgegen der landläufigen Meinung ist dies auch mit jüngeren Kindern möglich: Anhand einer Collage über die vier bis sechs (Berlin) Schuljahre der Grundschule können die älteren Schüler mit ihren Lehrern und Eltern die Schulanfänger damit begrüßen, daß sie sie wenigstens zu Mitwissern der Pläne machen, die man mit ihnen in den kommenden Schuljahren hat. In einem Rollenspiel und/oder einer Schülerzeitung können die Älteren zum Nachdenken bei sich und zum Diskurs mit anderen über die Schullaufbahnen der Sekundarschulen ermutigt werden. Wochenplanung und selbstgesteuerte kleine Lernschritte sind auch mit Erstkläßlern realisierbar.

Eine Untersuchung von TAUSCH/WIECZERKOWSKI (vgl. 1968) hat ergeben, daß Lehrerinnen und Lehrer, die von ihren Schulräten als gut eingeschätzt worden waren, in erstaunlicher Übereinstimmung einen bestimmten Stundenaufbau besonders häufig praktiziert haben und ihn auch prinzipiell angemessen fanden:
- Unterrichtsbeginn (mit dem Aufwerfen des Lernproblems, in der Regel durch den Lehrer);
- kindgemäße, intuitive Problemlösung, fachgerechte Untersuchung und Erarbeitung;
- weitgehende fachliche Abstraktion und Verwesentlichung;
- Realisierung gewonnener Einsichten und Erkenntnisse.

Wer sich bei dieser groben Beschreibung selbst an viele ähnliche Unterrichtsstunden erinnert, wird vielleicht annehmen, er habe wenigstens ein brauchbares Rezept für die methodische Organisation im Alltag gefunden. Auf der Grundlage der vorangegangenen Überlegungen muß dies allerdings fragwürdig erscheinen. Es handelt sich um ein Schema isolierten methodischen Denkens. Ob es für alle Intentionen (vgl. HEIMANN 1976) und für alle Sachbereiche (vgl. RUMPF 1972) gleichermaßen geeignet ist, muß schon wegen der Einengung auf Einsichten und Erkenntnisse bezweifelt werden. DOLCH (vgl. 1963, S. 97) hat bewußtgemacht, wie sehr wieder mit dem Ergebnis von vier- bis sechsstufigen Lösungen nach *der* Methode gesucht worden ist. Für emotionale Ziele schlug beispielsweise NEUBERT (vgl. 1925) vor: Einstimmung, Darbietung, Besinnung, Tataufruf. Für das Erlernen praktischer Tätigkeiten unterschied ALLEN (vgl. 1944): Vorbereitung, Vorführung des Arbeitsvorganges, Ausführung durch den Arbeiter mit Erklärung, selbständige Ausführung. Die Einseitigkeit der empirisch gefundenen methodischen Organisationsform ist bereits durch diese Hinweise unübersehbar.

Neben dem mangelnden Bezug zur Zieldimension (Intentionen und Themen) bleibt auch unklar, wieweit die Ausgangslage der Schüler ernsthaft in solcher methodischen Gliederung berücksichtigt wird. In den eigenen Lösungsvorschlägen, die Schüler als „intuitive Problemlösung" einbringen können, mag sie zur Darstellung kommen. Ob dies aber nur dazu dient, um dann in der fachlichen Erörterung der nächsten Stufe unterdrückt zu werden, ist zumindest unklar. Kinder und Jugendliche könnten sich daran gewöhnen, daß es auf ihre Entwürfe nicht ankommt, weil sie ohnehin nur Einstimmung auf eigentliches Wissen sind. Der Grad prinzipieller oder gelegentlicher Partizipation der Lernenden bleibt unerörtert, obwohl er unter der Perspektive von Mündigkeit entscheidend ist. Der isolierten Untersuchung der Effektivität von Methoden ist auf der Basis derart isolierten Methodendenkens offenbar kein Erfolg beschieden (vgl. TRZECIAK 1968).

Soweit die Erziehungs- und Unterrichtswege der ganzen Gesellschaft und des Aus- und Weiterbildungssystems zu behandeln sind – sie waren im Anschluß an Flitner hier ausdrücklich mitbedacht worden –, so sind sie Gegenstand in anderen Bänden der Enzyklopädie Erziehungswissenschaft. Methodische Großformen, wie sie etwa FLECHSIG u. a. (vgl. 1978) über die Gruppen einzelner gesellschaftlicher Institutionen hinweg dargestellt haben, werden, wie die häufigsten methodischen Elemente, die Winnefeld auf seine Weise unterscheidet (vgl. WINNEFELD u. a. 1957) in anderen Handbuch- oder Stichwortartikeln dieses Bandes dargestellt. Das gilt auch für die

besonderen Ansprüche der pädagogisch interpretierten Sachgebiete. Deshalb wird die weitere Darstellung dieses Abschnittes auf die Erörterung dreier Problemzusammenhänge beschränkt:
- die Differenzierung des methodischen Repertoires auf den drei Ebenen;
- die wechselseitige Interpretation methodischer Entscheidungen auf den verschiedenen Ebenen;
- die Mediengebundenheit methodischer Entscheidungen.

Dies geschieht unter der Perspektive von Mündigkeit immer auf der Suche nach partizipatorischen Wegbahnungen durch das Erziehungs- und Unterrichtsgeschehen.

Die Familien, in die Kinder hineingeboren werden, die Heime, die an Familienstelle treten, die Grundschule können sich die Nachwachsenden nicht aussuchen. Um so wichtiger ist die partizipatorische Konfliktlösung in der Familie (vgl. GORDON 1972), ist die Auflösung von Großheimen in familienähnliche Institutionen (vgl. TRABANDT/WOLFF 1981), ist die Möglichkeit, in der Grundschule zur Not die Klasse oder Stammgruppe wechseln zu können und innerhalb dieser an der Organisation des Lehr-Lern-Geschehens zu partizipieren. Die Mitbestimmung bei der Wahl der Sekundarschulen und Lehrbetriebe, der Studienorte und Studienfächer, der übrigen Institutionen der Erwachsenenbildung erlaubt eine wachsende Partizipation. Die Prospekte, Beratungsangebote und „Tage der offenen Tür" der Institutionen signalisieren, daß Lernen im Kern etwas ist, was Menschen selber wollen, wenn es menschenwürdig ist: Sie gehen aus eigenem Antrieb in die Therapiegruppe, sie belegen den Fernkurs, sie lassen sich unterrichten. Im schulischen Bereich unterstreichen Alternativen zwischen dem dreigliedrigen Schulwesen und integrierten Gesamtschulen und die verschiedensten Schulen in freier Trägerschaft (vgl. VAN DIECK 1979) die Realisierungschance dieser Tendenz; sie sollte methodisch genutzt werden (vgl. ROLFF u.a. 1974).

Die Institutionen, die aus mehr oder weniger freiem Entschluß aufgesucht und teilweise auch für ihre pädagogischen Dienste von den Benutzern direkt bezahlt werden, sind im größeren Umfang genötigt, ihre Programme zur Diskussion zu stellen, um so mehr, je selbstbewußter die Benutzer danach fragen. Das gilt für Landerziehungsheime wie für Jugendheime, für Kurzschulen wie für Jugendorganisationen. Die Methodik der Erwachsenenbildung wird in ihnen als Überforderung im Dienste der Mündigkeit antizipiert.

Die Methoden mittlerer Reichweite, die innerhalb solcher institutionalisierten *Wege* komplexe Lerneinheiten organisieren, werden zweckmäßigerweise unterschieden in
- *Organisationsformen* der Lehr-Lern-Prozesse, wie Projekte, Lehrgänge, Planspiele, Diskurse, oder *Sozialformen* wie Einzel-, Partner-, Gruppenarbeit, Frontalunterricht oder Unterricht in Lehr-Lern-Phasen wie Einstieg, Schwierigkeitsüberwindung, Behalten und Ausführen, Übertragen (vgl. ROTH 1971);
- *Interaktionsstile* wie autoritäre, demokratische, nondirektive Erziehungsstile, über die HERRMANN (vgl. 1974) berichtet;
- *Arrangements von Lehr-Lern-Umwelten,* etwa Wohnraumklassen, Abenteuerspielplätze, Mediotheken, die Lehr-Lern-Prozesse indirekt anregen, unterstützen, gegen störende Einflüsse abschirmen, ohne sie direkt anzuleiten.

Die zahlreichen Aktionsformen, *die methodischen Handlungselemente* werden zur Steuerung des Umgangs mit dem Lerngegenstand und den damit verbundenen Absichten wieder neu interpretiert; hier erfahren die Teilnehmer an der pädagogischen Interaktion im Alltag am deutlichsten, was für die Methoden allgemein gilt:

Wolfgang Schulz

Es gibt sie nur in historischen Kontexten, von denen sie inhaltlich verändert werden und die sie inhaltlich verändern. So bedeutet das Handlungselement Rückfrage „*Haben dies jetzt alle verstanden?*" im Gymnasium etwas anderes als an der Hauptschule und wieder anderes als in der Gesamtschule; denn „alle", an die sich die Frage wendet, haben jeweils einen anderen Status und eine sehr unterschiedlich große Chance, diesen noch zu korrigieren. Solidarische Hilfe zu leisten, bedeutet so auch je nach dem Grad der institutionalisierten Individualkonkurrenz ein mehr oder minder großes systemfremdes Risiko. Die gleiche Frage bedeutet etwas anderes in einem Unterricht und einer Erziehung, in denen nur Lehrkräfte oder Eltern oder Lehrmeister nachzufragen haben, oder in pädagogischen Situationen, in denen Schüler sie ohne weiteres auch an den Pädagogen stellen könnten (vgl. TAUSCH/TAUSCH 1965).

Die wechselseitige Interpretation methodischer Entscheidungen wird an zwei Beispielen ohne weiteres deutlich: Empfiehlt eine Gesamtschullehrerin, Schüler wegen ihrer schlechten Leistungen in Englisch und Mathematik aus der Lerngruppe herauszunehmen, dann bedeutet dies einen Lerngruppenwechsel nur in diesen beiden Leistungskursen. In einer Realschule bedeutet dies, die vertraute Lerngruppe in allen Fächern zu verlassen, ein Jahr zu wiederholen oder die Schule zu wechseln. Dennoch gibt es bei derartigen Entscheidungen auch bei Fachleistungsgruppierung negative Folgen (vgl. HURRELMANN 1973).

Als zweites Beispiel sei die Untersuchung von ROEDER (vgl. 1965) genannt. Sie hat ergeben, daß es eher durch Gruppenunterricht als durch die sorgsame Wahl von Sprechanlässen innerhalb des Frontalunterrichts gelang, den Anteil der Schüler an Steuerungsaktivitäten im Unterrichtsprozeß zu erhöhen.

Die Medien der Erziehung und des Unterrichts, die Otto in diesem Band systematisch erörtert, sollen hier als „Träger der Vermittlung" (vgl. WITTERN 1985) im Verhältnis zu den Methoden als den „Formen der Vermittlung" nur in zweierlei Hinsicht erörtert werden:

- Sie können Träger bestimmter Methoden sein und so die Entscheidung für oder gegen ihren methodischen Einsatz auf die Annahme oder Ablehnung der methodischen Vorentscheidungen begrenzen, die im Medium schon getroffen sind.
- Sie können Träger gerichteter, das heißt auf eine pädagogische Perspektive hin entworfener, aber offener Vermittlung sein, die zur Partizipation der Beteiligten geradezu herausfordert.

Auch in einem Band von Geschichten mit fehlender Lösung, in Bildgeschichten mit mehreren Ausgängen (vgl. SCHULZ 1982, S. 164ff.), in Rollenspielen, Simulationsspielen mit Materialien, in Textsammlungen mit kontroversen Positionen oder etwa in angefangenen Bildern nimmt das Medium methodische Wege vorweg. Aber es ermöglicht nicht nur unterschiedliche Lehr-Lern-Wege – es fordert geradezu dazu heraus, kreativ mit dem Angebot umzugehen: sich über die Vorgehensweise zu verständigen. Verallgemeinernd läßt sich mit Hinweis auf BRECHT (vgl. 1953) feststellen: Medien, die zwischen Aufgabe und Klienten mit einem *Verfremdungseffekt* vermitteln, sind für die Methodik des Lehr-Lern-Prozesses als Verständigung über die Konstituierung, die Geschichte und die Zukunftsbedeutung der pädagogischen Interaktion (vgl. MOLLENHAUER 1972, S. 17ff.) eine unerläßliche Hilfe (vgl. WITTERN 1975).

Wenn die Lehrmittelindustrie oder auch nur die Kollegin im Fachlehrerteam ein Arbeitsblatt mit einem Lückentext anbietet, wenn eine Tonbildschau übernommen wird, wenn sich Lernende in einem Fernkurs befinden und gerade den neuen Studienbrief bekommen haben, dann ist der methodische Gang des Lehr-Lern-Pro-

zesses damit weitgehend vorgeschrieben. Im Rahmen von Unterricht im Sinne eines Verständigungsprozesses bleibt den Beteiligten lediglich die Entscheidung, ob sie sich dem unterwerfen sollen, ob sie – entgegen der Absicht des Herstellers – beispielsweise die Arbeitsblätter in Partnerarbeit ausfüllen wollen oder ob sie weitere Medien zur Ergänzung und Korrektur heranziehen wollen. Trotzdem kann dies eine Entscheidung sein, die durchaus mit partizipatorischem Lernen unter der Perspektive der Mündigkeit vereinbar ist (vgl. HINTE 1980), dann nämlich, wenn die Teilnehmer sich bewußt zur Überwindung einer Lehr-Lern-Schwierigkeit einem solchen geschlossenen Lernförderungssystem unterwerfen, dessen Prämissen sie möglichst mitbedenken. Auf Dauer aber und auf Problemlösungsaufgaben angewandt, ist die Gefahr der unerwünschten Nebenwirkung zu sehen: Man verlernt, von den eigenen Fragen auszugehen und mehrere Lösungswege zu prüfen.
Es zeigt sich immer wieder, daß die Methode im Lehr-Lern-Prozeß unter der Perspektive der Mündigkeit auf allen Ebenen nur zustande kommt, wenn alle Teilnehmer auf diesen Prozeß reflektieren. Erziehung und Unterricht sind nicht mehr ohne Diskurs über Erziehung, nicht ohne Meta-Unterricht (vgl. GIEL u. a. 1975) mit den Betroffenen denkbar. Die Verantwortung der pädagogischen Fachleute wird dadurch nicht kleiner, sondern größer: Sie antizipieren hier den methodischen Gang nicht nur, wie er sich ihnen zunächst darstellt; sie sind auch verantwortlich dafür, daß ihre Klienten lernen, die Antizipation zu befragen und mit ihren Voraussetzungen zu verbinden, um an der Steuerung ihrer Lernprozesse teilzuhaben. Didaktische Kategorien und didaktische Terminologie werden in wachsendem Maße auch von den Klienten beherrscht werden müssen.

8 Methoden der Verständigung zwischen Lehrenden und Lernenden über die Ergebniskontrolle des Unterrichts

Die Verständigung zwischen Lehrenden und Lernenden über das methodische Vorgehen ist nicht möglich ohne die Kontrolle des Lernfortschrittes. Wieder darf es nicht nur darum gehen, den Lernenden das Recht auf Selbstkontrolle einzuräumen; sie könnten es zunächst nicht ohne weiteres wahrnehmen. Es geht darum, in wachsendem Maße mit ihnen Kriterien festzulegen, an denen der Lernfortschritt von ihnen gemessen werden kann, Übungen in der Selbstbeobachtung anzustellen und die Selbstverantwortung für die Kontrolle, die Mitverantwortung für die Schlußfolgerungen zu steigern.
Aus den Untersuchungen, die KLUWE (vgl. 1980, 1982) zusammengestellt und interpretiert hat, lassen sich keine unmittelbaren Handlungsanweisungen ableiten, wohl aber Anregungen für die Entwicklung von Lehrstrategien für diese Aufgabe entnehmen, bei deren Konzipierung die Erziehungswissenschaft erst am Anfang steht. Zu denken ist vor allem an die Befunde zur Selbstkontrolle des Einprägens, des Verständnisses, der Aufmerksamkeit und des Problemlösens.
Diese Einschätzung gilt sinngemäß auch für die Kontrolle des Lehrerfolges. Die Diskussion über die Entwicklung entsprechender Konzepte wird derzeit eher zusammengefaßt und weitergeführt, die Behandlung soll aus der Isolierung befreit, Rückmeldung auch für komplexe, auf Selbst- und Mitsteuerung der pädagogischen Prozesse beruhende Handlungsverläufe erreicht werden. Dies sind vorwiegend Dokumente einer programmatischen Phase (vgl. LOSER 1979, TREIBER/WEINERT 1982). Das läßt sich sicher nicht für Beiträge zur Ergebniskontrolle überhaupt sagen (vgl. INGENKAMP 1985), wohl aber für die Selbstkontrolle zur Selbstbestimmung befähigter Teilnehmer an pädagogischen Verständigungsprozessen.

Wolfgang Schulz

9 Methoden der Verständigung über die institutionellen und gesellschaftlichen Bedingungen der Interaktion zwischen Lehrenden und Lernenden

Die Bedingungen, die in einer Gesellschaft für institutionelle Erziehung gesetzt werden, sind selbst Teil des μέθοδος, des Weges, den sie den Heranwachsenden und ihren Erziehern weist. Dies ändert nichts an der Tatsache, daß sie für Lehrende und Lernende *in* der Institution eben Bedingungen sind, die diese in ihrer pädagogischen Interaktion bestimmen. Bei dem Bemühen um eine möglichst symmetrische Kommunikation zwischen Pädagogen und Klienten wird im Bewußtsein des eigenen Engagements leicht übersehen, daß die Bedingungen in der Regel keine Symmetrie erlauben. Wer nach dem Weg fragt, den ihm ein anderer beschreibt, ist wegen dieses Nachteils an Information nicht prinzipiell unterlegen. Kinder und Jugendliche werden aber, etwa durch die Erziehungsgewalt der Eltern und die Selektionsgewalt eines Heimes oder einer Schule als Lernende zugleich an eine Instanz gewiesen, die Gewalt über sie hat. Erzieher wie Lehrer handeln als Agenten dieser Gewalt und müssen sich vor ihr verantworten. Wenn sie im Namen ihrer Auftraggeber diese Gewalt zum Brechen des Eigenwillens, zur Bekämpfung der Selbstachtung benutzen, handeln sie in unserer Gesellschaft vielleicht mit Einverständnis vieler Machtbesitzer, sicher aber gegen das grundgesetzliche Selbstverständnis der Gesellschaft, gegen die Interessen der Mehrheit und gegen das geschichtlich gereifte Berufsethos der Pädagogen. Können sie aber auf erniedrigende Leistungsmessung, auf Selektion unter Menschen mit ungleichen Chancen, auf Unterdrückung von Spontaneität wirklich verzichten und dennoch Erzieher und Lehrer in den bestehenden Institutionen bleiben? Nicht nur Schülerangst (vgl. KROHNE 1976), sondern auch Lehrerangst (vgl. WEIDENMANN 1978) haben ihren Ursprung in der Tatsache, daß die Aufhebung der gesellschaftlichen Widersprüche im pädagogischen Feld nicht gelingt. Versuchen Pädagogen, dies zu vertuschen, werden sie spätestens, wenn sie urteilen und selektieren müssen, unglaubwürdig. Helfen sie den Klienten durch Transparenz ihres Rollenverhaltens zur Einsicht in die Grenzen ihrer pädagogischen Loyalität ihnen gegenüber, werden sie entweder zu Märtyrern oder zu gebrochenen Existenzen, die kein volles Vertrauen verdienen: Es gibt eben auch kein richtiges Lehrer- und Schülerleben in der widersprüchlichen gesellschaftlichen Lage einer erst noch zu entfaltenden humanen Sozietät. Pädagogen, die sich mit bloßer Agitation gegen ihre Auftraggeber vor ihrer Klientel ins rechte Licht setzen wollen, helfen ihr ebensowenig wie Pädagogen, die sich hinter einer neutralen Vermittlung verstecken.
Die Aufarbeitung dieser institutionell bedingten Widersprüchlichkeit in der pädagogischen Interaktion mit dem Ziel einer realistischen Selbstbestimmung des eigenen Platzes im Ringen um eine möglichst menschenwürdige Existenz kann nicht anders als durch Hilfe bei der Prüfung aller Umstände, auch der der Erzieher, geleistet werden. Mit Hilfen bei der Entfaltung der eigenen Fähigkeiten beginnt es; es setzt sich fort mit Aufklärung der Bedingungen dieser Entfaltung. Hilfe bei der Aufarbeitung verschiedener Interpretationen der Lage und ihrer Hintergründe, Ermutigung zu Zivilcourage, Diskussionsfähigkeit und Offenlegung auch bei der Erörterung des eigenen Standpunktes und des der Klienten sind über eine Vielzahl der in diesem Band im einzelnen dargestellten Methoden möglich und für die Entfaltung eines Weges demokratischer Erziehung unerläßlich. Daß diese Sicht auf die Methodenfrage eher ein Programm als eine Beschreibung angemessener pädagogischer Methodologie ist, ist das Ergebnis der Bestandsaufnahme.

ADL-AMINI, B. (Hg.): Didaktik und Methodik, Weinheim/Basel 1981. ADL-AMINI, B. u.a. (Hg.): Didaktik in der Unterrichspraxis. Grundlegung und Auswirkungen der Theorie der Formalstufen in Erziehung und Unterricht, Bern/Stuttgart 1979. ADORNO, TH. W.: Erziehung zur Mündigkeit, Frankfurt/M. 1971. AEBLI, H.: Psychologische Didaktik. Didaktische Auswertung der Psychologie von Jean Piaget, Stuttgart, 1963. ALLEN, C.R.: The Instructor, the Man and the Job, Lippingcott 1944. ANTONS, K.: Praxis der Gruppendynamik. Übungen und Techniken, Göttingen ⁴1976. BAETHGE, M.: Ausbildung und Herrschaft, Frankfurt/M. 1970. BELLACK, A. A. u.a.: Die Sprache im Klassenzimmer, Düsseldorf 1974. BERNFELD, S.: Sisyphos oder Die Grenzen der Erziehung (1925), Frankfurt/M. 1967. BLANKERTZ, H. (Hg.): Curriculumforschung – Strategien, Strukturierung, Konstruktion. Neue pädagogische Bemühungen 46, Essen 1971. BLANKERTZ, H.: Zur methodischen Leitfrage. In: MENCK, P./THOMA, G. (Hg.): Unterrichtsmethode ..., München 1972, S. 161 ff. BLANKERTZ, H.: Theorien und Modelle der Didaktik, München ⁹1975. BOETTCHER, W. u.a.: Lehrer und Schüler machen Unterricht, München/Berlin/Wien 1976. BOIS-REYMOND, M. DU/SCHONIG, B. (Hg.): Lehrerlebensgeschichten, Weinheim/Basel 1982. BRAUNMÜHL, E. v.: Antipädagogik. Studien zur Abschaffung der Erziehung, Weinheim/Basel ³1980. BRECHT, B.: Kleines Organon für das Theater. Versuche, Heft 12, Berlin 1953. BRÜGELMANN, H.: Auf der Suche nach der verlorenen Offenheit. In. HALLER, H.-D./LENZEN, D. (Hg.): Jahrbuch der Erziehungswissenschaft 1976, Stuttgart 1976, S. 121 ff. BRUMLIK, M.: Symbolischer Interaktionismus. In: Enzyklopädie Erziehungswissenschaft, Bd. 1, Stuttgart 1983, S. 232 ff. COHN, R.C.: Von der Psychoanalyse zur themenzentrierten Interaktion, Stuttgart ⁴1978. DEWEY, J.: Erfahrung und Erziehung. In: CORREL, W. (Hg.): Reform des Erziehungsdenkens, Weinheim 1963, S. 27 ff. DIECK, L. v.: Alternativschulen. Informationen. Probleme. Erfahrungen, Bad Heilbrunn 1979. DIEDERICH, J.: Hilfen zur Kritik empirischer Untersuchungen. In: Z. f. P. 16 (1970), S. 247 ff. DIETRICH, TH. (Hg.): Unterrichtsbeispiele von Herbart bis zur Gegenwart, Bad Heilbrunn 1962. DOLCH, J.: Grundbegriffe der pädagogischen Fachsprache, München ⁴1963. FEND, H.: Theorie der Schule, München 1980. FLECHSIG, K.-H. u.a.: Erstfassung eines Kataloges didaktischer Modelle, Mimeo, Göttingen 1978. FLITNER, W.: Allgemeine Pädagogik, Stuttgart 1950. FREY, K.: Die Projektmethode, Weinheim/Basel 1982. FÜRSTENAU, P.: Neuere Entwicklungen in der Bürokratieforschung und das Schulwesen. Ein organisationssoziologischer Beitrag. In: ZIFREUND, W. (Hg.): Schulmodelle, Programmierte Instruktion und Technische Medien, München 1968, S. 30 ff. FÜRSTENAU, P.: Zur Psychoanalyse der Schule als Institution. In: FÜRSTENAU, P. u.a.: Zur Theorie der Schule, Weinheim/Berlin/Basel ²1972, S. 9 ff. GALPERIN, P.J. u.a.: Probleme der Lerntheorie, Berlin 1966. GAUDIG, H.: Freie geistige Schularbeit in Theorie und Praxis (1922) Breslau ⁵1928. GEISSLER, E. E.: Erziehungsmittel, Bad Heilbrunn 1975. GEISSLER, G. (Hg.): Das Problem der Unterrichtsmethode in der pädagogischen Bewegung, Weinheim/Berlin/Basel ⁸1970. GEISSLER, H.: Modelle der Unterrichtsmethode, Stuttgart 1977. GIEL, K. u.a.: Stücke zu einem mehrperspektivischen Unterricht. Aufsätze zur Konzeption 2, Stuttgart 1975. GLASER, R. (Hg.): Programmiertes Lernen und Unterrichtstechnologie, Berlin 1971. GORDON, TH.: Familienkonferenz. Die Lösung von Konflikten zwischen Eltern und Kind, Hamburg 1972. GORDON, TH.: Lehrer-Schüler-Konferenz. Wie man Konflikte in der Schule löst, Hamburg 1977. GRELL, J.: Techniken des Lehrerverhaltens, Weinheim/Basel ⁷1977. HABERMAS, J.: Legitimationsprobleme im Spätkapitalismus, Frankfurt/M. 1973. HAUSSER, K. (Hg.): Modelle schulischer Differenzierung, München 1981. HEIMANN, P.: Didaktik als Theorie und Lehre. In: D. Dt. S. 54 (1962), S. 407 ff. HEIMANN, P.: Didaktik als Unterrichtswissenschaft, Stuttgart 1976. HERRMANN, TH. (Hg.): Psychologie der Erziehungsstile. Beiträge und Diskussionen des Braunschweiger Symposions, Göttingen 1974. HEYDORN, H.-J.: Zu einer Neufassung des Bildungsbegriffs, Frankfurt/M. 1972. HINTE, W.: Non-direktive Pädagogik, Opladen 1980. HOLZKAMP, K.: Kritische Psychologie, Frankfurt/M. 1972. HURRELMANN, K.: Unterrichtsorganisation und schulische Sozialisation. Eine empirische Untersuchung zur Rolle der Leistungsdifferenzierung im schulischen Sozialisationsprozeß, Weinheim/Basel ²1973. HURRELMANN, K.: Erziehungssystem und Gesellschaft, Reinbek 1975. INGENKAMP, K.: Erfassung und Rückmeldung des Lernerfolgs. In: Enzyklopädie Erziehungswissenschaft, Bd. 4, Stuttgart 1985, S. 173 ff. JUGENDWERK DER DEUTSCHEN SHELL AG (Hg.): Jugend '81. Lebensentwürfe, Alltagskulturen, Zukunftsbilder, 3 Bde., Hamburg 1981. KLAFKI, W.: Studien zur Bildungstheorie und Didaktik, Weinheim 1963. KLAFKI, W.: Die bildungstheoretische Didaktik im Rahmen kritisch-konstruktiver Erziehungswissenschaft. In: GUDJONS, H. u. a. (Hg.): Didaktische Theorien, Braunschweig 1980, S. 11 ff. KLUWE, R. H.: Metakognition: Komponenten einer Theorie zur Kontrolle und Steuerung eigenen Denkens, Universität München 1980. KLUWE, R. H.: Kontrolle eigenen Denkens und Unterricht. In: TREIBER, B./WEINERT, F.-E. (Hg.): Lehr-Lern-Forschung, München/Wien/Baltimore 1982, S. 113 ff. KRAMP, W.: Überforderung als Problem und Prinzip pädagogischen Handelns. In: Westerm. P. Beitr. 13 (1961), S. 390 ff. KROHNE, H. W.: Angst bei Schülern und Studenten, Hamburg 1976. LANGEVELD, M. J.: Die Schule als Weg des Kindes, Braunschweig 1960. LOSER, F.: Konzepte und Verfahren der Unterrichtsforschung, München 1979. MARX, K.: Pariser Manuskript 1844. Texte zu Methode und Praxis, Bd. 2, hg. v. G. Hillmann, o. O. 1966. MENCK, P./THOMA, I. (Hg.): Unterrichtsmethode. Intuition, Reflexion, Organisation, München 1972. MILLER, A.: Am Anfang war Erziehung, Frankfurt/M. 1980. MILLER, A.: Du sollst nicht merken, Frankfurt/M. 1981. MOLLENHAUER, K.: Theorien zum Erziehungsprozeß, München 1972. MÜLLER-PETERSEN, E.: Kleine Anleitung zur pädagogischen Tatsachenforschung und ihrer Verwendung, Marburg 1951. NEBER, H. (Hg.): Entdeckendes Lernen, Weinheim/Basel ³1981. NEUBERT, W.: Das Erlebnis in der Pädagogik, Göttingen 1925. NUBER, F. (Hg.): Informeller Unterricht – Modell für die Grundschule, München 1977. NYSSEN, F.: Schule im Kapitalismus, Köln 1969. PAPASILEKAS-OHM, A.: Offene Curricula und Aktionsforschung – Fortsetzung oder Abbruch des Curriculum-Diskurses? Hamburg 1983. PARREREN, C. F. VAN: Lernpausen und Lernerfolg, Braunschweig 1966. PARREREN, C. F. VAN: Lernen in der Schule, Weinheim/Berlin/Basel 1974. PAUSE, G./PETERS, O.: Lehrer und soziale Interaktion in der Unterrichtsforschung, Weinheim/Basel 1973. ROEDER, P. M.: Versuch einer kontrollierten Unterrichtsbeobachtung. In: Psych. Beitr. 8 (1965), S. 408 ff. ROGERS, C. R.: Lernen in Freiheit. Zur Bildungsreform in Schule und Universität, München 1974. ROLFF, H.-G. u. a.: Strategisches Lernen in der Gesamtschule. Gesellschaftliche Perspektiven der Schulreform, Reinbek 1974. ROTH, H.: Pädagogische Anthropologie. Bd. 2: Entwicklung und Erziehung, Hannover 1971. RUHLOFF, J.: Emanzipation. In: Enzyklopädie Erziehungswissenschaft, Bd. 1, Stuttgart 1983, S. 376 ff. RÜLCKER, T.: Bildung, Gesellschaft, Wissenschaft. Eine Einführung in Grundbegriffe, Perspektiven und Grenzen der deutschen Curriculum-Diskussion, Heidelberg 1976. RUMPF, H.: Sachneutrale Lehrverfahren. Zur Diskussion von Blickverkürzungen in empirischen Forschungsansätzen. In: MENCK, P./THOMA, G. (Hg.): Unterrichtsmethode ..., München 1972, S. 65 ff. RUTSCHKY, K. (Hg.): Schwarze Pädagogik. Quellen zur Naturgeschichte der bürgerlichen Erziehung, Frankfurt/Berlin/Wien 1977. SCHÄFER, K.-H.: Emanzipatorische und kommunikative Didaktik. In: SCHÄFER, K.-H./SCHALLER, K.: Kritische Erziehungswissenschaft und kommunikative Didaktik, Heidelberg 1971, S. 133 ff. SCHULZ, W.: Unterricht – Analyse und Planung. In: HEIMANN, P. u. a.: Unterricht – Analyse und Planung, Hannover/Berlin/Darmstadt/Dortmund 1965, S. 13 ff. SCHULZ, W.: Die lehrtheoretische Didaktik (Didaktik als Unterrichtswissenschaft). In: GUDJONS, H. u. a. (Hg.): Didaktische Theorien, Braunschweig 1980, S. 29 ff. SCHULZ, W.: Unterrichtsplanung, München/Wien/Baltimore ³1982. SCHULZE, TH.: Methoden und Medien der Erziehung, München 1978. SCHWERDT, TH.: Kritische Didaktik in klassischen Unterrichtsbeispielen, Paderborn ⁹1952. SEIFFERT, J.: Haus oder Forum? Wertsystem oder offene Verfassungsordnung. In: HABERMAS, J. (Hg.): Stichworte zur geistigen Situation der Zeit, Bd. 1, Frankfurt/M. 1979, S. 321 ff. TAUSCH, R./TAUSCH, A.-M.: Reversibilität/Irreversibilität des Sprachverhaltens in der sozialen Interaktion. In: Psych. Rsch. 16 (1965), S. 28 ff. TAUSCH, R./TAUSCH, A.-M.: Erziehungspsychologie. Begegnung von Person zu Person, Göttingen ⁸1977. TAUSCH, R./WIECZERKOWSKI, W.: Generelles Ordnungskonzept von Verhaltensweisen und seelischen Vorgängen im Verlauf von Unterrichtsstunden. In: D. Dt. S. 60 (1968), S. 163 ff. TILLMANN, K.-J.: Unterricht als soziales Erfahrungsfeld. Soziales Lernen in der Institution Schule, Frankfurt/M. 1976. TRABANDT, H./WOLFF, K.: Veränderung der Heimerziehung – Großheime und ihre Zersiedelung, Stuttgart 1981. TREIBER, B./WEINERT, F. E. (Hg.): Lehr-Lern-Forschung. Ein Überblick in Einzeldarstellungen, München/Wien/Baltimore 1982. TROST, F.: Die Erziehungsmittel. 16 Vorlesungen, Weinheim/Berlin ²1967. TRZECIAK, H.: Lehrformen und Unterrichtserfolg. Historische und empirische Untersuchungen, Diss., Saarbrücken 1968. WEIDENMANN, B.: Lehrerangst. Ein Versuch, Emotionen aus der Tätigkeit zu begreifen, München 1978. WEISS, C.: Abriß der pädagogischen Soziologie, 2 Teile, Bad Heilbrunn ³1961. WELLENDORF, F.: Schulische Sozialisation und Identität. Zur Sozialpsychologie der Schule als Institution, Weinheim/Basel 1973. WENIGER, E.: Didaktik als Bildungslehre, 2 Teile, Weinheim ⁸1965, ²1962 (Teil 1: Die Theorie der Bildungsinhalte und des Lehrplans ⁸1965, Teil 2: Didaktische Voraussetzungen der Methode in der Schule ²1962). WINNEFELD, F. u.a.: Pädagogischer Kontakt und pädagogisches Feld, München/Basel 1957. WITTERN, J.: Mediendidaktik. Ihre Einordnung in eine offenstrukturierte Entscheidungstheorie des Lehrens und Lernens, 2 Bde., Opladen 1975. WITTERN, J.: Methodische und mediale Aspekte des Handlungszusammenhangs pädagogischer Felder. In: Enzyklopädie Erziehungswissenschaft, Bd. 4, Stuttgart 1985, S. 25 ff. WÜNSCHE, K.: Die Wirklichkeit des Hauptschülers. Berichte von Kindern der schweigenden Mehrheit, Köln 1972. ZIELINSKY, J./SCHÖLER, W.: Methodik des programmierten Unterrichts, Ratingen 1965. ZINNECKER, J. (Hg.): Der heimliche Lehrplan. Untersuchungen zum Schulunterricht, Weinheim/Basel 1975.

Gunter Otto

Medien der Erziehung und des Unterrichts

1   Das Medienproblem im Interdependenzzusammenhang
1.1 Positionen und Terminologie
1.2 Gegenstandsfelder und Konzepte
1.3 Dimensionen des Diskussionsfeldes
2   Der Kontext der Diskussion über Unterrichtsmedien
2.1 Massenmedien und Unterrichtsmedien
2.2 Mediendidaktik und Unterrichtstechnologie
2.3 Neue Medien (1984) – für die Schule?
3   Ordnungsversuche für Unterrichtsmedien
3.1 Übersicht und Problematisierung
3.2 Zur Inventarisierung der Unterrichtsmedien
3.3 Funktionskataloge von Unterrichtsmedien
3.4 Die Unterscheidung von „offenen" und „geschlossenen" Unterrichtsmedien
4   Rezeptionsprobleme offener Unterrichtsmedien
4.1 Wahrnehmungsprobleme im Zusammenhang mit Unterrichtsmedien im Lernprozeß
4.2 Interpretationsprobleme im Zusammenhang mit Unterrichtsmedien im Lernprozeß
5   Zur Forschungssituation
5.1 Effizienzforschung
5.2 Neue Akzente

Zusammenfassung: Die Erörterung über Unterrichtsmedien hat zwei theoretische Bezugspunkte. Unter didaktischem Aspekt ist die Frage nach den Medien in Lehr-/Lernprozessen eine Entscheidung im Interdependenzzusammenhang, die das unterrichtliche System von Zielen, Inhalten, Methoden und Medien insgesamt zu beeinflussen vermag (vgl. HEIMANN 1962). Andererseits ist das Nachdenken über Unterrichtsmedien rückgebunden an die Funktion von Medien in der Gesellschaft, das heißt also an die Funktion von Massenmedien für die Bewußtseinsbildung, für Aufklärung und Manipulation in der je gegenwärtigen Kultursituation.
Vor diesem Hintergrund erscheint eine allein unterrichtstechnologische Perspektive der Mediendebatte defizitär, was den erziehungswissenschaftlichen Kontext angeht, und als opportunistisch, was den kulturellen Zusammenhang betrifft, wenn schulische Vermittlungsprozesse allein aus der Perspektive technisch möglich gewordener Bilderfluten erörtert werden.
Die Kategorien „Wahrnehmung" und „Interpretation" lokalisieren das Medienthema in einem Kultur und Schule übergreifenden Zusammenhang, innerhalb dessen die lernenden Subjekte das mediale Angebot vor dem Hintergrund ihrer jeweiligen Lebenswelten interpretieren.

Summary: Discussions of teaching media are related to theory in two ways. From the didactical aspect the question of media in teaching and learning processes is an interdependent decision which can have an overall influence on the teaching system

of targets, contents, methods and media (cf. Heimann, 1962). On the other hand, considering teaching media remains bound to the function of media in society, the function of mass media, that is, in forming consciousness, in providing information and in manipulating the individual, depending on the relevant cultural situation.
Seen against this background, a purely teaching-technology perspective in the media debate would seem deficient from the educational-science point of view. Opportunistic from the cultural point of view, if the process of instilling knowledge in schools is discussed solely from the perspective of the flood-tide of visual images that has now become technically feasible.
The categories "perception" and "interpretation" localize the media theme in a context that embraces both culture and school and within which the learners interpret what the media has to offer them against the background of their respective worlds.

Résumé: La discussion concernant les médias d'enseignement à deux points théoriques de référence. Eu égard à l'aspect didactique, la question des médias dans le processus d'enseignement et d'apprentissage est une décision dans la relation d'interdépendance, décision qui tend à influer d'une manière générale sur le système pédagogique des objectifs, des contenus, des méthodes et des médias (voir Heimann, 1962). D'un autre côté, la réflexion sur les médias d'enseignement est liée à la fonction des médias dans la société, c'est-à-dire donc, à la fonction des mass-médias pour la formation de la prise de conscience, pour l'information et la manipulation dans la situation de civilisation actuelle considérée.
Devant cet arrière-plan, une perspective du débat sur les médias liée uniquement à la technologie d'enseignement apparaît comme déficitaire en ce qui concerne le contexte de science de l'éducation, et comme opportuniste en ce qui concerne le contexte culturel, si les processus scolaires de l'enseignement de connaissance sont disenté exclusivement à partir de la perspective de flots d'images, devenus possibles techniquement parlant.
Les catégories «perception» et «interprétation» localisent le thème des médias dans un contexte englobant civilisation et école, contexte à l'intérieur duquel les sujets apprenants interprètent l'offre médiatique devant l'arrière-plan de leurs univers de vie particuliers.

1 Das Medienproblem im Interdependenzzusammenhang

Im Anschluß an die These über das Interdependenzverhältnis didaktischer Entscheidungen (vgl. HEIMANN 1962) steht mit der Erörterung jeder einzelnen Entscheidungsdimension stets der gesamte zu strukturierende didaktische Zusammenhang des Lehr-/Lernprozesses zur Diskussion. Diese Vergewisserung ist gerade dann notwendig, wenn die letzte in das Didaktikverständnis einbezogene Konstituente, die Entscheidung über die *Medien* des Unterrichts, eingehender untersucht werden soll. Von Medien wird in diesem Sinne erst seit Heimanns Feststellung gesprochen: „Aller Unterricht ist offenbar so gebaut, daß in ihm immer folgende *formal* konstant bleibenden, inhaltlich variablen Elementar-Strukturen gegeben sind: solche intentionaler, inhaltlicher, methodischer, medienbedingter, anthropologisch-psychologischer und situativ-sozial-kultureller Art" (HEIMANN 1962, S.416). Heimann begründet die Erweiterung der Trias von Ziel, Inhalt und Methode um die Medienentscheidung so: „Am meisten überraschen könnte in dem hier entwickelten Strukturschema die Postulierung einer isolierten *Medienstruktur* des Unterrichts, die einer besonderen Begründung bedürfte, hier aber aus Raumgründen nicht geleistet werden kann. Es besteht aber kein Zweifel, daß die Repräsentation der Unterrichtsinhalte durch bestimmte Medien (Rede, Buch, Bild, Formel, Diagramm, Tonband, Film, Bildschirm, Naturgegenstände, Modelle, Apparaturen und Maschinen) in ihrer modifizierenden und lernförderlichen oder -hemmenden Wirkung in der bisherigen Didaktik nicht angemessen behandelt und bewertet worden ist" (HEIMANN 1962, S. 421). Ein Medium, so heißt es weiter, sei schon seines bilateralen Status wegen didaktisch interessant, denn es habe einen ebenso starken *Inhalts-* wie *Methodenbezug* (anders: vgl. SCHULZE 1978, S. 47 f.), vermag Inhalte durch seine Formqualitäten überraschend zu intensivieren, zu verfremden, zu akzentuieren, zu entsubstantialisieren und zu verflüchtigen; dies eröffne jeweils methodische Chancen für eine wirkungsvollere *Konkretion* oder *Abstraktion*; Medien dienten damit methodischen Fundamentalzielen. Es sei lernpsychologisch ein gravierender Unterschied, ob man geschichtliche Persönlichkeiten durch das gesprochene und geschriebene Wort, durch alte Stiche oder durch Fotos oder gar durch Filme vergegenwärtige. Wenn Unterricht zustande kommen oder analysiert werden solle, „muß entschieden werden, *welche Absichten,* an *welchen Inhalten* unter Verwendung *welcher Methoden* und *Medien* verwirklicht werden sollen (Planung) oder verwirklicht worden sind (Unterrichtsanalyse)" (HEIMANN 1962, S. 416). Dieser Annahme einer formalen Struktur des Unterrichtes ist die Didaktikdiskussion der letzten 20 Jahre, zum Teil mit Varianten (vgl. PETERSSEN 1982), ebenso gefolgt wie der Annahme eines Interdependenzverhältnisses zwischen den didaktischen Entscheidungen.

1.1 Positionen und Terminologie

Die Möglichkeit, Medienprobleme innerhalb unterschiedlicher Bezugssysteme abzuhandeln, vergrößert die bestehenden terminologischen Schwierigkeiten der Didaktiken noch zusätzlich. Medien können Gegenstand didaktischer Entscheidungen im Hinblick auf Unterrichtsprozesse und -situationen sein; Medien können als Artefakte – als Filme, als Fernsehangebote, als Rundfunksendungen – Inhalte von Unterricht sein; Medien können auf dem Weg über außerunterrichtliche Kommunikationsprozesse das Rezeptions- und Kommunikationsverhalten, aber auch die Lernvoraussetzungen unterrichtsrelevant verändern. Da die Diskussion über mediale Aspekte des didaktischen Entscheidungszusammenhangs in diese Komplexionen von Anregungen, Angeboten, Konkurrenzen und Störqualitäten eingebunden ist, müssen über terminologische Klärungen hinaus zunächst sowohl unterrichtsbezogene wie außerunterrichtliche Positionen und Konzepte gesichtet werden.
In der Mediendiskussion treffen wir auf kulturkritisch motivierte Ängste ebenso wie auf eine mindestens im zeitlichen Abstand naiv wirkende Euphorie (vgl. WASEM 1957), auf ein dezidiert gesellschaftstheoretisch und historisch motiviertes pädagogisches Engagement (vgl. BREUER u. a. 1979) ebenso wie auf die Versuchung, die Problematik der Unterrichtsmedien auf ihnen äußerlich bleibende technische oder ästhetische Aspekte zu verkürzen, und auf emanzipatorisch orientierte Konzepte (vgl. DIEL 1974). Dieser günstigenfalls als vielfältig zu nennenden Situation entspricht eine bemerkenswerte Unschärfe, wenn es um die Verwendung nebeneinander gebrauchter Begriffe wie Medien, Mediendidaktik, Medienkunde, Medienerziehung, Medienpädagogik geht. Gerade, weil es richtig ist, daß der „prinzipiell offene Charakter der Medienpädagogik" zu einer Begriffsverwendung anhält, „die jeweils der inhaltlichen Interpretation bedarf" (BREUER u. a. 1979, S. 15), sollte der Sprach-

gebrauch so weit reflektiert werden, daß wenigstens die Gegenstandsfelder deutlich werden, auf die sich die Sprechenden beziehen.
Die Unsicherheiten fangen beim Begriff *Medium* an. Heimann hat zwar Beispiele für die von ihm dabei assoziierte Vielfalt (vgl. HEIMANN 1962, S. 421) gebracht, die Begründung der medialen Struktur des Unterrichts aber an dieser Stelle ausdrücklich nicht geliefert. DICHANZ/KOLB (1974, S. 16) stellen mit Recht den inhaltlichen Zusammenhang der Begriffskette Hilfs-, Lehr-, Lernmittel her und nennen eine Reihe, wie sie selbst sagen, heterogener Gründe für die Einführung des neuen Begriffs: Die Frage nach den Vermittlungsformen und den dafür notwendigen Medien folge beispielsweise aus der Umorientierung der Pädagogik, die ihre Aufmerksamkeit nunmehr weniger den Bildungsinhalten als den Problemen der Lernorganisation zuwende; die Diskussion über ein neues Verständnis von Begabung und über schichtspezifische Sozialisation habe die Differenzierung und Individualisierung der Lernprozesse notwendig gemacht; der Druck der programmierten Instruktion habe generell eine „technologische Wende", hierin also auch ein neues Nachdenken über technische Medien ausgelöst; in dessen Folge sei auch die Lehrmittel- und Lernmaschinenindustrie offensiv geworden; Bildungspolitiker hätten geglaubt, durch den Einsatz von Medien und mit Hilfe von Schulfernsehen, Fernstudium und Fernuniversität dem Lehrermangel und dem wachsenden Studentenzahlen begegnen zu können. Demnach haben in dem Zeitraum, in dem die Aufmerksamkeit für Medien entstand, erziehungswissenschaftliche Fragestellungen, bildungspolitische Trends und ökonomische Motive gleichermaßen eine Rolle gespielt (vgl. DICHANZ/KOLB 1974, S. 18 ff.). Die Heterogenität der Gründe, aus denen die Aufmerksamkeit auf die Medienfrage gelenkt worden ist, hat gewiß auch die Unübersichtlichkeit der Mediendidaktik zur Folge.
Für die Erörterung der Unterrichtsmedien kommt die Notwendigkeit hinzu, den Rückbezug auf ein Unterrichtskonzept, eine theoretische Rückbindung also, zu formulieren, wenn mediale Entscheidungen nicht zufällig bleiben sollen. Da hier aber durchaus unterschiedliche theoretische Rückversicherungen denkbar sind, wird das Bedeutungsspektrum des Medienbegriffs weiter gedehnt. Die einleuchtende Definition von MCLUHAN/FIORE (vgl. 1969), alle Medien seien Ausweitungen der psychischen und physischen Ausstattung des Menschen, reicht für unsere Zwecke nicht aus (vgl. auch HEIDT 1974, S. 229), weil sie nicht erlaubt, die Funktion des Mediums im Unterrichtsprozeß zur Sprache zu bringen. Darauf reagiert HEIDT (1974, S. 229) mit seinem Vorschlag, den wir im weiteren als Bestimmungshilfe zugrundelegen: Medien sind „Hard- und Software im intentionalen, kommunikativen, hier speziell im unterrichtlichen Kontext".
Der wohl am häufigsten verwendete Begriff nach Medien ist der der *Mediendidaktik*. Aus der Herkunft des didaktischen Medienbegriffs ergibt sich freilich, daß die Verselbständigung dieses Teiles eines größeren Entscheidungszusammenhangs in sich nicht ohne weiteres schlüssig ist. Daher ist Formulierungen zuzustimmen: „Mediendidaktik kann nur ein Teilaspekt allgemein didaktischer Überlegungen sein" (KOLB 1977, S. 117), sie sei eine „Sonderdisziplin der allgemeinen Didaktik" (KÖCK 1974, S. 32), fast gleichlautend bei DICHANZ/KOLB (1974, S. 22): „Mediendidaktik ist ein Spezialbereich allgemeindidaktischer Überlegungen."
Der seltener anzutreffende Begriff *Medienkunde* wird meistens verwendet, wenn es primär um die Reflexion der Medien und ihrer Eigenart selbst und erst sekundär um deren Relevanz für Lernprozesse geht. Gegenstand der Medienkunde sind damit im strengen Sinne nicht nur Unterrichtsmedien.
Der Begriff der *Medienerziehung* trägt zur Klärung der Sache zur Zeit nichts bei, da

Gunter Otto

Medienerziehung gleichermaßen als Aufgabe der Mediendidaktik und als Ziel von Medienkunde anzutreffen ist, wie DICHANZ u.a. (1974, S.23) vermerken, während KÖCK (1974, S.150) die Zielbestimmung der Medienerziehung von der Medienpädagogik erhofft.
Der Begriff der *Medienpädagogik* wird auf Situationen und Prozesse angewandt, in denen Information mit Hilfe von Medien transportiert wird; das kann auch in der Form von Unterricht sein, schließt aber außerunterrichtliche Angebote ein: „Für die Medienpädagogik sind die publizistischen Medien als Instrumente *öffentlicher* und die Unterrichtsmedien als Instrumente *schulischer* Information und Beeinflussung von ihren Grundfunktionen und -problemstellungen her weitgehend identisch. Information und Beeinflussung geschehen durch beide; ebenso sind beide eingebunden in das jeweilige politische und soziokulturelle Umfeld und auch nur vor dessen Hintergrund interpretierbar" (BREUER u.a. 1979, S.18).

1.2 Gegenstandsfelder und Konzepte

Die Gegenstandsfelder, auf die sich die drei notwendigen Begriffe beziehen lassen, lassen sich also wie folgt beschreiben: Gegenstand der *Medienkunde* sind die Struktur und Funktion von Medien. Gegenstand der *Mediendidaktik* sind die Entscheidungsprozesse über Unterrichtsmedien im allgemeindidaktischen Kontext. Gegenstand der *Medienpädagogik* sind Informationsprozesse mit Hilfe von Medien. In den drei Gegenstandsfeldern wird der oben eingeführte Medienbegriff graduell unterschiedlich ausgeschöpft. Die Medienkunde beschäftigt sich mit Hardware und Software, die Mediendidaktik mit Hardware und Software im unterrichtlichen Kontext und die Medienpädagogik mit Hardware und Software in kommunikativen Kontexten.
In der Diskussion der letzten 20 Jahre lassen sich für die Ausgangslage und für den gegenwärtigen Stand *zunächst* zwei verschiedene Interessenlagen und ihnen korrespondierende Konzepte identifizieren, von denen her die didaktisch oder pädagogisch motivierte Erörterung der Medienproblematik für notwendig gehalten wird. Die frühesten Ansätze, durchaus noch auf reformpädagogisches Gedankengut rückbezogen, vor allem aber mit der musischen Erziehung verbunden, wollen vor dem Einfluß der kultur- und zivilisationskritisch in Frage gestellten Medien mit einer bewahrpädagogischen Intention schutzen (vgl. KEILHACKER/WASEM 1965, WASEM 1957). SCHORB u.a. (vgl. 1980, S.604) subsumieren solche Versuche, wie sie ähnlich von Brudny, Zöchbauer oder Wodraschke vorliegen, unter einem ethisch-moralischen Ansatz. Ein anderer Begründungszusammenhang wird seit der zweiten Hälfte der 60er Jahre in Anspruch genommen und führt zu empirischen Untersuchungen hin, sei es der Nutzung, sei es der Wirkung (vgl. BANDURA 1965) oder der sozialisierenden Funktion des Fernsehens (vgl. MURDOCK/PHELPS 1973) als eines Massenmediums, das das (Lern-)Verhalten der Kinder und Jugendlichen verändert. SCHORB u.a. (vgl. 1980, S.612) bezweifeln den Gehalt solcher Studien, da sie die untersuchten Faktoren in unzulässiger Weise aus sozialen Zusammenhängen isolieren und mit einem irreversiblen Sozialisationsbegriff operieren, der die Veränderung der medialen Vermittlungssituation und ihrer möglichen Auswirkung durch den Rezipienten ausschließt.
In der *gegenwärtigen* Diskussion stehen einander zwei große Gruppen sowohl medienpädagogisch wie mediendidaktisch argumentierender Konzepte gegenüber, die an die damaligen Argumentationsfiguren nur zum Teil anschließen. Die *funktionalistischen* Ansätze zielen auf die optimale Organisation der Lernsituation, hier

insbesondere der Rationalisierung des Unterrichts durch Medieneinsatz. BREUER u.a. (vgl. 1979, S.19) sehen den Ausgangspunkt dieser Entwicklung bei Skinner, insofern dieser Medien als Reizauslöser und Reaktionskontrolleure im Lerngeschehen verstand. Unterricht sei damit kurzschrittig, überschaubar, kontrollierbar, rationalisierbar geworden. Im Blick auf Unterrichtsmedien schließen hier vor allem die als unterrichtstechnologisch bezeichneten oder sich selbst so verstehenden Beiträge etwa von FRANK (vgl. 1976) oder ISSING (vgl. 1976) an; mit den spezifischen Schwerpunkten, die diese beiden Beispiele setzen – positivistische Planungsverfahren im Bereich der Methoden und Medien bei Frank, Evaluierung von Unterrichtsmedien bei Issing –, ist auch die Spannweite dessen gezeichnet, was alles der Unterrichtstechnologie zugeordnet werden kann.

Demgegenüber zielen als *emanzipatorisch* zusammengefaßte Ansätze von einem breiten Positionsspektrum aus (vgl. BORCHARD u.a. 1972, HÜTHER/TERLINDEN 1982, KRAUTH 1973, SCHEFFER 1974, WITTERN 1975) auf die Herstellung von Artikulationsfähigkeit und Handlungskompetenz, auf die Befähigung zur Kommunikation und auf die wachsende Selbstgestaltung des Lernprozesses; ähnlich grenzt Issing ab, wenn er für emanzipatorisch orientierte Beiträge die ideologiekritische Analyse der Medien und die Tendenz zur Selbstproduktion hervorhebt (vgl. ISSING/KNIGGE-ILLNER 1976, S.277). Wenn auch mit unterschiedlicher Akzentsetzung formuliert, stimmen die emanzipatorischen Ansätze (vgl. auch BAACKE 1973) in einer Reihe von Merkmalen überein: Sie bestimmen den Unterricht als einen offenen Lernprozeß von Lehrern und Schülern; die Medien werden als Mittel in Händen der beiden den Lernprozeß gestaltenden Partner verstanden; Medien sollen im Sinne einer Veränderung im Handeln und Verhalten der Betroffenen eingesetzt werden; Massenmedien sollen in ihrem gesellschaftlichen Zusammenhang analysiert werden, und es soll gelernt werden, sie zu nutzen. „Emanzipatorischen Ansätzen kommt es weniger darauf an, vor schädlichem Einfluß der Massenmedien zu bewahren, Medientechnik im Sinne des Lernerfolgs optimal zu nutzen und dabei eventuelle Störfaktoren zu beseitigen, sondern sie verfolgen das Ziel, daß Jugendliche in die Lage versetzt werden, in der Surrogathaftigkeit medialer Angebote die Differenz zu ihren eigenen Interessen, Lebensperspektiven, Wünschen, Hoffnungen, Tagträumen etc. zu erkennen und dieses Defizit selbst zu erleben, um, so ist hinzuzufügen, Ansätze eines diese Defizite beseitigenden Handelns zu finden" (BREUER u.a. 1979, S.21).

Die sich emanzipatorisch begreifenden Beiträge lassen sich dem Vorverständnis zuordnen, Medienpädagogik bezeichne diejenige Theorie der Erziehung, die den Menschen zur sachgerechten Teilnahme an der öffentlichen medialen Kommunikation befähigen solle (vgl. KERSTIENS 1971, S.214 ff.). Unter mediendidaktischem Gesichtspunkt kann die Aufgabe und Stellung der Unterrichtsmedien dann innerhalb des Prozesses lokalisiert werden, indem Lehrende und Lernende zielorientiert über Unterrichtsinhalte kommunizieren.

1.3 Dimensionen des Diskussionsfeldes

Parallel zu einer insgesamt unsicheren und uneinheitlichen Einschätzung dieser neuen didaktischen Chance oder Gefahr erscheint seit Mitte der 60er Jahre eine heute kaum mehr übersehbare Flut von Erfahrungsberichten, Handreichungen und Katalogen für und über den Gebrauch von Medien an verschiedenen Lernorten. Auf den Medieneinsatz in der Schule oder auf Spezialprobleme einzelner Schulstufen beziehen sich beispielsweise BACHMAIR (vgl. 1979), ERICHSON (vgl. 1977),

HOLSTEIN (vgl. 1967, 1973) und HÜLSEWEDE (vgl. 1980). Fächerspezifische Vermittlungsprobleme untersuchen beispielsweise v. BORRIES (vgl. 1983a) für den Zusammenhang von Geschichtsbuch und Geschichtsunterricht, PANDEL/SCHNEIDER (vgl. 1984) für die Medien im Geschichtsunterricht generell, BRAUER (vgl. 1968) für die Funktion audiovisueller Medien in der Geschlechtererziehung, FOLDENAUER (vgl. 1980) für das didaktische Potential der audiovisuellen Medien im Deutschunterricht, RUPRECHT u.a. (vgl. 1969) für den Einsatz von audiovisuellen Medien in der politischen Bildung und – das Verhältnis zwischen Didaktik und Linguistik gründlich analysierend – SCHWERDTFEGER (vgl. 1973) für Medien im Fremdsprachenunterricht. Einige Arbeiten weisen über den Kontext Schule hinaus und auf andere Lernorte hin, so etwa BEHRENS/HENDRICKS (vgl. 1983) auf berufliche und betriebliche Lernsituationen, DIEL (vgl. 1974) auf Berufsausbildung, Jugendfreizeit und Erwachsenenbildung, GRÜNEWALD/KAMINSKI (vgl. 1984) vor allem auf familiale Erziehungssituationen. Schließlich werden gründliche Analysen einzelner Medien vorgelegt, so etwa von RINGSHAUSEN (vgl. 1976) über das Verhältnis zwischen Buchillustration und Unterrichtsmedium, von HINZ (vgl. 1979) über den Einsatz von Overheadprojektoren im Englischunterricht oder von STACH (vgl. 1981) über das Wandbild. Davon sind Überblicke über das dauernd in der Entwicklung begriffene Medienangebot zu unterscheiden, wie sie von DÖRING (vgl. 1971) und GRAU u.a. (vgl. 1977) für den Gesamtbereich der Lehr- und Lernmittel und der elektronischen Medien angeboten werden, von FRÖHLICH (vgl. 1974) für die auditiven, visuellen und audiovisuellen Unterrichtsmittel, von KERBS u.a. (vgl. 1972) für technische Medien. PÖTTER (vgl. 1978) macht einen durchdachten Vorschlag für die Anlage von Schulmediotheken.

2 Der Kontext der Diskussion über Unterrichtsmedien

Die Brisanz, die der Medienthematik offenbar eigentümlich ist, zeigt sich im Gegenüber zweier Zuordnungsstrategien. In seiner eindrucksvollen ersten Reaktion auf das der Bildungstheorie entgegenstehende Heimannsche Konzept beharrte Klafki darauf, daß die Momente der Methodenorganisation und Medienabhängigkeit unmittelbar zusammengehörten und in dem von ihm favorisierten Begriff der Methoden zusammengefaßt seien (vgl. KLAFKI 1963, S.22). Unabhängig davon, daß KLAFKI (vgl. 1976, S.77ff.) später der Abhebung der Medienthematik von der Methodenorganisation zugestimmt hat, wird in seiner früheren Aussage ein Argumentationsrahmen deutlich: Indem er die Entscheidung über Medien mit der über die Methoden des Unterrichts zusammenfaßte, wurde seine Argumentation in einer gewissen Weise didaktisch immanent.
Heimann hatte seinen Vorschlag innerhalb eines Bezugsfeldes festgemacht: „Ein besonderer Anlaß, diesem Fragenkreis einen solchen Stellenwert im System didaktischen Theoretisierens zu geben, liegt in der Tatsache, daß im Zuge der Technisierung überraschend neuartige Medien im Entstehen sind, die imstande sein könnten, unsere didaktischen Konzeptionen von Grund auf zu verändern. Man denke nur an die elektronischen Möglichkeiten, das Eindringen von Maschinen in den Lehrbetrieb der Schule und die Funktion des Fernsehens in den nationalen Bildungsräumen Europas und Amerikas, Deutschland ausgenommen. Hier ist zum ersten Mal die für viele erschreckende Möglichkeit der völligen Aufsaugung der lebendigen Lehrergestalt durch ein Medium mit Erfolg realisiert worden. Das ist der Anfang vom Ende einer alten Didaktik" (HEIMANN 1962, S.421). Diesen Hinweis von Heimann kann man eher so verstehen, daß sein Nachdenken vom kulturellen Umfeld

des Unterrichts ausgeht, zu einem neuen, wenn auch keineswegs mit der ähnlich motivierten späteren „Unterrichtstechnologie" (vgl. FLECHSIG 1976, PETERS 1976) identischen Verständnis von Unterricht hinführt und – sozusagen unter kulturellem Außendruck – eine andere Didaktik als bisher für notwendig und möglich hält. Zum Verständnis der in den 60er Jahren in der Bundesrepublik einsetzenden Mediendiskussion – Unterrichtsmedien und Massenmedien – sind drei Hinweise notwendig: Es handelt sich zum einen auf weiten Strecken um die Adaptation einer Erörterung, die vor allem in empirisch-lerntheoretischer Hinsicht in den USA 10 bis 20 Jahre früher begonnen hatte. Die nun bei uns einsetzende Diskussion schließt zum zweiten auf seiten der Unterrichtsmedien eine Vielzahl neuartiger apparativer Lernhilfen, angefangen vom Lernautomaten über das Schulfernsehen bis zum Sprachlabor, ein. Von dieser „technologischen Wende" verspricht man sich allenthalben eine erwünschte Verbesserung des Schullernens. Natürlich hat dieser Aspekt zum dritten ein ökonomisches Implikat, das im Zusammenhang mit dem Bedarf an qualifizierten Arbeitskräften innerhalb der Rekonstruktionsphase der Bundesrepublik verbucht, zum anderen als handfestes Profitstreben der Hersteller von Lernmaschinen eingeschätzt wird. Unter systematischem Gesichtspunkt wird die doppelte Bindung der Unterrichtsmedien an die Entwicklung der Massenmedien (vgl. 2.1) und der Unterrichtstechnologie (vgl. 2.2) zu zeigen sein. Zum gegenwärtigen Zeitpunkt kann auch auf einen Ausblick auf mögliche Wirkungen der *heute* „neuen Medien" nicht verzichtet werden (vgl. 2.3).

2.1 Massenmedien und Unterrichtsmedien

Für die weitere Darlegung wird zunächst die Hypothese zugrunde gelegt, daß die Diskussion über Unterrichtsmedien von der Rolle der Massenmedien in der gesellschaftlichen und kulturellen Entwicklung der letzten drei Jahrzehnte nicht zu trennen ist (vgl. PROKOP 1979). Unter problemgeschichtlichem Gesichtspunkt ist dabei nicht nur an die zahlreichen Arbeiten von Heimann zur Theorie, Gestaltung und Wirkung von Film und Fernsehen zu erinnern (vgl. etwa HEIMANN 1957), sondern auch an seine Schriften über das Verhältnis insbesondere zwischen Schule und Fernsehen (vgl. etwa HEIMANN 1961). Alle diese Beiträge sind im Verein mit seiner optimistischen Einschätzung der Veränderungen unseres Lebens durch die Massenmedien zu verstehen. Für die Erörterung des Zusammenhangs von Schule und Massenmedien (vgl. auch KURZROCK 1974) gab es schon damals viele Gründe, die gerade dem Fernsehexperten auffallen mußten. Massenmedien und Unterrichtsmedien haben eine Reihe funktionaler Gemeinsamkeiten, die jederzeit sowohl ein Konkurrenz- wie ein Anregungsverhältnis begründen können und übrigens bewußtseinsmäßig faktisch oft auch zum Nachteil der Didaktik begründen: Film, Fernsehen und Printmedien transportieren gleichermaßen verbale und/oder akustische und/oder optische Information und/oder Animation und/oder Impulse zur Reflexion (vgl. V. BORRIES 1983 b). Für alle Medien gilt, unabhängig von ihrem Status innerhalb oder außerhalb der Schule: Medien sind notwendig, weil in unserer Kultur die direkte sinnliche Wahrnehmung von Realität zurücktritt gegenüber der Wahrnehmung von vermittelten Botschaften über Realität. Genau davon ist auch das Kriterium abzuleiten, an dem die Leistung der Medien zu messen ist. Die Formel von der „authentischen Erfahrung" (vgl. NEGT/KLUGE 1972) schließt den Handlungsprozeß des Erfahrungsgewinns ein, charakterisiert Erfahrung als historisch und klassenspezifisch und beschreibt derzeit wohl am genauesten die Intention, mit der der Medieneinsatz zu legitimieren ist, das heißt, wie Medien zu steuern sind. Unzweifelhaft bedarf es angesichts der Komplexion der Realität und des wünschenswerten Differenzierungsgrades der Botschaften über diese eines hohen technologischen Standards der Systeme, in denen die Informationen vermittelt werden. Das gilt für die „Tagesschau" wie für die Entwicklung von der Wandtafel zu den elektronischen Medien in der Schule. Aber das technologische Niveau, garantiert weder die Authentizität noch das Niveau, auf dem handelnd Erfahrung gewonnen werden kann. Freilich wird bereits an dieser Stelle auch der außerordentliche „cultural lag" der Schulpraxis gegenüber der Kultur, in deren Rahmen Unterricht abgehalten wird, deutlich. Dabei geht die desolate apparative Ausstattung vieler Unterrichts-, Ausbildungs- oder Weiterbildungsinstitutionen bis hin zu Universitäten und Hochschulen wahrscheinlich auf eine unproduktive Gemengelage aus ideologischen Barrieren, mangelnder Lehrkompetenz und Planungsfehlern zurück. Aufgrund der angenommenen funktionalen Analogien zwischen Massenmedien und Unterrichtsmedien wird es auch verständlich, daß manche Elemente einer – sei es technikfeindlichen, sei es ideologisch motivierten oder pädagogisch idealistischen – Massenmedienkritik generalisierend auf die Unterrichtsmedien angewandt werden: Mediale Präsentationen zwängen in eine Konsumhaltung, verhinderten Handlung, führten zu Abstumpfung. Heimann selbst hatte mit seiner pointierten Formulierung, auf dem Wege über Medien bestehe die Möglichkeit, die lebendige Lehrergestalt völlig aufzusaugen, jener Kritik Vorschub geleistet, die Flechsig, als er die technologische Wendung in der Didaktik im Jahre 1968 fordert, so einordnet: Durch den Manipulationsvorwurf der „linken Kulturkritik" und den Vorwurf der Entmenschlichung von seiten der „rechten Kulturkritik" bleibe möglicherweise gerade jener Zustand der Bevormundung erhalten, den verhindern zu wollen beide Lager behaupten (vgl. FLECHSIG 1976, S. 15 f.). Ob diese Entwicklung freilich durch die von Flechsig unterstützte Wende zur Unterrichtstechnologie zu vermeiden war, blieb abzuwarten.

2.2 Mediendidaktik und Unterrichtstechnologie

Flechsig hat im Jahre 1968 in seinem Vortrag über die technologische Wende der Didaktik den Zusammenhang zwischen Unterrichtstechnologie und Unterrichtsmedien explizit hergestellt. Als technologische Wendung in der Didaktik sieht er den Umstand an, „daß Lehrtechniken, deren aktueller Vollzug in den traditionellen Unterrichtssystemen an die physische Anwesenheit eines menschlichen Lehrers gebunden ist, von eben dieser physischen Präsenz abgelöst, objektiviert und einem Medium übertragen" werden können (FLECHSIG 1976, S. 16). Insoweit schließt Flechsigs Gedanke von der „Wende" zunächst an Heimanns Hinweis auf das „Ende einer alten Didaktik" an, dann aber geht Flechsig einen Schritt weiter; ihn interessieren nicht „Hilfsmittel" oder „Komponenten" im Lehr-Lern-Geschehen, sondern ihn interessiert die „Simulation des Lehrers durch ein Gerät" (FLECHSIG 1976, S. 18). Mit der ihm eigenen Konsistenz der Gedankenführung erörtert Flechsig den herzustellenden Ziel-Mittel-Bezug, kann indessen die anderen Momente eines didaktischen Interdependenzzusammenhangs nicht systematisch in sein Technologiekonzept integrieren. Die Tatsache, daß ein Teil der Lehreraktivitäten schon immer durch Hilfsmittel simuliert wird, etwa die systematische Informationsdarbietung durch Bücher, nimmt Flechsig zum Anlaß, die Frage prinzipiell zu stellen – mit dem Ziel, „Lehrtechniken" zweckrational zu konstruieren, zu perfektionieren und zu situationsbezogenen, variablen didaktischen Systemen zusammenzuschließen. Im strengen Sinne korrespondiert seine Darlegung nicht mit konkretem Unterricht, sondern mit

einer denkmöglichen Vorstellung einer Konstruktionsmöglichkeit von Unterricht. Da es in diesem Konzept um die Simulation des Lehrers geht, wird der Inhalt einer weitgefaßten Kategorie von Medien, die Hardware wie Software einschließt, zur zentralen Position seines didaktischen Denkens. Technische Medien sind in diesem Konzept keine Konstituente von Unterricht, sondern sie treten an die Stelle von Unterricht überhaupt. Genau hier wird Technologiekritik ansetzen und die mangelnde Beachtung der Kommunikations- und Interaktionsstruktur von Unterricht reklamieren (vgl. RUMPF 1976). Der technologische Charakter des didaktischen Denkens optimiert Unterricht auf dem Weg über die Zweckrationalität seiner Konstruktion. Genau da wird der Technokratieverdacht einsetzen und die Verfügung über Lernprozeß, Lernende und Lehrende anprangern (vgl. BOECKMANN 1981, S. 636). Das Konzept, das bereits damals einen so offenen Medienbegriff hat, wie ihn die aktuelle didaktische und technologische Diskussion nahelegt, setzt sich selbst der Kritik aus, weil es nicht die Variable Medien bei der Unterrichtskonstruktion unter Kontrolle bringt, sondern statt dessen den Lehrer durch Medien ersetzen will. Und im Gegensatz zu Heimanns vergleichsweise unbestimmt bleibender Zukunftsvision wird bei Flechsig dafür eine Planung vorgelegt, die in den Verdacht von Humanengineering-Modellen des Jahrhundertanfangs gerät.
Gleichwohl sind die Möglichkeiten einer pragmatischen unterrichtstechnologischen Diskussion mit diesem frühen Beitrag von Flechsig, mit ihrer Nähe zu verhaltenstheoretischen Konzepten und durch ihre Verbindung mit in der Regel enttäuschten Curriculumhoffnungen noch keineswegs ausgeschöpft (vgl. hierzu besonders PETERS 1976).
Im Gegenzug zur Kritik an der Unterrichtstechnologie macht Hinst mit Recht auf die Problematik einer nicht verorteten oder von der allgemeinen Didaktik kaum unterscheidbaren Mediendidaktik aufmerksam, die in den Verdacht gerate, den ewigen Versuch zu wiederholen, „audiovisuelle Hilfsmittel unintegriert an das Unterrichtsgeschehen anzuhängen" (HINST 1976, S. 56). Für die Mediendidaktik stelle sich das Problem, einen Kontext zu entwickeln, aus dem sinnvolle und relevante Fragestellungen abgeleitet werden können. „Unter sinnvoll und relevant sollen solche Fragestellungen verstanden werden, die beitragen, den heute an Lernende und Lehrende in der Praxis gestellten Anforderungen gerecht zu werden, d.h., den Lernprozeß zu optimieren" (HINST 1976, S. 56). Er macht auf die vielfachen politischen, administrativen und bildungspolitisch gestützten Initiativen im Curriculumbereich und in der Unterrichtstechnologie aufmerksam und skizziert den Übergang von der Mediendidaktik zur Unterrichtstechnologie. Seine zentrale Forderung ist, die Erörterung der Medienthematik weder von curricularen noch von Ziel-Inhalts-Diskussionen abzutrennen. Aufgabe einer Unterrichtstechnologie, in der die Mediendidaktik aufgehen sollte, seien systematische Planung, Entwicklung, der Einsatz und die Bewertung von Lehrsystemen. Dies müsse in einem integrierten Konzept von Forschung, Entwicklung und Implementation geschehen (vgl. HINST 1976, S. 58; vgl. PETERS 1976). Systematisch gesehen, bleibt hier vorerst das Problem sowohl für die Mediendidaktik wie für die Unterrichtstechnologie ungelöst, wie man denn verhindern könne, partial oder partikularistisch zu bleiben beziehungsweise bei Eingeständnis höherer Komplexionsgrade tendenziell an die Stelle der gesamten Disziplin zu treten.
Die Erörterung der Medienproblematik wird auf die Klärung ihres Verhältnisses zur Unterrichtstechnologie dennoch nicht verzichten können. Aus zwei Gründen: Weil jeder, der den Begriff gebraucht, verdeutlichen muß, ob er die unterrichtstechnologische Position einer reduktionistischen Erziehungswissenschaft damit meint,

die nur die technologischen Verfahren für verfügbar, Ziele und Inhalte aber für vorgegeben und ideologisch vermittelt hält und die zwischen „strategisch geplantem Unterricht" für die Grundlehrstoffe und einem an den Neigungen der Schüler orientierten Unterricht für die „Luxuslehrstoffe" unterscheidet (vgl. FRANK 1976). Die Option für Unterrichtstechnologie kann andererseits wie bei Hinst die Tendenz signalisieren, den ideologischen und theoretischen Selbstbegrenzungen bei der Erörterung der Medien entgehen zu wollen.

Mit den beiden Referenzfeldern, auf die Unterrichtsmedien zu beziehen sind, Massenmedien und Unterrichtstechnologie, werden Sektoren in Anspruch genommen, die einmal außerhalb und einmal innerhalb der Didaktik ihre Existenz genau den Entwicklungen verdanken, an deren Ende heute eine Industrie für Unterrichtsmedien steht. Von beiden sind äußerste Innovationsleistungen für die Information und die Aufklärung der Menschheit als Produkt neuer technologischer Entwicklungen erwartet worden. Heimann war fasziniert von der Vorstellung, daß durch das Fernsehen die Welt in die Wohnstube kommt. Flechsig plant bis ins Detail die Ablösung des Lehrers durch das technische Gerät. Beide haben die jeweiligen Systeme, an die sie dachten, in ihrer die Unterrichtsvollzüge verändernden Wirkung wahrscheinlich überschätzt – und trotzdem haben die Systeme die Gesellschaft und die Schule verändert.

2.3 Neue Medien (1984) – für die Schule?

Die Situation der 60er Jahre, Heimanns emphatische Beschreibung der Medienlandschaft, die daran geknüpfte Hoffnung auf die Heraufkunft einer „neuen Didaktik" – Flechsigs Vorstellung vom Ersatz des Lehrers durch Gerät, diese damaligen Vorstellungen ähneln in manchem den aktuellen Annahmen einer totalen Veränderung der Schule durch die derzeitige „Entdeckung" von Computern, Rechnern, Mikroprozessoren und anderen vorgeblich für den Unterricht besonders geeigneten Apparaten.

Bausinger hat die Veränderung der kulturellen Lage durch neue Medien und deren gesellschaftlichen Stellenwert mit der Perspektive eines wünschenswerten freien Informationsflusses zwischen mündigen Bürgern beschrieben. Er meint mit neuen Medien Maschinen und Kommunikationssysteme, die erst in den letzten zehn Jahren handelsreif produziert worden sind: „Bildschirmtext und Videotext, Telex und Telefax, Bildtelefon und Bildplattenspieler, digitaler Faksimiledienst und Mobilfunk, Videokonferenzen und Computerkommunikation, Kabelprogramm und Pay-TV, Satellitenfernsehen und Heimterminals" (BAUSINGER 1983, S. 847). Sieht man vom Kleincomputer in Form des Taschenrechners ab, spielt vorerst wohl noch kaum eines dieser Medien eine Rolle in der Unterrichtspraxis. Aber das kann sich schnell ändern, wie man nicht nur im außerschulischen Bereich an der raschen Verbreitung der Computerspiele beobachten kann, sondern auch an der Einführung des Unterrichtsfaches Informatik und an gezielten staatlichen Investitionen.

Haefner gibt eine ähnliche Aufzählung neuer Medien wie Bausinger und vergleicht unter den beiden Stichworten Lernen und Programmieren die Vor- und Nachteile von Pädagogik als der Veranstalterin des Lernens mit den Chancen, die das Programmieren bietet. Unter Programmieren versteht er jenen zielgerichteten Prozeß, in dem ein „relevanter Algorithmus und die notwendigen Daten auf dem Computer bzw. einem Telekommunikationsnetzwerk richtig abgebildet werden" (HAEFNER 1982, S. 101). Die Art und Weise, wie hier „Lernen" als menschliches Verhalten und die „Abbildung" relevanter Daten analogisiert werden, kennzeichnet wohl ein Diskussionsniveau, das derzeit nach verspätetem Start der Teilnehmer durch den Wunsch nach schnellen Ergebnissen bestimmt ist (vgl. die Kritik von ROLFF 1984, S. 160 ff.). „Wenn wir jedoch die Erfahrung, daß Mikroelektronik und Datenverarbeitung eine immer wichtigere Rolle im beruflichen und privaten Alltag einnehmen, als Sachzwang interpretieren, besteht die Gefahr, eine Praxis blind festzuschreiben" (HANSEN/KLEINSCHMIDT 1984, S. 132; vgl. den Überblick in OTTO 1985a). Im Gegensatz zu Haefners Ansatz, sich darauf einzurichten, daß kognitive Funktionen nicht nur Menschen eigen, sondern auch durch Maschinen verfügbar seien (vgl. HAEFNER 1982, S. 62), halten HANSEN/KLEINSCHMIDT (1984, S. 132) die Frage für primär, welchen Beitrag „neue Technologien" zur „individuellen Entfaltung und zur Entwicklung sozialer Kompetenz" der Schüler leisten können. Die beiden Diskussionsvoten markieren zwei mögliche Positionen: Entlasten die neuen Technologien den Menschen, weil sie etwas möglicherweise sogar verläßlicher können, was bisher nur der Mensch konnte? Oder: Isolieren die neuen Technologien Anteile komplexer Prozesse, damit lediglich das schnell, genau, nachprüfbar und möglichst vorhersagbar vollzogen werden kann, was sie allein leisten können? In unserem Fragenpaar waren das die kognitiven Anteile der Lernprozesse. Wer die Entlastungsthese vertritt, wird an dieser Stelle vorschlagen, individuelle Entfaltung und soziale Kompetenz in den Zeiten zu pflegen, die durch die Delegation kognitiver Aufgaben an die Computer gewonnen würden. Dem aber kann nur jemand zustimmen, der einen Lernbegriff hat, der ihm erlaubt, Segmente menschlichen Verhaltens voneinander getrennt zu trainieren. Nach bei uns verbreiteten Bildungsvorstellungen fällt es auch schwer, das Erlernen der Daten und Fakten vom Erlernen der Verantwortung, die fachliche Kompetenz also von der sozialen abzutrennen. Ebenso ist es schwer vorstellbar, kognitive Lernprozesse von allen emotionalen Anteilen zu „reinigen". Schon die immanente Betrachtung läßt die Sorge aufkommen, daß das, was die Technologien ausklammern müssen, ungeahnte „Störqualitäten" entfalten könnte.

Haefner sieht in seinem Plädoyer für die Berücksichtigung der Informationstechniken in Bildung und Ausbildung die Chance der Technologie zur „Erweiterung der Möglichkeit des Informationszugangs und Informationsangebots" (HAEFNER 1982, S. 58). Was das genau heißt und was daran möglicherweise schon vertraut ist, stellen Stransfeld/Tonnemacher in ihrer Unterscheidung von Distributionstechniken, Informationsabrufsystemen und Kommunikations- beziehungsweise Dialogsystemen übersichtlich dar:

Abbildung 1: Informations- und Kommunikationssysteme

Distributions-techniken	Informations-abrufsysteme	Kommunikations- bzw. Dialogsysteme
Videorecorder (ohne Kamera)	Teletext (Videotext)	Bildschirmtextsysteme (Videotext)
Bildplattenspieler	Kabeltext	Zweiweg-Kabel-TV
Einweg-Kabel-TV		Integriertes Breitband-Kommunikationssystem
Satelliten-TV		

(Quelle: STRANSFELD/TONNEMACHER 1984, S. 140)

Die Klassifikation macht die spezifischen Probleme innerhalb eines jeden Feldes deutlich, wobei der Problemdruck von links nach rechts zunimmt: Die *Distributionstechniken* stellen lediglich neue Distributionswege für bereits vorhandene Medien (Bänder) und Inhalte dar. Sie werfen im Prinzip nur technische und Ausstattungsfragen auf.

Die *Abrufsysteme* machen neue Techniken der Informationsentnahme über das Nachschlagen in Büchern, das Sichten von Karteien hinaus notwendig. Dies wird man dann nicht geringschätzen dürfen, wenn man sich schon jetzt darüber wundert, wie wenig manuelle Techniken, beispielsweise wissenschaftsorientierten Arbeitens, auf der Sekundarstufe II vermittelt werden. Darüber hinaus werfen Abrufsysteme gleichermaßen technische und Ausstattungsfragen auf.

Die wirklich neuen Probleme entstehen im Bereich der *Dialogsysteme,* weil Programmsprachen beherrscht, Kodierungs- und Dekodierungsvorgänge verstanden werden müssen. Die technischen und Ausstattungsprobleme dürften hier am größten sein.

STRANSFELD/TONNEMACHER (1984, S. 242) schließen nicht aus, daß die apparative Ausstattung auch nur zu einer „Vervielfachung des Hergebrachten" führen kann. Offenbar rechnen sie damit, daß der Einbruch der neuen Medien in die Schule mit dem Angebot neuer Distributionstechniken enden könnte. Sie weisen darüber hinaus auf die Ambivalenz der Technik hin, die schon jetzt dazu führt, daß jeder vermuteten Chance der neuen Medien auch ein Risiko zugeordnet werden kann:

Abbildung 2: Chancen und Risiken der neuen Informations- und Kommunikationstechniken

Vielfalt	Vereinseitigung
Aktivierung	Passivierung
Orientierung	Desorientierung
Unabhängigkeit	Abhängigkeit
Defizitverminderung	Aufbau neuer Defizite bzw. Verstärkung vorhandener Defizite
Bereicherung	Sinn-Entleerung
Mehr Partizipationsmöglichkeiten	Vereinsamung
Selbstbestimmung	Fremdbestimmung
Fortschritt	Rückschritt
Sicherung	Unsicherheit, Angst

(Quelle: STRANSFELD/TONNEMACHER 1984, S. 141)

Der erreichte Diskussionsstand einer erst am Anfang stehenden Erörterung läßt sich am ehesten durch die Spannbreite, innerhalb deren die Reaktionen angesiedelt sind, charakterisieren. Der Annahme einer notwendigen Neuorientierung unseres gesamten Bildungssystems (vgl. HAEFNER 1982) steht die Auffassung gegenüber, angesichts der neuen Medien mache es möglicherweise mehr Sinn, allgemeine Arbeitstugenden, Werthaltungen und unabhängige Qualifikationen auf der Grundlage eines traditionellen Kanons zu fördern (vgl. HENDRICKS 1984, S. 167). Die Einführung der Informatik, vor allem am Gymnasium, lenkt von der Tatsache ab, daß die Abgänger von *Haupt- und Realschulen* in ihrem beruflichen Alltag eines Tages viel stärker durch neue Technologien betroffen sein könnten. Auf ein interessantes Faktum weisen HANSEN/KLEINSCHMIDT (1984, S. 133) hin: „Während Allgemeinbildung üblicherweise noch als berufliche Grundbildung derjenigen gilt, die ein Studium anstreben, hat die Verbreitung ‚neuer Technologien' berufliche Grundbildung zu einer neuen Allgemeinbildung gemacht." Auffällig ist, wie die Heraufkunft neuer Medien immer wieder ähnliche Hoffnungen weckt: „Der Unterricht kann weniger lehrerzentriert als stärker schülergesteuert, weniger personenfixiert als sachorientiert ablaufen" (HENDRICKS 1984, S. 174). Genau diese Hoffnung hatte Hochheimer im Zusammenhang mit dem programmierten Unterricht geäußert, und ebenso waren die Sprachlabors begrüßt worden. Haben sich alle diese Hoffnungen nicht erfüllt, oder ist der Druck der Lehrpersonen immer noch so übergroß? Die weitere Diskussion wird, dem Gegenüber von Massenmedien und Unterrichtsmedien vergleichbar, auf zwei Ebenen geführt werden müssen: Im Blick auf die *schulinternen* Lehr-Lern-Prozesse und deren Veränderung durch Algorithmisierung, durch eine neuartige informationelle Umwelt und zum anderen im Blick auf die Beeinflussung der Lernenden *außerhalb* der Schule, nun nicht mehr durch das Unterhaltungsangebot der Massenmedien, sondern durch die Überflutung mit Information, und zwar mit einem Informationsstrom, der in sich heterogen, für den Wahrnehmenden unstrukturiert, mindestens nach nicht erkennbaren Selektionskriterien ausgelesen, akzentuiert oder manipuliert ist. Nach Einschätzung von Haefner, der hier als Zeuge gerade deswegen geeignet ist, weil er ein Apologet jener kommenden „neuen Medien" ist, wird das Weltbild des einzelnen trotz aller Bemühungen des Bildungswesens in einer informatisierten Gesellschaft offenbar zwangsläufig „zunehmend zufällig und ungeordnet" (HAEFNER 1982, S. 65) bleiben, weil die Speicherleistung des Gehirns begrenzt ist.

Nimmt man die „neuen Medien" als Teil einer künftigen Unterrichtstechnologie, dann fehlt ihnen ein Merkmal, das Unterrichtsmedien bisher auszeichnete: Sie strukturieren nicht unter didaktischen Gesichtspunkten, sondern (noch) stärker als bisher aufgrund von Interessenlagen. Schließlich ist zu erörtern, inwiefern die neuen Medien einen in unserer kulturellen Entwicklung angelegten und unsere Schulen heute bereits in problematischer Weise bestimmenden Zustand drastisch verschärfen könnten: die Reduktion der unmittelbaren Beziehungen und Kontakte zu einer gegebenen, sinnlich wahrnehmbaren Umwelt. Die Charakterisierung der Schule als eine Institution der Mittelbarkeit (vgl. LEGLER 1979) könnte geeignet sein, eine Tendenz anzudeuten, die durch die zu erwartende, technisch vermittelte Fülle verbaler und visueller Information über die Umwelt noch einmal dramatisch gesteigert wird. „Das Selbstverständnis von Schülern und Studenten ist mit dem Fernsehen ein anderes geworden, es wird sich durch die Informationstechnik schneller und schneller wandeln. Die Entkoppelung von der Umwelt wird eher zunehmen" (HAEFNER 1982, S. 65; vgl. OTTO 1985a).

Wie groß die zeitliche Verschiebung zwischen der Produktion neuer Medien und deren didaktischer Verwendung ist, läßt sich an folgender Tatsache erkennen: Die sogenannten neuen Medien sind, wie Bausinger feststellt, erst seit einem knappen Jahrzehnt in der Diskussion. In eben diesem Jahrzehnt hat aber eine ernsthafte didaktische Mediendiskussion im deutschsprachigen Bereich überhaupt erst begonnen, und sie bezieht sich schwerpunktmäßig auf Comics, Fernsehen, Kino und Film, Fotografie, Presse und Video, wenn man beispielsweise den Artikeln einer in den 80er Jahren publizierten Medienpsychologie folgt (vgl. KAGELMANN/ WENNIGER 1982). Die Systematik von KÖCK (vgl. 1974) war ähnlich: Buch, Bild,

Projektor, Rundfunk, Fernsehen, Presse einerseits, Tageslichtprojektor, Schulfunk, Schulfilm, Schulfernsehen und Unterrichtsdokumentation andererseits; demgegenüber werden unter den „zentralen Trägern von Lernprozessen" folgende Medien genannt: Sprachlabor, programmierte Instruktion, Medienverbundsystem und computerunterstützter Unterricht.
Als Medien werden also zehn Jahre nach Heimanns Impuls genauer als bisher die Printmedien und die Technologien der ersten Jahrhunderthälfte erörtert. Eine Ausnahme machen allein das Sprachlabor und der computerunterstützte Unterricht (vgl. DALLMANN/PREIBUSCH 1974). Ungeschieden stehen in dieser Erörterung häufig traditionelle und innovative Medien, für den Unterricht entwickelte Medien, Massenmedien, Hardware und Software nebeneinander. Was systematisch durchaus stört, der Mangel an sauberen Kategorisierungen, die Unsicherheit über die Auswirkung der Medien im Lernprozeß, all das hat ein Äquivalent in der pädagogischen Praxis. Weder können wir heute genau prognostizieren oder gar aus vergangenen Erfahrungen ableiten, zu welchen Veränderungen der Unterrichtsmedien die neuen Medien führen werden, noch sind Prognosen darüber möglich, welche Medien zu besserem Unterricht führen und/oder inwieweit die außerschulischen Medien die Rezeptionshaltung gegenüber den Unterrichtsmedien verändern werden. Derzeit läßt sich nur feststellen, Video ist gewiß kein Unterrichtsmedium, aber Video verändert den Unterricht zweifellos mehr als viele Unterrichtsmedien. Und allein das qualitative Niveau des häuslichen Bild- und Filmangebots über Fernsehen, Video oder Super-8-Film löst in der Schule Erwartungen aus, hinter denen mancher Lehrfilm zurückbleibt. (So haben beispielsweise Versuche gezeigt, daß der Film „Ein Leben in Leidenschaft – Vincent van Gogh" mit Kirk Douglas als van Gogh und Anthony Quinn in der Rolle des Paul Gaugin, als Unterrichtsmedium eingesetzt, eine schwer zu überbietende Aufmerksamkeit auslöste – und didaktisch produktiv war, gerade wegen seiner Mängel, wegen seiner Brüche und natürlich auch wegen der auf Briefstellen beruhenden Authentizität seiner Dialoge.)
Heimann, wie 20 Jahre später auch Bausinger, verweist darauf, daß dieses Feld von Apparaturen und Systemen, beweglichen und stehenden Bildern, Kassetten und Bändern, Programmen und Produktionen in hohem Maße angstbesetzt ist und in seinen Folgen innerhalb und außerhalb der Schule verkannt wird. Freilich gibt es – auch im Blick auf zurückliegende Entwicklungsschritte – Indizien dafür, daß die Besorgnisse sich nicht nur, vielleicht sogar im geringeren Ausmaß, mit den technologischen Innovationen verbinden. Sie werden vielmehr durch die pädagogisch bedenklichen Interpretationen ausgelöst, die die Apologeten der neuen Geräte liefern. Diese Annahme wird schon durch Flechsigs Forderung gestützt, man müsse den Lernprozeß von allem „reinigen", was nicht zielorientiert sei, um die technologische Wende zu vollziehen (vgl. FLECHSIG 1976, S. 21), ebenso durch FRANKS Auffassung (vgl. 1976, S. 94), die Zieldiskussion liege bei Lehrautomaten außerhalb der Zuständigkeit des Didaktikers, und schließlich erst recht durch Haefners Vorstellung, die Zeit, die beim kognitiven Lernen gespart werde, könne man darauf verwenden, „wieder mehr sinnlicher Mensch zu sein" (HAEFNER 1982, S. 189). Wer dagegen opponiert, stört sich nicht nur am neuen Gerät.

3 Ordnungsversuche für Unterrichtsmedien

In der Literatur gibt es zahlreiche Versuche der Klassifizierung oder Kategorisierung von Unterrichtsmedien. Mit Recht rückt HEIDT (vgl. 1974, S. 224) solche Bemühungen in die Nähe eines naiven Empirismus, der darauf hinziele, Medien in

Medien der Erziehung und des Unterrichts

generalisierender Manier Funktionen oder Wirkungen nachzusagen beziehungsweise wie STRITTMATTER/SEEL (vgl. 1984, S. 3) zeigen, Medientaxonomien mit Theorien irrtümlich gleichzusetzen.

3.1 Übersicht und Problematisierung

Einer der ältesten Versuche, den Medienvorrat systematisch zu erfassen, ist der noch immer zitierte Erfahrungskegel von Dale (vgl. Abbildung 3):

Abbildung 3: Der „Erfahrungskegel" von Dale

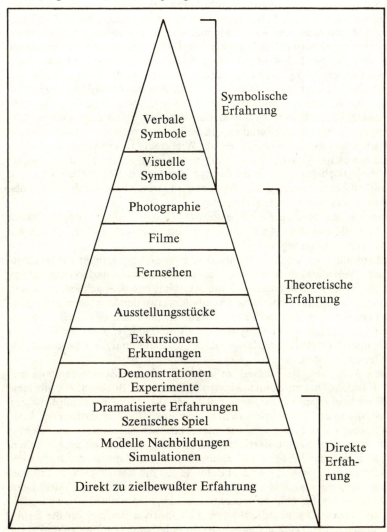

(Quelle: ARMBRUSTER/HERTKORN 1978, S. 128; vgl. DALE 1969, S. 107)

Dale ordnet den vorhandenen Medienvorrat nach Abstraktionsstufen zwischen den beiden Polen der direkten, zielgerichteten, unmittelbaren Erfahrung und der über Symbole vermittelten mittelbaren Erfahrung. Wie bei der Mehrzahl solcher Darstellungen erfahren wir weder etwas über Selektionskriterien – noch über die Meßskala für die angenommenen Abstraktionsgrade. PETERSSEN (vgl. 1982, S. 345) ist der Auffassung, dem Lehrer helfe der Kegel bei der Feststellung, wie abstrakt die Lernsituation sei, die das von ihm vorgesehene Material bewirken könne. Wahrscheinlich erklärt diese Vermutung die lang andauernde Aufmerksamkeit für Dales Erfahrungskegel. Die angenommene Funktion des Kegels für den Lehrer geht von einer Prämisse aus, die nie erwiesen, begründet oder überprüft worden ist, von der Prämisse nämlich, den Medien hafte ein rezeptionsunabhängiger Abstraktionsgrad und eine daran gebundene Chance der unmittelbaren oder (nur) mittelbaren Erfahrung an. Das ist jedoch nicht der Fall, wie sich an einem einfachen Beispiel belegen läßt. Wenn jemand den Stadtplan einer beliebigen Stadt mit vorausgegangenen eigenen Erfahrungen am Ort, in dieser Stadt also, verknüpfen kann, hat ein Stadtplan als denkbares Medium der Selbstinstruktion für ihn einen anderen Abstraktionsgrad und gestattet andere Lernprozesse als für denjenigen, der die Stadt nicht kennt, sich möglicherweise in einem Alter befindet, in dem ihm die Abbildung eines dreidimensionalen, räumlichen Zusammenhangs auf einem zweidimensionalen Blatt Papier noch zusätzliche Schwierigkeiten macht. Welches Erfahrungspotential ein Medium hat, welchen Abstraktionsgrad es hat, hängt nicht zuletzt von den vorausgegangenen Lernprozessen der Rezipienten ab. Wie „real" ist ein Grundriß für einen Architekten, welche Abstraktionsleistung verlangt er einem Kind im dritten Schuljahr ab? Eine Bachsche Fuge kann für den Kenner die Versinnlichung einer abstrakten musikalischen Ordnung sein, für einen anderen weder sinnlich noch abstrakt, sondern ein unstrukturierter Klangraum.
Auch die Annahme, die Medien riefen bestimmte Tätigkeiten hervor (vgl. PETERSSEN 1982, S. 345), die mit dem Abstraktionsgrad etwas zu tun hätten, ist schwer nachvollziehbar (vgl. Abbildung 4, S. 91).
Von Arbeitsgewohnheiten, Methodenkenntnissen, vom Engagement einer Lerngruppe einerseits, von didaktischen Strategien des Lehrenden andererseits hängt beispielsweise ab, ob die „Exkursion" auf die Aktivität des Beobachtens reduziert wird oder nicht. Der Umgang mit optischen Symbolen, etwa den Symbolen der christlichen Religionen, kann im Lernprozeß durchaus zu „Formen des Tuns" führen. Dies hängt nur viel weniger von den Symbolen als vielmehr von der didaktischen Konzeption ab, mit deren Hilfe die Lernsituation begründet und die Aneignung der Symbole strukturiert werden.
Die spezifischen Aufgaben, die Medien im interdependenten Zusammenhang unterrichtlichen Handelns haben können, lassen sich nur im Blick auf die übrigen didaktischen Entscheidungen beschreiben, mit denen die mediale verknüpft ist, im Blick auf die Subjekte und ihren spezifischen Lernprozeß und angesichts der konkreten Bedingungen, unter denen er stattfindet. Daraus folgt, daß eine Medientaxonomie auch nicht von dem unterrichtstheoretischen Zusammenhang absehen kann, innerhalb dessen der Lernprozeß begründet und das Handeln der lernenden Subjekte strukturiert werden. Mit Recht ist daher gegen die Klassifikationsversuche eingewendet worden, sie verblieben in den behaupteten Funktionen, Wirkungen oder sonstigen Beiträgen beliebig austauschbar, solange sie nicht das jeweilig leitende didaktische Vorverständnis offenbarten. Ein positives Beispiel für die Explikation solchen didaktischen Denkens zwischen den Polen zweckrationalen und kommunikativen Handelns, innerhalb dessen auch mediale Entscheidungen begründbar

Abbildung 4: Wirkungen der audiovisuellen Materialien in Lernsituationen nach Dale

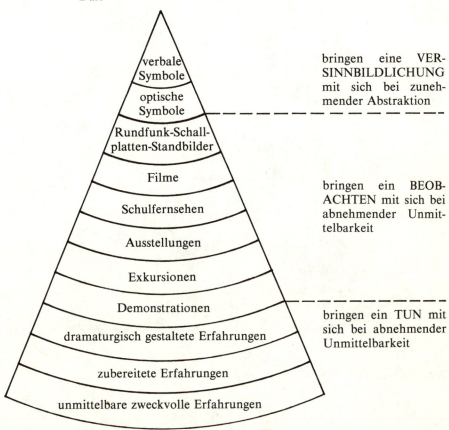

(Quelle: PETERSSEN 1982, S. 345)

werden, gibt KALLINICH (vgl. 1979) – interessanterweise wird jedoch von hier aus keine Medienklassifikation angestrebt, sondern lediglich gezeigt, von welchen theoretischen Prämissen die Medienentscheidung in konkreten Situationen abhängt (vgl. Abbildung 5, S. 92).
Der Autor entwickelt sein dialektisches Unterrichtsverständnis in der Gegenüberstellung zu einer technologischen Auffassung von Unterricht. Ihn leitet dabei das Ziel, „die sich gegenseitig ausschließende Behandlung mit negativer oder falscher Einschätzung der Positionen zu überwinden und in einen integrativen unterrichtstheoretischen Zusammenhang zu bringen" (KALLINICH 1979, S. 184). Von diesem Ansatz aus wird auf die beiden Grundpositionen der Technologiediskussion in der Gegenwart zurückgegangen und nach den je spezifischen Handlungstypen auf der Seite des zweckrationalen Handelns (Technokratiethese von Gehlen und Schelsky) und des kommunikativen Handelns (kritische Theorie der Technik von Habermas) gefragt. Ein dialektischer Zusammenhang besteht nun naturgemäß nicht nur zwi-

Gunter Otto

Abbildung 5: Zur medialen Struktur des Unterrichts

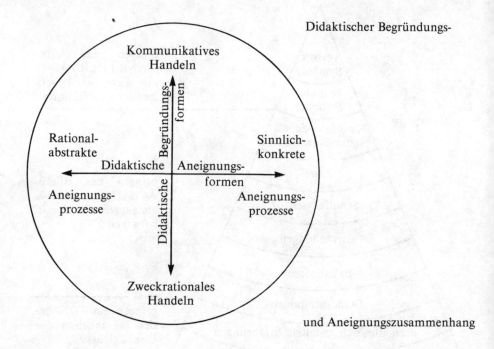

(Quelle: KALLINICH 1979, S. 185)

schen Begründungs- und Aneignungsformen, sondern folgerichtigerweise auch zwischen den Kommunikationsprozessen und einer bestimmten Medienpraxis. „Die Art und Weise der (medialen) Ver- oder Übermittlung ermöglicht oder verhindert kritisch bewußte Aneignungs- und Kommunikationsprozesse" (KALLINICH 1979, S. 205).
Vor dem Hintergrund dieser Position stellt sich die Frage nach dem Sinn von Klassifikationssystemen für Unterrichtsmedien ganz anders als für jemanden, der theorielos auf Unterricht blickt. Im strengen Sinne kann die Frage nach dem Wert von Taxonomien überhaupt nur als Frage nach der Kompatibilität der Medien mit den Grundpositionen eines theoretisch begründeten didaktischen Zusammenhangs gestellt werden. Im Lichte dieser Argumentation werden die vorliegenden Klassifikationssysteme nicht überflüssig, sondern verändern ihren Status. Man kann aus ihnen nicht die generalisierten erwartbaren Leistungen der Medien in Lernprozessen ablesen, nicht den Abstraktionsgrad der Erfahrungen, die sie ermöglichen. Aber man kann diese inventarisierenden Vorarbeiten als Gegenstands- und Funktionskataloge verstehen.
Unter diesem Gesichtspunkt folgen hier einige Beispiele.

3.2 Zur Inventarisierung der Unterrichtsmedien

Ein systematischer Medienkatalog liegt nicht vor und wird angesichts der Vielfalt all dessen, was in Lernsituationen hilfreiches Unterrichtsmedium sein kann, auch nur als Typenkatalog möglich sein. Eine Annäherung in dieser Richtung gibt für Veranschaulichungsmittel bereits Huber (vgl. PETERSSEN 1982, S. 342):

Abbildung 6: Schematische Übersicht über Veranschaulichungsmittel

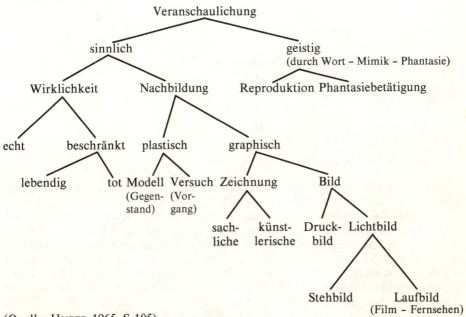

(Quelle: HUBER 1965, S. 105)

Huber betont ausdrücklich, eine Rangfolge der Veranschaulichungsmittel lasse sich nicht aufstellen. Welches Mittel welche Wirksamkeit entfalten könne, sei von der Unterrichtssituation abhängig und könne nur im Blick auf den Lerngegenstand und auf den jeweiligen Kenntnisstand der Schüler entschieden werden (vgl. PETERSSEN 1982, S. 342).
Die Übersicht von FRANK (vgl. 1971) macht auf ein Problem aufmerksam, das in vielen Systematisierungs- und Inventarisierungsversuchen eine Rolle gespielt hat (vgl. Abbildung 7, S. 94). Ist der Lehrer im Sinne der Begriffsbestimmung ein Unterrichtsmedium, oder ist er kein Medium? Wenn man von unserem weiter vorn eingeführten Begriff ausgeht, daß dem Medium nicht nur die Trägereigenschaft, sondern auch die Kodierung der Information mit Hilfe eines Zeichensystems zukomme, dann ist der Lehrer kein Medium des Unterrichts, sondern seine Kompetenz erweist sich darin, sich unterrichtlicher Medien in adäquater Weise bedienen zu können.

Gunter Otto

Abbildung 7: Mediale Funktionen von Lehrern und Lehrsystemen nach Frank

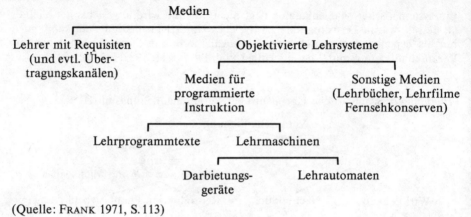

(Quelle: FRANK 1971, S. 113)

3.3 Funktionskataloge von Unterrichtsmedien

Im unterrichtstechnologischen Zusammenhang verbindet Schöler Vermittlungsformen – Demonstrieren, Instruieren – mit Darbietungsmodalitäten und Gegenstandskatalogen. Die als formal bezeichnete Übersicht zeigt zugleich die Schwierigkeit, aller vorkommenden Objekte Herr zu werden (vgl. Abbildung 8, S. 95).
Die Gefahr der Beliebigkeit oder mangelnder Konsistenz derartiger Listen ist ebenso groß wie deren Zufälligkeit; die Nennungen sind kaum voneinander abgrenzbar: Wodurch unterscheiden sich Präparate von Produkten, wie trennt man Bilder von Abbildungen und Abbildungen von Reproduktionen; sind Abbildungen von etwas keine Bilder, die als Reproduktionen für den Unterricht zur Verfügung stehen? Demgegenüber ist die Unterscheidung von Medien, die der Demonstration von etwas dienen sollen, gegenüber denen, die einen Instruktionsprozeß steuern sollen, eindeutiger – wenn auch nicht problemlos: Warum sollte eine Diaserie (= apparativ-präsentierte Lehrhilfen aus dem Bereich der Demonstrationstechnologie) nicht auch unter Instruktionsgesichtspunkten verwandt werden können? Insgesamt lehren solche tabellarischen Übersichten von Medien und ihren Funktionen, daß sie je überzeugender sind, desto fundamentaler die Kategorien bleiben. Die immer erst nachträgliche Zuordnung zu je spezifischen Lernsituationen verbietet offenbar jeden weitergehenden Differenzierungsgrad.
Vor eben diesem Problem hat möglicherweise auch GAGNÉ (vgl. 1970) mit einer schon zu frühem Zeitpunkt vorgelegten Klassifikation von medialen Funktionen in Lernsituationen gestanden; er hat auf seine Tabelle in der zweiten Auflage verzichtet.
PETERSSEN (vgl. 1982, S. 341) gibt ein einfaches Funktionsschema im Blick auf die Unterrichtsplanung. Medien könnten der Repräsentation, der Kommunikation und der Steuerung im Lernprozeß dienen. Repräsentation bezieht sich auf die Vergegenwärtigung der gemeinten Umwelt im Lernprozeß, Kommunikation bezieht sich auf den Austausch unter den am Lehr-/Lernprozeß Beteiligten, der durch Unterrichtsmedien stimuliert werden kann, und Steuerung bezieht sich auf die steuernde

Abbildung 8: Formale Klassifikation von Unterrichtsmedien.

Demonstrationstechnologie		Instruktionstechnologie	
Originale Lehrhilfen (Nicht projizierte Unterrichtshilfen)	Apparativ-präsentierte Lehrhilfen (Projektions- und Tonwiedergabegeräte)	Apparativ-präsentierte Lernhilfen	
		(mechanisch)	(elektronisch)
Wandtafel	Lichtbilder	Teilprogrammierte	Teiladaptive Lehr-
Hafttafel	(Dia-Projektor)	Arbeits- und	geräte
Bildtafel	Bildvorlagen	Übungsm.	(Auto-Tutor
Anschauungsgegen-	Klarsichtfolien	(Lesekästen,	Mark II,
stände	(Overhead-Projektor)	Lernspiele,	Empirical-Tutor,
Modelle	Tonbandaufnahmen	Schülerarbeitshefte,	Probiton,
Präparate	Schallplatten	Experimentierkästen,	Didact,
Produkte	Schulfunksendungen	Baukästen,	Unitutor,
Experimentiergeräte	Stummfilme	Lehrbriefe,	OM-Geräte u. a.)
Räumliche Darstel-	Tonfilme	Nachschlagkästen,	Volladaptive Lehr-
lungen	Filmloops	Schreibmaschine,	geräte
Tabellen und graphi-	Videoaufzeichnungen	Übungsgeräte u. ä.)	(Computer Lehr-
sche Darstellungen	Fernsehsendungen	Buchprogramme	systeme CAI, CBI)
Karten und Globus		(verzweigt und linear)	Sprachlehranlagen
Bilder		Mechanische Lehr-	(H-Anlagen,
Abbildungen		geräte	HS-Anlagen,
Reproduktionen		(Didak 501,	HSA-Anlagen)
(Quellen)		Promenta – boy u. a.)	
Lehrbücher			

(Quelle: SCHÖLER 1976, S. 68)

Einwirkung, die aus der je spezifischen Eigenstruktur von Medien resultiert. „Ob z. B. ein Wort oder ein Bild zur Repräsentation des Lerninhalts eingesetzt wird, bewirkt große Unterschiede hinsichtlich der Art und Weise, in der Schüler sich lernend mit eben dem Inhalt auseinandersetzen können" (PETERSSEN 1982, S. 342; zur Steuerung eines Lernprozesses durch Eingabe von Medien vgl. OTTO 1980). Im anderen Zusammenhang ist für Medien ein Funktionsschema entwickelt worden, das zwischen der Präsentationsfunktion, der Realisationsfunktion und der Funktion für die Artikulation unterscheidet (vgl. OTTO 1969, S. 214f.; vgl. OTTO 1985b). Präsentation orientiert sich stark an den Heimannschen Hinweisen; Realisation verweist auf die Notwendigkeit, Medien bereitzustellen, die den Lernenden die Herstellung, die Verwirklichung von Gewolltem, Erkanntem im Lernprozeß gestatten, und Artikulation macht darauf aufmerksam, daß zum Lernprozeß Strukturierungshilfen gehören, die dem Lernenden die Vergegenständlichung des Lernergebnisses erlauben. Während Realisationsmedien eher die fabrikative Ebene meinen, geht es bei Artikulationsmedien mehr um die Bereitstellung von Hilfen im Formulierungsprozeß.

Gunter Otto

3.4 Die Unterscheidung von „offenen" und „geschlossenen" Unterrichtsmedien

WITTERNS (vgl. 1975) Unterscheidung zwischen *offenen* und *geschlossenen* Medien beschreibt die Funktion von Unterrichtsmedien im Blick auf ein (offenes oder geschlossenes) Unterrichtskonzept, innerhalb dessen sie eingesetzt werden, und bezogen auf die Bedingungen des Unterrichtes. Mit der fundamentalen Unterscheidung zwischen zwei didaktischen Strategien korrespondiert die Chance eines höheren Differenzierungsgrades innerhalb der beiden Kategorien als in allen anderen Ordnungs- oder Typisierungsvorschlägen.

Ausgehend von dem Konzept „Die Lernenden organisieren über das Medium ihre Lernarbeit", gelingt Wittern die Herstellung einer konsistenten Einheit von medialer Entscheidung und didaktischer Programmatik. Wahrscheinlich ist in der Diskussion bisher noch nicht hinreichend wahrgenommen worden, daß Wittern einen ebenso originellen wie differenzierten Vorschlag für die Bearbeitung der Medienfrage macht. Er beschreibt Unterricht als eine Mischform aus Information und Kommunikation/Handlung, innerhalb deren Lernen als Kette von Entscheidungen stattfindet, die von den Betroffenen kooperativ gefällt werden. Für diese Lernsituation liefert das Medium den Rahmen. Die Organisation solcher Lernprozesse ist durch eine spezifische Spannung zwischen Offenheit und Planung gekennzeichnet. (Zu einem weiter gefaßten theoretischen Verständnis einer „kommunikations- und handlungsorientierten Medienpädagogik" vgl. MEDIENPÄDAGOGIK-ZENTRUM 1976, S. 49 ff.)

Diese Vorstellung von selbstbestimmten Lernprozessen wird vom Bezugspunkt der Medien her verwirklicht. Man könnte auch sagen: Alle didaktischen Entscheidungen sind in das Medium hinein verlagert. Um diesem Anspruch genügen zu können, braucht Wittern lediglich zwei Klassen von Medien, die für Funktionsbereiche im didaktischen Programm stehen: Medien sind einerseits Träger von *Information,* Medien bewirken andererseits *Kommunikation* und ermöglichen *Handlung.* Die Vielfalt vorhandener Unterrichtsmaterialien im weitesten Sinne einschließlich der ihnen innewohnenden methodischen Impulse wird von Wittern im Sinne „didaktisch gebundener" Funktionen unter den Gesichtspunkten primär informierend beziehungsweise primär kommunikativ/handlungsbezogen (vgl. WITTERN 1975, S. 80 ff.) strukturiert. Dabei wird nicht von Eigenschaften der Medien ausgegangen, sondern von Formen ihrer Benutzung, von Lernsituationen, von Entscheidungslagen, in denen die Medien in der Lerngruppe die erwünschte Funktion entfalten können.

Mit Wittern muß den auf die Auslösung von Kommunikations- und Handlungsprozessen bezogenen, „offenen" Medien gegenüber den „geschlossenen" Informationsmedien das größere didaktische Potential und die stärkere Möglichkeit selbstbestimmten Lernens zugesprochen werden. Im Grunde kann die didaktische Programmatik, von der Wittern im Sinne eines durch die Lernenden in Schritten der Kommunikation und Handlung vorangetriebenen Aufklärungsprozesses spricht, nur durch „offene Medien" umgesetzt werden. Der Lehrer macht hierfür Angebote und berät. Informationsanteile verhalten sich zum Lernprozeß flankierend. Ihnen korrespondieren „geschlossene Medien" mit impliziten Lernwegen. (Ein die Möglichkeiten offener Medienarbeit belegendes Projekt findet sich bei BALOVIER 1977, S. 150 ff.)

Witterns Option für „offene" Medien fügt sich nicht nur konsistent in den Kontext offenen Unterrichtes und offener Curricula ein. Er nennt auch eine Reihe von Kriterien, denen die Medien zu genügen haben, damit sie in Kommunikations- und

Handlungsprozessen wirksam werden können. Offene Medien müssen assoziationskräftig sein und dürfen in ihrer äußeren Gestalt weder perfekt designt noch ästhetisch überstilisiert sein. Derart hermetische Formgebung verhindert kommunikative Zugriffe und Handlungen.

Witterns Beitrag beschließt die Übersicht über Ordnungsversuche für Unterrichtsmedien aus zwei Gründen: Die Analyse der medialen Entscheidungen führt zwangsläufig zur Erörterung des basalen Lernkonzeptes (eine kritische Analyse von Witterns Konzept vgl. in PROTZNER 1977, S. 40 ff.). Darüber hinaus wirft die Aufmerksamkeit für Medien die Frage nach den Bedingungen ihrer Rezeption und nach den Aktionsweisen des Rezipienten auf. Wenn die Medien die das Lernen tragenden Kommunikations- und Handlungsprozesse auslösen, muß nach unterschiedlichen Formen ihrer Wahrnehmung und Interpretation gefragt werden.

4 Rezeptionsprobleme offener Unterrichtsmedien

In diesem Abschnitt wird die Erörterung auf offene Medien konzentriert, weil sie Formen des Unterrichts konstituieren, die in stärkerem Maße der Kultivierung bedürfen als Unterricht, der mit geschlossenen Medien operiert: Offene Unterrichtsmedien, offener Unterricht stehen für komplexere Lernprozesse, für mehrdimensionale Kommunikationen, für vielfältige Handlungsformen und für selbständiges Lernen.

Als Prototypen jener offenen Medien, die Kommunikation bewirken und Handlung ermöglichen, können *visuelle Medien* gelten. An ihnen kann eine Reihe von Rezeptionsproblemen erörtert werden, die sich für alle offenen Medien, bei visuellen aber besonders nachdrücklich stellen (zur Problematik der didaktischen Reduktion von visueller Komplexität in Unterrichtsmedien vgl. OTTO 1981).

4.1 Wahrnehmungsprobleme im Zusammenhang mit Unterrichtsmedien im Lernprozeß

Wer visuelle Medien im Lernprozeß verwendet, hat es gleich in zweifacher Weise mit Wahrnehmungsproblemen zu tun. Zum einen ist zu untersuchen, welche Rolle die Wahrnehmung für den Lernprozeß spielt, zum anderen, ob Wahrnehmung selbst durch Lernen, mithin also, ob eine Bedingung des Lernens durch Medien veränderbar ist. Wahrscheinlich ist Bruners Konzept (vgl. BRUNER 1975, NEBER 1973) des entdeckenden Lernens ein geeigneter didaktischer Kontext, um auf visuelle Medien bezogene Wahrnehmungsprozesse innerhalb eines Unterrichtskonzeptes klarzumachen (über Wahrnehmungsprobleme im Medienkontext vgl. auch BALOVIER 1977, DERA 1982).

Es empfiehlt sich, von Bruners plastischer Beschreibung des Entdeckungsvorgangs auszugehen: „Machen wir uns zuerst die Konsequenzen des Aktes der Entdeckung deutlich. An den Grenzen des Wissens oder anderswo werden neue Sachverhalte selten [...] als Inseln der Wahrheit in einem unausgeloteten Meer des Unwissens ausgemacht [...] Entdeckung, wie auch Überraschung, fallen eher dem wohlvorbereiteten Verstand zu [...] Man muß Bescheid wissen, um überrascht zu sein. So auch bei der Entdeckung. Die Wissenschaftsgeschichte ist voller Beispiele für Menschen, die ‚etwas herausfinden' und es nicht wissen. Ob es ein Schüler ist, der selbständig vorgeht, oder ein Wissenschaftler, der sein wachsendes Gebiet beackert, stets werde ich von der Annahme ausgehen, daß Entdeckung ihrem Wesen nach ein Fall des Neuordnens oder Transformieren des Gegebenen ist" (BRUNER 1975, S. 16).

Gunter Otto

In welcher Beziehung steht nun Bruners Konzept, das in vielen Aspekten der Tradition deutscher Pädagogik verwandt ist, zum Wahrnehmungsthema und zur Medienproblematik? Auf die sinnliche Qualität des Begriffs „Entdecken" braucht kaum hingewiesen zu werden. Er setzt die Reihe jener pädagogischen Termini anspruchsvoll fort, die kognitive Operationen und Prozesse umgangssprachlich ohnehin mit Verben belegen, die auf Wahrnehmungsakte verweisen: begreifen, einsehen, auffassen, einleuchten, einer Sache auf der Spur sein, einem Gedanken nachhängen, in einem Problem herumbohren, etwas im Kopf haben, sich auf eine Position versteifen. Und die Beschreibung des Entdeckens als „Fall des Neuordnens oder Transformieren des Gegebenen" setzt nicht nur die Fähigkeit voraus, Gegebenes wahrnehmen zu können, sondern auch die Tatsache, daß der Lernprozeß umschlägt in eine Kette von Handlungen an vorhandenen Repräsentanten des Problems, an Vergegenständlichungen, an Medien also. In diesem Zusammenhang betont Bruner immer wieder den Situationsbezug der gewonnenen Informationen und Strategien und den Sozialzusammenhang. Experimente haben ergeben, daß die Behaltens- und Strukturierungsleistungen wesentlich besser sind, wenn eine Information mit dem Ziel verarbeitet wird, sie an andere weiterzugeben, statt sie einfach reproduzieren zu können. Bruners Übereinstimmung mit der Wahrnehmungstheorie besteht darin, daß er davon ausgeht, aktive Teilnahme durch die didaktische Organisationsform des Entdeckenlernens anregen zu können. Situationsbezug, Sozialbezug und Aktivität sind Variablen, die Bruner unmittelbar aus Wahrnehmungskonzepten in die Lernpsychologie überführt. Seine Akte des Neuordnens oder Transformierens von Gegebenem im Sinne von Entdeckungsleistungen legen die Korrespondenz zur Umgestaltungskategorie im Rahmen der Kreativitätstheorie nahe (zur Umgestaltungshypothese im Sinne ästhetischer Lernprozesse vgl. OTTO 1974, OTTO/WIENECKE 1974). Die Analogie zur ästhetischen Erziehung ist hier deswegen ergiebig, weil Umgestaltungsprozesse dort im Gegenzug zum angeblich voraussetzungslosen, in der kunstpädagogischen Tradition immer wieder favorisierten Neugestalten unter anderem begründet worden sind als Prozesse des Lernens von Alternativen zu Wahrgenommenem und des Fähigmachens zum Selberlernen durch das Angebot von problemhaltigen und vorstrukturierten Materialien und Situationen.
Bruner belegt deutlicher als andere einen Aspekt, den viele Lerntheoretiker und Wahrnehmungsforscher für Lernen für konstitutiv halten. Die Thesen vom Entdecken und vom Umgestalten gehen von einem spezifischen Zusammenhang von Wahrnehmen und Lernen aus, den BERGIUS (1971, S. 61) so formuliert: „Lernen und Wahrnehmen wirken in beiden Richtungen aufeinander. Einerseits gibt es Veränderungen des Wahrnehmungsverhaltens durch Erfahrung, andererseits bestimmt die Art des Wahrnehmens das Lernen". Nun ist die psychologische Position, die Wahrnehmung in engem Zusammenhang mit Lernen sieht, nicht unumstritten. GRAUMANN (vgl. 1966, S. 1031) referiert eine Unterscheidung, die Bruner und Postmann für zwei Interessenrichtungen der Wahrnehmungsforschung getroffen haben. Die *Formalisten* fragen nach den Gesetzen der Wahrnehmungsorganisation und versuchen Erfahrung, Einstellung, Motivation und Affektlage ihrer Versuchspersonen zu neutralisieren. Genau entgegengesetzt betten die *Funktionalisten* Wahrnehmung in einen breiten Verhaltenskontext ein und erforschen Wahrnehmung als eine bedürfnisorientierte, instrumentale Tätigkeit, als Handeln. Untersucht werden daher nicht nur Reizvariablen, sondern Probleme der sozialen Interaktion und „Subjektvariablen" wie Motivation und Einstellung. Die Nähe nicht nur zur Lernproblematik, sondern auch zum Medienthema – etwa im Witternschen Verständnis – ist offensichtlich. Vor allem die transaktionalistischen Theorien, die zur Gruppe

der Funktionalisten zu zählen sind, weisen der Wahrnehmung – ganz anders als die in der Pädagogik viel stärker beachteten Gestalttheoretiker oder Behavioristen – eine Rolle zu, die das Verhalten steuert, und gehen von der Beeinflußbarkeit der Wahrnehmung durch Lernprozesse aus (vgl. ITTELSEN 1960, 1962; vgl. ITTELSEN/ CANTRIL 1954, KILPATRICK 1961). Wahrnehmung ist hier ein Aspekt des Lebensprozesses, „durch den jeder von uns sich von seinem besonderen Gesichtspunkt aus seine Welt schafft, innerhalb deren er seine Lebenserfahrungen macht und danach strebt, seine Befriedigungen zu erreichen" (Ittelsen, zitiert nach GRAUMANN 1966, S. 1056). Die Rückbindung der Wahrnehmung an Erfahrung, ihre Kopplung an Handeln machen diesen Ansatz sowohl für die Frage nach schichtspezifischen Besonderheiten der Wahrnehmung wie für die Verbindung unterrichtlicher Prozesse mit realen Handlungssituationen interessant.

Die Essentials derjenigen wahrnehmungstheoretischen Ansätze, deren didaktische Ergiebigkeit auf der Einbeziehung nichtsinnlicher Determinanten des Wahrnehmungsprozesses beruht, lassen sich so zusammenfassen: Wahrnehmung ist für Bewußtseins-, Erkenntnis- und Erfahrungsprozesse zugänglich und durch Lernen zu beeinflussen; Wahrnehmung ist funktional mit Handeln verbunden; Wahrnehmung ist Interaktion beziehungsweise „Transaktion" zwischen Organismus und Umwelt; Wahrnehmung ist sowohl rezeptiv hinnehmend als auch aktiv gestaltend (vgl. GRAUMANN 1966, S. 1032).

Die anhand der visuellen Medien erörterte und hier evidente Wahrnehmungsproblematik des Unterrichtes führt zu einer Vorstellung von Unterricht, in dem die Herstellung des Zusammenhangs von Wahrnehmung und Sprache, des Zusammenhangs von Wahrnehmung und sozialen Prozessen, von Wahrnehmung und Handlung sowie von Wahrnehmung und Realität immer wieder, ja kontinuierlich und systematisch über Medien ermöglicht und unterstützt wird.

4.2 Interpretationsprobleme im Zusammenhang mit Unterrichtsmedien im Lernprozeß

Nicht nur die visuellen Medien, also das breite Angebot an stehenden und laufenden Bildern, an Abbildungen und Reproduktionen, an Schemata und Naturwiedergaben, werfen das Problem der *Interpretation* auf, sondern offene Medien überhaupt. Sowohl bei Bruner wie bei Wittern finden sich unentfaltete Hinweise auf gewollte und für didaktisch relevant gehaltene Interpretationsprozesse. In Bruners Beschreibung des Entdeckungsaktes wird auf den interessanten Vorgang des Verstehens von etwas – von einer Entdeckung – aus seinem Kontext verwiesen. Greift man diesen Gedanken auf, liegt der nächste Schritt nahe: Was jemand entdeckt, kann im Lichte unterschiedlichen Vorwissens, verschiedenartiger Bezüge, in die es gestellt wird, einen unterschiedlichen Sinn haben. Die Bedeutungsvielfalt wird noch einmal gesteigert, wenn das Entdeckte selbst vieldeutig ist – wie etwa Kunstwerke.

Bei Wittern ist der Interpretationsbezug verschlüsselter. Offene Medien sind bei ihm mit der didaktischen Kategorie des Zeigens (vgl. WITTERN 1975, S. 179) verbunden, ja diese konstituiert die Offenheit des Mediums entscheidend. Zeigen ist ebenso wie das Gezeigte auf Assoziation angewiesen (vgl. GIEL 1969). Assoziative Denkformen grenzen die Planbarkeit des Unterrichts ein, sie öffnen den Unterricht, indem die Assoziationen kommuniziert werden im Blick darauf, ob sie als Interpretationen des Gezeigten akzeptiert werden können. Wiederum muß darauf hingewiesen werden, daß die Qualität offener Medien sich darin erweist, eine Vielfalt von Assoziationen auslösen zu können.

Gunter Otto

In Unterrichtssituationen werden Unterrichtsmedien, hier offene, visuelle Medien, wahrgenommen und interpretiert. Jede Interpretation ist immer nur eine von mehreren möglichen, weil unterschiedlich wahrgenommen und das Wahrgenommene unterschiedlich mit Bewußtseinsinhalten und affektiven Besetzungen verbunden wird. Dieses Vorverständnis konstituiert die Offenheit des Unterrichts auf dem Weg über die Interpretierbarkeit von Medien. In der sozialen Situation Unterricht werden Interpretationsstücke oder Interpretationen kommuniziert; in der Auseinandersetzung mit Medien, also wahrnehmend und interpretierend, wird Sinn konstituiert. Die Kommunikation bezieht die Positionen der interpretierenden Subjekte und die strukturierende Macht des Mediums aufeinander (vgl. Abbildung 9).

Abbildung 9: Schema des Interpretationsprozesses

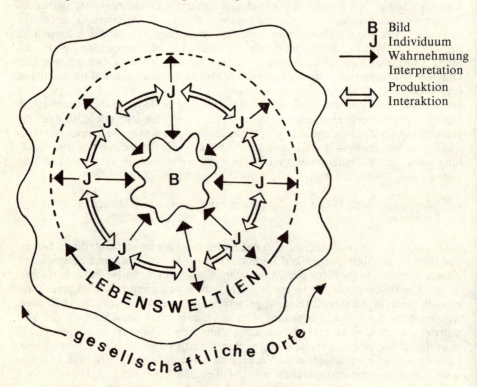

Dieser Unterrichts-, Wahrnehmungs- und Interpretationsprozeß ist doppelt gebunden: durch die Lebensweltbezüge der Lernenden und durch die gesellschaftlichen Orte sowohl der Lebenswelten als auch der Institution Schule (vgl. MOLLENHAUER 1972, S. 27 ff.). Die Kunsttheorie trägt viel zum Verständnis der hier besonders betonten subjektiven Anteile des Interpretationsprozesses Erhellendes bei. Vor jedem

Bild wird im ersten Schritt der Konfrontation oder der Wahrnehmung ein „Perzept" gebildet (vgl. MUCH-WOODWORTH 1978), das auf die Strukturierungsleistungen des Wahrnehmenden verweist. Unter Rückgriff auf Bruner könnte man sagen, das Perzept verweist darauf, worüber jemand Bescheid weiß. Die Untersuchung des Prozesses, in dem ein Perzept gebildet wird, legt den „Anteil des Beschauers" bloß (GOMBRICH 1978, S. 205). Es geht darum, wie „die Beschauer es eigentlich anstellen, die Zeichen zu entziffern" (GOMBRICH 1978, S. 206), wie wir, was wir auf Bildern sehen, klassifizieren und mit dem verknüpfen, was wir wissen, gesehen haben oder träumen.

Die Art und Weise, in der wir eine Straße, ein Bild, eine Musik wahrnehmen, hängt unter anderem von unseren schon gespeicherten Sinneserfahrungen ab. Einen Film, auch einen Unterrichtsfilm, sieht man beim zweitenmal anders als beim erstenmal. All das gilt aber auch für Schaubilder, Landkarten oder sonstige „Anschauungsmittel" im Unterricht. So, wie die Kommunikationsschwierigkeiten in der Kunst mit Avantgarden daher rühren, daß die erworbenen Erfahrungsmuster nicht mehr verwendbar zu sein scheinen, so können Schüler Diagramme im Verhältnis zu Realerscheinungen erleben. Der Prozeß der Perzeptbildung enthält also sowohl unser Vorwissen, unsere Erklärungen als auch unsere Fragen. „In Verbindung mit bereits gesammelten Erfahrungen kommt ein Ergebnis zustande, das wir Perzept nennen wollen" MURCH/WOODWORTH 1978, S. 11). Die Autoren machen mit Nachdruck klar, daß Erkennen, Wissen und Verstehen ebenso zum Perzept gehören wie Erleben: „Das Erlebnis, ein Objekt in der Umwelt erkannt zu haben, entsteht erst nach Vollendung dieses Prozesses." Der Prozeß, in dem das Perzept im Sinne eines subjektiven Äquivalents zum medialen Angebot gebildet wird, dieser Prozeß ist abhängig von Meinungen, Einstellungen und Kenntnissen, er ist hochkomplex und nicht aufteilbar. Er ist die Grundlage für Kommunikationen unter den Lernenden, die unterschiedliche Perzepte bilden, er ist auch die Grundlage von vielen Mißverständnissen zwischen Lehrenden und Lernenden, die – altersbedingt, sozialisationsbedingt, lebensgeschichtlich bedingt, lerngeschichtlich bedingt – unterschiedliche Perzepte gebildet haben, angesichts von Unterrichtsmedien im Grunde vermutlich immer unterschiedlich bilden werden. Für die Wahrscheinlichkeit, daß Lehrer in Unterrichtssituationen andere Perzepte bilden als Schüler, spricht viel mehr als für das Gegenteil.

Abschließend lassen sich Lernprozesse mit offenen Medien fünffach bestimmen: Kreativitätstheoretisch handelt es sich um divergente Problemlösungsprozesse; lerntheoretisch handelt es sich um Prozesse des entdeckenden Lernens; auf die visuellen Medien bezogen, handelt es sich um polyvalentes Bildmaterial; wahrnehmungstheoretisch läßt sich am ehesten mit Hilfe transaktionaler Wahrnehmungstheorien ein Äquivalent zu den ablaufenden Prozessen bilden; interpretationstheoretisch haben wir es vor allem mit einer Dimension des insgesamt wesentlich komplexeren Interpretationsprozesses zu tun. Für den weiteren Lernprozeß besonders fruchtbar ist die Dimension der Perzeptbildung, weil sie die subjektive Relation der Lernenden zum Gezeigten zum Ausgangspunkt und zum Thema des Unterrichtes macht (vgl. OTTO 1983, S. 13).

5 Zur Forschungssituation

Medienforschung beginnt in der Bundesrepublik im Laufe der 60er Jahre und orientiert sich an der weiter fortgeschrittenen empirischen Forschung, insbesondere der USA. Insofern ist es gerechtfertigt, von einer Position auszugehen, die Lumbsdaine

Anfang der 60er Jahre einem zusammenfassenden Forschungsbericht unterlegt: Unterrichtsmedien würden hinsichtlich ihrer Bedeutsamkeit „als Objekte experimenteller Forschung" gesehen, und hier insbesondere solcher experimenteller Forschung, „die etwas zur Verbesserung der Prognose und Kontrolle von Unterrichtsmitteln" beitragen könne (GAGE 1963, S. 583). Die Beschreibung dieser Ausgangsposition ist insofern interessant, als sie bereits diejenigen Elemente enthält oder enthüllt, die eine spätere Kritik als Grenze aller dieser Ansätze markieren wird: Lumbsdaine isoliert die Medien aus dem Kontext des Lernprozesses oder, anders gesagt, aus dem didaktischen Entscheidungszusammenhang. Und er priorisiert den Optimierungsgesichtspunkt, und zwar den Gesichtspunkt der Optimierung des Lernprozesses auf dem Weg über die Auswahl optimaler Medien.
In der deutschen Bearbeitung des Gage-Handbuches (vgl. INGENKAMP 1970) erklären Dallmann/Preibusch ausdrücklich, die Bearbeiter hätten sich diese Maximen von Lumbsdaine zu eigen gemacht. Insofern müssen auch Bericht und Einschätzung der ersten Forschungsphase der Medienforschung in der Bundesrepublik nach dem Zweiten Weltkrieg hier ansetzen. Charakteristisch für die Forschungssituation und die Art der bevorzugten Fragestellungen ist die von Dallmann/Preibusch vorgenommene Eingrenzung auf solche Medien, die wie etwa Filme in einer „vorherbestimmten Abfolge dargeboten werden müssen" oder die als „Elemente in einem voraussagbaren Unterrichtsmuster [fungieren], das durch eine verhältnismäßig wohldefinierte methodische Unterrichtsorganisation gesteuert wird" (DALLMANN/PREIBUSCH 1974, S. 15).

5.1 Effizienzforschung

Aus diesen Beobachtungen kann man ableiten, daß die Erforschung der Unterrichtsmedien wohl in einer charakteristischen Weise die Spuren der Anfänge empirischer Forschung der Erziehungswissenschaft in den 60er Jahren trägt. In den USA wie in der Bundesrepublik scheinen die Medien den gängigen Paradigmata der Empiriker eher entgegenzukommen als der komplexe Zusammenhang von Lernprozessen oder als jede andere didaktische Entscheidungsdimension; das mehr oder weniger ausgesprochene Erkenntnisinteresse zielt auf die Optimierung des Lernprozesses durch die Einführung neuer (technischer) Medien. Konsequenterweise gilt daher die Medienforschung vorrangig den Effekten des Fernsehens im Unterricht und des Unterrichts mit Lehrautomaten. Eubel legt im Jahre 1974 einen kritischen Ergebnisbericht der bis dahin geleisteten Forschung über Unterrichtsmedien vor (vgl. EUBEL 1974). Er hält die Medienforschung im Bereich des Unterrichtsfernsehens für charakteristisch genug, um daran die wichtigsten Untersuchungsansätze vorzustellen. Die Untersuchungen – vorrangig in den USA – vergleichen Fernsehunterricht und herkömmlichen Unterricht unter dem Gesichtspunkt der Effektivität. Die von Schramm bis 1961 zusammengefaßten Untersuchungsergebnisse zeigen, daß es keine signifikanten Unterschiede zwischen diesen beiden Arten von Unterricht unter dem Gesichtspunkt der Effektivität gibt (vgl. EUBEL 1974, S. 130). Man kann die so entstandene Forschungssituation nicht besser würdigen, als es Eubel mit einem Zitat von Allison tut: „Diese Ergebnisse sagen den Forschern nur, daß sie unfähig waren, einen Unterschied zu messen, nicht notwendigerweise, daß keine Unterschiede zwischen Mediendarbietungen vorhanden waren" (Allison, zitiert nach EUBEL 1974, S. 133). Wie fragwürdig das Operieren mit Ergebnissen jener evaluativen „Forschung" ist, zeigt ein Vergleich zwischen den Ergebnissen der Fernseh- und der Filmforschung, soweit sie sich auf Unterrichtsmedien bezog:

Die von Lumbsdaine als vorwissenschaftliche Suche bezeichneten Erhebungen führen nur im Falle der *Unterrichtsfilme* zu einer fast einhelligen Feststellung der Überlegenheit von Filmen und anderen audiovisuellen Materialien über herkömmlichen Schulunterricht (vgl. EUBEL 1974, S. 136). Die für jedermann auffällige Differenz zwischen Ergebnissen der Fernsehforschung und den Untersuchungen zur Filmforschung und die naheliegende Frage nach der methodischen Differenz zwischen dem Einsatz des Fernsehens und der möglicherweise ergänzenden Funktion, die der Film im Unterricht gehabt haben kann, taucht im Untersuchungsdesign offenbar nicht auf.
Zahlreiche kritische Bilanzen zeigen (vgl. BALOVIER 1977, BOECKMANN 1981, HEIDT 1976, PROTZNER 1977, STRITTMATTER/SEEL 1984, TREIBER/WEINERT 1982a, TULODZIECKI 1981) für diese erste Phase der Medienforschung sowohl in den USA wie - zeitversetzt - in der Bundesrepublik die Fixierung auf einen fragwürdigen Evaluationsbegriff, die Bindung an eine verkürzte Effektivitätskontrolle, den hartnäckigen Versuch einer Systematisierung der Medien nach äußeren Merkmalen sowie die problematische Isolierung der Medienthematik von den anderen Entscheidungen, die Unterrichtsprozesse konstituieren. Ebenso wird der Einfluß derjenigen Bedingungen vernachlässigt, die auf Prozeßverläufe mindestens in dem Maße einwirken, in dem sie durch die Lernenden vermittelt werden. Gegen Mitte der 70er Jahre läßt der Boom dieser Medienuntersuchungen nach. Es scheint so, als ob die Medienforschung in dem Maße zum Erliegen kommt, in dem eine theorielose empirische Forschung und eine als technokratisch eingestufte Variante von Didaktik fragwürdig werden. Die Optimierung des Lernprozesses allein und Effektkontrollen der Medien selbst verlieren in dem Maße an Interesse, in dem der Lernprozeß in seinem Gesamtzusammenhang wieder in den Blick gerät.
Eine vorsichtige Veränderung ist ab Mitte der 70er Jahre zu beobachten. Zwar beginnt die Untersuchung der Interdependenz von Stimulus, Lernziel (Aufgabe), Lerner sowie die Suche nach „Gesetzmäßigkeiten" für einen sinnvollen Einsatz von Medien (vgl. EUBEL 1974, S. 138). Das Problem der Optimierung des Lernergebnisses ist aber auch hierbei noch vorrangig, wenn auch gegenüber den 60er Jahren unter sorgfältigerer Einbeziehung der Lernenden. Der Akzent hat sich von der Effektivität der Medien auf die Effektivität des Lehr-/Lernprozesses verschoben. Ein theoretischer Bezugsrahmen für Medienforschung ist jedoch auch hier zunächst noch nicht erkennbar.

5.2 Neue Akzente

In der Medienforschung zeichnet sich erst in den letzten Jahren eine Akzentverlagerung ab: weg von der Frage nach Klassifikationsmöglichkeiten und Effektivitätskontrollen, hin zu Untersuchungen, die mit der Beziehung zwischen dem Lernenden und den Medien und mit der Funktion der Medien für den Lernenden zu tun haben. Die Arbeit von HEIDT (vgl. 1976) hat eine gewisse Brückenfunktion, insofern sie zwar noch die Klassifikationssysteme zu verbessern trachtet, aber eben nicht mehr von den Merkmalen der Medien ausgeht, sondern nach der „Simulationsfunktion der Medien für interne Operationen des Lerners" fragt (HEIDT 1976, S. 37). Von dem Bezugspunkt der internen Lernoperation aus bildet Heidt neue Medienkategorien, mit deren Hilfe er Medien einer jeweiligen Merkmalsausprägung auf seiten des Lerners funktional attribuieren kann (vgl. HEIDT 1976, S. 49).
STRITTMATTER/SEEL (1984, S. 4) sprechen von einer „allmählich sich durchsetzenden Tendenz der Medienforschung, den Lernenden mit in die Betrachtung einzubezie-

hen"; dies führe zu Interaktionshypothesen. Die Verfasser weisen in diesem Zusammenhang das Supplantationsmodell von SALOMON (vgl. 1979) als ungeeignet zurück, um die kognitive Struktur des Lernenden zu analysieren, und grenzen sich damit auch implizit gegen HEIDT (vgl. 1976) ab. Gegen die bisherige Forschung wird kritisch eingewandt, daß „bislang kognitive und prädispositionale Merkmale des Rezipienten weitgehend unberücksichtigt blieben" (STRITTMATTER/SEEL 1984, S. 4). Dies sei um so folgenreicher, als der Rezipient kein passiver Empfänger der medialen Botschaften sei. „Vielmehr interpretiert und paßt er die präsentierten Informationen seiner eigenen Sichtweise der Welt an. Die primär bedeutsamen Effekte der Medien sind kognitiver Art, insofern diese beabsichtigen, daß Personen Informationen (selektiv) wahrnehmen, interpretieren, verarbeiten und in bereits existierende Vorstellungen von der Welt integrieren [...]" (STRITTMATTER/SEEL 1984, S. 4). Von dieser Grundposition, deren Korrespondenz mit unserer weiter vorn gegebenen Einschätzung der Wahrnehmungs- und Interpretationsleistungen des Rezipienten nicht zu übersehen ist, formulieren Strittmatter/Seel „Bausteine" einer – im Anschluß an Piaget – kognitionstheoretisch fundierten Medienforschung, nämlich: „(1) Theorie der Bedeutungsstrukturen und der Äqulibration, (2) Schemata und Interferenzen, (3) Vorstellungsbilder" (STRITTMATTER/SEEL 1984, S. 5). Unabhängig davon, ob man der Annahme folgen will, die Kognitionspsychologie könne die von ihr formulierte Forschungsfrage mit ihrem Instrumentarium hinreichend beantworten, bleibt festzuhalten, daß hier ein neuer Ansatz – jenseits der Effizienz und Klassifikationsforschung – auf einem höheren Elaborationsniveau und mit anderem forschungstheoretischen Fundament vorliegt als bisher.

Eine bemerkenswert zurückhaltende Position beziehen Treiber/Weinert bei der Erörterung der Hoffnungen und Enttäuschungen, die sich mit „standardisierten Lehr-Lern-Technologien" verbinden. Sie beziehen Curriculumpakete und unterrichtstechnische Programme ebenso ein wie die Bereitstellung von Hilfen für Routinehandlungen der Lehrer im Rahmen der „Standarderfordernisse jedes Unterrichtshandelns" (TREIBER/WEINERT 1982b, S. 275). Generell wird auf die Gefahr aufmerksam gemacht, solche Angebote könnten so mißverstanden werden, als ob die Betroffenen zu eigenständigen Problemlösungen für ihr praktisches Handeln in Lehr-/Lernsituationen nicht fähig seien. Dies sei um so bedenklicher, als den angebotenen Lehr-/Lerntechnologien keineswegs eine Erfolgsgarantie anhafte, da über die individuellen und institutionellen Voraussetzungen ihrer Verwendung noch viel zuwenig gewußt wird. Ernüchternde Erfahrungen etwa bei der Erprobung von geschlossenen Curriculumpaketen deuteten zumindest auf übersehene Rahmenbedingungen und Binnenbedingungen für ihre Akzeptanz durch Lehrer und Schüler im herkömmlichen Klassenunterricht hin (vgl. TREIBER/WEINERT 1982b, S. 277).

ARMBRUSTER, B./HERTKORN, O.: Allgemeine Mediendidaktik, Köln 1978. BAACKE, D.: Kommunikation und Kompetenz, München 1973. BACHMAIR, B.: Medienverwendung in der Schule, Berlin 1979. BALOVIER, S. G.: Wahrnehmung und Lernen. Überlegungen für den audiovisuellen Unterricht und die aktive Medienverwendung, Diss., Münster 1977. BANDURA, A.: Influence of Model's Reinforcement Contingent on Acquisition of Imitative Responds. In: J. of Persty. and Soc. Psych. 1 (1965), S. 589 ff. BAUSINGER, H.: Freier Informationsfluß? Zum gesellschaftlichen Stellenwert der neuen Medien. In: Z. f. P. 29 (1983), S. 847 ff. BEHRENS, G./ HENDRICKS, W. (Hg.): Arbeiten und Lernen mit Medien. Arb. + Lern. 5 (1983), 25. BERGIUS, R.: Psychologie des Lernens, Stuttgart 1971. BOECKMANN, K.: Medien – immer noch heimliche Erzieher – Zur Situation der pädagogischen Medienforschung. In: D. Dt. S. 73 (1981), S. 635 ff. BORCHARDT, J. u. a.: Audiovisuelle Medien in der Schule, 2 Bde., Ravensburg 1972/1973. BORRIES, B. v.: Geschichte lernen – mit heutigen Schulbüchern. In: Gesch. in W. u. U. 33 (1983),

S. 558 ff. (1983 a). BORRIES, B. v.: Geschichte im Fernsehen – und Geschichtsfernsehen in der Schule. In: Geschdid. 8 (1983), S. 221 ff. (1983 b). BRAUER, J.: Die audio-visuellen Mittler in der Geschlechtserziehung, München 1968. BREUER, K. D. u. a.: Medienpädagogik als Vermittlung von Handlungskompetenz. In: HÜTHER, J. u. a. (Hg.): Neue Texte Medienpädagogik, München 1979, S. 15 ff. BRUNER, J. S.: Towards a Theory of Instruction, Cambridge/Mass. 1967. BRUNER, J. S.: Der Akt der Entdeckung. In: NEBER, H. (Hg.): Entdeckendes Lernen, Weinheim/Basel 1975, S. 15 ff. CANTRIL, H.: The „why" of Man's Experience, New York 1950. DALE, E.: Audiovisual Methods in Teaching, New York ³1969. DALLMANN, G./PREIBUSCH, W.: Erforschung von Unterrichtsmedien, Weinheim 1974. DERA, K.: Probleme der Bewußtseinsbildung: Zur vermittlungsmethodischen Funktion von Medien in der Arbeiterbildung, Diss., Osnabrück 1982. DICHANZ, H./KOLB, G.: Mediendidaktik – Entwicklung und Tendenzen. In: DICHANZ, H. u. a.: Medien im Unterrichtsprozeß, München 1974, S. 16 ff. DICHANZ, H./KOLB, G. (Hg.): Unterrichtstheorie und Medienpraxis, Stuttgart 1979. DICHANZ, H. u. a.: Medien im Unterrichtsprozeß, München 1974. DIEL, A. (Hg.): Kritische Medienpraxis, Köln 1974. DÖRING, K. W.: Unterricht mit Lehr- und Lernmitteln, Weinheim 1971. ERICHSON, Ch.: Mediengebrauch in der Grundschule. Arbeitskreis Grundschule, Frankfurt/M. 1977. EUBEL, K.-D.: Ergebnisse und Methoden der bisherigen Medienforschung in kritischer Sicht. In: DICHANZ, H. u. a.: Medien im Unterrichtsprozeß, München 1974, S. 130 ff. FLECHSIG, K.-H.: Die technologische Wendung in der Didaktik. In: ISSING, L. J./KNIGGE-ILLNER, H. (Hg.): Unterrichtstechnologie ..., Weinheim/Basel 1976, S. 15 ff. FOLDENAUER, K.: Medien, Sprache und Literatur im Deutschunterricht, Braunschweig 1980. FRANK, H.: Lehren und Lernen nach 1970. Werkhefte für technische Unterrichtsmittel 5, München 1971. FRANK, H.: Bildungstechnologie und Lehrplanung. In: ISSING, L. J./KNIGGE-ILLNER, H. (Hg.): Unterrichtstechnologie ..., Weinheim/Basel 1976, S. 91 ff. FRÖHLICH, A.: Die auditiven, visuellen und audiovisuellen Unterrichtsmittel, Weinheim/Basel 1974. GAGE, N. L. (Hg.): Handbook of Research on Teaching, Chicago 1963. GAGNÉ, R. M.: Die Bedingungen menschlichen Lernens, Hannover/Berlin/Darmstadt/Dortmund 1970. GIEL, K.: Studie über das Zeigen. In: BOLLNOW, O. F. u. a.: Erziehung in anthropologischer Sicht, Zürich 1969, S. 51 ff. GOMBRICH, E.: Kunst und Illusion, Stuttgart 1978. GRAU, R. u. a.: Lernen mit Medien, Braunschweig 1977. GRAUMANN, C. F.: Nicht-sinnliche Bedingungen des Wahrnehmens. In: GOTTSCHALDT, K. u. a. (Hg.): Handbuch der Psychologie, Bd. 1.1: Wahrnehmung und Bewußtsein, hg. v. W. Metzger, Göttingen 1966, S. 1031 ff. GRÜNEWALD, D./KAMINSKI, W. (Hg.): Kinder- und Jugendmedien, Weinheim/Basel 1984. HAEFNER, K.: Die neue Bildungskrise, Basel/Boston 1982. HANSEN, K. H./KLEINSCHMIDT, G.: Gehören „Neue Technologien" zur Allgemeinbildung? In: NEUE TECHNOLOGIEN UND SCHULE, Evangelische Akademie Loccum 1984, S. 132 ff. HEIDT, E. U.: Klassifikationsprobleme von Medien. In: DICHANZ, H. u. a.: Medien im Unterrichtsprozeß, München 1974, S. 210 ff. HEIDT, E. U.: Medienkategorien und Lernmerkmale. In: Uw. 4 (1976), S. 37 ff. HEIDT, E. U./SCHWITTMANN, D.: Medientaxonomien: ein kritischer Überblick, Weinheim/Basel 1976, S. 123 ff. HEIMANN, P.: Der Film als Ausdruck der Gegenwartskultur. In: Universitas 12 (1957), S. 345 ff. HEIMANN, P.: Das Programmangebot des deutschen Jugendfernsehens. In: HEIMANN, P. u. a.: Jugend und Fernsehen, München 1958, S. 23 ff. (1958 a). HEIMANN, P.: Zur Funktion des Fernsehens in der modernen Gesellschaft. In: HEIMANN, P. u. a.: Jugend und Fernsehen, München 1958, S. 9 ff. (1958 b). HEIMANN, P.: Zur Problematik des Fernsehkonsums. In: dt. jug. 7 (1959), S. 68 ff. (1959 a). HEIMANN, P.: Das deutsche Filmwesen der Gegenwart. In: Universitas 14 (1959), S. 395 ff. (1959 b). HEIMANN, P.: Die Nachmittagsprogramme des deutschen Fernsehens. In: SCHULFERNSEHEN IN DEUTSCHLAND. Schriftenreihe der Evangelischen Akademie für Rundfunk und Fernsehen 8, München o. J. (1959), S. 67 ff. (1959 c). HEIMANN, P.: Schulfernsehen im deutschen Bildungsraum. In: Rundf. u. Fernseh. 9 (1961), S. 7 ff. (1961 a). HEIMANN, P.: Film, Funk, Fernsehen in der Lehrerbildung. In: Jug., Film, Ferns. 5 (1961), S. 1 ff. (1961 b). HEIMANN, P.: Fernsehen und Jugendarbeit. In: dt. jug. 9 (1961), S. 111 ff. (1961 c). HEIMANN, P.: Film, Funk und Fernsehen als Bildungsmächte der Gegenwartskultur. In: Film, Bild, Ton 11 (1961), 8, S. 5 ff. (1961 d). HEIMANN, P.: Didaktik als Theorie und Lehre. In: D. Dt. S. 54 (1962), S. 407 ff. HEIMANN, P.: Zur Dynamik der Bild-Wort-Beziehung in den optisch-akustischen Massenmedien. In: HEIl, R. u. a.: Bild und Begriff, München 1963, S. 71 ff. HEIMANN, P.: Zur didaktischen Orts- und Funktionsbestimmung schulinterner Fernsehsysteme. In: FERNSEHEN SCHULINTERN, Berlin 1965, S. 13 ff. HEITMEYER, W. u. a.: Perspektiven mediensoziologischer Forschung, Hannover 1976. HENDRICKS, W.: Zusammenfassender Bericht und didaktisches Resumee aus Vorarbeit, Arbeitsgruppen und Unterrichtsprojekten. In: NEUE TECHNOLOGIEN UND SCHULE. Evangelische Akademie Loccum 1984, S. 165 ff. HINST, K.: Zur Problematik der Mediendidaktik. In: ISSING, L. J./KNIGGE-ILLNER, H. (Hg.): Unterrichtstechnologie ..., Weinheim/Basel 1976, S. 53 ff. HINZ, K.: Der Overheadprojektor im Englischunterricht, Düsseldorf 1979. HOLSTEIN, H.: Arbeitsmittel im Unterricht, Bochum 1967. HOLSTEIN, H.: Zur Medienabhängigkeit des Schulunterrichts, Ratingen 1973. HUBER, F.: Allgemeine Unterrichtslehre, Bad Heilbrunn ^{9}1965. HÜLSEWEDE, M. (Hg.): Schulpraxis mit AV-Medien, Weinheim/Basel 1980. HÜTHER, J./TERLINDEN, R. (Hg.): Medienpädagogik als politische Sozialisation, Grafenau 1982. INGENKAMP, K. (Hg.): Handbuch der Unterrichtsforschung, 3 Bde., Weinheim/Basel 1970. ISSING, L. J.: Evaluation von Unterrichtsmedien. In: ISSING, L. J./KNIGGE-ILLNER, H. (Hg.): Unterrichtstechnologie ..., Weinheim/Basel 1976, S. 141 ff. ISSING, L. J./KNIGGE-ILLNER, H. (Hg.): Unterrichtstechnologie und Mediendidaktik, Weinheim/Basel 1976. ITTELSON, W. H.: Visual Space Perception, New York 1960. ITTELSON, W. H.: Perception and Transactional Psychology. In: KOCH, S. (Hg.): Psychology – A Study of a Science, Bd. 4, New York 1962, S. 660 ff. ITTELSON, W. H./CANTRIL, H.: Perception. A Transactual Approach, New York 1954. KAGELMANN, H. J./WENNIGER, G.: Medienpsychologie. Ein Handbuch in Schlüsselbegriffen, München 1982. KALLINICH, J.: Medienpraxis in einer Unterrichtstheorie. Zur medialen Struktur des Unterrichts und zur unterrichtlichen Funktion der Medien. In: DICHANZ, H./KOLB, G. (Hg.): Unterrichtstheorie ..., Stuttgart 1979, S. 153 ff. KEILHACKER, M./WASEM, E.: Jugend im Kraftfeld der Massenmedien. Überblick zur wissenschaftlichen Jugendkunde, Bd. 4, München 1965. KERBS, D. u. a. (Hg.): Technische Medien. Kunst u. U., Sonderheft 1972. KERSTIENS, L.: Medienkunde in der Schule, Bad Heilbrunn 1971. KILPATRICK, F. P.: Explorations in Transactional Psychology, New York 1961. KLAFKI, W.: Das Problem der Didaktik. In: Z. f. P., 3. Beiheft, 1963, S. 19 ff. KLAFKI, W.: Zum Verhältnis von Didaktik und Methodik. In: Z. f. P. 22 (1976), S. 77 ff. KÖCK, P.: Didaktik der Medien, Donauwörth 1974. KOLB, G.: Mediendidaktik und Medienforschung in wissenschaftstheoretischer Sicht. In: Z. f. P., 13. Beiheft, 1977, S. 117 ff. KRAUTH, G. (Hg.): Medien und Schule – Versuch einer Neuorientierung. Skizze einer handlungs- und kommunikationsorientierten Didaktik, Wiesbaden 1973. KURZROCK, R. (Hg.): Medienforschung, Berlin 1974. LEGLER, W.: Denken und Machen – ein offenes Problem. In: LEGLER, W. u. a.: Denken und Machen, Kunst u. U., Sonderheft 1979, S. 9 ff. MCLUHANS, M./FIORE, Q.: The Medium is the Message, Harmondsworth 1969. MEDIENPÄDAGOGIK-ZENTRUM (Hg.): Materialien 1, Hamburg 1976. MOHN, E.: Der Schein des Allgemeinen – medientheoretische Probleme und Folgerungen. In: medien u. e. 20 (1976), S. 246 ff. MOLLENHAUER, K.: Theorien zum Erziehungsprozeß, München 1972. MURCH, G./WOODWORTH, G.: Wahrnehmung, Stuttgart 1978. MURDOCK, G./PHELPS, G.: Mass Media and the Secondary School, London 1973. NEBER, H. (Hg.): Entdeckendes Lernen, Weinheim/Basel 1973. NEGT, O./KLUGE, A.: Öffentlichkeit und Erfahrung. Zur Organisationsanalyse von bürgerlicher und proletarischer Öffentlichkeit, Frankfurt/M. 1972. OTTO, G.: Kunst als Prozeß im Unterricht, Braunschweig 1969. OTTO, G.: Didaktik der Ästhetischen Erziehung, Braunschweig 1974. OTTO, G.: Das Bismarckdenkmal in Hamburg. In: EUCKER, J./KÄMPF-JANSEN, H.: Ästhetische Erziehung 5–10, München/Wien 1980, S. 74 ff. OTTO, G.: Der didaktische Apfel. In: U. Biol. 5 (1981), 60/61, S. 4 ff. OTTO, G.: Über Bilder sprechen lernen. In: Kunst u. U. (1983), 77, S. 10 ff. OTTO, G. (Hg.): Bildschirm. Jahresheft 1985, Seelze 1985a. OTTO, G.: Medien für die ästhetische Praxis. In: FESTSCHRIFT FÜR HERBERT KLETTKE, Esslingen 1985b. OTTO, G./WIENECKE, G.: Prinzip Umgestaltung. Grundriß einer Problemstellung. In: EBERT, W. (Hg.): Kunstpädagogik 1974. Festschrift für Reinhard Pfennig, Düsseldorf 1974, S. 181 ff. PANDEL, H.-J./SCHNEIDER, G. (Hg.): Handbuch Medien im Geschichtsunterricht, Düsseldorf 1984. PETERS, O.: Was leistet das Konzept der Unterrichtstechnologie? In: ISSING, L. J./KNIGGE-ILLNER, H. (Hg.): Unterrichtstechnologie ..., Weinheim/Basel 1976, S. 39 ff. PETERSSEN, W. H.: Handbuch Unterrichtsplanung. Grundfragen, Modelle, Stufen, Dimensionen, München 1982. PÖTTER, K.: Schulmediotheken, Braunschweig 1978. PROKOP, D.: Faszination und Langeweile. Die populären Medien, Stuttgart 1979. PROTZNER, W.: Zur Medientheorie des Unterrichts, Bad Heilbrunn 1977. RINGHAUSEN, G.: Von der Buchillustration zum

Unterrichtsmedium, Weinheim 1976. ROLFF, H.-G.: Schule im Wandel, Essen 1984. RUMPF, H.: Zweifel am Monopol des zweckrationalen Unterrichtskonzepts. In: ISSING, L.J./KNIGGE-ILLNER, H. (Hg.): Unterrichtstechnologie..., Weinheim/Basel 1976, S.187ff. RUPRECHT, H. u. a.: Die audio-visuellen Mittler in der politischen Bildung, München 1969. SALOMON, G.: Interaction of Media, Cognition and Learning, San Francisco 1979. SCHEFFER, W.: Erziehungswissenschaftliche Implikationen von didaktisch orientierten Konzepten der Unterrichtstechnologie. In: Z.f.P. 2 (1974), S.211ff. SCHÖLER, W.: Unterrichtswissenschaftliche Aspekte der Unterrichtstechnologie. In: KNOLL, J./HÜTHER, J. (Hg.): Medienpädagogik, München 1976, S.63 ff. SCHORB, B. u. a.: Sozialisation durch Massenmedien. In: HURRELMANN, K./Ulich, D. (Hg.): Handbuch der Sozialisationsforschung, Weinheim/Basel 1980, S.603ff. SCHULZE, Th.: Methoden und Medien der Erziehung, München 1978. SCHWERDTFEGER, I.Ch.: Medien und Fremdsprachenunterricht, Hamburg 1973. STACH, R.: Wandbild in Unterricht und Forschung. In: TWELLMANN, W. (Hg.): Handbuch Schule und Unterricht, Bd.4.1, Düsseldorf 1981, S.486ff. STRANSFELD, R./TONNEMACHER, J.: Muß die Schule vor den neuen Informations- und Kommunikationstechniken schützen? In: NEUE TECHNOLOGIEN UND SCHULE, Loccum: Evangelische Akademie Loccum 1984, S.140ff. STRITTMATTER, P./SEEL, N.M.: Externe und interne Medienkonzepte der Medienforschung, In: Uw. 12 (1984), S.2ff. TREIBER, B./WEINERT, F.E. (Hg.): Lehr-Lern-Forschung, München 1982a. TREIBER, B./WEINERT, F.E.: Gibt es theoretische Fortschritte in der Lehr-Lern-Forschung. In: TREIBER, B./WEINERT, F.E. (Hg.): Lehr-Lern-Forschung, München 1982, S.242ff. (1982b). TULODZIECKI, G.: Medienforschung als eine Aufgabe der Pädagogik. In: Uw. 9 (1981), S.275ff. WASEM, E.: Jugend und Filmerleben, München/Basel 1957. WITTERN, J.: Mediendidaktik. Ihre Einordnung in eine offen strukturierte Entscheidungstheorie des Lehrens und Lernens, 2 Bde., Opladen 1975.

Otto Kröhnert/Waldtraut Rath

Medien im Unterricht der Sonderschulen

1 Die besondere Funktion der Medien im Unterricht an Sonderschulen
2 Konkretisierung am Beispiel der Hörgeschädigten
3 Konkretisierung am Beispiel der Sehgeschädigten

Zusammenfassung: Die rehabilitative Aufgabe von Medien im Unterricht der Sonderschulen besteht darin, die Beeinträchtigungen des Lernens, der sozialen Adaption und der Kommunikation behinderter Schüler aufzuheben oder zu mindern. Das geschieht durch *Kompensation* und *Substitution*. Trotz der Heterogenität der Schülerschaft an Sonderschulen ist es möglich, einige übergreifende mediendidaktische Prinzipien darzustellen. Als ein Beispiel für behinderungsspezifische Konkretisierung wird die sprachpädagogische Extremsituation Gehörloser und Schwerhöriger unter mediendidaktischem Aspekt aufgezeigt. Weitere Beispiele bilden mediendidaktische Problemfelder des Blindenunterrichts wie Schrift, Veranschaulichungsmittel, Mobilität und Orientierung sowie der Komplex „Lesehilfen" im Unterricht bei Sehbehinderten.

Summary: The rehabilitative task of teaching media in special schools consists in removing or reducing the limitations of handicapped children with regard to learning, social adaptation and communication. This is done by means of *compensation* and *substitution*. Despite the heterogeneous natures of pupils at special schools, it is nevertheless possible to present a number of overlapping, media-didactical principles. As an example for handicap-specific concretization, the extreme situation, from the speech therapy point of view, of children who are deaf or hard of hearing is presented with special reference to the media-didactical aspect. Other examples are media-didactical problems involved in teaching blind children, such as writing, visual aids, mobility and orientation, as well as the whole field of "reading aids" for teaching children whose eyesight is severely impaired.

Résumé: La tâche réhabilitative de médias dans l'enseignement dispensé par les écoles pour enfants handicapés, consiste à supprimer ou à réduire le préjudice porté à l'apprentissage, à l'adaption sociale et à la communication des élèves handicapés. Ceci s'effectue par *compensation* et *substitution*. Malgré l'hétérogénéité des élèves dans ce genre d'écoles, il est possible de présenter quelques principes généraux de didactique des médias. Comme exemple d'une concrétisation spécifique aux handicapés, on montre la situation extrême de la pédagogie du langage pour les non-entendants ou les handicapés profonds de l'audition, et ce, sous des aspects de didactique des médias. D'autres exemples sont constitués par les champs problématiques de didactique des médias pour l'enseignement aux non-voyants, tels que l'écriture, le matériel documentaire, le mobilité et l'orientation ainsi que le complexe «aides à la lecture» dans l'enseignement des handicapés de la vue.

Medien im Unterricht der Sonderschulen

1 Die besondere Funktion der Medien im Unterricht an Sonderschulen

Voraussetzung für das Verständnis der Funktion von Medien im Unterricht an Sonderschulen ist die Kenntnis des schulrechtlich-begrifflichen Standortes dieser Schulform. Die Sonderschule wird der allgemeinen Schule (Regelschule) gegenübergestellt. Breiter Konsens besteht hinsichtlich der Definition der Sonderschulen als besonderer Einrichtungen zur Ableistung der allgemeinbildenden und berufsbildenden Schulpflicht für behinderte Kinder und Jugendliche, die aufgrund ihrer Bildungsschwäche in der regulären Schule nicht hinreichend gefördert werden können.

Die Verwendung des Begriffs Sonderschule in diesem Sinne hat zur Folge, daß verschiedene Gruppen Behinderter ausgegrenzt werden: die Altersgruppe der Kinder im Früh- und Elementarbereich, die Erwachsenen im Bereich der Weiterbildung sowie die behinderten Schüler, die allgemeine Schulen (Regelschulen) besuchen. Im folgenden bleiben die spezifischen medialen Belange dieser Gruppen unberücksichtigt.

Die Schulform Sonderschule ist in verschiedene Sonderschultypen untergliedert, die folgende Bezeichnungen tragen: Schule für Blinde, Gehörlose, Geistigbehinderte, Körperbehinderte, Lernbehinderte, Schwerhörige, Sehbehinderte, Sprachbehinderte, Verhaltensgestörte (vgl. BLEIDICK 1983, S. 275 ff.). Außerdem gibt es für Kinder und Jugendliche, bei denen mehrere Behinderungen zugleich auftreten, spezielle Einrichtungen, zum Beispiel für Taubblinde, für geistig behinderte Sehgeschädigte, für Mehrfachbehinderte.

Sonderschulunterricht kann grundsätzlich auf unterschiedlichem Niveau stattfinden, auf dem der Grund- und Hauptschule, der Realschule und des Gymnasiums. Das gilt jedoch nicht durchgängig für alle Behindertengruppen. Auch Sonderberufsschulen und spezielle Berufsfachschulen gibt es nur für einige Gruppen von Behinderten.

Für die Darstellung der besonderen Funktion der Medien im Unterricht der Sonderschulen spannt sich ein weiter Bogen, der etwa vom blinden Gymnasiasten bis zum Körperbehinderten mit schwerster geistiger Behinderung reicht. Während das Medienproblem des einen im Einsatz eines komplizierten, elektronisch gesteuerten Schreibautomaten besteht, werden für die pädagogische Förderung des anderen Mittel wie Hautöl und Haarbürste zur basalen Stimulation benötigt.

Schüler von Sonderschulen sind nach Art und Grad der Behinderungen heterogen, sie unterscheiden sich extrem in bezug auf Alter und Niveau der Schulleistungen. Die dadurch entstehende Vielfalt mediendidaktischer Probleme kann in der gebotenen Kürze nur grob skizziert werden, und Aussagen über besondere Medien im Unterricht der Sonderschulen erfolgen zwangsläufig auf einer höheren Ebene der Verallgemeinerung.

Der Oberbegriff, unter dem die heterogene Schülerschaft der Sonderschulen gefaßt wird, ist der Terminus „Behinderung". Es handelt sich dabei in Abgrenzung gegen die soziologischen, psychologischen und sozialgesetzgeberischen Seiten des Behinderungsbegriffs um den pädagogischen Aspekt der Behinderung. Jede Behinderung zieht mit nahezu unausweichlicher Folge drei mehr oder minder gewichtig auftretende pädagogisch relevante Beeinträchtigungen nach sich, die in der Regel miteinander verzahnt sind: eine Beeinträchtigung des Lernens, eine Beeinträchtigung der sozialen Adaption und eine Beeinträchtigung der Kommunikation.

Es ist eine vordringliche rehabilitative Aufgabe, dafür zu sorgen, daß es dem Behinderten möglich wird, sich zu entlasten. Das geschieht durch *Kompensation*, das heißt durch optimale Aktivierung der im Bereich der Schädigung noch vorhandenen Funktionsreserven, und durch *Substitution,* durch bestmögliches Ausnutzen intakter Funktionen.

Für die Kompensation unmittelbarer Auswirkungen verschiedener Behinderungen sind vielfältige, spezifische Mittel vorgesehen. Bei Sinnesgeschädigten und Körperbehinderten gehört die Verordnung bestimmter Arten kompensatorisch wirkender Geräte und Apparate häufig zur medizinischen Rehabilitation. So werden zum Beispiel Hörgeschädigte mit Hörhilfen ausgestattet, um akustische Informationen aufnehmen zu können. Sehgeschädigte benötigen zur Verbesserung ihres verbliebenen Sehvermögens optische und elektronische Sehhilfen. Bei Körperbehinderten, deren Stütz- und Bewegungsapparat beeinträchtigt ist, werden Prothesen und Rollstühle verwendet, um motorische Defizite auszugleichen. Für Sprachbehinderte gibt es Geräte, die Sprech- und Sprachmängel korrigieren helfen, wie etwa Sprachverzögerungsgeräte zur Normalisierung des Sprechablaufs bei Stotterern. Kompensatorisch können auch Hilfen wirken, deren Vermittlung nicht durch Geräte, sondern durch Personen geschieht. Es werden zum Beispiel kognitive Beeinträchtigungen bei Geistigbehinderten mit Hilfe kommunikationsunterstützender Handzeichen gemildert; bei Mehrfachbehinderten schwersten Grades vollzieht sich basale Stimulation als erste Stufe pädagogischer Förderung durch Körperkontakt zwischen dem Behinderten und der Person, die eine Förderabsicht verfolgt.

Beispiele für Mittel, die der Substitution dienen, sind der Langstock, der Blinden im Straßenverkehr die zur Orientierung notwendigen Tastinformationen liefert, sowie die Blindenschrift, die tastend erlesen wird. Substitution ist auch die Fähigkeit Gehörloser, Sprache vom Mund einer sprechenden Person abzulesen.

Alle genannten Geräte und Hilfen haben medialen Charakter, wenn Medien – wie heute allgemein üblich – als Träger und/oder Vermittler von Informationen (im weitesten Sinne) definiert werden (vgl. DOHMEN 1974, S. 409). Hörgerät, Sehhilfe, Rollstuhl und Langstock sind Vermittler von Informationen, aber nicht Informationsträger. Dadurch unterscheiden sie sich von dem Lesetext in Punktschrift, dem deutlich artikulierend sprechenden, dem gebärdenden, dem Körperkontakt anbietenden Menschen, die – jeder auf seine Weise – Informationsvermittler und zugleich Informationsträger sind.

Allerdings sind nichtpersonale und personale Medien, wie die genannten, nicht ohne weiteres *didaktische Medien.* Ein Medium im didaktischen Sinne entsteht erst dann, wenn sich ein Gerät beziehungsweise eine Person mit einer Information im Dienst eines didaktischen Zusammenhangs verbindet. Eine spezifisch mediendidaktische Besinnung liegt vor, wenn der Einsatz von Medien im Gesamtzusammenhang aller anderen didaktischen Wirkungs- und Bedingungsfaktoren reflektiert wird.

Grundsätzlich gilt in Sonderschulen ebenso wie in Regelschulen, daß der Einsatz von Medien im Unterricht zum Erreichen von Zielen, zur Vermittlung von Inhalten, zur Aktivierung von Adressaten, zur Realisierung methodischer Vorstellungen und zur Verbesserung von Rahmenbedingungen beiträgt. Dabei müssen Voraussetzungen, Bedingungen und Wirkungsweisen, aber auch Grenzen des Medieneinsatzes und mögliche Verzerrungen der Information durch Medien mitbedacht werden (vgl. DOHMEN 1974, S. 409).

Im Unterricht von Behinderten wird die Funktion der Medien um eine Dimension erweitert: Kompensatorische und substituierende Wirkungen von Medien, die Beeinträchtigungen des Lernens, der sozialen Adaption und der Kommunikation mildern oder aufheben können, finden als Variablen im didaktischen Feld besondere

Berücksichtigung. Die jeweils geeigneten Medien müssen in breitem Umfang eingesetzt, die nichtgeeigneten angepaßt oder ersetzt und zusätzliche Medien bereitgestellt werden. Die Heterogenität der Schülerschaft von Sonderschulen sowie die Vielfalt und Komplexität kompensatorisch und substituierend wirkender Medien führen dazu, mediendidaktische Aussagen in der Regel behinderungsspezifisch für einzelne Sonderschultypen zu formulieren. Dennoch ist es möglich, einige prinzipielle Forderungen an die Medien im Unterricht an Sonderschulen herauszustellen (vgl. MERSI 1976, S. 197 ff.):

Normalität und Spezifität: Unterrichtsmedien für behinderte Schüler sollen so speziell wie nötig sein, das heißt, sie sollen Kompensation und Substitution erwirken, um den Schüler nicht zu überfordern oder zu entmutigen. Sie müssen jedoch, wenn möglich, auf den zunehmenden Abbau der Besonderheiten gerichtet sein.

Auswählbarkeit: Es ist in Sonderschulen besonders wichtig, ein fachkundig zusammengestelltes Sortiment von Lern- und Arbeitsmitteln zur Verfügung zu stellen anstatt der generellen Verordnung eines einzigen vom Lehrer ausgewählten Typs. Nur so kann der behinderte Schüler lernen, das ihm Gemäße auszuwählen.

Individuelle Optimierbarkeit: Bei den außerordentlich verschiedenartigen und komplexen kompensatorischen und substituierenden Aufgaben im Sonderschulunterricht kommt die beste Auskunft über die Güte der Medien vom behinderten Schüler selbst. Am einfachsten ist die Frage nach dem optimalen Medieneinsatz zu lösen, wenn der Schüler selbst optimieren beziehungsweise regeln kann. Ein Beispiel hierfür ist die Möglichkeit, bei Gruppendemonstrationen Hör- oder Sehdistanz selbst zu ermitteln. Selbständig verstellbare höhen- und neigungsvariable Tische und stufenlos verstellbare Einzelplatzbeleuchtung sind weitere Beispiele.

Pluralität: Bei behinderten Schülern reicht es wesentlich seltener als bei nichtbehinderten aus, Repräsentationsmedien in nur einem Exemplar bereitzustellen. Medien müssen im Sonderschulunterricht in genügender Anzahl, in vielen Fällen für jeden Schüler zur Verfügung stehen.

Ästhetische Aspekte: Besonderer Wert muß in Sonderschulen auf die ästhetische Dimension der didaktischen Medien gelegt werden. Diese Forderung bezieht sich nicht nur auf Lernumgebung und Lernmittel, sondern auch auf Hilfsmittel, die am Körper zu tragen sind, wie Brillen oder Prothesen, bei denen sich erfahrungsgemäß durch eine ästhetisch ansprechende Form die Chancen des Trägers erhöhen, sozial akzeptiert zu werden.

2 Konkretisierung am Beispiel der Hörgeschädigten

Behinderte, die unter den Begriff der Hörgeschädigten subsumiert werden, sind in ihrem Erscheinungsbild heterogen. Nicht nur die Hörschädigung selbst, auch die aus ihr resultierenden Folgewirkungen, insbesondere in psychosozialer und sprachlich-kommunikativer Hinsicht, können beträchtlich voneinander abweichen. Die Schweregrade der psychophysischen Funktionsbeeinträchtigung bei Hörgeschädigten bilden ein Kontinuum, das sich von der leichtesten Form der Hörminderung bis zur völligen Taubheit erstreckt. Unter pädagogischem Aspekt wird zwischen *Schwerhörigen* und *Gehörlosen* unterschieden. Als schwerhörig werden diejenigen Menschen bezeichnet, die zwar in ihrer akustischen Wahrnehmungsfähigkeit mehr oder weniger beeinträchtigt sind, die jedoch Sprache und Sprechen überwiegend auditiv kontrollieren. Als gehörlos gelten demgegenüber diejenigen Menschen, die infolge einer gravierenden Hörschädigung Sprache nicht über das Ohr, sondern nur auf optischem Wege, unterstützt durch Tast- und Vibrationseindrücke, wahrnehmen

können. Anders gesagt: Schwerhörige kommunizieren primär über das Hören, Gehörlose über das Sehen. Die Grenze zwischen beiden Gruppen ist fließend (vgl. KRÜGER 1982, S. 17 ff.).
Es besteht kein Zweifel darüber, daß die Sprache in ihrer lautlichen Form als das entscheidende Medium für die seelisch-geistige Entwicklung des Menschen angesehen werden muß. Folglich wird jede Beeinträchtigung, die die auditive Wahrnehmungsfähigkeit betrifft, Beeinträchtigungen anderer Art nach sich ziehen müssen. Allerdings ist die Pädagogik der Gehörlosen und der Schwerhörigen bestrebt, die unmittelbaren Auswirkungen der Hörschädigung in Grenzen zu halten beziehungsweise zu mindern, und zwar entweder auf dem Wege der Kompensation, etwa durch den Einsatz individueller Hörgeräte, oder auf dem Wege der Substitution, etwa durch die Visualisierung sprachlicher Strukturen und Regeln. Die Bemühungen der Pädagogen zielen insbesondere darauf ab, das eventuell noch vorhandene Restgehör für die Sprachwahrnehmung zu aktivieren, Inhalte und Formen der Sprache verfügbar zu machen, die Sprach- und Sprechproduktion zu verbessern. Es sind die für die lautsprachliche Kommunikation notwendigen Inhalte und Techniken, die im Unterricht Gehörloser und Schwerhöriger im Vordergrund stehen und die die besondere Funktion des Mediums „Sprache" wie die der Medien überhaupt begründen.
Zwar gibt es eine Vielzahl von Medien, die in den Schulen für Gehörlose und Schwerhörige zum Einsatz gelangen. Zu ihnen zählen neben den Repräsentationsmedien (Bilder, Modelle, Reliefs) sowie den modernen technischen Medien (Film, Funk, Fernsehen) vor allem jene Geräte und Hilfen, die in erster Linie eine Verbesserung der Sinneswahrnehmungen und, damit einhergehend, der Informationsübertragung sowie auch der Kommunikation zum Ziele haben (Hörgerät, Phonator, Sprachsichtgerät). Doch kann der Einsatz dieser Medien für den Behinderten letztlich nur dann sinnvoll werden, wenn jedes einzelne Medium nicht nur für sich dargeboten wird, sondern wenn es, verbunden mit einer sprachlichen „Information", zum „didaktischen Medium" wird (vgl. DOHMEN 1974, S. 407 ff.). Medien und Sprache gehören also, didaktisch gesehen, aufs engste zusammen. Erst der didaktische Medienbegriff bietet die Voraussetzung dafür, die besondere Bedeutung der Sprache im Ganzen des unterrichtlichen Funktionszusammenhangs näher bestimmen zu können. Daß eine solche Sichtweise insbesondere dort angezeigt ist, wo, wie im Gehörlosen- und Schwerhörigenunterricht, eine sprachpädagogische Extremsituation besteht, liegt auf der Hand.
Um die Funktion von Medien im Rahmen eines didaktischen Gesamtzusammenhangs erfassen zu können, empfiehlt es sich, zwischen Informationsträgern und Informationsvermittlern zu unterscheiden. Träger von Informationen können beispielsweise Bilder, Filme, Zeichnungen sein; als Vermittler von Informationen können dagegen die Tafel, das Mikroskop, der Projektor dienen. Um didaktisch tragfähig zu werden, müssen sich Träger und Vermittler von Informationen verbinden. Ein Medium, das Träger und Vermittler zugleich ist, stellt die Sprache dar, sofern sie in einem didaktischen Funktionszusammenhang steht.
Einerseits ist es belanglos, ob Sprache in akustischer, optischer oder taktiler Form dargeboten wird, andererseits ist es wichtig, daß jedes Informationsangebot adressatenspezifisch ausgerichtet ist, um mediendidaktischen Erfordernissen zu genügen. Der Gehörlosenlehrer muß sich in erster Linie auf optisch-taktile Zeichengestalten stützen, um den Schülern, die in der Regel praktisch taub sind, gerecht zu werden, während der Schwerhörigenpädagoge die akustische Erscheinungsweise der Sprache akzentuiert, um seinen Unterricht mediendidaktisch zu fundieren.

Medien im Unterricht der Sonderschulen

Die Beeinträchtigung oder gar der Ausfall des akustischen Analysators bei Hörgeschädigten zwingt dazu, spezifische Lernbedingungen herzustellen, die die Möglichkeit bieten, auch unter erschwerten Bedingungen die Lautsprache zu vermitteln. Um diesem Anspruch gerecht zu werden, ist es erforderlich, sowohl den Gehörlosen- als auch den Schwerhörigenunterricht polysensorisch auszurichten, Sprache also nicht nur, wie es bei Vollsinnigen üblich ist, auf akustischem Wege darzubieten, sondern auch die optisch-taktile Wahrnehmungsebene, den Sehsinn und den Hautsinn, mit einzubeziehen.

Es hängt von dem jeweiligen Grad des Restgehörs ab, inwieweit ein Hörgeschädigter in der Lage ist, gesprochene Sprache auditiv wahrzunehmen. Gehörlosen ist der auditive Perzeptionsweg trotz des Einsatzes elektroakustischer Hilfen in der Regel versperrt. Für sie spielen optisch-taktile Sprachsignale eine entscheidende Rolle. Schwerhörige aber sind imstande beziehungsweise darauf angewiesen, neben der optischen auch die akustische Erscheinungsweise der Sprache, in welchem Umfang auch immer, zu nutzen. Andernfalls würde ihre Sprachwahrnehmungsfähigkeit und damit ihre Sprachfähigkeit überhaupt verkümmern.

Aus dieser Sachlage resultiert, daß die didaktisch-methodischen Interventionen im Bereich der Gehörlosen- und Schwerhörigenpädagogik letztlich weit auseinanderklaffen. Abgesehen von der Ausnutzung des visuellen Perzeptionsweges, der in der lautsprachlichen Kommunikation aller Hörgeschädigten einen festen Platz hat, wird entweder der taktile oder der auditive Sinneskanal akzentuiert, je nachdem, welcher von beiden sich im Einzelfall zur Substitution beziehungsweise zur Kompensation anbietet.

Die sprachliche Förderung gehörloser und schwerhöriger Schüler erfordert also einen breitgefächerten Einsatz von Medien, deren Auswahl sich einerseits nach den verbliebenen Perzeptionsmöglichkeiten des Behinderten richten muß, andererseits nach dem Didaktikkonzept, für das sich der Pädagoge entschieden hat. So besteht beispielsweise die Möglichkeit, den Sprachunterricht Gehörloser auf das Schriftbild zu gründen (vgl. GÖPFERT 1897), auf das „Mundhandsystem" (vgl. FORCHHAMMER 1923), auf die „Tastfühlstruktur" (vgl. KERN 1958), auf „technisch verdeutlichte Vibrationen" (vgl. SCHULTE u.a. 1969) beziehungsweise auf andere Zeichen- und Ersatzzeichensysteme. Diese für den Sprachunterricht Gehörloser spezifischen Systeme sollen kurz erläutert werden:

Das *„Mundhandsystem"* ist ein Verständigungssystem, das aus 15 Handzeichen besteht. Diese dienen dazu, die nicht sichtbaren Anteile der Sprechbewegungen durch bestimmte Zeichen der Hände und Finger zu ergänzen und damit das Absehen der Sprache vom Munde – namentlich für Gehörlose – zu erleichtern.

Die *„Tastfühlstruktur"* ist eine Wahrnehmungsgestalt, die durch die Luft auf die Haut des Empfängers übertragen wird. Sie dient dazu, den taktilen Sinneskanal für das Sprechenlernen Gehörloser auszunutzen. Die Tastfühlstruktur wird auf seiten des Senders durch Rhythmus, Intensität und Tempo bestimmt; auf seiten des Empfängers werden Qualitäten wie Stoß, Hauch, Wärmeunterschiede und Vibrationen wahrgenommen. Die Tastfühlstruktur schafft den sensorischen Untergrund, auf dem die motorische Seite der Sprache, die Sprechbewegungsstruktur, aufgebaut werden kann.

„Technisch verdeutlichte Vibrationen" sind Sprachschwingungen, die durch apparative Hilfsmittel auf die Haut des Empfängers übertragen werden. Sie dienen dazu, bestimmte Merkmale des Gesprochenen wie Tempo, Dauer, Stimmhaftigkeit, Tonhöhe, Intensität und Rhythmus taktil hervorzuheben. Technisch verdeutlichte Vibrationen geben gehörlosen Empfängern die Möglichkeit, nicht nur das Sprechen an-

derer taktil wahrzunehmen, sondern auch das eigene Sprechen im Wahrnehmungsbereich der Haut zurückzuempfinden.

In der Regel ist es erforderlich, mehrere Ersatzzeichensysteme zugleich einzusetzen, Medien, die sich wechselseitig ergänzen und stützen mit dem Ziel, die Informationsübertragung für den hörgeschädigten Menschen optimal zu gestalten.

Am Anfang des Sprachlernprozesses steht die Phase des „polysensorischen Zuspruchs" (vgl. BREINER 1982, S. 156 ff.), der, informationstheoretisch gesehen, einem medialen Verbundsystem gleichkommt. Das Kind wird über mehrere Sinne zugleich angesprochen und gelangt somit zu einer integrierten Wahrnehmung. Auch später, wenn es darum geht, den Hörgeschädigten zu befähigen, sprechmotorische Abläufe nachzuvollziehen und das Gesprochene vom Munde anderer abzulesen, werden mehrere Medien gleichzeitig eingesetzt und miteinander koordiniert.

Der *„Initiale Sprachaufbau"* von SCHULTE u. a. (vgl. 1969, S. 90 ff.) beispielsweise ist ein didaktisch-methodisches Konzept zur frühen Lautspracherlernung gehörloser und hochgradig schwerhöriger Kinder. Es basiert auf dem Grundsatz, daß die Anbahnung der Sprache, bedingt durch den Ausfall des Hörsinns, auf polysensorischem Wege erfolgen müsse. Demgemäß werden die Zeichen- und Ersatzzeichengestalten der Sprache unter Betonung technisch verdeutlichter Vibrationen zu einem Verbundsystem zusammengefaßt. Gehörlose, die diesem Konzept entsprechend gefördert werden, müssen am Ende imstande sein, Absehgestalten am Munde, technisch verdeutlichte Vibrationen und phonembestimmte Manualzeichen miteinander zu verknüpfen. Wiederum handelt es sich um ein mediales Verbundsystem, das hörgeschädigte Schüler befähigen soll, die für sie so schwierigen Prozesse des lautsprachlichen Enkodierens und Dekodierens nach lernpsychologischen Grundsätzen zu bewältigen.

Wer sich darum bemüht, die Funktion der Medien innerhalb der Hörgeschädigtenpädagogik zu definieren, der wird das Problem der Sprache nicht außer acht lassen dürfen. Es ist nicht nur der didaktische Medienbegriff, der zu einer solchen Betrachtung zwingt, sondern die besondere Sprachlernsituation gehörloser und schwerhöriger Menschen. Für sie ist die Sprache das wichtigste Medium überhaupt, ein Medium, das eine Schlüsselfunktion für das Lernen besitzt. Nur wenn es dem Pädagogen gelingt, die Sprache so zu erschließen, daß der Behinderte über ihre Zeichengestalten, ihre Inhalte und Strukturen verfügt, ist dieser schließlich imstande, auch die übrigen Medien für sich und seine Bildung zu nutzen. Denn jedes Medium, gleich welcher Art, bedarf, damit es pädagogisch fruchtbar werden kann, der Kommentierung durch Sprache.

3 Konkretisierung am Beispiel der Sehgeschädigten

Im medialen Sektor des *Unterrichts bei Blinden* zeigt sich die Notwendigkeit spezieller pädagogischer Bemühungen besonders augenfällig. Da didaktische Medien der Regelschulen in hohem Maße auf das Sehenkönnen ausgerichtet sind und die visuelle Wahrnehmung in hervorragender Weise in den Dienst des Lehrens und Lernens gestellt ist, ergibt sich für blinde Schüler zwangsläufig, daß in fast allen Lernbereichen spezielle blindengemäße Lehr-, Lern- und Hilfsmittel verwendet werden müssen (vgl. HUDELMAYER 1975, S. 91).

Eines der ältesten didaktischen Probleme in der Blindenpädagogik stellt die Adaption des Mediums Schrift dar. Für den Blindenunterricht ist ein tastbares Schriftsystem unentbehrlich. Ältere Schriften für Blinde, die erhabene Druck- oder Schreibschriftbuchstaben verwenden, konnten sich nicht durchsetzen. Das heute weltweit

verbreitete System setzt sich aus tastbaren Punkten zusammen. Die 6-Punkte-Schrift kommt dem Tasten entgegen und eröffnet dem Blinden einen tastadäquaten Zugang zur Schrift. Dem Sehenden ist diese Schrift allerdings nicht unmittelbar zugänglich; er muß Blindenschrift erst dekodieren. Für die schriftliche Kommunikation mit Sehenden lernt der Blinde zusätzliche Techniken wie Schreibmaschine schreiben. Der blinde Schüler muß mehr Zeit aufwenden als der sehende und sieht sich höheren intellektuellen Anforderungen gegenüber, wenn er eine Schrift erlernen will, die ihm Zugang zu gedruckter Literatur ermöglicht (vgl. ERNST 1982, SEIBT 1981). Die großen Hoffnungen auf Medien, die sich zeitgemäßer Technologien, besonders der Elektronik, bedienen, scheinen sich nur teilweise zu erfüllen. Der Einsatz bildwandelnder und zeichenerkennender elektronischer Lesegeräte muß sorgfältig geplant werden, da diese zusätzliche Anforderungen an Lernkapazität und -zeit der blinden Schüler stellen.
Ebenso alt wie das Problem der Schrift ist das der Veranschaulichungsmittel im Blindenunterricht. Der Erfahrungsvermittlung aus erster Hand kommt ein erhöhter mediendidaktischer Stellenwert zu, da blinde Schüler im allgemeinen weniger informelle Sacherfahrung mitbringen als sehende und die Vermittlungsaufgaben häufig konkreter gelöst werden müssen als im Regelunterricht.
Veranschaulichungsmittel im Blindenunterricht müssen taktil-dreidimensionaler Art sein; die ganze Fülle zweidimensionaler Medien des Unterrichts in Regelschulen wie Bilder, Skizzen, Fotos, Dias, Filme, Videoaufzeichnungen entfällt damit. Quasi-dreidimensionale Veranschaulichungsmittel sind Darstellungen im Halbrelief, Flachrelief oder als Linienzeichnung, gegebenenfalls mit variierender Oberflächenqualität.
Die mediendidaktische Aufgabe bei der Vermittlung von Erfahrungen im Blindenunterricht besteht darin, mit Hilfe behinderungsgemäßer Veranschaulichungsmittel die Realerfahrung zu ergänzen und Realobjekte zu repräsentieren, die der Blinde taktil nicht erfassen kann, da sie zu klein, zu groß, zu komplex oder zu gefährlich sind. Es ist dabei unvermeidbar, daß durch blindengemäß adaptierte Medien andere als bei Sehenden übliche, mit einem Begriff verbundene Vorstellungen (Konnotationen) entstehen. Es muß sorgfältig darauf geachtet werden, daß die Sachbedeutung eines Begriffs (Denotation) abgesichert ist.
An diesem Punkt wird die Bedeutung der Sprache als wichtigstes Medium im Blindenunterricht deutlich. Sprache ist dem Blinden grundsätzlich zugänglich. Sie ist eine wesentliche Hilfe bei seiner Eingliederung in die Welt der Sehenden.
Ein Medium, das im Bereich der Mobilitätserziehung Blinder eine große Rolle spielt, ist der Langstock, der als Blindenhilfsmittel und anerkanntes Verkehrsschutzzeichen gilt. Der überlange, dünne weiße Stock signalisiert dem Blinden, der entsprechende Langstocktechniken erlernt hat, bestimmte Merkmale des Weges und schützt gleichzeitig den unteren und mittleren Körperbereich. Ziel des Langstocktrainings bei blinden Schülern ist die selbständige Teilnahme am Straßenverkehr. Voraussetzung dafür sind Kenntnis der Verkehrsregeln, adäquate Vorstellungen der Verkehrswirklichkeit und bestimmte sensorische und motorische Fähigkeiten.
Einzelheiten unterschiedlicher Verkehrssituationen müssen den Schülern in tastbaren Darstellungen zugänglich sein. Von besonderer Bedeutung sind dabei Darstellungsfolgen, die schrittweises Erarbeiten ermöglichen. Spezielle tastbare Materialien wie Übersichtspläne der Schulanlagen und Stadtpläne in kleinem Maßstab sind erforderlich. Falls ein Schüler über ein verwertbares Restsehvermögen verfügt, wird er zusätzlich im Umgang mit dem Monokular (Fernrohr mit nur einem Tu-

bus) geschult, das ihm den Erwerb optischer Informationen wie das Lesen von Straßenschildern oder von Busnummern ermöglicht.

Im *Unterricht bei Sehbehinderten* spielen spezielle Medien, die das Nahsehen erleichtern, eine zentrale Rolle. Sie werden im allgemeinen unter der Bezeichnung Lesehilfen zusammengefaßt. Als Voraussetzung wird angesehen, daß jeder Schüler, dessen Sehvermögen sich durch individuell angepaßte Sehhilfen (Brillen, Kontaktlinsen) bessern läßt, damit versorgt ist. Darüber hinaus können Schülern mit geringem, aber verwertbarem Sehrest verschiedene vergrößernde Linsensysteme als Lesehilfen angeboten werden, und zwar:

Lupen (Konvexgläser): Handlupen und Lesebänkchen gibt es in verschiedenen Ausführungen und mit unterschiedlichem Vergrößerungsfaktor – mit und ohne Beleuchtung.

Lupenbrillen und Bifokalbrillen (Konvexbrillen): Die starken Plusgläser der Lupenbrille vergrößern den Lesetext und ermöglichen die Annäherung des Textes an das Auge. Bei den Bifokalbrillen sitzt das Lupenglas im Nahteil der Gläser, der Fernteil enthält die für den Schüler ermittelte Brillenkorrektur. Mit dieser Brille kann sich der Schüler sowohl im Raum bewegen als auch mit Hilfe des stark vergrößernden Nahteils kleingedruckte Texte lesen.

Fernrohrbrillen und Prismenfernrohrbrillen: Mit einem in die Brille eingebauten Fernrohr läßt sich eine wesentlich stärkere Vergrößerung als mit der Lupenbrille erzielen.

Nachteile, die für alle diese vergrößernden Linsensysteme, besonders aber für die Fernrohrbrillen, genannt werden, liegen darin, daß der Abstand zwischen Auge und Text ziemlich genau eingehalten werden muß und daß mit Zunahme der benötigten Vergrößerung der Ausschnitt dessen, was man sehen kann, um so kleiner wird. Diese Nachteile schränken die Anwendungsmöglichkeiten bei jüngeren Kindern ganz allgemein und bei lesenlernenden Kindern im besonderen erheblich ein. Es ist eine wichtige Aufgabe des Sehbehindertenlehrers, im individuellen Fall dazu beizutragen, daß nicht nur die optometrisch richtige Lesehilfe gefunden wird, sondern auch die pädagogisch angemessene.

Eine stufenlose Vergrößerung bis zum Sechzigfachen des Originals gelingt mit dem elektronischen Bildschirmlesegerät, einem geschlossenen Fernsehsystem für hochgradig Sehbehinderte. Eine Fernsehkamera überträgt direkt das Bild – den auf einem verschiebbaren Lesetisch ruhenden Lesetext – auf einen Monitor. Der Text erscheint in der gewünschten Vergrößerung auf dem Bildschirm. Vorteilhaft ist, daß mit dem Stärkerwerden der Vergrößerung eine Zunahme des Kontrastes verbunden ist und daß blendempfindliche Leser durch Umschalten das positive Bild (schwarz auf weiß) in ein negatives (weiß auf schwarz) umwandeln können. Ein Nachteil liegt darin, daß das Gerät einen festen Standort benötigt (vgl. BLANKENAGEL 1976, S. 80 ff.).

Die Bedeutung des Bildschirmgeräts für die pädagogische Praxis zeichnet sich deutlich ab. Es zeigt sich, daß die lesetechnischen Komplikationen, die das Gerät verursacht, motivational aufgewogen werden durch den Vorteil für den Sehbehinderten, sich jederzeit selbständig aktuelle Informationen verschaffen zu können.

Neben der Bereitstellung optischer und elektronischer Medien ist es notwendig, Lese- und Arbeitstexte in einem dem Sehvermögen des einzelnen Schülers angepaßten Druck zur Verfügung zu stellen. Individuell angepaßte Drucke und Bilder müssen schulintern hergestellt und vervielfältigt werden können. Außerdem ist stärker liniertes und getöntes Schreibpapier anzubieten. Kontrastreiche Lehr- und Lernmittel sind in ausreichender Anzahl bereitzuhalten. Dabei müssen zweidimensionale Darstellungen häufig durch dreidimensionale ersetzt werden; zum Beispiel wird anstelle einer der gebräuchlichen Landkarten eine Reliefkarte verwendet. Es bedeutet eine Hilfe für den sehbehinderten Schüler, wenn sehr komplexe Darstellungen in aspektgebundene Einzeldarstellungen aufgelöst werden.

An die Raumausstattung für den Unterricht bei Sehbehinderten sind besondere Anforderungen zu stellen (vgl. RATH 1981, S. 57): Die Raumgröße soll trotz der niedrigeren Klassenfrequenz in Schulen für Sehbehinderte von durchschnittlich zehn Schülern die eines normalen Klassenraumes nicht unterschreiten; ein Gruppenraum ist erforderlich. Für eine günstige natürliche und künstliche Beleuchtung ist Sorge zu tragen; erstrebenswert erscheint eine Kombination von indirekter Raumausleuchtung und stufenlos verstellbarer, blendfreier Einzelplatzbeleuchtung. Eine Verdunklungsmöglichkeit muß für jeden Raum vorhanden sein. Als Mobiliar sollen spezielle neigungs- und höhenvariable Einzeltische, für ältere Schüler zusätzlich Schreibmaschinen- und Beistelltische aufgestellt werden. In naturwissenschaftlichen Arbeitsräumen ist eine Klassen-Fernsehanlage von Vorteil, damit der sehbehinderte Schüler von seinem Laborplatz aus am Monitor die vorgeführten Experimente verfolgen kann. Überdies gibt es spezielle, für Sehbehinderte adaptierte Arbeitsmittel im Labor.

BLANKENAGEL, A.: Moderne Lesehilfen: Optische und elektronische Hilfsgeräte für Sehbehinderte und Blinde. In: BUNDESVEREINIGUNG FÜR GESUNDHEITSERZIEHUNG e. V. (Hg.): Besser sehen – mehr vom Leben, Bonn-Bad Godesberg 1976, S. 79 ff.. BLEIDICK, U.: Sonderschule. In: Enzyklopädie Erziehungswissenschaft, Bd. 8, Stuttgart 1983, S. 270 ff. BREINER, H.: Erarbeitung der äußeren Seite der Sprache und kommunikative Hilfsmittel. In: JUSSEN, H./KRÖHNERT, O. (Hg.): Handbuch der Sonderpädagogik, Bd. 3: Pädagogik der Gehörlosen und Schwerhörigen, Berlin 1982, S. 141 ff. DOHMEN, G.: Medien(-Didaktik). In: WULF, CH. (Hg.): Wörterbuch der Erziehung, München 1974, S. 407 ff. ERNST, J.: Die deutsche Blindenkurzschrift – ein Medium für Experten? In: horus (1982), S. 5 f. FORCHHAMMER, G.: Absehen und Mundhandsystem. In: Bl. f. Taubstb. 36 (1923), S. 281 ff. GÖPFERT, E.: Die Stellung der Schriftform der Wortsprache im Sprachunterricht der eigentlichen, insbesondere der schwachbefähigten Taubstummen. In: Organ f. Taubstb. 43 (1897), S. 289 ff. HUDELMAYER, D.: Die Erziehung Blinder. In: DEUTSCHER BILDUNGSRAT (Hg.): Sonderpädagogik 5, Stuttgart 1975, S. 17 ff. KERN, E.: Theorie und Praxis eines ganzheitlichen Sprachunterrichts für das hörgeschädigte Kind, Freiburg 1958. KRÖHNERT, O.: Geschichte. In: JUSSEN, H./KRÖHNERT, O. (Hg.): Handbuch der Sonderpädagogik, Bd. 3: Pädagogik der Gehörlosen und Schwerhörigen, Berlin 1982, S. 47 ff. KRÜGER, M.: Sonderpädagogische Grundfragen: Der Personenkreis. In: JUSSEN, H./KRÖHNERT, O. (Hg.): Handbuch der Sonderpädagogik, Bd. 3: Pädagogik der Gehörlosen und Schwerhörigen, Berlin 1982, S. 3 ff. MERSI, F.: Sehbehindertendidaktik. In: KLUGE, K.-J. (Hg.): Einführung in die Sonderschuldidaktik, Darmstadt 1976, S. 184 ff. RATH, W.: Sehbehindertenpädagogik. In: BLEIDICK, U. u. a.: Einführung in die Behindertenpädagogik, Stuttgart/Berlin/Köln/Mainz ²1981, S. 34 ff. SCHULTE, K. u. a.: Akusto-vibratorische Kommunikationshilfe, Kettwig/Ruhr 1969. SEIBT, P.: Blindenkurzschrift – reformbedürftig? In: Z. f. d. Blinden- u. Sehbehindwes. 101 (1981), S. 86 ff.

B Dimensionen methodisch-medialen Handelns

Wolfgang Schulz/Michael Treder

Prinzipien der Erziehung und des Unterrichts

1 Definition
2 Differenzierung des Geltungsbereiches pädagogischer Prinzipien
2.1 Erziehungsprinzipien
2.2 Das dialogische Prinzip
2.3 Didaktische Prinzipien
3 Probleme des reflektierten Umganges mit Erziehungs- und Unterrichtsprinzipien
3.1 Zum theoretischen Status
3.2 Zum Zusammenhang der Prinzipien
3.3 Zum Praxisbezug

Zusammenfassung: Pädagogische Prinzipien sind oberste Kriterien für pädagogisches Handeln. In der Literatur finden sich vor allem Prinzipien, die sich auf pädagogische Handlungsfelder überhaupt beziehen, und solche, die als didaktische Prinzipien auf Unterricht bezogen werden. Die vorliegende Interpretation geht von Vorstellungen über pädagogische Prozesse aus, die als dialogisches Prinzip beschrieben werden können.
Der theoretische Status von pädagogischen Prinzipien als Leerformeln macht Aussagen über sie nicht zwangsläufig beliebig. Ihr Bezug zu Theorien, zur Struktur pädagogischer Felder, und die Auswertung von Erfahrungen mit ihnen hilft Zufälligkeiten bei der Formulierung von Prinzipien zu vermeiden und sichert Korrekturmöglichkeiten durch Rückkoppelung. Ansätze, die ganze Handlungsaufgabe von einem Katalog von Prinzipien steuern zu lassen, überzeugen noch nicht. Die Versuche, die wechselseitige Begrenzung der Prinzipien zu reflektieren, sind über die dialektische Aufhebung einzelner Gegensätze und die Forderung nach dynamischen Gleichgewichten zwischen einzelnen Prinzipien noch nicht hinausgelangt.

Summary: Pedagogical principles are the supreme criteria for pedagogical activity. In educational literature we find, primarily, principles which are related to fields of pedagogical activity in general and others which, as didactical principles, are related to teaching in particular. This present interpretation starts from ideas on pedagogical processes which can be described as the dialogue principle.
The theoretical status of pedagogical principles as empty formulae does not necessarily render comments on them arbitrary. Their relations to theories, to the structure of pedagogical fields, and the evaluation of experiences with them helps to avoid randomness in the formulation of principles and ensures possibilities for correction via feedback. Suggestions that propose having the entire task of pedagogical action governed by a catalogue of principles remain unconvincing. Attempts to reflect the mutual limitation of principles have not progressed beyond the dialectic suspension of individual contradictions and the demand for dynamic equilibria.

Résumé: Les principes pédagogiques sont les critères les plus importants de l'action pédagogique. Dans la littérature de référence, on trouve surtout des principes qui se

Wolfgang Schulz/ Michael Treder

référent à des champs d'action pédagogique et d'autres qui, en tant que principes didactiques, se réfèrent à la pratique de l'enseignement. La présente interprétation part de considérations sur des processus pédagogiques qui peuvent être décrits comme principe de dialogue.
Le statut théorique de principes pédagogiques en tant que formules vides ne rend pas les déclarations sur ces principes forcément facultatives. Leur rapport à des théories, à la structure de champs pédagogiques, et l'exploitation d'expériences avec eux, aide à éviter les hasards lors de la formulation de principes et assure des possibilités de correction par recoupement. Des points de départ, tendant à faire dépendre toute la tâche d'action d'un catalogue de principes ne sont pas encore convaincants. Les essais réalisés pour refléter la limitation réciproque des principes n'ont pas dépassé la suppression dialectique de quelques antinomies et l'exigence d'équilibrages dynamiques entre chacun des principes.

1 Definition

Unter pädagogischen Prinzipien sind oberste Orientierungspunkte von Handelnden in pädagogischen Situationen zu verstehen, Handlungsmaximen, die in einem definierten Umfang für jede konkrete Situation, in der pädagogischen Alltagspraxis wie in der Erziehungswissenschaft als gesellschaftlicher Praxis, fortwährende Geltung beanspruchen (vgl. LANDWEHR 1980, S. 218). Der Umfang des situationsübergreifenden Geltungsanspruches wird allerdings durchaus unterschiedlich definiert.

2 Differenzierung des Geltungsbereiches pädagogischer Prinzipien

2.1 Erziehungsprinzipien

Für Mühlmeyer gibt es im Anschluß vor allem an BALLAUF (vgl. 1970) eigentlich nur ein oberstes Prinzip der Pädagogik, „das Prinzip des Menschseins des Menschen inmitten von Welt in ihrer konkreten (sozialen, politischen, ökonomischen) Gestalt" (MÜHLMEYER 1971, S. 345). Aus der Herausforderung der offenen Welt für jeden Menschen und der Möglichkeit eines jeden, sich durch die handelnde Auseinandersetzung mit ihr zu bestimmen, seien Erziehungsnotwendigkeit, Erziehbarkeit und Erziehungsfähigkeit gleichermaßen gegeben, mit anderen Worten: die Bildungsprinzipien Bildsamkeit, Ansprechbarkeit, Angemessenheit (Sach- und Kindgemäßheit), Relativität, Universalität, Totalität, Autorität, Freiheit, Spontaneität, Individualität und Sozialität.
Auch FLITNER (vgl. 1961, S. 142 ff.) bezieht sich auf das Gesamt der pädagogischen Handlungsfelder, gebraucht den Begriff Prinzip aber nur im Zusammenhang mit methodischen Aussagen. Er zeigt, daß der Rückgriff auf die Naturgemäßheit als oberstes Prinzip, wie er für Rousseau, Pestalozzi und Fröbel charakteristisch gewesen sei, wegen der zunehmenden Unschärfe der Vorstellung vom Natürlichen nicht mehr gelingen könne. Für FLITNER (vgl. 1961, S. 143 ff.) konkretisiert sich die darüber hinausführende ältere Diskussion in zwei „methodischen Hauptsätzen", der Forderung nach „Bindung an die Bildsamkeit" der zu Erziehenden (FLITNER 1961, S. 143) und der Forderung nach der „Echtheit des Erziehungsprozesses" (FLITNER 1961, S. 146), denen er jeweils Einzelforderungen zuordnet.
Zur Bindung an die Bildsamkeit gehören für ihn beispielsweise die Forderungen nach „Anknüpfung an das Interesse des Kindes" und die „Herauslösung des Ele-

mentaren aus dem Komplexen" zur „Isolierung der Schwierigkeiten" (FLITNER 1961, S. 144f.). Zur Echtheit des Bildungsprozesses gehört für ihn unter anderem, die „Hilfsbedürftigkeit möglichst zu reduzieren und die Kräfte des Kindes zur Selbsthilfe zu bilden" (FLITNER 1961, S. 147), sowie der Verzicht auf die Herauslösung des Kindes aus seiner Umwelt; es soll in dieser Welt für sie erzogen werden. Er geht aber über diese von ihm historisch distanziert berichteten Einsichten hinaus, indem er die methodischen Prinzipien nach Erziehungsbereichen zu differenzieren versucht (FLITNER 1961, S. 153ff.): nach der „Hinführung zum Glauben", der „Erziehung in den Sitten" und der „Einführung in das geistige Verstehen und Können".
Nicht speziell um die Prinzipien pädagogischen Handelns geht es RÜLCKER/ RÜLCKER (vgl. 1978), sondern um die Prinzipien moralischen Handelns überhaupt, die Schullehrer in einer offenen Gesellschaft als Bestandteil einer demokratischen Ethik lehren sollen und um ihrer eigenen Glaubwürdigkeit willen auch selbst darleben müssen. Besonders wegen dieser letzteren Bedeutung, aber auch wegen des daran exemplarisch sichtbar werdenden Zusammenhanges zwischen Zielen und Methoden pädagogischen Handelns wird hier auf sie eingegangen. RÜLCKER/ RÜLCKER (vgl. 1978, S. 111f.) sehen die Schule einer pluralistischen Gesellschaft außerstande, verbindliche Normen für konkrete Entscheidungssituationen zu lehren; sie könne nur an den Stand der Diskussion, an die rationale Prüfung und an die Tolerierung von Normen heranführen. Was Schule könne, sei die Vermittlung von „Prinzipien, nach denen Normen – [auch schulische Normen; Zusatz: W.S.] – legitimiert, geprüft und beurteilt werden können" (RÜLCKER/RÜLCKER 1978, S. 112). Diese Prinzipien seien historisch in verschiedenen Bereichen gesellschaftlichen Lebens entwickelt worden und dort am ehesten bedeutsam, ohne prinzipiell auf sie beschränkt zu sein. Der im Anschluß wohl vor allem an H. ROTH (vgl. 1966/1971) entwickelte Ansatz soll einer Konkretisierung und damit Präzisierung dienen, der den Prinzipien eine nur mittlere Allgemeinheit gegenüber umfassenden Imperativen (wie Kants Kategorischem Imperativ) und situationsbezogenen Normen sichern soll (vgl. RÜLCKER/RÜLCKER 1978, S. 114f.). Die Autoren nennen als die großen Bereiche, in denen Handlungsorientierungen entwickelt werden und erworben werden müssen, das Leben in kleinen, intimen Gruppen wie Familie, Freundschaft, Partnerschaft, das Leben in Arbeit und Beruf (für Schüler in der Schule) und das Leben in der Gesellschaft als ganzer. Innerhalb dieser Bereiche unterscheiden die Autoren wieder einen institutionellen, einen kommunikativen (zwischenmenschlichen) und einen politischen Aspekt.
Die Prinzipien, die die Autoren dem Kleingruppenbereich schwerpunktmäßig zuordnen, sind: das Prinzip der Sittlichkeit im Sinne der Akzeptierung bestimmter Sitten, das Prinzip der Selbstbestimmung in der Interpretation der Sitten und Gebräuche (vgl. RÜLCKER/RÜLCKER 1978, S. 115f.). – Dem Bereich Arbeit/Beruf werden schwerpunktmäßig zugeordnet: die Prinzipien von Ordnung und Leistungsbereitschaft, von Kooperation und Fairneß, das Prinzip der Solidarität (vgl. RÜLCKER/ RÜLCKER 1978, S. 117f.). Dem Handlungsbereich Gesellschaft ordnen Rülcker/Rülcker vorwiegend zu: die Prinzipien der Kultiviertheit, des Gebens und Nehmens, der Freiheit und Gleichheit, insbesondere dem staatlichen Teilbereich die Prinzipien der Legalität, der Gerechtigkeit und der Toleranz (vgl. RÜLCKER/ RÜLCKER 1978, S. 119f.). Da die Autoren diese Prinzipien entsprechend ihrer Auffassung von demokratischer Ethik sowohl als Geltung beanspruchende als auch als kritisierbare und veränderbare Handlungsorientierungen lehren wollen, sehen sie sich genötigt, für neue „didaktische Grundlinien" (= Prinzipien; Zusatz: W.S.) (RÜLCKER/RÜLCKER 1978, S. 134) einzutreten, die Schülern ein echtes Mithandeln,

Wolfgang Schulz/ Michael Treder

Mitentscheiden und Mitverantworten in der Schule ermöglichen und sie ermutigen, die institutionellen Grenzen, die dem gesetzt sind, zu diskutieren (vgl. RÜLCKER/RÜLCKER 1978, S. 153 ff.). Diese Aufgabe ist von anderen Autoren auf verschiedenen Reflexionsebenen deutlicher als „dialogisches Prinzip" in Erziehung und Unterricht entfaltet worden (vgl. BUBER 1954, MARTENS 1979, MOLLENHAUER 1972, SCHEUERL 1966, SCHULZ 1981, WUNDERLICH 1969).

2.2 Das dialogische Prinzip

Heute wird prinzipiell dialogische Erziehung entworfen, indem sie am aufklärerischen Menschen- und Gesellschaftsbild unter den Perspektiven kritischer Erziehungswissenschaft orientiert wird (vgl. einführend MOLLENHAUER 1972, STEIN 1980). Prinzipiell dialogisches pädagogisches Handeln ist als eine Kommunikationsform zu verstehen, die sich an dem Maßstab orientiert, die bestmögliche Unterstützung der beteiligten educandi für ihre Hervorbringung als kompetente und solidarische Handlungssubjekte anzubieten. Die Glaubwürdigkeit dieses Dialogs wird gefährdet, wenn strukturelle Asymmetrien in pädagogischen Institutionen darin idealisierend vernachlässigt werden; statt dessen fordert das Prinzip die Offenlegung der Konstitutionsbedingungen des Dialogs und die Ermöglichung wenigstens einer symmetrischen Chance aller Beteiligten, kontroverse Informationen und Positionen einzubringen. Dies ermöglicht pädagogische Prozesse, in denen demokratische Handlungsweisen als selbstverständliche Form *sozialen Handelns* (vgl. HABERMAS 1981) praktiziert und reflektiert werden können. Aufgabe der Pädagogen ist es, bei den Beteiligten die Voraussetzungen für eine solche Interaktion zu schaffen, die Entfaltung der Fähigkeiten dazu vorlebend und argumentativ zu fördern, um die Perspektive des aufrechten Ganges (vgl. BLOCH 1959) dahinter erfahrbar und diskussionsfähig zu machen.

So hätte sich ein prinzipiell dialogischer Unterricht auszuzeichnen durch eine Verständigung aller Beteiligten über die Bedingungen des Lehr-/Lernprozesses, über den Handlungsspielraum und die Interessen der Beteiligten, über die Planung der Ziele, der Verfahren und der Erfolgskontrolle der Beteiligten (vgl. SCHULZ 1981), eine Verständigung über den Ausgleich zwischen Sachansprüchen, individuellen und Gruppenansprüchen (vgl. COHN 1978), in Interaktionen, die vom Bemühen um Rollendistanz, Ambiguitätstoleranz und Empathie geprägt sind (vgl. KRAPPMANN 1971), eine Verständigung über die Analyse der Planungs- und Realisierungsvorgänge, die selbstverständlich auch die Handlungen der Lehrkräfte in gleicher Weise einbezieht.

Die Vertreter des prinzipiell dialogischen Unterrichts betonen, daß die von ihnen angestrebte Wandlung der Schülerrolle von der eines Handlungsobjektes in die eines Handlungssubjektes keine Minderung der Bedeutung der Lehrenden zur Folge hat, sondern allerdings eine qualitative Neubestimmung ihrer Rolle: Als „professional" eines prinzipiell dialogischen Unterrichts muß die Lehrerin/der Lehrer in der Lage sein, in Aushandlungsprozessen über das unterrichtlich zu Leistende die grundlegenden Informationen, Sachverhalte, Problemlagen, Quellen und institutionellen Bedingungen so transparent zu präsentieren, daß der Lerngruppe die Mitbestimmung des Prozesses möglich wird. Zu diesem professionellen Selbstverständnis gehört, daß Zielsetzung der Lehrkräfte nicht die Übernahme der von ihnen vertretenen Positionen und Konzepte durch die Schüler ist, sondern die Befähigung, mit eigenen und fremden Vorschlägen kompetent, autonom und solidarisch lernend umzugehen.

Dialogischer Unterricht wird nur dann emanzipatorisch relevant, wenn er unter Offenlegung der Bedingungen seines Stattfindens im Handlungsfeld realisiert wird. Insofern ist der dialogische Unterricht auch als ein Vorgriff auf eine Lebensform zu sehen, die die ideale Kommunikationssituation vorwegnimmt und dabei auf den *Diskurs* (vgl. HABERMAS 1971, S. 101 ff.) verweist. Damit ist das Prinzip eines dialogischen Unterrichts auch gegenüber dem neoideeistischen Postulat des *herrschaftsfreien Dialoges* im *antipädagogischen* Diskussionszusammenhang (vgl. V. BRAUNMÜHL 1977, S. 19 ff.) als eine um die kritische Dimension des von Habermas skizzierten *Diskurses* verkürzte Kommunikationsform klar abgrenzbar.

2.3 Didaktische Prinzipien

Als didaktische Prinzipien werden hier solche prinzipiellen pädagogischen Forderungen bezeichnet, die sich ausdrücklich und ausschließlich auf Unterricht beziehen. In keinem Bereich der pädagogischen Praxis und pädagogischen Reflexion auf sie hat das Formulieren von Prinzipien bisher eine größere Rolle gespielt als in Unterrichtspraxis und -theorie, wenn diese Forderungen auch nicht immer ausdrücklich Prinzipien genannt worden sind. Dies ist nicht zuletzt auf die Verbreitung und das gesellschaftliche Gewicht der Schulbildung und ihrer Agenten, der Lehrerschaft, zurückzuführen. Comenius' Forderung, alle alles zu lehren, und zwar von Grund auf, vom (religiös interpretierten) Ganzen her – omnia omnes omnino –, ist ebenso als Unterrichtsprinzip interpretierbar wie Pestalozzis Lehre von der Anschauung als Fundament aller Erkenntnis. Diesterweg hat seine Prinzipien bereits systematisch zu ordnen versucht (vgl. DIESTERWEG 1962). Maßgebende Didaktiker der jüngeren Vergangenheit haben sich an der Erörterung des exemplarischen Prinzips beteiligt (vgl. KLAFKI 1959, SCHEUERL 1958, WAGENSCHEIN o.J.).
Für praktizierende Lehrerinnen und Lehrer haben didaktische Prinzipien offenbar die Funktion, in ihrem außerordentlich komplexen Handlungsfeld mit einer übersehbaren Menge von durchgehenden Orientierungspunkten arbeiten zu können. Dafür sprechen beispielsweise die Rückfragen der Lehrer in der DDR, die nach einer sehr detaillierten, zentralen, alle Grundentscheidungen vorwegnehmenden Lehrplaninterpretation die Darstellung der Handlungsprinzipien vermißten (vgl. KLEIN 1976, S. 17); dafür sprechen die Versuche von Theoretikern nach der Zeit der Lehrplaneuphorie, während der die Prinzipien in repräsentativen erziehungswissenschaftlichen Nachschlagewerken nicht auftauchen (vgl. ROMBACH 1977, L. ROTH 1976, WULF 1974), wesentliche Erträge der Curriculumdiskussion in der Form von didaktischen Prinzipien darzustellen (vgl. WÖHLER 1979). Daß in diesen Prinzipien nicht nur gewonnenes Erfahrungswissen konzentriert wird – gewissermaßen Theoriebildung ersten Grades nach WENIGER (vgl. 1952) –, sondern gerade auch theoriegeleitete Erkenntnis in Handlungsimperative umgesetzt wird, wird sowohl in der Entwicklung beziehungsweise Neufassung einzelner didaktischer Handlungsorientierungen sichtbar als auch in den Akzentuierungen und Auslassungen in Prinzipienkatalogen:
So ist in der Darstellung des Prinzips der Mehrperspektivität von NESTLE (vgl. 1979) das philosophisch-strukturalistische Konzept der Reutlinger CIEL-ARBEITSGRUPPE (vgl. 1974) erkennbar; in der Darstellung des Prinzips der Situationsbezogenheit von DOLLASE (vgl. 1979) ist die Herkunft aus dem situativen Curriculumansatz der Münchener Arbeitsgruppe Curriculum und Vorschulerziehung um HEMMER/ZIMMER (vgl. 1975) und die Auseinandersetzung mit konkurrierenden Positionen enthalten. Das Prinzip der Einheit von Wissenschaftlichkeit, Parteilichkeit und

Lebensverbundenheit, das BEHRENDT (vgl. 1976, S. 68) für den Unterricht in den Schulen der DDR formuliert, ist ohne seine Herleitung aus marxistisch-leninistischem Theorieverständnis nicht denkbar.
Als Beispiele für die Interpretation der unterrichtlichen Realität durch geschichtliche und auffassungsmäßige Akzentuierungen in Kriterienkatalogen seien hier der Prinzipienkatalog von HUBER (vgl. 1954) und die Prinzipiensammlung von WÖHLER u. a. (vgl. 1979) aufgeführt. Zugleich soll durch vollständige Nennung der jeweils behandelten Prinzipien eine detaillierte Vorstellung solcher Ordnungen von Handlungsorientierungen gegeben werden: HUBER nennt die Prinzipien (1954, S. 55 ff.): „Grundsatz der Entsprechung" (Angemessenheit), „Grundsatz der Entwicklungsgemäßheit", „Grundsatz der Individualisierung", „Grundsatz der Gemeinschaftsbezogenheit", „Grundsatz der Ganzheit", „Grundsatz der Heimatbezogenheit", „Grundsatz der Weltoffenheit", „Grundsatz der Wertentscheidung", „Grundsatz der Toleranz", „Grundsatz der Lebens- und Gegenwartsnähe" (Aktualitätsprinzip), „Grundsatz der Anschaulichkeit" (Anschauungsprinzip), „Grundsatz der Selbsttätigkeit" (Arbeitsprinzip), „Grundsatz der Erfolgssicherung" (Leistungsprinzip), „Grundsatz der Innerlichkeit". – Offenbar fehlt hier ein Prinzip, das den Unterricht an den Fragestellungen, Ergebnissen und Methoden der Wissenschaften, Techniken und Künste orientiert und auf die von diesen vorinterpretierte Eigengesetzlichkeit der Unterrichtsgegenstände aufmerksam macht. Statt dessen bezieht sich diese allgemeine Unterrichtslehre auf eine „volkstümliche Bildung" (HUBER 1954, S. 91 f.), die den Volksschülern die Wissenschaftsorientierung bewußt vorenthält.
Eben jene wissenschaftliche Orientierung, mehr noch eine philosophische Grundlegung wissenschaftsorientierten Handelns, dominiert in der bereits genannten Prinzipiensammlung von WÖHLER und seinen im folgenden genannten Mitarbeitern (vgl. 1979): HEILAND (vgl. 1979, S. 26 ff.) beschreibt in diesem Sammelband „das didaktische Prinzip der Wissenschaftsorientierung", ANTENBRINK (vgl. 1979, S. 44 ff.) „das Prinzip des Verstehens von Lehrstoffstrukturen". Der Atomisierung des Wissens über die wissenschaftlich vorinterpretierte Welt sollen entgegenwirken die Prinzipien „des beziehungsvollen Lernens" (vgl. SPRECKELSEN 1979, S. 57 ff.), „des fächerübergreifenden Unterrichts" (vgl. HILLER-KETTERER/SCHOLZE 1979, S. 85 ff.), „der Mehrspektivität" (vgl. NESTLE 1979, S. 111 ff.): Die Schülerperspektive kommt, nur vermittelt durch interpretierende Professionelle und nicht als eigenständiges Prinzip, sondern nur als Aspekt des „beziehungsvollen Lernens" (SPRECKELSEN 1979, S. 57 ff.) und des „Prinzips der Situationsbezogenheit" (vgl. DOLLASE 1979, S. 130 ff.), zu begrenzter Geltung; ein deutlicher Akzent liegt auf der systemtheoretischen Betrachtungsweise der Ziel- und der Wegbestimmung in der Unterrichtsplanung. Man vergleiche die Beiträge von KAISER (1979, S. 150 ff.): „Das Prinzip der Systemorientiertheit"; von DÖRR (1979, S. 172 ff.): „Antizipation – ein didaktisches Prinzip?"; von OGGEL/REINERT (1979, S. 172): „Prinzipien funktionaler Unterrichtsplanung" und von WÖHLER (1979, S. 219): „Das Prinzip der Zielorientiertheit".

3 Probleme des reflektierten Umganges mit Erziehungs- und Unterrichtsprinzipien

3.1 Zum theoretischen Status

Am höchsten siedelt LANDWEHR (vgl. 1980) die pädagogischen Prinzipien an. Er setzt sie gleich mit obersten allgemeinen Erziehungszielen; denn was seien allgemeine Erziehungsziele anderes als praktische Prinzipien: „Kritikfähigkeit", „Fähig-

keit zur Sachlichkeit". Fähigkeit zur Toleranz als allgemeines Erziehungsziel aufzustellen heiße nichts anderes, als zu fordern: „Sei kritisch!", „Sei sachlich!", „Sei tolerant!" (LANDWEHR 1980, S. 128 f.). - KLEIN (1976, S. 24) unterscheidet dagegen zwischen „Grundpositionen sozialistischer Bildungs- bzw. Schulpolitik und Pädagogik" und Prinzipien, die diesen untergeordnet sind. „In einem weiterentwickelten System didaktischer Prinzipien müssen sich durchgängig diese Grundpositionen widerspiegeln" (KLEIN 1976, S. 25). - Diese Formulierung weist darauf hin, daß Prinzipiendenker sich ihre theoretischen Grundlagen nicht immer bewußt machen. WÖHLERS (vgl. 1979) Vorstellung ist in diesem Punkt der von KLEIN (1976, S. 23) näher: Dem Prinzip „Der Lehrer soll der Eigenart des Schülers gerecht werden!" läge eine Theorie der Individualität zugrunde, die besage, daß sich Individuen auf der Grundlage ihrer qualitativen Eigenart und Einzigartigkeit verwirklichen. Die realanalytische Aussage dieser Theorie besage: „Wenn ein Schüler gemäß seiner Eigenart und Einzigartigkeit lernt, dann verwirklicht er sich ‚individuell'." - Über die Wege und Mittel, mit deren Hilfe Lehrer und Erzieher „der Eigenart des Schülers" am besten gerecht werden können, ist damit natürlich noch nichts gesagt. Immer wieder haben gerade unterrichtstechnologisch orientierte Didaktiker darauf hingewiesen, daß derart allgemeine Forderungen zu wenige Alternativen ausschließen (vgl. MÖLLER 1969, S. 50) und damit zu viele Alternativen zulassen (vgl. TREML 1972, S. 48; vgl. MEYER 1974, S. 37). So spricht LANDWEHR (1980, S. 214) pädagogischen Prinzipien den „methodischen Status von Leerformeln" zu.
Da Leerformeln wegen ihres mangelnden empirisch-konkreten Gehaltes keine unmittelbare Handlungssteuerung in aktuellen Situationen leisten können, kommen sie besonders bei Anhängern operationalisierter Lehr-/Lernziele leicht in den Verdacht, beliebig und damit überflüssig zu sein. Demgegenüber stellt LANDWEHR (1980, S. 210) mit Recht fest, daß „die übergreifenden Erziehungsziele - bewußt oder unbewußt - das eigentliche Fundament der Erziehungspraxis bilden". Deshalb geht es darum, ihr Verhältnis zu konkreten Entscheidungen unter die Kontrolle der pädagogischen Reflexion zu bekommen. Gerade wer die Geschichtlichkeit, die Individualität erzieherischer und unterrichtlicher Situationen erkannt hat, wird von übergreifenden Zielsetzungen keine unmittelbaren Entscheidungsentlastungen erwarten, sondern sie nutzen als - ebenfalls geschichtliche, also auf ihre aktuelle Gültigkeit zu prüfende - Kriterien für die Entscheidungen in pädagogischen Handlungsfeldern. Diese Kriterien werden durch ihre Bindung an die vollständige Struktur pädagogischer Handlungsfelder und an die fachliche Diskussion der Beliebigkeit entrückt. Die Angewiesenheit der Prinzipien auf ihre Interpretation in konkreten Situationen legitimiert den Handlungsspielraum, der den erzieherisch und unterrichtlich Handelnden gegenüber allen determinierenden Bedingungen gewährt werden muß, wenn Pädagogik gelingen soll.

3.2 Zum Zusammenhang der Prinzipien

Im vorangegangenen Abschnitt ist bereits ein Problem angedeutet worden, das in der bisherigen Prinzipiendiskussion nicht genügend erkannt, viel weniger gelöst worden ist: Wenn pädagogisches Handeln von Prinzipien angeleitet werden soll, dann müssen diese Prinzipien das Ganze der Handlungsaufgabe abdecken, damit das Handeln nicht durch Vergessen von Teilaufgaben falsch wird; mit der Annahme von mehreren Handlungsmaximen ist aber auch das Problem ihres Verhältnisses zueinander, der Einschränkung ihrer Geltung, ihrer möglichen Unvereinbarkeit, gegeben.

Die Sicherung der Vollständigkeit des Kataloges wird, wo immer sie zu erreichen versucht wurde, wie bei DIESTERWEG (vgl. 1962) und bei der DDR-Pädagogin DREWS (vgl. 1976) durch Orientierung des Prinzipienkataloges an der Struktur erzieherischer und unterrichtlicher Felder gelöst. DREWS (vgl. 1976, S. 178 ff.) nennt als „konstitutive Elemente des Unterrichtsprozesses": das Ziel; den Unterrichtsstoff; den Schüler und das Schülerkollektiv; die konkreten Bedingungen; den Lehrer, seine eigene Tätigkeit und sein Verhalten. Allerdings schränkt sie diesen Ordnungsversuch in zweierlei Weise ein: Es handle sich um eine Ordnung „aus der Sicht des Lehrers" (DREWS 1976, S. 166); sie bleibe angewiesen auf ihre Plausibilität für Lehrer (vgl. DREWS 1976, S. 176). KLEIN (vgl. 1972, 1976) hat den Prinzipienkatalog der DDR-Didaktik auf Vollständigkeit durch Befragung von erfolgreichen Lehrern der DDR geprüft, hält aber auch eine Prüfung an den obersten Zielen für erforderlich.

Das Verhältnis der einzelnen Prinzipien zueinander ist bisher, wenn überhaupt, dann begrenzt auf zwei Prinzipien, behandelt worden. Am bekanntesten ist wohl die Abhandlung LITTS geworden, die die Spannung zwischen den Prinzipien „Führen oder Wachsenlassen?" (1949) dialektisch zu lösen versucht. Im schon genannten Prinzipienkatalog von HUBER (vgl. 1954) werden das Prinzip der Wertentscheidung und das der Toleranz sozusagen als zwei Seiten einer Medaille dargestellt. Eine nur scheinbar dialektische Auflösung von Gegensatzpaaren durch Herunterspielen ihres Spannungsverhältnisses ist bei einigen Didaktikern der DDR zu finden (vgl. BEHRENDT 1976, S. 74 ff.; vgl. BERGE 1976, S. 127 ff.; vgl. RADTKE 1976, S. 108 ff.).

3.3 Zum Praxisbezug

Das pädagogische Handeln nach Prinzipien kann insofern eine theoretische Fundierung und eine Entlastung bedeuten, als es gelingt, die Praktizierenden zu Mitwissern und zu Beurteilern der theoretischen Implikationen der Prinzipien und Prinzipienkataloge zu machen und ihnen zugleich eine auch unter Handlungsdruck übersehbare, befolgbare Orientierung zu bieten, die sie als handelnde Menschen nicht entmündigt und die der Geschichtlichkeit pädagogischer Situationen Rechnung trägt.

Andererseits entsteht für die pädagogisch Handelnden durch die dargestellte Unvollkommenheit der vorhandenen Prinzipienkataloge und durch die Notwendigkeit, an ihrer Überprüfung teilzunehmen sowie sich angesichts ihrer allgemeinen Forderungen in jeder Situation neu zu entscheiden, wieder ein ähnlicher Handlungsdruck wie beim Handeln nach anderen pädagogisch-didaktischen Handlungskonzepten. In pädagogischen Interaktionen, die prinzipiell als Dialog unter der Perspektive der Mündigkeit aufgefaßt werden, bedürfte auch das Handeln nach Prinzipien der Offenlegung und der wachsenden Mitbestimmung aller Teilnehmer, um den Anspruch demokratischer Erziehung zu erfüllen.

ANTENBRINK, H.: Das Prinzip des Verstehens von Lehrstoffinhalten. In: WÖHLER, K. (Hg.): Didaktische Prinzipien, Begründung und praktische Bedeutung, München 1979, S. 44 ff. AREGGER, K. u. a. (Hg.): Bedingungen didaktischen Handelns, Kiel 1980. BALLAUFF, Th.: Systematische Pädagogik, Heidelberg ³1970. BEHRENDT, D.: Prinzip der Einheit von Wissenschaftlichkeit, Parteilichkeit und Lebensverbundenheit. In: DREWS, U. u. a.: Didaktische Prinzipien, Berlin (DDR) 1976, S. 74 ff. BERGE, M.: Prinzip der Einheitlichkeit und Differenzierung. In: DREWS, U. u. a.: Didaktische Prinzipien, Berlin (DDR) 1976, S. 127 ff. BLOCH, E.: Das

Prinzip Hoffnung, Frankfurt/M. 1959. BRAUNMÜHL, E. v.: Das Kind in der Familie. In: BRAUNMÜHL, E. V. u. a.: Die Gleichberechtigung des Kindes, Frankfurt/M. 1977, S. 11 ff. BUBER, M.: Die Schriften über das dialogische Prinzip, Heidelberg 1954. CIEL – ARBEITSGRUPPE REUTLINGEN: Stücke zu einem mehrperspektivischen Unterricht, Stuttgart 1974. COHN, R. C.: Von der Psychoanalyse zur themenzentrierten Interaktion, Stuttgart ⁴1978. DIESTERWEG, F. A. W.: Wegweisung und Bildung für deutsche Lehrer und andere didaktische Schriften. Ausgewählt und eingeleitet von F. Hofmann, Berlin (DDR) 1962. DOLLASE, R.: Das Prinzip der Situationsbezogenheit. In: WÖHLER, K. (Hg.): Didaktische Prinzipien, Begründung und praktische Bedeutung, München 1979, S. 130 ff. DÖRR, F.: Antizipation – ein didaktisches Prinzip? In: WÖHLER, K. (Hg.): Didaktische Prinzipien, Begründung und praktische Bedeutung, München 1979, S. 172 ff. DREWS, U. u. a.: Didaktische Prinzipien. Standpunkte, Diskussionsprobleme, Lösungsvorschläge, Berlin (DDR) 1976. FLITNER, W.: Allgemeine Pädagogik, Stuttgart ⁷1961. HABERMAS, J.: Vorbereitende Bemerkungen zu einer Theorie der kommunikativen Kompetenz. In: HABERMAS, J./LUHMANN, N.: Theorie der Gesellschaft oder Sozialtechnologie – Was leistet die Systemforschung? Frankfurt/M. 1971, S. 101 ff. HABERMAS, J.: Theorie des kommunikativen Handelns, 2 Bde., Frankfurt/M. 1981. HEILAND, H.: Das didaktische Prinzip der Wissenschaftsorientierung. In: WÖHLER, K. (Hg.): Didaktische Prinzipien, Begründung und praktische Bedeutung, München 1979, S. 26 ff. HEMMER, K. P./ZIMMER, J.: Der Bezug zu Lebenssituationen in der didaktischen Diskussion. In: FREY, K. (Hg.): Curriculum-Handbuch, Bd. 2, München/Zürich 1975, S. 188 ff. HILLER-KETTERER, T./SCHOLZE, O.: Fächerübergreifender Unterricht als didaktisches Prinzip. In: WÖHLER, K. (Hg.): Didaktische Prinzipien, Begründung und praktische Bedeutung, München 1979, S. 85 ff. HUBER, F.: Allgemeine Unterrichtslehre im Abriß, Bad Heilbrunn ⁴1954. KAISER, F.-J.: Das Prinzip der Systemorientiertheit. In: WÖHLER, K. (Hg.): Didaktische Prinzipien, Begründung und praktische Bedeutung, München 1979, S. 150 ff. KLAFKI, W.: Das pädagogische Problem des Elementaren und die Theorie der Kategorialen Bildung, Weinheim 1959. KLEIN, H.: Zur Funktion und zur Weiterentwicklung eines Systems didaktischer Prinzipien. In: P. (1972), S. 309 ff. KLEIN, H.: Wesen und Bedeutung der didaktischen Prinzipien und die Notwendigkeit ihrer Weiterentwicklung. In: DREWS, U. u. a.: Didaktische Prinzipien, Berlin (DDR) 1976, S. 15 ff. KRAPPMANN, L.: Soziologische Dimensionen der Identität, Stuttgart 1971. LANDWEHR, N.: Allgemeine Erziehungsziele als praktische Prinzipien. In AREGGER, K. u. a. (Hg.): Bedingungen didaktischen Handelns, Kiel 1980, S. 210 ff. LITT, TH.: Führen oder Wachsenlassen? Stuttgart ⁴1949. MARTENS, E.: Dialogisch-pragmatische Philosophiedidaktik, Hannover 1979. MEYER, H.: Trainingsprogramm zur Lernzielanalyse, Frankfurt/M. 1974. MOLLENHAUER, K.: Theorien zum Erziehungsprozeß, München 1972. MÖLLER, CH.: Technik der Lehrplanung, Weinheim/Basel 1969. MÜHLMEYER, H.: Prinzipien und Maßgaben der Erziehung. In: ROMBACH, H. (Hg.): Lexikon der Pädagogik, Bd. 3, Freiburg/Basel/Wien 1971, S. 345 ff. NESTLE, W.: Das Problem der Mehrperspektivität. In: WÖHLER, K. (Hg.): Didaktische Prinzipien. Begründung und praktische Bedeutung, München 1979, S. 111 ff. OGGEL, R./REINERT, G.-B.: Prinzipien funktionaler Unterrichtsplanung. In: WÖHLER, K. (Hg.): Didaktische Prinzipien, Begründung und praktische Bedeutung, München 1979, S. 187 ff. RADTKE, W.: Prinzip der Einheit von Konkretem und Abstraktem. In: DREWS, U. u. a.: Didaktische Prinzipien, Berlin (DDR) 1976, S. 108 ff. ROMBACH, H. (Hg.): Lexikon der Pädagogik, 4 Bde., Freiburg/Basel/Wien 1970/1971. ROMBACH, H. (Hg.): Wörterbuch der Pädagogik, 3 Bde., Freiburg 1977. ROTH, H.: Pädagogische Anthropologie, 2 Bde., Hannover 1966/1971. ROTH, L. (Hg.): Handlexikon zur Erziehungswissenschaft, München 1976. RÜLCKER, CH./RÜLCKER, T.: Soziale Normen und schulische Erziehung, Heidelberg 1978. SCHEUERL, H.: Die exemplarische Lehre. Wesen und Grenzen eines didaktischen Prinzips, Tübingen 1958. SCHEUERL, H.: Der Dialog in Erziehung und Unterricht. In: ELZER, H. M./SCHEUERL, H. (Hg.): Pädagogische und didaktische Reflexionen. Festschrift für M. Rang, Frankfurt/M. 1966, S. 90 ff. SCHULZ, W.: Unterrichtsplanung, München/Wien/Baltimore ³1981. SPRECKELSEN, K.: Das Prinzip des beziehungsvollen Lernens. In: WÖHLER, K. (Hg.): Didaktische Prinzipien, Begründung und praktische Bedeutung, München 1979, S. 57 ff. STEIN, G.: Ansätze und Perspektiven kritischer Erziehungswissenschaft, Stuttgart 1980. TREML, A. K.: Das Zielproblem, Karlsruhe 1972. WAGENSCHEIN, M.: Zum Begriff des exemplarischen Lehrens, Weinheim o. J. WENIGER, E.: Didaktik als Bildungslehre. Teil 1:

Wolfgang Schulz/ Michael Treder

Die Theorie der Bildungsinhalte und des Lehrplans, Weinheim 1952. WÖHLER, K. (Hg.): Didaktische Prinzipien. Begründung und praktische Bedeutung, München 1979. WULF, CH. (Hg.): Wörterbuch der Erziehung, München ⁶1974. WUNDERLICH, D.: Unterricht als Dialog. In: Spr. im techn. Zeitalter 32 (1969), S. 263 ff.

Horst Heidbrink/Helmut E. Lück

Erziehungs- und Unterrichtsstile

1 Zum Stilbegriff
2 Frühe geisteswissenschaftlich-pädagogische Ansätze
3 Sozialpsychologische Führungsstilforschung
4 Elterlicher Erziehungsstil
5 Empirische Erziehungs- und Unterrichtsstilforschung
6 Zur Kritik der Erziehungsstilforschung

Zusammenfassung: Ausgehend von den älteren geisteswissenschaftlich orientierten Lehrertypologien und Stillehren, werden zunächst frühe sozialpsychologische Arbeiten zur Führungsstilforschung vorgestellt. Von diesen haben vor allem die Untersuchungen von Lewin und seinen Mitarbeitern die Erziehungsstilforschung nachhaltig beeinflußt. Im folgenden werden Forschungsrichtungen dargestellt, die sich in den letzten Jahrzehnten entwickelt haben: Einerseits werden unter dem Begriff „elterlicher Erziehungsstil" entwicklungspsychologische Arbeiten zu den Auswirkungen elterlichen Verhaltens auf Kinder zusammengefaßt, zum anderen werden den Begriffen „Erziehungs-" und „Unterrichtsstil" Untersuchungen aus dem Bereich der pädagogischen Psychologie und der Erziehungswissenschaft zugerechnet, die sich mit dem Einfluß des erzieherischen Verhaltens von Lehrern auf Schüler befassen. Abschließend wird auf die Problematik der Erziehungsstilforschung eingegangen.

Summary: Taking the older, humanitarian teacher typologies and doctrines on teaching styles as a starting point, this article begins with a presentation of early socio-psychological writings on research into styles of guidance. Of these, the investigations carried out by Lewin and his colleagues in particular exercised a lasting influence on research into styles of teaching. There follows a presentation of research directions which have developed over the last few decades: on the one hand, development-psychology articles on the effects of parental behaviour on children are summarized under the heading "the parental style of upbringing", while the concepts "educational style" and "teaching style" are clarified by investigations from the educational psychology and educational science sector dealing with the influence of the educational behaviour of teachers on pupils. The concluding section goes into the whole problem field of research into educational styles.

Résumé: Partant des typologies d'enseignants et des théories de style anciennes, orientées sur les lettres, on présente d'abord des travaux anciens de psychologie sociale concernant la recherche en matière de style de direction. Parmi ces travaux, ce sont surtout les analyses de Lewin et de ses collaborateurs qui ont influé sur la recherche en style d'éducation. Ou présente ensuite des tendances de recherche qui se sont développées dans les dernières décennies: d'un côté, on résume des travaux de psychologie du développment, sous l'appellation de «style d'éducation parentale», concernant les conséquences du comportement parental sur les enfants; d'un autre côté, on ajoute aux concepts de «style d'éducation» et «style d'enseignement» des analyses

Horst Heidbrink/ Helmut E. Lück

venant du domaine de la psychologie pédagogique et de la science de l'éducation, analyses qui s'occupent de l'influence sur les élèves, du comportement éducatif des professeurs. Pour terminer, on se préoccupe de la problématique de la recherche en style d'éducation.

1 Zum Stilbegriff

Das Gebiet der Erziehungs- und Unterrichtsstile ist dem Grenzbereich zwischen (angewandter) Sozialpsychologie und Erziehungswissenschaften zuzuordnen. Bemerkenswert sind sowohl eine lange geisteswissenschaftliche Tradition als auch neuere empirische Forschungsergebnisse.
Der Begriff *Stil* als Bezeichnung für spezifisch ausgeprägte Lebensweisen oder Verhaltensformen geht – etymologisch gesehen – auf den mittelalterlichen Ausdruck „Stil" für „Griffel", später auch für andere Schreibgeräte, zurück (vgl. auch das lateinische *stilum* = Griffel). Mit E. Weber, dessen Lehrbuch „Erziehungsstile" immer noch als Einführung empfohlen werden kann, lassen sich Erziehungsstile definieren als „relativ sinneinheitlich ausgeprägte Möglichkeiten erzieherischen Verhaltens, die sich durch typische Komplexe von Erziehungspraktiken charakterisieren lassen" (WEBER 1976, S. 33). Eine derartige Definition läßt deutlich werden, daß es sich hier um eine Überwindung der älteren Erziehungsmittellehre handelt und daß eine Erfassung der Sinneinheitlichkeit beziehungsweise der „typischen Komplexe" sowohl geisteswissenschaftliche wie empirisch-analytische Forschungen mit ihren je besonderen Methoden und Problemen einschließt. An Polemik zwischen Vertretern dieser beiden Ansätze hat es nicht gefehlt (vgl. LUKESCH 1975).

2 Frühe geisteswissenschaftlich-pädagogische Ansätze

Eine der frühesten Lehrertypologien stammt von VOWINKEL (vgl. 1923). Er unterscheidet vier Lehrertypen (vgl. DÖRING 1980, S. 98): den *indifferenten* Typus (kalt, nüchtern, sachlich), den *autoritativen* Typus (autoritär, beherrschend), den Typus der *Individualität* (menschlich, vielseitig) und den Idealtypus der *Persönlichkeit* (auf Kultur und Wertwelt gerichtet, Bildung erstrebend). Gegen die Vorgehensweise Vowinkels aus dem Jahr 1923, Lehrertypen deduktiv aus Bildungsidealen abzuleiten, wendet sich im Jahre 1949 CASELMANN (vgl. 1964), dessen eigene Typologie auf induktivem Wege gewonnen ist. Zumindest versucht er, von der „empirischen Erscheinungsform des Lehrerseins" (CASELMANN 1964, S. 18) auszugehen und die tatsächlich vorhandenen Individualitäten zu Typen zusammenzufassen.
Für Caselmann sind bei der Erfassung von Lehrerpersönlichkeiten zwei Aspekte von besonderer Bedeutung: Welt und Kind beziehungsweise Lehrstoff und Schüler. An diesen Aspekten orientieren sich auch seine beiden Haupttypen: Lehrer, die in erster Linie lehrstofforientiert denken und handeln, die „der Wissenschaft, der Kultur zugewandt" (CASELMANN 1964, S. 35) sind, bezeichnet er als *logotrop*. Steht für den Lehrer bei seinen Handlungen und Entscheidungen der Schüler im Vordergrund, gehört er zu der Typengruppe *paidotrop*.
Diese beiden Haupttypen werden jeweils in zwei Untertypen aufgeteilt. Bei den paidotropen Lehrern handelt es sich entweder um „individuell-psychologisch Interessierte" oder um „generell-psychologisch Interessierte", die logotropen Lehrer lassen sich in „philosophisch Interessierte" und in „fachwissenschaftlich Interessierte" trennen.

Eine weitere Aufteilung wird mit Hilfe des Gegensatzpaares „autoritativ" und „mitmenschlich" vorgenommen, so daß acht Lehrertypen resultieren. In einem letzten Schritt unterscheidet Caselmann diese acht Typen noch nach drei verschiedenen Veranlagungen oder auch Vorgehensweisen: „wissenschaftlich-systematisch", „künstlerisch-organisch" und „praktisch". Geht man davon aus, daß sich auch diese drei Merkmale wechselseitig ausschließen sollen, gelangt man zu insgesamt 24 unterscheidbaren Lehrertypen. Allerdings sind offenbar nicht alle Kombinationen gleich wahrscheinlich, einige kommen laut Caselmann in der Realität gar nicht vor.
Unklar bleibt bei Caselmann jedoch, inwieweit die von ihm geschilderten Typen überhaupt realitätsnah sind oder sein sollen. Seine Aussagen zu diesem Punkt sind widersprüchlich (vgl. LUKESCH 1975, S. 32 f.). DÖRING (vgl. 1980, S. 99 ff.) hebt in seiner Kritik an Lehrertypologien vor allem hervor, daß in ihnen eine Ablehnung des Planungsgedankens von Erziehung stecke und dem „angeborenen Typus" des Lehrers Vorrang vor einer erziehungswissenschaftlich ausgerichteten Didaktik gegeben werde. Die Typologie Caselmanns bezeichnet er als eine normative Erziehungslehre, die den Ansprüchen an eine brauchbare wissenschaftliche Theorie über den Lehrer nicht genügt.
Die „Grundstile der Erziehung" von SPRANGER (1955) können als idealtypische Gedankenkonstruktionen angesehen werden. Nach Sprangers Auffassung handelt es sich bei den Grundstilen um überzeitliche „Grundmöglichkeiten des pädagogischen Vorgehens, zwischen denen man wählen kann, ohne daß man es von vornherein falsch macht" (SPRANGER 1955, S. 94 f.).
Es werden drei Gegensatzpaare von Grundstilen unterschieden: der *weltnahe* und der *isolierende,* der *freie* und der *gebundene* sowie der *vorgreifende* und der *entwicklungsgetreue* Grundstil.
Das erste Gegensatzpaar läßt sich auch durch die Gegenüberstellung von „Bewährung" und „Bewahrung" charakterisieren. Erziehung kann also entweder lebensnah in Konfrontation mit der Realität geschehen oder innerhalb eines künstlichen Schonraumes ablaufen. Schule als Institution kann einen derartigen Schonraum schaffen, in dem ohne äußere Ablenkungen anspruchsvolle Lernaufgaben systematisch und methodisch angegangen werden können. „Weltnahe" Erziehung ist für Spranger die historisch ältere Form, bei der die heranwachsende Generation gewissermaßen nebenbei durch Nachmachen und Mitmachen in die Lebenswelt der Erwachsenen eingeführt wurde. Allerdings können auch Schulen in unterschiedlichem Ausmaß „weltnah" oder auch „weltfern" sein.
Das Gegensatzpaar „frei versus gebunden" erinnert an die Lewinsche Unterscheidung von demokratischem und autoritärem Führungsstil (vgl. 3). Spranger kennzeichnet die beiden Pole antithetisch folgendermaßen: „1. Erziehung ist nur im Element der Freiheitsgewährung möglich, die zur Selbstbeherrschung führt. 2. Erziehung ist nur möglich im Geist der Strenge, die erst zur echten Freiheit reifen läßt" (SPRANGER 1953, S. 128).
Der „vorgreifende" oder „entwicklungstreue" Grundstil hat Ähnlichkeit mit LITTS Formel „Führen oder Wachsenlassen?" (1958) und mit Fröbels 1862 erstmals veröffentlichter Unterscheidung von „vorschreibender" und „nachgehender" Erziehung (vgl. FRÖBEL 1951).
Der vorgreifende Erziehungsstil sieht Kindheit und Jugend als möglichst schnell zu überwindende Durchgangsstadien an und ist ganz auf das künftige Erwachsenenleben zentriert. Das „entwicklungstreue" Vorgehen ist an der Gegenwart des Kindes orientiert, das in aller Ruhe die Fähigkeiten entwickeln soll, die für das spätere Erwachsenenleben einmal notwendig sind (vgl. WEBER 1976, S. 83).

Die Beziehungen zwischen den Stilpaaren bleiben bei Spranger unklar. Ein übergeordnetes Einteilungsprinzip wird nicht deutlich, vor allem dann, wenn man als viertes Gegensatzpaar noch „uniform und individuell" hinzunimmt. Diese Polarität ist offenbar als Spezialfall von „frei und gebunden" gedacht (vgl. auch die Kritik von LUKESCH 1975, S. 38 f.).
Problematisch ist bei Spranger insbesondere der Anspruch auf Wertfreiheit der Grundstile. DÖRING (1980, S. 104 f.) stellt hierzu fest, „daß der Versuch, alternative ‚Grundmöglichkeiten' des Lehrerverhaltens aufzuweisen, von denen jede ihre Berechtigung haben soll, letztlich in einer totalen Ratlosigkeit enden muß. Die behauptete absolute Gleichwertigkeit allen Lehrerverhaltens in bestimmten Situationen macht von vornherein wissenschaftlich gerechtfertigte, d. h. begründete Aussagen dazu unmöglich."
Ähnliche Kritik wie an den Konzeptionen von Caselmann und Spranger ist auch an der geisteswissenschaftlich orientierten Stillehre RUPPERTS (vgl. 1954, 1959, 1966) geübt worden (vgl. DÖRING 1980, S. 105 ff.; vgl. LUKESCH 1975, S. 43 ff.; vgl. WEBER 1976, S. 50 ff.). Ruppert geht es vor allem um eine Vereinheitlichung des sogenannten Lebensstils mit dem „Unterrichtsstil": „Eine Schule hat Stil, wenn Lebens- und Unterrichtsstil sich gegenseitig bedingen, ja, wir dürfen hinzusetzen, wenn zudem noch der Lebensstil der Schule dem Lebensstil der umfassenden Gesellschaft affin ist" (RUPPERT 1954, S. 108). Vom Erziehenden aus gesehen, unterscheidet RUPPERT (vgl. 1959, S. 155 ff.) die Erziehungsstile der *Sachlichkeit,* der *Sorge,* der *Tapferkeit,* der *Güte,* der *Ehrfurcht* und der *Wahrhaftigkeit.*
Aus der Sicht des empirisch-analytischen Wissenschaftsverständnisses fällt das Urteil über die Arbeiten Rupperts besonders kraß aus: „Schwärmerische Ergüsse dieser Art besitzen natürlich einen harten Kern, den man herausarbeiten könnte, in der Form aber, in welcher sie hier präsentiert werden, nämlich als Ergebnis gegenwärtiger psychologischer Forschung, sind sie als vor- oder unwissenschaftlich zurückzuweisen" (LUKESCH 1975, S. 45).

3 Sozialpsychologische Führungsstilforschung

Die empirische Führungsstilforschung hat mit der empirischen Erziehungs- und Unterrichtsstilforschung auffällig viel gemeinsam. Es gab aber eine Reihe von Parallelentwicklungen in Methodologie und Ergebnissen, ohne daß eine unmittelbare gegenseitige Befruchtung stattgefunden hätte. Quasi verbindendes Element zwischen beiden Richtungen stellen die Untersuchungen von Lewin und Mitarbeitern (vgl. LEWIN/LIPPITT 1938, LEWIN u. a. 1939) über experimentell geschaffene soziale Klimata dar.
Die sozialpsychologische Führungsstilforschung hat jedoch eine weitaus längere Geschichte (vgl. KUNCZIK 1972). Sieht man von den frühen Führungslehren, wie etwa bei Machiavelli, ab, so kann der Beginn der sozialpsychologischen Führungsstilforschung in der *Massenpsychologie* SIGHELES (vgl. 1891) und Gustave Le Bons (vgl. 1895) gesehen werden. Nach Le Bon sind Massen (vom griechischen μαδδειν = kneten!) auf einen Führer angewiesen, der seinen Einfluß durch Behauptung, Wiederholung und Übertragung – im Sinne von Ansteckung – wirksam werden läßt. Beweise für seine publikumswirksamen Thesen glaubte Le Bon in historisch überlieferten Berichten zu finden, so auch für die These, man finde Führer „namentlich unter den Nervösen, Reizbaren, Halbverrückten" (LE BON 1938, S. 98 ff.). Diese zuletzt aufgeworfene Frage nach den Führereigenschaften sollte bald nach der Jahrhundertwende mit der aufkommenden Psychodiagnostik empirisch leichter

zugänglich werden: Hatte man geeignete Tests, so hoffte man, durch Individualdiagnosen nützliche Antworten auf die Frage nach den Führereigenschaften zu bekommen. Aus heutiger Sicht erwies sich diese bis in die Zeit nach dem Zweiten Weltkrieg hineinreichende *eigenschaftsorientierte Führungsforschung* als Fehlschlag, da der diagnostische Aufweis universeller Führereigenschaften mißlang. Führung, so sah man ein, war mehr das Ergebnis der Wechselbeziehungen (Interaktionen) zwischen Führer und Geführten und weniger eine Frage von Persönlichkeitsunterschieden zwischen Führer und Geführten.
So sprach man denn von der *Interaktionstheorie* der Führung, die die Wechselbeziehung zwischen Führer und Geführten, Art der Aufgabe, Erfahrungen und Bedürfnisse zu berücksichtigen habe. Als (inzwischen sehr umstrittener) Versuch in dieser Richtung kann das Kontingenzmodell der Führung von FIEDLER (vgl. 1967) angesehen werden. In diesem Modell wurde der Versuch gemacht, Variablen wie die Macht des Führers, die Struktur der Aufgabe und beispielsweise die Wahrnehmung der Mitarbeiter durch den Führer in systematischem Zusammenhang zu sehen. Einen anderen Weg beschritt Anfang der 50er Jahre BALES (vgl. 1958) an der Harvard-Universität: Er untersuchte anfänglich führerlose Diskussionsgruppen im Labor und gelangte zu Gesetzmäßigkeiten im Interaktionsgeschehen. Ein bemerkenswerter Befund von Bales war, daß Personen mit strukturierendem Führungsverhalten bei soziometrischen Befragungen oft nicht die meisten Sympathiewahlen erhielten. Immer wieder haben Sozialpsychologen auf diese beiden verschiedenen Dimensionen im Gruppengeschehen hingewiesen. MORENO (vgl. 1954) sprach von soziotelen und psychotelen Gruppenstrukturen, Lewin und seine Schüler unterschieden Lokomotion(sfunktionen) und Kohäsion(sfunktionen) in Gruppen.
Die erwähnten Lewin-Studien über die Auswirkungen experimentell realisierter Führungsstile bei Jugendgruppen erwiesen sich in verschiedener Hinsicht als bahnbrechend. Bis dato war das Experiment für die Führungs-, Erziehungs- und Unterrichtsstilforschung noch nicht entdeckt. Die Stile hatte Lewin in anschaulicher Weise operationalisiert; er spricht von „autocratic", „democratic" und „laissez faire"-Atmosphären, die durch eine Reihe von Verhaltensmerkmalen des Leiters verwirklicht wurden. Diese Gruppenleiter waren Mitarbeiter Lewins; jede Jugendgruppe wurde nach einem Versuchsplan jedem Führungsstil ausgesetzt. Lewins Interesse war nicht zuletzt politischer Art. Als Jude 1933 zur Emigration gezwungen, hatte er in den USA Professuren für Kinderpsychologie. Er selbst hatte ein lebhaftes Interesse für kulturelle Unterschiede im Erziehungsverhalten entwickelt.
Aufgrund der umfangreichen Beobachtungen, die während der monatelangen Versuche gemacht wurden, folgerten die Autoren, daß autoritäre Führung gruppeninterne Aggressivität und Rivalität steigere. In den autoritär geführten Gruppen kamen dreißigmal soviel Streitigkeiten und achtmal soviel aggressives Verhalten vor wie in den demokratisch geführten Gruppen. Äußerungen mit „Wir"-Charakter kamen unter demokratischer Führung doppelt so oft wie unter autokratischer vor.
Als Kritik ist an den Lewin-Studien unter anderem vorgebracht worden, die Führungsstile seien karikaturartige Operationalisierungen politischer Systeme auf Mikroebene; außerdem sei „Laissez-faire" im Gegensatz zu den anderen Stilen kein eigener Stil, sondern ein Prinzip, das in allen politischen Systemen möglich sei. Ferner seien die Befunde sicher kulturspezifisch. So richtig diese Kritikpunkte im einzelnen sind, die Befunde der Lewin-Studien haben nach wie vor beträchtliche Überzeugungskraft. Die Ergebnisse ließen sich im großen und ganzen replizieren, sogar mehrere Jahrzehnte später in der DDR (vgl. BIRTH/PRILLWITZ 1959).

Horst Heidbrink / Helmut E. Lück

4 Elterlicher Erziehungsstil

Man sollte meinen, daß die Erforschung elterlicher Erziehungsstile, ihrer Bedingungen und Auswirkungen spätestens nach den Lewin-Studien ein zentrales Thema der Entwicklungs- und/oder der Sozialpsychologie geworden wäre. Dies war jedoch nicht der Fall. Als T. Herrmann 1966 eine Tagung zur Erziehungsstilforschung leitete, gab es nicht mehr als 20 deutschsprachige Veröffentlichungen über Erziehungsstile (vgl. HERRMANN 1980, S. 14). Inzwischen ist die Erziehungsstilforschung in der Bundesrepublik zu einem beachtlichen Bereich ausgeweitet worden, der Aufmerksamkeit verdient (vgl. SCHNEEWIND/HERRMANN 1980).
Greifen wir einen Ansatz heraus, der besondere Beachtung gewonnen hat: die Entwicklung der Marburger Erziehungsstil-Skalen von K. Stapf, Herrmann, A. Stapf und Stäcker (vgl. STAPF u.a. 1972). In einem umfangreichen Forschungsprogramm wurden durch Itemsammlungen, Item- und Faktorenanalysen verschiedener Art schließlich zwei Dimensionen elterlichen Erziehungsverhaltens durch vier Skalen mit je 15 Items herausgearbeitet: väterliche Strenge, mütterliche Strenge, väterliche Unterstützung und mütterliche Unterstützung. Kinder beurteilen also das Verhalten ihrer Eltern. Strenge und Unterstützung werden als relativ unabhängig voneinander erlebt. Die beiden Elternteile werden in ihrem Erziehungsverhalten jedoch als ähnlich beurteilt.
Bei umfangreichen Einzeluntersuchungen ergab sich, daß elterliche Strenge (Bösewerden, Schimpfen, Schläge, Ohrfeigen) zur Verbotsorientierung, zu Ängstlichkeit, Konformität und zu Diskrepanzen zwischen Selbstbild und Wunschbild führt. STAPF u.a. (vgl. 1972) sprechen hier vom „Bravheitssyndrom". Elterliche Unterstützung (Nachgeben, Helfen, Loben, Zuhören, Verzeihen, Ermuntern, Belohnen) dagegen führt zum „Cleverness-Syndrom". Derart erzogene Kinder sind positiver, optimistischer eingestellt, verfügen über größeren Wortschatz und bessere Schulleistungen. Sie sind bei Gleichaltrigen beliebt und empfinden eine geringere Diskrepanz zwischen Selbstbild und Idealbild. Wie man leicht vermuten kann, ist dieser gebotsorientierte, ermutigende Erziehungsstil in Familien mit höherem sozioökonomischem Status häufiger. Dabei sei allerdings daran erinnert, daß die Skalen „Strenge" und „Unterstützung" als unabhängig und nicht als Gegensätze konzipiert wurden.
Die Marburger Erziehungsstil-Skalen haben den Vorzug der Affinität zu einer Theorie, nämlich der Lerntheorie, während das Gros der Erziehungsstilforschung als theoriearm zu kennzeichnen ist (vgl. LUKESCH 1980).
Wir können hier nicht auf die inzwischen sehr umfangreiche Literatur zur Erforschung elterlicher Erziehungsstile im einzelnen eingehen und verweisen den interessierten Leser auf LUKESCH (vgl. 1976), STAPF u.a. (vgl. 1972) und die Beiträge in SCHNEEWIND/HERRMANN (vgl. 1980).

5 Empirische Erziehungs- und Unterrichtsstilforschung

Die empirisch-pädagogische Unterrichtsstilforschung hat sich in enger Anlehnung an die Arbeiten zum Führungsstil von Lewin und Mitarbeitern entwickelt. Der Einfluß Lewins ist sowohl in den älteren Arbeiten (vgl. etwa ANDERSON u.a. 1945, TAUSCH 1958) als auch in neueren Untersuchungen und Ansätzen (vgl. WAGNER 1982) deutlich abzulesen. Verändert haben sich im Laufe der Zeit vor allem die theoretisch-begrifflichen Zugangsweisen und die Untersuchungstechniken. Trotz vieler Differenzierungen und Erweiterungen ist jedoch die Lewinsche Unterscheidung des demokratischen und des autokratischen Führungsstils als Grundmuster in fast allen Konzeptionen erkennbar.

ANDERSON u.a. (vgl. 1945, 1946a, 1946b) untersuchten die Verhaltensstile von Lehrern und deren Auswirkungen auf Schüler in realen Unterrichtssituationen. Die Interaktionen von Lehrern und Schülern wurden mit Hilfe von speziellen Beobachtungskategorien erfaßt. Anderson und seine Mitarbeiter unterscheiden einen „dominativen" und einen „integrativen" Erziehungsstil. Aufgrund der Untersuchungsergebnisse gehen Anderson und Mitarbeiter davon aus, daß es in der Praxis keine „reinen" Stile gibt, da jede Unterrichtsführung Anteile von dominativem und integrativem Verhalten aufweist. Der quantitative Anteil der beiden Verhaltensmerkmale kann durch den sogenannten *Integrations-Dominations-Index* (IDQ) bestimmt werden.

Die Untersuchungen von Anderson und Mitarbeitern machen zudem deutlich, daß das Verhalten des Lehrers das Verhalten der Schüler nachhaltig beeinflußt. Dominatives Verhalten löst bei den Schülern Widerstände und Verhaltensauffälligkeiten aus, die den Lehrer seinerseits zu einer Verstärkung der Dominanz veranlassen. Es entsteht so ein eskalierender Kreisprozeß, in dem die Schüler letztlich apathisch werden können und resignieren. Integrative Verhaltensweisen des Lehrers haben demgegenüber vor allem positive Auswirkungen auf die Schüler. Sie werden vom Lehrer ernst genommen, partnerschaftlich und freundlich behandelt. Im Unterricht arbeiten sie aktiver mit und sind auch untereinander deutlich „sozialintegrativer" als Schüler in überwiegend dominativ und autokratisch geführten Klassen.

TAUSCH/TAUSCH (vgl. 1971) unterscheiden drei Erziehungsstile: den *autokratischen,* den *sozialintegrativen* (demokratischen) und den *Laissez-faire-Stil.*

In einer der frühen Untersuchungen ließ A.-M. TAUSCH (vgl. 1958) das Verhalten von 44 Lehrern von je zwei Beobachtern protokollieren und anschließend den drei Erziehungsstilen zuordnen. Das interessanteste Ergebnis war, daß sich die Lehrer in 94% der Situationen mit besonderem erzieherischem Eingreifen autokratisch beziehungsweise sehr autokratisch verhielten. Sozialintegrative Verhaltensweisen wurden 1958 nur bei 2% der Lehrer festgestellt.

In späteren Veröffentlichungen kritisieren TAUSCH/TAUSCH (vgl. 1971, S.170ff.) das (eigene) Erziehungsstilkonzept. So führen sie an, daß die jeweiligen Typen meist nicht präzise definiert sind, die Einschätzung des Lehrerverhaltens hierdurch wenig verläßlich und objektiv wird. Außerdem würde die geringe Anzahl von Typen der tatsächlichen Variabilität des Lehrerverhaltens nicht gerecht.

An die Stelle des Erziehungsstilkonzepts wird das Konzept der faktorenanalytisch gewonnenen Dimensionen des Erzieherverhaltens gesetzt. Auf der Grundlage einer großen Anzahl von Einzeluntersuchungen kommen TAUSCH/TAUSCH (vgl. 1971, S.152) zu dem Ergebnis, daß sich empirisch zwei Hauptdimensionen des Lehrerverhaltens feststellen lassen:

- *emotionale Dimension* (Wertschätzung, emotionale Wärme und Zuneigung versus Geringschätzung, emotionale Kälte und Abneigung),
- *Lenkungs-Dimension* (maximal starke Lenkung versus minimale Lenkung, etwa Permissivität, Autonomie-Gewähren, minimale Kontrolle).

Die Erziehungsstilkonzeption wurde zunächst nicht völlig aufgegeben, sondern es wurde versucht, die drei Stile in das Koordinationssystem der zwei Hauptdimensionen einzuordnen. Hierzu wurde in einigen Untersuchungen (vgl. FITTKAU/LANGER 1971, TAUSCH u.a. 1967) das Unterrichts- und Erziehungsverhalten von Lehrern sowohl nach dem Typenkonzept als auch in bezug auf die beiden Hauptdimensionen eingeschätzt. Die Ergebnisse dieses eher heuristischen Verfahrens sind in der folgenden Abbildung grafisch veranschaulicht.

Abbildung 1: Einordnung von typologischen Verhaltensformen in das Koordinatensystem der emotionalen und der Lenkungs-Dimension

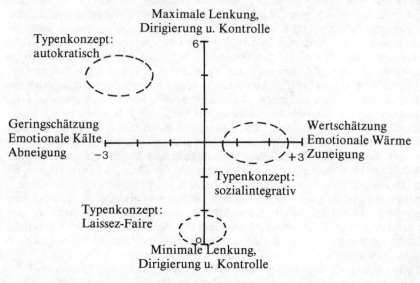

(Quelle: TAUSCH/TAUSCH 1971, S. 172).

Die drei Erziehungsstile „autokratisch", „sozialintegrativ" und „Laissez-faire" werden hierdurch gewissermaßen neu definiert im Hinblick auf das in ihnen jeweils realisierte Ausmaß an Lenkung und Wertschätzung versus Geringschätzung.
Einen großen Einfluß auf die Lehrerausbildung hat vor allem die Propagierung des sozialintegrativen Erziehungsstils bewirkt, der „lange Zeit als das Nonplusultra des sozialerzieherischen, demokratischen Verhaltens gegolten" (SCHREINER/SOWA 1977, S. 440) hat. Allerdings ist auch die Kritik nicht ausgeblieben. So wurde die große Bedeutung bemängelt, die bei Tausch/Tausch der Lehrersprache zugemessen wird. Letztlich könne es sich beim sozialintegrativen Stil um pseudodemokratischen Verbalismus handeln, mit dem der Lehrer auf subtile Art doch wieder nur seine eigenen Ziele gegen die Interessen und Bedürfnisse der Schüler durchsetze (vgl. SCHREINER/SOWA 1977, UTTENDORFER/WAGNER 1974, ZEHRFELD/ZINNECKER 1973). Die strikte Beschränkung auf Verhaltensweisen des Lehrers macht es teilweise auch schwierig, Erziehungsstile auf die Art der unterrichtlichen Verwendung von Medien zu beziehen. So scheint es zwar zunächst plausibel zu sein, auch technischen Medien ein bestimmtes Ausmaß an unterrichtlicher „Lenkung" zuzuschreiben oder einen „Fernsehlehrer" als autokratisch oder sozialintegrativ einzustufen, andererseits läßt die Vielzahl der technischen Medien und die Vielfalt ihrer möglichen unterrichtlichen Funktionen eine systematische Betrachtungsweise unter dem Erziehungsstilaspekt kaum zu. TAUSCH/TAUSCH (vgl. 1979) selbst verzichten in der neuesten Ausgabe ihrer „Erziehungspsychologie" vollständig auf das Erziehungsstilkonzept und erweitern statt dessen den dimensionsanalytischen Ansatz zum Erzieherverhalten. Ausführlich beschrieben werden vier „förderliche" Dimensionen (Achtung – Wärme – Rücksichtnahme, einfühlendes nichtwertendes Verstehen, Echt-

heit, fördernde nichtdirigierende Einzeltätigkeiten) und eine „wenig förderliche" Dimension (Dirigierung-Lenkung).
Die Methoden der Erziehungsstilforschung sind vor allem durch die Weiterentwicklung von Beobachtungssystemen zur Erfassung des unterrichtlichen Verhaltens von Lehrern und Schülern differenzierter geworden. Am bekanntesten ist das Interaktionsanalysesystem von FLANDERS (vgl. 1970, 1971). Wie die meisten empirischen Verfahren innerhalb der Unterrichtsforschung beschränkt sich auch das Interaktionsanalysesystem (FIAC: Flanders Interaction Analysis System) auf das verbale Verhalten von Lehrern und Schülern. Zugrunde gelegt wird hierbei die Vermutung, daß das verbale Verhalten das Gesamtverhalten eines Individuums adäquat repräsentiert.
Das FIAC-System enthält insgesamt zehn Beobachtungskategorien. Davon beziehen sich sieben auf das Lehrerverhalten: 1. Gefühle akzeptieren; 2. loben oder ermutigen; 3. eingehen auf Schülerideen; 4. Fragen stellen; 5. Lehrervortrag; 6. Anweisungen geben; 7. kritisieren oder auf die eigene Autorität berufen. Zwei Kategorien sind für das Schülerverhalten vorgesehen: 8. Fragen beantworten; 9. aus eigenem Antrieb sprechen. Die zehnte Kategorie (Stillschweigen oder unklare Situation) stellt eine Restkategorie dar.
Die Kategorien von Flanders sind ausschließlich auf die Interaktionen zwischen Lehrer und Schüler bezogen. Interaktionsprozesse zwischen den Schülern können nicht erfaßt werden. Die Auswahl der Lehrerkategorien im FIAC-System macht deutlich, daß auch Flanders in der Tradition der Lewin'schen Unterscheidung zwischen demokratischem und autoritärem Erziehungsstil steht. Die ersten drei Kategorien (Gefühle akzeptieren, loben oder ermutigen, eingehen auf Schülerideen) repräsentieren den integrativen, demokratischen Erziehungsstil.
Ähnlich wie die vorher dargestellten Erziehungsstilkonzepte erweist sich auch die Interaktionsanalyse von Flanders als deutlich lehrerzentriert. Explizit *schülerzentriert* ist dagegen das „Sozioemotionale Interaktions-Kategoriensystem" (SIK-System) von WAGNER (vgl. 1982). Das SIK-System kann als eine Weiterentwicklung des FIAC-Systems angesehen werden, ist jedoch ausdrücklich auf dem Hintergrund der Konzeption eines „schülerzentrierten Unterrichts" entworfen worden. Schülerzentrierter Unterricht wird von WAGNER (1982, S.28) als ein Prozeß gesehen, „in dessen Verlauf Lehrer und Schüler gemeinsam dirigistisches Verhalten abbauen und die unterrichtliche Struktur so verändern, daß ein zunehmend größeres Ausmaß an Selbständigkeit und Mitbestimmung der Schüler ermöglicht wird".
Das SIK-System ist vor allem als ausbildungsunterstützendes Instrument gedacht, also nicht in erster Linie für Forschungszwecke konstruiert. Es enthält wie das System von Flanders zehn Kategorien, mit denen jedoch Lehrer- und Schüleräußerungen gleichermaßen erfaßt werden können. Im „schülerzentrierten" Unterricht sollten die ersten vier Kategorien möglichst häufig, die letzten vier Kategorien möglichst selten auftreten: 1. Unterstützung, Lob; 2. Reflektieren, verständnisvolles Wiedergeben; 3. Verbalisieren von eigenen Gefühlen und Verhalten; 4. gesprächsstrukturierende Äußerungen; 5. problemstrukturierende Äußerungen; 6. neutrale Äußerungen; 7. direktive Äußerungen; 8. enge Fragen; 9. dominante und gesprächshemmende Äußerungen; 10. Tadel, Mißbilligung, Ironie, Sarkasmus. Neben der Zuordnung zu einer der zehn Kategorien kann jede Äußerung noch nach der „emotionalen Dimension" beurteilt werden, das heißt, inwieweit in ihr Freundlichkeit oder Unfreundlichkeit zum Ausdruck kommt (vgl. WAGNER 1982, S.144f.).
Unterrichtskonzeptionen wie die von WAGNER (vgl. 1982) lassen sich nur noch schwer unter den Erziehungsstilbegriff subsumieren. An die Stelle des lehrerzen-

trierten „Stil"- beziehungsweise „Typ"-Begriffs treten hier Begriffe wie „Unterrichtsstrategien" und „Interaktionsstrukturen", die besser geeignet sind, den Blick auch für komplexere Zusammenhänge im Unterrichtsgeschehen zu öffnen.

6 Zur Kritik der Erziehungsstilforschung

Die grundlegende Kritik am Erziehungsstilbegriff ist über die unterschiedlichen Konzeptionen, ihre Differenzierungen und Erweiterungen hinweg relativ unverändert geblieben. Der Begriff legt eine global typisierende Betrachtungsweise nahe, die der Komplexität erzieherischen Verhaltens und Handelns nur schwer gerecht wird. Andererseits ermöglicht die Reduktion dieser Komplexität auf einige wenige, eingängig benannte „Stile" zumindest eine ökonomische Art der Verständigung über wichtige Erziehungsaspekte (vgl. NICKEL 1972, S. 141 f.). Eines der Grundprobleme der Erziehungsstilforschung ist in der Frage der *Wertfreiheit* oder *-neutralität* zu sehen. Vor allem an der empirisch-analytischen Wissenschaftsauffassung orientierte Forscher klammern Entscheidungen über Zielsetzungen erzieherischen Handelns meist völlig aus und weisen diese anderen, außerwissenschaftlichen Instanzen zu (vgl. STAPF u. a. 1972, S. 154 ff.). Diese strikte Ziel-Mittel-Trennung kollidiert jedoch mit dem auch in empirischen Arbeiten zum Erziehungsstil vorwiegend benutzten „kryptonormativen Vokabular" (vgl. BRANDSTÄTTER/MONTADA 1980). Unterscheidungen wie „demokratisch und autokratisch" oder „sozialintegrativ und autoritär" sind mit bestimmten gesellschaftlichen und politischen Bedeutungen behaftet, die Wertpräferenzen suggerieren und damit die vorgebliche Neutralität empirischer Aussagen von vornherein unterlaufen.

Ein Schritt zu einer konstruktiven und wissenschaftstheoretisch tragfähigen Lösung der Ziel-Mittel-Problematik könnte darin liegen, Erziehungsstilforschung als ein „Programm zur Erforschung der erziehungspraktischen Kontrollierbarkeit von Entwicklungsprozessen" (BRANDSTÄTTER/MONTADA 1980, S. 38) aufzufassen. Notwendige Voraussetzung wäre hierzu eine stärkere theoretische Orientierung der Forschung, die bislang hauptsächlich Untersuchungsergebnisse angesammelt hat, die nur schwer integrierbar und in konkretes erzieherisches Handeln umsetzbar sind (vgl. SCHULZE 1978, S. 168).

Die Orientierung an geeigneten Entwicklungstheorien (vgl. KOHLBERG 1969, KOHLBERG/MAYER 1972, SELMAN 1980) könnte auch die Chance eröffnen, die relativ verbindungslosen Forschungstraditionen zum schulischen und zum elterlichen Erziehungsstil wieder einander anzunähern (vgl. HEYMANS 1980).

In bezug auf den Schulbereich dürfte das Erziehungsstilkonzept in den letzten Jahren nicht zuletzt aufgrund seiner häufig kritisierten Lehrerzentriertheit viel an Attraktivität verloren haben. Da rein statistische Interaktionskonzepte letztlich nur zu einer kaum integrierbaren Flut von Einzelergebnissen führen, könnten auch unter diesem Gesichtspunkt Theorien, die Entwicklung und Lernen als einen interaktiven Prozeß zwischen Individuum und Umwelt auffassen und zumindest ansatzweise auch konkretisieren, einen Gewinn an praktischer Relevanz von Forschungsergebnissen erbringen. Allerdings bleibt abzuwarten, ob sich die Aussagekraft des Erziehungsstilbegriffs auf dem Hintergrund elaborierter Theorieentwürfe aufrechterhalten läßt.

ANDERSON, H. H. u. a.: Studies of Teachers' Classroom Personalities, Bd. 1: Dominative and Socially Integrative Behavior of Kindergarten Teachers. Applied Psychology Monographs, Bd. 6, Stanford (Cal.) 1945. ANDERSON, H. H. u. a.: Studies of Teachers' Classroom Personalities,

Erziehungs- und Unterrichtsstile

Bd. 2: Effects of Teachers' Dominative and Integrative Contacts on Children's Classroom Behavior. Applied Psychology Monographs, Bd. 8, Stanford (Cal.) 1946a. ANDERSON, H. H. u. a.: Studies of Teachers' Classroom Personalities, Bd. 3: Follow-up Studies on the Effects of Dominative and Integrative Contacts on Children's Behavior. Applied Psychology Monographs, Bd. 11, Stanford (Cal.) 1946b. BALES, R. F.: Task Roles and Social Roles in Problem-solving Groups. In: MACCOBY, E. E. u. a. (Hg.): Readings in Social Psychology, New York ³1958, S. 437 ff. BIRTH, K./PRILLWITZ, G.: Führungsstile und Gruppenverhalten von Kindern. In: Z. f. Psych. 163 (1959), S. 230 ff. BRANDSTÄTTER, J./MONTADA, L.: Normative Implikationen der Erziehungsstilforschung. In: SCHNEEWIND, K. A./HERRMANN, TH. (Hg.): Erziehungsstilforschung, Bern 1980, S. 33 ff. CASELMANN, C.: Wesensformen des Lehrers (1949), Stuttgart ³1964. DÖRING, K. W.: Lehrerverhalten: Forschung – Theorie – Praxis, Weinheim 1980. FIEDLER, F. E.: A Theory of Leadership Effectiveness, New York 1967. FITTKAU, B./LANGER, H.: Integration der Typen des Erzieherverhaltens in die Faktoren des Lehrerverhaltens sowie einige Beziehungen zwischen Lehrer- und Schülerverhalten. In: TAUSCH, R./TAUSCH, A.-M.: Erziehungspsychologie, Göttingen ⁶1971, S. 171 ff. FLANDERS, N. A.: Analyzing Teaching Behavior, Reading (Mass.) 1970. FLANDERS, N. A.: Künftige Entwicklungen bei der Analyse der verbalen Kommunikation in der Klasse. In: Progr. Lern., Utech. u. Ufo. 8 (1971), S. 133 ff. FRÖBEL, F.: Die Menschenerziehung (1826), Godesberg 1951. HERRMANN, TH.: Bemerkungen zur Bestandsaufnahme der Erziehungsstilforschung. In: SCHNEEWIND, K. A./HERRMANN, Th. (Hg.): Erziehungsstilforschung, Bern 1980, S. 13 ff. HEYMANS, P. G.: Erziehungsstile als Kodeterminanten der sozialkognitiven Entwicklung. In: SCHNEEWIND, K. A./HERRMANN, Th. (Hg.): Erziehungsstilforschung, Bern 1980, S. 223 ff. KOHLBERG, L.: Stage and Sequence: The Cognitive-Developmental Approach to Socialization. In: GOSLIN, D. (Hg.): Handbook of Socialization Theory and Research, Chicago 1969, S. 347 ff. KOHLBERG, L./MAYER, R.: Development as the Aim of Education. In.: Harv. E. Rev. 42 (1972), S. 449 ff. KUNCZIK, M. (Hg.): Führung. Theorien und Ergebnisse, Düsseldorf/Wien 1972. LE BON, G.: Psychologie der Massen (1895), Stuttgart ⁶1938. LEWIN, K./LIPPITT, R.: An Experimental Approach to the Study of Autocracy and Democracy: A Preliminary Note. In: Sociometry 1 (1937/38), S. 292 ff. LEWIN, K. u. a.: Pattern of Aggressive Behavior in Experimentally cernted "social climates". In: The J. of Soc. Psychol. 10 (1939), S. 271 ff. LITT, TH.: Führen oder Wachsenlassen? Stuttgart ⁷1958. LUKESCH, H.: Erziehungsstile. Pädagogische und psychologische Konzepte, Stuttgart 1975. LUKESCH, H.: Elterliche Erziehungsstile. Psychologische und soziologische Bedingungen, Stuttgart 1976. LUKESCH, H.: Forschungsstrategien im Bereich der Erziehungsstilforschung. Paradigma oder Paradoxa? In: SCHNEEWIND, K. A./HERRMANN, Th. (Hg.): Erziehungsstilforschung, Bern 1980, S. 57 ff. MORENO, J. L.: Die Grundlagen der Soziometrie, Köln/Opladen 1954. NICKEL, H.: Stile und Dimensionen des Lehrerverhaltens. In: BETZEN, K./NIPKOW, K. E. (Hg.): Der Lehrer in Schule und Gesellschaft, München 1972, S. 140 ff. RUPPERT, J. P.: Sozialpsychologie im Raum der Schule, Weinheim 1954. RUPPERT, J. P.: Erzieherpersönlichkeit und Stilformen der Erziehung. In: HETZER, H. (Hg.): Handbuch der Psychologie, Bd. 10: Pädagogische Psychologie, Göttingen 1959, S. 144 ff. RUPPERT, J. P.: Zum Erziehungs- und Unterrichtsstil. In: Z. f. P. 12 (1966), S. 105 ff. SCHNEEWIND, K. A./HERRMANN, Th. (Hg.): Erziehungsstilforschung – Theorien, Methoden und Anwendungen der Psychologie elterlichen Erziehungsverhaltens, Bern 1980. SCHREINER, G./SOWA, A.: Lehrerverhalten bei Disziplinkonflikten – Auf dem Weg zu einer konstruktiven Überwindung des sozial-integrativen Verbalismus. In: D. Dt. S. 69 (1977), S. 436 ff. SCHULZE, Th.: Methoden und Medien der Erziehung, München 1978. SELMAN, R.: The Growth of Interpersonal Understanding: Developmental and Clinical Analyses, New York 1980. SIGHELE, S.: La folla delinquente, Florenz 1891. SPRANGER, E.: Grundstile der Erziehung. In: SPRANGER, E.: Pädagogische Perspektiven, Heidelberg ³1955, S. 93 ff. STAPF, K. u. a.: Psychologie des elterlichen Erziehungsstils, Stuttgart 1972. TAUSCH, A.-M.: Besondere Erziehungssituationen des praktischen Schulunterrichts – Häufigkeit, Veranlassung und Art ihrer Lösungen durch Lehrer. In: Z. f. exp. u. angew. Psych. 5 (1958), S. 657 ff. TAUSCH, A.-M. u. a.: Merkmalszusammenhänge der verbalen Interaktion und kritische Überprüfung typologischer Verhaltenskonzepte. In: Z. f. exp. u. angew. Psych. 14 (1967), S. 522 ff. TAUSCH, R./TAUSCH, A.-M.: Erziehungspsychologie, Göttingen ⁶1971. TAUSCH, R./TAUSCH, A.-M.: Erziehungspsychologie. Begegnungen von Person zu Person, Göttingen ⁹1979. UTTENDORFER, S./

Horst Heidbrink/ Helmut E. Lück

WAGNER, A. C.: Tausch und Tausch oder das schlechte Gewissen der Pädagogen. In: psych. heute 1 (1974), S. 32 ff. VOWINKEL, E.: Pädagogische Typenlehre, München 1923. WAGNER, A. C. (Hg.): Schülerzentrierter Unterricht, München/Wien/Baltimore 1982. WEBER, E.: Erziehungsstile, Donauwörth ⁶1976. ZEHRFELD, K./ZINNECKER, J.: Acht Minuten heimlicher Lehrplan bei Herrn Tausch. In: betr. e. 6 (1973), 5, S. 33 ff.

Harm Prior

Sozialformen des Unterrichts

1 Begriff
2 Die Methodikdiskussion der Reformpädagogik unter dem Primat der Erziehung
3 Die Sozialformen des Unterrichts in der westdeutschen Pädagogik nach 1945
4 Soziale Organisationsformen von Unterricht
4.1 Frontalunterricht - Klassenunterricht
4.2 Großgruppenunterricht
4.3 Einzelarbeit - Alleinarbeit
4.4 Partnerarbeit
4.5 Gruppenunterricht - Gruppenarbeit
4.6 Kreissituation - Kreisgespräch

Zusammenfassung: Einleitend geht es um den Begriff „Sozialformen des Unterrichts", der ebensowenig wie die Begriffe „Unterrichtsformen" und „Unterrichtsmethoden" einheitlich verwendet wird.
Näher eingegangen wird auf die Methodikdiskussion der Reformpädagogik, die in großer Einmütigkeit von dem Primat der Erziehung ausging, während die Diskussion nach 1945 demgegenüber heterogen geführt wurde und auch andere Akzente setzte.
Die eigene Abhandlung geht gleichwohl von W. FLITNERS These (vgl. 1930, S.59 ff.) aus, daß man unterrichtliche Methoden nicht „ähnlich anderen Verfahren rein technisch betrachten" kann und daß die „methodische Theorie ohne die zugehörige Theorie vom erzieherischen Weg unverständlich ist".
Unter dieser prinzipiellen Akzentuierung werden dann in Einzeldarstellungen die folgenden Sozialformen - ihre Strukturen und Charakteristika, ihre Voraussetzungen, besonderen Möglichkeiten und Grenzen - beschrieben: Frontalunterricht - Klassenunterricht, Großgruppenunterricht, Einzelarbeit - Alleinarbeit, Partnerarbeit, Gruppenunterricht - Gruppenarbeit und Kreissituation - Kreisgespräch.

Summary: The introduction to this article deals with the concept "social forms of teaching" which, like the concepts "teaching types" and "teaching methods" is used in a wide range of meanings.
The article deals in more detail with the discussion of methods among teaching reformers which took as its almost unquestioned starting point the principle of the primacy of education, while discussions after 1945 were more heterogeneous on this point and also accented other aspects.
This article is, however, based on W. Flitner's thesis (1930, p.59 ff) that teaching methods cannot be "observed from the purely technical point of view, like other processes", and that the "theory of teaching method remains incomprehensible without the appropriate theory of the 'path to teaching' ".
Along the lines of this principal consideration, detailed presentations of the following social forms, their structures and characteristics, their prerequisites and - in particular the opportunities they offer and their limitations, are given: frontal

teaching – class teaching, teaching large groups, individual work – solo work, partner work, group teaching – group work and the "circle" situation – circular discussions.

Résumé: En introduction, il est question du concept des *formes sociales de l'enseignement,* concept qui est employé tout aussi peu de façon harmonisée que les notions de formes d'enseignement et de méthodes d'enseignement.
On entre dans le détail de la discussion méthodologique de la pédagogie de réforme, qui, pratiquement à l'unanimité, partait de la primauté de l'éducation, tandis que la discussion, après 1945, en comparaison, fut menée de façon hétérogène et aussi l'accent sur des aspects différents.
Le développement proprement dit part toutefois de la thèse de W. Flitner (1930, page 59 et suivantes), thèse selon laquelle on ne peut «considérer [les méthodes d'enseignement] de manière purement technique, comme c'est la cas pour d'autres processus». Cette thèse indique, en outre, que «la théorie méthodologique est intelligible sans la théorie de la voie éducative, qu'elle implique elle-même».
Ayant mis l'accent sur ces principes, on décrit ensuite chacune des formes sociales suivantes, leurs structures et caractéristiques, leurs conditions préalables, leurs possibilités particulières et leurs limites: enseignement ex cathedra – enseignement participatif, enseignement en grands groupes, enseignement personnalisé – enseignement personnel, travail en groupes de deux, enseignement de groupe – Travail en groupes et enseignement avec disposition en cercle – Dialogue de cercle.

1 Begriff

„Sozialformen des Unterrichts" ist zunächst weder ein traditioneller noch ein programmatischer Begriff. Gewählt wurde er vom Berliner Arbeitskreis Didaktik als eine Kategorie der Strukturanalyse, mit dem Ziel, „alle im Unterricht auftretenden Erscheinungen unter wissenschaftliche Kontrolle zu bringen" (HEIMANN u. a. 1965, S. 9). Zu den sechs Strukturmomenten des Unterrichts gehört auch die Methodik. Sie wird wie folgt differenziert (vgl. SCHULZ 1965, S. 31 ff.):
- Methodenkonzeptionen oder Verfahrensweisen,
- Artikulationsschemata oder Lernphasen,
- Sozialformen des Unterrichts,
- Aktionsformen des Lehrens,
- Urteilsformen.

Als Sozialformen des Unterrichts werden vier genannt: Frontalunterricht, Kreissituation, Teilgruppenunterricht, Einzelunterricht.
„Sozialformen des Unterrichts" ist demnach gedacht als ein deskriptiver Begriff für eine sich wissenschaftlich verstehende Analyse und Planung von Unterricht. Als Einzelbegriff wurde er von der didaktischen Diskussion vielfach aufgenommen, dabei verschiedentlich auch inhaltlich verändert. Nicht erkennbar ist bisher ein einheitliches Begriffssystem der Methodik. Zum einen wurde die analytische Brauchbarkeit der Differenzierungen, wie sie der Berliner Arbeitskreis vorgelegt hatte, für eine empirische Erforschung des Unterrichts bezweifelt (vgl. MENCK 1974, S. 413). Zum anderen ist der Anspruch problematisch, ein „System [...] so zu organisieren, daß es eine wertfreie theoretische Betrachtung von Unterricht auf kategorialanalytischer Grundlage ermöglicht" (HEIMANN u. a. 1965, S. 9).
Vielmehr ist die Akzentuierung bei den einzelnen Autoren mehr oder weniger deut-

lich zu erkennen. So zählt Klafki die Sozialformen des Unterrichts zwar ebenfalls zu den Faktoren einer „Methodenanalyse", kommt aber zu einer anderen Systematik und akzentuiert seinerseits den ersten Faktor – „Zielsetzung und Thematik" – im Sinne seiner zentralen These „vom Primat der Didaktik im engeren Sinne im Verhältnis zur Methodik" (KLAFKI u.a. 1970, S.135f.).
HUBER (vgl. 1972) und ebenso STÖCKER (vgl. 1960) differenzieren zwischen „unmittelbaren und mittelbaren Unterrichtsformen", akzentuiert „nach der Art der Verteilung der Aktivität auf Lehrer und Schüler" (STÖCKER 1960, S.121).
Von einer ähnlichen Prämisse geht RANK (1961, S.140f.) aus: „Unterrichtsformen sind Ausprägungen personaler Verhältnisse", und „Wesenskern [...] neuzeitlicher Unterrichtsformen [...] ist die gelenkte Schulbildung der Schüler". Folgerichtig überschreibt er seine Methodik: „Die sozialen Formen des Unterrichts".
Und ein jüngeres Beispiel: Winkel nimmt erneut den traditionellen Begriff „Unterrichtsmethoden" auf, summiert 17 Methoden (darunter so verschiedenartige Formen wie Kleingruppenunterricht, Hausarbeit, Spiele und Lehrerdarbietung) und ordnet sie nach dem „kommunikativen Element" als dem „Grundmerkmal des Unterrichts" in „Methoden einer zwei- bis fünfpoligen Interaktion" (WINKEL 1981, S.22).

2 Die Methodikdiskussion der Reformpädagogik unter dem Primat der Erziehung

Die Behauptung, „daß man Methoden ähnlich anderen Verfahren rein technisch betrachten müsse [...] [und] es eine Frage der Wissenschaft wird, die wirksamste Methode zu finden", hatte schon FLITNER (1930, S.59ff.) in einer grundlegenden Abhandlung aufgegriffen und entschieden verworfen: „Die methodische Theorie ist unverständlich ohne die zugehörige Theorie vom erzieherischen Weg, vielmehr ist sie ihr eingeordnet, wie ja auch die methodische Praxis sich einordnet in den wirklichen erzieherischen Weg" (FLITNER 1930, S.61).
Ausgangspunkt ist das Erzieherische, sein „Merkmal [...] die Fülle der Wechselwirkung der Personen". „Und daneben entsteht die Kategorie eines Verfahrens der Einwirkung und Mitwirkung", ein „erzieherischer Weg", zu denken und zu entwickeln als eine „Ordnung dieses Mitwirkens, Eingreifens, Unterstützens, Entgegenstehens und naiven Mitlebens" (FLITNER 1930, S.62f.).
Daraus ergibt sich zwingend die Wichtigkeit der Methodik. „In dem Hervorbringen bestimmter erzieherischer Wege und darauf bezogener Methoden besteht ein Hauptteil der eigentlichen Produktivität im erzieherischen Gebiet" (FLITNER 1930, S.59). Die Reformpädagogik hat diese These vielfältig eingelöst, und zu ihren fruchtbaren Ideen gehören auch jene beiden, die – wenngleich in wechselhafter Verbindung – der pädagogisch begründeten Organisationsform der Schulklasse zugrunde liegen:
- die *Arbeitsidee,* die sich gegen die Rezeptivität der Buch- und Paukschule und ihre Lebensfremdheit richtete und für Selbsttätigkeit und „produktive Arbeit" (GANSBERG 1909) des Kindes eintrat;
- die *Gemeinschaftsidee,* die sich gegen den patriarchalisch geführten „Hörblock" (vgl. PETERSEN 1971) und die „Erziehungsnot" der Schüler (vgl. WEISS 1929) richtete und eintrat für eine sozialpädagogische Organisation der Schulklasse und ihre Auflockerung zu selbstverantwortlichen „Kreisen", zu „freier Gruppenarbeit" (vgl. COUSINET 1945) und Arbeitskollektiven.

Über die Breitenwirkung dieser Ideen innerhalb der allgemeinen Staatsschulen in Deutschland lassen sich nur Vermutungen anstellen. Bekannt sind ihre mannigfachen Anwendungen und Ausprägungen in Versuchsschulen und Schulreformen in

Harm Prior

Deutschland und in zahlreichen anderen Ländern (zur historischen Entwicklung vgl. LUSTENBERGER 1949).
Eine erste vergleichende Untersuchung der „Lehrformen als soziologische Faktoren" unternimmt Weiß. Ausgehend von der „sozialen Gestaltung der Schularbeit", analysiert er Voraussetzungen und Wirkungen der Einzel-, Zweier- und Gruppenarbeit als „Ergänzung des Massenunterrichts"; „echte Gruppenarbeit" bedeutet für ihn: „Hier ist die Gruppe als strukturelles Ganzes in Tätigkeit" (WEISS 1929, S. 202). Produktive Tätigkeit und „Entfaltung des sozialen Wesens" sieht er vereinigt in „einer Sozialpädagogik vom Kinde aus" (WEISS 1929, S. 197).

3 Die Sozialformen des Unterrichts in der westdeutschen Pädagogik nach 1945

Nach 1945 zeigen Diskussion und praktische Verbreitung der verschiedenen Sozialformen des Unterrichts starke Schwankungen. Sie treffen – besonders deutlich beim Gruppenunterricht – auf euphorische Erwartungen in den frühen 50er Jahren und werden zur Randerscheinung in den späten 70er Jahren. Anzeichen dafür sind einschlägige Publikationen, Empfehlungen in Lehrplänen und Richtlinien sowie die Berücksichtigung in der Lehrerbildung und -fortbildung. Diese Schwankungen und ihre Hintergründe spiegeln zugleich Entwicklungen in der Theorie und Praxis der allgemeinen Pädagogik.
Drei Anstöße bestimmen die Diskussion der Sozialformen des Unterrichts in den frühen 50er Jahren:
- der Versuch, die Reformpädagogik fortzusetzen;
- die Absicht, zur „Gemeinschaftserziehung" beizutragen; „Gruppenunterricht soll mehr als eine Methode sein", wir „müssen ihn auf den zeitgeschichtlichen Hintergrund zurückbeziehen" (SLOTTA 1954, S. 26);
- der amerikanische Einfluß der „social studies" und des „social group work", vermittelt vor allem durch die 1949 gegründete „Arbeitsstätte für Gruppenpädagogik Haus Schwalbach".

Insbesondere Partnerarbeit und Gruppenunterricht werden als Basis einer inneren Reform der Schule verstanden. „Gruppenunterricht steht heute inmitten einer pädagogischen Bewegung, die eine Erneuerung der Schule und des Lebens will" (SLOTTA 1954, S. 23). Die Zahl der einschlägigen Publikationen ist beachtlich; MEYER (vgl. 1969) nennt 559 der wichtigsten Titel. Lehrpläne und Richtlinien empfehlen die neuen Sozialformen. Das gilt für die Volksschule: „Neben den unmittelbaren Unterricht tritt die Alleinarbeit der Schüler, neben die Klassenarbeit die Gruppenarbeit" (BAYERISCHES STAATSMINISTERIUM FÜR UNTERRICHT UND KULTUS 1955). Das gilt auch für die Gymnasien. In den KMK-Empfehlungen von 1961 „zur didaktischen und methodischen Gestaltung der Oberstufe" heißt es vom Gruppenunterricht: „Die Vorteile dieser Unterrichtsform sind offenkundig. Sie fördert in besonderem Maß die Selbsttätigkeit [...] Die Gruppe und jeder einzelne sind verantwortlich [...] Das Unterrichtsgespräch und das Schülerreferat können im Zusammenhang mit dem Gruppenunterricht besonders gepflegt werden" (KMK 1961).
Trotz der teilweise überhöhten Erwartungen geschieht in jenen Jahren eine solide methodische Erprobung der einzelnen Sozialformen in der Praxis. Noch heute gültige Grundsätze ihrer methodischen Handhabung werden entwickelt und diskutiert. Gleichwohl darf die Verbreitung von Partnerarbeit und Gruppenunterricht in den bundesdeutschen Schulen nicht überschätzt werden. Ihr standen zum einen handfeste Widerstände entgegen: die hohen Klassenfrequenzen, die unterschiedliche Lehrerbildung, die Unsicherheit gegenüber Erziehungsgrundsätzen und Lehrstilen.

Zum anderen entwickelten sich neue pädagogische Zielsetzungen, Tendenzen und Strömungen, die „einer pädagogischen Sozialisierung der Schulklasse" (WEISS 1929, S. 198) entgegenwirkten. Bereits 1957 beklagte Winnefeld „eine Überwucherung rationaler Bezugsformen im Unterrichtsgeschehen" und einen „pädagogisch sehr bedenklichen Umschlag in dem Verhältnis Sachbindung – Sozialbezug" und warf der „neueren Erziehungswissenschaft" vor, sie tendiere „offenbar in gewisser Weise bewußt zu einer Bagatellisierung kinder- und jugendpsychologischer Befunde" (zitiert nach KLUGE 1973, S. 169). Den gesellschaftlichen Ursachenzusammenhang erkannte ODENBACH (1970, S. 243) in der „weit verbreiteten Vorstellung, daß einfach aus gesellschaftlichen, wirtschaftlichen und politischen Gründen mehr gelernt und damit eine stärkere Zuwendung zu einer ökonomischen und sachlich orientierten Arbeit geleistet werden muß". Schulische Reformen wurden jetzt von der Wissenschaftsorientierung und der Curriculumreform, von der Zentralisierung der Schulen und ihrem Umbau zur demokratischen Leistungsschule erwartet.

Einen Gegenakzent setzt nach 1967 die Diskussion um die Gruppendynamik und vor allem die einige Jahre später einsetzende und breit geführte Diskussion um das soziale Lernen – verstanden als funktionaler Bestandteil jeglichen Lernens, als intentionales Unterrichtsprinzip und als zusätzliches Angebot innerhalb des Schullebens. Im Zusammenhang mit dem sozialen Lernen wird auch erneut über Erziehung in der Schule nachgedacht und über eine Ergänzung der Schulpädagogik durch eine schulische Sozialpädagogik oder Sozialarbeit. Damit werden auch die Sozialformen des Unterrichts wieder wichtig, wobei sie häufig in größere methodische Konzepte wie Projektunterricht und handlungsorientierter Unterricht eingefügt werden. Allerdings vermögen diese Ansätze sicherlich nicht, die dominanten Strukturen der rationalisierten Leistungsschule entscheidend zu verändern.

4 Soziale Organisationsformen von Unterricht

Der Begriff Sozialformen des Unterrichts hat sich weder allgemein durchgesetzt, noch wird er einheitlich benutzt. Unentbehrlich ist jedoch die Erkenntnis, daß jede Organisation von Unterricht soziale Auswirkungen hat (eben das meint der soziologische Begriff der „sozialen Organisation" – vgl. MAYNTZ 1963), und diese Erkenntnis gilt auch für die verschiedenen Gruppierungen und ihre Interaktionsformen. Die einzelnen Sozialformen des Unterrichts sind nun nicht nur als unterschiedliche Organisationsformen zu begreifen, sondern auch nach den in ihnen liegenden pädagogischen Möglichkeiten einzuschätzen. Solche Möglichkeiten müssen, um wirksam zu werden, eingelöst werden; und ihre Einlösung in der Praxis ist an verschiedene Voraussetzungen gebunden: Einstellung und Kompetenz des Lehrers; Sozialgeschichte, Klima und Kompetenz der Lerngruppe; institutionelle, materielle und situative Gegebenheiten.

Pädagogische Möglichkeiten und bestehende Voraussetzungen können sich im konkreten Fall wechselseitig fördern oder behindern, sogar aufheben. Das kann im Einzelfall erklären, warum beispielsweise ein Frontalunterricht pädagogisch erfolgreich oder ein Kleingruppenunterricht erfolglos ist.

Im einzelnen betrachtet, sind die in der Methodik beschriebenen Sozialformen des Unterrichts Generalisierungen oder Grundformen, deren Zahl, Abgrenzung und Bezeichnung in der Literatur nicht übereinstimmen. In der Praxis gibt es jedoch keinen generalisierten Frontal- oder Einzelunterricht, und zur Kompetenz des einzelnen Lehrers gehört der Einfallsreichtum bei der Modifizierung der Grundformen ebenso wie bei der Kombinierung verschiedener Sozialformen.

Harm Prior

4.1 Frontalunterricht – Klassenunterricht

Allgemeines Kennzeichen dieser Organisationsform von Unterricht ist, daß die Lerngruppe (Klasse) im Block, als Plenum unterrichtet wird. Diese Sozialform wird einerseits am häufigsten praktiziert (Untersuchungen errechneten einen Anteil bis zu 90% – vgl. TAUSCH/TAUSCH 1977, S. 255), aber andererseits am stärksten kritisiert. Für diesen Widerspruch gibt es folgende Erklärungen: Die Kritik pauschaliert, das heißt, sie addiert Nachteile verschiedener Ursachen, die aber nicht zusammen auftreten müssen. Der Klassenunterricht hat einige Vorteile, die allerdings nicht alle und in jedem Fall einer konkreten Überprüfung standhalten. Die Variationsbreite dieser Sozialform ist groß, so daß eine differenzierte Betrachtung der einzelnen Variationen notwendig ist.
Bei dem Begriff „Frontalunterricht" wird darüber hinaus die sich seit dem 18. Jahrhundert entwickelte Tradition des Jahrgangsklassenunterrichts assoziiert: der militärisch angeordnete Hörblock, in rezeptiver Haltung dem dozierenden oder abfragenden Lehrer gegenüber. Kein Zweifel, daß es diese Tradition lange gegeben hat. Kein Zweifel auch, daß man ähnliche soziale Wirkungen – Passivität der Schüler, fehlende Sozialkontakte, Lehrerdominanz – auch in unseren Schulen findet. Nur hängen diese Wirkungen nicht ursächlich, zumindest nicht allein mit dem Klassenunterricht zusammen.
Die Vorteile des Klassenunterrichts lassen sich unter dem Begriff der Unterrichtsrationalität zusammenfassen. Alle Schüler können gleichzeitig und methodisch einheitlich vermittelt denselben Stoff erhalten:
- Eine Versachlichung des Unterrichts ist möglich; nicht individuelle Probleme, sondern die gemeinsame Sache steht im Mittelpunkt.
- Die Methode kann einheitlich sein, was die Vorbereitung und die Disziplinierung erleichtert.
- Stoffquantität und Lerntempo können gut dosiert und kontrolliert werden.

Die Vorteile machen verständlich, warum in unserer rationalisierten Schule der Klassenunterricht eine so dominante Sozialform ist. Die Überprüfung dieser Vorteile muß aber bei der fragwürdigen Annahme ansetzen, daß eine Klasse von 20 oder 30 Schülern eine Einheit sei und en bloc lernend voranschreiten könne. Tatsächlich ist eine Klasse eine solche Einheit nur sehr bedingt, unter besonderen Umständen und nur zeitweilig.
Historische Sammlungen von Unterrichtsbeispielen (vgl. TH. DIETRICH 1968, GEISSLER u. a. 1965) zeigen die Variationsbreite dieser Sozialform. Klassenunterricht kannte die Herbartianer, aber auch die Anhänger der Arbeitsschule und der Erlebnispädagogik, der Jenaplan und der Projektplan – nur sah das jeweils sehr verschieden aus. Die theoretische Methodik differenziert zwischen darstellendem und erarbeitendem Klassenunterricht. Darstellen können der Lehrer, einzelne Schüler, Schülergruppen; erarbeiten kann die Klasse auf der Grundlage verschiedener Medien und mit Hilfe verschiedener Aktionsformen. Weitere Variationen sind gegeben, wenn Phasen eines Klassenunterrichts mit anderen Sozialformen kombiniert werden und dies in verschiedener Abfolge und zeitlicher Ausdehnung geschieht.
Die Probleme des Frontalunterrichts hängen mit der Fiktion der Klasseneinheit zusammen. Zunächst ist eine Klasse lediglich eine Ansammlung von Individuen, „eine Zwangsgemeinschaft im Sinne einer fremdbestimmten Konkurrenzgruppe [...], die im Verlauf einer Gruppenbildung zu einer Sympathie- und Interessengemeinschaft werden kann" (ULICH 1971, S. 93). Die Homogenität der Lernvoraussetzungen (etwa Sozialisation, Lernentwicklungsstand, Begabung, Lerntempo, Arbeits-

verhalten,...) ist ebensowenig gegeben wie die soziale Homogenität (soziale Rollen, Subgruppen, Zahl der Sozialkontakte,...). Die Annahme einer Homogenität führt zu einer künstlichen Nivellierung und einer nur scheinbar erfolgreichen Lehrökonomie. Das Spiegelbild dieser Ökonomie sind die typischen Verhaltensweisen eines stereotypen Frontalunterrichts (vgl. TAUSCH/TAUSCH 1977, S. 260f.):
- intellektuell: Rezeptivität, Mangel an kreativem Denken,
- emotional: Unlust, Anonymität und Egozentrik,
- sozial: eingeschränkte Kontaktfähigkeit, fehlende Empathie, Rivalität.

Hingegen können gezielte Beobachtungen und Reflexionen des Lehrers (und auch die Schüler sollten dazu angeleitet werden) zu einer intellektuellen und sozialen Differenzierung der Klasse, zu einer entsprechenden sozialpädagogischen Klassenführung und als methodische Konsequenz zu einer inneren Differenzierung führen. Damit werden pädagogische Aufgaben angesprochen, die über die spezielle Sachkompetenz des heutigen Fachlehrers (und dieser Lehrertypus dominiert selbst in den Grundschulen) häufig hinausgehen. Die eindeutige Aussage des DEUTSCHEN BILDUNGSRATES (1970, S. 37) ist gerade im Zusammenhang mit der dominanten Sozialform Klassenunterricht weiterhin aktuell: „Der Lehrer bedarf größerer pädagogischer und psychologischer Kenntnisse und Einübung, und zwar gerade als Fachlehrer [...] Er wird außer der Sachkompetenz die erforderliche Sozialkompetenz besitzen müssen und dadurch als Lehrer eine neue Bedeutung gewinnen."

4.2 Großgruppenunterricht

Zwei oder mehrere selbständige und sonst getrennt unterrichtete Klassenverbände (in der Regel Parallelklassen) erhalten gleichzeitig und gemeinsam in einem Großraum Unterricht. Diese Sozialform wird häufiger diskutiert (so im Zusammenhang mit Team-teaching, programmiertem Unterricht und Projektunterricht) als in der Praxis realisiert.

Großgruppenunterricht – auch als Verbandsunterricht bezeichnet – taucht unter drei sehr verschiedenen Begründungen auf:

Großgruppenunterricht aus besonderem Anlaß. Derartige Anlässe wären etwa Podiumsdiskussionen, die Darbietung von Filmen, Projekttage oder -wochen der Schule oder Klassenstufe mit einleitenden oder die Berichte der Projektgruppen darbietenden Plenarveranstaltungen.

Großgruppenunterricht zur Erhöhung der Lerneffektivität. Ein Modellbeispiel aus Nürnberg (vgl. BÖHM 1968): Der Unterricht in Geschichte, Erdkunde und Sozialkunde wurde für drei 13. Klassen „parallelisiert". Unterricht wurde in einer Kombination von Verbands- und Klassenunterricht (Verhältnis 1:3 beziehungsweise 2:3) durchgeführt. Als Vorteile wurden von den Lehrern genannt:
- Zeitersparnis, Konzentration und Zielstrebigkeit und der „heilsame Zwang zur Koordinierung",
- die rationelle Verwendung von audiovisuellen Medien,
- die Einübung der Studierfähigkeit.

Die Schüler zeigten skeptische Zustimmung zu diesem Versuch. Einzelne Antworten treffen genau das didaktische Pro und Contra: „Der Stoff wird komplex vorgetragen und ist gründlicher vorbereitet"; „Information ist aber nicht gleich Verständnis"; „Dem einzelnen Schüler kann nicht die Beachtung geschenkt werden wie im Klassenunterricht".

Vielleicht sind aber die Schwierigkeiten, die einem solchen Großgruppenunterricht entgegenstehen, auf seiten der Lehrer noch größer. Sie arbeiten in aller Regel als einzelne und sind auch allein verantwortlich. Hier setzt das Konzept des Teamteaching an (vgl. DECHERT 1972, GLASER 1968). Es will solidarische Zusammenarbeit, wechselseitige freiwillige Unterstützung, Beratung und sogar Kontrolle der Lehrer erreichen, und das soll zu einer gemeinsamen Planung und Durchführung von Unterricht in Parallelklassen führen. Eine gewollte Konsequenz ist dabei das Nebeneinander von Großgruppen- und Klassenunterricht.

Großgruppenunterricht als Maßnahme einer stärkeren Pädagogisierung. Hierunter lassen sich zwei Ansätze zusammenfassen, die in der Bundesrepublik bisher nur als Modelle praktiziert werden. In beiden ist der Großgruppenunterricht eine Teilmaßnahme innerhalb eines differenzierten pädagogischen und organisatorischen Konzepts:
- Aufgliederung einer Massenschule in überschaubare soziale Einheiten,
- Zusammenfassung von zwei Klassen (eines oder mehrerer Jahrgänge) zu einem Sozialverband.

Die *Aufgliederung* wird innerhalb der Gesamtschule als Team-Kleingruppen-Modell oder Team-Stammgruppen-Modell diskutiert. Zielsetzung ist dabei: „In einem zur Anonymität neigenden Großsystem der Vereinzelung und Isolierung von Schülern und Lehrern entgegenzuwirken" (GEMEINNÜTZIGE GESELLSCHAFT GESAMTSCHULE 1979, S. 126). Es werden innerhalb der großen Schulen kleinere Einheiten gebildet, die relativ autonom sind: 2, 3 oder 4 Stammgruppen mit 60, 90 oder 120 Schülern werden räumlich zusammen untergebracht und von wenigen Lehrern unterrichtet. Der Unterricht geschieht überwiegend in den Stammgruppen oder in festen Kleingruppen von 4–6 Schülern. Angeboten wird aber auch der Großgruppenunterricht für Einführungen in neue Unterrichtseinheiten oder Arbeitsschritte und für Berichte über Arbeitsergebnisse der verschiedenen Gruppen (vgl. BRANDT/LIEBAU 1978, S. 46).

Das Modell der *Zusammenfassung* stammt aus der Grundschule und geht von der Überlegung aus, daß es pädagogisch vorteilhaft ist, den starren Klassenverband regelmäßig oder zeitweilig zugunsten einer Großgruppe zu erweitern. So entsteht ein natürliches und familiäres Klima, ältere und jüngere Schüler helfen einander und ergänzen sich, und zwar sozial und intellektuell, wodurch schließlich eine größere Selbständigkeit der Schüler gefördert und eine Teamarbeit der Lehrer ermöglicht wird.

4.3 Einzelarbeit – Alleinarbeit

Um die Variationsbreite der Einzel- oder Alleinarbeit zu demonstrieren, sollen zunächst einige Beispiele benannt werden:

Mathematik, 9. Realschulklasse: Zinseszinsrechnung. An der Tafel wird im Klassenunterricht das Beispiel einer Bauhypothek durchgerechnet. Es folgen 30 Minuten Einzelarbeit der Schüler, Anwendungs- oder Übungsaufgaben nach dem Schulbuch.

Deutsch, 5. Klasse einer Orientierungsstufe: eine Versuchsbeschreibung. Nach einer kurzen Einführung soll in Einzelarbeit ein konkreter Versuch beschrieben werden. Die Aufgabenstellung differenziert nach drei Schwierigkeitsgraden; die Schüler können wählen. Die Lehrerin arbeitet mit einzelnen Schülern, die Schwierigkeiten haben.

Englisch im Leistungskurs B der 8. Klassenstufe einer Gesamtschule, unterrichtet im Sprachlabor. Aufgabe: Steigerungsformen bei Adjektiven. Arbeitsgrundlage der Einzelarbeit ist ein Abschnitt in einem Übungsprogramm. Der Lehrer kann sich in die Tonbandarbeit jedes einzelnen Schülers einschalten.

Arbeitsstunde in einer kombinierten 7./8. Sonderschulklasse. Angeregt durch Freinet, hat die Lehrerin mit jedem der 16 Schüler einen Zwei-Wochen-Übungsplan für Deutsch und Mathematik aufgestellt. Innerhalb dieses Plans bestimmt der Schüler selbst die Arbeit in der täglichen Arbeitsstunde.
Gymnasiale Oberstufe, Leistungskurs Gemeinschaftskunde. Thema für mehrere Wochen: Konjunkturpolitik. Nach einem Überblick wird das Vorgehen diskutiert und das Arbeitsmaterial zusammengestellt. Acht Einzelreferate werden vergeben.
Freies Arbeiten in einer 4. Klasse, eine Doppelstunde pro Woche. Die Schüler wählen selbst ihr Thema und arbeiten allein oder in Partnerarbeit mit Hilfe der Klassenarbeitsbücherei und auch zu Hause. Bearbeitungszeit zwei bis drei Wochen.
Die Auswirkungen der Einzelarbeit, insbesondere in sozialer Hinsicht, lassen sich unter drei Aspekten, die wiederum mannigfaltig zusammenhängen, betrachten:
– innere Differenzierung und Individualisierung,
– Selbsttätigkeit und Selbstverantwortung,
– Sachbezug versus Sozialbezug.
Historisch gesehen, ist die Einzelarbeit älter als der Klassenunterricht. Bis zur Stabilisierung des Jahrgangsklassensystems im frühen 19. Jahrhundert war der Schulunterricht auch bei 60 und 90 Schülern Einzelarbeit, wobei der Lehrer häufig durch Schulhelfer unterstützt wurde; und die wenig gegliederte Landschule praktizierte bis in unsere Gegenwart hinein eine *Binnendifferenzierung* (in einem Raum) nach Altersgruppen. Andererseits wurde die heutige Schulklasse durch verschiedene einschneidende Maßnahmen homogenisiert: durch ein nach Schülerleistung differenziertes Schulsystem, durch Noten und Versetzungen, durch Fachleistungskurse zwischen Parallelklassen. Gegenmodelle (wie die Waldorfschulen, die auf Noten und Versetzungen verzichten) blieben isoliert.
Diese Homogenisierung der Schulklasse förderte die Fiktion ihrer intellektuellen und sozialen Einheitlichkeit. Demgegenüber kann die Einzelarbeit – wie auch die Partnerarbeit und der Kleingruppenunterricht – eine wirksame Maßnahme der *inneren Differenzierung* sein. „Innere Differenzierung setzt dort ein, wo im Unterricht verschiedenen Schülern unterschiedliche, auf ihre individuelle Leistungsfähigkeit und Motivation abgestimmte Aufgaben gestellt werden." Der DEUTSCHE BILDUNGSRAT (1970, S. 71) fügt dieser Definition dann resignativ hinzu: „Methoden der inneren Differenzierung des Unterrichts befinden sich dagegen immer noch in einem Stadium der Entwicklung und Erprobung." Gerichtet ist diese Feststellung nicht an die Wissenschaft, die Möglichkeiten und Probleme der Differenzierung und Individualisierung vielfältig untersucht hat (vgl. FISCHER 1964, TESCHNER 1971, YATES 1972), sondern an die Praxis.
Für den Schüler bietet die innere Differenzierung die Möglichkeit, als Person angesprochen, gefordert und bestätigt zu werden und Sicherheit und Selbstvertrauen durch die „Passung" von Anforderungen und individuellen Voraussetzungen (etwa Lernentwicklungsstand, -tempo) zu gewinnen. Damit kann für die Klasse die Anonymität und die Normierung des Klassenblocks zeitlich aufgehoben und eine soziale Befriedigung durch das Vermeiden von Über- und Unterforderung begünstigt werden.
Selbsttätigkeit ist eine zentrale Zielsetzung der Arbeitsschulpädagogik. Gemeint ist nicht lediglich, „daß das Kind selbst tätig ist, sondern daß es aus seinem Selbst zur Tätigkeit genötigt wird" (KERSCHENSTEINER 1965, S. 170). Die „Produktivkräfte" (vgl. SCHARRELMANN 1912) des Kindes gilt es zu entwickeln, die Schule zur ‚école active' (vgl. FERRIÈRE 1928) zu machen. Andererseits deutet die hier unüberhörbare Emphase auf die Gefahr der Überschätzung der Kräfte des „Selbst" und der Gering-

schätzung des Übens, Nachvollziehens, Verarbeitens und Anwendens im Unterricht hin.
Aber wie sozial verschieden – gemessen an dem zugestandenen Grad der Selbstverantwortung – kann beispielsweise das Üben in der Einzelarbeit sein: eine Fortsetzung des Klassenunterrichts, en bloc und undifferenziert (Beispiel 1); individualisiert, aber gebunden an ein standardisiertes Übungsprogramm (Beispiel 3); individualisiert nach dem Lernstand des einzelnen Schülers und durchgeführt in eigener Verantwortung (Beispiel 4). Selbsttätigkeit darf auch in der notwendigen Funktion des Übens und Anwendens nicht zur „Stillbeschäftigung" verkommen.
Kein Zweifel, daß die „erarbeitende" Einzelarbeit, verglichen mit der „verarbeitenden" und „weiterführenden" Einzelarbeit, die größere Herausforderung für die Selbsttätigkeit und Produktivität der Schüler darstellt. Doch wäre es falsch, daraus zu schließen, eine solche Herausforderung nur älteren Schülern zumuten zu können. Erfahrungen mit der freien Arbeit in Grundschulklassen, angeregt durch Berichte aus Großbritannien und aus Schulen, die nach Freinet arbeiten, zeigen die fruchtbaren Möglichkeiten eines solchen Vorgehens schon im Primarbereich (vgl. GLOGAUER 1976, SCHEEL 1978).
In der Einzelarbeit tritt der *Sozialbezug* des Schülers zum Mitschüler und zur Klassengruppe zurück oder wird zeitweilig ganz aufgehoben; es dominiert der *Sachbezug,* die Auseinandersetzung mit der Aufgabe, dem Problem. Einzelarbeit stellt „einen Prüfstein für Sachbeherrschung, Arbeitshaltung und Methodeninternalisation dar"; und diese „wachsen dem Schüler nicht naturwüchsig zu, sondern sind das Ergebnis eingehender Schulung" (MICHAEL 1973, S. 308).
Parkhursts Daltonplan forcierte die Dominanz des Sachbezugs; sie rationalisierte die Alleinarbeit und machte sie autonom. Hier ist „das Ideal der an schriftlichen Aufgabenstellungen und Arbeitsanweisungen sich frei unterrichtende Einzelschüler" (DIETRICH 1969, S. 148). Damit ist zugleich der Sozialbezug amputiert, der Schüler isoliert und auf Konkurrenz verwiesen. Soziale Bedürfnisse bleiben unberücksichtigt, soziale Fähigkeiten ungeübt, und die motivationalen, kognitiven und sozialen Kräfte der Gruppe werden nicht genutzt. Untersuchungen über die Auswirkungen von Unterrichtsformen zeigen zwar, daß gerade bei der Einzelarbeit Schüler unterschiedlich reagieren (leistungsstarke oder -schwache, selbstbewußte oder ängstliche), doch ist es generell richtig, die Einzelarbeit nicht autonom, sondern als ergänzende und alternierende Sozialform zu verwenden.

4.4 Partnerarbeit

Für die Mehrzahl der Soziologen „ist das Paargebilde (Dyade) kategorial vom Gruppengebilde verschieden", beginnt die Gruppe „erst mit der Dreizahl" (BERNSDORF 1969, S. 386). Hingegen beantworten Pädagogen die Frage pragmatisch: „Schon innerhalb der Zweiergruppe" ändert sich das Verhalten des Individuums (WEISS 1929, S. 199), und die Partnerarbeit „ist die allereinfachste Form der Gruppenarbeit" (SIMON 1959, S. 35).
Pädagogisch gesehen, haben Partner- und Gruppenarbeit gemeinsame Grundziele; sie wollen alternative Sozial- und Arbeitsformen sowohl zur Einzelarbeit als auch zum Frontalunterricht sein und gleichzeitig kognitive Leistungsfähigkeit und soziale Fähigkeiten (Soziabilität) fördern.
Andererseits können die Verschiedenheiten nicht übersehen werden, so daß eine getrennte Darstellung sinnvoll ist. Dabei wird auf die „soziologischen Eigenschaften der Gruppe" (vgl. LEWIN 1953) bei der Gruppenarbeit eingegangen, obwohl diese

Eigenschaften auch in der Zweiergruppe eine Bedeutung haben. Das kurzfristige gemeinsame Üben von Banknachbarn hat es in der „alten" Schule mit ihren großen Schülerzahlen wohl immer gegeben. Daneben fand man die andere Form, den Helferunterricht, bei dem ältere Schüler als Helfer des Lehrers mit einzelnen Schülern oder Schülergruppen übten. Entscheidende Veränderungen brachte erst die Reformpädagogik, und zu ihren Anstößen gehörte die Entwicklung von gruppenunterrichtlichen Arbeitsformen. Die Bezeichnung Partnerarbeit (statt Paar- oder Zweierarbeit) ist aber jünger. Sie entstammt der Partnerschaftsdiskussion der 50er Jahre.

Partnerarbeit gilt im Vergleich zur Gruppenarbeit mit Recht als einfacher zu handhaben: „In der Partnerarbeit können zwei Schüler ihre ersten Schritte von der Alleinarbeit zur gemeinsamen Tätigkeit tun" (SIMON 1959, S. 35); vergleichbare Erfahrungen werden aus der Hochschule und der Erwachsenenbildung berichtet. Partnerarbeit ist aber – auch von der Organisation (selbst in größeren Klassen) und vom Zeitfaktor (oft nur 5, 10 oder 20 Minuten) her gesehen – nicht aufwendig und läßt sich leichter mit eingefahrenen Erwartungen und Verhaltensweisen des Lehrstils und der Autoritätsausübung verbinden. Positive Erfahrungen mit Partnerarbeit können andererseits der Anstoß sein, von der einseitigen Lehrerzentrierung loszukommen und die Schüler zu ersten, gezielten Interaktionen und gemeinsamen Initiativen anzuleiten und zu ermutigen.

Partnerarbeit wird deshalb als eine Vorform der Gruppenarbeit angesehen. Gleichwohl sollte sie als eine selbständige Sozialform – auch neben der Gruppenarbeit – verstanden und praktiziert werden. In einer Untersuchung ergab sich, daß die besondere Effizienz der Partnerarbeit (in kognitiver wie in sozialer Hinsicht) sich gerade beim Verbund mit anderen Sozialformen zeigt (vgl. SCHELL 1972).

Partnerarbeit ist prinzipiell für alle Fächer und Altersstufen geeignet. Bei der Einführung von gruppenunterrichtlichen Arbeitsformen werden Partneraufgaben zunächst sein: Üben, Korrigieren, Sammeln, Beobachten, Wiederholen, Zusammenstellen. Später sind schwierige, etwa problemlösende Aufgaben möglich.

In ihrer Sozialdynamik zeigen Paare und Gruppen einige wichtige Unterschiede:
- Der Raum für die Aktivität und Entwicklung des einzelnen ist beim Paar größer; demgegenüber sind die möglichen Vorteile der Arbeitsteilung und der „Addition der Kräfte" in der Gruppe größer.
- Die soziale Distanz ist in der Regel zwischen Partnern geringer, was die Zusammenarbeit fördern, aber auch lähmen kann (durch Emotionalisierung oder Dominanz- oder Abhängigkeitsverhalten); andererseits ist in der Gruppe die Beziehungsstruktur komplexer, und es wächst die Gefahr, daß Konflikte die Gruppenarbeit belasten.

Geübt werden kann schon in der Partnerarbeit die Beobachtung und die Diskussion von Interaktionen und damit zusammenhängenden Konflikten.

4.5 Gruppenunterricht – Gruppenarbeit

Beide Begriffe werden vielfach synonym verwendet (vgl. MEYER 1969, VETTIGER 1977, WÖHLER 1981). Manche Autoren hingegen differenzieren zwischen Gruppenunterricht als dem weiter gefaßten und Gruppenarbeit als dem engeren Begriff. Gruppenunterricht ist danach immer dort, „wo die Gruppe im allgemeinen Unterrichtsgeschehen in Erscheinung tritt" (SLOTTA 1954, S. 17), schon dann, wenn gruppendynamische Prozesse im Klassengespräch aufgegriffen werden. Hingegen meint Gruppenarbeit „die aktive Gestaltung einer Lern- und Arbeitsform innerhalb einer

Kleingruppe" (SCHELL 1972, S. 14) und bezeichnet dann auch das Ergebnis dieser Arbeitsform.
Der Gruppenunterricht wird zwar in der Literatur häufig gefordert, in der Praxis ist er jedoch selten (gerechnet wird mit einem Anteil am Schulunterricht von etwa 5% – vgl. MEYER 1977, S. 106 f.; vgl. TAUSCH/TAUSCH 1977, S. 255). Für die Zurückhaltung der Lehrer dürften folgende Gründe verantwortlich sein:
- die bei vielen Lehrern fehlenden Voraussetzungen wie positive Einstellung zum Gruppenunterricht, soziale und methodische Kompetenz,
- die Orientierung der Schule auf das Stoffpensum und die individuelle Leistung der Schüler, wodurch sehr häufig die sozialpädagogische Funktion von Schule und Unterricht ausgeblendet wird,
- die realen Schwierigkeiten des Gruppenunterrichts wie Organisation, Arbeitsaufwand des Lehrers, soziale und methodische Voraussetzungen bei den Schülern,
- die verbreitete literarische Idealisierung des Gruppenunterrichts, die abschreckt beziehungsweise zu überhöhten Erwartungen führt, die dann in der Praxis nicht eingelöst werden können.

Zentral für die Arbeit mit Gruppen ist die Kenntnis *gruppendynamischer Prozesse:*
„Die Art des Verhaltens und der Einstellung, die die Erziehung zu entwickeln sucht, und die Mittel, deren sie sich bedient, hängen nicht einfach von einer abstrakten Philosophie oder wissenschaftlich entwickelten Methode ab, sondern sind im wesentlichen ein Ergebnis der soziologischen Eigenschaften der Gruppe, bei der diese Erziehung vor sich geht" (LEWIN 1953, S. 22).
Dieser allgemeine Zusammenhang gilt sicherlich auch für die Schulklasse als Gesamtgruppe; und die Lehrer, die ein Faktor dieser Gruppe sind, sollten diesen Zusammenhang kennen und seine Berücksichtigung bereits im Klassenunterricht als Teil ihres pädagogischen Auftrages begreifen. Andererseits bleibt Lewins These abstrakt; sie stammt aus einem der ersten Beiträge zur Gruppendynamik. Heute können sich Lehrer eingehend über Gruppendynamik informieren (vgl. BROCHER 1967, SADER 1976, ULICH 1971, ZOLL/BINDER 1979), wobei allerdings zu berücksichtigen ist, daß die Erforschung der Kleingruppen größtenteils außerhalb der Schule erfolgte, so daß manche Ergebnisse und Erklärungen nur vorsichtig auf die Schulklasse und den Gruppenunterricht übertragen werden können.
HARE (vgl. 1962) unterscheidet in seinem *Gruppenstruktur-Modell* sechs Variablen, die, teilweise in Wechselwirkung zueinander stehend, den Gruppenprozeß und damit die Produktivität einer Gruppe beeinflussen:
Persönlichkeitsmerkmale: Interesse, Intelligenz, Kontakt- und Kooperationsfähigkeit, Selbständigkeit, Angst,
soziale Merkmale: Alter, Geschlecht, Schichtzugehörigkeit, Sympathien, soziale Erfahrungen,
Größe der Gruppe: von Bedeutung für die soziale Distanz der Mitglieder, ferner für die Arbeitsteilung, die Wahl der Arbeitsmittel,
Aufgabe: Art der Aufgabe, Bedingungen, Regeln und Sanktionen, Materialien zur Aufgabenlösung,
Kommunikation: Formen, Beteiligung der Mitglieder, Zugang zu den Informationen,
Führung: Rollen(-verteilung), Autorität und Disziplin, Führungsstil und Klima.
Für die Schule sind einige dieser Faktoren vorgegeben; der „Spielraum" bei anderen ist gering. Gruppenunterricht setzt – ausgerichtet auf die intellektuelle Leistungsfähigkeit und Soziabilität jedes einzelnen Mitglieds – vor allem auf den Faktor Gruppengröße: Wechselnde Gruppierungen (Partner- und Kleingruppenarbeit neben Ple-

num und Einzelarbeit) sollen die soziologischen Eigenschaften der Gruppe additiv zur Wirkung bringen. Dabei wird der Kleingruppenarbeit von vier bis sechs Mitgliedern eine besondere Bedeutung zugesprochen.
Dieser Erwartung liegt eine idealtypische Einschätzung der Kleingruppe zugrunde, und zwar erstens hinsichtlich der *Wirkung der Kleingruppe im Vergleich zur Großgruppe (Klasse) auf das Individuum* durch
- größere soziale Nähe und engere Kontakte zu den Mitschülern,
- persönliche Beziehungen; Anerkennung als Person; direktes Feedback,
- Zuwachs an Leistungsmotivation durch persönliche Betroffenheit,
- Einbringen der individuellen Sachinteressen, Kenntnisse und Fähigkeiten,
- Förderung von operatorischem Denken durch die Gruppendiskussion (vgl. AEBLI 1966, S. 73)

und zweitens hinsichtlich der *Arbeit in der Gruppe:*
- Wir-Gefühl fördert Aktivität und Bereitschaft zur Verantwortung (vgl. WINNEFELD 1973, S. 174 ff.),
- enge direkte Kommunikation erhöht die Reziprozität (Wechselseitigkeit) des Denkens (vgl. PIAGET 1967, S. 186 f.),
- ökonomische Arbeitsteilung durch Rollendifferenzierung,
- Addition der individuellen Leistungsmöglichkeiten.

Andererseits muß man aber mit SCHELL (1972, S. 30) feststellen: „Die beobachtete Diskrepanz von potentieller und tatsächlicher Leistungsfähigkeit einer Gruppe weist auf Faktoren hin, die neben der Leistungskapazität eine entscheidende Rolle spielen." Auf den Faktor Lehrer soll hier besonders hingewiesen werden. VIERLINGER (1979, S. 297 ff.) sieht vor allem drei Fehlerquellen bei „mißverstandener und mißratener Gruppenarbeit":
- Verzicht auf Sachzentrierung und Leistungsnorm durch einseitige Betonung des sozialen Aspekts,
- falsche Aufgabenstellungen, die der Gruppenarbeit „nicht adäquat sind und sich besser für andere Formen der Bearbeitung eignen",
- mangelhafte Organisation.

LOCH (1959, S. 54 f.) kritisiert die häufige „Geringschätzung und Vernachlässigung der eigentlich erzieherischen Arbeit im Gruppenunterricht" als Folge eines „pädagogischen Soziologismus", der dann gegeben ist, wenn die Gruppe „zum Erziehungs-Automaten verabsolutiert" wird. Eine besondere Gefahr ist die Entwicklung zur Clique, „zur Intimgruppe mit hohem Kohäsionsgrad, in der die gemeinsame Anwesenheit Selbstzweck und befriedigender wird, als die aufgabenorientierte Anstrengung" (VIERLINGER 1979, S. 297). Unverzichtbar sind Sach- und Erziehungswissen des Lehrers, die Hinführung und Gewöhnung der Klasse und die immer wieder gemeinsam zu unternehmende kritische Reflexion. Gedruckte Hilfen, Beispiele und Vorschläge für eine solche Hinführung (vgl. BÜRGER 1978, FRITZ 1977, SCHREINER 1981, STANFORD 1980) können die eigenen Erfahrungen ergänzen.
Einige Beispiele aus der neueren Literatur sollen die unterschiedlichen Formen der Gruppenarbeit verdeutlichen:
Tägliche Kleingruppenarbeit (in Verbindung mit Klassenunterricht und Einzelarbeit) zur inneren Differenzierung im Leseunterricht einer 1. Klasse. Die Gruppen werden nach „Lesebedürfnissen" gebildet, „so daß denjenigen mit einer bestimmten Lernschwierigkeit gemeinsam geholfen werden kann" (SHARAN/SHARAN 1976, S. 60).
Kurzzeitige themengleiche Kleingruppenarbeit, Dauer 5 bis 20 Minuten, anzuwenden möglichst häufig in allen Fächern und Klassenstufen; vor oder nach der Dar-

bietung von Informationen, zum Gewinnen weiterer Informationen, zur Übung; weitergehende Absicht: „allmählich zu lernen, längerdauernd selbständig in Kleingruppen" zu arbeiten (vgl. TAUSCH/TAUSCH 1977, S.255ff.).
Arbeitsteilige Kleingruppenarbeit in Geschichte Klasse 8, Thema: Stadt im Mittelalter. Die Schüler wählen ihr Gruppenthema auf der Grundlage eines umfangreichen, systematisch aufbereiteten Quellenmaterials; Dauer mehrere Fachunterrichtsstunden. Die klassische Form einer aus dem Unterrichtsalltag herausgehobenen Gruppenarbeit, arbeitsteilig und didaktisch anspruchsvoll (vgl. BRANDES/MODL 1977, S.231 ff.).
Funktionalisierte Gruppenarbeit im Literaturunterricht der Sekundarstufe I und II; immer wieder „in zeitlich begrenzten Phasen" für „Aufgaben beschreibender, analysierender und wertender Art" in den Klassenunterricht eingeschoben (BAUER 1981, S.89ff.).
Gruppenarbeit im Konzept eines „offenen Unterrichts" mit „mehr Handlungsspielraum" und „mehr Selbstverantwortung" für die Schüler, hier durchgeführt in der Projektwoche einer Gesamtschule (SCHNURER 1979, S.274 ff.).
Kleingruppen als ständige Arbeits- und Sozialform im Team-Kleingruppen-Modell. Vier bis sechs Schüler „bilden eine feste Arbeitsgruppe, sitzen an einem Gruppentisch zusammen und leisten einen großen Teil ihrer Lernarbeit gemeinsam" (GEMEINNÜTZIGE GESELLSCHAFT GESAMTSCHULE 1979, S.50).
Die skizzierten Beispiele stehen jeweils für einen Typus von Gruppenarbeit, gekennzeichnet durch den bestimmten Zweck (beispielsweise die tägliche Gruppenarbeit als Arbeitsform der inneren Differenzierung). Weitere Typen oder Zwischenformen ließen sich in dem breiten Schrifttum (vgl. auch FORSBERG/MEYER 1973, MEYER 1969) nachweisen.
Zweck und Ziel der Gruppenarbeit und die jeweiligen Lernvoraussetzungen der Klasse bestimmen mehr oder weniger weitgehend eine Reihe von *methodischen Entscheidungen.* Die Gruppenbildung kann unter unterschiedlichen Kriterien wie Leistung, soziale Beziehungen, Interessen oder Zufall erfolgen und hinsichtlich der Initiation differieren, wenn man beispielsweise an konstante, wechselnde oder spontane Gruppen denkt (vgl. die Übersicht in PAPST 1977, S.69ff.). Auch die Arbeitsaufträge müssen vom Lehrer didaktisch entschieden werden: Soll beispielsweise arbeitsgleiche oder -differenzierte Gruppenarbeit vergeben werden, und inwieweit können die Schüler in diesen Planungsprozeß einbezogen werden?
Für die Durchführung der Gruppenarbeit sind der zeitliche Rahmen, die Gruppenleitung und potentiellen Konfliktstrategien (vgl. BÜRGER 1978, S.124 ff.), die Arbeitsteilung innerhalb der Gruppen (Wechsel von „Individual- und Sozialphasen" – vgl. BÜRGER 1978, S.140 ff.) entscheidend.
Die abschließende Plenumsarbeit, in der die Gruppenergebnisse vorgestellt und diskutiert werden sollten, gilt als die schwierigste Phase.
Zur erzieherischen Handhabung der Gruppenarbeit muß also eine zugleich umsichtige und flexible methodische Handhabung hinzukommen. Diese wird kaum durch die Übernahme von Rezepten zu erlangen sein, sondern ist vor allem durch eigene Beobachtungen und Erfahrungen und deren kritische Auswertung zu erwerben.

4.6 Kreissituation – Kreisgespräch

Der Kreis als Sozialform des Unterrichts stammt wie der Gruppenunterricht aus der Reformpädagogik. B. Ottos Vorbild (1925) war das Gespräch am Familientisch. „Drei- bis viermal in der Woche ist in der letzten Schulstunde von 12–13 Uhr die

ganze Schule, gegen 80 Schüler von 6–19 Jahren, mit allen Lehrern zu zwangloser Aussprache vereinigt" (OTTO 1961, S. 189). „Die Frage, die ein Schüler stellt, wird nach Möglichkeit von Schülern beantwortet [...] Die älteren Schüler antworten den jüngeren Schülern und meistens sehr geschickt. Wenn aber die Kenntnisse der Schüler nicht ausreichen, so bemühen wir Lehrer uns zu antworten, soweit unsere Kenntnisse ausreichen" (OTTO 1965, S. 73).
In Petersens Jenaplan-Schule gab es im Kreis neben dem Gespräch auch die Darbietung durch einzelne Schüler oder Schülergruppen. Der Lehrer übte jedoch „Zurückhaltung [...], um in diesem Kreise die Schüler vorherrschen zu lassen" (PETERSEN 1971, S. 181).
Zwei soziale Merkmale kennzeichnen die Kreissituation:
– Das Plenum (die Klassengruppe) sitzt zusammen, alle „einander voll zugewandt" (PETERSEN 1971, S. 98);
– die Initiativen gehen von den Schülern aus.
Die Kreisform schließt alle ein, auch den Lehrer. So demonstriert der Kreis Geschlossenheit und Solidarität und macht andererseits jeden einzelnen gleichberechtigt sichtbar; er hat Forderungscharakter. „Der Kreis konzentriert nicht nur stark auf den Gegenstand des Gesprächs, sondern gleich stark auf die Haltung jedes einzelnen" (PETERSEN 1971, S. 99).
Heute werden für diese Sozialform verschiedene Bezeichnungen benutzt: Kreissituation (Kreisunterricht), Gesprächskreis (Kreisgespräch), freies Gespräch (offenes Gespräch).
Das *freie Unterrichtsgespräch* ist grundsätzlich von dem üblichen Klassen- oder Lehrgespräch oder gebundenem Gespräch im Frontalunterricht zu unterscheiden.
Es meint eine Situation, „in der die Schüler frei ihre Meinungen, Gedanken und Vorstellungen über einen Gegenstand aussprechen und ihre Fragen der ganzen Klasse vorbringen" (ROTH/ROTH 1978, S. 116).
Zielsetzung ist die Förderung intellektueller und sozialer Fähigkeiten wie Fragelust und Sachinteresse, offene geistige Auseinandersetzung über selbstgewählte Themen, Selbstwertgefühl und wechselseitige Achtung.
Voraussetzungen hierfür sind ein Klima des Vertrauens und der Zusammenarbeit, beim Lehrer Zurückhaltung und Beweglichkeit, Beobachtungsfähigkeit und Einfühlungsvermögen und bei den Schülern „Sachlichkeit und Selbständigkeit in der Meinungsäußerung, das Zuhören, die Annahme und Bewertung anderer Meinungen"; die Bereitschaft, „seine eigene Meinung immer wieder zu beurteilen und zu korrigieren" (ROTH/ROTH 1978, S. 119).
Empfehlenswert ist der Einbau von Zwischenphasen, so können beispielsweise Schülerexperten referieren, ein Konflikt als Spielszene rekonstruiert und ein Problem auf eine „fish pool"-Diskussion (drei ausgewählte Schüler diskutieren, ein vierter Stuhl kann frei besetzt werden) konzentriert werden.
Anlässe für das freie Unterrichtsgespräch können regelmäßige Termine für freie Themen und Fragen der Schüler sein, ein Brainstorming, die Auswertung von Ergebnissen der Gruppen- und Einzelarbeit, aber auch die Lösung von Konflikten, die die Klasse betreffen.
Die Funktion des Lehrers liegt hier vor allem darin, die Klasse zum Gespräch zu erziehen und in der (möglichst gemeinsamen) Reflexion des Gesprächsverlaufs auf Gefahren wie „bloßes Gerede" und endlose Positionskämpfe hinzuweisen.

AEBLI, H.: Psychologische Didaktik, Stuttgart 1966. BAUER, J.: Didaktische Aspekte zur Gruppenarbeit im Literaturunterricht. In: WÖHLER, K. (Hg.): Gruppenunterricht, Hannover 1981, S. 89 ff. BAYERISCHES STAATSMINISTERIUM FÜR UNTERRICHT UND KULTUS (Hg.): Bildungsplan für die bayrischen Volksschulen, München 1955. BERNSDORF, W. (Hg.): Wörterbuch der Soziologie, Stuttgart 1969. BÖHM, J.: Koordinierte Gemeinschaftskunde. In: GLASER, H. (Hg.): Team Teaching konkret, Freiburg 1968, S. 9 ff. BRANDT, H./LIEBAU, E.: Das Team-Kleingruppenmodell. Ein Ansatz zur Pädagogisierung der Schule, München 1978. BRANDES, J./MODL, G.: Die Stadt im Mittelalter. Unterrichtseinheit für den 8. Jahrgang im Fach Gesellschaftswissenschaft. In: FUHR, R. u. a.: Soziales Lernen. Innere Differenzierung. Kleingruppenunterricht, Braunschweig 1977, S. 231 ff. BROCHER, T.: Gruppendynamik und Erwachsenenbildung, Braunschweig 1967. BÜRGER, W.: Teamfähigkeit im Gruppenunterricht. Zur Konkretisierung, Realisierung und Begründung eines Erziehungszieles, Weinheim 1978. COUSINET, R.: Une Méthode de Travail libre par groupes, Paris 1945. DECHERT, H.-W. (Hg.): Team Teaching in der Schule, München 1972. DEUTSCHER BILDUNGSRAT: Strukturplan für das Bildungswesen, Stuttgart 1970. DIETRICH, G.: Bildungswirkungen des Gruppenunterrichts, München 1969. DIETRICH, TH. (Hg.): Unterrichtsbeispiele von Herbart bis zur Gegenwart, Bad Heilbrunn 1968. FEND, H.: Theorie der Schule, München/Wien/Baltimore 1980. FERRIÈRE, A.: Schule der Selbstbetätigung oder Tatschule, Weimar 1928. FISCHER, M.: Die innere Differenzierung des Unterrichts in der Volksschule, Weinheim 1964. FLITNER, W.: Theorie des pädagogischen Weges und Methodenlehre. In: NOHL, H./PALLAT, L. (Hg.): Handbuch der Pädagogik, Bd. 3, Langensalza/Berlin/Leipzig 1930, S. 59 ff. FORSBERG, B./MEYER, E. (Hg.): Einführung in die Praxis der schulischen Gruppenarbeit. Materialien für Lehrer, Schüler und Eltern, Heidelberg 1973. FRITZ, J.: Methoden des sozialen Lernens, München 1977. FUHR, R. u. a.: Soziales Lernen. Innere Differenzierung. Kleingruppenunterricht, Braunschweig 1977. GANSBERG, F.: Produktive Arbeit. Beiträge zur neuen Pädagogik, Leipzig 1909. GEISSLER, G. u. a. (Hg.): Das Problem der Unterrichtsmethode, Weinheim [6]1965. GEMEINNÜTZIGE GESELLSCHAFT GESAMTSCHULE (Hg.): Arbeitsmaterialien Heft 21, Bochum 1979. GLASER, H. (Hg.): Team Teaching-konkret, Freiburg 1968. GLOGAUER, W. (Hg.): Neue Konzeptionen für individualisiertes Lernen, Bad Heilbrunn 1976. GUTTE, R.: Gruppenarbeit. Theorie und Praxis des sozialen Lernens, Frankfurt/M. 1976. HARE, A. P.: Handbook of Small Group Research, New York 1962. HEIMANN, P. u. a.: Unterricht. Analyse und Planung, Hannover 1965. HUBER, F.: Allgemeine Unterrichtslehre, Bad Heilbrunn [11]1972. KERSCHENSTEINER, G.: Begriff der Arbeitsschule, München/Düsseldorf/Stuttgart [16]1965. KLAFKI, W. u. a.: Funk-Kolleg Erziehungswissenschaft, Bd. 2, Frankfurt 1970. KLUGE, N. (Hg.): Das pädagogische Verhältnis, Darmstadt 1973. KMK: Empfehlungen zur didaktischen und methodischen Gestaltung der Oberstufe, Bonn 1961. LEWIN, K.: Die Lösung sozialer Konflikte. Ausgewählte Abhandlungen über Gruppendynamik, Bad Nauheim 1953. LOCII, W.: Die Aufgaben des Lehrers im Gruppenunterricht. In: Päd. Arbbl. 11 (1959), S. 49 ff. LUSTENBERGER, W.: Gemeinschaftliche geistige Schularbeit. Entwicklung und Theorie, Luzern 1949. MAYNTZ, R.: Soziologie der Organisation, Reinbek 1963. MENCK, P.: Methode. In: WULF, CH. (Hg.): Wörterbuch der Erziehung, München 1974, S. 413 ff. MEYER, E.: Gruppenunterricht. Grundlegung und Beispiel, Oberursel [5]1969. MEYER, E. (Hg.): Handbuch Gruppenpädagogik – Gruppendynamik, Heidelberg 1977. MICHAEL, B.: Einzelunterricht. In: NICKLIS, W. S. (Hg.): Handwörterbuch der Schulpädagogik, Regensburg 1973, S. 304 ff. ODENBACH, K.: Lexikon der Schulpädagogik, Braunschweig 1970. OTTO, B.: Die Schulreform im 20. Jahrhundert. Ein Vortrag. In: FLITNER, W./KUDRITZI, G.: Die deutsche Reformpädagogik, Bd. 1, München/Düsseldorf 1961, S. 189 ff. OTTO, B.: Gesamtunterricht. In: GEISSLER, G. (Hg.): Das Problem der Unterrichtsmethode in der pädagogischen Bewegung, Weinheim [6]1965, S. 67 ff. PAPST, J.: Konzepte der inneren Differenzierung. In: FUHR, R. u. a.: Soziales Lernen. Innere Differenzierung. Kleingruppenunterricht, Braunschweig 1977, S. 53 ff. PETERSEN, P.: Führungslehre des Unterrichts, Weinheim [11]1971. PIAGET, J.: Psychologie der Intelligenz, Zürich/Stuttgart [3]1967. PREUSS, E. (Hg.): Zum Problem der inneren Differenzierung, Bad Heilbrunn 1967. RANK, K.: Die sozialen Formen des Unterrichts. In: BLUMENTHAL, A. u. a. (Hg.): Handbuch für Lehrer, Bd. 2, Gütersloh 1961, S. 139 ff. ROTH, H.-G./ROTH, A.: Die Elemente der Unterrichtsmethode, München 1978. ROTH, L.: Effektivität von Unterrichtsmethoden. Empirische Untersuchungen zur Wirkung der Organisationsformen von Lernbedingungen, Hannover 1971. SADER, M.: Psychologie der Gruppe, München 1976. SCHARRELMANN, H.: Erlebte Pädagogik. Gesammelte Aufsätze und Unterrichtsproben, Braunschweig ²1912. SCHEEL, B.: Offener Grundschulunterricht. Schülerzentrierter Unterricht mit freier Arbeit und Wochenplan, Weinheim/Basel 1978. SCHELL, CH.: Partnerarbeit im Unterricht. Psychologische und pädagogische Voraussetzungen, München/Basel 1972. SCHNURER, J.: Projektwochen. Veränderung der Organisation. In: BÖNSCH, M./SCHITTKO, K. (Hg.): Offener Unterricht, Hannover 1979, S. 274 ff. SCHREINER, G.: Wie kann man einer Ansammlung von Schülern helfen, sich zu einer „guten Gruppe" zu entwickeln? In: D. Dt. S. 73 (1981), S. 113 ff., S. 165 ff., S. 239 ff. SCHULZ, W.: Unterricht – Analyse und Planung. In: HEIMANN, P. u. a.: Unterricht – Analyse und Planung, Hannover 1965, S. 13 ff. SHARAN, S./SHARAN, Y.: Gruppenzentrierter Unterricht. Kleingruppe, Lernecke, Plan- und Rollenspiel, Stuttgart 1976. SILKENBEUMER, R. u. a.: Beispiel Hannover-Rodenkirchen, Mimeo, Hannover 1978. SIMON, A.: Partnerschaft im Unterricht. Kinder lernen miteinander und voneinander, München 1959. SLOTTA, G.: Die Praxis des Gruppenunterrichts und ihre Grundlagen, Bremen 1954. STANFORD, G.: Gruppenentwicklung im Klassenraum und anderswo, Braunschweig 1980. STÖCKER, K.: Neuzeitliche Unterrichtsgestaltung, München ¹¹1960. TAUSCH, R./TAUSCH, A.-M.: Erziehungspsychologie, Göttingen ⁸1977. TESCHNER, W.-P. (Hg.): Differenzierung und Individualisierung des Unterrichts, Göttingen 1971. ULICH, D.: Gruppendynamik in der Schulklasse. Möglichkeiten und Grenzen sozialer Analysen, München 1971. VETTIGER, H.: Gruppenunterricht, Düsseldorf 1977. VIERLINGER, R.: Mißverstandene und mißratene Gruppenarbeit. In: Z. f. Grupp. 5 (1979), S. 297 ff. WEISS, C.: Pädagogische Soziologie, Leipzig 1929. WINKEL, R.: Die siebzehn Unterrichtsmethoden. Einleitung zum Methodischen Forum. In: Westerm. P. Beitr. 33 (1981), S. 20 ff. WINNEFELD, F.: Kontaktschwierigkeiten und Kontaktstörungen im pädagogischen Felde. In: KLUGE, N. (Hg.): Das pädagogische Verhältnis, Darmstadt 1973, S. 136 ff. WÖHLER, K. (Hg.): Gruppenunterricht. Idee, Wirklichkeit und Perspektive, Hannover 1981. WUCHERPFENNIG, H.: Empirische Untersuchungen der Unterrichtsformen in Fachkundestunden an Berufsschulen. In: D. Dt. Ber.- u. Fachs. 65 (1969), S. 20 ff.; S. 273 ff. YATES, A. (Hg.): Lerngruppen und Differenzierung. Berichte und Dokumentationen, Weinheim/Basel 1972. ZOLL, R./BINDER, J.: Die soziale Gruppe. Grundformen des menschlichen Zusammenlebens, Frankfurt/M. 1979.

Bernd Weidenmann

Lernen und Lerntheorien

1 Lernen und Lerntheorien
2 Lerntheoretische Konzepte
2.1 Ordnungsversuche
2.2 Klassisches Konditionieren
2.3 Instrumentelles Konditionieren, operantes Lernen, Lernen durch Verstärkung
2.4 Generalisierung (Transfer) und Diskriminationslernen
2.5 Kognitives Lernen, Theorie der Informationsverarbeitung
2.6 Soziale Lerntheorie (Lernen am Modell)
3 Lerntheorien und pädagogische Entscheidungen

Zusammenfassung: Die bekannten psychologischen Lerntheorien werden als unterschiedliche Versuche vorgestellt, die Konzepte „Erfahrung" und „Veränderung" zu präzisieren. Für das Lernen in Schule und Erwachsenenbildung erscheinen weniger die klassischen Lerntheorien ergiebig als Ansätze im Zusammenhang mit der kognitiven Wende in der Psychologie: etwa die Theorie der Informationsverarbeitung und die soziale Lerntheorie von Bandura. Problematisch ist die Erwartung, man könne Lerntheorien in instruktionspsychologische Verhaltensvorschriften wenden. Gerade Fragen aus der Sicht von Lehrenden (und Lernenden) zeigen die Grenzen der klassischen Lerntheorien, Vorzüge der modernen Lehr- und Lernforschung, aber auch die Bedeutung normativer Aspekte pädagogischer Entscheidungen.

Summary: The familiar psychological theories of learning are presented as various attempts to define the concepts "experience" and "change". Classical theories of learning, however, seem less useful to learning at schools and in the adult-education sector than approaches linked to the cognitive trend in psychology: the theory of information processing and Bandura's social theory of learning, for example. Problems are, however, raised by the expectation that learning theories can be turned into regulations on how to behave in the context of instructional psychology. Questions from the standpoint of teachers (and learners), indeed, demonstrate the limitations of classical theories of learning, the advantages of modern research into teaching and learning, but also the importance of normative aspects of pedagogical decision-making.

Résumé: Les théories psychologiques d'apprentissage connues sont présentées en tant que tentatives diverses, pour préciser les concepts d'«expérience» et de «changement». Pour l'apprentissage en lycée et dans l'enseignement aux adultes, les théories classiques d'apprentissage apparaissent comme moins productives que des points de départ en relation avec le tournement cognitif en psychologie: par exemple, la théorie du traitement des informations et la théorie sociale de Bandura. Problématique est l'espoir de pouvoir tourner les théories d'apprentissage en préscriptions de comportement de psychologie de l'instruction. Précisément, les questions vues du point de vue des enseignants (et des apprenants), montrent les limites des théories classiques d'apprentissage, les avantages de la recherche moderne concernant l'enseignement et l'apprentissage, mais aussi la signification des aspects normatifs des décisions pédagogiques.

1 Lernen und Lerntheorien

Wie in anderen Bereichen der Psychologie gibt es auch beim Begriff „Lernen" Definitionsprobleme. Zwei Schlüsselbegriffe sind charakteristisch: *Veränderung* und *Erfahrung*. So definieren beispielsweise BOWER/HILGARD (1981, S.11; Übersetzung: B.W.): „Lernen bezieht sich auf eine Veränderung im Verhalten oder Verhaltenspotential eines Individuums in einer gegebenen Situation, die sich zurückführen läßt auf wiederholte Erfahrungen dieses Individuums in dieser Situation. Vorausgesetzt wird, daß man die Verhaltensänderung nicht auf der Basis von angeborenen Reaktionstendenzen, Reifung oder vorübergehenden Zuständen (z.B. Ermüdung, Trunkenheit, Triebe usw.) erklären kann" (vgl. auch BERGIUS 1971).
Lernen ist ein Vorgang, den man für eine beobachtete Veränderung verantwortlich macht: Verhalten oder Verhaltensbereitschaft haben sich geändert, also muß Lernen stattgefunden haben (sofern man andere Prozesse ausschließen kann). *Veränderung* ist das generelle Explanandum aller Lerntheorien (vgl. ULICH 1980, S.73). Sie kann Unterschiedliches bedeuten: Neuerwerb und Eliminierung (in der Alltagssprache: Erlernen und Verlernen), Anpassung und Fehlanpassung (etwa Phobien; vgl. die Zweifaktorentheorie von MOWRER 1960), kontinuierliches Anderswerden und schlagartiger Wechsel (wie beim Lernen durch Einsicht – vgl. 2.5).
Erfahrung als Schlüsselbegriff zeigt, daß Lernen an Eindrücke, Inhalte, Informationen und damit an Umwelt und Verarbeitung von Umweltwahrnehmung gebunden ist. Prinzipiell ist damit keine psychologische Kategorie der Auseinandersetzung mit Umwelt ausgeschlossen. Lernen als an Erfahrung gebundener Prozeß gilt für Kognitionen, Emotionen, Verhalten (Pläne, Regulation, Ausführung) gleichermaßen.
Lerntheorien unterscheiden sich vor allem darin, wie sie die Begriffe „Erfahrung" und „Veränderung" interpretieren und konkretisieren. Hinter den einzelnen theoretischen Aussagesystemen lassen sich unschwer anthropologische Grundannahmen oder Vorannahmen über das Zustandekommen von Erkenntnis erkennen. So untersucht man andere Variablen und kommt zu unterschiedlichen Lerntheorien, wenn man im einen Fall den Organismus als eine Art Reiz-Reaktions-Verknüpfungscomputer sieht (klassischer Behaviorismus), im zweiten Fall als sensiblen Auswerter und Deuter von Verhalten anderer Personen (Theorie sozialen Lernens – vgl. 2.5), als reflexiv-epistemologisches Subjekt (vgl. GROEBEN/SCHEELE 1977) oder schließlich als aktiven (Um-)Gestalter der Umwelt nach eigenen Handlungsabsichten und -plänen (Handlungstheorie). Es ist ein fundamentaler Unterschied, ob man Lernen etwa auffaßt als Assoziationsbildung (Thorndike, Pawlow, Watson) oder als Strukturierung durch Vernunft und Einsicht (so die Gestaltpsychologen wie Duncker, Wertheimer) oder als praktische Aneigung (Leontjew). An diesen Beispielen scheinen auch philosophische Positionen durch: bei Assoziationstheorien der Empirismus, bei den Einsichtstheorien der Rationalismus, bei der Aneignungstheorie der Pragmatismus, Konstruktivismus beziehungsweise der dialektische Materialismus (vgl. LOMPSCHER 1973). Es liegt auf der Hand, daß sich aufgrund der unterschiedlichen Ausgangspositionen, Forschungsmethoden und -szenarien die Lerntheorien kaum vergleichen lassen. Historisch haben sich bis heute die verschiedenen Strömungen auch weitgehend isoliert entwickelt. Auseinandersetzungen erfolgten meist

kontrovers (wie etwa zwischen den Assoziationisten und den Gestalttheoretikern) und führten selten zu einer Annäherung oder gar Integration (wie beispielsweise Tolmans Versuch, gestaltpsychologische Hypothesen mit behavioristischen Methoden zu bearbeiten). Eklektische Ansätze – wie zum Beispiel die Theorie des sozialen Lernens von BANDURA (vgl. 1971, 1977a) – sind eine Ausnahme. Nicht zu übersehen ist allerdings, daß sich der Reduktionismus behavioristischer Lerntheorien mit der „kognitiven Wende" gemildert hat.

2 Lerntheoretische Konzepte

2.1 Ordnungsversuche

Die verschiedenen Lerntheorien und ihre Konzepte lassen sich aufgrund unterschiedlicher Vorannahmen, Forschungsmethodik, Lerninhalte sowie unterschiedlicher (wissenschafts)historischer Situation nur oberflächlich ordnen. Dabei sind zwei Ordnungsprinzipien üblich. Im einen Fall gruppiert man die Theorien nach *Theoriefamilien*. Für die erste Art der Gruppierung ein Beispiel (vgl. BOWER/ HILGARD 1981):
- Behavioristische und assoziationistische Theorien
  (Thorndike, Pawlow, Guthrie, Hull, Skinner, Estes),
- Theorien der kognitiven Organisation
  (Gestalttheorie, Tolman, Informationsverarbeitung).

Für die zweite Gruppierungsform ist folgende Einteilung typisch:
- Signallernen (Pawlow),
- Reiz-Reaktions-Lernen (Skinner, Guthrie),
- Kettenbildung, motorisch (Skinner, Hull),
- Kettenbildung, sprachlich (sprachliche Assoziation),
- Diskriminationslernen,
- Begriffslernen,
- Regellernen,
- Problemlösen (Gestalttheorie, Bruner).

GAGNÉ (vgl. 1969) versteht diese Liste als *Prototypen des Lernens,* unterschieden nach Bedingungen – innere „und äußere" – für das Lernen. „Begriffslernen" setzt bestimmte internale Fähigkeiten im Lernenden voraus (zum Beispiel Diskriminationslernen zum Unterscheiden von Buchstaben) und verlangt spezifische „äußere" Lernbedingungen (etwa sprachliche Anweisungen). Ähnlich ist eine Einteilung anhand von „lernpsychologischen Modellsituationen": Lernen von Signalen, Lernen am Erfolg, Lernen durch Imitation, Lernen durch Einsicht, Lernen durch Einprägen, Begriffslernen und Lernen intellektueller Fähigkeiten (vgl. WINKELMANN 1973).

Die erste Einteilung wird der wissenschaftshistorischen Entwicklung eher gerecht; die zweite kommt dem Praktiker entgegen. Aus pragmatischen Gründen soll hier auf eine alte oder neue Gruppierung verzichtet werden. Statt dessen folgen einige Lerntheorien, die in der Pädagogik ausführlicher diskutiert wurden. Die Absicht ist, Nichtpsychologen einen ersten Überblick zu vermitteln. Zur weitergehenden Information sei auf gute Sekundärliteratur (vgl. BREDENKAMP/WIPPICH 1977) oder auf die Originalarbeiten verwiesen. Zum Vokabular empfiehlt sich ZEIER (vgl. 1976). Ausgeklammert wurde eine handlungstheoretische Lernkonzeption, weil lediglich der Bereich des sensumotorischen Lernens (vgl. VOLPERT 1981) ausgearbeitet wurde.

2.2 Klassisches Konditionieren

PAWLOW (vgl. 1953) ging davon aus, daß jegliche Umweltreaktion des Organismus ein Reflex sei, eine durch das Nervensystem vermittelte Reaktion. *Unbedingte Reflexe* sind solche, die angeboren sind (etwa Speichelsekretion bei Speisengeruch). *Bedingte Reflexe* sind dagegen erlernt: Durch wiederholte gleichzeitige Darbietung mit einem bereits reflexwirksamen Auslöser wird ein zuvor „neutraler" Reiz selbst zum Auslöser für einen Reflex. Der Reiz ist damit zum „bedingten Reiz" geworden, obwohl er an sich keine biologische Bedeutung hat.

Beispiel: Ein Hund erhält etwas Fleischpulver (US = *unconditioned stimulus)*; Speichelfluß setzt ein (UR = *unconditioned reaction*). Man bedient in Anwesenheit des Hundes öfter einen Summer. Dieser Reiz löst nichts aus, er ist „neutral". Nun ertönt der Summer nur dann, wenn das Fleischpulver verabreicht wird. Bald setzt der Speichelreflex auch ein, wenn nur der Summer ertönt. Der Ton ist durch zeitliche Koppelung zu einem bedingten Reiz (CS = *conditioned stimulus*) geworden, der eine bedingte Reaktion (CR = *conditioned reaction*) auslöst.

Durch den Prozeß der Konditionierung werden viele Reize in der Umgebung eines Organismus zu *Signalen,* die eine Anpassung erleichtern. Bewußtsein ist für die klassische Konditionierung unerheblich. Nach Pawlow hängt es von der Beschaffenheit des jeweiligen Nervensystems ab, wieviel Reflexe gebildet werden können, das heißt, wie ausgeprägt die Lernfähigkeit ist. Beim Menschen spielt dabei die Sprache als „zweites Signalsystem" eine entscheidende Rolle. Sprache ist Signal der ersten Signale. Die sowjetische Psychologie hat gerade die Rolle der Sprache bei Regulation von Verhalten (Sprache zur Selbststeuerung) im Anschluß an Pawlow untersucht (vgl. LURIA 1961).

Im Unterricht spielen Koppelungen von Reizen an biologische Reflexe wohl vor allem im emotionalen Bereich eine Rolle (vgl. GAGE/BERLINER 1979, S.82ff.): so beispielsweise bei der Koppelung von körperlichen Angstreaktionen auf erlernte Signale, wie etwa die Ankündigung einer Prüfung.

2.3 Instrumentelles Konditionieren, operantes Lernen, Lernen durch Verstärkung

Beim klassischen Konditionieren (vgl. 2.2) erscheint der unconditioned stimulus (das spätere „Signal", Summton) unabhängig von einer Reaktion des Organismus. Bei Experimenten zum sogenannten *instrumentellen Konditionieren* aber wird ein bestimmter Reiz erst dann präsentiert, wenn der Organismus eine bestimmte „kritische" Reaktion zeigt. Beispiel: In der „Skinner-Box", einem besonders eingerichteten Käfig, fällt ein Futterkorn in einen Behälter immer dann, wenn die Ratte einen bestimmten Hebel drückt.

Der Reiz folgt also (wenn auch eventuell nur in Sekundenbruchteilen) auf eine bestimmte Reaktion. Der Organismus lernt, daß seine Reaktion einen bestimmten *Effekt* hat beziehungsweise daß er etwas tun muß, um diese Konsequenz auszulösen. Daher die Bezeichnungen „instrumentell" und „operant". Als erster formulierte THORNDIKE (vgl. 1932) das „law of effect", das *Lernen am Erfolg*. Seiner Ansicht nach reagieren Tiere zunächst mit ungezielten Handlungen, wenn man sie einer Situation aussetzt, für die keine instinktiven Reaktionen programmiert sind. Durch *Versuch und Irrtum* (trial and error) erweisen sich jedoch manche Handlungen zufällig als effektiv und werden gelernt. Bewußte Einsicht spielt dabei nach Thorndike keine Rolle. Die erlernte Verbindung zwischen Reiz und Reaktion (S-R-Verbindung) ist um so dauerhafter, je häufiger sie praktiziert wird (Gesetz der

Übung) und je erwünschter die Konsequenzen bewertet werden (Gesetz des Erfolges). Auch bei SKINNERS Theorie des *operanten oder instrumentellen Lernens* (vgl. 1938) sind nicht die „respondents" (Reaktionen, die reflexhaft an bestimmte Reize gekoppelt sind) entscheidend, sondern die „operants", Verhaltensweisen, die der Organismus ursprünglich spontan äußert und aufgrund einer bestimmten Wirkung in der Umwelt mit einer Reizkonstellation per Lernen verbindet. Im Unterschied zur Versuchsanordnung bei Pawlow (vgl. 2.2) läßt die Skinner-Box ein bestimmtes Umweltszenarium stabil; das Tier ist in dem schalldichten und dunklen Kasten aufgefordert, ein gleichbleibendes Arrangement aktiv zu erkunden. Zwei Schlüsselbegriffe sind für diese Lerntheorie zentral: *Bekräftigung* (Verstärkung, reinforcement) und *Löschung* (Extinktion). Als Verstärker gilt jedes Ereignis, das die Auftretenswahrscheinlichkeit eines Verhaltens in der Zukunft erhöht. (Eine Zirkeldefinition, wenn man fragt, warum das Ereignis diesen Effekt hat.) Dafür kommen nicht nur angenehme Ereignisse oder positive Verstärker in Frage; auch negative Ereignisse können verstärkend wirken, wenn sie etwa ein Vermeidungsverhalten belohnen. Positive Verstärker erhöhen die Auftretenswahrscheinlichkeit eines Verhaltens, wenn sie anwesend sind, negative Verstärker, wenn sie aus der Situation herausgenommen werden. Das Wort „Verstärkung" (reinforcement) ist irreführend, weil ein Verhalten dadurch nicht intensiver („stärker"), sondern lediglich wahrscheinlicher wird.
Beispiele: Ein Schüler hat sich besonders gründlich auf eine Stunde vorbereitet und erhält dafür soziale Anerkennung. Es ist anzunehmen, daß er sich für die nächste Stunde ähnlich vorbereiten wird (positive Verstärkung).
Ein Schüler hat sich gemeldet und durch eine falsche Antwort den Spott des Lehrers auf sich gezogen. Es ist anzunehmen, daß er in Zukunft passiv bleiben wird (Vermeidungsverhalten). Die Passivität wird durch Ausbleiben von Spott belohnt (negative Verstärkung).
SKINNER (vgl. 1938) hat Verstärkungspläne variiert und festgestellt, daß nicht nur kontinuierliche Bekräftigung, sondern auch *intermittierende Bekräftigung* (beispielsweise Futter nur bei jedem dritten Hebeldruck der Ratte) das konditionierte Verhalten wahrscheinlicher macht. Ohne Zweifel ist die unregelmäßige Verstärkung unter natürlichen Bedingungen die übliche. Bleibt eine Verhaltensweise nach einer Phase der Bekräftigung ohne die übliche Konsequenz, so nimmt die Auftretenswahrscheinlichkeit wieder ab. Man spricht von *Löschung* (Extinktion). Es ist bemerkenswert, daß gerade unregelmäßig (intermittierend) bekräftigte Verhaltensweisen besonders resistent gegen Löschung sind.
Aus der Theorie des operanten Lernens ergibt sich klar, daß Bestrafung kaum geeignet ist, neues erwünschtes Verhalten zu erlernen. Es kommt ja darauf an, daß der Organismus (zufällig oder nicht) erst einmal das richtige Verhalten zeigt, damit dies bekräftigt werden kann. Strafe informiert lediglich darüber, daß das Verhalten nicht erwünscht ist; dasselbe läßt sich einfacher durch Nichtbekräftigung (Löschen) erreichen. Die emotionalen Begleitumstände von Bestrafung können zudem richtige Reaktionsweisen blockieren.

2.4 Generalisierung (Transfer) und Diskriminationslernen

Die Konzepte Transfer und Diskrimination sind Gegenpole. Transfer bedeutet Übertragung von Gelerntem auf neue, veränderte Situationen; Diskrimination meint die Fähigkeit, Unterschiede zwischen Situationen, Reizen und Reaktionen zu erkennen und das Verhalten darauf abzustimmen. Erst die Verallgemeinerung be-

reitet allerdings den Boden für anschließendes Differenzieren (vgl. HASELOFF/ JORSWIECK 1970, S. 168).
Beispiel: Das Kind verbrennt sich die Finger an einem Ofen. Es meidet dann auch andere ähnliche Gegenstände, obwohl sie keinen Schmerz hervorgerufen haben (Generalisierung). Es hat zugleich gelernt, „Ofen" und „ofenähnliche Gegenstände" von anderen Gegenständen zu unterscheiden (Diskrimination).
Transfer und Diskrimination sind Phänomene, die in den verschiedenen Lerntheorien unterschiedlich definiert und erklärt werden. Von THORNDIKE (vgl. 1932) stammt die verbreitete Unterscheidung zwischen *positivem und negativem Transfer:* Lernen kann durch Transfer gefördert, aber auch gehemmt werden.
Beispiel: Man fährt ein neues Auto. Die Bedienung der Pedale, das ruckfreie Anfahren erlauben positiven Transfer von bereits Erlerntem. Zu negativem Transfer kommt es, wenn beispielsweise der Antrieb nun vorne liegt oder sich der Blinker dort befindet, wo zuvor der Scheibenwischer bedient wurde. Dies zu lernen dauert vermutlich länger, als wenn man zuvor nicht Auto gefahren wäre.
Nach Thorndike kommt es zu positivem Transfer, wenn bei zwei aufeinanderfolgenden Anforderungssituationen entweder eine inhaltliche Übereinstimmung (identity of substance) besteht oder wenn inhaltlich verschiedene Aufgaben nach einem bekannten Verfahren gelöst werden (identity of procedure). Pädagogische Konsequenzen: Wenn das Lernen auf einen Beruf vorbereiten soll, muß der Unterricht soweit als möglich die späteren Arbeitsbedingungen simulieren (identische Elemente); bestimmte Techniken des Lernens und Problemlösens sollten erlernt und an vielen Anwendungsbeispielen geübt werden (identische Verfahren). Weitere pädagogische Anwendungsmöglichkeiten zeigen GAGE/BERLINER auf (vgl. 1979, S. 172 ff.).
Diskriminationslernen oder Unterscheidungslernen ist zur Verbesserung des Transfers unerläßlich. Wenn die Unterschiede – sowohl im Hinblick auf die Elemente wie auf die Verfahren – zwischen der alten und neuen Situation möglichst deutlich unterschieden werden, läßt sich negativer Transfer vermeiden. Behavioristen wie Skinner unterscheiden Reizdiskrimination (Überschreiten der Straße nur bei grünem Licht) und Reaktionsdifferenzierung (Dosieren des Druckes bei einer Schleifarbeit). Beide Formen von Diskrimination führen die Verhaltenstheoretiker auf die Anwesenheit sogenannter diskriminativer Hinweisreize zurück, wie im Beispiel die Ampel oder die Oberflächenbeschaffenheit des geschliffenen Gegenstandes.
Diskriminationslernen wurde ausführlich im Zusammenhang mit dem Lernen von Konzepten untersucht (vgl. HULL 1920). Die Unterscheidungsmerkmale sind Bestandteile von kognitiven Systemen höherer Ordnung (Kategorisierung, Klassenbildung, Gesetze).

2.5 Kognitives Lernen, Theorie der Informationsverarbeitung

Die unter 2.2 und 2.3 geschilderten Ansätze haben sich mit relativ einfachen Reiz-Reaktions-Verbindungen beschäftigt (S-R-Theorien), die auch bei Tieren beobachtet werden können. Denken, als die komplexe Verarbeitung von Informationen, blieb aus methodischen Gründen unaufgeklärt; es wurde als unerforschte „black box" zwischen beobachtbaren Reizen und Reaktionen im dunkeln gelassen.
Bald stellte sich heraus, daß die einfachen Annahmen der S-R-Theorien der Leistungsfähigkeit des menschlichen Gehirns nicht gerecht wurden. Ein Vorgang wie die Begriffsbildung oder der Umgang mit Sprache läßt sich nicht mit Assoziationsgesetzen erklären. Die Computertechnologie gab den Anstoß für eine neue Theo-

rienfamilie, das *„information processing"*. Man konzipiert dabei das menschliche Gehirn und seine Funktionsweise beim Umgang mit bedeutungsvoller Information analog zum „Elektronengehirn". Wie beim Computer unterscheidet man eine Input-Einrichtung (Rezeptoren), verschiedene Speicher (Gedächtnis), einen zentralen Prozessor (Denken, Beurteilen) und schließlich Effektoren, die Verhalten bewirken (Motorik). Ein vereinfachtes Modell zeigt die folgende Abbildung:

Abbildung 1: Komponenten der Informationsverarbeitung

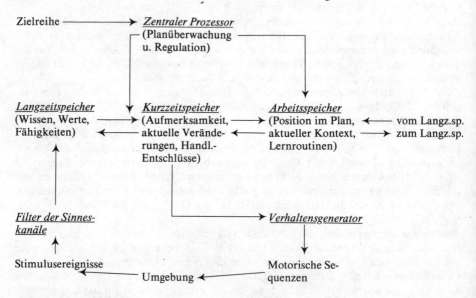

(Quelle: BOWER/HILGARD 1981, S. 422)

Entscheidend ist, daß Reize nicht direkt Verhalten bewirken, sondern in einem komplizierten Prozeß verändert und umgestaltet werden. Es kommt zu Kodierung, Vergleich mit bereits gespeicherten Informationen, Bedeutungszuweisung, Gruppierung, Abstimmung mit Plänen, Einbau in Strategien und Handlungsentwürfen.
Die Mehr-Speicher-Theorie ist experimentell gut abgesichert. Es handelt sich nicht um gehirnanatomisch lokalisierbare Speicher, sondern um verschiedene Qualitäten der Verarbeitung. Ganz ohne die Annahme von Speichern kommt die sogenannte Mehrebenentheorie aus (vgl. CRAIK/LOCKART 1972, CRAIK 1979); sie erklärt Erinnerungsleistungen mit einer unterschiedlichen *Verarbeitungstiefe* (vor allem durch Elaboration) der aufgenommenen Informationen.
Die kognitive Struktur (vgl. NEISSER 1976) eines Lernenden kann mehr oder weniger effizient sein (vgl. MANDL/HUBER 1978). In der Forschung unterscheidet man verbreitet eine *Wissens-Struktur* von einer *Problemlöse-Struktur* (vgl. KLUWE 1979): Beide, also die Organisationsform des Wissens wie die Operationen und Pläne bei Denkabläufen, werden durch Lernen ausgebildet und permanent modifiziert. Andererseits bestimmen sie, wie kognitives Lernen stattfindet. Der Prozeß der Infor-

mationsverarbeitung ist auch verantwortlich dafür, ob eine Information als bedeutungsvoll erscheint oder nicht. *Bedeutung* hängt davon ab, mit wieviel Assoziationen die neue Information verknüpft wird. Wenn sich neues Material in bestehende Schemata assimilieren läßt, wird es leichter gespeichert und verarbeitet. Die Modelle zur Informationsverarbeitung sind nicht einfach in Vorschriften für pädagogisches Handeln umzumünzen. Trotzdem regen sie zu Überlegungen an, wie Wissen und Problemlösen optimal zu erwerben und zu fördern sei. So gibt es auf Theorien der Informationsverarbeitung aufbauende Trainingsprogramme, um vor allem Problemlösefähigkeiten zu verbessern. (Man denkt nicht zufällig an die traditionelle Vorstellung von der „formalen Bildung".) Dabei wird der systematischen Ausbildung der bewußten Selbststeuerung der Denkabläufe – der *Metakognition* (vgl. KLUWE 1982) – große Bedeutung beigemessen.

Vieles, was in jüngster Zeit mit dem Vokabular des „information processing" beschrieben wird, haben bereits in der ersten Hälfte des Jahrhunderts Vertreter der sogenannten *Gestalttheorie* diskutiert. Sie beschäftigten sich vor allem mit den Vorgängen beim Problemlösen und erklärten sie in Analogie zu Vorgängen bei der Wahrnehmung: Typisch für das Erlernen von Lösungswegen sind das Strukturieren eines „Feldes" (in der Wahrnehmung: Änderung des Verhältnisses von Figur und Grund), das plötzliche Erkennen („Aha-Erlebnis"), die Bildung von „guten Gestalten" (man fügt Informationen zu bekannten Schemata zusammen). In Abhebung von der uneinsichtigen S-R-Verknüpfung in behavioristischen Lernmodellen betonen Gestalttheoretiker das *einsichtige Lernen*. Der wahrnehmungspsychologische Terminus ist bewußt gewählt: „Einsicht ist in der Tat ein Sehen, Ersichtlichwerden" (DUNCKER 1963, S.62, Anm.2); bei der Problemlösung wird „der Sachverhalt aus einem unklaren, dämmerigen, nicht recht überschaubaren Zustand plötzlich ans Licht gebracht" (DUNCKER 1963, S.67). Ein Problem der Gestalttheorie ist ihre Vagheit, darüber können auch sogenannte Gestaltgesetze nicht hinwegtäuschen (vgl. KOFFKA 1935), und die unbefriedigende empirische Überprüfung. In beiden Punkten ist die Theorie der Informationsverarbeitung entschieden überlegen, wenn auch die vielen experimentellen Ergebnisse zu konkurrierenden Theorien führten, die, der stürmischen Entwicklung folgend, in kurzen Zeitabständen modifiziert werden.

2.6 Soziale Lerntheorie (Lernen am Modell)

Diese vor allem von BANDURA (vgl. 1971) entwickelte, mehrfach modifizierte Theorie verbindet Elemente der S-R-Theorie und der kognitiven Theorien (vgl. 2.2, 2.3, 2.5). Sie versucht zu erklären, wie menschliches Verhalten erlernt und aufrechterhalten wird durch das Zusammenspiel von einerseits kognitiven Prozessen und andererseits Kontrolle von seiten der Umwelt. Nach Bandura muß auch Lernen erklärt werden im Kontext einer Person-Situation-Interaktion, wobei die Umwelt ebenso auf die Person einwirkt wie die Person auf die Umwelt (Transaktion). In der sozialen Lerntheorie wird berücksichtigt, daß der Mensch seine Umwelt beobachtet, Eindrücke interpretiert, Handlungsentwürfe generiert und die Wirkungen auswertet.

Zentraler Lerntyp ist das *Beobachtungslernen* (observational learning, auch Lernen am Modell). Verhaltensschemata können allein per Beobachtung erworben, das heißt kognitiv gespeichert werden. Dies scheint eine elementare, sehr ökonomische Lernform für menschliches Verhalten zu sein, die mit den klassischen Lerntheorien kaum zu erklären ist. Für die Reproduktion und Aufrechterhaltung derart erlernter Verhaltensmuster kommen jedoch Umwelteffekte (etwa als Belohnung) wieder ins Spiel.

Beispiel: Ein Kind sieht, wie ein anderes Kind eine Puppe malträtiert, dafür aber von einem Erwachsenen bestraft wird. Es speichert die beobachtete Verhaltensweise, reproduziert sie aber nur, wenn kein Erwachsener anwesend ist. Aufrechterhalten wird dieses Verhalten, wenn es dem Kind Freude bereitet, die Puppe zu mißhandeln.

BANDURA (vgl. 1971) unterscheidet vier Phasen des Beobachtungslernens:
Aufmerksamkeitszuwendung (auf das Modell-Verhalten),
Behaltens-Phase (das Verhaltensschema wird gespeichert),
Reproduktions-Phase (das Verhalten wird praktiziert),
Motivationale Phase (der Effekt wird ausgewertet und die Bereitschaft entwickelt, das Verhalten zu wiederholen oder nicht).
Lernen ist nach Auffassung von Bandura bereits nach der zweiten Phase erfolgt; die weiteren Phasen betreffen die Äußerung des erlernten, vom Modell übernommenen Verhaltens.

Das Bandura-Team untersuchte in vielen Studien die pädagogisch interessante Frage, unter welchen Bedingungen jemand als Modell wirksam wird. Die Ergebnisse stützen zum Teil psychoanalytische Aussagen zur *Identifikation* mit einer Person. So übernehmen Kinder bevorzugt Verhalten von solchen Personen, die Macht oder andere sozial hochbewertete Merkmale aufwiesen. Solche Ergebnisse wurden auch von der Medienforschung rezipiert, etwa bei der Frage, ob und wann bei Gewaltdarstellungen im Fernsehen aggressives Verhalten imitiert wird.

Eine in ihren Konsequenzen weitreichende Erweiterung des Prinzips der Bekräftigung (reinforcement – vgl. 2.3) ist die Annahme, daß man sich selbst belohnen und bestrafen kann. Die kognitive Ausstattung des Menschen, vor allem der Spracherwerb, erlaubt eine *Selbstregulation* des Verhaltens. Die „intrinsische Motivation", also die Leistungsbereitschaft ohne äußere Belohnung, kann durch Selbstbekräftigung, durch Zufriedenheit mit sich selbst, eventuell in Form von Selbstinstruktionen („das habe ich gut geschafft") zustande kommen. Diese Technik der Selbstregulation durch stumme Selbstinstruktionen wird bei Lernstörungen und in der Verhaltenstherapie häufig eingesetzt.

In neueren Publikationen betont BANDURA (vgl. 1977a, b) die Bedeutung von *Wirksamkeits-Erwartungen* (efficacy expectancies) für das Verhalten. Aufgrund von Lernerfahrungen kann eine Person die Erwartung einer hohen Wirksamkeit ausbilden; eine andere Person mag sich als relativ unwirksam einschätzen. Die Ähnlichkeit zu den Konzepten der Erfolgserwartung und Mißerfolgsangst (vgl. HECKHAUSEN 1963) beziehungsweise zu Seligmans Konzept der erlernten Hilflosigkeit (SELIGMAN 1979) liegt auf der Hand. Negative Wirksamkeitserwartungen – also das Gefühl, doch nichts zu erreichen – können wiederum durch Beobachtungslernen und das Trainieren von Techniken der Selbstregulation (positive Selbstinstruktionen) therapeutisch verbessert werden.

Für die Erziehungspraxis liefert die eklektische Theorie von Bandura zweifellos die brauchbarste Verhaltenstheorie (für Methoden in der Erwachsenenbildung vgl. SEMMER/PFÄFFLIN 1978). Wie BOWER/HILGARD (1981, S. 472) bemerken, stellt sie eine Rahmentheorie dar, in die sich die Theorie der Informationsverarbeitung (vgl. 2.5) als Teiltheorie dort integrieren läßt, wo es darum geht, im Detail die symbolische Repräsentation der Umwelt aufzuklären.

3 Lerntheorien und pädagogische Entscheidungen

In der pädagogischen Praxis sind fortwährend Entscheidungen für und gegen bestimmte Methoden und Medien zu treffen. Wer sich als Pädagoge von der Lernpsychologie eindeutige und gesicherte Entscheidungshilfen erhofft, muß allerdings enttäuscht werden, obwohl er vor allem in der angelsächsischen Literatur durch zahlreiche *instruktionspsychologische* Bücher bedient wird, in denen Erkenntnisse der Lernpsychologie für die Optimierung von Lehren und Lernen angeboten werden. Zu Skepsis gibt es mehrere Gründe. Zum einen ist umstritten, inwieweit sich „erklärende" Lerntheorien in *präskriptive* Anweisungen für die Optimierung von Lehren und Lernen übersetzen lassen (vgl. HERRMANN 1979; vgl. TREIBER/ WEINERT 1982, S. 242 ff.). So kann man beispielsweise die Theorie des sozialen Lernens (vgl. 2.6) mit Gewinn heranziehen, um Effekte von Fersehfilmen aggressiven Inhalts auf Jugendliche aufzuklären. Naiv wäre jedoch, sich beim Planen einer Unterrichtsstunde im Vertrauen auf die Theorie darauf zu verlassen, daß die Vorführung eines Filmes mit prosozialem Verhalten bei den Schülern partnerschaftliche Umgangsweisen fördern werde. Ähnlich kann die Lerntheorie von Skinner (vgl. 2.3) Lerneffekte nach der Lektüre einer programmierten Instruktion (kleine Lerneinheiten, dazu jeweils eine Kontrollfrage und Antwort auf der nächsten Seite) erklären. Die Theorie des operanten Lernens wird aber keinen Lehrer von der Ungewißheit entlasten, daß ein bestimmtes Lernprogramm in seiner Klasse tatsächlich zum gewünschten Lernerfolg führt.

Unabhängig von diesem prinzipiellen Technologieproblem sind vielfach geäußerte Zweifel an der Aussagekraft der Lerntheorien. Man hat vor allem den behavioristischen Theoretikern vorgeworfen, der internen *Validität* die externe geopfert zu haben: Die skrupulöse Kontrolle der Variablen im Laborexperiment (am besten erreichbar mit Tieren) lasse es nicht zu, die Ergebnisse auf vielfältige Formen von Lernen in Aus- und Weiterbildung zu übertragen. In der Tat sind Lernuntersuchungen unter komplexen Alltagsbedingungen selten und ihre Ergebnisse meist lerntheoretisch nicht eindeutig zu interpretieren. Man findet solche Studien weniger in der pädagogischen Psychologie als in der Literatur zur Sozialisation, neuerdings auch in der Entwicklungspsychologie der Lebensspanne (vgl. OERTER 1978). Nach dem Konzept der „ökologischen Validität" (vgl. CAMPBELL/STANLEY 1967) wäre zu fragen: Wo im Alltag finden sich Bedingungen, die denen in Experimenten gleichen, die einer Lerntheorie zugrunde liegen? Aussagen behavioristischer Lerntheorien wären extern valide vermutlich dort, wo man die Aktivität der Lernenden ebenso einschränkte und die Kontingenzen ebenso fremdkontrollierte wie beispielsweise in den Labyrinth- oder Skinner-Box-Experimenten mit Ratten (vgl. WESTMEYER 1976). Daß die behavioristische Lerntheorie ihre Hauptdomäne in den Praxisfeldern Therapie und Schule (pädagogische Verhaltensmodifikation, programmierte Instruktion, computerunterstützter Unterricht) gefunden hat, wo jeweils tatsächlich ein hohes Maß an Situationskontrolle herrscht, spricht zumindest per Augenschein für diese These.

Wo Autoren versuchen, Ergebnisse der Lernpsychologie für Praktiker seriös zusammenzufassen und in Empfehlungen umzusetzen, zeigt sich ein drittes Problem: die Unterschiede oder Konkurrenz unter Lerntheorien. Sie enttäuschen den Praktiker, der hofft, klare und eindeutige Aussagen zu erhalten (vgl. AUSUBEL 1974, GAGE/ BERLINER 1979).

„Das Argument, lerntheoretisch orientierte Lerntheoretiker könnten auf eine relativ entwickelte Disziplin zurückgreifen, wie sie die Lernpsychologie doch immerhin darstellt, wird schon dadurch außer Kraft gesetzt, daß die geheiligten Wahrheiten beispielsweise des behavioristischen Programms mittlerweile alle zusammengebrochen sind – jedenfalls da, wo man sie auf die Unterrichtssituation bezogen hat. So fördert eine sofortige Rückmeldung nicht unbedingt die Lerneffektivität, auch positive Verstärker können negativ wirken, Lernen in kleinen Schritten kann weniger Erfolg bringen als Lernen in großen Sprüngen, und sogar eine sorgfältige Lehrplanung muß nicht besser sein als die Darstellung von Unterrichtsmaterialien und -schritten nach dem Zufallsprinzip" (LOSER/TERHART 1977, S. 13). Erschwerend für eine Anwendung auf unterrichtliche Probleme ist die große Reichweite der Lerntheorien, ihr *Allgemeinheitsgrad*. So erscheinen die aus ihnen abgeleiteten Schlußfolgerungen entweder trivial oder irrelevant oder beides (vgl. TREIBER/WEINERT 1982, S. 7). Mit dem Schlüsselkonzept „Bekräftigung" (reinforcement) aus der Lerntheorie Skinners argumentieren zahlreiche Unterrichtsempfehlungen. Neuere empirische Studien zeigen aber, daß dieses Konzept in seiner Vagheit lediglich Pseudosicherheit vermitteln kann. Demnach hat etwa verbales Lob von Schülerverhalten ganz unterschiedliche Auswirkungen, je nachdem, wie der Schüler die Lehreräußerung deutet, wie er seine Leistung selbst bewertet, wie seiner Erfahrung nach der Lehrer andere Schüler lobt, wie der Schüler die Wirkung des auf ihn gemünzten Lobes auf die übrige Klasse einschätzt und so weiter (vgl. HOFER u. a. 1982, MEYER 1978, TACKE/LINDER 1981).

Untersuchungen wie diese zum Loben sind typisch für eine Akzentverschiebung in der Pädagogischen Psychologie der 70er Jahre bis heute. Die sogenannte kognitive Wende hat gegenüber dem klassischen Reiz-Reaktions-Paradigma Lernen als aktive, differenzierte Informationsverarbeitung durch den Lernenden herausgestellt (vgl. 2.5). Medien und Methoden wurden nicht länger einseitig als unabhängige Variablen in Beziehung zu Effekten auf Schülerleistungen untersucht, sondern als mit Personvariablen interagierende Treatmentvariablen behandelt (vgl. CRONBACH/SNOW 1977, HEIDT 1976). Die neuere Forschung versteht sich als *Lehr-Lern-Forschung* und sucht weniger nach umfassenden Lerntheorien als nach Teiltheorien zur Erklärung von einzelnen Aspekten des Lernprozesses. Es zeigt sich, daß Mosaikstudien dieser Art – begrenzte Fragestellung, aber oft komplizierte statistische Verfahren – trotz ihrer Differenziertheit Pädagogen leichter zu vermitteln sind und näher an deren Alltagsproblemen liegen als die breiten Lerntheorien. Manche Ergebnisse üben gerade wegen ihrer Konzentration auf ein Teilproblem eine besonders herausfordernde Wirkung auf manche pädagogischen Verhältnisse und Praktiken aus: etwa die Studien zur Bedeutung der aktiven Lernzeit, zur Leistungsmotivation, zur Selbststeuerung bei Lernprozessen, zur Bewältigung von Angst und Streß in Leistungssituationen. Bezeichnenderweise wurden aus den eben erwähnten Forschungsbeiträgen jeweils auch Trainingsprogramme für die praktische Anwendung in Schulen entwickelt. Auch dies ist zweifellos eine Folge der engeren Fragestellung und der differenzierteren Analyse.

Aber auch die neuere Lehr-Lern-Forschung wird dem unterrichtenden Pädagogen die für sein Handeln wesentlichen *normativen* Entscheidungsgesichtspunkte nicht abnehmen. Ihre Ergebnisse und Aussagen sind, zumindest von der Absicht der meisten Forscher her, stumm im Hinblick auf pädagogische Wertfragen. So entlassen sie den Pädagogen nicht aus der Notwendigkeit, über die Implikationen einer praktischen Umsetzung im Unterricht nachzudenken. Dies kann am Beispiel der „direkten Instruktion" verdeutlicht werden. Unter diesem Stichwort faßt man eine Reihe von Prozeßvariablen zusammen, die sich als Resümee aus einschlägigen empirischen Studien zur Erklärung schulischer Lerneffekte herausgeschält haben. Unter anderem gehört dazu eine intensive Steuerung des Unterrichts durch den Lehrer und eine Klassenführung, die Störungen und Unterbrechungen zu vermeiden trachtet. Ob nun ein Lehrer diese Merkmale für seinen Unterricht zu übernehmen gedenkt, setzt unter anderem die normative Entscheidung darüber voraus, ob Effizienz im Hinblick auf überprüfbare Lernziele bevorzugtes Kriterium für diesen Unterricht sein soll. Ebenso gilt es normativ zu entscheiden, ob die Abweichung eines Schülers vom geplanten Lernweg eine Störung, also zu vermeiden, sei oder ob sogar im Gegenteil dies in den Rang einer Lernchance erhoben und entsprechend zu behandeln sei. Der eine Lehrer wird, seiner privaten Unterrichtstheorie folgend, die Forschung zur direkten Instruktion als Wegweiser nutzen; der andere wird sie mit der Begründung ablehnen, hier lasse sich Lehr-Lern-Forschung kritiklos für eine Leistungsideologie einspannen. Er wird diese Einschätzung auch dann nicht ändern, wenn er erfährt, daß auch ein positives Sozialklima und intensive Förderung jedes Schülers zu den Variablen der direkten Instruktion gehören (vgl. TREIBER/WEINERT 1982, S. 265).

Es ist bemerkenswert, daß sich die empirische Lehr/Lernforschung in der Bundesrepublik in den letzten Jahren ausdrücklich mit dem Verhältnis zu den praktisch handelnden Pädagogen und zur Didaktik auseinandersetzt, wie etwa die Hefte 1 und 3 der Zeitschrift Unterrichtswissenschaft (1979) zum Thema „Unterrichtswissenschaft – Wissenschaft für den Unterricht?" zeigen. Eine technologische Wende der Lehr-Lern-Forschung ist aber kaum zu erwarten, aus mehreren Gründen auch nicht wünschenswert. Für Vorschläge wie etwa von RÜTTER (vgl. 1980), neben erklärenden Theorien sogenannte gestaltende Theorien zu entwickeln – Forschungsfrage: Was meinen wir als zuträglicheren Unterricht verwirklichen zu können? –, fehlen derzeit ebenso überzeugende Beispiele wie für die Ergiebigkeit der pädagogischen Aktionsforschung, die in der letzten Dekade die Interessen von Forschern und Lehrern zu verbinden trachtete. Den Pädagogen und Erziehern wird somit auch weiterhin nicht erspart bleiben, Erkenntnisse der Lehr-Lern-Forschung für unterrichtliche Entscheidungen auf eigenes Risiko nicht nur deskriptiv, sondern prospektiv zu verwenden. Die dazu unabdingbare Vertrautheit mit elementaren Prinzipien, Stärken und Grenzen empirischer Forschung und Theoriebildung herzustellen wäre gewiß für die Lehreraus- und -fortbildung sinnvoller, als resignativ und stereotyp die Unverträglichkeit von pädagogischer Theorie und Praxis zu beklagen.

AUSUBEL, D. P.: Psychologie des Unterrichts, 2 Bde., Weinheim/Basel 1974. BANDURA, A.: Social Learning Theory, New York 1971. BANDURA, A.: Social Learning Theory, Englewood Cliffs 1977a. BANDURA, A.: Self-Efficacy: Toward a Univying Theory of Behavior Change. In: Psych. Rev. 84 (1977), S. 191 ff. (1977b). BERGIUS, R.: Psychologie des Lernens, Stuttgart 1971. BOWER, G. H./HILGARD, E. R.: Theories of Learning, Englewood Cliffs 1981. BREDENKAMP, J./WIPPICH, W.: Lern- und Gedächtnispsychologie. 2 Bde., Stuttgart/Berlin/Köln/Mainz 1977. CAMPBELL, D. T./STANLEY, J. C.: Experimental and Quasiexperimental Design for Research, Chicago 1967. CRAIK, F./LOCKHART, R. S.: Levels of Processing: A Framework for Memory Research. In: J. of Verbal Learn. and Verbal Beh. 11 (1972), S. 671 ff. CRONBACH, L. J./SNOW, R. E.: Attitudes and Instructional Methods, New York 1977. DUNCKER, K.: Zur Psychologie des produktiven Denkens (1935), Berlin 1963. GAGE, N. L./BERLINER, D. C.: Pädagogische Psychologie, Bd. 1, München ²1979. GAGNÉ, R. M.: Die Bedingungen des menschlichen Lernens, Hannover 1969. GROEBEN, N./SCHEELE, B.: Argumente für eine Psychologie des reflexiven Subjekts, Darmstadt 1977. HASELOFF, O. W./JORSWIECK, E.: Psychologie des Lernens, Berlin 1970. HECKHAUSEN, H.: Hoffnung und Furcht in der Leistungsmotivation, Meisenheim 1963. HEIDT, E. U.: Medien und Lernprozesse, Weinheim/Basel 1976. HERRMANN, TH.: Pädagogische Psychologie als psychologische Technologie. In: BRANDTSTÄTTER, J. u.a. (Hg.): Pädagogische Psychologie: Probleme und Perspektiven, Stuttgart 1979, S. 209 ff. HOFER, M. u. a.: Abschlußbericht zum Projekt „Bedingungen und Konsequenzen individualisierenden Lehrerverhaltens", Bd. 2, Braunschweig 1982. HULL, C. L.: Quantitative Aspects of the Evolution of Concepts. Psych. Monogr. (1920), 123. KLUWE, R.: Wissen und Denken, Stuttgart 1979. KLUWE, R.: Kontrolle eigenen Denkens und Unterricht. In: TREIBER, B./WEINERT, F. E. (Hg.): Lehr-Lern-Forschung, München 1982, S. 113 ff. KOFFKA, K.: Principles of Gestalt Psychology, New York 1935. LOMPSCHER, J. (Hg.): Sowjetische Beiträge zur Lerntheorie, Köln 1973. LOSER, F./ TERHART, E. (Hg.): Theorien des Lernens, Stuttgart 1977. LURIA, A. R.: The Role of Speech in the Regulation of Normal and Abnormal Behavior, New York 1961. MANDL, H./HUBER, G. L. (Hg.): Kognitive Komplexität, Göttingen 1978. MEYER, W. U.: Der Einfluß von Sanktionen auf die Begabungsperzeptionen. In: GÖRLITZ, D. u. a. (Hg.): Bielefelder Symposium über Attribution, Stuttgart 1978, S. 71 ff. MOWRER, O. H.: Learning Theory and Behavior, New York 1960. NEISSER, U.: Kognitive Psychologie, Stuttgart 1976. OERTER, R. (Hg.): Entwicklung als lebenslanger Prozeß, Hamburg 1978. PAWLOW, J. P.: Sämtliche Werke, 6 Bde. nebst Register, Berlin (DDR) 1953-1955. RÜTTER, TH.: Unterrichtsforschung, Unterrichtsalltag. In: Uw. (1980), 3, S. 265 ff. SELIGMAN, M.: Erlernte Hilflosigkeit, München/Wien/Baltimore 1979. SEMMER, N./PFÄFFLIN, M.: Interaktionstraining. Ein handlungstheoretischer Ansatz zum Training sozialer Fertigkeiten, Weinheim 1978. SKINNER, B. F.: The Behavior of Organisms, New York 1938. STRITTMATTER, P.: Unterrichtswissenschaft – Wissenschaft für den Unterricht? In: Uw. 7 (1979), S. 13 ff. TACKE, G./LINDER, F.: Der Einfluß individualisierenden Lehrerverhaltens auf das Selbstkonzept von Schülern. In: Z. f. Entwpsych. u. P. Psych. 13 (1981), S. 190 ff. THORNDIKE, E. L.: The Fundamentals of Learning, New York 1932. TREIBER, B./WEINERT, F. E. (Hg.): Lehr-Lern-Forschung, München 1982. ULICH, D.: Lern- und Verhaltenstheorien in der Sozialisationsforschung. In: HURRELMANN, K./ULICH, D. (Hg.): Handbuch der Sozialisationsforschung, Weinheim/Basel 1980, S. 71 ff. VOLPERT, W.: Sensumotorisches Lernen, Frankfurt/M. 1981. WESTMEYER, H.: Verhaltenstherapie: Anwendung von Verhaltenstheorie oder kontrollierte Praxis? In: GOTTWALD, P./KRAIKER, C. (Hg.): Zum Verhältnis von Theorie und Praxis in der Psychologie. Mitt. d. GVT, Sonderheft 1, Bochum 1976, S. 9 ff. WINKELMANN, W.: Lernen, Lerntheorie. In: WEHLE, G. (Hg.): Pädagogik aktuell, Bd. 1, München 1973, S. 123 ff. ZEIER, H.: Wörterbuch der Lerntheorien und der Verhaltenstherapie, München 1976.

Karlheinz Ingenkamp

Erfassung und Rückmeldung des Lernerfolgs

1 Einleitung
2 Zensur
2.1 Definition
2.2 Geschichte der Zensur und des Zeugnisses
2.3 Funktionen der Zensur
2.4 Ministerielle Richtlinien
2.5 Forschungsergebnisse zur Zensurengebung
2.6 Verzicht auf Zensuren
3 Diagnosebogen und verwandte Verfahren
3.1 Begriff und Geschichte
3.2 Zielsetzung für den Diagnosebogen
3.3 Beispiele für Diagnosebogen
3.4 Schätzskalen als Beurteilungshilfe für Lehrer
3.5 Zeugnisberichte
4 Klassenarbeit
4.1 Begriff und geschichtliche Entwicklung
4.2 Frühe Forschungen zu Klassenarbeiten
4.3 Forschungen zur Aufsatzbeurteilung
4.4 Forschungen zu Klassenarbeiten in anderen Fächern
4.5 Ansätze zur gültigen Auswertung von Klassenarbeiten
4.6 Pädagogische Relevanz der Forschungsergebnisse
5 Mündliche Prüfungen
5.1 Definition
5.2 Richtungen der Kritik
5.3 Frühe Untersuchungen
5.4 Neuere Untersuchungen
5.5 Pädagogische Schlußfolgerungen
6 Schultests
6.1 Definition
6.2 Geschichtliche Entwicklung
6.3 Konstruktionsmerkmale von Schultests
6.4 Arten von Schultests
6.5 Ideologische Kritik an Schultests
6.6 Der Nutzen von Schultests

Zusammenfassung: Planmäßiges Lehren und Lernen ist nur möglich, wenn Lehrende und Lernende Informationen über den Lernfortschritt erhalten und folgende Lernschritte darauf abstimmen können. Die wissenschaftliche Erforschung der Lernerfolgsmessung begann etwa um 1900 und ist in Deutschland immer wieder unterbrochen und eher beiläufig betrieben worden. Die Zensurengebung wurde mit Aufgaben überladen, die sie nicht erfüllen kann. Subjektive Prüfungsformen genügen nur selten meßmethodischen Gütekriterien. Versuche mit Diagnosebogen sind ge-

Karlheinz Ingenkamp

scheitert. Schultests könnten die Lernerfolgsmessung verbessern, wurden aber in unzureichendem Umfang entwickelt und noch seltener in Schulen eingesetzt. Traditionelle Vorurteile gegen quantitative Verfahren und eine ideologische Testkritik haben verhindert, daß Deutschland in Theorie und Praxis Anschluß an das angelsächsische Educational Measurement fand.

Summary: Planned teaching and learning is only possible if both teachers and pupils can obtain information on the progress made and if subsequent learning steps can be adapted to this progress. Academic research into the measurement of learning achievement began somewhere around 1900 and has, in Germany, been pursued sporadically and rather half-heartedly. The awarding of marks became overburdened with tasks which those responsible were unable to fulfil. Subjective types of examination only rarely came up to the standards required by the measuring methods. Attempts incorporating diagnosis sheets have failed. School tests could improve the measurement of learning achievement, but they have not been developed to an adequate degree, let alone been used to any great extent in schools. Traditional prejudices towards quantitative procedures and ideological criticism of tests have combined to prevent Germany from making the connection with either the theory or practice of British and American educational measurement schemes.

Résumé: L'enseignement et l'apprentissage planifiés ne sont possibles que si les enseignants et les apprenants peuvent obtenir des informations sur les progrès d'apprentissage et les mettre en accord avec les progès d'apprentissage suivants. La recherche scientifique en matière de mesure du progrès d'apprentissage commença vers 1900 et n'a cessée d'être interrompue et menée d'une façon plutôt superficielle en Allemagne. La notation a été surchargée de tâches qu'elle ne peut pas effectuer. Les formes subjectives d'examen ne suffisent que rarement aux critères de qualité de mesures méthodiques. Les essais effectués avec les feuilles de diagnostic ont échoué. Les tests scolaires ont pu améliorer la mesure du progrès d'apprentissage, mais ont été développés d'une manière insuffisante et utilisés d'une façon encore plus rare. Les préjugés traditionnels à l'encontre des procédés quantitatifs et une critique idéologique de texte ont empêché que l'Allemagne trouve, en théorie et en pratique, le rattachement à l'«Educational Measurement» anglo-saxon.

1 Einleitung

In diesem Beitrag werden Entwicklung und Status der Lernerfolgsmessung und -rückmeldung in einigen wichtigen Bereichen skizziert. Dabei wird zunächst auf die im Mittelpunkt des Interesses stehende Mitteilungsform der Zensur eingegangen, weil sie auch die Erfassungsmethoden entscheidend geprägt hat. Die Reformansätze in der Rückmeldung werden im Kapitel über Diagnosebogen und verwandte Verfahren beschrieben. Während in den Kapiteln über Klassenarbeiten und über mündliche Prüfungen zwei traditionelle Erfassungsmethoden analysiert werden, folgt im Abschlußkapitel die neue Methode der Schultests.

2 Zensur

2.1 Definition

Zensur ist ein in Kurzform (Ziffer, Buchstabe, Adjektiv) gefaßtes Urteil des Lehrenden über ein Verhalten des Lernenden. Der Begriff Note wird synonym benutzt. In Deutschland überwiegt die sechsstufige Ziffernzensur oder ihre verbale Umschreibung, zum Beispiel 1 = sehr gut. Andere Länder haben Ziffernskalen mit mehr oder weniger Einheiten, Punktskalen oder Buchstaben (vgl. ZIEGENSPECK 1977).
Durch das in Form einer Zensur abgegebene Urteil erfolgt eine rangmäßige Einstufung des beurteilten Verhaltens im Vergleich zu entsprechendem Verhalten anderer Lernender oder – seltener – im Vergleich zu in Kriterienkatalogen verdichteten Beschreibungen typischen Verhaltens.
Diese rangmäßige Einstufung ist historisch in den Sitzordnungen (Lokationen), der „Versetzung", zu erkennen und empirisch im Beurteilungsvorgang nachweisbar. Die Zensurenskala ist meßmethodisch eine *Rangskala* oder Ordinalskala, bei der nur die Rangfolge der Beurteilten und die Richtung des Ausprägungsgrades (bei Zensuren von 1 nach 6), also nur eine Mehr-Weniger-Information gegeben wird. Die Rangskala gibt aber keine Information über den Abstand der Skaleneinheiten und über den Nullpunkt. Es läßt sich also nur sagen, daß das mit 1 zensierte Verhalten besser eingestuft ist als das mit 2 zensierte, ohne zu wissen, um wieviel besser. Daher sind arithmetische Operationen wie Berechnung von Mittelwerten mit Zensuren nicht zulässig (vgl. ORTH 1974).
Im Sprachgebrauch wird zwischen der Zensur für eine Einzelleistung und der im Zeugnis erfolgenden zusammenfassenden Beurteilung nicht streng unterschieden. Hier werden die Begriffe Zensur und Note für einzelne Leistungsurteile benutzt, während sonst von Zeugniszensur gesprochen wird. Zeugnis ist eine meist amtlich geregelte Mitteilung mehrerer Zeugniszensuren.

2.2 Geschichte der Zensur und des Zeugnisses

Das Mittelalter kannte vor allem das *Benefizienzeugnis,* das auf Wunsch für bedürftige Schüler ausgestellt wurde, damit sie Freitisch und Stipendien bekommen konnten. Es enthielt vor allem Beurteilungen des Fleißes, des Betragens und des Schulbesuches, war aber keine Leistungsbeurteilung, die nicht einmal für den Zugang zur Universität gefordert war (vgl. DOHSE 1967, ZIEGENSPECK 1977).
Erst um die Mitte des 19. Jahrhunderts wurde das Reifezeugnis des Gymnasiums Bedingung für den Übergang zur Hochschule, und zwar zuerst für die Philologen, dann für die Mediziner und schließlich für die Theologen und Juristen. Neben dieser Berechtigung, die vor allem die notwendige Qualifikation künftiger Staatsdiener garantieren sollte, war mit dem Reifezeugnis auch die Verkürzung des Militärdienstes von drei auf ein Jahr verbunden. Dieses Privileg wurde später auch auf das Abschlußzeugnis der Realschule ausgedehnt, was die Attraktivität dieses „Einjährigen-Zeugnisses" beträchtlich erhöhte, während es als „Zeugnis der mittleren Reife" erst viel später Bedeutung für den Berufseintritt in der freien Wirtschaft erhielt.
Anfänglich war das Reifezeugnis lediglich eine formale Voraussetzung für den Besuch der Universität. Auch nach der von Humboldt ausgearbeiteten Reifeprüfungsordnung von 1812 konnten die Abiturienten der Stufe III, der schlechtesten Stufe

im Reifezeugnis, „dem Zeugnis der Untüchtigkeit", die Universität besuchen. Entscheidend für den Zugang zur höheren Bildung waren damals der Wille der Eltern und ihre soziale Stellung.

Als gegen Mitte des vorigen Jahrhunderts allmählich bestimmte Minimalzensuren für die Universitätszulassung gefordert wurden, bedeutet das nach DOHSE (vgl. 1967), daß das Leistungsprinzip anstelle der ständischen Privilegien maßgebend für den sozialen Aufstieg wird.

Diese *Anfänge des Berechtigungswesens* sollten im Zusammenhang mit der Einführung der Jahrgangsklasse gesehen werden, die sich ebenfalls in der ersten Hälfte des vorigen Jahrhunderts vollzieht. Beiden liegen die gleichen politischen und administrativen Gedanken zugrunde (vgl. INGENKAMP 1972). Das Jahrgangsklassensystem mit der Vereinheitlichung der Lehrpläne auf Einjahreskurse, mit Versetzungs- und Prüfungsordnungen schafft auch erst die Voraussetzung für die Annahme, daß die Zensuren in verschiedenen Klassen und Schulen vergleichbar wären. Das Zeugnis findet eine Ausgestaltung zu einem Instrument des Berechtigungswesens zuerst in den höheren Schulen, an deren Absolventen als künftigen Staatsdienern der Staat ein besonderes Interesse hatte.

Eine außerordentliche Erweiterung ihrer Aufgaben und Bedeutung sowie eine Ausdehnung auf die gesamte Grundschulzeit erfuhren Zensuren und Zeugnisse durch den Auftrag der Weimarer Verfassung, daß für die weiterführende Schulbildung eines Kindes „seine Anlage und Neigung, nicht die wirtschaftliche oder gesellschaftliche Stellung oder das Religionsbekenntnis seiner Eltern maßgebend" sein sollten (Art. 146). Jetzt erst hat die Leistungsbeurteilung der Schule juristisch bei der Begabtenlenkung das Übergewicht gegenüber dem elterlichen Willen und bekommt auch faktisch eine zunehmend stärkere Bedeutung. Diese außerordentliche Erweiterung der Aufgaben von einem auf Wunsch ausgestellten Benefizienzeugnis für arme Schüler bis zu einem Leistungsnachweis für alle, der den Bildungsweg reguliert, erfolgte, ohne daß die Eignung der Zensurengebung dafür untersucht oder dem Lehrer andere Hilfsmittel zur Verfügung gestellt worden wären.

Aus der bei DOHSE (vgl. 1967), BREITSCHUH (vgl. 1979) und ZIEGENSPECK (vgl. 1977) dargestellten Geschichte der Zensurengebung läßt sich eindeutig ablesen, daß die pädagogische Aufgabe der ständigen und detaillierten Rückinformation über Lernerfolge nie auch nur annähernd die gleiche Bedeutung in den schulischen Regelungen hatte wie Zensur und Zeugnis als formaler Nachweis des Schulbesuchs oder als Leistungsnachweis im Berechtigungswesen.

Zensuren und Zeugnisse sind also in ihrer Entstehung und in ihrer bisherigen Geschichte niemals in erster Linie pädagogische Instrumente gewesen.

2.3 Funktionen der Zensur

Neben der geschichtlichen Analyse zeigt auch die Besinnung auf die Aufgabe der Rückmeldung im Lernprozeß, daß die Ziffernzensur überwiegend durch die gesellschaftlichen Aufgaben der Selektion und der Berechtigungsvergabe geprägt war. Lernvorgänge können ja nur dann angemessen gesteuert werden, wenn hinreichend differenzierte Ergebnisse über Stärken und Schwächen des bisherigen Lernerfolges vorliegen. Die Zensur mit ihrer eindimensionalen Grobskala kann solche differenzierten Sachinformationen nicht vermitteln. Jeder didaktisch versierte Lehrer gibt den Schülern daher viele Zusatzinformationen. Dennoch hat man in der pädagogischen Theorie bereits der Zensur allein viele Funktionen zugeschrieben.

DOHSE (vgl. 1967) unterscheidet die Kontrollfunktion, die Anreizfunktion, die päd-

agogische Funktion und die rechtliche Funktion. WEISS (vgl. 1965, S. 29 ff.) gliedert in Berechtigungsfunktion, Berichtsfunktion und pädagogische Funktion (Motivation). ZIEGENSPECK (vgl. 1977, S. 52 ff.) faßt zu Orientierungs- und Berichtsfunktion, pädagogischer Funktion und Auslese-, Rangierungs- und Berechtigungsfunktion zusammen.
Manche der Funktionen sind kaum miteinander vereinbar, und es ist schwer verständlich, wie man glauben konnte, die Zensur könne so unterschiedliche Aufgaben gleichzeitig erfüllen. Tatsächlich konnte die Zensur keiner dieser Aufgaben gerecht werden. Ihr Fortbestand ist nur dadurch zu erklären, daß sie die am einfachsten und vielseitigsten handhabbare Beurteilungsform ist. Alle Alternativen fordern mehr Ausbildung und Aufwand.

2.4 Ministerielle Richtlinien

Unter dem Aspekt der Vereinheitlichung hat die Kultusministerkonferenz (KMK) die Noten 1 bis 6 für Schulzeugnisse und Einzelergebnisse in staatlichen Prüfungszeugnissen festgelegt und sie mit Beschluß vom 3. 10. 1968 folgendermaßen erläutert (zitiert nach INGENKAMP 1977, S. 16):
„Den Noten werden die folgenden Definitionen zugrunde gelegt: 1. sehr gut (1). Die Note ‚sehr gut' soll erteilt werden, wenn die Leistung den Anforderungen in besonderem Maße entspricht. [...] 6. ungenügend (6). Die Note ‚ungenügend' soll erteilt werden, wenn die Leistung den Anforderungen nicht entspricht und selbst die Grundkenntnisse so lückenhaft sind, daß die Mängel in absehbarer Zeit nicht behoben werden könnten. Bei der Bewertung von Schülerleistungen ist der Eigenart der Schulgattung und des Faches sowie dem Alter des Schülers Rechnung zu tragen. Der Begriff ‚Anforderungen' in den Definitionen bezieht sich auf den Umfang sowie auf die selbständige und richtige Anwendung der Kenntnis und auf die Art der Darstellung."
Die KMK hat mit diesen Erläuterungen, die sich auf „Anforderungen" beziehen, die in früheren Erläuterungen durch wechselnden Bezug auf „Anforderungen" und auf den „Durchschnitt" vorhandenen Inkonsequenzen beseitigt (vgl. WEINGARDT 1965). Aber der nun benutzte Begriff der Anforderungen bleibt ebenso wie die Erläuterung der Notenstufen völlig der subjektiven Interpretation überlassen. Die KMK hat selbst weitere Interpretationsvariationen eröffnet, indem sie der Eigenart der Schulgattung und des Faches sowie dem Alter des Schülers „Rechnung tragen" lassen will.

2.5 Forschungsergebnisse zur Zensurengebung

Zusätzlich zu den hier angeführten Forschungen über die Zensur sind die in den Kapiteln 4 und 5 angeführten spezielleren Untersuchungen über schriftliche und mündliche Prüfungen heranzuziehen.
Die Erforschung der Zensurengebung ist in Deutschland bis in die Gegenwart vernachlässigt worden. Um 1980 erschienen zwar zahlreiche Bücher über die Zensurenproblematik, aber nur sehr wenige stützten sich auf eigene Forschungen. In England hatte dagegen Edgeworth bereits 1888 die Differenzen zwischen Beurteilern nachgewiesen (vgl. COX 1969), und in den USA publizierten Starch und Elliot 1912/ 1913 ihre klassischen Untersuchungen (vgl. INGENKAMP 1977). In Deutschland konnte Blumenfeld 1931 auch über Untersuchungen berichten, aber die Machtübernahme der Nationalsozialisten bedeutete das Ende empirischer Beurteilungsfor-

schung. Über die Breite der internationalen Forschung wurde in der deutschen Literatur erst ab 1970 informiert (vgl. DE GROOT 1971, INGENKAMP 1975).
Durch viele Untersuchungen in verschiedenen Ländern (vgl. INGENKAMP 1977, S. 230 f.) wissen wir, daß in verschiedenen Unterrichtsfächern mit *unterschiedlicher Strenge* zensiert wird. Die Autoren unterscheiden dabei oft Haltungs- und Leistungsfächer, Beteiligungs-, Gestaltungs- und Leistungsfächer, musische Fächer, Nebenfächer und Hauptfächer. Übereinstimmend werden für sogenannte Haltungsfächer (Betragen, Mitarbeit) sowie für Religion, Musik und Leibesübungen durchschnittlich die mildesten Zeugniszensuren gefunden, während von den Leistungs- und Hauptfächern in der Grundstufe Rechtschreibung, Aufsatz und Rechnen, in der Sekundarstufe die Fremdsprachen, Mathematik und Deutsch fast immer am strengsten zensiert werden. Es läßt sich die Tendenz erkennen, daß die Fächer um so strenger zensiert werden, je mehr die Leistungen in schriftlichen Arbeiten überprüft werden, je mehr die Leistung quantifizierbar ist und/oder je stärker die verbalen Anforderungen hervortreten.
Durch die unterschiedliche Strenge der Benotung werden die Fächer in unterschiedlichem Maße zu „Auslesefächern", die besonders zum Sitzenbleiben und zur permanenten Selektion beitragen. DE GROOT (vgl. 1971) unterscheidet daher auch
– die Gruppe der stark selektiven Hauptfächer,
– die Gruppe der nicht stark selektiven Haupt- und Nebenfächer und
– die Gruppe der Fächer (Leibesübungen, Zeichnen, Musik), die auf Versetzungsentscheidungen keinen Einfluß haben.
Diese Auswirkung bestimmter Fächer steht mitunter in krassem Widerspruch zu pädagogischen Intentionen oder zu ihrer Bedeutung in einem an künftigen gesellschaftlichen Anforderungen orientierten Curriculum. Als Beispiel verweisen wir auf die strenge Benotung der Rechtschreibung in der Grundschule, durch die diese Leistung eine außerordentlich starke Bedeutung für den Schulerfolg und den Übergang zur Oberschule erhält (vgl. KEMMLER 1976). Ein weiteres Beispiel ist die Zensierung der Fächer Biologie, Chemie und Physik in der Oberschule im Vergleich zu den Fremdsprachen allgemein und besonders zu Latein. Untersuchungen zeigen, daß es nicht am Inhalt eines Faches liegt, ob es mehr oder weniger „schwierig" ist, denn wenn es als Nebenfach an einem anderen Schultyp auftritt, kann es viel milder zensiert werden (vgl. DE GROOT 1971). In musischen Fächern schrumpft die Notenskala meist auf drei oder vier Stufen (vgl. SCHRÖTER 1977). Auch sonst werden die Extremwerte der Skala überproportional selten vergeben.
Alle Vorschläge oder sogar Verordnungen, diese Maßstabsdifferenzen dadurch zu vermeiden, daß Lehrer in Anlehnung an die Normalverteilung zensieren, sind methodisch unhaltbar und pädagogisch fragwürdig. In so kleinen Stichproben wie Schulklassen ist noch keine Normalverteilung von Merkmalen zu erwarten, und man würde sich einem Schema beugen, bei dem immer ein Teil der Schüler versagen muß.
WEISS (vgl. 1965) hat in Österreich beobachtet, daß in weniger stark selektiven Schulsystemen milder benotet wird. Dies steht im Widerspruch zu deutschen Untersuchungen, wo in selektiveren Schultypen strenger zensiert wird und beim Übergang von der Grundschule auf Gymnasien die sogenannten Notenknicke auftreten, das heißt eine durchschnittliche Verschlechterung der Noten erkennbar wird. Allgemein ist auch die Tendenz zu bemerken, daß die Zensierung in den Hauptfächern mit steigender Klassenstufe strenger wird, während sich die Zensurenverteilung in Religion, Leibesübungen und den musischen Fächern kaum ändert oder sogar milder wird (vgl. INGENKAMP 1977).

Von ganz besonderer Bedeutung ist die Wirkung des *klasseninternen Bezugsmaßstabes,* der in jeder Untersuchung nachgewiesen wurde, in der man danach forschte (vgl. INGENKAMP 1977, S. 185 ff.; vgl. STELTMANN 1975, TENT u. a. 1976). Die Lehrer verteilen die Zensuren in ihrer Klasse nach dem von ihnen für richtig gehaltenen Schlüssel, ohne hinreichende Informationen über den Leistungsstand ihrer Klasse im Vergleich zu dem anderer Klassen zu besitzen. Das führt dazu, daß die nach objektiven Vergleichstests gleiche Leistung in der einen Klasse mit 1, in der anderen mit 6 beurteilt werden kann. Das bedeutet, daß das Schulschicksal eines Kindes in erheblichem Maße von der Situation der Klasse abhängt, in die es mehr oder weniger zufällig hineingerät, und daß Zensuren für überregionale Selektionen, insbesondere auch für das Numerus-clausus-Verfahren, absolut untauglich sind.
Dieser klasseninterne Maßstab verhindert auch einen über den Schulerfolg im eigenen Klassenverband hinausweisenden *prognostischen Wert* der Zensuren. Für die Sekundarschule sind die Zensuren oder Gutachten der Grundschullehrer nur von geringem Wert, ob man nun Korrelationen oder Prozentanteile Erfolgreicher berechnet (vgl. INGENKAMP 1977, S. 265 ff.). Für das Studium ist der prognostische Wert der Abiturnoten auch nicht höher, wie immer man sie auch gewichten mag (vgl. LISSMANN 1977, TROST 1975). Und für den Berufserfolg wiederum scheinen die Zensuren der Hochschule wenig Bedeutung zu haben.
Wenn man von Schülermerkmalen ausgeht, dann kann als gesichert angesehen werden, daß Mädchen – zumindest in der Primarschule – durchschnittlich bessere Zensuren erhalten, als ihren in Tests erfaßbaren Leistungen entspricht (vgl. BIERHOFF-ALFERMANN 1976, CARTER 1977, INGENKAMP 1972, RANK 1962, WEISS 1965). Auch das Geschlecht des Beurteilers wirkt sich im Einzelfall aus, aber eine relativ einheitliche Tendenz ist in den Untersuchungen nicht erkennbar.
Beim Lehrer (vgl. HADLEY 1977) und/oder bei den Mitschülern (vgl. PETILLON 1978) beliebtere Schüler erhalten bessere Zensuren. PETILLON (1978, S. 129) wies nach, „daß die Zuneigung des Lehrers den Kindern gilt, die gute Zensuren haben und sich fleißig, folgsam und zuverlässig verhalten" und vermutet eine Wechselwirkung zwischen Lehrereinstellung und Schülerverhalten. Daß das Bild des Lehrers vom guten oder schlechten Schüler in verschiedene Bereiche des Persönlichkeitsurteils ausstrahlt und zu erheblichen Urteilsverzerrungen führt, ist bekannt (vgl. CRANO/MELLON 1978, HÖHN 1974, ZANNA u. a. 1975).
Die Zensur korrespondiert stärker mit der Sozialschicht als Schulleistungstests, wobei der Zusammenhang bei der Deutschzensur oft stärker ist als etwa bei Mathematikzensuren (vgl. DAVIS/DOLLARD 1940, LATSCHA 1972, WEISS 1965, WOLF 1980). Informationen über die Vorleistungen von Lernenden hatten uneinheitliche Wirkungen auf Prüfungszensuren, was wahrscheinlich vom Kontext der Vorinformationen, von ihrem Gewicht und ihrer Eindeutigkeit abhängt (vgl. INGENKAMP 1980).
Diese und die in den Kapiteln 4 und 5 angeführten Untersuchungen beweisen nachdrücklich, daß den Zensuren weder Objektivität noch Zuverlässigkeit und Gültigkeit in befriedigendem Maße zuerkannt werden kann und daß sie weder die pädagogischen noch die gesellschaftlichen Aufgaben der Leistungskontrolle mit der heute möglichen Genauigkeit und Güte erfüllen können. Zensuren sind im Lichte der Forschung menschliche Schätzurteile auf vorwissenschaftlichem Niveau. Man weiß meist erst sehr viel später, wie zutreffend sie waren. Für die professionelle Steuerung von Lernprozessen sind Zensuren ohne zusätzliche Hilfsmittel eindeutig überfordert.
Lehrer lassen sich durch diese Befunde kaum beeinflussen. HAASE (vgl. 1978) und STELTMANN (vgl. 1977) ermittelten in zwei größeren Befragungen 1972 und 1974,

daß Lehrer ihrem Urteil über die Schülerleistung in hohem Maße vertrauen und Tests allenfalls zur Ergänzung ihres Urteils heranziehen wollen, daß 70% der Lehrer von der Gerechtigkeit der Zensuren überzeugt sind (auch 76% der Schüler), daß nur 54,3% der Lehrer glaubten, ihre Notengebung könnte durch Stimmungen beeinflußt werden, und nur 42,9% der Lehrer zugaben, die Notengebung könne durch Verwendung objektiver Tests gerechter werden.

In den letzten Jahren hat es Autoren gegeben, die sich für eine „Rehabilitation" der Zensurengebung einsetzten. HANKE u. a. (1980, S. 31) schreiben: „Eine Reihe von Autoren betonen, daß Beobachtungen und Urteile des Lehrers zum großen Teil auf objektiv nachweisbaren Sachverhalten beruhen und subjektive und sachfremde Faktoren offenkundig hinter den Befürchtungen früherer Untersuchungen zurückbleiben" (vgl. auch KRAPP 1979, KRAPP/MANDL 1977). Überprüft man die angegebenen Stellen, so stellt man fest, daß sie zu einer Revision der Auffassung keinen Anlaß geben und daß die Untersuchungen erhebliche methodische Mängel aufweisen (vgl. INGENKAMP 1981a). Diese Bemühungen korrespondieren mit einer relativ irrationalen Bewegung gegen objektive Methoden, die teilweise in radikaler ideologischer Testkritik gipfelte (vgl. INGENKAMP 1981b). Der Forschungsstand bietet jedoch keine Basis, die Meßqualität der Zensurengebung neu und positiver zu bewerten.

2.6 Verzicht auf Zensuren

Die Reformschulen und Landerziehungsheime, die in den ersten Jahrzehnten dieses Jahrhunderts gegründet wurden, vereinigt bei allen Unterschieden die Ablehnung der staatlichen Zensierungspraxis (vgl. ULLRICH/WÖBCKE 1981). Sie fordern eine differenzierte, an Förderung orientierte Begutachtung des Lernfortschritts, die die individuellen Voraussetzungen berücksichtigt und nicht das Konkurrenzdenken stimuliert.

Wie das staatliche Schulwesen diese Gedanken aufgenommen und neue Wege bei der Rückmeldung des Lernerfolges erprobt hat, soll im nächsten Kapitel, über Diagnosebogen und verwandte Verfahren, erörtert werden. Dabei ist zu beachten, daß die neuen Verfahren zum Teil über die Mitteilungsfunktion hinaus auch schon die Diagnose beeinflussen sollen.

3 Diagnosebogen und verwandte Verfahren

3.1 Begriff und Geschichte

Diagnosebogen sind Hilfsmittel zur Beurteilung und Mitteilung der fachspezifischen Lernerfolge und/oder des sozial-emotionalen Verhaltens von Schülern. In ihnen wird durch die Vorgabe häufig lernzielbezogener Beurteilungskategorien eine differenziertere, objektivere und besser vergleichbare Beschreibung und Beurteilung als Ausgangsbasis für pädagogische Förderungen angestrebt. Diagnosebogen sind keine weitgehend abgrenzbaren Instrumente. Der Begriff kennzeichnet eine wenig einheitliche Gruppe von Hilfsmitteln, die zwischen freier Schülerbeurteilung und Ratingskalen anzusiedeln sind und auch Beurteilungsbogen, Entwicklungsbericht, Lernzustandsbericht, Schülerbegleitbogen, Schülerbeschreibungsbogen oder ähnlich genannt werden. Diagnosebogen und ihre Vorformen sind ausdrücklich als Reaktion gegen den pädagogischen Bedeutungsverlust der Zeugnisse konzipiert worden.

Die erste größere Welle der Beurteilungsbogen ist im deutschen Sprachraum von

1915 bis 1930 zu beobachten. BRAHN (vgl. 1920) führt als „bekannteste Beobachtungsbogen" an: „Generalschema der zu beobachtenden individuellen Eigenschaften" von Stern, Baade und Lipmann; „Programm zur Untersuchung der subjektiven Seite der Persönlichkeit" von Lasurski; „Entwurf eines psychographischen Beobachtungsbogens für begabte Volksschüler" von Rebhuhn; „Beobachtungsbogen" von Muchow; „Erziehungsbogen" von Weigl. In diesen und ähnlichen Bogen sollen zusätzlich zu den Leistungsurteilen Beobachtungen über die sozial-emotionale Entwicklung und Angaben zur Lernumwelt eingetragen werden. Die vorgegebenen Kategorien gehen teilweise weit über das hinaus, was heute in Diagnosebogen zu finden ist. So wurden nicht nur Eintragungen zu Anpassungsfähigkeit, Aufmerksamkeit, Wahrnehmung und Beobachtungsfähigkeit, Gedächnis, Phantasie, Denken, sprachlichem Ausdruck erwartet, sondern beispielsweise auch zu Geschlechtsliebe, gesellschaftlichem Bewußtsein, Verhältnis zur Sittlichkeit. Die Zeit des Nationalsozialismus brachte auch für Reformen der Schülerbeurteilung eine Zwangspause. Nach dem Zweiten Weltkrieg griff man die Bemühungen zur Verbesserung von Beobachtungsbogen wieder auf. HEGINGER (vgl. 1972) berichtet, daß in Österreich 1949/1950 die verschiedenen Entwürfe zu einem einheitlichen „Schülerbeschreibungsbogen" zusammengefaßt wurden, dessen Anleitung auch nach 20 Jahren noch vielen Lehrern als Grundlage für die Schülerbeschreibung diente, obwohl sie dem Stand psychologischer und pädagogischer Erkenntnis nicht mehr entsprach. Für die Bundesrepublik können die Anleitungen und Vorlagen von ENGELMAYER (vgl. 1949), HARTKE (vgl. 1962), HUTH (vgl. 1955), ROTH (vgl. 1957), THOMAE (vgl. 1960) als Beispiele für derartige Beurteilungshilfen genannt werden. BURBACH (vgl. 1955) zeigte in einer Untersuchung, unter welchen Voraussetzungen ein detaillierter Beobachtungsbogen hilfreich sein konnte.

Viele dieser Beurteilungshilfen gaben sehr pauschale Kategorien und nicht ausreichend analysierte Eigenschaftsbegriffe vor. Sie sind später scharf kritisiert worden, so etwa von KLEBER (1978, S. 610): „Die sogenannten Beurteilungshilfen stellen als Merkmalssammlungen oft geradezu Schimpfwortkanonaden zusammen (ENGELMAYER 1960, S. 243). Sie stützen und bestätigen naive Verknüpfungstendenzen und stellen deshalb keine akzeptablen Hilfen dar." (Zur Kritik vgl. auch ULICH/ MERTENS 1973.)

Bevor der Schritt von diesen Beurteilungshilfen zum Diagnosebogen getan werden konnte, waren bestimmte Voraussetzungen notwendig:
- Methodenkenntnisse zur pädagogischen Diagnostik mußten eine gewisse Verbreitung erfahren, um die Konstruktion neuer Hilfsmittel zu beeinflussen. Das war durch die testmethodische Diskussion der 60er Jahre geschehen.
- Für didaktische Planungen mußten die Probleme der Definition, Hierarchisierung und Operationalisierung erkannt worden sein. Das war durch Diskussionen um programmierte Instruktion und Curriculumrevision geschehen.
- Ein schulisches Reformmodell mußte die Einführung ihm besser angemessener Beurteilungsverfahren stimulieren. Das war durch die Einführung von Gesamtschulen geschehen.

So kam es 1970 zur euphorischen Ankündigung: „Das Zeugnis ist tot. Es lebe der ‚Diagnosebogen'!" (vgl. FROMMELT 1970). Nur wenige Jahre später hieß es resignierend: „Der Diagnosebogen repräsentierte noch vor kurzer Zeit die große Hoffnung engagierter Lehrer, endlich die Zwänge der konventionellen Schülerbeurteilung durchbrechen zu können, um mit seiner Hilfe den emanzipatorischen Ideen der Gesamtschule auch im Bereich pädagogischer Diagnostik einen Schritt näher zu kommen. Kaum von der pädagogischen Öffentlichkeit zur Kenntnis genommen und theoretisch erst rudimentär diskutiert, wurde der Diagnosebogen von der Mehrheit der Lehrer abgelehnt und von Schulverwaltungen als nicht ‚systemkonform' verboten" (BACHMAIR 1975, S. 951). Zum Verständnis dieser Entwicklung muß man Zielsetzung und Erscheinungsformen des Diagnosebogens heranziehen.

3.2 Zielsetzung für den Diagnosebogen

BACHMAIR (1975, S. 952) faßt rückblickend zusammen: „Für die Entwicklung schulischer Diagnosebögen lassen sich im wesentlichen fünf Gründe angeben: (1) Unzufriedenheit mit der Ziffernnote und dem konventionellen Zeugnis; (2) der Wunsch nach größerer Objektivität und Gerechtigkeit des Lehrerurteils; (3) die Optimierung der Entscheidung über den Lernweg der Schüler; (4) die Entwicklung von Alternativen zu Schulleistungstests und (5) die Realisierung der lehrzielorientierten Schülerbeurteilung." Bezogen auf die Lernprozeßdiagnose im hessischen Diagnosebogen, wurden folgende Ziele formuliert: „Lernzielkontrolle muß als *diagnostische Hilfe* konzipiert sein, damit wird ihr ausschließlich selektiver Effekt abgebaut. Die Fixierung von Leistungen muß Anlaß zur Beratung sein. Der Schüler sollte durch Offenlegung der Lernerfolge bzw. Mißerfolge zum Weiterlernen motiviert werden. – Das System der Bewertung muß so formuliert und differenziert sein, daß subjektive Beurteilungsverfahren möglichst abgelöst werden durch *sachbezogene objektivierte Leistungsbeschreibungen*" (Der Hessische Kultusminister 1972, zitiert nach ZIEGENSPECK 1977, S. 161). Im Hinblick auf den gesamten Diagnosebogen sollten nach WENGEL (1973, S. 94) zwei Ziele erreicht werden: „Rückmeldung der Ergebnisse objektivierter Lernzielkontrollen" und „differenziertere Beschreibung des Arbeits- und Sozialverhaltens, als dies in Zeugnissen möglich ist".

Die Ziele sind sehr anspruchsvoll. Sie verbinden die Rückbesinnung auf pädagogische Aufgaben der Schülerbeurteilung, von denen hier vor allem die Optimierung des Lernprozesses angesprochen ist, mit der Forderung nach erhöhter Objektivität. Daß mit ihnen Alternativen zu Schulleistungstests entwickelt werden sollten, wie Bachmair 1975 behauptet, trifft zumindest für wichtige Versionen von Diagnosebogen nicht zu.

3.3 Beispiele für Diagnosebogen

Der erste und in mancher Hinsicht beispielgebende Diagnosebogen ist der 1969 an den Gesamtschulen eingeführte hessische *„Diagnosebogen zum Stand des Lernprozesses"*, dessen Entwicklung BELOW (vgl. 1973) beschreibt. Der Diagnosebogen war mit zwei Teilen konzipiert, wobei Teil A „Informationen zum Stand des Lernprozesses" und Teil B „Informationen zur Arbeitssituation" geben sollte. Nur Teil A ist in breiterem Umfang erprobt und mehrmals revidiert worden, die Entwicklung von Teil B wurde nicht abgeschlossen (vgl. BESSER/ZIEGENSPECK 1976). Teil A war fachunspezifisch und in der Form einer Matrix angelegt. Auf der Horizontalen sollten die Unterrichtsthemen eingetragen und in den Spalten darunter zu folgenden auf der Senkrechten abgetragenen Kategorien Hinweise vermerkt werden:
– Einstellung zur Unterrichtseinheit: Interesse, Lernbereitschaft, Initiative,
– Beurteilung der individuellen Denkfähigkeit: transformatorisch (Gelerntes selbständig übertragen können), analytisch (Gelerntes einordnen können), imitatorisch (Gelerntes wiedergeben können, Fertigkeiten nachweisen, Techniken beherrschen),

- Gruppenbezogene Lernzielkontrolle, unterteilt nach „mündlichen und anderen Nachweisen" und nach „Normarbeiten" (Datum, Gruppe, Punkte, Prozentrang),
- Standardisierte Lernzielkontrolle: schulübergreifende Tests (Datum, Bezeichnung, Prozentrang),
- Hinweise und Hilfen.

Für die ersten beiden Kategorien waren Einstufungen mit „ausgeprägt", „vorhanden" und „nicht nachgewiesen beziehungsweise nicht gezeigt" sowie außerdem der Vermerk „keine Beobachtung" vorgesehen (ZIEGENSPECK 1977, S. 163).

Es handelt sich in diesem Bogen um hochinferente Kategorien (vgl. SCHWARZER/ SCHWARZER 1977) mit Grobskalierung. Die Gesamtschulen hoben nach BELOW (vgl. 1973, S. 83) vor allem folgende negative Erfahrungen hervor: Die Trennschärfe der Kategorien Interesse, Lernbereitschaft und Initiative sowie transformatorisch, analytisch und imitatorisch sei zu gering, begünstige subjektive Lehrerurteile und führe zu einer Häufung von Fehlurteilen. Das wurde durch eine Untersuchung bestätigt, nach der die Kategorien so hoch interkorrelierten, daß die Beurteilung eher nach impliziten Persönlichkeitstheorien als nach tatsächlichen Ausprägungsgraden der Eigenschaften vorgenommen wurde. Die Fachlehrer waren nicht in der Lage, die Kategorien unterrichtsspezifisch zu operationalisieren. Sie waren daher als didaktische Hilfen wertlos. Einige Lehrer sahen in der Reduktion von sechs Einheiten der Zensurenskala auf drei Einheiten im Diagnosebogen einen Verlust an diagnostischen Möglichkeiten mit negativen Konsequenzen für die Motivation der Schüler. Außerdem wurde der Bogen als zu schwer verständlich und nicht durchschaubar für Eltern und Schüler angesehen, so daß er nicht die erhoffte Rückmeldung geben konnte.

Auch wurden die schulischen Bedingungen als teilweise ungünstig für den sinnvollen Einsatz des Diagnosebogens angesehen, so beispielsweise geringe Beobachtungszeit, Größe der Lerngruppen, fehlende Voraussetzungen für therapeutische Maßnahmen, Mangel an praktikablen diagnostischen Instrumenten, ungenügende Ausbildung zur Führung des Diagnosebogens, fehlende Zeit für Elterninformation, ungenügende Zahl von Entlastungsstunden, großer Aktenaufwand durch einen Bogen pro Fach. Hier zeigen sich neuralgische Punkte, die bei allen derartigen Projekten in ähnlicher Form auftraten. In Hessen wurden folgende Konsequenzen gezogen (BELOW 1973, S. 85):

„Das Konzept einer differenzierten Lernzielkontrolle wird beibehalten. Das bisherige Diagnosebogen-Konzept muß einer intensiven fachspezifisch orientierten Überarbeitung unterworfen werden, um zu erreichen:
- operationale Beobachtungskategorien und damit eine genauere Bestimmung der Lernerfolge und Lerndefizite in der Absicht, gezielte Hinweise und Empfehlungen möglich zu machen,
- einen verminderten Arbeitsaufwand für die Lehrer bei der Führung des Bogens,
- eine bessere Verständlichkeit für Schüler und Eltern."

Im Verlauf der Überarbeitung wurden die beiden Bereiche „gruppenbezogene Lernzielkontrolle" und „standardisierte Lernzielkontrolle" zu einem Bereich „Schriftliche Nachweise, Tests, Praktische Arbeiten" zusammengefaßt. Die ersten beiden Bereiche wurden zu den fachspezifisch definierten Lernzielen A – F umgestaltet. A wurde in „Gesellschaftslehre" folgendermaßen beschrieben: „Materialbeschaffung. Bericht, Besprechungen/Auszüge, Bibliographie/Fundstellen, Ausschnitte/Kopien". In „Latein" stand unter A: „Grundeinsichten in den Aufbau des Satzes und des Textes" (vgl. WENGEL 1973, S. 98). Die Einstufungsgrade „ausgeprägt, vorhanden, nicht erreicht" blieben mit kleinen Ergänzungen erhalten. Die Spalten für die

Unterrichtsthemen wurden auf zehn erweitert. Der Charakter der Matrix war also wenig verändert, um den Lehrern eine stärkere Umorientierung zu ersparen. Dennoch haben sich nur sechs Gesamtschulen noch an der Erprobung der Revision beteiligt. BELOW (1973, S. 89) folgert: „Die Unzufriedenheit, die sich am Diagnosebogen artikuliert und in der Rückkehr zum Notensystem kulminiert, ist der Ausdruck für die Unzufriedenheit mit den Bedingungen, unter denen die Gesamtschulen in Hessen arbeiten müssen."

In Niedersachsen entwickelte die Arbeitsgruppe „Diagnosebogen" einen *Schülerbegleitbogen* (vgl. EHEIM/SCHECKENHOFER 1973). Sie orientierte sich am hessischen Diagnosebogen. „An weiteren Modellen lagen der Diagnosebogen der Gesamtschule Bremen-West vor, der sich vom hessischen DB in den Beobachtungskategorien unterscheidet, aus Baden-Württemberg die Modelle der Gesamtschulen Freiburg/Haslach und Weinheim und aus Nordrhein-Westfalen die Informationen zum Lernprozeß der GS Kamen" (EHEIM/SCHECKENHOFER 1973, S. 111). Im ersten Ansatz waren zwei getrennte Bogen für Unterrichtsleistungen und sozial-emotionales Verhalten vorgesehen. In der Revision von 1972 wurden beide Aspekte im „Schülerbegleitbogen für den Lernprozeß" (SBB) zusammengefaßt, der folgende Informationen enthielt (EHEIM/SCHECKENHOFER 1973, S. 119):

„ - Lernziel, Lernzielbereiche
  - Ergebnisse von lernzielorientierten Tests, anderen Verfahren
  - fachspezifische Beobachtungskategorien
  - allgemeine Beobachtungskategorien
  - didaktische Maßnahmen (vorgeschlagene, durchgeführte)".

Die üblichen Zeugnisse sollten an Gesamtschulen durch Lernentwicklungsberichte ersetzt werden, in denen Angaben vorgesehen waren über
- Lernziele mit Kontrollergebnissen (aus dem SBB entnommen),
- Charakteristik der Lernsituation, des Lernverhaltens (frei formuliert),
- Hilfen und Hinweise.

Der niedersächsische Schülerbegleitbogen war weniger als Matrix und stärker als Kategorienliste angelegt als der hessische und näherte sich in einigen Entwicklungsstufen mehr der Form von Schätzskalen. Auch dieser Bogen hat die Erprobungsphase aus ähnlichen Gründen wie der hessische nicht überlebt, wobei hier noch der Regierungswechsel mit seinen Konsequenzen für die Bildungspolitik hinzukam. Weitergeführt wurde ein Schülerbeobachtungsbogen für die Orientierungsstufe (vgl. BESSER/ZIEGENSPECK 1976, OTTE/NAUCK 1976), wie überhaupt diese Verfahren an Orientierungsstufen sich besser durchgesetzt zu haben scheinen als an Gesamtschulen (vgl. HAENISCH/ZIEGENSPECK 1977).

Einen Überblick über ähnliche Ansätze in weiteren Bundesländern geben BESSER/ZIEGENSPECK (vgl. 1976). Sie betonen die Notwendigkeit weiterer Erprobung und Verbesserung, warnen aber auch, daß die Bogen erst dann praktisch bedeutsam werden könnten, wenn die Diagnose in Therapie umgesetzt werden könne.

Diagnosebogen spielen zu Beginn der 80er Jahre im Schulwesen der Bundesrepublik keine nennenswerte Rolle mehr. Sie haben sich als allgemeine Alternative zum Zeugnis nicht durchsetzen können. Die Gründe sind nicht nur in politischen und reformfeindlichen Hemmnissen zu suchen. Einige Bogen wurden zu dilettantisch entwickelt und erprobt. Man muß aber auch erkennen, daß ein großer Anteil der Lehrer noch nicht bereit ist, die leicht handhabbare Zensurengebung zugunsten eines arbeitsintensiveren, anspruchsvolleren Verfahrens aufzugeben. Die weitere Entwicklung kann daher durchaus als Rückzug interpretiert werden, zum einen auf wissenschaftlich entwickelte Schätzskalen als Angebot für interessierte Lehrer, zum anderen auf formlose „Zeugnisse ohne Noten" für die Anfangsklassen der Grundschule.

3.4 Schätzskalen als Beurteilungshilfe für Lehrer

„Schätzskalen sind Mittel, die es erlauben, Beobachtungsergebnisse zu quantifizieren. Der Grad der Ausprägung eines Merkmals wird so eingeschätzt, daß er durch eine Zahl repräsentiert werden kann" (SCHWARZER/SCHWARZER 1977, S. 52). Durch *Schätz- oder Ratingskalen* sollen vor allem sozial-emotionale Verhaltensweisen differenzierter und objektiver festgehalten werden. Über Konstruktionsmerkmale dieser Skalen und ihren Stellenwert in der Schülerbeurteilung informiert FITTKAU (vgl. 1978).
Schätz- oder Ratingskalen sind zunächst in der psychologischen Diagnostik, seit Jahrzehnten aber auch in der Unterrichtsforschung eingesetzt worden (vgl. TENT 1973). Sie werden dann eingesetzt, wenn Tests, Fragebogen oder Protokollierung einzelner Verhaltenssegmente zu umständlich oder unangemessen wären, um komplexere, ganzheitlichere Schülermerkmale zu beurteilen. Der Lehrer stuft dann das erfragte und von ihm beobachtete Merkmal nach seinem Ausprägungsgrad auf einer Skala mit zwei bis sieben Stufen ein.
Als Beispiel von Schätzskalen zur Schülerbeurteilung verweisen wir auf die „Beurteilungshilfen für Lehrer" von JANOWSKI u.a. (vgl. 1981). Die Autoren haben aus den allgemeinen Lernzielen der Bundesländer eine Auswahl getroffen und in die Bereiche „Kognitives Verhalten" (3), „Arbeitsverhalten" (4), „Emotionales Verhalten" (3), „Soziales Verhalten" (5) und „Praktisch-motorisches Verhalten" (1) (in Klammern Zahl der Skalen) gegliedert. Für die von ihnen gewählten 16 Schülermerkmale bieten die Autoren nach Expertenurteilen acht konkrete Verhaltensweisen an. Im Bereich „Kognitives Verhalten" werden zum Verhaltensmerkmal „Kritisches Denken und Urteilen" zum Beispiel folgende „typische Verhaltensweisen" angeführt: „(1) Der Schüler läßt sich Anweisungen und Aufforderungen begründen und akzeptiert Entscheidungen erst nach hinreichender Diskussion [...] (4) Er erkennt Widersprüchlichkeiten in den Handlungen anderer. (5) Er stellt sogenannte Selbstverständlichkeiten in Frage [...] (8) Er erkennt logische Fehler in Aussagen und Argumenten" (JANOWSKI u.a. 1981, S. 28). Die Verhaltensweisen, die der Lehrer wenigstens einmal klar beobachten konnte, werden im Beurteilungsheft angekreuzt. Aus der Zahl der Ankreuzungen ergibt sich dann, welcher Stufe der vierstufigen Schätzskala der Schüler zuzuordnen ist. Er „zeigt von den typischen Verhaltensweisen (fast) keine (0-2), manche (3-4), etliche (5-6), (fast) alle (7-8)."
Schätzskalen können, wenn sie sorgfältig konstruiert sind, die Schülerbeurteilung differenzierter, vergleichbarer und zutreffender gestalten. Aber nur wenige Lehrer machen von diesem Angebot Gebrauch. Zensurengebung und Form der Zeugnisse werden von diesem fakultativen Angebot nicht beeinflußt.

3.5 Zeugnisberichte

Die neuen Zeugnisbestimmungen für die ersten Grundschulklassen, die in den letzten Jahren erlassen wurden, haben in der Ablehnung der Ziffernzensur die gleiche Wurzel wie der Diagnosebogen und sind in ihrer Einführung durch sein Vorbild beeinflußt. Der Grundsatzbeschluß der KMK forderte schon am 2.7.1970 eine „allgemeine Beurteilung des Kindes in freier Form". Daß die meisten Länder 1979 für die 1. Klasse und einige auch für die 2. Klasse die freien Beurteilungen eingeführt

hatten, zeigen Zusammenstellungen von BOLSCHO (vgl. 1979b) und BURK (vgl. 1979).
In den neuen *Zeugnisberichten* werden nach BURK (1979, S. 154) folgende Teilbereiche unterschieden:
„ - Verhalten des Schülers gegenüber Lehrer, Mitschülern etc.,
- Verhalten des Schülers während der Arbeit,
- besondere Interessen, Fähigkeiten und Fertigkeiten des Schülers,
- Leistungsstand und Leistungsfähigkeit des Schülers in verschiedenen Lernbereichen",

die meist zu drei Bereichen zusammengefaßt werden. Der Zeugnisbericht soll sich in erster Linie an den Möglichkeiten des einzelnen Schülers und nicht an denen anderer Schüler orientieren und hat primär eine „Ermutigungsfunktion" (BOLSCHO 1979b, S. 132).
Für die Ausfüllung dieser Zeugnisberichte werden den Lehrern durch die Ministerien Hilfen in Form von „*Mustertexten*" (etwa Baden-Württemberg) oder „*Kriterienlisten*" (Nordrhein-Westfalen) gegeben (vgl. BOLSCHO 1979b, SCHMACK 1979). Die „Mustertexte" sind teilweise ein Rückschritt zu längst überholtem Niveau pädagogischer Diagnostik, und die Kriterienlisten sind auch nur in Hamburg akzeptabel, wo sie aber dem Diagnosebogen näher stehen als dem Zeugnisbericht. Überblickt man die Entwicklung, so kann man ohne grobe Vereinfachung sagen, daß bei den Diagnosebogen eine Verbindung pädagogischen Engagements und diagnostischer Kompetenz angestrebt wurde, bei den Schätzskalen die diagnostische Kompetenz die Konstruktion bestimmt, während die Zeugnisberichte sich fast ausschließlich auf die positive Wirkung pädagogischen Engagements verlassen.
In diesem Sinne argumentiert dann auch BOLSCHO (1979c, S. 98), daß es im Zeugnisbericht nicht um das „Vergleichen an einer wie immer bestimmten Norm" gehe, sondern um das Ziel, „die in der Entwicklung befindlichen Lernleistungen des Kindes aufzugreifen und sie Eltern wie Kindern im Sinne der pädagogischen Ermutigung darzustellen. Insofern ist das Objektivitätsproblem nicht das Problem der neuen Beurteilungsformen." Dabei wird nicht nur übersehen, daß es ohne Objektivität auch keine Validität der Beurteilung gibt, daß Engagement nicht die nachgewiesenen subjektiven Beurteilungsfehler ausschaltet, daß in subjektiven Stellungnahmen implizite Persönlichkeitstheorien häufig zum Nachteil schwächerer Schüler wirksam werden (vgl. PETILLON 1982) und daß „Vergleichen" gerade bei komplexeren Verhaltensweisen eine grundlegende Tätigkeit für jede Diagnose ist (vgl. INGENKAMP 1975). Die Zeugnisberichte werden ihrer anerkennenswerten pädagogischen Zielsetzung nur gerecht werden können, wenn bei ihrer Realisierung wissenschaftliche Erkenntnisse, gesellschaftliche Rahmenbedingungen und Erfahrungen der diagnostischen Praxis stärker als bisher berücksichtigt werden.

4   Klassenarbeit

Die in Zensuren, Diagnosebogen, Zeugnisberichten oder ähnlichen Mitteilungsformen dokumentierten Lernerfolge werden überwiegend durch mündliche und schriftliche Prüfungen sowie Beobachtungen erfaßt. Als Beispiel für schriftliche Prüfungen wird hier auf die Klassenarbeit eingegangen.

4.1 Begriff und geschichtliche Entwicklung

„Klassenarbeit" ist die Bezeichnung für schriftliche Überprüfungen der Ergebnisse schulischer Lernprozesse. Diese Überprüfung wird zur Erhöhung der Objektivität und zur Verhinderung von Täuschungen in mehr oder weniger standardisierter Form durchgeführt, für die meist folgende Merkmale charakteristisch sind: Festsetzung des Prüfungstermins und häufig auch der Arbeitszeit, Vorgabe einheitlicher oder auf wenige Wahlmöglichkeiten beschränkter Aufgabenstellungen, Festlegung erlaubter Hilfsmittel, Arbeit unter Aufsicht. In der Schule findet die schriftliche Überprüfung vorwiegend gleichzeitig für die ganze Klasse statt. Zu Abschlußarbeiten wird häufig von „Prüfungsarbeiten" gesprochen, und im tertiären Bildungswesen ist der Terminus *„Klausur"* üblich, ohne daß sich die Charakteristika wesentlich ändern, wenn man von der häufig geringeren Zahl von Prüflingen bis hin zur Individualprüfung absieht.

Die standardisierte schriftliche Überprüfung von Lernerfolgen hat sich im Zuge des Berechtigungswesens herausgebildet, Schulen und Universitäten des Mittelalters kannten vorwiegend die mündliche Demonstration des Gelernten oder unter selbst gesetzten Bedingungen verfaßte Texte (Hausarbeiten nach heutiger Terminologie). Um 1800, als Leistungsnachweise begannen, Ämterkauf und Privilegien der Herkunft abzulösen, gewannen schriftliche Prüfungen immer mehr an Bedeutung, wobei die englischen Universitäten besonders früh die Verfahren formalisierten (vgl. JUDGES 1969). Von den Universitäten über die Gymnasien bis zu den Grundschulen, von wenigen Hauptfächern bis hin zu fast allen Fächern, von wenigen Prüfungsterminen zu Abschlüssen bis zu über das ganze Schuljahr verteilten periodischen Klassenarbeiten hat in den letzten 150 Jahren eine außerordentliche Ausbreitung schriftlicher Überprüfungen stattgefunden. Heute ist in fast allen Bundesländern dem Lehrer genau vorgeschrieben, wieviel Klassenarbeiten er in welchen Fächern und welchen Klassenstufen schreiben lassen muß.

4.2 Frühe Forschungen zu Klassenarbeiten

Klassenarbeiten wurden in der breiten Öffentlichkeit erst dann überwiegend negativ beurteilt, als das Berechtigungswesen mehr Aufstiegswilligen den Zugang zu „höheren" Bildungsstätten verwehrte, als das es Chancen eröffnete. Die Wissenschaft hat sich schon früher mit der *Meßqualität schriftlicher Prüfungen* befaßt. Die ersten Untersuchungen konzentrierten sich auf die Feststellung der Unterschiede zwischen verschiedenen Lehrern bei der Beurteilung derselben Klassenarbeit und auf Versuche zur Abhilfe. Die Engländer Edgeworth (1888) und G. Fisher (1864) werden in geschichtlichen Darstellungen ebenso wie die Amerikaner H. Mann (1845) und U. M. Rice (1897) immer wieder erwähnt (vgl. CHAUNCEY/DOBBIN 1968, COX 1969). Um 1930 erlebten diese Forschungen einen ersten internationalen Höhepunkt, der in Veröffentlichungen von Hartog, Rhodes, Kandel, Bobertag, Blumenfeld und anderen seinen Ausdruck fand (vgl. INGENKAMP 1977, S. 69 f.).

Auf dieser Stufe hat ULSHÖFER (vgl. 1949) nach dem Krieg in Deutschland wieder eingesetzt, ohne die reiche Untersuchungstradition beispielsweise in Großbritannien zu beachten. Er publizierte in Heft 6/1949 der Zeitschrift „Der Deutschunterricht" einen Reifeprüfungsaufsatz mit der Bitte an Deutschlehrer, ihn zu zensieren. Kurz darauf konnte er das Ergebnis von 42 Beurteilern mitteilen, deren Urteile mit entsprechender Begründung von „sehr gut" bis „ungenügend" differierten. Erstaunlich war eigentlich nur die Überraschung, die dieses Ergebnis auslöste.

Auf sehr viel breiterer Basis hat dann SCHRÖTER (vgl. 1971) diesen Untersuchungsansatz noch einmal aufgenommen und die Urteilsdifferenzen belegt. Die Fachdidaktiken hatten die Bedeutung dieser Fragen noch gar nicht erkannt und gaben oft noch Praxisanweisungen ohne Reflexion über Forschungsergebnisse und Meßmethodik wie etwa MERKELBACH (vgl. 1972). Die internationale Forschung war jedoch über die Konstatierung der Beurteilerdifferenzen längst hinaus und zur Aufklärung der Ursachen fortgeschritten. In den folgenden Abschnitten wird auf solche Untersuchungen eingegangen, und zwar zunächst am Beispiel des muttersprachlichen Aufsatzes.

4.3 Forschungen zur Aufsatzbeurteilung

Vor allem in England und den USA hat die Forschung zur Aufsatzbeurteilung eine lange und fruchtbare Tradition (vgl. INGENKAMP 1977, S. 73 ff.). COFFMAN (1971, S. 277) faßte die Ergebnisse folgendermaßen zusammen: „Die gesammelten Erkenntnisse führen zu drei unausweichlichen Schlußfolgerungen: a) Verschiedene Beurteiler neigen dazu, dem gleichen Aufsatz unterschiedliche Zensuren zu geben, b) der einzelne Beurteiler neigt dazu, für den gleichen Aufsatz zu verschiedenen Zeiten unterschiedliche Zensuren zu geben, und c) die Differenzen zeigen die Tendenz, größer zu werden, je mehr das Aufsatzthema Freiheit in der Bearbeitung erlaubt."
Da Beurteilung immer mit der Wahrnehmung anderer Menschen zusammenhängt, hat man Untersuchungsansätze der Wahrnehmungsforschung in der Beurteilungsforschung aufgegriffen. Die Forschungen zur sozialen Wahrnehmung haben gezeigt, daß unsere Wahrnehmung durch Erwartungen beeinflußt wird, die wir mit uns bekannten Personen oder Trägern sozialer Rollen verbinden. Eine für den Bereich der sozialen Wahrnehmung typische Untersuchung hat WEISS (vgl. 1965) in Österreich durchgeführt, als er zwei Gruppen von Lehrern die gleichen Aufsätze vorlegte, aber jeder Gruppe eine andere Information über den Verfasser gab. Einmal wurden Sozialstatus und Leistung negativ dargestellt (durchschnittlicher Schüler, beide Elternteile berufstätig, liest gerne Schundhefte), das andere Mal positiv (sprachlich begabter Bube, Sohn des Redakteurs einer großen Linzer Tageszeitung). Die Ergebnisse sind so bekannt, daß hier nur daran erinnert werden soll, daß sogar der Aspekt der Rechtschreibung bei positiver Einstellung um eine volle Notenstufe (bei fünfstufiger Notenskala) besser war (2,35 zu 3,35) und die Gesamtnote um eine dreiviertel Notenstufe (2,08 zu 2,83). Da viele Untersuchungen zur sozialen Wahrnehmung in anderen Gebieten zu gleichen Ergebnissen führten, ist diesen Zusammenhängen das größte Gewicht beizumessen (vgl. ULICH/MERTENS 1973). Wenn nur Vorinformationen über Leistungen gegeben werden, sind die Einflüsse auf das Urteil nicht so eindeutig. WIECZERKOWSKI/KESSLER (vgl. 1970) sowie FERDINAND (vgl. 1971) konnten nachweisen, daß die Aufsätze signifikant besser beurteilt wurden, wenn sie einem Schüler mit guten Leistungen zugeschrieben wurden. In beiden Untersuchungen waren Lehrerstudenten oder Junglehrer als Beurteiler tätig. In einer Studie mit erfahrenen Lehrern konnte BAURMANN (vgl. 1977a, b) die Ergebnisse nicht bestätigen. Allerdings waren seine Angaben über die Vorleistungen verschiedener Schüler weniger unterschiedlich. Lehrer wenden gegen diese Untersuchungen häufig ein, daß die Urteilsstreuung nicht so groß wäre, wenn die Aufsätze in Kenntnis des Unterrichts, der Lernziele und der Vorbereitung zu beurteilen wären. Diese Meinung wird durch Untersuchungsergebnisse nicht gestützt. In einem Experiment mit Geschichten nach Bildern konnte nachgewiesen werden, daß die Benotung um so mehr differierte, je mehr die Beurteiler über die Entstehungssituation

der Niederschriften wußten (vgl. WIECZERKOWSKI u. a. 1968). BAURMANN (vgl. 1977 a, b) konnte in seiner Untersuchung, in der er planmäßig Informationen über Leistung und den vorangegangenen Unterricht variierte, keinen Einfluß dieser Hintergrundinformationen auf die Beurteilung nachweisen.
Auf keinen Fall ist also die Auffassung zu bestätigen, daß bei genauerer Kenntnis der unterrichtlichen Situation die Aufsatzurteile weniger schwanken. Es ist zu fordern, daß der Aufsatz zunächst möglichst ohne Information über den Verfasser beurteilt wird, um dann erst Informationen über den Verfasser und seine Situation hinzuzuziehen und in pädagogische Wertungen und Handlungen umzusetzen.
Die Reihenfolge, in der beurteilt wird, beeinflußt die Zensur auch in schriftlichen Prüfungen, wobei die Wechselwirkung mit der Leistungshöhe die Effekte zu verstärken scheint, das heißt beispielsweise, daß eine schwache Leistung noch negativer beurteilt wird, wenn sie auf eine gute folgt (vgl. BAURMANN 1977 a, CHASE 1968).
Längere Aufsätze werden durchschnittlich besser bewertet als kürzere Aufsätze zum gleichen Thema, wie in verschiedenen deutschen Untersuchungen nachgewiesen wurde (vgl. INGENKAMP 1981). Grammatikalische und orthographische Fehler beeinflussen Lehrer bei der Aufsatzbeurteilung, selbst wenn sie aufgefordert werden, nur den Inhalt zu bewerten (vgl. MARSHALL 1967, MARSHALL/POWERS 1969, SCHRÖTER 1977). Auch schlechte Handschrift wirkt sich negativ auf die Aufsatznote aus (vgl. BRIGGS 1970, CHASE 1968). Wenn man die Wechselwirkungen analysiert, ergeben sich interessante Aufschlüsse. Bei gutem Aufsatzniveau haben schlechte Handschrift oder Grammatikfehler für sich allein keinen erkennbaren Einfluß, beide zusammen nur einen geringen. Mit absinkendem Aufsatzniveau verstärkt sich der Einfluß, so daß bei schlechten Aufsätzen bereits schlechte Handschrift oder Grammatikfehler allein so starken Einfluß auf die Zensur haben, daß er auch durch die Kombination beider nicht mehr verstärkt werden kann (vgl. OSNES 1972).
In der Aufsatzforschung sind die verschiedenen Formen der Textproduktion nicht immer genügend voneinander unterschieden worden. Es würde sich dann ergeben, daß Zensuren für divergente Textproduktionen völlig unangemessen sind. Auch die anderen Formen der Klassenarbeit im muttersprachlichen Unterricht, etwa Diktat und Grammatikarbeit, sind in der Forschung sehr vernachlässigt worden. Das *Diktat* selbst tritt in verschiedenen Klassenstufen in verschiedenen Variationen auf, beispielsweise vorbereitet – unvorbereitet, Wörterliste, Lückentext oder Textdiktat (vgl. EICHLER/THURNER 1978). In all seinen Formen ist das Diktat aber ebenfalls sehr anfällig gegen Durchführungs- und Auswertungsunterschiede. Diktattempo, Aussprache, Umfang der diktierten Texteinheiten, Zahl der Wiederholungen, Wertung unterschiedlicher Fehler variieren bei verschiedenen Lehrern so stark, daß zur Objektivierung in Rechtschreibtests immer wieder auf zu korrigierende Fehlertexte oder Lückentexte mit genauen Durchführungsvorschriften zurückgegriffen wurde.

4.4 Forschungen zu Klassenarbeiten in anderen Fächern

Andere Klassenarbeiten sind viel weniger erforscht als Aufsätze. Eine gewisse Ausnahme machen Mathematikarbeiten, für die STARCH/ELLIOT (1977, S. 87) bereits 1913 feststellten: „Mathematikzensuren sind entgegen der üblichen Meinung genauso wenig verläßlich wie jene für Sprachen oder Geschichte." Auch in Untersuchungen von Hartog/Rhodes, Williams und Dicker differierten die Beurteilungen verschiedener Lehrer für die gleiche Mathematikarbeit fast über die ganze Zensurenskala, und Haecker konnte nachweisen, wie unterschiedlich die von Mathematiklehrern benutzten Beurteilungskriterien sind (vgl. INGENKAMP 1977).

Karlheinz Ingenkamp

An Arbeiten in Mathematik, Geographie und Geschichte wurde die geringe Zuverlässigkeit des Lehrerurteils nachgewiesen, das heißt, daß dieselben Lehrer die gleiche Arbeit nach einem gewissen Zeitintervall deutlich anders beurteilen als beim erstenmal. Eells (vgl. INGENKAMP 1977, S. 167) hat in seiner klassischen Arbeit von 1930 gezeigt, daß die 1. und 2. Beurteilung in Geographie nur mit $r=0{,}25$ bis $r=0{,}51$, in Geschichte nur mit $r=0{,}31$ bis $r=0{,}39$ zusammenhängen. Dicker fand bei 24 Mathematiklehrern bei einem Intervall von drei Monaten eine Korrelation von $r=0{,}46$. Das bedeutet, daß in diesen Untersuchungen die 1. und 2. Beurteilung nur zwischen 6 und 20% gemeinsame Varianz aufwiesen (vgl. INGENKAMP 1977, S. 173 ff.). Die sich darin ausdrückende Instabilität des Lehrerurteils ist psychologisch verständlich, aber für eine Kontrolle des Lernerfolges inakzeptabel.
Die wenigen sonst noch vorliegenden Untersuchungen ergeben kein anderes Bild (vgl. INGENKAMP 1975, KLAUER 1978). Auch der prognostische Wert von Klassenarbeiten ist gering. In der Form der Aufnahmeprüfung für das Gymnasium hatte das Diktat für den Schulerfolg nach einem Jahr eine mittlere Vorhersagegültigkeit von $r_s=0{,}20$, der Aufsatz von $r_s=0{,}16$, die Mathematikarbeit von $r_s=17$ (vgl. KNOCHE 1977).

4.5 Ansätze zur gültigen Auswertung von Klassenarbeiten

Die Verbesserungsversuche sind auch vorwiegend durch die Bemühungen um den muttersprachlichen Aufsatz bestimmt und haben dort auch am intensivsten Eingang in die didaktische Literatur gefunden (vgl. BECK 1979). Die folgenden Ausführungen beziehen sich neben Beck auf INGENKAMP (vgl. 1980) und KLAUER (vgl. 1978).
Der älteste Verbesserungsversuch sind wahrscheinlich die von Rice 1903 eingeführten *Skalen von Musterarbeiten,* die von erfahrenen Lehrern beurteilt wurden und anderen Lehrern Anhaltspunkte geben sollten. Sie haben bis in die jüngste Zeit breite Anwendung erfahren, sind aber nicht sehr effektiv.
Eine prüfungsmethodische und auch didaktische Weiterentwicklung stellen die Anleitungen zur analytischen Auswertung oder die sogenannten *Kriterienkataloge* dar. Die englischen Examensbehörden haben durch die Entwicklung von Kriterienkatalogen und das Training der Beurteiler in ihrer Handhabung beachtliche Erfolge erzielt. Den Wert dieser Kriterienkataloge für Mathematikarbeiten hat DICKER (vgl. 1977) nachgewiesen.
Für Textproduktionen ist die *Teamauswertung nach globalem Ersteindruck* entwickelt worden, die aber natürlich auch bei anderen Gestaltungsarbeiten einsetzbar ist. Mehrere Beurteiler bewerten völlig unabhängig voneinander eine Arbeit nach dem ersten Eindruck, und der Mittelwert ihrer Urteile wird berechnet. Es hat sich gezeigt, daß die Zuverlässigkeit der Beurteilung dabei stärker erhöht werden kann, als wenn man einzelnen Beurteilern mehr Zeit zur Auswertung gibt. Für sprachliche Produktionen hat man auch mit der *Auszählung linguistischer Merkmale* experimentiert, aber diese Methode ist vorläufig auf Forschungsarbeiten beschränkt und nicht allgemein praktikabel.
Klassenarbeiten können sehr häufig durch *Schulleistungstests* ersetzt werden (vgl. 6). Auch für sprachliche Gestaltungen wurden vor allem in den USA und den Niederlanden Tests entwickelt, die beachtlich hoch mit den gemittelten Bewertungen mehrerer Aufsätze korrelierten. In den Niederlanden werden diese Tests bereits in der schulischen Beurteilungspraxis eingesetzt.

4.6 Pädagogische Relevanz der Forschungsergebnisse

Die Gründe für die mangelnde Meßqualität der Klassenarbeiten, die sich in fast allen Untersuchungen ergab, sind vor allem auf folgende Fakten zurückzuführen: Klassenarbeiten werden nicht nach wissenschaftlich erprobten Methoden konstruiert, sondern nach traditionellen Praktikerempfehlungen mehr ad hoc zusammengestellt.
Klassenarbeiten und Klausuren, die ursprünglich schriftliche Übungen zur Festigung des Gelernten waren, haben im Berechtigungswesen eine Prüfungsfunktion erhalten, wobei ihre Eignung für diesen Zweck naiv vorausgesetzt wurde.
Pädagogik und Fachdidaktik haben bis in die Gegenwart hinein die diagnostische Qualität von Klassenarbeiten kaum untersucht, weil die Bedeutung dieser Rückmeldungen für den Lernprozeß nicht erkannt worden war. In Verbindung damit sind auch die Lehrer nicht angemessen für die Konstruktion und Auswertung von Klassenarbeiten ausgebildet worden.
Für die Zukunft wird man sich wieder mehr auf die pädagogische Funktion der Klassenarbeiten besinnen müssen, da ihre Eignung für das Berechtigungswesen sowieso gering ist. Für die Übung des Gelernten und für die Rückmeldung über den Lernerfolg sind jedoch schriftliche Arbeiten nötig. Aber sie müssen anders gestaltet werden. In vielen Fällen können Klassenarbeiten durch kurze Tests abgelöst werden, die rationeller auszuwerten sind und für die Konstruktionsregeln vorliegen. Das bedeutet keine Ablösung von Klassenarbeiten durch Tests, sondern eher eine Ergänzung.

5 Mündliche Prüfungen

5.1 Definition

Mündliche Prüfungen sind Erfolgskontrollen von Wissen und Fertigkeiten, bei denen auf die Schriftform verzichtet wird. Mündliche Prüfungen können sich sowohl a) auf sprachgebundene Leistungen beziehen als auch b) Wissen und Verständnis aus allen möglichen Bereichen erfassen. Bei den unter a) genannten Prüfungen handelt es sich um sprachliche Fertigkeiten im engeren Sinne, beispielsweise Aussprache, gestaltender Ausdruck, oder aber um an Sprache gebundene Leistungen, etwa Verkaufsgespräch. Die unter b) genannten Leistungskontrollen können prinzipiell auch in schriftlicher Form durchgeführt werden.
Mündliche Prüfungen werden durchgeführt a) als formelle Prüfungen, wobei sie besonders in Abschlußprüfungen ein besonderes Gewicht bekommen, oder b) als informelle Prüfungen im laufenden Unterricht, wobei der Lehrende vor allem erkennen will, ob der bisherige Unterrichtserfolg ein Weitergehen ermöglicht.
Mündliche Prüfungen haben eine längere Tradition als die schriftlichen. Sie tauchen in den Schulen des Mittelalters vorwiegend in der Form der Disputation auf. Im heutigen Bildungssystem sind mündliche Prüfungen die am weitesten verbreitete Leistungskontrolle. Gleichzeitig sind sie die am wenigsten erforschte Form der Leistungskontrolle, da bis vor kurzem die mündliche Prüfung nicht angemessen für wiederholende Analysen fixiert werden konnte.

5.2 Richtungen der Kritik

Seitdem die mündliche Prüfung im Rahmen des Berechtigungswesens an Bedeutung gewonnen hat, ist sie auch Gegenstand grundsätzlicher Kritik geworden. Unter sozialpsychologischem Aspekt wurde vor allem kritisiert, daß die Beziehung zwischen Prüfer und Prüfling eine asymmetrische Position sei (vgl. AUCKENTHALER 1973, S. 1): „Die einen definieren die Prüfungsnorm, die anderen haben sich anzupassen" (LAUTMANN 1971, S. 37). Die soziale Situation wird nicht nur durch die Inhalte strukturiert, sondern auch durch Sprach- und sonstiges Verhalten (vgl. GRAUMANN 1972). Wenn sich Prüfer und Prüfling vorher nicht kannten, gewinnt der erste Eindruck besondere Bedeutung für das Gesamturteil. Unter psychoanalytischem Aspekt wurde vor allem die Ähnlichkeit der mündlichen Prüfung mit Initiationsriten und Statuszuweisung betont. Dieses Prüfungsritual ist sehr stark angstbesetzt. MOELLER (vgl. 1972) betont den Widerspruch, daß die Prüfung Leistung messen solle, durch ihre Angstauslösung aber gerade das verhindere. Die Angst in der Prüfungssituation werde durch in der Kindheit erlebte Gefährdungen mitbedingt. MOELLER (vgl. 1972, S. 11) meint, daß es heute eher ein pathologisches Symptom sei, wenn man vor mündlichen Prüfungen keine Angst habe. Die psychoanalytisch orientierte Kritik hat sich mit der Kritik unter gesellschaftlichem Aspekt verbunden. KVALE (vgl. 1972) beklagt, daß die latenten Unterdrückungs- und Abrichtungsfunktionen von Prüfungen bewirken, daß die Lernenden die Werte der Herrschenden akzeptieren und internalisieren. Mit anderen weist LAUTMANN (vgl. 1971) darauf hin, daß durch diese Prüfungen der Anteil der Unterschichtkinder von Bildungsstufe zu Bildungsstufe verringert wird. Schließlich ist die Prüfung auch immer stärker unter meßmethodischem Aspekt untersucht worden, wobei die geringe Objektivität, Reliabilität und Validität (vgl. INGENKAMP 1983) wiederholt hervorgehoben wurde. Während zum sozialpsychologischen und zum psychoanalytischen Aspekt der Kritik kaum auf die Situation der mündlichen Prüfung bezogene Untersuchungsergebnisse vorliegen, hat die prüfungsmethodisch orientierte Kritik in den letzten Jahren zu einer Reihe interessanter Befunde geführt.

5.3 Frühe Untersuchungen

Die älteste bekannte Studie zu mündlichen Prüfungen stammt von BARNES/PRESSEY (vgl. 1929). Wie die häufiger zitierte Untersuchung von Hartog und Rohdes von 1934 (vgl. INGENKAMP 1977, S. 177 ff.) stellten sie fest, daß derselbe Prüfling von verschiedenen Prüfern unterschiedlich beurteilt wurde. Einen methodischen Fortschritt stellt die Untersuchung von TRIMBLE (vgl. 1934) dar. Mit zwei anderen Professoren beurteilte er unabhängig voneinander die Ergebnisse von 25 Psychologiestudenten während einer mündlichen Prüfung auf acht Schätzskalen. Die Übereinstimmung für jeweils zwei Beurteiler schwankte von −0,23 bis 0,796. Bei den unterschiedlichen Skalen für das Gesamturteil lagen die Korrelationen zwischen 0,26 und 0,40. Im Vergleich zur schriftlichen Prüfung zum Inhalt des gleichen Psychologiekurses ergaben sich Korrelationen zwischen 0,306 und 0,693, wobei die höchste Korrelation damit erklärt wurde, daß der Beurteiler auch der Lehrende in diesem Kurs war.

Nur in Medizin und verwandten Fächern haben diese frühen Untersuchungen Nachfolger gefunden, auf die zusammenfassend bei BIRKEL (vgl. 1978) und INGENKAMP (vgl. 1975) eingegangen wurde. In diesen Untersuchungen zeigte sich, daß die Übereinstimmung zwischen zwei Beurteilern, die unabhängig voneinander denselben Prüfling im gleichen Gebiet zu den gleichen Lernzielen nach kurzen Intervallen prüften, zwischen 0,40 und 0,60 lag. Wenn die Prüfer im Gebrauch von Fragelisten und Schätzskalen trainiert waren, konnte die Korrelation auf 0,70 ansteigen. In vielen Untersuchungen sind schriftliche objektive Prüfungen oder kombinierte Beurteilungen der klinischen Arbeit als Validitätskriterien herangezogen worden. Wenn die mündliche Prüfung nicht sprachliche Fertigkeiten untersucht, sondern Lernerfolge, die prinzipiell auch anders erfaßt werden können, erscheint das gerechtfertigt. Die Korrelationen zwischen mündlichen und schriftlichen sowie praktischen Prüfungen zum gleichen Inhalt variierten von 0 bis 0,70, lagen aber in den meisten Fällen zwischen 0,20 und 0,40. Zur Einschätzung der mündlichen Prüfung wurden häufig auch Ergebnisse der Interviewforschung herangezogen, so etwa von DAHLLÖF (vgl. 1970). Er verweist unter anderem auch auf eine Studie von KELLY/ FISKE (vgl. 1951). In diesen Untersuchungen zeigte sich weitgehend Übereinstimmung, daß auch ausführliche Interviews wenig zur Vorhersagegültigkeit über das hinaus beitrugen, was bereits aufgrund kürzerer schriftlicher Prüfungen und Tests zu ermitteln war.

Die frühen Untersuchungen belegen hinreichend, daß mündliche Prüfungen weder objektiv noch zuverlässig, noch gültig sind. Sie geben aber wenig Hinweise auf die Fehlerquellen, die die Differenzen beeinflussen.

5.4 Neuere Untersuchungen

Noch weitgehend in der Tradition jener Untersuchungen, die Übereinstimmungen und Unterschiede ermitteln wollen, bleibt PREISER (vgl. 1975), der vor allem mündliche Prüfungen zur Diplom-Vorprüfung für Psychologen bei 12 Prüfern, 12 Beisitzern und 51 Prüfungskandidaten mit insgesamt 254 Prüfungen untersuchte. Die Beisitzer waren Assistenten, die nach 10 Minuten, nach 20 und nach 30 Minuten einen Notenvorschlag aufzuzeichnen hatten. Der Prüfer legte nach Ende der Prüfung ohne Kenntnis dieser Schätzungen seinen Vorschlag fest. Die Notenvorschläge der Prüfer und Beisitzer nach 30 Minuten korrelieren mit 0,82. Dabei zeigte sich, daß in den psychologischen Fächern eine wesentliche Zunahme der Übereinstimmung erst nach 20 Minuten Prüfungszeit begann. Preiser sieht in dieser Übereinstimmung auch die Folge eines wechselseitigen Anpassungsprozesses, der nicht unbedingt mit einer Zunahme der Validität verbunden sein muß. Der Ansatz von Preiser führt zu einer systematischen Überschätzung der Objektivität mündlicher Prüfungen und gibt noch keinen Hinweis, wie Fehlerquellen sich auswirken.

Etwas weiter führt in dieser Hinsicht die Untersuchung von BETZ (vgl. 1974), der 60 Diplom-Vorprüfungen in Psychologie untersuchte. Er konnte ein periodisches Sinken und Fallen der Benotung der einzelnen Prüflinge feststellen und vermutete, daß diese Schwingungsvorgänge persönlichkeitsspezifisch vom Prüfer abhängen, noch stärker aber von der Zahl der Prüfungen, die der Prüfer abzunehmen hat. Mit zunehmender Prüfungsdauer steigt die Frequenz dieser Schwingungen. BETZ (1974, S. 1) folgert daraus: „Mündliche Prüfungen sind den derzeitigen Verhältnissen im gesamten Bildungsbereich nicht angemessen. Sie sollten überall durch schriftliche ersetzt werden."

Mehr Einblick in die Faktoren, die das Urteil bei mündlichen Prüfungen beeinflussen, geben zwei neuere Untersuchungen zu mündlichen Reifeprüfungen. BIRKEL (vgl. 1978) hatte zwei Deutschprüfungen mit der Videokamera aufgenommen und spielte sie 156 Lehrern aus 39 Gymnasien vor. Dabei wurden folgende Variablen systematisch variiert: 1. die Reihenfolge, in der beide Prüfungen abgespielt wurden; 2. die Vorinformation über die Leistung im Abituraufsatz (Zensur 1, Zensur 5 oder keine Information). Die Zensuren, die für die mündliche Prüfung der Kandidatinnen vergeben wurden, variierten von 1 bis 5 mit einem Mittelwert von 2,95 beziehungsweise von 2 bis 5,5 mit einem Mittelwert von 3,84. In der Varianzanalyse zeigte sich, daß der größte Teil der unterschiedlichen Beurteilung mit großer Wahrscheinlichkeit auf tatsächliche Leistungsunterschiede zwischen beiden Prüflingen zurückzuführen war. Aber auch die Reihenfolge erklärt 8% der Streuung. Die Beurteilung der besseren Kandidatin war noch besser, wenn sie nach der schwächeren Darbietung der anderen Kandidatin beurteilt wurde. Die schlechtere Kandidatin wurde schlechter beurteilt, wenn die bessere zuerst zu sehen war. Dieser Kontrasteffekt ist bei schriftlichen Prüfungen ebenfalls nachgewiesen worden. Die Vorinformation über die Leistung im Abituraufsatz war für 7% der Urteilsstreuung verantwortlich. Bei besserer Vorzensur war auch die Beurteilung besser. Lehrer mit größerer Prüfungserfahrung tendierten zu strengeren Urteilen, während Geschlechtsunterschiede bei den Prüfern keine Rollen spielten.

In der Untersuchung von PRITZ (vgl. 1981) wurde eine Abiturprüfung in Geographie, für die die Note 3 erteilt worden war, mit der Videokamera gefilmt. Danach wurde ein Drehbuch angefertigt. Nach diesem Drehbuch wurde der Text des Prüfungsvortrages mit allen Gesten und Verweisungen zur Karte von derselben Kandidatin einmal in 16, das andere Mal in 21 Minuten gesprochen. Beide Versionen wurden wiederum mit der Videokamera aufgenommen. Bei der langsameren Version suchte die Kandidatin nach Worten, ließ kurze Pausen, sprach aber nicht übertrieben langsam und stotterte nicht. Außerdem wurden die Vorzensuren in allen Fächern außer Geographie systematisch als gut oder befriedigend gekennzeichnet, und die Geographiezensuren wurden ebenfalls nach diesen beiden Kategorien in der Vorinformation variiert. 81 Geographielehrer von 24 Gymnasien beurteilten nach Zufall entweder die langsame oder die schnelle Fassung. Beide Examensfassungen erhielten Zensuren von 1 bis 5. Der Durchschnitt für die schnellere Fassung lag bei 2,51, während für das langsame Sprechtempo eine Durchschnittszensur von 3,38 erteilt wurde. Dies ist bei absolut identischer Examensdarbietung ein hoher Einfluß des Sprechtempos, das 17% der Urteilsstreuung erklärt. 7% der Urteilsstreuung waren zu erklären durch die unterschiedlich angegebenen Vorzensuren in Geographie, während die anderen Vorzensuren nur 2% der Urteilsstreuung erklärten. Sprechtempo wird mit großer Wahrscheinlichkeit von vielen fachkundigen Beurteilern mit größerer Leistungskompetenz und höherer Fähigkeit assoziiert.

5.5 Pädagogische Schlußfolgerungen

Mündliche Prüfungen müssen intensiver erforscht werden, damit wir mehr über die Gründe der Urteilsdifferenzen erfahren. Schon jetzt aber wird man sagen können, daß ein Prüfer nicht zuviel Prüfungen am gleichen Tag abnehmen sollte. Vorteilhaft ist es, wenn zwei gleich kompetente Prüfer sich in einer Prüfung abwechseln und völlig unabhängig voneinander ihr Urteil niederschreiben, ehe sie in eine Diskussion über ihre Urteilsdifferenzen und den Prüfungsverlauf eintreten. Die Prüfer müßten darüber informiert werden, daß Kontrasteffekte und Effekte des Sprechtempos schon nachgewiesen wurden und besonders beachtet werden müssen.

Generell wird man sagen können, daß nur solche Leistungen mündlich geprüft werden sollten, die sprachabhängig sind. Das sind alle Leistungen, in denen Korrektheit und Ausdruckskraft der Sprache und Gewandtheit in bestimmten Gesprächssituationen erfaßt werden sollen. Was aber ohne Verlust an Information schriftlich überprüft werden kann, sollte auch schriftlich überprüft werden. Das gilt auch für die Wiederholungsprüfungen zu Beginn jeder Stunde, sofern der Lehrer daraus Urteile ableitet. Er muß sich darüber im klaren sein, daß bei diesen mündlichen Wiederholungsprüfungen den einzelnen Schülern Fragen von sehr unterschiedlichem Schwierigkeitsgrad gestellt werden und daß erwiesenermaßen diese Schwierigkeitsunterschiede vom Lehrer nicht richtig wahrgenommen werden. Als Grundlage für Beurteilungen sind solche Wiederholungsprüfungen nicht heranzuziehen. Wenn der Lehrer sie zum eigenen Überblick über den Unterrichtserfolg durchführen will, sollte er die Fragen vorher vorbereiten und nach Inhaltsbereichen und vermuteten Schwierigkeitsgraden systematisieren.

6 Schultests

Die nachgewiesenen Schwächen der traditionellen mündlichen und schriftlichen Prüfungen sollen bei Schultests vermieden werden. Als Ergänzung zu traditionellen Verfahren können diese objektiven Hilfsmittel die Lernerfolgsmessung gültiger und genauer gestalten.

6.1 Definition

Im allgemeinen Sprachgebrauch kann jede Art von Probe oder Prüfverfahren als Test bezeichnet werden. Im wissenschaftlichen Sprachgebrauch wird unter Test ein nach bestimmten Methoden entwickeltes und nach bestimmten Regeln durchzuführendes Untersuchungsverfahren verstanden.
Schultests sind Hilfsmittel der pädagogischen Diagnostik, mit deren Hilfe Voraussetzungen für oder Ergebnisse von Lernprozessen möglichst objektiv, zuverlässig und gültig gemessen und durch Lehrende oder Beratende ausgewertet, interpretiert und für ihr pädagogisches Handeln nutzbar gemacht werden können.
Die Grenzen zu den Tests für Psychologen sind fließend und im wesentlichen dadurch bestimmt, daß Schultests zur Lösung pädagogischer Probleme geeignet sein müssen und möglichst durch alle Lehrer, mindestens aber durch Beratungslehrer oder Schuljugendberater durchgeführt und interpretiert werden können. Nach Untersuchungsbereichen gehören zu den Schultests vor allem Schulleistungstests, Einschulungstests, Gruppenintelligenz- und -eignungstests, Konzentrations- und Aufmerksamkeitstests, Sozialtests und einige Fragebogen.

6.2 Geschichtliche Entwicklung

Aus den Arbeiten zur experimentellen und differentiellen Psychologie im Umkreis von Wilhelm Wundt entstanden zuerst in der Psychiatrie, bald aber auch in der Pädagogischen Psychologie die ersten Testverfahren. Der Wundt-Schüler J. M. Rice wandte in den USA im Rahmen seiner Bemühungen um eine Reform des Rechtschreibunterrichts 1894 mit seinen Wörterlisten Vorformen von Rechtschreibtests an (vgl. MARSOLEK 1976). EBBINGHAUS (vgl. 1897) entwickelte für Ermüdungsuntersuchungen an Schülern neben Additions- und Multiplikationsaufgaben seine bekannten Lückentests. Binet und Simon entwickelten 1905 im Auftrag des französischen Unterrichtsministeriums einen Intelligenztest zur Diagnose schwachsinniger Kinder, der als Individualtest kein Schultest im engeren Sinn ist, aber die Entwicklung aller späteren Intelligenztests außerordentlich beeinflußt hat (vgl. BOBERTAG 1911/1912). In Deutschland erschienen in den ersten beiden Jahrzehnten

des 20. Jahrhunderts viele Aufgabensammlungen, um Lernvoraussetzungen besser diagnostizieren zu können und die gezielte Förderung sowohl Lernbehinderter als auch Begabter zu ermöglichen (vgl. HYLLA 1927, STERN 1912).
Wesentlich breiter und methodisch intensiver vollzog sich die Entwicklung in den USA, deren regional sehr unterschiedliches Schulsystem eher die Notwendigkeit übergreifender standardisierter Prüfungen nahelegte. E. L. Thorndike veröffentlichte 1904 sein Buch „An Introduction to the Theory of Mental and Social Measurements", das große Bedeutung für die Einführung quantitativer Methoden hatte. Die Verbreitung von Schultests wurde durch die Survey-Methoden der vergleichenden Schulforschung und durch die frühen Untersuchungen über die Fehlerquellen des Lehrerurteils sehr gefördert. 1916 legte Starch das erste umfassende Buch über Schulleistungstests vor, und BUCKINGHAM (vgl. 1941) stellte später fest, daß 1918 die Testkonstruktion vom Amateurniveau zur professionellen Basis wechselte.
In den 20er Jahren standen in Deutschland Verfahren der schulischen Begabtenauslese im Vordergrund (vgl. LÄMMERMANN 1927). Die Verbindung zur Entwicklung in den USA war eng, vor allem durch Bobertag und Hylla, die 1932 auch die ersten Schulleistungstests im Berliner Zentralinstitut für Erziehung und Unterricht konstruierten. 1933 brach die Entwicklung ab, als die Nationalsozialisten objektive Verfahren scharf ablehnten und mit subjektiver Wesensschau ihre parteiischen Vorurteile kaschieren wollten (vgl. INGENKAMP 1981 b).
In Großbritannien und besonders in den USA haben Verbreitung und Methodologie der Schultests in jenen Jahren außerordentliche Fortschritte gemacht, in denen die deutsche Wissenschaft isoliert war. Längsschnittuntersuchungen ergaben wichtige Hinweise auf Entwicklungsabläufe, landesweite Testprogramme lieferten Referenzdaten für pädagogische Veränderungen, Zulassungstests erhöhten die Chancengleichheit, Auswertungsmaschinen erlaubten differenzierte Auswertungen und gezielte Beratungen (vgl. CHAUNCEY/DOBBIN 1968). In den USA hatte die Testanwendung ein Ausmaß erreicht, das für Deutschland unvorstellbar erscheint und das – besonders in der betrieblichen Personalauslese – auch immer wieder heftiger Kritik unterzogen wurde (vgl. HAASE 1978).
Deutschland wurde nach dem Zweiten Weltkrieg vor allem durch amerikanische Kurse wieder über die internationalen Fortschritte in diesem Bereich unterrichtet. Aber erst um 1960 erschienen die ersten Methodenwerke zur Testentwicklung, 1962 wurde die erste Monographie über die deutschen Schulleistungstests publiziert (vgl. INGENKAMP 1962), seit 1964 wird beim Verlag Beltz die Reihe „Deutsche Schultests" herausgegeben, und 1967 hat ein internationaler Kongreß in Berlin neben vielen anderen Informationen auch die Prinzipien kriterien- oder lernzielorientierter Tests implementiert (vgl. INGENKAMP/MARSOLEK 1968). In diesem Jahrzehnt wurden relativ viele Einschulungstests, Tests zur Legasthenikerdiagnose und – schon wesentlich seltener – auch Gruppenintelligenztests zur Übergangsauslese eingesetzt, bis um 1973 Testkritik, sinkende Schülerzahlen und die Rezession zu einer drastischen Verringerung der Testanwendung führten. Unberührt davon blieben methodische Fortschritte, vor allem im Bereich kriterienorientierter Tests, wo der Anschluß an internationale Standards erreicht wurde (vgl. INGENKAMP 1975).

6.3 Konstruktionsmerkmale von Schultests

Schultests wurden als „objektive Verfahren" im Bildungswesen eingeführt und von den traditionellen „subjektiven" Methoden der Schülerbeurteilung abgehoben. Aus der Zielsetzung der Tests für exaktere und vergleichbare Messung ergaben sich Anforderungen an die Konstruktion, um die Fehlerquellen der subjektiven Vorgehensweisen zu vermeiden. In Anlehnung an psychologische Tests wurden Objektivität, Zuverlässigkeit und Gültigkeit als wichtigste *Gütekriterien* formuliert. Unter Objektivität wird dabei die Ausschaltung sachfremder subjektiver Einflüsse des Prüfers, unter Zuverlässigkeit die Genauigkeit des Meßvorganges im Zeitkontinuum und unter Gültigkeit die „Meßtreue" verstanden, mit der tatsächlich gemessen wird, was untersucht werden soll.

Zur Veranschaulichung werden die wesentlichen Merkmale der Konstruktionsschritte von Tests am Beispiel von Schulleistungstests dargestellt. Bei diesen *Konstruktionsschritten* orientiert man sich auch heute noch vorwiegend an der sogenannten klassischen Testtheorie (vgl. LIENERT 1969). Die dort entwickelten Gütekriterien sind aber auch über den Geltungsbereich dieser Theorie hinaus gültig (vgl. FRICKE 1974). Die Konstruktionsschritte können folgendermaßen beschrieben werden: Zielanalyse, Aufgabenstellung, Aufgabenanalyse, Aufgabenauswahl, Ermittlung der Gütekriterien, Ermittlung von Referenzmaßstäben.

Zielanalyse: Während beispielsweise bei Intelligenztests die zu untersuchenden Anforderungen von der vertretenen Intelligenztheorie abhängig sind, müssen sich Schulleistungstests pragmatischer an vorliegenden Lehrplänen und Schulbüchern orientieren. Bei thematisch orientierten Lehrplänen erfolgt die inhaltliche Analyse des Untersuchungsgebietes und die Auswahl der zu untersuchenden Groblernziele meist in einem wenig reflektierten Verfahren durch die Testautoren, seltener durch Expertenkommissionen. Programmierte Instruktion und neuere Curriculumentwicklungen haben dazu geführt, daß die Lernziele wesentlich exakter beschrieben, etwa operationalisiert werden. Sie werden dann in Anlehnung an Taxonomien Anforderungsebenen zugeordnet, und in sogenannten Spezifikationstabellen wird festgelegt, welche Inhalte auf welchem Niveau überprüft werden sollen. Die ausführlichste Demonstration dieses Konstruktionsschrittes findet sich bei BLOOM u.a. (vgl. 1971).

Aufgabenstellung: Die Verringerung der vielfältigen Urteilsverzerrungen bei verschiedenen Beurteilern ist nur möglich, wenn die nach gleichen Curricula unterrichteten Lernenden auch gleiche oder vergleichbare Aufgaben unter möglichst gleichen Bedingungen lösen müssen. In Tests werden meist Aufgaben der Auswahl-Art benutzt, bei denen die richtige oder beste Lösung oder Antwort unter vorgegebenen ausgewählt werden muß. Bei Aufgaben der Konstruktions-Art muß der Lernende die Lösung selbst formulieren, konstruieren oder je nach Material produzieren. Aufgaben dieser Art sind oft zeitraubender in der Bearbeitung und schwerer zu objektivieren, aber auch vielseitiger in ihren Anforderungen. Eine systematische Beschreibung der Aufgabentypen hat RÜTTER (vgl. 1973) vorgelegt. Die Wahl des Aufgabentyps und die Festlegung der Durchführungsbedingungen sollten den didaktischen Absichten entsprechen, und die Aufgabenentwürfe sollten von Experten auf ihre Übereinstimmung mit den Lernzielen (curriculare Validität) beurteilt werden.

Aufgabenanalyse: Die formulierten Aufgaben werden an einer möglichst repräsentativen Stichprobe von Schülern überprüft, um Daten über die Meßqualität der Aufgabe zu erhalten, vor allem ihren Schwierigkeitsgrad und ihre Trennschärfe. Der Schwierigkeitsgrad ist durch den Prozentanteil der richtigen Lösungen bei den Schülern definiert, die die Aufgabe bearbeiten. Expertenschätzungen von Aufgabenschwierigkeiten sind zu ungenau. Der Trennschärfekoeffizient ist ein Maß für den Zusammenhang zwischen der Lösung der jeweiligen Aufgabe mit der Lösung aller anderen Aufgaben. Je höher dieser Zusammenhang ist, desto homogener ist der Test. Bei Kriteriumstests ist man weniger interessiert, wie sehr eine Aufgabe zwischen „guten" und „schlechten" Schülern im Sinne des Gesamttests trennt. Hier versucht man meist zu ermitteln, wie stark sich in der Aufgabenlösung der Erfolg didaktischer Bemühungen niederschlägt.

Aufgabenauswahl: Bei der Auswahl der Aufgaben für die Endform des Verfahrens werden neben Schwierigkeitsgrad, Trennschärfe und anderen Merkmalen, die bei der Bearbeitung offenbar wurden (etwa Distraktoreneignung), vor allem die inhaltliche Repräsentanz und die Funktion des Verfahrens beachtet. Nicht immer sind alle Aufgaben sowohl curricular wichtig als auch von ihrer Meßqualität her optimal. Wenn erstrebenswerte Lernziele in der Unterrichtspraxis zu selten behandelt werden, dann sind sie meist wegen überhöhter Schwierigkeit und hohen Anteils an Zufallslösungen weniger brauchbar. Auch hier ist die Zielsetzung für die Richtung des Kompromisses entscheidend.

Ermittlung der Gütekriterien: Die Zuverlässigkeit eines Verfahrens betrifft die Frage, wie sehr man dem Ergebnis einer Messung vertrauen kann. Die Überbetonung des Reliabilitätskonzeptes hat in der psychologischen Diagnostik sicher zur Bevorzugung der Messung „stabiler" Merkmale geführt. Für die Leistungsmessung, wo Übungseffekte beachtet werden mußten, stellt sich das Problem anders. Hier interessiert die innere Konsistenz der Verfahren und der daraus abzuleitende Meßfehler, der Beurteiler vor der Überinterpretation eines Meßergebnisses bewahren soll. Für die Validität oder Gültigkeit in der Leistungsmessung ist die Übereinstimmung mit den Lernzielen entscheidend, die meist durch Expertenschätzungen oder Zuordnung von Aufgaben zu Lernzielen beurteilt wird. Korrelationen mit dem Lehrerurteil sind weniger bedeutsam, werden aber dennoch häufig berechnet, um zu überprüfen, wie sehr Zielrichtung des neuen Verfahrens und der Durchschnitt des Lehrerurteils (ungeachtet individueller Urteilsverzerrungen) übereinstimmen.

Ermittlung von Referenzmaßstäben zur Interpretation individueller Aufgabenlösungen: Bei normorientierten Verfahren hat man in der sogenannten Eichung festgestellt, wie die Aufgabenlösungen sich in einer möglichst repräsentativen Bezugsgruppe verteilen. Durch Vergleich des individuellen Prüfungserfolges mit den Normtabellen war die relative Position jedes Lernenden bestimmbar (Realnorm). Bei Kriteriumstests wird festgelegt, wieviel Lernziele erreicht werden müssen, damit man von einem erfolgreichen Lernvorgang in einem Unterrichtsabschnitt sprechen kann (Idealnorm), und wieviel Aufgaben gelöst sein müssen, damit ein Lernziel als erreicht gilt.

6.4 Arten von Schultests

In den vorangegangenen Absätzen sind schon Begriffe aufgetaucht, die erkennen ließen, daß es Verfahren mit unterschiedlichen Zielen und Konstruktionsmerkmalen gibt. Jetzt soll auf vergleichsnormorientierte, kriterienorientierte und informelle Tests in ihren Unterschieden und Gemeinsamkeiten kurz eingegangen werden.

Vergleichsnormorientierte Tests werden auch standardisierte oder normbezogene Tests genannt. Diese Verfahren sind die Tests mit der längsten Tradition und der größten Verbreitung. Kennzeichnend für sie ist, daß das Testergebnis als Relation zu den Ergebnissen anderer Lernender dargestellt wird. Man „eicht" den Test an einer repräsentativen Stichprobe und kann dann das Ergebnis jedes Individuums in der Ergebnisverteilung aller Individuen der Stichprobe einstufen, also etwa sagen, dieser Schüler zeige eine Mathematikleistung, die besser sei als die von etwa 80% aller Schüler seiner Klassenstufe.

Bei *kriterienorientierten oder lernzielorientierten Tests* ist der Bezugspunkt der Ergebnismitteilung ein vorher gesetztes Kriterium, ein Endverhalten, das meist in Feinlernzielen operationalisiert wird. Im Ergebnis wird mitgeteilt, ob das Endverhalten erreicht wurde oder nicht, wie viele der Aufgaben, die das Endverhalten repräsentieren, gelöst wurden oder nicht. Ein solches Ergebnis kann man mitteilen, ohne die Ergebnisse anderer Lernender zu kennen.

In der deutschen Pädagogik sind diese beiden Testarten vorschnell mit diagnostischen Zielsetzungen identifiziert worden, beispielsweise von SCHECKENHOFER (1975, S. 946): „Normorientierte Messung dient der Selektion, der Unterscheidung von Schülern, meist undifferenziert nach globaler Leistungshöhe. – Kriterienorientierte Messung (oft auch lehrzielorientiert genannt) zeigt die Distanz zwischen der einzelnen Schülerleistung und dem Lehrziel auf, soll ansatzweise diagnostische Informationen liefern, muß prinzipiell dem Schüler eine Chance der Überwindung seiner Lehrzieldistanzen geben."

Diese Auffassung ist einseitig und nicht haltbar. Bereits HAMBLETON/NOVICK (vgl. 1973) haben gezeigt, daß auch vergleichsnormorientierte Tests kriterienbezogen interpretiert werden können und Kriteriumstests normbezogen. Tests, die Lerndefizite feststellen und darauf bezogene Förderprogramme anbieten, können normorientiert sein wie die Diagnostischen Rechtschreibtests von Müller, und kriterienorientierte Tests können zur Selektion herangezogen werden, wie beispielsweise in medizinischen Vorprüfungen. Auch FRICKE (1974, S. 14), einer der führenden Vertreter kriteriumsorientierter Messung, meint, daß man die Unterschiede zwischen vergleichsnorm- und kriteriumsorientierter Interpretation zu stark betone, wenn man von verschiedenen Testarten spreche. „Man wird der kriteriumsorientierten Messung gerechter, wenn man sie nicht als völlig neuen Testtyp bezeichnet, sondern als einen möglichen neuen Aspekt der Interpretation von Testergebnissen."

Vergleichsnormorientierte Tests erfassen meist einen breiteren Inhaltsbereich, sind eher an Groblernzielen orientiert und überregional einsetzbar. Sie sind leichter für erste Einstufungen, für gruppenbezogene Aussagen über Defizite, für Examen und für Schulforschung einsetzbar als für die schrittweise Analyse der Lernfortschritte in einer ganz bestimmten Klasse. Kriterienorientierte Tests erlauben eine differenzierte Rückmeldung für kleinere Lerneinheiten, werden unterrichtsbegleitend im „mastery learning" (vgl. F.-D. INGENKAMP 1979) und anderen adaptiven Unterrichtsformen eingesetzt, sind besser für die Lernforschung geeignet, aber ihre Einsatzmöglichkeit hängt immer davon ab, ob diese ganz bestimmte Sequenz von Feinlernzielen akzeptiert wird. Das und der bei einigen Konstruktionsschritten noch unbefriedigende Stand der Methodenentwicklung mag dazu geführt haben, daß in Deutschland gegenwärtig kein kriterienorientierter Test im engeren Sinne angeboten wird.

Sowohl vergleichsnormorientierte als auch kriterienorientierte Verfahren haben einen pädagogisch legitimen Platz unter den Schultests. Die Bevorzugung der einen oder anderen Testart hängt von den Zielen der Untersuchung und den verfügbaren Möglichkeiten ab. Beide Testarten erfordern zur Konstruktion neben Kenntnissen im Untersuchungsbereich auch Wissen und Erfahrungen im testmethodischen Bereich.

Im Unterschied dazu sind *informelle Tests* Verfahren, die Lehrer selbst für ihren Unterricht entwickeln sollen. Für die oben beschriebenen Konstruktionsschritte gibt es vereinfachte Vorgehensweisen, für die dem Lehrer Anleitungen geboten werden (vgl. INGENKAMP 1976, WENDELER 1976). Es ist aber nicht zulässig, informelle Tests als lernzielorientierte oder kriterienorientierte Tests zu bezeichnen. Selbst wenn sie so ausgewertet werden, ist die Gültigkeit des Lernzielbezuges und der dafür erforderlichen Aufgabencharakteristika nicht abgesichert. Zudem hat die Praxis in Deutschland gezeigt, daß der für die Konstruktion informeller Tests erforderliche Arbeitsaufwand nur bei der Zusammenarbeit von Kollegen durchgehalten wird. Die häufig geforderten Aufgabensammlungen (Itembanken), in denen Lehrer für ihren Unterricht nach Lernzielen gegliederte und erprobte Aufgaben abrufen können, wurden im deutschen Sprachraum nur als begrenzter Versuch realisiert.

Stellen Schultests andere Anforderungen als Klassenarbeiten? Lehrer verbinden mit Schultests häufig die Auffassung, diese Verfahren erleichterten das Raten, prüften nur Gedächtniswissen und Wiedererkennen und würden zum isolierten Faktenlernen anregen. Nach dem gegenwärtigen Forschungsstand kann dem nicht zugestimmt werden. Folgende Feststellungen erscheinen gesichert (vgl. INGENKAMP 1976):

Der Vorwurf, bei Antwort-Auswahl-Aufgaben sei die Ratemöglichkeit zu groß, trifft nicht den Kern. Zwischen Wissen und Raten gibt es viele fließende Übergänge. Die Lösungsstrategie, Teilinformationen abzuwägen, Möglichkeiten auszuschließen und die zu den vorhandenen Informationen am besten passende Lösung zu wählen, ist Verstehensleistungen angemessen. Der mögliche Nachteil eines blinden Ratens bei Antwort-Auswahl-Aufgaben wird durch den Vorteil einer viel größeren Stichprobe möglicher Fragen mehr als ausgeglichen.

Antwort-Auswahl-Aufgaben können auch keinesfalls nur Wiedererkennen prüfen. Sie sind nicht generell leichter als Freie-Antwort-Formen, sondern – abhängig von den angebotenen Antworten – eher schwieriger. Das Angebot falscher oder nur teilweise richtiger Antworten in Verbindung mit der Aufforderung zur Korrektur oder kritischen Auswahl ist didaktisch ohne Zweifel vertretbar, ja sogar erwünscht. Orthographische Kenntnisse können mit Tests genauso gültig wie mit Diktaten erfaßt werden, aber viel rationeller.

In vielen Untersuchungen hat man denselben Schülern auch Tests und traditionelle Klassenarbeiten sowie Aufsätze zu den gleichen Themenbereichen vorgelegt und die Zusammenhänge der Lösungen berechnet. Überblickt man diese Forschungsergebnisse, so sprechen sie überwiegend dafür, daß objektive Tests die gleichen Fähigkeiten und Leistungen erfassen können, wie sie in den meisten üblichen Schulprüfungen einschließlich der Aufsätze erfaßt werden. Wenn es eine Strukturierung des Lernmaterials, ein Beziehungsfinden zwischen Fakten, neuartige Anwendungen des Gelernten gibt, die in sorgfältig konstruierten Tests nicht erfaßbar sind, dann sind sie in den zum Vergleich ausgewerteten Prüfungen und Aufsätzen auch nicht erfaßt worden, sonst wären die hohen Korrelationen nicht erklärbar. Das bedeutet nicht, daß Schultests als einziges oder vorherrschendes Instrument der Leistungskontrolle eingesetzt werden sollten. Aber es muß festgestellt werden, daß das gängige Vorurteil, diese Testaufgaben könnten nur niedrige, traditionelle Prüfungen und Aufsätze dagegen vorwiegend höherer kognitive Leistungen erfassen, vor dem Hintergrund der Forschungsergebnisse nicht haltbar ist.

Zur Frage, ob Schultests und traditionelle Klassenarbeiten unterschiedliche Wirkungen auf nachfolgende Lernvorgänge haben, liegen zu wenige und zu widersprüchliche Untersuchungsergebnisse vor, als daß eine hinreichend gesicherte Aussage möglich wäre. Es scheint so, daß es weniger vom Prüfungstyp als von der Qualität der Prüfungsaufgaben und von der Art der Information über das Leistungsergebnis abhängt, ob die folgenden Lernvorgänge günstig beeinflußt werden oder nicht.

Bei diesen Vergleichen darf nicht unberücksichtigt bleiben, daß Schultests und Klassenarbeiten unterschiedliche Schwerpunkte der Arbeitsintensität erfordern. Bei Schultests ist die Konstruktions- und Erprobungsphase arbeitsaufwendig und die Auswertungsphase nicht. Bei Klassenarbeiten ist es umgekehrt.

6.5 Ideologische Kritik an Schultests

Die heftige Anti-Test-Welle, die die USA in den 60er Jahren überflutete, ging mit dem üblichen Jahrzehnt Verzögerung auch über Deutschland hinweg, obwohl hier völlig andere Bedingungen der Testanwendung vorlagen (vgl. HAASE 1978). Diese Kritik war aber auch im wesentlichen Gesellschaftskritik, die sich stellvertretend gegen diese selten eingesetzte Form der Leistungskontrolle richtete und die für den Bildungsweg immer noch entscheidenden Formen der traditionellen Leistungsbeurteilung und auch die Numerus-clausus-Regelung weithin aussparte. Das hing einerseits damit zusammen, daß Schultests als Instrumente des Kapitalismus angesehen wurden oder, wie KVALE (1972, S. 232) es ausdrückt, „daß rituelle Prüfungen am ehesten einer feudalen Gesellschaft entsprechen, bürokratisch-zensierende dem Konkurrenzkapitalismus und rationalisierte Prüfungen dem Monopolkapitalismus". Andererseits war die Kritik sicher durch latente antiamerikanische Tendenzen während des Vietnamkrieges beeinflußt.

NEANDER (1973, S. 47) behauptet: „Das ‚System der objektivierten Lernerfolgsmessung' ist nicht nur ein Mittel, um in den Händen der Vertreter der Kapitalinteressen diesen die Durchsetzung ihnen genehmer Inhalte im Unterricht zu garantieren. Es zeigt seinen bürgerlichen Klassencharakter vor allem darin, daß es – auch bei Vorgabe einer reformistischen Zielsetzung – objektiv *gegen* die Interessen der Lohnabhängigen und hier besonders der Arbeiter, und damit zwangsläufig *für* die Interessen des Kapitals wirkt." Ähnlich äußert sich auch REXILIUS (vgl. 1978).

Wie an anderer Stelle ausführlich begründet wurde (vgl. INGENKAMP 1981 b), sind diese Aussagen nicht haltbar. Selbstverständlich sind Schultests nicht gegen Mißbräuche gefeit, aber diese sind viel leichter überprüf- und kritisierbar als bei subjektiven Methoden. Alle totalitären Ideologien haben objektive diagnostische Verfahren abgelehnt, weil ihre parteiischen Selektionen sich mit subjektiven Methoden leichter der Überprüfung entzogen. Ohne Schultests wäre die Benachteiligung der Kinder aus bestimmten Sozialschichten nicht exakt nachweisbar gewesen. Intelligenztests haben sich als schichtneutraler erwiesen als die Schullaufbahnempfehlungen der Lehrer, und nur mit Hilfe von Schultests sind adaptiver Unterricht und Schulreformen zu verwirklichen. Die „Anti-Test-Bewegung" ist fachlich steril geblieben und hat keine Alternativen anzubieten. Die Einseitigkeit des bisher vorherrschenden Selektions- und Berechtigungsdenkens und die Notwendigkeit einer stärkeren pädagogischen Orientierung vor allem der Leistungskontrolle sind bereits früher fachlich überzeugender dargestellt worden.

6.6 Der Nutzen von Schultests

Schultests können immer nur ein Hilfsmittel unter anderen sein und die subjektiven Beurteilungsmethoden nicht ersetzen. Schultests sind aber als mögliches Korrektiv, an dem die eigene Urteilsbildung überprüft und revidiert werden kann, unersetzbar. Nur mit Schultests erhält der Lehrer auch Vergleichsmaßstäbe, die über den Rahmen seiner Klasse hinausgehen. Schultests können auch gültiger, zuverlässiger und rationaler detaillierte Hinweise auf Stärken und Schwächen im Lernvorgang geben, dadurch die Einleitung von Fördermaßnahmen erleichtern und die Feststellung ihres Erfolges ermöglichen. Schultests sind schließlich auch unentbehrliche Hilfsmittel, wenn der Erfolg bestimmter didaktischer und organisatorischer Maßnahmen beurteilt werden soll. In der Schul- und Unterrichtsforschung haben sie längst ihren festen Platz, wenn es gilt, die Notwendigkeit bestimmter pädagogischer Maßnahmen zu begründen und die Wirkungen dieser Maßnahmen zu untersuchen. Selbstverständlich sind Schultests auch im Forschungsinstrumentarium nur eine von mehreren Methoden, aber niemand könnte ernsthaft fordern, auf sie zu verzichten. So kann auch ein modernes Schulwesen, das auf die Unterschiede zwischen Schülern eingehen und das seine pädagogischen Maßnahmen rational steuern und überprüfen will, nicht auf Schultests verzichten (vgl. INGENKAMP 1985a).

AUCKENTHALER, A.: Versuch einer psychologischen Analyse der mündlichen Prüfung (unter Berücksichtigung der Wahrnehmung des Prüfers durch den Prüfling), Diss., Innsbruck 1973. BACHMAIR, G.: Möglichkeiten und Grenzen des Diagnosebogens. In: Z. f. P. 21 (1975), S. 951 ff. BARNES, E.J./PRESSEY, S.L.: The Reliability and Validity of Oral Examinations. In: S. and Society 30 (1929), S. 719 ff. BAURMANN, J.: Untersuchungen zur Bedeutung von Vorinformationen und Reihenfolgeeffekten auf die Aufsatzbeurteilung. In: INGENKAMP, K. (Hg.): Die Fragwürdigkeit der Zensurengebung, Weinheim ⁷1977, S. 117 ff. (1977a). BAURMANN, J.: Lehrkräfte benoten Deutschaufsätze. In: INGENKAMP, K. (Hg.): Schüler- und Lehrerbeurteilung, Weinheim 1977, S. 147 ff. (1977b). BECK, O.: Theorie und Praxis der Aufsatzbeurteilung, Bochum 1979. BELOW, P.: Zur Entwicklung des Diagnosebogens in Hessen. In: Gess.-Info. 6 (1973), 1, S. 73 ff. BESSER, H./ZIEGENSPECK, J.: Beobachtung und Beurteilung in der Schule. In: D. Dt. S. 68 (1976), S. 440 ff. BETZ, D.: Rhythmische Schwankungen als Fehler in der Notengebung bei mündlichen Prüfungen. In: Psych. in E. u. U. 21 (1974), S. 1 ff. BIERHOFF-ALFERMANN, D.: Die Beziehung von Noten und Schülermerkmalen bei Schülern der 9. und 10. Klasse. In: Psych. in E. u. U. 23 (1976), S. 205 ff. BIRKEL, P.: Mündliche Prüfungen, Bochum 1978. BLOOM, B.S. u.a.: Handbook on Formative and Summative Evaluation of Student Learning, New York 1971. BLUMENFELD, W.: Urteil und Beurteilung. In: Arch. f. d. ges. Psych. 3. Ergänzungsband, Leipzig 1931, S. 262 ff. BOBERTAG, O.: Über Intelligenzprüfungen. In: Z. f. angew. Psych. 5 (1911), S. 105 ff.; 6 (1912), S. 495 ff. BOLSCHO, D.: „Staatlich verordnete Kulturrevolution" durch Zeugnisse ohne Noten? Notizen zu einer öffentlichen Kontroverse. In: BOLSCHO, D. u.a.: Grundschule ohne Noten, Arbeitskreis Grundschule, Frankfurt/M. 1979, S. 120 ff. (1979a). BOLSCHO, D.: Die Zeugnisneuordnungen im 1. und 2. Schuljahr. In: BOLSCHO, D./SCHWARZER, CH. (Hg.): Beurteilen in der Grundschule, München 1979, S. 130 ff. (1979b). BOLSCHO, D.: Beurteilen – ein Abriß zum Stand der wissenschaftlichen Forschung. In: BOLSCHO, D. u.a.: Grundschule ohne Noten, Arbeitskreis Grundschule, Frankfurt/M. 1979, S. 89 ff. (1979c). BRAHN, M.: Anweisungen für die psychologische Auswahl der jugendlichen Begabten, Leipzig 1920. BREITSCHUH, G.: Zur Geschichte des Schulzeugnisses. In: BOLSCHO, D. u.a. (Hg.): Grundschule ohne Noten, Arbeitskreis Grundschule, Frankfurt/M. 1979, S. 35 ff. BRIGGS, D.: The Influence of Handwriting on Assessment. In: E. Res. 13 (1970), S. 50 ff. BUCKINGHAM, R.B.: Our First Twenty-five Years. Proceedings of the National Education Association, Washington 1941. BURBACH, K.H.: Schülergutachten, Frankfurt/M. 1955. BURK, K.: Ziele und Inhalt der neuen Zeugnisbestimmungen – Zum gegenwärtigen Stand in den Bundesländern. In BOLSCHO, D. u.a.: Grundschule ohne Noten, Frankfurt/M. 1979, S. 149 ff. CARTER, R.S.: Wie gültig sind die durch Lehrer erteilten Zensuren? In: INGENKAMP, K. (Hg.): Die Fragwürdigkeit der Zensurengebung, Weinheim 1977, S. 148 ff. CHASE, C.I.: The Impact of some Obvious Variables on Essay Test Scores. In: J. of E. Measurem. 5 (1968), S. 315 ff. CHAUNCEY, H./DOBBIN, J.E.: Der Test im modernen Bildungswesen, Stuttgart 1968. COFFMAN, W.E.: Essay Examinations. In: THORNDIKE, R.L. (Hg.): Educational Measurement, Washington 1971, S. 271 ff. Cox, R.: Reliability and Validity of Examinations. In: LAUWERYS, J.A./SCANLON, D.G. (Hg.): Examinations. The World Yearbook of Education 1969, London 1969, S. 70 ff. CRANO, W.D./MELLON, P.M.: Causal Influence of Teacher's Expectations on Children's Academic Performance: a Crosslagged Panel Analysis. In: The J. of E. Psych. 70 (1978), S. 39 ff. DAHLLÖF, U.: Research on Oral Examination within the International Baccalauréats: Some General Points of View and some Inferences from the Psychology of Interviewing, Mimeo, Göteborg 1970. DAVIS, A./ DOLLARD, J.: Children on Bondage, Washington 1940. DE GROOT, A. D.: Fünfen und Sechsen, Weinheim 1971. DICKER, H.: Untersuchungen zur Beurteilung von Mathematikaufgaben. In: INGENKAMP, K. (Hg.): Schüler- und Lehrerbeurteilung, Weinheim 1977, S. 171 ff. DOHSE, W.: Das Schulzeugnis. Sein Wesen und seine Problematik, Weinheim ²1967. EBBINGHAUS, H.: Über eine neue Methode zur Prüfung geistiger Fähigkeiten und ihre Anwendung bei Schulkindern. In: Z. f. Psych. 13 (1897), S. 401 ff. EHEIM, H. D./SCHECKENHOFER, H.: Zur Entwicklung des Schülerbegleitbogens (SBB) an den Niedersächsischen Gesamtschulen. In: Gess.-Info. 6 (1973), 1, S. 110 ff. EICHLER, W./THURNER, F.: Deutsch. In: KLAUER, K.J. (Hg.): Handbuch der Pädagogischen Diagnostik, Bd. 3, Düsseldorf 1978, S. 647 ff. ENGELMAYER, O.: Beobachtung und Beurteilung des Schulkindes, Nürnberg 1949. ENGELMAYER, O.: Psychologie für den schulischen Alltag, München 1960. FERDINAND, W.: Das Vorurteil des Lehrers über die Leistungsfähigkeit bestimmter Schüler im Spiegel der Aufsatzzensur. In: S. u. Psych. 18 (1971), S. 92 ff. FITTKAU, B.: Ratingskalen in der pädagogischen Beurteilung. In: KLAUER, K.J. (Hg.): Handbuch der Pädagogischen Diagnostik, Bd. 3, Düsseldorf 1978, S. 727 ff. FRICKE, R.: Kriteriumsorientierte Leistungsmessung, Stuttgart 1974. FROMMELT, B.: Das Zeugnis ist tot – es lebe der „Diagnosebogen"! In: Elternblatt 20 (1970), 5, S. 13 f. GRAUMANN, C. F.: Interaktion und Kommunikation. In: GOTTSCHALDT, K. u. a. (Hg.): Handbuch der Psychologie, Bd. 7, 2. Halbband: Sozialpsychologie, hg. v. C.F. Graumann, Göttingen 1972, S. 1109 ff. HAASE, H.: Tests im Bildungswesen, Göttingen/Toronto/Zürich 1978. HADLEY, S. T.: Feststellungen und Vorurteile in der Zensierung. In: INGENKAMP, K. (Hg.): Die Fragwürdigkeit der Zensurengebung, Weinheim 1977, S. 159 ff. HAENISCH, H./ZIEGENSPECK, J.: Die Orientierungsstufe, Weinheim 1977. HAMBLETON, R. D./NOVICK, M. R.: Toward an Integration of Theory and Method for Criterion Referenced Tests. In: J. of E. Measurem. 10 (1973), S. 159 ff. HANKE, B. u. a.: Schülerbeurteilung in der Grundschule, München 1980. HARTKE, F.: Psychologie des Schulalltags, Ratingen 1962. HEGINGER, W.: Die Notwendigkeit neuerer Wege zur Schülererkenntnis – eine kritische Betrachtung des Erziehungsbogens. In: Unser Weg 27, Graz 1972, S. 244 ff. HÖHN, E.: Der schlechte Schüler, München ⁶1974. HUTH, A.: Meine Schüler – Eine Beobachtungsanleitung für den Lehrer (mit Beobachtungsheft), Ansbach 1955. HYLLA, E.: Testprüfungen der Intelligenz, Braunschweig 1927. INGENKAMP, F.-D.: Zielerreichendes Lernen – Mastery learning, Ravensburg 1979. INGENKAMP, K.: Die deutschen Schulleistungstests, Weinheim 1962. INGENKAMP, K.: Zur Problematik der Jahrgangsklasse, Weinheim/Basel ²1972. INGENKAMP, K.: Pädagogische Diagnostik, Weinheim/Basel 1975. INGENKAMP, K. (Hg.): Tests in der Schulpraxis, Weinheim ⁵1976. INGENKAMP, K. (Hg.): Die Fragwürdigkeit der Zensurengebung, Weinheim ⁷1977. INGENKAMP, K.: Die diagnostische Problematik des Aufsatzes als Prüfungsinstrument und die Bemühungen zur Verbesserung der Auswertungsqualität. In: BECK, O./PAYRHUBER, F.-J. (Hg.): Aufsatzbeurteilung heute, Freiburg ⁵1980, S. 16 ff. INGENKAMP, K.: Forschungsstand und „Restauration" der Zensurengebung. In: INGENKAMP, K. (Hg.): Wert und Wirkung von Beurteilungsverfahren, Weinheim/Basel 1981, S. 11 ff. (1981 a). INGENKAMP, K.: Testkritik ohne Alternative. In: JÄGER, R.S. u. a. (Hg.): Tests und Trends 1981, Weinheim 1981, S. 71 ff. (1981 b). INGENKAMP, K.: Leistungsbeurteilung – Leistungsversagen. In: Enzyklopädie Erziehungswissenschaft, Bd. 8, Stuttgart 1983, S. 495 ff. INGENKAMP, K.: Lehrbuch der Pädagogischen Diagnostik, Weinheim 1985 a. INGENKAMP, K.: Drei Dekaden Pädagogischer Diagnostik in Deutschland: Entwicklungen, Kontroversen und Perspektiven. In: JÄGER, R.S. u. a. (Hg.): Tests und Trends 4. Jahrbuch der pädagogischen Diagnostik, Weinheim/Basel 1985, S. 13 ff. (1985 b). INGENKAMP, K./MARSOLEK, TH. (Hg.): Möglichkeiten und Grenzen der Testanwendung in der Schule, Weinheim 1968. JANOWSKI, A. u. a.: Beurteilungshilfen für Lehrer, Braunschweig 1981. JUDGES, A.V.: The Evolution of Examinations. In: LAUWERYS, J.A./SCANLON, D.G. (Hg.): Examinations. The World Yearbook of Education 1969, London 1969, S. 17 ff. KELLY, E. L./FISKE, D.W.: The Prediction of Performance in Clinical Psychology, Ann Arbor 1951. KEMMLER, L.: Schulerfolg und Schulversagen, Göttingen 1976. KLAUER, K.J. (Hg.): Handbuch der Pädagogischen Diagnostik, Bd. 3, Düsseldorf 1978. KLEBER, E.W.: Probleme des Lehrerurteils. In: KLAUER, K.J. (Hg.): Handbuch der Pädagogischen Diagnostik, Bd. 3, Düsseldorf 1978, S. 589 ff. KNOCHE, W.: Die Noten im Auslesekriterium und der Schulerfolg am Gymnasium. In: INGENKAMP, K. (Hg.): Die Fragwürdigkeit der Zensurengebung, Weinheim/Basel ⁷1977, S. 283 ff. KRAPP, A.: Prognose und Entscheidung, Weinheim 1979. KRAPP, A./MANDL, H.: Einschulungsdiagnostik, Weinheim/Basel 1977. KVALE, S.: Prüfung und Herrschaft, Weinheim/Basel 1972. LÄMMERMANN, H.: Das Mannheimer kombinierte Verfahren der Begabtenauslese, Leipzig 1927. LATSCHA, F.: Kriterien des Primarlehrers für die Übergangsempfehlung zum Gymnasium. In: HIELSCHER, H. (Hg.): Die Schule als Ort sozialer Selektion, Heidelberg 1972, S. 132 ff. LAUTMANN, R.: Gesellschaftliche Mechanismen im Examen. In: ECKSTEIN, B. (Hg.): Hochschulprüfungen: Rückmeldung oder Repression? Blickpunkt Hochschuldidaktik 13, Hamburg 1971, S. 35 ff. LIENERT, G. A.: Testaufbau und Testanalyse, Weinheim/Berlin/Basel ³1969. LISSMANN, U.: Gewichtung von Abiturnoten und Studienerfolg, Weinheim 1977. MARSHALL, J. C.: Composition Errors and Essay Examination Grades Re-Examined. In: Am. E. Res. J. 4 (1967), 1, S. 375 ff. MARSHALL, J. C./POWERS, J. M.: Writing Neatness, Composition Errors, and Essay Grades. In: J. of E. Measurem. 6 (1969), S. 97 ff. MARSOLEK, Th.: Historische Übersicht über die Testanwendung in Deutschland – unter besonderer Berücksichtigung der Schultests. In: INGENKAMP, K. (Hg.): Tests in der Schulpraxis, Weinheim/Basel ⁵1976, S. 11 ff. MERKELBACH, V.: Kritik des Aufsatzunterrichts, Frankfurt/M. 1972. MOELLER, M. L.: Zur Psychodynamik des Prüfungswesens. In: Z. f. Psychother. u. med. Psych. 22 (1972), 1, S. 1 ff. MÜLLER, R.: Diagnostischer Rechtschreibtest, DRT 2, und Diagnostischer Rechtschreibtest, DRT 3, Weinheim 1966. NEANDER, J.: Objektivierte Lernerfolgsmessung in der Gesamtschule – Fortschritt für wen? In: D. Dt. S. 65 (1973), S. 35 ff. ORTH, B.: Einführung in die Theorie des Messens, Stuttgart 1974. OSNES, J.: The Influence of some Extraneous Factors on the Making of Essays. In: Scandin. J. of E. Res. 16 (1972), S. 161 ff. OTTE, R./NAUCK, J.: Der Beobachtungsbogen in der Orientierungsstufe. In: Westerm. P. Beitr. 28 (1976), S. 429 ff. PETERSEN, P./FÖRTSCH, A.: Das gestaltende Schaffen im Schulversuch der Jenaer Universitätsschule 1925–1930, Weimar 1930. PETILLON, H.: Der unbeliebte Schüler, Braunschweig 1978. PETILLON, H.: Soziale Beziehungen zwischen Lehrern, Schülern und Schülergruppen, Weinheim/Basel 1982. PREISER, S.: Zur „Objektivität" mündlicher Prüfungen im Fach Psychologie. In: Psych. Rsch. 26 (1975), S. 256 ff. PRITZ, V.: Der Einfluß von Sprechflüssigkeit und Vorinformation auf die Leistungsbeurteilung in der mündlichen Reifeprüfung. In: INGENKAMP, K. (Hg.): Wert und Wirkung von Beurteilungsverfahren, Weinheim 1981, S. 49 ff. RANK, TH.: Schulleistung und Persönlichkeit, München 1962. RESNICK, D.: History of Educational Testing. In: WIGDOR, A. K./GARNER, W. R. (Hg.): Ability Testing: Uses, Consequences and Controversies, Washington 1982, S. 173 ff. REXILIUS, G.: Grenzen der Testerei. In: GRUBITZSCH, S./REXILIUS, G. (Hg.): Testtheorie - Testpraxis, Reinbek 1978, S. 112 ff. RIST, G./SCHNEIDER, P.: Die Hiberniaschule, Reinbek 1977. ROTH, H.: Pädagogische Psychologie des Lehrens und Lernens, Hannover/Berlin/Dortmund 1957. RÜTTER, TH.: Formen der Testaufgabe, München 1973. SALZMANN, CH.: Studien zu einer Theorie des Prüfens und Erprobens im Raum der Erziehung, Ratingen 1967. SCHECKENHOFER, H.: Objektivische Selektion oder Pädagogische Diagnostik. In: Z. f. P. 21 (1975), S. 929 ff. SCHMACK, E.: Nordrhein-Westfalens neues Grundschulzeugnis in der Bewährung – Ergebnisse einer Stichprobenauswertung. In: BOLSCHO, D. u. a.: Grundschule ohne Noten, Frankfurt/M. 1979, S. 130 ff. SCHRÖTER, G.: Die ungerechte Aufsatzzensur, Bochum 1971. SCHRÖTER, G.: Zensurengebung, Kastellaun 1977. SCHWARZER, CH./SCHWARZER, R.: Praxis der Schülerbeurteilung, München 1977. STARCH, D.: Educational Measurement, New York 1916. STARCH, D./ELLIOT, E. C.: Die Verläßlichkeit der Zensuren von Mathematikarbeiten. In: INGENKAMP, K. (Hg.): Die Fragwürdigkeit der Zensurengebung, Weinheim ⁷1977, S. 81 ff. STELTMANN, K.: Englisch-Tests zur Leistungsmessung und Diagnose, Diss., Bonn 1975. STELTMANN, K.: Einstellungen zur Zensurengebung. Institut für Erziehungswissenschaft der Universität Bonn, Mimeo, Bonn 1977. STERN, W.: Die psychologischen Methoden der Intelligenzprüfung und deren Anwendung an Schulkindern, Berlin 1912. TENT, L.: Schätzverfahren in der Unterrichtsforschung. In: INGENKAMP, K. (Hg.): Schätzen und Messen in der Unterrichtsforschung, Weinheim 1973, S. 11 ff. TENT, L. u. a.: Quellen des Lehrerurteils, Weinheim 1976. THOMAE, H.: Beobachtung und Beurteilung von Kindern und Jugendlichen, Basel 1960. THORNDIKE, E. L.: An Introduction to the Theorie of Mental and Social Measurements, New York 1904. TRIMBLE, O. C.: The Oral Examination, its Validity and Reliability. In: S. and Society 39 (1934), S. 550 ff. TROST, G.: Vorhersage des

Studienerfolgs, Braunschweig 1975. ULICH, D./MERTENS, W.: Urteile über Schüler, Weinheim 1973. ULLRICH, H./WÖBCKE, M.: Notenelend in der Grundschule, München 1981. ULSHÖFER, R.: Zur Benotung von Reifeprüfungsaufsätzen. In: D. Dtu. 1 (1948/1949), 8, S. 84 ff. WEINGARDT, E.: Zensierung der Schulleistung in den Gymnasien. In: INGENKAMP, K. (Hg.): Schulkonflikt und Schülerhilfe, Weinheim 1965, S. 167 ff. WEISS, R.: Zensur und Zeugnis, Linz 1965. WENDELER, J.: Standardarbeiten, Weinheim/Basel ^{7}1976. WENGEL, E.: Revision des hessischen Diagnosebogens – Pädagogische Konsequenzen. In: Gess.-Info. 6 (1973), 1, S. 94 ff. WIECZERKOWSKI, W./KESSLER, G.: Über den Einfluß der Leistungserwartungen auf die Bewertung von Schüleraufsätzen. In: S. u. Psych. 17 (1970), S. 240 ff. WIECZERKOWSKI, W. u. a.: Einige Bedingungen der unterschiedlichen Bewertung von Schüleraufsätzen. In: Psych. Rsch. 19 (1968), S. 280 ff. WOLF, B.: Untersuchungen zur Struktur und prognostischen Validität verschiedener Gruppenintelligenztests für die Grundschule. In: INGENKAMP, K. (Hg.): Wert und Wirkung von Beurteilungsverfahren, Weinheim 1980, S. 135 ff. ZANNA, M. P. u. a.: Pygmalion and Galatea. The Interactive Effect of Teacher and Student Expectancies. In: J. of exp. Soc. Psych. 11 (1975), S. 279 ff. ZIEGENSPECK, J.: Zensur und Zeugnis in der Schule, Hannover ^{3}1977.

C Methodisch-mediales Handeln in den Lernbereichen

Otto Betz/Ekkehard Martens

Methodisch-mediales Handeln im Lernbereich Philosophie – Religion

1 Einleitung (Gunter Otto)
2 Lernbereich Philosophie (Ekkehard Martens)
2.1 Zum konstitutiven Verhältnis von Philosophie und Didaktik
2.2 Lernorte der Philosophie als Problembereiche für die Philosophie
2.3 Jedermanns-Philosophie in der Spannung von Esoterik und Exoterik
2.4 Methoden- und Mediengeschichte der Philosophiedidaktik
2.5 Dialog als Methode und Medium
3 Lernbereich Religion (Otto Betz)
3.1 Religiöse Tradition und säkularisierte Welt
3.2 Funktionsträger der religiösen Sozialisation
3.3 Neukonzeption des Religionsunterrichts
3.4 Aufgaben gegenwärtiger Religionspädagogik
3.5 Methoden und Medien der Religionsdidaktik
3.5.1 Biblische Geschichte
3.5.2 Unterrichtliche Interaktion
3.5.3 Wandel der Medien

Zusammenfassung: Philosophie als sokratisches Weiterdenken über handlungsleitende Vorannahmen unter der Leitidee „des Guten" kann sich an verschiedenen Lernorten vollziehen. Die Schule als Ort der Auseinandersetzung einer meist unreflektierten Jedermanns-Philosophie mit der Tradition philosophischen Denkens kann in der Methoden- und Medienwahl von keinem festen Wissenskanon ausgehen. Hierfür liegt weder ein allgemein akzeptiertes Philosophieverständnis vor, noch sollte oder könnte es wegen des dynamischen Charakters der Philosophie vorliegen. Das jeweils vorhandene Produkt der philosophischen Tradition ist Resultat eines Lehr- und Lernprozesses und muß im Unterricht wieder in einen konkreten Denkprozeß eingebunden werden. Die Spannung von Produkt und Prozeß, von Esoterik und Exoterik kann in der Geschichte der Philosophiedidaktik verfolgt werden. Im Unterricht läßt sie sich durch ein weitgefaßtes Dialogkonzept aufheben, als eine sich im Medium des offenen Unterrichtsgesprächs, durch Nachvollzug von bereits Gedachtem und als Realisierung eines Dialogangebots als eigenes Weiterdenken vorantastende Bewegung.
Im Laufe der letzten Jahrzehnte ist es zu einer Annäherung der religionspädagogischen Konzepte evangelischer und katholischer Theologie gekommen und insgesamt zu einer ausgeprägteren Orientierung an der Lebenswirklichkeit der Schüler. Vor diesem Hintergrund werden gerade die Reflexion der Konfessionsproblematik und eine Hilfestellung bei der Identitätsfindung als vordringliche Aufgaben des Religionsunterrichts gesehen. Auf methodisch-medialer Ebene zeichnet sich insbesondere eine zunehmende Bedeutung der biblischen Geschichte ab, und im Hinblick auf die Unterrichtsformen, aber auch den Medieneinsatz wurde eine gegenüber dem traditionellen Religionsunterricht größere Offenheit und Flexibilität deutlich.

Otto Betz/Ekkehard Martens

Summary: Philosophy as Socratic follow-up thought on action-guiding pre-assumptions under the basic concept of "Good" can be practised at various places of learning. Schools as places where pupils study the tradition of philosophical thought armed with a generally unreflective "philosophy for everyman" cannot assume, in their choice of methods and media, any established canon of knowledge. There is neither a generally accepted understanding of philosophy, nor should there be, in view of the dynamic character of philosophy itself. The existing product of the philosophical tradition is, in each case, the result of a process of teaching and learning, and this has, in the course of teaching, to be integrated into a concrete thought process once more. The tension that exists between the esoteric and the exoteric can be traced down the history of philosophy teaching. It can be removed by applying a broad dialogue concept expressed as a groping towards individual follow-up thought within the medium of open classroom dialogue and achieved by reconstructing the thoughts one has already had and by making use of the dialogue facilities offered.

During the last century the religious education concepts of the protestant and catholic churches underwent a rapprochement and generally became more oriented towards the realities of pupils' everyday lives. Against this background, reflections on the problems facing the various denominations and an aid to the discovery of identity are considered prime tasks of religious education. On the methodical-medial plane, biblical history is becoming increasingly important and, in view of both reforms in teaching and the use of media, a greater degree of frankness and flexibility in comparison with traditional religious education teaching is noticeable.

Résumé: La philosophie en tout que continuation de la pensée socratique sur les pré-hypothèses de direction d'action peut s'accomplir en différents lieux d'apprentissage. L'école en tant que lieu de la discussion d'une philosophie «de tous les jours» généralement peu réfléchie, avec la tradition de la pensée philosophique, ne peut partir, dans le choix des méthodes et des médias, d'aucun canon de savoir fixé. Pour cela n'existent ni une compréhension généralement acceptée de la philosophie, ni une telle compréhension ne devrait ou ne pourrait exister, étant donné le caractère dynamique de la philosophie. Le produit de la philosophie traditionnelle existant dans chaque cas, est le résultat d'un processus d'enseignement et d'apprentissage et doit être réintégré, dans l'enseignement, dans un processus concret. La situation de tension entre produit et processus, entre le côté ésotérique et le côté exotérique, peut être suivie dans l'histoire de la didactique philosophique. Dans l'enseignement, elle peut être supprimée par le truchement d'une conception largement interprétée du dialogue, en tant que mouvement allant très lentement de l'avant, dans le média du dialogue d'enseignement ouvert, par l'accomplissement d'un aspect d'ores et déjà pensé et en tant que réalisation d'une offre de dialogue en tant que continuation propre de pensée.

Au cours de la dernière décennie, on en est arrivé à un rapprochement des concepts de pédagogie de la religion et, d'une manière générale, à une orientation plus marquée vers la réalité de vie des élèves. Devant cet arrière-plan, la réflexion sur la problématique confessionnelle et une contribution à une «trouvaille» de l'identité, sont vues comme les tâches les plus urgentes de l'enseignement de la religion. Sur le plan de la méthodologie et des médias, l'accent est mis, en particulier, de plus en plus sur l'histoire biblique et, par égard aux formes d'enseignement, mais aussi à l'utilisation des médias, apparaît une plus grande ouverture et une plus grande souplesse par rapport à l'enseignement traditionnel de la religion.

Methodisch-mediales Handeln im Lernbereich Philosophie – Religion

1 Einleitung

Die Zusammenführung der beiden Unterrichtsfächer Philosophie und Religion ließe sich auf ganz verschiedenen Ebenen begründen. Das soll freilich nicht verdecken, daß beide Fächer ihre je eigene Geschichte der Institutionalisierung als Unterrichtsfächer haben. Sie werden hier aus diesem Grunde einzeln, aber einander benachbart abgehandelt.

Für dieses Vorgehen sprechen inhaltliche Korrespondenzen, die bis zu denkbaren Überschneidungen oder Grenzverwischungen führen können. Dörger, Lott und Otto fassen zusammen, worum es dem *Religionsunterricht* nach schwierigen Selbstverständnisdiskussionen und Abgrenzungsbemühungen – nicht nur von der Institution Kirche, sondern auch innerhalb der Institution Schule – geht: eigene religiöse Prägungen und die anderer erkennen und befragen, religiöse Vorstellungen und Überlieferungen sowie ihre Sprache und ihre Wirkungen kennenlernen, Kirchen und Konfessionen verstehen, Probleme des Zusammenlebens verschiedener Völker, Rassen, Religionen human bewältigen, Sinn- und Existenzfragen reflektieren... (vgl. DÖRGER u. a. 1981, S. 27). Der Tendenz nach ist darin ein Unterricht zu erkennen, der nicht durch die Grenzen von Konfessionen eingeengt wird, sondern diese reflektiert, der weniger Einübung in Frömmigkeit oder Gesinnung ist, sondern deren Ursprung, deren Funktion im Vergleich zu anderen Mustern des Glaubens, Denkens und Handelns zu verstehen sucht.

Eine wenig später erschienene Schrift zum *Philosophieunterricht* in der Schule nimmt ihren Ausgang bei einer Interessenrichtung, die die Philosophie überhaupt erst konstituiert, bei dem Interesse nämlich, radikale Fragen zu stellen, nach den Wurzeln der Dinge zu fragen, die uns „gerade wegen ihrer Vertrautheit und irgendwie vorausgesetzten Selbstverständlichkeit allgemein keine Probleme aufgeben, seien sie übersehen oder bewußt übergangen [...]" (GLATZEL/MARTENS 1982, S. 38). Gegenstand solcher Philosophie könnte die anerzogene Religiosität der Schüler, könnten die Glaubensvorstellungen des Elternhauses, ja könnte der Religionsunterricht der Schule sein. So wie die Konfession nicht mehr das Haus des Religionsunterrichts, mindestens nicht mehr der einzige Raum im Haus des Religionsunterrichts ist, so ist der Bestand an Philosophien, so sind die Systeme der großen Denker nicht „der" Inhalt des Philosophieunterrichts, sondern haben primär die Funktion, das Philosophieren der Betroffenen in Bewegung zu setzen. „Die großen Philosophen werden so nicht als Autoritäten betrachtet, die uns sagen, wie es definitiv und endgültig ist, sondern als Gesprächspartner, die uns helfen können, eine selbständige Antwort zu finden" (GLATZEL/MARTENS 1982, S. 39). Halten wir noch einmal dagegen, was unter Religionsunterricht verstanden werden kann: „Es geht [...] darum, Zusammenhänge, in denen Religion vorkommt, ansatzweise zu durchschauen, z. B. Religion und Erziehung, Religion und Biographie, Religion und Geschichte, Religion und Kultur, Religion und Gesellschaft etc. Da sich Religionsunterricht auf die reale *Welt* bezieht, richtet sich die Frage nach ‚Religion' im Religionsunterricht auf christliche und nichtchristliche Inhalte" (DÖRGER u. a. 1981, S. 28).

2 Lernbereich Philosophie

2.1 Zum konstitutiven Verhältnis von Philosophie und Didaktik

Mehr noch als jeder andere Lernbereich schließt die Philosophie eine plane Umsetzung fachlichen Wissens auf die Belange von Unterricht und Erziehung mittels didaktisch-methodischer Techniken aus. Vielmehr gehört Didaktik, hier und im folgenden im weiteren Sinn zugleich als Methodik verstanden, wesentlich zur Philosophie hinzu, wie auch umgekehrt Didaktik nicht ohne philosophische Reflexion auskommt. Beide Seiten bedingen sich wechselseitig, wie noch näher zu erläutern ist. Daher rücken Methoden und Medien der Philosophie eng zusammen mit ihrem jeweiligen Vermittlungsprozeß; einerseits ist Philosophie immer schon didaktisch, andererseits bedarf sie ihres didaktischen Gegenübers.

Die Behauptung vom konstitutiven Verhältnis von Philosophie und Didaktik hat lediglich normativen Charakter und ist alles andere als eine Beschreibung bestehender Wirklichkeit. Denn aus der gleichsam „transzendental-didaktischen" Bestimmung der Philosophie folgt keineswegs ihre konkrete didaktische Praxis. (Umgekehrt mangelt es auch der faktischen Didaktikpraxis an philosophischer Reflexion auf ihre Annahmen vom Wissenswerten, ihr Menschen- und Weltbild, ihre gesellschaftlichen Voraussetzungen und ihre Methodenwahl.) Zwar werden fast alle Philosophen schnell zugeben, daß sie „immer schon" über die Ziele, Inhalte und Vermittlungsformen ihres Faches nachdächten und somit ein reflexives Verhältnis zu ihrer Tätigkeit einnähmen. Nicht so schnell aber werden sie bereit sein, sich auf einen konkreten Prozeß des Lehrens und Lernens einzulassen und auf die jeweiligen Interessen, Erkenntnis- und Sprechweisen der Lernenden einzugehen. Didaktik erscheint ihnen allenfalls als zusätzliches Hilfsmittel wichtig, um ihr Wissen vermitteln zu können. Nicht jeder Forscher ist schließlich ein „geborener Pädagoge". Didaktik als nachträgliche Technik kann leicht in eine schädliche Manipulation und Verkürzung umschlagen. Ziele und Inhalte der Philosophie könnten durch Anpassung an die Lernenden simplifiziert und verfälscht werden. Betrogen wären beide, Lehrer wie Schüler. Die Furcht, um das Wahre betrogen zu werden oder andere um das Wahre zu betrügen, ist faktisch sicher nicht unbegründet. Sie verdeckt jedoch den selbstsicheren Anspruch jeder Abbild-Didaktik, daß die eigene Lehrperspektive gegenüber der Lernperspektive immer fraglos wichtig und richtig sei. Die angemessene Methode wäre deduktive Herleitung und bloßer Nachvollzug von bereits Vorgedachtem, gestützt auf das Medium kanonisierter Texte und approbierter Lehrbücher. Gerade das Lehren und Lernen von Philosophie – als einer ausdrücklich reflexiven Tätigkeit – kann auf keiner derartigen, bloß äußeren Aneignung beruhen, sondern nur einsichtig vollzogen werden. Der Lehrer muß sich zwar auf die Interessen und Vormeinungen der Schüler einlassen, diese aber müssen sich der Frage stellen, ob ihre faktischen auch gerechtfertigte Interessen und Vormeinungen sind. Die Rechtfertigung kann weder durch institutionellen Zwang des Lehrplans noch durch Berufung auf intuitive Einsichten oder auf die philosophische Tradition erfolgen, sondern allein auf argumentativer Basis. Die Argumentationskompetenz ist sicher gerade im schulischen Lehr-/Lernprozeß ungleich verteilt, kann jedoch nur um den Preis dogmatischer Bevormundung von vornherein allein und fraglos der Lehrperspektive zugeordnet werden. Was „philosophisch" wichtig und richtig ist, stellt sich, idealerweise, erst in einem gemeinsamen Lern- oder Überzeugungsprozeß heraus. Mit dieser Bestimmung des konstitutiven Verhältnisses von Philosophie und Didaktik ist auch die Behauptung widerlegt, daß Philosophie im Unterrichtsprozeß notwendig verkürzt werden müsse, wenn sie auch als Beschreibung faktischer Zustände dadurch nicht unwahr wird. Zugleich sind für die Methoden- und Medienanalyse Kriterien gewonnen: Methoden und Medien sollen nicht eine vorgelegte („positivistische") Philosophie bloß nachträglich oder sogar verfälschend vermitteln. Vielmehr wird zu fragen sein, ob die jeweiligen Methoden und Medien dazu geeignet sind, einen gemeinsamen Überzeugungsprozeß zu ermöglichen. Dieses Kriterium soll im groben Durchgang durch die Methoden- und Mediengeschichte der Philosophie noch konkretisiert werden. Zuvor jedoch soll es von den verschiedenen Lernorten der Philosophie her legitimiert werden.

2.2 Lernorte der Philosophie als Problembereiche für die Philosophie

Die Lernorte der Philosophie sind keineswegs auf die *philosophischen Seminare der Hochschulen* beschränkt. Schon gar nicht sind die philosophischen Seminare oder sonstigen Forschungsinstitutionen oberste Norm oder Hort der „wahren" Philosophie. Denn sie pflegen nicht nur die in Texten aufbewahrte Tradition des Denkens, sondern entwickeln diese auch und bedienen sich dabei Kriterien dessen, was bewahrt und fortentwickelt werden soll. Diese Kriterien sind jedoch stets umstritten gewesen bis hin zum Skandalon eines endlosen Philosophenstreites. Dieser Streit ist notwendig als Dialogprozeß, in dem sich die verschiedenen Positionen aneinander abarbeiten, etwa Aristoteles an Platon oder Kant an Leibniz und Hume. Weiterhin vollzieht sich dieser Prozeß nicht rein fachimmanent, sondern in einem bestimmten sozialen und kulturellen Umfeld. So zielt etwa Platon auf eine Neubegründung der durch gesellschaftliche Veränderungen brüchig gewordenen „Grundwerte", und Kant versucht, dem historisch bedingten bürgerlichen Selbstbewußtsein und der damit einhergehenden neuzeitlichen Wissenschaft eine philosophische Deutung zu geben. Die Forderung eines dialogischen, problemorientierten Philosophierens, zugleich verstanden als Kriterium der philosophischen Methoden und Medien, findet daher von der Tradition der Philosophie her eine Rechtfertigung. Die Vorstellung eines „idealen philosophischen Sprachspiels" wäre, in Anlehnung an den späten WITTGENSTEIN (vgl. 1971), zugunsten verschiedener „philosophischer Sprachspiele" aufzugeben. Jeder Lernort hat seine eigene Problemauswahl sowie Erkenntnis- und Sprechweise, die sich erst in der argumentativen Auseinandersetzung als wichtig und richtig zu bewähren haben.

Der Lernort Schule in der *gymnasialen Oberstufe* kann folglich nicht als bloßes Anwendungsgebiet des ersten Lernortes gelten. Der Eigenwert dieses Lernortes wurde nur selten erkannt und mag eine wichtige Ursache für die wechselvolle Geschichte des gymnasialen Philosophieunterrichts seit Gründung des humanistischen Gymnasiums (1800) sein. Während er in den romanischen Ländern und in Österreich bis vor kurzem eine nahezu ungebrochene Tradition hatte, wurde er in Preußen 1837 eingeführt, nach langem Hin und Her 1892 endgültig gestrichen (ähnlich in Bayern), 1925 in der Preußischen Schulreform Richerts in Form von Arbeitsgemeinschaften stark befürwortet, durch den Nationalsozialismus aufgehoben, nach dem Krieg in Arbeitsgemeinschaften wiederaufgenommen, durch die „Saarbrücker Rahmenvereinbarung" 1960 wieder abgeschafft (und listenreich in Nordrhein-Westfalen beibehalten) und recht überraschend 1972 in der gymnasialen Oberstufenreform wieder eingeführt (vgl. FEY 1978). Die vor allem durch Kant gegen die Leibniz-Wolffsche Schulphilosophie aufgeworfene Frage, ob Philosophie überhaupt lehr- und lernbar sei, nahm dem Unterricht die Methoden- und Mediensicherheit, die er in den romanischen Ländern lange Zeit auf der Basis der thomistischen oder cartesianischen Philosophie und in Österreich auf der Basis einer weitgehend auf formale Logik und empirische Psychologie reduzierten Philosophie zu haben vermeinte. Unterdessen ist Philosophie in der Bundesrepublik zwar ordentliches, abiturfähiges Unterrichtsfach geworden, zudem das einzige durchgängige Unterrichtsprinzip, sie kann aber von ihrem ungeklärten Selbstverständnis her keine abgesicherten Methoden und Medien anbieten. Die Alternative eines „harten"Lehrstof-

fes in Geschichte der Philosophie, Logik, Wissenschaftstheorie oder analytischer Unterscheidungen in der Sprach- oder Handlungstheorie auf der einen Seite oder bloßen Fragens und Problematisierens ohne Antwortmöglichkeiten auf der anderen Seite ist unbefriedigend, vor allem aber vermeidbar. Ausgang des Unterrichts sollten dann nicht mehr die Probleme *der* Philosophie sein, sondern *für* die Philosophie aufgrund der jeweiligen schulischen Lernsituation der Schüler in ihrer entwicklungspsychologischen und gesellschaftlichen Lage (vgl. MARTENS 1979, S. 114 ff.).
Von einem verengten Selbstverständnis der Philosophie her bislang zu wenig beachtet wurde der Unterricht am Lernort der *unteren Schuljahre.* In einigen Bundesländern ist Ethikunterricht Pflichtalternative für Religionsabmelder von der 5. Klasse an, allenthalben aber fächerübergreifendes Unterrichtsprinzip.
Überlegungen zum Begriff einer „Kinderphilosophie" gibt es außer bei Kant, Nohl, Jaspers und Bloch (vgl. MARTENS 1980) jetzt vor allem im amerikanischen „Institute for the Advancement of Philosophy for Children", auch mit Unterrichtsmaterialien und methodischen Vorschlägen (vgl. GLATZEL 1980). Als Medium dienen hier nicht klassische philosophische Texte mit abstrakten Begriffen und Theorien, sondern Geschichten mit konkreten Ereignissen, an denen sich das Nachdenken über logische und ethische Fragen entzünden kann. Die Methode ist das freie Unterrichtsgespräch im Ausgang von der Textlektüre, wobei die Freude am gemeinsamen Weiterdenken und Spekulieren in einer gelösten Atmosphäre eine besondere Rolle spielt (vgl. GLATZEL/MARTENS 1982).
Im akademischen Unterricht weniger übliche Methoden und Medien werden auch für das *Philosophieren in der Erwachsenenbildung* an den Volkshochschulen, in der universitären Erwachsenenbildung und im Bildungsurlaub einiger Bundesländer erprobt (vgl. KOMMER/LORENZEN 1981), um einem weiteren Kreis über das Bildungsbürgertum hinaus Philosophieren als befreiendes Weiterdenken zu ermöglichen, etwa durch Rollenspiele, literarische Texte, bildliche Darstellung von Begriffen und Filme.
Schließlich bilden die *öffentlichen Medien* einen weiteren, einflußreichen Lernort, einmal mit ideologischen, pseudophilosophischen Infiltrationen, sodann in popularphilosophischen Darstellungen großer Denker und Ideen, vor allem in den dritten Fernsehprogrammen und in den Feuilletons, aber auch in breit angelegten Reihen wie dem „Funkkolleg Praktische Philosophie/Ethik" (APEL u. a. 1980) oder in der Stern-Serie „Deutschland deine Denker" (KOESTERS 1980). Nur von einem engen Philosophieverständnis her wird man diese Medien und Methoden pauschal als bloßen „Feuilletonismus" abwerten. In den USA werden sie von Deweys Philosophie des Pragmatismus her höher bewertet und haben durch die Zeitschrift „Philosophy and Public Affairs" ein gutes Renommee.
Die öffentlichen Medien bilden bereits einen Bestandteil des letzten und vielleicht wichtigsten Lernortes der Philosophie, der *„Schule des Alltags".* In diesem nichtinstitutionalisierten Lernort bildet sich jedermann nach seinen individuellen und gesellschaftlich-politischen Lebensbedingungen eine bestimmte, wenn auch meistens unausdrückliche und ungeprüfte „Lebensphilosophie" mit tiefsitzenden Handlungs- und Denkmustern.

2.3 Jedermanns-Philosophie in der Spannung von Esoterik und Exoterik

Offensichtlich bildet die „Schule des Alltags" den Ausgangs- und Zielpunkt aller übrigen Lernorte, oder sie sollte es zumindest. Meistens hat sich jedoch die gegen-

wärtige Fach-Philosophie von diesem Bezugspunkt im Unterschied zur Tradition der Philosophie entfernt. Denn die Spannung, keineswegs die Einebnung von esoterischer und exoterischer Philosophie ist für Sokrates, für die „Popularphilosophie" der Aufklärung, für Kant, Marx, den Pragmatismus, die Existenzphilosophie und die „ordinary language philosophy", ausgehend vom späten Wittgenstein, bestimmendes Moment (vgl. MARTENS 1979, S. 123 ff.). Aber auch gegenwärtig gibt es Tendenzen, über eine Beschäftigung mit der eigenen Geschichte, tradiert in den Texten der „großen Denker", und über eine wissenschaftstheoretisch-sprachanalytische Methode szientistischen Zuschnitts, als Anpassung an das herrschende Ideal der „erfolgreichen" neuzeitlichen Wissenschaft, hinauszukommen (vgl. LENK 1979, SCHULZ 1972, WILLMS 1975), bis hin zu einer gesellschaftlich-politisch wirksamen Jedermanns-Philosophie mit der Tendenz einer durchgreifenden Änderung des gesamten Bildungssystems (vgl. BAHRO 1977).
Ziel einer derartigen Jedermanns-Philosophie ist die vernünftige Lebenspraxis aller, die klassische „Idee des guten Lebens" in materieller und ideeller Freiheit. Inhalte einer derartigen Zielausrichtung wären die begrifflich-argumentative Klärung dieser Idee, der dazu notwendigen Handlungen sowie, auf einer Metaebene, die Klärung der damit verbundenen theoretischen Schwierigkeiten der Erkenntnis und ihrer sprachlich-argumentativen Form. Zu den Inhalten gehört auch die Analyse der konkreten gesellschaftlich-politischen Situation, vor allem in ihrer wissenschaftlich-technischen Prägung mit den daraus entspringenden Problemen. Eine vernünftige Praxis setzt jedoch nicht nur Diskursfähigkeit und Orientierung in der Gegenwart voraus, sondern auch alternatives Denken, das sich außer durch freies Spekulieren auch durch Kennenlernen tradierter Welt- und Lebensdeutungen gewinnen läßt.
Gerade eine so verstandene Jedermanns-Philosophie fordert dazu auf, die „philosophische Idealsprache" bei der Wahl der Methoden und Medien zugunsten der verschiedenen Erkenntnis- und Sprechweisen abzulösen. Auf jeden Fall sollte die Unterscheidung von restringierten und elaborierten Sprachcodes nicht voreilig als aufzuhebendes Defizit, sondern zunächst einfach als Differenz beurteilt werden. Der klassische philosophische Text und die hermeneutisch-argumentative Auseinandersetzung mit ihm können nicht als einzige oder höchste Zugangsart zur Philosophie betrachtet werden. Vielmehr wird man stärker auf ein Lernen aus Erfahrung und ein Reden in sinnlich-anschaulichen Beispielen eingehen müssen (vgl. BUCK 1967, 1979). Insgesamt wird eine Jedermanns-Philosophie den Ausgangspunkt bei der lebenspraktischen Erfahrung der Beteiligten suchen und sich um deren Klärung vor allem im gemeinsamen Dialog bemühen müssen, ohne dabei die bereits gewonnenen Einsichten in der Geschichte der Philosophie zu vernachlässigen. Gerade ein Blick auf die Geschichte der Philosophiedidaktik zeigt, wie Prozeß und Produkt des Wissens in einer ständigen Spannung zueinander gestanden haben, oft mit dem Versuch einer einseitigen Abspannung eher zur Produkt-Seite hin.

2.4 Methoden- und Mediengeschichte der Philosophiedidaktik

Das Ziel gemeinsamer Selbstverständigung in vernünftiger Lebenspraxis und die damit verbundene Einheit von Dialogmethode und -medium lassen sich in der Geschichte der Philosophie, betrachtet als Geschichte der Philosophiedidaktik, in ihren wechselnden gesellschaftlich-politischen Ausprägungen bis auf Sokrates zurückverfolgen. Ebenso aber läßt sich zeigen, wie dieses Ziel im Widerstreit mit dem anderen Ziel lag, feste Denk- und Verhaltensmuster zu tradieren und zu etablieren. Im ersten Fall gewinnt die Vermittlung – die Methoden und Medien – ein starkes Gewicht, weil hier das Produkt des Wissens immer nur vorläufiges Ergebnis eines durchschaubaren und mitvollzogenen Wissens-Prozesses ist. Im zweiten Fall erhält der Inhalt Vorrang vor seiner Vermittlung, die nur noch nachträglich und eher in Form einer „In-doktrination" geschieht. Wissen verliert hierbei seinen Doppelcharakter als Produkt und Prozeß, die Esoterik siegt über die Exoterik. Der Widerstreit von Prozeß und Produkt der Philosophie soll nun an einigen historischen Stationen nachgezeichnet werden.

Nur so viel wissen wir von (Platons) Sokrates sicher, daß er seine Gesprächspartner in ein Gespräch über alltägliche Fragen verwickelte und ihnen dabei klarmachte, daß sie über die dabei leitenden Vorannahmen nichts wüßten, wie er selber jedoch auch nicht. Ob aber seine „Hebammenkunst" nicht Manipulation und seine „Aporie" nicht Ironie war, ist umstritten. Die Lösung, Sokrates habe in Platons Frühdialogen vor allem die Rolle eines von Platon gelenkten Vorbereiters eines „Ideenwissens" gespielt, ist ebenfalls umstritten und vielleicht sogar falsch (vgl. MARTENS 1983, S. 22 ff.).

Eine erste Klärung des zunächst äußerst unklaren Begriffs der *sokratischen Methode* läßt sich durch Absetzung vom *sophistischen Lehrverfahren* erzielen. Dieses wiederum muß in seinen historischen Bezügen gesehen und, gegen vorschnelle Abwertungen, gewürdigt werden. Die Erziehung der höfisch-aristokratischen Gesellschaft in der griechischen Frühzeit, etwa sichtbar in den homerischen Epen, bestand in der Ausbildung vor allem der gymnastisch-musischen Fähigkeiten, in verschärfter Weise fortgesetzt im Militärstaat Sparta. Dagegen überwog in der Polis nach dem Muster Athens eine literarisch-politische Bildung. Denn hier war die Adelsherrschaft durch Koloniegründungen und Handelsbeziehungen sowie durch die Einführung der Geldwirtschaft und die Erfahrung unterschiedlicher politischer und moralischer Ordnungen erschüttert und durch eine Demokratie der Vollbürger abgelöst worden. Zunächst erwarben die jungen Athener die notwendigen politischen Kenntnisse und Fähigkeiten durch aktive Teilnahme am Leben der Polisgemeinschaft, etwa in Volksversammlungen, auf dem Marktplatz, bei den religiösen Festspielen im Theater oder bei Gastmählern, also von ihren Eltern und älteren Mitbürgern. Um die Mitte des fünften Jahrhunderts v. Chr. traten dann die ersten professionellen Lehrer auf, die Sophisten. Sie boten gegen Bezahlung eine Ausbildung vor allem in politischer Rhetorik an. Sie hatten die reichen jungen Athener als Schüler, besonders diejenigen, die sich Vorteile im politischen Leben erwerben wollten. Die Sophisten befanden sich als Fremde meistens außerhalb der Polisgemeinschaft mit ihren konkreten Problemen und Wertvorstellungen. Daher stand ihre Methode der begrifflichen und argumentativen Überprüfung der überkommenen Sitten und Grundüberzeugungen in Gefahr, sich zu einer instrumentellen Fertigkeit zu verselbständigen, die man auf beliebige Inhalte und ohne Zielreflexion anwenden konnte. Das Seziermesser der Aufklärung konnte somit vom Mittel der Befreiung zum Mittel der Herrschaft verkommen, die Macht des stärksten Arguments zur Macht des Arguments des Stärksten umschlagen.

Auch die sokratische Methode des „Rechenschaftgebens" kann leicht mit der sophistischen verwechselt werden, wenn man nicht ihre Einbindung in ihre konkrete Zielsetzung berücksichtigt. Historisch gesehen, lag eine solche Verwechslung bei der Verurteilung des Sokrates als „Jugendverführer" vor, der die überkommenen Werte zerstöre durch sein kritisches Weiterdenken. Im Unterschied zu den Sophisten war Sokrates' Methode jedoch keine instrumentelle Fertigkeit, sondern Medium konkreter Selbstfindung unter der Leitidee „des Guten". Sokrates war angesehener Bürger Athens, der seine politischen und militärischen Pflichten stets sehr gewissenhaft

erfüllt hatte, wie er zuletzt im „Kriton" durch seine Weigerung zu fliehen beweist. Wenn er seine Mitbürger in Gesprächen dazu brachte, über ihre handlungsleitenden Grundannahmen Rechenschaft abzugeben, übernahm er nur äußerlich die sophistische Methode der Argumentationstechnik. Vielmehr ging er von einer konkreten Problemsituation aus, den brüchig gewordenen „Tugenden" der Polis, und wollte sie neu begründen. Ein besonders gutes Beispiel hierfür findet man in dem Erziehungsdialog „Laches", in dem zwei berühmte athenische Feldherren ihren Söhnen die bestmögliche Erziehung geben wollen, sich aber nur über die Mittel, die Fechtkunst, nicht aber über das Ziel, die Tapferkeit, Gedanken machen. Die sokratische Methode steht in einer Einheit von Lern- und Problemort und ist nicht instrumentell beliebig verfügbar als begrifflich-argumentatives Wissen. Das Wissen des Sokrates besteht in einem praktischen Können, zu dem allerdings gewisse begrifflich-argumentative Fertigkeiten gehören. Sokrates versteht sich auf die Kunst der Gesprächsführung, die Selbsttäuschungen abbauen hilft und Normen wie Klarheit, Offenheit, Richtigkeit und gleiche Redechancen folgt, wie sie etwa HABERMAS (vgl. 1971) für den „herrschaftsfreien Dialog" formuliert. Diese Normen sind nicht Handlungs- oder Lebensersatz, sondern Teil einer gemeinsamen, vorbereitenden Lebenspraxis unter der allen Gesprächspartnern präsenten „Idee des Guten". Das Nichtwissen des Sokrates drückt die Weigerung aus, Wissen in endgültigen Sätzen zu fixieren, instrumentell verfügbar zu machen. Daher lehnt Sokrates das geschriebene Buch als situationsenthobenes Produkt ab, das nur im jeweiligen Prozeß des Philosophierens seine Gültigkeit besitzt (vgl. PLATON 1958 ff., Phaidros 275 c ff.). Philosophie ist nicht durch äußere Methoden und Medien transportierbar, weil sie sich im gemeinsamen Dialog vollzieht, und dies auch nur in „plötzlichen" Einsichten, die schließlich jeder nur selber haben kann (vgl. PLATON 1958 ff. Siebter Brief).
Wenn aber Philosophie auf keine vorgegebenen Methoden und Medien bauen kann, sondern jeder alles aus sich selber entwickeln muß, könnte leicht vermutet werden, die Beteiligten würden kaum über ihr Ausgangsnichtwissen hinauskommen. Nach Sokrates wissen wir zugleich aber auch eine ganze Menge mehr, als es uns zunächst klar ist, und wir brauchen uns daran nur „wiederzuerinnern". Die „Anamnesislehre" aus Platons „Menon" muß man jedoch von unnötigen metaphysischen Überfrachtungen befreien, worauf Sokrates selber ausdrücklich hinweist (vgl. PLATON, 1958 ff. Menon 81 d). Dann könnte man die „Anamnesislehre" etwa folgendermaßen verstehen: Wenn die Gesprächspartner wirklich so wenig wüßten, wie es den Anschein hat, könnten sie überhaupt nicht erkennen, wann die Widerlegungsversuche des Sokrates berechtigt sind und wann nicht. Sie können dies aber offensichtlich. Daher müssen sie bereits ein Vorwissen haben, mit dessen Hilfe sie ihre eigenen Ansichten als kritikbedürftig erkennen können. Allerdings ist damit nicht gesagt, daß jeder im Grunde genommen bereits alles wisse, wenn man es nur dem Grunde seiner Seele entlocke. Ein derartiges „Ideenwissen" wäre eine zu starke Vorannahme für den Lernprozeß. Es reicht bereits die Annahme, daß jedermann durch sein Sprechenlernen bereits eine Menge Wissen aufnimmt, das ihm nicht voll entfaltet zur Verfügung steht. Im Dialogprozeß käme es darauf an, dieses Vorwissen näher zu entfalten. Zugleich aber haben sich mit dem Sprechenlernen auch gewisse Irrtümer und Ungenauigkeiten eingeschlichen. Ferner läßt sich die jeweilige „Artikulation" oder „Gliederung" (lateinisch: articulus = Glied) von Welt durch neue Erfahrungen und Argumente erweitern, verfeinern und vor allem korrigieren. Hierzu kann die Erweiterung des Dialogkreises durch andere Gesprächspartner dienen, auch in Form von Texten aus der Tradition. Ein Überwiegen der Tradition, ein Vorrang des Produktes vor dem Prozeß läßt sich

seit Aristoteles bis hin zu Kants „kopernikanischer Wende" verzeichnen. In einem sehr weiten, philosophiehistoriographisch ungebräuchlichen Sinne kann man diese Epoche als Scholastik bezeichnen, als kanonisierten Lehrbetrieb. Mit Aristoteles begann die Einteilung der Philosophie in die klassischen Disziplinen wie Logik, Ethik oder Metaphysik und eine terminologische Fixierung. Die Bewegung des sokratischen Dialogs erstarrte in dem Platon zugeschriebenen „Ideenwissen". Das Weltganze wurde der gesellschaftlich-politischen Realität entsprechend als vorgegebener, unabänderlicher Kosmos gedeutet. Das Zeitalter der ersten, griechischen Aufklärung erstarrte zum feudalistischen System in eins mit einem rationalistischen Systemwissen. Philosophie trat weitgehend als stabilisierende Ideologie auf, sei es in der Stoa, oder sei es im Christentum, nicht mehr als „Stachel" des sokratischen Weiterdenkens. Für Thomas von Aquin etwa war Aristoteles „der Philosoph", wie er ihn nannte, den er in seinen Traktaten, Kommentaren und Summen ständig neu interpretierte und seinen theologischen Interessen zunutze machte, etwa in den Gottesbeweisen. Die angemessene Methode hierfür war das deduktive Verfahren, der syllogistische Schluß, ausgehend von festen Prämissen. Medium waren die zahlreichen Kommentare zu „dem Philosophen", keinesfalls der Originaltext selbst. So kannte auch Thomas von Aquin Aristoteles nur in der lateinischen Übersetzung Wilhelm von Moerbekes.

Bei der recht groben Charakterisierung der sehr langen Epoche zwischen Sokrates und Kant als Scholastik kommt es hier vor allem auf die didaktische Sicht des Produktwissens an sowie auf die damit verbundenen gesellschaftlichen Interessen. Natürlich soll damit nicht behauptet werden, daß die gesamte Philosophie dieser Zeit eine bloß systemstabilisierende Funktion besaß und außerdem keine originellen Weiterentwicklungen zustande brachte.

Erst die Popularphilosophie der Aufklärung, etwa Nicolai, Engel, der Herausgeber der Aufsatzsammlung „Der Philosoph für die Welt" (1775/1777), Sulzer, Mendelssohn oder Garve, wandte sich entschieden gegen die deduktive Methode des scholastischen Lehrbuchmediums und versuchte ein weltzugewandtes, konkretes Philosophieren in Anknüpfung an die sokratische Methode (vgl. KRECHER 1929). Dieses Philosophieren ging nicht von einem rationalistischen System aus, sondern von der lebensweltlichen Erfahrung, und wollte dem aufkommenden Bürgertum eine verläßliche gesellschaftlich-politische Orientierung ermöglichen. Allerdings blieb auch die Popularphilosophie noch in der rationalistischen Metaphysik befangen, die Wolff als Popularisierung von Leibniz vorgelegt hatte. Das induktive Verfahren unterschied sich nur äußerlich vom deduktiven, da es von einem vorgegebenen Rahmen ausging, etwa von der „Theodizee" als Harmonisierung gesellschaftlicher Widersprüche.

Erst Kant verhalf dem bürgerlichen Selbstbewußtsein zur angemessenen philosophischen Basis, indem er mit seiner „kopernikanischen Wende" die Transzendenz des Ideenkosmos auf die transzendentalen Erkenntnisbedingungen der allgemeinen menschlichen Vernunft zurückführte. Er verband das Produkt des Wissens wieder mit dem Prozeß, wenn auch verstanden als zeitlos gültigen Vorgang. Das Produkt war nicht länger losgelöst an sich verfügbar, sondern nur über das Wissen als Methode zu gewinnen. Daher widmete Kant zum Schluß seiner Hauptschriften der „Methodenlehre" große Aufmerksamkeit. So unterscheidet er zum Schluß der „Kritik der reinen Vernunft" zwischen der „naturalistischen" Methode der „gemeinen Vernunft ohne Wissenschaft" – offensichtlich in Kritik an einigen zeitgenössischen Popularphilosophen – und der „szientifischen" Methode, die systematisch verfahre. Während Kant bei der „szientifischen Methode" die „dogmatische" Variante Wolffs und die „skeptische" Humes ablehnt, ist für ihn „der kritische Weg [...] allein noch offen" (KANT 1983, A 856/B 884). Seine kritische Methode bestimmt Kant nicht nur philosophisch als Ausgang von Bedingungen der Möglichkeit des Erkennens und zugleich deren Gegenstände, sondern er entfaltet sie auch ganz konkret didaktisch. Seine Überlegungen und Vorschläge zum „Philosophierenlernen" sind noch bis heute klärend, auch in der Auseinandersetzung mit Hegels Methode des Nachvollzugs (vgl. MARTENS 1979, S. 86 ff.; vgl. MARTENS 1983, S. 60 ff.).

2.5 Dialog als Methode und Medium

Die Diskussion über Philosophie- oder Philosophierenlernen setzt sich bis in die gegenwärtige Methoden- und Mediendiskussion hinein fort. Dabei braucht die „sokratische Methode" (vgl. HECKMANN 1981) samt ihrer gruppendynamischen Variante (vgl. HEINTEL 1979) keineswegs zu einem unsystematischen, unhistorischen Philosophieren zu führen, wie auch umgekehrt die Beschäftigung mit der philosophischen Tradition und ihren Systementwürfen eine dialogische, problemorientierte Auseinandersetzung verlangt (vgl. SCHNÄDELBACH 1981).
Philosophieunterricht als Vermittlung von Esoterik und Exoterik, von Fach- und Jedermanns-Philosophie am Lernort Schule verbietet sowohl einen bloßen Nachvollzug von Vorgegebenem als auch eine bloße Reproduktion des Ausgangsnichtwissens der Beteiligten. Beide Extreme kann der Dialog als Methode und Medium vermeiden, wenn er als Einheit von drei Momenten praktiziert wird (vgl. MARTENS 1979, S. 140 ff.): als offenes Unterrichtsgespräch zur Klärung der eigenen Interessen und Vormeinungen, als Hinzuziehen von weiteren Dialogpartnern durch Hören oder Lesen von Texten, schließlich als Realisierung des dabei erhaltenen Dialogangebotes durch Rückfragen und Problematisieren.
Dieser Dreischritt ist als dialogische oder, in einem weiteren Sinne, dialektische Bewegung prinzipiell unabgeschlossen und hat keinen fixierbaren Anfang. Die Bewegung hebt jeweils situativ verschieden an. So können etwa durch Zuhören oder Lesen eines Textes das eigene Denken angeregt werden, Interessen und Vormeinungen überhaupt erst zum Vorschein kommen und ein offenes Unterrichtsgespräch sich erst anschließen oder phasenweise auch ganz ausbleiben. Umgekehrt kann man natürlich gelegentlich auch auf Texte oder Referate verzichten oder sie als bloße Informationsvermittlung und nicht als Dialogangebot benutzen. Bei aller Flexibilität der jeweiligen Methoden und Medien kann der dialogische Dreischritt jedoch als Rechtfertigungs- und Strukturierungshilfe für die konkrete didaktische Situation dienen. Er soll dazu verhelfen, ein dialogisches, problemorientiertes Philosophieren in Gang zu setzen, das heißt, Antworten nur als Antworten auf konkrete und vollzogene Fragestellungen zu besprechen oder zu suchen. Vor allem aber kann der Dreischritt auch einige Scheingegensätze vermeiden helfen, etwa Textarbeit versus offenes Unterrichtsgespräch, Ganzschriften versus Textauszüge, Nachvollzug versus Selbstdenken. Allerdings sollte der Dreischritt nicht als bloß äußere Technik angewandt werden, etwa das freie Unterrichtsgespräch lediglich zum „Dampfablassen" oder als „motivationaler Aufhänger" dienen, während der Text dann endlich die „eigentliche" Philosophie bringt. Umgekehrt muß auch ein Bruch zwischen der Gesprächs- und Textphase in der Weise vermieden werden, daß die Textlektüre und -interpretation in ihrem Beitrag für den gemeinsamen Problemlösungs- oder auch -findungsprozeß nicht gesehen oder als störend empfunden wird. Die drei Dialogmomente sollen nun nacheinander – keinesfalls als starre Abfolge – etwas näher entfaltet werden:

Otto Betz/Ekkehard Martens

Das *offene Unterrichtsgespräch* kann verschiedene Anlässe haben: Es kann zu Beginn einer Semesterkursplanung stehen, wobei einzelne Schüler oder Gruppen Unterrichtsvorschläge sammeln, ausarbeiten und im Plenum diskutieren, auch weitere Informationen (Artikel, Bücher) mit heranziehen; es kann einen neuen Themenbereich oder eine Unterrichtsstunde einleiten, wobei Interessen und Vormeinungen abgesteckt und formuliert werden; es kann sich aber auch ganz spontan, in „philosophischer Muße" ereignen, wenn nicht gerade der Druck der Unterrichtsplanung oder Klausurvorbereitung alles erstickt. Natürlich ist das offene Unterrichtsgespräch sehr von der Gutwilligkeit, Spontaneität oder Kreativität aller Beteiligten abhängig und findet in der Institution Schule deutliche Grenzen, ist aber auch dort keine Utopie. Vorschläge zu einer mehr schülerorientierten Unterrichtsweise liegen seitens der allgemeinen Didaktik (vgl. SCHULZ 1980) und Fachdidaktik (vgl. HEINTEL 1980, KARB 1980) vor. Sie verlangen natürlich vom Lehrer einige gruppendynamische Fähigkeiten, mit weitreichenden Konsequenzen bis in die Lehrerausbildung hinein. Die damit verbundenen Anstrengungen sind jedoch unausweichlich. Denn Autonomiefähigkeit oder Selbstdenken beschränkt sich nicht auf den analytisch-argumentativen Bereich, sondern umfaßt auch die vor- oder nichtbewußten, emotionalen Anteile des „Selbst". Die von vielen Lehrern gefürchtete „Beliebigkeit" des offenen Unterrichtsgesprächs, die bei den Schülern als „Labern" unter umgekehrtem Vorzeichen, aber unter gleichem Leistungsdiktat wiederkehrt, hat einen systematischen Ort im Prozeß der Selbstfindung oder, historisch gesprochen, der sokratischen Selbsterkenntnis. Sie beugt der Gefahr vor, nur der einen „philosophischen Idealsprache" das Wort zu geben und nur „vernünftige Gedanken" zuzulassen. Bei Kant ist vom „Mut" die Rede, sich seines eigenen Verstandes zu bedienen. Dieser Mut sollte den Schülern nicht durch die unreflektierte Verpflichtung auf die Denk- und Sprachdisziplinierung der akademisch geschulten Lehrenden genommen werden. Sonst würde nur die zweifellos bereits vorhandene Angst zur Artikulation eigener Gedanken und Vorstellungen noch verstärkt werden. Daher müssen das phantasievolle Durchspielen von Denkmöglichkeiten und das „ungeschützte" Sprechen im Philosophieunterricht ihren festen Platz haben. Dabei verwirklicht sich am ehesten die Einheit von Dialogmethode und -medium gemeinsamer Selbstverständigung.

Die Stelle, an der ein Übergang vom offenen Unterrichtsgespräch zum *Nachvollzug* eines vorgegebenen Gedankenganges in Form von Textlektüre oder als Zuhören bei einem (Lehrer-)Referat geschehen sollte, läßt sich nicht vorweg markieren. Es bleibt der jeweiligen didaktischen Situation vorbehalten, festzustellen, wann alle Ideen und Argumente der Lerngruppe erschöpfend genannt und diskutiert wurden, so daß eine Erweiterung des Dialogkreises, eine „Expertenbefragung" sinnvoll sein könnte. Zum Übergang sollten einige Positionen und Problemstellungen der Lerngruppe für das Zuhören festgehalten werden, um beide Phasen miteinander zu verbinden und um in der dritten Phase eine kritische Konfrontation zu ermöglichen.

Der Stufe der Rezeption eines Monologs, die bereits „ein Dialog innerhalb der Seele" (PLATON, Sophistes 263e) der Zuhörer ist, folgt eine Überprüfung der nachvollzogenen Gedankengänge als *Realisierung des Dialogangebotes*. Der Umgang mit (gesprochenen oder geschriebenen) Texten sollte die Form eines argumentativen Gesprächs haben. Man kann die Informationen und Auffassungen eines Autors einfach zur Kenntnis nehmen oder unbesehen nachreden, man kann aber auch versuchen, mit dem Autor wie mit einem Gesprächspartner umzugehen. Dabei werden die aufgestellten Behauptungen überprüft, inwiefern sie für die eigenen Fragen wichtig und ob sie richtig sind.

Durch einen derartigen Textumgang läßt sich auch das Scheinproblem lösen, ob man lieber Ganzschriften oder Textauszüge im gymnasialen Philosophieunterricht lesen sollte. Zunächst sollte man sich auf die spezifischen Ziele des Philosophieunterrichts konzentrieren, die nicht in der Fähigkeit der Textinterpretation liegen, schon gar nicht im Ausgleich zu den Defiziten anderer Unterrichtsfächer, wie vor allem Deutsch. Wenn man in der beschriebenen Weise ein dialogisches, problemorientiertes Philosophieren praktizieren will, kann der Text nur ein Hilfsmittel sein. Sodann sollte man sich genauer überlegen, was man unter „Ganzschrift" verstehen will. Die Ganzheit eines Textes bestimmt sich nicht textpositivistisch nach dem gegebenen Text (das wäre für die „Fragmente der Vorsokratiker" schlimm). Auch der vermeintlich „ganze" Text bezieht sich meistens auf andere Schriften desselben oder eines anderen Autors und stellt oft gar keine wohlgerundete Einheit dar. Vielmehr sollte der Text je nach Gesprächs- und Argumentationszusammenhang in eine neue „Ganzheit" eingebettet werden. Der Gefahr der Zerstückelung oder manipulativen Textmontage kann man durch Angabe des Kontextes und genaue Kennzeichnung der Auslassungen entgegenwirken.

Mit der Neueinführung des Philosophieunterrichts in der Bundesrepublik hat die Medienfrage ein verstärktes Interesse auf sich gezogen. Während sich aus österreichischer Sicht die Unterrichtsbücher eher lehrzielorientiert und lehrbuchartig präsentieren, und dies für manche nicht einmal weitgehend genug (vgl. ZECHA 1981), sind die Unterrichtsbücher in der Bundesrepublik meistens als Textsammlungen aufgebaut, die man je nach Unterrichtssituation frei einsetzen kann. Dabei kann man zwei verschiedene Ansätze unterscheiden: einen historisch-hermeneutischen Ansatz und einen eher dialog- und problemorientierten (vgl. LORENZEN 1981). Zunehmend wird auch der Einsatz nichtphilosophischer Texte erprobt, die zum Philosophieren besonders anregend sein können (vgl. HEROLD 1981). Überhaupt befindet sich die Methoden- und Mediendiskussion des (wieder) neuen und (immer noch) umstrittenen Faches Philosophie mitten im Fluß. So gibt es erst wenige Versuche und Vorschläge, auch mit Filmen, Collagen, Schallplatten oder Rollenspielen zu arbeiten (vgl. BARENBROCK 1980). Auch herrscht noch keine völlige Klarheit darüber, ob alternative Medien nur eine nachträgliche Aufbereitung sind oder der Erweiterung der philosophischen Ausdrucksweise selber dienen (vgl. NORDHOFEN 1981).

3 Lernbereich Religion

3.1 Religiöse Tradition und säkularisierte Welt

Die Gegenwart ist einerseits gekennzeichnet durch ihre nüchterne Rationalität und betonte „Weltlichkeit". Religiöse Traditionen haben eine schwindende Plausibilität, und die institutionellen Kirchen erreichen nur noch eine Minderheit in unserer Gesellschaft. Andererseits läßt sich aber auch ein Unbehagen an der säkularisierten Welt beobachten, die Frage nach der Sinnhaftigkeit menschlicher Existenz, die Suche nach einer möglichen Orientierung sind geblieben.

Wir leben in einer weltanschaulich pluralistischen Gesellschaft. Die einen fühlen sich einer christlichen Kirche zugehörig und partizipieren am Leben der Gemeinde, andere stehen eher am Rande, lassen sich noch einen gewissen seelsorgerlichen „Service" gefallen, entwickeln aber keinen eigenen Elan. Wieder andere haben mit den religiösen Traditionen gebrochen und verstehen sich als Agnostiker oder haben sich einer nichtreligiösen Weltanschauung zugewandt. Nicht zu vergessen sind die

nationalen Minderheiten, die oft eigene Traditionen (etwa den Islam) mitgebracht haben und auch Religionsfreiheit für ihre Überzeugung beanspruchen.
Für die Schule und den schulischen Religionsunterricht bedeutet das, die Vorgegebenheit des Pluralismus anzuerkennen und den Religionsunterricht nicht als kirchliches Katechumenat und erst recht nicht als Rekrutierungsanstalt der Kirchen zu verstehen.

3.2 Funktionsträger der religiösen Sozialisation

Die religiöse Sozialisation ereignet sich auf verschiedenen Ebenen und ist durch unterschiedliche Faktoren bedingt. Die entscheidende Prägung des Kindes geschieht in den ersten Lebensjahren, die normalerweise in der *Familie* erlebt werden. Hier lernt ein Kind Wertvorstellungen kennen, Normen und Regeln, bekommt Maßstäbe für sein Verhalten und Kategorien für die Unterscheidung von Gut und Böse, von Richtig und Falsch, von Schön und Häßlich. Es wird mit Traditionen vertraut und bekommt eine erste „Interpretation der Welt", sei diese nun religiös geprägt oder nicht (vgl. F. BETZ u. a. 1973, BUSCHBECK/FAILING 1976, FRAAS 1973).
Die religiöse Erziehung innerhalb der Familie hat eher eine funktionale als eine intentionale Ausrichtung. Das Kind partizipiert am Leben der Familie. Der Tageslauf mit seinen (eventuell religiösen) Elementen, die Form gemeinschaftlichen Lebens, das Essen, die verbalen und nonverbalen Verständigungsweisen, die Feier von Festen, die Beantwortung von Kinderfragen (etwa nach Leben und Tod, nach Woher und Wohin) geben Anstöße für eine religiöse Orientierung, bei der hier konfessionelle Prägungen vermutlich eine größere Rolle spielen als im Religionsunterricht. Die Methoden dieser Erziehung sind unscheinbar: das Gespräch, das Tisch- und Abendgebet, die kindgemäße Rückschau auf den vergangenen Tag, die rhythmische Wiederholung häuslicher Riten, die Gestaltung von Festen, die Erschließung des Naturjahres und des Kirchenjahres. Auch die Medien sind variabel und von der „Familienkultur" der jeweiligen Familie abhängig: Die Bilder (oder das Kreuz) an den Wänden können ebenso eine Rolle spielen wie das Bilderbuch. Zu bestimmten Festen gehören Lieder und Spiele, die der gemeinschaftlichen Ausgestaltung einen charakteristischen Ausdruck verleihen (vor allem der Weihnachtsfestkreis). Eine besonders wichtige Rolle spielen die erzählten Geschichten. Schon die Märchen eröffnen einen Zugang zu einer geheimnishaften Sinnerschließung der Welt. Biblische Geschichten sollten vor allem in einer kindgemäßen Erzählform dargeboten werden, sie machen mit der Geschichte Gottes und seinem Volk vertraut, sie stellen Jesus, seine Botschaft und sein Schicksal vor. Sie laden ein zu einer Vergegenwärtigung des damaligen Geschehens.
Aber auch die *kirchliche Sozialisation* hat heute noch für viele eine starke Prägekraft. Hier erleben die Kinder, daß die Erstbegegnung mit religiöser Tradition, wie sie in der Familie vor sich gegangen war, sich ausweitet und auch andere Familien umgreift und zu einer vertieften neuen Gemeinschaftserfahrung werden kann. Die Teilnahme am liturgischen Geschehen, Lied und Feier, vor allem die Predigt, können zu wesentlichen Faktoren der kindlichen Welt werden. Bedeutsam am Kindergottesdienst ist, daß die Kinder nicht nur betreut werden, sondern in Grenzen auch eigene Aufgaben übernehmen können. Wichtige Medien des Kindergottesdienstes sind Wandbilder (und Dias), Lieder des Gesangbuches (und neu entstehende Lieder), aber auch Spielszenen und Pantomimen sowie Methoden und Arbeitsformen des Kindergartens und der Grundschule.
Insofern die Gesellschaft von verbindenden Wertvorstellungen, auch vom religiö-

sen Brauchtum und von christlichen Traditionen geprägt ist, kann die *gesellschaftliche Umwelt* zu einem Faktor der religiösen Sozialisation werden. Allerdings schwindet die strukturale Verbindlichkeit und Einheitlichkeit eines Milieus durch die Entwicklung zum weltanschaulichen Pluralismus.

3.3 Neukonzeption des Religionsunterrichts

In den 60er Jahren kam eine doppelte Neubeziehung herauf. Einerseits wurde durch die Diskussion im Zusammenhang mit der Curriculumreform nachdrücklich eine größere Verflechtung der verschiedenen Unterrichtsfächer gefordert, wurden Globalziele für die gesamte pädagogische Bemühung gesucht, die auch für den Religionsunterricht maßgeblich sein sollten (vgl. NIPKOW 1970, STACHEL 1971). Der Unterricht muß die gegenwärtige und künftige Situation der Schüler im Auge haben und Medien und Methoden finden, die dabei helfen, formulierte Lernziele auch zu erreichen. Die Zielorientierung der schulischen religiösen Sozialisation muß in einem Kontext der Erziehung schlechthin stehen. Parallel zu dieser Besinnung auf curriculare Zusammenhänge wurde die Dominanz der Bibel als entscheidendes Medium in Frage gestellt (vgl. KAUFMANN 1968) und ein Religionsunterricht gefordert, der die Schülerbedürfnisse und ihre Probleme stärker berücksichtigt. Die Theologie Paul Tillichs mit ihrem offenen Religionsverständnis wurde auf katholischer wie auf evangelischer Seite führend für eine Konzeption des Religionsunterrichtes, die sich um anthropologische Fundierung und gesellschaftliches Engagement bemüht, wobei die ausdrückliche Bezugnahme auf Tillich katholischerseits stärker war. Auf evangelischer Seite wird die gesellschaftskritische Komponente eindeutiger betont (vgl. OTTO u. a. 1972, STOODT 1969, VIERZIG 1975). Es werden nun auch neue Schulbücher entwickelt, die weniger „Lehrtext" präsentieren und mehr die Lebenswirklichkeit der Menschen von heute berücksichtigen sollen. Kurzgeschichten und Gedichte, Dokumente und Briefe, statistisches Material und Bilder sollen zur eigenständigen Arbeit anreizen, ohne schon gleich auf eine Meinung festzulegen. Der Schüler sollte bei seinen Emanzipationsbemühungen unterstützt werden, ihm werden Orientierungshilfen angeboten, und er soll bei seiner Suche nach Sinn Hilfe gewährt bekommen (vgl. DÖRGER u. a. 1981).

Ein solcher Unterricht kann nicht gegen das Elternhaus durchgesetzt werden, deshalb müssen die Eltern für diesen Ansatz gewonnen werden. Und wenn der Religionsunterricht zwar nicht als verlängerter Arm der kirchlichen Arbeit verstanden werden darf, so darf er natürlich auch nicht im Gegensatz (oder gar Widerspruch) zum Leben der Gemeinden aufgezogen werden. Gerade weil Kirchengemeinden häufig zu konkreten Aktivitäten aufrufen (etwa für die dritte Welt oder für die Friedensarbeit), die im Rahmen der Schule nicht immer mit der gleichen Intensität angepackt werden können, ist eine sachliche und thematische, aber auch eine methodische Zusammenarbeit zwischen Elternhaus, Schule und dem kirchlichen Leben der Gemeinde sinnvoll und wünschenswert, so schwierig (oder auch unrealisierbar) sie oft sein mag.

3.4 Aufgaben gegenwärtiger Religionspädagogik

Die hermeneutische Besinnung und die Einbeziehung bibelwissenschaftlicher Methoden (vgl. LANGER 1975, OTTO 1964, STOCK 1959) haben sich fruchtbar für den Religionsunterricht ausgewirkt. Allerdings gibt es auch Grenzen der Verwissenschaftlichung des Bibelunterrichts. Die biblischen Texte sollen nicht nur mit den

Augen der historisch-kritischen Methode betrachtet werden. Eine mehrdimensionale Betrachtung der Bibel bringt beispielsweise auch die tiefenpsychologische Interpretationsmöglichkeit der Schrift zum Vorschein: Die Bibel kann zu einem Medium der Selbstbegegnung werden, wenn ihre archetypischen Bilder besser verstanden werden (vgl. BARTH/SCHRAMM 1977, KASSEL 1980, SPIEGEL 1978, THIELE 1981).
Der Religionsunterricht hat die Aufgabe, die schrittweise Entfaltung der menschlichen Person zu begleiten und zu fördern. Er muß seine Chance sehen, Angebote zur *Identitätsfindung* zu machen, Ablösungsprozesse zu ermöglichen, Konflikte zu verarbeiten und die Lebenswirklichkeit in ihrer Ambivalenz versteh- und deutbar zu machen. Kinder bedürfen einer „Interpretation der Welt", jedoch muß das Interpretationsangebot veränderbar sein, um neue Erfahrungen zuzulassen und den Deutungshorizont zu erweitern. Anthropologische Grunderfahrungen (Freude und Trauer, Vertrautheit und Fremdheit, Geborgensein und Angst, Glück und Unheil, Sich-Öffnen und Sich-Verschließen) müssen durch Reflexion kindlicher Vorerfahrungen, aber auch durch Text- und Bildangebote thematisierbar werden. Die Schule und der Religionsunterricht können zwar den Kindern nicht ihre Identität vermitteln, aber sie können ihren Teil dazu beitragen, daß Selbstbewußtsein und Ichstärke gekräftigt und die Gefährdung des Menschen bewußtgemacht werden. Die biblische Überlieferung bietet Beispiele, die zu einer Auseinandersetzung einladen und Lernerfahrung bewirken können.
Das Christentum in seiner gesellschaftlichen Wirklichkeit existiert nicht als einheitliches Gebilde, sondern hat sich in verschiedene Konfessionen aufgespalten. Im Laufe der Kirchengeschichte kam es immer wieder zu Konflikten, Abspaltungen und Reformbewegungen, die die kirchliche Einheit bedrohten und schließlich zur gegenwärtigen Zerrissenheit führten. Alle Kirchen haben ihre eigene theologische Entwicklung genommen, die Lehre wurde systematisiert, charakteristische Frömmigkeitsformen wurden entwickelt, Lebensstile angeregt, eine kennzeichnende Mentalität vorgebracht. Demgegenüber hat sich eine weltweite *ökumenische Bewegung* gebildet; die Kirchen stehen sich nicht mehr als verfeindete Größen gegenüber, sondern suchen Formen der Verständigung und der Annäherung, ohne dabei ihre Verschiedenheiten und Differenzen verleugnen zu wollen.
Der Religionsunterricht kann die Spaltung der Christenheit nicht beheben, aber er kann dazu beitragen, daß ein Klima gegenseitigen Verstehens aufkommt und daß man sich besser in die verschiedenen Traditionen einzufühlen lernt. Daher müssen konfessionelle Prägungen *Gegenstand* des Unterrichtes sein, nicht aber Norm oder Grenze des Religionsunterrichts. Wie dies zu realisieren ist, ist nicht zwischen, sondern quer zu den Konfessionen strittig (vgl. EHLERS 1975, ESSER 1975). Für Kurse in der Sekundarstufe II werden heute schon ganz selbstverständlich Textsammlungen und didaktische Medien von beiden Konfessionen benutzt, oft sind die Kurse auch nicht mehr monokonfessionell orientiert.

3.5 Methoden und Medien der Religionsdidaktik

3.5.1 Biblische Geschichte

Die frühere, auf katholischer länger als auf evangelischer Seite vorherrschend gewesene Teilung des Religionsunterrichtes in einen biblischen und einen Katechismusunterricht spielt gegenwärtig keine Rolle mehr. Vor allem darf die „Biblische Geschichte" nicht als erbauliches Anschauungsmaterial für die dogmatisch orientierte „eigentliche" Lehre herhalten. Wird die Bibel im Unterricht verwendet, dann müssen hermeneutische Prinzipien berücksichtigt werden. Formkritik, die Redaktionskritik und die Traditionsgeschichte mit ihren jeweiligen Methoden dürfen nicht unberücksichtigt bleiben. Das bedeutet nicht unbedingt, daß diese Methoden im Unterricht selbst ihre Verwendung finden müßten, aber vom Lehrer wird ein sorgsamer und sachkundiger Umgang mit biblischen Texten erwartet. Nach einer Zeit der Verunsicherung erlebt der Bibelunterricht wieder eine Zeit intensiver Beachtung und der Differenzierung auch seiner Unterrichtsmethoden (vgl. BALDERMANN 1969, LANGER 1975; vgl. STACHEL 1967, 1976).

Biblische Texte sollen ausgelegt werden, aber es muß auch erkannt werden, daß diese Texte ihrerseits die Kraft haben, den Menschen auszulegen, wenn er sich nämlich darin „wie in einem Spiegel" selber begegnet. Dazu ist aber Voraussetzung, einen biblischen Text so zu vergegenwärtigen, daß er persönlich angeeignet und verinnerlicht werden kann. Die klassische Möglichkeit für eine nachvollziehbare Darbietung ist, zuweilen bis in die Sekundarstufe I hinein gebräuchlich, immer noch die lebendige *Erzählung*. Der Erzählvorgang hat nichts mit einem naiven Daherplaudern zu tun, sondern ist ein komplizierter hermeneutischer Prozeß, der nur gelingen kann, wenn der Erzähler den gewählten Text so gut kennt, daß er die Hauptintention der Perikope trifft und die innere Einheit von Inhalt und Form berücksichtigt. Um die erzählerischen Akzente setzen zu können, muß er aber auch seine Hörer kennen, muß eine erzählerische Kommunikation stiften, muß seinen Text im Denk- und Vorstellungshorizont seiner Schüler entfalten können und eine Sprache, die sich als assimilierbar erweist und das Bekannte mit dem Neuen verknüpft, das Geläufige mit dem Darüberhinausgehenden. Die lebendige Erzählung lebt von den Bildern: Die Imaginationsfähigkeit der Kinder und Jugendlichen wird angeregt und meditatives Verstehen des Erzählten wird vorbereitet. Der Erzählvorgang erreicht den Hörer ganzheitlicher als ein argumentatives Verfahren, wobei allerdings nicht einer allzu gefühlsbetonten und unangemessen psychologisierenden Erzählweise das Wort geredet werden soll. Seit die Theologie die Bedeutung des Narrativen wiederentdeckt hat (vgl. METZ 1973, WEINRICH 1973), wird auch den religionspädagogischen Erzählvorgängen wieder mehr Aufmerksamkeit geschenkt (vgl. BALTZ 1983, NEIDHARDT/EGGENBERGER 1975, STEINWEDE 1976).

Daß ein biblischer Text auch „meditativ" aufgenommen und bedacht wird, ist als eine Argumentation gegen häufig anzutreffendes oberflächliches Zerreden angebracht. Dazu gehört auch, daß die *Sinne* in die Lernvorgänge einbezogen werden. Texte und Bilder verstehen und interpretieren heißt auch etwas einfühlend betrachten können, ästhetische Wahrnehmungen machen, etwas vorausschauend vorwegnehmen, träumend seinen Phantasien nachgehen können, imaginierend die inneren Bilder wachrufen. Die biblischen Bilder, etwa vom Paradiesgarten oder vom himmlischen Jerusalem, können nur verstanden werden, wenn sie in eine Beziehung gesetzt werden zu den archetypischen Bildern unserer seelischen Tiefenschicht, die durch Imagination ins Bewußtsein gehoben werden können (vgl. KASSEL 1980). Die Frage, welche Medien, beispielsweise welche Bilder, solche Imaginationsprozesse in besonders aussichtsreicher Weise in Gang setzen, wird bislang zu wenig erörtert. Sollte sich die naheliegende These größerer didaktischer Valenz bei zunehmender Vieldeutigkeit mindestens für bestimmte Unterrichtssituationen bestätigen lassen, müßte das zu einer erneuten Diskussion über das Verhältnis von Alltagsmedien und Schulmedien zu solchen der Hochkunst führen.

3.5.2 Unterrichtliche Interaktion

Versteht sich der Religionsunterricht als problem- und schülerorientiert, dann soll der Schüler nicht nur lebendig in das Unterrichtsgeschehen einbezogen werden, er soll auch an der Themenwahl und Schwerpunktsetzung mitbeteiligt werden. Dazu ist aber eine Atmosphäre der Offenheit und des Vertrauens nötig, so, daß auch Gefühle ausgedrückt und respektiert werden können.
Die Frage der Unterrichtsformen, der Einbeziehung von Medien und verschiedenen Sozialformen in den Unterricht betrifft den Religionslehrer in ähnlicher Weise wie den Lehrer anderer Fächer. Aber im Religionsunterricht können auch zukunftsbedeutsame Unterrichtsmodelle entwickelt werden, was für Fächer mit strengeren institutionellen Auflagen schwieriger ist. Vielleicht ist der freie Raum für soziale Interaktion, die Chance für eine zweckfreie Beschäftigung mit Themen, die nicht nur zu abfragbarem Wissen führen, hier etwas größer. Vielleicht ist daher kein anderes Schulfach besser geeignet, die existentielle Frage des jungen Menschen nach sich selbst ausdrücklicher zu stellen. Die Schüler können sich selber zum Thema machen, können ihre Vorerfahrungen einbringen, ihre Ängste, Freuden und Leiden aussprechen. Für die Interaktion können kommunikative Modelle entwickelt werden, die zu einer Korrespondenz von Thema (etwa „Nächstenliebe") und Methode (Einübung in einen partnerschaftlichen Umgang mit dem anderen) führen. Die Bedeutung psychodynamischer Faktoren im Gruppenprozeß wird gerade für den Religionsunterricht sorgsam zur Kenntnis genommen (vgl. KASPAR 1971, STOODT 1973). Zwar ist eine Schulklasse kein gruppendynamisches Laboratorium, aber die Reflexion und Bearbeitung von belastenden und fruchtbaren Spannungen, die Berücksichtigung psychosozialer Faktoren beim Lernprozeß können auch den schulischen Lernprozeß hilfreich fördern. Das Modell einer themenzentrierten Interaktion von COHN (vgl. 1975), das die Kombination thematischer Arbeit mit Elementen der Selbsterfahrung und der Steuerung des Lernvorgangs durch die Gruppe anregt, wird gerade von Religionspädagogen häufig erprobt und weiterentwickelt.
Der Korrespondenz unterschiedlicher Dimensionen im Lernprozeß - Selbsterfahrung versus Sacherfahrung, Ichbezug versus Wirbezug - entspricht auf anderer Ebene die Öffnung der Fachgrenzen. Der Religionsunterricht hat viele Berührungspunkte mit anderen Fächern und muß eine Zusammenarbeit mit diesen suchen. Auch was die Medien und Methoden anbetrifft, ist der Religionslehrer auf Zusammenarbeit angewiesen. Die Korrespondenzen mit dem Deutschunterricht (Textinterpretation), dem Geschichtsunterricht (Quellenarbeit), dem Kunstunterricht (Bildinterpretation – vgl. WICHELHAUS/STOCK 1981), Musikunterricht (beispielsweise Passionswerke) liegen nahe. Der Grenzbereich zwischen Theologie und Naturwissenschaft wird dann angesprochen, wenn Fragen der Weltentstehung und der Evolution behandelt werden. Die heute so akuten Probleme der Dritten Welt können in einem fächerübergreifenden Projekt behandelt werden, bei dem vor allem die Fächer Politik und Religion kooperieren. Manche Medien sind so aufwendig, daß sich allein deswegen eine Verwendung empfiehlt, die mehrere Fächer im Blick hat (vgl. MATTL u. a. 1978).
Wenn der thematisch behandelte Stoff in die Lebenswelt und Erfahrungswirklichkeit der Kinder hineingetragen werden soll, dann müssen Anreize und Impulse gegeben werden, das akustisch und optisch Aufgenommene aufzugreifen und persönlich zu verarbeiten. Vor allem das *Rollen-* und *Simulationsspiel* eignen sich für diesen Aneignungsprozeß. Am Beispiel des Spiels biblischer Stoffe in der Grundschule läßt sich das Generalproblem deutlich machen: Es geht nicht in erster Linie

darum, biblische Szenen nachzuspielen, sondern darum, eine Ebene zu finden, auf der das in der Bibel erzählte Geschehen meditiert, reflektiert, kommentiert und verarbeitet werden kann. Mehr noch legen Themen und Stoffe ethischer Fragestellung spielerische Gestaltungen nahe. Situationen einer Gewissensentscheidung, soziale Konfliktfälle, die zu schwierigen Konsequenzen führen, der Umgang mit Ängsten und die Bewältigung angstauslösender Situationen können durchgespielt werden; dabei können Handlungsmodelle entwickelt, Variationen und Modifikationen entdeckt werden.

3.5.3 Wandel der Medien

Die „klassischen" Medien des Religionsunterrichts alter Prägung waren das Religionsbuch, die Schulbibel und der Katechismus. Dazu kamen gewöhnlich eine Palästinakarte und eine Mittelmeerkarte, um das Leben Jesu und die Reisen des Paulus geographisch verfolgen zu können, einige Bilder vom *Heiligen Land*, vielleicht noch ein Modell vom Tempel zu Jerusalem. Mittlerweile ist die Vielfalt der Medien beinahe uferlos angewachsen. Die neueren Religionsbücher sind *welthaltiger* geworden (Exodus), sie lassen die Wirklichkeit in ihrer Farbigkeit, auch in ihrer spannungsreichen Ambivalenz zu. Religion ist nicht in einem Sonderbereich untergebracht, sondern soll mit der übrigen Erfahrung zusammengebracht werden. Das *Religionsbuch* kann als thematisch geordnetes Arbeitsbuch erscheinen, als orientierendes Informationsbuch, als Lesebuch (vor allem mit Kurzgeschichten und Gedichten), als Quellenbuch (vornehmlich für kirchengeschichtliche Themen), aber auch als Lehrgang in genau strukturierten Lernschritten. Biblische Themen werden für den Grundschüler oft als Bildergeschichten vermittelt, als entfaltende Erzählung, für die höheren Altersstufen werden auch die Möglichkeiten bibeltheologischer Methoden genutzt (etwa der Vergleich der biblischen Schöpfungsberichte mit orientalischen Schöpfungsmythen; Texte zum synoptischen Vergleich). Die Bücher sollen Material bieten, das zum Lesen und Anschauen reizt, zum Nachdenken und Weiterfragen einlädt. Texte und Bilder sollen nicht in starre Bahnen lenken und den Betrachter festlegen, sondern sollen Raum lassen und die Phantasie anregen. Alles, was die menschliche Existenz betrifft, was herausfordert und zur Entscheidung zwingt, was die Frage nach dem Sinn menschlichen Daseins aufwirft, was die Verantwortlichkeit für die Welt bewußtmacht, hat auch eine religiöse Dimension und soll deshalb auch in den Religionsunterricht einbezogen werden.

APEL, K.-O. u. a. (Hg.): Funk-Kolleg Praktische Philosophie/Ethik, Weinheim/Basel 1980. BAHRO, R.: Die Alternative, Köln/Frankfurt 1977. BALDERMANN, I.: Biblische Didaktik, Hamburg 1963. BALDERMANN, I.: Der biblische Unterricht, Braunschweig 1969. BALTZ, U.: Theologie und Poesie, Frankfurt/M. 1983. BARENBROCK, G.: Medien im Philosophieunterricht. In: Phil. Anreg. f. d. Uprax. 2 (1980), 2, S. 42 ff. BARTH, H./SCHRAMM, T.: Selbsterfahrung mit der Bibel. Ein Schlüssel zum Lesen und Verstehen, München 1977. BAUDLER, G.: Der Religionsunterricht an der deutschen Schule, München 1971. BAUDLER, G.: Religiöse Erziehung heute, Paderborn 1979. BERG, H. K./DOEDENS, F.: Unterrichtsplanung als didaktische Analyse, Stuttgart 1976. BERG, S.: Lieder – Bilder – Szenen im Religionsunterricht, 7 Bde., Stuttgart 1978/1980. BETZ, F. u. a. (Hg.): Religiöse Elemente in der Vorschulerziehung. Zum Religionsunterricht morgen V, München 1973. BETZ, O.: Religiöse Erfahrung. Wege zur Sensibilität, München 1977. BETZ, O.: Der königliche Bettler. Vom Werden der Person, München 1979. BUCK, G.: Lernen und Erfahrung. Zum Begriff des didaktischen Induktion, Stuttgart/Berlin/Köln/Mainz 1967. BUCK, G.: Über die Identifizierung von Beispielen – Bemerkungen zur ‚Theorie der Praxis'. In: MARQUARD, O./STIERLE, K. (Hg.): Identität, München 1979, S. 61 ff.

BUSCHBECK, B./FAILING, W.-E.: Religiöse Elementarerziehung, Gütersloh 1976. COHN, R. C.: Von der Psychoanalyse zur Themenzentrierten Interaktion, Stuttgart 1975. DERBOLAV, J.: Selbstverständnis und Bildungssinn der Philosophie. In: DERBOLAV, J. (Hg.): Die Philosophie im Rahmen der Bildungsaufgabe des Gymnasiums, Heidelberg 1964, S. 7 ff. DÖRGER, H.J. u. a.: Religionsunterricht 5–10, Weinheim/Basel 1981. EHLERS, D.: Entkonfessionalisierung des Religionsunterrichts, Neuwied 1975. ERIKSON, E. H.: Identität und Lebenszyklus, Frankfurt/M. 1966. ESSER, W. G. (Hg.): Religionsunterricht und Konfessionalität, München 1975. EXELER, A.: Religionsunterricht – Anwalt des Menschen? In: Katech. Bl. 104 (1979), S. 21 ff. FALLING, W. E./MAY, H.: Mit audiovisuellen Medien arbeiten. Werkbuch, Zürich 1975. FEIFEL, E. u. a.: Handbuch der Religionspädagogik, 3 Bde., Gütersloh 1973 ff. FEY, E. (Hg.): Beiträge zum Philosophie-Unterricht in europäischen Ländern, Münster 1978. FRAAS, H.-J.: Religiöse Erziehung und Sozialisation im Kindesalter, Göttingen 1973. FRÖR, H.: Spielend bei der Sache, München 1972. FRÖR, H.: Spiel und Wechselspiel, München 1974. FRÖR, K.: Biblische Hermeneutik, München 1961. GLATZEL, M.: Philosophie für Kinder – oder: Harry Stottlemeiers Motivation zum Philosophieren. In: Z. f. Did. d. Phil. 2 (1980), S. 85 ff. GLATZEL, M./MARTENS, E. (Hg.): Philosophieren im Unterricht. Klasse 5–10, Weinheim/Basel 1982. GLOY, H. (Hg.): Evangelischer Religionsunterricht in einer säkularisierten Gesellschaft, Göttingen ²1972. HABERMAS, J.: Vorbereitende Bemerkungen zu einer Theorie der kommunikativen Kompetenz. In: HABERMAS, J./LUHMANN, N. (Hg.): Theorie der Gesellschaft oder Sozialtechnologie, Frankfurt/M 1971, S. 101 ff. HALBFAS, H.: Der Religionsunterricht, Düsseldorf 1965. HALBFAS, H.: Fundamentalkatechetik. Sprache und Erfahrung im Religionsunterricht, Düsseldorf 1968. HALBFAS, H.: Aufklärung und Widerstand, Stuttgart/Düsseldorf 1971. HALBFAS, H.: Lehrerhandbuch Religion, Zürich 1974. HECKMANN, G.: Das sokratische Gespräch. Erfahrungen in philosophischen Hochschulseminaren, Hannover 1981. HEINTEL, P.: Fachdidaktik Philosophie. In: Z. f. Did. d. Phil. 1 (1979), S. 8 ff. HEINTEL, P.: Thesen zum Problem der Motivation: Konsequenzen für den Philosophieunterricht. In: Z. f. Did. d. Phil. 2 (1980), S. 69 ff. HEROLD, N.: Philosophieren mit „Alice im Wunderland" – Zum nicht-philosophischen Text als Unterrichtsmedium. In: Z. f. Did. d. Phil. 3 (1981), S. 19 ff. HUBERT, H.: Religiöse Früherziehung, München 1978. HÜBNER, R. u. a.: Biblische Geschichten erleben, Gelnhausen 1980. KAMPMANN, TH.: Erziehung und Glaube, München 1960. KAMPMANN, TH.: Jugendkunde und Jugendführung, 2 Bde., München 1966/1970. KANT, I.: Kritik der reinen Vernunft. Studien-Ausgabe, hg. von W. Weischedel, Bd. 2, Darmstadt 1983. KARB, W.: Der „schülerorientierte Unterricht". In: Z. f. Did. d. Phil. 2 (1980), S. 76 ff. KASPAR, F.; Gruppenpädagogische Unterrichtsverfahren für den Religionsunterricht, München 1971. KASSEL, M.: Biblische Urbilder. Tiefenpsychologische Auslegung nach C. G. Jung, München 1980. KAUFMANN, H. B.: Muß die Bibel im Mittelpunkt des Religionsunterrichts stehen? In: OTTO, G./STOCK, H. (Hg.): Schule und Kirche vor den Aufgaben der Erziehung, Hamburg 1968, S. 79 ff. KLEMM, G.: Geschichte des deutschen Philosophie-Unterrichts. In: FEY, E. (Hg.): Beiträge zum Philosophie-Unterricht in europäischen Ländern, Münster 1978, S. 57 ff. KOESTER, P. H.: Deutschland deine Denker, Hamburg 1980. KOMMER, A./LORENZEN, A. (Hg.): Philosophie in der universitären Erwachsenenbildung, Hannover 1981. KRECHER, F.: Die Entstehung der sokratischen Unterrichtsmethode, Diss., Erlangen 1929. LANGER, W.: Praxis des Bibelunterrichts, München 1975. LENK, H.: Pragmatische Vernunft, Stuttgart 1979. LONGHARDT, W.: Spielbuch Religion 1 und 2, Zürich 1979/1981. LORENZEN, A.: Lehrbücher, Textsammlungen, populäre Darstellungen und visuelle Medien. In: Z. f. Did. d. Phil. 3 (1981), S. 56 ff. LOUKES, H.: Glaube zwischen 14 und 18, Konstanz 1968. MARTENS, E.: Dialogisch-pragmatische Philosophiedidaktik, Hannover 1979. MARTENS, E.: Kinderphilosophie – oder: Ist Motivation zum Philosophieren ein Scheinproblem? In: Z. f. Did. d. Phil. 2 (1980), S. 80 ff. MARTENS, E.: Einführung in die Didaktik der Philosophie, Darmstadt 1983. MATTL, W. u. a.: Medien im Religionsunterricht. Eine empirische Untersuchung, Münster 1978. METZ, J. B.: Zur Theologie der Welt, Mainz 1968. METZ, J. B.: Kleine Apologie des Erzählens. In: Concilium 9 (1973), S. 344 ff. MEYER, M. E.: Unterricht: Philosophie. In: Enzyklopädie Erziehungswissenschaft, Bd. 9.2, Stuttgart 1983, S. 621 ff. MOLTMANN, J.: Theologie der Hoffnung, München 1964. NEIDHARDT, W./EGGENBERGER, H.: Erzählbuch zur Bibel. Theorie und Beispiele, Zürich 1975. NIPKOW, K. E.: Curriculumforschung und Religionsunterricht. In: ESSER, W. G. (Hg.): Zum Religionsunterricht morgen, Bd. 1, München 1970, S. 254 ff. NIPKOW, K. E.: Grundfragen der Religionspädagogik, 3 Bde., Gütersloh 1975/1982. NORDHOFEN, E.: Armut und Reichtum – Ein Vorschlag zur Spracherweiterung in didaktischer Absicht. In: Z. f. Did. d. Phil. 3 (1981), S. 6 ff. OTTO, GE.: Handbuch des Religionsunterrichts, Hamburg 1964. OTTO, GE.: Schule – Religionsunterricht – Kirche, Göttingen ³1968. OTTO, GE.: Was heißt Religionspädagogik? In: BIEHL, P./KAUFMANN, H.-B. (Hg.): Zum Verhältnis von Emanzipation und Tradition. Elemente einer religionspädagogischen Theorie, Frankfurt/M. 1975, S. 33 ff. OTTO, GE. u. a.: Neues Handbuch des Religionsunterrichts, Hamburg ⁴1972. PERAR, H. J.: Mit Märchen dem Leben zuhören. Anleitung zur Arbeit mit Märchen im Religionsunterricht, Düsseldorf 1979. PLATON: Sämtliche Werke, Bd. I–VI, hg. von W. F. Otto u. a., Reinbek 1958 ff. RAUPACH-STREY, G.: Philosophie-Unterricht als Interaktion. Zur Praxis des philosophischen Unterrichtsgesprächs. In: Aufg. u. Wege d. Philu. 10 (1977), S. 10 ff. REHFUS, W. D.: Didaktik der Philosophie, Düsseldorf 1980. SCHILLING, H.: Grundlagen der Religionspädagogik, Düsseldorf 1970. SCHILSON, A.: Wandlungen im Spektrum gegenwärtiger Christologie. In: Katechetische Blätter 105 (1980), S. 104 ff. SCHNÄDELBACH, H.: Morbus hermeneuticus – Thesen über eine philosophische Krankheit. In: Z. f. Did. d. Phil. 3 (1981), S. 3 ff. SCHNEIDER, N. (Hg.): Religionsunterricht – Konflikte und Konzepte, Hamburg 1971. SCHOLL, N.: Religionspädagogische Aspekte für einen kooperativ-konfessionellen Religionsunterricht. In: ESSER, W. G. (Hg.): Religionsunterricht und Konfessionalität, München 1975, S. 212 ff. SCHRÖDTER, H.: Die Religion der Religionspädagogik, Köln 1975. SCHULZ, WA.: Philosophie in der veränderten Welt, Pfullingen 1972. SCHULZ, WO.: Unterrichtsplanung, München/Wien/Baltimore 1980. SPIEGEL, Y. (Hg.): Doppeldeutlich. Tiefendimensionen biblischer Texte, München 1978. STACHEL, G.: Der Bibelunterricht, Zürich 1967. STACHEL, G.: Curriculum und Religionsunterricht, Zürich 1971. STACHEL, G.: Die Religionsstunde – beobachtet und analysiert, Zürich 1976. STEINWEDE, D.: Was ich gesehen habe, Göttingen 1976. STOCK, H.: Studien zur Auslegung der synoptischen Evangelien im Unterricht, Gütersloh 1959. STOODT, D.: Die gesellschaftliche Funktion des Religionsunterrichtes. In: d. ev. erz. 21 (1969), S. 49 ff. STOODT, D.: Die Praxis der Interaktion. In: BETZ, O./KASPAR, F. (Hg.): Die Gruppe als Weg. Einführung in Gruppendynamik und Religionspädagogik, München 1973, S. 11 ff. THIELE, J.: Bibelarbeit im Religionsunterricht, München 1981. THIELE, J./BECKER, R. (Hg.): Chancen und Grenzen religiöser Erziehung, Düsseldorf 1980. TILLICH, P.: Die verlorene Dimension. Not und Hoffnung unserer Zeit, Hamburg 1962. VIERZIG, S.: Thesen zum konfessionell-kooperativen Religionsunterricht. In: Informationen (1973), 2, S. 5 ff. VIERZIG, S.: Ideologiekritik und Religionsunterricht, Zürich 1975. WEGENAST, K.: Orientierungsrahmen Religion, Gütersloh 1979. WEINRICH, H.: Narrative Theologie. In: Concilium 9 (1973), S. 329 ff. WICHELHAUS, M./STOCK, A.: Bildtheologie und Bilddidaktik. Studien zur religiösen Bildwelt, Düsseldorf 1981. WILLMS, B.: Philosophie die uns angeht, Gütersloh/Berlin/München/Wien 1975. WITTGENSTEIN, L.: Philosophische Untersuchungen, Frankfurt/M. 1971. Zecha, G.: Philosophielehrbücher in Österreich: Wie sie sind und wie sie sein sollen. In: Z. f. Did. d. Phil. 3 (1981), S. 53 ff. ZWERGEL, H. A.: Religiöse Erziehung und Entwicklung der Persönlichkeit, Zürich 1976.

Werner Bergmann/Hans Bollmann/Thomas Ott/Gunter Otto/
Karlheinz Scherler/Klaus Wellner

Methodisch-mediales Handeln im Lernbereich Ästhetik

1   Das Vierfelderschema von Schülerhandlungen und Gegenstandsbeziehungen im Lernbereich Ästhetik (Gunter Otto)
2   Das Methoden- und Medienproblem in den fachlichen Aufgabenfeldern des Lernbereichs Ästhetik
2.1 Methoden und Medien in der Bewegungserziehung (Karlheinz Scherler)
2.2 Methoden und Medien im Darstellenden Spiel (Hans Bollmann)
2.3 Methoden und Medien im Kunstunterricht (Werner Bergmann)
2.4 Methoden und Medien im Literaturunterricht (Klaus Wellner)
2.5 Methoden und Medien im Musikunterricht (Thomas Ott)
3   Merkmal des ästhetischen Lernens – Anknüpfungspunkte für methodische und mediale Entscheidungen (Gunter Otto)
4   Lernbereich „ästhetische" Erziehung (Gunter Otto)

Zusammenfassung: Die Verfasser ordnen in einem ersten Durchgang Schülerhandlungen und Gegenstandsbeziehungen einander zu, die sie für die Unterrichtsfächer des Lernbereichs Ästhetik mehr oder weniger als durchgängig gegeben annehmen. Solche Schülerhandlungen und Gegenstandsbeziehungen in der Bewegungserziehung (Sport), im Darstellenden Spiel, im Kunst-, im Musik- und im Literaturunterricht lassen sich in Form eines Vierfelderschemas abbilden.
In einem zweiten Durchgang werden die fachspezifischen Methoden und Medien in die Felder „eingetragen" (vgl. 2.1 bis 2.4). Auf diese Weise wird dreierlei deutlich: der fachspezifische Elaborationsgrad im Methoden- und Medienbereich, die in den Fächern an unterschiedlichen Stellen bestehenden Defizite sowie die Gemeinsamkeiten zwischen den Fächern.
In einem dritten Arbeitsschritt wird nach einem Paradigma des ästhetischen Lernens gefragt und das Ästhetikverständnis reflektiert, das für die absichtsvolle Überschreitung der Fächergrenzen geeignet sein kann.

Summary: The authors begin by allocating pupils' actions and relations to objective entities to one another, as generally accepted as necessary for teaching those subjects included in the learning sector "aesthetics". In the case of physical education (sport), in interpretive play and in the teaching of art, music and literature, these pupils' actions and relations to objects can be represented in the form of a four-field diagram.
Then the subject-specific methods and media are entered into the fields (cf. 2.1–2.4). In this way, three things become clear: the subject-specific degree of elaboration in the method and media sectors, the deficiencies in individual subjects at various points and the common features shared by various subjects.
The third step poses the question of a paradigm for aesthetic learning and reflects the degree of aesthetic understanding likely to enable pupils to go beyond the boundaries of the individual subjects.

Methodisch-mediales Handeln im Lernbereich Ästhetik

Résumé: Les auteurs rangent dans un premier temps, par rapport les unes aux autres, les actions d'élèves et les relations à l'objet qu'ils présument, dans les matières relevant du domaine de l'esthéthique, comme étant plus ou moins généralisées. Ces actions d'élèves et relations à l'objet dans le domaine de l'éducation physique (sport) peuvent être illustrées au niveau du jeu de représentation, dans l'enseignement de l'art et de la musique, sous la forme d'un schéma en quatre champs. Dans un deuxième temps, les méthodes et médias spécifiques de la matière sont «reportés» dans les dits champs (voir 2.1 jusqu'à 2.4). De cette façon, trois aspects sont rendus évidents: le degré d'élaboration spécifique de la matière dans le domaine des méthodes et médias, les déficits existant à différentes places dans les matières, ainsi que les points communs entre les matières.
Dans un troisième temps, on s'interroge quant à l'existence d'un paradigme de l'apprentissage esthétique et l'on réfléchit sur la compréhension esthétique qui peut être adapté pour un dépassement des limites des matières, conforme à l'objectif.

1 Das Vierfelderschema von Schülerhandlungen und Gegenstandsbeziehungen im Lernbereich Ästhetik

Das institutionell motivierte Bemühen um Unterscheidungsmerkmale für Unterrichtsfächer, um Abgrenzung durch Hinweis auf Andersartigkeit des einen im Verhältnis zu anderen Fächern verdeckte vielleicht zu lange die ebenso naheliegende Frage nach Gemeinsamkeiten von Fächern, nach grenzüberschreitenden Merkmalen statt des Hinweises auf abgrenzende Eigenarten. Begriffe wie musische Erziehung, kulturelle Bildung oder ästhetische Erziehung zeigen jedoch, daß auch integrative Ansätze oder Zugriffe gerade in dem hier in Rede stehenden Lernbereich Tradition haben; eine Tradition, die aus angebbaren Gründen freilich oft mit dem Vorwurf der Verschwommenheit des Gemeinten, der mangelnden Nachprüfbarkeit des Gewollten, der Unverbindlichkeit des Gemachten einhergeht. Hier wurde ebensowenig angeknüpft wie bei Legitimationsversuchen oder bei der Bestimmung der fachspezifischen Inhalte. Und zwar nicht nur wegen der in diesem Band der Enzyklopädie Erziehungswissenschaft leitenden Akzentuierung auf Methoden und Medien des unterrichtlichen Handelns, sondern in der Annahme, daß ein Fachgrenzen überschreitender Lernbereich eher von durchgängigen Aktionsformen und Zugriffsweisen, von gemeinsamen Merkmalen der Schüler- und Lehrertätigkeiten her wahrnehmbar gemacht werden kann als von Gegenstandskatalogen der Aufgabenfelder aus. Die Zielerörterung scheint uns von der methodischen und medialen Entscheidung nicht abtrennbar zu sein, wenn sie praktisch werden und nicht nur programmatisch bleiben soll. Sie ist in methodischen und medialen Entscheidungen immer mit einbegriffen.
Vergewissert man sich einer in der Öffentlichkeit verbreiteten Reaktion auf unsere Fächer, dann zählen zwei von ihnen mit ziemlicher Sicherheit zu denjenigen, deren Wegfall am häufigsten erwogen und deren Ausfall am wenigsten beklagt wird: Musik und Kunst. Der Sport wird stärker durch gesellschaftlichen Druck als durch pädagogische Argumente in der Schule geschützt. Das Darstellende Spiel gibt es nur in Spurenelementen oder eher als Bestandteil anderer Fächer; und Literatur als Teil des Deutschunterrichtes muß sich oft genug Zeitquanten in Konkurrenz mit dem erkämpfen, was im selben Fach als besser vermittelbar, als nachprüfbar gilt: Sprache. Für alle außer Sport gilt, daß man sie entweder wegen ihrer Stellung auf der Seite der kulturellen Luxusgüter abzubuchen bereit ist oder daß ästhetische Lern-

W. Bergmann/ H. Bollmann/ Th. Ott/ G. Otto/ K. Scherler/ K. Wellner

prozesse im Mißverständnis ihrer Komplexität als das hedonistische Alibi eines auf kognitive Vermittlungsprozesse reduzierten Unterrichtes herbeigerufen werden.
An dieser Situation der ästhetischen Erziehung im allgemeinbildenden Schulwesen – im beruflichen kommt sie erst gar nicht vor – sind indessen die Apologeten dieser Fächer nicht schuldlos. Solange zum Beispiel bildnerische, musikalische oder literarische Produktion in der Schule als Ausfluß eines im Kinde wohnenden Genius (vgl. HARTLAUB 1922) galten, solange alle fünf hier aufgegriffenen fachlichen Anteile eher als begabungsabhängig denn als vermittlungsbedürftig begriffen wurden, so lange mußte es außerhalb des Faches mit Recht zweifelhaft scheinen, was denn in diesem Felde überhaupt zu lernen oder zu berichten sei. Diese Debatte hat bis in die 70er Jahre dieses Jahrhunderts angehalten (vgl. OTTO 1969a). Folgerichtig stehen wir heute erst am Anfang des Nachdenkens über Methoden und Medien dieses Lernbereichs. Wer auf Eingebung oder Begabung allein vertraute, brauchte derlei nicht. Die Situation ist angesichts des Methodenbewußtseins in der Literaturwissenschaft nur im Literaturunterricht anders. In anderen fachlichen Teilbereichen kommen im Gegenlauf zur reklamierten Geniusabhängigkeit und der Selbstverpflichtung aufs Schöpferische allenfalls Instruktionshilfen für die Vermittlung von Fertigkeiten vor.
Im Sport-, Kunst- und Musikunterricht gibt es stärker als im Literaturunterricht und im darstellenden Spiel das Problem der (in der Regel stärker von den Lehrern erwünschten) reflexiven Anteile, die (häufig von den Schülern) durch stärkere Handlungsbedürfnisse zurückgedrängt werden; das methodische Problem des Literaturunterrichts könnte eher umgekehrt sein, wenn hier die Produktion von Texten häufig durch die Interpretation von vorgegebenen Texten überlagert wird. Alle Fächer verstehen sich auf Interpretation in einem vielschichtigen Sinne verpflichtet: Was im Unterricht vermittelt wird, bedarf der Interpretation und ist immer schon Interpretation, was die Schüler herstellen, beruht auf Interpretation und muß interpretiert werden. Interpretationsbezogenheit wirft die Geltungsfrage für alle Aussagen auf, schafft durch Bedeutungs- und Deutungsvielfalt soviel Spannung wie Beunruhigung im Interaktionszusammenhang (vgl. OTTO 1985). In allen Fächern gibt es ein immer wieder anders in Erscheinung tretendes Ineinander von Denken und Machen (vgl. LEGLER u.a. 1979), von kognitiven und affektiven Anteilen im Lernprozeß, von notwendiger sinnlicher Unmittelbarkeit und angestrebter Formalisierung; in allen Fächern gibt es die Bezugnahme auf „Alphabete", „Grammatiken" und Notationen, also Regelsysteme einerseits, und es gibt hohe, Regeln sprengende, Regeln überspringende Anteile andererseits immer dann, wenn etwa Improvisation, Interpretation, Gestaltung, Aus- oder Umgestaltung intendiert sind.
Der weiteren Erörterung eines gemeinsamen Vorrats an Methoden und Medien liegen drei Annahmen zugrunde:
- Die Ähnlichkeit in den Aktions- und Reaktionsformen in den Teilbereichen verweist auf analoge Momente in der Struktur der fachlichen Gegenstände.
- In einem Konzept methodisch-medialen Handelns lassen sich Strukturmomente der fachlichen Gegenstände und spezifische Formen des Umgangs mit diesen in einer Weise zusammenführen, die die bisherigen Fächergrenzen überschreitet.
- Bei mittlerem Allgemeinheitsgrad der angestrebten methodischen und medialen Kategorien wird ihre je fachbesondere Auslegung/Differenzierung auf der Grundlage der Gemeinsamkeit möglich.

Das Schema zur je spezifischen Differenzierung der Methoden und Medien des ästhetischen Lernbereichs (vgl. Abbildung 1, S. 234) wird in zwei Schritten konstruiert. In einem ersten Diskussionsschritt wird ästhetisches Lernen als durch

Spannungsfiguren bestimmt identifiziert. In ästhetischen Lernprozessen wird die Wirksamkeit folgender Spannungspotentiale angenommen:
- bildnerische, musikalische, theatralische, motorische, literarische Innovation *versus* ästhetischer, geschmacklicher, gestalterischer, gemessener Konvention (Norm, Tradition);
- bildnerische, musikalische, theatralische, motorische, literarische Produktion *versus* Rezeption immer schon vorhandener bildnerischer, musikalischer, theatralischer, motorischer, literarischer Produktionen.

Daß solche Spannungspotentiale ohne Mühe vermehrt werden können, leuchtet rasch ein, wenn man den Lernprozeß immer wieder aus anderen Perspektiven betrachtet. Natürlich gehört hier einerseits das Gegenüber von sozialen und gesellschaftlichen, aber auch institutionellen Verortungen ästhetischer Produkte und Produktion ebenso hin wie – dem gegenüberstehend – die anthropologische Situation des Schülers, seine Bedürfnisse und lebensweltlichen Rückbindungen, in denen er produzierend oder interpretierend steht. Lerntheoretisch handelt es sich auf weiten Strecken um die Spannung von motivierender, den Prozeß vorantreibender Affektivität und strukturierender, am Ergebnis orientierter Objektbezogenheit. Von der Kunst auf den Unterricht übertragbar hat Henry Moore die Doppelseitigkeit von Kunst und Künstler hervorgehoben: das Ineinander von klassischen und romantischen Elementen, von Ordnung und Überraschung, von Intellekt und Imagination, von Bewußtem und Unbewußtem.

In einem zweiten Diskussionsschritt werden die Spannungsfiguren in eine Vierfeldertafel übergeführt, die den Vertretern ästhetischer Aufgabenfelder zur Beschreibung und Ausarbeitung ihrer Methoden- und Medienrepertoires angeboten wird. Die Tafel (vgl. Abbildung 1, S. 234) legt in der horizontalen Dimension das *Schülerhandeln* zwischen den beiden Polen produktiv/reproduktiv und rezeptiv/reflexiv aus. Die Polarisierung der Handlungsfelder wird sodann durch die vertikale Dimension ergänzt, auf der das Ergebnis dieses Handelns auf die vorfindbare *Kultur* bezogen wird, auf Tradition und Normen einerseits, auf Innovation andererseits. Die Vertikale ist produktbezogen, die Horizontale prozeßbezogen, woraus sich in jedem Feld eine hier allgemein beschriebene, im Einzelfall zu differenzierende Beziehung zwischen Gegenstand und Methode/Medium seiner Bearbeitung ergibt. Für die möglichen Handlungen der Schüler werden auf der Horizontalen – produktiv/reproduktiv, rezeptiv/reflexiv – vier Handlungstypen angenommen: imitativ/reproduktiv, explorativ/erprobend, analysierend/interpretierend, konstruierend/systematisierend.

Im nächsten Abschnitt werden die Ausgestaltungen des methodisch-medialen Handelns für die Aufgabenfelder Bewegung, darstellendes Spiel, Kunst, Literatur und Musik vorgestellt. Die Formen, in denen das geschieht, die Akzente, die gesetzt werden, differieren und müssen in der Differenz wahrgenommen werden, weil nur so der unterschiedliche Diskussionsstand in den korrespondierenden Fachdidaktiken, teilweise aber auch in den Fachwissenschaften erkannt und aufgabenbedingt verschiedene Handlungstypen sichtbar gemacht werden können.

2 Das Methoden- und Medienproblem in den fachlichen Aufgabenfeldern des Lernbereichs Ästhetik

Im folgenden wird der Versuch unternommen, Unterrichtsfächer oder Teile von Unterrichtsfächern als einen Bereich aufzufassen, in dem Lernprozesse stattfinden, die sich mit einheitlichen Kategorien (vgl. 1) beschreiben lassen. Die Unterrichts-

W. Bergmann/ H. Bollmann/ Th. Ott/ G. Otto/ K. Scherler/ K. Wellner

Abbildung 1: Vierfelderschema zur Beschreibung und Strukturierung ästhetischer Lernprozesse in den ästhetischen Aufgabenfeldern Kunst, Musik, Literatur, Bewegung und Darstellendes Spiel:

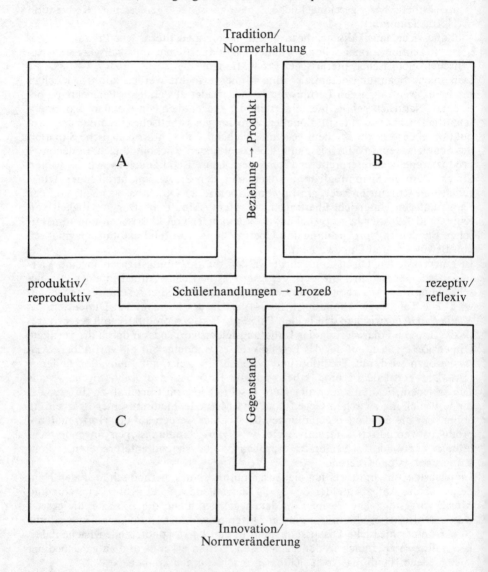

fächer, die hier als fachliche Aufgabenfelder eines Lernbereichs Ästhetik verstanden werden, stehen in alphabetischer Ordnung: Bewegungserziehung, Darstellendes Spiel, Kunstunterricht, Literaturunterricht Musikunterricht.
Die Bezugnahme auf das vorn eingeführte Vierfelderschema (vgl. Abbildung 1) erfolgt teils implizit, teils explizit, zum Teil eher über die Beschreibung von Handlungsformen und den ihnen korrespondierenden Methoden, teilweise eher über die

Orientierung an Gegenstandsbeziehungen und den diesen ihnen korrespondierenden Medien. Auf Vereinheitlichung des Duktus ist aus den zuvor genannten Gründen verzichtet worden.

2.1 Methoden und Medien in der Bewegungserziehung

Methodisches und mediales Handeln vermittelt zwischen den intentionalen und thematischen Anforderungen der Sache auf der einen und den anthropogenen und soziokulturellen Voraussetzungen der Schüler (vgl. HEIMANN 1962, S. 407 ff.) auf der anderen Seite. Je größer die durch Unterricht zu überbrückende Differenz ist, desto bedeutsamer wird die methodisch-mediale Vermittlung durch den Lehrer. Die Literatur über Methoden und Medien der Bewegungserziehung (der Sporterziehung, des Sportunterrichts) ist umfangreich. Einen hinreichenden Überblick geben die Lehrbücher von FETZ (vgl. 1979), GRÖSSING (vgl. 1981) und STIEHLER (vgl. 1966).
Befragt man die Fachliteratur auf die von ihr angenommenen Sachanforderungen und Schülervoraussetzungen, so wird deutlich, daß die methodisch-mediale Vermittlung bislang nur im Hinblick auf *eine* Zielsetzung des Faches reflektiert worden ist: die Ausbildung von Bewegungs*fertigkeiten*. Andere Anforderungen des Faches sind hinsichtlich ihrer unterrichtlichen Vermittlung an die Schüler weitaus weniger oder gar nicht behandelt worden.
Für die Vervollkommnung von Bewegungs*eigenschaften* wie Kraft, Schnelligkeit, Ausdauer und Gewandtheit liegen zwar zahlreiche Trainingslehren mit Aussagen über morphologische, physiologische und biomechanische Gesetzmäßigkeiten vor (vgl. HARRE 1971, LETZELTER 1978, MARTIN 1977/1980); Schlußfolgerungen für das methodische Handeln von Lehrern, für das Unterrichten von Schülern ganz unterschiedlicher konstitutioneller Voraussetzungen und für das Lehren unter den institutionellen Bedingungen der Schule sind jedoch selten gezogen worden (vgl. FREY 1981).
Die unterrichtliche Vermittlung von *Einstellungen* und Werthaltungen zum vorübergehenden und lebenslangen Sporttreiben, zum Breiten- und Spitzensport, zu Konkurrenz und Kooperation im Sport ist bislang kaum methodisch reflektiert worden. Das Unterrichtsgespräch als situativer Meinungsaustausch über körperliche Empfindungen, affektive Erlebnisse, soziale Konflikte oder auch didaktische Probleme hat weder in der Theorie noch in der Praxis des Fachunterrichts einen gesicherten Platz. Sowohl Lehrer als auch Schüler sehen im Nachdenken und Sprechen über Bewegung einen latenten Widerspruch zur „eigentlichen" Sache des Faches, der Selbstbewegung.
Die einseitige Orientierung der Fachliteratur an der Vermittlung von Bewegungsfertigkeiten kennzeichnet auch den folgenden Literaturüberblick. Die Vielzahl fachlicher Vermittlungsformen, die dem Lernen von Bewegungsfertigkeiten dienen, läßt sich in die oben vorgestellten Gegensatzpaare ästhetischer Lehr-/Lernprozesse (vgl. Abbildung 1) einordnen. Die Horizontale bezeichnet den für den Lernprozeß spezifischen polaren Gegensatz von Wahrnehmung und Bewegung. Dieser wird auch durch die verbreitete Bezeichnung des Fachgegenstandes als Senso- oder Sensumotorik zum Ausdruck gebracht (vgl. KOHL 1956, UNGERER 1971). Die Vertikale bezeichnet den für die Lernprodukte konstitutiven Gegensatz kultureller Überlieferung (im Sinne tradierter Normen) und Veränderung (im Sinne möglicher Innovation).
Daß die im folgenden auszuführenden Unterscheidungen nur idealtypischen, heuristischen Wert beanspruchen, folgt aus der Logik des Denkens in polaren Gegen-

W. Bergmann/ H. Bollmann/ Th. Ott/ G. Otto/ K. Scherler/ K. Wellner

sätzen. Mangels der Möglichkeit punktueller Ortszuweisungen einzelner Methoden und Medien erfolgt eine graduelle Einordnung in Dimensionen sich gegenseitig bedingender Gegensätze. Jede (motorische) Gestaltung setzt die (sensorische) Wahrnehmung und Vorstellung des zu Gestaltenden voraus; und jede Bewegungswahrnehmung manifestiert sich erst in Form von Bewegungsgestaltungen. Jede Veränderung normierter Bewegungen setzt solche voraus, und jede Überlieferung von Bewegung beinhaltet auch ein Stück Veränderung.

Imitative Vermittlungsformen. Das Vor- und Nachmachen von Bewegungen ist das wohl bedeutsamste fachspezifische Lehr-/Lernverfahren (vgl. FETZ 1979, S.47f., S.119f.; vgl. GRÖSSING 1981, S.202f.; vgl. STIEHLER 1966, S.192f.). Der Lehrer oder ein von ihm ausgewählter Schüler vollziehen die zu erlernende Bewegung vor den Augen der zuschauenden Schüler. Diese versuchen anschließend die Bewegung wie vorgemacht nachzumachen. Die Varianz sogenannter imitativer Methoden und Medien beruht auf der Exaktheit der vorgegebenen Bewegungsnorm und dem personalen oder apersonalen Medium der Bewegungsvermittlung.

Unterrichtliche Bewegungsdarbietungen versuchen dem Lernenden ein möglichst anschauliches Vorbild vom Verlauf einer Bewegung zu geben. Das Ideal von Darbietung und Nachvollzug ist die exakte Übereinstimmung von vor- und nachgemachter Bewegung mit einer normierten Bewegungsfertigkeit. Je komplexer die Bewegung und je genauer die Bewegungsnorm einzuhalten ist, desto schwieriger wird ihre imitative Übernahme.

Die Darbietung sensomotorischer Fertigkeiten ist keineswegs nur auf personale Medien beschränkt. Technische Medien wie Bewegungszeichnungen (Strichmännchen), Reihenfotos, Ringfilme (Arbeitsstreifen) und Videoaufzeichnungen sind dazu ebenfalls, oft besser, geeignet. Ihre Vorzüge liegen in der Perfektion der Bewegungsausführung durch ausgewählte Modellpersonen (oft Spitzensportler), in ihrer beliebigen Wiederholbarkeit und in der Verlangsamung der Bildwiedergabe bis zum Standbild.

Bei allen auf Imitation beruhenden Lehr-/Lernprozessen im Sportunterricht wird nur auf der Oberflächenebene Bewegung vor- und nachgemacht. Auf tieferen Ebenen wird mehr übernommen, und keineswegs immer bewußt, als nur die gezeigten Bewegungen. Hier werden von den Schülern die Handlungsmotive des Lehrers gedeutet, sein motorisches Können beurteilt und seine Einstellung zum eigenen Bewegen eingeschätzt. Mit solchen Prozessen des Identifikations-, Wahrnehmungs-, Beobachtungs- oder Modellernens erfolgt jedoch schon ein Übergang von den imitativen zu den interpretativen Vermittlungsformen der Bewegungserziehung.

Konstruktive Vermittlungsformen. Grundlegendes Merkmal konstruktiver Vermittlungsformen ist der Aufbau größerer Bewegungs- und Handlungszusammenhänge. Verbreitetes Konstruktionsprinzip des Faches ist die Reihenbildung. Methodische Übungs- und Spielreihen (vgl. GRÖSSING 1981, S.170f.; vgl. FETZ 1979, S.146ff.; vgl. STIEHLER 1966, S.214f.) sind nach methodischen Gesichtspunkten gestufte, auf ein vorgegebenes Ziel ausgerichtete Folgen von Übungen oder Spielen. Gängige Konstruktionsprinzipien sind das Prinzip der verminderten Lernhilfe, der graduellen Annäherung oder der funktionellen Aufgliederung. Bei Spielreihen werden additive, expansive und komplikative Vermittlungsmodelle (vgl. SCHALLER 1974) unterschieden. Die allgemeindidaktische Diskussion zur Problematik von Lehrgängen (vgl. SCHWAGER 1958) ist in der Fachliteratur kaum berücksichtigt worden. Der Bezug zur lerntheoretischen Diskussion über Lernübertragungen ist erst in jüngerer Zeit (vgl. EGGER 1975) aufgenommen worden.

Die Notwendigkeit konstruktiver Vermittlungsformen ist in zweifacher Hinsicht unabweisbar. Die unendliche Vielzahl menschlicher Bewegungen aus Grundformen wie Hüpfen, Hinken, Springen und Aufbauformen wie Stand-, Hoch-, Tief- oder Weitsprung erfordert konstruktive Verbindungen. Und auch die endliche, gleichwohl große Zahl unterscheidbarer Sportarten kann nicht anders gelernt werden als durch regressive und rekonstruktive Reihungen.

Die Problematik konstruktiver Vermittlungsformen besteht darin, schon zu Beginn des Lernprozesses Interesse und Einsicht der Schüler für das Ziel und den Weg des Lernens zu schaffen. Das Lernziel wird mit der Wahl eines Vermittlungsmodells oft unbefragt übernommen; und daß einzelne Handlungen des Lehrers zusammenhängende methodische Maßnahmen sind, bleibt Schülern oft verborgen. Aus der konstruktiven Vorbestimmtheit des Lehr-/Lernprozesses resultiert somit nicht selten, daß Schüler auf seinen Verlauf keinen Einfluß nehmen können.

Interpretative Vermittlungsformen. Die Interpretation von Bewegung geschieht im Medium der Sprache. Zu den interpretativen Methoden des Faches zählen die Bewegungsbeschreibung, die Bewegungserklärung und die Bewegungsdeutung (vgl. FETZ 1979, S. 107f.; vgl. STIEHLER 1966, S. 195f.). Gemeinsamkeit und Unterschiede dieser Methoden liegen in der sprachlichen Vermittlung.

Bewegungs*beschreibungen* geben einen bestimmten Bewegungsablauf möglichst genau wieder. Aber selbst bei einfachen Bewegungen ist eine ausschließlich sprachliche Verständigung schwierig, denn sie erfordert sowohl einen fachspezifischen Wortschatz als auch ein visuelles Vorstellungsvermögen. Bewegungs*erklärungen* gehen über Bewegungsbeschreibungen hinaus und machen morphologische und mechanische Gesetzmäßigkeiten des Bewegens zum Thema. Gründe solcher Ansätze zum „einsichtigen Lernen" sind in der Regel die Komplexität der zu erlernenden Bewegung und psychische Widerstände innerhalb des Lernprozesses. Bewegungs*deutungen* legen Bewegung so aus, wie sie aus der Sicht des Lernenden vermutlich erlebt und empfunden werden. In der Regel werden dazu anschauliche Vergleiche und Umschreibungen gewählt.

Der Interpretationsvorgang beim Beschreiben, Erklären und Deuten von Bewegungen ist ein doppelter. Der Lehrende muß Bewegung in Sprache transformieren, was ohne interpretative Anteile seinerseits nicht möglich ist. Vor allem beim Umschreiben schwieriger Bewegungen für Kinder sind Erwachsene auf ihre Deutung kindgemäßer Sprache und Vorstellungskraft angewiesen. Und der Lernende muß das sprachlich Vermittelte im Hinblick auf das nichtsprachlich Gemeinte rückdeuten. Hieraus entstehen regelhaft Verständigungsprobleme, die jedoch durch Einbeziehung imitativer Methoden und Medien zu lösen sind.

Explorative Vermittlungsformen. Beim Lernen in Form von Entdeckung oder Erkundung haben Lehrer primär betreuende Aufgaben. Die Schüler setzen sich mit dem Lerngegenstand direkt auseinander. Die Vermittlungsleistung des Lehrers ist indirekt, sie liegt in der Darbietung des Lerngegenstandes, der Vorbereitung der Lernumgebung, gegebenenfalls im Angebot von Lernhilfen sowie in der Beratung in arbeitsmethodischer Hinsicht. Prototyp einer Methodik entdeckenden Bewegungslernens ist die Bewegungs*aufgabe* (vgl. FETZ 1979, S. 115f.; vgl. GRÖSSING 1981, S. 200f.; vgl. STIEHLER 1966, S. 204f.). Sie kann vom Lehrer gestellt oder von den Schülern entdeckt werden. Sie kann ein, aber auch mehrere Lösungen enthalten. Das Suchen danach kann den Schülern selbst überlassen oder vom Lehrer in geringem Umfange gelenkt werden. Das Gegenteil der Bewegungsaufgabe ist die Bewegungs*vorschrift,* die dem Schüler exakt vorschreibt, was er zu tun hat.

Die unterrichtliche Praxis explorativer Vermittlungsformen hat zwei Probleme zu bewältigen. Beim Lernen in großen und zwangsläufig leistungsheterogenen Gruppen wie Klassenverbänden ist es schwierig, für alle Schüler gleichermaßen erkundungsoffene Bewegungsaufgaben zu stellen. Zu leichte Aufgaben fordern von einigen Schülern keine Erkundung, sondern werden in Form bekannter Lösungen bewältigt. Für die anderen Mitschüler aber werden solche Lösungen schnell zum Vorbild, wenn nicht gar zur Vorschrift. Zu schwierige Aufgaben stellen die Selbständigkeit der Lösungssuche in Frage. Sobald Lehrer diese durch Lösungshilfen zu lenken beginnen, geraten sie oft unmerklich in ein darbietendes Lehren. Aufgrund dieser Möglichkeit sind imitative Lernprozesse nicht ausgeschlossen.

Und wie sind diese fachspezifischen Vermittlungsformen in das fachübergreifende Vier-Felder-Schema einzuordnen? Im Feld A finden sich dann die konstruktiven Verfahren, die Schüler anleiten, traditionelle Fertigkeiten motorisch zu reproduzieren. Dem Feld B sind die imitativen Verfahren zuzuordnen; sie vermitteln gleichfalls tradierte Fertigkeiten, allerdings vorwiegend sensorisch-rezeptiv. In C gehören die explorativen Verfahren: Schüler produzieren den Lerngegenstand; ohne Belehrung eher nach individuellen als gesellschaftlichen Normen. Und D beinhaltet die interpretativen Verfahren: im vorwiegend sprachlich-reflexiven Handeln der Schüler liegen hinsichtlich des Lerngegenstandes auch innovativ nutzbare Interpretationsspielräume.

2.2 Methoden und Medien im Darstellenden Spiel

Im Gegensatz zu den anderen diskutierten Teilbereichen ästhetischer Erziehung (Musik, Kunst, Sport, Literatur) läßt sich das Darstellende Spiel nicht so eindeutig dem Feld auditiver, visueller und haptischer, motorischer und verbaler Artikulation, Wahrnehmung und Kommunikation zuordnen. Dabei bleibt Darstellendes Spiel an allen anderen Teilbereichen methodisch beteiligt, doch je nach Zielvorstellung und (schul-)fachlicher Verortung unterschiedlich.

Geht man primär von Sprache und Körperbewegung/Körperausdruck als Basis von Darstellendem Spiel aus, so läßt sich ein Spannungsfeld zwischen diesen beiden Polen erkennen in der methodischen Orientierung wie auch gegebenenfalls in der (schul-)fachlichen Zuordnung. Einer Akzentsetzung durch die Sprache, insbesondere im literarischen Schülertheater, steht eine ausgeprägte Interpretation des Darstellenden Spiels vom Körper her gegenüber, seit Beginn der 70er Jahre teilweise angeregt durch Spielweisen „freier" Theatergruppen (vgl. etwa BAIZ/ SCHROTH 1983).

Der zwiespältigen Situation zwischen fachlichem Anspruch und übergreifender Funktion entspricht in der Bundesrepublik Deutschland die mangelhafte Verankerung des Darstellenden Spiels als Ausbildungsfach oder -anteil in der Lehrerbildung. Den Mängeln im Ausbildungssektor entspricht die defizitäre Forschungslage: So gibt es kaum eine synoptische Methodendiskussion, was durch die teilweise Vereinnahmung des Darstellenden Spiels durch andere Teilbereiche zusätzlich verhindert wird.

Bei dem Versuch, Methoden und Medien des Teilbereichs Darstellendes Spiel, soweit sie nicht als darstellende Spielformen in fachorientierten Lernprozessen durch andere Teilbereiche erfaßt werden, auf das hier zugrunde gelegte zweidimensionale Ordnungsschema zu beziehen, ergeben sich folgende Zuordnungsmöglichkeiten zu den vier Feldern (vgl. Abbildung 1, S. 234):

Zum Feld *Produktion, Reproduktion/Tradition, Norm*. Imitative Methoden werden zur Vermittlung instrumenteller Fertigkeiten eingesetzt, insbesondere in bezug auf Körper, Raumbeziehung und Stimme (vgl. BUBNER/MIENERT 1978, S. 11 ff.; vgl.

GIFFEI 1982). Dabei entspricht der Umgang etwa mit pantomimischen oder tänzerischen Bewegungselementen oftmals durchaus den fachspezifischen Lehr-/Lernverfahren des Sportunterrichts. Jedoch wird im Darstellenden Spiel seltener die Annäherung an eine Bewegungsnorm angestrebt, im Verlauf einer Übungseinheit eher die Mischung mit interpretativen und/oder explorativen Verfahren (beispielsweise durch Reflexion der expressiven Komponente und/oder durch innovativen Umgang mit einem zunächst imitativ vermittelten Bewegungsablauf). Insgesamt erscheint es eher zweifelhaft, auch nur annähernd einen Kanon von Fertigkeiten für alle wesentlichen darstellenden Spielformen imitativ vermitteln zu können (vgl. STANKEWITZ 1977, S. 204).

Im Darstellenden Spiel hat die produktive Aneignung der Tradition stets Bedeutung gehabt. Jedoch können die dabei angewendeten Verfahren nicht durchgehend als reproduktiv im Sinne reiner Nachgestaltung vorgegebener Stücke auf der Grundlage eines undiskutierten Lehrer- beziehungsweise Spielleiterkonzepts angesehen werden. Tendenziell reproduktive Verfahren sind am ausgeprägtesten im Bereich des Amateurtheaters zu finden, also im nichtprofessionellen Erwachsenentheater. Im Bereich schulischer und außerschulischer Kinder- und vor allem Jugendarbeit sind zunehmend auch kooperative Formen (mit Reflexionsphasen, Schülergespräch) und interpretativ-analytische Verfahren vertreten (etwa im ambitionierten Schülertheater von literarischen Texten ausgehend).

Zum Feld *Rezeption, Reflexion/Tradition, Norm.* Soweit von literarischen Texten ausgegangen wird, die szenisch interpretiert und expressiv-dramaturgisch als Aufführung realisiert werden, berühren sich Methoden des Literaturunterrichts und des Darstellenden Spiels. (Vor allem von diesem Zusammenhang her geschieht die nicht seltene Zuordnung von Darstellendem Spiel zum Schulfach Deutsch). Doch auch im Bereich der Rezeptionsschulung, das heißt faktisch der Vorbereitung auf später folgende Theaterbesuche, dominieren Analyse- und Interpretationsmethoden des Literaturunterrichts (vgl. BEIMDICK 1980). Soweit überhaupt Rezeption von Theater in der Schule vorbereitet wird, läßt sich in den 70er Jahren ein Wandel erkennen: Theater wird nicht mehr ausschließlich im Sinne der Institutionalisierung als Stadt- oder Staatstheater verstanden. Formen der „freien Theaterszene" werden in dem Maße einbezogen, in dem sie an kulturpolitischer Bedeutung gewonnen haben.

Zum Feld *Rezeption, Reflexion/Innovation.* Rezeption und Reflexion von Aufführungen des emanzipatorischen Kinder- und Jugendtheaters (vgl. BAUER 1980) haben seit Mitte der 70er Jahre durch J. Richard u. a. vor allem in bezug auf das Grips-Theater, Berlin, ansatzweise zu einem Potential an kritisch-konstruktiv orientierten Methoden zur „Nachbereitung" geführt, initiiert beim Grips-Stück „Ein Fest bei Papadakis", in dem die Gastarbeiterproblematik für Kinder thematisiert wird (vgl. GRIPS 1974). Dabei wird oft eine Projektorientierung mit angeleiteten Rollenspielen, Erkundungen, Dokumentationsverfahren und szenischer Weiterentwicklung von Stück-Szenen angestrebt (vgl. BINGER 1977, S. 137 ff.).

Zwar gibt es auch eine reflexiv-kritische Auseinandersetzung mit eigenen ästhetischen Produktionen (szenische Abläufe, pantomimische Passagen, Rollenspiele), wobei oft technische Medien hinzugezogen werden (Foto, Film, Video, Tonkassette). Doch wird dabei gelegentlich eine Abwehr gegen die prinzipielle Möglichkeit des Sprechens über (Darstellendes) Spiel erkennbar.

Zum Feld *Produktion, Reproduktion/Innovation.* Als allgemeinstes exploratives Verfahren beim Darstellenden Spiel kann die Improvisation gelten. Sie wird sowohl als Erfahrung, die nach innen wirkt, wie auch als Gestaltung, die nach außen wirkt,

verstanden (vgl. HASELBACH 1979; vgl. KRAUSE 1976, S. 85 ff.). Sie kann als „freie" oder (durch genauere Fixierung der Ausgangssituation) als „gebundene" Improvisation eingesetzt werden.
Ist die unterrichtliche Zielvorstellung mit sozialer Konfliktbewältigung verbunden, läßt sich als spezifischere improvisierende darstellende Spielform das soziale Rollenspiel einsetzen. Darüber hinaus gehören zu den explorativen Verfahren alle Formen des Mitspieltheaters, des Straßentheaters (vgl. BATZ/SCHROTH 1983, S. 161 ff.), des durch die Gruppe selbst entwickelten Stückes (vgl. GIFFEI 1982, S. 42 ff.) und die Lernform Theater auf der Grundlage von Brechts Lehrstücktheorie (vgl. KOCH u. a. 1983).

2.3 Methoden und Medien im Kunstunterricht

Entscheidungen über Methoden und Medien, die als personale und technische Formen vermittelnden Handelns hier zusammengefaßt behandelt werden, können im Kunstunterricht grundsätzlich orientiert sein:
- an Methoden und Medien *fachübergreifenden* Handelns und Aufklärens; das heißt an dem allgemeindidaktischen und lehr-/lerntheoretischen Repertoire von Arbeits- und Sozialformen;
- an den Methoden und Medien *fachspezifischen* Handelns und Aufklärens; das heißt an dem Repertoire der spezifischen Fachtradition und der Bezugswissenschaften.

Im konkreten Unterricht treten die allgemeinen Unterrichtsmethoden und die Fachmethoden stets miteinander verbunden auf, doch ist diese Verbindung von der Fachdidaktik bisher nicht untersucht worden (vgl. EUCKER 1982, S. 113 f.; vgl. SCHULZ 1981, S. 84). Die Kunstdidaktik hat aber auch für den Bereich der Fachmethoden noch keinen Systematisierungsvorschlag vorgelegt (vgl. den Überblick über die verschiedenen methodischen Ansätze in der Fachgeschichte in: EUCKER 1982, S. 109 ff.). Die kunsterzieherische Praxis wird wohl eher durch lange tradierte Methodenüberlieferung und durch selektive Übernahme aus den Bezugsdisziplinen bestimmt. Die Ursachen für dieses Defizit im Methoden- und Medienbereich liegen:
- in dem heterogenen Gegenstandsbereich des Faches, das neben der Kunst im engeren Sinne auch noch die Bereiche Architektur, Design, Film, Fotografie, Werbung, Mode umfaßt;
- in der korrespondierenden Vielfalt der Bezugsdisziplinen, deren Methoden nur schwer in Fachmethoden umzusetzen sind;
- in dem geringen Entwicklungsgrad methodischer Reflexion in einigen zentralen Bezugsdisziplinen, etwa der Kunsttheorie (Gestaltungstheorien) und lange Zeit auch in der Kunstgeschichte;
- in der stärker ziel- und inhaltsfixierten fachdidaktischen Diskussion und in dem geringen Integrationspotential der einzelnen fachdidaktischen Theorieansätze.

Weder von den Bezugsdisziplinen noch von der ästhetischen Alltagspraxis der Schüler her sind Vorgaben für eine Systematik und Näherbestimmung der Methoden des Kunstunterrichts zu erwarten, die Fachmethoden bedürfen vielmehr einer eigenen, fachdidaktischen Bestimmung, die an der Eigenart der ästhetischen Erziehung orientiert ist (vgl. EUCKER 1982, S. 108).
Das hier zugrunde gelegte zweidimensionale Ordnungsschema (vgl. Abbildung 1, S. 234) nimmt an der horizontalen Dimension des Schülerhandelns mit der polaren Differenzierung in *produktiv/reproduktiv* und *rezeptiv/reflexiv* eine fachdidak-

tisch inzwischen durchgesetzte Differenzierung (Abbildung 2) auf (vgl. OTTO 1969b, S.215f.: Produktion und Realisationsmedien/Reflexion und Präsentationsmedien; Richtlinien von NRW: Produktion visueller Objekte/Rezeption visueller Texte/Reflexion über visuelle Sprache – hier als 3. Handlungsfeld ausdifferenziert; vgl. EUCKER 1982, S. 109: Ästhetische Zugriffsweisen/Wahrnehmungsweisen sowie Analyse- und Interpretationsmethoden). Diese Polarisierung der Handlungsfelder, wobei hier nicht an eine Zweiteilung, sondern an ein Kontinuum zwischen den Polen gedacht ist, wird durch die vertikale Dimension der Gegenstandsbeziehung, mit den Polen *normativ-aneignend/innovativ-entäußernd,* erweitert (vgl. Abbildung 1, S. 234), um so die produktionsorientierten wie rezeptionsorientierten Fachmethoden in ihrer spezifischen Beziehung zum ästhetischen Gegenstand näher bestimmen zu können. In den vier Feldern sollen nun Methoden und Medien des Faches verortet werden.

Abbildung 2: Die bipolare Struktur des Kunstunterrichts.

	Kunstunterricht		
Intention	Inhalt	Methode	Medium
Strukturieren und Kommunizieren	Bildnerische Prozesse und Ästhetische Objekte	Produktion und Reflexion	Realisation und Präsentation
Lehrabsicht	Lehrinhalt	Lehrweg	Lehrmittel

(Quelle: OTTO 1969b, S. 216)

Eine inhaltliche Füllung des Schemas (Abbildung 1) kann von verschiedenen Ansatzpunkten aus erfolgen:
- vom fachlichen Methodenrepertoire aus, das entsprechend im Schema verortet wird;
- von intendierten Lernprozessen in den verschiedenen Feldern aus, denen korrespondierende Methoden zugeordnet werden können;
- von der historischen Methodenentwicklung des Faches aus, was letztlich zu einer Rekonstruktion der Fachgeschichte unter methodischem Blickwinkel führen könnte;
- von einem aktuellen fachdidaktischen Problem aus.

Hier soll der zweite Ansatz gewählt werden, da er die methodisch-medialen Entscheidungen rückbindet an Lernziele des Kunstunterrichts; eine Ordnung des Methodenrepertoires ist darin impliziert, und historisch-aktuelle Randbemerkungen können einfließen.

Produktive Aneignung der Tradition (Feld: Produktion/Tradition, Norm). Während des gesamten 18. und 19. Jahrhunderts lag der Zielschwerpunkt des Zeichenunterrichts in der (meist praktischen) Aneignung und im Nachvollzug der visuellen Umwelt, damals zumeist noch mit dem Schwerpunkt auf der Natur (die heute ganz hinter den „visuellen Artefakten" zurückgetreten ist). Schärfung der Beobachtungs-

W. Bergmann/ H. Bollmann/ Th. Ott/ G. Otto/ K. Scherler/ K. Wellner

gabe, Geschmacksbildung und Übung der Darstellungsfähigkeit waren die Ziele des Unterrichts (vgl. EID u. a. 1980, S. 80). Die Aneignung der ästhetischen Objekte (aller Bildsorten) sowie auch die Aneignung „ästhetischer Zugriffsweisen" (Techniken, Materialien/ästhetische Mittel/Darstellungsweisen – vgl. EUCKER 1982, S. 109) sind zentrale Ziele auch des Kunstunterrichts geblieben; allerdings hat sich der Schwerpunkt von der produktiven zur rezeptiven Aneignung verschoben. Dennoch verfügt der Kunstunterricht über eine Reihe „produktiver Methoden" zur Realisierung der angesprochenen Ziele. Rein imitative Methoden, wie etwa das Kopieren von Vorlagen, die Einübung und das Training sensomotorischer Fertigkeiten und imitatives Erlernen von Realisationstechniken, werden heute im Kunstunterricht kaum noch isoliert angewendet. Insbesondere die Aneignung ästhetischer Objekte verläuft heute nur noch wenig über reproduktive Methoden, wie etwa die der Nachgestaltung, das Diktatzeichnen, sondern eher über „Mischverfahren", wie Verfremdung, Destruktion, Abstraktion, Stilisierung, Umgestaltung, in denen sich reproduktive mit innovativen Anteilen verbinden. Unterrichtsmethoden, die ein mimetisches Lernen fordern, finden sich vor allem bei der Übermittlung von Realisationstechniken und in der Einübung ästhetischer Mittel (Perspektive, Farbe, Komposition), so etwa die Lehrerdemonstration an der Tafel oder an den technischen Apparaturen selbst, die Korrektur in der Einzel- oder Gruppenberatung und der Lehrgang, in dem es um die reproduktive Aneignung vorhandener Techniken und ästhetischer Mittel geht und der heute oft als ein Element in eine komplexere, projektartige unterrichtliche Passage eingefügt ist (vgl. WALDINGER 1983, S. 14). Darin zeigt sich schon, daß die reproduktiven Methoden insgesamt heute, verglichen mit ihrer zentralen Stellung im 19. Jahrhundert, wo sie oft geradezu zum Selbstzweck geworden sind (vgl. EID u. a. 1980, S. 83), nur mehr untergeordnete Hilfsfunktionen in einem Unterricht haben, der, was den Handlungsbereich Produktion betrifft, stärker am Innovativen oder Kreativen orientiert ist.

Rezeptiv-reflexive Aneignung der Tradition (Feld: Rezeption/Reflexion – Tradition/Norm). Der rezeptiv-reflexive Umgang mit Werken der bildenden Kunst, der Architektur, des Designs oder des Films und auch mit den im Unterricht selbst produzierten ästhetischen Objekten ist bis in die 70er Jahre hinein durch die in der Kunsterzieherbewegung vollzogene „Abwendung von der Kunstgeschichte" (vgl. BELOW 1975, S 83ff.) beeinflußt worden, denn sie bedeutete den Verzicht auf alle kunstwissenschaftlichen Analysemethoden zugunsten eines fachmethodischen Eigenbaus. In der Fachgeschichte hat so eine Aspektkunstbetrachtung dominiert, wobei die jeweils gewählte Methode der Bildbetrachtung sehr wesentlich von der aktuellen Kunstproduktion und Kunsttheorie bestimmt wurde. Auf diese Weise wurden die Werke aus ihrem kulturellen und historischen Zusammenhang gelöst und zugunsten wechselnder ideologischer und pädagogischer Interessen instrumentalisiert und verkürzt. Hier hat in den letzten zehn Jahren eine Phase der Fachmethodenrevision begonnen, die auf der Rezeption bezugswissenschaftlicher Analysemethoden (Kunstgeschichte, Soziologie, Semiotik) basiert (vgl. V. CRIEGERN 1975, S. 100). Anstelle methodischer Einseitigkeiten, wie Einfühlungsmethode (musische Erziehung), formale Strukturanalyse (Kunstunterricht), ideologiekritische Analyse (visuelle Kommunikation) oder informationstheoretische Analyse, wird heute das Konzept einer bezugswissenschaftlich fundierten „Methodenvielfalt und Mehrperspektivität" (OTTO 1983, S. 19) vertreten, da es als unwahrscheinlich angesehen werden muß, daß *eine* Analysemethode ausreicht, um die historischen, formalen, sozialen und subjektbezogenen Aspekte eines ästhetischen Objekts zu erfassen. Diese didaktische Neuorientierung bietet jedoch zwei Probleme:

- Die fachwissenschaftlichen Methoden sind bisher noch kaum in Fachmethoden des Kunstunterrichts umgesetzt worden und sind zum Teil wohl auch nur schwer umzusetzen (beispielsweise semiotische Verfahren);
- für die Integration der Methodenvielfalt im konkreten Unterricht gibt es bisher noch wenig Beispiele.

In DORNHAUS Übersicht zu „Methoden der Kunstbetrachtung" (vgl. 1981), die für den Unterrichtsgebrauch bestimmt ist, wird das Problem ganz deutlich. Sie kann zwar eine relativ vollständige, grob strukturierte Aufzählung der wissenschaftlichen Methodenansätze bieten: künstlerbezogene Ansätze (biographische und psychoanalytische Methoden), werkbezogene Ansätze (Stilanalyse, Ikonographie und Ikonologie, Strukturanalyse, zeichentheoretische Analyse), betrachterbezogene Ansätze (psychologische und philosophische Aspekte) und gesellschaftsbezogene Ansätze (theoretisch-kritische Analyse, empirische Soziologie, symboltheoretische Analyse) (vgl. DORNHAUS 1981, S. 127f.), aber eine didaktische Umsetzung und Integration wird nicht geleistet (dasselbe gilt auch für v. CRIEGERN 1981).

Es gibt jedoch bereits auch einige Versuche didaktischer Zurichtung. So ist vor allem die ikonographisch-ikonologische Interpretationsmethode nach E. Panofsky zum Ausgangspunkt für didaktische Konzeptionen geworden, etwa in der „ikonologischen Didaktik" von v. CRIEGERN (vgl. 1974, 1978) und in dem Umsetzungsversuch von NIEHOFF (vgl. 1978, S. 173ff.). Auf der Basis der Informationstheorie hat MATTHIAS eine Methode zur Analyse des Informationsgehaltes von Werbeanzeigen versucht (vgl. 1978, S. 49ff.), während KOCHAN eine „hermeneutische Didaktik" zum Verstehen von Texten und Bildern entwirft (vgl. 1978, S. 146ff.). Modelle der Integration verschiedener Interpretationsansätze, in denen auch praktische Arbeit mit einbezogen wird, haben STUDT (vgl. 1977, S. 45ff.) und TESKE (vgl. 1977, S. 52ff.) vorgestellt, indem sie die ästhetischen Objekte in ganz unterschiedliche historische, ästhetische und subjektbezogene Bezugssysteme stellen. OTTO (vgl. 1983, S. 19) hat einen Schritt früher angesetzt, indem er Erkenntnisdimensionen (Percept, Konzept, Allocation), das heißt letztlich Perspektiven herausgearbeitet, aus denen das Bild in Unterricht betrachtet werden soll. Sie haben die didaktische Funktion, die Multiperspektivität und damit eine Methodenvielfalt zu begründen und die Selektion zu orientieren. Dieser Vielfalt an Fachmethoden muß auch eine Vielfalt und ein Wechsel von Arbeitsformen entsprechen: Lehrervortrag (kurze Einführungen), fragend entwickelnder Unterricht (gemeinsame Bilduntersuchungen), Partner- und Einzelarbeit (Bild- und Textauswertungen), Kurzreferat und Diskussion, gelegentlich Hausaufgaben (vgl. BERTRAM o.J.). Wichtig ist dabei, daß diese Arbeitsformen zugleich auch reflexiv das Methodenlernen selbst ermöglichen (vgl. MÖLLER 1976, S. 38).

Reflexiv-kritische Innovation (Feld: Rezeption/Reflexion – Innovation). Im Handlungsfeld Rezeption/Reflexion kann das Ziel nicht allein in einer normgetreuen Aneignung ästhetischer Objekte, Konzepte und sozialhistorischer Kontexte bestehen, sondern auch hier sind methodisch Innovationen im subjektiven Percept sowie kritische Veränderungen und Bewertungen der rezipierten Objekte und Texte anzustreben. Dieses methodische Feld ist bisher noch wenig bearbeitet, es ist im Grunde erst durch die gesellschaftskritische Haltung der visuellen Kommunikation und ihre Wende zur Theorie ins „Zielbewußtsein" des Faches gerückt. Erst Lernzielneuerungen wie „Kritikfähigkeit", „Problemlösungsfähigkeit" wecken den Bedarf an Fachmethoden der mentalen Konstruktion und Kritik, die dann vor allem aus der Psychologie und den Sozialwissenschaften entlehnt werden. Allgemein durchgesetzt haben sich im Kunstunterricht inzwischen Methoden der kreativen Problemlösung (Brainstorming, morphologischer Kasten, Gedankenexperimente) sowie einige Methoden der empirischen Sozialforschung (Interview, Fragebogentechnik, teilnehmende Beobachtung), mit deren Hilfe neue Daten gesammelt und Alternativen entworfen werden können. Hier bieten auch neuere Kunstrichtungen, wie etwa die Spurensicherung, methodische Anregungen im Hinblick auf das Sammeln und Neuordnen von Material. Fachmethodische Umsetzungen ideologie- und textkritischer Verfahren der Geistes- und Gesellschaftswissenschaften und Übernahmen aus der Didaktik anderer Schulfächer (Deutsch, Geschichte) finden bisher nur vereinzelt statt.

Produktive Innovation (Feld: Produktion/Reproduktion – Innovation). Im Zuge der reformpädagogischen Kunsterziehungsbewegung kommt es im Kunstunterricht zu einer grundsätzlichen Zieländerung: von der disziplinierenden Reproduktion von Vorlagen hin zur „Pflege und Entfaltung schöpferisch-kindlicher Ausdruckskräfte" (OTTO 1980, S. 265). Damit ist für lange Zeit die praktisch-schöpferische Eigentätigkeit, wie sie beispielsweise im Hamburger Lehrplan von 1973 (vgl. FREIE UND HANSESTADT HAMBURG 1973) formuliert ist, ins Zentrum der Kunsterziehung gerückt; sie wird erst heute – im Zuge der Verarbeitung der Kritik durch die visuelle Kommunikation – durch einen erweiterten Begriff ästhetischer Praxis relativiert, in dem Denken, Machen, Fühlen und Wahrnehmen verbunden werden (vgl. EUCKER 1982, S. 112). Entsprechend findet sich auf diesem Feld auch ein großes Arsenal an Fachmethoden und Realisationsmedien, die entweder Übernahmen aus der Kunstpraxis darstellen oder Adaptationen von Grund- und Gestaltungslehren (etwa des Bauhauses) sind. Die unterrichtsmethodische Spannweite reicht vom „offenen Impuls", mit dem ein freies Visualisieren von Gefühlen, Ideen (Gestalten) (vgl. EID u.a. 1980, S. 237) und freie Aktionen und Spiele (Happenings) in Gang gesetzt werden, die sich durch einen offenen Umgang mit Problemstellung, Idee, Material, Verfahren und Zeit kennzeichnen lassen, bis zum eher normorientierten „Aufgaben vermittelnden Unterricht", in dem die Schüler bildnerische Untersuchungen unter strengeren technischen und formalen Vorgaben durchführen (Farb-Form-Experimente, Abstraktionsreihen, Variationen). Das Hauptfeld der Fachmethoden liegt jedoch zwischen den Extremen des reinen Selbstausdrucks und der Gestaltungsnormierung und läßt sich mit dem Begriff der „Umgestaltung" (vgl. OTTO 1974) gut kennzeichnen, der alle Verfahren einschließt, bei denen man von ästhetischen Vorgaben ausgeht und sie gestalterisch verändert:
- Methoden der bewußten Auflösung gegebener Ordnungen und Zusammenhänge mit dem Ziel der Herstellung neuer Figurationen (Destruktion, Collage, Auflösung);
- Methoden der Auswahl unter Gegebenem im Hinblick auf die Herstellung neuer Zusammenhänge (Sammeln, Auswählen, Neuordnen, Kombinieren, Herstellen von Beziehungen, Verbinden; Assemblage, Spurensicherung; Collage);
- Methoden der Transformation (Verfremdung, Verzerrung, Übersteigerung, Übertragung in ein anderes Medium; Karikatur, Stilisierung, Idealisierung – vgl. OTTO u.a. 1970, S. 35).

Die Vielschichtigkeit ästhetischer Produktionsprozesse legt ein methodisch variables und komplexes Vorgehen nahe – etwa Projektunterricht –, in dem kreative Methoden des gestalterischen Selbstausdrucks, Methoden der Transformation sowie stärker normorientierte Untersuchungsmethoden miteinander verknüpft werden, um so die kognitiven, affektiven, reflexiven und aktionistischen Fähigkeiten gleichermaßen zu beanspruchen und zu entwickeln (vgl. WALDINGER 1983, S. 14).

2.4 Methoden und Medien im Literaturunterricht

Die gegenstandsbezogenen, fachspezifischen methodischen Möglichkeiten des Literaturunterrichts ergeben sich aus der Art und Weise, wie dem interpretierenden Subjekt überhaupt Texte – im konkreten Fall literarische Texte – gegeben sind. Texte konstituieren sich – anders als die Gegenstände der äußeren Natur – in einem dialogisch-hermeneutischen Prozeß, der zugleich ein Bildungsprozeß des Subjekts ist (vgl. KREFT 1977, S. 297 ff.). Dieser Bildungsprozeß ist Teil jener Entwicklung, in der das Subjekt seine interaktive und ästhetische Kompetenz erwirbt. Vor allem Habermas hat im Anschluß an Piaget und den symbolischen Interaktionismus herausgearbeitet, daß das Hineinwachsen in die Lebenswelt ein Vorgang ist, bei dem die Kategorien des Rollenhandelns (Akteur, Handlung, Motiv, Grund, Intention, Norm) zugleich Strukturen des kommunikativen Handelns und der Aneignung sind (vgl. HABERMAS 1975, S. 1 ff.). Erst indem das Kind lernt, die soziokulturelle Umwelt in diesen Begriffen wahrzunehmen, wird diese auch dem sozialen Verständnis erschlossen. Damit haben die Kategorien des kommunikativen Handelns einen ähnlich transzendentalen Stellenwert wie die Kategorien, mit denen die äußere Natur angeeignet wird (vgl. VOLLERTSEN 1984, S. 15). Weil diese Kategorien die Aneignung der soziokulturellen Lebenswelt bestimmen, bilden sie auch das Bezugssystem, an dem sich alle Versuche methodisch kontrollierter Überwindung von Verständnisschwierigkeiten orientieren müssen (vgl. WELLNER/WELLNER-PRICELIUS 1984, S. 32 f.). Dies gilt für die alltagspraktischen Verfahren der Verständnissicherung und des Erkenntnisgewinns ebenso wie für die Methoden der Sozial- und Literaturwissenschaft (und der Kulturwissenschaften überhaupt). Prinzipiell gleichartig wie der Alltagshandelnde oder der Sozialwissenschaftler findet der Literaturwissenschaftler Verfahren und Vorgehensweisen, um Interpretationsprobleme zu überwinden. So analysiert er die Motive von (fiktiven) Personen, ihre Intentionen, wirksame Deutungsmuster, Rede- und Handlungsstrukturen, aber auch die von Personen hervorgebrachten Texte (etwa Erzählstrukturen und semantische Felder), um den Sinn zunächst unverständlicher oder problematischer Lebensäußerungen zu erfassen. Nur wenn die Integration der Analyseschritte in das hermeneutische Vorverständnis gesichert ist, behalten diese ihre Interpretationsrelevanz. Dies gilt insbesondere für die strukturalistischen Analysen der phänomenalen Beschaffenheit poetischer Rede. Das Herausarbeiten von Ähnlichkeiten oder Gegensätzlichkeiten auf den verschiedenen sprachlichen Ebenen wird in dem Moment beliebig und irrelevant, in dem die hermeneutische Perspektive verlorengeht (vgl. KOPPE 1983, S. 47 ff.). Wird dagegen der Interpretationszusammenhang, in dem die Untersuchungsschritte unternommen werden, bewußt gehalten, so bleibt auch der methodische Status derselben klar.

Aus der prinzipiellen Gleichartigkeit methodischer Schritte der Verständnissicherung zwischen Alltag und Wissenschaft darf nicht geschlossen werden, der Literaturunterricht habe nun einfach die Methoden der Wissenschaft zu übernehmen. Eine solche Auffassung der Schulfächer als isomorphe Abbildung wissenschaftlicher Disziplinen würde übersehen, daß anders als beim Literaturwissenschaftler, bei dem sich das fundamentale praktische Erkenntnisinteresse mit dem spezifischen an Literatur als Literatur vermittelt, ein solches spezifisches Fachinteresse allenfalls bei einem kleinen Teil der gymnasialen Oberstufenschüler angenommen werden kann. Wird ein solches Interesse zur stillschweigenden Voraussetzung für den Literaturunterricht in der Schule gemacht, ist der Bezug zwischen Lerninhalten und Lebensgeschichten der Schüler gestört, und die Auseinandersetzung mit dem Lerngegenstand büßt ihre wichtige Leistung im Hinblick auf die Ich-Entwicklung des Schülers ein (vgl. KREFT 1977, S. 285 ff.; WELLNER/WELLNER-PRICELIUS 1984, S. 35). Von einer Konzeptualisierung methodischer Schritte im Literaturunterricht ist also zu fordern, daß unter Berücksichtigung der Lernsituation und wirksamer Entwicklungstrends, von Lernzielen und -inhalten, aber auch der institutionellen Gegebenheiten versucht wird, altersgemäße Methoden zu entwickeln, das heißt vor allem, den Grad an begrifflicher und kategorialer Ausdifferenzierung an die Situation der Schüler anzupassen.

Die Vielfalt gegenstandsbezogener methodischer Schritte ist die Folge der Komplexität literaturvermittelter Verständigung. Textimmanente und texttranszendierende Fragestellungen erfordern sehr verschiedenartige Wege der Beantwortung. In einer Grobeinteilung lassen sich analytisch *rekonstruktive* von sogenannten *produktiven* oder *kreativen Methoden* unterscheiden (vgl. WELLNER/WELLNER-PRICELIUS 1984, S. 35 ff.). Zu den ersten rechnen alle aus fachwissenschaftlichen Verfahren abgeleiteten oder an sie angelehnten Untersuchungsmethoden, die sich direkt auf die Dimensionen des kommunikativen Handelns beziehen und an der Regelkonstruktion interessiert sind, wie Analysen von Handlungs-, Erlebnis-, Motivationsstrukturen, Figurenkonstellationen, und die auf die Strukturen der Texte gerichteten Untersuchungen wie Analyse von Erzähl- und Zeitstrukturen, Argumentations- und Redeweisen, Metaphorik oder von Strukturen literarischer Genres und Gattungen. Anders als diese analytischen Methoden knüpfen die vielfältigen in den letzten Jahren entwickelten sogenannten kreativen oder produktiven Methoden an die in Texten objektivierten Strukturen des kommunikativen Handelns selbst an. Auch sie sind zumeist bezogen auf übergreifende Fragestellungen (Erfassen einer Figur, einer Figurenkonstellation, einer Perspektive), rufen aber vorhandene Wissensbestände szenisch ab, indem sie zur Weiterentwicklung oder Variation vorgegebener Text- oder Handlungsstrukturen provozieren. Auf dem Hintergrund rezeptionsästhetischer Ansätze wird dabei versucht, die affektiven, biographiebestimmten Anteile (Identifikation, Ablehnung, Projektion) in der Reaktion auf literarische Texte mit hervorzulocken. Aufgaben zur Um- und Ausgestaltung von Situationen und Handlungsteilen, zur Veränderung von Perspektiven sollen ästhetische Erfahrungen des Mit- und Nachschaffens im Rezeptionsprozeß ermöglichen und auf diese Verarbeitungsprozesse aufmerksam machen.

Eher *produktionsästhetische Vorstellungen* bestimmen Konzepte, die darauf abzielen, in literarischen Texten vorgefundene Problemkonstellationen auf alternative Lösungsmöglichkeiten hin durchzuspielen. Bei stärkerer Lösung vom Ausgangstext soll vor allem die soziale Phantasie herausgefordert und zugleich die Funktion ästhetischer Muster für die Artikulation von Subjektivität erfahren werden. Auch diese Verfahren haben methodischen Stellenwert, sofern sie auf übergreifende Fragestellungen bezogen sind (vgl. FINGERHUT/MELENK 1980, S. 494 f.).

Bei aller Schwierigkeit verallgemeinernder Aussagen über die Verwendung von Methoden und Medien erlaubt doch die Eigenart ästhetischer Lernprozesse folgende Feststellung: Da subjektive Anteile in die Unterrichtssituation eingebracht werden müssen, wenn es überhaupt zu ästhetischer Erfahrung kommen soll, und da die Artikulation von Subjektivität abhängig ist von der Offenheit von Situationen, verlangen ästhetische Lernprozesse offene, nicht durch Leistungsdruck und Aufgabenorientierung strukturierte Unterrichtssituationen. Dies bedeutet, daß der Lehrer als strukturierende Bezugsperson weithin zurücktreten und sich auf das Geben von Impulsen und die Darbietung des Gegenstandes beschränken muß.

Zum anderen liegt es im Hinblick auf die Verwendung gegenstandsbezogener Methoden nahe, vor allem produktive/kreative Methoden zu verwenden, weil diese Methoden insofern *subjektive Verarbeitungsweisen* provozieren, als ja die eigenen Reaktionen auf den Text gestaltend in Form von Szenen erfolgen müssen. Dies hat den Vorteil, daß der durch schulische Sozialisationsprozesse erzeugten Tendenz entgegengewirkt wird, die eigene Subjektivität aus dem Unterricht durch subsumierende Zuordnung unter Begriffe auszublenden (vgl. VOLLERTSEN/WELLNER 1981, S. 81 ff.). Viel stärker als bei begrifflicher Verarbeitung ist ein Hineinversetzen in Situationen und Perspektiven notwendig, um einen Textteil, eine Handlung zu ergänzen oder weiterzuentwickeln. Zugleich ermöglicht gerade diese Form szenischer Verarbeitung den Schutz der interpretierenden Subjekte, der gewahrt bleiben muß, damit nicht Ängste vor unangemessener Entblößung und Preisgabe von Nur-Privatem die Auseinandersetzung stören. Weil es sich um die Ausgestaltung fiktiver Handlungen und Motive handelt, bleibt das ausgestaltende Subjekt auch in den anschließenden Besprechungen geschützt. Mit diesen Überlegungen wird nicht behauptet, im engeren Sinne subjektive Reaktionen könnten nur bei Verwendung produktiver Methoden in den Unterricht integriert werden. Die in manchen didaktischen Begründungen produktiver Verfahren suggerierte Zuordnung produktiver Methoden und affektiver Verarbeitung einerseits und rational-kognitiver Verarbeitung und analytischer Methoden andererseits beruht auf einem Mißverständnis: Ohne die Aktualisierung der soziokognitiven Kompetenz könnten Handlungskerne oder Bestandteile von Situationen überhaupt nicht ausgestaltet werden, weil die Regeln, denen das Handeln und Erleben von Figuren folgt, nicht erfaßt werden können. Normalerweise werden diese Fähigkeiten intuitiv angewendet, das angewendete Wissen wird als Wissen nicht bewußt. Bei schwierigeren Texten kann es jedoch notwendig sein, produktiven Verarbeitungsphasen analytische vorzuschalten, um so die Voraussetzungen für den produktiven Textumgang zu schaffen (vgl. FINGERHUT/MELENK 1980, S. 496). Umgekehrt bedeutet eine *begriffliche Rekonstruktionsarbeit* nicht das Ausklammern affektiver und emotionaler Prozesse, sondern hat diese zur Voraussetzung: Was rekonstruiert und begrifflich bestimmt werden soll, sind ja gerade die Regeln, denen die bedürfnis- und normorientierten Handlungen von Personen folgen. Daß dies nicht ohne die Fähigkeit, die eigenen inneren Antworten auf die literatursprachlich vergegenwärtigten Handlungen und Erlebnisweisen wahrzunehmen, möglich ist, haben die Rekonstruktionen des Verstehensprozesses gezeigt. Letztlich hat sich mithin die methodische Entscheidung am Verlauf des Interpretationsprozesses zu orientieren. Da dieser nur bedingt planbar ist, müssen immer wieder neue methodische Anordnungen in Abhängigkeit von der jeweiligen Situation gefunden werden.

Auch der Einsatz von *Medien* ist von der Logik des gemeinsamen Interpretationsprozesses bestimmt: Ob literarische Texte von Schülern oder Lehrern vorgelesen, als Buch oder Kopie eines Textes vorliegen, ob Literaturverfilmung, Tonbandaufnahme oder Schallplatte den Gegenstand vermitteln und präsentieren, immer sind die Medien zugleich Formen der Darbietung, die verknüpft sind mit bestimmten unterrichtlichen Anweisungen, mit Interpretationsproblemen und den auf ihre Beantwortung zielenden Unterrichtsmethoden und gegenstandsbezogenen methodischen Schritten. Ob es daher genügt, Schülern einen Textausschnitt ohne weiteren Kommentar vorzulegen, um eine lebhafte Diskussion in Gang zu setzen, oder ob ein höheres Maß an sinnlicher Vergegenwärtigung – etwa durch Vorlesen oder Vorspielen einer Schallplatte – notwendig ist, um die gleiche Reaktion zu erreichen, hängt von den schulischen und nichtschulischen Vorerfahrungen und der Situation der Lerngruppe ab (vgl. KREFT 1977, S. 380 ff.).

W. Bergmann/ H. Bollmann/ Th. Ott/ G. Otto/ K. Scherler/ K. Wellner

Wird nun der Literaturunterricht als *Teilbereich ästhetischer Erziehung* verstanden, so werden damit solche Lernprozesse betont, die in einem Spannungsverhältnis zu der in der Tradition der Aufklärung mit dem Literaturunterricht verknüpften Erwartung stehen, in der Auseinandersetzung mit Literatur werde vor allem die Handlungsfähigkeit und Autonomie der Subjekte gefördert.
Gegenüber den vor allem auf die Ich-Identität und die Fähigkeit zur Ich-Abgrenzung der Subjekte gerichteten Lernprozessen zielen *ästhetische Lernprozesse* eher auf die Bereitschaft und Fähigkeit der Subjekte, bestehende Ich-Grenzen zu lockern und zu einer bedürfnisorientierten Wahrnehmung der äußeren Umwelt und eigenen inneren Natur fähig zu werden.
Ästhetische Erfahrungen finden nun in der Auseinandersetzung mit Literatur in sehr vielfältiger Weise statt, so in den verschiedenartigen Formen der Identifikation mit dargestellten Figuren (vgl. JAUSS 1977, S. 212, S. 258), in denen das rezipierende Subjekt zu neuer Selbst- und Fremderfahrung fähig wird. Aber auch die Aneignung der über die Kontingenz des Alltagslebens hinausweisenden Formen ästhetischer Rede erzeugt ästhetische Lust (vgl. KOPPE 1983, S. 166 ff.).
Im Kontext aufgaben- und leistungsbezogener Lehr-/Lernprozesse verbleiben derartige Erfahrungen – wenn sie denn überhaupt noch stattfinden – oft stumm im Inneren der Subjekte. Da aber Literaturunterricht nur möglich ist, wenn diese subjektiven Reaktionen auf Texte sich so weit objektivieren, daß sie kommunikabel werden, muß der Literaturunterricht Wege finden, die Äußerung von Subjektivität zu ermöglichen. Dazu ist zu klären, wie sich subjektive Anteile im Unterricht in Äußerungen artikulieren können.
Betrachtet man die sprachlichen und nichtsprachlichen Handlungen im Unterricht unter dem Gesichtspunkt, auf welche Weise die Subjekte in ihnen hervortreten, ergibt sich folgende Systematik:

- Literarische Texte können unter vorwiegend *kognitiv-analytischem Aspekt* thematisiert werden. Indem Schüler Texte zergliedern, Strukturen beschreiben, Inhalte identifizieren, Handlungen und Motive deuten, treten sie vor allem in ihrer Kognition hervor. Lernprozesse in dieser Dimension zielen vor allem auf Horizonterweiterung.
- Texte können auch stärker *ichbezogen* verarbeitet werden, indem Bezüge zur eigenen Lebensgeschichte hergestellt und wirksame Identifikationen aufgearbeitet werden. Das Subjekt tritt hier in seiner lebensgeschichtlich gewordenen Bedürfnisstruktur hervor. Dies kann sowohl reflexiv-analytisch wie auch in nicht-diskursiver Weise gestaltend erfolgen. Lernprozesse in dieser Dimension zielen letztlich auf die Selbstaufklärung des Subjektes und haben von daher einen therapeutischen Aspekt.
- Subjekte können auch als *moralisch wertende* hervortreten, indem sie Texte und in Texten vergegenwärtigte Handlungen normativen Urteilen und Bewertungen unterziehen. Lernprozesse in dieser Dimension zielen vor allem auf die Erweiterung der moralischen Urteilsfähigkeit (vgl. VOLLERTSEN/WELLNER 1981, S. 81 f.).
- Schließlich können Subjekte sich *expressiv-dramaturgisch* äußern, indem sie Texte umgestalten, Stücke aufführen oder schreiben. Hier vor allem dominiert die im engeren Sinne ästhetische Einstellung: der ästhetische Genuß am Umgestalten, an der Selbstpräsentation im lyrischen Sprechen, beim Theaterspielen oder auch bei der Pantomime.

Es ist klar, daß die hier analytisch getrennten Prozesse fast immer alle in unterschiedlicher Gewichtung an einer nichtverdinglichten Auseinandersetzung mit Literatur beteiligt sind. Auch die für ästhetische Lernprozesse charakteristischen, im eigentlichen Sinne subjektiven Verarbeitungsweisen bedürfnisorientierter Artikulation und expressiv-dramaturgischen Handelns setzen kognitive Leistungen und auch moralische Wertungen voraus beziehungsweise implizieren diese.

2.5 Methoden und Medien im Musikunterricht

Im folgenden wird versucht, anhand des Vierfelderschemas (vgl. Abbildung 1) und der vorausgegangenen Diskussion mehr oder weniger thesenhaft eine fachspezifische Ausprägung des Methodenproblems darzulegen. Dabei wird von der Annahme ausgegangen, daß die besonderen Fragestellungen, auf die die Theorie des Musikunterrichts mit methodischer Reflexion reagiert, etwas mit der Struktur des Gegenstandes (Musik und musikbezogene Kommunikation) zu tun haben. Von hier aus lassen sich Unterschiede, Gemeinsamkeiten und Überschneidungen mit den übrigen ästhetischen Aufgabenfeldern identifizieren.

Besondere methodische Probleme des Musikunterrichts ergeben sich aus der Tatsache, daß alle Musik sich sukzessiv, im Zeitverlauf realisiert. Rezeptive Kompetenz besteht demzufolge in der Fähigkeit zur Relationierung *nichtsimultaner Phänomene*. Musikalische Lernprozesse bedürfen zu ihrer Stützung der Umsetzung bloß hörbarer Relationen in „simultane" Zeichensysteme (Visualisierung) beziehungsweise in Sukzessivprozesse anderer Art (Sprache, Gestik, Motorik, technische Hervorbringung als Korrelat von Hörbarem). Modelle von „Transformation" sind infolgedessen ein zentraler Gegenstand methodischer Reflexion.

Spezifische methodische Probleme ergeben sich weiterhin aus der *Komplexität* und *Begriffslosigkeit* des musikalischen Materials, die auf der Struktur- und – hinsichtlich möglicher Konnotationen – auf der Bedeutungsebene eine wohl unvergleichliche Bandbreite an Rezeptions- und Deutungsmöglichkeiten zulassen. Ebenso vielfältig und facettenreich wie die Alternativen der Gegenstandsdefinition (die wissenschaftlich tradierten sowohl wie die eher subjektivistisch-schülerorientierten) sind infolgedessen die methodischen Wege der Gegenstandskonstitution im Lernprozeß.

Beide Eigenheiten des Gegenstandsbereiches – Offenheit der Gegenstandskonstitution und zentrale Bedeutung transformationeller Methoden – tragen dazu bei, daß das fachspezifische Methodenarsenal vielfältig, schwer aufzuschlüsseln und zu systematisieren ist und Ziel-Inhalt-Methoden-Implikationen kaum aufzulösen sind – ein Eindruck, der sich sowohl bei der Unterrichtsanalyse als auch bei der Sichtung unterrichtsnaher Literatur regelmäßig einstellt.

Legt man das Vierfelderschema (vgl. Abbildung 1, S. 234) zugrunde, lassen sich drei Ebenen von Methodenunterscheidungen abgrenzen.

1. Ebene: Umfassende fachspezifische Methodenkonzeptionen – Problem der Verbindung der vier Felder im Sinne wechselseitiger Repräsentanzen. Das Vierfeldermodell ist nicht nur historisch aus dem ursprünglichen Denkansatz der Spannungsfiguren hervorgegangen, sondern enthält die Ausgangsspannungen zum Teil noch in sich – zumindest im Hinblick auf Rezeption versus Produktion einerseits und objektive, normsetzende Tradition versus subjektive, normkritische Innovation andererseits. Wenn diese Spannungen basal für ästhetische Lernprozesse sind, so konstituieren sich die vier Felder nicht nur additiv als Ergebnis einer inhaltlichen Grundsatzentscheidung (etwa: Im Musikunterricht geht es außer ums Liedersingen auch noch ums Hörenlernen); vielmehr verschränken sich in ihrer Verknüpfung zu einem Geflecht von Spannungsrelationen inhaltliche und methodische Momente: Die Verbindung von Rezeption, Produktion und Reproduktion ist Methode auf dem

W. Bergmann/ H. Bollmann/ Th. Ott/ G. Otto/ K. Scherler/ K. Wellner

Weg zu einem adäquaten Verhalten gegenüber dem Gegenstand (als einem ästhetischen); zugleich können rezeptive Lernprozesse als methodische Voraussetzung für produktive angesehen werden. Unter diesen Aspekten können fachdidaktische Grundkonzepte auch als methodische Konzepte identifiziert werden: als Versuche nämlich, die vier Felder methodisch „integrierbar" zu machen. Zumindest geht es wesentlich *auch* um diesen Aspekt beispielsweise in der Auseinandersetzung zwischen den Vertretern des eher traditionellen, elementenhaft-synthetisch aufbauenden Musikunterrichts und dem eher ganzheitlich-analytischen Ansatz der auditiven Wahrnehmungserziehung.

2. *Ebene: Spezielle Erarbeitungsmethoden.* Hier ist zu denken an das vielfältige, sehr unübersichtliche, teilweise tradierte, stets aber durch erfindungsreiche Neuschöpfungen erweiterte Arsenal an Methoden der Hörerziehung und Werkinterpretation (Identifikation), der Liederarbeitung und der Vermittlung instrumentaler Fertigkeiten (Reproduktion), der Erfindungsübungen, der Improvisation, des instrumentalen Experiments (Innovation/Erfindung), der Erarbeitung historischer und soziologischer Sachverhalte. Auf dieser Ebene treten zwei Gesichtspunkte besonders hervor:

- Das Moment der Transformation ist in allen diesen Bereichen methodisch grundlegend und teilweise – verselbständigt – Gegenstand besonderer methodischer Aktivitäten.
- Rezeptive, reproduktive, produktive und reflektorische Lernakte sind – vermittelt über das zentrale methodische Moment der Transformation – in den meisten dieser Methoden induktiv oder deduktiv miteinander verkoppelt. So konnte FISCHER (vgl. 1982) anhand von 15 aus der didaktischen Literatur analytisch abgeleiteten Grundmethoden der Hörerziehung zeigen, daß der größte Teil dieser Verfahrensweisen methodisch mit Lernprozessen in anderen Arbeitsbereichen des Musikunterrichts verknüpft ist (Singen/Spielen/Improvisieren; Umsetzung in Notation, Bewegung, Szene, Bild; Erfinden, Basteln; Reflexion außermusikalischer Sachverhalte).

Die schwer zu systematisierende Vielfalt methodischer Alternativen im Musikunterricht ist möglicherweise auf die – durch die interpretative Offenheit musikalischer Phänomene erleichterte – besondere Kombinationsfähigkeit von Lernaktivitäten auf unterschiedlichen Ebenen zurückzuführen.

3. *Ebene: Prozessuale Momente des Unterrichts.* Die Methodendiskussion richtete sich bisher vor allem auf die ersten beiden Ebenen. Oder besser: Entscheidungen in diesen Bereichen waren implizit auch immer Methodenentscheidungen, ohne daß das Methodenproblem auf der Metaebene systematisiert wurde. So spielten Probleme der *Artikulation* in der fachdidaktischen Theorie keine Rolle mehr, seit der preußische Schulgesangsunterricht (mit dem häufig zugrundeliegenden Herbartschen Formalstufenmodell) abgelöst wurde. Man kann daraus folgern, daß die unterrichtliche Artikulation offenbar nicht als Problem gesehen wurde, und dies vielleicht auf die ohnehin gegebene Variabilität der Lernorganisation als Folge der Kombinierbarkeit unterschiedlicher Lernaktivitäten (Hören, Transformation, Reproduktion) zurückführen.

Im Falle der *Aktions-* und *Sozialformen* lassen sich Ordnungsgesichtspunkte wahrscheinlich aus der Unterscheidung inhaltlich-ästhetischer Grundkonzeptionen des Musikunterrichts gewinnen. Hypothetisch bieten sich dafür zwei idealtypische Ausprägungen entlang den folgenden Polaritäten:

Normativität	versus	Phantasie
enge ästhetische Kategorien	versus	offene ästhetische Kategorien
vorstrukturierte Gegenstandskonstitution	versus	offene Gegenstandskonstitution
konzeptorientiert	versus	perzeptorientiert
vorstrukturierte Transformationsprinzipien	versus	offene Transformationsprinzipien
Rezeption	versus	Produktion
Tradition	versus	Innovation
Lernzielorientierung	versus	Handlungs- und Schülerorientierung

Eine Aufschlüsselung der Aktions- und Sozialformen im Blick auf ihre jeweilige Nähe zu diesen polaren Grundkonzepten würde wahrscheinlich auf der einen Seite eine Tendenz zu Formen wie Lehrervortrag, Vor- und Nachmachen, fragend entwickelndem Unterricht, genetischem Lernen, Frontalunterricht und Einzelarbeit ergeben, während auf der anderen Seite Begriffe stünden wie Gespräch, Diskussion, Spiel, Experiment, entdeckendes Lernen, Schülermitentscheidung und Gruppenarbeit.

3 Merkmale des ästhetischen Lernens – Anknüpfungspunkte für methodische und mediale Entscheidungen

Versuchen wir nun abschließend zu verdichten, welche durchgängigen Merkmale einerseits für die Handlungsformen der Schüler, andererseits für die reklamierten Gegenstandsbeziehungen herausgehoben werden können, müßten sich Methoden und Medien der ästhetischen Erziehung, mindestens Merkmale von diesen, identifizieren lassen, die nicht mehr aus der Tradition *eines* Schulfaches oder aus der Systematik *einer* Einzelwissenschaft resultieren (vgl. OTTO 1978, S.673ff.).

Zunächst wird deutlich, daß aus der Sicht der Fächer nicht nur Prozesse der Gegenstandsaneignung und -vermittlung beschrieben werden, sondern auch solche des sozialen Lernens, wenn darunter mit Weinert die „Übernahme gesellschaftlicher Werte, Normen, Einstellungen und Haltungen" (WEINERT 1974, S.394) verstanden werden kann. LEGLER (vgl. 1978, S.716) hat auf die notwendige Erweiterung des Lernbegriffs in dieser Richtung gerade am Beispiel der ästhetischen Erziehung hingewiesen. Erst von hier aus könne die Didaktik ihre Emanzipationspostulate auf der Ebene der Methoden des Unterrichts diskutieren (vgl. LEGLER 1978, S.717). Darüber hinaus scheint für alle Beispielfelder charakteristisch zu sein, daß Subjektzentrierung und Sachbezug gerade nicht im polaren Gegenüber begriffen werden dürfen, sondern daß jeglicher Unterricht erst in der Zuordnung von Gegenstandsaspekten und Handlungsformen der lernenden Subjekte zustande kommt (vgl. RICHTER 1977, S.39ff.).

Die fachlich differenzierten Aufgabenfelder haben schließlich über den in unterschiedlichen Medien ausgebrachten Produktionsaspekt hinaus den hohen Anteil an Interpretationsprozessen beziehungsweise an Prozessen, die der Interpretation bedürfen, gemeinsam. Durch die Verwiesenheit der ästhetischen Erziehung auf Handlungen *und* auf Interpretationen hat der Unterricht eine tendenziell offene Struktur, andernfalls könnte die Besetzung der Felder nicht mehr in der Balance gehalten werden. Geht man nun davon aus, daß aller Unterricht einen Anteil an Symbol-

W. Bergmann/ H. Bollmann/ Th. Ott/ G. Otto/ K. Scherler/ K. Wellner

prozessen enthält, daß Interpretation nicht nur ein Modus der Beschäftigung mit Kunst ist, sondern eine Weise der Aneignung von Welt, dann enthalten die Methoden der ästhetischen Erziehung Hinweise auf Momente, die in allen Lernprozessen der Pflege bedürfen, die methodischer Aufmerksamkeit wert sind (vgl. MOLLENHAUER 1983).

4 Lernbereich „ästhetische" Erziehung

Wir nennen diesen Lernbereich aus mehreren Gründen „ästhetisch". Die Tragfähigkeit dieser Entscheidung soll rückblickend auf den vorgelegten Gedankengang geprüft werden.

Hier ist nicht der Ort, die Geschichte der ästhetischen Erziehung und der Fächer, in die sie aufgeteilt ist, aufzuarbeiten. Es ist die Geschichte von Reduktionen und Verengungen des unter dem programmatischen Begriff jeweils Intendierten, Erlaubten oder Möglichen. In die jüngere Fachgeschichte ist der Begriff wieder durch v. HENTIG (vgl. 1969) und KERBS (vgl. 1972) eingeführt worden, um auf die gesellschaftliche Dimension des Ästhetischen aufmerksam zu machen. In der aktuellen Fachdiskussion steht der Topos „ästhetisch" zunächst für den Versuch, Verengungen in Konzepten von Kunsterziehung, Kunstunterricht und visueller Kommunikation zu überwinden und auf einem erweiterten Lernbegriff zu beharren: „Die Bezeichnung ästhetische Erziehung wird [...] für solche (absichtsvoll eingeleiteten) Lehr-/Lernprozesse innerhalb und außerhalb der Schule verwendet, die sich (primär) auf Herstellungs-, Veränderungs-, Reflexionsprozesse im Hinblick auf ‚Wahrnehmbares' iwS. (also nicht nur ‚Sichtbares') beziehen. Dabei ist Wahrnehmbares iwS. nicht nur Ausgangspunkt und Instrument von Erkenntnis (z.B. im Sinne von Anschaulichkeit), sondern (vermittelt über gegenständliche bzw. vergegenständlichende Tätigkeit und/oder Denken) selbst immer wieder Ziel von Prozessen (sinnlicher) Erfahrung und Erkenntnis" (LEGLER 1978, S.709). So verstanden diente der Begriff zunächst der Öffnung eines Unterrichtsfaches. Roscher hat mit Recht schon 1970 auf die Vernachlässigung ästhetischer Anteile in einem Fach wie Deutsch und auf Defizite in der Tanz-, Theaterpädagogik oder im Sport hingewiesen (vgl. ROSCHER 1970, S.28). Seine gewiß auf andere Schulfächer zu erweiternde Formulierung lautet schon damals: „Ästhetische Erziehung bedeutet [...] kritische Vermittlung von Erfahrung und Erfindung im Bereich akustischer, optischer und motorischer Wahrnehmung sowie ihrer gedanklichen Bezüge" (ROSCHER 1970, S.21). So vorläufig solche Bestimmungen des Ästhetischen im Hinblick auf das Schulfach immer sein mögen, sie stimmen überein in der Betonung der Erkenntnisfunktion, die gebunden ist an sinnliche Praxis (vgl. OTTO 1980). „Ästhetische Handlungen werden als gesellschaftliche Handlungen verstanden, als Aufwand kritischer Intelligenz – und damit endgültig aus der *nur* emotionalen Dimension, der *bloßen* Privatsphäre befreit" (ROSCHER 1970, S.16).

Wenn die Ausgangsannahme struktureller Gemeinsamkeiten zwischen den ästhetischen Aufgabenfeldern stimmt, dann verweisen einige von einzelnen Autoren prägnant bestimmte und in ihren vor allem methodischen Folgen entfaltete Bestimmungsstücke des Ästhetischen auf durchgängige Charakteristika unseres Lernbereichs. Mindestens muß, was in einem Aufgabenfeld zutage tritt, daraufhin untersucht werden, ob es für alle als strukturierend wirksam angenommen werden darf. Solche Bestimmungsstücke des Ästhetischen sind zum Beispiel:
– der von Karlheinz Scherler am Beispiel des Bewegungslernens bezeichnete Zusammenfall des Lehrens und Lernens einer ästhetischen Kompetenz mit der gleich-

zeitigen Interpretation und Exploration dieses ästhetischen Vermögens im lernenden Subjekt und durch das lernende Subjekt;
- der von Hans Bollmann für das Darstellende Spiel aufgewiesene Doppelcharakter als autonomes Aufgabenfeld und als Aspekt anderer Aufgabenfelder und Erkenntnisformen;
- der von Werner Bergmann hergestellte Zusammenhang zwischen der Vielfalt der Methoden der Gegenstandskonstitution und unterrichtlichen Arbeitsformen sowie die Annahme eines Kontinuums zwischen den Polen produktiv/reproduktiver und rezeptiv/reflexiver Handlungsformen;
- die von Klaus Wellner für den Literaturunterricht herausgehobene Textkonstitution durch das interpretierende Subjekt im dialogisch hermeneutischen Prozeß, der zugleich ein Bildungsprozeß des Subjektes ist;
- die von Thomas Ott für den Musikunterricht akzentuierte unvergleichbar große Bandbreite der Rezeptions- und Deutungsmöglichkeiten des musikalischen Materials.

BAUER, K.W.: Emanzipatorisches Kindertheater, München 1980. BATZ, M./SCHROTH, H.: Theater zwischen Tür und Angel, Reinbek 1983. BEIMDICK, W.: Theater und Schule, München 1975. BELOW, I.: Probleme der „Werkbetrachtung" - Lichtwark und die Folgen. In: BELOW, I. (Hg.): Kunstwissenschaft und Kunstvermittlung, Gießen 1975, S. 83 ff. BERTRAM, H.: Werkstattbilder - kunstgeschichtliche Arbeitsmittel, Hamburg o.J. BINGER, L.: Fall aus der Rolle, Berlin 1977. BUBNER, C./MIENERT, C.: Bausteine des Darstellenden Spiels, Frankfurt/M. 1978. CRIEGERN, A.v.: Didaktik und Ikonologie. In: Kunst u. U. (1974), 26, S. 42 ff. CRIEGERN A.v.: Struktur und Politik. Grenzwerte der Kunstpädagogik, Berlin 1975. CRIEGERN, A. v.: Zum Stellenwert des Bildes in der gegenwärtigen kunstdidaktischen Diskussion. In: Kunst u. U. (1978), 52, S. 20 ff. CRIEGERN, A.v.: Bilder interpretieren, Düsseldorf 1981. DORNHAUS, E.: Methoden der Kunstbetrachtung. Materialien für die Sekundarstufe II, Hannover 1981. EGGER, K.: Lernübertragungen in der Sportpädagogik, Basel 1975. EID, K. u.a.: Grundlagen des Kunstunterrichts, München 1980. EUCKER, J.: Die Methoden der ästhetischen Erziehung. In: Kunst u. U., Sonderheft 1982, S. 108 ff. FETZ, F.: Allgemeine Methodik der Leibesübungen, Frankfurt/M. 1979. FINGERHUT, K.H./MELENK, H.: Über den Stellenwert von ,,Kreativität" im Deutschunterricht. In: Disk. Dt. 11 (1980), 55, S. 494 ff. FISCHER, W.: Methoden im Musikunterricht der Primarstufe. In: SCHMIDT-BRUNNER, W. (Hg.): Methoden des Musikunterrichts, Mainz/London/New York/Tokyo 1982, S. 125 ff. FOLDENAUER, K.: Medien, Sprache und Literatur im Deutschunterricht, Braunschweig 1980. FREIE UND HANSESTADT HAMBURG: Richtlinien und Lehrpläne, Bd. 3, 4, Hamburg 1973. FREY, G.: Training und Adaption im Schulsport, Schorndorf 1981. GIFFEI, H. (Hg.): Theater machen, Ravensburg 1982. GRIPS (Hg.): Doof bleibt doof. Ein Fest bei Papadakis. Materialien, Starnberg 1974. GRÖSSING, S.: Einführung in die Sportdidaktik, Bad Homburg ³1981. HABERMAS, J.: Zur Entwicklung der Interaktionskompetenz, Mimeo, Frankfurt/M. 1975. HARRE, D.: Trainingslehre, Berlin (DDR) ³1971. HARTLAUB, G.F.: Der Genius im Kinde, Breslau 1922. HASELBACH, B.: Improvisation - Tanz - Bewegung, Stuttgart ²1979. HEIMANN, P.: Didaktik als Theorie und Lehre. In: D. Dt. S. 54 (1962), S. 407 ff. HENTIG, H. v.: Das Leben mit der Aisthesis. In: DEUTSCHER BILDUNGSRAT, Bildungskommission: Lernziele der Gesamtschule, Stuttgart 1969, S. 29 ff. JAUSS, H.R.: Ästhetische Erfahrung und literarische Hermeneutik I, München 1977. KERBS, D.: Zum Begriff der ästhetischen Erziehung. In: Gess.-Info. 5 (1972), 3, S. 46 ff. KOCH, G. u.a. (Hg.): Assoziales Theater, Köln 1983. KOCHAN, D.C.: Texte und Bilder verstehen. In: Kunst u. U., Sonderheft 1978, S. 146 ff. KOHL, K.: Zum Problem der Sensomotorik, Frankfurt/M. 1956. KOPPE, K.: Grundbegriffe der Ästhetik, Frankfurt/M. 1983. KRAUSE, S.: Darstellendes Spiel, Paderborn 1976. KREFT, J.: Grundprobleme der Literaturdidaktik, Heidelberg 1977. LEGLER, W.: Ästhetische Erziehung und Lerntheorie. In: Z. f. P. 24 (1978), S. 709 ff. LEGLER, W. u.a.: Denken und Machen ein offenes Problem. In: Kunst u. U., Sonderheft 1979, S. 9 ff. LETZELTER, M.: Trainingsgrundlagen, Reinbek 1978. MARTIN, D.: Grundlagen der Trainingslehre, 2 Teile, Schorn-

W. Bergmann/ H. Bollmann/ Th. Ott/ G. Otto/ K. Scherler/ K. Wellner

dorf 1977/1980. MATTHIAS, D.: Die Information verrät ihre Sender. In: Kunst u. U., Sonderheft 1978, S. 49 ff. MOLLENHAUER, K.: Vergessene Zusammenhänge. Über Kultur und Erziehung, München 1983. MÖLLER, H. R.: Thesen zur Didaktik der Bildbetrachtung. In: MÖLLER, H. R./LANG, S. K. (Hg.): Werkstatt Kunstpädagogik – Übungen zur Bildbetrachtung, Ravensburg 1976, S. 37 ff. NIEHOFF, R.: Einführung in die ikonographische und ikonologische Interpretationsmethode (nach E. Panofsky). In: Kunst u. U., Sonderheft 1978, S. 173 ff. OTTO, G.: Kunst und Erziehung im industriellen Zeitalter. In: ELLWEIN, TH. u. a. (Hg.): Erziehungswissenschaftliches Handbuch, Bd. 1, Berlin 1969, S. 227 ff. (1969 a). OTTO, G.: Kunst als Prozeß im Unterricht, Braunschweig ²1969b. OTTO, G.: Didaktik der Ästhetischen Erziehung, Braunschweig 1974. OTTO, G.: Ästhetische Erziehung – Reformbeitrag, Kontinuität und Wechsel der Paradigmata in einer Fachdidaktik. In: Z. f. P. 24 (1978), S. 669 ff. OTTO, G.: Kunsterziehung/Ästhetische Erziehung. In: ROTH, L. (Hg.): Handlexikon zur Didaktik der Schulfächer, München 1980, S. 264 ff. OTTO, G.: Bedingungen und Funktionen ästhetischer Erziehung. In: LANDESVERBAND BUND DEUTSCHER KUNSTERZIEHER (Hg.): Kunstpädagogischer Kongreß. Berichtband, Köln 1981, S. 12 ff. OTTO, G.: Bildanalyse. In: Kunst u. U. (1983), 77, S. 10 ff. OTTO, G.: Medien. In: Enzyklopädie Erziehungswissenschaft, Bd. 4, Stuttgart 1985, S. 74 ff. OTTO, G. u. a.: Kunstunterricht, Düsseldorf 1970. RICHTER, H. G. (Hg.): Therapeutischer Kunstunterricht, Düsseldorf 1977. ROSCHER, W.: Gesellschaft und die Aufgabe ästhetischer Erziehung heute. In: ROSCHER, W. u. a.: Ästhetische Erziehung, Improvisation, Musiktheater, Hannover 1970, S. 11 ff. SCHULZ, W.: Unterrichtsplanung, München/Wien/Baltimore ³1981. SCHWAGER, K.-H.: Wesen und Formen des Lehrgangs im Schulunterricht, Weinheim 1958. STANKEWITZ, W.: Szenisches Spiel als Lernsituation, München/Wien/Baltimore 1977. STIEHLER, G.: Methodik des Sportunterrichts, Berlin (DDR) 1966. STUDT, R.: Verschiedene Bezugssysteme eines Bildes. In: Kunst u. U. (1977), 42, S. 45 ff. TESKE, U.: Assoziative Bildbetrachtung. In: Kunst u. U. (1977), 42, S. 52 ff. UNGERER, T.: Zur Theorie sensomotorischen Lernens, Schorndorf 1971. VOLLERTSEN, P.: Lernen im Deutschunterricht in der Sekundarstufe I. In: HOPSTER, N. (Hg.): Handbuch „Deutsch" Sekundarstufe I, Paderborn/München/Wien/Zürich 1984, S. 11 ff. VOLLERTSEN, P./WELLNER, K.: Entwicklungspsychologische Bedingungen der Literaturrezeption von Schülern – Untersuchungen zur Subjektivität im Unterricht. In: KREFT, J. u. a.: Der Schüler als Leser, Paderborn 1981, S. 69 ff. WALDINGER, K. G.: Lehrgangs- und projektorientierter Kunstunterricht. In: BDK-Mitt. (1983), 3, S. 13 ff. WEINERT, F.: Lernen. In: WULF, CH. (Hg.): Wörterbuch der Erziehung, München 1974, S. 389 ff. WELLNER, K./WELLNER-PRICELIUS, B.: Zum Zusammenhang von Methoden, Lernzielen, Lerngegenstand und Entwicklungspsychologie. In: HOPSTER, N. (Hg.): Handbuch „Deutsch" Sekundarstufe I, Paderborn/München/Wien/Zürich 1984, S. 29 ff.

Hans-Jürgen Krumm

Methodisch-mediales Handeln im Lernbereich Sprache

1 Vorbemerkung
2 Zum Verhältnis von Fachwissenschaft, Fachdidaktik und allgemeiner Didaktik
3 Methodendiskussion in der Fremdsprachendidaktik
4 Funktion der Medien in der fremdsprachendidaktischen Diskussion und in der Unterrichtspraxis
4.1 Medien als Bestandteile eines lernerorientierten, erfahrungsbezogenen Fremdsprachenunterrichts
4.2 Medien zur Analyse außerunterrichtlicher Kommunikationssituationen im Fremdsprachenunterricht
4.3 Medien zur Eröffnung sprachlicher Selbsterfahrung im Fremdsprachenunterricht
5 Alternative Methoden für den Fremdsprachenunterricht
6 Mediale Aspekte des muttersprachlichen Unterrichts

Zusammenfassung: Methodische Entwicklungen im Fremdsprachenunterricht sind durch das sich wandelnde Verhältnis der Fremdsprachendidaktik zu den Fachwissenschaften und zur allgemeinen Didaktik charakterisiert. Die Lösung aus einer engen Bindung an die Fachwissenschaft (insbesondere an die Linguistik) bedeutete für die Fremdsprachendidaktik eine Hinwendung zum Unterrichtsprozeß und zum Fremdsprachenlerner, für die Methodik die Entwicklung offener Methodenkonzeptionen und variabler Lehrmaterialien und Medien. Die Positionen der Fremdsprachendidaktik sind insbesondere im Hinblick auf die Frage der Mitbestimmung der Schüler und in der Diskussion kommunikativer und kognitiver Unterrichtsverfahren kontrovers. Am Beispiel der Medienverwendung im Fremdsprachenunterricht werden Möglichkeiten eines erfahrungsentfaltenden Unterrichts und einer Einbeziehung außerunterrichtlicher Wirklichkeit in die Unterrichtskommunikation vorgestellt. Im Mittelpunkt der Darstellung steht der Fremdsprachenunterricht in den modernen Fremdsprachen; auf spezielle Fragestellungen des Deutschunterrichts auch für Ausländer wird ergänzend hingewiesen.

Summary: Methodological developments in the teaching of modern languages are characterized by the changing relations between the didactics of modern language teaching, the associated academic subjects and didactics in general. The liberation from the close bonds of an academic subject (particularly linguistics) meant that modern language teaching could now turn to the actual teaching process and the foreign-language learner, and that more liberal ideas about methods as well as variable teaching material and media could be developed. The positions adopted within modern language teaching, particularly with regard to the question of pupils' co-determination and the discussions concerning communicative and cognitive teaching methods, are controversial. Taking the use of media in modern language teaching as an example, the possibilities offered by a type of teaching that exploits experience and the integration of external reality into lesson communications are

Hans-Jürgen Krumm

presented. The presentation centres on foreign language teaching. Supplementary remarks on the teaching of German to foreigners are also included.

Résumé: L'évolution méthodologique dans l'enseignement des langues étrangères est caractérisée par le rapport changeant de la didactique en langues étrangères, aux sciences spécialisées et à la didactique générale. Le détachement d'une liaison étroite avec les sciences spécialisées (en particulier la linguistique) amena, pour la didactique des langues étrangères, une prise d'intérêt pour la procédure d'enseignement et l'apprenant et, pour la méthodologie, le développement de conceptions ouvertes et de matériaux pédagogiques et médias souples. Les positions de la didactique des langues, en particulier en égard à la question de la participation des élèves et dans la discussion du processus d'enseignement communicatif et cognitif sont le lieu de controverses. A l'exemple de l'emploi des médias dans l'enseignement des langues, on présente des possibilités d'un enseignement, développant l'expérience et d'une implication de la réalité extra-enseignement dans la communication pédagogique. Au centre du développement figure l'enseignement des langues modernes; on attire en outre l'attention sur certains aspects de l'enseignement de l'allemand aux étrangers.

1 Vorbemerkung

Von einem einheitlichen Lernbereich Fremdsprachen kann, auch wenn die Fremdsprachendidaktik an einzelnen Hochschulen noch so organisiert ist, nicht die Rede sein. Die Lernbereiche lebende Fremdsprachen, klassische Sprachen und Deutsch als Fremdsprache beziehungsweise Deutsch als Zweitsprache haben sich in ihren Zielsetzungen, Forschungsbezügen und Methodenkonzeptionen ebenso wie in ihrer institutionellen Struktur nicht nur auseinanderentwickelt, sondern auch in sich weiter differenziert: Bei der Eingliederung von pädagogischen Hochschulen sind die Fachdidaktiken teils der Erziehungswissenschaft, teils den Fachwissenschaften zugeordnet worden; in den Fachdidaktiken der einzelnen Fremdsprachen haben sich – auf Grund unterschiedlicher Entwicklungen in den Ländern der zu vermittelnden Sprache und in den Fachwissenschaften, aber auch auf Grund ihrer unterschiedlichen Gewichtung durch die Schulsprachenpolitik in der Bundesrepublik Deutschland – unterschiedliche Schwerpunkte herauskristallisiert; aus der Primärsprachen- und Fremdsprachendidaktik haben sich die Sprachlehr- und Sprachlernforschung sowie Deutsch als Zweitsprache und Ausländerpädagogik als eigenständige Fachrichtungen herausentwickelt und im Forschungs- und Ausbildungsbetrieb der Hochschulen etabliert.
Dieser Artikel stellt die Methoden- und Mediendiskussion im Bereich der Fremdsprachendidaktik bezogen auf die lebenden Fremdsprachen dar; auf Sonderentwicklungen im Bereich des Deutschen als Fremd- und Zweitsprache wird dabei hingewiesen. Die klassischen Sprachen bleiben (auch wegen ihrer Sonderstellung im Schulsystem, wo sie nur an bestimmten Gymnasien vertreten sind) ausgeklammert (zum altsprachlichen Unterricht vgl. MATTHIESSEN 1983, S.516ff.)

2 Zum Verhältnis von Fachwissenschaft, Fachdidaktik und allgemeiner Didaktik

Die Fremdsprachendidaktik hat sich vielfach als Bestandteil der Fachwissenschaft (Sprach- und Literaturwissenschaft der jeweiligen Sprache) verstanden und ist auch von Seiten der Fachwissenschaften so definiert worden; so erklären SCHRÖDER/FIN-

KENSTAEDT (1977, S. VII): „Aus der Verbreitung und Professionalisierung des Fremdsprachenunterrichts ergibt sich die Notwendigkeit einer besonderen Fachdidaktik des Englischen; diese ist Bestandteil des Faches Anglistik und Amerikanistik; sie ist nicht Konkretisierung abstrakter Erziehungswissenschaft, und sie ist auch nicht sekundäre Rechtfertigung wie auch immer zustande gekommener Verhältnisse in unserem Hochschulwesen". So zeigt sich in den 60er und 70er Jahren der wiederholte Versuch der Fremdsprachendidaktik, jeweils neue linguistische Modelle (Strukturalismus, generative Transformationsgrammatik, Pragmalinguistik) zu adaptieren, auch wenn seitens einzelner Fremdsprachendidaktiker und vor allem aus der Sicht der Sprachlehrforschung (vgl. BAUSCH 1974) die Warnung vor einer übersteigerten Erwartungshaltung gegenüber der Linguistik formuliert worden ist. Ähnlich hat die fremdsprachliche Literaturdidaktik die Wende der Literaturwissenschaft zur Rezeptionsästhetik mit einer Gewichtsverlagerung des Interesses von Werk und Autor hin zum Leser nachvollzogen (vgl. HUNFELD 1982). Diese Tendenz der Fremdsprachendidaktik, aus ihrer Mittlerrolle zwischen den Grundwissenschaften (Pädagogik und Psychologie) und den Bezugswissenschaften (Sprach- und Literaturwissenschaft) auszuscheren und sich auf die Fachwissenschaften auszurichten, ist auch historisch als Abgrenzungsversuch gegenüber der Übermacht der Grundwissenschaften sowie im Rahmen der Verwissenschaftlichung der Lehrerausbildung zu verstehen. Die starke linguistische Orientierung der Fremdsprachendidaktik hat vielfach zu einem engen Verständnis ihrer Aufgaben, zu einer Selbstbeschränkung auf die „Optimierung von Verfahren" (MÜLLER 1979, S. 134) geführt, die als Didaktisierung vorwiegend linguistischer Erkenntnisse aufgefaßt wurde. DIETRICH (1979a, S.358f.) hat dem gegenüber das „defiziente Selbstverständnis der fremdsprachlichen Fachdidaktik" im Hinblick auf die Unterrichtswissenschaften und die allgemeine Didaktik hervorgehoben: Die kritische Reflexion über Grundfragen von Unterricht und Gesellschaft, die Kritik am institutionalisierten Unterricht sei an der Fremdsprachendidaktik weitgehend vorübergegangen. Mitte der 70er Jahre haben jedoch verschiedene Versuche eingesetzt, das wissenschaftliche Bemühen um den Fremdsprachenunterricht aus der Abhängigkeit der Fachwissenschaften zu lösen: Bemühungen um die Eigenständigkeit der Fremdsprachendidaktik als Wissenschaft sind durch eine „empirische Wende" gekennzeichnet (vgl. MÜLLER 1975), wobei zugleich der Gegenstandsbereich über die Sprach- und Literaturvermittlung hinaus auch auf die Vermittlung landes- und kulturkundlichen Wissens sowie die Auseinandersetzung mit der konkreten Unterrichtsrealität erweitert wurde. Eine spezifische Ausprägung hat die Rückbesinnung auf eine den im Fremdsprachenunterricht ablaufenden Prozessen verpflichtete interdisziplinäre Wissenschaft mit der Entwicklung der Sprachlehr- und Sprachlernforschung gefunden; „dabei liegt weder die Vorstellung einer unidirektionalen Ableitung des Lehrens aus der Forschung oder des Lernens aus dem Lehren zugrunde, noch die Vorstellung vom Fremdsprachenlehrer als Abnehmer unterschiedlichster Forschungsergebnisse, die dieser dann in der rechten Mischung zu einem Unterrichtsrezept zusammenbringen müsse. Vielmehr sind für die Sprachlehr- und Sprachlernforschung solche Formen empirischer Forschung angemessen, die von kritischer Selbstreflexion der Forschenden bestimmt sind und die eine Partizipation der Betroffenen vorsehen" (KOORDINIERUNGSGREMIUM 1983, S.32). Die Sprachlehr- und Sprachlernforschung hat wesentlich dazu beigetragen, daß auch in der wissenschaftlichen Beschäftigung mit dem Fremdsprachenunterricht der Lernende und der Unterricht selbst in der Komplexität ihn bedingender Faktoren in den Mittelpunkt der Forschung gerückt sind (vgl. BAUSCH u.a. 1982, KÖNIGS 1983). Die Auseinandersetzung um die Lernerorientierung insbesondere bei der konkreten Unterrichtsplanung kennzeichnet auch die divergierenden Methodenkonzeptionen zu Beginn der 80er Jahre (vgl. SCHULZ 1981).

3 Methodendiskussion in der Fremdsprachendidaktik

Unter „Methode" werden in der Fremdsprachendidaktik jene Grundsätze und Verfahren zusammengefaßt, die geeignet sind, das praktische Handeln von Lehrern, die Unterrichtsvorbereitung und -durchführung sowie die Entwicklung von Lehrmaterial zu steuern, während „Methodik" sich eher auf das Lehrsystem, das sich aus den einzelnen Verfahren und „Kunstgriffen" ergibt, bezieht (vgl. BELJAJEW 1967).
Methode und Methodik sind in der Fremdsprachendidaktik in der Regel als normsetzende und handlungsleitende Planungskriterien für den Fremdsprachenunterricht verstanden worden, die ihre Legitimation aus den mit dem Lehren und Lernen befaßten Wissenschaften ableiteten. Als Beginn einer wissenschaftsorientierten Methodenlehre kann die durch Vietors Schrift (vgl. FLECHSIG 1965, S. 155 ff.) „Quousque Tandem? Der Sprachunterricht muß umkehren" (1882) eingeleitete neusprachliche Reformbewegung gelten. Die Forderung nach *direkten Lehrmethoden,* nach einem an natürlicher Sprachverwendung und dem Primat der gesprochenen Sprache ausgerichteten Fremdsprachenunterricht wurde entscheidend durch Entwicklungen in der Psychologie und Phonetik beeinflußt – Psychologie und Linguistik blieben die primären Bezugsdisziplinen, von denen her sich Methodenkonzeptionen wie *audiolinguale Methode, Lernen durch Einsicht* und entsprechende Methodiken zum einsprachigen Unterricht und zur Grammatikvermittlung ableiten (vgl. GOSEWITZ/KRUMM 1980). Empirische Fremdsprachendidaktik und Sprachlehrforschung sehen sich bei einer wissenschaftlichen Fundierung der Methodenlehre den folgenden Problemen gegenüber:
- Die „Faktorenkomplexion" und Mehrfachdimensioniertheit fremdsprachlicher Lernvorgänge hat eine systematische Erforschung von Methoden bislang verhindert (vgl. KOORDINIERUNGSGREMIUM... 1977, S. 30 ff.);
- die Unterrichtsrealität hat sich durch Methoden weder hinreichend abbilden noch strukturieren lassen – der Aktualisierungsspielraum ist zu groß, um systematische empirische Methodenvergleiche zu ermöglichen (vgl. BUTZKAMM u.a. 1977, S. 160);
- wo von Seiten der Psychologie Einzelelemente des fremdsprachlichen Lernprozesses untersucht wurden, waren die Ergebnisse unbrauchbar und widersprüchlich, weil die Experimentalanordnungen keine zutreffenden Rückschlüsse auf die Unterrichtsrealität zulassen (vgl. FLECHSIG 1971, S. 3256); dies gilt auch für neuere psycholinguistische Untersuchungen, die einzelne Erwerbssituationen wie beispielsweise den natürlichen Zweitsprachenerwerb oder aber einzelne Elemente des Erwerbsprozesses wie zum Beispiel den Erwerb morphosyntaktischer Strukturen herausgreifen und von daher höchst problematisch auf den Fremdsprachenlernprozeß insgesamt zurückschließen (vgl. zur Kritik an diesen Ansätzen BAUSCH/KÖNIGS 1983).

Diese Schwierigkeiten haben dazu geführt, daß eine empirische Forschung im Bereich der fremdsprachlichen Methodenentwicklungen kaum vorhanden ist und die Methodik als eine präskriptive Teildisziplin der Fremdsprachendidaktik durchweg als unwissenschaftlich zurückgewiesen wird: So charakterisiert Blankertz Methodik als „apodiktisch formulierte Anweisungen für den Unterricht, die bestimmten Erfahrungssätzen und überlieferten Meinungen entnommen und dann als verbindliche Normen aufgestellt sind" (BLANKERTZ 1969, S. 18; vgl. ACHTENHAGEN u. a. 1975, S. 28). Auch die großen Methodenvergleiche im Fremdsprachenunterricht, die in den 60er Jahren in den Vereinigten Staaten durchgeführt wurden (vgl. FLECHSIG 1971), haben diese Situation nicht verändert; auf sie trifft Flechsigs zweifache Kritik zu, zum einen, daß sich die Ergebnisse nicht auf *die* Methoden generalisieren lassen, zum anderen, daß sie lediglich „die ziemlich banale Schlußfolgerung stützen, daß Schüler im großen und ganzen (wenn überhaupt etwas) dasjenige lernen, was ihnen beigebracht wird, und daß es keinen geheimnisvollen Transfer zwischen den einzelnen Sprachfunktionen gibt" (FLECHSIG 1971, S. 3184). Der kritische Punkt der bisherigen Forschung liegt darin, daß Überprüfungsverfahren für Methoden in Form von Experimenten zu einer Komplexitätsreduktion führen, so daß gerade jene Charakteristika des Fremdsprachenunterrichts, die entscheidendes Element gelingenden Unterrichts sind, wie etwa spontanes sprachliches Handeln, aus der Untersuchung eliminiert werden.

Unabhängig von diesem Forschungsstand haben sich in der Unterrichtspraxis wie auch in der lehrerausbildenden Fremdsprachendidaktik in Abhängigkeit von Entwicklungen in der Primärsprachendidaktik, in den Fachwissenschaften und in Verbindung mit der Lernzieldiskussion methodische Prinzipien als handlungsleitende Kategorien für den Lehrer und die Lehrwerkerstellung durchgesetzt und auch kontrovers nebeneinander behauptet:

- So steht Gutschows Auffassung von einer strengen Sequenzialität des fremdsprachlichen Anfangsunterrichts der Forderung nach einer Entschulung des Lernens und Mitbestimmung durch die Schüler auch in den Fremdsprachen gegenüber (vgl. DIETRICH 1974, KRUMM 1980).
- Die Frage, welche Rolle die Muttersprache des Lernenden beim Fremdsprachenerwerb spielt und in der Unterrichtsmethode spielen darf, ist trotz des von BUTZKAMM (vgl. 1980) engagiert vertretenen Konzepts einer „aufgeklärten Einsprachigkeit" nach wie vor umstritten (vgl. SAUER 1982).
- Insbesondere mit den „alternativen Methoden", die versuchen, sozialpsychologische oder psychotherapeutische Ansätze auf den Fremdsprachenunterricht zu übertragen, hat ein neuer Methodenstreit begonnen (vgl. KRUMM 1982a, SCHWERDTFEGER 1982).
- Die fremdsprachendidaktische Diskussion ist stärker als die Unterrichtspraxis durchgehend von der Kontroverse um kommunikative versus kognitive Unterrichtsverfahren bestimmt, wobei insbesondere die Rolle der Grammatik (und die Auswahl entsprechender Grammatikmodelle) kontrovers diskutiert wird (vgl. KRUMM 1979a); von dieser Frage her entscheidet sich auch die Wahl einer eher linguistisch oder eher thematisch/situativ bestimmten Lernprogression (vgl. BUNDESARBEITSGEMEINSCHAFT... 1978).

Die hier angedeuteten, sich teils überlappenden, teils widersprechenden Prinzipien haben beträchtliche Auswirkungen auf Methoden- und Medienentscheidungen für die Unterrichtsplanung: So ergibt sich aus der Betonung der Sequenzialität des fremdsprachlichen Lehr- und Lernprozesses die Suche nach einer durch die Struktur des Gegenstandes (Sprache) oder lernpsychologische Einsichten bedingten Folge von Lehr- und Lernphasen; im Anschluß an JUNGBLUT (vgl. 1974) werden dabei die Phasen der *Vermittlung* (Schaffung der Voraussetzungen für Sinnentnahme), der *Darbietung,* des *Transfers,* der *Festigung,* der *Bewußtmachung* und der *freien Anwendung* unterschieden. Die Betonung eines kommunikativen Ansatzes, der die Schüler als Mitgestalter des Fremdsprachenunterrichts einbezieht, führt demgegenüber zu einer Betonung von *Gruppenarbeit* (vgl. SCHWERDTFEGER 1977), *Bin-*

nendifferenzierung (vgl. GÖBEL 1981) und freieren, *projektorientierten Arbeitsansätzen* (vgl. DIETRICH 1979a).
Hier hat die FREMDSPRACHENDIDAKTIK besondere Impulse durch die Entwicklung des Deutschunterrichts für ausländische Arbeitnehmer und deren Kinder (Zweitsprachenunterricht) erfahren: Auf der einen Seite ist dieser Unterricht in erheblich stärkerem Maße von externen Faktoren (Ausländerrecht, Bleibeabsicht der Familien, Modelle gemeinsamen Lernens deutscher und ausländischer Schüler oder aber segregierte Unterweisung) abhängig als der schulische Fremdsprachenunterricht, auf der anderen Seite aber ergeben sich aus einem Unterricht in zielsprachiger Umgebung Möglichkeiten eines *interkulturellen und erfahrungsbezogenen Lernens,* bei denen die sprachliche Vorerfahrung der Schüler im Unterricht fruchtbar gemacht werden kann. So stehen nicht abstrakte Prozesse oder Strukturen des Sprachsystems im Mittelpunkt, sondern konkrete Prozesse des sprachlichen Handelns in Lebenssituationen, die für die derzeitige und künftige Lebenspraxis der Schüler bedeutsam sind (vgl. POMMERIN 1977). Auch ein solcher Unterricht kann auf systematische Spracharbeit nicht verzichten, vielmehr müssen die außerunterrichtlich eingeschliffenen Fehler, die selbstgebildeten Regeln oder die durch zu geringen Sprachkontakt und fehlende Korrekturinstanz entstandene Regelunsicherheit behoben werden. Insofern sind in diesem Bereich von vornherein kommunikative und kognitive Arbeitsformen miteinander verknüpft worden (vgl. BARKOWSKI u.a. 1980a, KRUMM 1981a).
Lehrwerke und Mediensysteme stellen häufig die einzig greifbare, explizite Form einer Methode dar, insofern sie die Auswahl, Anordnung, Reihenfolge und Darbietungsform vorgeben und über ausführliche Lehrerhefte, verbindlich vorgeschriebene Ausbildungskurse eine angemessene Umsetzung sicherzustellen versuchen. Die Methodenforschung hat sich im Hinblick auf Lehrmaterialien vorwiegend auf die Untersuchung von Einzelaspekten konzentriert, doch gibt es seit Beginn der 70er Jahre auch Ansätze zu einer umfassenderen Lehrwerkkritik (vgl. HEUER/MÜLLER 1973/1975, KRUMM 1982a). Nach einer vorwiegend quantitativ orientierten Lehrbuchanalyse (vgl. BUNG 1977) wird in den Arbeiten von KNAPP (vgl. 1980), KNAPP-POTTHOFF (vgl. 1979) und POELCHAU (vgl. 1980) versucht, die Lehrwerkforschung stärker innerhalb des Unterrichtsprozesses anzusetzen und die Verarbeitungs- und Reaktionsstrategien von Lehrern und Lernenden auf Lehrmaterial in die Untersuchung einzubeziehen und Lehrmaterialien im Unterricht zu evaluieren.
Lehrwerkkritik- und Lehrwerkforschung sind durch die im Bereich Deutsch als Fremd- und Zweitsprache entstandenen Lehrwerkgutachten (vgl. BARKOWSKI u.a. 1982, ENGEL u.a. 1977/1979) angeregt worden, auch bei der Auswahl und Gestaltung von Lehr- und Lernmaterial Fragen der Lernerorientierung in den Vordergrund zu rücken. Diese Orientierung am Adressaten drückt sich im Bereich Deutsch als Fremdsprache in Versuchen einer Regionalisierung von Lehrwerken aus (vgl. GERIGHAUSEN/SEEL 1982), im Fremdsprachenunterricht allgemein in der Ablösung oder Ergänzung ausgefeilter Lehrwerke und Mediensysteme durch variable Systeme von „Baukästen", Lerneinheiten und Medienpaketen (vgl. EDELHOFF 1978).

4 Funktion der Medien in der fremdsprachendidaktischen Diskussion und in der Unterrichtspraxis

Außerhalb der naturwissenschaftlichen Fächer stellen die Fremdsprachen traditionell einen medienintensiven Lernbereich dar: Die Vermittlung einer fremden Spra-

che in muttersprachlicher Umwelt ist auf akustische und visuelle Hilfsmittel angewiesen, soll der Schüler im Klassenzimmer überhaupt einen Bezug zur Realität dieser fremden Sprache und Kultur erhalten. In den 60er Jahren wurde die *Unterrichtstechnologie* daher auch in den fremdsprachlichen Fächern besonders intensiv genutzt: Der besondere Stellenwert von programmierter Instruktion und Sprachlabor erklärte sich aus der Affinität zu einem strukturalistisch begründeten, fertigkeitsorientierten Fremdsprachenunterricht, der sein Ziel in der Automatisierung sprachlicher Strukturen sah. Es war nicht allein die fehlende Motivierung, die zunehmende Monotonie, die diese Medien bei Schülern und Lehrern sehr schnell wirkungslos hat werden lassen, vielmehr vertrug sich die intensive Nutzung der Medien zur Steuerung des Lehr- und Lernprozesses nicht mit den stärker kommunikationsorientierten Ansätzen im Fremdsprachenunterricht seit Beginn der 70er Jahre. So fragte 1975 ein Buchtitel, ob das Sprachlabor eine Fehlinvestition sei (vgl. JUNG/HAASE 1975), die Medieneuphorie war einer Medienmüdigkeit oder gar Medienfeindlichkeit gewichen. Doch ist auch kommunikativer Fremdsprachenunterricht darauf angewiesen, Sprache und Sprachverwendung in zielsprachlicher Umgebung im Unterricht über Medien zu repräsentieren und mit Hilfe von Medien die Kommunikation der Schüler zu stützen. Die mediendidaktische Diskussion hat sich daher gegen Ende der 70er Jahre grundlegend gewandelt (vgl. KRUMM 1981b): Sie hat sich verlagert von der Frage eines durch Medien effektiver, ökonomischer gesteuerten Fremdsprachenunterrichts zu der Frage, wie durch Medien „mehr Wirklichkeit, mehr Unmittelbarkeit, mehr Erfahrung in den Unterricht zu bringen" sei (MACHT 1979, S.56). Beeinflußt wurde diese Akzentverschiebung von zwei Seiten her: Durch die Ausweitung des Literaturbegriffs ist die „Medienkommunikation" (vgl. MICHEL 1980), der „Medientext" (vgl. v. FABER 1980) zum Gegenstand des Fremdsprachenunterrichts geworden; durch die stärker kulturwissenschaftliche Ausrichtung der Landeskunde haben Versuche zugenommen, über Medien und Unterrichtsmaterialien die Realität von Zielsprache und Zielkultur in unterschiedlichen Brechungen in den Fremdsprachenunterricht einzubeziehen. Die Abkehr vom lehrerzentrierten Instruktionsunterricht hat dazu geführt, daß sich auch die Funktion der ehemaligen Instruktionsmedien gewandelt hat und sie nun in den Dienst von Individualisierung und Differenzierung gestellt werden: „Die Medien bilden ein Instrumentarium, mit dem sich der Rahmen des verschulten Gruppenlernens durchbrechen läßt, weil sie auf Grund ihres Objekt-, ihres Materialcharakters und der daraus folgenden prinzipiellen Reproduktions- und Multiplikationsmöglichkeiten die Chance bieten, den Lerner aus der Gebundenheit an den Lehrer als die alleinige Autoritätsinstanz der Lernprozesse zu lösen und Zeit, Art und Ort des Lernens freier bestimmbar zu machen" (HEIDT/LOSER 1979, S.45).
Der so insgesamt veränderte Funktionszusammenhang von Medien und Sprachenlernen führt seit Ende der 70er Jahre auch zu einer Ergänzung der „klassischen" Medien des Fremdsprachenunterrichts (Tonband/Sprachlabor und Dia) durch solche Medien, die geeignet sind, aktuelle und authentische Situationen im Unterricht zu reproduzieren wie Flugblätter, Zeitungen, vor allem aber Video/Fernsehen, ferner werden verstärkt solche Medien benutzt, die einen selbständigen und kreativen Umgang der Schüler mit diesen Medien erlauben und dadurch zugleich zu freierem Kommunizieren anregen, so beispielsweise Handpuppen, Vorlagen für Spiele und Dramatisierungen (vgl. LÖFFLER/KUNTZE 1980, LOHFERT 1982, SPIER 1981).
Zunächst in der Primärsprachendidaktik, in zunehmendem Maße jedoch auch in der Didaktik des Deutschen als Zweitsprache und in der Fremdsprachendidaktik wird auf die Mediatisierung der kindlichen Erfahrungswelt längst vor Schulbeginn

und außerhalb des Unterrichts hingewiesen, von der her auch das Verhalten der Schüler im Unterricht und ihre Reaktion auf Unterrichtsmedien bestimmt ist: „Die gesellschaftlichen Wirklichkeiten – und unter ihnen vor allem die medial aufbereiteten – sind die Lernfelder, mit denen vor allem die schulisch zurechtgestutzten Lernausschnitte nicht konkurrieren können. Jene bestimmen trotz oder wegen der pädagogischen und didaktischen Filter die Erfahrungen, die in der Schule von heute gemacht werden" (HENGST 1980, S. 31). Dies bedeutet für den Sprachunterricht, daß er außerunterrichtliche Medienerfahrung der Schüler ergänzend zu den klassischen Unterrichtsmedien nutzen kann, zugleich aber auch kritische Medienerziehung leisten und die unterrichtliche Medienverwendung im Kontext außerunterrichtlicher Medienerfahrung der Schüler neu bewerten muß (vgl. BAUER/HENGST 1980; zur Nutzung von Massenmedien im Englischunterricht vgl. GROENE u.a. 1983).

4.1 Medien als Bestandteile eines lernerorientierten, erfahrungsbezogenen Fremdsprachenunterrichts

Fremdsprachenunterricht ist für den Schüler ein sozialer Erfahrungsraum, dessen bewußte Verarbeitung für seine Persönlichkeitsentwicklung wichtig ist, unter anderem, indem dieser Unterricht dem Schüler hilft, eine andere Kultur zu verstehen und damit auch die eigene differenzierter zu sehen. Diese Sozialisationsfunktion erfüllt der Zweitsprachenunterricht (so der Deutschunterricht mit ausländischen Kindern) in einem besonderen Maße – er dient der Integration in Zielsprache und Zielkultur. Der Unterricht muß nicht fiktive Situationen zum Ausgangspunkt nehmen, er wird vielmehr für die Schüler zur Lebenshilfe, zu einer Form der Begegnung mit der Zielkultur. Authentisches Unterrichtsmaterial bringen die Schüler durch ihre Lebensumstände mit in den Unterricht, Medienanalyse (als Mittel zum Überleben in einer Massenmedien- und Konsumgesellschaft) ist ein notwendiger Bestandteil dieses Unterrichts: „Der Deutschunterricht für ausländische Schüler muß davon ausgehen, daß reale Sprechanlässe mit Kollegen und Nachbarn potentiell gegeben sind oder vielmehr geschaffen werden müssen, um die Isolation aufzubrechen und um den Sprachlernprozeß zu überführen in die reale Kommunikation, die den Spracherwerb viel stärker vorantreiben kann als der beste Sprachunterricht. Bedingung dafür ist aber, daß die Realität [...] des Wohnbereichs im Unterricht und im Lehr- und Lernmaterial angemessen widergespiegelt wird, so daß sie von dem Lernenden wiedererkannt werden kann und das in der Unterrichtssituation Gelernte auch tatsächlich in der Alltagssituation verwendbar ist" (BARKOWSKI u.a. 1980b, S. 3f.)
Beim Fremdsprachenunterricht in muttersprachlicher Umgebung kommt den Medien eine zentrale Funktion für eine entsprechende Öffnung des Unterrichts zu. Er ist in noch stärkerem Maße „auf eine Verwendung technischer und nicht-technischer Medien angewiesen [...], da sie ‚social events', bzw. Teilaspekte von ihnen in die Klasse zu tragen vermögen. Durch ihren Einsatz wird den Schülern die Möglichkeit gegeben, Rollenverhalten in einer Zielsprache einzuüben, das schließlich in freieren Rollenspielen erprobt wird. Diese bilden eine Grundvoraussetzung für sprachlich emanzipiertes Verhalten in einer Zielsprache" (SCHWERDTFEGER 1973, S. 468).
Verschiedene pädagogische Reformbestrebungen (beispielsweise die kommunikative Didaktik) haben das Bemühen um eine solche Öffnung des Unterrichts unterstützt: So wird etwa in der Unterrichtspraxis der Freinet-Pädagogen versucht, die Konfrontation mit authentischer Fremdsprache durch Klassenkorrespondenz,

durch Rundfunk, Fernsehen, Film und Zeitschriften zu verstärken (vgl. DIETRICH 1979b, S. 545 f.). Die Einbeziehung außerunterrichtlicher Medien stützt die Fähigkeit zu sprachlichem Handeln in der Fremdsprache dadurch, daß sie als Situationsreferenzen nichtverbale Aspekte und sprachliche Kontexte außerunterrichtlicher Wirklichkeit in den Unterricht hineinbringen und indem sie authentischen Sprachgebrauch und die Vielfalt sprachlicher Ausdrucksformen im Unterricht darzustellen erlauben. Mit Hilfe von Klassen- und Schulbibliotheken oder -mediotheken läßt sich dabei der Unterricht noch stärker an unterschiedliche Lerninteressen anpassen, indem die Schüler (als Klasse oder aber auch in der Einzelarbeit) aus einem breiten Angebot an Lernmaterialien und Arbeitshilfen selbständig auswählen können. Dies bedeutet zunächst einmal, daß Medien in die Hand der Schüler gehören, was auch unterrichtsorganisatorische Konsequenzen (Stundenplangestaltung, Mitbestimmung der Lernenden über die Lerninhalte) hat: „Auch die Apparate dienen nicht mehr dazu, einen sorgfältig vorpräparierten Lernstoff den Schülern aufzuerlegen. Sie stehen im Dienst des Individuums und werden zu Hilfsmitteln für persönliche Entdeckungen umfunktioniert" (DIETRICH 1979b, S. 551).

4.2 Medien zur Analyse außerunterrichtlicher Kommunikationssituationen im Fremdsprachenunterricht

Nach der Phase der „Linguistisierung" des Fremdsprachenunterrichts sind mit der Pragmalinguistik die sozialen und interaktionalen Dimensionen des Sprechens für den Fremdsprachenunterricht in den Blick gerückt. Gerade weil unser Wissen über Kommunikationsgewohnheiten von Sprechern einer Sprache, vor allem auch über die situationsspezifischen Kommunikationsgewohnheiten gering ist, kann die Analyse realer Kommunikationsabläufe ein erster Schritt der für Lehrer und Schüler gemeinsamen Bewußtseinsbildung sein – Tonband- und Videodokumentationen werden so zum Ausgangspunkt von Reflexionen über Sprache und Sprachgebrauch. Pommerin hat dies für den Deutschunterricht mit ausländischen und deutschen Kindern als Möglichkeit eines Projektunterrichts dargestellt, der von außerhalb des Unterrichts gesammelten Interviews ausgeht: „Die Schüler reflektieren dann beispielsweise über Notkonstruktionen, reduziertes ,Gastarbeiter'-Deutsch, Interferenzerscheinungen oder etwa logische Kurzschlüsse und nicht über abstrakte grammatische Phänomene" (POMMERIN 1980, S. 37 f.). Ähnlich nehmen EDMONDSON/HOUSE (vgl. 1981) die Analyse von außerunterrichtlichen *Native-Speaker*-Lerner-Interaktionen zum Ausgangspunkt für die Entwicklung einer pädagogischen Interaktionsgrammatik für den Englischunterricht. Sofern bei der Herstellung oder Auswahl von Dokumenten für einen solchen erfahrungsentfaltenden Unterricht darauf geachtet wird, daß die Situationen nicht zu komplex aufgebaut sind, kann der Unterricht methodisch so angelegt werden, „daß die Kursteilnehmer die Funktionen der zu erlernenden Sprachmittel und ihren regelhaften Bau selbst herausfinden können" (BARKOWSKI u.a. 1980, S. 118). Die Trennung von kommunikativem Unterricht und Grammatikvermittlung ließe sich auflösen, wenn (unter Zuhilfenahme von Ton- und Videodokumenten) die Schüler in dieser Weise induktiv lernen könnten.

4.3 Medien zur Eröffnung sprachlicher Selbsterfahrung im Fremdsprachenunterricht

Medien können die Möglichkeiten der Schüler (und auch der Lehrer) unterstützen, sich in ihrem fremdsprachlichen Handeln selbst zu erfahren und auch zu korrigieren. Insbesondere das Sprachlabor kann als der Ort genutzt werden, wo Schüler in strukturierten und freien Übungen sich selbst als Sprechende erleben können. Medien in der Hand der Schüler – Projektarbeit in Form von Interviews und Fotodokumentationen, selbstproduzierte Hörspiele – tragen dazu bei, daß Schüler schon im Unterricht umfassendere Erfahrungen im Umgang mit Sprache und in der Entwicklung sprachlicher Kreativität sammeln. Damit helfen Medien auch, reales sprachliches Handeln im außerunterrichtlichen Kontext vorzubereiten und zu simulieren, so daß der „Ernstfallcharakter" von Sprache im Unterricht vorwegnehmend erprobt werden kann, zum Beispiel durch Vorbereitung freier Diskussionen im Sprachlabor, durch Synchronisierung oder Kommentierung von Videoaufzeichnungen. Die Dokumentation wichtiger unterrichtlicher oder auch schulischer Ereignisse, die Produktion von Hörspielen, die Aufzeichnung von Theaterstücken in der Fremdsprache oder in fächerübergreifender Projektarbeit können als motivierende Faktoren für Schüler genutzt werden, denen in einem in Schulstunden aufgeteilten, lehrbuchorientierten Fremdsprachenunterricht häufig das Gefühl dafür verlorengeht, daß Fremdsprachen neue Erfahrungen eröffnen und zur Erprobung eigener kreativer Fähigkeiten genutzt werden können.

Für einen Sprachunterricht, der die Schüler zu sprachlichem Handeln befähigen will, ist es wichtig zu wissen, wieweit es gelingt, die eingeschränkte unterrichtliche der außerunterrichtlichen Kommunikation anzunähern. Soll vermieden werden, daß sich der Lernprozeß ausschließlich an der durch die Rahmenbedingungen des Unterrichts vorgegebenen Kommunikationsstruktur orientiert, so müssen Einschränkungen und Rituale von Lehrern und Schülern gemeinsam analysiert werden. Medien als Mittel der Selbstkonfrontation für die Klasse, Medien, um den Lehrer als alleinige Gewährsperson für die Fremdsprache zu entlasten, stellen sich damit als Möglichkeiten dar, das Beziehungsgefüge der Klasse zu verändern, nachdem es zuvor bewußt wahrgenommen wurde. Die Schüler lernen sich dabei zugleich in distanzierter, öffentlicher Form als Redende kennen (vgl. KRUMM 1974).

5 Alternative Methoden für den Fremdsprachenunterricht

Zu Beginn der 80er Jahre wurden Fremdsprachenlernmethoden für Intensivkurse mit Erwachsenen unter besonders schwierigen Bedingungen (so der Fremdsprachenunterricht in den USA und in einigen osteuropäischen Ländern, in denen die Notwendigkeit des Fremdsprachenlernens oder der Kontakt zur Zielsprache problematisch ist) in verstärktem Maße auch für die Schule propagiert (vgl. SCHWERDTFEGER 1982). Diese häufig als „alternative Methoden" bezeichneten Ansätze lassen sich durchweg dadurch charakterisieren, daß sie Einzelelemente des unterrichtlichen Interaktionszusammenhangs herausgreifen und zum leitenden Prinzip einer eigenen Methodenkonzeption machen: So liegt der Grundgedanke der „Suggestopädie" (vgl. BAUR 1980) darin, daß Entspannung und ein positives Lernklima die Grundvoraussetzungen für erfolgreiches Sprachenlernen darstellen, was durch Einbeziehung von Entspannungsübungen, durch musikalische Untermalung und detaillierte Verhaltensanweisungen für den Lehrer erreicht werden soll; andere Methoden wie *silent way* oder *total physical response* rücken bestimmte methodische

Elemente etwa der Darbietung des fremdsprachlichen Materials, der Verbindung von sprachlichem Lernen und Handeln innerhalb des Unterrichts in den Mittelpunkt. Diese alternativen Methoden können zum einen als Versuch gesehen werden, in der Fremdsprachendidaktik vernachlässigte Erkenntnisse der Psychologie wieder zur Geltung zu bringen (vgl. allgemeiner hierzu SCHIFFLER 1980), zum andern muß jedoch in ihnen die Gefahr gesehen werden, daß sie durch Didaktisierung der Lehrer-Schüler-Interaktion zu einer extremen Entmündigung der Schüler führen und die Komplexität des fremdsprachlichen Interaktionsprozesses unzulässig auf einzelne methodische Elemente reduzieren (vgl. KRUMM 1982a).
„Die jeweilige Stellung zum Mitplanungspostulat der Schüler" (OTTO 1983, S.532), zu Möglichkeiten ihres autonomen Lernens gegenüber jeden Lernschritt vorschreibenden Methoden und Medien kann daher als Indikator dafür gewertet werden, wieweit es der Fremdsprachendidaktik und Sprachlehrforschung gelungen ist, sich von der Bindung an einzelne Disziplinen zu lösen und einen eigenen, lernerorientierten Zugriff zum Fremdsprachenlehren und -lernen zu gewinnen.

6 Mediale Aspekte des muttersprachlichen Unterrichts

Nachdem im Hinblick auf den Fremdsprachenunterricht bereits allgemein die Rolle der Medien in der Sprachvermittlung bestimmt ist, sollen im folgenden besondere Funktionsmerkmale der Medien im muttersprachlichen Unterricht hervorgehoben werden:
Die Entwicklung der *Mediendidaktik* und Unterrichtstechnologie hat insbesondere für den sprachlichen Anfangsunterricht zur Bereitstellung eines umfangreichen Angebots an Materialien und Arbeitsmitteln geführt; für den Lese- und Rechtschreibunterricht wurden programmierte Lernhilfen entwickelt, zu Lehrbüchern entstanden Folien und Tonkassetten, so daß schon früh vor einem „Wildwuchs an Arbeitsmitteln und Medienprodukten" gewarnt wurde (vgl. MÜLLER-MICHAELS 1976, S.9). Gerade von seiten der Deutschdidaktik wurde daher auch die Forderung nach sachgerechter Auswahl und Medienanalyse erhoben, in die die Schüler einbezogen werden müssen: „Die Fähigkeiten zur Auswahl und zum Gebrauch der Medien müssen in der Schule entwickelt sein, damit nach der Schulzeit ein selbstbestimmter und kritischer Umgang mit ihnen möglich wird" (MÜLLER-MICHAELS 1976, S.8). Neben Medien, die den Lernprozeß steuern und organisieren, und neben Medien, die außerunterrichtliche Erfahrung im Unterricht zugänglich machen, treten im Deutschunterricht daher Medien als Gegenstand des Unterrichts selbst auf, andernfalls bestünde die Gefahr, daß die Verwendung von Medien im Unterricht die Lernenden in ihrer Objektfunktion festlegt und die Handlungsfreiheit von Lehrenden und Lernenden einschränkt.
Medien als Gegenstand des Deutschunterrichts beziehen sich nicht nur auf die schulischen Medien, vielmehr ist hier ganz besonders an die Massenmedien (Film, Fernsehen, Rundfunk) gedacht, aber auch an Erscheinungen wie die Trivialliteratur und Comics. „Wenn im Voranschreiten der technologischen Entwicklung immer mehr vermittelnde Kommunikationsprozesse (Gebrauch der elektronischen Medien im außerschulischen Bereich, Telefon, Sprechanlage,...) auftauchen, so muß die Schule hierauf vorbereiten, muß sie zum Gegenstand des analysierenden und übenden Unterrichts machen und kann diese Medien und Kommunikationsprozesse im Unterricht auch als Kommunikationsform zitieren" (RUPP 1976, S.217). Die Erweiterung des Textbegriffs und das Interesse von Pragmalinguistik und Pragmadidaktik an realer Sprachverwendung haben die Einbeziehung der Massenmedien als Gegen-

stand in den Deutschunterricht besonders gefördert. Dabei zeichnen sich unterschiedliche didaktische Positionen ab (vgl. SCHLOTTHAUS 1981): eine im engeren Sinne *medienpädagogische,* die auf Erziehung zu „maßvoll reflektiertem Konsum" abzielt (so etwa KERSTIENS 1971), und eine *ideologiekritische,* die auf die Widersprüche zwischen Realität und Realitätsdarstellung zielt (vgl. IDE 1973).
Mit der Zuwendung der Literaturwissenschaft zu den Produktions-, Rezeptions- und Distributionsprozessen der Literatur hat auch das Interesse an medienvermittelter Literatur (Literaturverfilmung für Film oder Fernsehen, Hörspiel) zugenommen und Eingang in den Deutschunterricht gefunden: „Die Rückwirkungen der elektronischen Medien auf den Literaturbegriff, auf das Rollenverständnis des Literaturwissenschaftlers und des Literaturlehrers, auf literarische Bildung und Literaturverständnis sind tiefgreifend" (SCHAEFER 1981, S. II). Vor allem wird hier hervorgehoben, daß die Flüchtigkeit der Darbietung durch Film oder Funk besondere Schwierigkeiten für die Rezeption und den Unterricht mit sich bringt (auch wenn Tonband und Videorecorder hier die Möglichkeit einer Wiederholung bieten) (vgl. GAST 1983, GRUND 1981, KADELBACH 1981, KREUZER 1981).
Die Gefahr eines Deutschunterrichts, der analytische Verfahren in den Mittelpunkt stellt, ist insbesondere im Hinblick auf den Literaturunterricht vielfach betont worden (vgl. FINGERHUT/MELENK 1983). Gerade für die Arbeit mit Medien, bei denen die Probleme einer Konsumhaltung besonders akut sind, ist daher eine *aktive Medienarbeit* gefordert worden. Pädagogische Konzeptionen wie die Freinet-Pädagogik, die die selbstorganisierte Eigentätigkeit der Schüler und deren Produkte (Schreiben „freier Texte", Klassenzeitungen, schuleigene Druckerei) in den Mittelpunkt stellt, haben diese Entwicklung beschleunigt (vgl. WALDMANN 1983, S. 252). Durch die eigene Produktion von Comics, Zeitungen, Hörspielen oder Videoaufzeichnungen sollen die Schüler ihr eigenes kommunikatives Handeln erweitern, zugleich aber auch die Strukturen und Wirkungsweisen von Medien durchschauen lernen. „Diese Einsichten werden dann intensiver angeeignet und eher aktiver Bestandteil eigenen kritischen Literaturverhaltens, wenn er sie nicht nur in einem ausschließlich analytisch orientierten Unterricht kognitiv aufnimmt, sondern wenn er sie bei eigenem Produzieren selbst erarbeitet, anwendet und verwendet" (WALDMANN 1983, S. 653).

ACHTENHAGEN, F. u. a.: Lehren und Lernen im Fremdsprachenunterricht, 2 Bde., München 1975. AMMON, U. u. a.: Perspektiven des Deutschunterrichts, Weinheim/Basel 1981. BARKOWSKI, H. u. a.: Handbuch für den Deutschunterricht mit ausländischen Arbeitern, Königstein 1980. BARKOWSKI, H. u. a.: Deutsch für ausländische Arbeiter. Gutachten zu ausgewählten Lehrwerken, Königstein ²1982. BAUR, K. W./HENGST, H.: Wirklichkeit aus zweiter Hand, Reinbek 1980. BAUR, R. S.: Die Suggestopädie – eine neue Methode der Fremdsprachenvermittlung. In: D. N. Spr. 79 (1980), S. 60 ff. BAUSCH, K. R. (Hg.): Sprachlehrforschung. Z. f. Litw. u. Ling. 4 (1974), 13. BAUSCH, K. R./KÖNIGS, F.: ‚Lernt' oder ‚erwirbt' man Fremdsprachen im Unterricht? In: D. N. Spr. 82 (1983), S. 308 ff. BAUSCH, K. R. u. a.: Zum Wechselverhältnis von Fremdsprachendidaktik und Sprachlehrforschung. In: ZAPP, F. J. u. a.: Kommunikation in Europa, Frankfurt/M. 1981, S. 209 ff. BAUSCH, K. R. u. a.: Das Postulat der Lernerzentriertheit: Rückwirkungen auf die Theorie des Fremdsprachenunterrichts. Manuskripte zur Sprachlehrforschung 21, Bochum 1982. BELJAJEW, B. W.: Über die grundlegende Methode und die Methodiken für den Fremdsprachenunterricht. In: Progr. Lern. 4 (1967), S. 118 ff. BLANKERTZ, H.: Theorien und Modelle der Didaktik, München 1969. BRAUN, P./KRALLMANN, D. (Hg.): Handbuch Deutschunterricht, 2 Bde., Düsseldorf 1983. BUER, J. VAN: Implizite Individualisierungsstrategien in der unterrichtlichen Lehrer-Schüler-Interaktion – am Beispiel des Englischanfangsunterrichts, Diss., Göttingen 1980. BUNDESARBEITSGEMEINSCHAFT ENGLISCH AN GESAMT-

SCHULEN (Hg.): Kommunikativer Englischunterricht - Prinzipien und Übungstypologien, München 1978. BUNG, P.: Systematische Lehrwerkanalyse, Kastellaun 1977. BUTZKAMM, W.: Praxis und Theorie der bilingualen Methode, Heidelberg 1980. BUTZKAMM, W. u. a.: Methode. In: SCHRÖDER, K./FINKENSTAEDT, T.: Reallexikon der englischen Fachdidaktik, Darmstadt 1977, S. 156 ff. CHRIST, H.: Fremdsprachenunterricht und Sprachenpolitik, Stuttgart 1980. DAHRENDORF, M.: Literaturdidaktik. In: betr. e. 12 (1979), 4, S. 60 ff. DIETRICH, I.: Kommunikation und Mitbestimmung im Fremdsprachenunterricht, Kronberg 1974. DIETRICH, I.: Die mögliche Bedeutung alternativer Unterrichtskonzepte für den schulischen Fremdsprachenunterricht. In: Uw. 7 (1979), S. 357 ff. (1979a). DIETRICH, I.: Freinet-Pädagogik und Fremdsprachenunterricht. In: Engl.-Am. Stud. 1 (1979), S. 542 ff. (1979b). EDELHOFF, CH.: Themenorientierter Englischunterricht, Textsorten, Medien, Fertigkeiten und Projekte. In: GESELLSCHAFT ZUR FÖRDERUNG DES ENGLISCHUNTERRICHTS (Hg.): Kommunikativer Englischunterricht, München 1978, S. 54 ff. EDMONDSON, W./HOUSE, J.: Let's talk and talk about it, München 1981. ENGEL, U. u. a. (Hg.): Mannheimer Gutachten zu ausgewählten Lehrwerken Deutsch als Fremdsprache, 2 Bde., Heidelberg 1977/1979. FABER, H. v.: Der Medientext im fremdsprachlichen Deutschunterricht. In: WIERLACHER, A. u. a. (Hg.): Jahrbuch Deutsch als Fremdsprache, Bd. 2 Heidelberg 1980, S. 562 ff. FINGERHUT, K./MELENK, H.: Über den Stellenwert von „Kreativität" im Deutschunterricht. In: BRAUN, P./KRALLMANN, D.: Handbuch..., Bd. 2, Düsseldorf 1983, S. 189 ff. FLECHSIG, K.-H.: Neusprachlicher Unterricht I, Weinheim 1965. FLECHSIG, K.-H.: Forschung im Bereich des Fremdsprachenunterrichts. In: FLECHSIG, K.-H. (Hg.): Handbuch der Unterrichtsforschung III, Weinheim/Berlin/Basel 1971, S. 3153 ff. FREUDENSTEIN, R./GUTSCHOW, H.: Fachdidaktische Trendberichte Englisch. In: betr. e. 12 (1979), 3, S. 76 ff. GAST, W.: Fernsehliteratur in der Schule. In: BRAUN, P./KRALLMANN, D.: Handbuch..., Bd. 2, Düsseldorf 1983, S. 385 ff. GERIGHAUSEN, J./SEEL, P. C.: Regionale Lehrwerke. In: KRUMM, H.-J. (Hg.): Lehrwerkforschung - Lehrwerkkritik. Deutsch als Fremdsprache, München 1982, S. 23 ff. GÖBEL, R.: Verschiedenheit und gemeinsames Lernen. Kooperative Binnendifferenzierung im Fremdsprachenunterricht, Königstein 1981. GOSEWITZ, U./KRUMM, H.-J.: Fremdsprachendidaktik. In: ALTHAUS, H. P. u. a. (Hg.): Lexikon der Germanistischen Linguistik, Tübingen ²1980, S. 830 ff. GROENE, H. u. a. (Hg.): Medienpraxis für den Englischunterricht, Paderborn 1983. GRUND, U.: Franz Kafkas „Die Verwandlung". Vergleichende Beobachtungen zu Erzähltext und Film. In: SCHAEFER, E.: Medien..., Tübingen 1981, S. 153 ff. GUTSCHOW, H.: Englischunterricht - Sprache 5-10, München 1981. HEIDT, E. U./LOSER, F. W.: Individualisierung des Unterrichts durch eine Differenzierung von Medien. In: DICHANZ, H./KOLB, G. (Hg.): Unterrichtstheorie und Medienpraxis, Stuttgart 1979, S. 30 ff. HENGST, H.: Mediatisierung der Erfahrung. In: BAUER, K. W./HENGST, H.: Wirklichkeit..., Reinbek 1980, S. 27 ff. HICKETHIER, K.: Medienerziehung. In: DINGELDEY, E./VOGT, J.: Kritische Stichwörter zum Deutschunterricht, München 1974, S. 253 ff. HEUER, H./MÜLLER, R. M. (Hg.): Lehrwerkkritik, 2 Bde., Dortmund 1973/1975. HUNFELD, H.: Englischunterricht - Literatur 5-10, München 1982. IDE, H. (Hg.): Projekt Deutschunterricht 5: Massenmedien und Trivialliteratur, Stuttgart 1973. JUNG, U./HAASE, M. (Hg.): Fehlinvestition Sprachlabor? Kiel 1975. JUNGBLUT, G.: Terminologie der Lehr- und Lernphasen im Fremdsprachenunterricht. In: Ling. u. Did. 5 (1974), S. 33 ff. KADELBACH, G.: Flüchtigkeit und Konzentration - Probleme der literarischen Medienrezeption. In: SCHAEFER, E.: Medien..., Tübingen 1981, S. 1 ff. KERSTIENS, L.: Medienkunde in der Schule, Heilbronn 1971. KNAPP, K.: Lehrsequenzen für den Zweitsprachenerwerb, Braunschweig 1980. KNAPP-POTTHOFF, A.: Fremdsprachliche Aufgaben, Tübingen 1979. KÖNIGS, F. G.: Normenaspekte im Fremdsprachenunterricht, Tübingen 1983. KOORDINIERUNGSGREMIUM IM DFG-SCHWERPUNKT SPRACHLEHRFORSCHUNG: Sprachlehr- und Sprachlernforschung. Eine Zwischenbilanz, Königstein 1977. KOORDINIERUNGSGREMIUM: Sprachlehr- und Sprachlernforschung. Begründung einer Disziplin, Tübingen 1983. KREUZER, H.: Medienwissenschaftliche Überlegungen zur Umsetzung fiktionaler Literatur. In: SCHAEFER, E.: Medien..., Tübingen 1981, S. 23 ff. KRUMM, H.-J.: Fremdsprachenunterricht. Der Unterrichtsprozeß als Kommunikationssituation. In: Uw. 2 (1974), S. 30 ff. KRUMM, H.-J.: Sprachvermittlung und Sprachlehrforschung Deutsch als Fremdsprache. In: WIERLACHER, A. u. a. (Hg.): Jahrbuch Deutsch als Fremdsprache, Bd. 4, Heidelberg 1978, S. 87 ff. KRUMM, H.-J.: Welche didaktische Grammatik braucht der Fremdsprachenlerner? In: BAUSCH, K. R. (Hg.):

Beiträge zur didaktischen Grammatik, Königstein 1979, S. 83 ff. (1979 a). KRUMM, H.-J.: Der Fremdsprachenunterricht und seine Wissenschaften. In: FREESE, P. u. a. (Hg.): Anglistik. Beiträge zur Fachwissenschaft und Fachdidaktik, Münster 1979, S. 151 ff. (1979 b). KRUMM, H.-J.: Communicative Processes in the Foreign Language Classroom. In: Stud. in Sec. Lang. Acquisi. 3 (1980), S. 71 ff. KRUMM, H.-J.: Deutsch als Fremdsprache – Deutsch als Zweitsprache. In: TWELLMANN, W. (Hg.): Handbuch Schule und Unterricht, Bd. 5.1, Düsseldorf 1981, S. 381 ff. (1981 a). KRUMM, H.-J.: Die Funktion der Medien in der neueren fremdsprachendidaktischen Diskussion. In: WIERLACHER, A. u. a. (Hg.): Jahrbuch Deutsch als Fremdsprache, Bd. 7, Heidelberg 1981, S. 128 ff. (1981 b). KRUMM, H.-J.: Nur die Kuh gibt mehr Milch, wenn Musik erklingt. Plädoyer für eine Veränderung der Unterrichtskommunikation durch Ernstnehmen der Kursteilnehmer statt durch alternative Methoden. In: Triangle 2, Paris 1982, S. 149 ff. (1982 a). KRUMM, H.-J. (Hg.): Lehrwerkforschung – Lehrwerkkritik Deutsch als Fremdsprache, München 1982 b. LÖFFLER, R./KUNTZE, M.: Spiele im Englischunterricht, Bd. 2, München 1980. LOHFERT, W.: Kommunikative Spiele für Deutsch als Fremdsprache, München 1982. MACHT, K.: Medieneinsatz und Unterrichtserfolg. In: WALTER, G./SCHRÖDER, K. (Hg.): Fachdidaktisches Studium in der Lehrerbildung – Englisch, München 1979. S. 56 ff. MATTHIESSEN, K.: Unterricht: Alte Sprachen. In: Enzyklopädie Erziehungswissenschaft, Bd. 9.2, Stuttgart 1983, S. 516 ff. MICHEL, W.: Medienwissenschaft und Fremsprachenphilologie. In: WIERLACHER, A. (Hg.): Fremdsprache Deutsch, Bd. 1, München 1980, S. 167 ff. MÜLLER, R. M.: Fremdsprachendidaktik als Wissenschaft und Studienfach. In: Prax. d. nspr. U. 22 (1975), S. 141 ff. MÜLLER, R. M.: Zum Wissenschaftsverständnis der Fremdsprachendidaktik. In: HEUER, H. u. a. (Hg.): Dortmunder Diskussionen zur Fremdsprachendidaktik, Dortmund 1979, S. 132 ff. MÜLLER-MICHAELS, H. (Hg.): Arbeitsmittel und Medien für den Deutschunterricht, Kronberg 1976. OTTO, G.: Zur Etablierung der Didaktiken als Wissenschaften. In: Z. f. P. 29 (1983), S. 519 ff. PELZ, M.: Fachdidaktische Trendberichte Französisch. In: betr. e. 11 (1978), 11, S. 57 ff. POELCHAU, H. W.: Lernobjekt – Lernprozeß – Lernmaterial, Weinheim 1980. POMMERIN, G.: Deutschunterricht mit ausländischen und deutschen Kindern, Bochum 1977. POMMERIN, G.: Deutschunterricht in multinationalen Lerngruppen. In: Auslki. (1980), 2, S. 34 ff. RUPP, G.: Medienunterstützter Unterricht im kommunikativen Kontext des Deutschunterrichts. In: MÜLLER-MICHAELS, H.: Arbeitsmittel…, Kronberg 1976, S. 210 ff. SAUER, H.: Eine neue Methode oder modifizierte Prinzipien für den Fremdsprachenunterricht? In: Prax. d. nspr. U. 29 (1982), S. 15 ff. SCHAEFER, E.: Medien und Deutschunterricht, Tübingen 1981. SCHIFFLER, L.: Interaktiver Fremdsprachenunterricht, Stuttgart 1980. SCHLOTTHAUS, W.: Deutsche Sprache. In: betr. e., Sonderheft Fachdidaktische Trendberichte, 1979, S. 42 ff. SCHLOTTHAUS, W.: Massenmedien. In: NÜNDEL, E. (Hg.): Lexikon zum Deutschunterricht, München ²1981, S. 288 ff. SCHRÖDER, K./FINKENSTAEDT, T. (Hg.): Reallexikon der englischen Fachdidaktik, Darmstadt 1977. SCHULZ, W.: Nachwort: Über das Verhältnis zwischen Allgemeiner Didaktik und Fachdidaktik. In: GUTSCHOW, H.: Englischunterricht…, München 1981, S. 168 ff. SCHWERDTFEGER, I. CH.: Medien und Fremdsprachenunterricht, Hamburg 1973. SCHWERDTFEGER, I. CH.: Gruppenarbeit im Fremdsprachenunterricht, Heidelberg 1977. SCHWERDTFEGER, I. CH.: Alternative Methoden der Fremdsprachenvermittlung. In: Triangle 2, Paris 1982, S. 15 ff. SPIER, A.: Mit Spielen Deutsch lernen, Königstein 1981. WALDMANN, G.: Trivialliteraturdidaktik. In: BRAUN, P./KRALLMANN, D.: Handbuch…, Bd. 2, Düsseldorf 1983, S. 633 ff. WEINRICH, H.: Literatur im Fremdsprachenunterricht – ja, aber mit Phantasie. In: D. N. Spr. 82 (1983), S. 200 ff.

Walter Neunzig

Methodisch-mediales Handeln im Lernbereich Mathematik

1   Einführung
2   Mathematik als Schulfach
3   Methoden und Medien des Mathematikunterrichts
3.1   Zur Gliederung
3.2   Lehrverfahren im Mathematikunterricht
3.2.1 Erarbeitende Unterrichtsform: heuristisch-entwickelndes Unterrichtsgespräch
3.2.2 Unterrichtsgespräch in Frage-Antwort-Form
3.2.3 Darbietendes Lehrverfahren
3.2.4 Verfahren schülerzentrierter Aktivität

Zusammenfassung: In der Mathematikdidaktik gibt es kein Instrumentarium, das es ermöglicht, Methoden und Medien nach einem einheitlichen und verbindlichen Schema zu klassifizieren und zu bewerten. Deshalb wird in diesem Handbuchartikel zunächst versucht festzuhalten, welche Bedingungen wir vorfinden, die die Wahl von Methoden und Medien teilweise schon präjudizieren. Dazu gehören die Mathematik als Bezugswissenschaft, der Mathematikunterricht mit seinen traditionellen Bindungen, Ergebnisse erziehungswissenschaftlicher Forschung zusammen mit Lehr-/Lerntheorien, Erfahrungen und daraus resultierende Forderungen engagierter Lehrer. Weiterhin ist auch eine Orientierung an den Inhalten und Zielen des Mathematikunterrichts notwendig, wie er heute praktiziert wird.
Als Leitbegriffe für die Darstellung von Methoden und Medien im Mathematikunterricht wurden Unterrichtsformen (Lehrverfahren) gewählt. Den dazugehörigen Aktivitäten des Lehrers und der Schüler können, jeweils bezogen auf entsprechende Inhalte, bestimmte Methoden und Medien als geeignet zugeordnet werden.

Summary: The didactics of mathematics possesses no criteria enabling the methods and media employed to be classified and evaluated in accordance with a unified, mandatory scheme. This article thus starts by attempting to record the already existing conditions which, to some extent, prejudice the choice of methods and media. These include mathematics as an applied science, mathematics teaching with its traditional associations, the results of research into education together with theories of teaching and learning, experiences made and the resultant requirements put forward by dedicated teachers. Orientation towards the subject matter and aims of mathematics teaching as practised today continues to be necessary.
Teaching procedures were selected as guiding concepts for the presentation of methods and media in mathematics teaching. Definite methods and media can then be attributed to the relevant activities of teacher and pupils as required by, and suited to, the subject matter being taught in each individual case.

Résumé: Dans la didactique des mathématiques, il n'est pas d'instrument qui permette de classifier et d'évaluer les méthodes et moyens d'après un schéma harmonisé et fiable. Aussi, dans cet article de manuel, on tente d'abord de fixer les con-

Walter Neunzig

ditions données, qui présupposent le choix de méthodes et de moyens. En font partie les mathématiques avec ses liens traditionnels, les résultats de la recherche en matière de science de l'éducation avec les théories d'apprentissage et d'enseignement, des expériences et les revendications de professeurs engagés en résultant. En outre, une orientation aux contenus et objectifs de l'enseignement des mathématiques est nécessaire, enseignement tel qu'il est pratiqué aujourd'hui.

En tant que concept conducteur pour la présentation de méthodes et de moyens dans l'enseignement des mathématiques, on a choisi des formes d'enseignement (processus d'enseignement). Parmi les activités du professeur et de l'élève qui en relèvent, on peut ranger, en référence à leurs différents contenus, certaines méthodes et moyens et les considérer comme bien adaptés.

1 Einführung

Die Mathematikdidaktik besitzt keine eigene Methodologie. Es gibt keine Beschreibung und Begründung von Verfahren, nach denen Inhalte des Mathematikunterrichts gewonnen, beschrieben, kategorisiert und auf ihren Zusammenhang geprüft und gewichtet werden können (vgl. LENNÉ 1969, S. 281 ff.). Ebensowenig besitzt die Mathematikdidaktik ein Instrumentarium, um eindeutig Methoden und Medien auf ihre Eignung für einen bestimmten Stoff und ein bestimmtes Alter der Adressaten zu überprüfen. Äußeres Kennzeichen dieser Sachlage sind die oft heftigen Auseinandersetzungen von Didaktikern über methodische Probleme.

Die Mathematik ist eine der ältesten Kulturwissenschaften. Sie ist durch Abstraktion und Denken in abstrakten Begriffen gekennzeichnet. Entwicklung in der Mathematik bedeutet meistens auch einen Fortschritt in der Abstraktion. Das heißt aber nicht, daß der Ursprung der Mathematik als reine Mathematik zu verstehen ist. Vielmehr scheint es so, daß Mathematik aus praktischen Bedürfnissen heraus entstanden ist (vgl. BECKER 1964, S. 3 ff.; vgl. MENNINGER 1958, S. 174 ff.).

Der Grund hierfür ist zum einen der Anstoß aus praktischen, wirtschaftlichen Erfordernissen, zusammen mit einem fortdauernden Anwendungsbezug der Mathematik. Zum anderen ist es der reine Erkenntnisdrang, mit dem Ziel, ein wissenschaftliches System auf- und auszubauen, offenen Problemen nachzugehen und über die Grundlagen zu reflektieren. Letzteres kommt vor allem in der reinen Mathematik zum Ausdruck.

Heute stellt die mathematische Wissenschaft ein phänomenales Lehrgebäude dar, systematisch gegliedert, methodisch aufgebaut, auf Widerspruchsfreiheit angelegt, in weiten Teilen formalisiert. Die Mathematik und ihre Methodologie ist vielen schlechthin das Vorbild für Wissenschaftlichkeit.

Die Entstehung der ersten mathematischen Begriffe aus praktischen Bedürfnissen heraus läßt deutlich den Anwendungscharakter der Mathematik hervortreten. Diesen Anwendungsbezug hat sie im Laufe der Geschichte beibehalten, in der Neuzeit sogar verstärkt ausgebaut. Einmal haben sich bei bestimmten, zunächst rein mathematischen Teilgebieten vielfache Möglichkeiten der praktischen Anwendung gezeigt. Andererseits haben Naturvorgänge, aber auch technische Erfordernisse geradezu die Schaffung eines geeigneten mathematischen Instrumentariums gefordert. So ist heute die Mathematik in vielen Bereichen, wie in den Naturwissenschaften, den Wirtschaftswissenschaften, sogar in den Sozialwissenschaften, zu einer unverzichtbaren Hilfswissenschaft geworden. Besonders augenfällig kommt das in der elektronischen Datenverarbeitung (EDV) zum Ausdruck.

2 Mathematik als Schulfach

Mathematik gilt heute als ein etabliertes Schulfach, dessen Notwendigkeit vielleicht weniger wegen seiner allgemeinen und fachspezifischen Ziele gesehen wird als wegen seiner Bedeutung für die Anwendung. Die Tradition des Mathematikunterrichts, die Erfahrungen in den verschiedenen Schulformen und die Anwendungsbezüge haben zu einem Kanon von mathematischen Teilgebieten im Unterricht geführt, deren Relevanz und Notwendigkeit kaum bestritten werden. Bei der Hereinnahme oder der Erprobung weiterer Teildisziplinen handelt es sich meist um Anpassung an neuere Entwicklungen in der Mathematik, wobei vielfach der Anwendungsbezug eine bedeutsame Rolle spielt, so beispielsweise bei der Wahrscheinlichkeitsrechnung, der Statistik und beim Einsatz des Taschenrechners. Bei den Methoden und Medien ist das Bild weniger eindeutig. Es haben sich zwar in enger Anlehnung an die Fachwissenschaft bestimmte Vorgehensweisen und Verfahren im Mathematikunterricht etabliert, jedoch zeigt die Geschichte des Mathematikunterrichts, wie abhängig Methoden und Medien von der allgemeinen Entwicklung in der Pädagogik waren (vgl. BREIDENBACH 1969, S.312ff.; vgl. SCHMIDT 1981, S.99). Die jeweils vorherrschende pädagogische Theorie hat oft einen starken Niederschlag im Mathematikunterricht gefunden. Erinnert sei in diesem Zusammenhang an die Arbeitsschulbewegung während der 20er Jahre in diesem Jahrhundert (vgl. KERSCHENSTEINER 1928, 1954; vgl. LAY 1903, 1914).
Während der 50er, 60er und 70er Jahre waren es besonders die Ergebnisse erziehungswissenschaftlicher Forschung und auch die Resultate aus der Entwicklungs-, Lern- und Denkpsychologie, die die Methoden und Medien des Mathematikunterrichts beeinflußten (vgl. LORENZ 1980, S. 7ff.; vgl. ROTH 1983, S. 139ff.; vgl. STEINER 1973). Die Erkenntnisse aus diesen Forschungen haben vielfach zur Entstehung didaktischer Theorien geführt und häufig auch in der Formulierung didaktischer Prinzipien ihren Niederschlag gefunden (vgl. WITTMANN 1974, ZECH 1977).
Ein wesentlicher Teil der heute im Mathematikunterricht verwendeten Methoden und Medien geht auf die Erfahrung, die Aktivität und den Einfallsreichtum engagierter Lehrer zurück. Ihre Ideen, ihre Persönlichkeit und ihre Erfolge haben zeitweilig einen nachhaltigen Einfluß ausgeübt und sogar Entwicklungen sowohl in didaktischer wie methodischer Hinsicht ausgelöst. Oft haben sie und ihre Anhänger zur Bildung von „Schulen" geführt und sich in Theorien und herausragenden Veröffentlichungen niedergeschlagen. In diesem Zusammenhang sei beispielsweise auf KERSCHENSTEINER (vgl. 1928), BREIDENBACH (vgl. 1964, 1969), DIENES/GOLDING (vgl. 1970) und WAGENSCHEIN (vgl. 1970) hingewiesen. Die Wirksamkeit von einzelnen Didaktikern zeigt sich in Prinzipien, die heute vielfach im Mathematikunterricht beachtet und angewendet werden, wie im Prinzip der Selbsttätigkeit, im genetischen Prinzip und im exemplarischen und operativen Prinzip.
Die Lehrpläne der einzelnen Bundesländer enthalten für die Grundschule und die Sekundarstufe I die klassischen Gebiete Arithmetik, Sachrechnen, Geometrie und Algebra. In der Primarstufe und teilweise auch für die Klassen 5 und 6 hat der Mathematikunterricht propädeutischen Charakter. Für die Sekundarstufe II gehören Analysis und Analytische Geometrie zu einem gemeinsamen Grundbestand. Über andere zu behandelnde Themenbereiche besteht teilweise Übereinstimmung.
Bei den allgemeinen und fachspezifischen Zielen des Mathematikunterrichts ist es schwieriger, eine gemeinsame Grundlage zu finden. Zu diesem Zweck können die Lehrpläne auf übereinstimmende oder ähnliche Ziele untersucht werden.
Für die Grundschule kann als gemeinsamer Rahmen eine Empfehlung der Kultus-

ministerkonferenz (KMK) von 1976 dienen. Darin heißt es, daß der Mathematikunterricht seinen Anteil an der „allgemeinen Entwicklung, Erziehung und Bildung des Kindes" zu leisten habe (KMK 1976, S. 64 ff.). Wenn es für den Mathematikunterricht ab Klasse 5 keine verbindlichen Empfehlungen gibt, so besteht doch Konsens darüber, daß ein erfolgreicher Mathematikunterricht grundlegender Denktätigkeiten bedarf, nämlich *Vergleichen, Ordnen, Abstrahieren, Verallgemeinern, Klassifizieren, Konkretisieren, Formalisieren, Analogisieren* (vgl. ZECH 1977, S. 52 ff.).

3 Methoden und Medien des Mathematikunterrichts

3.1 Zur Gliederung

Als Leitbegriffe für die Darstellung der Methoden und Medien sollen die Unterrichtsformen oder Lehrverfahren gewählt werden. Mit diesem Einteilungsprinzip erhält man eine Gliederung, die auf die nach außen sichtbaren Aktivitäten des Lehrers und der Schüler ausgerichtet ist. Diesen können dann entsprechende mathematische Inhalte, Verfahren und Medien zugeordnet werden.
Grundlegend für die Durchführung des Mathematikunterrichts ist erstens der zu behandelnde mathematische Inhalt, das bedeutet die entsprechende Orientierung an der Begriffsbildung und an inhaltsspezifischen Methoden und Vorgehensweisen der mathematischen Wissenschaft. Hilfreich für das Mathematiklernen ist auch die Berücksichtigung solcher Perioden aus der Geschichte der Mathematik, in denen besonders deutlich die Genese bestimmter Begriffsbildungen oder die Entstehung von Teilbereichen der Mathematik sichtbar werden (vgl. BECKER 1964).
Mit den Inhalten geht zweitens die Festlegung der Lernzielebene überein. Geht es um Kenntnisse oder Verfahren, so handelt es sich mehr um dispositionelle Ziele, das heißt, die Schüler sollen die betreffenden Kenntnisse und die Anwendung bestimmter Verfahren ständig zur Disposition bereithalten. Geht es jedoch um Verstehen, Einsehen, Erkennen, Begründen oder Ableiten, so sind in erster Linie prozessuale Ziele gemeint. Als Lernzielebene ist vor allem die des Verständnisses betroffen, wobei auch Anforderungen gemäß den beiden letzten Lernzielebenen auftreten können (vgl. BLOOM 1972; vgl. ZECH 1977, S. 64 ff.).
Tiefe und Breite der Behandlung mathematischer Themen ist drittens selbstverständlich abhängig vom Alter und von den kognitiven Fähigkeiten der Schüler. Daher sind bei den Anforderungen die Stadien der Denkentwicklung, beispielsweise im Sinne von PIAGET (vgl. 1971, S. 146 ff.), zu beachten.
In engem Zusammenhang damit steht die Wahl der Darstellungsebenen nach BRUNER (vgl. 1974). So wird man in der Grundschule mit der symbolischen Darstellung zur Erfassung von Sachverhalten durch verbale Mitteilung oder durch ein Zeichensystem zurückhaltend sein müssen und eher die inaktive und ikonische Ebene bevorzugen. Andererseits sollte man sehen, daß beim Zahlenrechnen schon früh ein Zeichensystem von relativ großer Abstraktheit benutzt wird.
Viertens ist bei der Planung und Durchführung einzelner Unterrichtseinheiten nicht zuletzt der mögliche Ablauf von Lernphasen zu berücksichtigen. Dabei ist wesentlich, daß die drei ersten Stufen mehr prozessualen, die letzten drei Stufen dagegen mehr dispositionellen Charakter tragen (vgl. ROTH 1965, S. 122 ff.).

Methodisch-mediales Handeln im Lernbereich Mathematik

3.2 Lehrverfahren im Mathematikunterricht

Die Aktionen des Lehrers und der Schüler lassen sich nach Unterrichtsformen beschreiben. Diese äußere, mehr nach organisatorischen Gesichtspunkten erfolgende Einteilung der Lehr- und Lernaktivitäten im Unterricht bietet die Grundlage, den Zusammenhang mit geeigneten mathematischen Inhalten und Verfahren herzustellen und vor allem von hier aus nach entsprechendem methodischem Vorgehen zu fragen.

3.2.1 Erarbeitende Unterrichtsform: heuristisch-entwickelndes Unterrichtsgespräch

Der Unterrichtsablauf bei diesem Verfahren kann wie folgt beschrieben werden:
Zur Lösung eines vorgegebenen mathematischen Problems gibt der Lehrer Impulse, Denkanstöße und stellt weitgefaßte Fragen. Diese vom Lehrer ausgehende Aktivität hat das Ziel, die Schüler möglichst weitgehend an der Lösung des Problems zu beteiligen. Damit soll eine produktive Mitarbeit der Schüler an der Erarbeitung des Stoffes ermöglicht werden. Das durch den Impuls oder den Anstoß in Gang gesetzte Unterrichtsgespräch hebt sich von dem Frage-Antwort-Vorgehen dadurch ab, daß hier viele und voneinander abweichende Antworten der Schüler möglich sind, wobei die Kommunikation nicht nur über den Lehrer laufen muß, sondern auch von Schüler zu Schüler stattfinden sollte (vgl. AEBLI 1968, S. 145 ff.; vgl. VOGEL 1978, S. 36 ff.).
Das gemeinsame Erarbeiten ist geprägt durch ein heuristisches Vorgehen: durch Suchen, Vermuten, Aufstellen von Beispielen, Erraten einer Lösung, durch Probieren, induktives Vorgehen und plausibles Schließen. Gerade durch dieses Vorgehen beim Problemlösen können die Schüler eigene Aktivitäten entfalten und so produktiv zur Lösung beitragen.
Dieses wenn auch vorwiegend lehrerzentrierte Verfahren ermöglicht einen offenen Unterrichtsablauf durch eine breite, rege und intensive Mitarbeit der Schüler. Ihr Verhalten bei der Lösung des Problems ist also nicht nur rezeptiv und reaktiv, sondern auch produktiv. Hierbei tritt die lenkende Funktion des Lehrers etwas zurück gegenüber einem Verhalten, das mehr auf Anstoßen, Auswählen, Ermutigen oder Bestätigen gerichtet ist. Vor allem sollen die Schüler auch zu eigenen Fragen veranlaßt werden, sollen sie selbst Probleme erkennen, herausschälen und intuitiv zu lösen versuchen.
Diese Unterrichtsform kann bei folgenden Themen des Mathematikunterrichts Anwendung finden:
- Lösung von Sachaufgaben, Analyse von Sachsituationen,
- Anwendungsaufgaben,
- Formulieren und Beweisen von Sätzen,
- Zusammenfassung, Gliederung, systematische Darstellung,
- geometrische Konstruktionen, etwa Dreieckskonstruktionen,
- Entwicklung eines Verfahrens.

Insgesamt läßt sich diese Unterrichtsform bei den meisten problemorientierten Einführungen in neue Stoffgebiete anwenden.
Dem heuristisch-entwickelnden Lehrverfahren entspricht ein methodisches Vorgehen mit folgenden Kennzeichen, deren Begründung sich größtenteils aus den bisherigen Ausführungen ergibt:
- problemorientiert,
- anwendungsorientiert,

- heuristisch-entwickelnd,
- vorwiegend induktiv entwickelnd,
- erlebnisorientiert.

Das methodische Vorgehen beim heuristisch-entwickelnden Lehrverfahren steht in ganz engem Zusammenhang mit der genetischen Methode, die meistens für den Mathematikunterricht gefordert wird (vgl. WITTMANN 1974, S. 97 ff., S. 110 ff.).

Der Einsatz von Medien im heuristisch-entwickelnden Unterricht dient der Demonstration und der Erarbeitung. Diese sollten so groß und in den einzelnen Teilen so unterscheidbar sein, eventuell durch verschiedene Farben, daß sie für jeden Schüler gut erkennbar sind. Leicht handhabbar sind solche Materialien, die an einer Hafttafel befestigt werden können. Daher sollte wenigstens eine große Hafttafel in jeder Klasse vorhanden sein. Die nun folgende Übersicht ist nach Sachgebieten gegliedert. In ihr bleiben Gegenstände aus der Umwelt des Kindes, die leicht zu beschaffen sind, unerwähnt. Auf den Einsatz dieser Mittel sollte jedoch in keinem Unterricht verzichtet werden.

Pränumerischer Teil, Mengen, Relationen – Merkmalklötze: Dieses strukturierte Material besteht aus Bausteinen, die nach ihren Eigenschaften, meistens Form, Farbe, Größe, voneinander unterscheidbar sind. Es wird heute in vielen Ausführungen von fast allen Lehrmittelfirmen oder Schulbuchverlagen angeboten, häufig sind es Variationen der „Logischen Blöcke" von Dienes (vgl. DIENES/GOLDING 1970, S. 62 ff.). Die Unterscheidung von Gegenständen nach ihren Eigenschaften kann, abgesehen von der allgemeinen Bedeutung für die kognitive Entwicklung des Kindes, für die Bildung konkreter Mengen, für die Darstellung von Mengenoperationen und für die Relationen benutzt werden und dient am Anfang auch der Vorbereitung des Zahlbegriffs in kardinaler Sicht. Zusammen mit Spielplänen, Tafeln, Gittern, Diagrammen und Karten können die Merkmalklötze in vielseitiger Weise verwendet werden, wobei der Spaß am Lernen durch die teilweise spielerische Einkleidung nicht unwesentlich erhöht wird.

Arithmetik – farbige Stäbe (Streifen), Steckbausteine: Farbige Stäbe unterschiedlicher Länge, ihr Prototyp sind die Cuisenaire-Stäbe, repräsentieren durch ihre Länge verschiedene Zahlen, insbesondere hinsichtlich ihres ordinalen Aspekts. Sie eignen sich weiterhin für die Darstellung von Zahlenverknüpfungen und deren Eigenschaften. Ähnliches gilt für die Steckbausteine, die zu Stäben, Türmen, Mauern und Platten zusammengesetzt werden können. Sie sind variabler als die farbigen Stäbe, dafür aber in der Handhabung schwerfälliger.

Runde oder viereckige farbige *Plättchen,* alle gleich groß oder in wenigen gut unterscheidbaren Größen, lassen sich vielseitig in der Arithmetik einsetzen. Sie sind leicht handhabbar, dafür aber weniger strukturiert als die farbigen Stäbe.

Alles Material, das zur Darstellung und zum Rechnen in verschiedenen Stellenwertsystemen dient, läßt sich unter dem Begriff der *Mehrsystemblöcke* zusammenfassen. Diese Hilfsmittel sind für die Einsicht in die Struktur und die Bedeutung der Stellenwertsysteme, insbesondere bei unserem Zehnersystem, sehr wichtig und sollten sowohl in der Grundschule wie in der Sekundarstufe auf jeden Fall eingesetzt werden. Am bekanntesten und anschaulichsten sind die Mehrsystemblöcke von Dienes (vgl. DIENES/GOLDING 1970, S. 68 ff.). Steckbausteine können hierfür auch verwendet werden, sofern sie sich zu Platten und Würfeln zusammenstecken lassen. Ihre Handhabung ist zwar langwieriger, dafür können sie aber für verschiedene Stellenwertsysteme benutzt werden, wobei der Schüler auch den Aufbau der Stangen, Platten und Würfel unmittelbar erlebt.

Für den Aufbau des Zehnersystems in den ersten Schuljahren eignen sich als weiteres Anschauungsmaterial die früher weit verbreiteten *Hunderterkästen*. Diese werden in vielen Variationen angeboten, meistens in einem 10 × 10-Feld, teilweise auch in einer linearen Anordnung. Zu diesem Bereich gehören auch die Kühnelschen Hunderter- und Tausendertafeln. Früher wurden auch im Unterricht die sogenannten *Rechenmaschinen* benutzt, von denen die russische Rechenmaschine wohl die bekannteste ist. Es besteht kein Anlaß, heute oder in Zukunft auf diese Hilfsmittel zu verzichten.

Die *Größen*bereiche der Längen, Gewichte, Zeitspannen, Geldwerte, Flächen- und Rauminhalte bilden die Grundlage für das gesamte Sachrechnen. Zu ihrer Behandlung sind vor allem Meßwerkzeuge erforderlich, wie Meterstab, Bandmaß, Waage mit Gewichtssätzen, Pendel, Uhren, Flächen- und Raummaßeinheiten, Meßzylinder. Bei den Geldwerten läßt sich Rechengeld vielseitig einsetzen.

Geometrie: Unverzichtbar für den Geometrieunterricht sind in ausreichendem Maße Zeichengeräte, die auch für die Schüler gut handhabbar sind.

Für die ebene Geometrie, vor allem in der Grundschule, haben sich *Legeplättchen* verschiedener Form, Größe und Farbe bewährt. Sie helfen, geometrische Formen voneinander zu unterscheiden, dienen zur Zusammensetzung von Figuren und zur Vorbereitung und Erarbeitung der Begriffe Flächeninhalt und Ähnlichkeit und von Symmetrieeigenschaften. Bewährt hat sich das *Steckbrett,* bei dem man mit Hilfe von Steckern, Stiften, Fäden und Gummiringen schnell geometrische Figuren darstellen kann. Die Figuren sind leicht nach Größe und Form veränderbar, so daß auch geometrische Abbildungen und deren Eigenschaften am Steckbrett dargestellt werden können.

Die Behandlung der räumlichen Geometrie setzt das Vorhandensein einer großen Zahl von *Körpermodellen* voraus: massiv, zerlegbar, als Kantenmodelle, zum Füllen mit Wasser oder Sand, abwickelbar für Netzdarstellungen. Wegen der Komplexität eignen sich teilweise nur von Lehrmittelfirmen angebotene Modelle. Andererseits sollte man soweit wie möglich davon Gebrauch machen, Körpermodelle selbst herzustellen oder herstellen zu lassen, beispielsweise innerhalb des Werkunterrichts.

Neben den aufgeführten Materialien und mit ihrem Gebrauch verzahnt, sollte der *Tageslichtprojektor* möglichst weitgehend eingesetzt werden. Seine vielfältigen Möglichkeiten können bei einer entsprechenden Planung oder bei vorliegender Erfahrung auch von Schülern genutzt werden als eine sinnvolle Ergänzung zu den Lehr-Lern-Materialien.

3.2.2 Unterrichtsgespräch in Frage-Antwort-Form

Kennzeichnend für diese Unterrichtsform ist der fortgesetzte Wechsel von Frage und Antwort innerhalb kurzer Zeitintervalle. Der Unterricht wird vom Lehrer gesteuert und ist auf ihn zentriert. Das Verhalten der Schüler ist rezeptiv und reaktiv (vgl. VOGEL 1978, S. 34 ff.).

Diese Form ist für das Erarbeiten mathematischer Erkenntnisse und Zusammenhänge weniger geeignet, weil durch die dominierende Stellung des Lehrers und durch seine strenge, auf kleinste Schritte beschränkte Unterrichtsführung den Schülern wenig Raum gelassen wird zur Entfaltung, zum Nachdenken und zum Entwickeln eigener Lösungsideen. Wenngleich dieses Verfahren heute noch vielfach praktiziert und häufig mit vermeintlichem Erfolg vorgeführt wird, so ist es als unterrichtliches Verfahren abzulehnen, weil die personalen Ansprüche des Schülers in bezug auf den Lernprozeß nicht gewahrt sind, weil kein Platz für selbständiges Fragen bleibt.

Geeignet ist dieses Verfahren im Mathematikunterricht lediglich bei Wiederholungen, Übungen, bei Kontrollen leicht abzufragender Inhalte, beispielsweise beim Kopfrechnen, beim Abfragen (Einmaleins, Quadratzahlen), bei Zwischenergebnissen, Schätzungen, Tabellenwerten, bei der Wiedergabe von streng aufeinanderfolgenden Teilschritten eines Verfahrens, bei der Wiederholung bestimmter Definitionen, Sätze, Formeln und Regeln.

Das methodische Vorgehen des Lehrers sollte gekennzeichnet sein durch kurze präzise Fragen, verständliche Formulierungen, logischen Zusammenhang, Beteiligung möglichst vieler Schüler, besonders von solchen mit mittleren und schlechten Mathematikleistungen (vgl. AEBLI 1968, S.139ff.). Medien haben keine eigenständige Bedeutung in dieser Unterrichtsform, allenfalls eine Hilfsfunktion im oben angegebenen Rahmen.

3.2.3 Darbietendes Lehrverfahren

Dieses Verfahren ist gekennzeichnet durch eine weitgehende Aktivität des Lehrers und liegt vor, wenn der Lehrer den Stoff vorträgt. Meistens wird der Lehrervortrag ergänzt durch *Vormachen, Vorzeigen* oder *Demonstrieren*. Die Schüler verhalten sich rezeptiv, soweit sie zuhören und zuschauen, dagegen auch reaktiv, wenn sie das Vorgetragene oder Vorgezeigte verarbeiten, nachvollziehen, miterleben (vgl. VOGEL 1978, S.32f.).

Im Mathematikunterricht ist das darbietende Lehrverfahren immer dann angebracht, wenn der Lehrer den Schülern Informationen, Beispiele oder Verfahren vermitteln muß, die ihnen sonst nicht zugänglich sind oder die nicht zusammen erarbeitet werden können. Notwendig könnte es auch dann werden, wenn die Unterrichtszeit an einigen Stellen für das entwickelnde Verfahren nicht ausreicht.

Als Beispiele aus dem Mathematikunterricht für die Anwendung des darbietenden Verfahrens können gelten:
- sprachliche und schriftliche Formulierungen von Definitionen, Sätzen und Verfahren,
- Beweise und Beweisverfahren mit größerem Schwierigkeitsgrad,
- größere Zusammenhänge und Überblicke, Vorschau auf das weitere Vorgehen,
- Erläuterungen von Sachsituationen,
- Beispiele, Anwendungen, Verfahren, soweit sie exemplarischen Charakter haben, Demonstrationsbeispiele,
- historische Bezüge, historisch interessante Problemlösungen, historische Entwicklung bestimmter Teilgebiete, Informationen über bedeutende Mathematiker,
- Durchführung bestimmter Verfahren, Arbeitsweisen und Konstruktionen,
- Handhabung von mathematischen Hilfsmitteln, Geräten und Zeichenmaterial.

Der Umfang der angeführten Beispiele zeigt, daß die Anwendung des darbietenden Lehrverfahrens einen bedeutsamen zeitlichen Anteil innerhalb des Mathematikunterrichts haben muß und auch aus lernökonomischen Gründen notwendig ist.

Das darbietende Verfahren stellt hohe Anforderungen an den Schüler bezüglich Aufmerksamkeit, Aufnahmefähigkeit, Verständnis und Ausdauer. Daher muß dieses Vorgehen dem Alter der Schüler angepaßt und dementsprechend zeitlich beschränkt sein. Weiter ist aus methodischer Sicht zu fordern: Anbindung an das Vorwissen, hohe Anschaulichkeit, logisch zusammenhängende und entwickelnde Darbietung, Redundanz, einfache, klare Unterrichtssprache, deutliche und langsame Sprechweise und weitgehende Medienunterstützung.

Als Medien kommen zunächst einmal alle Materialien für das heuristisch-entwikkelnde Unterrichtsgespräch in Frage. Hinzu kommt in verstärktem Maße die Benutzung von graphischen Darstellungen, Zeichnungen und Modellen. Als weiteres Material für die Darbietung können Filme, Diapositive, Folien und die zugehörigen Geräte verwendet werden. Dem Film oder auch Diapositivreihen kommt dann eine besondere Bedeutung zu, wenn es um die Darstellung von Themen geht, die die Möglichkeiten des Lehrers übersteigen, wie die Verfilmung historischer Vorgänge oder die Darstellung von Abläufen in Trickfilmen, so etwa bei Wachstumsprozessen. Entsprechendes gilt für die Benutzung des Fernsehens und den gezielten Einsatz einzelner Sendungen des Schulfernsehens. Die geschlossene Übernahme von Schulfernsehsendungen über längere Zeit ist nicht unproblematisch und stellt den Lehrer in bezug auf den gesamten Mathematikunterricht methodisch vor höchste Anforderungen, da die Abnutzung des Mediums bei den Schülern und Ermüdungserscheinungen nicht zu vermeiden sind.

Das darbietende Verfahren steht in engem Zusammenhang mit dem expositorischen Lehrverfahren nach Ausubel, das als Ziel das *meaningful verbal learning* hat (vgl. AUSUBEL 1974, EIGLER u.a. 1973).

3.2.4 Verfahren schülerzentrierter Aktivität

Diese Verfahren sind dadurch gekennzeichnet, daß die Schüleraktivität bei unterschiedlicher Selbständigkeit im Vordergrund steht. Als Sozialform wird hierbei häufig die Einzelarbeit gewählt. Je nach Aufgabenstellung können Partner- und Gruppenarbeit sehr fruchtbar sein.

Die Lehreraktivität ist, abgesehen von der Aufgabenstellung und den Anweisungen, mehr begleitend, nämlich durch gezielte Hilfen, Kontrollen, Ermunterungen und Rückmeldungen.

Je nach dem Grad des intendierten Anspruchs in bezug auf die Schülertätigkeit soll das Vorgehen in zweierlei Hinsicht unterschieden werden.

Verfahren zur Lösung von Routineaufgaben: Dieses Verfahren wird regelmäßig angewendet, wenn es um die Lösung von Übungs- und Wiederholungsaufgaben geht oder um Sicherheit in der Anwendung von Verfahren, die Durchführung von Konstruktionen und die Handhabung von Hilfsmitteln, bei denen die Schüler nicht produktiv tätig sein müssen. Die Schüleraktivität ist hier reproduktiv und reaktiv, sie erfolgt meistens in Einzelarbeit (vgl. VOGEL 1978, S. 38 ff.). Der zeitliche Anteil zur Lösung von Routineaufgaben muß im Gesamtrahmen des Mathematikunterrichts sorgfältig festgelegt werden, teilweise ist wohl auch eine Binnendifferenzierung je nach Fähigkeiten der Schüler notwendig. Monotonie, ausgelöst durch zu lange Arbeitszeiten und durch Aufgaben gleichen Typs, sollte möglichst vermieden werden. Die bisher angeführten Medien spielen keine wesentliche Rolle, es sei denn, sie gehören als Schülerarbeitsmittel direkt zu den gestellten Aufgaben. Als Rechenhilfsmittel waren früher in der Sekundarstufe I der Rechenschieber und die Logarithmentafel gebräuchlich. Heute ist an deren Stelle mit weitaus größeren Möglichkeiten der elektronische Taschenrechner getreten, der im allgemeinen vom 7. Schuljahr an für den Gebrauch im Unterricht eingesetzt werden kann. Bei Routineaufgaben hat der Taschenrechner die Funktion eines „Rechenknechts", der der Ausführung von Zahlenrechnungen oder ihrer Überprüfung dient.

Entdecken-lassendes-Verfahren: Die Aktivität der Schüler ist bei bei diesem Verfahren auf ein möglichst selbständiges Lösen eines gestellten Problems gerichtet. Die Aufgabe des Lehrers ist „didaktisch strukturierend" und besteht darin, die organisatorischen Voraussetzungen zur Durchführung zu schaffen. Am Schluß ist es wesentlich, daß die Ergebnisse in den Gruppen oder bei der Einzelarbeit für die ganze Klasse gesichert werden (vgl. VOGEL 1978, S. 42 ff.).

Als Inhalt kommt ein großer Teil der Themen in Frage, die beim heuristisch-entwickelnden Lehrverfahren aufgeführt sind, sofern der Schwierigkeitsgrad nicht die Möglichkeiten der Schüler übersteigt. Die Aufgaben müssen sorgfältig auf ihre Eignung hin ausgewählt werden, dem Alter der Schüler entsprechen und auch zeitlich abgestimmt sein. Eine wichtige Bedingung für die Durchführung ist ein heuristisches Vorgehen, das in vielen Fällen auch den Einsatz geeigneter Arbeitsmittel notwendig macht.

Die Bedingungen für das selbständige Problemlösen durch Schüler oder Schülergruppen können folgendermaßen zusammengefaßt werden:
mittlerer Schwierigkeitsgrad, Übersichtlichkeit der Aufgabe, ausreichende Vorkenntnisse, Fähigkeit zum selbständigen Arbeiten, Beherrschung entsprechender Arbeitstechniken, heuristisches Vorgehen, geeignete Arbeitsmittel, Bereitschaft zum Problemlösen.

In vielen Fällen ist der Einsatz von Arbeitsmaterialien beim Problemlösen unverzichtbar, insbesondere beim Grundschulkind. Die meisten Arbeitsmittel, die unter den Demonstrationsmaterialien aufgeführt sind, gibt es auch als Schülerarbeitsmittel, zusammen mit Arbeitskarten, Spielplänen, Diagrammen und anderem. Als Grundstock sollten in jeder Klasse solche Arbeitsmaterialien dauernd zur Verfügung stehen, die sich als notwendig und vielseitig verwendbar erwiesen haben. Hinzu kommt die Benutzung von Taschenrechnern ab Klasse 7, die nicht nur als Rechenhilfsmittel, sondern im Rahmen heuristischen Vorgehens beim Problemlösen an wichtigen Stellen fruchtbar eingesetzt werden können.

Soweit wie möglich sollte das entdecken-lassende Verfahren zum Problemlösen eingesetzt werden, da die Schüler hierbei durch selbstgesteuerte Lernprozesse produktiv sein können. Bei Erfolg ist durch die eigene Leistung eine hohe emotionale Befriedigung zu erwarten, bei öfterem Scheitern dagegen die Gefahr der Frustration. Eine realistische Einschätzung der Möglichkeiten dieses Verfahrens ist notwendig, da es aus zeitlichen Gründen und wegen der beschränkten Zahl geeigneter Themen und der hohen Anforderungen an Schüler und Lehrer nur beschränkt praktizierbar ist. In vielen Fällen wird eine fruchtbare Synthese zwischen diesem und dem heuristisch-entwickelnden Unterrichtsgespräch möglich sein. Der Neueinführung kann eine Problemlösephase zu dem Thema oder einem Teil von ihm vorangehen, wobei die Schüler auch die Gelegenheit haben, vorhandene Vorkenntnisse zu aktivieren, ohne daß der Lehrer das tun muß.

Als exponierter Vertreter des entdecken-lassenden Lehrens gilt BRUNER (vgl. 1973). Gegen eine Verabsolutierung dieses Verfahrens, das er grundsätzlich anerkennt, wendet sich AUSUBEL (vgl. 1973), indem er auf wichtige einschränkende Bedingungen aufmerksam macht. Mit dem heuristischen Vorgehen beim Lösen von Aufgaben im Mathematikunterricht beschäftigt sich sehr eingehend POLYA (vgl. 1967).

AEBLI, H.: Grundformen des Lehrens, Stuttgart 1968. AUSUBEL, D.P.: Entdeckendes Lernen. In: NEBER, H. (Hg.): Entdeckendes Lernen, Weinheim/Basel 1973, S. 28 ff. AUSUBEL, D.P.: Psychologie des Unterrichts, 2 Bde., Weinheim/Basel 1974. BECKER, O.: Grundlagen der Mathematik, Freiburg 1964. BLOOM, B.: Taxonomie von Lernzielen im kognitiven Bereich, Weinheim/Basel 1972. BREIDENBACH, W.: Raumlehre in der Volksschule, Hannover 1964. BREIDENBACH, W.: Methodik des Mathematikunterrichts, Hannover 1969. BRUNER, J.S.: Der Akt der Entdeckung. In: NEBER, H. (Hg.): Entdeckendes Lernen, Weinheim/Basel 1973, S. 15 ff. BRUNER, J.S.: Entwurf einer Unterrichtstheorie, Berlin 1974. DIENES, Z.P./GOLDING, E.W.:

Methodik der modernen Mathematik, Freiburg/Basel/Wien 1970. EIGLER, G. u. a.: Grundkurs Lehren und Lernen, Weinheim 1973. KERSCHENSTEINER, G.: Wesen und Wert des naturwissenschaftlichen Unterrichts, Leipzig 1928. KERSCHENSTEINER, W.: Ganzheitliches Rechnen, Düsseldorf 1954. KMK: Empfehlungen und Richtlinien zum Mathematikunterricht in der Grundschule. Entwurf (1976). In: LINDENAU, V./SCHINDLER, M.: Neuorientierung des Mathematikunterrichts, Heilbronn 1978, S. 64 ff. LAY, W. A.: Führer durch den Rechenunterricht der Grundstufe, Leipzig 1903. LAY, W. A.: Der Rechenunterricht auf experimentell-pädagogischer Grundlage, Leipzig 1914. LENNÉ, H.: Analyse der Mathematikdidaktik in Deutschland, Stuttgart 1969. LORENZ, J. H.: Empirische Forschung in der Mathematikdidaktik. In: J. f. Math.-Did. 1 (1980), S. 7 ff. MENNINGER, K.: Zahlwort und Ziffer, Göttingen 1958. PIAGET, J.: Psychologie der Intelligenz, Olten/Freiburg 1971. POLYA, G.: Schule des Denkens, Bern ^{2}1967. ROTH, H.: Pädagogische Psychologie des Lehrens und Lernens, Hannover/Berlin/Dortmund/Darmstadt 1965. ROTH, L.: Integration von Erziehungswissenschaft und Fachdidaktik im Zusammenhang empirischer schulpraxisorientierter Forschung. In: J. f. Math.-Did. 2 (1983), S. 139 ff. SCHMIDT, S.: Historische Analysen in der Mathematik-Didaktik. In: J. f. Math.-Did. 2 (1981), S. 99 ff. SCHUBRING, G.: Das genetische Prinzip in der Mathematik-Didaktik, Stuttgart 1978. STEINER, G.: Mathematik als Denkerziehung, Stuttgart 1973. VOGEL, A.: Unterrichtsformen I. Arbeits- und Aktionsformen im Unterricht, Workshop Schulpädagogik: Materialien 12, Ravensburg ^{5}1978. WAGENSCHEIN, M.: Ursprüngliches Verstehen und exaktes Denken, Bd. 2, Stuttgart 1970. WITTMANN, E.: Grundfragen des Mathematikunterrichts, Braunschweig 1974. ZECH, F.: Grundkurs Mathematik, Weinheim 1977.

Gerda Freise

Methodisch-mediales Handeln im Lernbereich Natur

1   Der Lernbereich Natur
1.1 Zu den Begriffen „Natur" und „Lernbereich Natur"
1.2 Pädagogisches Handeln im Lernbereich Natur
2   Methoden des Lehrens und Lernens im traditionellen naturwissenschaftlichen Fachunterricht
2.1 Das Grundmuster des naturwissenschaftlichen Fachunterrichts
2.2 Probleme des naturwissenschaftlichen Fachunterrichts
2.3 Zum Verhältnis von Methode und Medien im naturwissenschaftlichen Fachunterricht
2.4 Über die Stabilität der naturwissenschaftlichen Unterrichtsmethode und die Austauschbarkeit von Inhalten und Medien
3   Methodische Aspekte des Lernens im Lernbereich Natur
3.1 Der Stellenwert der Naturphänomene
3.2 Das Verständnis von „Grundlage" und „Systematik"
4   Methodische Aspekte des Lehrens im Lernbereich Natur
4.1 Das Prinzip der Offenheit
4.2 Methoden des Unterrichts
4.2.1 Projekte
4.2.2 Fallstudien
4.2.3 Kommunikative Simulationsspiele
4.3 Experiment und Experimentieren
5   Mediale Aspekte des Handelns im Lernbereich Natur

Zusammenfassung: Ausgangspunkt der Darstellung ist ein mehrdimensionaler, auf ein breites Spektrum unterschiedlicher Naturen bezogener Naturbegriff, der den naturwissenschaftlichen Unterricht als „Lernbereich Natur" verstehen läßt. Damit werden inhaltliche und methodische Konsequenzen nahegelegt, so die Notwendigkeit, Lern- und Unterrichtsprozesse als offen und ungesichert und die traditionellen Rollen von Lehrern und Schülern als veränderbar zu akzeptieren; zu erkennen, daß die „Grundlagen" der unterrichtlichen Sachverhalte durch die Methode der Analyse jeweils ermittelt und „Systematik" als sinnstiftende Ordnung jeweils hergestellt werden muß, daß mit den Inhalten auch die Methoden des Vorgehens und die in den Medien steckenden Prämissen zum Gegenstand des Lernens und der Reflexion zu machen sind.
Am Beispiel der Methoden „Projekt", „Fallstudie" und „Spiel" werden die genannten inhaltlichen, methodischen und medialen Konsequenzen erläutert. Die Bedeutung einiger Handlungsphänomene für den Lernbereich Natur wird hervorgehoben, so entdeckendes und forschendes Lernen und das Lernen an Widersprüchen. Auch das Experimentieren wird als Handlungsphänomen beschrieben und ihm ein – gegenüber dem traditionellen Verständnis veränderter – breiter Experimentbegriff zugrunde gelegt.

Methodisch-mediales Handeln im Lernbereich Natur

Summary: This article takes as its starting point a multi-dimensional concept of nature based on a broad spectrum of different "natures" which permits science teaching to be understood as the "learning sector 'Nature' ". This has consequences that relate both to the subject matter and to the methodology involved, the necessity, for example, to accept that learning and teaching processes are open to improvement and that the traditional roles of teachers and pupils can be changed. The need to recognize that the "principles" of the material to be taught must be determined by the method of analysis used in each case and that it is necessary to establish "systematics" as a prelude to producing order from chaos. The methods of approach and the premises embodied in the media, and not just the contents of the actual teaching unit, must be made a part of the process of learning and reflection.
Taking the three methods "project", "case study" and "game" as examples, the above-mentioned consequences affecting teaching content, methods and media are explained. Emphasis is placed on the significance of some action phenomena for the "learning sector 'Nature' ", such as learning by discovery and research, and learning from contradictions. Experimentation, as an action phenomenon, is also described and given a much broader conceptual basis than has traditionally been the case.

Résumé: Le point de départ du développement est un concept de la nature pluridimensionnel, se référant à un large spectre de natures diverses, concept qui comprend l'enseignement des sciences de la nature en tant que domaine d'enseignement intitulé «nature». On tire de cela des conséquences de contenu et de méthode, ainsi la nécessité d'accepter les procédures d'apprentissage et d'enseignement comme ouvertes et non fixées et les rôles traditionnels des professeurs et élèves comme aptes au changement; la nécessité aussi de reconnaître que les «bases» des faits d'enseignement doivent être identifiées par la méthode de l'analyse et que la «systématique» doit être, de son côté, établie en tant qu'ordre créateur de sens que, outre les contenus, les méthodes d'action et les prémices impliquées dans les moyens doivent faire l'objet de l'apprentissage et de la réflexion.
A l'exemple des méthodes «projets», «étude de cas» et «jeu», les conséquences de contenu, de méthodes et de moyens mentionnées sont commentées. La signification de quelques phénomènes pour le domaine d'apprentissage de la nature est mise en relief, par exemple apprentissage de la découverte et de la recherche et, apprentissage des contradictions. L'expérimentation est décrite comme phénomène d'action et l'on pose, pour son fondement, un concept d'expérience large, et modifié, par rapport à la compréhension traditionnelle.

1 Der Lernbereich Natur

Der Begriff „Lernbereich Natur" spielt in der erziehungswissenschaftlichen Literatur nur im Zusammenhang mit der seit Anfang der 60er Jahre als notwendig erachteten Grundschulreform und der Ablösung des volkstümlichen Heimatkundeunterrichts zugunsten eines wissenschaftsorientierten Sachunterrichts eine Rolle. Angeregt durch entsprechende Entwicklungen in den USA, wurden unterschiedliche Ansätze vorgeschlagen und entwickelt: Neben dem „konzeptorientierten" oder „strukturorientierten", einem aus den Schlüsselbegriffen beziehungsweise den Strukturen der fachwissenschaftlichen Disziplinen abgeleiteten Ansatz und dem „prozeßorientierten", die naturwissenschaftlichen Verfahrensweisen betonenden Ansatz hat es schon früh (seit etwa 1967) auch Vorschläge für einen „offenen",

Gerda Freise

„situationsorientierten", an lebensweltliche Erfahrungen anknüpfenden Unterricht gegeben. So begründete das „Nuffield Junior Science Project" (JUNG 1968) seine Vorschläge mit dem Hinweis, daß Kinder die Umwelt „ungeteilt und nicht nach Fachkategorien gegliedert" wahrnehmen, daß die „Grundlage allen Verstehens [...] direkte Erfahrungen [bilden]" und daß Kinder von eigenen und nicht von fremden Fragen aus zum Lernen angeregt werden. Unterricht solle daher nicht propädeutisch sein, sondern vielfältige Möglichkeiten der aktiven Erkundung und Auseinandersetzung mit der Umwelt bieten (vgl. JUNG 1968, KLEWITZ/MITZKAT 1979). Der lebensweltliche, erziehungswissenschaftlich begründete Ansatz für den offenen Unterricht in einem „Lernbereich Natur" blieb auf die Grundschule beschränkt, obwohl es nicht an Versuchen gefehlt hat, ihn weiterzuführen (vgl. SCHREIER 1979, 1981). So folgt ihm in der Sekundarstufe I unvermittelt der Fachunterricht in Biologie, Physik und Chemie. Im vorliegenden Beitrag soll dieser Bruch vermieden und ein schulstufenunabhängiges Verständnis von Lernen im „Lernbereich Natur" entwickelt werden.

1.1 Zu den Begriffen „Natur" und „Lernbereich Natur"

Von einem „Lernbereich Natur" soll die Rede sein, wenn Lernen sich auf Lebensbereiche, Lebenssituationen und Handlungsfelder bezieht, die maßgeblich von „Natur" oder von Naturwissenschaften und entsprechenden Anwendungswissenschaften bestimmt und von sozialen, ökonomischen, gesellschaftlichen und politischen Bedingungen mitbestimmt werden. Im Terminus „Lernbereich Natur" ist daher „Natur" als *didaktischer Begriff* formuliert, der – anders als die Begriffe der Naturwissenschaften Physik, Chemie oder Biologie – nicht exakt definiert, sondern nur beschrieben werden kann.
Für den vorliegenden Zusammenhang ist es wichtig, klarzustellen, daß dieser Begriff von Natur mehrdimensional ist und sich auf ein breites Spektrum von „Naturen" bezieht. Er darf also nicht auf einen emotional verklärenden, romantisierenden und vagen Begriff von Natur (im Sinne von „heiler", „reiner" Natur) verkürzt werden. Hier soll das Spektrum des Begriffs für drei unterschiedliche Dimensionen angedeutet werden:
Erstens. Der didaktische Begriff von Natur umfaßt alle „Naturen", die auf die Wirklichkeit der in Jahrhunderten und in der Gegenwart veränderten, vorfindlichen Landschaften und Lebensräume bezogen sind, die umgangssprachlich „Natur" genannt werden. Er basiert darauf, daß eine „Ur-Natur" nicht existiert und auch nicht herstellbar ist, daß „Natur" grundsätzlich nicht restaurierbar ist. Sie kann allenfalls in einem erwünschten Zustand erhalten oder in einen solchen gebracht werden: So kann „Natur" nach dem Willen von Menschen als „Museum" mit pflanzlichem und tierischem Inventar eingerichtet werden, in dem sie selber aber nicht mehr vorkommen; sie kann in „Reservaten", „Nationalparks", „Naturschutzgebieten" (nach mehr oder weniger strengen Kriterien) „bewahrt", „geschützt" und den Menschen zur Benutzung, Erholung oder Vermarktung angeboten werden; sie kann in öffentlichen Parks, zoologischen und botanischen Gärten, ökologischen Inseln (Biotopen) der Erhaltung pflanzlicher oder tierischer Arten, der Belehrung und der Erholung oder Ablenkung der Menschen dienen. Als „Natur" oder „natürliche" Landschaften werden Wälder, Seen, Flüsse, Heide- oder Moorgebiete angesehen, auch wenn sie bereits durch Land-, Forst- und Wasserwirtschaft oder Bauwirtschaft verplant wurden. „Kulturlandschaften" heißen dagegen landwirtschaftlich und forstwirtschaftlich genutzte Gebiete, obwohl sie von den meisten Menschen ebenfalls als „Natur"

angesehen und häufig als „natürliche" Erholungsgebiete geschätzt werden. „Natur" wird aber auch im noch so kleinen Schrebergarten, im Gärtchen hinter dem Haus, im Schulgarten wahrgenommen. Sie wird geschützt, gepflegt, bewahrt oder zerstört; sie wird beeinflußt und verändert durch Schädlingsbekämpfungsmittel, Pharmazeutika, Abgase, durch Zuchtmethoden, genchemische oder -chirurgische Eingriffe.
Zweitens. Der didaktische Begriff von Natur bezieht sich aber auch auf die Lebensräume und Umwelten, die „künstlich" oder „denaturiert" genannt werden, auf die Häuser und Gebäude, Kirchen und Bahnhöfe, Plätze, Straßen und Gassen, auf die Materialien, aus denen alles gemacht wurde, und auf den Zustand, in dem sich alles befindet. Zur „Natur" der städtischen Umwelt gehört auch die Luft, die staubig, feucht, säurehaltig, übelriechend ist, die nicht nur Gebäude, sondern auch die Atemwege der Menschen angreift.
Stadtkinder haben aus eigener Erfahrung zunächst keine Vorstellung von den vorher genannten „Naturen". Sie empfinden eine „natürliche Zugehörigkeit" zu ihrer städtischen Umwelt. In ihr machen sie Erfahrungen, nehmen sie Naturphänomene wahr und fassen Veränderungen als Eingriffe in diese „ihre Natur" auf.
In der „Natur" der städtischen Umwelt ist die Berührung mit den Naturwissenschaften und ihren Anwendungsgebieten viel unmittelbarer spürbar und erfahrbar als in den vorher genannten „Naturen". Daß Wälder sterben, Pflanzen- und Tierarten aussterben, lernen Kinder – losgelöst von aller Realität – vielleicht im Biologieunterricht der Schule. Doch Realität ist für sie der Rasen zwischen den Häusern, die Blumenbank im Wohnzimmer, die „gestaltete Natur" in Einkaufszentren, der Hamster, der Vogel, die Katze oder der Hund, die sie sich (vielleicht) in der Wohnung halten dürfen; Realität ist das Umherfahren mit dem Mofa, sind die Discos, die Animateure im Urlaub und ist vielleicht der Sportplatz.
Drittens. Eine ganz andere Dimension des didaktischen Begriffs von „Natur" ist gemeint, wenn von der „Natur des Menschen", vom „Menschen als Teil der Natur" oder von der „Natürlichkeit des Menschen" gesprochen wird. Der Begriff von „Natur" in solchen Metaphern ist diffus und nicht wörtlich zu nehmen. Diese Dimension wird von geographischen, zivilisatorischen, ökonomischen und politischen Einflußfaktoren und deren Wechselwirkungen ebenso wie von damit zusammenhängenden wissenschaftlichen und technologischen Entwicklungen, Veränderungen und Einwirkungen bestimmt: Weder wird das Zusammenleben der Menschen (verschiedener Rassen und Kulturen, Generationen und Geschlechter), noch werden die Ernährung, die Hygiene oder das Verhältnis zu Krankheit, Gesundheit, Geburt und Tod als „natürlich" empfunden. In jüngster Zeit haben naturwissenschaftliche Entwicklungen technische Manipulationen und damit Eingriffe in die Fundamente menschlichen Selbstverständnisses ermöglicht und das traditionelle Verständnis von der „Natur" der Empfängnis, Schwangerschaft, Geburt und den verwandtschaftlichen Beziehungen verändert. In weiten Teilen der Welt wird die „natürliche" Entwicklung und Lebenserwartung der Menschen durch Unterernährung und Hunger beeinträchtigt, verhindert und zerstört.
Im Hinblick auf einige dieser Aspekte sind gegenläufige Tendenzen in der Gesellschaft auszumachen: Begriffe wie „natürliche Lebensweise", „natürliche Ernährung", „Naturheilkunde", „natürliche Geburt" deuten auf Versuche, sich gültigen und offiziellen Begrifflichkeiten zu verweigern und ihnen Alternativen entgegenzusetzen. Sie sind politisch geworden, ihre Begrenzung auf anthroposophische Gruppen und „Naturapostel" wurde überwunden. Doch zugleich wurden sie kommerziell in Anspruch genommen und in einen lohnenden Markt eingebracht: Biokost, Bioladen und Bioarchitektur sind entsprechende Begriffe für diesen Sachverhalt.

Gerda Freise

Der hier ohne Anspruch auf Vollständigkeit umrissene Begriff von Natur bezieht sich also auf ganz unterschiedliche Wirklichkeitsbereiche, die in ihrer Komplexität keine einfach zu erkennenden Strukturen aufweisen. Die Inhalte des Lernbereichs Natur sind daher am ehesten durch ein breites Spektrum von sich überschneidenden oder überlagernden Problemfeldern zu charakterisieren, wobei Problemfelder als „Bündel" von existentiell bedeutsamen Sachverhalten und Fragestellungen zu verstehen sind, die sich auf die Dimensionen und das Spektrum der unterschiedlichen „Naturen" beziehen und auf die Lebensbereiche, Lebenssituationen und Handlungsfelder, die diesen „Naturen" entsprechen. Einige solcher Problemfelder und ihnen zuzuordnende Sachverhalte seien beispielhaft benannt:
- Natur – denaturierte Natur: Menschen, Tiere, Pflanzen in „natürlichen" oder „künstlichen" oder „denaturierten" Lebensräumen; Anpassungsprozesse, Fluchttendenzen;
- Natur – Naturwissenschaften: die „Natur" der Naturwissenschaften, Naturphänomene in den „Naturen", Auswirkungen moderner naturwissenschaftlicher Grundlagen- und Anwendungsforschung auf die „Naturen", irreversible Veränderungen der „Naturen" (beispielsweise durch Atom- und Gentechnologie und chemische Technologie);
- Natur – Naturaneignung: „Natur" als Rohstofflager; Naturwissenschaft als Instrument zur Aneignung, Ausbeutung oder irreversiblen Veränderung der Natur; Aufspaltung der Natur in Produktions- und Freizeitnatur;
- die „Natur" der Lebensräume und Umwelten: Situation und Entwicklung der Wohn- und Arbeitsgebiete und der darin herrschenden sozialen Beziehungen, der Verkehrs- und Versorgungssysteme, der Informations- und Kommunikationssysteme;
- die „Natur" der Produktionssektoren: Produktionsmittel, Konsumgüter, Waffen; die Qualität, Sicherheit und Zukunft der Arbeitsplätze, die Einführung neuer Technologien;
- die „Naturen" der Zukunft: die Situation und Entwicklung der 1., 2., und 3. Welt; Bevölkerungsexplosion, Hungerkatastrophen, Konflikte; die Antizipation der Zukunft, bezogen auf quantitative und qualitative Gestaltungsmöglichkeiten der genannten Aspekte und Bereiche.

Es kommt auf die Fragestellungen, auf die vordringlichen Gesichtspunkte an, unter denen ein Sachverhalt untersucht und beurteilt werden soll, um sagen zu können, welchem Problemfeld er zuzuordnen ist. Manche der Problemfelder sind durch bestimmte Sachverhalte eng miteinander verknüpft. In allen steckt unterschiedlich gewichtetes, miteinander kombiniertes, miteinander in Wechselwirkung und im Widerstreit stehendes gesellschaftliches und wissenschaftliches Wissen. Dessen soziale Qualität kann nur aus dem jeweiligen Gesamtzusammenhang als bedeutungsvoll anerkannt werden. Charakteristisch für alle Problemfelder und Sachverhalte ist, daß sie sowohl von Laien wie von Experten nicht nur unterschiedlich, sondern ausgesprochen kontrovers beurteilt werden.

1.2 Pädagogisches Handeln im Lernbereich Natur

Mit der Formulierung und Beschreibung eines auf die Umwelt und Lebenswelt bezogenen didaktischen Naturbegriffs sind im Hinblick auf pädagogisches Handeln Vorentscheidungen getroffen worden, die sich auf Ziele, Inhalte und Methoden des Lernens und auf die Organisation von Lern- und Verstehensprozessen beziehen:
- Lernen im Lernbereich Natur ist auf das Erziehungsziel gerichtet, die Lernenden

zu selbständigem Denken und Handeln, zu kritischer Reflexion und Kommunikation zu befähigen.
- Die Organisation von Lern- und Verstehensprozessen dient dem Ziel, den Lernenden das Erkennen, Verstehen, Durchschauen und Beurteilen der interdisziplinären und komplexen Sachverhalte und Problemfelder und entsprechendes Handeln zu ermöglichen.
- Der Lernbereich Natur korrespondiert nicht mit einzelnen Unterrichtsfächern: Interdisziplinarität und Komplexität der Sachverhalte lassen eine einseitige Bindung an nur eine Bezugswissenschaft ebensowenig zu wie die paritätische und additive Berücksichtigung verschiedener, voneinander isolierter fachspezifischer Aspekte oder die Beschränkung auf den die Einzeldisziplinen zusammenfassenden Begriff „science" oder das häufig gebrauchte Begriffspaar „Natur und Technik".
- Der in den komplexen Sachverhalten steckende fachspezifische und gesellschaftliche Wissensbestand, der eine instrumentelle Funktion hat, wird durch deren Analyse gewonnen und systematisiert. Dabei wird „systematisieren" verstanden als der Prozeß, durch den die für die Sachverhalte charakteristischen Strukturen und sinnstiftenden Ordnungen erkenntlich werden.
- Im je konkreten Zusammenhang ist daher zu fragen und zu entscheiden, welches Wissen aus welchen Wissens- und Wissenschaftsbereichen eingebracht werden muß, welche Methoden zur Anwendung kommen und welche Medienentscheidungen getroffen werden müssen, damit ein Sachverhalt aufgeklärt und verstanden, damit er aufklärend wirken und angemessenes Handeln und Kommunizieren ermöglichen und initiieren kann.
- Eine Konsequenz dieser auf Ziele, Inhalte und Methoden bezogenen Vorentscheidungen betrifft die Planung des Unterrichts: Da auftretende Probleme und Fragen häufig zunächst noch nicht bewußt oder bekannt sind, da sie noch ungelöst oder unbeantwortet sind oder kontrovers beurteilt werden, sind die Lernprozesse an ihrem Ende offen. Ihre Organisation verlangt daher nach einem offenen Planungssystem, in dem „Raum für selbständiges Lernen und damit für Irrwege, für Suchen und Finden, also für Zufälle gelassen, aber andererseits auch die Möglichkeit geschaffen wird, Lernen als methodische Aneignung des Gefundenen, des durch Zufall Entdeckten zu erfahren" (WITTERN 1985, S. 34).
- Eine weitere Konsequenz betrifft die Rollen der Lehrer und Schüler. Anders als in geschlossenen Lehr-/Lernsystemen des Fachunterrichts sind Lehrer in einem offenen System nicht mehr allein verantwortliche Planungsinstanz. Sie sind vielmehr Mitorganisatoren, die Angebote und Vorschläge machen, die Methoden- und Medienentscheidungen vorbereiten, während die die Lernprozesse weitertragenden Entscheidungen von allen Beteiligten, das heißt von Schülern und Lehrern getroffen werden.

2 Methoden des Lehrens und Lernens im traditionellen naturwissenschaftlichen Fachunterricht

2.1 Das Grundmuster des naturwissenschaftlichen Fachunterrichts

Im folgenden soll das den naturwissenschaftlichen Unterrichtsfächern Physik, Chemie, Biologie zugrunde liegende Verständnis von „Natur" und „Methode" vorgestellt und interpretiert werden. Es basiert auf der Annahme, daß jedes der Fächer, ebenso wie die gleichnamigen Disziplinen, einen besonderen Zuständigkeitsbereich

Gerda Freise

und eine je charakteristische Struktur haben: So ist das Fach Biologie für *die* Natur zuständig, die durch die Gesetzmäßigkeiten des Lebendigen zu beschreiben ist, während die Fächer Chemie und Physik für die Natur zuständig sind, in der die Gesetzmäßigkeiten und Strukturen des Nicht-Lebendigen, die Stoffe und Stoffänderungen, die Zustände und Zustandsänderungen auffindbar sind.

Mit diesen Zuständigkeiten werden die Fächer als wissenschaftliche Lehr-/Lernsysteme definiert, die dem Ziel dienen, Physik, Chemie und Biologie als experimentelle Wissenschaften verstehen zu lehren. Deren Methode ist die naturwissenschaftliche Erkenntnis- und Forschungsmethode, mit dem Experiment im Mittelpunkt, das als „Frage an die (jeweils zuständige) Natur" Entscheidungsfunktion hat. Wird diese Methode auf den Unterricht übertragen und zu seinem Grundmuster gemacht, wird sie wegen der völlig anderen Bedingungen zur Methodik, die übersieht, daß Unterrichtsexperimente keine Forschungsexperimente sind, die – anders als diese – in ihrem Ausgang nicht offen sind. Ihre Ergebnisse sind zumindest den Lehrenden bekannt und außerdem in Lehr- und Unterrichtswerken schon vor der Durchführung nachlesbar. Unterrichtsexperimente sind daher keine methodischen Handlungen, sie sind vielmehr auf der Ebene von Unterrichtsmaterialien einzuordnen, mit denen ein theoretisch vermittelter Sachzusammenhang demonstriert, veranschaulicht, plausibel gemacht wird, mit denen Experimentiertechniken vorgeführt oder auch eingeübt werden.

Ganz andere Intentionen verbindet WAGENSCHEIN (1965, S. 309) mit dem Begriff des Experiments: „Exemplarisch" und „fundamental" sind für ihn die (im Unterricht anzulegenden) „Einsichten", daß „die Methode des Experiments nicht voraussetzungslos ist (abgeschlossenes System, Wiederholbarkeit ...), nicht *die* Methode ist, sondern *eine* [...]". Das heißt, Wagenschein macht das Experiment in seiner wissenschaftstheoretischen Bedeutung zum Gegenstand des Unterrichts und der Reflexion der Lernenden.

In den Handbüchern zur Didaktik und Methodik der naturwissenschaftlichen Unterrichtsfächer wird unterschieden zwischen der am Forschungsprozeß orientierten „deduktiven" und der „induktiven" Lehrmethode. Beide werden algorithmisch folgendermaßen dargestellt:

Abbildung 1: Algorithmen der deduktiven Methode

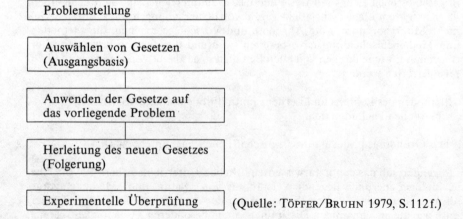

(Quelle: TÖPFER/BRUHN 1979, S. 112f.)

Auch für den Biologieunterricht wird postuliert, daß möglichst „jede biologische Unterrichtseinheit prinzipiell das induktive Verfahren aufzeigen soll, um dem Schüler den vorläufigen Charakter naturwissenschaftlicher Aussagen und auch die Dynamik der wissenschaftlichen Biologie bewußt [zu machen]" (STEAK 1982, S. 253) Einschränkend sprechen manche Autoren von der „didaktischen Induktion" im Unterricht, in dem die wissenschaftliche Arbeitsmethode „an repräsentativen Einzelfällen" nur simuliert werde; sie führe aber „durchaus im Sinne des forschenden Lernens zur Erkenntnisgewinnung" (STEAK 1982, S. 226) (vgl. Abbildung 3).

Diese naturwissenschaftliche Erkenntnismethode gilt ebenso wie die naturwissenschaftliche Unterrichtsmethode nicht nur als gültig und leistungsfähig, ihr wird darüber hinaus zugeschrieben, sie sei wertfrei, zweckfrei, objektiv und rational, sie bilde logisches Denken aus, sei übertragbar auf nichtnaturwissenschaftliche Bereiche und hilfreich bei der Lösung gesellschaftlicher und politischer Probleme (vgl. PAULING 1956, S. 12 ff.), sie entwickle die Fähigkeit, „mißtrauisch gegenüber Spekulationen" zu werden und Ergebnisse des Denkens kritisch mit empirischen Tatsachen vergleichen zu können (AUFRUF... 1982, S. 182).

Abbildung 2: Algorithmus der induktiven Methode

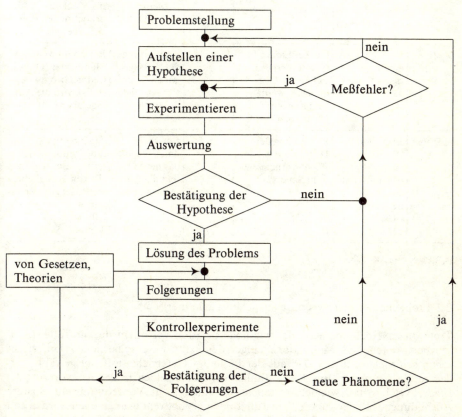

(Quelle: TÖPFER/BRUHN 1979, S. 111 f.)

Gerda Freise

Abbildung 3: Vergleich der exakten und generalisierenden Induktion

Exakte Induktion (experimentelle Methode)			Generalisierende Induktion (vergleichende Methode)		
1. Stufe	Analyse von Einzelfällen durch Beobachtung	Beobachtungen an Wasserpflanzen zeigen, daß Gasbläschen an die Wasseroberfläche steigen	1. Stufe	Beschreibung von Einzelfällen	Untersuchung und Vergleich des Ablaichverhaltens zweier maulbrütender Buntbarsche (Cichliden) z. B. Haplochromis burtoni und Pseudotropheus elongatus
2. Stufe	Aufstellen einer Hypothese	Es ist Sauerstoff	2. Stufe	Durch Vergleich der Einzelfälle Ableitung allgemeiner Aussagen (Regeln)	Erkenntnis, daß durch das Schnappen des ♀ nach der Eiatrappe auf der Afterflosse des ♂ die Befruchtung der ins Maul des ♀ aufgenommenen Eier sichergestellt wird.
3. Stufe	Versuch mit einem geeigneten Objekt	Die bei Elodea (Wasserpest) entstehenden Gasbläschen werden aufgefangen: „Spanholzprobe"	3. Stufe	Anwendung der Aussage auf ein neues Objekt im deduktiven Vorgehen	Bei einem weiteren Maulbrüter (Ophthalmochromis ventralis) wird die Aussage überprüft
4. Stufe	Bestätigung (Verifizierung) / Verwerfung (Falsifizierung) der Hypothese	Bestätigung der Hypothese: bei der Photosynthese entsteht Sauerstoff	4. Stufe	Entscheidung, ob auf das neue Objekt die Aussage zutrifft	Auch beim Ophthalmochromis ventralis trifft diese Regel zu. (Es gibt bezügl. dieser Regel eine Reihe von Ausnahmen, z. B. H. moorii; T. moorii)

(Quelle: STEAK 1982, S. 227)

2.2 Probleme des naturwissenschaftlichen Fachunterrichts

Trotz dieser Hochschätzung der Methode belasten vor allem die Stoffülle, Lernschwierigkeiten und Motivationsmangel den naturwissenschaftlichen Unterricht schon seit vielen Jahren: Daß aus der Fülle des Unterrichtsstoffs ausgewählt werden muß, ist unbestritten. Keine Einigkeit besteht jedoch in der Antwort auf die Frage, welches und wieviel Wissen als Grundlage zur Vorbereitung auf spätere Ausbildungs-, Studien- und Lebenssituationen als notwendig angesehen werden soll (vgl. STEAK 1982, S. 62). Zur Bewältigung des Problems werden die exemplarische (vgl. Abbildung 4), die genetische (vgl. Abbildung 5) und die forschende (vgl. Abbildung 6) Methode vorgeschlagen. Sie bleiben jedoch in ihrer algorithmischen Darstellung bloße Hilfskonstruktionen und ohne Bezug zu und ohne Auseinandersetzung mit Wagenscheins Konzeption (vgl. 3.1 und 3.2).

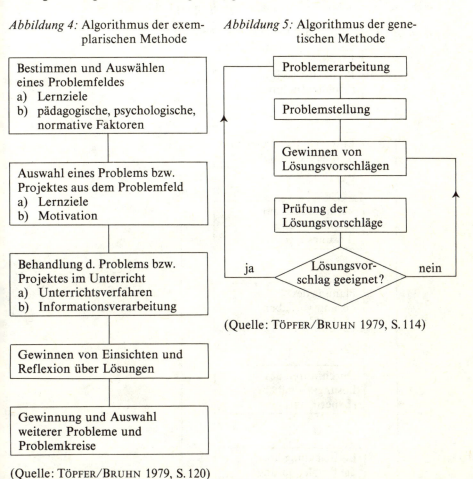

Abbildung 4: Algorithmus der exemplarischen Methode

Abbildung 5: Algorithmus der genetischen Methode

(Quelle: TÖPFER/BRUHN 1979, S. 114)

(Quelle: TÖPFER/BRUHN 1979, S. 120)

Auch die zur Überwindung der Ineffektivität und des Motivationsmangels angestellten Überlegungen und Vorschläge (Umstrukturierung des Unterrichtsstoffs, Betonung von Prozeßzielen, Orientierung an Lerntheorien, Anwenden von Motivationstricks) bleiben ohne Erfolg, weil sie „die Schuld" bei äußeren Faktoren und bei den Schülern suchen und dabei wissenschaftstheoretische und sozialpsychologische Befunde außer acht lassen:
- Die Schüler erleben im Fachunterricht die Naturwissenschaften als „abgehoben von der Natur, von ihrer natürlichen Umgebung, von der gesellschaftlichen Realität und zugleich als eine Sammlung partikularer Aussagen, Definitionen, Axiome, Gesetze", als Bestandteile einer „undurchschauten Systematik", die sie als einen „Grundlagen" genannten, in sich abgeschlossenen Lernstoff zu überneh-

men haben (PUKIES 1978, S. 165 ff.). Diese von ihrem Ursprung, der Lebenswelt entfremdeten und ohne Bezug zu ihr vermittelten „Grundlagen-Wissenschaften" haben sich einen eigenen Bereich von Objektivität geschaffen und können zur Frage nach ihrem Sinn nichts mehr beitragen (vgl. BÖHME 1979, S. 38).

Abbildung 6: Algorithmus der forschenden Methode

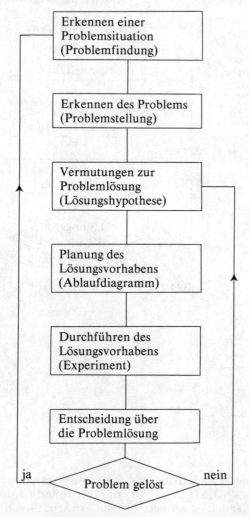

(Quelle: TÖPFER/BRUHN 1979, S. 119)

- Auch „moderne" wissenschaftliche Inhalte repräsentieren entfremdete Wissenschaft, die von der Gesellschaft nicht angeeignet und deren Notwendigkeit von ihr nicht verstanden werden kann; Wissenschaft, die vielmehr nur von einer kleinen Elite von Spezialisten und Experten im Auftrag von Wirtschaft und Politik verwaltet wird.

- Der naturwissenschaftliche Fachunterricht bleibt dem „Bankierskonzept von Bildung" verhaftet (vgl. FREIRE 1973), das unterstellt, daß die Schüler den Wert des Grundlagenwissens als zinstragendes Kapital anerkennen und sich der ihnen dargebotenen Wirklichkeit widerstandslos anpassen.
- Es wird vorausgesetzt, daß Schüler, deren Aufmerksamkeit eventuell in einer Motivationsphase durch Gegenstände des täglichen Gebrauchs geweckt wurde, dieses Interesse ohne weiteres auf naturwissenschaftliche Fragestellungen übertragen, wenn der Lehrer diese Phase beendet. Daß diese Erwartung nicht erfüllt wird, zeigen Unterrichtserfahrungen, in denen deutlich wurde, daß die Schüler – unter dem Anschein von Motivationsverlust – ihre eigenen „subversiven" Lernprozesse weiter verfolgen (vgl. HAHNE/HEIDORN 1982, S. 26).

2.3 Zum Verhältnis von Methode und Medien im naturwissenschaftlichen Fachunterricht

Das beschriebene Grundmuster der naturwissenschaftlichen Unterrichtsmethode hat eine feststehende Ziel-, Inhalts- und Methodenbeziehung und ein geschlossenes Lehr-/Lernsystem zur Voraussetzung: Ziel ist die Vermittlung von Physik, Chemie, Biologie. Die Inhalte sind durch die Disziplinen vorgegeben und müssen im gewünschten Umfang reduziert werden. Sie sind unter bestimmten Bedingungen austauschbar. Die Methode ist (wie dargelegt) ebenfalls vorgegeben. Die Medien haben unterstützende Funktion im Vermittlungsprozeß. Sie sind eindimensional auf die Inhalte bezogen und daher mit diesen austauschbar. Lehrmittelsammlungen spiegeln (ebenso wie Schulbücher und andere audiovisuelle Lehrmittel) die Struktur und die Systematik der Disziplinen wider, sind also „didaktisch reduzierte Wissenschaften" (Entsprechendes gilt für die Anwendungsbeispiele wie Hochofenprozeß oder Kraftwerke). In der neueren fachdidaktischen Literatur (vor allem der Biologie) wird den Medien als „Operationsobjekten" eine Rolle in stärker problemorientierten, anwendungsbezogenen und schülerzentrierten Unterrichtsprozessen zugesprochen, wodurch sie „ihre endgültige Funktion [...] immer erst in der konkreten Verwendungssituation des Unterrichts" erhalten (STEAK 1982, S. 245 ff.). Trotzdem änderte sich der direkte Bezug zu den didaktisch reduzierten Wissenschaften nicht prinzipiell.
Medienentscheidungen können in diesem Lehr-/Lernsystem nur auf der untersten Ebene methodischen Handelns gefällt werden. So kann der Lehrer etwa darüber befinden, ob er zu einem bestimmten fachlichen Sachverhalt Experimentiermaterialien oder Folien oder einen Lehrfilm einsetzt oder ob er ihn durch einen Lehrervortrag vermittelt. Gleich, welche Entscheidung er trifft, sie ist keine didaktische Entscheidung im Sinne des Interdependenzmodells, sie betrifft vielmehr seine Einschätzung etwa hinsichtlich der Stoffülle, der Zeit und der Motivation.
Außer den „offiziellen" Medien (Lehrmitteln, Operationsobjekten) sind Medien zu erwähnen, die von großen Industrieunternehmen (zumeist aus dem chemischen oder physikalisch-technischen Produktionsbereich) den Schulen zur Verfügung gestellt oder preisgünstig angeboten werden. Auch bei ihnen handelt es sich um „didaktisch reduzierte" fachspezifische, jedoch zugleich auch anwendungsorientierte Unterrichtsmittel zu Themen, die einerseits im Lehrplan ausgewiesen sind, an denen aber andererseits die Hersteller ein besonderes Interesse haben.
Sie transportieren außer Informationen noch feststehende Meinungen und Urteile (vgl. 5).

Gerda Freise

2.4 Über die Stabilität der naturwissenschaftlichen Unterrichtsmethode und die Austauschbarkeit von Inhalten und Medien

Als nicht austauschbare und nicht verzichtbare Grundlagen werden bestimmte Begriffe und Gesetze jeder der drei Naturwissenschaften bezeichnet, denen eine besondere Qualität zugesprochen wird. Sie gelten als sicherer Bestand an Begriffen und Kenntnissen, der vor dem Lernen weiterführender und komplexer Wissensbestände gelernt werden müsse, obwohl weder über die Auswahl noch über den Umfang des Grundlagenbestandes Einigkeit besteht. Es läßt sich aber zeigen, daß Unterrichtsinhalte und auf sie bezogene Medien austauschbar sind und der zu ermittelnde Bestand an Kenntnissen dementsprechend veränderbar ist: Wenn nämlich gesellschaftliche und politische Entwicklungen zu Bewertungsveränderungen oder radikalen Umwertungen naturwissenschaftlicher Forschungsschwerpunkte und Teildisziplinen führen, so verursachen diese entsprechende gravierende inhaltliche Veränderungen auf allen Ebenen der Bildungsinstitutionen, allerdings ohne daß sich an der Unterrichtsmethode und dem Unterrichtsziel prinzipiell etwas ändert. Dies sei an einem Beispiel verdeutlicht:
Zu Anfang des Jahrhunderts und dann vor allem in der Zeit des Nationalsozialismus wurde – in Übereinstimmung mit herrschenden Ideologien und unter Berufung auf Darwin und Mendel – die Rassenbiologie und mit ihr die Vererbungslehre und die Eugenik zur bevorzugten und mit hoher Priorität geförderten Teildisziplin der Biologie (äußere Zeichen dafür: Institutsgründungen, Einrichtung von Lehrstühlen, Publikation von Forschungsergebnissen in wissenschaftlichen Fachzeitschriften, ...). Dem wurde auf allen Ebenen des öffentlichen Lehr-/Lernsystems bis hinunter in die Schulen Rechnung getragen: Unterrichtsinhalte wurden neu ausgewählt und gewichtet, das Fach aufgewertet und Unterrichtsmedien dem angepaßt – ohne daß sich hinsichtlich des Ziels (Biologielernen) und der Methode (die naturwissenschaftliche Forschungs- und Arbeitsmethode vermitteln) etwas änderte.
Die genannten Schwerpunkte erfuhren nach 1945 eine Entwertung: Lehrpläne, Inhalte und Medien wurden „gesäubert". In neuester Zeit werden sie – wieder in Übereinstimmung mit entsprechenden politischen, ökonomischen und ideologischen Einschätzungen und im Gefolge und unter Berufung auf die Forschungsgebiete Mikrobiologie, Molekularbiologie, Genchemie – wieder um- und aufgewertet (mit Instituts- und Lehrstuhlgründungen, hohem finanziellem Aufwand, ...). Der beschriebene Prozeß findet auf allen Ebenen erneut statt: Die Neuauflagen von Didaktik- und Methodikbüchern und Unterrichtswerken und die entsprechenden Reaktionen der Lehrmittelhersteller bezeugen den Mechanismus (vgl. STEAK 1982, S. 116 ff.). Für Teilbereiche der Chemie (Kunststoffchemie) und der Physik (Energie) läßt sich der gleiche Mechanismus beschreiben. Gegenwärtig ist er im Hinblick auf Ökologie und Computerwissenschaft zu beobachten, die beide aufgrund gesellschaftlicher, ökonomischer und politischer Entwicklungen mit hoher Priorität gefördert werden.
Von seiten der für die Bildungsinstitutionen zuständigen Stellen und Personen und der Fachdidaktik wurde und wird die Bedeutung und Notwendigkeit des naturwissenschaftlichen Unterrichts außer mit den oben genannten innerwissenschaftlichen und ideologischen Legitimationsfiguren auch mit dem Argument unterstützt, er müsse modernen wissenschaftlichen Entwicklungen vor allem wegen ihres Stellenwertes für die Lösung zukünftiger gesellschaftlicher, ökonomischer und ökologischer Probleme verstärkt Rechnung tragen. Indem aber die genannten Inhalte in das geschlossene Lehr-/Lernsystem des Fachunterrichts eingebunden und deren

Ziel und Methode untergeordnet werden, indem also die Ursachen und Folgen von Umwertungen selbst kein Thema sind, werden die Inhalte zum beliebig austauschbaren Unterrichtsstoff und bleiben die Lernenden den mitgelieferten Bewertungen und Umwertungen kritiklos unterworfen.

Es kann hier nicht näher ausgeführt werden, daß Analoges auch für viele der sogenannten „alternativen" Materialien gilt, die zwar inhaltlich durch kritische Gegeninformationen und Meinungen angereichert worden sind, die aber die Frage nach dem Ziel und der Methode des Unterrichts nicht mitbedenken (vgl. HEIDORN 1982b). Auch die in 2.3 schon genannten Industriemedien funktionieren nach der gleichen Art. Allen erwähnten Unterrichtsvorschlägen und Materialien liegt – trotz unterschiedlicher Interessen – neben dem Glauben an die Wirksamkeit der naturwissenschaftlichen Unterrichtsmethode die Auffassung zugrunde, daß die Vermittlung des „richtigen" Wissens in Verbindung mit der „richtigen" Bewertung der jeweiligen Thematik automatisch das „richtige" Bewußtsein mit sich bringt; dabei wird nicht bedacht, daß es ein „richtiges" Bewußtsein nicht geben kann, daß es vielmehr darauf ankommt, die Fähigkeit des autonomen Denkens und der ständigen Auseinandersetzung mit dem jeweils erreichten Bewußtseinsstand zu entwickeln und zu fördern.

3 Methodische Aspekte des Lernens im Lernbereich Natur

3.1 Der Stellenwert der Naturphänomene

Pestalozzi zitierend, sagt WAGENSCHEIN (1980, S. 91) über den traditionellen naturwissenschaftlichen Fachunterricht: Er „bringt dem Menschen das Urteil in den Kopf, ehe er die Sache sieht und kennt [...]". Wagenschein hat als erster die naturwissenschaftliche Erkenntnismethode und die Prozesse der Erkenntnisgewinnung selbst zum Gegenstand von Unterricht gemacht und damit Unterricht wissenschaftstheoretisch begründet. Er will von „den Erscheinungen der Natur, [...] den unmittelbaren Erfahrungen" ausgehen, von den jedem Menschen zugänglichen Naturphänomenen, um verstehen zu lehren, daß die naturwissenschaftliche Methode Natur „spezifisch reduziert" und jeweils nur „Aspekte der Natur" untersucht (WAGENSCHEIN 1980, S. 18ff., S. 90ff.).

Jung, der mit seiner Arbeit für einen wissenschaftstheoretisch fundierten, anspruchsvollen Physikunterricht der Gymnasien spricht, hat Wagenscheins Ansatz aufgenommen und weitergeführt. Er nennt „die Ebene der Phänomene" die „empirische Basis der Physik" und „das beste Stimulans spekulativer, theoretischer Fantasie" und Theoriebildung. Jung argumentiert, der Laie (und auch der erfolgreiche Abiturient bleibe ein Laie) habe „nur im Bereich der Phänomene" eine Chance, „eine selbständige, kritische Einstellung gegenüber dem Spezialisten, also dem richtigen Physiker, zu behaupten": „Ob es Neutronen, Fermionen oder Bosonen sind, ob es sich überhaupt um Teilchen handelt oder um irgend etwas anderes, ‚Theoretisches', ist ein Fragenfeld, das für praktisch-politische Auseinandersetzungen minderen Rang hat für den Bürger, der Entscheidungen mit tragen muß. Was ein Spezialist aber leicht zeigen kann und worüber sich der gebildete Laie ein Urteil selbst bilden kann, das ist z. B. die medizinisch-biologische Wirkung von Neutronenstrahlen samt ihrer Erzeugungsapparatur. Die Phänomene genau in dem hier verwendeten Sinn sind es, die die Auseinandersetzungen über den Bau von Kernkraftwerken entscheiden müssen, und auf diesem Feld haben Laien durchaus eine Chance gegen die Experten [...] Die These ist [...], daß er auf der Ebene der Phänomene eine ent-

schieden größere Chance für selbständiges kritisches Urteil hat als auf der Ebene der Theorie" (JUNG 1979, S. 43 f.).
Zu fragen ist nach der Bedeutung und der Grenze dieses Ansatzes für das Lernen im Lernbereich Natur: Unbestritten ist,
- daß die konkrete Wahrnehmbarkeit jener Phänomene, die der Physik zugrunde liegen, eine Grundlage für *eigenständiges Nachfragen,* für *Spekulationen* und *Theoriebildung* in der Wirklichkeit ist und die Entwicklung einer Wissenschaft vorstellbar macht;
- daß mit dem Ansatz exemplarisch das gezeigt werden kann, was im traditionellen Physik- und Chemieunterricht zwar erhellt werden soll, aber im allgemeinen im dunkeln bleibt, nämlich wie „Natur" in den Naturwissenschaften erkannt werden kann;
- daß mit der Wahrnehmung der Phänomene und der Reflexion über Phänomene die Lernenden einen Eindruck von der naturwissenschaftlichen Methode erhalten, mit der *aus der komplexen Wirklichkeit einzelne Erscheinungen* herausgelöst werden, und als verallgemeinerbare, reproduzierbare Experimente im Labor untersucht werden können;
- daß die Naturphänomene auch in der künstlichen, der „denaturierten", schmutzigen Natur der Städte wahrzunehmen sind – vielleicht sogar besonders offensichtlich sind (man denke an die Newtonschen Farbkreise auf öligen Pfützen!); solche Phänomenbetrachtungen können als „Aufhänger" im traditionellen Physikunterricht mißbraucht werden, aber ebensogut zu philosophischen Reflexionen über Natur führen;
- daß das Prinzip, mit dem Unterrichtsgegenstand auch die Methode des Vorgehens und Arbeitens und auch die in den Medien steckenden Prämissen zum Thema des Lernens und Unterrichtens zu machen, Allgemeingültigkeit besitzt.

Aber auch die Grenzen des Ansatzes sind nicht zu bestreiten:
- Es ist zwar richtig, daß Laien auf der Ebene der Phänomene die Problematik von Kernkraftwerken erkennen können, aber richtig ist auch, daß es eben nicht die Phänomene sind, die in Auseinandersetzungen über Kernkraftwerke als entscheidendes Kriterium anerkannt sind; und wer bei den Schülern diesen Eindruck erweckt, verschweigt den wahren, den politischen und ökonomischen Charakter derartiger Entscheidungen und verhindert, daß die Schüler lernen, sich über die politische Funktion der Großtechnologien erzeugenden Naturwissenschaften ihr Urteil zu bilden.
- Der exemplarische Wert des Ansatzes ginge verloren, wollte man alle „Naturen" mit ihren vielfältigen Aspekten und Dimensionen nun nach Naturphänomenen abklopfen und deren möglichst lückenlose Betrachtung im Unterricht anstreben. Damit würde das bewirkt, was aufgehoben werden sollte: die Aufsplitterung der Wirklichkeit in Einzelaspekte, die Beschränkung des Denkens auf Einzelaspekte, das heißt die Entfremdung des Lernens.
- Zu bedenken ist auch, daß mit dem Wort „Phänomen" gerade im Lernbereich Natur noch ganz andere, sehr weit und tief reichende Bedeutungen verbunden sind. Genannt seien nur einige solcher Phänomene, die nicht „die empirische Basis" einzelner Wissenschaften und nicht nur „spezifisch reduzierte Aspekte der Natur" sind: Die in der Natur aller Lebewesen liegenden Phänomene Geburt und Tod, das in der Natur gegenwärtig sich abspielende Phänomen „Waldsterben", aber auch Landflucht und Stadtflucht oder Technikfeindlichkeit und Fortschrittsgläubigkeit sind als Phänomene des Verhaltens gegenüber verschiedenen „Naturen" der Gegenwart bedeutsam, denn sie sind konstitutiv für die Wirklichkeit der

„Naturen". Sie wahrzunehmen und sich mit ihnen verstehend auseinanderzusetzen verlangt nach weiterreichenden anderen unterrichtlichen Prozessen in einem Lernbereich Natur.

3.2 Das Verständnis von „Grundlage" und „Systematik"

„Je mehr Basiswissen [aus den naturwissenschaftlichen Disziplinen] man hat, um so mehr Bedingungszusammenhänge kann man erörtern und um so mehr Variationen in Betracht ziehen" (STORK 1982, S. 23). Diese in der traditionellen Fachdidaktik weitgehend akzeptierte Auffassung entspricht dem in 2.3 beschriebenen Grundlagenverständnis und den daran geknüpften hohen Transfererwartungen. Sie übersieht, daß die „harten" fachspezifischen Fakten, die Gesetze, Modelle, Formeln und Gleichungen der naturwissenschaftlichen Disziplinen, deren aus den Phänomenen gewonnenen theoretisierten und legitimierten Wissensbestand (in international verständlicher, kodifizierter Sprache) repräsentieren. Demgegenüber bestimmt sich für Schüler (und Laien allgemein) erst aus den in Frage stehenden Sachverhalten, welche der sie konstituierenden „harten" und „weichen" Fakten eine aufklärende Funktion haben. So enthalten zum Beispiel für einen Chemiker die Formeln von Trichlorphenol und Dioxin Informationen über deren Reaktionsfähigkeiten und -möglichkeiten und Eigenschaften, aus denen er Empfehlungen über Verwendung oder Verzicht ableiten kann. (Daß entsprechende Entscheidungen von ihm nicht getroffen werden, sondern von anderen Interessen abhängen, ist bekannt.) Für Schüler und Laien ist dieses professionelle Wissen in den Kontexten, in denen diese Stoffe eine Rolle spielen, irrelevant und daher nicht aufklärerisch. Für sie haben Informationen über Wirkungen, Verwendung, Vorkommen, Herkunft und Verbreitung dieser Stoffe eine aufklärerische Funktion, weil sie die Beurteilung beispielsweise des „Sachverhalts Seveso" ermöglichen (vgl. FREISE 1983a).
Die in diesem Beitrag entwickelte Formulierung der Begriffe „Natur" und „Lernbereich Natur" und die darauf bezogenen Vorentscheidungen für pädagogisches Handeln sind auf die Umwelt und Lebenswelt der Lernenden, also auf unterschiedliche Wirklichkeitsbereiche und auf die beispielhaft genannten Problemfelder und Sachverhalte bezogen. Die diese konstituierenden Grundlagen müssen in aktiven Lernprozessen erkannt, angeeignet und geordnet werden. Bezogen auf die oben genannten Problemfelder und Sachverhalte, heißt das konkret: Wenn Lernende von Veränderungen ihrer Lebens- und Umwelt betroffen werden (etwa durch Sanierung ihres Stadtteils, durch Verlegung einer Schule, durch Anlage eines Parks, durch Ansiedlung einer Industrieanlage), so fallen ihnen nicht einzelne, voneinander isolierte Tatsachen auf, sondern sie bekommen einen Eindruck, der von je unterschiedlichen Einstellungen, Interessen oder Erwartungen, aber auch von emotionalen Gefühlen (etwa Neugier, Trauer, Überraschung, Freude) abhängt und „etwas" erzeugt: den Wunsch, zu verstehen, um sich mit neuen Tatsachen arrangieren, dagegen opponieren, sie jemandem plausibel machen zu können. Das bedeutet, daß die Veränderungen selbst zum Lerngegenstand, zum Untersuchungsgegenstand, zum Problemzusammenhang werden können, den die Betroffenen selbst aufschließen müssen. Sie selbst müssen ihn auf die ihn konstituierenden Elemente (und das sind die Grundlagen) hin *analysieren,* denn diese liegen nicht „richtig" zusammengestellt vor, sie können auch nicht von irgendeiner Instanz bezogen werden (das ist ja gerade der Irrtum, auf den in 2.3 hingewiesen wurde). Vielmehr gehört es zum Lernprozeß, daß die Lernenden selbst durch die *Methode der Analyse* (die immer von irgendeiner Vorerfahrung und irgendeinem Vorwissen und einer Intention ausgeht)

die Grundlagen aufsuchen und auffinden und sie *systematisieren,* das heißt nach sinnstiftenden Gesichtspunkten, die dem Untersuchungsgegenstand adäquat sind, *ordnen, zusammenfassen* und *unterschiedliche Aspekte und Fakten miteinander vermitteln,* um so eine Meinung oder ein Urteil zu bilden.
Die Systematik, das heißt die sinnstiftende Ordnung der Sachverhalte oder Problemzusammenhänge liegt in ihnen selbst und wird durch den aktiven Lernprozeß erkennbar (vgl. FREISE 1980). Das aber bedeutet, daß solche Lernprozesse nicht zu Systematiken führen können, die es schon gibt (also der Physik, Biologie oder Chemie), sondern zu solchem zusammenhängenden, geordneten und einsehbaren Wissen, das den Sachverhalten und Problemzusammenhängen adäquat ist. Die jeweils darin liegenden und dem Verstehen dienenden disziplinspezifischen Fakten, Gesetzmäßigkeiten und Zusammenhänge müssen aus ihrem fachsystematischen Zusammenhang herausgebrochen und verfügbar gemacht werden (vgl. FREISE 1981a, S. 23 f.).
Grundlegend ist hier die didaktisch begründete Art des Vorgehens, die Methode, die mit derartigen Lernprozessen angeeignet wird: die *analytische Ermittlung der "Grundlagen"* und die *synthetisierende (reorganisierende) Herstellung einer Ordnung,* die das anfänglich fragliche "in Ordnung" in eine verstandene und beurteilbare Wirklichkeit bringt.
Das hier beschriebene Verfahren ist als *genetische Methode des Lernens* zu verstehen. In diesem Zusammenhang muß darauf hingewiesen werden, daß Wagenschein von der Methode des genetischen und exemplarischen *Lehrens* spricht. Doch seine Texte zeigen, daß auch er die Vorstellung vom aktiven Charakter des genetischen Prinzips hat, von „der Entdeckung des Systems (besser: Systematisierbarkeit eines Gegenstandsbereichs)" – gemeint sind Mathematik, Physik oder Biologie. Wenn er den Prozeß des Lehrens als einen aktiven Vorgang beschreibt – „Nicht ‚bringen', sondern entdecken lassen", von Fragen ausgehen, Gefundenes einordnen lassen, es zu einer bestimmten, erlebten „Wirklichkeit werden" lassen, dann beschreibt er ja damit die Lernprozesse, die durch Lehre in Gang gebracht werden sollen (WAGENSCHEIN 1970, S. 68 ff.).
Dabei stellt sich die von Wagenschein selbst aufgeworfene Frage, die auch für den Lernbereich Natur im Hinblick auf die Wahl der Inhalte wichtig ist: Gibt es „exemplarische Inhalte", lassen sich im Lernbereich Natur „exemplarische Inhalte" nachweisen? WAGENSCHEIN (1970, S. 93) sagt: „Man kann [...] den Begriff ‚exemplarisch' auch enger fassen, ihn nämlich auf die ‚stoffliche' Auswahl und Ausstrahlung beschränken und entsprechend ‚genetisch' auf die stoffliche Reihenfolge." – Aber die Frage muß verneint werden: Wagenschein legt keine exemplarischen Inhalte fest, sondern „Methode", „Verfahren", „Prinzip". Benannte Inhalte bleiben Beispiele, um zu erläutern, was mit Methode, Verfahren oder Prinzip gemeint ist.

4 Methodische Aspekte des Lehrens im Lernbereich Natur

4.1 Das Prinzip der Offenheit

Die Feststellung, daß sich für den Lernbereich Natur keine exemplarischen Inhalte benennen lassen, ist eine Folge des Verständnisses von Unterricht als Methode. Eine dieses Verständnis realisierende Unterrichtskonzeption, die Lernen auf das Erziehungsziel richtet, die Lernenden zu selbständigem Denken und Handeln, zu kritischer Reflexion und Kommunikation zu befähigen, kann weder exemplarische Inhalte noch einen Kanon von Inhalten benennen und diese unterrichtlich durch-

setzen wollen, noch kann sie unterstellen (wie es der traditionelle naturwissenschaftliche Fachunterricht tut), daß alle Schüler jeweils zur gleichen Zeit das gleich ausgeprägte Interesse an den Inhalten und die gleiche Betroffenheit diesen gegenüber haben.
Die Konsequenz ist, daß für den Lernbereich Natur ein breites Angebot formuliert und gehofft werden muß, daß dieses von den Lernenden angenommen wird. Das Angebot muß einigen Bedingungen und Kriterien genügen:
- Es muß die Wirklichkeitsbereiche, den Erfahrungshorizont und die Verstehensmöglichkeiten der Lernenden berücksichtigen, seine Reichweite muß ihnen vorstellbar sein oder gemacht werden können;
- es muß die genannten Dimensionen und Aspekte des Begriffs „Natur" repräsentieren;
- es muß offen sein;
- das Prinzip der Offenheit muß sowohl für das Angebot wie für die Lernprozesse gelten;
- das Prinzip der Offenheit anerkennen bedeutet, „Ungesichertheit" der Lernprozesse und Lernergebnisse zu akzeptieren.

Das Prinzip der Offenheit des Angebots wirft eine alte und immer wieder besprochene Frage auf: die nach der Art und Weise, wie Interesse und Betroffenheit der Lernenden geweckt und zugleich die berechtigten und legitimierten Intentionen der Unterricht verantwortenden Lehrer durchgesetzt und den Lernenden als akzeptabel angeboten werden können, ohne Unterricht inkompetenten oder kurzatmigen Zufallsinteressen unterzuordnen oder der Versuchung zu unterliegen, Motivationen künstlich zu erzeugen, ohne auch vorhandene Interessen der Lernenden zu unterdrücken.
Die Frage muß unbeantwortet bleiben. Sich ihrer Beantwortung zu nähern bleibt eine fortwährende Aufgabe aller Beteiligten. Außerdem besteht die berechtigte Erwartung, daß im Zusammenhang mit begründeten methodischen Entscheidungen etwa über Sozialformen des Unterrichts, die im Einvernehmen mit den Lernenden getroffen werden (vgl. 4.2), und mit Medienentscheidungen zum einen unterschiedlichen Interessen Rechnung getragen und zum anderen mit Motivationsverschiebungen und -erweiterungen gerechnet werden kann.
Die Offenheit der Lernprozesse betrifft deren Organisation: Planung, Durchführung und Beendigung. Dabei bedeutet „Beendigung" eines Lernprozesses, daß er zu einer verabredeten Zeit abgebrochen wird und daß dann die Arbeitsergebnisse einen vorläufigen Charakter haben. Ungesichert sind dann beispielsweise Fakten und Daten, bis dahin gebildete Urteile, Meinungen und Deutungen, die offen sind für neue Tatsachen, neue Sichten (vgl. HAHNE u. a. 1981).
Der Verzicht auf „Offenheit" und „Ungesichertheit" bedeutet Verzicht auf das Erziehungsziel und Auslieferung an vorgegebene Bewertungen und Umwertungen (vgl. 2.3). Der Verzicht auf diese beiden Kriterien führt außerdem dazu, daß jede gewählte Sozialform des Unterrichts für jedes beliebige Ziel benutzt werden kann und daß die Reflexion der Lernenden über ihre eigenen Lernprozesse unmöglich oder zur Farce gemacht wird.
So ist ein „Projekt" genanntes Curriculum über das Thema „Von der Baggergrube zum See" im Gegensatz zu dem in der Literatur beschriebenen Projekt „Veränderung der Umwelt durch den Menschen" nicht offen: Es ist ein auf Reproduzierbarkeit angelegtes, durch die Lehrmittelindustrie vertriebenes Arbeitsmittel mit einem Verlaufsplan, Arbeitsanweisungen, Arbeitsblättern, Erfolgskontrolle, Arbeitsmaterialien sowie mit „Lösungen der Aufgaben", die „Lehrer kostenlos vom Ver-

lag" bestellen können (BAYRISCHER SCHULBUCHVERLAG 1983). Demgegenüber konnte das ursprünglich durchgeführte Baggerseeprojekt nur im nachhinein beschrieben, interpretiert und mit den ursprünglichen Zielvorstellungen konfrontiert werden (vgl. FREISE 1973 a, 1974). Die Beschreibungen offener Projekte in der erziehungswissenschaftlichen Literatur dienen als Beispiele; wer versucht, sie zu kopieren, zeigt, daß er die Methode nicht begriffen hat.
Auch die Methode des Spiels im naturwissenschaftlichen Unterricht, wie sie von Sebastian Hellweger entworfen wurde (vgl. 4.2.3), verkommt mit dem Verzicht auf „Ungesichertheit" und „Offenheit" zur methodischen Masche einer sogenannten Stoffdidaktik. So repräsentieren die neuerdings zusammengestellten „Lernspiele im Chemieunterricht" („Chemie-Memory"; „Chemie-Domino"; „Rallye durch das Periodensystem"; „Spaß mit chemischen Elementen") nicht „Spiel als Methode". Vielmehr sollen sie „Abneigung und Unlust abbauen helfen", sollen, vergleichbar anderen „methodischen ‚Tricks', [...] die Schüler für Chemie motivieren" und als „Übungshilfe" sowie der Festigung von Lernstoff und der Überprüfung von Lernergebnissen dienen (SCHEIBLE 1983, S. 369 ff.). Diese „Lernspiele" stehen daher gleichwertig neben anderen Weisen des Übens, Memorierens und Überprüfens. Sie stellen einen weiteren Versuch dar, die Motivation der Schüler zu verbessern, ohne nach den Ursachen der Motivationslosigkeit zu fragen.

4.2 Methoden des Unterrichts

In diesem Abschnitt soll an den Methoden *Projekt, Fallstudie* und *Spiel* beispielhaft erläutert werden, daß die Entscheidung für eine bestimmte Methode des Unterrichts nur im Zusammenhang mit einer Entscheidung über die Zielsetzungen und Inhalte des Unterrichts getroffen werden kann. Unterrichtsmethoden verkommen zur Methodik, wenn die Beliebigkeit von Zielen und Inhalten unterstellt wird und sie (wie FREY nahezulegen scheint – vgl. 1982) unabhängig von diesen lediglich als formale Gerüste verstanden werden.
In den vergangenen Jahren wurden – vielfach angeregt durch die Empfehlungen der Bildungskommission des DEUTSCHEN BILDUNGSRATES „Zur Förderung praxisnaher Curriculum-Entwicklung" (1974) – in der erziehungswissenschaftlichen und fachdidaktischen Literatur Beschreibungen über Unterricht veröffentlicht, der den Prinzipien der Offenheit und Ungesichertheit von Lernprozessen verpflichtet war, relativ viele davon zu Inhalten aus dem Lernbereich Natur. Es sei vorausgeschickt, daß die drei Sozialformen meist nicht „rein" realisiert werden, sondern sich in der Feinstruktur hinsichtlich methodischer Entscheidungen in manchem ähnlich sind.

4.2.1 Projekte

Die Entscheidung für die Organisation eines Projektes ist angemessen, wenn zum Beispiel die Bearbeitung eines Sachverhalts aus der konkreten Lebenswelt und Umwelt der Lernenden beabsichtigt ist. Nach allen Erfahrungen ist die Entscheidung für die Projektmethode erstens dann geeignet, wenn Kommunizieren und Handeln in der Lebensrealität oder auf diese abzielend intendiert wird, wenn es sich also um ein „lebensnahes und offenes Lernangebot [handelt], das in seiner Konkretisierung weitgehend von den Aktivitäten und Wünschen der Schülerarbeitsgruppen abhängt" (CUNA-AUTORENGRUPPE 1981, S. 61 ff.). Die für die Planung und Durchführung von Projekten geltenden Kriterien, also das Kriterium „Beteiligung der Lernenden an der Planung und an allen im Verlauf des Projekts zu treffenden Entscheidungen", werden hier nicht eigens erörtert (vgl. OTTO 1974). Sie sind auch angezeigt, wenn im Verlauf des Projekts vielfältige und unterschiedliche Aktivitäten und Handlungen, das heißt methodische Entscheidungen auf der unteren und mittleren Ebene (vgl. WITTERN 1985) erforderlich sind – also zum Beispiel bestimmte Arbeitstechniken zur Anwendung kommen und Vorgehensweisen abgesprochen und Lernorte ausgewählt werden müssen. In Veröffentlichungen über durchgeführte Projekte zu Themen aus dem Lernbereich Natur (vgl. CUNA-AUTORENGRUPPE 1981) wird darauf hingewiesen, daß die Projektkriterien als Orientierungspunkte verstanden werden müssen, deren Gewichte oder Ausdifferenzierung der jeweiligen Interpretation bedürfen. So weisen die Autoren darauf hin, daß die geplante Organisation der Aktivitäten, der Arbeits- und Lernprozesse immer unplanbare Momente einschließt, das heißt mit *spontanen Eigeninitiativen* der Schüler zu rechnen ist und deren Wahrnehmung gestattet sein muß.

In den geplanten Phasen der Projekte ist *Gruppenarbeit* ebenso vorgesehen wie *Einzel- oder Partnerarbeit,* damit ein fachwissenschaftliches Detail, das zum Verständnis notwendig ist, gezielt erarbeitet oder eine Arbeitstechnik in der Werkstatt oder im Labor eingeübt wird, damit etwas ausprobiert, hergestellt oder eine Information nachgeprüft werden kann. (Es sei angemerkt, daß Gruppenarbeit nicht nur in der Feinstruktur eines Projektes vorkommt, sondern als eigenständige methodisch begründete Unterrichtsform eine Rolle spielt.) Wenn in einem Projekt die Wirklichkeit bestimmter Lebenswelten aus erster Hand in den Erfahrungshorizont der Schüler gerückt werden soll, können Entscheidungen über verschiedene Lernorte gefällt und *Exkursionen* und *Erkundungen* vorgesehen werden (vgl. BIELEFELDER LEHRERGRUPPE 1979, FREISE 1973 b). In den unplanbaren Momenten eines Projektes zeigt sich, daß „Ungesicherheit" sich auch auf die Lernprozesse beziehen kann, wenn etwa zunächst vorhandene Intentionen aus dem Blick geraten, wenn Motivationen sich verändern oder in Faszination umschlagen oder wenn Interessen auseinanderdriften (vgl. HAHNE 1983, S. 52). Hahne lenkt in seiner Arbeit die Aufmerksamkeit auf zwei wichtige Handlungsphänomene: auf *entdeckendes* und *forschendes Lernen* (vgl. HAHNE 1983, S. 89 ff.). Beide gelten in der traditionellen Fachdidaktik insbesondere des naturwissenschaftlichen Unterrichts fälschlich als eigenständige, motivationsfördernde und von Lehrern vorgeplante Methoden, obwohl sich „entdecken" und „forschen" dabei auf bereits Entdecktes und Erforschtes bezieht, die Lernenden also nur Bekanntes und Kodifiziertes zutage fördern können; das heißt, von diesen Autoren werden diese „Methoden" allein für den fachwissenschaftlichen Unterricht funktionalisiert.

Demgegenüber beschreibt Hahne entdeckendes und forschendes Lernen als Handlungsphänomene, die zu Handlungskompetenzen führen. Es findet in den beschriebenen Projekten dann statt, wenn Lernende unvorhergesehene Probleme – deren Lösung auch für die Lehrer ungewiß ist – als wichtig erachten und sie selbständig zu lösen versuchen (vgl. HAHNE 1983, S. 126 ff.).

4.2.2 Fallstudien

Die Entscheidung für die Methode der Fallstudie ist angemessen, wenn für einen Sachverhalt ein inhaltlicher, örtlicher und zeitlicher Rahmen relativ deutlich benannt werden kann und in einer mehr systematischen Studie untersucht werden soll. Da für den Lernbereich Natur kaum Beispiele bekannt sind, können Anregungen aus anderen Bereichen wertvoll sein. Schüler haben zum Beispiel Untersuchungen über Alltagsprobleme des Lebens im Nationalsozialismus vorgelegt, die me-

thodisch beispielhaft sind. So geht die Untersuchung über das Schicksal der Hamburger Familie Leipelt von einer konkreten historischen Situation aus. Die Schüler erforschen, analysieren und interpretieren die Ursachen, die Genese und den Verlauf des Geschehens und beziehen alles auf die Gegenwart und die Zukunft (vgl. STUDIENGRUPPE LEIPELT 1983). Vorstellbar ist das analoge Vorgehen im Fall von konkreten, in der Umwelt und Lebenswelt der Lernenden feststellbaren Vorkommnissen und Prozessen, so, wenn der Zustand einer Mülldeponie zum Skandal geworden ist, wenn ein Landschaftsschutzgebiet in Bauland umgewandelt, wenn ein traditionelles Verkehrskonzept durch ein „modernes" ersetzt werden soll und dergleichen mehr. Immer geht es um die Feststellung und Analyse des Anfangs und der Ursachen eines Prozesses, um seinen Verlauf bis zur Gegenwart und um die Zukunftsperspektiven. Im Rahmen derartiger Studien spielt die *Entwicklung der Fragestellung* und die darauf bezogenen *Recherchen* (wie die *Beschaffung* und *Verarbeitung von Informationen,* die Durchführung von *Befragungen*) eine vorrangige Rolle (daß diese Handlungsformen auch in der Feinstruktur von Projekten vorkommen und wichtig sein können, sei nur angemerkt). Die Methode der Fallstudie scheint *Lernen in einem kontinuierlichen Handlungszusammenhang* zu begünstigen. In ihrer Feinstruktur ist der *Methodenwechsel* wichtig, da es darauf ankommt, unterschiedliche disziplinspezifische Fakten und Zusammenhänge zu ermitteln und dabei deren Unterordnung unter die Zielrichtung und Thematik der Studie, die einen „Ernstfall" der Lebenswirklichkeit betrifft, nicht aus dem Auge zu verlieren.
Große Ähnlichkeit mit der Methode der Fallstudie hat die von PUKIES (vgl. 1979) theoretisch begründete, in der Praxis durchgeführte und ausgewertete *historisch-genetische Methode*. An ausgewählten historischen Beispielen („Die philosophischen Ursprünge der Naturwissenschaften" – am Beispiel der Genese des Trägheitsprinzips – und „Die Entstehung der Thermodynamik" – philosophische und ökonomische Implikationen der Naturwissenschaften –) wird der „Abstraktionsprozeß der Naturwissenschaften von der Natur" zum Thema gemacht, indem eine historische Situation hinsichtlich ihrer philosophischen, gesellschaftlichen, ökonomischen und wissenschaftlichen Bedingungen, Wechselwirkungen und Wandlungen untersucht wird. Dabei müssen zeitgeschichtliche Dokumente gesucht, ausgewählt, analysiert und interpretiert, müssen historische Experimente nachvollzogen und müssen die Untersuchungsergebnisse auf die Gegenwart projiziert werden.
Pukies' historisch-genetische Methode ist aber auch der genetischen Methode Wagenscheins ähnlich, wenngleich sie durch Einbeziehen gesellschaftlicher, politischer und ökonomischer Bedingungen andere Ziele verfolgt; aber wie Wagenschein, so geht auch Pukies nicht von der „fertigen, kristallisierten Physik" aus, sondern initiiert einen Prozeß, der von den Handlungsphänomenen *Planen, Beobachten, Denken* und *Vergleichen* und *Sprechen* in Gang gehalten wird.

4.2.3 Kommunikative Simulationsspiele

Rollenspiele, Planspiele, darstellendes Spiel und Entscheidungsspiele waren lange Zeit insbesondere für die sozialwissenschaftlichen Fächer bedeutsam. Für den Bereich der naturwissenschaftlichen Unterrichtsfächer wurde dieser methodische Zugriff vor allem von HELLWEGER (vgl. 1981) sowohl theoretisch begründet wie durch die Entwicklung und Durchführung von Spielen nachgewiesen. Die von ihm aufgegriffenen Themen sind alle auf Dimensionen und Aspekte des beschriebenen didaktischen Begriffs von Natur bezogen, sie sind interdisziplinär, offen und in ihrem Verlauf und Ergebnis ungesichert.

Methodisch-mediales Handeln im Lernbereich Natur

Hier soll vor allem betont werden, daß die methodische Entscheidung für die Planung und Durchführung von kommunikativen Simulationsspielen für bestimmte Bereiche des Lernbereichs Natur durch andere Methoden nicht ersetzt werden kann – sofern nicht auf das Erziehungsziel und auf Offenheit und Ungesichertheit verzichtet werden soll: Der eingangs umrissene Begriff „Natur" weist nämlich in allen drei Dimensionen auf Bereiche, die zwar eminente Bedeutung für das Leben und die Zukunft der Menschen haben, die aber der „Originalrealität nicht zugänglich" (HELLWEGER 1981, S. 46ff.), nicht in konkreten Wirklichkeitsbereichen erfahrbar sind und auch nicht durch bloße Informationen in den Horizont der Vorstellungen geholt werden können (Großtechnologien, Gentechnologie und dergleichen mehr), die einfach zu weit weg sind (wie die Probleme der Dritten Welt oder die irreversible Zerstörung der brasilianischen Regenwälder). Aber auch in der alltäglichen Wirklichkeit der Umwelt und Lebenswelt „kommt der Einzelne immer seltener in direkten Kontakt mit der Originalrealität". Sein Weltbild setzt sich vorwiegend aus Informationen zusammen, die den Medien entnommen, also von anderen ausgewählt wurden. Das heißt, jeder übernimmt in zunehmendem Maße immer schon fertige soziale Konstrukte, die ihm andere, Medienproduzenten, vorsetzen (HELLWEGER 1981, S. 48). Diese Tatsachen die Lernenden erkennen zu lassen ist im Hinblick auf das Erziehungsziel notwendig, aber die Art und Weise, wie dies geschieht, entscheidet darüber, ob das Ziel erreicht werden kann oder nicht. „Durch die *bewußte Annahme einer simulierten Umgebung* als ‚eingebildeter', konstruierter Wirklichkeit und die *Übernahme einer fremden, neuen Rolle* [...] kann er [der Lernende] bewußt und vielleicht – wieder – aktiv an der sozialen Konstruktion des Weltbildes mitwirken" (HELLWEGER 1981, S. 49). Charakteristische Aspekte der Lernprozesse sind dabei die *Verfremdung* (die gewohnte Wirklichkeit mit anderen Augen, sozusagen „von außen" sehen), die *Verunsicherung* (kognitive Konflikte ertragen) und „Denken in Alternativen" (gewohnte Erklärungsmuster revidieren), *Handeln* (nach neuen Informationen suchen, sie weitergeben, abwägen, austauschen), *Entscheiden* (schon Entschiedenes und noch Unentschiedenes als solches erkennen, sich für eine von mehreren Alternativen entscheiden, den eigenen Standpunkt oder das Ergebnis einer Entscheidung erläutern und vertreten), *Identität finden* (auf seine Weise bewußt und selbstbestimmt reagieren). In solcher auf die Ausbildung kommunikativer Kompetenz gerichteten Methode spielen *didaktische Handlungsphänomene* (*unterscheiden, vergleichen, zeigen, fragen, nachfragen*) (vgl. WITTERN 1985) ebenso wie das Prinzip des *Lernens an Widersprüchen* eine Rolle (vgl. CUNA-AUTORENGRUPPE 1981).

Die Methode des kommunikativen Simulationsspiels hat eine besondere Nähe zu den Massenmedien Rundfunk und Fernsehen, die beide viele Sendungen zu Sachverhalten aus dem Lernbereich Natur produzieren und ausstrahlen. In vielen Fällen haben diese Ähnlichkeit mit Rollen- oder Entscheidungsspielen oder auch darstellenden Spielen. Wenn Lernende solche in den öffentlichen Medien verhandelten Themen zum Unterrichtsgegenstand machen, sie analysieren, offene Fragen und Informationslücken oder Widersprüche zu anderen Informationen und Meinungen aufspüren oder einer Sendung eine eigene „Spielproduktion" gegenüberstellen, so erfahren sie nicht nur, was mit „Manipulation" und „Manipulationstechniken" gemeint ist, sie nehmen auch die tiefe Kluft wahr zwischen schulischen und öffentlichen Lern- und Informationsangeboten.

Insgesamt gesehen spricht *für* die Methode, daß sie die geeignetste zu sein scheint, die „Naturen der Zukunft" zu thematisieren, und daß sie am ausgeprägtesten auf Kommunizieren und Handeln in der Zukunft gerichtet ist; *dagegen* läßt sich ein-

wenden, daß Spiel nicht in die Realität führt und die Gefahr birgt, bloß Theater zu bleiben.
Dem kann entgegengehalten werden, die Spielmethode ermögliche „Probehandeln", sei als Vorübung für Handeln in der Wirklichkeit unentbehrlich (was für die Projektmethode gleichermaßen zutrifft). Vor allem für jüngere Schüler sei die Spielrealität außerdem tatsächliche Wirklichkeit, in der sie frei von unverstandenen Zwängen sprechen und handeln und auf Wirklichkeit bezogene Erkenntnisse gewinnen können. Auf einer anderen Argumentationsebene wird darauf hingewiesen, daß Spiel als Methode eine wichtige Funktion in der Kombination mit der Projektmethode bereits nachgewiesen hat, als kommunikative Zusammenfassung von Arbeits- und Lernprozessen, als Einführung in eine Problematik oder als Projektprodukt, an dem die offen und ungelöst gebliebenen Fragen und Probleme von unterschiedlichen Positionen aus noch einmal dargestellt werden können (vgl. HEIDORN 1983, S. 62 ff.).

4.3 Experiment und Experimentieren

In der fachdidaktischen Literatur wird von der „Methode des Experiments" gesprochen und werden die induktive und deduktive Methode als eigenständige, der naturwissenschaftlichen Erkenntnis dienende Methoden angesehen, ohne dabei die grundsätzliche Andersartigkeit von Forschungs- und Unterrichtsexperimenten zu berücksichtigen (vgl. 2.1). Demgegenüber muß für den Lernbereich Natur ein anderer Experimentierbegriff gelten: „Experiment" und „Experimentieren" müssen auf der Ebene der Handlungsphänomene (etwa des entdeckenden und forschenden Lernens) im Sinne von „experimentellem Handeln" eingeordnet werden. Experimentelles Handeln ist ziel- und zweckgerichtet, aber es kann unterschiedliche, emotionale oder intellektuelle Qualität haben; es hat in allen Sozialformen des Unterrichts seinen Platz. Schüler handeln experimentell, wenn sie Flugkörper planen, konstruieren, ausprobieren, verbessern und wieder ausprobieren – und dabei Flugkörper herstellen, die es „gar nicht gibt", die nur für die Schüler selbst einen Erfahrungs- und Unterhaltungswert haben (vgl. HAHNE/SCHEITERLE 1980). Sie handeln auch experimentell, wenn sie sich aus dem eigentlichen Projektgeschehen ausklinken und beispielsweise aus Mopedteilen einen Go-Kart bauen, sich dabei sehr schwierige und komplizierte handwerkliche Arbeitsweisen zeigen lassen und aneignen, im Verlauf ihres „Experiments" zwischen Euphorie und Frustration schwanken und schließlich das Werk fertigbringen, das nur für sie selbst einen hohen Gebrauchswert hat und ihnen „befreiende Erfahrungen" ermöglicht. In solchen Fällen ist experimentelles Handeln zugleich auch „spielerisch" (vgl. GUST u. a. 1979, HEIDORN 1982a). Sie handeln experimentell, wenn sie bei der Bearbeitung von Ökologie- oder Umweltproblemen („Schutz vor Lärm", „Angepaßte Technologie", „Rauchen", „Wald", „Wattenmeer", „Die Elbe"), bei denen naturwissenschaftliche und naturwissenschaftlich-technische Sachfragen eine Rolle spielen, entsprechende theoretische und apparative Kenntnisse und Fertigkeiten für ihre Zwecke funktionalisieren, etwa um Daten zu gewinnen, zu überprüfen, ihr Zustandekommen zu verstehen, Widersprüchlichkeiten zu interpretieren und alternative Perspektiven zu entwerfen.
Wenn „die Natur" oder „die Natürlichkeit des Menschen" Thema des Unterrichts ist, kann experimentelles Handeln je nach Akzentuierung emotionale oder politische Qualität haben. Das heißt: Schüler handeln immer dann experimentell, wenn sie nach Antworten auf ernsthafte, offene, nicht schon beantwortete Fragen oder

nach Lösungen für offene, nicht schon gelöste Probleme suchen. Experimentelles Handeln schließt alle Tätigkeiten ein, die dabei als sinnvoll erachtet werden, Tätigkeiten, die (als Handlungsphänomene bezeichnet) auf der Mikroebene der schon besprochenen Methoden ihren Platz haben (vgl. FREISE 1983 b).

5 Mediale Aspekte des Handelns im Lernbereich Natur

Den methodischen Aspekten des Lernens müssen Medienentscheidungen im Sinne des Interdependenzmodells entsprechen, das heißt, Methoden und Medien müssen auf Ziele und Inhalte bezogen bleiben. Daher müssen Medien hinsichtlich ihrer Beschaffenheit beschrieben und Medienentscheidungen hinsichtlich ihrer didaktischen Funktion begründet werden. Da Lernen im Lernbereich Natur auf die Wirklichkeit unterschiedlicher Naturen, ihrer Dimensionen und Aspekte gerichtet ist, kann es keinen Katalog von Medien geben, denn die „Naturen" können nicht didaktisch reduziert und zu Lehrmitteln gemacht werden (wie dies im Konzept des traditionellen Unterrichts mit Physik, Chemie und Biologie geschieht). Lernprozesse, die in Projekten, Fallstudien, kommunikativen Simulationsspielen stattfinden, sind nicht auf didaktiziertes Material angewiesen, das mit bestimmten Intentionen zum Zwecke der Belehrung auf bestimmte Aspekte reduziert worden ist, sondern auf Informationsmaterialien wie Artikel, Abhandlungen, Nachrichten der Massenmedien und wissenschaftliche Texte, die sich auf die in Frage stehenden Sachverhalte beziehen und zu deren Aufklärung beitragen können.
Dabei muß bedacht werden, daß Informationsmaterialien nur dann zu Kommunikation und Handlung stiftenden Medien werden, wenn bei ihrer Auswahl Widersprüche und Kontroversen nicht geglättet werden. In diesem Sinn hat Hellweger für die Rollen seiner Spiele Materialien (Expertenaussagen, Teile aus wissenschaftlichen Abhandlungen, aus Streitschriften, unterschiedliches Datenmaterial) zusammengestellt, die ein breites, für Ergänzungen offenes Spektrum von Sachinformationen, Meinungen und Widersprüchen zum jeweiligen Thema enthalten. Im ausgearbeiteten Zustand sind diese Spiele Medien, die unterrichtlich eingesetzt werden können. Bei der Durchführung werden sie, wegen der in ihnen steckenden Eigendynamik, methodisch: Sie legen Handeln (Probehandeln) nahe, und im Handeln erweist sich ihre Offenheit.
Wie oben schon ausgeführt, spielt das Prinzip des „Lernens an Widersprüchen" nicht nur in der Methode des Spiels, sondern in allen offenen Lernprozessen eine wichtige Rolle. Es ist immer mit methodischen und medialen Entscheidungen verbunden.
So beschreibt Hahne am aufgetretenen Widerspruch zwischen den Aussagen von Elektrizitätslobby und deren Kritikern die Notwendigkeit und die methodischen und medialen Konsequenzen des Wechsels von Lern- und Handlungsebenen im Verlauf eines Lernprozesses: Die Schüler handelten mit je charakteristischen Medien auf der experimentellen Ebene (arbeiten mit Geräten, messen und berechnen), der hauswirtschaftlichen Ebene (arbeiten mit Zählern, Uhren und Abrechnungen) und der ökologischen Ebene (arbeiten mit Informations- und Anschauungsmaterialien). Sie erkannten, daß sie in der aufgetretenen „gesellschaftlichen ‚Streitfrage'" von den beiden ersten Ebenen aus zu keinem Urteil kommen können (vgl. HAHNE 1983, S. 265 ff.).
An dieser Stelle muß auf die Funktion hingewiesen werden, die die in Schulen vorhandenen *Lehrmittel* und *Arbeitsgeräte* in den offenen, übergreifenden und komplexen Lernprozessen des Lernbereichs Natur haben:

- Diese Lehrmittel und Arbeitsgeräte können als Informationsmedien benutzt werden, wenn fachspezifische Fragen auftreten und geklärt werden müssen, wenn ein Phänomen dargestellt und untersucht werden soll, wenn Gesetzmäßigkeiten oder Funktionsabläufe demonstriert oder Aussage und Aussagekraft eines Modells beurteilt werden sollen. Bücher und Lernprogramme können benutzt werden, wenn ein fachspezifischer Sachverhalt schnell und möglichst effizient angeeignet werden soll. Textstellen aus Schulbüchern können aber auch in Spielen eingesetzt werden.
- Viele der in Lehrmittelsammlungen enthaltenen Arbeitsgeräte sind auch außerhalb der für sie vorgesehenen Bestimmung verwendbar (etwa Brenner, Glasgeräte, Meßgeräte, Mikroskope, Bestecke und Kameras).
- In den Sammlungen vorhandene Medien können für die Zwecke eines Projekts verfremdet werden (als Beispiel sei das Skelett genannt, das in einem Unterrichtsprojekt „Rauchen" als „Rauchermaxe" zu Demonstrationszwecken von Schülern umfunktioniert wurde, um einige Wirkungen des Rauches drastisch vorführen zu können – vgl. HAHNE u. a. 1981).
- Medien können selbst zum Gegenstand von Unterricht werden, indem deren Darstellungen und Wertungen über bestimmte Sachverhalte den Darstellungen und Wertungen anderer Medien gegenübergestellt und kritisch gewürdigt werden. Dies gilt auch für Schulfunksendungen und für die in 2.2 genannten alternativen Materialien, ebenso wie für die vielfach kostenlos oder doch sehr kostengünstig und zum Teil attraktiv aufgemachten Industriemedien.

Es handelt sich zum einen um curricular angelegte Unterrichtseinheiten aus dem Lernbereich Natur (Ökologie, Energie, Chemie), zum anderen um reine Informationsmaterialien. Es gilt, diese als „Hilfe" und „Ergänzung" bezeichneten Medien nicht zu ignorieren, sondern sie in einem anderen als dem vorgesehenen Sinn zum Thema zu machen.

Ein besonderer Stellenwert kommt den *öffentlichen Medien* (Rundfunk, Fernsehen, Zeitungen) zu, die eine Fülle von Informationsangeboten zu Themen und Fragestellungen aus dem Lernbereich Natur machen. Diese Medien trennen das in ihren Beiträgen enthaltene Wissen über „Naturen" und Naturwissenschaften nicht von den komplexen Wirkungsgefügen von Politik, Wirtschaft, Technologie, Medizin oder Rechtswesen ab. Sie informieren vielmehr unter bestimmten Fragestellungen und mit bestimmten Intentionen und Wertungen. Sehr viele Beiträge handeln außerdem von Wirklichkeitsbereichen, die konkreten Erfahrungen der Adressaten nicht zugänglich sind. Um die Lernenden den mitgelieferten, nicht überprüfbaren und nicht so ohne weiteres zu durchschauenden Intentionen und Wertungen nicht orientierungslos zu überlassen, müssen die Beiträge der Massenmedien selbst zum Gegenstand von Unterricht gemacht und muß darüber methodisch entschieden werden. Wenn im Sinne des eingangs genannten Unterrichtszieles in den offenen Lernprozessen des Lernbereichs Natur diese Beiträge unter bestimmten Fragestellungen (welches Bild von „Naturen" und Naturwissenschaften, welches Rollenverständnis von Männern und Frauen, welches begriffliche Niveau, welche Wertvorstellungen und Manipulationstechniken kommen zum Ausdruck?) analysiert und interpretiert werden, kann die Haltung der die Medien nur konsumierenden Schüler überwunden und können sie ihren Inhalten gegenüber sensibilisiert werden und kritische kommunikative Kompetenz erlangen.

Methodisch-mediales Handeln im Lernbereich Natur

AUFRUF DER MATHEMATISCHEN UND NATURWISSENSCHAFTLICHEN FACHVERBÄNDE: „Rettet die mathematisch-naturwissenschaftliche Bildung!" Beilage zu: D. math. u. natw. U. 35 (1982), 1. BAYRISCHER SCHULBUCHVERLAG: Von der Baggergrube zum See. Arbeitshefte zum Projektunterricht, München 1983. BIELEFELDER LEHRERGRUPPE: Schule kann anders sein, Reinbek 1979. BÖHME, G.: Die Entfremdung der Wissenschaft und ihre gesellschaftliche Aneignung. In: Wechselwirkung 1 (1979), 3, S. 38 ff. BORN, G./EULER, M.: Physik in der Schule. In: bild d. w. 15 (1978), 2, S. 74 ff. CUNA-AUTORENGRUPPE: Unterrichtsbeispiele zu Natur und Technik in der Sekundarstufe I, Köln 1981. DEUTSCHER BILDUNGSRAT: Zur Förderung praxisnaher Curriculum-Entwicklung. Empfehlungen der Bildungskommission, Stuttgart 1974. FREIRE, P.: Pädagogik der Unterdrückten – Bildung als Praxis der Freiheit, Reinbek 1973. FREISE, G.: Problemorientierte Unterrichtseinheiten. In: Westerm. P. Beitr. 25 (1973), S. 610 ff. (1973 a) FREISE, G.: Problemorientierte Integration der Naturwissenschaften im Curriculum. In: FREY, K./HÄUSLER, P. (Hg.): Integriertes Curriculum Naturwissenschaft: Theoretische Grundlagen und Ansätze, Weinheim 1973, S. 207 ff. (1973 b). FREISE, G.: Schülerzentrierter Aufbau einer Unterrichtseinheit. In: FREY, K./BLÄNSDORF, K.: Integriertes Curriculum Naturwissenschaft der Sekundarstufe I: Projekte und Innovationsstrategien, Weinheim 1974, S. 306 ff. FREISE, G.: Das Leben – die Naturwissenschaften – die Schüler. In: HÄRTEL, H. (Hg.): Zur Didaktik der Physik und Chemie, Alsbach 1980, S. 38 ff. FREISE, G.: Persönliche Anmerkungen über einen Arbeits- und Lernprozeß. In: CUNA-AUTORENGRUPPE: Unterrichtsbeispiele ..., Köln 1981, S. 23 f. (1981 a). FREISE, G.: Kritische Anmerkungen über Naturwissenschaft und Technik im Medienangebot. In: HÄRTEL, H. (Hg.): Zur Didaktik der Physik und Chemie, Alsbach 1981, S. 38 ff. (1981 b). FREISE, G.: Warum es wichtig ist, die Diskussion über die „Wissenschaftsorientierung von Unterricht" wieder aufzunehmen und weiterzuführen. In: D. Dt. S. 75 (1983), S. 1 ff. (1983 a). FREISE, G.: Überlegungen zum Begriff und zur Funktion des Experiments im naturwissenschaftlichen Unterricht. In: chimica didactica 9 (1983), S. 33 ff. (1983 b). FREY, K.: Die Projektmethode, Weinheim/Basel 1982. GUST, B. u. a.: Das Projekt „Mofa/Moped" an der IGS Garbsen. In: BECK, J./BOEHNKE, H. (Hg.): Jahrbuch für Lehrer 4, Reinbek 1979, S. 266 ff. HAHNE, K.: Fruchtbare Lernprozesse – Erfahrungen mit schülerzentriertem Unterricht im ‚Projekt integrierte Naturwissenschaft' an der IGS Garbsen, Diss., Marburg 1983. HAHNE, K./HEIDORN, F.: Die Schüler hatten andere Lernziele als wir Lehrer. In: päd. extra (1982), 5, S. 25 ff. HAHNE, K./SCHEITERLE, A.: Projekt: Fliegen. In: BECK, J./BOEHNCKE, H. (Hg.): Jahrbuch für Lehrer 5, Reinbek 1980, S. 479 ff. HAHNE, K. u. a.: Thema: Rauchen – Projektunterricht in der Schulpraxis, Frankfurt/M. 1981. HEIDORN, F.: Bau eines Go-carts. In: Westerm. P. Beitr. 34 (1982), S. 266. (1982 a). HEIDORN, F.: Verseucht, aber informiert – Zur Problematik des Grundlagenwissens in der ökologischen Bildung. In: öko. päd. (1982), 2, S. 40 ff. (1982 b). HEIDORN, F.: Strom hilft Öl sparen? In: Natw. im U. – Phys./Chem. 31 (1983), S. 62 ff. HELLWEGER, S.: Chemieunterricht 5-10, München/Wien/Baltimore 1981. JUNG, W.: Das Nuffield Junior Science Project. In: Die Grundschule. Beiheft zu Westerm. P. Beitr., Heft 3, Braunschweig 1968, S. 45 ff. JUNG, W.: Aufsätze zur Didaktik der Physik und Wissenschaftstheorie, Frankfurt/M. 1979. KLEWITZ, E./MITZKAT, H. (Hg.): Praxis des naturwissenschaftlichen Unterrichts, Stuttgart 1979. OTTO, G.: Das Projekt – Merkmale und Realisierungsschwierigkeiten einer Lehr-Lern-Form. In: FREY, K./BLÄNSDORF, K.: Integriertes Curriculum Naturwissenschaft der Sekundarstufe I, Weinheim 1974, S. 568 ff. PAULING, L.: Chemie – eine Einführung, Weinheim 1956. PUKIS, J.: Die Unattraktivität und Wirkungslosigkeit des Physikunterrichts – Realität ohne Ausweg? In: EWERS, M. (Hg.): Wissenschaftsgeschichte und naturwissenschaftlicher Unterricht, Bad Salzdetfurth 1978, S. 165 ff. PUKIS, J.: Das Verstehen der Naturwissenschaften, Braunschweig 1979. SCHEIBLE, H.: Chemiespiele. In: Natw. im U. – Phys./Chem. 31 (1983), S. 369 ff. SCHLICHTING, H. J./BACKHAUS, U.: Exemplarisches Lernen am Beispiel des Fahrrads. In: HÄRTEL, H. (Hg.): Zur Didaktik der Physik und Chemie, Alsbach 1980, S. 153 ff. SCHREIER, H.: Sachunterricht, Paderborn 1979. SCHREIER, H.: Sachunterricht Natur 1-4, München 1981. STEAK, L.: Zeitgemäßer Biologieunterricht, Stuttgart 1982. STORK, H.: Statement zur Podiumsdiskussion über das Thema ‚Der naturwissenschaftliche Unterricht und die Technologien der achtziger Jahre'. In: HÄRTEL, H. (Hg.): Zur Didaktik der Physik und Chemie, Alsbach 1982, S. 21 ff. STUDIENGRUPPE LEIPELT: Gymnasium Göhlbachtal, Mimeo, Hamburg 1983. TÖPFER, E./BRUHN, J.: Methodik des Physikunterrichts, Heidelberg 1979. WAGEN-

SCHEIN, M.: Ursprüngliches Verstehen und exaktes Denken, Bd. 1, Stuttgart 1965. WAGENSCHEIN, M.: Ursprüngliches Verstehen und exaktes Denken, Bd. 2, Stuttgart 1970. WAGENSCHEIN, M.: Rettet die Phänomene. In: WAGENSCHEIN, M.: Naturphänomene sehen und verstehen, Stuttgart 1980, S. 90 ff. WITTERN, J.: Methodische und mediale Aspekte des Handlungszusammenhangs pädagogischer Felder. In: Enzyklopädie Erziehungswissenschaft, Bd. 4, Stuttgart 1985, S. 25 ff.

Georg Groth

Methodisch-mediales Handeln im Lernbereich Technik – Wirtschaft – Gesellschaft

1   Einleitung
2   Planung der Unterrichtsorganisation und des Medieneinsatzes
2.1 Perspektivplanung
2.2 Umrißplanung
2.3 Prozeßplanung
3   Lernbereichsspezifische Probleme und Perspektiven

Zusammenfassung: Der Lernbereich Arbeitslehre/Polytechnik setzt sich aus vielen Einzelfächern und schulischen Sonderaktionen wie Betriebsbesichtigungen, Betriebspraktika und der Organisation von Schulfesten zusammen. Er soll Schüler der Haupt- und Gesamtschule auf die Wirtschafts- und Arbeitswelt vorbereiten, sie durch Produktionsarbeit motivieren und disziplinieren und durch praktisches Lernen im Berufsbereich urteilsfähig machen. Die Vielzahl der Lernorte und Lernverfahren macht eine komplexe Unterrichtsplanung nötig, die das Spannungsverhältnis zwischen den schulischen Zielen und den Vorstellungen der als Medien eingesetzten außerschulischen Institutionen berücksichtigen muß.

Summary: The learning sector of vocational and technical studies consists of a large number of individual subjects and special school activities such as visits to firms, courses of practical in-house training and the organization of school festivals. It is intended to prepare secondary-modern and comprehensive-school pupils for the world of work and commerce, to motivate and discipline them via productive work and to enable them to use their judgement via practical learning in the vocational field. The wide range of places and procedures involved in these learning processes makes complex teaching planning essential. This planning has to take the strained relationships between school targets and the expectations of the extra-scholastic institutions used as "media" into account.

Résumé: Le domaine enseignement professionnel/polytechnique se compose de nombreuses matières spéciales et actions scolaires particulières telles que visites d'entreprises, stages en entreprise et organisation de fêtes scolaires. Il est censé préparer les élèves des écoles primaires, supérieúres et collèges uniques de les motiver et les discipliner par le travail de production et de les rendre capables de juger par l'apprentissage pratique dans le domaine professionnel. La multiplicité des lieux et des processus d'apprentissage rend nécessaire un planning d'enseignement complexe qui doit prendre en considération le rapport de tensions entre les objectifs scolaires et les considération des institutions extrascolaires impliquées comme moyens.

Georg Groth

1 Einleitung

Zum Lernbereich Arbeitslehre/Polytechnik gehören der Sachunterricht der Grundschule und die Fächer Werken, Technik/Wirtschaft, Arbeit/Wirtschaft, Techniklehre/Wirtschaftslehre/Haushaltslehre/Berufskunde, Arbeitslehre, Polytechnik und Arbeit/Technik der Haupt-, Real- und Gesamtschule. Der Lernbereich Arbeitslehre/Polytechnik soll die Schüler, die nicht eine zweite Fremdsprache erlernen, auf die Wirtschafts- und Arbeitswelt vorbereiten. Es handelt sich im Rahmen der Sekundarstufe I um eine allgemeine Vorbereitung, die in der Berufsschule durch speziellere Angebote, wie etwa das Berufsgrundbildungsjahr, fortgesetzt wird. Umstritten ist die Zuordnung der Haushalts- oder Hauswirtschaftslehre und der Textilarbeit, weil es sich hier nach Auffassung der Hauswirtschaftslehrerinnen um die Vorbereitung auf den privaten Haushalt und nicht um Berufs-, Arbeits- und Wirtschaftsweltvorbereitung handelt.
Der Lernbereich hat thematische und methodische Überschneidungen zur politischen Bildung und zur bildenden Kunst, die aus der geschichtlichen Entwicklung zu erklären sind (vgl. KMK 1982). Ebenso wie diese Lernbereiche ist Arbeitslehre/ Polytechnik durch Methoden und Medien, weniger durch Inhalte bestimmt. Die Schüler sollen die Wirtschafts- und Arbeitswelt außerhalb der Schule erkunden, selber Handarbeit leisten, die Praxisbedeutung der Schule und damit den Lebensernst in einem Schulfach kennenlernen sowie Wirtschafts- und Arbeitsbedingungen kritisch diskutieren. Hieraus resultieren auch besondere Anforderungen an den Lehrer des Lernbereichs Arbeitslehre/Polytechnik. Da er auf die Berufs- und Arbeitswelt vorbereiten will, muß er den praktischen Nachweis seiner Berufskenntnis beweisen. Im positiven Sinne sehen Eltern und Schüler im Arbeitslehrelehrer den Wegweiser und den Berater, der Hinweise geben und Strategien entwickeln kann, der aber selbst nicht zum Ziel zu gehen und seinen Rat auszuführen imstande ist. So muß der Lehrer der Polytechnik und der Arbeitslehre erst noch seine Rolle im öffentlichen Bewußtsein prägen. Entsprechend belastet ist der Lernbereich Arbeitslehre/ Polytechnik. Er soll der Ermüdung durch das Lernen besonders bei Hauptschülern entgegenwirken, „indem immer wieder der Bezug zum praktischen Tun, zum Leben in der Gesellschaft und zum Beruf hergestellt wird, also zur Welt, welche die Jugend erwartet und in welche sie erwartungsvoll hineindrängt" (DEUTSCHER AUSSCHUSS FÜR DAS ERZIEHUNGS- UND BILDUNGSWESEN 1966, S. 387). Entsprechend erhoffen die traditionellen Unterrichtsfächer, daß das Fach Arbeitslehre die praktische Rechtfertigung des traditionellen Unterrichts liefert, also die sinnvolle Anwendung des Gelernten ermöglicht. Arbeitslehre und -lehrer werden zum Medium und sollen zur praktischen Rechtfertigung des übrigen schulischen Unterrichts beitragen. Solange die Fächer bereit sind, ihre eigene Position an den Anforderungen der gesellschaftlichen Arbeit und des Berufes zu messen, ist diese mediale Funktion der Arbeitslehre unproblematisch. Mit der politischen Bildung bedarf es in der Regel nur der inhaltlichen und methodischen Abstimmung zwischen den Lehrern, um Brüche zu vermeiden. Anders ist es mit den Naturwissenschaften und der Mathematik, die sich selbst kaum Gedanken über die praktische Umsetzung der aus den Wissenschaften abgeleiteten Kenntnisse zu Unterrichtsinhalten und Unterrichtsverfahren machen, oder mit den Fremdsprachen oder dem Kunstunterricht. Die Lehrer der etablierten Fächer neigen dazu, in der Arbeitslehre eine sie entlastende und praktizistische Verlängerung ihres Faches zu sehen, als angewandtes Rechnen, angewandte Kunst oder angewandte Naturwissenschaft. Eine pädagogische Diskussion über die Aufgaben der verschiedenen Lernbereiche wird erst möglich sein, wenn man die

Methodisch-mediales Handeln im Lernbereich Technik – Wirtschaft – Gesellschaft

verschiedenen Unterrichtsorganisationsverfahren gegeneinanderhält, gleichzeitig die eigenständige Aufgabe einer Vorbereitung auf die Berufs- und Arbeitswelt akzeptiert und Medien und Organisationsformen untereinander abstimmt. Dabei sind aus der Sicht der Arbeitslehre/Polytechnik folgende Funktionen zu klären:
Arbeitslehre als Unterrichtsprinzip der traditionellen Fächer. Dies zeigt sich im Unterrichtsverfahren des jeweiligen Faches (praktische Anwendung analytisch Gelernten in komplexen Aufgabenstrukturen), in den Medien (außerschulischer Unterricht, insbesondere Erkundungen und Praktika, zur Motivation für Schulunterricht) und im Anschaulichkeitsprinzip (Vergleich theoretischer Modelle oder wissenschaftlicher Inhalte mit ihrer lebenspraktischen Verwendung).
Arbeitslehre als Fächerkomplex. Im Rahmen dieses Beitrages können nur die fachspezifischen Unterrichtsverfahren und Medien behandelt werden, die sich einerseits aus der Geschichte des Lernbereiches und der Funktion der Vorläuferfächer Werken, Textiles Gestalten und Nadelarbeit sowie der Hauswirtschaftslehre ableiten lassen, die andererseits aber auch durch die neu hinzutretenden Aufgaben der industriesoziologischen und wirtschaftswissenschaftlichen Interpretation der Wirtschafts- und Arbeitswelt bedingt sind.

2 Planung der Unterrichtsorganisation und des Medieneinsatzes

Entsprechend den gesellschaftlichen Zielen muß die Schule in ihrer Gliederung und Fächerung immer wieder neu geplant sowie der Unterrichtsablauf organisiert und korrigiert werden. SCHULZ (vgl. 1980) unterscheidet für diese Planung die Planungsebenen Perspektivplanung (langfristige Planung), Umrißplanung (mittelfristige Planung) und Prozeßplanung (kurzfristige Planung).

2.1 Perspektivplanung

Perspektivplanung geht von den Zielen eines Faches am Ende eines Unterrichtsjahres oder am Ende der Schulzeit aus. Sie hat in erster Linie von den Lebenssituationen und Aufgaben nach der Schulzeit die Ziele eines Schulfaches zu bestimmen und auf die einzelnen Schulstufen und Jahrgänge zu projizieren. Bei den traditionellen Unterrichtsfächern ist durch die lange Erfahrung der Lehrer, die Erwartungen der Eltern und die fortgeschrittene Lehrplanarbeit der Planungshorizont für jede Jahrgangsstufe festgeschrieben. Beim Lernbereich Arbeitslehre/Polytechnik muß dagegen erst operationalisiert werden, welche Ziele auf den einzelnen Jahrgangsstufen angestrebt werden sollen. Allgemeine Ziele wie „Kompetenz, Autonomie, Solidarität" (SCHULZ 1980, S. 39) müssen auf die spezifische Aufgabe dieses Lernbereichs, die Vorbereitung auf die Berufs- und Arbeitswelt, bezogen werden. Die *Berufswahlreife* ist die *Kompetenz,* einen Erwerbsberuf nach den eigenen Fähigkeiten und Kenntnissen aussuchen zu können, und die *Autonomie,* das Grundrecht auf freie Berufs- und Arbeitsplatzwahl wahrnehmen zu können, und die *Fähigkeit,* mit Arbeitnehmern und Mitschülern *Solidarität zu üben,* denen aufgrund der Wirtschaftslage und der geforderten beruflichen Qualifikationen eine existenzsichernde Ausbildung versagt bleibt. Der Lernbereich Arbeitslehre/Polytechnik steht daher in der Spannung zwischen aufstiegverheißenden Kenntnissen und Fertigkeiten und der selbstkritischen und gesellschaftskritischen Reflexion gesellschaftlicher und individueller Entscheidungsbedingungen.
Die ersten Entscheidungen über die Berufschancen werden in der *Grundschule* gefällt. Der muttersprachliche Unterricht und die Rechenfertigkeiten des Kindes sind

Georg Groth

dabei die Leistungsbereiche, die für den Übergang in die weiterführende Schule entscheidend sind. Im Sachunterricht sollten deshalb gerade jene Bereiche hervorgehoben werden, die den Schülern auch ohne den stützenden Druck des Elternhauses Gelegenheit zum Mitreden und Mitarbeiten geben. Ausländischen Schülern kommt hier häufig zugute, daß Mädchen schon im Haushalt und bei der Versorgung von Geschwistern mithelfen und Jungen im Grundschulalter als Dolmetscher schwierige Sachverhalte erklären müssen. Soweit Bedingungen des täglichen Lebens beschrieben, tägliche Pflichten in der Schule simuliert und zum Unterrichtsgegenstand gemacht werden sowie Hausaufgaben ausdrücklich kontrolliert und Ursachen für fehlende Arbeiten mit den Schülern besprochen werden, bekommen die Schüler ohne elterliche Hilfe Gelegenheit und Arbeitsdruck, der ihre Benachteiligung verringert. Freilich kommen die Lehrer auch in Konflikte mit den Eltern, weil mit der Beziehung des Sachunterrichts auf das tägliche Leben persönliche Bereiche angesprochen und Benachteiligungen offenbar werden. Man sollte sich daher auf dieser Stufe damit begnügen, die Entwicklung einer allgemeinen Beobachtungsfähigkeit zu fordern, die sich in der realistischen Beschreibung von Situationen und der genauen Darstellung beobachtbarer Abläufe zeigt. In den wenigen Jahren der Grundschule wird kaum ein Gefühl sozialer Verantwortung bei Eltern bürgerlicher Herkunft zu entwickeln sein, weil sie viel zu sehr mit den Problemen des eigenen beruflichen und sozialen Aufstiegs beschäftigt sind. Man muß berücksichtigen, daß die Eltern der Grundschulkinder zwischen 30 und 40 Jahre alt sind und in der Regel noch nicht ihre endgültige Lebensstellung erreicht haben.

In der *Orientierungsstufe* haben sich die Bedingungen verändert, da der Lernbereich Arbeitslehre/Polytechnik nur noch für die potentiellen Haupt- und Realschüler angeboten wird. Weil jedoch der Ausleseprozeß noch nicht abgeschlossen ist, muß mit wechselnden Schülern gerechnet werden. Die Schüler, die aus der Realschule und dem Gymnasium der Hauptschule zugewiesen werden, müssen erneut in die Ziele, Themen und Methoden des Lernbereichs Arbeitslehre/Polytechnik eingewiesen werden. Die Trennung der Hauptschüler von den übrigen hat die positive Seite, daß die Schule sich ganz auf diese Schüler konzentrieren kann. Sie können bei entsprechender Betonung der praktischen Aufgaben und bei der Verringerung der Ansprüche an die Lese- und Rechtschreibleistungen Erfolge erleben und eine positive Haltung zur Hauptschule gewinnen. Die Unterrichtsgestaltung wird in der Methode den Schwerpunkt auf die Entwicklung sozialer Verhaltensweisen und die Entwicklung der Kooperationsbereitschaft zu legen haben, die bei sozial auffälligen und demotivierten Schülern nicht vorausgesetzt werden kann. Gemeinsame Versuche und durch Beobachtungen und Interpretationsvorlagen unterstützte technische und wirtschaftliche Erklärungsmodelle können das Bewußtsein vermitteln, daß Hauptschüler in der Welt der Erwachsenen bestehen können. Dazu tragen gemeinsam erstellte und vorzeigbare Produkte aus Pappe und Papier, einfache Leder- und Holzarbeiten ebenso bei wie das Nachbauen und praktische Erklären technischer Gebilde. Für den Lernbereich Arbeitslehre/Polytechnik ist die Unterdrückung der Konkurrenz und die Entwicklung und Befestigung gemeinsamer Einsichten wichtig, weil sich sonst das lehrerbezogene Lernen der Grundschule in der Hauptschule auf niederer Ebene fortsetzt und das praxis- und arbeitsweltbezogene gemeinsame Lernen und Informieren verdrängt.

In der *7. Jahrgangsstufe* hat sich in der Regel eine stabile Jahrgangsgruppe herausgebildet. Daher ist systematische Unterrichtung und damit auch Werkstattarbeit möglich. Mit dem Medium Küche und Werkstatt kommen neue gesellschaftliche Restriktionen in den Unterricht, die die Methoden beeinflussen. Die Arbeit ist an

Methodisch-mediales Handeln im Lernbereich Technik – Wirtschaft – Gesellschaft

die Beachtung der Unfallbestimmungen der Berufsgenossenschaften gebunden; sie orientiert sich damit prinzipiell an den gleichen Bedingungen, wie sie in den Betrieben gelten. Entsprechend müssen auch in den Küchen, in Labors und im Textilarbeitsraum Maßstäbe angelegt werden, die den Arbeits- und Sicherheitsvorschriften der entsprechenden Betriebe genügen. Ihre Beachtung wird dem Lehrer um so leichter fallen, wenn er sich selbst ihnen unterwirft, also keinen Unterricht in der Küche macht, der nicht den im Lebensmittelhandel und Gaststättengewerbe verlangten Gesundheitsuntersuchungen entspricht. Die Vorschriften schärfen auch den Blick für Produktionsprojekte, die ohne gesundheitliche Bedenken in der Schule durchgeführt werden können. So ist sicherlich das Backen von Keksen und Kuchen und das Verkaufen von heißen Getränken, heißen Würstchen und frisch gekochtem Pudding weniger bedenklich als die unkontrollierte Herstellung und der Verkauf von Instant-Pudding.

Bei den Werkstattordnungen handelt es sich kaum um eine Beeinträchtigung der Autonomie, in der Regel jedoch um einen praktischen Beitrag zur Solidarität. Die Sicherheitsregeln sind in ihrem Sinngehalt ohne tiefgreifende Diskussion einsehbar. Sie schützen Leben und Gesundheit des Arbeitenden und seiner Mitschüler. Konflikte sind oft darauf zurückzuführen, daß diese Regeln unbequem sind und ein längeres Vorausdenken und systematisches Planen und Kontrollieren erfordern. Schwerer einzusehen sind allgemeine Rahmenvorschriften, die dem Jugendarbeitsschutz dienen sollten, aber unterschiedslos von manchen Unfallversicherungen auch auf die Schule angewendet werden, so das generelle Verbot der Maschinenarbeit von weiblichen Jugendlichen. Hier sollten in den nächsten Jahren Abhilfen möglich sein, zumal die Unfallgefahr im Lernbereich Arbeitslehre/Polytechnik beträchtlich unter der anderer Fächer liegt. Neben den Sicherheitsbestimmungen enthalten die Werkstattordnungen auch Angaben über den Unterrichtsablauf und das Verhältnis von Lehrern und Schülern oder Lehrern, Werkmeistern und Schülern. Die Werkstatt muß in ordnungsgemäßem Zustand übernommen und übergeben werden. Die Küche muß sauber sein. Die Nähmaschinen müssen funktionsfähig sein, die Werkzeuge vollständig vorhanden sein. Hier fehlen in den Werkstattordnungen Sanktionen. Konflikte gehen in der Regel zulasten desjenigen, der sich solidarisch verhält: Wird eine Küche verdreckt zurückgelassen und wachsen im Kühlschrank Pilze, muß die nächste Gruppe mit einem verantwortungsbewußten Lehrer anstelle des Unterrichtes einen Scheuertag einlegen, um die Küche ordnungsgemäß übergeben zu können. Klagen werden von der Schulleitung zur Kenntnis genommen; eine Sanktion, auch in der milden Form einer öffentlichen Kritik, erfolgt jedoch nur in seltenen Fällen. Häufig muß sich die kritisierende Klasse oder der Lehrer noch unsolidarisches Verhalten vorwerfen lassen. Damit finden wir in der Schule die gleiche Situation wie in der Arbeitswelt und der Politik wieder, in der sich der Polizist und der auf die Sicherheit drängende Kollege öffentlich verantworten müssen, nicht der Parksünder oder der nachlässige Arbeitnehmer. Zur Solidarität gehört daher auch die Konfliktfähigkeit, die eine parasitäre Ausnutzung der Kooperationsbereitschaft verhindert. Zu häufig wird in der Arbeitswelt vom Benachteiligten, Ausgenutzten und Geschädigten Solidarität gefordert, als daß der solidarische Beistand Selbstverständlichkeit sein dürfte. Ebenso muß der Benachteiligte in der Schule auf die Berücksichtigung seiner Rechte drängen und darf nicht den Konflikt scheuen. Die Konfliktfähigkeit und das Ertragen der damit verbundenen Frustration ist ein wichtiges Ziel des Arbeitslehreunterrichts, weil nur so kooperatives und solidarisches Verhalten langfristig stabilisiert werden kann. Der Ertrag der Beobachtungs-, Kooperations- und Konfliktfähigkeit zeigt sich in der

9. und 10. Klasse. Auf dieser Stufe wird in Fallbeispielen, stark arbeitsteiligen Projekten und Betriebspraktika die Planungsfähigkeit des Jugendlichen unter Beweis gestellt. Innerhalb des Lernbereichs Arbeitslehre/Polytechnik wird die Planung den Zusammenhang von Haushalt und Beruf betreffen, wenn auch Projekte gemeinsam mit anderen Fächern denkbar sind, in denen wirtschaftsgeographische Fragen wie das Leben in der Stadt, die Versorgung mit Energie und die Verkehrsplanung behandelt werden können (vgl. NEUKIRCH 1985).

Die Befähigung zum eigenverantwortlichen und sozialverpflichteten Planen ist ein durchgängiges methodisches Prinzip des Arbeitslehreunterrichts, wie schon die Stufen der Kooperationsfähigkeit und Konfliktfähigkeit gezeigt hat. Nur die Reichweite und die Bedeutung der Planung ändern sich auf der letzten Stufe. Das soll am Beispiel der Berufswahl verdeutlicht werden: Die Berufswahl bezieht sich kurzfristig auf die Fähigkeit, die in der Region angebotenen Möglichkeiten zu erkunden, aus diesen den möglichen und passenden Ausbildungsweg auszusuchen und die schulische Ausbildung fortzusetzen oder sich um einen Ausbildungsplatz zu bewerben, Tests erfolgreich zu absolvieren und die möglicherweise zahlreichen Mißerfolge seelisch zu verkraften. Die mittelfristige Planung kann – ohne diese Vorstufe gänzlich aus dem Auge zu verlieren – sich auf die Ausbildung und die Zeit der ersten Berufsausübung beziehen. Die Planung wird dann neben den Fragen der Qualifizierung im engeren Sinne auch soziale Bedingungen wie die Mitbestimmung im Ausbildungsbetrieb, die Kosten der Ausbildung sowie die Beteiligung der Auszubildenden an der Planung und Durchführung der Ausbildung berücksichtigen. Bei der langfristigen Planung werden Kriterien der Berufswahl und der Ausbildung aus der Lebensplanung abgeleitet: Stehen die berufliche Karriere, die Freizeitgestaltung, die politische oder gesellschaftliche Betätigung oder das Geldverdienen im Mittelpunkt? Werden soziale Bindungen so hoch eingeschätzt, daß man sich nur ein Leben in der Heimat vorstellen kann? Oder wird die politische Situation so negativ beurteilt, daß man auswandern möchte? Aus solchen grundlegenden Beurteilungen der eigenen und der gesellschaftlichen Situation ergibt sich dann die Lebensplanung, die die Partnerwahl und die Berufsausbildung einschließt. Für den Schulpraktiker mögen diese Zielsetzungen zu weit hergeholt sein. Er wird jedoch kaum bestreiten, daß gerade die unterschiedlichen Zielsetzungen für das spätere Leben den Unterricht selbst in unerwünschter Weise beeinflussen. Da sind die traditionellen Planungen, die sich als Rollen und Rollenverhalten auf den Unterricht auswirken: die Konzentration der Mädchen auf Haushalt und Familie und ihre Ablehnung anspruchsvoller Berufsausbildung, die Übernahme der Haushalts- und Familienplanung durch die Frau, die Sicherung des Haushaltseinkommens durch den Mann. In zunehmendem Maße machen sich in der letzten Schulzeit auch außerschulische Erziehungseinflüsse auf die Berufs- und Lebensplanung der Jugendlichen bemerkbar: Der Meister in der Werkstatt behandelt den begabten Jugendlichen als den zukünftigen Lehrling seiner Berufsgruppe und sucht ihn für seinen Beruf zu begeistern, und der Betrieb sieht im Betriebspraktikum eine willkommene Gelegenheit der Auswahl geeigneter Auszubildender oder der Anwerbung brauchbarer Hilfskräfte. Ebenso beraten, versprechen oder fördern Physik-, Fremdsprachen- oder Sportlehrer, betreiben also für den Jugendlichen Lebensplanung, ohne dessen eigene Interessen zu berücksichtigen. Das kann nur ein Unterricht tun, der die Lebensplanung in die Berufsvorbereitung einbezieht. Dies kann einmal durch Koordination der Beteiligten geschehen, indem an deren Erzieherverantwortung appelliert wird. Aber es ist kaum wahrscheinlich, daß dieser Appell im Konfliktfall fruchten wird. Schließlich verfolgen die Beteiligten vordergründig die Interessen

des Jugendlichen. Es kommt daher darauf an, schon in der Schule dem Jugendlichen Autonomie zuzutrauen und ihn in die Beratungen und die Verbesserungen der Ausgangssituation einzubeziehen, beispielsweise bei der Vorbereitung auf die Betriebspraktika und das Berufsberatungsgespräch. Die Autonomie zeigt sich bei der Vorbereitung auf die Berufsausbildung, wenn die Schüler lernen, an Facharbeiterarbeitsplätzen die erforderlichen Qualifikationen und die Ausbildung zu erfragen und in Interviews die Bedeutung der Ausbildung für die Bewältigung der Arbeitsplatzanforderungen zu ermitteln. Dagegen bringt der Unterricht über Automation der Produktion, Humanisierung am Arbeitsplatz, Lohnformen und Probleme des Datenschutzes und der Umweltbelastung kaum einen Ertrag für die Planungsfähigkeit, weil die Jugendlichen ein Urteil über die Auswege aus inhumanen Folgen der Arbeitsorganisation, aus der durch Automation verursachten strukturellen Arbeitslosigkeit, aus einer ungerechten Einkommensverteilung, den Belastungen der Umwelt oder der Vermarktung der Intimsphäre allein oder kollektiv nicht finden können. Da sie in der Regel noch mehrere Jahre in der Ausbildung sind, wird ihnen die Last der Verantwortung auch gar nicht wirklich zugemutet. Hier handelt es sich um typische Beispiele der Verfrühung; von den vorhersehbaren Problemen wird abgelenkt.
Mit diesen Hinweisen sollen Gesichtspunkte gegeben werden, wie überflüssige Konflikte zwischen den verschiedenen Lernorten (Klassenraum, Werkstatt, Betrieb, Kaufhaus) und verschiedenen Funktionsträgern minimiert werden können. Unvermeidbar sind Diskussionen mit Vertretern der Institutionen, die für die Berufswahl, die Berufsausbildung und die Verbraucherberatung zuständig und zur Kooperation mit den Schülern verpflichtet sind. Sie müssen dazu veranlaßt werden, ihre eigenen und die gesellschaftlichen Planungsperspektiven zu trennen, von der Situation des Jugendlichen her zu denken und ihn seiner Interessenlage entsprechend zu informieren. Das methodische und mediendidaktische Problem auf der Stufe der Planungsfähigkeit ist daher in der Kooperation und Koordination unterschiedlicher Institutionen zu sehen.
Als Ansatzpunkt für eine methodische und medientechnische Perspektivplanung des Lernbereichs Arbeitslehre/Polytechnik kann daher die Übersicht auf S. 314 dienen (vgl. Abbildung 1).

2.2 Umrißplanung

Bei der Umrißplanung sollen nur die für den Lernbereich Arbeitslehre/Polytechnik wichtigen Unterrichtsmethoden behandelt werden: Projekte, Fallstudien, Planspiele und Betriebspraktika.
Die *Projektmethode* geht auf Dewey zurück und umfaßt die Phasen Zielsetzung (Entscheidung), Planung, Durchführung und Beurteilung (Kontrolle/Kritik) (vgl. BOSSING 1977, S. 124 ff.). Die Arbeitslehreprojekte können in den 5. bis 6. Klassen wenige Stunden und in den 9. bis 10. Klassen ein halbes Jahr umfassen. Daneben gibt es noch Projekte innerhalb von Sommerkursen und außerhalb der Stundentafel. Hamburg hat für solche Veranstaltungen ein Stundendeputat eingesetzt, das die Schule nach eigenem Ermessen und Wollen der Schüler zu nutzen hat (vgl. STRUCK 1980). Die Länge der Projekte und damit die Reichweite der mittelfristigen Umrißplanung des Lehrers richtet sich nach dem Planungsvermögen der Schüler, denn diese sollen entscheiden und planen, während der Lehrer als Berater und Informant die Entscheidungsalternativen anbietet. BOSSING (1977, S. 119) definiert: „Das Projekt ist eine bedeutsame praktische Tätigkeit, die Aufgabencharakter hat, von

Abbildung 1: Perspektivplanung für den Lernbereich Arbeitslehre/Polytechnik

Jahrgang/Stufe	Reduktionsebene	Inhalte/Kenntnisse	Methoden/Unterrichtsverfahren	typische Medien
Primarstufe 1.-4. Jahrgang	Beobachtungsfähigkeit	Sachunterricht (Beschreibung, Berechnung von wirtschaftlichen, beruflich. u. technischen Phänomenen)	Nacherzählung, Textergänzung, Übung der Rechenarten an praktischen Beispielen, „Problemlösen"	Bildergeschichten, Ausflüge, Baukästen, Textil, Papier und Pappe
Orientierungsstufe 5.-6. Jahrgang	Kooperationsfähigkeit	Werken, wirtschaftliche und technische Elementarorientierung	technisches Experimentieren, Fertigen nach Vorlage, zeichnerisches u. modellmäßiges Erfassen	Baukästen, Vorlagen (etwa Uhu-Informationen, Werkaufgabe) Filme
Haupt- und Gesamtschule 7.-8. Jahrgang	Konfliktfähigkeit	Materialkunde, Werkzeug- u. Maschinenkunde, Ordnung in Werkstatt u. Küche	Einzel- u. Gruppenprojekte (Produktion), Markterkundungen, Betriebserkundungen unter beruflichem und funktionalem Aspekt	Werkstätten (auch Küche und Textilarbeitsraum) Betriebe
Haupt- und Gesamtschule 9.-10. Jahrgang	Planungsfähigkeit	Arbeit und Ausbildung Berufsweg und Haushaltsplanung	Arbeitsteilige Gruppenarbeit in Projekten, Fallstudien, Planspielen	Betriebspraktikum
Ziele des Lehrbereichs Arbeitslehre/Polytechnik	Berufswahlreife	Berufsausbildung	Planung und Organisation in	Haushalt und Beruf

den Schülern in natürlicher Weise geplant und ausgeführt wird, die Verwendung physischer Mittel (physical materials) in sich begreift und die Erfahrung bereichert." Der Schüler soll daher nur ein Projekt in Angriff nehmen, von dessen persönlichem oder gesellschaftlichem Nutzen er überzeugt ist und dessen Ergebnis an dem geforderten Gebrauchswert gemessen werden kann (Praxisbezug). Das Projekt soll für den Schüler eine neue Aufgabe darstellen, also nicht nur eine produktive Arbeit sein, die er beherrscht und zum Geldverdienen oder zum Vergnügen ausführt. Die Planung soll unter Einbeziehung der üblichen Planungshilfen der Wirtschaft und der Verwaltung selbständig durchgeführt werden („natürliche" im Gegensatz zur fiktiven Planung etwa bei Scheinfirmenarbeit). Die Planung und Durchführung soll materialgebundene Aufgabenstellungen enthalten, weil bei der Bearbeitung von Werkstoffen und Halbfabrikaten Abweichungen zwischen Planung und Durchführung am leichtesten feststellbar sind, also auch vom Schüler selbst beurteilt werden können (Emanzipation vom Urteil der Erwachsenen).

In der Grund- und der Orientierungsstufe sind es *Einzelprojekte,* die selten mehr als einen Tag in Anspruch nehmen. Im vorbereitenden Unterricht lernen die

Schüler Nähtechniken, Webtechniken, Strickverfahren oder Färbmethoden kennen; dabei werden ihnen Arbeitsbeispiele gezeigt (vgl. GROTH/KLEDZIK 1983).
Aus der Sicht des Arbeitslehreunterrichts kommt es nicht auf künstlerisch oder handwerklich wertvolle Arbeit an, sondern auf die Beobachtung des Arbeitsablaufes, schriftliche und zeichnerische Fixierung und Berechnung sowie den selbstkritischen Vergleich zwischen Planung und Arbeitsergebnis. Im 7. bis 8. Jahrgang werden die Projekte arbeitsteilig angelegt sein. In dieser Altersstufe sind Produktionen von Lebensmitteln, Holzgeräten, Spielzeugen und Textilien vorgesehen (vgl. GROTH/KLEDZIK 1983, MEHRGARDT 1970, STRUCK 1980). Obgleich die Lehrpläne unterschiedlich sind und die Projekte in erster Linie Entwicklungen der Schüler sein sollen, sind durch Lehrplan und Werkstattausstattung für die Entscheidung und die Planung Vorgaben gemacht.
Dies wird auch bei der Erarbeitung von *Fallstudien* erstrebt. KAISER (vgl. 1976, S. 54) führt sie auf die „case studies" der amerikanischen Hochschulausbildung zurück. Der Lernende soll die Probleme der Arbeitswelt erfassen (Konfrontation), er soll sich entsprechend seiner Analysestruktur informieren (Information), er soll aus dem vorhandenen Wissen Handlungsstrategien ableiten (Exploration von Alternativen), sich für eine begründet entscheiden (Resolution), diese vor den anderen begründet vertreten (Disputation), und er soll anhand der wirklich gefällten Entscheidungen oder von dem Industrieunternehmen gefundenen Lösungen in seinem Ergebnis kontrolliert werden (Kollation).
Die Fallstudien reichen von Einführungsveranstaltungen und Anwendungsaufgaben mit wenigen Stunden bis zu Unterrichtsplanungen von mehreren Wochen.
Kaiser sieht in den Fallstudien die geeignete Form des „Entscheidungstrainings". Eine reale Situation – ein rechtlicher Konflikt, eine Auseinandersetzung zwischen Eltern und Jugendlichen über die Einrichtung eines eigenen Zimmers, Kündigung, Verletzung des Jugendarbeitsschutzes, Rentabilität landwirtschaftlicher Betriebe, Pfändung – konfrontiert den Schüler mit einer Problemlage, in die er als Arbeitnehmer oder Familienmitglied kommen kann. Indem er sich mit anderen sachkundig macht und überlegt, wie er anstelle des Betroffenen entschieden und geplant hätte, bleibt er einerseits der beruflichen und wirtschaftlichen Praxis verbunden, weil er deren Datenkranz berücksichtigen muß, wird aber auch eigenverantwortlich tätig, weil andere Alternativen als in der gesellschaftlichen Praxis durchgespielt und in der Gruppe vertreten werden. Für den Lernbereich Arbeitslehre/Polytechnik bekommen Fallstudien zur Wohnungssuche, zur Arbeisplatzwahl, zur Berufsausbildung oder zum Konsumentenverhalten eine zentrale Bedeutung, weil hier die eigene Problemlage exemplarisch geklärt werden kann, wie sich am Beispiel der Berufswahl zeigen läßt:
Konfrontation: Vorstellen eines ehemaligen Schülers mit seinen schulischen und persönlichen Voraussetzungen, seinen Neigungen und Berufswünschen, mit der Videokamera oder dem Kassettenrekorder aufgenommen.
Information: Die Schüler informieren sich über alternative Berufswege und Ausbildungsgänge sowie die Erwerbsaussichten.
Exploration: Sie erarbeiten Alternativen, die vom Abraten der in Aussicht genommenen Ausbildung über schulische Ausbildungsgänge (Aufschieben der Entscheidung) bis hin zur detaillierten Beratung reichen können.
Resolution: Sie entscheiden sich für einen Ausbildungsgang und begründen diese Entscheidung; bei fehlender Einigung der Klasse auf eine Lösung kann anschließend über die beste abgestimmt werden.
Kollation: Diese Lösung wird mit dem Berufsweg des in der Konfrontation vorge-

stellten Schülers verglichen, am besten in einem Klassengespräch mit dem ehemaligen Schüler und einem Berufsberater.
Entsprechend könnten Fälle zur Arbeitslosigkeit, zur Wahl des Arbeitsplatzes oder zur Wohnungssuche einer kinderreichen Familie aufgenommen und die Betroffenen, die zuständigen Behörden, Gewerkschaftsvertreter und Arbeitgeberrepräsentanten bei der Kollation um ihre Meinung gebeten werden. Hierzu eignet sich auch Material aus Wirtschaftssendungen des Fernsehens. Bei umfangreichen Fallstudien mit offenem gesellschaftspolitischem Ausgang treten jedoch in der Kollationsphase Probleme auf, die der Planung und Steuerung durch den Lehrer bedürfen. Die Fallstudien gehen im Arbeitslehreunterricht davon aus, daß Schüler entscheiden und planen lernen, indem sie Entscheidungssituationen anderer erfassen und nachvollziehend Alternativen erarbeiten. Diese Arbeit erhält ihren gesellschaftlichen Wert durch das Lernen und die Beratung des Betroffenen. Bei der Kollation ist der Betroffene jedoch in der Rolle des Experten oder des zur Beratung verpflichteten Interessenvertreters und Politikers, der selbst raten und keinen Rat annehmen will.

Dagegen dient das *Betriebspraktikum* ausschließlich den eigenen Interessen der Schüler. Sie sollen durch das Lernen im Betrieb veranlaßt werden, ihre eigene Berufsausbildung und ihre Arbeitsplatzwahl verständiger durchzuführen. Das Betriebspraktikum findet in der Regel in der 9. Klasse statt, wird im Unterricht der Schule und durch Betriebserkundungen vorbereitet (vgl. ECKERT 1983, S. 398 ff.), umfaßt zwei bis drei Wochen im Betrieb und wird in der Schule ausgewertet. Entsprechend werden vier bis zwölf Wochen für ein Betriebspraktikum verplant; manche Unterrichtsvorhaben erstrecken sich auf ein halbes Jahr. Die Vorbereitung kann auch die Durchführung von Projekten und Fallstudien in der Schule umfassen (vgl. RUTZ/ SCHNELL 1978). Als inhaltliche Schwerpunkte werden der funktionale, der berufsorientierende und der soziale Aspekt genannt. Die Lernziele und die Lernerfolge sind noch weitgehend unbekannt (vgl. BEINKE 1979, PLATTE 1981). Dem Lernortwechsel und dem unmittelbaren Kontakt zu Berufstätigen wird so viel Wert beigemessen, daß eine Systematik der Betriebspraktika bisher fehlt. Aus der Lernortbestimmung kann jedoch der beabsichtigte Beitrag zur Planungsfähigkeit entnommen werden.

- Unter funktionalem Aspekt sollen die Jugendlichen sich mit den betriebswirtschaftlichen und technischen Produktionsgegebenheiten vertraut machen; sie sind daher in der Regel im Produktionsbetrieb mit wechselnden Aufgaben betraut, wenngleich BEINKE (vgl. 1979, S. 285) feststellt, daß ein Teil der Praktikanten keine Arbeit leistet.
- Bei berufsorientierenden Praktika arbeiten die Jugendlichen in erster Linie in den Ausbildungswerkstätten und informieren sich bei Betriebserkundungen über die Anwendung der im Ausbildungsverhältnis zu erwerbenden Qualifikationen am Arbeitsplatz.
- Andere Betriebspraktika sollen Einblick in die sozialen und rechtlichen Strukturen der Arbeitswelt geben. Die Jugendlichen übernehmen Handlangerdienste und suchen mit umfangreichen Fragebögen innerbetriebliche Konflikte aufzuspüren.

Fast in allen Richtlinien der Kultusminister (vgl. RUTZ/SCHNELL 1978) wird die Eignungsfeststellung und die Überprüfung der Berufswahl als Ziel des Betriebspraktikums ausgeschlossen, obgleich dies bei den Schülern die wichtigste Motivation für den eigenen Einsatz ist. Ein Beitrag zur Berufswahl ist problematisch, weil die Jugendlichen aus eigener Erfahrung im Betrieb weder die Ausbildung noch die

Methodisch-mediales Handeln im Lernbereich Technik – Wirtschaft – Gesellschaft

Arbeitsplatzbedingungen im erstrebten Ausbildungsberuf beurteilen können. Diese Divergenz weist auf die Eigentümlichkeit bei allen Lernortverlagerungen aus der Schule hin: Die soziale Wirklichkeit wird im schlechten Sinne pädagogisiert. Das Betriebspraktikum muß daher in der Vorbereitung und bei der Durchführung berücksichtigen, daß
– die Betriebsleitung die besondere Bedeutung des Werkes darstellen will,
– die Ausbilder ihre Leistungen in der Ausbildungswerkstatt zeigen wollen,
– die Betriebsräte die sozialen Verbesserungen in den letzten Jahren herausstellen und
– der Jugendvertreter die Probleme der Ausbildung mitteilen will.
Alle sehen sich in der Rolle des unterstützenden, warnenden oder informierenden Pädagogen, der als Praktiker vieles besser als der Lehrer weiß. Da die Interessenlage der Schüler dieser Zielsetzung entgegenkommt, sind die Ziele der Betriebspraktika durch die Schule so schwer zu planen und in der Durchführung zu erreichen. Vielmehr scheinen Betriebspraktika eher dazu zu verleiten, sorgfältige Berufsweg- und Haushaltsplanungen unter dem Eindruck einer überwältigenden Berufspraxis über den Haufen zu werfen. Jugendliche, die beim Betriebspraktikum ihren Berufswunsch überprüfen wollen, werden in ihren Erwartungen enttäuscht, andere entschließen sich aufgrund des persönlichen Eindrucks, Ausbildungsgänge einzuschlagen, an die sie vorher nicht gedacht haben.
Für den Lehrer ergibt sich daraus die permanente Anforderung, die neuen Erfahrungen zu relativieren, zu kritisieren, Konflikte zwischen Schülern und Eltern, Schülern und Arbeitnehmern oder Personalsachbearbeitern zu schlichten sowie zur Durchführung der im Unterricht gemeinsam festgelegten Planung anzuhalten. Im Interesse der Jugendlichen muß der Lehrer versuchen, die Betriebspraktika als Instrument zur Kontrolle der eigenen Berufs-, Arbeits- und Lebensplanung zu propagieren. Aus dieser Sicht kann die bisherige Strukturlosigkeit des Betriebspraktikums einen Sinn bekommen. Da in den wenigsten Fällen alle Schüler einer Klasse in einen Betrieb kommen, sollten die Jugendlichen selbst festlegen, welchen Teil ihrer Lebensplanung sie in der Praxis kontrollieren wollen. Aus der Reichweite der Berufswegplanung lassen sich folgende Schwerpunkte ableiten:

Berufswahl	*Ausbildungsplatzwahl*	*Arbeitsplatzwahl*	*Berufl. Flexibilität*
Stufung der Berufswahl, Grundbildung, Ausbildungsordnung	arbeitsplatzbezogene oder lehrwerkstattbezogene Ausbildungswege	Bedarf an Facharbeitern, Sicherheit des Arbeitsplatzes	Vielseitige Tätigkeit, Lernen am Arbeitsplatz (Mischarbeitsplatz), betriebliche Weiterbildung

Entsprechend können die Schüler die umfangreichen Fragekataloge, die in den Betriebspraktikumsmodellen vorbereitet sind (vgl. FREIE UND HANSESTADT HAMBURG 1979), nach ihren eigenen Interessen auswerten. Dadurch leidet die Praktikumsvor- und Nachbereitung keineswegs, weil in der Vorbereitung der Zusammenhang von individueller Berufswahl und technischem, sozialem und berufskundlichem Aspekt verdeutlicht wird und bei der Nachbereitung aus der Vielzahl der Erfahrungen ein Zusammenhang hergestellt werden kann. Folgt dagegen der Lehrer einem Betriebspraktikumsmodell oder legt die Klassenkonferenz dieses als verbindliches Unterrichtsvorhaben fest, brechen Vor- und Nachbereitung auseinander, weil der Schüler im Betriebspraktikum seine Interessen verfolgt und die Fragebögen der Schule von dem betrieblichen Praktikumsbetreuer ausfüllen läßt.

Auf der Grenze zwischen Umriß- und Prozeßplanung liegen *Planspiele:* Sie sind aus der Unternehmensberatung, dem wirtschaftswissenschaftlichen Studium und der Generalstabsplanung übernommen worden und dienen im Arbeitslehreunterricht der Entwicklung und Befestigung wirtschaftlichen und beruflichen Planungsverhaltens (vgl. KAISER 1976, S. 102 ff.; vgl. TAYLOR/WALFORD 1974). Unbestrittener Favorit der Planspiele ist das Gesellschaftsspiel „Monopoly", bei dem folgende Elemente miteinander kombiniert werden:

- Der nicht zu beeinflussende Zufall in der Ausgangssituation und dem Lebensverlauf wird durch den Würfel repräsentiert.
- Die Ereigniskarten stellen Lebenszufälle dar, auf die man sich zwar nicht einstellen, die man aber nach dem Prinzip der allgemeinen Vorsorge in der Planung berücksichtigen kann.
- Die Geldmenge, die jeder Spieler erhält, determiniert seine wirtschaftliche Entscheidungsfähigkeit.
- Der wirtschaftliche Erfolg wird durch den Besitz an Straßen und Betrieben dokumentiert, die der Spieler durch Kauf, Tausch oder Übernahme aus der Konkursmasse eines anderen Spielers erwerben kann.
- Der Spieler kann durch Investitionen (Häuser, Hotels) die Einkünfte vervielfachen; diese Einkünfte beeinträchtigen die wirtschaftliche Aktionsfreiheit der anderen Mitglieder bis zum Konkurs.

Bei anderen Spielen wird die gesellschaftliche Macht nicht durch Geld, sondern durch Stimmen, Macht über Organisationen oder ähnliches ausgedrückt. Die Schüler lernen bei einem solchen Planspiel unter technischem Aspekt das Denken in Systemen. Bei jeder neuen Spiel-(und Lebens-)Situation müssen alle Faktoren und Strategien neu überdacht werden. Unter wirtschaftlichem Aspekt lernen sie Investitionen auf Risiko und Ertrag hin zu beurteilen, auch wenn das Risiko nur im Spielverlust besteht. Unter gesellschaftlichem Aspekt lernen sie soziale Beziehungen unter ihrem Zweckgesichtspunkt zu beurteilen. Ein Geschäftsfreund ist gut für den wirtschaftlichen Aufstieg, aber kein Freund. Bei den gesellschaftlichen Zielen setzt denn auch die pädagogische Kritik ein (vgl. KAISER 1976, S. 167): Der Schüler verfolge nur seine Eigeninteressen, nicht die seines Kollektivs. Er werde in die Interessenlage des Kapitalisten versetzt, in der er nicht sei. Das Spiel reduziere die Marktwirtschaft zum Glücksspiel ohne Einsatz.

Der letzte Einwand zeigt die Notwendigkeit, Planspiele durch Vorbereitungsgespräche und begleitenden Unterricht auf die wirtschaftliche und gesellschaftliche Realität zu beziehen, also auf die Wirtschafts- und Gesellschaftspolitik. Ausgearbeitete Modelle für einen solchen Planspieleinsatz gibt es noch nicht. In welcher Richtung sie zu entwickeln wären, zeigen die Planspiele für die Lehrerbildung im Lernbereich Arbeitslehre/Polytechnik (vgl. EBERT 1983, OCHS/STEINMANN 1976). Die gesellschaftspolitischen Einwände gelten dagegen für allen politischen Unterricht und auch für die Arbeitslehre: Der Konflikt zwischen kollektiven Interessen und Individualinteressen ist der prinzipielle Konflikt zwischen Individualismus und Kollektivismus, der in einer Marktwirtschaft zugunsten der individuellen Planung entschieden ist. Bei kollektiven Aktionen müssen daher – weil jeder einzelne

mitentscheidet, wieweit er sie unterstützt – die individuellen Interessen in den Kollektiven aufgehoben sein. Gerade wer die kollektiven Verhaltensweisen unterstützen will, muß die langfristige Planung und den kurzfristigen Vorteilverzicht durch Planspiele vorbereiten (vgl. KASAKOS 1971). Dazu gehört Vertrautheit mit der Zielregion der Planung, also auch mit den Interessen der Unternehmer und Arbeitgeber, der Politiker und Wissenschaftler, der Rechtsanwälte und Berater.
Als wichtigste Planungshilfe bleibt unabhängig von den gesellschaftspolitischen Intentionen das Denken in Zusammenhängen und Systemen, also innerhalb eines konstruierten Marktes, einer gewerkschaftlichen Auseinandersetzung (vgl. GROTH/ TEUFEL 1981) oder einer politischen Karriere.

2.3 Prozeßplanung

SCHULZ (vgl. 1980, S. 162 ff.) bezeichnet die Planung der einzelnen Unterrichtseinheit als Prozeßplanung, weil der Kommunikationsprozeß zwischen Lehrern, Schülern, Werkmeistern, Arbeitern und Angestellten in seinen möglichen Verläufen geplant werden muß. Dazu gehört die Aufgliederung der in der Umrißplanung gewonnenen Zielsetzungen auf die Teilziele des Unterrichts. Schulz hat in seiner Abgrenzung der Perspektiv-, Umriß- und Prozeßplanung deutlich gemacht, daß die Unterrichtsplanung unter Beteiligung der Schüler zu erfolgen habe. Im Lernbereich Arbeitslehre/Polytechnik ist dies in der Regel nur im Bereich der Prozeßplanung möglich; Betriebserkundungen erfordern wegen der Kooperation mit den Betrieben und der Zustimmung der Eltern mehrere Monate Vorbereitung. Die Belegungspläne der Werkstätten und der Küchen müssen im Interesse einer Auslastung der Räume und bei der Organisation der Gesamtschulen nach dem Fachraumprinzip vor Eintritt der Jugendlichen in die Schule aufgestellt werden, und ebenso schwierig ist es, für alle Bereiche der Arbeitslehre/Polytechnik Fachlehrer zu finden, die die Werkstattarbeit, die Küchenarbeit und Erkundungen und Betriebspraktika betreuen können. Eine Spezialisierung der Lehrer ist auch im Interesse der Schüler, weil nur ein fachwissenschaftlich und fachdidaktisch gut eingearbeiteter Lehrer die Souveränität hat, die Schüler mitbestimmen zu lassen.
Motivation: Die Schüler sollen für ein vernünftiges Verhalten in der Wirtschaft und Arbeitswelt motiviert werden. Dabei erhält in der Grundschule und der Förderstufe der Aspekt der Kompetenz ein größeres Gewicht: Kinder wollen sich in den Augen der Erwachsenen richtig verhalten, um selbständig handeln zu können. Dazu gehören beispielsweise kleine Einkäufe und die Beurteilung des Verhaltens anderer. Die Motivation, eine Situation möglichst genau zu beschreiben, kann aber auch aus einer Konfliktsituation entstehen. Kinder werden nicht als Kunden, sondern als potentielle Ladendiebe behandelt; sie sollen sich für Geschenke bedanken, die sie unnütz und häßlich finden. Selbst Lehrer entmutigen sie mit Redensarten wie „Dazu seid ihr noch zu klein" (KLAFKI 1970, S. 19), obgleich es sich häufig nicht um eine Frage des Alters, sondern der fachlichen Kompetenz handelt.
Neben der Rolle des Konsumenten ist auch die Rolle des Berufstätigen und Gebrauchswerte Schaffenden so erstrebenswert, daß sich Kinder in Erzählungen, im Spiel und auch im Unterricht mit einzelnen Berufen identifizieren: Der Feuerwehrmann, der Menschen aus Gefahr rettet, der Seemann mit Erfahrungen aus fremden Ländern, der viele tausend Pferdestärken regierende Lokomotivführer sind für Jungen ebenso Vorbilder wie die Krankenschwester, der Arzt oder die Friseuse für Mädchen. Abgesehen vom Problem, durch die Analyse dieser beruflichen Vorbilder auch berufliches Rollendenken zu verstärken, beschränkt sich die Motivation nur

auf die Schüler, die sich mit dem Beruf identifizieren. Besser ist die Vorstellung von Produktionssituationen, bei denen die Mitwirkung verschiedener Berufe notwendig ist, zum Beispiel Häuserbau, Brückenbau, Verkehrsunfall, Eisenbahn- oder Busfahrt.

Die Motivation zur wirtschaftlichen Verhaltensweise kann auch aus Produktionssituationen der Schule selbst kommen, etwa bei der Herstellung von Warmlufträdern (vgl. HORSCH 1976), einer Blumenbank (vgl. UPMEIER 1970) oder Stick- und Näharbeiten. Die Motivationsphase droht bei solchen kleinen Produktionsprojekten jedoch häufig die eigentliche Aufgabe, das Beschreiben, Berechnen und Planen der Arbeit, durch aufwendige Produktionsvorbereitungen und -übungen zu verdrängen. Das genähte, genagelte oder geklebte Objekt beansprucht mehr Zeit als die vorbereitenden und begleitenden Berechnungs-, Beschreibungs- und Erkundungsaufgaben. Besondere Bedeutung wird den schulischen und außerschulischen Filmen zugemessen, insbesondere den Darstellungen aus der Berufs- und Arbeitswelt in Kindersendungen des Fernsehens. In der Regel können jedoch Filme nicht eigene Anschauung und Erfahrung ersetzen. Auch muß eine Motivation über den Film mit der Situationsgebundenheit von Fernsehfilmen kämpfen; Fernsehen und Film sind für den jüngeren Schüler Entspannung und Kommunikationsgelegenheit.

Lernverfahren: Die Lernverfahren müssen im Lernbereich Arbeitslehre/Polytechnik immer zusammen mit den Medien beurteilt werden. Als typische Verfahren sind zu nennen: systematische Erkundungen als Betriebs-, Aspekt- und Markterkundungen, Rollenspiele, arbeitsgleiche und arbeitsteilige Gruppenarbeit am Schreibtisch und in der Werkstatt, Lehrgänge und Übungen als „elementare Wissensvermittlung und/oder Fertigkeitenschulung" (FÄHNRICH 1972, S. 11) sowie Experteninterviews. Mit den Lernverfahren sollen Teilziele des Unterrichts erstrebt werden. Sie sind einerseits durch die Umrißplanung vorgegeben, also durch Projekt, Fallstudie oder Betriebspraktikum in der Planung zwingend verabredet, oder stehen andererseits als Alternativen zur Disposition.

Markterkundungen: Bei der Behandlung von verbraucherpolitischen Fragen als Vorbereitung auf einen Unterricht über Normung oder im Rahmen der Berufswahl werden Markterkundungen als Teilnahme-, Betrachtungs- und Befragungserkundungen (vgl. STEINMANN 1980) durchgeführt. Bei Teilnahmeerkundungen befindet sich der Schüler in der Rolle des Marktteilnehmers, beispielsweise als Käufer oder Bewerber um einen Ausbildungsplatz. Auch wenn ein Kauf oder ein Ausbildungsvertrag nicht zustande kommt, ist das Einholen von Informationen über Liefer- und Einstellungsbedingungen prinzipiell ernst gemeint. Diese Erkundungen werden in der Regel durch einzelne Schüler oder in kleinen Gruppen durchgeführt. Bei Betrachtungserkundungen werden die Marktbedingungen einschließlich der rechtlichen, ökonomischen und technischen Gegebenheiten analysiert. So werden im Rahmen der Fertigung von Ablagekästen alle Halbzeuge aus Holz oder Kunststoff verglichen und der zu erwartende Selbstkostenpreis für eine Holzablage dem einer Kunststoffablage gegenübergestellt. Dazu müssen Preise und Qualitäten ermittelt, also auch eventuell Konkurrenzprodukte gekauft werden. Bei Befragungen werden Märkte erkundet, die sich der direkten Beobachtung der Schüler entziehen: Bei der Berufswahl wird der Berufsberater hinsichtlich der überregionalen Bedingungen befragt, beim sparsamen Energieverbrauch müssen Experten über die Art und die Kosten der Energieumwandlung Auskunft geben, oder bei der Beurteilung der gesundheitlichen Risiken einseitiger Ernährung muß ein Arzt den Lehrer unterstützen. Erfahrungen liegen bei der Befragung von Richtern und Juristen vor, ebenso beim Interview von Fachleuten der Verbraucherzentralen.

Methodisch-mediales Handeln im Lernbereich Technik – Wirtschaft – Gesellschaft

Betriebserkundungen gelten als die wichtigste Methode der Arbeitslehre (vgl. BEINKE 1980, BUTHIG 1970, FÄHNRICH 1972, HORNER/KLEBEL 1972, KEIM 1978, POESCHKE/VOELMY 1974). Die Schüler sollen durch die unmittelbare Beobachtung der Arbeitenden und der Arbeitswelt Rückschlüsse auf die eigene Situation ziehen. Von den zur Motivation eingesetzten Betriebsbesichtigungen und Ausflügen unterscheiden sich die Betriebserkundungen durch die systematische Vorbereitung, Beschränkung auf einen Aspekt und die systematische Nachbereitung der Erfahrungen, eventuell unterstützt durch Experteninterviews. Je nach Umfang kann eine Betriebserkundung von einem Tag bis zu wenigen Stunden dauern. Bei einem ganzen Tag wird das Programm sorgfältig mit dem Betrieb abgesprochen. Die Schüler werden im Unterricht auf die zu erwartenden Situationen vorbereitet, erhalten Erkundungsaufträge und sollen auch Medien für den weiteren Unterricht mitbringen; so werden etwa bei der Erkundung des „Weges einer Ware" (KEIM 1978, S. 35) Ausschußteile und Abfallstücke erbeten, um die Produktionsgänge im Schulunterricht rekonstruieren zu können. Zu Betriebserkundungen rechnen aber auch Beobachtungen am Arbeitsplatz der Schulsekretärin oder des Schornsteinfegers auf dem Dach, dessen Aufgabengebiet beschrieben werden soll, soweit die Schüler dieses beobachten können. Nun weist die Klage von FÄHNRICH (1972, S. 13 f.) über den „Betriebstourismus" auf die unterschiedliche Zielsetzung und verschiedene methodische wie auch medientechnische Strukturierung der Betriebserkundung durch den Betrieb und durch die Schule hin. Die Betriebe legen den Schwerpunkt auf die Ablauforganisation und die sozialen Leistungen. Damit wollen sie ihre Position bei den Konsumenten und auf dem Arbeitsmarkt stärken. Der Lehrer und die Schüler haben zu entscheiden, ob dies in ihrem Interesse liegt. Häufig werden aber auch Mängel den Betrieben angelastet, die in der didaktischen Reduktion der betrieblichen Praxis zu unterrichtlichen Lernzielen liegen.
Rollenspiele bereiten Entscheidungen vor oder sind als Kontrolle und als Formulierung von Handlungsalternativen in Fallstudien, als Vorbereitung auf Expertenbefragungen sowie als Anwendung des Gelernten konzipiert (vgl. SHAFTEL u.a. 1973, S. 72; vgl. WENDLANDT 1977). Im Gegensatz zur Fallstudie und zu dem Planspiel kommt es nicht darauf an, Entscheidungen zu treffen und ihre Durchführung unter gegebenen Umständen durchzuspielen. Bei Rollenspielen sollen Positionen und soziale Beziehungen bewußtgemacht werden. Die Spieler sollen die Haltung eines anderen, einer anderen sozialen Gruppe oder eine andere politische Partei verstehen lernen, indem sie sich probeweise auf deren Position begeben und deren Position in einem Dialog vertreten. Dabei sollen soziale Fähigkeiten entwickelt werden:
– sich in der Realität und im Spiel von einer übernommenen Rolle zu distanzieren *(Rollendistanz)*,
– die Erwartungen der anderen zu erschließen, sich in die Rolle des Interaktionspartners zu versetzen und auf sie rational argumentierend einzugehen *(Emphatie)* und
– die Fähigkeit, mehrdeutige Situationen zu ertragen und konstruktiv für den sozialen Konsens zu nutzen *(Ambiguitätstoleranz)* (vgl. KAISER 1976, S. 91).
Entscheidungssituationen betreffen zum einen das Verhältnis der Schüler untereinander. Bei der leistungsgerechten Gewinnverteilung, bei der Bildung von Arbeitsgruppen oder bei der Organisation der Arbeit in Projekten, Fallstudien oder Planspielen erhöht sich mit zunehmender Mitbeteiligung der Schüler auch die Gefahr, traditionelle Rollen zu übernehmen, statt eine situationsgerechte Arbeitsteilung anzustreben. Mädchen machen die Koch- und Putzarbeit, Jungen das Einkaufen und

die Maschinenarbeit, Leitungspositionen werden von den Jungen besetzt. Hier kann ein Rollenspiel zur Haushaltsplanung in der Familie und zur Arbeitsteilung im Industriebetrieb, das die Rollen nach dem Zufallsprinzip besetzt, auch zu erheiternden und Rollen aufbrechenden Erlebnissen führen (vgl. SHAFTEL/SHAFTEL 1973, S. 72).

Entscheidungssituationen betreffen zum anderen aber auch das Verhältnis der Schüler zu Lehrern, Werkmeistern, Kaufleuten und Eltern. Bei der Vorbereitung einer Betriebs- oder Markterkundung und bei der Planung eines Jugendzimmers müssen die Schüler die Haltung der Erwachsenen soweit wie möglich prognostizieren, um realistisch entscheiden zu können (Sensibilitätstraining). Durch ein Rollenspiel kann die Interessenlage der Beteiligten besser erkannt und bei der Formulierung der Arbeitsaufträge berücksichtigt werden. Schließlich können auch Interviews im Betrieb oder Verkaufsgespräche, Reklamationen oder Preisinformationen in Rollenspielen geübt werden (Fertigkeitstraining).

Häufig wird auch der Versuch gemacht, latente soziale Konflikte in der Gruppe durch Rollenspiele bewußtzumachen, bevor sie die Arbeit empfindlich und in einem ungeeigneten Augenblick stören (Problemlösungstraining). Dazu gehört einmal die Zusammenarbeit von Schülern unterschiedlicher sozialer oder nationaler Herkunft; immer mehr Ausländer ziehen sich auf ihre Sprachdefizite zurück, um dem Anpassungsdruck der Industriegesellschaft auszuweichen. Der dolmetschende Mitschüler ist nicht nur Mittler, sondern auch geistiger Führer und Lehrer seiner Gruppe; insbesondere die deutsche Lehrerin kann sich kaum noch mit ihrer Amtsautorität durchsetzen, um dem Lehrplan und den berufsvorbereitenden und emanzipatorischen Zielen zur Geltung zu verhelfen. Rollenspiele zu einzelnen sozialen Fragen mit gemischten Gruppen zwingen die Schüler, sich von ihren Sprechern zu emanzipieren, in Rollenspielen schon zukünftige Situationen wie Wohnungssuche, Arbeitssuche, Nachbarschaftshilfe, Zusammenarbeit am Arbeitsplatz und Beratungsgespräch beim Berufsberater zu antizipieren und mit Hilfe deutscher Schüler zu bewältigen.

Im Arbeitslehreunterricht lassen sich folgende methodische Schritte beim Rollenspiel unterscheiden (vgl. SHAFTEL/SHAFTEL 1973, S. 49):
- das Anwärmen der Gruppe, das heißt die Konfrontation mit unterschiedlichen Interessen und sozialen Rollen sowie Wecken der Bereitschaft, diese Interessen und die sich daraus ergebenden Rollen wenigstens spielerisch anzuerkennen;
- Auswahl der Spielteilnehmer, das heißt Ermittlung der Zuweisungskriterien, etwa Losen oder Wahl sowie kontrollierte Auswahl der Spieler, Aufstellen der Spielregeln;
- Szenenaufbau, das heißt Vorgabe der Ausgangssituation, der Zeit, der Umstände, der Beteiligten und der Probleme, eventuell auch durch Kulissen, Dias, Filme;
- Absprache über das Verhältnis von Zuschauern und Spielern, Festlegung von Unterstützungsgruppen, die den Spielern durch Spickzettel Hinweise geben;
- Rollenspiele und Auswertung durch die Schüler oder gemeinsam mit dem Lehrer, der als Informant nachweisbar falsche Annahmen berichtet und zusätzliche Informationen gibt;
- Anwendung der Einsichten auf die reale Situation.

Insofern sind Rollenspiele eine Planungshilfe, die sowohl zum Erkennen der sozialen Rollen, ihrer Berücksichtigung wie auch ihrer Durchbrechung dient.

Die *Gruppenarbeit* gehört zu den Aktionsformen des Lernbereichs Arbeitslehre/Polytechnik, die aus pädagogischen wie gesellschaftspolitischen Gründen bevorzugt werden. Die Aufgliederung des Klassenverbandes zu Arbeitsgruppen soll die Mitarbeit der Schüler verbessern, den Schülern selbst die Organisation der Lern- und Produktionsarbeit überlassen und dem Lehrer eine bessere Beratung einzelner Schüler und von Schülergruppen ermöglichen. Aus gesellschaftspolitischen Gründen wird die Gruppenarbeit im Arbeitslehreunterricht bevorzugt, weil Formen arbeitsplatzbezogener Mitbestimmung und die betriebliche Zusammenarbeit in teilautonomen Gruppen in der Schule geübt werden. Weil beide Gesichtspunkte in einem Spannungsverhältnis stehen, gelten viele bewährte pädagogische Regeln (vgl. STÖCKER 1970, S.256ff.) in der Gruppenarbeit des Lernbereichs Arbeitslehre/Polytechnik nicht. Schon bei der Bildung der Gruppen können wegen der Vorbereitung auf die Wirtschafts- und Arbeitswelt subjektive Bedingungen der Schülergruppe häufig nicht berücksichtigt werden; mit der Entscheidung für ein Projekt, bei der Konfrontation in der Fallstudie oder bei der Entfaltung der Ausgangssituation des Planspiels werden die notwendigen Arbeitsschritte sowie die Anzahl und die Anforderungen an die Arbeitsgruppen bereits in groben Zügen festgelegt. Die Kenntnisse und Fertigkeiten sind dagegen nicht so weit festgelegt wie in anderen Fächern.

Bei *arbeitsteiliger Gruppenarbeit* ist darauf zu achten, daß theoretische und praktische Arbeitsanforderungen in jedem Gruppenauftrag enthalten sind. Dadurch wird eine Hierarchisierung der Gruppen in solche mit Arbeitgeberfunktionen und solche mit Arbeiteraufgaben vermieden. Ein häufiger Wechsel der Zusammensetzung der Arbeitsgruppen verstärkt den Druck zur sachbezogenen Planung und verhindert die Ausbildung informeller Führungskader, die anstelle des Lehrers die Leitung der Arbeit übernehmen. Die arbeitsteilige Gruppenarbeit hat in der Arbeitslehre in der Regel streng auftrags- und zeitgebunden zu erfolgen: Die Informationen über eine Lieferquelle, eine Rechtsauskunft oder einen Test müssen termingerecht vorliegen, um noch in der Planung berücksichtigt zu werden. Die Zeitplanung muß eingehalten werden, weil Werkstatteinrichtungen nach dem Unterricht ordnungsgemäß übergeben werden müssen. Dieser Zeit- und Planungszwang führt zu einer an der Sache orientierten Mitbestimmung und Mitverantwortung, wie sie auch im Betrieb erwartet wird.

Deshalb kann auch bei der *arbeitsgleichen Gruppenarbeit* nur im beschränkten Maße eine Konkurrenz der Arbeitsgruppen um das beste Ergebnis akzeptiert werden. Es kommt darauf an, daß alle Gruppen die gesetzten Ziele erreichen; eine Überschreitung der gewünschten Qualitätsanforderungen oder der Aufgabenstellung ist Extra- oder Doppelarbeit, die das Produktionsergebnis oder die Genauigkeit der Analyse nicht verbessern. Bei einer arbeitsteiligen Fertigung von Kinderkitteln oder von Sportkleidung fällt eine besonders gelungene Näharbeit kaum, ein Fehler in der Regel auf, weil er die Gebrauchsqualität erheblich herabsetzen kann. Im Arbeitslehreunterricht sollten bei der Gruppenarbeit folgende Gesichtspunkte beachtet werden:

Zusammenstellung der Gruppen: nicht leistungshomogene, sondern differenzierte Gruppen mit gleicher Gruppenleistungsfähigkeit, koedukativ und in wechselnder Zusammensetzung, damit sich ein arbeitsbezogener und aufgabengerechter Organisationszusammenhang entwickelt.

Arbeitsaufträge: Die Arbeitsaufträge sollten so formuliert sein, daß jede Gruppe die gleiche Arbeitslast trägt; notfalls können die Arbeitsteile ausgelost werden, um eine allseitige Berücksichtigung der Interessen zu sichern. Bei wenig geübten Klassen, bei denen der Lehrer durch Arbeitsbögen, Bereitstellung des Arbeitsmaterials und des Werkzeuges die Arbeitsteilung vorbestimmen muß, sollte den Arbeitsgruppen ein Vetorecht bei der Zumessung der Arbeit eingeräumt werden. Der Widerspruch hat in der Arbeitswelt eine wichtige Funktion bei der menschengerechten Gestaltung des Arbeitsplatzes.

Eigenarbeit der Gruppen: Die Betreuung der Gruppenarbeit sollte sich auf die planmäßige Erarbeitung des Auftrags, die Kooperation in der Gruppe und die selbstkritische Bewertung des Arbeitsergebnisses beziehen. Der Arbeitsauftrag kann sich auf die Ermittlung und Ordnung von Informationen (wie Datenverarbeitung, Informationssammlung und Erarbeitung von Alternativen bei Fallstudien, arbeitsteilige Erkundung von Preisen, Vergleiche der Planspielinformationen über ein Unternehmen mit den Geschäftsberichten), auf Produktionsaufgaben (etwa Ablängen von Halbzeugen), auf Übungen und Lehrgänge (beispielsweise Einstellen einer Nähmaschine und Nähen) oder auf Kontrollverfahren (etwa Testverfahren, Überprüfung eines Gerätes auf alle Funktionen) beziehen. Die Medien für die Gruppenarbeit sind entweder durch den Lehrer vorher ausgewählt worden, oder sie werden selbständig mit Hilfe einer Bibliothek oder durch Interviews zusammengestellt. Sofern es sich um überarbeitete und pädagogisierte Materialien handelt, ist eine gewisse Steuerung durch das Material beabsichtigt. Die Autorität des Lehrers wird in das Material verlegt. Die Schüler werden das Material jedoch dann effektiver nutzen, wenn sie zwischen verschiedenen Informationsquellen wählen und die Brauchbarkeit der Information in der praktischen Arbeit überprüfen können. Insofern sollte Material verwendet werden, das für Erwachsene gedacht ist, wie Gebrauchsanweisungen, Do-it-yourself-Arbeitsanleitungen oder wirtschaftliche und technische Wörterbücher und Tabellen. Der Lehrer erspart sich die Arbeit, die Materialien auf den Wissensstand seiner Klassen umzuschreiben, und den Schülern wird der Sprung von der selbständigen Gruppenarbeit zum selbständigen Informieren des Konsumenten und Arbeitnehmers erspart. Die Kooperation in der Gruppe bedarf der durch Fragen und Hinweise gestützten Kontrolle durch den Lehrer. Damit die Schüler dies als Selbstkontrolle empfinden, sollten die Gruppen Zeit- und Arbeitspläne erstellen (Bereitstellung von Zeitplanungsformularen). Im Interesse der beruflichen Autonomie sollte der Lehrer die traditionelle Aufgabenteilung in den Gruppen problematisieren, wie etwa die Übertragung von Kochen und Spülen an die Mädchen. Ebenso sollte im Interesse besserer Kommunikation auf reine Ausländergruppen verzichtet werden (diese unterhalten sich in ihrer Landessprache, lernen also nicht die für Haushalt und Beruf wichtigen deutschen Ausdrücke).

Kontrolle: Die Kontrolle der Gruppenarbeit erfolgt durch praktische Gebrauchswertprüfung, beispielsweise beim Essen, bei der Montage oder dem Zusammennähen der arbeitsteilig hergestellten Produkte in Fließfertigung oder beim Bericht vor der Klasse. Auch hier ist darauf zu achten, daß die Fehler genau lokalisiert werden, um nachbessern zu können. Beim abschließenden Bericht sollten die verwendeten Medien so vielseitig sein, daß die breiten Kommunikationsmöglichkeiten der Berufs- und Arbeitswelt bewußt werden: Darstellung des Sachverhaltes durch Vortrag, Protokoll, Zeichnung oder Berechnung und im Modell.

Lehrgänge und Übungen sollen die für die schulische Arbeit und das Konsumentenverhalten notwendigen Kenntnisse und Fertigkeiten vermitteln. Damit ist einerseits gesagt, daß die *Fertigkeitsschulung* nicht Teile der Berufsausbildung vorwegnimmt, auch wenn sie sich gleicher Methoden und Medien bedient. Die Fertigkeiten werden nur insoweit vermittelt, wie es für die schulischen Projekte und das Urteilsvermögen der Schüler notwendig ist. Hier können Werkmeister und Hauswirtschaftslehrerinnen ebenso über das Ziel hinausschießen wie Deutsch- oder Politiklehrer in der Oberstufe des Gymnasiums. Deshalb sollte der Lehrer den Zweck von Lehrgängen und Übungen immer vorher überprüfen und der Klasse erläutern.

Methodisch-mediales Handeln im Lernbereich Technik – Wirtschaft – Gesellschaft

Bei den Lehrgängen und Übungen des Lernbereichs Arbeitslehre/Polytechnik ist zu berücksichtigen, daß im Gegensatz zu anderen Fächern ein vielseitiges Medienangebot die Lernleistungen erleichtert: Interpretation durch den Lehrer, schriftliches und mündliches Wiederholen durch die Schüler, Vormachen und Nachmachen sowie zeichnerisches und rechnerisches Erfassen und Bauen von Modellen mit Hilfe von Baukästen. Die Ergebniskontrolle kann auch in der Arbeitslehre in Form von Tests und Übungsaufgaben erfolgen; die Übungsstücke lassen häufig auch eine Diskussion in der Klasse über die Güte einer Arbeitsprobe, eines Arbeitshefters oder einer Arbeitsbeschreibung zu, weil der Interpretationsspielraum viel enger ist als in anderen Fächern. Der Wert der Lehrgänge und Übungen zeigt sich jedoch erst im Transfer auf die spätere Haushalts- und Berufswahlsituation, so daß dem Lehrer die Entscheidung über die Zensur und das Beratungsgespräch mit dem Schüler überlassen bleibt. Hier kann auf den Unterschied zwischen schulischen und beruflichen Anforderungen hingewiesen werden. Dabei können *Experteninterviews* helfen, die Leistungsfähigkeit der Schüler zu beurteilen. Bei der Expertenbefragung kann es sich einmal um ein Experten-Schüler-Gespräch handeln, die im Stile des Unterrichtsgespräches geführt werden (vgl. KRETSCHMANN/HAASE o. J.). Es kann sich aber auch um Kreisgespräche und um fragend entwickelnden Unterricht handeln, bei dem die Schüler echte Fragen an den Experten stellen und mit seiner Hilfe ihre Kenntnisse über einen Beruf oder eine Lebenssituation ordnen. In der Arbeitslehre sind Berufsberater, Ausbilder, Auszubildende, Betriebsräte und Geschäftsleute typische Experten, aber auch Eltern, die spezielle technische Fertigungsverfahren mit den Schülern erarbeiten. Leider entwickeln sich Experteninterviews ohne Vorbereitung der Schüler und ohne Absprachen zwischen Lehrern und Experten zu Vorträgen und Demonstrationen, die den großen Abstand zwischen der Leistungsfähigkeit der Schüler und der des Fachmanns deutlich machen. Die Gesprächsbereitschaft des Experten zeigt sich an seiner Möglichkeit, zuzuhören, auf die Fragen der Schüler einzugehen und an deren Informationsstand anzuknüpfen. Insofern sollte der Experte nicht zu hoch angesiedelt werden; ein Auszubildender, der als ehemaliger Schüler sich dem Lehrer verbunden fühlt, ist ein besserer Experte als der Personalchef eines größeren Unternehmens, der die Ausbildungsbedingungen seines Betriebes nur aus Berichten kennt. Für das Experteninterview empfehlen sich folgende Schritte:
- Welche Informationen oder Demonstrationen werden gewünscht?,
- Mitteilung an den Experten, Verabredung von Zeitpunkt und Art des Treffens, Information des Schulleiters sowie Einladung der Gesprächsteilnehmer, unter Umständen anderer Klassen oder weiterer Diskussionsteilnehmer,
- Probe, unter Umständen im Rollenspiel und mit Tonbandaufnahme (bei Tonbandaufnahmen müssen alle Beteiligten zustimmen),
- Durchführung,
- Auswertung in bezug auf das Unterrichtsthema.

3 Lernbereichsspezifische Probleme und Perspektiven

Die Arbeitslehre soll die Hauptschüler auf die Berufs- und Arbeitswelt vorbereiten. Insbesondere in ländlichen Bereichen und Gebieten mit geringem Ausländeranteil ist die Hauptschule immer noch die Vorbereitung auf die Facharbeiter- und Handwerksberufe, während in städtischen Regionen der Anteil der Hauptschüler stark sinkt und ein wachsender Ausländeranteil systematische Schularbeit zunehmend erschwert. Hinzu kommt das Bestreben vieler Lehrer der Grund- und Hauptschule, Lernbehinderte so lange wie möglich in der Normalschule zu halten. Ein Haupt-

schulabschluß wird hier nicht mehr als hinreichende Voraussetzung für eine Lehre angesehen.
Dadurch wird das *Verhältnis zu den Betrieben* in zweifacher Weise belastet:
- Während die Schule im Arbeitslehreunterricht Interesse an Werkstattarbeit und einer beruflichen Ausbildung zu wecken versucht, sehen die Betriebe in Hauptschülern eher zukünftige Hilfsarbeiter und Angelernte. Die Betriebe sind entsprechend bestrebt, das breite Arbeitsplatzangebot darzustellen, weniger die Ausbildungsmöglichkeiten. Die Ausbildung ist inzwischen so kostenaufwendig, daß mit Ausnahme weniger Handwerksberufe der Betrieb bei einem Abbruch der Lehre, dem Nichtbestehen der Abschlußprüfung oder beim Wechsel unmittelbar nach der Prüfung Geld verliert.
- Die Kritik an der Marktwirtschaft, an fehlenden Ausbildungsplätzen oder staatlicher Mißwirtschaft konzentriert sich auf den Betrieb, der sich den Schülern öffnet. Ein kritischer, aber realitätsferner Vorbereitungsunterricht kann daher weniger zur Emanzipation der Jugendlichen beitragen als die Anpassung an vorhandene Strukturen. Für den 17jährigen Arbeitslosen sind die Chancen für eine berufliche Autonomie gering, weil er über die Hürde der ersten beruflichen Ausbildung nicht hinwegkommt.

Ebenso problematisch wirkt sich der schlechte *Ausbildungsstand der Lehrer* aus. Der Lernbereich Arbeitslehre/Polytechnik hat erst in den letzten Jahren eine eigenständige Lehrerausbildung bekommen; da wegen der rückläufigen Schülerzahlen weniger Lehramtskandidaten eingestellt werden und die Arbeitslehre noch nicht über eine eigene Lehrerfachgruppe verfügt, ist sie das Auffangbecken der aus anderen Fächern umgesetzten Lehrer, die mit viel gutem Vorverständnis, aber keiner Unterrichtspraxis und wenig außerschulischer Erfahrung auf die Berufs- und Arbeitswelt vorbereiten. Diese Lehrer halten (sich) an den überkommenen Unterrichtseinheiten und den erprobten Unterrichtsmodellen fest und beschneiden die Entscheidungsfreiheit der Schüler im Interesse eines risikofreien Unterrichts.
Aus dem Projektunterricht, den Fallstudien und dem Planspiel wird ein projektorientierter Unterricht, bei dem die Schüler unter Anleitung der Lehrer oder der Werkmeister vorgefertigte Produkte zusammensetzen, vorgefertigte Probleme lösen und mit vorgefertigten Planspielunterlagen betriebliche Abläufe simulieren. Insbesondere bleiben die Entscheidung und die Kontrolle in den Händen der Lehrer und Werkmeister, die damit in die Rolle der Arbeitgeber und Auftraggeber hineinwachsen, während die Schüler in der Rolle der ausführenden Hilfsarbeiter verharren. Entsprechend werden die wirtschaftlichen und gesellschaftspolitischen Gesichtspunkte kaum berücksichtigt, weil sie sich auf die Kalkulation, die Arbeitsablaufplanung und die Vermarktung der Produkte beziehen. Nach alter Werk- und Hauswirtschaftstradition werden nur Produkte für den eigenen Bedarf oder zum Wegwerfen oder zur Demontage nach der schulischen Bewertung produziert.
Wegen der schlechten Ausbildung gibt es Konflikte zwischen Eltern, Werkmeistern und den Lehrern, deren *fachliche Autorität* als Wegweiser in der Berufs- und Arbeitswelt angezweifelt wird. Der Werkmeister mit einer handwerklichen Ausbildung kann die Planung einer Produktion sowie die überschlägige Kalkulation häufig besser durchführen als der Lehrer; Eltern können die Angaben der Lehrer korrigieren und ihre eigenen Erfahrungen dagegenstellen. Die Berufsberater, mit einer geringen psychologischen und erziehungswissenschaftlichen Basisausbildung versehen, sehen sich als zukünftige Fachlehrer der Arbeitslehre/Polytechnik und wollen sich ihre Kompetenz nicht streitig machen lassen. Der Lehrer befindet sich in der Rolle des Mittlers, zugleich ist er aber auch das Medium, an dem sich die

Methodisch-mediales Handeln im Lernbereich Technik – Wirtschaft – Gesellschaft

Gegensätze zwischen Schule und Arbeitswelt konkretisieren. Ein einheitliches Selbstverständnis und entsprechend eine Selbstdefinition der eigenen Lehrerrolle hat der Lehrer für das Fach Arbeitslehre noch nicht gefunden.

BEINKE, L.: Wirksamkeit der Berufswahlvorbereitung. Kritik an einem polytechnischen Konzept. In: SCHOENFELDT, E. (Hg.): Polytechnik und Arbeit, Bad Heilbrunn 1979, S. 275 ff. BEINKE, L. (Hg.): Betriebserkundungen, Bad Heilbrunn 1980. BLOOM, B. S. (Hg.): Taxonomy of Educational Objectives, New York 1965. BOSSING, C. N. L.: Die Projektmethode. In: KAISER, A./KAISER, F.-J. (Hg.): Projektstudium..., Bad Heilbrunn 1977, S. 113 ff. BUDDENSIEK, W.: Pädagogische Simulationsspiele im sozio-ökonomischen Unterricht der Sekundarstufe I, Bad Heilbrunn 1979. BUTHIG, W.: Betriebserkundung, Ratingen 1970. DELFS, W. u.a.: Arbeitslehre – Berufsorientierung, Hamburg 1978. DEUTSCHER AUSSCHUSS FÜR DAS ERZIEHUNGS- UND BILDUNGSWESEN. Empfehlungen und Gutachten, Gesamtausgabe, Stuttgart 1966. EBERT, G.: Planspiel: Wettbewerb – Verbraucherspiel Nüsag – Ölplan 2, Köln 1983. ECKERT, M.: Betriebserkundung – Betriebspraktikum. In: Enzyklopädie Erziehungswissenschaft, Bd. 8, Stuttgart 1983, S. 398 ff. FÄHNRICH, H. (Hg.): Betriebserkundung, Hannover 1972. FREIE UND HANSESTADT HAMBURG: Hamburger Dokumente 1.79, Betriebspraktikum, Hamburg 1979. FROMMELT, B./RUTZ, G. (Hg.): Polytechnik – Arbeitslehre, Frankfurt/M. 1974. GEISSLER, G. u. a. (Hg.): Das Problem der Unterrichtsmethode, Weinheim o. J. GROTH, G./KLEDZIK, U.-J.: Arbeitslehre 5–10, Weinheim/Basel 1983. GROTH, G./TEUFEL, K.-D. (Hg.): Rollenspiel Tarifverhandlung, Köln 1981. HORNER, A./KLEBEL, H.: Die Betriebserkundung im Unterricht der Hauptschule, Donauwörth 1972. HORSCH, J.: Projekt: Warmluftträder für den Kindergarten. In: SCHMIDT-SINNS, D. (Hg.): Schule und Arbeitswelt, Bonn 1976, S. 156 ff. JAHN, K. u.a.: Hinführung zur Arbeitswelt – Modellprojekte I, II, Frankfurt/M. 1968/1970. KAISER, F.-J.: Entscheidungstraining, Bad Heilbrunn ²1976. KAISER, A./KAISER, F.-J. (Hg.): Projektstudium und Projektarbeit in der Schule, Bad Heilbrunn 1977. KAISER, F.-J./KIELICH, H. (Hg.): Theorie und Praxis der Arbeitslehre, Bad Heilbrunn 1971. KASAKOS, G.: Zeitperspektive, Planungsverhalten und Sozialisation, München 1971. KEIM, H. (Hg.): Materialien für Unterrichtspraxis: Betriebserkundungsmodelle, Köln 1978. KLAFKI, W. (Hg.): Unterrichtsbeispiele der Hinführung zur Wirtschafts- und Arbeitswelt, Düsseldorf 1970. KMK: Inhalte der Berufsorientierung in den Arbeitslehre-Lehrplänen der Länder, Schuljahr 1980/81, bearb. v. Julius Wöppel, Bonn 1982. KRETSCHMANN, J./HAASE, O.: Planen und Gestalten von Vorhaben. In: GEISSLER, G. (Hg.): Das Problem der Unterrichtsmethode, Weinheim o. J., S. 127 ff. LEHMANN, J. (Hg.): Simulations- und Planspiele in der Schule, Bad Heilbrunn 1977. MASTMANN, H. u.a.: Gesamtschule – Ein Handbuch, 3 Bde., Schwalbach ²1972. MEHRGARDT, O.: Die Holzeisenbahn In: KLAFKI, W. (Hg.): Unterrichtsbeispiele..., Düsseldorf 1970, S. 64 ff. MEHRGARDT, O.: Spielzeugbau in Fließbandarbeit. In: KLAFKI, W. (Hg.): Unterrichtsbeispiele..., Düsseldorf 1970, S. 67 ff. NEUKIRCH, D.: Planungsdidaktik. In: Enzyklopädie Erziehungswissenschaft, Bd. 4, Stuttgart 1985, S. 544 ff. OCHS, D./STEINMANN, B.: Planspiel Wirtschaft: Entscheiden und Handeln, Köln 1976. PLATTE, H. K.: Projekt Betriebspraktikum, Ruhrforschungszentrum Düsseldorf, Projekt Betriebspraktikum Dortmund, Düsseldorf/Dortmund 1981. POESCHKE, G./VOELMY, W. (Hg.): Die Betriebserkundung, Bad Harzburg 1974. RUTZ, G./SCHNELL, H.: Betriebspraktikum – ein besonderes Verfahren der Arbeitslehre, Tübingen 1978. SCHMIDT-SINNS, D. (Hg.): Schule und Arbeitswelt, Bundeszentrale für politische Bildung, Bd. 111, Bonn 1976. SCHOENFELDT, E. (Hg.): Polytechnik und Arbeit, Bad Heilbrunn 1979. SCHULZ, W.: Unterrichtsplanung, München/Wien/Baltimore ²1980. SHAFTEL, F. R./SHAFTEL, G.: Rollenspiel als soziales Entscheidungstraining, München/Basel ³1973. SOMMER, K.-H. u. a.: Arbeitslehre als sozio-ökonomisch-technische Bildung, Berlin 1974. STEINMANN, B.: Erkundungen ökonomischer Realität, Düsseldorf 1980. STÖCKER, K.: Neuzeitliche Unterrichtsgestaltung, München ¹³1970. STRUCK, P.: Projektunterricht, Stuttgart/Berlin/Köln/Mainz 1980. TAYLOR, J. L./WALFORD, R.: Simulationsspiele im Unterricht, Ravensburg 1974. UPMEIER, H.: Blumenbänke: Aus der Arbeit eines 2. Schuljahres. In: KLAFKI, W. (Hg.): Unterrichtsbeispiele ..., Düsseldorf 1970, S. 19 ff. WENDLANDT, W. (Hg.): Rollenspiel in Erziehung und Unterricht, München 1977.

Bodo von Borries

Methodisch-mediales Handeln im Lernbereich Politik – Geschichte – Erdkunde

1 Thematische Eingrenzung
2 Methoden und Medien in der Praxis sozialwissenschaftlichen Unterrichts
2.1 Kriterien der Klassifikation und Beurteilung sozialwissenschaftlichen Unterrichts
2.2 Methoden- und Medienprofile „gelungenen" sozialwissenschaftlichen Unterrichts
2.3 Formen und Gründe „gescheiterten" sozialwissenschaftlichen Unterrichts
2.4 Methoden- und Mediengebrauch im „durchschnittlichen" sozialwissenschaftlichen Unterricht
3 Determinanten der Methoden- und Medienwahl im sozialwissenschaftlichen Unterricht
4 Begriffliche Unklarheiten und sachliche Schwierigkeiten der „Methoden-Medien-Problematik" in den Didaktiken der Sozialwissenschaften
5 Versuch einer Dimensionierung des Methoden- und Medienfeldes im sozialwissenschaftlichen Unterricht
5.1 Methoden als Unterrichtsorganisation
5.2 Methoden als Unterrichtsinteraktion
5.3 Medien als Unterrichtsgeräte
5.4 Medien als Unterrichtsnachrichten
6 Grenzen der Ziel-Mittel-Relation im sozialwissenschaftlichen Unterricht

Zusammenfassung: Die politik-, geschichts- und geographiedidaktische Literatur zu Methoden und Medien ist unüberschaubar und kontrovers, zudem teils praxisfern, teils theorielos. Deshalb wählt der erste Hauptteil (vgl. 2) einen quasi-empirischen Ansatz. Aus Dokumenten von Unterrichtswirklichkeit werden in ganzheitlicher Betrachtung Typen „gelungenen", „durchschnittlichen" und „gescheiterten" sozialwissenschaftlichen Unterrichts herausgearbeitet und auf ihre methodisch-mediale Gestaltung untersucht.
Die Unterrichtsmethoden und -medien in sozialwissenschaftlichen Fächern sind sachlich überkomplex und begrifflich verworren. Der zweite Hauptteil (vgl. 5) entwickelt als heuristisches und informatives Schema vier Hauptstrange der Methoden- und Medienbetrachtung: Methoden als Organisation und Interaktion, Medien als Geräte und Nachrichten. Einschränkend gilt jedoch, daß eine einfache Ziel-Mittel-Relation zur Interpretation und Gestaltung sozialwissenschaftlichen Unterrichts unzureichend bleibt.

Summary: The literature on methods and media for teaching politics, history and geography is a vast expanse of poorly-charted, controversial material. Some of it is not relevant to practical needs and some of it lacks a theoretical foundation. The first main section of this article (cf. 2) thus takes a quasi-empirical approach. Taking actual teaching material it selects, from an overall view, types of "successful", "average" and "failed" social-science teaching and examines them from the point of view of their methodological and media make-up. Teaching methods and media in social-science subjects are over-complex and conceptually confusing. The second main section (cf. 5) develops, as a heuristic and informative diagram, four main streams of thought in the consideration of methods and media: methods seen as organization and interaction, media as hardware and information. By way of modification it should, however, be pointed out that a simple means-towards-aims relationship to the interpretation and organization of social-science teaching is not in itself adequate.

Résumé: Les ouvrages consacrés aux méthodes et médias dans la didactique politique, historique et géographique sont difficiles à saisir dans leur ensemble et contradictoires, d'autant qu'ils sont en partie éloignés de la pratique, en partie sans fondement théorique. C'est pourquoi la première partie principale (voir 2) choisit un point de départ quasi empirique. Partant de documents portant sur la réalité de l'enseignement, on dégage d'une manière globale les types d'enseignement en science sociale «réussis», «moyens» et «ayant échoué». On les examine du point de vue méthode et médias. Les méthodes d'enseignement et les médias dans les disciplines socio-scientifiques sont extrêmement complexes du point de vue matière et embrouillés du point de vue des concepts. La deuxième partie principale (voir 5) développe quatre tendances essentielles de la considération sur les méthodes et médias et ce, en tant que schéma heuristique et informatif: les méthodes en tant qu'organisation et interaction, les médias en tant qu'instruments et informations. Il faut considérer en tant que limitatif le fait qu'une simple relation but-moyens pour l'interprétation et la réalisation de l'enseignement en matière de science sociale demeure insuffisante.

1 Thematische Eingrenzung

Der Forschungsstand zu den Methoden- und Medienfragen im gesellschaftswissenschaftlichen Unterricht ist äußerst uneinheitlich, ja widersprüchlich. Das Material ist unübersehbar groß und weit verstreut. Ältere fachdidaktische Ansätze zeichnen sich oft durch eine reiche und differenzierte methodisch-mediale Umsetzung aus, lassen aber zuweilen begriffliche Strenge und kritisches Bewußtsein vermissen. Neuere, beispielsweise ideologiekritische und lebensweltorientierte Konzeptionen stecken vielfach noch in der Theorie- und Legitimationsphase. Es mangelt zwar nicht an Unterrichtsmodellen und Praxisberichten, wohl aber an deren Verknüpfung mit der theoretischen Grundlegung und an der Abschätzung der Realisierbarkeit unter je spezifischen Bedingungen (vgl. HILLIGEN 1981, S. 64 ff.). Das Thema dieses Beitrages muß daher durch eine Reihe von Setzungen eingegrenzt werden:
- Die Kontroverse, ob Politik, Geschichte und Erdkunde isoliert, kooperativ oder integriert als Gesellschaftslehre oder Gemeinschaftskunde unterrichtet werden sollen, kann hier nicht erörtert werden, zumal die Beschränkung und Festlegung auf drei Fächer (ohne Wirtschaft, Recht, Sozialpsychologie und Erziehungslehre) willkürlich ist.
- Auf methodisch-mediale Unterschiede zwischen den drei Fächern sowie ihren Teilen (etwa soziale Primärgruppen und internationale Beziehungen, Ideen- und Sozialgeschichte) kann nicht systematisch eingegangen werden. An Beispielen wird gezeigt, daß im Kern gleiche oder ähnliche Probleme und Lösungsmöglichkeiten vorliegen.

- Methoden und Medien müßten für alle Lernorte und Altersstufen des sozialwissenschaftlichen Lernens untersucht und differenziert werden. Als Musterfall der Überlegung wird – vor dem Hintergrund der Debatte über „Verschulung" und „Entschulung" – die Schule, und zwar besonders der Sekundarbereich I, gewählt.
- Da es im Lexikonteil dieses Bandes Artikel zu einzelnen Methoden und Medien gibt, können sie hier ausgeklammert werden.
- Ziele und Inhalte einerseits, Verfahren und Arbeitsmittel andererseits sind eng interdependent, wenn auch nicht eindeutig auseinander ableitbar. Methoden und Medien können daher gar nicht ohne Rückgriff auf die Lernziele diskutiert und auf ihren Erfolg überprüft werden. Wenn die vier Entscheidungsfelder überhaupt gruppiert werden sollen, ist die Trennung von „Didaktik" und „Methodik" wenig glücklich. Sinnvoller erschiene die Gliederung nach „Verhaltens- und Tätigkeitsaspekt" (Absichten und Verfahren) einerseits, „Inhalts- und Präsentationsaspekt" (Themen und Medien) andererseits.
- Inhalts- und Beziehungsebene im Unterricht lassen sich nicht trennen, ohne den Lernprozeß mißzuverstehen. Politische Erziehung ist daher lange unter dem Doppelcharakter von „Unterrichtsfach" und „Unterrichtsprinzip aller Fächer" diskutiert worden. Zutreffend wird „Sozialerfahrung" im Sinne von „Sozialen Studien" als Lernbereich, im Sinne des „Sozialen Lernens" als Erziehungskonzept aller Fächer angesehen. Bei „fächerübergreifenden Projekten" und „Unterricht über Unterricht" ist Schule insgesamt nicht mehr vom politisch-sozialen Lernen abgrenzbar. Überschneidungen mit und Anleihen aus allgemeiner Didaktik und Medienpädagogik sind daher unvermeidlich.

Das Feld der Methoden und Medien kann also speziell für politisch-sozialen Unterricht (einschließlich Geschichte, Erdkunde und Ökonomie) allenfalls grob problematisiert, dimensioniert und systematisiert werden. Schon dieser Versuch würde aber in eine uferlose Fülle der Terminologien und Theorien, mithin in eine unlösbare Aufgabe führen.

Die folgende Darstellung geht daher von zwei Entscheidungen aus:
- Nur von der *Unterrichtswirklichkeit* her lassen sich Methoden und Medien sozialwissenschaftlichen Lernens angemessen diskutieren. Theoriebildung sollte ein kritischer, systematischer und handlungsanleitender Klärungsversuch alltäglich vorgefundener Phänomene sein. Da eine breite empirische Aufarbeitung der Wirklichkeit von sozialwissenschaftlichem Unterricht nicht vorliegt, muß der Beitrag im ersten Hauptteil – „Methoden und Medien in der Praxis sozialwissenschaftlichen Unterrichts" (vgl. 2) – bis zu einem gewissen Grad induktiven und exemplifizierenden Charakter tragen.
- Der Zugriff muß *ganzheitlich* sein und *elementare Strukturen* sichtbar machen. Es lassen sich so viele Einzelfaktoren und -variablen bestimmen, daß deren Differenzierung die Situation nicht mehr wirklichkeitsgerecht und handlungsbezogen abbilden würde. Deshalb soll versucht werden, die Faktorenkomplexion zugleich aufzunehmen und zu verarbeiten, und zwar durch Elementarisierung und Reduktion. Im zweiten Schwerpunkt – „Versuch einer Dimensionierung des Methoden- und Medienfeldes im sozialwissenschaftlichen Unterricht" (vgl. 5) – wird daher eine etwas schematische Konstruktion vorgeschlagen, die mehr heuristischen und informativen Wert haben soll.

Methodisch-mediales Handeln im Lernbereich Politik – Geschichte – Erdkunde

2 Methoden und Medien in der Praxis sozialwissenschaftlichen Unterrichts

2.1 Kriterien der Klassifikation und Beurteilung sozialwissenschaftlichen Unterrichts

Wer über Unterrichtspraxis reden und Entscheidungsspielräume des Lehrer- und Schülerhandelns aufzeigen will, muß Typen der Unterrichtsorganisation unterscheiden und Gesichtspunkte für die Bestimmung von Unterrichtsqualität einführen. In den sozialwissenschaftlichen Fachdidaktiken gibt es keine anerkannte Klassifikation. Pragmatisch unterscheidet HUG (vgl. 1977, S. 33 ff.) „kenntnisorientierten", „problemorientierten", „verfahrensorientierten" und „projektorientierten" Geschichtsunterricht; CLAUSSEN (vgl. 1977, S. 72 ff.) differenziert zwischen „pädagogenzentriertem", „sachzentriertem", „medienzentriertem" und „schülerzentriertem" politischen Lernprozeß. FINA (vgl. 1981, S. 35 ff.) und GAGEL (vgl. 1973, S. 106 ff.) haben Winnefelds „Theorie pädagogischer Fehler" für die fachdidaktische Unterrichtsklassifikation fruchtbar zu machen versucht. FÜRNROHR (vgl. 1978, S. 93 ff.) nennt „darbietendes Verfahren", „erarbeitendes Verfahren" und „entdeckendes Lernen". SCHMID/VORBACH (vgl. 1978, S. 132) kommen zu einer inhaltlich ähnlichen, aber feineren Gliederung „alte Form: episch narrativ", „neue Form: demonstrieren", „Mischform", „gelenktes entdeckendes Lernen" und „freies entdeckendes Lernen". Schon die Anlage zeigt, daß es sich dabei um eine eindimensionale Polarität mit Zwischenstufen handelt, die sich auf den Gegensatz von „rezeptivem" (Aussubel) und „entdeckendem (fragend-forschendem) Lernen" (Dewey, Bruner) beruft. Dementsprechend bringen andere Autoren die Unterrichtsarten überhaupt nur auf zwei Haupttypen mit diversen Unterformen, etwa „gelenkte" und „offene" (vgl. GIES 1981, S. 109 ff.) oder „Lehrgang" und „Projekt" (vgl. GIESECKE 1973, S. 46 ff.). In allen diesen Fällen wird die höchst komplexe Wirklichkeit von Unterricht nach einem einzigen Gesichtspunkt eingeordnet.
Die Unterrichtssituation, das Lehrer-Schüler-Verhältnis, muß gewiß *ein* Kriterium bei der Klassifikation bilden. Fast alle aufgezählten Beispiele arbeiten ganz oder teilweise mit der Polarität von „institutionalisiert-lernend" und „darbietend" gegenüber „natürlich-lernend" und „entdeckend". Es scheint zulässig, diese Merkmale insgesamt als *„Beziehungsdimension"* zusammenzufassen. Dazu gehören dann Kommunikationsform („komplementär-irreversibel" gegen „symmetrisch-reversibel"), Lernortorganisation („ritualisiert schulisch" gegen „außer- und alternativschulisch"), Zwecksetzung („Zensuren und Inhalt" gegen „Interessen und Beziehungen") und Erziehungsstil/Klassenklima („autokratisch" gegen „permissiv"). Erziehungsstile werden gewöhnlich an zwei Dimensionen festgemacht: Lenkung und emotionale Zuwendung (vgl. TAUSCH/TAUSCH 1979). Damit stellt sich die Frage, ob die Emotionalität im Unterricht (mögliche Polaritäten: „Spaß, Freude, Zufriedenheit" – „Angst, Leid, Widerwillen"; „Zuwendung und Wärme" – „Zurückweisung und Kühle") als eigenes Klassifikationsmerkmal eingebracht werden soll. Die *Motivation* ist tatsächlich eine so grundlegende Variable, daß sie schwerlich ausgeklammert werden kann. Sie ist jedoch zugleich Voraussetzung, Element und Erzeugnis von Unterricht. Als weiteres Gliederungskriterium böte sich auch die *Differenzierung* an. Einige Lernpsychologen und Didaktiker halten die Adaption an die Adressaten, den Grad der Individualisierung und Differenzierung, geradezu für das entscheidende Kriterium erfolgreichen Lernens (vgl. SCHWARZER/STEINHAGEN 1975; vgl. WEINERT 1974, S. 814 ff.). Aber die Praxis sozialwissenschaftlichen Unterrichts kümmert sich um diese Anforderungen wenig; und auch die Fachdidaktiker nehmen

das Problem kaum auf. Zudem ist schwer zu bestimmen, was eigentlich im sozialwissenschaftlichen Unterricht unter Individualisierung des Lernprozesses verstanden werden soll, denn geschlossene Typen von Unterricht differenzieren allenfalls das Lerntempo. Gerade offenere Unterrichtsformen wie das Projekt stellen zwar allen gemeinsame kollektive Aufgaben, lassen aber jeden differenziert nach dem Maß seiner Interessen und Fähigkeiten am Erfolg mitwirken und fixieren ihn unter Umständen als „Experten" auf schon vorher beherrschte Spezialitäten.
Bisher ist nicht diskutiert, was denn eigentlich die inhaltlichen Besonderheiten, die jeweiligen Fachstrukturen, zur Unterrichtsklassifikation beitragen. In einigen der oben genannten Grundformen verbergen sich auch inhaltliche Entscheidungen. „Darbieten" kann man nur eindeutig bekannten, systematisch wichtigen Inhalt. Dagegen ist „Entdecken" für einen (prinzipiell) erst noch zu konstituierenden, lebenspraktischen Gegenstand angemessen. Daraus ergibt sich eine *Inhaltsdimension* mit der Polarität „wissenschaftliche Systematik" gegen „lebensweltliche Praxis". Das schließt andere Teilmerkmale ein, die damit (nicht logisch-unentrinnbar, aber praktisch-regelhaft) parallel gehen, nämlich „Fachspezifik" versus „Interdisziplinarität", „Unpersönlichkeit/Eindeutigkeit" versus „Herausforderung/Vieldeutigkeit", „Kleinschrittigkeit/Geschlossenheit" versus „Anreiz/Offenheit" und schließlich „Bloße Kognition" versus „kombinierte Kognition-Emotion-Motorik".
Ein weiteres unerläßliches, aber auch kontroverses Kriterium zur Unterrichtseinschätzung ist die Beurteilung als „gut" oder „schlecht", „gelungen" oder „gescheitert", „vorbildlich" oder „abschreckend", „effektiv" oder „kontraproduktiv". Wie bei allen früheren Polaritäten ist sicherlich das Mittelmaß (mäßig gut, teilweise gelungen, durchschnittlich, wenig wirksam) häufiger als Extreme. Die Maßstäbe der Unterrichtsbeurteilung sind vielfältig (vgl. G. BACHMAIR 1977, CHIOUT/STEFFENS 1978, SCHRECKENBERG 1980, THIEMANN 1979) und zweifelsfrei normativ mitbedingt, das heißt nur teilweise konsensfähig. Die erste Frage muß sein: Gut oder schlecht anhand welcher Lernziele? Geht es um maximales Fachwissen oder um optimale politische Urteils- und Handlungsfähigkeit, um individuelle Phantasie- und Willensentfaltung oder um solidarische Gruppen- und Kollektivtätigkeit, um Selbstbeherrschung und Leistungsbereitschaft oder um Lebensfreude und Genußfähigkeit, um einordnende Anpassung, entlarvende Kritikfähigkeit oder reflektierte Option für Freiheit und Menschenwürde? Ganz davon abgesehen, daß viele solcher Lernziele prinzipiell nicht meßbar sind, läßt sich auch auf theoretischer Ebene keine Einigkeit erzielen. Jeder Betrachter hat sehr unmittelbare und tiefsitzende Vorstellungen davon, was „guter" und was „schlechter" Unterricht sei. Solche „Unterrichtsbilder" (vgl. RUMPF 1976) sind zum guten Teil unbewußt; die eigenen Kindheitserinnerungen (Erfolge wie Narben) dürften den Ausschlag geben, weltanschauliche und anthropologische Positionen gehen mit ein.
Sozialwissenschaftlicher Unterricht im ganzen läßt sich also nicht allgemeingültig beurteilen, ebensowenig die Methoden- und Medienwahl. Es kommt jeweils auf die Lernzielsetzung, die Bedingungsanalyse und den eigenen Standpunkt an. Wer „Begriffswissen und Kulturtechniken" für die Aufgabe der Fächer Politik, Geschichte und Erdkunde hält, wird letztlich auf kenntnisorientierten, programmartigen Unterricht verfallen müssen. Wer auf „Sozialerfahrung und Gestaltungswillen" hinauswill, muß konsequent auf exemplarisch-lebensweltbezogene Projekte zusteuern, falls die Bedingungen (Lerngeschichte, Vorgesetzte, Institutionen, Eltern) ihn nicht zu zensurbetontem Drill zwingen. Bei der Beurteilung sozialwissenschaftlichen Unterrichts ist also zwischen einer Messung am jeweils eigenen Anspruch der beteiligten Lehrenden und Lernenden und dem Maßstab des Beobachters oder Analytikers

Methodisch-mediales Handeln im Lernbereich Politik – Geschichte – Erdkunde

Abbildung 1: Hauptdimensionen historisch-politischen Unterrichts

	Inhaltsdimension	eng und geschlossen	←——————→	weit und offen
		1. Wissenschaftlich/ systematisch	1. Methodisch/ Exemplarisch	1. Praktisch/ lebensweltlich
		2. Fachspezifisch/isolierend-eindeutig	2. Fachübergreifend/ mehrperspektivisch-verknüpfend	2. Interdisziplinär/ herausfordernd-viel-deutig
		3. Kleinschrittig/geschlossen	3. Großschrittig/locker	3. Lernschrittfrei/ offen
Beziehungsdimension		4. Bloß kognitiv und logisch/distanziert	4. Auch affektiv und moralisch/beteiligt	4. Auch motorisch und ästhetisch/ betroffen
Eng und geschlossen	1. Autokratisch/lehrerdominiert/ eng gesteuert/fremdbestimmt 2. Einseitig kommunikativ mit Rückmeldungen/irreversibel 3. Ergebnisbestimmt/zensurorientiert 4. Ritualisiert schulisch/darbietend/in Lektionen gegliedert/ schematisch artikuliert			
↑↓	1. Sozialintegrativ/partnerschaftlich/weit gesteuert/mitbestimmt 2. Zweiseitig kommunikativ mit Schülerquerverbindungen/teilreversibel 3. Prozeßbestimmt/problemorientiert 4. Entkrampft schulisch/erarbeitend/in Einheiten gegliedert/planvoll-wechselnd artikuliert			
Weit und offen	1. Permissiv/schülerdominiert/ kaum gesteuert/selbstbestimmt 2. Allseitig kommunikativ mit Metaebene/vollreversibel 3. Beziehungsbestimmt/interessenorientiert 4. Außer- und alternativschulisch/ entdeckend/in Vorhaben gegliedert/spontan oder kaum artikuliert			

333

zu trennen. Unterrichtsversuche und Lehrproben machen dieses Dilemma ganz deutlich. Angesichts der geringen Konsensfähigkeit von Zielen und Effektivitätskriterien wird im folgenden vorwiegend die Selbsteinschätzung der Lehrer als Kriterium „gelungenen" und „gescheiterten" sozialwissenschaftlichen Unterrichts herangezogen.

2.2 Methoden- und Medienprofile „gelungenen" sozialwissenschaftlichen Unterrichts

Um nicht in die „didaktische Stratosphäre" (Heimann), in „Feiertagsdidaktik" (H. Meyer) abzuheben, soll ausschließlich von tatsächlich abgelaufenen Stunden, von möglichst alltäglichen (und doch wörtlich aufgezeichneten!) Unterrichtserfahrungen ausgegangen werden. Rund 100 Protokolle sozialwissenschaftlichen Unterrichts liegen gedruckt vor (vgl. im Detail v. BORRIES 1984). Die Art der Publikation läßt vermuten, daß es sich meist nicht um durchschnittliche, sondern von den Autoren als vorbildlich oder jedenfalls erfolgreich angesehene Stunden handelt, was meist ausdrücklich gesagt wird. Die Analyse ganzer Unterrichtsstunden sichert, daß die Darstellung sich nicht in der Aufzählung und Beschreibung einzelner Methoden und spezieller Medien erschöpft. Statt dessen kommt es auf die Ganzheit des politisch-sozialen Unterrichts, auf die gestalthafte Kombination der Methoden und Medien untereinander und ihre Verbindung mit anderen Strukturelementen an. Auf induktivem Wege ist die Gesamtheit der vorliegenden Protokolle ausnahmslos auf nur sechs idealtypische Methoden- und Medienprofile sowie ihre selteneren Zwischenformen gebracht worden, die sich ihrerseits in das dargestellte mehrdimensionale Klassifikationsschema (vgl. Abbildung 1, S. 333) einordnen lassen (vgl. v. BORRIES 1984).

Programmähnliche Lektionen (musterhaft in einigen Filmen des Instituts für Film und Bild in Wissenschaft und Unterricht (FWU), vgl. besonders die Beihefte zu den Filmnummern 33 2808, 29-38, 22 2758, 22 ff., 33 2633, 13 ff. 33 2730, 15 ff.; vgl. HOLSTEIN 1973, S. 141 ff., S. 75 ff.) beabsichtigen Begriffswissen und Kulturtechniken durch Aneignung und Einübung. Sie sind durch krasse Übermacht des Lehrers in Planung, Steuerung und Kommunikation (Sprechanteil zirka 80%, Batterien von Fragen, Anweisungen und Beurteilungen) gekennzeichnet. Die Schüler sind einem engen, suggestiven Frage-Antwort-Spiel ausgeliefert. Die Lernschritte sind konsequent aufgebaut und sehr klein; die Artikulation bleibt konventionell, Frontalunterricht überwiegt. Große Aufmerksamkeit wird der Wiederholung, Festigung und Kontrolle geschenkt. Die Einübung von Begriffen erinnert geradezu an Vokabellernen. Als Lehrgangsteil ist die Lektion strikt auf vorausgehende und nachfolgende Stunden abgestimmt, aber mit diesen strukturgleich. Das eingesetzte Medienmaterial kann vielfältig, abwechslungsreich, anschaulich und einprägsam sein, wird jedoch nach ganz eng begrenzten und eindeutig lösbaren Aufgaben benutzt, das heißt nicht erarbeitet und ausgewertet, sondern darbietend, demonstrativ verwendet. Das Fach wird so verstanden, daß es einen systematischen, disziplin-spezifischen Grundbestand an Begriffen und Methoden gibt, die fraglos angeeignet und eingeschliffen werden können – und zwar von Kindern wie Erwachsenen.

Novellenartige Lektionen (Prototypen vgl. HEYN 1973, S. 69 ff.; vgl. SCHLEGEL 1964, S. 138 ff.) streben Stoffkenntnis und Wertübernahme durch Zuhören und Einfühlen an. Der Lehrer erzählt ausführlich eine künstlerisch gestaltete Novelle, die zuweilen (wiederholend oder auswertend) von kurzen Frage-Antwort-Ritualen unterbrochen wird. Der Lehreranteil an der Kommunikation kann bis 90% steigen (Erzählung,

Anweisungen, Fragen, Bestätigungen, Echo, Suggestion). Den Schülern bleiben nur ein paar Einwortsätze innerhalb weitgehend irreversibler Einwegkommunikation. Der Spannungsbogen des Erzählens legt zugleich den Zeitablauf der Stunde und die frontale Sozialform fest. Außer der Lehrererzählung selbst werden kaum weitere Medien gebraucht. Die Schüler denken vielleicht mit, bleiben aber rezeptiv und unselbständig. „Einfühlung" und „Erlebnis" werden oft durch emotionale Gestaltung (Basteln, Raten, Singen, Rollenspiel) ergänzt. Die Stunde ist fast selbständig gegenüber vorausgehenden und folgenden. Es wird unterstellt, daß es in sich abgeschlossene, zweifelsfrei richtige Fachzusammenhänge gibt, die wissenswert, ja bildungsnotwendig sind und (ohne Verfälschung!) zur Novelle verarbeitet werden können. Wichtiger als die Fachwissenschaft ist jedoch das Schülerbild; gemäß älterer Entwicklungspsychologie wird alterstypischer Abenteuer- und Erlebnishunger bei fehlender Analysefähigkeit vorausgesetzt.

Stundenübergreifende Problemeinheiten (exemplarisch vgl. FINA 1978, S. 153 ff., S. 198 ff., S. 227 ff.; vgl. THEISSEN 1976, S. 42 ff., S. 79 ff., S. 90 ff.) fördern Fragehaltung und Methodensicherheit durch Analysieren und Diskutieren. Der Sprechanteil des Lehrers sinkt bis auf ein Viertel, die Beteiligung verbreitert sich auf zwei Drittel aller Schüler. Gruppenarbeit erhöht häufig die Schüleraktivität und -interaktion und sorgt für unterschiedliche Stundenabläufe. Obwohl Organisation und Arrangement der Lernsituation weiter beim Lehrer liegen, hält er sich so zurück, daß die Schüler zu längeren, argumentativen Beiträgen kommen. Die Äußerungen sind prinzipiell reversibel, das heißt, auch Schüler können fragen, beurteilen, organisieren, strukturieren. Für dieses Profil sind vielfältige auswertbare, anreizende und kontroverse Medien konstitutiv, die sowohl motivieren (Problemstellungen) als auch informieren (Materialgrundlage). Es geht nicht darum, eindeutige, immergültige Ergebnisse der Disziplin einzuprägen, sondern sich in Probleme und Prozesse der Fachwissenschaft exemplarisch einzuarbeiten, ihre Methoden vereinfacht aufzufinden, nachzuvollziehen und anzuwenden. Diese Fähigkeiten werden schon den jüngeren Schülern zugetraut.

Fach- und schulüberschreitende Projekteinheiten (typisch die Filmnummern des FWU: 33 2735, 19–37, 33 2750, 18 ff., 33 2873, 35 ff., 33 2921/22, 18 ff.; vgl. BRENNER 1981, S. 63 ff.) bezwecken Sozialerfahrung und Gestaltungswillen durch Simulation und Produktion. Jede Stunde ist nur als Teil eines langfristigen Lernprozesses zu begreifen, daher verlaufen Einzelstunden überaus verschieden. Die Schüler sind an der Planung beteiligt und haben ein relevantes Thema aus ihrem Erfahrungsbereich (mit) ausgesucht. Bei der Bearbeitung wird der Raum der Schule nachdrücklich überschritten (zum Beispiel durch Interviews und Besichtigungen). Auch die Medien sind vielfach außerschulischer Herkunft und oft von den Schülern selbst gefunden, hergestellt oder getragen. Die Lehrer haben nicht geringere, sondern vielfältigere und subtilere Funktionen; sie nehmen sich in der Kommunikation stark zurück (zirka 25%) und halten die Äußerungen (teil) reversibel. Trotz der hohen Mitverantwortung der Schüler für Verlauf (Lernprozeß) und Ergebnis (meist Produktion) bleiben Ermutigung, technische Hilfe, Organisation und Beurteilung zum großen Teil beim Lehrer. In diesem Konzept sind die Fachwissenschaften nicht zu erlernende Systeme, sondern Hilfsmittel zur Lösung von Problemen und gesellschaftlichen Herausforderungen. Die Thematik wird dadurch leicht auf den Erfahrungs- und Primärbereich verengt. Die Schüler sollen ebenso emotional wie rational angesprochen werden.

Schulunterlaufende permissive Vorhaben (Annäherungen: vgl. KULKE/LUNDGREEN 1972, S. 81 ff.; vgl. MÜLLER 1976, S. 201 ff.) suchen (idealtypisch) Autonomie und

Solidarität durch Selbstorganisation und Parteinahme zu erreichen. Die Lehrer disziplinieren, drohen und beurteilen nicht; thematisch machen sie nur unverbindliche Angebote und werben um Beteiligung. Die Schüler tragen ihre lebensweltlichen Interessen in den Unterricht. Das Material soll selbst gefunden oder gestaltet sein, Medien haben mehr expressive und projektive Funktion als informative. Aggressive, gestörte oder verweigerte Kommunikation ist häufig, wird aber als normal angesehen und mit Metakommunikation bearbeitet, die reversibel-symmetrisch sein soll. Das Konzept orientiert sich überwiegend am Schüler, nicht an den Fachwissenschaften, die wegen ihres System- und Herrschaftscharakters – Doppelbedeutung von „Disziplin" – eher als hinderlich gelten. Der oft chaotische Verlauf und die mäßige Effektivität werden durchaus gesehen; doch wird behauptet, daß bei herkömmlichem Unterricht an Sachwissen wenig und an „heimlichem Lehrplan" viel herauskomme.

Außer- und alternativschulische Vorhaben (Beispiele vgl. PÄDAGOGISCHE AKTION 1977b, S. 81 ff., S. 138 ff.; vgl. ROSSMANN 1974, S. 9 ff.) betonen Lustgewinn und Handlungskompetenz durch Freiwilligkeit und Aktion. Die Lernenden bestimmen und gestalten selbst, wenn auch mit erheblicher organisatorischer und technischer Lehrerhilfe. Entscheidend ist die räumliche und zeitliche Beweglichkeit, der spielerische und handlungsbezogene Charakter, der emotionales, ästhetisches und praktisches Lernen ermöglicht. Die Formen sind vielfältig und erlauben jederzeit Improvisation. Benötigte Materialien werden überwiegend selbst hergestellt, und technische Medien werden großzügig einbezogen. Die Kommunikation ist allseitig und größtenteils reversibel. Die Fachwissenschaften spielen kaum eine Rolle, ihnen wird eher mißtraut. Grobe sachliche Fehler werden hingenommen, wenn ihre Korrektur Spaß und Selbständigkeit gefährden würde. Beim Wegfall institutioneller Zwänge – so wird mit therapeutischem und/oder politischem Anspruch angenommen – ändern sich Erwartungen und Haltungen positiv, werden Kreativität und Spontaneität freigesetzt.

In *Abbildung 2* sind die sechs idealtypischen Methoden-Medien-Profile jeweils nach den vier Merkmalen Lernziele, Schülertätigkeiten, Lehrertätigkeiten und Mediennutzung gekennzeichnet und in eine zweidimensionale Klassifikation nach Inhalts- und Beziehungsdimension eingeordnet. Das Fachverständnis und die Unterrichtssituation (Sozialform, Artikulation) sind wegen Übereinstimmung mit den Variablen nicht gesondert angegeben. Die entstehende Diagonale bestätigt, daß gewöhnlich inhaltlich geschlossener Unterricht auch institutionell eng, dagegen inhaltlich offenes Lernen institutionell locker sein wird. Die anderen Ecken bleiben frei, da sie in den Protokollen nicht vorkommen. Eine außerschulische Abenteuerreise unter einem autoritär-charismatischen Jugendleiter oder ein permissiv-ungesteuerter Geschichtsunterricht strikt am Schulbuch-Leitfaden entlang sind zwar möglich, aber überaus unwahrscheinlich, widersprüchlich und vermutlich konflikthaft.

Die vorstehenden Kurzcharakteristiken sind nicht neutral, sondern enthalten Anteile der „Unterrichtsbilder" des Verfassers. Festzuhalten bleibt, daß die jeweiligen Lehrer im Kern am jeweiligen Profil auch in seiner konkreten Realisation als wünschenswert festhalten, daß es ihrer Meinung nach „guten" Unterricht darstellt. Verbreitung und Anwendungsbereich der Profile sind teilweise abhängig von Lebensalter, Fach und Lernort. Der „novellenartige" Unterricht konzentriert sich zum Beispiel stark auf Geschichte und Erdkunde in den unteren Klassen. Der interdisziplinäre „Projektansatz" wird demgegenüber bei älteren Schülern und im Politikunterricht bevorzugt. „Gruppenprogramme" und „Erzählungen" werden kaum in freier Jugendarbeit, „permissiver" und „alternativer" Unterricht selten im Regel-

Methodisch-mediales Handeln im Lernbereich Politik – Geschichte – Erdkunde

Abbildung 2: Idealtypen historisch-politischen Unterrichts

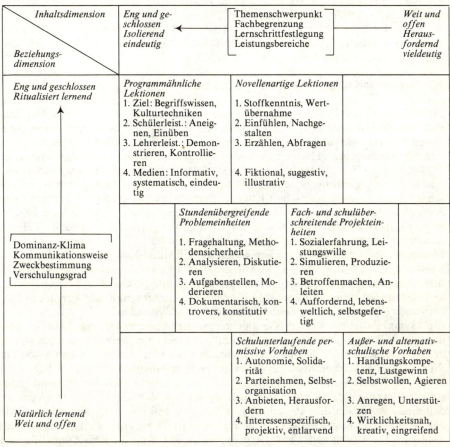

(Quelle: v. BORRIES 1984, S. 328)

schulwesen eingesetzt. Prinzipiell sind aber alle Formen in jeder Altersstufe, Sozialwissenschaft und Schulart denkbar.

Die jeweiligen Pole der beiden Hauptdimensionen Inhalt und Beziehung sind allerdings nur scheinbar symmetrisch angeordnet. Der „normale" Unterricht (der den Mittelpunkt der Matrix bilden sollte) besteht nicht in einer Mischform von „Problem-" und „Projektorientierung", sondern im „programmähnlichen" Frage-Antwort-Spiel. Sozialwissenschaftlicher Unterricht besteht eben in der Aneignung fachlich vorinterpretierter Realität. Er findet obligatorisch und institutionell in der Schule statt, nicht außerschulisch-lebensweltlich in natürlicher Lernsituation. Der Lehrer steht als „qualitativ überlegener" Erwachsener der „quantitativ überlegenen" Zwangsgruppe Klasse gegenüber, die er bändigen und benoten muß. Die Idealtypen „programmähnlichen" und „novellenartigen" Unterrichts sind daher verbreitet und normal, allenfalls – von bestimmten Standpunkten aus – moralisch, pädagogisch und politisch unzulässig (vgl. MANN 1977, 1978; vgl. v. SCHOENEBECK 1980). Die Idealtypen „permissiven" und „alternativen" Unterrichts gelingen sicherlich verein-

zelt, wie auch eine Reihe von Lehrerpraxisberichten belegt (vgl. BORCHERT/DE-
RICHS-KUNSTMANN 1979, HERNDON 1972, JEGGE 1976), aber institutionell, psychologisch und rechtlich sind sie eigentlich „unmöglich" (vgl. V.D. HEYDT 1978, JANS-
SEN 1977, KRÜGER 1978). So gesehen wären „Problemorientierung" und „Projektorientierung" die äußerste erreichbare Auflockerung, zugleich aber nur eine Milderung und Abwandlung typisch schulischer Züge.

2.3 Formen und Gründe „gescheiterten" sozialwissenschaftlichen Unterrichts

Da meist nur „vorbildliche" oder jedenfalls „interessante" Stunden im Wortproto-
koll veröffentlicht werden, ist nicht klar, ob sich unter „mißlungenem" und „normalem" Unterricht nicht noch ganz andere Methoden-Medien-Profile befinden.
Lehrerpraxisberichte berichten vielfach selbstkritisch auch von Mißerfolgen (vgl.
GÜRGE u.a. 1978, V.D. HEYDT 1978, JANSSEN 1977, KLINK 1974), versprechen also
eine wichtige Ergänzung, ohne schon gültige und zuverlässige Aussagen über „durchschnittlichen" sozialwissenschaftlichen Unterricht zu erlauben. Ein Professor der
Schulpädagogik stellt nach der Rückkehr an die Hauptschule fest: „Ich habe jetzt 16
Stunden, also 1 Woche, in der Klasse unterrichtet. Wenn ich diese Stunden als Hoch-
schullehrer in einer 2. Lehrerprüfung zu beurteilen hätte, wäre keine ausreichend!
Meine methodischen Überlegungen waren wie ein stumpfes Instrument, das an der
Klasse abglitt" (KLINK 1974, S. 18). Die Berichte über ermüdenden und frustrieren-
den Alltagsstreß bis an die Grenze der physischen und psychischen Leistungsfähigkeit ließen sich leicht häufen: „Schulflucht" und „Lehrerangst" sind geradezu Mo-
dethemen geworden. Aber warum scheitern so viele Stunden?
Ein Gymnasiallehrer will im Geschichtsunterricht „exemplarische Lehre", „produktives Denken", „schöpferische Freiheit" verwirklichen, aber: „Und dann war es
doch wieder so, daß ich der mühsam Ziehende war; man kommt sich da vor wie ein
Pferd, das einen schweren Wagen einen steilen Berg hinaufschaffen muß; man weiß
allein die Richtung, nichts geht von selbst, man spricht stets forciert und ange-
strengt – sonst entgleitet einem die Aufmerksamkeit der Klasse. Es war wieder so,
daß die Jungen nach dem Pausenzeichen lechzten, daß ihnen die Klingel am Ende
der Stunde eine Erlösung war. Es ging wieder straff zu, und ich habe auch pädagogische Todsünden begangen" (RUMPF 1967, S. 91). Weil die Klasse gutwillig und
interessiert ist, wird die verwaltete, zerstückelte Schule für das Scheitern verantwortlich gemacht: „Das Fazit: Es geht tatsächlich unter den obwaltenden Umständen fast notwendig schief mit der wirklichen Vertiefung, mit der ungegängelten
Selbsttätigkeit, mit der Ermutigung und Provokation zu schöpferischem Nachdenken ... Die objektiven Tendenzen treiben in eine ganz andere Richtung ... Portions-
weise Stoffdurchnahme ohne persönliches Engagement, Benotung, straffe Unterrichtsführung, Verzicht auf gründliches Verständnis und wirkliche Selbsttätigkeit
der Schüler" (RUMPF 1967, S. 95). Tatsächlich ist der Lehrer nicht unschuldig, kann
nicht alles auf die Institution schieben. Seine Methodenentscheidung (diszipli-
nierende, demotivierende Leistungsmessung zu Beginn; statt Gruppenarbeit autoritäre Unterbindung von Schülerkommunikation und -aktivität) und Medienwahl
(Schulbuchleitfaden herkömmlichen Typs, keine Auswertung kontroverser Quellen) sind inkonsequent und brüchig. Der Lehrer verhindert genau das, was er intensiv will: Aus Analyse und Diskussion wird wieder Frage-Antwort-Ritual.
Die Schere zwischen emanzipatorischer Zielsetzung und konventionellen Methoden und Medien (auch zwischen „progressiven" Inhalten und „herkömmlichen"
Schülererwartungen oder umgekehrt) gibt es überall. Das Problem spitzt sich da

dramatisch zu, wo die Schüler das Heucheln nicht gelernt und keine Gratifikationen mehr zu erwarten haben, in der Hauptschule, Sonderschule und Berufsschule. Das Dilemma beginnt aber schon an der Grundschule. Eine Lehrerin unterrichtet über das Gedicht „Kindsein ist süß! Kindsein ist mies!" Die Kinder sollen sich selbst als Opfer dauernder Befehle („Tu dies! Tu das! Und dieses laß! Beeil dich doch! Heb die Füße hoch!...") erfahren. Die Stunde zeigt besonders große Disziplinschwierigkeiten. „Während der 45 Minuten Unterricht hatte die Kollegin den Schülern 46mal (!) mit einem schimpfenden Ton einen Befehl erteilt ... Ohne daß die Kollegin es lenken konnte, verkehrten sich die fortschrittlichen Unterrichtsinhalte durch den Unterricht ins Gegenteil. Dadurch entstand eine neue Stufe der ‚Wirklichkeit'. Die vom Lehrer verdrängte Seite der Wirklichkeit in der Schule, der Kinder und des Unterrichts bahnte sich unaufhaltsam ihren Weg" (DIX 1979, S. 132).

Solche „Beziehungsfallen" und „Doppelbindungen" durch unauflösliche und unaufdeckbare Widersprüche zwischen Inhaltsaspekt und Beziehungsaspekt des Unterrichts sind wohl nicht die Ausnahme, sondern eher die Regel. Man könnte auch von einem Konflikt zwischen „heimlichem Lehrplan" und „offiziellem Lehrplan" sprechen. Eine unterbewußte Zensur (Wiederholungszwang, Angst, autoritäre Bedürfnisse?) scheint viele Lehrer zu hindern, Macht und Kontrolle aus der Hand zu geben. Zudem ist es keineswegs selbstverständlich und gesichert, daß bei schülerzentrierten Methoden erfolgreicher Unterricht entsteht. Im Gegenteil! Zunächst (und vielleicht dauernd) dürften sich die Widersprüche und Konflikte in und mit der Klasse, mit Kollegen und Vorgesetzten, mit Eltern eher noch verschärfen. Denn für die Schüler geschieht etwas Unerwartetes, Verunsicherndes. Sie müssen den neuen Spielraum provokativ erproben. Auch hier tut sich eine „Beziehungsfalle" auf: Der noch so permissive Lehrer kann den Anwesenheitszwang und die Zensuren nicht aufheben. Was immer in der Schule geschieht, ändert seinen Charakter, wird zu Schule. Rockmusik und Konflikte in der Arbeitswelt (von den Schülern selbst als Themen gewählt und gestaltet) werden bald so langweilig wie das Schulbuch über den Investiturstreit, Gruppenarbeit schleppt sich so müde hin wie sonst der Frontalunterricht (vgl. HEINZE 1980, S. 38 ff., S. 68 ff.). Sogar Berichte über selbstgewähltes Lernen mit Studenten und anderen Erwachsenen betonen vielfach die Unfähigkeit zu Projektarbeit, Selbstorganisation, politischem Engagement und Eigenverantwortung (vgl. NITSCHE/ROTHAUS 1981, S. 99 ff., S. 172 ff.; vgl. SIENKNECHT 1976). Die Erwartungen und Bedürfnisse der Schüler werden enttäuscht; sie verlangen geradezu den autoritären Lehrer, da sie sich sonst überfordert fühlen. „Ich hatte wohl zu wenig bedacht, daß ich mit einem derart provozierenden Anti-Führer-Verhalten alle gewohnten Gruppenmechanismen total durcheinanderbringen würde. Ich habe die Schüler nicht nur ihren gegenseitigen Aggressionen ausgeliefert [...], sondern ihre Schuldgefühle durch meine Appelle an ihre Eigenständigkeit noch um einiges gesteigert" (KRÜGER 1978, S. 95). „Nach mir endlos scheinender Zeit schrien mich nun einige ‚brave' Kinder an, ich solle die Rektorin holen, dann würde es ruhig werden. Ich reagierte konsequent mit einer verneinenden Geste. Nach einiger Zeit wurde den Kindern ihr eigener Krach zu laut. Sie kreischten mich an, ich solle Strafarbeiten aufgeben und mich so verhalten, wie es ihre ehemalige Klassenlehrerin gemacht habe, dann wäre alles gut" (DIX 1979, S. 28). Natürlich gibt es auch einige Berichte über erfolgreichen sozialintegrativen und permissiven Unterricht (vgl. DIX 1979, ERMER 1975, JEGGE 1976, KAGERER 1978, KUHLMANN 1975, WIMMER 1976, WÜNSCHE 1979), aber die Zahl der an den Widersprüchen endgültig scheiternden Lehrer dürfte kaum geringer sein (vgl. DIETRICH u.a. 1978, S. 207 ff.; v. D. HEYDT 1978, KRÜGER 1978, v. SCHOENEBECK 1980, vgl. VELBER 1977, S. 74 ff.).

In fast allen Lehrerberichten spielen Fragen des sozialwissenschaftlichen Fachunterrichts und der Fachdidaktik keine nennenswerte Rolle. Meist wird nicht einmal ausdrücklich von Methoden und Medien in Einzelstunden berichtet. Natürlich gibt es auch Unterrichtsprobleme aufgrund fachdidaktischer Mängel des Methoden- und Medieneinsatzes, aber solche Fehler werden offenkundig nicht als dramatisch empfunden. Fachdidaktische Fragen haben nach Ausweis von Dutzenden von Praxisberichten im Lehreralltag positiv wie negativ keinen erwähnbaren Stellenwert. Auch allgemeindidaktische Modelle werden so gut wie gar nicht als Reflexionsfolie und Deutungsmuster bemüht. „Im Vergleich zu den viel größeren Fragen nach Erfüllung des Lebens, dem inneren Glück des Menschen, sind Schulfächer bedeutungslos" (NEILL 1969, S. 41). Diesem Satz würden wohl fast alle reflektierenden Praktiker zustimmen. Sie wählen ganz andere Bezugstheorien: die radikale Kritik an der Lehrerrolle (vgl. MANN 1978, v. SCHOENEBECK 1980), der Klassengesellschaft (vgl. KUHLMANN 1975, WÜNSCHE 1979), der (totalen) Institution Schule (vgl. DIX 1979, HERNDON 1972), der emotionalen Kühle und Beziehungslosigkeit (vgl. KAGERER 1978, KRÜGER 1978), der Selektion und Stigmatisierung von Leistungsschwachen (vgl. JEGGE 1976, WIMMER 1976), dem Praxisschock (vgl. JANSSEN 1977, LÖW 1979).
Wenn also die eigentlich brennenden Probleme gemäß den Lehrerpraxisberichten auf der Beziehungsebene und in der Schultheorie liegen sollten, dann wären die sozialwissenschaftlichen Fächer in ihrer Methoden- und Medienwahl davon besonders betroffen. Rechtschreibung, Infinitesimalrechnung, Basisenglisch und Autofahren sind auch dann noch richtig und nützlich, wenn man sie unter Zwang, Angst und Widerwillen lernt. Für die sozialwissenschaftlichen Fächer (wie für Religion, Kunst, Musik, Literatur) aber läßt sich die Legitimationsfrage nicht lösen, wenn nicht ein Minimum an humaner Situation in der Schule hergestellt wird. Das lernende Subjekt ist mit dem erkannten Objekt gleichartig und verbunden; es soll sich in eben diesem Erkenntnisprozeß selbst verändern. Die Inhaltsebene läßt sich hier nicht einmal hypothetisch von der Beziehungsdimension ablösen. Wenn die Überlegenheit der demokratisch-parlamentarischen Staatsform unter Gebrüll oder Langeweile „eingebimst" wird, schlägt der „heimliche Lehrplan" brutal zu. Aggressive Vorurteile über „Farbige" oder „Gastarbeiter" abzubauen ist keine Kulturtechnik, die man im Lernprogramm trainieren, abprüfen, zensieren kann, ohne schlimmere Vorurteile zu bestätigen oder aufzubauen.
Es ist kein Zufall, daß immer wieder versucht wird, zunächst Inhalt und Beziehung von Lernsubjekt und -objekt im Nahbereich zu verklammern („Wir über uns", „Unterricht über Unterricht"). Hier wird der archimedische Punkt, das Minimum an Ichstärke und Gruppensolidarität, gesucht, von dem aus überhaupt erst fruchtbarer sozialwissenschaftlicher Unterricht möglich wäre. Ob dann die komplexeren politischen, historischen und geographischen Probleme und Themen, die oft scheinbar weit weg von Alltag und Primärerfahrung liegen, überhaupt noch bearbeitet werden, ist mehr als fraglich.

2.4 Methoden- und Mediengebrauch im „durchschnittlichen" sozialwissenschaftlichen Unterricht

Zuverlässige und gültige Aussagen über Methoden und Medien im „normalen" Geschichts-, Politik- und Erdkundeunterricht sind von empirischen Untersuchungen zu erwarten. Systematische Beobachtungen, Befragungen, Experimente und Inhaltsanalysen sind jedoch recht selten, vielfach veraltet und nicht repräsentativ, oft methodisch angreifbar und nur auf Teilfragen – etwa einzelne Fächer, Altersstufen oder Schulformen – gerichtet. Dennoch müssen sie darauf geprüft werden, ob sich nicht im Vergleich zahlreicher Hinweise eindeutige Grundlinien der Methoden- und Mediennutzung abzeichnen. Dabei kann es nur um eine Rekonstruktion „durchschnittlichen" Unterrichts gehen, nicht um die Feststellung „überlegener" Methoden oder „wirksamerer" Medien. Experimentelle Vergleiche zwischen verschiedenen Unterrichtsmethoden haben sich immer wieder als uneindeutig und wenig beweiskräftig erwiesen. Offenbar waren die Vergleiche viel zu global und die Meßkriterien zu einseitig oder gar strittig, als daß valide und zuverlässige Aussagen zustande kamen (vgl. DUBIN/TAVEGGIA 1972, S. 14 ff.; vgl. FEND 1980, S. 277 ff.). Für einen fachdidaktischen Vergleich, beispielsweise zwischen Frontalunterricht und Gruppenarbeit oder zwischen Lehrererzählung und Quellenarbeit, gilt angesichts der minimalen Zahl von Studien und ihrer methodischen Fragwürdigkeit (vgl. GÜNTHER-ARNDT 1975) erst recht, daß empirisch über die „Überlegenheit" bestimmter Methoden- und Medienkombinationen im sozialwissenschaftlichen Unterricht nichts Sicheres bekannt ist.

Bei der Beobachtung von „tüchtigen Durchschnittslehrern" einerseits und besonders qualifizierten „Studienseminarleitern" andererseits im Fach Politik wurde festgestellt, daß die einen zwei Drittel der Worte im Unterricht sprachen, die andern nur ein Viertel. Die erste Lehrergruppe stellte pro Stunde 86 Fragen und 5 Arbeitsaufträge, die zweite 15 Fragen und 14 Arbeitsaufträge. Entsprechend äußerten die Schüler bei der Durchschnittsgruppe stündlich zwei Fragen, kaum einen Arbeitsauftrag und ein bis zwei direkte Wendungen an Klassenkameraden. Bei der qualifizierten Gruppe waren es stündlich 17 Fragen, 10 Arbeitsaufträge und 37 direkte Anreden an Mitschüler; zudem wurden die „stillsten" Schüler besonders gefördert (vgl. HILLIGEN 1967). Damit entsprach der Kommunikationsstil beim Durchschnitt allen Merkmalen von „programmartigem" und „narrativem" Unterricht, bei der Spitzengruppe denen von „Problemorientierung". Das Sample der Studie war klein (30 Stunden); die teilnehmenden Lehrer waren nicht zufällig ausgewählt. Dennoch lassen sich anhand von Vergleichsstudien die Ergebnisse einigermaßen verallgemeinern (vgl. SPANHEL 1973, S. 317). Der Redeanteil der „tüchtigen Durchschnittslehrer" liegt genau zwischen den 60 und 80%, die bisher in Studien ohne Fachberücksichtigung gefunden wurden. Dasselbe gilt für die Zahl der Lehrerfragen und ihr Verhältnis zu den Schülerfragen (vgl. GERNER 1974, S. 13 ff.; vgl. TAUSCH 1973, S. 249 ff.; vgl. WIECZERKOWSKI 1973, S. 285 ff.). Die Ergebnisse streuen von Lehrer zu Lehrer stark (es gibt eine „sozialintegrative" Minderheit), sind aber intraindividuell fast konstant, also eine Art Persönlichkeitsmerkmal. Unterschiede zwischen Klassenstufen und Fächern sind signifikant, aber verhältnismäßig nebensächlich. 1974/1975 wurden über 90 Geschichtsstunden in Augsburger Hauptschulen beobachtet; durchschnittlich gab es 1,35 Schülerfragen je Stunde. Fast zwei Drittel der Fälle enthielten keine einzige Schülerfrage, nur 12% drei und mehr Schülerfragen. Bei den „fragenlosen" Stunden steuerten die Lehrer weit häufiger als in den „fragenreichen" (vgl. HESSE 1976, S. 185 ff.). In Dortmunder Hauptschulklassen wurden unter Experimentalbedingungen 30 frontale und 30 gruppenunterrichtliche Geschichtsstunden beobachtet. Im Frontalunterricht gab es durchschnittlich 2 Schülerfragen, im Gruppenunterricht fast 75. Insgesamt war die Schüleraktivität mehr als siebenmal so groß. Im Gruppenunterricht beteiligten sich alle Schüler im Verlauf von drei Stunden wenigstens einmal durch Reden, im Frontalunterricht mehr als ein Drittel gar nicht. Eine „angemessene" Beteiligung von mindestens 10 Meldungen in drei Stunden zeigten im Frontalunterricht weniger als ein Viertel, im Gruppenunterricht sprachen über drei Viertel der Schüler zehnmal (H. MÜLLER 1972,

S. 74 ff.). Hessische Politiklehrer an Haupt- und Realschulen bezeichneten 1970 ihren Interaktionsstil zu über 50% als „sozialintegrativ", zu über 40% als „liberal" und nur zu 4% als „autoritär" (vgl. SCHNEIDER 1971, S. 34 ff.). Im Geschichtsunterricht findet sich deutlichere und offenere Lehrerdominanz, wenn über 60% befragter Geschichtslehrer sich für „Frontalunterricht mit dominierender Rolle des Lehrers" erklären (vgl. ZENNER 1976, S. 107). Zudem gibt es sichere empirische Belege dafür, daß die Selbsteinschätzung von Lehrern illusionär ist. Sie wollen „sozialintegrativeren" Unterricht geben und glauben, ihn besser zu leisten, als sie es tatsächlich schaffen (vgl. ROSEMANN 1978, S. 116 ff.; vgl. TAUSCH 1973, S. 262 ff.; vgl. WIECZERKOWSKI 1970).

Wie zu erwarten, korrespondieren die Ergebnisse zum Interaktionsstil mit denen zur Sozialform im sozialwissenschaftlichen Unterricht. 80 bis 90% der Geschichtslehrer geben selbst zu, vier Fünftel der Zeit und mehr im Frontalunterricht zu verbringen. Über 70% bestreiten positive Voraussetzungen für den Gruppenunterricht im Fach Geschichte. Dabei erweist sich die jeweilige Einschätzung des Gruppenunterrichts als konstitutiv für alle anderen methodisch-medialen Entscheidungen (vgl. ZENNER 1976, S. 106 ff.). In einer anderen Befragung gaben über 75% der Geschichtslehrer an, „häufig" Frontalunterricht einzusetzen (dazu 7%, die keine spezielle Form häufig angewandt haben wollen). Alle anderen Formen „häufig" anzuwenden glauben weniger als 33%, wobei die 19% „Großgruppenarbeit" wohl auf einem Mißverständnis beruhen und ebenfalls „Klassenunterricht" meinen. Alleinarbeit und Partnerarbeit sind besonders selten (vgl. HUG 1977, S. 103, S. 130, S. 187, S. 213). Im Geschichtsunterricht scheint Gruppenarbeit von den Lehrern skeptischer beurteilt zu werden als in anderen Fächern, obwohl etwa die Hälfte der Schüler sie wünscht (vgl. H. MÜLLER 1972, S. 66 f.). Im Politikunterricht sieht es kaum anders aus. Nur 27% der befragten hessischen Lehrer gaben Gruppenarbeit als „regelmäßig" und „häufig" an, aber 55% als „gelegentlich" und 17% als „selten" und „niemals" (vgl. SCHNEIDER 1971, S. 39). Das Bild wird noch ungünstiger, wenn man die Tendenz zur Illusion berücksichtigt. Tatsächlich zeigten „tüchtige Durchschnittslehrer" (abweichend von „Seminarleitern") in 10 Stunden keinerlei Gruppenarbeit (vgl. HILLIGEN 1967).

Im Geschichtsunterricht überwiegen nachweislich als Lehrformen der Lehrervortrag und das entwickelnde Unterrichtsverfahren. Für die Vermittlung neuen Stoffs werden beide (nach eigenen Aussagen) von 90% der Lehrer bevorzugt, für die Erarbeitung von Material von 80% das Unterrichtsgespräch (vgl. ZENNER 1976, S. 107). Von der Unterrichtszeit gehen etwa 26% auf die Lehrerdarstellung und 29% auf Unterrichtsgespräche. Da Quellenarbeit mit 17%, die Arbeit mit dem Geschichtsbuch mit 16% und mit audiovisuellen Medien mit 11% der Unterrichtszeit noch daneben angegeben werden (vgl. HUG 1977, S. 103, S. 186 f.), kann mit dem Unterrichtsgespräch nur das Frage-Antwort-Ritual gemeint sein. Auch die Arbeit mit dem Geschichtsbuch oder mit Quellen dürfte sich oft in ähnlicher Weise abspielen. Hier lassen sich die Angaben der Lehrer, die vermutlich ebenfalls zu günstige Einschätzungen enthalten, durch Schülerbefragungen einigermaßen kontrollieren. Über die Hälfte befragter Münchner Gymnasiasten bejahte stark oder mittel, daß der Lehrer die meiste Zeit im Geschichtsunterricht mit Erzählen verbringe und daß Geschichte ein reines Lernfach sei (starke und mittlere Ablehnung jeweils unter ein Viertel). Dagegen stimmten weniger als zwei Fünftel den Behauptungen stark und mittel zu, daß im Geschichtsunterricht genügend diskutiert werde und die Mitarbeit der Klasse gut sei (starke und mittlere Zurückweisung etwa drei Fünftel; vgl. ANWANDER 1974, S. 58, S. 55, S. 14, S. 12). Die Mehrheit sieht denn auch Geschichtsstunden als „nicht anregend" und „Schlafstunden", die nicht „viel Hausarbeit" erfordern und „leicht gute Noten" garantieren. Dagegen ist die überwältigende Mehrheit sicher, daß im Geschichtsunterricht leicht „Hausaufgaben für andere Fächer" zu erledigen seien, der Lehrer sich in der Klasse „nicht durchsetzen könne", „nur vor Prüfungen gelernt" werde und das persönliche Interesse für das Fach „vom Lehrer" abhänge (vgl. ANWANDER 1974, S.11, S.30, S.29, S.51).

Die Schüler haben selbst Vorlieben für bestimmte Arbeitsformen; bei den befragten Dortmunder Hauptschülern wollten etwas mehr Befragte „spannende Geschichten des Lehrers" und „das Erzählen von Königen, Kaisern und Politikern" als „selbständige Arbeit einer Schülergruppe" (H. MÜLLER 1972, S.67; ähnlich MARIENFELD 1974, S.147). Im Erdkundeunterricht erreichen „Buch lesen", „Lehrer zuhören", „Atlasarbeit", „Karten zeichnen" und „Tabellen auswerten" etwa gleich niedrige Werte, nämlich geringfügige Unbeliebtheit. „Referat halten" wird heftig abgelehnt, „Diskutieren" schwach begrüßt. „Exkursion/praktische Arbeit" wird stark gewünscht, aber „Dias/Filme" noch weit intensiver (LEUSMANN 1977, S.169). Aktivierende, anschauliche, praktische Tätigkeiten werden vorgezogen, aber sie sollten nicht in individuelle, verantwortliche und ernsthafte Arbeit ausarten. In den Bereich der Arbeitsweisen gehört auch die Frequenz von Methodenwechseln. „Tüchtige Durchschnittslehrer" bearbeiten pro Stunde fünf Themen, aber nur in zwei verschiedenen Unterrichtsformen (ein Wechsel); qualifizierte „Studienseminarleiter" dagegen zeigen stündlich fünf Phasen (vier Wechsel) und weniger als zwei Themen (vgl. HILLIGEN 1967).

Über mangelnden Medieneinsatz im Geschichtsunterricht beklagen sich 70% der befragten Münchner Gymnasiasten; zwei Drittel (bei den meisten Medien sogar über vier Fünftel) erklärten, daß Dias, Platten, Filme, Videobänder, Exkursionen, Tageslichtschreiber „nie" eingesetzt würden (vgl. ANWANDER 1974, S.93, S.89, S.101). Selbst das Geschichtsbuch war bei mehr als der Hälfte im letzten Halbjahr nicht regelmäßig benutzt worden; nur 15% gaben an, „gern und viel" darin zu lesen (vgl. ANWANDER 1974, S.85f.). Anschauliche, besonders audiovisuelle Medien sind offenbar besonders beliebt (vgl. LEUSMANN 1977, S.169), aber auch besonders selten. Die Geschichtslehrer stützen sich ihrer Selbsteinschätzung nach zu 80% „häufig" auf das Geschichtsbuch, zu 60% „häufig" auf Geschichtsquellen und Geschichtskarten, zu weniger als 33% „häufig" auf jedes andere Medium (HUG 1977, S.188). Insgesamt dürfte die Nutzung von Schulbüchern und anderen einfachen Medien im sozialwissenschaftlichen Unterricht sehr verbreitet sein. Dagegen bilden selbstgefertigt-kreative und anspruchsvolle audiovisuelle Hilfsmittel offenbar nur eine Randerscheinung. Das ist um so auffälliger, als die Überlegenheit eines stark mediengestützten Unterrichts experimentell gut abgesichert scheint. Gegenüber konventionellem Unterricht brachten bereits Tonband oder Text 10% Gewinn, aufwendigere Medienkombinationen wie Film und Text bis zu 50% Zuwachs. Vor allem stieg gleichzeitig die Motivation erheblich. Das Fach Politik rückte bei reicherem Medieneinsatz durchschnittlich vom 11./12. Rangplatz der Beliebtheit auf den 5. vor (vgl. RUPRECHT 1968, S.54ff.). Das entspricht der Behauptung, daß von Gelesenem, Gehörtem oder Gesehenem nur 10 bis 30%, von Gesehenem *und* Gehörtem aber 50% und von selbst Vorgetragenem oder Ausgeführtem sogar 70 bis 90% behalten werden soll (vgl. KÖHLER 1975, S.33; vgl. SCHINZLER/GLÜCK 1972). Andererseits ist durch ein großes Beobachtungssample empirisch gut belegt, daß vorgefertigte adressatenunspezifische AV-Medien vielfach – wegen ihrer Dominanz – Denken und Sprechen in Unterrichtsprozessen eher hindern als anspornen (vgl. B. BACHMAIR 1979).

Bodo von Borries

Nach den zusammengestellten Merkmalen durchschnittlichen sozialwissenschaftlichen Unterrichts (Lehrerdominanz, Frontalität, Methodeneintönigkeit, Medienarmut) überrascht es nicht, daß die Gesamteinschätzung ziemlich negativ ausfällt. Obwohl 80% der befragten Geschichtslehrer gern Geschichte unterrichten, glauben nur 17% an „Erfolg" dabei, 77% an „teilweisen Erfolg" (HUG 1977, S. 53, S. 55). Im Politikunterricht liegen die Zahlen ähnlich: 32% vermuten „sehr guten" und „guten" Erfolg, 60% „mittelmäßigen" (SCHNEIDER 1971, S. 41), wobei noch die Tendenz einer zu günstigen Selbsteinschätzung zu beachten ist. Die Schüler jedenfalls urteilen härter: Über ein Drittel der befragten Münchner Gymnasiasten gibt dem eigenen Geschichtsunterricht die Noten „mangelhaft" und „ungenügend" (nur 2% erwarten für sich selbst diese Geschichtsnoten; vgl. ANWANDER 1974, S. 102 f.). Daß Geschichte (zur „Bildung" gehörend, aber beruflich unnütz) ein eher unbeliebtes Fach ist (besonders bei Mädchen), ist seit längerer Zeit bekannt. Wenn nicht nur nach „Lieblings-", sondern auch nach „Haßfächern" gefragt wird, überwiegen die negativen Stimmen. Für Erdkunde ist das Ergebnis etwas günstiger; Politik (manchmal nicht erfragt) scheint den Schülern eher gleichgültig zu sein (vgl. FILSER 1973, S. 87; vgl. KÜPPERS 1966, S. 26 ff., S. 31 ff.; vgl. H. MÜLLER 1972, S. 98; vgl. SEELIG 1968, S. 89 ff., S. 212 ff.).

Die Ergebnisse empirischer Unterrichtsforschung sind alles andere als befriedigend und abgesichert. Besonders schmerzlich ist es, daß nur verhältnismäßig wenige neue Arbeiten vorliegen, die einen möglicherweise seit 1968 eingetretenen grundsätzlichen Wandel abbilden würden. Es ist durchaus denkbar, daß gegenüber den klassischen Untersuchungen von Tausch/Tausch Lehrerdominanz und autoritärer Stil erheblich geschrumpft sind. Unwahrscheinlich ist aber, daß dem eine entsprechende Differenzierung und Qualifizierung des Medien- und Methodenrepertoires gegenübersteht. „Stures Vorgehen nach dem Buch" oder „folgenlose Diskussionsstunden [...] über ein spontan auftauchendes Problem" (FENSKE 1980, S. 228) dürften recht häufig sein. „Normaler" sozialwissenschaftlicher Unterricht ist wohl noch immer frontal, gleichförmig und medienarm. Problemorientierung dürfte öfter angestrebt als erreicht werden, Projektarbeit eine seltene Ausnahme sein.

3 Determinanten der Methoden- und Medienwahl im sozialwissenschaftlichen Unterricht

Methoden und Medien sind durchaus keine unabhängigen Variablen. Da Unterricht Kommunikation ist, liegt es nahe, von einem Kommunikationsmodell (Sender, Empfänger, Medium, Code, Nachricht ...) auszugehen (vgl. CLAUSSEN 1977; vgl. KUHN/ROTHE 1980, S. 176) und die Problembereiche jeweils interdisziplinär aufzuarbeiten. In diesem Verständnis lassen sich auch herkömmliche Formulierungen neu interpretieren, so die Forderung nach einem „kind-, sach- und zeitgemäßen Geschichtsunterricht" (EBELING 1973). Darin stecken nicht nur drei, sondern sogar vier Determinanten, die im folgenden heuristisch als Gliederung benutzt werden sollen:
Kind = Lernender, Schüler,
Sache = Gegenstand, Fach,
Zeit = Situation, Gesamtgesellschaft,
Unterricht = Institution, Schule.
Diese vier Bereiche sind nacheinander ohne Anspruch auf Vollständigkeit durchzugehen (vgl. Abbildung 3).

Abbildung 3: Determinanten und Entscheidungen im sozialwissenschaftlichen Unterricht

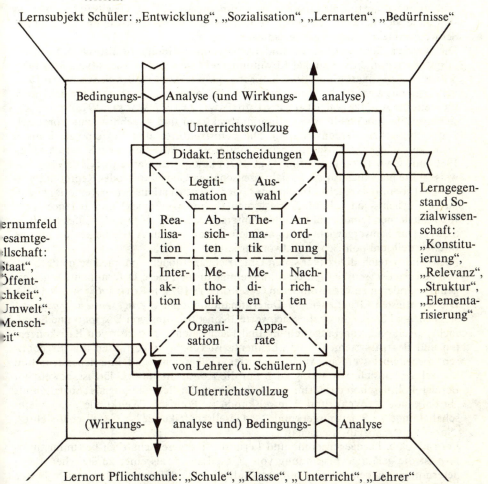

Manche Fach- und Bereichsdidaktiker gehen ausschließlich oder überwiegend vom *Lernsubjekt Schüler* aus (vgl. H. MÜLLER 1975; vgl. SCHMIEDERER 1977; vgl. SCHÖRKEN 1972, S. 65 ff.; 1975, S. 25 ff.). Im ganzen ist jedoch die Untersuchung der subjektiven Voraussetzungen organisierten sozialwissenschaftlichen Lernens stark vernachlässigt worden. Die oft hilflosen und bloß Kontroversen referierenden „Psychologie-Kapitel" in der Mehrzahl der verbreiteten Didaktiken und Methodiken sind dafür kein Ersatz (vgl. FÜRNROHR 1978, GIES 1981, GLÖCKEL 1979, HAUBRICH 1977, KREUZER 1980, MICKEL 1980). Seit dem Zusammenbruch der gerade auf die Sozialwissenschaftsdidaktiken intensiv angewandten älteren Entwicklungspsychologie (vgl. BAUER 1968, S. 324 ff.; vgl. KÜPPERS 1966, 1976a, b; vgl. H. ROTH 1968) gibt es keine größeren empirisch-experimentellen Studien mehr und auch nur eine rudimentäre theoretische Verarbeitung neuer Ansätze. Genauer betrachtet, handelt es sich bei den Lernsubjekten um ein ganzes Bündel von Deter-

minanten, die sich vereinfacht unter den Stichworten „altersspezifische Entwicklung", „gruppentypische Sozialisation", „sozialwissenschaftsgemäße Lernarten" und „subjektive/objektive Bedürfnisse" zusammenfassen lassen. Gewiß überschneiden sich diese vier Bereiche. Dennoch bezeichnen die vier Stichworte unterschiedliche Schwerpunkte, die sich ergänzen müssen.
Die neueren kognitivistischen und triebdynamisch-interaktionistischen Entwicklungstheorien sind trotz einiger Erwähnungen Piagets und Eriksons (vgl. GIES 1981, S. 91 ff.; vgl. HAUBRICH u. a. 1977, S. 108 ff.; vgl. KREUZER 1980; vgl. SÜSSMUTH 1980, S. 127 ff.) nur unzureichend aufgearbeitet. Daneben sind auch rein sozialisationstheoretische Ansätze (vgl. CLAUSSEN 1976, PAWELKA 1977, WACKER 1976) zu berücksichtigen, da gebräuchliche Sozialisationspraktiken und -ergebnisse zur Voraussetzung schulischen Lernens werden. Die Feinstrukturen und Einzelprozesse historisch-politisch-geographischen Lernens sind trotz Ansätzen etwa bei SÜSSMUTH (vgl. 1980) und ZWÖLFER/FROMMHOLD (vgl. 1976) kaum detailliert aufgeklärt. Versuchsweise sollte man auch für die Sozialwissenschaften Gedächtnis- oder Reproduktionslernen (kognitiv-einfach), Imitations- oder Identifikationslernen (emotional-einfach), Einsichts- oder Entdeckungslernen (kognitiv-komplex) und Balance- oder Identitätslernen (emotional-komplex) unterscheiden (vgl. v. BORRIES 1983, S. 560 ff., S. 581). Das Schwergewicht sollte auf den beiden letzten Arten liegen, da nur sie intellektuell und politisch verantwortbar sind.
Fach- und Bereichsdidaktiker sehen Unterrichtsmethoden und -medien maßgeblich von den Fachwissenschaften bestimmt, einige drohen diese Determinante sogar gegenüber anderen zu verabsolutieren (vgl. ROHLFES 1974, F. ROTH 1968, SUTOR 1971). Die wichtigsten Grundzüge des Determinantenbündels *Lerngegenstand Sozialwissenschaften* können durch die Stichworte „Konstituierung von Disziplin und Schulfach", „Relevanz von Fragestellung und Fachwissen", „Struktur von Basiskonzepten und Begriffssystemen" und „Elementarisierung von Verfahren und Ergebnissen" bezeichnet werden. Auch diese vier Teilbereiche sind interdependent und überschneiden sich. Wie wenig auch nur die Konstituierung geklärt ist, beweist im Bereich Politik schon das terminologische Chaos der Bezeichnung als „Soziallehre", „Sozialkunde", „Welt- und Umweltkunde", „Politische Weltkunde", „Gemeinschaftskunde", „Staatsbürgerkunde", „Gesellschaftskunde", „Gesellschaftslehre", „Soziologie", „Sozialwissenschaft" ...
Lernsubjekte, Lerngegenstände und Lernorte sind gesellschaftlich bestimmt; insofern ist die geläufige Erwähnung von „Gesellschaft" als einer zusätzlichen Lerndeterminante neben anderen mißverständlich, ja verfälschend. Man spricht besser vom „gesellschaftlichen Konsens" oder vom *Lernumfeld Gesamtgesellschaft,* das manche Didaktiker zur wichtigsten oder gar einzigen Determinante erheben (vgl. KUHN 1974, SCHÖN 1967). Eine Eigentümlichkeit des sozialwissenschaftlichen Unterrichts gegenüber allen anderen Fachgruppen ist es, daß der Lerngegenstand und die gesamtgesellschaftliche Determination teilweise zusammenfallen, daß – anders gesagt – eben diese Beeinflussung reflexiv zum Unterrichtsthema gemacht werden kann (etwa Struktur und Wirkung der Massenmedien; Entstehung und Zulassung, Parteilichkeit und Ethnozentrismus von Schulbüchern; Interessenkonflikte über Richtlinien; Lücken und blinde Flecken im Zusammenhang mit Umweltschutz und Dritter Welt). Es ist sinnvoll, die „Gesamtgesellschaft" als Determinante der Methoden- und Medienwahl mit Hilfe der vier (interdependenten und sich überlappenden) Stichworte „Bildungsträger Staat", „Vergesellschaftungsmedium Öffentlichkeit", „Überlebensbedingung Umwelt" und „Zugehörigkeitsgruppe Menschheit" näher zu erläutern.

Methodisch-mediales Handeln im Lernbereich Politik – Geschichte – Erdkunde

Die Mehrheit der Fach- und Bereichsdidaktiker schenkt bei der Erörterung von Methoden und Medien dem *Lernort (Pflicht-)Schule* keine große Beachtung. Ausnahmen gibt es nur in der Politikdidaktik (vgl. GIESECKE 1973, S. 24 ff.; vgl. MICKEL 1980, S. 79 ff., S. 101 ff., S. 282 ff.; vgl. ROLOFF 1974) und der Arbeitslehre/Polytechnik. Der blinde Fleck rächt sich im Unterricht, wenn (nach Lehrerpraxisberichten) umgekehrt die Fachdidaktik keinerlei Rolle mehr spielt, da das verdrängte Problem der „Zwangsveranstaltung" alles andere überwuchert. Andere Lernorte wie freie Jugendarbeit (vgl. GIESECKE 1972, LÜERS u. a. 1971) oder Fernsehen (vgl. BAACKE 1973) verlangen ganz andere Methoden und Medien und werden hier ausgeklammert. Zur Analyse des Lernortes Schule eignen sich vor allem die vier sich überlappenden Stichworte: „Schule als aufbewahrende und selektierende Pflichtanstalt", „Klasse als formelle und informelle Zwangsgruppe", „Unterricht als kommunikative und asymmetrische Situation" und „Lehrer als rollentragende und konfliktaushaltende Person".

Die vier Determinanten Lernsubjekt Schüler, Lerngegenstand Sozialwissenschaft, Lernumfeld Gesamtgesellschaft und Lernort Schule sind *grundsätzlich gleichrangig.* Wird eine bei der Reflexion der Methoden und Medien ausgeklammert oder verabsolutiert, so kann sich das bei der Verwirklichung rächen, etwa wenn der Zwangscharakter von Schule vergessen und illusionär ganz auf Spontaneität und Freiwilligkeit gesetzt wird. Wer allerdings umgekehrt nur noch die Schule als totale Institution wahrnimmt, unterschätzt die Chance, lebensweltliche Probleme der Schüler aufzuarbeiten und dabei die institutionellen Zwänge ein Stück zu mildern. Die vier Determinanten sind zugleich *vielfältig interdependent:* Die Institution Schule ist beispielsweise durch ihre Insassen, die Schüler, mitbestimmt und hat sie ihrerseits geprägt. Die Gesamtgesellschaft hat die Sozialwissenschaften eingerichtet und wird durch sie beeinflußt.

Jede der vier Determinanten ist – gerade beim sozialwissenschaftlichen Unterricht – in sich *unüberwindbar kontrovers.* Man denke etwa an die Deutung der gegenwärtigen Gesamtgesellschaft als „spätkapitalistisch" oder „postindustriell", als „Klassengesellschaft" oder „Mittelschichtgesellschaft". Für die Schultheorie gilt Ähnliches: Ist Schule „Klasseneinrichtung" zur Privilegiensicherung (vgl. BECK 1974) oder „totale Institution" zur Unterdrückung aller (vgl. HEINZE 1980); „verhindert" sie Lernen (vgl. SINGER 1976), oder exekutiert sie wirksam einen „heimlichen Lehrplan" (vgl. ZINNECKER 1975)? Nur teilweise können die Widersprüche durch genauere Theoriebildung und weitere empirische Studien ausgeräumt werden; häufiger sind sie unauflöslich, weil sie in unterschiedlichen Voraussetzungen (Interessen, Erkenntnistheorien, Parteinahmen, Wertsystemen, Weltanschauungen und Menschenbildern) wurzeln. Methoden- und Medienentscheidungen beruhen damit auf einem schwierigen und jeweils neu zu verantwortenden Balanceakt, nämlich vorläufiger, kompromißhafter Legitimation und experimenteller, revisionsoffener Verallgemeinerung.

Dabei tritt jede Determinante *eigentümlich verdoppelt* auf, nämlich in empirischer Analyse, Einschätzung und Berücksichtigung des Ist-Standes und in normativer Setzung und Rechtfertigung eines künftigen Sollens für „Überleben und gutes Leben". Die manifesten subjektiven Schülerwünsche etwa – Bequemlichkeit und Konsumhaltung – sind ebenso relevant aber nicht verabsolutierbar wie die denknotwendigen, antizipierbaren objektiven Schülerbedürfnisse in einer demographischen, ökologischen und militär-technologischen Krisensituation ohne Beispiel. Die Spannung zwischen realistischer Wahrnehmung einerseits und konkreter Utopie andererseits kann nur um den Preis völligen Versagens aufgehoben werden. Weder darf man den Ist-Zustand illusionär und arrogant überspringen (statt seinen relativen Wert anzuerkennen und Schüler und Gesellschaft an ihm abzuholen), noch den Sollens-Stand verdrängen oder zynisch als erreicht erklären (statt die Diskrepanz der Ansprüche schmerzlich bewußt zu halten). Anders gesagt: Die vier Determinantenbündel bestimmen einerseits die Unterrichtsvoraussetzungen („Ist"), andererseits die Unterrichtsintentionen („Soll"). Auf diesen *beiden* Wegen (zusätzlich gefiltert in der Antizipation und Interpretation des Lehrers) beeinflussen sie dann die Methoden- und Medienwahl. Abbildung 3 veranschaulicht die starke Wirkung der Determinanten auf Bedingungsanalyse, didaktische Entscheidungen (besonders Absichten) und Unterrichtsvollzüge, dazu die schwächere oder fast fehlende Rückwirkung des Unterrichts auf die Determinanten.

4 Begriffliche Unklarheiten und sachliche Schwierigkeiten der Methoden- und Medienproblematik in den Didaktiken der Sozialwissenschaften

Eine allgemeine Einigung über die Verwendung der Begriffe „Methode" und „Medium" in der Erziehungswissenschaft besteht nicht. Vor kurzem wurden acht verschiedene Begriffsvarianten von „Methode" und sieben von „Medium" unterschieden (vgl. SCHULZE 1978, S. 19 ff., S. 48 ff.). Auch im speziell sozialwissenschaftsdidaktischen Bereich ist die Uneindeutigkeit von „Methode" (vgl. HILLIGEN 1975, S. 219 ff.) und „Medium" (vgl. FICK 1980, S. 182 ff.) diskutiert worden. Einzelne Autoren verzichten auf das Wort „Methode" (vgl. BEILNER 1976, S. 59 ff.) oder „Medium" (vgl. EBINGER 1972, S. 173), aber die stellvertretenden Termini wie „Verfahren", „Formen", „Wege", „Vorgehensweisen" und „Mittel" oder „Materialien" sind zum guten Teil nur Eindeutschungen mit denselben begrifflichen Unschärfen. Unter den Fachdidaktikern ist die Trennung von Methoden und Medien durchaus nicht unumstritten. Zwar zieht die Mehrheit eine gesonderte Darstellung vor, aber (vor allem im Bereich Geschichte) ist auch eine kombinierte Darstellung häufig, bei der meist die „Methoden" in der Form von Artikulationsstufen das übergeordnete Gliederungsprinzip darstellen, in das dann jeweils die „Medien" einsortiert werden, und zwar überwiegend in die Sparte „Darbietung" (vgl. EBELING 1973, S. 103 ff.; vgl. GLÖCKEL 1979, S. 169 ff.; vgl. METZGER 1972, S. 41 ff.). Doch können umgekehrt (unter „Methodik") die Medien den Hauptgliederungspunkt bilden und die Artikulationsstufen knapp angehängt sein (vgl. MARIENFELD/OSTERWALD 1966, S. 106 ff.). Wie wenig die Grenze zwischen Methoden und Medien einerseits, aber auch die Binnenstrukturierung von Methoden und Medien andererseits begrifflich geklärt und eindeutig festgelegt ist, sei an einigen Beispielen dargestellt. „Planspiel" und „Rollenspiel" sind gängige Methoden und/oder Medien in Erdkunde und Politik, weniger in Geschichte. Einige Autoren halten sie (unter verschiedenen Termini) für Methodenkonzepte (vgl. GIESECKE 1973, S. 55 ff.: Modalität der Bearbeitung; vgl. HUG 1977, S. 164 ff.: Offene Lernstrategie; vgl. BIRKENHAUER 1975, S. 38 ff.: Unterrichtsform; vgl. HILLIGEN 1975, S. 228: Methodenkonzept), andere für eine Sozialform (vgl. HAUBRICH u. a 1977, S. 164 ff.; BAYER 1980, S. 270 ff.), dritte für eine Form eines Lernschrittes im Artikulationsschema (vgl. METZGER 1972, S. 144 f.: Erarbeitung und Verarbeitung; vgl. EBELING 1973, S. 241 ff.: Aufarbeitung; vgl. GLÖCKEL 1979, S. 231 ff.: Aufarbeitung). Schließlich werden Plan- und Rollenspiel auch als „Medien" angesehen (vgl. CLAUSSEN 1977, S. 169 ff.; vgl. WITTERN 1975, S. 214 ff.). Einen vergleichbar unklaren Status haben auch die „originale Begegnung" und die „authentische Person". Unter recht verschiedener Terminologie und Detaillierung rechnen die einen (vgl. HUG 1977, S. 157 ff., S. 170 ff.; vgl. HAUBRICH

Methodisch-mediales Handeln im Lernbereich Politik - Geschichte - Erdkunde

u. a. 1977, S. 180 ff.; vgl. GIESECKE 1973, S. 145 ff., S. 59 ff.; vgl. MICKEL 1980, S. 227 ff., S. 184 ff.) sie als Methoden, die anderen (vgl. FÜRNROHR 1978, S. 130 ff.; vgl. GLÖCKEL 1979, S. 199; vgl. BIRKENHAUER 1975, S. 61 ff.; vgl. CLAUSSEN 1977, S. 112) als Medien. Die Grenzüberschreitungen hüben und drüben sind offenkundig.
Die Unschärfe des Methodenbegriffs hat sachliche Gründe. *Unterrichtliche* Methoden gehen fließend in *erzieherische* und *fachwissenschaftliche* Methoden über. Zudem sind verschiedene Methodenbegriffe abweichenden politischen und didaktischen Grundpositionen grob zuzurechnen. Methoden als *Lehrmethoden* (= Lehrermethoden) werden von Vertretern herkömmlichen Unterrichts bevorzugt. In vielen Fällen wird der Methodenbegriff nahezu identisch mit dem Begriff der Phasierung (Artikulation, didaktische Funktionen), so unverkennbar bei Metzger, Glökkel, Marienfeld/Osterwald, Ebeling und Ebinger. Andere verstehen unter Methode primär unterschiedliche, vielfältige und abzuwechselnde *Methodenkonzeptionen,* so etwa Birkenhauer, Giesecke, Fürnrohr und Hug. Bei solchen Autoren ist der Wunsch nach Öffnung des Unterrichts unverkennbar. Zwei weitere Schwerpunkte des Methodenbegriffs lassen sich mehr aus der allgemeinen Didaktik weiterentwickeln. So kann man die *Führungs- und Unterrichtsstile* als Methoden der politisch-sozialen Erziehung im umfassendsten Sinne auslegen (ansatzweise vgl. HILLIGEN 1975, S. 243 ff.; vgl. MICKEL 1980, S. 137 ff.). Und man kann im Sinne von Gaudig („Der Schüler habe Methode") die *Lern- und Arbeitsweisen* der Schüler zum eigentlichen Methodenproblem machen (ansatzweise vgl. EBELING/KÜHL 1964; vgl. FINA 1981, S. 102 ff.; vgl. KREUZER 1980, S. 277 ff.). Ein solcher Unterricht, der gerade auch von traditionellen Didaktikern vorgetragen wird, könnte als „schülerorientiert" bezeichnet werden (vgl. BOETTCHER u. a. 1980). In dieser Richtung gehen auch alle, die Methode als „Kommunikationszusammenhang" verstehen und den gegenstandskonstituierenden Charakter der Methode betonen (vgl. GIESECKE 1973, MENCK/THOMA 1972).
Bei den Medien ist die Begriffsbildung keineswegs eindeutiger, zumal *didaktische* Medien von *öffentlich-gesellschaftlichen* und *Handlungsforschungsmedien* nicht scharf zu trennen sind. Manche sehen in Medien einfach *Lehrmittel* oder *Hilfsmittel* für Demonstration, Darstellung und Anschauung, also letztlich für die Information über und Repräsentation von Wirklichkeit (vgl. FÜRNROHR 1978, S. 117 ff.). Sie gehen dabei ganz vom Lehrer aus. Andere sehen gerade darin eine Verengung und stellen statt dessen *Lernmittel* (oder „Arbeits- und Gestaltungsmittel") in den Vordergrund, das heißt betrachten die Medien aus der Perspektive der Schülertätigkeit (vgl. GIESECKE 1973, S. 149 ff.). Eine dritte (neuere) Richtung definiert Medien als *Kommunikationsmittel,* mithin als Sprech- und Interaktionsanlässe (vgl. CLAUSSEN 1977, DICHANZ u. a. 1974). Im Gegensatz dazu steht die Auffassung, daß als Medium nur solche Apparate anzusehen sind, die selbst lehren können, das heißt zur Lehrerentlastung und *Lehrobjektivierung* beitragen (vgl. HOFER 1974, S. 827 ff.). Selbstverständlich überschneiden sich diese vier Begriffe erheblich, aber sie sind doch deutlich unterscheidbar.
Methoden und Medien lassen sich nur dann analytisch befriedigend scheiden und bearbeiten, wenn sie als Aspekte, Sichtweisen desselben unterrichtlichen Prozesses erkannt werden. Die eingeführten Ausdrücke wie Lernprogramm, Rollenspiel, Lehrererzählung und Projekt vereinigen unter Vermischung verschiedener Ebenen in ganzheitlicher Weise methodische und mediale Momente. Man darf sich daher nicht wundern, wenn dieselben Bezeichnungen unter „Methoden" und „Medien" und mehreren ihrer Unterkategorien auftauchen. Bei nicht ganz trennscharfer Ter-

minologie sind abweichende Aspekte der gleichen Sache gemeint. Zusätzlich sind unter gleichen Termini manchmal sachlich verschiedene Dinge vereint. Gruppenarbeit kann etwa als langfristiges Methodenkonzept, aber auch als eine rasch vorübergehende Sozialform gemeint sein, Simulationsspiel als ausführliches Lehrmodell oder knapper Artikulationsschnitt.

„Methode" ist also ein unscharfer Sammelbegriff. Die Versuche der Klassifikation sind zahlreich und kontrovers (vgl. SCHULZE 1978, S. 92 ff.). In der folgenden Darstellung wird vor allem zwischen *Unterrichtsorganisation* und *Unterrichtsinteraktion* getrennt. Diese beiden Unterpunkte sind selbstverständlich interdependent (ebenso wie mit Intentionen und Thematik); und sie enthalten in sich jeweils wieder mehrere Gesichtspunkte. Auch die Medien sind nicht eindimensional zu verstehen, das heißt ohne weitere Gliederung nicht angemessen analysierbar. Zunächst sollten bei ihnen *Unterrichtsgeräte* und *Unterrichtsnachrichten* unterschieden werden. Diese Differenz deckt sich weitgehend mit den Begriffen „Hardware" und „Software". Beide Betrachtungsweisen sind natürlich eng verflochten; aber die gleiche Hardware kann funktionell recht verschiedene Nachrichten tragen (wie Werbefilm, Trickfilm, Dokumentarfilm und Spielfilm); und verschiedene Hardware-Systeme können dieselbe Funktion erfüllen (beispielsweise Stimme und überspielte Software auf Schallplatten, Tonband und Kassette). Abbildung 3 verdeutlicht die vorgeschlagenen begrifflichen Unterscheidungen.

Neben der Unabgrenzbarkeit und Mehrdimensionalität ist bei allen folgenden Überlegungen zu beachten, daß sehr selten eine einzelne Methode oder ein einziges Medium auftaucht. In aller Regel handelt es sich um eine möglichst abwechslungsreiche Methodenkombination oder einen vielseitigen Medienverbund. Nicht eine isolierende, sondern eine ganzheitliche Betrachtung von Methoden- und Medienprofilen kann die wesentlichen Merkmale und Unterschiede herausarbeiten. Eine Methode wie das Brainstorming (gleich: alles zusammentragen, was der Gruppe spontan einfällt) ist nur als ein Schritt in einem Arbeitsprozeß sinnvoll. Den assoziativen Einfällen müssen Analyse, Problemstellung, Information und Konstruktion folgen. Ein anderes Beispiel: Nur äußerlich (als „Träger") ist das Schulbuch ein einheitliches und einzelnes Medium; der Sache und Funktion nach bildet es bereits einen Medienverbund aus Bild- und Textdokumenten, Arbeitsaufträgen, Karten und Graphiken, fiktionalen und systematischen Darstellungselementen sowie Hilfsmitteln wie Registern und Fremdwörterlexiken. Außerdem steht es jeweils in einem unterrichtlichen Kontext verschiedener ergänzender Medien (Wandkarte, Dia, Film, Tafel) und verschiedener Arbeitsformen (Stillarbeit, Gruppenauswertung, Debatte, häusliche Einprägung).

Fast alle bisherigen Feststellungen und Unterscheidungen treffen auf allen Unterricht zu, sind *nicht spezifisch* für Politik, Geschichte und Erdkunde. Aber welche strukturellen Besonderheiten der Methoden- und Medienwahl in diesen Fächern gibt es überhaupt? Jede Geographiedidaktik wird breit auf physische und Wirtschaftskarten, auf Weltraum- und Landschaftsfotos, vielleicht auf Blockbilder und Erdumlaufmodelle eingehen. Geschichtsmethodiker werden meist die Arbeit mit Text- und Bildquellen, wohl auch an der Geschichtskarte und im historischen Museum behandeln. Für Politik liegen Exkursionen nach Bonn oder Berlin, Graphiken und Statistiken, Zeitungsartikel und Nachrichtensendungen sowie (schon unkonventioneller) Strategie- und Entscheidungsspiele nahe. Solche fachspezifischen Details werden in den Lexikonartikeln dieses Bandes ausführlich besprochen. Doch die bisher erwähnten Besonderheiten liegen auf der *Erscheinungsebene,* betreffen nicht die Tiefenstruktur des Unterrichts. Gibt es fundamentalere Spezifika? „Experiment" und „Beobachtung" wird man spontan mit den Naturwissenschaften verbinden. Entgegen naiver Erwartung spielen sie (etwa als „Provokation" oder als „Fallstudie" zum Umweltschutz) auch in Politik und Erdkunde eine beträchtliche Rolle (vgl. TEMPEL 1972, S. 57 ff.; vgl. LÜERS u. a. 1971). „Vokabellernen" und „Patterndrill" scheinen für Fremdsprachen typisch, doch Üben, Einprägen und Abrufen von Namen, Termini, Daten und Fakten (beispielsweise durch Quizspiele, Gruppenwettbewerbe oder „multiple choice") kommen auch in Geschichte und Erdkunde zum Zuge. Weitere Beispiele können belegen, daß es zwar wesentliche Verschiebungen des Schwergewichts zwischen den Fächern gibt, aber keine grundlegenden exklusiven Spezifika. Pointiert gesagt: Besonderheiten der Methoden und Medien sozialwissenschaftlichen Unterrichts gibt es an der *Oberfläche* (fachspezifische Einzelmedien – vgl. Lexikonteil) und bei den tiefsten *Erkenntnisinteressen* (vgl. Bd. 3) nicht aber bei der generellen Klassifikation und Zuordnung (vgl. Abschnitt 5).

5 Versuch einer Dimensionierung des Methoden- und Medienfeldes im sozialwissenschaftlichen Unterricht

5.1 Methoden als Unterrichtsorganisation

In der Fachdidaktik (wie in der allgemeinen Didaktik) werden die Methodenprobleme höchst unterschiedlich dimensioniert (vgl. FRIEDERICHS u. a. 1982, S. 34 ff.; vgl. GIESECKE 1973; vgl. KLAFKI u. a. 1970, S. 135 ff.; vgl. SCHULZE 1978, S. 92 ff.). Auch abgesehen von den Streitfragen, ob die Medien den Methoden neben- oder untergeordnet werden und ob die Unterrichtsorganisation analytisch von der Unterrichtsinteraktion getrennt werden soll, ist keinerlei Konsens sichtbar. Aus pragmatischen Gründen werden im folgenden für die Unterrichtsorganisation vier Gesichtspunkte unterschieden: *Methodenkonzept, Lehraufgabe, Arbeitsweise* und *Ablaufstruktur*. Das erste Stichwort ist in gewisser Weise vorrangig (vgl. Abschnitt 2). Die drei anderen Punkte betrachten die Unterrichtsorganisation unter den Aspekten der Lehreraktivitäten, der Schülertätigkeiten und der zeitlichen Sequenz. Die Darstellung kann sehr kurz sein (vgl. Abbildung 4), da grundsätzliche Unterschiede der Sozialwissenschaften gegenüber anderen Fächern kaum auftreten.
Die grundlegenden *Methodenkonzepte* werden unter immer neuen Namen beschrieben. SCHULZE (vgl. 1978, S. 137 ff.) nennt neun Lehrmodelle, die sich aber teilweise zusammenfassen und vereinfachen lassen, bis etwa „Wissensvermittlung", „Untersuchung und Entdeckung", „soziale Interaktion", „Selbsterfahrung und Selbstorganisation", „Urteilsfindung und Entscheidung" und „Simulation" übrig bleiben. Fachspezifische Klassifikationen (vgl. CLAUSSEN 1977, S. 72 ff.; vgl. FÜRNROHR 1978, S. 93 ff.; vgl. GIES 1981, S. 109 ff.; vgl. HUG 1977, S. 33 ff.) sind bereits erwähnt worden (vgl. 2.1). Sinnvoll dürfte besonders die Trennung von Lehrgang (beispielsweise einfache oder verzweigte Lehrprogramme, Vorlesungs- und Demonstrationsreihen, gelenkte Unterrichtsgespräche entlang systematischer Schulbücher, Fernstudium im Medienverbund) und Projekt sein (mit den Unterformen Produktion, Sozialstudie, Provokation, Rollenspiel, Planspiel und Tribunal) (vgl. GIESECKE 1973, S. 46 ff.). Trotz allen terminologischen Unterschieden zeigt sich mithin ein Feld, das mit den oben (vgl. 2.3) aus realen Unterrichtsvollzügen entwickelten und nach Inhalts- und Beziehungsaspekt dimensionierten Methoden- und Medienprofilen angemessen beschrieben ist.
Unterhalb dieser Ebene liegen die Haupttätigkeiten des Lehrers. Sie werden als *Lehr-*

Abbildung 4: Schema des Methoden-Medien-Feldes im Sozialwissenschaftlichen Unterricht

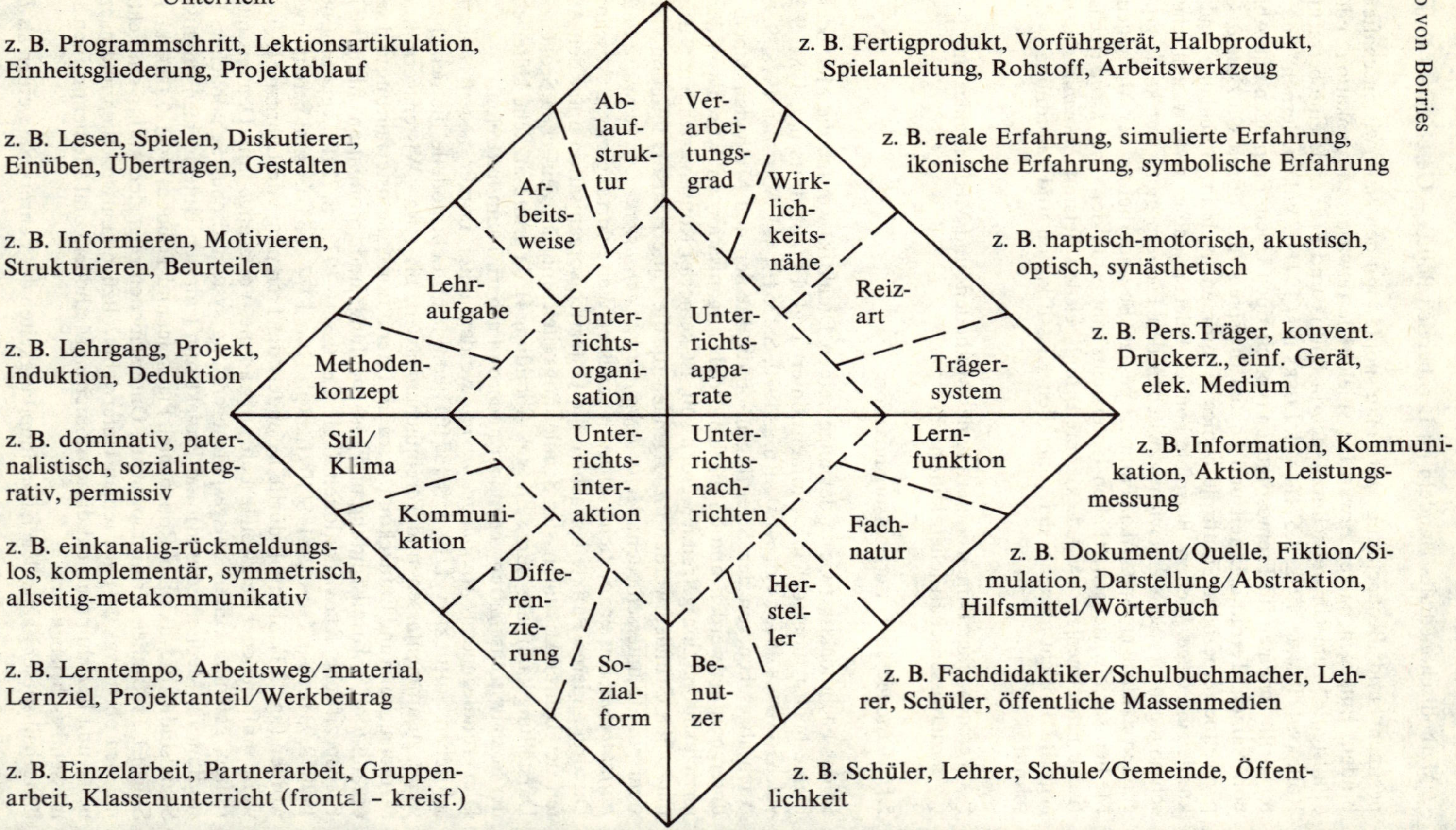
z. B. Programmschritt, Lektionsartikulation, Einheitsgliederung, Projektablauf
z. B. Lesen, Spielen, Diskutieren, Einüben, Übertragen, Gestalten
z. B. Informieren, Motivieren, Strukturieren, Beurteilen
z. B. Lehrgang, Projekt, Induktion, Deduktion
z. B. dominativ, paternalistisch, sozialintegrativ, permissiv
z. B. einkanalig-rückmeldungslos, komplementär, symmetrisch, allseitig-metakommunikativ
z. B. Lerntempo, Arbeitsweg/-material, Lernziel, Projektanteil/Werkbeitrag
z. B. Einzelarbeit, Partnerarbeit, Gruppenarbeit, Klassenunterricht (frontal - kreisf.)
Ablaufstruktur
Arbeitsweise
Lehraufgabe
Methodenkonzept
Stil/Klima
Kommunikation
Differenzierung
Sozialform
Unterrichtsorganisation
Unterrichtsinteraktion
Verarbeitungsgrad
Wirklichkeitsnähe
Reizart
Trägersystem
Lernfunktion
Fachnatur
Hersteller
Benutzer
Unterrichtsapparate
Unterrichtsnachrichten
z. B. Fertigprodukt, Vorführgerät, Halbprodukt, Spielanleitung, Rohstoff, Arbeitswerkzeug
z. B. reale Erfahrung, simulierte Erfahrung, ikonische Erfahrung, symbolische Erfahrung
z. B. haptisch-motorisch, akustisch, optisch, synästhetisch
z. B. Pers.Träger, konvent. Druckerz., einf. Gerät, elek. Medium
z. B. Information, Kommunikation, Aktion, Leistungsmessung
z. B. Dokument/Quelle, Fiktion/Simulation, Darstellung/Abstraktion, Hilfsmittel/Wörterbuch
z. B. Fachdidaktiker/Schulbuchmacher, Lehrer, Schüler, öffentliche Massenmedien
z. B. Schüler, Lehrer, Schule/Gemeinde, Öffentlichkeit

Methodisch-mediales Handeln im Lernbereich Politik – Geschichte – Erdkunde

aufgaben zusammengefaßt und etwa in „Initiierung und Steuerung von Lernschritten", „Strukturierung und Steuerung von unterrichtlichen Zusammenhängen", „Planung und Präsentation von Lernsituationen", „Einbettung von unterrichtlichen Handlungen" und „Fundierung von unterrichtlichen Handlungen" aufgefächert (vgl. SCHULZE 1978, S. 104 ff.). Weitere Beispiele der endlosen Reihe allgemeindidaktischer Analysen von Lehrertätigkeiten (vgl. AEBLI 1976, GUYER 1952) sind entbehrlich. Vereinzelt werden die Lehraufgaben spezifisch fachdidaktisch akzentuiert und ergänzt, wenn beispielsweise Lehrerfunktionen und -rollen im Politikunterricht erwähnt werden: „erwachsener politischer Bürger", „Repräsentant der Schule", „Wissenschaftler", „Berater" und „Organisator und Planer" (vgl. GIESECKE 1973, S. 173 ff.). Den Lehraufgaben auch der Schüler trägt eine schlichtere Aufzählung Rechnung: „Lehrervortrag", „Lehrdemonstration", „Unterrichtsgespräch", „Schülerbericht" und „Schülerreferat" (vgl. BAYER 1980, S. 256 ff.).
Daß die *Arbeitsweisen* den Lehraufgaben gegenübergestellt werden, bedeutet also nicht, Schüler könnten nie Lehraufgaben und Lehrer nie Arbeitsweisen vollziehen. Aber die asymmetrische Situation bleibt doch bestehen und zwingt zu getrennter Betrachtung. Bei den Arbeitsweisen erübrigt sich eine nähere Beschreibung, weil die Lernformen unmittelbar aus den Lernzielen folgen. Wer „historisch urteilen" soll (als Ziel), muß beispielhaft „historisch urteilen" (als Unterrichtsmethode); wer die Kontinente und Meere vollständig nennen soll, muß wiederholt die Kontinente und Meere auswendig hergesagt haben. So trivial diese Feststellung ist, so differenziert und fachspezifisch können die Arbeitsweisen ausgearbeitet sein, etwa durch Lehrervortrag, Unterrichtsgespräch, Gruppen- oder Einzelarbeit, Schülervortrag, Diskussion, Debatte, Expertenbefragung (vgl. GIESECKE 1973, S. 114 ff.).
Nicht zu den Methoden, sondern zur Inhaltsauswahl und -anordnung ist die curriculare Sequenzbildung samt ihren Prinzipien (Exemplarität, Aktualität ...) zu rechnen. Die *Ablaufstrukturen* sind je nach den Methodenkonzepten noch gegensätzlicher als die Lehraufgaben und Arbeitsweisen. Höchste Planungseinheit ist einmal der Programmschritt, einmal die Einzelstunde, einmal die Unterrichtseinheit, schließlich das Projekt oder Vorhaben. In den kleinschrittigen Konzepten halten sich verschiedene Artikulatonsschemata zäh, so Formalstufen (vgl. DÖHN 1975, S. 95 ff.; vgl. METZGER 1972, S. 42), Arbeitsunterricht (vgl. LOCH/HOFFMANN 1977; vgl. LOCH/WAGNER 1976, S. 16 ff.). Erlebnisunterricht (vgl. E. SCHMIDT 1971, S. 88 f.) und vereinfachter Dreischritt: Wiederholung, Neudurchnahme, Zusammenfassung (vgl. DÖHN 1975, S. 102 ff.; vgl. EBELING 1973, S. 396 ff.; vgl. GLÖCKEL 1979, S. 170; vgl. KLEINKNECHT u. a. o. J., S. 147 ff., S. 179 ff.; vgl. MARIENFELD/OSTERWALD 1966, S. 230 ff.). Bei großschrittiger Planung in Unterrichtsreihen oder Projekten fallen ganz andere Arbeitsabläufe an. Aus der Integration lernpsychologischer, arbeitsunterrichtlicher und fachdidaktischer Ansätze werden anspruchsvolle vielschrittige Strukturschemata mit generalisierbaren Elementen entwickelt (vgl. HILLIGEN 1975, S. 223 ff.; vgl. SÜSSMUTH 1972, S. 203 ff.). Andere Autoren mit Anspruch auf Projektorientierung lehnen sich stärker an das herkömmliche Artikulationsschema des Arbeitsunterrichts an, halten die Stufen „Problemstellung", „Lösungsversuche", „Beurteilung und Transfer" aber unabhängig vom Stundenrhythmus und beziehen sie auf ganze Unterrichtsreihen (vgl. EBINGER 1972, S. 160 ff.; vgl. GIES 1981, S. 129 ff.; vgl. GIESECKE 1973, S. 107 ff.; vgl. HUG 1977, S. 104 ff.; vgl. KUHN 1975).
Wie auch immer der zeitliche Ablauf geplant wird (stündlich oder langfristig, schematisch oder situativ), Fachunterricht muß zwischen verschiedenen Phasen abwechseln. Vielleicht ist es besser, die Artikulation weniger als Frage der Verlaufsstruk-

turen, sondern mehr als Problem der didaktischen Funktionen anzusehen. Dabei werden im konventionellen sozialwissenschaftlichen Unterricht oft Motivation, Problematisierung und Hypothesenbildung, Problemlösung sowie Anwendung und Übertragung unterschätzt, im schülerorientierten Unterricht dagegen vielfach Information und Materialsammlung, Ergebnisfixierung, Wiederholung und Lernkontrolle nicht mehr genügend beachtet.

5.2 Methoden als Unterrichtsinteraktion

In einem neuen „methodischen Forum" werden 17 Unterrichtsmethoden unterschieden und nach „zweipoliger" bis „fünfpoliger" Interaktion gegliedert (vgl. WINKEL 1981, S. 20 ff.). Hier ist die Interaktions- und Kommunikationsart zum leitenden Einteilungskriterium der Methoden gemacht; die Inhaltsdimension wird konsequent vernachlässigt: Übung, Wiederholung, Veranschaulichung und Motivierung (also typische didaktische Funktionen) gelten nicht als Methoden, „sondern, um ein Bild zu benutzen, [als] Rastplätze, Reiseerleichterungen oder Proviantpäckchen auf den eigentlichen Lehr- und Lernwegen" (WINKEL 1981, S. 23). Obwohl die Sozialformen von den Methoden begrifflich getrennt sind, wird also eine einlinige Klassifikation nach Beziehungsformen vorgelegt. Eine mehrschichtige Betrachtung ist vorzuziehen; sie muß *Stil, Kommunikationsstruktur, Differenzierung* und *Sozialform,* unterscheiden. Ähnlich den Methodenkonzepten stehen die Unterrichtsstile oberhalb einzelner Methodenentscheidungen und Interaktionsformen; sie wirken, obwohl der Schüler- und Lehrereinwirkung zugänglich, für die Einzelstunde fast wie Unterrichtsvoraussetzungen. Kommunikationsstruktur, Differenzierung und Sozialform betrachten die Interaktion gesondert unter den Aspekten der Beteiligung, der Individualisierung und der Gruppengröße/Sitzordnung (vgl. Abbildung 4).

Wenn *Erziehungs- und Führungsstil,* Schul- und Klassenklima und Unterrichtsatmosphäre als erste Dimension genannt werden, bedeutet das nicht, daß der Lehrer für sie allein die Verantwortung trüge. Die Rahmenbedingungen, die Vorerfahrungen, Aktionen und Reaktionen der Schüler sind dafür ebenfalls konstitutiv. Während Geschichts- und Geographiedidaktiker sich mit dem Erziehungsstil kaum befassen, setzen sich die meisten Politikdidaktiker ausführlich damit auseinander (vgl. DIECKMANN/BOLSCHO 1975, S. 106 ff.; vgl. GIESECKE 1973, S. 24 ff.; vgl. HILLIGEN 1975, S. 243 ff.; vgl. MICKEL 1980, S. 137 ff.; vgl. F. ROTH 1968). Geschichtsdidaktiker sind eher an der Theorie der pädagogischen Felder Winnefelds interessiert (vgl. FINA 1981, S. 35 ff.; vgl. GAGEL 1973, S. 106 ff.). Der Grundgedanke des pädagogischen Verhältnisses oder Bezuges (vgl. KLAFKI u. a. 1970, S. 53 ff.) wird – wohl wegen seiner Beschränkung auf die einzelnen Schüler – nicht aufgenommen. Positive Emotionalität und reversibles Kommunikationsverhalten sind also außer in der Politikdidaktik nur unzureichend thematisiert.

Die *Kommunikationsstruktur* des Unterrichts läßt sich auf zwei Ebenen beschreiben: Die manifeste, zielkonforme Kommunikation zeigt sich so: Wer redet (oder agiert nonverbal) worüber, wie oft, wie lang, auf wessen Veranlassung und wieweit reversibel, mit welcher Funktion und mit welchem Adressaten? Die latente, zielwidrige Kommunikation ist von der gruppendynamischen Struktur abhängig; formelle und informelle Gruppen durchgittern sich. Die erste Seite wird in der Fachdidaktik kaum untersucht (vgl. FINA 1981, S. 35 ff.), die zweite allenfalls da diskutiert, wo dieses Unterleben erhoben und beeinflußt werden soll, also beim Soziogramm (vgl. MICKEL 1980, S. 115 ff.). Die breite erziehungswissenschaftliche De-

batte über Verstehen und Verständigung im Unterricht (vgl. HEINZE 1976, PETILLON 1980, UHLE 1978) ist in den sozialwissenschaftlichen Fachdidaktiken kaum aufgenommen worden.
Differenzierung muß nicht notwendig den Lerntempi oder Leistungsniveaus folgen, sondern kann an Vorlieben und Vorkenntnissen anknüpfen oder einfach arbeitsteilig vorgehen. Wo Gruppenunterricht als Makrostruktur (und nicht bloß Gruppenarbeit als vorübergehende Sozialform) eingesetzt wird (vgl. BIRKENHAUER 1975, S. 21 ff.; vgl. FINA 1981, S. 43 ff.; vgl. MICKEL 1980, S. 187 ff.; vgl. A. SCHMIDT 1976, S. 230 ff.), stellt sich automatisch die Frage nach der Reintegration. Eigenartigerweise wird Differenzierung kaum erwähnt, geschweige denn als Chance erkannt, erhöhte Kommunikation zwischen den Schülern zustande zu bringen. Jedes Schülerreferat kann zur Verbesserung der Interaktion beitragen, wenn Motivation vorhanden ist (vgl. WAGNER u.a. 1981, S. 147 ff.). Bei erhöhter Differenzierung gibt es mehr Dinge mitzuteilen, zu fragen und zu diskutieren.
Die *Sozialformen* des Unterrichts korrespondieren mit der Sitzordnung und der Lerngruppengröße: Einzelarbeit, Partnerarbeit und Kleingruppenarbeit sind eindeutige Sozialformen. Klassenunterricht aber kann als Frontalunterricht, Kreisunterricht, Podiumsunterricht oder Expertenbefragung sehr verschiedene Sozialformen annehmen. Großgruppenunterricht eröffnet ebenfalls verschiedene Möglichkeiten. Die Unterschiede der Sitzform sind zwar nur Ausdruck unterschiedlicher Kommunikationsziele und -formen, dennoch an Bedeutung nicht zu unterschätzen. Viele Fachdidaktiker gehen ausführlich auf die Sozialformen ein (vgl. HAUBRICH u.a. 1977, S. 156 ff.; vgl. KREUZER 1980, S. 260 ff.; vgl. GIESECKE 1973, S. 125 ff., vermischt mit Arbeitsweisen) oder erwähnen sie wenigstens kurz (vgl. GIES 1981, S. 106 f.; vgl. HILLIGEN 1975, S. 229). Die Unterschiede zu anderen Fächern sind aber so gering, daß andere Autoren offenbar eine gesonderte Darstellung für entbehrlich halten.

5.3 Medien als Unterrichtsgeräte

Die Geräte und Apparate im Unterricht (also der Hardware-Aspekt der Medien) erscheinen auf Anhieb weniger interessant als die Software-Gestaltung. Gerade für den sozialwissenschaftlichen Unterricht stellen sich dennoch eine Reihe grundlegender Probleme. Mindestens vier unterschiedliche Analysekriterien sind nebeneinander nötig, während die didaktischen Schriften sich oft mit einem oder zweien begnügen. *Träger, Reizart, Wirklichkeitsnähe* und *Bearbeitungsgrad* sollen kurz untersucht werden. Sie bestimmen maßgeblich die Organisation des Lernens. Dabei ist der jeweilige materielle Träger grundlegend für den Charakter des Geräts. Die drei anderen Merkmale sind eher qualitative Abwandlungen, allerdings von größtem didaktischem Gewicht (vgl. Abbildung 4).
Die technikgeschichtliche Entwicklung hat eine Reihe von *Trägersystemen* ausgeprägt, die heute nebeneinander existieren. Da sie ein äußerlich leicht erkennbares Merkmal bilden, gliedern viele Schriften die Behandlung der Medien danach (vgl. FÜRNROHR 1978, S. 117 ff.; vgl. GIESECKE 1973, S. 149 ff.; vgl. A. SCHMIDT 1976, S. 271 ff.). Am Anfang stehen die *gerätefreien, personalen Träger:* Lehrer (bei Erzählung, Abfragen, Vortrag), Schüler (bei Deklamation, Rollenspiel, Referat, Diskussion) und Experte (bei Interview, Augenzeugenbericht). Wegen der fehlenden materiellen Unterlage erkennen manche diese Gruppe nicht als Medien an. Die *konventionellen Druckerzeugnisse* (beispielsweise Buch, Arbeitsheft, Schulbuch, Loseblätter, Zeitschrift, Zeitung, Atlas) bilden die zweite Schicht. Ihre Dominanz im

sozialwissenschaftlichen Unterricht wird vielfach mit Bedauern festgestellt. Einen überwiegend vorindustriellen Stand repräsentieren auch noch die *einfachen Geräte* wie Globus und Erdumlaufmodell, Wandkarte und Wandbild, Tafel und Ansteckbrett, Sandkasten und Blockmodell, aber auch Arbeitsplätze und Fachräume. Über die Abgrenzung zwischen Gerät und Ausstattung kann man in manchen Fällen streiten. Die *modernen elektrischen und elektronischen Medien* machen die vierte Gruppe aus, also (Schul-)Funk, (Schul-)Fernsehen, Videoband und Schallplatte, Tonband, Kassettenrecorder, Film, Ton-Bild-Reihe, Episkop, Diaskop, Tageslichtschreiber, Schreibmaschine und Elektronenrechner (etwa für Wirtschaftsplanspiele). Diese letzte Schicht von Trägern wird in der Literatur überbewertet, in der Praxis – nicht ohne gute Gründe (vgl. B. BACHMAIR 1979) – vernachlässigt. Mit dem Träger und dem technischen Entwicklungsstand hängen unmittelbar die *Kosten,* die technische *Verfügbarkeit,* die *Flexibilität* und letztlich die *Wirtschaftlichkeit* zusammen. Je technisierter das System, desto größer der Zeit- und Geldaufwand für Planung, Vorbereitung und Durchführung. Um so geringer wird auch die Flexibilität (Gesamtklasse, Zeiteinteilung). Das Verhältnis zwischen Aufwand (an Zeit und Geld) und Ertrag (an Motivation und Lernzuwachs) veranlaßt häufig, bei funktionell etwa gleichartigen Trägern (Tafel und Tageslichtschreiber, Wandbild und Diaprojektion, Lehrererzählung und Schulfunkszene) die technisch einfachere Lösung zu wählen.

Die Geräte sprechen verschiedene Sinne an, sind für unterschiedliche Wahrnehmungsarten bestimmt, da sie unterschiedliche *Reizarten* darbieten. Für *haptische (und motorische) Erfassung* sind Gegenstände, Bauwerke, dreidimensionale Modelle, Sandkästen und Knetmasse geeignet. Sie kommt relativ selten im Klassenraum vor (Ausnahme: Verbindung mit Werkunterricht/Arbeitslehre). Die *akustische* Wahrnehmung gehört zu Lehrererzählung, Schallplatte, Tonband, Schulfunk, Hörspiel; die *optische* zu Wandbild, Diapositiv, Quellenfoto (im Schulbuch), Stummfilm. Bei vielen technischen (Tonfilm, Fernsehen, Ton-Bild-Streifen) und personalen Medien (Dia-Vortrag, Simulationsspiel, Debatte) ist die Aufnahme *audiovisuell. Alle Sinne* sind bei Klassenfahrten oder Museumsbesuchen angesprochen. Die visuelle Wahrnehmung muß man in zwei grundsätzlich verschiedene Arten untergliedern: *ikonische* (abbildliche) und *symbolische* Reize wie Schrift, Statistik, Schema und Karte. Wahrnehmungspsychologisch gibt es zwischen den Reizarten erhebliche Unterschiede. Insofern ist die entsprechende Gliederung in einzelnen Didaktiken sinnvoll (vgl. EBELING 1973, S. 104 ff., S. 228 ff.; vgl. GIES 1981, S. 150 ff.). Die Kombination akustischer, optischer und eventuell taktiler Reize muß durchaus nicht günstiger sein als die Konzentration auf einen Sinn. Denn die Reize, besonders wenn sie als „Schere" zwischen Bild und Ton inhaltlich auseinanderklaffen, können sich auch stören. Dann wird nur der auffälligste und eingängigste Reiz verarbeitet (vgl. WEMBER 1976, S. 46 ff.).

Nach der *Wirklichkeitsnähe der Repräsentation* sind die Medien im Erfahrungskegel von DALE (vgl. 1969, S. 107) geordnet. Dale klammert die Realsituaion selbst aus, da sie nicht primär dem Lehren dient. Zu den direkten (simulierten) Erfahrungen werden direkte zielbewußte Erfahrung, Modell/Nachbildung/Simulation und Schauspiel gerechnet (Lernen durch Tun). Als ikonische Erfahrungen (Lernen durch Beobachtung) folgen Demonstrationen, Exkursionen, Ausstellungen, Unterrichtsfernsehen, Filme und Aufnahmen, Radio/unbewegte Bilder (die letzten drei Schichten könnte man als audiovisuelle Medien zusammenfassen). Als symbolische Erfahrungen schließlich werden visuelle und verbale Symbole genannt (Lernen durch Abstraktion). Der Erfahrungskegel ist vielfach zustimmend rezipiert worden (vgl.

Methodisch-mediales Handeln im Lernbereich Politik – Geschichte – Erdkunde

CLAUSSEN 1977, S.92f.; vgl. DÖHRING 1969, S.262f.; vgl. FLECHSIG/HALLER 1975, S.210ff.; vgl. HAUBRICH u.a. 1977, S.216ff.; vgl. HOLSTEIN 1975, S.47, vgl. NUSSBAUM 1971, S.99ff.). Auch Autoren, die sich nicht ausdrücklich darauf beziehen, gliedern ihre Darstellung der Medien teilweise entsprechend (vgl. BIRKENHAUER 1975, S.60 ff.; EBINGER 1972, S.173ff.; vgl. FICK 1980, S.182ff.). Das ist überraschend, denn man sollte erwarten, daß der Abstraktionsgrad mehr an den Nachrichten (Software) als an den Geräten (Hardware) festgemacht wird. Ein Film etwa kann hochabstrakte Symbole (mathematische Gleichungen) oder Landkarten zeigen, aber auch lebensweltliche Szenen (Arbeit, Interview) oder reale Naturereignisse ohne Simulationschance (Vulkanausbruch); er ist also in seiner Wirklichkeitsnähe durchaus nicht einheitlich.

Die Anwendung von Dales Wirklichkeits- und Erfahrungsbegriff ist in den Sozialwissenschaften problematisch. Wahrnehmung ist weniger als Anschauung, Anschauung ist weniger als Erfahrung, und Erfahrung ist weniger als Einsicht. Nicht auf „Anschaulichkeit" kommt es an, sondern auf die Einübung des „Pulsschlages von Abstraktion und Rekonkretisierung" (HILLIGEN 1 975, S.35). Der Begriff von Anschaulichkeit ist ideologisch geprägt und interessengeleitet (vgl. SCHULZE 1978, S.103f.). Die Entfernung von der sog. Wirklichkeit darf nicht als Wertmaßstab mißverstanden werden (vgl. CLAUSSEN 1977, S.92f.). Geschichte hat es ausschließlich mit dem „Nicht-mehr-Wirklichen" zu tun (die vorhandenen Überreste sind nicht Ziel und Gegenstand des Erkennens, sondern nur Weg und Mittel der Rekonstruktion). Erdkunde beschäftigt sich vornehmlich mit weit entfernten und vielfach mit unsichtbaren Phänomenen (Ökogleichgewicht, Klimagürtel, Bruttosozialprodukt, Rohstoffreserven). Politik ist nur begrenzt im Nahraum (Familie, Nachbarschaft) erfahrbar und richtet sich gerade auf die „sekundären Systeme", auf die „Gesamtstrukturen". Gespräche zwischen dem Kreml und dem Weißen Haus kann man nicht unmittelbar „erfahren" oder verantwortbar „simulieren". Auch die Stellung der sprachlichen Symbole in Dales Kegel scheint eher durch naturwissenschaftliches Lernen geprägt. Politik und Geschichte (weniger Geographie) vollziehen sich in sprachlichen Handlungen, bestehen aus sprachlichen Symbolen (und werden nicht erst später darin abstrahierend beschrieben). Das eben macht Politikunterricht – vor allem für sprachungewandte Unterschichtkinder – so schwierig.

Schon nach ihrer Hardware haben die Medien (teilweise) einen unterschiedlichen *Verarbeitungsgrad* und damit einen abgestuften Anreiz und Aufforderungscharakter. Die meisten beschriebenen Geräte sind *Fertigprodukte,* die als Konserven von den Lehrern und Schülern nur reproduziert, abgerufen und konsumiert werden können, beispielsweise Schallplatten, Fernsehmitschnitte, Lehrfilme, Tonbildreihen. Dazu gehören selbstverständlich entsprechende Wiedergabegeräte. Daneben stehen *Halbprodukte* zur Ergänzung und Weiterverarbeitung, die also einen höheren Grad an Aktivierung zustande bringen sollen, etwa Lernprogramme, Lückentexte, Arbeitshefte, Umrißkarten zum Ausfüllen. Gesondert zu betrachten sind *Lernspiele* mit festen Regeln und Verlaufsalternativen (Plan- und Entscheidungsspiele, Modellbauvorlagen, Baukästen, Spielanleitungen). Endlich gibt es *Rohstoffe* für die eigene Gestaltung und Herstellung von Medien (Sandkasten, Wandzeitung, leere Folien, Kassetten, Ton- oder Videobänder, Tafel und Wandbrett, Farbe für Kulissen, Stoff für Kostüme, Idee für Rollen- oder Planspiel) mit den dazugehörigen Arbeitswerkzeugen (Bild-, Film-, Videokamera, Recorder, Tonbandgerät, Säge, Hammer, Schreibmaschine). Der Grad des Aufforderungscharakters macht einen fundamentalen Unterschied, auch wenn einzelne Hardware-Geräte sowohl zur Wiedergabe von Konserven wie zur Produktion und Reproduktion eigener Werke verwendet werden können, wie Video-Recorder oder Filmvorführgerät. Für den Projektunterricht sind Halbprodukte und Rohstoffe unerläßlich; sie werden auch besonders von den Politikdidaktikern erörtert (vgl. GIESECKE 1973, S. 164, S. 168 ff., S. 49 ff., vgl. MICKEL 1980, S. 232 ff.). Als „Gestaltungsmittel" spielen solche Medien auch in anderen Fächern wie Kunst, Werken und Arbeitslehre eine Rolle (vgl. SCHULZ 1970, S. 423). Der überragende Zeitaufwand schließt eine Benutzung im strikt disziplingebundenen sozialwissenschaftlichen Unterricht weithin aus.

5.4 Medien als Unterrichtsnachrichten

Die inhaltliche Seite der Medien, also ihre Eigenschaft als „Nachrichten" oder „Botschaften" (Software), ist erziehungswissenschaftlich interessanter als ihre Gerätenatur. Hier fallen die wichtigen didaktischen und fachspezifischen Entscheidungen. Es geht um *Lernfunktion, Fachcharakter, Hersteller* und *Benutzer* von Medien; diese Gesichtspunkte ergeben sich unmittelbar aus der Betrachtung von Unterricht als Kommunikation. Die Lernfunktion geht dabei den drei anderen Bereichen didaktisch voraus; erst wenn sie angemessen geplant ist, können die anderen Merkmale detailliert bestimmt werden (vgl. Abbildung 4).
Lernfunktion: So schwer die didaktischen Funktionen von Methoden eindeutig und konsensfähig zu beschreiben sind, so schwer auch die der Medien. Selbst die Unterscheidung *monovalenter* und *polyvalenter* Materialien hängt ganz vom Kontext ab. Dieselbe historische Anekdote kann in einer Stunde als Einstieg benutzt, in einer anderen ideologiekritisch von allen Seiten als Muster nationaler Legendenbildung betrachtet werden. Je nach der Unterrichtskonzeption haben dieselben Medien verschiedene Funktionen oder werden wegen der verschiedenen Funktionen verschiedene Medien gewählt. So können Medien einzelnen Artikulationsschritten zugeordnet werden; sie können aber auch auf die viel längeren Arbeitsphasen eines Projektes, Gruppenunterrichtes, Entscheidungstrainings oder politischen Happenings bezogen werden. Die Zuordnung gelingt kaum eindeutig; dieselben Medien üben in verschiedener Verwendungsart verschiedene Funktionen aus. Fundamentaler erscheint eine Gliederung, die auf generelle Konzepte von Unterricht abhebt und an allgemeine Mediendidaktik (vgl. WITTERN 1975) anknüpft: „Informationsorientierte", „kommunikationsorientierte" und „aktionsorientierte Medien". Freilich macht die Zuordnung gerade für den sozialwissenschaftlichen Unterricht große Schwierigkeiten. Vorträge, Leitfäden und Programme sind sicher informationsorientiert; Planspiel, Exkursion und Filmherstellung aktionsorientiert. Eine Video- oder Tonbandaufnahme des eigenen Unterrichts mag kommunikationsorientiert sein. Aber wie sind Bild- und Textdokumente, vergleichende Theoriedarstellungen, Serien von mehreren Karten zu klassifizieren? Zudem dürfte die Liste nicht vollständig sein. Mindestens „leistungsmessungsorientierte" Medien wie Schulleistungstests, Klassenarbeiten, Gruppenquiz und informelle Tests wären zu ergänzen, vielleicht auch „übungs-" und „aufgabenorientierte".
Fachcharakter: Alle sozialwissenschaftlichen Fächer unterscheiden ziemlich strikt zwischen vorgefundenem alltagsweltlichem Material als Erkenntnisgrundlage und wissenschaftlich aufgearbeiteter Gestaltung als Erkenntnisergebnis. Besonders deutlich ist der Gegensatz im Fach Geschichte zwischen *Quellen* und *Darstellungen*, entsprechend ist das Medienkapitel in einzelnen Fachdidaktiken gegliedert (vgl. BEILNER 1976, S. 78 ff.; vgl. HUG 1977, S. 136 ff.). Da Unterricht im Kern zweifellos wissenschaftsorientiert sein muß, muß er auch die Besonderheiten der fachspezifischen Erkenntnismethoden vorführen, abbilden und einüben. Dem müssen fach-

spezifische Materialarten entsprechen. Quellen und Dokumente werden entweder im Original vorgelegt oder weit häufiger übersetzt und abgebildet, aufbereitet und gekürzt. Man muß stets bedenken, daß in Auswahl und Zuordnung der Dokumente bereits eine Wertung der Relevanz, mithin ein Stück Darstellung steckt. Eine Besonderheit bilden in allen sozialwissenschaftlichen Fächern die *Fiktionen* und *Simulationen* als Medien. Sie beginnen bei fiktiven Lehrererzählungen, Schulfunksendungen, Hörspielen und Spielfilmen, Historienbildern, Balladen und Novellen, Abenteuer- und Entdeckerromanen und reichen bis zum Rollen-, Plan- und Entscheidungsspiel, zur Satire und Karikatur, zu Prognose und Szenario, Sozialutopie und Horrorphantasie. Nicht die Verwendung von Fiktionen und Simulationen ist zu kritisieren, sondern ihr unreflektierter, unkontrollierter oder übertriebener Gebrauch. *Darstellungen* und *Abstraktionen* finden sich in Leitfadenform, als Sozial- und Regionalstudie, als bildliche oder modellhafte Rekonstruktion, als Strukturschema oder Blockbild, im Atlas, im graphischen Schema, im Tafelbild, bei Theorievergleich und Theoriekonstruktion. Meist können sie aber nicht unmittelbar „wissenschaftlich", sondern nur „elementarisiert" sein; zudem sollten sie in der Regel nicht am Anfang, sondern am Ende des Arbeitsprozesses stehen. *Hilfsmittel* wie Wörterbücher, Register, Bibliographien und Kataloge werden für die Arbeit mit allen drei anderen Medienarten gebraucht: zur Gestaltung einer Simulation nicht weniger als zur Kontrolle einer Darstellung und Interpretation eines Dokuments.

Hersteller: Die ältere Fachdidaktik hat als Hersteller im wesentlichen nur die *Fachdidaktiker* (mit ihren Medien Schulbuch, Wandkarte, Atlas, Quellenheft, Schulfunk) und den *Lehrer* (Lehrererzählung, Arbeitsblatt, informeller Test, Zeitleiste) erwähnt. Viel zu wenig wird an die *Schüler* (Projektbericht, selbstbespieltes Tonband, Theaterstück, Buch, Modell, Zeitleiste, aber auch Klassenarbeit, Schülerreferat, Arbeitsheft) und die *öffentlichen Massenmedien* (Spielfilm, Mitschnitt einer Fernsehsendung, Zeitungsartikel, Rundfunknachricht) als Hersteller von Unterrichtsnachrichten gedacht. Die unterschiedlichen Hersteller sind für die Art und Benutzung der Medien von ausschlaggebender Bedeutung. Kommerzielle didaktische Materialien können technisch perfektioniert, in optimalen Lernschritten organisiert und sorgfältig elementarisiert sein; sie haben aber den Geruch von Schule und Lebensfremdheit, werden „Schulwissen" (RUMPF 1971; 1972, S. 277 ff.). Lehrermaterialien können fein auf die Situation der besonderen Klasse, ja einzelner Schüler abgestimmt werden; dennoch wirken sie leicht plump und „handgemacht". Schülermaterialien führen zu erhöhter Eigentätigkeit, bleiben aber oft fremdbestimmt oder bringen den Unterricht zu Bastelei und Laienspiel herunter. Massenmedien durchbrechen die Trennung von Schule und Leben, können den Unterricht aber auf Sensationen und Aktualitäten fixieren.

Benutzer: Es ist ein deutlicher Hinweis auf die klassische Asymmetrie der Schul- und Unterrichtssituation, daß beim Absender fast ausschließlich an die Institution Schule (Lehrer, Verlag) gedacht wird, beim Adressaten allein an den Zwangsbenutzer *Schüler*. Bei unverzerrter Kommunikation und Interaktion müßte eine viel stärkere Rückwirkung der Benutzer auf die Herstellung gewährleistet sein, ja, man könnte Hersteller und Benutzer nicht eindeutig scheiden. Die Verzahnung ist aber in der Schule schwach: Selbst wenn die Schüler einmal Hersteller oder Weiterverarbeiter von Materialien sind, findet sich für ihre „Werke" kaum ein Abnehmer und Benutzer. Der *Lehrer* ist dafür wenig geeignet, zumal er jeweils auch die Leistungsmessung und Notenverwertung vornehmen muß. Die *Fachdidaktiker* erhalten kaum jemals eine Rückmeldung. Allenfalls entstehen Unterrichtsmodelle aus eigener Lehrerpraxis; Curricula werden zunächst probeweise eingeführt, oder

Bodo von Borries

Schulbuchkapitel sind vor der Drucklegung in einigen Klassen ausprobiert worden. Vor allem nach erfolgreicher Projektarbeit wird ein *Publikum* benötigt (beispielsweise Eltern, Schulöffentlichkeit, Stadtteil, Lokalpresse, Wettbewerbsjury, Gemeindeverwaltung). Die Folgenlosigkeit auch guter Schülerarbeit kann die Motivation nachdrücklich vermindern (vgl. GIESECKE 1973; vgl. KUHLMANN 1975, S. 82). Mit anderer Medienherstellung und -benutzung allein ist diesem Problem nicht beizukommen.

6 Grenzen der Ziel-Mittel-Relation im sozialwissenschaftlichen Unterricht

Im Sinne der Ziel-Mittel-Relation werden Methoden und Medien gemeinhin den Zielen und Inhalten nachgeordnet. Der „Primat der Didaktik" oder die „fundamentale Intentionalität" allen Unterrichts drücken diese Wertung aus. Der „Primat der Intentionen" wird auch im „lernzielorientierten" Unterricht gewahrt. Viele Richtlinien erweisen sich auch heute noch bei näherem Hinsehen als Stoffkanones. Bis zum Sachunterricht in der Primarstufe wird die Verfachlichung und Propädeutik für spätere Universitätsdisziplinen vorangetrieben. Für diesen „Primat der Inhalte" bietet die Lernpsychologie mit Stichworten wie „Wissenschaftsorientierung", „structure of the knowledge" und „basic concepts" sogar eine ausdrückliche Legitimation an. Im Konfliktfalle widersprüchlicher Anforderungen setzen sich aber die Unterrichtsmethoden als heimlicher Lehrplan gegen die plakativen und manifesten Ziele durch. Die Schule lehrt vor allem „Schule" (vgl. HEINZE 1980, REINERT/ ZINNECKER 1978, ZINNECKER 1975). Im Sinne eines „Primats der Methoden" prägt die Schule die Mentalität der Schüler; nicht nur im „verfahrensorientierten" Unterrichtstyp ist die Methode konstitutiv (vgl. MENCK/THOMA 1972). Wie beim Fernsehen, das vor allem sich selbst verkauft, so gilt auch in der Schule: „Das Medium ist die Botschaft." Besonders aufdringlich ist das Lernprogramm. Die entsprechenden Konzepte der allgemeinen Didaktik unterwerfen sich dem „Primat des Mediums" und machen daraus ein Modell allen Unterrichts. Angesichts der „Dominanz vorgefertigter audiovisueller Medien" (vgl. B. BACHMAIR 1979) ist zweifellos auch medienzentrierter Unterricht ein möglicher Unterrichtstyp (vgl. CLAUSSEN 1977, S. 81 ff.). Allen Strukturelementen wird also in bestimmten Unterrichtstheorien der höchste Stellenwert zuerkannt. Man kann noch weiter gehen und eine Unterrichtsart identifizieren, in der ein „Primat der Ausgangslage" herrscht. Bei der „Beschulung" von Ausländerkindern beispielsweise werden vielfach die elementarsten Sprachschwierigkeiten nicht überwunden. In resignativen, kommunikationsunwilligen Hauptschulklassen findet Politik- oder Geschichtsunterricht manchmal nicht statt, sondern wird nur vorgetäuscht. Die Schule verkommt beim „kustodialen" Unterricht zur Bewahranstalt. Ganz im Gegensatz dazu stellt sich bei rigorosen Lernzielüberprüfungen ein „Primat der Erfolgskontrolle" ein, das heißt, der Prüfungsvorgang wird zur Hauptsache, der Unterricht verkümmert zur Vorbereitung. Eine stark selektierende Schulorganisation und ein krasser Elitebegriff liefern die ideologische Absicherung. Zudem kommt solcher Unterricht mit dem Pathos vorgeblich exakter Messung und gerechter Bewertung daher. Die Ziel-Mittel-Relation (und damit der Vorrang der Intentionen) läßt sich bei der Analyse von sozialwissenschaftlichem Unterricht nicht voll aufrechterhalten; die zahlreichen Rückkoppelungen stellen von Anfang an ein interdependentes Geflecht her. Viele Argumente sprechen dafür, daß die schon in den 20er Jahren vertretene These vom Vorrang der Methoden und Medien zutrifft. Aber umgekehrt: Es ist gar nicht möglich, sich bei Unterricht keine Ziele und Inhalte zu setzen. Es wäre intellektuell unredlich, seine Ziele nicht ex-

Methodisch-mediales Handeln im Lernbereich Politik – Geschichte – Erdkunde

plizit zu machen und der Kritik auszusetzen. Und es wäre illusionär, die Übermacht der faktischen Verläufe (Bedingungen und Methoden) zu übersehen oder zu leugnen.
Die bisherigen Überlegungen gelten prinzipiell für alle Fächer, sie spitzen sich aber in den Sozialwissenschaften und den ihnen nahestehenden Fächern Kunst, Religion und Deutsch besonders zu. Wenn vor Jahrhunderten der Religionsunterricht das Paradigma allen Unterrichts bildete, später die Philologie und dann die Naturwissenschaft, so bildet in einigen neueren allgemeindidaktischen Theorien der Politikunterricht das Muster allen Unterrichts. Es ist gleichgültig, ob die Tatsache bewußt ist, sie entspricht der gesellschaftlichen Entwicklung. Wenn etwa für alle Fächer „soziales Lernen", „Unterricht über Unterricht", „Schülerbeteiligung an der Planung", „Thematisierung von Unterrichtsstörungen" und „Lebensweltbezug, Praxisnähe" gefordert werden, so paßt das alles in erster Linie auf den prinzipiell reflexiven Charakter politischen Lernens. Demgegenüber werden „grundlegende Orientierungen", „Kulturtechniken", „berufsvorbereitende Kenntnisse" und „motorische Fertigkeiten", die eine zentrale Legitimation anderer Fächer darstellen, kaum betont, ja unterschätzt. Polemisch kann man vermuten, daß solche Einseitigkeit dem Lernen in anderen Fächern schadet, weil die nötige Mühe und unvermeidliche Unlust nicht ernst genug genommen werden. Der Erwerb bestimmter Fachkenntnisse und Kulturtechniken – etwa Geige-Spielen, Maschine-Schreiben, Englisch-Sprechen, Vektor-Rechnen – fordert eben harte Arbeit, die nicht durch Reflexion ersetzt werden kann. Gerade im Interesse der Lernenden und ihrer Kompetenz ist optimal effektive Organisation geboten.
Die fundamentale Reflexivität des sozialwissenschaftlichen Unterrichts ist nicht willkürlich gesetzt, sondern in der Sache begründet. Sie löst einen weit höheren Anspruch aus als in anderen Fächern (beispielsweise Solidarität, Kritikfähigkeit, Wertentscheidung, Handlungsfähigkeit). Den eigenen Alltag, die eigene Lebenswelt zu untersuchen ist nicht besonders einfach, sondern eher schwierig und eventuell auch angst- und leidbelastet. Politische Fragen sind häufig unanschaulich, direkter Erfahrung unzugänglich, verdrängungsanfällig und nicht durch Experimente erkundbar. Die Durchgitterung der Methoden und Medien mit anderen Strukturelementen von Unterricht ist sicher im Bereich der Sozialwissenschaften besonders groß.
Unterrichtsintentionen: Wo instrumentelle Fertigkeiten wie Kartenlesen und Quelleninterpretation und soziale Kompetenzen wie produktive Gruppenarbeit und faire Diskussion zu politisch-historisch-geographischen Lernzielen werden, sind Unterrichtsmethoden zugleich Intentionen. Wo Schüler selbst einen Film drehen, ein Buch schreiben oder eine Fotoausstellung organisieren, ist das Medium, genauer: die Technik der Medienbenutzung und die Praxis der Medienproduktion, zum Ziel geworden.
Unterrichtsthemen: Im „Unterricht über Unterricht" werden die Unterrichtsmethoden selbst zum Unterrichtsgegenstand. Werden Schulbücher verglichen, hinterfragt, mit Quellen und Darstellungen konfrontiert oder Zeitungsartikel, Theateraufführungen, Fernsehsendungen kritisch und reflexiv besprochen, so sind unterrichtliche wie öffentliche Medien zum Lernthema geworden. Solche Medienerziehung ist heute eine selbstverständliche Forderung.
Unterrichtsbedingungen: Brainstorming und Soziogramm als Unterrichtsmethoden dienen vor allem der Erhellung der Ausgangslage. Dieselbe Aufgabe erfüllen auch Medien wie Tonbandinterviews mit Eltern und Schülerbefragungen per Fragebogen.

Bodo von Borries

Unterrichtswirkungen: Methoden wie Rollenspiel, Quiz, Gruppenreferate und -prüfungen können auch Unterrichtsdiagnose und Leistungskontrolle leisten. Diese sind auch der Sinn von Medien wie Arbeitsheft, Schulleistungstests, Zettelarbeiten und informellen Tests.
Es entspricht der Besonderheit sozialwissenschaftlichen Unterrichts, daß die Feststellung von Ausgangslage und Wirkung in den Lernprozeß viel enger verschlungen ist als in anderen Fächern. Die Vorkenntnisse, Vorurteile, Ergebnisse und Wirkungen festzustellen bedeutet nicht einfach Zeitverlust, ist nicht ein notwendiges, aber lästiges Mittel zur Optimierung und Effektuierung der Lernsteuerung. Bedingungsanalyse und Unterrichtsdiagnose liefern einen Gewinn an Methodensicherheit, Selbsterkenntnis, Kommunikationsfähigkeit und Gesellschaftsverständnis. Wie kommt es zu bestimmten historischen Vorkenntnissen? Welche Wertungen werden vorweg mit gewissen Begriffen verbunden? Warum fehlen wichtige Nachrichten in der Presse? Welche Themen sind unter Familienmitgliedern tabuisiert? Warum sind erwünschte Lernergebnisse nicht eingetreten? Was wird am schnellsten vergessen? Wo klaffen Wissen und Handeln auseinander? (vgl. KUHN/ROTHE 1980). Antworten darauf sind notwendiger Teil des politisch-historisch-geographischen Lernprozesses.
Die einfache Ziel-Mittel-Relation läßt sich – wie gezeigt – im sozialwissenschaftlichen Unterricht ebensowenig aufrechterhalten wie die klare Trennung von Subjekt und Objekt des Erkennens. Andererseits beruht die Möglichkeit institutionalisierter und organisierter Lernprozesse auf der Scheidung von Absichten und Methoden. Sonst ließe sich nichts antizipieren, arrangieren, simulieren und steuern; man hätte wieder eine „natürliche Lernsituation" ohne Lehrer. Bei völliger Einheit von Ziel und Mittel wäre sozialwissenschaftlicher Unterricht begrifflich zu Ende. Ähnliches gilt für die Subjekt-Objekt-Relation. Wenn beide einfach gleichgesetzt werden, gibt es kein methodisch gesichertes, intersubjektiv kontrollierbares Erkennen mehr, das heißt, Rationalität und Wissenschaft wären zugunsten von Subjektivität und Unmittelbarkeit aufgehoben. Im sozialwissenschaftlichen Unterricht muß daher jeweils ein Verhältnis von Absicht und Methode sowie von Lernendem und Gegenstand hergestellt, das heißt gesetzt oder vereinbart werden. Es muß systematisch – aber revidierbar – so getan werden, als ob auch soziale Zusammenhänge schrittweise und objektivierend „lehrbar" wären. Dieses „Als-ob" muß zugleich immer wieder offengelegt und begrenzend reflektiert werden. Insofern bildet die Methoden- und Medienwahl in Politik, Geschichte und Erdkunde einen komplizierten und störempfindlichen Balanceakt, bei dem die Wahl der allgemeindidaktischen Bezugstheorien keineswegs gleichgültig ist.
Die sogenannte „curriculare", „kybernetische" und „systemtheoretische" Didaktik klammern die Beziehungsebene von Schüler – Klasse – Lehrer – Umwelt und die aktive Schülermitbestimmung aus (vgl. etwa MOELLER 1973, V. CUBE 1976, KÖNIG/RIEDEL 1973), sind also technologisch verkürzt und mithin für historisch-politischen Unterricht ungeeignet. Die „kritisch-kommunikative", „schülerorientierte" und „alternativschulische" allgemeine Didaktik (vgl. POPP 1976, RAMSEGER 1975, WINKEL 1980) berücksichtigen die Beziehungen, geben aber tendenziell in radikaler Schulkritik die Legitimation von Unterricht und lernnotwendigen Kulturtechniken auf. Damit sind institutionell organisierte Lernprozesse eher desavouiert als angeleitet. Neuere Rezeptdidaktiken lassen das Spannungsfeld theoretisch ungeklärt (vgl. FRIEDERICHS u.a. 1982, GRELL/GRELL 1980, H. MEYER 1980). Dem reflektierten Balanceversuch der weiterentwickelten „kritisch-konstruktiven" Didaktik (vgl. BOETTCHER u.a. 1980, KLAFKI 1977, SCHULZ 1980) zwischen Sache, Ich

Methodisch-mediales Handeln im Lernbereich Politik – Geschichte – Erdkunde

und Gruppe, zwischen Schulkritik, Schulnotwendigkeit und Schulreform entspricht die experimentelle Ziel-Mittel-Relation und die schwebende Subjekt-Objekt-Beziehung gerade im sozialwissenschaftlichen Unterricht.

AEBLI, H.: Grundformen des Lehrens, Stuttgart ⁹1976. ANWANDER, G.: Geschichtliches Interesse und politische Bildung Jugendlicher, München 1974. BAACKE, D. (Hg.): Mediendidaktische Modelle: Fernsehen, München 1973. BACHMAIR, B.: Medienverwendung in der Schule, Berlin 1979. BACHMAIR, G.: Unterrichtsanalyse, Weinheim/Basel ³1977. BAUER, L. (Hg.): Erdkunde im Gymnasium, Darmstadt 1968. BAYER, W.: Fachrelevante Organisationsformen. In: KREUZER, G. (Hg.): Didaktik des Geographieunterrichts, Hannover 1980, S. 256 ff. BECK, J.: Lernen in der Klassenschule, Reinbek 1974. BEILNER, H.: Geschichte in der Sekundarstufe I, Donauwörth 1976. BERGMANN, K. u. a. (Hg.): Handbuch der Geschichtsdidaktik, 2 Bde., Düsseldorf 1979. BIRKENHAUER, J.: Erdkunde, 2 Bde., Düsseldorf ⁴1975. BOETTCHER, W. u. a.: Lehrer und Schüler machen Unterricht, München/Berlin/Wien ³1980. BORCHERT, M./DERICHS-KUNSTMANN, K. (Hg.): Schulen, die ganz anders sind, Frankfurt/M. 1979. BORRIES, B. v.: Geschichte lernen – mit heutigen Schulbüchern? In: Gesch. in W. u. U. 34 (1983), S. 558 ff. BORRIES, B. v.: Zur Praxis „gelungenen" historisch-politischen Unterrichts. Ein quasi-empirischer Ansatz. In: Geschdid. 9 (1984), S. 317 ff. BRENNER, G.: Subjekt sein in der Schule, München 1981. CHIOUT, H./STEFFENS, W.: Unterrichtsvorbereitung und Unterrichtsbeurteilung, Frankfurt/M. ⁴1978. CLAUSSEN, B. (Hg.): Materialien zur politischen Sozialisation, München 1976. CLAUSSEN, B.: Medien und Kommunikation im Unterrichtsfach Politik, Frankfurt/M. 1977. CLAUSSEN, B.: Methodik der politischen Bildung, Opladen 1981. CUBE, F. v.: Der informationstheoretische Ansatz in der Didaktik. In: RUPRECHT, H. u. a.: Modelle grundlegender didaktischer Theorien, Hannover ³1976, S. 128 ff. DALE, E.: Audio-visual Methods in Teaching, New York ³1969. DICHANZ, H. u. a.: Medien im Unterrichtsprozeß, München 1974. DIECKMANN, J./BOLSCHO, D.: Gesellschaftswissenschaftlicher Unterricht, Bad Heilbrunn 1975. DIETRICH, I. u. a.: Schulverdrossenheit, Königstein 1978. DIX, U.: Schulalltag. Als Lehrer die Praxis überleben, Bensheim 1979. DÖHN, H.: Der Geschichtsunterricht in Volks- und Realschulen, Hannover ²1975. DÖRING, K. W.: Lehr- und Lernmittel, Weinheim 1969. DUBIN, R./TAVEGGIA, TH. C.: Das Unterrichtsparadox. In: MENCK, P./THOMA, G. (Hg.): Unterrichtsmethode, München 1972, S. 14 ff. EBELING, H.: Zur Didaktik und Methodik eines kind-, sach- und zeitgemäßen Geschichtsunterrichts, Hannover ⁵1973. EBELING, H./KÜHL, H.: Praxis des Geschichtsunterrichts, 2 Bde., Hannover 1964. EBINGER, H.: Einführung in die Didaktik der Geographie, Freiburg ²1972. ERMER, R. G.: Hauptschultagebuch oder: Der Versuch, in der Schule zu leben, Weinheim/Basel 1975. FEND, H.: Theorie der Schule, München/Wien/Baltimore 1980. FENSKE, P.: Brief an einen Kollegen. In: STEUBER, H./ANTOCH, R. F. (Hg.): Einführung in das Lehrstudium, Stuttgart 1980, S. 227 ff. FICK, K. E.: Die Funktion der Medien im lernzielbestimmten Geographieunterricht. In: KREUZER, G. (Hg.): Didaktik des Geographieunterrichts, Hannover 1980, S. 182 ff. FILSER, K.: Geschichte: Mangelhaft, München 1973. FILSER, K. (Hg.): Theorie und Praxis des Geschichtsunterrichts, Bad Heilbrunn 1974. FINA, K.: Das Gespräch im historisch-politischen Unterricht, München 1978. FINA, K.: Geschichtsmethodik, München ²1981. FLECHSIG, K.-H./HALLER, H.-D.: Einführung in didaktisches Handeln, Stuttgart 1975. FRIEDERICHS, K. u. a.: Unterrichtsmethoden, Oldenburg 1982. FÜRNROHR, W.: Ansätze einer problemorientierten Geschichtsdidaktik, Bamberg 1978. FWU. Unterricht in Dokumenten. Ein Projekt des Instituts für Film und Bild in Wissenschaft und Unterricht (FWU), Grünwald, und des Instituts für Unterrichtsmitschau und didaktische Forschung, München. Beihefte, Grünwald/Stuttgart 1972 ff. GAGEL, W.: Ein Strukturmodell für den politischen Unterricht – Generalisierbare Elemente für die didaktische Analyse. In: SÜSSMUTH, H. (Hg.): Historisch-politischer Unterricht, Bd. 1, Stuttgart 1973, S. 95 ff. GERLACH, S. (Hg.): Erdkunde in der Sekundarstufe I, Darmstadt 1976. GERNER, B.: Der Lehrer – Verhalten und Wirkung, Darmstadt ³1974. GIES, H.: Repertorium Fachdidaktik Geschichte, Bad Heilbrunn 1981. GIESECKE, H.: Politische Bildung in der Jugendarbeit, München ³1972. GIESECKE, H.: Methodik des politischen Unterrichts, München 1973. GLÖCKEL, H.: Geschichtsunterricht, Bad Heilbrunn ²1979. GRELL, J./GRELL, M.: Unterrichtsrezepte, München/Wien/Baltimore 1980. GÜNTHER-ARNDT, H.: Empirische Forschung und Geschichtsdidaktik. In: a. pol. u. zeitgesch. (1975), B 33, S. 25 ff. GÜRGE, F. u. a.: Lehrertagebücher, Bensheim 1978. GUYER, W.: Wie wir lernen, Erlenbach/Zürich 1952. HAUBRICH, H. u. a.: Konkrete Didaktik der Geographie, Braunschweig 1977. HEINZE, TH.: Unterricht als soziale Situation, München 1976. HEINZE, TH.: Schülertaktiken, München/Wien/Baltimore 1980. HERNDON, J.: Die Schule überleben, Stuttgart 1972. HESSE, H.: Die Schülerfrage im Geschichtsunterricht. In: FÜRNROHR, W./KIRCHHOFF, H. G. (Hg.): Ansätze empirischer Forschung im Bereich der Geschichtsdidaktik, Stuttgart 1976, S. 185 ff. HEYDT, B. v. D.: ,, Eines Tages werde ich wie ein reifer Apfel aus der Schule fallen." In: päd. extra (1978), 9, S. 25 ff. HEYN, E.: Lehren und Lernen im Geographieunterricht, Paderborn 1973. HILLIGEN, W.: Beobachtungen zum Erziehungs- und Unterrichtsstil in der Sozialkunde. In: HORN H. (Hg.): Psychologie und Pädagogik. Beiträge aus Theorie und Praxis psychologisch-pädagogischer Forschung, Weinheim 1967, S. 47 ff. HILLIGEN, W.: Zur Didaktik des politischen Unterrichts, 2 Bde., Opladen 1975. HILLIGEN, W.: Wie Reformer Didaktik, Methodik und Unterrichtspraxis vernachlässigten. In: BRIESE, V. u. a. (Hg.): Entpolitisierung der Politikdidaktik? Weinheim 1981, S. 64 ff. HOFER, M.: Instruktion als Optimierung von Lernprozessen. Teil 2: Unterrichtsmedien. In: WEINERT, F. E. u. a. (Hg.): Pädagogische Psychologie, Bd. 2, Frankfurt/M. 1974, S. 827 ff. HOLSTEIN, H.: Zur Medienabhängigkeit des Schulunterrichts, Ratingen 1973. HUG, W.: Geschichtsunterricht in der Praxis der Sekundarstufe I, Frankfurt/M. 1977. JANSSEN, B.: Praxisberichte aus der Hauptschule, Frankfurt/M. 1977. JEGGE, J.: Dummheit ist lernbar, Bern 1976. KAGERER, H.: In der Schule tobt das Leben, Berlin 1978. KLAFKI, W. u. a.: Funk-Kolleg Erziehungswissenschaft. Eine Einführung, 3 Bde., Frankfurt/M. 1970 f. KLAFKI, W.: Zur Entwicklung einer kritisch-konstruktiven Didaktik. In: D.Dt.S. 69 (1977) S. 703 ff. KLEINKNECHT, W. u. a. (Hg.): Aufgabe und Gestaltung des Geschichtsunterrichts, Frankfurt/M. ⁵1971. KLINK, J.-G.: Klasse H 7 e, Bad Heilbrunn 1974. KÖHLER, F.: Zur Konzeption eines audiovisuellen Unterrichtsraumes. In: STUDIENGRUPPE LEHRER – DOZENTEN HEIDELBERG (Hg.): Kontakt, Bd. 6: Medien im Lehr- und Lernprozeß, Stuttgart 1975, S. 26 ff. KÖNIG, E./RIEDEL, H.: Systemtheoretische Didaktik, Weinheim/Basel 1973. KREUZER, G. (Hg.): Didaktik des Geographieunterrichts, Hannover 1980. KRÜGER, M.: Schulflucht, Reinbek 1978. KUHLMANN, H.: Klassengemeinschaft. Über Hauptschüler und Hauptschullehrer..., Berlin 1975. KUHN, A.: Einführung in die Didaktik der Geschichte, München 1974. KUHN, A.: Die französische Revolution, München 1975. KUHN, A./ROTHE, V.: Geschichtsdidaktisches Grundwissen, München 1980. KULKE, CH./LUNDGREEN, J.: Probleme der Dritten Welt im Unterricht, Frankfurt/M. 1972. KÜPPERS, W.: Zur Psychologie des Geschichtsunterrichts, Bern/Stuttgart ²1966. KÜPPERS, W.: Zur Psychologie des politischen Unterrichts. In: Westerm. P. Beitr. 28 (1976), S. 87 ff. (1976 a). KÜPPERS, W.: Zur Psychologie des Erdkundeunterrichts. In: Beihefte Geogr. Rsch. 6 (1976), 1, S 13 ff. (1976 b). LEUSMANN, CH.: Schülereinstellungen zum Fach Erdkunde, zu Unterrichtsstoffen und zu fachspezifischen Erarbeitungsformen. In: HAUBRICH, H. u. a.: Quantitative Didaktik der Geographie, Braunschweig 1977, S. 145 ff. LOCH, W./HOFFMANN, A.: Der Nationalsozialismus in Unterrichtsbildern, Limburg 1977. LOCH, W./WAGNER, V.: Die Weimarer Republik in Unterrichtsbildern, Dornburg – Frickhofen 1976. LÖW, M.: Was den Menschen zum Lehrer macht, Heidelberg 1979. LÜERS, U. u. a.: Selbsterfahrung und Klassenlage, München 1971. MANN, I.: Lernen durch Handeln, München ²1977. MANN, I.: Die Kraft geht von den Kindern aus, Lollar 1978. MARIENFELD, W.: Geschichtliches Interesse bei Kindern und Jugendlichen. In: FILSER, K. (Hg.): Theorie und Praxis des Geschichtsunterrichts, Bad Heilbrunn 1974, S. 126 ff. MARIENFELD, W./OSTERWALD, W.: Die Geschichte im Unterricht, Düsseldorf 1966. MENCK, P./THOMA, G. (Hg.): Unterrichtsmethode, München 1972. METZGER, ST.: Die Geschichtsstunde, Donauwörth ²1972. MEYER, H.: Leitfaden zur Unterrichtsvorbereitung, Königstein 1980. MIKKEL, W.: Methodik des politischen Unterrichts, Frankfurt/M. ⁴1980. MOELLER, CH.: Technik der Lernplanung, Weinheim ⁴1973. MÜLLER, G.: Praxisbericht 2. In: HEITMEYER, W. u. a.: Curriculum „Schule und aggressives Konflikthandeln", Opladen 1976, S. 198 ff. MÜLLER, H.: Zur Effektivität des Geschichtsunterrichts, Stuttgart 1972. MÜLLER, H.: Geschichte/Politische Bildung. In: NYSSEN, E. (Hg.): Unterrichtspraxis in der Hauptschule, Reinbek 1975, S. 141 ff. NEILL, A.S.: Theorie und Praxis der antiautoritären Erziehung, Reinbek 1969. NITSCHE, R./ROTHAUS, U.: Offene Türen und andere Hindernisse, Darmstadt 1981. NORTHEMANN, W.

Methodisch-mediales Handeln im Lernbereich Politik - Geschichte - Erdkunde

(Hg.): Politisch-gesellschaftlicher Unterricht in der Bundesrepublik, Opladen 1978. NUSSBAUM, R.: Einführung. In: MÜLLER, E. H. u. a.: Politikunterricht und Gesellschaftskunde in der Schule, Ulm 1971, S. 95 ff. PÄDAGOGISCHE AKTION MÜNCHEN: Kinder spielen Geschichte, 2 Bde., Nürnberg 1977 (Bd. 1: 1977 a, Bd. 2: 1977 b). PANDEL, H.-J/SCHNEIDER, G. (Hg.): Handbuch Medien im Geschichtsunterricht, Düsseldorf 1985. PAWELKA, P.: Politische Sozialisation, Wiesbaden 1977. PETILLON, H.: Soziale Beziehungen in Schulklassen, Weinheim/Basel 1980. POPP, W. (Hg.): Kommunikative Didaktik, Weinheim/Basel 1976. RAMSEGER, J.: Gegenschulen, Bad Heilbrunn 1975. REINERT, G.-B./ZINNECKER, J. (Hg.): Schüler im Schulbetrieb, Reinbek 1978. ROHLFES, J.: Umrisse einer Didaktik der Geschichte, Göttingen ³1974. ROLOFF, E.-A.: Erziehung zur Politik, 3 Bde., Göttingen ³1974/1979. ROSEMANN, H.: Kinder im Schulstreß, Frankfurt/M. 1978. ROSSMANN, M.: Lernen für eine neue Gesellschaft, Weinheim/Basel 1974. ROTH, F.: Sozialkunde, Düsseldorf 1968. ROTH, H.: Kind und Geschichte, München ⁵1968. RUMPF, H.: 40 Schultage, Braunschweig ³1967. RUMPF, H. (Hg.): Schulwissen. Probleme der Analyse von Unterrichtsinhalten, Göttingen 1971. RUMPF, H.: Stereotype Vereinfachung im Geschichtsunterricht. In: SÜSSMUTH, H. (Hg.): Geschichtsunterricht ohne Zukunft? Bd. 1, Stuttgart 1972, S. 277 ff. RUMPF, H.: Unterricht und Identität, München 1976. RUPRECHT, H.: Informationsaufnahme und Informationsspeicherung audiovisuell dargebotener politischer Inhalte bei methodenvariantem Vorgehen. In: ROTHER, E. F. (Hg.): Audiovisuelle Medien im Unterricht, Stuttgart 1968, S. 54 ff. SCHINZLER, E./GLÜCK, G.: Der Lernerfolg bei Film, Dia und Bildtextheft. In: Progr. Lern. Utech. u. Ufo. 9 (1972), S. 37 ff. SCHLEGEL, W.: Geschichtsunterricht in der Volksschule, München ²1964. SCHMIEDERER, R.: Politische Bildung im Interesse der Schüler, Köln 1977. SCHMID, H. D./VORBACH, K.: Entdeckendes Lernen im Geschichtsunterricht der Sekundarstufe I. In: Geschdid. 3 (1978), S. 129 ff. SCHMIDT, A.: Der Erdkundeunterricht, Bad Heilbrunn ⁵1976. SCHMIDT, E.: Grundriß des Geschichtsunterrichts, Bochum ⁶1971. SCHNEIDER, R. G.: Sozialkundelehrer 70 - Eine Erhebung über die Selbsteinschätzung hessischer Sozialkundelehrer. In: FISCHER, K. G. (Hg.): Zur Praxis des politischen Unterrichts, Bd. 1, Stuttgart 1971, S. 33 ff. SCHOENEBECK, H. V.: Der Versuch, ein kinderfreundlicher Lehrer zu sein, Frankfurt/M. 1980. SCHÖN, K.: Die Praxis des Unterrichts in politischer Bildung, Ratingen 1967. SCHÖRKEN, R.: Lerntheoretische Fragen an die Didaktik des Geschichtsunterrichts. In: SÜSSMUTH, H. (Hg.): Geschichtsunterricht ohne Zukunft? Bd. 1, Stuttgart 1972, S. 65 ff. SCHÖRKEN, R.: Zur Tauglichkeit von Identitätskonzepten für die politische Bildung. In: GAGEL, W./SCHÖRKEN, R. (Hg.): Zwischen Politik und Wissenschaft, Opladen 1975, S. 25 ff. SCHRECKENBERG, W.: Guter Unterricht, schlechter Unterricht, Düsseldorf 1980. SCHRETTENBRUNNER, H. (Hg.): Quantitative Didaktik der Erdkunde, 2 Bde., Stuttgart 1976/1978. SCHULZ, W.: Aufgaben der Didaktik. In: KOCHAN, C. (Hg.): Allgemeine Didaktik, Fachdidaktik, Fachwissenschaft, Darmstadt 1970, S. 403 ff. SCHULZ, W.: Unterrichtsplanung, München/Wien/Baltimore 1980. SCHULZE, TH.: Methoden und Medien der Erziehung, München 1978. SCHULZ-HAGELEIT, P.: Geschichte: erfahren - gespielt - begriffen, Braunschweig 1982. SCHWARZER, R./STEINHAGEN, K. (Hg.): Adaptiver Unterricht, München 1975. SEELIG, G. F.: Beliebtheit von Schulfächern, Weinheim 1968. SIENKNECHT, J.: Selbsterfahrung im Lehrerstudium, München 1976. SINGER, K.: Verhindert die Schule das Lernen? München ²1976. SPANHEL, D. (Hg.): Schülersprache und Lernprozesse, Düsseldorf 1973. STREIFFEELER, F.: Zur lerntheoretischen Grundlegung der Geschichtsdidaktik. In: SÜSSMUTH, H. (Hg.): Geschichtsunterricht ohne Zukunft?, Bd. 1, Stuttgart 1972, S. 102 ff. SÜSSMUTH, H. (Hg.): Geschichtsunterricht ohne Zukunft, 2 Bde., Stuttgart 1972. SÜSSMUTH, H. (Hg.): Historisch-politischer Unterricht, 2 Bde., Stuttgart 1973. SÜSSMUTH, H.: Geschichtsdidaktik, Göttingen 1980. SUTOR, B.: Didaktik des politischen Unterrichts, Paderborn 1971. TAUSCH, R.: Merkmalsbeziehungen und psychologische Vorgänge in der Sprachkommunikation des Unterrichts. In: SPANHEL, D. (Hg.): Schülersprache und Lernprozesse, Düsseldorf 1973, S. 249 ff. TAUSCH, R./TAUSCH, A.-M.: Erziehungspsychologie, Göttingen ⁹1979. TEMPEL, H.-K.: Experimentelle Verfahren im politischen Unterricht. In: ENDLICH, H. (Hg.): Politischer Unterricht in der Haupt- und Realschule, Frankfurt/M. 1972, S. 57 ff. THEISSEN, U.: Erdkundeunterricht in Fallstudien, Saarbrücken 1976. THIEMANN, F.: Kritische Unterrichtsbeurteilung, München 1979. UHLE, R.: Verstehen und Verständigung im Unterricht, München 1978. VELBER, J.: Resignation auf Raten. In: JANSSEN, B.: Praxisberichte aus der Hauptschule, Frankfurt/M. 1977, S. 74 ff. WACKER,

A. (Hg.): Die Entwicklung des Gesellschaftsverständnisses bei Kindern, Frankfurt/M. 1976. WAGNER, A. C. u. a.: Unterrichtspsychogramme, Reinbek 1981. WEINERT, F. E. u. a.: Pädagogische Psychologie, 2 Bde., Frankfurt/M. 1974. WEMBER, B.: Wie informiert das Fernsehen? München 1976. WIECZERKOWSKI, W.: Unmittelbare und distanzierte Einschätzung von Unterrichtsgesprächen durch die beteiligten Lehrer. In: Z. f. Entwpsych. u. P. Psych. 2 (1970), S. 86 ff. WIECZERKOWSKI, W.: Einige Merkmale des sprachlichen Verhaltens von Lehrern und Schülern im Unterricht. In: SPANHEL, D. (Hg.): Schülersprache und Lernprozesse, Düsseldorf 1973, S. 285 ff. WIMMER, W.: Nicht allen das Gleiche, sondern jedem das Seine, Reinbek 1976. WINKEL, R.: Der gestörte Unterricht, Bochum ²1980. WINKEL, R.: Die siebzehn Unterrichtsmethoden. In: Westerm. P. Beitr. 33 (1981), S. 20 ff. WITTERN, J.: Mediendidaktik, 2 Bde., Opladen 1975. WÜNSCHE, K.: Die Wirklichkeit des Hauptschülers, Frankfurt/M. 1979. ZENNER, M.: Lehrereinstellungen zum Frontal- und Gruppenunterricht. In: FÜRNROHR, W./KIRCHHOFF, H. G. (Hg.): Ansätze empirischer Forschung im Bereich der Geschichtsdidaktik, Stuttgart 1976, S. 103 ff. ZINNECKER, J. (Hg.): Der heimliche Lehrplan, Weinheim/Basel 1975. ZWÖLFER, N./FROMMHOLD, M.: Das Beispiel einer Lernhierarchie im Fach Geschichte. In: Uw. 4 (1976), S. 316 ff.

Lexikon

Algorithmus

Begriff. Unter Algorithmus versteht man ein eindeutiges Verfahren zur Lösung einer Klasse gleichartiger Aufgaben (etwa des Ziehens der Quadratwurzel aus natürlichen Zahlen). Der Begriff des Algorithmus stammt zwar aus der Mathematik – das Wort geht auf den arabischen Mathematiker Al Chwarizmi zurück –, er ist jedoch in zweifacher Weise für die Erziehungswissenschaft relevant geworden: Zum einen geht es um die Frage, unter welchen Umständen das Lernen und Lehren von Algorithmen zur Lösung von Sachproblemen in Mathematik, Naturwissenschaft und Technik ökonomisch ist oder aus pädagogischen Gründen eingeschränkt werden soll, da die Anwendung von Algorithmen kein produktives Denken erfordert. Zum anderen geht es um die Erstellung von sogenannten Lehralgorithmen, das heißt Algorithmen zur Lösung ganzer Klassen von Lehraufgaben. Lehralgorithmen spielen in der Lehrstrategieforschung und im programmierten Unterricht eine wichtige Rolle. Dabei geht es auch um die Optimierung von Lehralgorithmen im Sinne einer möglichst sicheren und raschen Erreichung kognitiver oder psychomotorischer Lernziele.

Im Wörterbuch der Kybernetik (KLAUS 1968, S. 22 f.) wird der Begriff des Algorithmus folgendermaßen definiert: „Ein Algorithmus ist eine eindeutig bestimmte Folge von Grundoperationen, die entweder von vornherein ein für allemal festgelegt ist oder jeweils von den Ergebnissen der vorangegangenen Operationen abhängt. Im zweiten Falle müssen jeweils bestimmte (logische) Bedingungen geprüft werden, um den nächsten Operationsschritt festzustellen. Ein Algorithmus in diesem Sinne ist eine Gesamtheit von Grundoperationen und Bedingungen der genannten Art, für die eine solche Reihenfolge festgelegt werden muß, daß für beliebige Anfangsdaten einer bestimmten Klasse von Daten sich immer eine richtige Lösung ergibt."
Bekannte Beispiele von mathematischen Algorithmen sind das Dividieren, der euklidische Algorithmus zur Bestimmung des größten gemeinsamen Teilers, das d'Hondtsche Verfahren zur Bestimmung der Sitzverteilung im Parlament aufgrund der Stimmenverteilung. Jeder Algorithmus läßt sich dabei auf drei Grundelemente zurückführen: auf Sequenz, Verzweigung und Repetition (vgl. KREIBOHM 1977, WIRTH 1979). Als eindeutiges Lösungsverfahren muß der Algorithmus sprachlich beschreibbar sein. Für menschliche Problemlöser kann dies die Umgangssprache sein oder eine formale (etwa mathematische) Sprache, für eine Datenverarbeitungsanlage ist jeder Algorithmus als Programm in einer Programmiersprache anzugeben.

Algorithmen spielen heute nicht nur in der Mathematik und in der Informatik eine wichtige Rolle, sondern auch in Naturwissenschaft (man denke etwa an chemische Analysen), Technik (beim Zusammenbau von Werkstücken), Kybernetik (Steuerungsalgorithmen für Werkzeugmaschinen), Pädagogik (programmierter Unterricht, Lehrstrategien) und anderen Disziplinen. Selbst im täglichen Leben gibt es sogenannte Alltagsalgorithmen. Ein Beispiel hierfür ist die schrittweise Anleitung zum Zusammenbau eines Möbelstückes oder zur Bedienung eines Bankautomaten.

Gelegentlich wird der Begriff Algorithmus auch für nicht eindeutige Verfahren verwendet, beispielsweise für sogenannte Problemlösealgorithmen („Analysiere das Problem, gliedere es in Teilprobleme auf, suche die Einzelbeziehungen"), bei Kochrezepten oder auch bei Rezepten für die Durchführung von Unterricht (Motivation, Information, Aufgabenstellung).

Vermittlung von Algorithmen. Algorithmen, wie etwa das Wurzelziehen, gehören als Verfahren zur Lösung bestimmter Aufgabenklassen zunächst nicht zum Gegenstandsbereich der Erziehungswissenschaft. Algorithmen werden ja auch nicht vom Didaktiker aufgestellt, sondern vom jeweiligen Fachmann. Für die Erziehungswissenschaft werden Algorithmen erst dann relevant, wenn es um das Problem geht, ob das Lernen oder Lehren von bestimmten Algorithmen zu einer höheren Effektivität führt. Auf der einen Seite erfordert ja das Lernen eines Algorithmus einen bestimmten Aufwand, auf der anderen Seite können mit dem betreffenden Algorithmus grundsätzlich unendlich viele Aufgaben derselben Art gelöst werden. Vom Standpunkt der Effektivität aus lohnt sich das Lernen von Algorithmen also dann, wenn die Anzahl der zu lösenden Aufgaben so groß wird, daß die Summe ihrer Informationen die Information des Algorithmus selbst übersteigt. Ständig gebrauchte Algorithmen, wie etwa das Dividieren, sind zweifellos in diesem Sinne effektiv – bezüglich des Wurzelziehens gilt dies jedoch im allgemeinen nicht.

Die Frage, ob sich die Vermittlung von Algorithmen „lohnt", hängt auch von der Form der Lehre ab: Man kann Algorithmen auf Faktenebene zur Kenntnis bringen und deren Anwendung üben, man kann aber auch den konstituierenden Zusammenhang der Algorithmen als Erkenntnis vermitteln. Dies ist zumindest dann sinnvoll, wenn ein Transfer des Algorithmus (wie beim Reparieren einer Maschine) auf ähnliche Aufgabenklassen relativ leicht möglich ist.

Das Problem der Vermittlung von Algorithmen hat aber noch einen anderen Aspekt als den der Effektivität. Die Kenntnis von Algorithmen erlaubt zwar die Lösung einer ganzen Klasse von Aufgaben – aber eben deswegen wird das problemlösende Denken nicht (mehr) gefordert. Unter pädagogischen Gesichtspunkten kann es daher durchaus sinnvoll sein, auf die Vermittlung von Algorithmen zu verzichten und den Adressaten zum produktiven und kritischen Denken anzuhalten. In der pädagogischen Praxis müssen beide Aspekte, Effektivität und produktives Denken, beachtet werden (vgl. v. CUBE 1982, GAGNÉ 1969).

Lehralgorithmen. Lehralgorithmen sind Algorithmen zur Lösung von Lehraufgaben (wie der Vermittlung von Kenntnissen, Erkenntnissen, Fertigkeiten) oder, was dasselbe bedeutet, Lehrstrategien in Form von Algorithmen. Im Begriffswörterbuch der kybernetischen Pädagogik (vgl. FRANK/HOLLENBACH 1973) werden unterschiedliche Formen von Lehralgorithmen angeführt: direktive (mit eindeutiger Abfolge), iterative (direktive und zirkuläre), lineare (alle Lehrschritte müssen sequentiell je einmal durchlaufen werden) und verzweigende (nicht lineare). Deutlich wird der Begriff des Lehralgorithmus beim programmierten Unterricht: Im Algorithmus „Information, Frage, Antwort, Antwortvergleich, Wiederholung oder Fortsetzung" treten die oben genannten Grundelemente des Algorithmus auf: Sequenz, Verzweigung, Repetition. Lehralgorithmen müssen aber nicht unbedingt in programmierter Form vorliegen; so hat auch die Fertigkeitsstrategie „Vormachen, Auffordern (Nachmachen), Fortsetzen oder Korrigieren" eine algorithmische Form. Ein anderes Beispiel ist die Strukturierung des Lehrstoffes zur maximalen Herabsetzung der subjektiven Information, das heißt der Information für den Lernenden: erste, zweite, dritte Strukturierung (vgl. v. CUBE 1982, S. 255). Auf die Möglichkeit, Lehrprozesse algorithmisch zu beschreiben, hat zuerst LANDA (vgl. 1963) hingewiesen. Er unterscheidet „Algorithmen der geistigen Tätigkeit der Schüler bei der Aneignung von Kenntnissen und der Lösung von Aufgaben" und „Algorithmen der Lehrtätigkeit selbst"

(Landa, zitiert nach ITELSON 1967, S. 409). Im deutschsprachigen Raum beschäftigten sich anschließend ANSCHÜTZ (vgl. 1964), KELBERT (vgl. 1964), FRANK (vgl. 1966; vgl. MEDER/SCHMID 1973/ 1974) und MEYER (vgl. 1966) mit der Untersuchung und Erstellung von Lehralgorithmen. Bei der Erstellung von Lehralgorithmen (als exakte Lehrstrategien) geht es aber nicht nur um die Erreichung von Lernzielen schlechthin, es geht auch um die Optimierung der Algorithmen, etwa im Hinblick auf die erforderliche Lernzeit. Da die Lernzeit proportional zur subjektiven Information ist, besteht die Aufgabe der Optimierung in der Minimierung der subjektiven Information. So kommt ITELSON (1967, S. 421) zu folgendem Ergebnis: „Von allen logisch äquivalenten Algorithmen für die Lösung einer bestimmten Klasse von didaktischen Aufgaben ist derjenige (sind diejenigen) optimal, für den (für die) der spezifische Informationsgehalt jeder folgenden Bedingung kleiner oder zumindest nicht größer ist als die der vorhergehenden Bedingungen. Dieses Kriterium, das man als Kriterium des Nichtwachsens des spezifischen Informationsgehaltes der Bedingungen bezeichnen kann, ist offenbar für die Analyse realer pädagogischer Situationen am geeignetsten, denn es vereint in sich Charakteristiken der objektiven Struktur der zu lösenden Aufgaben und der subjektiven Struktur der psychologischen Prozesse ihrer Lösung."

Man erkennt sofort, daß die oben angeführten Beispiele von Lehralgorithmen diesem Kriterium genügen, ebenso aber auch darstellende Erkenntnisstrategien, die sich bedingter Häufigkeiten oder Wahrscheinlichkeiten bedienen: relevante Fakten, Anordnung entsprechend sachlicher Sequenzen, Superzeichenbildung mittels Schemata (man denke etwa an vernetzte Systeme in der Ökologie). FRANK (vgl. 1966; vgl. MEDER/SCHMID 1973/1974) entwickelte Programme zur automatischen Generierung von einfachen Lehrprogrammen, beispielsweise für lineare Lehralgorithmen vom Skinner-Typ. Diese Lehralgorithmen können beispielsweise in Buchform dargestellt werden. Mit den heutigen Computersystemen könnte diese Konzeption auch für komplexere Lehrprogramme grundsätzlich realisiert werden, wobei der Programmautor den Computer zur Unterstützung heranzieht.

ANSCHÜTZ, H.: Verwendung von ALGOL zur Herstellung von Lehralgorithmen. In: FRANK, H. (Hg.): Lehrmaschinen in kybernetischer und pädagogischer Sicht, Bd. 2, Stuttgart/München 1964, S. 45 ff. CUBE, F. v.: Kybernetische Grundlagen des Lernens und Lehrens, Stuttgart ⁴1982. FRANK, H.: Ansätze zum algorithmischen Lehralgorithmieren. In: FRANK, H. (Hg.): Lehrmaschinen in kybernetischer und pädagogischer Sicht, Bd. 4, Stuttgart/München 1966, S. 70 ff. FRANK, H./HOLLENBACH, G. (Hg.): Begriffswörterbuch der kybernetischen Pädagogik, Hannover/Paderborn 1973. GAGNÉ, R. M.: Die Bedingungen des menschlichen Lernens, Hannover/Berlin/Darmstadt/Dortmund 1969. ITELSON, L.: Mathematische und kybernetische Methoden in der Pädagogik, Berlin 1967. KELBERT, H.: Kybernetisches Modell der Abarbeitung eines programmierten verzweigten Lehrbuchs. In: FRANK, H. (Hg.): Lehrmaschinen in kybernetischer und pädagogischer Sicht, Bd. 2, Stuttgart/München 1964, S. 49 ff. KLAUS, G. (Hg.): Wörterbuch der Kybernetik, Berlin (DDR)1968. KREIBOHM, H.: Ein graphisches Programmierlabor zum schrittweisen Verfeinern von Flußdiagrammen, Diss., Stuttgart 1977. LANDA, L. N.: Ein Versuch, die mathematische Logik und die Informationstheorie auf einige Probleme des Unterrichts anzuwenden. In: BAUER (Hg.): Kybernetische Probleme in Pädagogik und Psychologie. Beiträge, Bd. 2, Berlin (DDR) 1963, S. 70 ff. MEDER, S. B./SCHMID, W. (Hg.): Kybernetische Pädagogik. Schriften von 1958-1972, 4 Bde., Stuttgart/Berlin/Köln/Mainz 1973/1974. MEYER, G.: Kybernetik und Unterrichtsprozeß, Berlin 1966. WIRTH, N.: Algorithmen und Datenstrukturen, Stuttgart 1979.

Felix von Cube

Animation

Begriff und Idee. Auf der Suche nach neuen Vermittlungsformen, die Motivationshemmungen, Schwellenängste und Organisationsbarrieren überwinden helfen, stößt man in ganz Westeuropa auf den Begriff „Animation". Das Wort stammt in der Bedeutung Belebung/Beseelung/Anregung aus dem Französischen; die Idee ist aber schon sehr alt (vgl. BELLEVILLE 1984). Jeder Mensch kann für sich und andere „Animateur" sein. Animationsprozesse gibt es in allen Lebensbereichen, in Elternhaus und Freundeskreis, in Kindergarten und Schule, im Einkaufsladen und auf dem Spielplatz, im Treppenhaus und auf der Straße (zur Animation in der Freizeit vgl. OPASCHOWSKI 1983). Allen Animationsformen ist gemeinsam, daß sie den Menschen ein Gefühl emotionaler Geborgenheit und sozialer Sicherheit geben. Die Animation verweist dabei auf eine weithin vernachlässigte Seite des Menschenbildes: „Auf das Spontane, das freie Spiel, auf Ausdruck, Kreativität – auf den ‚homo ludens'" (BLASCHEK 1977, S. 229). Ihre aktuelle Bedeutung ist verständlich vor dem Hintergrund wachsender Verstädterung und Anonymität im Wohnbereich; sie versucht, die Menschen aus ihrer Isolierung und Passivität zu lösen.

Anspruch. Seit Mitte der 70er Jahre weisen die europäischen Kultusminister, der Europarat und die United Nations Educational, Scientific and Cultural Organization (UNESCO) auf die Notwendigkeit eines neuen Mittlers und Vermittlers im Freizeit-, Kultur- und Bildungsbereich hin – den Animateur. Die UNESCO stellt sich darunter einen Informations-, Kommunikations- und Ausdrucksvermittler vor, eine Mischung aus Pädagoge, Therapeut, Künstler und Gemeinwesenarbeiter. Für den Europarat ist der Animateur ein Ermutiger, Anreger und Befähiger, der den einzelnen dazu verhilft, sich ihrer Situation, Bedürfnisse und Begabungen zunehmend bewußt zu werden, mit anderen Menschen zu kommunizieren und so aktiver am Leben des Gemeinwesens teilzunehmen.

Aufgabe des Animateurs ist es nicht, in erster Linie Probleme zu lösen, sondern die Teilnehmer anzuregen und zu ermutigen, sich selbst und die anderen zu verstehen, für sich und auch gemeinsam Ziele zu setzen, bewußt wählen und entscheiden zu können sowie Vertrauen in selbstinitiierte und selbstgelenkte Handlungen zu gewinnen.

Der Animateur ist von seiner beruflichen Qualifikation her
- *fachlich* eine Mischung aus Pädagoge, Sozialarbeiter, Therapeut und Fachmann für freizeitkulturelles Gestalten und
- *methodisch* eine Mischung aus Ansprechpartner, Motivierungshelfer und Interessenberater.

Er muß bereit und fähig sein, auf Menschen zuzugehen, sie anzusprechen, Kontaktschwellen abzubauen und soziale Beziehungen zu ermöglichen; Menschen zu ermutigen, selbst aktiv und kreativ zu werden, ihre Ausdrucksfähigkeit zu entwickeln und Begeisterung dafür zu wecken, eigene Fähigkeiten und Möglichkeiten, die latent vorhanden sind, zu entdecken und zur Entfaltung zu bringen. Er muß ebenso bereit sein, sozial-emotionale Gruppenerlebnisse zu fördern, das Zusammengehörigkeitsgefühl zu stärken und soziale Geborgenheit und Sicherheit zu vermitteln; Menschen die Anonymität der Umwelt zu nehmen, Organisationsbarrieren und Schwellenängste abzubauen und Möglichkeiten für Eigeninitiative und soziale Selbstdarstellung bereitzustellen und ihre aktive und bewußte Teilnahme und Mitwirkung am kulturellen Leben zu erleichtern. Ein Katalog von Handlungsanweisungen für Animateure könnte lauten:
- Handle nie gegen die Interessen dei-

nes Gegenübers!
- Sieh in jedem Menschen deinen Partner!
- Gib zu erkennen, daß für dich Ängste und Hemmungen menschlich sind!
- Nimm jeden Teilnehmer so, wie er ist! Fördere seine Stärken, und fordere nicht, daß er seine Schwächen kaschieren muß!
- Hol jeden Teilnehmer bei seinen Neigungen, Interessen und Fähigkeiten ab!
- Trau ihm unbedingt Können, Wissen und eigene Entscheidungen zu!
- Hilf ihm, seine Bedürfnisse und Interessen jetzt zu erkennen, und dazu, daß er sie später allein verwirklichen kann!

Praktische Umsetzung. Animationsmethoden sind eingebunden in ein methodisches Handlungskonzept, das nur als Ganzes verwirklichbar ist. Zu diesem Methodenverbund gehört zunächst die *informative Beratung:*
- ansprechbar sein und Einfühlungsvermögen zeigen,
- neugierig machen und Interesse wecken,
- Lernanreize geben und selbst lernfähig sein,
- informieren und orientieren,
- beraten und empfehlen,
- Beispiele zeigen und sich zurückziehen können.

Die informative Beratung (= Information durch Beratung) setzt sich aus Elementen zusammen wie Information und Orientierung, Aufklärung und Reflexion. Die informative Beratung ist keine psychosoziale Beratung, sondern mehr ein Kommunikations- und Klärungsprozeß. Sie stellt einen sozialen Service dar, der auf dem Prinzip der Freiwilligkeit basiert und ebenso angenommen wie abgelehnt werden kann. Die unterschiedliche „Beratungsfähigkeit" der einzelnen Teilnehmer ist dabei zu berücksichtigen. Es gibt nicht wenige Teilnehmer, die in der Ausübung ihrer außer- und nachschulischen Aktivitäten noch nie beraten, allenfalls angeleitet, meist jedoch belehrt worden sind. Entsprechend gering sind daher ihre Erwartungen an eine informative Beratung. Der Animateur in der Funktion des Beraters muß sich auf diese offene und zwangfreie Beratungssituation einstellen. Er muß sowohl zur Einzel- als auch zur Gruppenberatung befähigt sein und insbesondere Anlauf- und Bezugsstelle für neue Teilnehmer und Besucher sein. Dies schließt ein, daß es sein Bestreben sein muß, sich als Informator und Berater überflüssig zu machen, damit die Teilnehmer selbst ihre Aktivitäten planen und bestimmen können.

Zweites zentrales Element des Methodenverbundes ist die *kommunikative Animation:*
- entgegenkommen und ins Gespräch kommen,
- ansprechen und kontaktfähig sein,
- Hemmungen abbauen und Entschlußschwellen herabsetzen,
- ermutigen und motivieren,
- Impulse geben und initiieren,
- anregen und anleiten.

Die kommunikative Animation (= Kommunikation durch Animation) ist eine über die Beratung hinausgehende Methode der Ermutigung, Anregung und Förderung von sozialkommunikativem Handeln. Hier verwirklicht sich Animation als Prinzip und Methode. Die kommunikative Animation akzeptiert die unterschiedlichen Bedürfnisse, toleriert ein „Minimum an Kontinuität der Teilnahme" und ist mit einem „Maximum an einladender Ermutigung" (MÜLLER/WICHMANN 1973, S. 133) verbunden. Durch kommunikative Animation soll in erster Linie Kommunikation angeregt, Kontaktfähigkeit erreicht und die soziale Wahrnehmung verbessert werden. Handlungsprinzip ist die weitestmögliche Herabsetzung der „Entschlußschwellen" zwischen alternativen Betätigungsmöglichkeiten. Ein wichtiger Animationsfaktor ist hierbei das räumliche Nebeneinander unterschiedlicher Aktivitätsangebote, das Abstecher in bisher fremde Erfahrungs- und Aktivitätsbereiche begünstigt. Die Animationswirkung besteht so in einem wirksamen „Geleitzugseffekt" von Einzel- und Gruppenaktivitäten, von voraussetzungslosen zu anforderungsorientierten Betätigungen. Je kommunikationsfreundlicher die Atmosphäre insgesamt auf die Teilnehmer wirkt, um so größer sind auch Anziehungskraft und Teilnahmeintensität. Durch anregende äußere Rahmenbedingungen kann die Animationswirkung unterstützt und verstärkt werden.

Das Handlungskonzept Animation wird schließlich auch bestimmt durch die *partizipative Planung:*
- dazugehören und sich auf der gleichen Ebene beteiligen,
- Teilnehmerwünsche erfüllen und Hilfen geben,
- Selbständigkeit fördern und Eigeninitiative herausfordern,
- beobachten und begleiten,
- flexibel planen und Alternativen bereitstellen,
- koordinieren und auswerten.

Die partizipative Planung (= Partizipation durch Planung) trägt zur Erweiterung der Beteiligungschancen bei und hilft, Beteiligungserfahrungen zu gewinnen. Partizipative Planung heißt, Vorsorge für relativ angstfreie Verhaltensbedingungen zu treffen, Motivationsansprüche und Handlungsimpulse der Teilnehmer bereitwillig aufzugreifen und Lern- und Erfahrungsmöglichkeiten für Eigen- und Gruppenaktivitäten zu erschließen. Der Animateur soll Partizipation ermöglichen, indem er Teilhabe- und Mitbestimmungsmöglichkeiten erleichtert und fördert (beispielsweise durch ein Klima gegenseitiger Akzeptanz und Toleranz, so daß soziale Ängste weitgehend abgebaut werden).

Die zwanglose „ambience" und die Atmosphäre der Akzeptanz schaffen die notwendige Distanz vom eigenen Leistungs- und Leidensdruck des Schul- und Berufsalltags, um für informelles soziales Lernen aufgeschlossen zu werden und sich wechselseitig bestätigen und verändern zu können.

BELLEVILLE, P.: Formen der Animation in Frankreich. In: Enzyklopädie Erziehungswissenschaft, Bd. 11, Stuttgart 1984, S. 272 ff. BLASCHEK, H.: Die Idee der Animation. In: Th. u. Prax. d. Erwb. 10 (1977), S. 229 ff. MÜLLER, C. W./WICHMANN, CH.: Freizeitberatung. In: OPASCHOWSKI, H. W. (Hg.): Im Brennpunkt: Der Freizeitberater, Düsseldorf 1973, S. 131 ff. OPASCHOWSKI, H. W. (Hg.): Methoden der Animation – Praxisbeispiele, Bad Heilbrunn 1981. OPASCHOWSKI, H. W.: Freizeit und Animation. In: Enzyklopädie Erziehungswissenschaft, Bd. 8, Stuttgart 1983, S. 103 ff.

Horst W. Opaschowski

Anspruchsniveau

Begriff. Der Begriff „Anspruchsniveau" wird in der Regel zunächst für das Insgesamt von schulischen *Anforderungen* in Gestalt bestimmter Inhalte und der Modi ihrer Bearbeitung verwendet: das Anspruchsniveau eines Lehrers, eines Faches, einer Schule ist hoch oder niedrig, Schüler können ihm entsprechen oder nicht. Den Begriff „Anspruchsniveau" für das Insgesamt von *Erwartungen* zu nehmen, die Schüler und Eltern an eine Schule, einen Lehrer, ein Fach haben, wird seltener sein; das Anspruchsniveau für die Fähigkeit, etwas gut zu erklären, könnte hoch, zu hoch sein, die Forderung an eine Schule, sich als pädagogische Institution zu verstehen, könnte ein Anspruchsniveau markieren, das sich in Erwartungen ausdrückt, die zum Druck(mittel) in dem

Moment werden können, in dem sie gehäuft, organisiert und häufig artikuliert werden. Deutlich wird, daß der Begriff eine kommunikative und relative Komponente enthält: Er repräsentiert Erwartungen oder Anforderungen einer Seite gegenüber einer anderen, und er kann je nach Bezugssystem unterschiedlich konkretisiert werden. Er repräsentiert keine feste Größe und ist nicht einseitig zu bestimmen, wenngleich dies für institutionelles Lernen sicher immer wieder anders praktiziert worden ist.

Mit „Anspruchsniveau" werden ferner mehr oder weniger klar kodifizierte Leistungserwartungen oder -anforderungen bezeichnet, die von Repräsentanten eines Faches, eines Bereichs, einer Disziplin, einer Institution für Lernleistungen erhoben werden. Darüber hinaus können auch Leistungserwartungen oder -anforderungen gemeint sein, die von Schülern und Eltern sozusagen im Abnehmerstatus gegenüber einer Institution (Schule), einem Lehrer, einem Fach erhoben werden. Dabei können unterschiedliche Bezugssysteme für das Niveau eines Anspruchs herangezogen werden. Der Wissenschaftler kann die Standards seiner Disziplin zum Ausgangspunkt nehmen, der Didaktiker die Modi der Vermittlung und die damit verbundenen Lernchancen, der Psychologe die erlebnismäßige Antizipation von Erfolg und Mißerfolg, der Schüler den Anregungsgehalt des Unterrichts oder auch die Übereinstimmungen mit den subjektiven Handlungszielen, Perspektiven, Qualifikationserwartungen und Lebenschancen, die Eltern die Interaktions- und Vermittlungsstruktur des Unterrichts oder der Schule.

Zum Bedingungsgefüge des Anspruchsniveaus. Problematisch wird die Setzung eines Anspruchsniveaus immer dann, wenn sie eindimensional und einseitig erfolgt. Wird sie so von der Schule her vorgenommen, sind Leistungsdruck, Anpassung und Auslese häufig Folgen. Dies kann um so bedrängender sein, je mehr eine „ideologische Verbrämung" mit der Rede von den sogenannten objektiven Standards vorgenommen wird. Umgekehrt kann der Verzicht auf ein Anspruchsniveau oder die grundsätzliche Verweigerung gegenüber einem solchen zu Lernerfahrungen führen, die keine Erfolgs- und Fortschrittserlebnisse mehr beinhalten.

Anspruchsniveaus haben im positiven Fall Herausforderungs- und Anregungscharakter und sind dann pädagogisch positiv zu bewerten. Damit sie diesen positiven Effekt der Setzung von Normen, Standards und Leistungsorientierung haben können, ist es notwendig, das didaktische Prinzip der Passung zu berücksichtigen, dabei sachstrukturelle, entwicklungspsychologische, motivationale und soziale Wissensbestände zu aktualisieren und darüber hinaus Modulationen von Anspruchsniveaus zu realisieren. Diesen Bedingungen wird noch nachzugehen sein.

Das konkrete Verhalten in der Schule als Reaktion auf Erwartungen und Anforderungen (Anspruchsniveaus) kann in seiner Komplexität mit folgendem Prozeßmodell näher beschrieben werden. Es macht deutlich, daß Anspruchsniveaus sich auf mehreren Ebenen ergeben und vor allem immer in einem sozialen Kontext stehen. Letzterer kann korrigierende oder verstärkende Funktionen haben und ist daher bedeutsam (vgl. ULICH 1981).

Man kann sich leicht vorstellen, wie negativ verlaufende Prozesse zu einer Entstehung negativer Selbstkonzepte im Sinn des Scheiterns an gesetzten Anspruchsniveaus führen können. Ulich gibt dazu ein entsprechendes Verlaufsschema (vgl. Abbildung 1).

Das didaktische Prinzip der Passung. Die Beachtung des didaktischen Prinzips der Passung meint, das Anspruchsniveau für Schüler so zu setzen, daß

Anspruchsniveau

Abbildung 1: Prozeßmodell sozialen Lernens

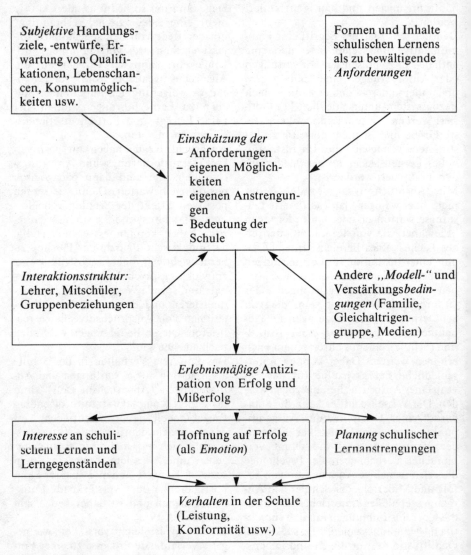

(Quelle: ULICH 1981, S. 40)

eine Aufgabe einen *mittleren Erreichbarkeitsgrad* hat (vgl. HECKHAUSEN 1969). Sie ist dann nicht zu schwer und nicht zu leicht, sie fordert noch genügend heraus und löst noch keine Angst vor Versagen aus. Mittlere Erreichbarkeitsgrade motivieren nach Heckhausen am stärksten. Wenn man sich die Passung von Lernaufgabe und Lernvermögen für den einzelnen Schüler noch als identifizierbar und damit konstruierbar vorstellen kann, entstehen für größere Schülerpopulationen gegenüber einer Vielfalt von Lernbereichen und -anforderungen und im Laufe einer längeren Zeit erhebliche Probleme. Fast alle zentralen schulpädagogischen Fragestellungen werden aktuell: Welche Ansprüche formuliert eine Gesellschaft gegenüber der nachwachsenden Generationen (Lehrplan – Begabung)? Wie gruppiert ein Schulwesen seine Schüler über Schularten und -stufen hinweg? In welchem Verhältnis stehen Lehrverhalten/ Lehrverfahren und Lernleistungen? In welcher Abhängigkeit steht der Schulerfolg von außerschulischen Sozialisationsbedingungen (vgl. ROTH 1969)? Die Recherche sachstruktureller, entwicklungspsychologischer, motivationaler und sozialer Sachverhalte ist für die Realisierung eines positiven Anspruchsniveaus wichtig. *Fachstrukturen* müssen als Lernstrukturen verstanden und genauer analysiert werden, um die in ihnen steckenden Ansprüche und Anforderungen beschreibbar zu machen. Dafür hat GAGNÉ (vgl. 1970) beispielhafte Arbeit geleistet: Er hat eine Hierarchie von Leistungsfähigkeit (Reiz-Reaktions-Lernen, Kettenbildung, sprachliche Sequenzen, multiple Diskriminationen, Begriffslernen, Regellernen, Problemlösen) mit Inhalten in Verbindung gebracht (wie Zahloperationen, Hydrolyse von Salzen, Lesen), um so eine Art „Landkarte" der zu lernenden Sachstrukturen zu finden, auf denen Anspruchsniveaus im konkreten Fall identifiziert werden können.

Die Gegenfrage ist dann die nach den *entwicklungspsychologischen Voraussetzungen,* die für die Erreichung eines Anspruchsniveaus als notwendig erscheinen: Wann kann ein Schüler Kafka lesen und verstehen? Wann soll der Leselernprozeß beginnen? Wieviel menschliches Verhalten geht aus reinen Reifevorgängen hervor? In welchem Ausmaß sind Lernprozesse von Reifevoraussetzungen abhängig? Gibt es eine unabänderliche Abfolge von Lernsequenzen in der kognitiven und moralischen Entwicklung eines Kindes, die mit bestimmten Altersstufen korrespondieren und entsprechend initiiert werden können (vgl. KOHLBERG/ TURIEL 1978, PIAGET 1947)? Wenn es positive Antworten auf die gestellten Fragen gibt, lägen Konsequenzen für die Bestimmung von Anspruchsniveaus auf der Hand: Es gäbe dann optimale Lernbereitschaften in bestimmten Altersphasen, sogenannte kritische Phasen der erhöhten Sensibilität für bestimmte Lernangebote und Altersphasen. Wo die nicht überschreitbaren Obergrenzen im konkreten Fall liegen, muß im einzelnen geprüft werden (vgl. AEBLI 1969).

Die Antworten werden von zwei weiteren Faktorenbündeln abhängen: Wie sich verschiedene Personen in einer gegebenen Situation verhalten, ist zu einem Teil von den Anregungsbedingungen eben dieser Situation abhängig, zu deren bestimmenden Momenten dann auch das Anspruchsniveau gehört. Es sind die erlebten Wahrscheinlichkeiten der möglichen Handlungsausgänge sowie die Erwartung der daran geknüpften weiteren Folgen. Es werden solche Handlungen gewählt und ausgeführt, die zu möglichst positiven (erwünschten) oder zu möglichst geringen negativen (unerwünschten) Folgen zu führen versprechen (vgl. HECKHAUSEN 1974).

Auch wenn es situationsunabhängige, überdauernde Motive gibt, so wird unter *motivationalem Aspekt* ein weiteres Bestimmungsmoment für Anspruchsniveaus deutlich. Und schließlich steht das Anspruchsniveau einer Schule, Schulart, Schulstufe in einem Interdependenzverhältnis zu *gesellschaftlichen Gegebenheiten.* Die Schule ist einerseits als System gesellschaftlich definierter Anforderungen an Kinder zu verstehen, sie ist andererseits abhängig von den Wertorientierungen und Sozialisationsprozessen, denen Kinder bis zum Schuleintritt unterworfen waren. Die Literatur zum Thema „Sozialisation und Schulerfolg" hat deutlich gemacht, daß erhebliche Differenzen zwischen dem Anspruchsniveau einer mittelschichtorientierten Schule und nach anderen Orientierungen sozialisierten Schülern bestehen können: Die elterliche Erziehungsideologie, das Sprachverhalten, die Leistungsmotivation, auch die Basis ökonomisch-materieller Verhältnisse mögen Sozialisationsergebnisse zeitigen, die nur schwer mit den Ansprüchen der Schule korrespondieren und für den Schulerfolg/-mißerfolg erhebliche Konsequenzen haben können (vgl. MOLLENHAUER 1969).

Modulationen des Anspruchsniveaus. Nach den bisherigen grundlegenden Ausführungen kann man das Problem des Anspruchsniveaus auf einer nächsten Ebene angehen: Wenn die Lernmöglichkeiten auf der Seite der Schüler und die Lernanforderungen auf der Seite des Lehrplans festgestellt sind, wird es möglich, nach verschiedenen Gesichtspunkten Modulationen des Anspruchsniveaus zum Zwecke der Lernhilfe vorzunehmen. Hier wird die Differenzierungsthematik wichtig (vgl. GEPPERT/PREUSS 1978, MORAWIETZ 1980, WINKELER 1979) und die Diskussion um einen adaptiven Unterricht (vgl. SCHWARZER/STEINHAGEN 1975).

Modulation meint hier die Variation unterschiedlicher Faktoren, um das Anspruchsniveau so zu gestalten, daß, je nach den Lernmöglichkeiten (-einstellungen, -bedürfnissen, -fähigkeiten), Schülern ein von ihnen zu akzeptierender und ein ihnen zumutbarer Erreichbarkeitsgrad gewährleistet ist. Modulationen können sich beziehen auf
- den Stoffumfang,
- den zugestandenen Zeitumfang (zugemutetes Lerntempo, damit auch Zahl der Durchgänge),
- die Art der Vermittlung von Informationen (Sehen, Hören, Lesen, Abschreiben),
- den Grad der Strukturiertheit von gegebenen Problemen (durch Art und Umfang von Lernhilfen und/oder die Art des methodischen Zugangs),
- den Schwierigkeitsgrad der Lernaufgabe, der subjektiv in der Neuartigkeit des Inhaltes oder im Bearbeitungsmodus liegen kann,
- den Grad von erwarteter Selbständigkeit bei der Organisation von individuellen und kooperativen Arbeiten,
- die Art der Bearbeitung (Handlungsebenen, Arbeitsweisen),
- die Art und den Umfang der Lehrerhilfen kognitiver wie emotionaler Art (Zuwendung),
- die Art der Verbalisierung oder den Grad der Formalisierung von Lernergebnissen und die Art der erwarteten Präsentation von Arbeitsergebnissen (eigenständige mündliche oder schriftliche Darstellung, Umsetzung von einer Darstellungsform in eine andere).

Mögen die Modulationsansätze (vgl. SCHMIDT 1976, WINKELER 1979) auf den ersten Blick als didaktische Repertoires erscheinen, die eher dem Methodischen zuzuordnen sind, so gibt es daneben Ansätze, von der Struktur der Disziplin her Konzepte zu entwickeln, die wissenschaftliche Verfahrenselemente und Inhalte zu Erschließungsinstrumenten verbinden (vgl. JUNG 1974). Als Beispiel kann das Konzept von Spreckelsen u. a. für den naturwissenschaftlichen Sachunterricht in der Grundschule dienen. Methodenorientierte Verhaltensweisen sind hier beispielsweise Beobachten, Vergleichen, Unterscheiden, Messen, Sammeln, Ordnen, Klassifizieren und Systematisieren. Diese sollen nicht sachneutral erarbeitet werden. Drei Basiskonzepte erschließen Physik und Chemie: das Teilchenstrukturkonzept als Vorstellung, alles Materielle aus kleinsten Bausteinen zusammengefügt zu sehen; das Wechselwirkungskonzept als Interpretationsweise, physikalische wie chemische Vorgänge als Wechselwirkungsereignisse zu sehen; das Erhaltungskonzept als Möglichkeit, unverändert bleibende Größen (Masse, Energie) zu bestimmen (vgl. SPRECKELSEN u.a. 1971 ff.). Mit solchen Ansätzen bekommt der didaktische Sachverhalt „Anspruchsniveau" eine neue Dimension.

AEBLI, H.: Die geistige Entwicklung als Funktion von Anlage, Reifung, Umwelt- und Erziehungsbedingungen. In: ROTH, H. (Hg.): Begabung ..., Stuttgart 1969, S. 151 ff. BÖNSCH, M.: Differenzierung des Unterrichts, München ³1976. GAGNÉ, R. M.: Die Bedingungen des menschlichen Lernens, Hannover/Berlin/Darmstadt/Dortmund ²1970. GEPPERT, K./PREUSS, E.: Differenzierender Unterricht – konkret, Bad Heilbrunn 1978. HECKHAUSEN, H.: Förderung der Lernmotivierung und der intellektuellen Tüchtigkeit. In: ROTH, H. (Hg.): Begabung ..., Stuttgart 1969, S. 193 ff. HECKHAUSEN, H.: Motive und ihre Entstehung. In: WEINERT, F. E. u.a.: Pädagogische Psychologie, Bd. 1, Frankfurt/M. 1974, S. 133 ff. JUNG, W.: Naturwissenschaftlicher Unterricht. In: WULF, CH. (Hg.): Wörterbuch der Erziehung, München 1974, S. 431 ff. KOHLBERG, L./TURIEL, E.: Moralische Entwicklung und Moralerziehung. In: PORTELE, G. (Hg.): Sozialisation und Moral, Weinheim/Basel 1978, S. 13 ff. MOLLENHAUER, K.: Sozialisation und Schulerfolg. In: ROTH, H. (Hg.): Begabung ..., Stuttgart 1969, S. 269 ff. MORAWIETZ, H.: Unterrichtsdifferenzierung, Weinheim/Basel 1980. PIAGET, J.: Psychologie der Intelligenz, Zürich 1947. ROTH, H. (Hg.): Begabung und Lernen. Ergebnisse und Folgerungen neuer Forschungen. Deutscher Bildungsrat: Gutachten und Studien der Bildungskommission, Bd. 4, Stuttgart 1969. SCHMIDT, U.: Bedingungen flexibler Differenzierung. In: KEIM, W. (Hg.): Gesamtschule. Bilanz ihrer Praxis, Hamburg ²1976, S. 217 ff. SCHWARZER, R./STEINHAGEN, K. (Hg.): Adaptiver Unterricht. Zur Wechselwirkung von Schülermerkmalen und Unterrichtsmethoden, München 1975. SPRECKELSEN, K. u.a.: Naturwissenschaftlicher Unterricht in der Grundschule, 6 Bde., Frankfurt/M. u.a. 1971 ff. ULICH, D.: Soziales Lernen – Prozesse auf der Subjektseite. In: HAUSSER, K. (Hg.): Modelle schulischer Differenzierung, München/Wien/Baltimore 1981, S. 31 ff. WINKELER, R.: Innere Differenzierung, Ravensburg 1979.

Manfred Bönsch

Appell

Das mit dem Begriff „Appell" Gemeinte ist wesentlich älter als seine theoretische Explikation, ja, es ist in der Erziehung sicher immer schon vorgekommen. Schärfer gefaßt und herausgehoben wurde es zusammen mit anderen, familienverwandten Phänomenen, als die üblichen an Kontinuität orientierten Modellvorstellungen erzieherischen Tuns und Lassens hinsichtlich ihrer vermeintlich umfassenden Geltung erschüttert waren. So hat BOLLNOW (vgl. 1959) mit seiner Analyse der unstetigen Formen der Erziehung die eingebürgerten Vorstellungen im Sinne eines technischen Formens und Machens oder eines stetig-organischen Bildens zwar nicht im ganzen abgewiesen, jedoch auf den eigenen, mit diesen Modellen nicht beschreibbaren Bereich unstetiger Formen hingewiesen und in diesem Rahmen auch – angeregt von Jaspers' Verständnis der Existenzerhellung als einer Weise appellierenden Philosophierens – die Frage nach der Möglichkeit einer appellierenden Pädagogik gestellt. Wie bei den anderen unstetigen Formen, beispielsweise Erweckung, Ermahnung oder Begegnung, entsteht die Frage nach dem spezifischen Wirkungs-, Erfahrungs- und Beschreibungsstil dessen, was als „Appell" begriffen wird. Wenige Jahre später hat TROST (vgl. 1966, S. 170 ff.) auf den erzieherischen Appell unter dem Aspekt der Weisungen vor erhöhten Anforderungen aufmerksam gemacht. Der gesamte Problemkreis wurde jedoch in der Folgezeit in dem Maße verdunkelt und aus dem theoretischen Bewußtsein verdrängt, als sich das Interesse der Erziehungswissenschaft dem Unterricht unter dem Aspekt zweckrationaler, Kontinuität instrumentell gewährleistender und gegen zufällige Ereignisse abdichtender Planung zuwandte. Wo Unterrichtstechnologie, Bildungsökonomie und Strategien der Curriculumentwicklung das pädagogische Handeln bestimmen, kann man mit mikroskopischen Situationsausschnitten, mit inkommensurablen Geschehnissen und Diskontinuität nicht viel im Sinn haben. Erst die interaktionistische Sichtweise und in ihrer Folge die kommunikative Didaktik bringen für die nichtoperationalisierbaren Beziehungsphänome eine neue Sensibilität auf. Es ist bemerkenswert, wie Unstetigkeitsphänomene in jüngster Zeit mit großer Entschiedenheit – und wie im Falle Bollnows vom Blickwinkel zeitlicher Modalitäten aus – in der Ästhetik herausgearbeitet werden (vgl. BOHRER 1981).

Die Situation, in der etwa ein Lehrer an seine Schüler appelliert (wobei dies keineswegs die einzig denkbare soziale Konstellation ist), unterscheidet sich von der Lockerheit des Gedankenaustausches im Gespräch oder von der sachbezogenen Problementfaltung in der Lehre durch ihren zugespitzten Konfrontationscharakter.

Beim Appell steht man sich im wörtlichen oder übertragenen Sinne Auge in Auge gegenüber. Momentan läßt die *Gegenseitigkeitsstruktur* ein Ausweichen nicht zu. Der, an den sich der Appell richtet, erfährt unmittelbar: „Ich bin gemeint. Es kommt jetzt auf mich an." So erfährt schon jeder Schüler in der persönlichen Anrede mit seinem Namen in umwegloser Direktheit: „Ich bin aufgerufen; jetzt geht es um meinen Beitrag." Die appellierende Anrede hebt den einzelnen aus der Anonymität der Gruppe und der Unverbindlichkeit des Nebenherkommunizierens heraus. Der Appell nimmt den Angesprochenen ernst, er tut dies mit fordernder Härte. Betroffenheit wird unter Umständen bis in die emotionale Tiefe der Person ausgelöst. Dies könnte den Pädagogen unangebracht erscheinen, die stärker therapeutisch orientiert sind und den schonenden, zeitweilig nichtbewertenden Umgang mit den Klienten im Auge haben. Sie mögen sich aber daran erinnern, daß es auch in der Psychotherapie, etwa in bestimmten Phasen einer Suchttherapie oder in der Logotherapie das Hineinstellen in Entweder-Oder-Situationen einschließlich dieser existentiellen Entschiedenheit gibt. Hier kommt es auf die innere Verfassung des Patienten an. Andererseits darf nicht außer acht gelassen werden, daß im Normalfall das Ernstnehmen von Schülern aber gerade darin besteht, sie nicht von vornherein als Patienten zu betrachten.

Appelle erkennt man auch an ihrer sprachlichen Form. Ihrer Herkunft nach ist die *appellatio* eine Anrede, auch eine Berufung im Sinne des Einspruchs (ursprünglich vor dem Appellationsgericht als unabhängiger Instanz). In einem erweiterten Sinn macht der Appell in einer knappen, fordernden, gelegentlich auch beschwörenden Weise etwas geltend oder gegenwärtig. Er wendet sich mahnend an das Gewissen beziehungsweise an die normative Orientierungsstruktur. Wie imperativische Äußerungen allgemein lassen sich appellative Äußerungen als illokutionäre Akte charakterisieren, das heißt als Äußerungen mit Satzcharakter, deren Bedeutung auch unabhängig vom Eintreffen der Konsequenzen oder Wirkungen beim Hörer erfaßt und bestimmt werden kann (vgl. SEARLE 1971, S. 39 ff.).

Der Appell unterscheidet sich vom *Befehl* schon dadurch, daß er nicht den konkreten Vollzug von etwas zu erzwingen trachtet (vgl. BOLLNOW 1959, S. 64 ff.). Von der *Bitte,* die lediglich einen Wunsch vorträgt, unterscheidet er sich andererseits durch den ungleich verbindlicheren Anspruch. Da der Appell die Freiheit seines Gegenübers nicht antastet, sondern in dem Sinne voraussetzt, daß der Angesprochene ohne Zwang frei entgegnet und handelt, macht sich jeder Appell selbst zunichte, der irgendeine versteckte Drohung mit sich führt. Dieser Bezug auf die Freiheit schließt im Grunde auch aus, den Appell in die Nähe der raffiniert steuernden *Suggestion* zu bringen (eine Versuchung, der Trost nicht ganz entgangen ist). Der Appell argumentiert auch nicht („Tu dies, weil..."). Verständigung und Beratung, Lernprozesse und Diskussion müssen sicher auf einer anderen Ebene schon stattgefunden haben und möglicherweise wieder verschüttet worden sein, ehe ein Appell zur Umkehr oder Einsicht an den einzelnen ergehen kann. Die gegenwärtige Zentrierung der Ethik auf den methodisierten, argumentativen Diskurs mag ein gutes Stück mit dazu beitragen, das Eigentümliche und erzieherisch Unersetzbare des Appells aus der Ethik der Erziehung wieder zu verdrängen.

Es wurde soeben gesagt, der Appell ergehe an den einzelnen. Appelliert man aber nicht ebenso an Gruppen, an Kollektive, ja an die Weltöffentlichkeit? Dieser scheinbare Widerspruch löst sich auf, wenn man die verallgemeinernde Form des Appells auf ihre Funktion hin untersucht. Im Unterschied zu einem Befehl, der eine ins einzelne gehende Handlungsanweisung für die augenblickliche Erledigung eines Auftrags enthält, sagt der Appell in seiner allgemeineren Form, was allgemein zu gelten hat; was dann im einzelnen zu tun bleibt, muß dem Betroffenen sein Gewissen kundtun. Gerade der kategorische Imperativ ist so gesehen eigentlich ein Appell, der konkrete Handlungsvorschriften nicht mit sich führt. Deshalb kann man auch an Gruppen oder Kollektive appellieren: Tendenziell richtet sich die appellative Äußerung auch dann an jeden einzelnen, das Seinige zu tun oder zu lassen.

Die Orientierung an den sprachlichen Bezügen darf nicht daran hindern, die Frage zuzulassen, ob es nicht auch *sprachfreie Appelle* geben kann. Der Blick eines Kindes, eines leidenden Menschen, eines Tieres kann für den einzelnen zum Appell werden: „Tu etwas! Hilf mir!" Möglicherweise ist auch das eine oder andere, was sich seit alters im Zen szenisch zuspitzt, ja heftig manifestiert und zum plötzlichen „Verstehen" des Korans führt, als appellatives Ereignis zu interpretieren (am Ende bleibt Zen für uns Europäer voller Paradoxien: vgl. SHIBAYAMA 1976). Es genügt zu bedenken, daß der Sinn eines Appells nicht im sprachlich Gesagten aufgehen muß.

Der Appell richtet sich an eine Instanz im Menschen. Sicher sieht Trost aber den Sachverhalt zu einseitig, wenn er meint, der Appell richte sich stärker an das Gefühl als an den Verstand. Unser Sprachgebrauch läßt mit Recht sehr viel mehr zu. Man appelliert an das Gewissen, an den Willen zur Freiheit, an das Verantwortungsbewußtsein, man appelliert an die Fähigkeit zur Einsicht, an das Selber-denken-Können, an Rechts- und Umweltbewußtsein, an Tugenden wie Ehrlichkeit oder Sparsamkeit, aber auch an den Stolz oder das Mitleid. Wie so häufig, wenn man in der Erziehung in die Mitte dessen hineingerät, was sich im Begriff der Person verdichtet, läßt sich hier intellektuelle von moralischer, sozialer oder emotionaler Erziehung nicht mehr sinnvoll trennen. Sollte der Zielbegriff überhaupt hier angemessen sein, so wäre man hier in dem Bereich der höchsten Ziele, die man wegen ihrer mangelnden Operationalisierbarkeit nicht etwa im Schlagschatten anderer Aufgaben lassen darf, sondern appellativ fördern muß.

Artikulationsformen

BOHRER, K. H.: Plötzlichkeit. Zum Augenblick des ästhetischen Scheins, Frankfurt/M. 1981. BOLLNOW, O. F.: Existenzphilosophie und Pädagogik. Versuch über unstetige Formen der Erziehung, Stuttgart 1959. JASPERS, K.: Philosophie, Bd. 2: Existenzerhellung, Berlin 1932. SEARLE, J. R.: Sprechakte. Ein sprachphilosophischer Essay, Frankfurt/M. 1971. SHIBAYAMA, Z.: Zu den Quellen des Zen, Bern 1976. TROST, F.: Die Erziehungsmittel. 16 Vorlesungen, Weinheim 1966.

Gottfried Bräuer

Artikulationsformen

Gegenstandsbestimmung. Die Artikulation des Unterrichts (von lateinisch *articulus* = Glied) ist die Gliederung unterrichtlicher Prozesse in Phasen, Stufen und Schritte. Da sowohl der Unterricht als auch das individuelle Lernen Prozesse sind, die in der Zeit ablaufen, ist das Nacheinander von Aktivitäten der grundlegende Sachverhalt, der Überlegungen zu Artikulationsformen im Zusammenhang der „Unterrichtsmethodik" sinnvoll macht.

Artikulationsformen haben für die Planung, Durchführung und Analyse von Unterricht wohl deshalb immer wieder eine so große Bedeutung, weil sie als einer der letzten Schritte in der Unterrichtsvorbereitung die intendierte Verlaufsbeschreibung repräsentieren, nach der der Unterricht ablaufen kann. In einer ganz allgemeinen Funktionsbeschreibung sind sie Ausdruck einer soweit wie möglich wissenschaftlich begründeten Konzeptionierung des methodischen Verlaufs einer Unterrichtsstunde oder Unterrichtseinheit, bei der die Lehrabsichten des Lehrers mit den Lernvoraussetzungen der Schüler möglichst eng verknüpft werden (vgl. FRIEDRICHS u.a. 1982). Das allgemeinste Artikulationsschema umfaßt drei Stufen: Anfangssituation, Mittelsituation und Schlußsituation. Den Stufen liegt die Annahme zugrunde, daß Aneignungsstufen der Organisation des menschlichen Geistes entsprächen: Das Aufnehmen, Erfassen und Erarbeiten wende sich mehr an den äußeren Sinnesapparat, das Durchdringen, Begreifen und Verarbeiten sei Sache des Verstandes und des Denkens, das Anwenden, Darstellen und Verwerten sichere die Verfügung und den Gebrauch (vgl. EGGERSDORFER 1950). Dieser methodische Dreischritt wurde deshalb in vielen älteren Unterrichtslehren mit nie ermüdender Regelmäßigkeit verwendet (vgl. HUBER 1972, STÖCKER 1970): Dörpfeld: Anschauen – Denken – Anwenden; Willmann: Auffassen – Verstehen – Betätigen; v. Sallwürk: Hinleitung – Darstellung – Verarbeitung; Weber: Eindruck – Aneignung – Ausdruck; Itschner: Stoffvermittlung – Stoffbemeisterung – Stoffverwertung; Seyfert: Erarbeitung – Einarbeitung – Verarbeitung; Scheibner: Arbeitsplanung – Arbeitsausführung – Arbeitsprüfung; Muckle: Problemstufe – Lösungsstufe – Verwertungsstufe; Huber: Hinführungsakte – Darstellungsakte – Besinnungsakte – Verwertungsakte.

Allerdings ist auch schon in diesen älteren Unterrichtslehren Kritik an dem Versuch geäußert worden, so etwas wie eine ideale Urgestalt des Unterrichts zu finden (vgl. JANNASCH/JOPPICH 1969). Lern- und Arbeitsprozesse sind je nach Intention und Inhalt differenziert zu betrachten. Dazu kommt, daß viele Einflußgrößen in die konkrete Ausformung eingegangen sind, die in einer Verlaufsnotierung (vgl. BÖNSCH 1965) häufig gar nicht mehr so genau erkennbar sind (vgl. Abbildung 1).

Die Übersicht wäre zu ergänzen durch Punkte wie Unterrichtskonzept (so die Vorstellung über die Grundanlage des Unterrichts: Vermittlung von Wissen durch Lehrer oder gemeinsame Lehr-

Abbildung 1: Einflußgrößen auf die Artikulation des Unterrichts

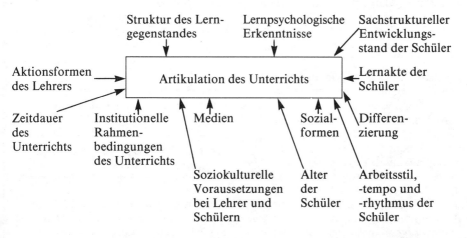

(Quelle: WIEDERHOLD 1981, S. 425)

und Lernarbeit oder schülerorientierter Unterricht mit hohen Graden der Selbständigkeit und Mitbestimmung), Lernanliegen wie kognitives Lernen oder soziales Lernen.

Für eine genauere Beschreibung von Artikulationsformen ist der Versuch einer Gliederung angesichts der Vielfalt potentieller Einflußgrößen und Ordnungsaspekte sehr schwierig. Man kann etwa historisch vorgehen, in synoptischer Absicht einen Überblick entwickeln oder nach einem selbstentwickelten Gliederungsschema ordnen. So hat beispielsweise WIEDERHOLD (vgl. 1981) versucht, nach fünf typischen Ansätzen zu bündeln: erkenntnistheoretisch-orientierte, handlungsorientierte, lernprozeßorientierte, fachorientierte und unterrichtspraktisch orientierte Artikulationsmodelle. Abgesehen davon, daß ihm dabei neuere Schemata nicht aufgefallen sind, ist die Systematik selbst problematisch, denn unterrichtspraktisch sind schließlich alle Ansätze orientiert, wenngleich sie zunächst ihren spezifischen Ausgangspunkt haben.

Keck hat vier generelle Modellentwürfe unterschieden: allgemeine schematisierende Artikulationsmodelle, die als unspezifische Raster für die Unterrichtsgestaltung gedacht seien (vgl. BACH 1971; in Anlehnung an sowjetrussische Autoren vgl. DREFENSTEDT/NEUNER 1970, KLINGBERG 1975); verfahrensorientierte Stufenmodelle (vgl. SCHEIBNER 1928); fachorientierte Stufenmodelle (vgl. BEILER 1959) und lernprozeßorientierte Artikulationsmodelle (vgl. OKON 1957, ROTH 1970). Auch hier erscheint die Gruppierung mitunter etwas gewaltsam (vgl. KECK 1973).

Im folgenden wird eine Mischung zwischen historischer und systematischer Darstellung versucht, um den Überblick praktikabel und vielfältig zu halten und Grundansätze dem Lern- und Arbeitsanliegen entsprechend herauszuarbeiten.

Historisch und systematisch orientierte Detailbeschreibungen. Wenn man eine Phasierung des Unterrichtsprozesses nicht schon bei Aristoteles (Sinnlichkeit und Wahrnehmen, Verstand und Denken, Streben und Wollen) beginnen will, so ist es auf jeden Fall geboten, mit der Formalstufentheorie Herbarts und der Herbartianer den Anfang zu setzen:

Artikulationsformen

> Herbart: Klarheit → Assoziation → System → Methode
> Ziller: Analyse + Synthese → Assoziation → System → Methode
> Rein: Vorbereitung → Darbietung → Verknüpfung → Zusammenfassung → Anwendung

Herbart entwickelte die Formalstufen, die stofforientiert die Schüler kognitiv und auch moralisch beeinflussen sollten. Zunächst geht es um die *Klarheit* derjenigen Vorstellungsmomente, die jeder Lernende als Wissensbesitz mitbringt. Dann geht es um die *Assoziation* neuer Vorstellungselemente zu den alten. Die bloße Assoziation genügt aber nicht, vielmehr muß eine *systematische* Einordnung der neuen Vorstellungsgehalte vorgenommen werden. Mit dem Begriff *„Methode"* bezeichnete Herbart die vierte Stufe der Einübung und Anwendung des systematisierten Wissens, das ohne Praxisanwendung wenig wert wäre (vgl. HERBART 1964, ZILLER 1884). Obwohl Herbart selbst diese Stufenfolge nicht auf alle Lernprozesse anlegen wollte, hat REINS (vgl. 1900) Formalstufenmodell vor allem im Unterricht der Volksschule lange Zeit außerordentlich prägende Wirkung gehabt.

Die reformpädagogische Bewegung hat sich mit der Arbeitsstufentheorie Kerschensteiners, Gaudigs und Scheibners in scharfer Form gegen den Lektionismus der Herbartianer gewandt. Während KERSCHENSTEINER (vgl. 1961) von dem mit handwerklichem Material durchzuführenden Arbeitsprozeß ausging, entwickelten GAUDIG (vgl. 1908) und SCHEIBNER (vgl. 1928) den Prozeß der freien geistigen Schularbeit, der der Persönlichkeitsbildung und der Selbsttätigkeit der Schüler entgegenkommen sollte:

> Arbeitszielsetzung
> ↓
> Arbeitsplan entwerfen, Arbeitsmittel suchen, prüfen, ordnen
> ↓
> Arbeitsschritte durchführen
> ↓
> Arbeitsergebnis prüfen, beurteilen, einordnen, auswerten

Die Frage entstand auch bei Gaudig und Scheibner, inwieweit solch ein Schema jedweden Lernprozeß erfassen könnte beziehungsweise wo seine Grenzen lägen. So lag die Gefahr der Verabsolutierung oder Überstrapazierung nahe.

Seit den 60er Jahren hat ein von GUYER (vgl. 1967) und ROTH (vgl. 1970) entwickeltes Artikulationsschema, das auf der Unterscheidung verschiedener Lernstufen basiert, außerordentliche Verbreitung erfahren:

> Stufe der Motivation
> ↓
> Stufe der Schwierigkeiten
> ↓
> Stufe der Lösung
> ↓
> Stufe des Tuns und Ausführens
> ↓
> Stufe des Behaltens und Einübens
> ↓
> Stufe der Bereitstellung, der Übertragung und Integration

Dieses Stufenschema gibt ein Abbild des vom Lehrer initiierten Lernens, weist also stark auf den Verlauf des Lernens im Unterricht hin. Obwohl beide Autoren auf den idealtypischen Charakter hinwiesen, verselbständigte sich das Schema oft und wurde als prototypische Beschreibung problemorientierten Lernens genommen. Dies lag nahe durch eine Gleichsetzung von Unterrichts- und Lernprozeß, etwa derart:

Eingangsphase	Erarbeitungsphase		Sicherungsphase
Motivation	Auseinander-setzung mit Schwierigkeiten	Lösung	Einprägen, Üben, Anwenden
Überdauernde Motivation oder situative Anregungen oder Probleme	Nichtwissen Nichtverstehen Nichtakzeptieren Nichtkönnen	Vermutungen Probieren Erklären Erarbeiten Konzeptbilden	Behalten Üben Anwenden Übertragen Ausüben

Wesentlich für die Herausbildung einer marxistisch fundierten Psychologie waren die Arbeiten Wygotskis, Leontjews und Galperins. Einer ihrer Grundgedanken ist, daß psychische Erscheinungen Abbildungen der Realität sind. Der Mensch ist als Produkt seiner Arbeit zu begreifen. Alle menschlichen Tätigkeiten haben ihre Grundlage in der materiellen, gegenständlichen, gesellschaftlichen Tätigkeit der Menschen. Das Bewußtsein ist das sich dem Subjekt darbietende Bild von der Welt, es ist die höchste Form des Psychischen. Es entsteht durch die Arbeit in der Gesellschaft und mit Hilfe der Sprache. Äußere, materielle Tätigkeit verwandelt sich im Lauf der Zeit in innere Tätigkeit. Der Übergang von äußeren Prozessen in geistige ist einer Transformation unterworfen. Daraus hat Galperin folgende Interiosationstheorie entwickelt (vgl. KESELING u. a. 1974):

Orientierungsgrundlage
Schaffung einer Orientierungsgrundlage für die Lösung einer neuen Aufgabe

1. Etappe
Materialisierte Handlung: sinnlich-praktische Aneignung der zu lösenden Aufgabe

2. Etappe
Übertragung der Handlung in gesprochene Sprache, damit Verallgemeinerung

3. Etappe
Die Handlung wird zur geistigen Operation durch äußere Sprache

4. Etappe
Innere Sprache: Die Handlung, sprachlich fixiert, ist im Bewußtsein der Schüler

Während einerseits diese Theorie, die gewisse Ähnlichkeiten mit der Piaget-

Artikulationsformen

schen Theorie zeigt, für den menschlichen Lernprozeß in frühen Phasen wichtige Anregungen gibt (handlungsorientierter Unterricht), erhebt sich die Frage, ob sie noch Geltung haben kann, wenn es um die Weiterentwicklung oder Korrektur bereits vorhandener Einstellungen bei Schülern geht.

Auf die zuletzt gestellte Frage antwortet das erfahrungsbezogene Unterrichtskonzept von SCHELLER (vgl. 1981):

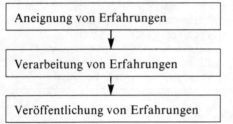

Unterricht soll so organisiert werden, daß an vorgegebenen Themen die Schüler ihre Erlebnisse zu Erfahrungen verarbeiten. Dies bedeutet, daß Schüler in der aktiven, bewußten Auseinandersetzung mit Erlebnissen diese im Horizont vorgängig erlernter Bedeutung reflektieren und Erweiterungen und Umstrukturierungen zugänglich machen. Die Grundidee dabei ist, daß man sich in der tätigen Auseinandersetzung mit seiner Umwelt als identisches Subjekt produziert. Unterricht zielt damit auf eine bestimmte Qualität des Lernens: Das Lernsubjekt soll sich seiner selbst gewiß werden, dies nicht nur in der Bewußtmachung des eigenen Verhältnisses zu Lerngegenständen, sondern auch in der Konfrontation mit dem Wissen und den Erfahrungen anderer (Verarbeitung von Erfahrungen), um einen folgenreichen gesellschaftlich reflektierten Standpunkt zu erarbeiten. Folgenlosigkeit des Lernens wird auf eine erste Weise dann vermieden, wenn durch die Veröffentlichung die Erfahrungen im dritten Schritt der Klassen-, Schul- oder allgemeinen Öffentlichkeit zugänglich gemacht und so zur Diskussion gestellt werden.

Differentielle Unterrichtsstrategien. Die Entwicklung der allgemeinen Didaktik wird in eine Richtung gehen, in der über mehr oder minder verallgemeinernde Artikulationsformen – die vorstehenden Ausführungen zeigen, daß sie je nach Ausgangspunkt eine variierende, aber in der Tendenz generalisierende Wirkung haben – hinaus für differentielle Unterrichtsstrategien sogenannte „Folien" entwickelt werden, die Planungsorientierung geben können.

Zwei Richtungen sind hier zu nennen: *Fachorientierte sowie schülerorientierte Artikulationsformen.* Je nach intendierter Vermittlungsintention, -art, -direktheit und -strenge kann man folgende Modellvorstellungen als fachorientierte Artikulationsformen identifizieren:

Problemzentrierter Vortragsaufbau (vgl. GAGE/BERLINER 1979)

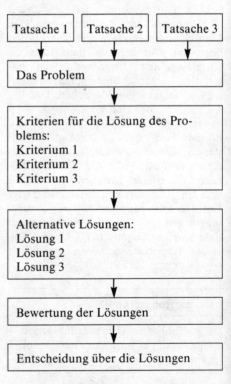

Artikulationsformen

Programmiertes Lernen
(vgl. BÖNSCH 1981)

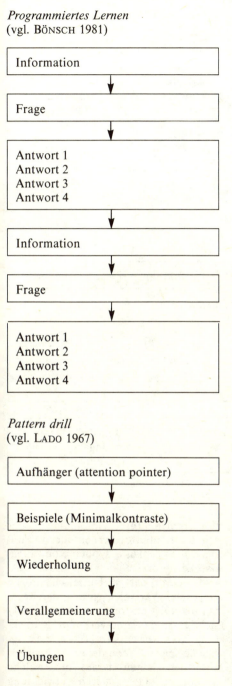

Pattern drill
(vgl. LADO 1967)

Schülerorientierte Artikulationsformen. Je nach dem Grad der Offenheit gegenüber den Intentionen, Zielorientierungen, Plänen, Angebotsannahmen, Lernwegen der Schüler kann man folgende Modellvorstellungen identifizieren:

Lernen als offener Vorgang zum Erfassen von Beziehungen und ihrer Symbolik (vgl. DIENES 1969)

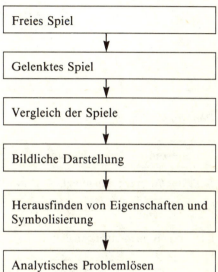

(Weitere Modelle schülerorientierter Artikulationsformen, wie die des wahldifferenzierten Unterrichts, des Projektunterrichts und des individualisierten Lernens, sind aus drucktechnischen Gründen auf S. 388 abgebildet.)

Problemlage. Die vorstehenden Ausführungen können folgendes deutlich machen: In dem scheinbar simplen Sachverhalt von Verlaufsstrukturen (Artikulationsformen) spiegeln sich erkenntnistheoretische, lernpsychologische, didaktische und pädagogische Grundprobleme, die sich in den Fragen nach der Aneignung von Welt, der Qualität von Lernchancen, der kommunikativen Qualität von Unterricht und der Unterrichtskonzeptionierung konkretisieren lassen. Einige Konzepte der Artikulation von Unterricht sehen nicht den Sachverhalt in dieser Dimensionierung. Zusätzlich

Artikulationsformen

Wahldifferenzierter Unterricht (vgl. BÖNSCH/SCHITTKO 1981)

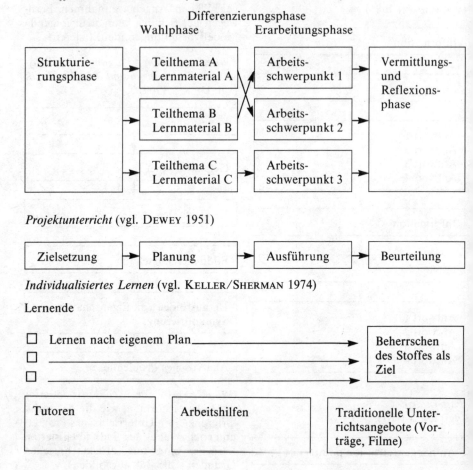

Projektunterricht (vgl. DEWEY 1951)

| Zielsetzung | → | Planung | → | Ausführung | → | Beurteilung |

Individualisiertes Lernen (vgl. KELLER/SHERMAN 1974)

kann das Problem entstehen, daß Artikulationsformen idealtypisch für geplantes Lernen (Unterricht) generell stehen sollen und dann eine unzulässige Verallgemeinerung vorgenommen wird. Die Mehrheit vorhandener Artikulationsmodelle ist an einer Auffassung von Unterricht orientiert, die einen Wissenden (Lehrer) auf der einen und viele Nichtwissende (Schüler) auf der anderen Seite sieht und deshalb das Monopol der Zielfestlegung, der Inhaltsauswahl und der Verlaufsplanung dem Lehrer gibt. Man findet bis heute nur wenige Artikulationsformen für selbständiges oder schülerorientiertes Lernen oder für unstete, nichtgeplante, spontane und kreative Lernprozesse.

Die Vielzahl der am Unterrichtsprozeß beteiligten Variablen wird in der Regel in Artikulationsformen nicht berücksichtigt, so daß eine verkürzte Betrachtung von Verlaufsstrukturen entsteht. Die Beispiele differentieller Unterrichtsstrategien deuten darauf hin, welche Vielfalt bei einer weiteren Entwicklung von Artikulationsformen denkbar ist – so wäre allein das programmierte Lernen in vielen Varianten zu beschreiben. Allerdings könnte sich dabei ergeben, daß Artikulationsformen des Unterrichts sich stärker von denen des individuellen Lernens zu unterscheiden begönnen, da beispielsweise die gemeinsame Planung, Durchführung und Bewertung eines Projekts eine Sache sind, während der individuelle „Zugewinn" von Einsichten, Wissen und Fertigkeiten etwas ganz anderes wäre, was sich auch in anderen Artikulationsformen niederschlagen würde.

Dies führt zu dem weiteren Hinweis, daß ein Zusammenhang zwischen den Rahmenbedingungen (Ort, Zeit, Material) und Artikulationsformen besteht. Die größere Zahl referierter Artikulationsformen ist auf die einzelne Unterrichtsstunde oder -einheit abgestellt. Die zwei angezeigten Richtungen der künftigen Entwicklung werden außerdem die Strukturen von Lerngegenständen und/oder die „Subjektlage" stärker zu beachten haben. Daher erscheint die Entwicklung als unabgeschlossen.

ASCHERSLEBEN, K./HOHMANN, M.: Handlexikon der Schulpädagogik, Stuttgart 1979. BACH, H.: Die Unterrichtsvorbereitung, Hannover [9]1971. BEILER, A.: Der Lehrentwurf für den biologischen Unterricht, Berlin 1959. BÖNSCH, M.: Situationen im Unterricht, Ratingen 1965. BÖNSCH, M.: Verlaufsgestalten und Aktionsstrukturen des Unterrichts, Essen [2]1973. BÖNSCH, M.: Beiträge zu einer kritischen und instrumentellen Didaktik, München 1975. BÖNSCH, M.: Moderne Unterrichtsgestaltung, München 1981. BÖNSCH, M./SCHITTKO, K.: Das Modell eines wahldifferenzierten Unterrichts und Probleme seiner Umsetzung im Schulalltag. In: HAUSSER, K. (Hg.): Modelle schulischer Differenzierung, München/Wien/Baltimore 1981, S. 202 ff. DEWEY, J.: Wie wir denken, Zürich 1951. DIENES, Z.P.: Aufbau der Mathematik, Freiburg/Basel/Wien [3]1969. DREFENSTEDT, E./NEUNER, G.: Lehrplanwerk und Unterrichtsgestaltung, Berlin [3]1970. EGGERSDORFER, F.: Jugendbildung. Allgemeine Theorie des Unterrichts, München [6]1950. FRIEDRICHS, K. u.a.: Unterrichtsmethoden, Oldenburg 1982. GAGE, N.L./BERLINER, D.C.: Pädagogische Psychologie, Bd.2, München/Wien/Baltimore [2]1979. GAUDIG, H.: Didaktische Präludien, Leipzig/Berlin 1908. GUYER, W.: Wie wir lernen, Erlenbach/Zürich [5]1967. HERBART, J.F.: Umriß pädagogischer Vorlesungen (1835), hg. v. J. Esterhues, Paderborn [2]1964. HUBER, F.: Allgemeine Unterrichtslehre, Bad Heilbrunn [11]1972. JANNASCH, H.-W./JOPPICH, G.: Unterrichtspraxis, Hannover [7]1969. KECK, R.: Artikulationsmodelle. In: NICKLIS, W.S. (Hg.): Handwörterbuch der Schulpädagogik, Bad Heilbrunn 1973, S. 281 f. KELLER, F.S./SHERMAN, J.G.: The Keller Plan Handbook, Menlo Park 1974. KERSCHENSTEINER, G.: Begriff der Arbeitsschule, München/Düsseldorf/Stuttgart [14]1961. KESELING, G. u.a.: Sprach-Lernen in der Schule, Köln 1974. KLINGBERG, L.: Einführung in die allgemeine Didaktik, Kronberg 1975. LADO, R.: Moderner Sprachunterricht, München 1967. OKON, W.: Der Unterrichtsprozeß, Berlin 1957. REIN, W.: Pädagogik im Grundriß, Leipzig [3]1900. ROTH, H.: Pädagogische Psychologie des Lehrens und Lernens, Hannover [12]1970. SCHEIBNER, O.: Zwanzig Jahre Arbeitsschule in Idee und Gestaltung, Leipzig 1928. SCHELLER, J.: Erfahrungsbezogener Unterricht, Königstein 1981. STÖCKER, K.: Neuzeitliche Unterrichtsgestaltung, München [15]1970. VOGEL, A.: Artikulation des Unterrichts, Ravensburg 1973. WEINERT, F.E. Instruktion als Optimierung von Lernprozessen. Teil 1: Lehrmethoden. In: WEINERT, F.E. u.a.: Pädagogische Psychologie, Frankfurt/M. 1974, S. 795 ff. WIEDERHOLD, K.A.: Die Artikulation des Unterrichts. In: TWELLMANN, W. (Hg.): Handbuch Schule und Unterricht, Bd. 4.1, Düsseldorf 1981, S. 406 ff. ZILLER, T.: Grundlegung zur Lehre vom erziehenden Unterricht, Leipzig [2]1884.

Manfred Bönsch

Baukasten

Unter Baukästen sind *technische Montage- oder Konstruktionsteilsysteme* zu verstehen. Der Baukasten ist ursprünglich zur Aufnahme von Bausteinen gedacht, aus denen Bauwerke abbildhaft nachgebaut werden sollen. Dabei können zumeist sowohl der Kasten als auch der Deckel als (Groß-)Bauteile mitverwendet werden. Beim Wiedereinräumen der Bausteine in den Kasten muß eine vorgegebene Ordnung genau eingehalten werden, sonst reicht der Platz nicht aus. Der Baukasten gibt damit ein Ordnungsprinzip vor.

Die Bauteile werden beim Bauen nur unverbunden geschichtet. Das Überkragen, also das Überstehenlassen des Bausteins in der höherliegenden Schicht über den darunterliegenden bleibt einzige konstruktive (Bau-)Lösung. Das Überwölben von Maueröffnungen oder -zwischenräumen mit vorgefertigten Rundbausteinen ist eine grobe Verfälschung des Rundbogen-Bauprinzips.

Eine fragwürdige Weiterentwicklung der Bau„stein"idee ist die Verwendung von Bauteilen, die aneinandergeklemmt werden können wie beim LEGO-System. Die Klemmverbindung läßt das Gebaute in sich fester, sicherer erscheinen, ohne daß etwa ein korrekter Mauerverband gebildet werden muß, und sie erlaubt auch weite Überkragungen, ohne daß die Kragsteine konstruktiv gesichert werden müßten. Damit wird auch diese Bauprinziplösung verfälscht.

Die beiden bisher beschriebenen Baukastensysteme sind in der Absicht entwickelt worden, Architekturvorbilder nachzu„spielen". Moderne Montage- oder Konstruktionsteilsysteme eignen sich dazu nicht. Sie sind für die modellhafte Darstellung von Aufgaben aus dem *Ingenieurbau* (wie MERO), der *Maschinentechnik* (zahlreiche Systeme) und der *Elektrik/Elektronik* (ebenfalls mehrere Systeme) entwickelt worden. Als Materialien für die Baueinzelteile werden Holz, Metalle, synthetische Werkstoffe und verschiedene Kombinationen dieser Grundwerkstoffe verwendet. Die Bauteile können zusammengesteckt (Nut-Zapfen-Verbindung) oder -geschraubt werden (Maschinenschrauben und Muttern). Spreiz-/Klemmverbindungen sichern den festen Halt von Anbauteilen auf rotierenden Wellen. Die Lösbarkeit, zugleich die damit verbundene, bedingte konstruktive Festigkeit dieser Verbindungen ist ein wichtiges Bewertungskriterium für die Verwendbarkeit der Montageteilsysteme im Unterricht. Hier hat zweifellos die schnelle und problemlose Steckverbindung, die zudem ausreichende Festigkeit gewährt, neue methodische Möglichkeiten eröffnet.

Moderne technische Baukästen können in zwei größere Gruppen eingeordnet werden:
- *(offene) Auf- oder Ausbausysteme,* bei denen ein vielverwendbarer Bauteilgrundbestand durch Zusatzteile (wie Räder, Kurbeln, Stäbe, Motoren und Getriebe-[Teil-]Aggregate) ergänzt und für einen breiten Einsatzbereich ausgebaut werden kann, und
- *(geschlossene) Spezial- oder Fachsysteme,* mit denen nur ein einziger Themenbereich (wie Getriebe, Schaltungen und Trigonalkonstruktionen) dargestellt werden kann, bei denen also jedes Bauteil nur für einen ganz speziellen Zweck brauchbar ist.

Vor allem in ihrer *lerntheoretischen Absicht* und damit in ihrer *unterrichtlichen Brauchbarkeit* unterscheiden sich die beiden Systeme stark voneinander. Während sich die Baukästen der Spezial- und Fachsysteme fast ausschließlich zur modellhaften Darstellung geschlossener technisch-naturwissenschaftlicher Entwicklungen eignen und nur in engen Grenzen auch experimentelle Untersuchungen oder die Abwandlung wichtiger Prinziplösungen gestatten, sind mit den Auf- oder Ausbausystemen darüber hinaus auch heuristische Experimente,

Baukasten

eigene (konstruktive) Entwicklungen und Erfindungen möglich. Lerntheoretisch wichtig ist dabei vor allem, daß sich der Lernende fast immer den Entwicklungs- oder Findungsvorgang mit *Planen, Zusammenbauen, Überprüfen* (auch jedes einzelnen Teilschritts) und *Darstellen*, etwa als Optimierung einer Funktion, durchsichtig machen kann. Je variabler die einzelnen Systemteile verwendet werden können, je weniger sie eine ganz spezielle Funktion abbilden, um so größer sind die Experimentier- oder Entwicklungsmöglichkeiten eines Montageteilsystems.

Hier liegt allerdings auch eine Gefahr sehr „offener" Baukastensysteme: Sie wirken der Forderung entgegen, daß eine Funktion aus der Form eines Bauteils oder einer Bauteilgruppe „abgelesen" werden können muß, spätestens dann, wenn diese Form innerhalb eines Konstruktionsganzen optimiert worden ist. Diese Forderung ist vor allem für das Funktions*verständnis* bei Schülern in der operativen Entwicklungsphase wichtig. Noch bedenklicher wird es allerdings, wenn die Lernenden Bauteile mit festgelegter Form (den „Geländereifen") in andere Funktionen umdenken sollen (in eine Umlenkrolle oder in ein Tariergewicht). So werden zwar vereinfachte Baulösungen möglich, die formale Optimierung komplexer Funktionen aber, für die letztlich angemessene, konstruktiv durchgestaltete Baueinzelteile notwendig sind, kann so nicht erreicht werden.

Montageteilbaukästen haben sich vor allem dort bewährt, wo es nötig ist, Einzelfunktionen als in sich schlüssige (Teil-)Systeme darzustellen, von denen aus dann auf das (technische) Gesamtsystem weitergedacht werden kann: das Schaltgetriebe, schrittweise aus einzelnen Experimentiervorstufen aufgebaut, als Teil eines Antriebsaggregats (Vorgang: System-Synthese).

Sofern das Bauen im Unterricht nicht streng reglementiert wird, sofern also weitgehend einheitliche (Bau-)Lösungen nicht angestrebt werden, sind mit großzügig ausgestatteten Montageteilbaukästen sogar echte *Problemlösungen* möglich. Dabei ist wichtig, daß beispielsweise durch wiederholtes „Zurück"-Bauen bis zur jeweils letzten völlig durchgeklärten Bau- und Lösungsstufe, durch das Nebeneinanderstellen „falscher" und „richtiger" Lösungsschritte sogar der Problemlösungs*vorgang* für den Lernenden transparent gemacht werden kann.

Von hier aus ist eine Bemerkung zum Begleitmaterial für einzelne Baukastensysteme notwendig: Begleitschriften, auch solche, die der Lehrer beifügen zu müssen glaubt, sollten sehr sorgfältige Einführungen in den *Umgang* mit dem Arbeitsmaterial anbieten, unter gar keinen Umständen aber konstruktive Musterlösungen, selbst dann nicht, wenn sie längst als allgemeingültig gelten und überall als Kenntnisgrundbestand vorausgesetzt werden. Im allgemeinen erfüllen diese Bedingung nur Bauteilsysteme, für die es ein schulgeeignetes Sortiment gibt (neben der Ausführung für den Spielzeughandel, der leider noch immer Spielvorschläge beigefügt werden).

Baukästen werden immer von Erwachsenen entwickelt. Sie widerspiegeln also sowohl in der Gestaltung ihrer Einzelteile als auch in ihrer Gesamtkonzeption das Technikverständnis Erwachsener. Ein Baukastenkonstrukteur hat notwendigerweise ein sehr weiträumiges, detailliertes technisches Wissen, in dem sehr viele technische Prinziplösungen selbstverständlich sind. Hierzu ein Beispiel: Selbstverständlich ist, daß sich Räder funktionssicher drehen und damit – etwa in Reibrädergetrieben – Bewegung einwandfrei übertragen. Schülern sind die Voraussetzungen für solche einwandfreie Funktion, die absolute Rundheit der Räder und ihre Lagerung genau im Mittelpunkt, dazu die gegeneinander unverrückbare Führung von An- und Abtriebsrad, zunächst keineswegs selbstverständlich. Wichtige Fragen zu technischen Grundphänomenen werden so durch die (fertigungstechnisch) notwendige Präzision bei modernen Montageteilsystemen gegenstandslos. Der Lehrer muß sie deshalb in seinem Unterricht ganz gezielt aufwerfen.

Selbstverständlich sind die Baukästen, ebenso wie die Baueinzelteile, nioht nur Unterrichts*mittel,* sondern auch Unterrichts*gegenstand*. Fragen nach dem Material der Bauteile, nach ihrer Halt- und Belastbarkeit, fertigungstechnische Fragen und Fragen zu schwierigen zusammenbautechnischen Einzelheiten müssen vor der Arbeit im Unterrichtsgespräch geklärt werden. Die außerordentliche fertigungstechnische Präzision bei heutigen Montageteilsystemen erlaubt folgenden Hinweis an den Lernenden: Alle Teile lassen sich grundsätzlich ohne jede Gewaltanwendung montieren; wenn irgendwo beim Zusammen- oder Auseinanderbauen Gewalt nötig zu werden scheint, ist dieser Vorgang falsch.

Die modernen Baukastensysteme werden vornehmlich im Technik- und im Physikunterricht eingesetzt (Elektrik/Elektronik). Sie sind aber – vor allem wenn ihre Grundausstattung wenig spezialisiert ist – auch in anderen Fächern zu verwenden, wie etwa zur Demonstration biotechnischer Zusammenhänge.

Horst Dinter

Bildungstechnologie

Begriffsverständnis und Begriffsverwendung. Von „Bildungstechnologie" wird erstmals 1969 in den Konzepten zur Errichtung eines „bildungstechnologischen Zentrums" (in Wiesbaden) gesprochen. Ab Mitte der 60er Jahre waren in der pädagogischen Diskussion und im deutschsprachigen Schrifttum bereits ähnliche Fachausdrücke, wie „Unterrichtstechnologie", „pädagogische Technologie" und „Technologie der Erziehung", eingeführt worden. Zur Erklärung des Begriffes „Bildungstechnologie" können zwei Wege gewählt werden: der *etymologische* und der *wissenschaftshistorische*. Es soll zunächst versucht werden, der Bedeutung von Bildungstechnologie durch eine Klärung der Begriffselemente auf die Spur zu kommen.

Der aus dem Griechischen übernommene Begriff der Technik bezog sich zunächst auf jede Art von Fertigkeit, akzentuierte aber die handwerkliche Komponente. Solchermaßen wurde Technik zur gemeinsamen Bezeichnung für alle Verfahren, die der Hervorbringung von materialen Produkten dienen. Diese Produkte nahmen terminologisch von ihrer Herstellung an: Man bezeichnete sie als „technische Produkte". Mit Begriffsumfang und Begriffsinhalt von „Technologie" und ihrer Anwendung auf Erziehung und Erziehungswissenschaft hat sich insbesondere v. CUBE (vgl. 1977) auseinandergesetzt. Er ortet eine mehrfache Inhaltszuordnung zur selben Bezeichnung: Technologie im ingenieurwissenschaftlich- oder industriell-„technischen" Sprachgebrauch bezeichnet einmal solche anspruchsvollen Verfahren, die der Steuerung von Systemen dienen, zum anderen aber auch materielle Produkte, die solche technischen Verfahren hervorgebracht haben. Die besondere Qualität von Technologien (hier: Verfahren, Techniken) wird in der auf Sozialtechnologie bezogenen Definition von HABERMAS (1968, S. 69) deutlich, der sie durch die „Anwendung erfahrungswissenschaftlicher Informationen zur Verfügbarmachung von Kräften der Natur, des Menschen und sozialer Organisationen" charakterisiert sieht. Schließlich definiert STACHOWIAK (vgl. 1973), der Grundbedeutung des Begriffes streng folgend, Technologie als Wissenschaft, und zwar als *„Aktionswissenschaft"*, die sich systematische Entwicklungsarbeit mit dem Ziel von Erfindungen zur Aufgabe macht. Zu den Erziehungswissenschaftlern, die *Technologie als Verfahren* definieren, sind unter anderem FLECHSIG (vgl. 1976), PETERS (vgl. 1976) und WELTNER (vgl. 1974) zu zählen.

Davon abweichend definiert nur eine Minderheit von pädagogischen Theoretikern und Praktikern Technologie und Bildungstechnologie als wissenschaftliche Disziplin. So unter anderen SCHÖLER (vgl. 1971), für den Technologie *„Verfahrenskunde"* bedeutet, und, neben STACHOWIAK (vgl. 1973) und HAEFNER (vgl. 1977) auch KLAUER (vgl. 1973, S. 91), der Bildungstechnologie als *„technologische Disziplin"*, als „Lehre von Techniken, die geeignete Mittel sind, um Ziele zu erreichen", definiert. Eine Verfahrenslehre, die sich auf Techniken zur konkreten Gestaltung und Steuerung bezieht, bedarf ebenso konkreter Gestaltungs- und Steuerungsbereiche. Diese sollen hier „Erfahrungsbereiche" (synonym: „Erfahrungsobjekte") genannt werden. Für eine Technologie mit im weitesten Sinne pädagogischen Zielstellungen beziehungsweise Zielvorgaben böte sich hier der Erfahrungsbereich „Pädagogik" an. Begreift man den Begriff des Pädagogischen in seiner gesamten denkbaren Breite und Tiefe, kann er, sofern man sich nicht aus ideologiekritischen Vorbehalten an seiner Inanspruchnahme durch bestimmte gesellschaftliche Gruppen stößt, durch den Begriff „Bildung" ersetzt werden. Bildung soll hier im Sinne eines komplexen Gesamtprozesses verstanden werden, der sich am Ziel von Erziehung insgesamt, definiert als „Bezeichnis der Gesamtaufgabe pädagogischen Handelns", ausrichtet und sich dabei des Unterrichts als deren besondere „Ausprägung in planmäßiger, wissenschaftsorientierter, institutionalisierter und professionalisierter, pädagogischer Interaktion" bedient. Nimmt man unter Beachtung dieser begrifflichen Zusammenhänge das substantivische Konstrukt „Bildungstechnologie" bei seinen Einzelwortwurzeln, so kann definiert werden: *Bildungstechnologie ist die Lehre von den Verfahren (Prozessen, Instrumenten, Strukturen), mit deren Hilfe man jemanden, im Grenzfalle sich selbst, bilden kann.* Sieht man, ungeachtet der Begriffsvielfalt von „Bildung" und „Bilden", diese Termini in engem Zusammenhang mit „Pädagogik", so erscheint Bildungstechnologie im hier gewählten umfassenden Verständnis als Synonym für den Begriffskomplex „pädagogische Methodik" oder noch klarer „pädagogische Methodenlehre".

Rezeption und Institutionalisierung. Nun handelt es sich aber im Falle von „Bildungstechnologie" nicht um eine genuine Wortschöpfung deutscher Wissenschaftssprache, sondern um eine direkte Übersetzung des US-amerikanischen Fachausdruckes *„Educational Technology"*. Je nach inhaltlicher Bedeutung des Begriffsumfanges von „Education" wurde diese zunächst mit „Unterricht", später mit „Pädagogik", erst relativ spät mit „Bildung" übersetzt, ohne daß man sich über eine jeweilige Begriffsverschiebung Gedanken machte. Ein ähnliches semantisches Dilemma zeigte sich im Falle der linearen Übernahme des Ausdrucks „Technology". Dies alles hatte nicht etwa bloß sprachwissenschaftliche Konsequenzen, sondern ganz erhebliche Auswirkungen auf Arbeitsfelder, Arbeitsschwerpunkte, Methodenwahl und schließlich Arbeitsergebnisse der Theoretiker und Praktiker, die sich im deutschen Sprachraum um „Educational Technology" bemühten. Wissenschaftshistorischen Aufschluß über den Begriff der Bildungstechnologie (und seine semantische Veränderung) gewinnt man aus einer Analyse der Entwicklung der „Educational Technology" in den USA und deren Rezeption und Adaptation im deutschen Sprachraum.

Am Anfang der Entwicklung der „Educational Technology" in den USA standen akute praktische Lehr- und Lernprobleme. GROPPER (vgl. 1980) führt den Beginn einer systematischen „technologischen" Behandlung von Lehr- und Lernprozessen auf die Erfordernisse der militärischen Ausbildung während des Zweiten Weltkrieges zurück. Der 1958 erschienene Aufsatz von SKINNER „Teaching Machines" (in deutscher Übersetzung erstmals bei CORRELL 1965), gab einen der entscheidenden Anstöße zur Entwicklung einer Unterrichtstheorie auf informationspsychologischer Basis. Die Initiativen, wie sie nach der Skinnerschen Initialzündung unter anderem von MAGER (vgl. 1962) entwickelt wurden, nahmen zwar Elemente der Skinnerschen „Theorie der positiven Verstärkung" (vgl. SKINNER 1938) und deren Weiterentwicklung auf, gaben sich aber mit deren linearen Konsequenzen für Lehr- und Lernstrategien in Unterricht und Ausbildung nicht zufrieden. So wurde der eingeschlagene Entwicklungsweg über die Konzeption von Stufenmodellen (vgl. HOLLAND/ SKINNER 1961) unter dem Einfluß von Piaget in Richtung auf eine umfassender konzipierte Lerntechnologie auf Grundlage einer komplexeren Lerntheorie (vgl. BRUNER 1966) fortgesetzt. Diese Lerntheorie verstand sich als theoretische Basis einer sehr praxisnahen Lerntechnik. In diese Richtung zielten auch die Arbeiten von GAGNÉ (vgl. 1965), der eine elaborierte Technologie des Unterrichtens beabsichtigte.

Wenn auch einzelne Wurzeln noch weiter zurückverfolgt werden können, so ist der Beginn einer umfassenden Rezeption der „Educational Technology" im deutschsprachigen Raum etwa in der Mitte der 60er Jahre zu datieren. Entscheidende Impulse gingen hierfür von der 1963/64 gegründeten Gesellschaft für Programmierte Instruktion aus. Erstes Arbeitsfeld war der Bereich der „Programmed Instruction", deren Konzepte auf behavioristischen, systemtheoretischen und informationspsychologischen Erkenntnissen aufbauten. Ihr Ziel war eine wissenschaftlich begründete Unterrichtstechnik in bewußter Abgrenzung zur Methodik als pädagogischer Kunstlehre.

Informationstheoretische Impulse erhielt die bildungstechnologische Forschung schon in der ersten Phase ihrer Rezeption durch FRANK (vgl. 1961). Ein wichtiger Schritt auf dem Weg von einer praktisch-pragmatischen Unterrichtslehre hin zur wissenschaftlich fundierten Bildungstechnologie stellte die in den 60er Jahren in die Geistes- und Gesellschaftswissenschaft hineingetragene Systemtheorie dar (vgl. STACHOWIAK 1973). Auch sie wurde, wie die behavioristische Lerntheorie, außerhalb der Erziehungswissenschaften entwickelt.

Einen spektakulären Teilbereich bildungstechnologischer Entwicklungen, der zunächst das Interesse am Educational-Technology-Konzept weckte, stellte das Feld der *Lehrmaschinen und -automaten* dar. Neben den relativ einfachen Ansätzen, wie sie in der Bundesrepublik Deutschland vor allem von ZIELINSKI und SCHÖLER (vgl. 1965) verfolgt wurden und die weitgehend auf dem linearen Lernkonzept nach Skinner beruhten, entwickelte sich eine Reihe von formalen Modellen im Hinblick auf eine mathematisch-logische Theorie der Lehrautomaten. Wesentliche Arbeiten dazu lieferten in der Tschechoslowakei LANSKY (vgl. 1969) und in der UdSSR LANDA (vgl. 1969).

Ausgehend von den Versuchen einer exakten *Qualifikationsanalyse* und einer dieser entsprechenden Definition von Lernzielen sowie informationspsychologischen Lernmodellen, drang man Ende der 60er Jahre zur systematischen Bearbeitung von Lehr- und Lernprozessen vor. Anfang der 70er Jahre gewannen kognitionspsychologische Überlegungen und Versuche zur Aus-

weitung des allzu eng gefaßten Lernzielbegriffes an Bedeutung. Mitte der 70er Jahre schließlich scherte die Mediendidaktik aus der Bildungstechnologie aus und rückte in die Nähe der Medienpädagogik (vgl. TULODZIECKI 1975).
Der Etablierung des Begriffes „Bildungstechnologie" Ende der 60er Jahre folgte die Institutionalisierung. Die bildungspolitischen Gründerjahre 1967-1972 waren den Konzepten zur Errichtung von bildungstechnologischen Forschungs- und Entwicklungszentren nach adaptiertem US-amerikanischem Muster günstig. 1967 wurde ein erster Plan zur Errichtung einer „bildungstechnologischen" Hochschule in Klagenfurt unter Beteiligung führender Vertreter der „Educational Technology" aus der Bundesrepublik Deutschland erstellt. Nach entsprechenden politischen Vorarbeiten wurden 1970 in Hessen und Nordrhein-Westfalen die erforderlichen Beschlüsse zur Errichtung von (interuniversitären) bildungstechnologischen Forschungs- und Entwicklungszentren gefaßt (Bildungstechnologisches Zentrum GmbH, Wiesbaden; Forschungs- und Entwicklungszentrum für objektivierte Lehr- und Lernverfahren GmbH, Paderborn).

Differenzierung und Schwerpunktbildung. Bei Beurteilung der Entwicklungsgeschichte und der Entwicklungsperspektiven der Bildungstechnologie zum gegenwärtigen, wissenschaftsgeschichtlich vergleichsweise noch frühen Zeitpunkt ist auf die unterschiedliche Ausprägung von „Bildungstechnologie als programmatischer Anspruch" und „Bildungstechnologie als tatsächliches Feld wissenschaftlicher und praktischer Arbeit" hinzuweisen. So gibt es heute *die* Bildungstechnologie im weiten Begriffsverständnis lediglich als gedankliches Konstrukt, als eine Menge von relativ verstreuten Einzelansätzen, deren Vertreter diese zudem nicht in jedem Falle unter den Begriff „Bildungstechnologie" subsumieren. Dies hängt unter anderem mit der Unschärfe des hier verwendeten Begriffsrepertoires zusammen. So weist auch die Literatur eine Vielzahl von „Bildungstechnologien", also von Spielarten bildungstechnologischer Forschungs- und Entwicklungsarbeit, auf. Daraus sollen diejenigen Ansätze, die besonderen Bezug zur schulbetrieblichen Praxis zeigen, ausgewählt und erläutert werden.

Der schulpraktische/schulbetriebliche Ansatz: Die Vertreter einer extremen schulpraktischen Position angewandter Bildungstechnologie rücken die schulbetrieblich-unterrichtliche Gestaltungsaufgabe in die Nähe produktions„technologischer" Aufgaben und stellen den technisch-apparativen Aspekt sowie die betrieblichen Aufgaben der Optimierung, Effektivität und der Rationalisierung in den Vordergrund. Bildungstechnologie beziehungsweise pädagogische Technologie „ist innerhalb der Pädagogik die Summe der Maßnahmen und Verfahrensweisen, die vorwiegend von technikorientierten Medien, Hilfen und Voraussetzungen bestimmt wird", und kann differenziert werden in „Direkte Pädagogische Technologie", das ist Unterrichtstechnologie im engeren Sinne mit den Teilbereichen „Demonstrationstechnologie" und „Instruktionstechnologie", sowie in „Indirekte (Vor-) Pädagogische Technologie" mit den Teilbereichen „Schulbautechnologie" und „Schulverwaltungstechnologie" (ALLENDORF u.a. 1972, S.14; vgl. SCHÖLER 1971). Schulpraktischen Zielen dienen auch die Medieninformationsnetze nach HERTKORN (vgl. 1980), die der ständigen Unterweisung der Lehrer im Hinblick auf ihre praktische Unterrichtstätigkeit dienen wollen.

Der ingenieurwissenschaftliche/unterrichtstechnische Ansatz: Die engste Definition von Bildungstechnologie, üblicherweise mit Unterrichtstechnologie etikettiert, führt zur Lehre von der Produktion und den technischen Einsatzbedingungen von technischen Medien in Bildungs-, vornehmlich in Unterrichtsprozessen. Eine solche „ingenieurwissenschaftliche Bildungstechnologie" findet ihre Bezugswissenschaften im Bereich technischer und derjenigen naturwissenschaftlichen Disziplinen, die man heute unter der Sammelbezeichnung „Ingenieurwissenschaften" zusammenfaßt. Ziel der ingenieurwissenschaftlichen Bildungstechnologie ist die Aufhellung der Bedingungen und Zusammenhänge bei der Produktion und dem „technischen Betrieb" von Unterrichtsmedien. Wesentliche Arbeitsbereiche waren die Konstruktion von Lehrmaschinen und -automaten, von apparativen Lehr- und Lernhilfen mit oder ohne Integration von (elektronischen) Speicher- und/oder Rechenwerken, die Konstruktion von Rückmelde- und Auswerteeinrichtungen in technische Lehr- und Lernsysteme und Arbeiten zur technischen Kompatibilität von audiovisuellen Geräten (vgl. MELEZINEK 1978). Bildungsmittel traditionellen Zuschnittes, insbesondere Spiel- und Arbeitsmittel, blieben lange Zeit aus bildungs- und unterrichtstechnologischen Überlegungen ausgeklammert. Hier haben SCHÖLER (vgl. 1971) durch die Entwicklung einer Systematik unterrichtstechnischer Hilfen und FROMMBERGER (vgl. 1978) und ORTNER (vgl. 1980) durch eine Erweiterung des Begriffes der Bildungsmittel korrigierend angesetzt.

Der unterrichtswissenschaftliche/unterrichtstechnologische Ansatz: Aus den Überlegungen zur Darstellung des Unterrichts als wissenschaftliche Aufgabe (vgl. HEIMANN 1976) und zur Professionalisierung der (Grundschul-)Lehreraufgaben (vgl. DÖRING 1971) resultieren wichtige Impulse für die Unterrichtsforschung, die sich ganz zentral mit den Fragen der unterrichtlichen Methoden und damit ex definitione auch der Unterrichtstechnik befaßt. Vertreter dieser „pädagogischen" Unterrichtsforschung befassen sich intensiv mit Medien, also mit unterrichtstechnischen Mitteln, versuchen aber auch, begrifflich die allzu technische Ausrichtung zu überwinden: Sie gelangen so zur Unterrichtswissenschaft, die sie als eigenständige Disziplin, weitgehend unabhängig von Fachwissenschaften und (vor allem auch) Fachdidaktiken sehen. Deutlich wird in den unterrichtswissenschaftlichen Ansätzen der je methodische Bezug und die Dominanz der Dimension des Lehrens. Auffällig ist in diesem Zusammenhang, daß sich einer der engagiertesten Vertreter einer eigenständigen Unterrichtsforschung und -wissenschaft, Heimann, zu Beginn der 60er Jahre verstärkt mediendidaktischen und medienpädagogischen Fragestellungen zuwendet. Eine Begründung dafür ist relativ leicht zu finden: Der allgemeine Fortschritt in Kommunikationstechnik und -technologie stellte neue und durchaus pädagogische Aufgaben für Bildungstheorie und Bildungspraxis.

Der erziehungswissenschaftliche/medienpädagogische Ansatz: Zu den neuesten Richtungen der theoretischen Bildungstechnologie ist eine Spielart zu zählen, die man füglich als „erziehungswissenschaftliche" oder umständlicher, aber genauer, als „erziehungswissenschaftlich orientierte Bildungstechnologie" bezeichnen kann. WIESE (vgl. 1971) definiert Bildungstechnologie als Teilbereich einer allgemeinen Kommunikationstechnologie. Dies weist in erziehungswissenschaftliche Richtung: Unterricht und Bildungsprozesse werden als Spezialfälle kommunikativer Prozesse gesehen. Die Vertreter der erziehungswissenschaftlichen Bildungstechnologie ordnen sie als Verfahrenslehre in das Gesamtgefüge von Erziehungswissenschaft ein. Sie akzeptieren die wechselseitige Abhängigkeit und gegenseitige Beeinflussung von Bildungs- und Erziehungsaufgaben und den Methoden ihrer Erreichung, akzeptieren aber Schwerpunktsetzungen zur arbeitsteiligen Bearbeitung. Erziehungswissenschaftliche

Bildungstechnologie ist nicht bloß die Menge technischer Instrumente oder komplizierter Verfahren, die sich technischer Hilfsmittel bedienen. Sie ist auch nicht bloß der konkrete, praktische Einsatz von technischen Hilfsmitteln zu wie auch immer zu definierenden Bildungszwecken, auch nicht dessen vorbereitende Planung und Organisation oder nachbereitende Kontrolle und Evaluierung. Sie ist vielmehr erziehungswissenschaftliche Teildisziplin, freilich mit besonderem Schwerpunkt. Erziehungswissenschaftliche Bildungstechnologie nimmt in ihren wissenschaftlichen Methodenvorrat nicht nur quantitative Verfahren auf; sie verschließt sich keineswegs nichtquantitativen Verfahren (vgl. TULODZIECKI 1980) und solchen Vorgehensweisen, die beispielsweise ein traditionell naturwissenschaftlicher Ansatz in den Bereich des Vor- oder Außerwissenschaftlichen verwiese. Gleichwohl zielt auch sie auf das Herauspräparieren von wiederholbaren Verfahren mit prognostizierbaren Ergebnissen ab. Sie will auf rationale Begründungen durchaus nicht verzichten.

Kritik und Entwicklungsperspektiven.
Kritik aus der Position *kritisch-emanzipatorischer*, auf *marxistischer* Grundlage argumentierender Erziehungswissenschaft nimmt die von ihr konstatierte, systemstabilisierende Funktion der Bildungstechnologie ins Visier. Bildungstechnologie in der Bundesrepublik Deutschland und in den USA ziele auf Erhaltung, ja Verfestigung des spätkapitalistischen Bildungs-, Wirtschafts- und Gesellschaftssystems ab. Technologie wird als Gesamtmenge aller technischen Mittel und Verfahren verstanden, die der Unterrichtsoptimierung dienen. Erziehung wird – so der Vorwurf der Kritiker – zur Produktion von Qualifikationen reduziert, die das spätkapitalistisch strukturierte Beschäftigungssystem zu seiner Stabilisierung erfordert (vgl. RIESS 1972).

Hauptansatz der Kritik gegen Bildungstechnologie aus der Sicht einer *geisteswissenschaftlich-neohermeneutischen* Position bietet die Zielproblematik von Bildung, Erziehung und Unterricht. Die Einwände gegen eine Bildungstechnologie als pädagogische Verfahrenslehre konzentrieren sich auf den Bereich der Lernziele, deren Bestimmung, deren Begründung, wie sie Vertreter des „Educational Technology" – und des „Programmed Instruction"-Konzeptes (Mager, Gagné), des Operationalisierungskonzeptes (Robinsohn), der Lernstufentheorie (Möller), aber auch der lerntheoretisch begründeten Didaktik schlechthin (Heimann) gefordert und bearbeitet haben.

An die Stelle der Lernziele wären nach NICKLIS (vgl. 1980) wiederum die Bildungs- und Erziehungsziele zu stellen. Es wäre anthropologisch begründbar, daß solche immer nur allgemeine Formulierungen und „im Konkreten niemals eindeutig" sein können (FLITNER 1970, S. 130; vgl. SCHWARZ 1980). Da Bildungs- und Erziehungsziele also nicht konkret bestimmt werden können, verliert auch der Versuch einer exakten pädagogischen Verfahrenslehre seine Legitimation.

Für eine methodische Würdigung und vor allem erziehungswissenschaftliche Wertung der Bildungstechnologie, wie sie sich heute in der Bundesrepublik präsentiert, ist letztlich die Tatsache entscheidend, daß sie sich, weit über den ursprünglichen Erkenntnisanspruch hinaus, bis hin zu einer übergreifend ansetzenden *Theorie bildungsrelevanter Verfahren, Instrumente und Organisationsformen* entwickelt hat. Bildungstechnologie im weiteren Sinne, wie sie letztlich auch den Entwicklungen im englischen Sprachraum entspricht, stellt sich darüber hinausgehend als *Verfahrenswissenschaft* im institutionalisierten Bildungsbereich, als Theorie der auf Bildung bezogenen Methoden, als *„Bildungsmethodologie"* dar.

Bildungstechnologie

Bildungstechnologie im engeren Sinne versteht sich heute als die Lehre von den *Produktions- und Einsatzbedingungen* der *Bildungsmittel* in Ausbildung und Schule. Zu den *Bildungsmitteln* gehört alles das, was die Erziehungs- und Lehr-/Lernprozesse zu unterstützen in der Lage ist, vom technisch anspruchslosen Spielmittel in der Vorschulerziehung bis zum Computer als Gegenstand und als Hilfsmittel im berufsbildenden Unterricht. Dazu gehören nicht bloß technisch komplizierte Medien, auf denen beispielsweise Unterrichtsmittel präsentiert werden, sondern auch Material, das die didaktische Information an sich, auf sich oder in sich trägt; es gehören dazu auch die Arbeitsmittel. Zu den *Einsatz- und Produktionsbedingungen* gehören erzieherisch-pädagogische, technisch-methodische, aber auch organisatorisch-ökonomische. Sieht man in theoretischer Betrachtung den Begriff des technischen Mediums und die unterrichtliche (didaktisch-methodische) Dimension im Vordergrund, so wird Bildungstechnologie zur Mediendidaktik, die sich dann mit Medienerziehung und Medientechnik zur Medienpädagogik zusammenschließen läßt.

Für die Zukunft der Bildungstechnologie können drei Entwicklungsvorgaben genannt werden: Zunächst hat sich Bildungstechnologie im Sinne einer allgemeinen pädagogischen Verfahrenslehre zu „komplettieren". Sodann ist die für jede Wissenschaft konstitutive Komponente kritischer Reflexion zu verstärken, die auch die Selbstreflexion des eigenen wissenschaftlichen Standortes nicht ausschließen darf. Schließlich darf sie in ihrer intentionalen Praxisorientierung, in ihrem Bemühen um „Operationalität", die sich auf die konkrete Gestaltung von Bildungspraxis bezieht, nicht nachlassen (vgl. auch und zum Teil abweichend OTTO 1985).

ALLENDORF, O. u. a.: Pädagogische Technologie und Computerpraxis in Schule und Ausbildung. Handbuch der Pädagogischen Technologie 1, Köln-Braunsfeld 1972. BILLING, H. (Hg.): Lernende Automaten, München 1961. BOECKMANN, K./LEHNERT, U. (Hg.): Bilanz und Perspektiven der Bildungstechnologie, Berlin 1977. BRUNER, J. S.: Toward a Theory of Instruction, Cambridge (Mass.) 1966. CORRELL, W. (Hg.): Programmiertes Lernen und Lehrmaschinen, Braunschweig 1965. CUBE, F. v.: Erziehungswissenschaft. Möglichkeiten, Grenzen, politischer Mißbrauch. Eine systematische Einführung, Stuttgart 1977. DÖRING, H.: Lehrerverhalten, Weinheim/Basel 1971. FLECHSIG, K.-H.: Die technologische Wendung in der Didaktik. In: ISSING, L. J./KNIGGE-ILLNER, H. (Hg.): Unterrichtstechnologie ..., Weinheim/Basel 1976, S. 15 ff. FLITNER, W.: Allgemeine Pädagogik, Stuttgart 1970. FORSCHUNGS- UND ENTWICKLUNGSZENTRUM FÜR OBJEKTIVIERTE LEHR- UND LERNVERFAHREN (Hg.): Forschung für die Bildungspraxis. 10 Jahre Forschungs- und Entwicklungszentrum FEoLL, Opladen 1980. FRANK, H.: Die Lernmatrix als Modell für Informationspsychologie und Semantik. In: BILLING, H. (Hg.): Lernende Automaten, München 1961, S. 101 ff. FROMMBERGER, H.: Bildungsmittelberatung. In: Handwörterbuch der Schulleitung, München ²1978, S. 1 ff. GAGNÉ, R. M.: The Conditions of Learning, New York 1965. GROPPER, G. L.: Is Instructional Technology Dead? In: e. tech. 20 (1980), 1, S. 37 ff. HABERMAS, J.: Technik und Wissenschaft als „Ideologie", Frankfurt/M. 1968. HAEFNER, K.: Ein Ansatz zu einer Theorie der Bildungstechnologie. In: BOECKMANN, K./LEHNERT, U. (Hg.): Bilanz und Perspektiven der Bildungstechnologie, Berlin 1977, S. 35 ff. HEIMANN, P.: Didaktik als Unterrichtswissenschaft, hg. v. K. Reich u. H. Thomas, Stuttgart 1976. HEINRICHS, H. (Hg.): Lexikon der audio-visuellen Bildungsmittel. München 1971. HERTKORN, O.: Medieninformation zu Ende des 20. Jahrhunderts. In: FORSCHUNGS- UND ENTWICKLUNGSZENTRUM FÜR OBJEKTIVIERTE LEHR- UND LERNVERFAHREN (Hg.): Forschung ..., Opladen 1980, S. 159 ff. HOLLAND, J. G./SKINNER, B. F.: The Analysis of Behavior, New York 1961. ISSING, L. J./KNIGGE-ILLNER, H. (Hg.): Unterrichtstechnologie und Mediendidaktik, Weinheim/Basel 1976. KLAUER, K. J.: Revision des Erziehungsbegriffs, Düsseldorf 1973. KÖNIG, E./RIEDEL, H.:

Unterrichtsplanung als Konstruktion, Weinheim/Basel 1970. Kozdon, B. (Hg.): Lernzielpädagogik – Fortschritt oder Sackgasse? Gegen das Monopol eines Didaktikkonzepts, Bad Heilbrunn 1980. Landa, L. N.: Algorithmisierung im Unterricht, Berlin 1969. Lansky, M.: Über die kybernetische Auffassung der Pädagogik, Vaduz 1969. Mager, R. F.: Preparing Objectives for Programmed Instruction, Belmont 1962. Melezinek, A. (Hg.): Technik. Gegenstand und Mittel der Bildung. Ingenieurpädagogik, Bd. 9, Alsbach 1978. Melezinek, A.: Kompatibilität von Bildungs-TV-Einrichtungen. In: Ortner, G. E. (Hg.): Mit Medien ..., Bd. 2, Alsbach 1981, S. 297 ff. Müller, D. D./Rauner, F. (Hg.): Bildungstechnologie zwischen Wunsch und Wirklichkeit, Döttingen 1972. Nicklis, W. S.: Die Sache mit den „Lernzielen" im Erfahrungskontext. In: Kozdon, B. (Hg.): Lernzielpädagogik ..., Bad Heilbrunn 1980, S. 87 ff. Ortner, G. E.: Medieninformation für den Schulbetrieb. In: SO-S. u. Uorganisat. 7 (1980), 4, S. 20 ff. Ortner, G. E. (Hg.): Mit Medien lernen – mit Medien leben, Pädagogik und Information, Bd. 2, Alsbach 1981. Otto, G.: Medien der Erziehung und des Unterrichts. In: Enzyklopädie Erziehungswissenschaft, Bd. 4, Stuttgart 1985, S. 74 ff. Peters, O.: Was leistet das Konzept der Unterrichtstechnologie? In: Issing, L. J./Knigge-Illner, H. (Hg.): Unterrichtstechnologie ..., Weinheim/Basel 1976, S. 39 ff. Riess, F.: Technologie der Erziehung. In: Rauch, E./Anzinger, W. (Hg.): Wörterbuch Kritische Erziehung, Starnberg 1972, S. 269 ff. Rollet, B./Weltner, K. (Hg.): Fortschritte und Ergebnisse der Bildungstechnologie 2, München 1973. Schöler, W. (Hg.): Pädagogische Technologie I. Apparative Lernhilfen, Frankfurt/M. 1971. Schwarz, J.: Die Lernzielproblematik vor der Aktualität der Sinnfrage. In: Kozdon, B. (Hg.): Lernzielpädagogik ..., Bad Heilbrunn 1980, S. 56 ff. Skinner, B. F.: The Behavior of Organisms, New York 1938. Skinner, B. F.: Teaching Machines. In: Science 128 (1958), S. 969 ff. Stachowiak, H.: Gedanken zu einer Wissenschaftstheorie der Bildungstechnologie. In: Rollett, B./Weltner, K. (Hg.): Fortschritte ..., München 1973, S. 45 ff. Tulodziecki, G.: Einführung in die Theorie und Praxis objektivierter Lehrverfahren, Stuttgart 1975. Tulodziecki, G.: Medienforschung als Aufgabe der Medienpädagogik. Zur Forschungs- und Entwicklungsarbeit des Institutes für Medienverbund/Mediendidaktik (IFMV/MD). In: Forschungs- und Entwicklungszentrum für objektivierte Lehr- und Lernverfahren (Hg.): Forschung ..., Opladen 1980, S. 129 ff. Weltner, K.: Unterrichtstechnologie. In: Wulf, Ch. (Hg.): Wörterbuch der Erziehung, München 1974, S. 607 ff. Wiese, J. G.: Technologie. In: Heinrichs, H. (Hg.): Lexikon der audio-visuellen Bildungsmittel, München 1971, S. 290 ff. Zielinski, J./Schöler, W. Methodik des programmierten Unterrichts, Ratingen 1965.

Gerhard E. Ortner

Brainstorming

Grundstruktur. Der Begriff „Brainstorming" wurde von Osborn (vgl. 1953) zur Bezeichnung einer von ihm entwickelten Methode zur Stimulation spontaner kreativer Produktivität eingeführt. Das erste Grundprinzip des Brainstorming basiert auf der assoziationstheoretischen Überlegung, daß mit der *Quantität* von Ideen schließlich auch die Originalität und damit die Qualität zunimmt: Je mehr Gedanken produziert werden, um so größer ist die Chance, daß auch kreative Einfälle darunter sind. Zur Anregung möglichst ungehemmter Phantasietätigkeit dient das zweite Grundprinzip, das des *aufgeschobenen Urteils:* Jede Kritik oder Bewertung der spontan geäußerten Ideen ist in der ersten Phase des Brainstorming strikt verboten. Dadurch soll die den Kreativitätsprozeß hemmende Angst vor Kritik und Mißerfolg bei der Anwendung in Gruppen verringert werden. (Zur Diskussion über die Effektivität von Gruppenarbeit gegenüber individuellem Brainstorming vgl. Ulmann 1968, S. 140 f.) Die Gruppenmitglieder werden aufgefordert, jeden, auch den scheinbar trivialsten oder abwegigsten Gedanken zu äußern, da jede Idee – auch die offensichtlich unbrauchbare – als nützlicher Stimulus für die weitere Ideenproduktion gilt.

Zur *Sammlung* der Ideen schlägt de

Brainstorming

Bono (vgl. 1971, S. 155 ff.) neben dem Tonbandprotokoll ein schriftliches Protokoll vor, damit jederzeit während der Sitzung die bereits genannten Gedanken vorgelesen werden können. Zur *Strukturierung* der Ideenproduktion sollte das Problem möglichst spezifisch und eng gefaßt sein, in einer Sitzung sollte nur *ein* Problem thematisiert werden, um die Breite der freien Assoziationen durch das formulierte Problem selbst zu zentrieren. Auch die Aufforderung zur Kombination bereits genannter Ideen zu neuen Vorschlägen dient zur Steigerung der Ideenproduktion. Darüber hinaus hat bereits Osborn zur gezielten Bearbeitung von Problemen Frageraster entwickelt, die eine systematische Variation etwa im Hinblick auf die Verwendung, die Größe, das Material oder die Form eines Gegenstandes nahelegen. Diese Frageraster wurden in der Folge zu Checklisten, Attributenlisten und weiteren sogenannten Kreativitätstechniken perfektioniert (vgl. DE Bono 1971, Davis 1970, Linneweh 1973). Diese Verfahren sind jedoch nur im Rahmen einer ganz speziellen, wie etwa zweckrational auf die marktgerechte Veränderung bestimmter Produkte gerichteten Fragestellung nützlich; als abstraktes „Kreativitätstraining" erhöhen sie allenfalls kurzfristig die Leistungsfähigkeit in ebenso formalen Kreativitätstests.

Die *Auswertung* der gesammelten Ideen sollte möglichst erst am nächsten Tag erfolgen, wenn auch das Protokoll allen Teilnehmern vorliegt. In dieser Phase der kritischen Sichtung und Bewertung der einzelnen Vorschläge wird „gleichsam die Spreu vom Weizen getrennt" (de Bono 1971, S. 157). Erst diese Bewertungsphase gibt dem Brainstorming seinen eigentlichen Wert, da hier die zunächst unverbindliche Ideenproduktion ernsthaft erörtert und auf ihren Realitätsgehalt hin geprüft wird. Auch für die Auswertungsphase wurden verschiedene Strukturierungsvorschläge erarbeitet, um die leicht unübersichtliche und verwirrende Vielfalt der gesammelten Ideen möglichst effektiv zu ordnen (vgl. de Bono 1971, S. 157; vgl. Ulmann 1968, S. 141). Die Kriterien sind jedoch entweder sehr formal (einfach – schwierig) oder nur für eine bestimmte Zielsetzung wie beispielsweise die Veränderung eines Produktes geeignet. Zur Strukturierung der weiterführenden Diskussion sollten vermutlich eher andere Methoden und Medien herangezogen werden, wie etwa die Diskussion in Kleingruppen oder die Visualisierung mit Hilfe einer Wandzeitung.

Brainstorming als Unterrichtsmethode. Das Verfahren des Brainstorming wurde von Osborn ursprünglich zum Gebrauch in seiner Werbeagentur entwickelt. Für die Übernahme dieser „Kreativitätstechnik" als Methode im Kontext von Schule und Unterricht sind daher im Zusammenhang mit den didaktischen Entscheidungen spezifische Modifikationen und Einschränkungen erforderlich: So unterscheidet sich zunächst die *Art der Problemstellungen* in Lernsituationen prinzipiell von der Lokalisierung der Probleme im Gebrauchswertzusammenhang der Werbeindustrie. Abweichend von der ursprünglichen Funktion des Brainstorming als Hilfe zur Problem*lösung* kann das Verfahren in der Schule zum *Entdecken* von Problemen dienen. Ausgangspunkt ist dann nicht ein bereits vorformuliertes Problem, sondern vielmehr die für offenen Unterricht typische Situation, daß zunächst einmal die für eine Lerngruppe im Rahmen einer Unterrichtseinheit relevanten Fragen gefunden und formuliert werden müssen. Daß Schüler bereit und motiviert sind, ihre Vorerfahrungen und Ideen zu einem neuen Thema freimütig zu äußern, zeigt der folgende Ausschnitt:

„Erstaunlich rege war die Beteiligung, als die Schüler eines 5. und 6. Schuljahres (Hauptschule) aufgefordert wurden, all das zusammenzutragen, was sie bisher über Naturvölker, die sogenannten ‚Wilden' gesehen oder erfahren haben. ‚Ich hab' mal 'ne Frau gesehen, die hatte 'nen roten Fleck auf der Stirn und was in der Nase.' – ‚Da haben se noch so Häuser gezeigt von denen; Stühle hatten die gar nicht, nur so Holzklötze.' – ‚Da handelten Menschen mit Schmuck, Armreif gegen Töpfe, das war ein Spezialmann, der das machte.' – ‚So 'ne Frau, die konnte keine Kinder kriegen; die ließen Blut – von einem geschlachteten Huhn – über den Kopf laufen und haben kleine Kinder über den Kopf getan.' – ‚Da hatten sie so Stäbe durch die Nase; an den Armen hatten sie auch so was, als ob die tätowiert waren oder so'" (HELLIGE 1981, S. 26).

Der folgende Bericht über den Verlauf dieser Kunstunterrichtsstunde dokumentiert jedoch auch, wie Schule in der Regel mit den vielschichtigen, zum Teil verwirrenden und ungeklärten Erinnerungsresten der Schüler umgeht: „Die vorstehenden Äußerungen lassen durchaus den Schluß zu, daß das Leben fremder Völker im Bewußtsein der Kinder eine größere Rolle spielt, als man vielleicht zunächst annehmen möchte. Von daher bedarf es keiner großen Schwierigkeit, das Augenmerk der Kinder auf das Thema zu lenken, das bearbeitet werden soll: ‚Das Gesicht eines Eingeborenen im Festschmuck'" (HELLIGE 1981, S. 26).

Im Gegensatz zu dieser für den Fortgang des Unterrichts absolut folgenlosen Sammlung ist im Brainstorming der Stellenwert der ersten, spontanen Äußerungen genau definiert und sollte auch für die Schüler in seiner Bedeutung für die weitere Unterrichtsplanung klar erkennbar sein. Gerade wenn die Schüler ausdrücklich ermutigt werden, alles, was ihnen zu einer Ausgangsfrage einfällt, „unzensiert" zu äußern, neigen sie selbst dazu, diesen Ideen wenig Gewicht zu geben, „denn die Schüler nehmen ihre Phantasien selbst häufig nicht ernst, haben nicht gelernt, damit umzugehen, und tun sie so leicht als Spinnereien ab" (BROSCH 1980, S. 51). Wenn ausnahmsweise einmal alles erlaubt ist, keine Kritik und keine Note droht, kann die Lust an „sinnlosen" witzigen Einfällen, am Spiel mit der gemeinsamen Phantasie leicht „explodieren" und abheben von der Ausgangsfrage. Der Lehrer sollte sich jedoch möglichst ohne Angst auf diese Situation einlassen, zumal „Humor" und „die Atmosphäre entspannter Ungezwungenheit" von den Kreativitätsexperten als notwendige Bedingungen für „unbehinderte Imagination" legitimiert sind (DAVIS 1970, S. 113).

Auch im Unterricht entscheidet letztlich vor allem die Bewertungsphase über den Stellenwert, den die spontane Ideenproduktion in der Selbsteinschätzung der Schüler erhält. Bleibt die Phantasie folgenlos für den weiteren Unterrichtsverlauf, dann ist dies eine Bestätigung der erwarteten Wertlosigkeit spontaner, nicht reflektierter „Gedankenblitze", die schon Hegel anspricht: „Aus der Leichtfertigkeit der Phantasie geht kein gediegenes Werk hervor" (HEGEL 1970a, S. 365). Das heißt nicht, daß eine lustbetonte „Kreativitätsstunde" zwanghaft in einer „richtigen" Schulstunde zerredet werden soll. Auch für die zweite Phase ist sehr viel Humor, Vorstellungskraft und Flexibilität erforderlich, um das Veränderungspotential der gefundenen Ideen zu erkennen. Ihr Wert im Kontext von Schule entscheidet sich letztlich daran, ob sie die Wirklichkeit der Schüler verändern – das heißt vor allem, ob sie für die gemeinsame Lernsituation so ernst genommen werden, daß sie direkt die Unterrichtsplanung beeinflussen.

Ob die Ergebnisse eines Brainstorming aber überhaupt diese Bedeutung erhalten können, ist abhängig vom *Inhalt* der Problemstellung. Fragen, deren Lösung für die Schüler völlig irrelevant ist, oder reine „Scheinprobleme" („Welche Vor- und Nachteile würden sich ergeben, wenn alle Menschen an jeder Hand einen zweiten Daumen hätten?") sind sicher nicht geeignet, Vertrauen zur eigenen Kreativität zu entwickeln. „Produktive Phantasietätigkeit wird nicht gelernt durch die formale Übung ohne Bezug auch zu den sozialen Determinanten sowohl der Lernsituation wie der Lernenden, sondern soll eingebettet sein in die jeweiligen Lebenszusammenhänge des einzelnen und der Gruppe, entsprechend ihrem Alltag, ihren Kommunikationsformen, ihren Interessen" (ZACHARIAS 1980, S. 46). Ulmann hat bereits 1974 das Problem der Beliebigkeit von formalem Kreativitätstraining analysiert und im gleichen Sinne wie Zacharias „bedürfnisorientierte Erziehung zur Kreativität" gefordert (ULMANN 1974).

Bedingungsaspekte. Die vorstehenden Erläuterungen zu Art und Inhalt der Problemstellungen, für die die Methode des Brainstorming in der Schule geeignet erscheint, lassen bereits erkennen, daß prinzipiell *in allen Schulfächern* entsprechende Fragen entwickelt werden können, auch wenn bisher neben dem Kunstunterricht und dem technischen Werken vorwiegend der Deutsch- und der Mathematikunterricht Anregungen zum kreativen Problemlösen aufgenommen haben. Die methodische Entscheidung für dieses Verfahren ist immer dann möglich, wenn es nicht primär um möglichst zeitökonomische Wissensvermittlung geht, sondern darum, die Erfahrungen und Ideen der Schüler mit einzubeziehen.

Um den besonderen Charakter des Brainstorming für die Schüler sinnlich erfahrbar zu machen, sollte sich der *äußere Rahmen* in möglichst vielen Aspekten von einer „normalen" Unterrichtsstunde abheben. Die notwendige lockere, entspannte Arbeitsatmosphäre ist oft eher außerhalb des gewohnten Klassenzimmers und seiner üblichen Sitzordnung herstellbar. Positive Stimuli, die das Besondere der Situation signalisieren (wie Tee und Kekse, Sitzen im Stuhlkreis oder auf dem Fußboden), können die ungewöhnlichen Verfahrensvorschriften gleichsam symbolisch repräsentieren. Vor allem der erste Versuch mit dieser Methode sollte sich auf diese Weise einprägen, um der Gefahr des Abgleitens in gewohnte Diskussionsformen zu begegnen. „Der Wert jedes Brainstorming [liegt] in seinem äußeren Ablauf. [...] Je formaler der Rahmen, desto größer sind die Chancen für ungewöhnliche Ideen [...], desto größer wird die Chance, daß die Teilnehmer ihre Scheu [sich zu irren, sich lächerlich zu machen, A. S.] überwinden. Es ist viel leichter als sonst, im Rahmen eines Brainstorming als allgemeine Denkweise zu akzeptieren, daß ‚alles geht'" (DE BONO 1971, S. 152).

Wie bei jeder Kleingruppenarbeit ist die „ideale" Gruppengröße von vielen Faktoren wie der Aktivität und Erfahrung der Teilnehmer und der Art der Problemstellung abhängig; als günstig wird eine Zahl zwischen sechs und fünfzehn angegeben. Daraus folgt für Klassen mit in der Regel mehr als 25 Schülern die notwendige Konsequenz der Aufteilung in mehrere Gruppen. Da jede Gruppe einen Gesprächsleiter und einen Protokollführer benötigt, müssen in jedem Fall auch Schüler diese Funktionen übernehmen. „Dreißig Minuten reichen für eine Sitzung vollkommen aus. In vielen Fällen sind auch zwanzig Minuten genug, fünfundvierzig Minuten sollten jedenfalls die äußerste Grenze sein" (DE BONO 1971, S. 151), da sonst die Menge der gesammelten Ideen für die Bewertungsphase nicht mehr überschaubar wird.

Zusammenfassend ist festzuhalten, daß das methodische Vorgehen des Brainstorming vor allem durch das Prinzip des aufgeschobenen Urteils zu unkonventioneller Ideenproduktion anregt und bei entsprechender Problemstellung einen wichtigen Beitrag zur Artikulation von Vorerfahrungen, Interessen, Bedürfnissen und Phantasien von Schülern leisten kann.

Bono, E. de: Laterales Denken, Hamburg 1971. Brosch, U.: „Ist alles erlaubt?" Thema Bauzaun in der Hauptschule. In: Kunst u. U. (1980), 60, S. 50 ff. Davis, G.: Übung der Kreativität im Jugendalter: eine Diskussion über die Strategie. In: Mühle, G./Schell, C. (Hg.): Kreativität und Schule, München 1970, S. 105 ff. Hegel, G. F. W.: Vorlesungen über die Ästhetik. Theorie Werkausgabe, Bd. 13-15, Frankfurt/M. 1970 (Bd. 13: 1970a). Hellige, W.: Geschmückte Gesichter. In: Z. f. Kunstp. (1981), 3, S. 26 ff. Kastner, P. M.: Domestizierte Kreativität, Starnberg 1973. Landau, E.: Psychologie der Kreativität, München ²1971. Linneweh, K.: Kreatives Denken, Karlsruhe 1973. Mühle, G./Schell, C. (Hg.): Kreativität und Schule, München 1970. Osborn, A. F.: Applied Imagination, New York 1953. Otto, G.: Die Aneignung und Veränderung der Wirklichkeit auf dem Weg über die Phantasie. In: Kunst u. U. (1980), 60, S. 18 ff. Torrance, E. P.: Die Pflege schöpferischer Begabung. In: Mühle, G./Schell, C. (Hg.): Kreativität und Schule, München 1970, S. 181 ff. Ulmann, G.: Kreativität, Weinheim 1968. Ulmann, G.: Bedürfnisorientierte Erziehung zur Kreativität. In: D. Grunds. 6 (1974), S. 624 ff. Zacharias, W.: Anstiftung zur Phantasietätigkeit. In: Kunst u. U. (1980), 60, S. 46 ff.

Adelheid Staudte

Computer – Taschenrechner

Die Einflüsse der automatischen Datenverarbeitung sind zu einer sozialen Tatsache geworden, eng verknüpft mit Konsequenzen für das Selbstverständnis des Menschen in einer sich im Übergang befindlichen Gesellschaft, denn das Problem der Bewältigung wissenschaftlich-technischer Entwicklungen durch den Menschen erweist sich als eine Frage des Bewußtseins, des Kenntnisstandes und der intellektuellen Aufarbeitung gesellschaftlicher Normen und eigener Wertvorstellungen.

Datenverarbeitung im Unterricht. Bei dem Einsatz von Datenverarbeitungsanlagen, Computern und Taschenrechnern im Unterricht allgemeinbildender Schulen steht nicht die maschinelle Informationsverarbeitung an erster Stelle, sondern Struktur und logische Verarbeitung von Informationen.

Es gehört zu den zentralen Aufgaben des Unterrichts in Mathematik, Natur- und Gesellschaftswissenschaften, den Bezug zur Umwelt herzustellen und die Rolle der Problembewältigung durch *Modellbildung* und *Simulation* zu behandeln. Dies geschieht dadurch, daß Modelle (Szenarien) für reale Situationen gebildet und die Relationen und Differenzen zwischen ihnen analysiert werden. Bei diesem Prozeß werden Schüler angeregt, selbst verschiedene Lösungsmodelle zu erstellen und die Folgerungen mit vorgegebenen Daten zu vergleichen, Modelle durch Parameter- oder Voraussetzungsänderung anzupassen und den Adäquatheitsgrad abzuschätzen. Grundlage sind einerseits deterministische Modelle, wie sie bei Wachstums- und Zerfallsvorgängen in größeren Systemen, chemischer Kinetik, Verbreitung von Infektionen, Ökosystemen auftreten, und andererseits stochastische Modelle bei Zufallsprozessen. Hierzu gehören auch die durch den Computer ermöglichten Spiele mit Sprache im Fremdsprachenunterricht zusätzlich zu semantischen und syntaktischen Analysen.

Im Bereich der *Veranschaulichung* bietet der Computer Möglichkeiten, die weit über die anderer Medien hinausgehen, beispielsweise Tabellierung in großem Umfang, Umstrukturierung, graphische Darstellung über angeschlossene Plotter oder Bildschirme, Variation des Standpunktes und Zeichnen mit Magnetgriffel. Wirklichkeitsnähe und Beziehungsreichtum sowie Eigenaktivität der Schüler resultieren aus dem Computereinsatz; Unterrichtsziele können sich zu höheren taxonometrischen Stufen verlagern.

Der Computereinsatz ermöglicht in nahezu idealer Weise die Durchführung von *Gruppenunterricht* durch Aktivierung der Schüler und strikte Sachorientierung. Für den naturwissenschaftlichen Unterricht bietet sich hier die Kopplung von Meßeinrichtungen mit Computern sowie die Prozeßsteuerung an (vgl. SCHWARZE 1984).

Computer und Taschenrechner im Mathematikunterricht. Im Rahmen des Mathematikunterrichts kann der Computer oder der Taschenrechner verschiedene Funktionen als Medium übernehmen. Neben der Erleichterung der Rechenarbeit dienen sie vor allem der Mathematisierung und der Veranschaulichung von Prozessen und funktionalen Zusammenhängen. Das Sachrechnen ist daher ein wichtiges Einsatzgebiet des Computers oder Taschenrechners im Unterricht, da nicht Rechenfertigkeit, sondern Analysieren und *Mathematisieren umweltbezogener Situationen* und das Interpretieren numerischer Ergebnisse zu üben sind. Der Taschenrechner ist hierbei Lehr- und Lernmedium in dem Sinn, daß mit seiner Hilfe mehrere konkrete Aufgaben derselben Problemklasse durchgerechnet werden können, wodurch die Sicherheit im Lösen solcher Aufgaben beim Lernenden verstärkt wird. Zudem können weitere Problemfelder und zugehörige Lösungsmethoden behandelt werden, so daß das Repertoire an Lösungsstrategien vergrößert wird. Alle Schüler erhalten mehr Chancen, umweltrelevante Mathematik kennenzulernen; rechenschwache Schüler verbrauchen ihre Konzentrationsfähigkeit nicht durch Rechenballast. Sie haben größere Erfolgserlebnisse, weil der Rechenfertigkeit nicht mehr ein übergeordneter Platz im Unterricht zugeordnet ist.

Durch den Taschenrechner oder Computer wird eine Trennung von Lösungsverfahren und Routinerechnung ermöglicht. Dies erlaubt, jeweils einen Problemzugang zu wählen, der einen optimalen Anreiz bietet, selbst wenn dieser Zugang mit sehr viel Rechenaufwand verbunden ist, wie beispielsweise die Herleitung der Kreiszahl π (*methodische Innovation* durch Taschenrechner und Computer). Zudem werden Bereiche, die umweltrelevant sind, aber wegen des Rechenaufwands in der Schule gemieden wurden, wie zum Beispiel Berechnung von effektiven Zinsen bei Darlehen, Wachstumsprozesse, Statistik, Optimieren, für den Unterricht erschlossen (*inhaltliche Innovation* durch Taschenrechner und Computer). Ein kritischer Umgang mit den Daten läßt Genauigkeit und Unsicherheit einer Rechnung erfahren.

Computer und Taschenrechner fördern *entdeckendes Lernen* und sind Medium bei der Begriffsbildung durch die Möglichkeit des Experimentierens mit umfangreichem Zahlenmaterial: Numerisch-experimentelle Verfahren können verstärkt zur Vorbereitung und Gewinnung mathematischer Einsichten beitragen (vgl. HARDER 1982). Es zeigt sich aber auch, daß eine exakte mathematische Begriffsbildung unerläßlich bleibt (vgl. HERGET/SPERNER 1977).

Wegen des Fehlens eines wirklichen Werkzeuges zur Ausführung von Algorithmen konnte sich früher bewußtes *algorithmisches Denken* in der Schule nicht herausbilden, obwohl die Konstruktion von Algorithmen ein grundlegendes Erkundungsfeld kreativen Denkens bildet. Kennzeichnend für algorithmisches Denken sind induktives Schließen als Argumentieren zur nächsten Stufe, das Aufzeigen aller Alternativen und das rekursive Definieren. Das Aufstellen von Algorithmen setzt voraus, daß der Schüler sich den Lösungsweg dynamisch vorstellen kann, also das Lösen einer Aufgabe als Prozeß in der Vorstellung simulieren kann. Diese Art des Denkens wird durch reflektiertes Durchspielen von Algorithmen vorbereitet und geschult. Überträgt man die Ausführung des gesamten Algorithmus einem Computer oder programmierbaren Taschenrechner, so bereitet dieser dabei die Einsicht in Anwendung und Grenzen der automatischen Datenverarbeitung vor.

ARLT, W. (Hg.): EDV-Einsatz in Schule und Ausbildung. Modelle und Erfahrungen, München/Wien 1978. BELL, G. (Hg.): Informatics in Primary Education, Middlesbrough 1981. BENNET, W.R.: Scientific and Engineering Problem solving with the Computer, New York 1976. BRATT, M.: Microcomputers in Elementary Science Education. In: S. Sc. and Math. 83 (1983), S. 333 ff. BRUNNSTEIN, K.: Thesen zur Informatikausbildung. In: ARLT, W. (Hg.): EDV-Einsatz ..., München/Wien 1978, S. 33 ff. BURGHARDT, F.: Der Mikrocomputer in der propädeutischen Wahrscheinlichkeitsrechnung. In: Prax. d. Math. 25 (1983), S. 161 ff. EICHEL, J. u.a. (Hg.): Zielsetzung und Inhalte des Informatikunterrichts. In: Zentrbl. f. Did. d. Math. 8 (1976), S. 35 ff. ENGEL, A.: The Role of Algorithms and Computers in Teaching Mathematics at School. In: ATHEN, H./KUNLE, H. (Hg.): Proceedings of the Third International Congress on Mathematical Education, Karlsruhe 1976, S. 265 ff. FREY, K. (Hg.): Curriculum Konferenz: Gebiet Mikroprozessoren. IPN-Arbeitsberichte 45, Kiel 1981. GNATZ, R.: Graphics and Education. In: Comput. Graph. and Comput. Proces. 12 (1983), 7, S. 101 ff. HAAS, H./WILDENBERG, D.: Informatik für Lehrer, München/Wien 1982. HARDER, G.: Experimente in der Mathematik. Vortrag, Rheinisch-Westfälische Akademie der Wissenschaften, Düsseldorf 1982. HERGET, W./SPERNER, P.: Die harmonische Reihe konvergiert gegen 8.4497. In: Prax. d. Math. 19 (1977), S. 281 ff. INTERNATIONAL FEDERATION FOR INFORMATION PROCESSING: Informatics and Mathematics in Secondary Schools, Varna 1977. SCHWARZE, H.: Computer im Experiment, Heidelberg 1984. SIMON, H.: Simulation und Modellbildung mit dem Computer im Unterricht, Grafenau 1980.

Jörn Bruhn

Demonstration – Anschauung

Pädagogische Bedeutung der Begriffe. Demonstration bedeutet allgemein die Begründung eines Urteils aus der Anschauung. Als Lehrform ist die Demonstration vor allem in den naturwissenschaftlichen Fächern unentbehrlich. Das zugehörige Moment des Lernens wird durch die Anschauung bestimmt, bei der ein Lernender nicht distanziert Gegenstände betrachtet und Darlegungen auffaßt, sondern in gelenkter Erfahrung Erkenntnisse und Sachstrukturen selbst erarbeitet. Dabei wird der Begriff der Anschauung in zweifachem Sinn gebraucht: Erstens bezeichnet er die Fähigkeit, wissenschaftliche Sachverhalte bildlich an räumlichen Objekten, deren Formen und Lagebeziehungen nachzuvollziehen und zu verstehen. Zweitens beschreibt er die Möglichkeit, das Anschauen als ein heuristisches Mittel zur Erkenntnisgewinnung einzusetzen.

Die Anschauung, seit der Aufklärungspädagogik eine zentrale bildungstheoretische Kategorie, ist nach Kant wichtiges Instrument der Erkenntnis. Nach Kant sind die beiden Konstituenten von Erkenntnis die Sinne und der Verstand beziehungsweise die entsprechenden Erkenntnisoperationen Anschauung und Denken. Erkennen von Wirklichkeit ist nicht möglich ohne Anschauung.

Bei Pestalozzi wird dann die Anschauung zum pädagogischen Zentralbegriff. Er unterscheidet zwei Formen der Anschauung: Zunächst ist Anschauung sinnliche Wahrnehmung, was nicht passives Empfangen und Registrieren von Sinneseindrücken bedeuten soll, sondern aktives selbsttätiges Ergreifen der sich von außen her bietenden Eindrücke. Durch die erzieherische Kunst wird hieraus die gebildete Anschauung. Hierbei spielen die Anschauungsmittel „Form" und „Zahl" sowie die Sprache eine wichtige Rolle. Während bei Kant die Anschauung nur ein Vehikel der Erkenntnis ist, weist Pestalozzi sie als Vehikel auch des Handelns aus (vgl. MEMMERT 1968).

Bei beiden Bedeutungen des Begriffs der Anschauung geht es um Prozesse, die die Bildung und Fundierung von Wissen betreffen. Demonstration und Anschauung haben daher stets dann besondere Bedeutung gehabt, wenn wissenschaftliche Ergebnisse verstärkt umgesetzt sowie praktisch verwendet und Produktion und Zirkulation von Wissen zum Gegenstand der Reflexion gemacht worden sind. Das dabei entwickelte Interesse an wissenschaftlichen Denk- und Erkenntnisprozessen reicht schließlich über eine Wissenschaftspropädeutik bis in die Schulen hinein.

Unterrichtsmethodische Verwendung. Demonstration und Anschauung spielen im Prozeß der Begriffsbildung eine wichtige Rolle. Sie vermitteln die Widerspiegelung der Realität. Beeinflußt wird die Anschauung durch höhere psychische Momente, die sich in schon gebildeten Vorstellungen und Begriffen zeigen. Im naturwissenschaftlichen Unterricht wird dies deutlich in Beobachtungsergebnissen, die unter verschiedenen Voraussetzungen gewonnen werden. So führt beispielsweise eine unvorbereitete Demonstration von Kerzenflammen, Glimmentladung, Strahlengang durch ein Prisma zu anderen Ergebnissen als eine durch einen Begriff vorbereitete Anschauung.

Während im Unterricht der Primarstufe und in den ersten Jahren der Sekundarstufe I die meisten Prozesse noch der unmittelbaren Anschauung zugänglich sind, gilt dies in zunehmendem Maße für die höheren Stufen nicht mehr. Es sind dann zum Beispiel nur noch Zeigerausschläge oder Digitalanzeigen zu beobachten. Nur dann, wenn man die Verbindung zwischen Realität und Denken, die über die Demonstration und die Anschauung hergestellt wird, nicht dadurch abreißen läßt, daß man die Schüler nur auf dem Bereich der sinnlichen Anschauung oder nur auf der begreifenden Erkenntnis orientiert, wird die Demonstration zum Erlebnis für die Schüler. Die Demonstration verbindet das Zeigen und Vorführen mit Erklärungen und Erläuterungen des Lehrers. Wird die Demonstration an einem ausgewählten und zubereiteten Anschauungsobjekt in einer sachbezogenen und der geistigen Reife der Lernenden angemessenen Sprache dargestellt, dann erfährt der Schüler durch diese Lehrform beispielhaft die Stringenz sachorientierter Betrachtung.

Die Auswahl der für die Demonstration geeigneten Objekte hängt von den didaktischen Intentionen des Unterrichts ab. Für die Demonstration im Unterricht gibt es im wesentlichen drei Möglichkeiten:

Die *Demonstration in natura* ist im allgemeinen nur in Einzelfällen durchführbar, da Lehrplan und Schulverhältnisse sie nicht immer zulassen. Trotzdem sollte der Lehrer jede sich bietende Gelegenheit nutzen, botanische und zoologische Gärten, Aquarien, Gesteinssammlungen und Fernrohre zur Himmelsbeobachtung einzusetzen.

Die *Demonstration künstlicher Objekte* kann zum Beispiel durch geeignete Vergrößerung die wesentlichen Merkmale des betrachteten Gegenstands oder Prozesses einem größeren Schülerkreis gleichzeitig deutlich machen. Die mannigfaltigsten Medien sind für diesen Zweck entwickelt worden: naturwissenschaftliche Demonstrationsapparaturen, präparierte Naturobjekte, Tellurien, Modelle, Reliefs, Karten, Lichtbilder, Filme und Videoaufzeichnungen. Die in der Methodik des Anschauungsunterrichts hin und wieder vertretene Rangfolge von „Wirklichkeit" und „Wirklichkeitsersatz" ist nicht haltbar. Die Funktionsweise der Teile einer Maschine können zum Beispiel nur selten am Gerät selbst, wohl aber an zerlegbaren beweglichen Modellen erfaßt werden, deren Aufbau sich auf die für die Darstellung der Funktion wesentlichen Teile beschränkt.

Die dritte Art der Demonstration ist das *mustergültige Vormachen,* das Aufschreiben beispielhafter Lösungswege, die Rezitation oder das Vorturnen. Obwohl durch die Medien oft eine vollkommenere Wiedergabe als durch den Lehrer möglich ist, sollte dennoch deren Einsatz jeweils abgewogen werden, da für den Unterricht der persönliche Einfluß des Lehrers oft entscheidend ist.

Für den Demonstrationsversuch in den Naturwissenschaften gibt es nach Töpfer drei berechtigte Einsatzmöglichkeiten: Ein Demonstrationsversuch kann erstens vorausgegangene Schülerexperimente ergänzen in den Fällen, in denen diese zu gefährlich oder zu aufwendig sind, zum Beispiel bei hohen Spannungen, bei Verwendung von Säuren, Laugen oder Phosphor. Zweitens kann ein Demonstrationsversuch mit Problemcharakter am Anfang einer Unterrichtseinheit stehen und der Problemfindung dienen. Die dritte Möglichkeit, der Demonstrationsversuch mit Überprüfungscharakter, findet Anwendung, wenn bei themengleichen Gruppenversuchen verschiedene Ergebnisse erzielt wurden (vgl. TÖPFER/BRUHN 1979).

Die Tätigkeiten im Rahmen einer Demonstration müssen methodisch organisiert werden. Dazu gehören übersichtliche Experimentiermöglichkeiten, die optimale Anschauungsbedingungen gewährleisten; Hinweise auf das leitende Erkenntnisziel durch Zeigen, sprachliches Andeuten, Arbeitsanweisungen; vorhergehende Begriffserarbeitung oder -vorbereitung. Demonstrationsexperimente sind sorgfältig vorzubereiten und erfordern experimentelles Geschick, denn sie sollen ein eindrucksvolles Ergebnis erzielen.

Die Demonstration ist stets durch vor- und nachbereitende Unterrichtselemente zu ergänzen. Dementsprechend hat sie sich, je nach spezifischer didaktischer Funktion in den Unterrichtsablauf einzugliedern: einerseits als Verdichtung voraufgehender Erfahrung der Schüler (Moment der Prägnanz) und andererseits als Lehrdarbietung, die weiterführende Übungen und Untersuchungen einleitet.

FENDTEL, F.: Naturdialektik und Wissenschaftsdidaktik, Gießen 1976. HOLZKAMP, K.: Sinnliche Erkenntnis, Frankfurt/M. 1975. JUNG, W.: Aufsätze zur Didaktik der Physik und Wissenschaftstheorie, Frankfurt/M. 1979. KNOLL, K.: Didaktik der Physik, Stuttgart ²1978. MEMMERT, W.: Die Geschichte des Wortes „Anschauung" in pädagogischer Hinsicht von Platon bis Pestalozzi, Diss., Erlangen 1968. MEMMERT, W.: Grundfragen der Biologie-Didaktik, Essen 1972. TÖPFER, E./BRUHN, J.: Methodik des Physikunterrichts, Heidelberg ⁶1979.

Jörn Bruhn

Differenzierung

Erziehung und Unterricht werden differenziert angeboten oder aufgenötigt, wo unterschiedliche gesellschaftliche Zielsetzungen, Eigenarten des zu vermittelnden Lehr-Lern-Bereiches oder unterschiedliche Lernmöglichkeiten der zu Erziehenden/zu Unterrichtenden angenommen werden. Diese Annahmen haben sich rückschauend als gesteuert erwiesen
- von den gesellschaftlichen Ordnungsvorstellungen der jeweils maßgebenden gesellschaftlichen Kräfte, wie es beispielsweise in der Verteidigung des dreigliedrigen Schulwesens gegen die reformerischen Bestrebungen der bundesrepublikanischen Schulpolitik zum Ausdruck kam (vgl. HIELSCHER 1972),
- von der Stellung der wissenschaftlichen, künstlerischen und technischen Disziplinen in der Deutung der gesellschaftlichen Entwicklung durch diese herrschenden gesellschaftlichen Kräfte, wie man etwa in Paulsens „Geschichte des gelehrten Unterrichts" nachlesen kann (vgl. PAULSEN 1919/1921) oder, was die Wissenschaften angeht, am Kampf um den Begabungsbegriff in den 60er und 70er Jahren (vgl. HOLZKAMP 1974, ROTH 1969),
- schließlich von herrschenden Vorstellungen über das menschliche Lernen, die letztlich auf anthropologische Grundauffassungen beispielsweise eines nur auf Reize reagierenden oder aber das Leben aktiv gestaltenden Menschen zurückgeführt werden können (vgl. ROGERS 1969, SCHWARZER/STEINHAGEN 1975).

Diese notwendig summarische Beschreibung unterstellt nicht, daß Erziehungswissenschaft und Erziehungspraxis nur die jeweils genehmen Differenzierungsformen entwickeln oder daß sich im Widerstreit der Kräfte und Meinungen nicht unterschiedliche Ansätze der Differenzierung halten könnten. Daß letztlich nur die Differenzierungen des erzieherischen und unterrichtlichen Umgangs mit jungen Menschen regelhaft unterstützt und in ihren Ergebnissen akzeptiert werden, die vom jeweiligen gesellschaftlichen Träger gewünscht und durchgesetzt werden, sollte darüber nicht vergessen werden, damit von pädagogischem Idealismus nicht zu viel erwartet wird (vgl. ALTVATER/HUISKEN 1974, BERNFELD 1967).

So haben die schulreformerischen Bemühungen Ende der 60er und Anfang der 70er Jahre, in denen überfällige Forderungen nach mehr Chancengerechtigkeit und individueller Förderung durch die wirtschaftliche Notwendigkeit der Mobilisierung von Bildungsreserven aktuelle Stoßkraft gewonnen hatten, wie wir inzwischen wissen, eher eine Verbesserung der Förderung der bisher schon geförderten Schichten

Differenzierung

erreicht (vgl. NIEHL 1975). Dagegen ist die Einsicht des Deutschen Bildungsrates, daß Chancengerechtigkeit nur durch Bevorzugung der bisher Benachteiligten zu erreichen sei, inzwischen wieder verdrängt worden: „Gleichheit der Chancen wird in manchen Fällen nur durch Gewährung besonderer Chancen zu erreichen sein" (DEUTSCHER BILDUNGSRAT 1970, S. 30).

Die Forderung nach einer pädagogischen Differenzierung, die den unterschiedlichen Personen möglichst bis zur Individualisierung gerecht wird und auch verschiedene gesellschaftliche Erwartungen an das Bildungswesen befriedigt, steht heute und hier im Spannungsverhältnis zur Integration der verschiedenen Mitglieder in eine Gesellschaft, die sich nach ihrem vorherrschenden Selbstverständnis auf dem Weg zu einer Gesellschaft der Freien, Gleichen, solidarisch Verbundenen befindet. Deshalb geht es nicht nur darum, beispielsweise Drogenabhängige, Punks, straffällig Gewordene, ausländische Jugendliche durch besondere sozialpädagogische Maßnahmen, Gruppierungen und Institutionen aufzufangen, sondern ihnen wie den übrigen Mitgliedern der Gesellschaft die Aufgabe des Zusammenlebens zu stellen. Das gilt ebenso für die schulische Betreuung von Behinderten; es gilt schon für Schüler auf unterschiedlichen fachlichen Leistungsniveaus oder mit verschiedenen Lerninteressen.

Im Schulwesen, der entwickeltsten und verbreitetsten pädagogischen Institution in unserer Gesellschaft, wird durchgängig pragmatisch unterschieden zwischen äußerer, das heißt schulorganisatorischer Differenzierung und innerer oder didaktischer Differenzierung (vgl. zu letzterem KLAFKI/STÖCKER 1976). Die vollständigste Übersicht beider Differenzierungsebenen findet sich bei TESCHNER (vgl. 1971), zur äußeren Differenzierung siehe den Beitrag von BÖNSCH (vgl. 1985), zur inneren Differenzierung den von PRIOR (vgl. 1985).

Ausgehend von verschiedenen Grundauffassungen vom lernenden Menschen in einer eher geschlossenen oder eher offen konzipierten Gesellschaft, ist zu versuchen, sich als lehrendes System durch Perfektionierung der Erhebung der Ausgangslage, durch vielfältige Varianten des Angebots, bezogen auf diese Ausgangslage, durch Zwischenprüfungen des Lernfortschritts und entsprechende Korrekturen des Lehrangebotes dem Lernsystem Schüler immer erfolgreicher anzupassen (vgl. SCHWARZER/STEINHAGEN 1975). Die Gefahr dieser Bemühungen, die Individuen zum Objekt einer immer perfekteren Außensteuerung zu machen, ohne ihnen als unwiederholbaren, zur Selbstbestimmung im reflektierten Handeln befähigten Personen gerecht werden zu können, ist offenbar.

Im Gegensatz dazu kann man auf eben diese Fähigkeit und Bereitschaft von lernenden Menschen vertrauen, ihren individuellen Lernweg zu finden, wenn man die Bedingungen dazu optimiert; dies verstehen beipielsweise Vertreter des sogenannten schülerorientierten Unterrichts unter Individualisierung (vgl. DIETERICH 1977, ROGERS 1969, WAGNER 1979). Solche Bedingungen sind, teilweise über die genannten Autoren hinausgehend: die Darstellung und Diskussion der Lernaufgaben in ihrem Lebenszusammenhang, das heißt in ihrem Entstehungs- und Verwertungszusammenhang, ihrer Interessengebundenheit, ihrem Verhältnis zu eigenen Lernwünschen, gemeinsame Planung der Ziele, der Verfahren, der Arbeitsteilung wie der Kooperation, der Mittel, der Selbstkontrollen, ein Klima der Ermutigung zur Selbstherausforderung, zur Selbstbestimmung, zu solidarischem Vorgehen, das heißt sich selbst in Möglichkeiten und Grenzen besser kennenzulernen, die eigene Lernneugier in experimenteller Haltung zu befriedigen, sich dafür mit verantwortlich zu wissen, daß es möglichst alle schaffen; Bereitstellung von alternativen Materialien, Selbstbildungsmitteln, Auskunftsdienst; Milderung der noch nicht zu umgehenden institutionalisierten Auslesemechanismen: flexible Gruppierungen, kein Sitzenbleiben, kein Schulwechsel (gesamtschulartige Systeme).

Analog gelten solche Überlegungen auch für außerschulisches Lehren und Lernen. Eine Erfolgsgarantie enthalten sie nicht. Der Erfolgsanteil der einzelnen Maßnahmen ist bisher nicht erforschbar. Für alle Differenzierung nach Lernfähigkeit, Lernbereitschaft, Lerninteressen und Lernstilen gilt, daß sie großenteils in den Lebensumständen außerhalb der öffentlichen Erziehung ihre Ursache haben und deshalb nicht allein durch Differenzierung der pädagogischen Antworten darauf beseitigt werden können, wo dies im Interesse der Chancengerechtigkeit wünschenswert wäre.

ALTVATER, E./HUISKEN, F. (Hg.): Materialien zur politischen Ökonomie des Ausbildungssektors, Erlangen 1974. BERNFELD, S.: Sisyphos – oder die Grenzen der Erziehung (1925), Frankfurt/M. 1967. BÖNSCH, M.: Differenzierungsformen. In: Enzyklopädie Erziehungswissenschaft, Bd. 4, Stuttgart 1985, S. 411 ff. DEUTSCHER BILDUNGSRAT: Strukturplan für das Bildungswesen. Empfehlungen der Bildungskommission, Stuttgart 1970. DIETERICH, R.: Anthropologische Hintergründe des schülerorientierten Unterrichts. In: P. Welt 31 (1977), S. 3 ff. HIELSCHER, H. (Hg.): Die Schule als Ort sozialer Selektion, Heidelberg 1972. HOLZKAMP, K.: Begabung – Intelligenz. In: WULF, CH. (Hg.): Wörterbuch der Erziehung, München 1974, S. 44 ff. KLAFKI, W./STÖCKER, H.: Innere Differenzierung des Unterrichts. In: Z. f. P. 22 (1976), S. 497 ff. NIEHL, F.: Chancengleichheit ohne Chance? Stuttgart 1975. PAULSEN, F.: Geschichte des gelehrten Unterrichts auf den deutschen Schulen und Universitäten vom Ausgang des Mittelalters bis zur Gegenwart, 2 Bde., Berlin/Leipzig 1919/1921. PRIOR, H.: Sozialformen des Unterrichts. In: Enzyklopädie Erziehungswissenschaft, Bd. 4, Stuttgart 1985, S. 143 ff. ROGERS, C. R.: Lernen in Freiheit. Zur Bildungsreform in Schule und Universität, München 1969. ROTH, H. (Hg.): Begabung und Lernen. Ergebnisse und Folgerungen neuer Forschungen. Deutscher Bildungsrat: Gutachten und Studien der Bildungskommission, Bd. 4, Stuttgart 1969. SCHWARZER, R./STEINHAGEN, K. (Hg.): Adaptiver Unterricht. Zur Wechselwirkung von Schülermerkmalen und Unterrichtsmethoden, München 1975. TESCHNER, W.-P. (Hg.): Differenzierung und Individualisierung des Unterrichts, Göttingen 1971. WAGNER, A. C. (Hg.): Schülerzentrierter Unterricht, München/Berlin/Wien 1979.

Wolfgang Schulz

Differenzierungsformen

Differenzierungskriterien. Unter *Differenzierung* wird zum einen das variierende Vorgehen in der Darbietung und Bearbeitung von Lerninhalten verstanden, zum anderen die Einteilung beziehungsweise Zugehörigkeit von Lernenden zu Lerngruppen nach bestimmten Kriterien. Es geht um die Einlösung des Anspruchs, jedem Lernenden auf optimale Weise Lernchancen zu bieten, dabei die Ansprüche und Standards in fachlicher, institutioneller und gesellschaftlicher Hinsicht zu sichern und gleichzeitig lernorientiert aufzubereiten. Wenn für eine Lerngruppe Unterricht in einem bestimmten Fach/in einer bestimmten Fachgruppe angeboten werden soll, sind mit dem Terminus *„innere Differenzierung"* Maßnahmen gemeint, die, verschiedenen Kriterien folgend, zeitweise unterschiedliche Untergruppierungen, etwa Gruppen- oder Partnerarbeit, ermöglichen, die mit methodischen Varianzen operieren (das Maß der Erläuterungen oder das Lern- und Arbeitstempo variieren), die mit unterschiedlichen medialen Hilfen (Programm, Arbeitsbogen, bildhafte Darstellung) helfen wollen, die mit Differenzierungen im stofflichen Umfang, in den Anwendungsaufgaben, im Zielanspruch und in den Schwierigkeiten arbeiten. Dies kann primär der Erfüllung von Leistungsansprüchen dienen, dies kann aber auch primär interessenorientiert erfolgen.

Der Terminus *„äußere Differenzierung"* meint demgegenüber Maßnahmen, die lerngruppenübergreifend (klassenübergreifend) Unterricht differenziert organisieren. Kriterien für eine äußere Differenzierung lassen sich in vielfältiger Weise denken. Das Alter von Lernenden, ihr Geschlecht, ihre Religionszugehörigkeit können Differenzierungskriterien sein. Sie haben den Vorteil, leicht erkennbar und fehlerfrei meßbar zu sein (vgl. HOPF 1976). Während sie in der Vergangenheit eine nicht unbedeutende Rolle für die Zusammensetzung von Klassenverbänden gespielt haben, wird mindestens das Differenzierungskriterium „Geschlecht" heute kaum noch verwandt. Leistung, Begabung, Neigung und Interesse sind dagegen Kriterien, die die Selektion und Gruppierung von Schülern bestimmen. Leistung kann im Schulsystem der Bundesrepublik Deutschland als das Differenzierungskriterium par excellence gelten.

Leistung kann als allgemeine Schulleistung, nach der sich die *institutionelle Differenzierung* (vgl. HURRELMANN 1983) in Sonder-, Haupt-, Real- und Gesamtschule und Gymnasium ergibt, oder als fachspezifische Leistung verstanden werden. Sie meint dann die Art und Weise und das Ergebnis der Bemühungen von Schülern, auf jene schulischen Forderungen zu reagieren, die meist als gesellschaftlich notwendig bezeichnet werden. Die Leistungsanforderungen werden in der Regel durch Lehr-/Lernziele markiert. In diesen knappen Bestimmungen stecken viele Probleme, auf die hier nicht näher eingegangen werden kann: Schulische und fachliche Leistungen sind häufig nicht eindeutig definiert, sie variieren von Schule zu Schule, ihre Messung ist voller Probleme, nichtschulische Faktoren (etwa Lebensbedingungen der Schüler), Personal- und Ausstattungsfragen der Schule, psychologische Faktoren wie Motivation oder Lehrstil bestimmen Leistung als höchst komplexen Sachverhalt.

Wenn *Leistungsdifferenzierung* praktiziert wird, handelt es sich in der Regel um Gruppierungsmaßnahmen, die aufgrund gemessener oder angenommener allgemeiner Leistungsentsprechungen kurz-, mittel- oder längerfristig vorgenommen werden. Eine derartige Differenzierung folgt meist globalen Kriterien, die den Sachverhalt vernachlässigen, daß es in den einzelnen Fächern Leistungsdimensionen gibt, die sich voneinander unterscheiden und auf die Leistungsdifferenzierung in der Form innerer Differenzierung eigentlich bezogen sein müßte (vgl. ROEDER/TREUMANN 1974).

Wenn man der Prämisse folgt, daß der Mensch sich selbst und sein Handeln eigenständig definieren kann, daß sein personales Selbstverständnis von den anderen respektiert wird, daß sich solch ein Selbstkonzept darin zeigt, daß der Mensch sich im Lauf seiner Entwicklung Sach- und Sinnzusammenhänge, Bedeutungssysteme, Verhaltensfelder und Sachkompetenz erarbeitet, kann man Interesse als Such- und Ortungstendenz verstehen, mit der sich ein Mensch intentional und reflexiv auf je gegebene Wirklichkeitsbereiche einläßt (vgl. SCHIEFELE 1978, 1981).

Dies hat für Lehr- und Lernprozesse dann zur Konsequenz, daß Möglichkeiten für die Entwicklung von Interessen planmäßig eröffnet werden müssen.

Unter *Interessendifferenzierung* werden die Arrangements verstanden, die einem Lernenden statt Vermittlung und Erarbeitungspflicht die Chance geben, in freier Entscheidung sich auf Inhalte und Handlungen einzulassen, um ein latentes oder manifestes Interesse zu identifizieren, zu entwickeln oder zu verstärken. In der Literatur wird häufig von *Wahldifferenzierung* gesprochen, um damit dem Bündel unterschiedlicher Intentionen (Zufall, persönliche Erziehung, Neigung, Interesse) besser gerecht zu werden (vgl. BÖNSCH/SCHITTKO 1981). Gelegentlich ist auch von *Neigungsdifferenzierung* die Rede. Die Grundintention ist, Differenzierung eher Zielen wie Selbstbestimmung, selbständiges Lernen, Engagement von Schülern folgen zu lassen und weniger institutioneller Verfügung (vgl. HAUSSER 1981 a).

Interesse wird hier als eine überdauernde Beziehung zwischen einem Subjekt und einem Gegenstand verstanden. Ein Interesse ist dann vorhanden, wenn die Unverbindlichkeit des Verhältnisses zwischen individueller Subjektivität und objektivem Bereich der Umwelt in einer vom Individuum ausgehenden Strukturierung aufgehoben wird (vgl. SAUER 1976). Diese Beziehung wird nicht unwesentlich durch soziale Interaktionen bestimmt, da Gegenstände (beispielsweise Kurzgeschichten, Blumen, physikalische Gesetze, Probleme der dritten Welt) dem Individuum bedeutsam werden über Personen, die sich damit befassen oder seine Neigungen positiv einschätzen und damit verstärken.

Interesse manifestiert sich in Tätigkeiten, in Handlungen mit einem Gegenstand. Das Subjekt erhält dabei Informationen, über die tätige Auseinandersetzung mit Gegenständen ist es an deren Konstituierung oder Verwendung in sozialen Situationen beteiligt (vgl. SCHNEIDER u. a. 1979).

Im Rahmen der wählbaren Lernangebote sollten die Gegenstände der Wahl nicht zu eingeengt sein, so daß Zufallsentscheidungen möglich sind, um überhaupt Interessen entstehen zu lassen. Gleichzeitig sind auch Wahlen aufgrund persönlicher Beziehungen der Interessenbildung hilfreich, da beteiligte Personen einen Aspekt des Interessengegenstandes ausmachen (vgl. SCHLÖMERKEMPER 1974).

Differenzierungsebenen. Je nach Größe der Grundgesamtheit werden im Schulsystem die drei Ebenen der Schulsystemdifferenzierung, der Schuldifferenzierung und der Unterrichtsdifferenzierung unterschieden. Maßnahmen der erstgenannten bestimmen teilweise die nachfolgenden.

Die drei Schulformen Hauptschule, Realschule und Gymnasium (*Schulsystemdifferenzierung*) unterscheiden sich voneinander bezüglich ihrer Adressatengruppen, ihrer Bildungsaufträge und der ihnen zugrunde liegenden Vorstellungen von Bildsamkeit und Begabung. Das berufliche Schulwesen ist in sich außerordentlich stark nach Berufsgruppen und Ausbildungszielen differenziert.

Innerhalb der einzelnen Schulformen gibt es viele Varianten (*Schuldifferenzierung*). Man unterscheidet das altsprachliche, das neusprachliche, das wirtschaftswissenschaftliche, das sozialwissenschaftliche, das technische, das musische Gymnasium. Innerhalb der Realschule werden unterschiedliche Zweige (kaufmännischer, technisch-gewerblicher, sozialer Zweig) angeboten. In der Hauptschule werden Profilbildungen durch bestimmte Fächergruppierungen ermöglicht (vgl. AURIN 1978).

Als Alternativmodell zur Schulsystemdifferenzierung wird seit Ende der 60er Jahre die Gesamtschule erprobt. Sie verfolgt die Verbesserung des Lernens aller Schüler in einer Synthese mit sozialem Lernen.

Unterrichtsdifferenzierung beginnt bei Maßnahmen der Schuldifferenzierung, weil durch sie sehr konkrete Lehrplanentscheidungen wirksam werden (Sprachenfolge, Stundenanteil von Fächern...), meint im engeren Sinn aber die differenzierenden Maßnahmen, die nach Vorabklärung bestimmter Differenzierungskriterien (Alter, allgemei-

Differenzierungsformen

ne Begabung) den Unterricht in einem Fach/in einer Fächergruppe betreffen.

Ein verbreitetes Gliederungsschema zeigt Abbildung 1.

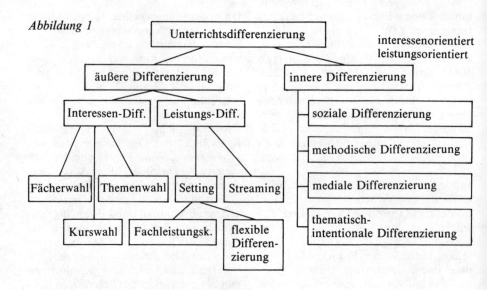

Abbildung 1

Modelle der Leistungsdifferenzierung.
Streaming (fachübergreifende Leistungsdifferenzierung). Um die Jahrhundertwende hatte Sickinger in der Volksschule die sogenannten Mannheimer Leistungsklassen eingerichtet, in die die Schüler nach ihrer allgemeinen Leistungsfähigkeit eingeteilt wurden (Hauptklassen für die normal leistungsfähigen Schüler; Förderklassen für normal schwache Schüler; Hilfsklassen für die abnorm schwachen Schüler – vgl. SICKINGER 1920). Das war ein Vorläufermodell für die später in englischen Comprehensive Schools praktizierte Streaming-Differenzierung. Sie gruppierte Schüler nach dem Kriterium allgemeiner Leistungsfähigkeit in vermeintlich homogene Gruppen, um damit optimale Lehr-/Lernmöglichkeiten zu schaffen. In der Bundesrepublik Deutschland hat das Streaming in den hessischen Förderstufenversuchen eine größere Rolle gespielt. Dort wurden die Schüler allerdings nur in den traditionellen Hauptfächern Englisch und Mathematik, teilweise Deutsch, zu „streams" gruppiert, in den anderen Fächern blieben sie in heterogenen Lerngruppen (vgl. GEISSLER u.a. 1969).
Setting (fachspezifische Leistungsdifferenzierung). Am bekanntesten sind hier das FEGA- und das ABC-Modell. Am FEGA-Modell (F steht für F-Kurs = Fortgeschrittenenkurs; E für E-Kurs = Erweiterter Kurs; G für G-Kurs = Grundkurs und A für A-Kurs = Anschlußkurs) können die charakteristischen Merkmale beschrieben werden (vgl. Abbildung 2).

Abbildung 2: Die Stufen im Organisationsmodell des Fachleistungsunterrichts

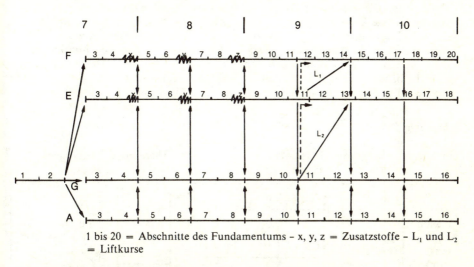

1 bis 20 = Abschnitte des Fundamentums – x, y, z = Zusatzstoffe – L_1 und L_2 = Liftkurse

(Quelle: FLÖSSNER 1973, S. 169)

Nach einer gemeinsamen Unterrichtsphase werden die Schüler auf vier Niveaus verteilt, um die Lerngruppen zu homogenisieren und das Lerntempo in etwa angemessen gestalten zu können. Die Kurszuweisungen erfolgen halbjährlich, ein Wechsel nach „oben und unten" ist dann möglich. In der Annahme, daß die Schüler in den oberen Niveaus schneller lernen, werden Zusatzstoffe bereitgehalten (x) und schließlich weitere Abschnitte des Lehrplans (Fundamentum) angeboten (Abschnitt 17–20). In den beiden unteren Niveaus wird das für den Abschluß notwendige Fundamentum angeboten. Liftkurse sollen den Aufstieg zu bestimmten Zeiten erleichtern. Der Anschluß- oder Aufbaukurs wird mit geringerer Schülerzahl und/oder höherer Wochenstundenzahl ausgestattet, um den langsamer oder schwerer lernenden Schülern mehr Hilfen zu geben (vgl. FLÖSSNER 1973).

Während das Streaming sehr schnell als eine selektierende und negativ fixierende Leistungsdifferenzierung erkannt wurde, stand das Setting besonders in der Gesamtschuldiskussion lange Zeit im Vordergrund. Es zeigte sich aber auch für dieses Modell eine Reihe gravierender Probleme:

- Die Einweisung in Niveaustufen erfolgt prognostisch aufgrund zurückliegender und nicht aufgrund aktueller Lernleistungen.
- Die Bildung stabiler Leistungskurse führt zur Desintegration der Schüler mit der Gefahr der Reproduzierung sozialer Schichten.
- Die inhaltliche Definition der Niveaustufen zielt auf eine Reproduktion des herkömmlichen Schulsystems, das zu überwinden in der Orientierungsstufe und in der Gesamtschule gerade Ziel war.
- Die Annahme des Vorteils homogener Gruppen ist doppelt problematisch: Erstens geht Homogenität offensichtlich schnell verloren, zweitens ist ganz allgemein der Leistungsvorteil homogener gegenüber leistungsheterogenen Gruppen nicht gesichert.
- Die erhoffte Durchlässigkeit zwischen den Niveaus ließ sich nicht in dem gewünschten Maß erhalten, so daß fak-

Differenzierungsformen

tisch eine frühe Niveaufixierung erfolgt, die mit einer schichtspezifischen Auslese korrespondiert.
- In den Leistungsniveaus besteht die Gefahr, einen Leistungsstand zu stabilisieren und damit den bekannten „Selffulfilling-prophecy"-Effekt zu erzeugen. Die Kurseinteilung bestimmt das Selbstbild der Schüler und ihre Leistungsentwicklung.

Flexible Differenzierung (fachspezifische Leistungsdifferenzierung). Eine Alternative zu den Leistungskurssystemen ist die sogenannte flexible Differenzierung (vgl. Abbildung 3).

Abbildung 3

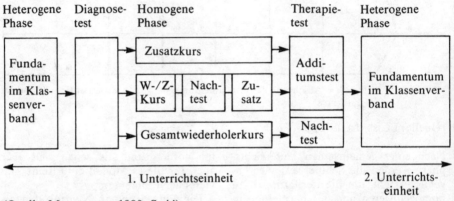

(Quelle: MORAWIETZ 1980, S. 44)

Bei flexibler Differenzierung wechseln heterogene und homogene Leistungsgruppen einander ab. In der heterogenen Phase werden die Grundlernziele einer Unterrichtseinheit angestrebt. Nach einem für alle Schüler identischen Diagnosetest werden Lernlücken ermittelt. Danach bestehen drei Angebote:
- Ein Zusatzkurs für die, die alle Grundlernziele erreicht haben. Zusatzlernziele werden erarbeitet (Additum).
- Ein Wiederholer-/Zusatzkurs für die, die ein oder zwei Grundlernziele nicht erreicht haben. Nach Wiederholung und bestandenem Nachtest werden Zusatzlernziele verfolgt.
- Ein Gesamtwiederholungskurs erfaßt die Schüler, die kein Grundlernziel erreicht haben. Es erfolgt eine Gesamtwiederholung mit anderen Methoden und Medien (vgl. MORAWIETZ 1980).

Die Vorteile dieses Modells sind eine gezielte Förderung nach genauer Lerndiagnose, Verwirklichung zielerreichenden Lernens, hohe Kursdurchlässigkeit, nur geringe schichtenspezifische Auslese, kurze Kurszugehörigkeit. Nachteile werden in der ständigen Fluktuation, dem damit behinderten sozialen Lernen, in der auf Dauer auch nicht zu verhindernden Kursstabilisierung, im hohen Arbeitsaufwand für die Lehrer und in einem hohen Organisationsaufwand in der Schule gesehen.

Individualisierung durch Medienverbundsysteme. Eine gezielt flexible Differenzierung ist über ein anderes Modell realisierbar, das Modell konsequenter Individualisierung. Am Beispiel des schwedischen IMU-Projekts (individualisierender Mathematikunterricht) sei dies kurz skizziert:

Beim IMU-System sind im Fach Mathematik 75–80 Schüler zu einer Großgruppe zusammengefaßt. Die Schüler arbeiten einzeln nach Maßgabe ihrer Lerngeschwindigkeit die programmierten Arbeitsstoffe durch. Sie werden in einem Großgruppenraum von zwei Lehrern und einem Assistenten betreut. Der gesamte Unterrichtsstoff für die Schuljahre 7–9 ist in neun Abschnitte aufgeteilt. Jeder Abschnitt besteht aus drei Arbeitsheften A, B und C. Das Arbeitsheft A liegt in zwei, die Arbeitshefte B und C liegen in je vier Versionen vor, die sich bei gleicher Thematik vor allem im Schwierigkeitsgrad und in der Zahl der Aufgaben erheblich unterscheiden. Alle Versionen eines Arbeitsheftes enthalten das Fundamentum. Das Additum ist in den Versionen dem Umfang nach gestaffelt und reicht von der Version 1 ohne Additum bis zur Version 4 mit einem sehr großen Additum. Die diagnostisch-prognostischen Tests (DP), die zur Einweisung in die Versionen der Arbeitshefte verwendet werden, messen den Lernerfolg im jeweils abgeschlossenen Arbeitsheft und überprüfen die Beherrschung der Voraussetzungen für das folgende Arbeitsheft. Der umfangreiche Abschlußtest (PP) ermittelt die Lernleistungen im gesamten Abschnitt. Außerdem gibt es für jeden Abschnitt ein Gruppenarbeitsheft (E), das in Gruppen- oder Frontalunterrichtsphasen zur Wiederholung eingesetzt wird (vgl. MORAWIETZ 1980; vgl. Abbildung 4).

Abbildung 4

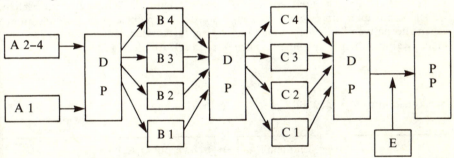

(Quelle: MORAWIETZ 1980, S. 58)

Während die Vorteile solch eines Systems in der größtmöglichen Anpassung an Lernwege und -tempo des einzelnen Schülers, im Konzept zielerreichenden Lernens, in für viele Schüler kürzeren Lernzeiten liegen, sind die Nachteile in der Überbetonung des kognitiven Lernens, in der Verhinderung sozialen Lernens und in der aufwendigen Konstruktion der notwendigen Lernmaterialien (Lernprogramme und audiovisuelle Medien) zu sehen.

Arrangements für eine Interessendifferenzierung. Zum Insgesamt eines institutionellen Lernangebots gehört neben dem Pflichtbereich ein *Wahlbereich,* aus dem beliebig viel oder quantitativ begrenzt für eine bestimmte Zeit Angebote gewählt werden können. Das Angebot kann dabei in einer Reihe von Arbeitsgemeinschaften/kurzen Seminaren bestehen, die eine Erweiterung des Pflichtbereichs darstellen oder außerhalb dieses Pflichtbereichs liegen (etwa Segelflug in der allgemeinbildenden Schule). Das Angebot kann innerhalb sogenannter freier Arbeitszeiten darin bestehen, daß in einer lernanregenden, material- und ideenreichen Umwelt Angebote gemacht werden. Verschiedene Materialien, Spiele, Bücher, Geräte,

Differenzierungsformen

Gebrauchsgegenstände bieten sich zum Spielen, Lesen, Arbeiten, Experimentieren und zu kreativem Tun an (vgl. BÖNSCH 1978).

Neben dem Pflichtbereich und einem möglichen Wahlbereich gibt es den sogenannten *Wahlpflichtbereich,* innerhalb dessen nach bestimmten Vorgaben gewählt werden muß. So werden beispielsweise unterschiedliche Fächer oder Fachkurse oder Schwerpunktmöglichkeiten in bezug auf zwei oder mehrere gekoppelte Fächer (Wahl von Grundkurs/Intensivkurs) zur Wahl gestellt. Dies kann Wahl und Abwahl von Fächern mit erheblichen Konsequenzen bedeuten (so in der reformierten Oberstufe) und dann zu einer faktischen Leistungsdifferenzierung führen.

Verfolgt man konsequent die Interessenförderung, kann man auch im *Pflichtbereich* Wahlmöglichkeiten anbieten. Dabei kann man unterscheiden zwischen alternativen Kursen bei gemeinsamem Rahmenthema in einem Fach (etwa Rahmenthema „Deutschland nach 1945"; Alternativangebote: die Spaltung Deutschlands, die Bundesrepublik Deutschland als demokratischer und sozialer Rechtsstaat, die DDR, die Wiedervereinigungsproblematik...) und zwischen alternativen Angeboten innerhalb einer Unterrichtseinheit (wahldifferenzierter Unterricht – vgl. BÖNSCH/SCHITTKO 1979). Zu verweisen ist auch auf das vor einigen Jahren entwickelte UDIS-Konzept (Unterrichtsdifferenzierung in der Sekundarstufe). Dieses hatte zum Inhalt, in einer zweistufigen Strategie zuerst Lernpräferenzen zu entwickeln und diese dann behutsam durch entsprechende Projekte zu Interessen/Interessenansätzen weiterzuentwickeln (vgl. RAUSCHENBERGER 1974).

Das Konzept des *wahldifferenzierten Unterrichts* kann als eine auch im Alltag realisierbare Möglichkeit angesehen werden, in recht engem Rahmen interessenfördernden Unterricht zu realisieren (vgl. Abbildung 5).

Abbildung 5

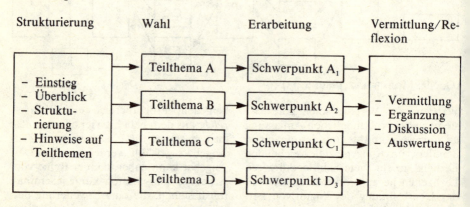

Im Rahmen einer thematischen Einheit (etwa Jugendarbeitslosigkeit) werden verschiedene Teilthemen beziehungsweise Arbeitsschwerpunkte angeboten, aus denen die Schüler frei wählen und nach Verabredung bearbeiten können. In der Vermittlung und Reflexionsphase werden dann Ergebnisse und Erfahrungen ausgetauscht. Die häufigere Realisierung solchen Unterrichts folgt der Erwartung, daß sich Lernende ihrer Lernintentionen und -inhalte bewußter werden und damit Interessen entwickeln.

Differenzierungsprobleme. Die zentralen Differenzierungsprobleme haben ihre Ursache in der Tatsache, daß im Schulsystem Massenlernprozesse so organisiert werden, daß das Erreichen oder Verfehlen von Lernzielen als Leistung oder als Versagen definiert und zur Grundlage für die Verleihung oder Verweigerung von Berechtigungen gemacht wird (vgl. FEND 1980). Von daher steht prinzipiell in Frage, ob Differenzierungsrealitäten ernsthaft auf die Erweiterung von Handlungs- und Erlebnismöglichkeiten, auf Chancen zur Bedürfnisbefriedigung und Selbsterfahrung gegenüber neuen Lernmöglichkeiten abgestellt werden können.

Neigungs- und Interessendifferenzierung hat im Schulwesen einen untergeordneten Stellenwert. Dies korrespondiert mit der verbreiteten Auffassung, daß institutionalisiertes Lehren Wissen vermitteln soll und nicht selbst finden lassen kann. Trotz anfänglicher formaler Gleichheit der Lernenden erfolgt daher sehr bald eine Differenzierung entsprechend der Leistung. Dies wirft folgende zentrale Fragen auf: Wie schnell fixieren die als „objektiv" betrachteten schulischen Leistungsanforderungen den einzelnen Lerner auf einem bestimmten Leistungsniveau? Werden Differenzierungsmaßnahmen zur Verstärkung oder Milderung von Leistungsfixierungen eingeleitet? Ist die Relation Leistungsanspruch - Leistungsentsprechung überhaupt der Ausgangspunkt von möglichen Differenzierungsmaßnahmen? Müßte nicht auf soziokulturelle Determinanten individuellen Lernens viel stärker geachtet werden?

Mit jeder Lerngruppenkonstituierung kommt ein Prozeß der Fremdeinschätzung und damit korrespondierend der Selbsteinschätzung in Gang. Individuelle Motivationsstrukturen wie soziale Bewertungen sind eminent wichtige Folgen von Differenzierungsmaßnahmen. Können sie im konkreten Fall kalkuliert und bei negativer Ausprägung verhindert werden? - Je nach schulpolitischen und erziehungswissenschaftlichen Grundeinstellungen wird dem Prinzip der Differenzierung das Prinzip der Integration zur Seite gestellt oder vernachlässigt (vgl. SCHITTKO 1974). Wenn Fragen der sozialen Integration und des sozialen Lernens eine größere Rolle spielen sollen, erhebt sich die Frage, ob Lernzuweisungen oder Schulartangehörigkeiten nicht eine hierarchische Etikettierung von Lernenden mit sich bringen, die man dringend vermeiden müßte. Forcierte Leistungsdifferenzierung dient eher der Selektion und damit gegebenenfalls der Legitimation sozialer Ungleichheit, als daß Förderung, Annäherung an Chancengleichheit, soziales Lernen mit ihr verbunden wären (vgl. BROPHY/ GOOD 1976). Verfügte und sich schnell verfestigende Lerngruppenbildung folgt einem Begabungsbegriff, der eher statisch ist. Die schulpädagogische Umsetzung eines progressiven Begabungsbegriffs würde ihr Augenmerk eher auf Konzepte legen, die dem Lernenden optimale Hilfen zur Zielerreichung (genügend Zeit, eigenes Lerntempo, alternative Methoden und Materialien, das notwendige Maß an Zuspruch und Belohnung) geben, statt sie in ihrer Lernkarriere frühzeitig festzulegen (vgl. BÖNSCH 1976).

Die Probleme der Interessendifferenzierung sind in folgenden Punkten zu formulieren: Das amtlich verordnete Curriculum ist so umfangreich, daß Freiräume wohl auch nur als „Spielwiesen" angesehen werden würden. - Die allgemeine Didaktik als Wissenschaft vom Unterricht hat ihr Augenmerk immer stärker auf Vermittlung als auf Anregung und Beratung gelenkt. So fehlen bis heute überzeugende Hilfen für die Gestaltung offener Curricula und die Lernberatung. - Schulen sind in der Regel zu einfallslos eingerichtet, als daß sie lernanregend und interessenfördernd wirken könnten. Wichtig ist die Frage nach dem Lernergebnis; weniger wichtig sind prozeßorientierte Fragen: Wie lernt jemand? Was lernt er? Warum lernt er das? Was hat er für Interessen? – Die gesellschaftlichen Erwartungen an das Bildungssystem sind auf Effizienz, Leistung, Selektion ausgerichtet. Kreativität, Einfallsreichtum, Interesse, Spontaneität, Selbstbestimmtheit sind nicht wirklich gefragt. Die Leistungsgesellschaft fordert ihre Entsprechungen in Schule und Unterricht. So sind schulische Modelle wie Glocksee oder Summerhill gern betrachtete, aber eben doch exotische Blüten in der Bildungslandschaft.

Die Vielzahl von Differenzierungsstudien, die in ihren Ergebnissen durchaus heterogen sind (vgl. ROBINSOHN/THOMAS 1968, TESCHNER 1971a, YATES 1972), machen deutlich, daß über die Differenzierungsfrage viele Aspekte einer Theorie der Schule angesprochen werden. Differenzierung ist weit mehr als eine organisatorisch-methodische Frage, sie spiegelt in ihrer Realisierung das jeweilig vorliegende Grundverständnis von institutionellem Lernen wider.

AURIN, K.: Sekundarschulwesen, Stuttgart/Berlin/Köln/Mainz 1978. BÖNSCH, M.: Differenzierung des Unterrichts. München ³1976. BÖNSCH, M.: Ideen zu einer emanzipatorischen Didaktik, München 1978. BÖNSCH, M./SCHITTKO, K. (Hg.): Offener Unterricht, Hannover u.a. 1979. BÖNSCH, M./SCHITTKO, K.: Das Modell eines wahldifferenzierten Unterrichts und Probleme seiner Umsetzung im Schulalltag. In: HAUSSER, K. (Hg.): Modelle schulischer Differenzierung, München/Wien/Baltimore 1981, S. 202 ff. BROPHY, J.E./GOOD, TH.G.: Die Lehrer-Schüler-Interaktion, München/Berlin/Wien 1976. EIGLER, G.: Das Verhältnis von Lernen und Leistung als Forschungsproblem. In: ROTH, H./FRIEDRICH, D. (Hg.): Bildungsforschung, Bd. 1, Stuttgart 1975, S. 58 ff. FEND, H.: Theorie der Schule, München/Wien/Baltimore 1980. FEND, H. u.a.: Gesamtschule und dreigliedriges Schulsystem, Deutscher Bildungsrat: Gutachten und Studien der Bildungskommission, Bd. 55, Stuttgart 1976. FLÖSSNER, W.: Ansatz, Entwicklung und Ergebnisse der Fachleistungsdifferenzierung an der Walter-Gropius-Schule in Berlin/Britz-Buckow-Rudow. In: KEIM, W. (Hg.): Gesamtschule, Hamburg 1973, S. 167 ff. GEISSLER, E. E. u.a.: Fördern und Auslesen, Frankfurt/M. ²1969. HAUSSER, K.: Die Einteilung von Schülern – Theorie und Praxis schulischer Differenzierung, Weinheim/Basel 1980. HAUSSER, K. (Hg.): Modelle schulischer Differenzierung, München/Wien/Baltimore 1981a. HAUSSER, K.: Differenzierung (schulische). In: SCHIEFELE, H./KRAPP, A. (Hg.): Handlexikon der Pädagogischen Psychologie, München 1981, S. 87 ff. (1981 b). HERBIG, M.: Differenzierung durch Fächerwahl, Düsseldorf 1974. HOPF, D.: Differenzierung in der Schule, Stuttgart ²1976. HURRELMANN, K.: Differenzierung. In: Enzyklopädie Erziehungswissenschaft, Bd. 1, Stuttgart 1983, S. 373 ff. KAISER, E.: Differenzierung und Integration. In: ROTH, L. (Hg.): Handlexikon zur Erziehungswissenschaft, München 1976, S. 105 ff. KEIM, W.: Schulische Differenzierung, Köln 1977. MORAWIETZ, H.: Unterrichtsdifferenzierung, Weinheim/Basel 1980. NIERMANN, J.: Methoden der Unterrichtsdifferenzierung, Düsseldorf 1981. RAUSCHENBERGER, H.: Lehren und Lernen nach dem UDIS-Konzept, Ravensburg 1974. ROBINSOHN, S.B./THOMAS, H.: Differenzierung im Sekundarschulwesen, Deutscher Bildungsrat: Gutachten und Studien der Bildungskommission, Bd. 3, Stuttgart 1968. ROEDER, P.M./TREUMANN, K.: Dimensionen der Schulleistung, 2 Bde., Deutscher Bildungsrat: Gutachten und Studien der Bildungskommission, Bd. 21, Stuttgart 1974. SAUER, K.: Interesse, Motivation. In: ROTH, L. (Hg.): Handlexikon zur Erziehungswissenschaft, München 1976, S. 236 ff. SCHIEFELE, H.: Lernmotivation und Motivlernen, München 1978. SCHIEFELE, H.: Interesse. In: SCHIEFELE, H./KRAPP, A. (Hg.): Handlexikon zur Pädagogischen Psychologie, München 1981, S. 192 ff. SCHITTKO, K.: Integration und Differenzierung in der integrierten Gesamtschule. In: KIESLICH, R./KLAGES, H. (Hg.): Gesamtschule in Niedersachsen I, Hannover u.a. 1974, S. 65 ff. SCHLÖMERKEMPER, J.: Lernen im wahldifferenzierten Unterricht, Frankfurt/M. 1974. SCHNEIDER, G. u.a.: Bestimmungsstücke und Probleme einer pädagogischen Theorie des Interesses. In: Z. f. P. 25 (1979), S. 43 ff. SICKINGER, A.: Arbeitsunterricht, Einheitsschule, Mannheimer Schulsystem im Lichte der Reichsverfassung, Leipzig 1920. TESCHNER, W.-P. (Hg.): Differenzierung und Individualisierung des Unterrichts, Göttingen 1971a. TESCHNER, W.-P.: Was leisten Leistungskurse? Stuttgart 1971b. TESCHNER,

W.-P.: Differenzierung. In: Wulf, Ch. (Hg.): Wörterbuch der Erziehung, München 1974, S. 150 ff. Winkeler, R.: Schulformen und Schulorganisation, Ravensburg 1973. Winkeler, R.: Differenzierung. Funktionen, Formen und Probleme, Ravensburg ²1976. Yates, A. (Hg.): Lerngruppen und Differenzierung, Weinheim/Basel 1972. Ziegenspeck, J.: Äußere Differenzierung in der Orientierungsstufe. In: Arbeitsgruppe Orientierungsstufe an der PH Niedersachsen, Abt. Lüneburg (Hg.): Differenzierung in der Orientierungsstufe, Hannover u. a. 1978, S. 22 ff. Ziegenspeck, J.: Leistung, Leistungsbewertung. In: Roth, L. (Hg.): Handlexikon zur Erziehungswissenschaft, München 1976, S. 276 ff.

Manfred Bönsch

Diskurs

Unterricht als „pädagogische Kommunikation". Der Diskursbegriff wird in der Erziehungswissenschaft bei Versuchen wichtig, Didaktik kommunikativ zu begründen. Sollen die Intentionen der am Unterricht Beteiligten Teil dieses Unterrichts werden, setzt dies metakommunikative Prozesse voraus; das heißt, Unterricht als interaktives Geschehen soll selbst thematisiert werden. Diese Entwicklung wird bei Schäfer/Schaller (vgl. 1971) als Reaktion auf eine Curriculumentwicklung verstanden, die sich damals betont wissenschaftsorientiert und damit auf die Inhaltsdimension bezogen gab. Solchen Ansätzen hält die kommunikative Didaktik die prinzipielle Begrenztheit dieser Ausrichtung entgegen. In frühen Arbeiten wird insbesondere auf Watzlawick u. a. (vgl. 1969) und deren Kommunikationsaxiome verwiesen, die deutlich machen, daß jede Interaktion, und damit auch die pädagogische, als Kommunikationsprozeß zu verstehen ist („Man kann nicht nicht kommunizieren"). Damit wird Unterricht als „pädagogische Kommunikation" charakterisiert, als Prozeß, in welchem versucht wird, eine Informationsdifferenz zwischen den Kommunikationspartnern (vgl. Bülow 1973) abzubauen. Gegenüber lernziel- und inhaltsbezogenen Didaktiken wird betont, daß Beziehungs- und Inhaltsdimension zusammengehören.
Von einzelnen Autoren wird das spezifisch „Erzieherische" am Unterrichtsprozeß mit dem Beziehungsmoment sogar weitgehend gleichgesetzt. So etwa von Schäfer/Schaller, welche Inhalte („Lernsachen") vorwiegend mit Hinblick auf die „edukative Energie" des Unterrichts betrachten: „Sie sind *pädagogisch* nicht das Entscheidende, sondern die kommunikativen Interaktionen sind es, die sich in der Klassengruppe an Inhalten entzünden" (Schäfer/Schaller 1971, S. 137).

Modelle diskursiver Verständigung. Werden jedoch Kommunikationsaspekte für den Unterricht wichtig, so stellt sich die Anschlußfrage, wie denn solche Aspekte sinnvollerweise im Unterricht realisiert werden können. In den letzten Jahren wurden folgende zwei Modelle diskutiert:
Themenzentrierte Interaktion. Aus gruppentherapeutischen Kontexten wurde eine Übernahme der themenzentrierten interaktionellen Methode von R. Cohn vorgeschlagen. Unterricht soll danach stärker durch selbstgesteuertes Verhalten bestimmt werden; es soll möglich werden, daß die Schüler Störungen thematisieren und ihre Gefühle im Unterricht direkt ausdrücken können (vgl. Garlichs 1976, S. 242 f.). Es stellt sich allerdings die Frage, inwieweit ein solches therapeutisches Konzept bereits genuine Probleme der Didaktik löst. Geht es doch in der Didaktik nicht nur um die Frage nach dem „Ich", sondern auch um Lerninhalte und deren Selektion sowie - im Rahmen von Diskursen - um Wahrheitsansprüche wie Richtigkeit und Wahrheit. Möglicherweise bilden

therapeutische Diskurse erst das Vorfeld einer Verhandlung von pädagogischen Sachverhalten: „Ein gelingender therapeutischer Diskurs hat erst zum Ergebnis, was für den gewöhnlichen Diskurs von Anbeginn gefordert werden muß: die effektive Gleichheit der Chancen von Dialogrollen" (HABERMAS 1971a, S. 29).

Herrschaftsfreie Kommunikation. Ein solches weiteres Verständnis diskursiven Handelns wurde in der Folge insbesondere in der Auseinandersetzung mit dem Ansatz von Habermas diskutiert. In seinen Überlegungen unterscheidet dieser die beiden Ebenen des kommunikativen Handelns und des Diskurses: Kommunikatives Handeln spielt sich auf der Ebene eingelebter Sprachspiele ab, in welchen die Geltung von Sinnzusammenhängen naiv vorausgesetzt wird, um Informationen auszutauschen. In Diskursen dagegen werden keine Informationen ausgetauscht, sondern hier werden problematisierte Geltungsansprüche zum Thema gemacht. Das Ziel ist die diskursive Verständigung, nämlich ein im kommunikativen Handeln vorgängig bestehendes Einverständnis durch eine bestimmte Begründung wiederherzustellen (vgl. HABERMAS 1971b, S. 114ff.).

Solche Diskurse setzen symmetrische Kommunikation, also die Gleichheit der Chancen bei der Wahrnehmung von Dialogrollen, voraus. Nur wenn das Motiv der kooperativen Wahrheitssuche den Diskurs allein bestimmt, kann ein erzielter Konsens als gerechtfertigter und anerkannter „wahrer" Konsens gelten. Nun scheint es, daß ein solches Modell unverzerrter Kommunikation nur schwer auf die gesellschaftliche Realität anzuwenden ist. Dennoch beharrt Habermas darauf, daß Kommunikation ohne Antizipation einer idealen Sprechsituation gar nicht möglich sei, mithin die Möglichkeit von Diskursen bereits im kommunikativen Handeln angelegt sei: Wenn wir in Kommunikationen eintreten, nehmen wir eine Idealisierung vor, die Habermas an zwei kontrafaktischen Erwartungen expliziert:
- Wir erwarten, daß handelnde Subjekte allen Normen, denen sie folgen, intentional folgen (Intentionalitätserwartung);
- wir erwarten, daß handelnde Subjekte nur Normen folgen, die ihnen gerechtfertigt erscheinen.

Diese „transzendentale" Bedingungsstruktur jeglicher Kommunikation, welche die Fiktion der Humanität des Umgangs unter Menschen aufrechterhält, wird dabei insofern praktisch, als wir eine ideale (herrschaftsfreie) Sprechsituation unterstellen müssen, um ein zureichendes Kriterium für die Unterscheidung des wahren vom falschen Konsensus zu gewinnen.

Erziehungswissenschaftliche Folgerungen. Ausgehend von dem Habermasschen Diskurskonzept ist versucht worden, dessen unterrichtliche Relevanz zu bestimmen. So verweist Mollenhauer auf die Möglichkeit, eingespielte Definitionen, Normen, Kommunikationsregeln, die Bedingungen ihrer Stabilität zu problematisieren und „metakommunikativ" zum Inhalt zu machen, über Frage und Begründung neuen Konsens zu erzielen und das Handeln daran umorientieren zu können. Allerdings strukturiert sich demnach der pädagogische Alltag eher nach dem Modell des kommunikativen Handelns; eine relative Sicherheit in der Kommunikation muß vorausgesetzt werden, wenn Diskurs als reales Ereignis möglich sein soll (vgl. MOLLENHAUER 1972, S. 82).

Ausgehend von dieser Problembeschreibung, welche den Diskurs an vorab gelungene pädagogische Kommunikation bindet, bezeichnen Lohmann/Prose die Möglichkeit, Diskurse zu führen, als ein Ziel unterrichtlicher Kommunikation: „Die *Motivation* zu einer am Ziel Diskurs orientierten Beeinflussung der Interaktionssituation ist ein zentrales Ele-

ment der interaktiven Kompetenz" (LOHMANN/PROSE 1975, S. 94).
Diese Ausführungen machen deutlich, daß Diskurs nicht das ist, was er auf den ersten Blick scheint: eine neue Unterrichtsmethode. Vielmehr schließt das Diskurskonzept wesentliche inhaltliche, ziel- und interaktionsbezogene Überlegungen zum Unterricht ein. Insbesondere ist es ein Versuch, „emanzipatorische" Momente des Unterrichts konzeptuell zu fassen, die Verdinglichung des (naiven) kommunikativen Handelns reflexiv aufzubrechen.
Dennoch stellt sich die Frage, ob der Habermassche Diskurs für eine Begründung des unterrichtlichen Handelns den geeigneten Ansatzpunkt abgibt. Wenn im Diskurs „alle Motive außer dem einer kooperativen Verständigungsbereitschaft außer Kraft gesetzt und Fragen der Geltung von denen der Genesis getrennt werden" (HABERMAS 1971 b, S. 101), dann ergäbe sich damit für Unterricht ein intellektuelles, von allen emotionalen „Verzerrungen" enthobenes Klima. Gerade Emotionalität und Gefühle wie Empathie, Sensibilität für Problemstellungen, Engagement für Wahrheit sind Qualitäten, die aus pädagogischen Prozessen nicht ausgeschlossen werden sollten. Deshalb wäre das Konzept eines Alltagsdiskurses wichtig, der Diskurs und Interaktionen nicht scharf trennte. Argumentation ist dann ein Sonderfall kommunikativen Handelns, der selbst kommunikative und metakommunikative Anteile umfaßt (vgl. SCHNÄDELBACH 1977, S. 140). Während Habermas eher einen abstrakten „Raum" erschließt, den er kategorial differenziert, hätten sich Alltagsdiskurse auf ein „zeitliches" Modell zu beziehen, welches den Ablauf alltäglichen Handelns in der Dauer mit einbezieht (vgl. MOSER 1981). VÖLZING (1979, S. 101) charakterisiert das Verhältnis zwischen Handeln und Diskurs für ein solches Modell: „Wenn man so will, springt man immer wieder einmal aus einer kooperativen Argumentation heraus, und jedesmal braucht es dann gewisser Mechanismen, in den Diskurs aufs neue hineinzukommen."
Damit wird es möglich, die Diskurskonzeption in einen Ansatz handlungsorientierter Didaktik zu integrieren, der das Moment der Aufarbeitung lebensweltlicher Erfahrung in den Mittelpunkt stellt. Diskurs im Sinne einer Problematisierung vorgegebener Erfahrungen hat dann überall dort einzusetzen, wo lebensweltliche Orientierungen fragwürdig werden. Die diskursive Ebene der Kommunikation wird Teilaspekt einer Didaktik, in welcher die argumentative Vergewisserung lebensweltlicher Erfahrung als Moment des Unterrichts nicht ausgeschlossen werden soll.

BÜLOW, E.: Pädagogische Kriterien einer reversiblen Kommunikation. In: B. u. E. 26 (1973), S. 130 ff. GARLICHS, A.: Gruppentherapeutische Ansätze im Unterricht. In: POPP, W. (Hg.): Kommunikative Didaktik, Weinheim/Basel 1976, S. 235 ff. HABERMAS, J.: Theorie und Praxis, Frankfurt/M. 1971 a. HABERMAS, J.: Vorbereitende Bemerkungen zu einer Theorie der kommunikativen Kompetenz. In: HABERMAS, J./LUHMANN, N. (Hg.): Theorie der Gesellschaft oder Sozialtechnologie, Frankfurt/M. 1971, S. 101 ff. (1971 b). LOHMANN, CH./PROSE, F.: Organisation und Interaktion in der Schule, Köln 1975. MOLLENHAUER, K.: Theorien zum Erziehungsprozeß, München 1972. MOSER, H.: Aktionsforschung als Sozialforschung, Hagen 1981. SCHÄFER, K.-H./SCHALLER, K.: Kritische Erziehungswissenschaft und kommunikative Didaktik, Heidelberg 1971. SCHNÄDELBACH, H.: Reflexion und Diskurs, Frankfurt/M. 1977. VÖLZING, P.-L.: Begründen, Erklären, Argumentieren, Heidelberg 1979. WATZLAWICK, P. u.a.: Menschliche Kommunikation, Bern/Stuttgart/Wien 1969.

Heinz Moser

Drill

Begriff. Im militärischen Bereich bedeutet „drillen" seit dem 17. Jahrhundert „exerzieren", eigentlich „herumwirbeln"; präziser gefaßt meint Drill das mechanische Einüben von Bewegungsabläufen und von Handgriffen mit der Waffe, deren blinde Beherrschung im Ernstfall eine gewisse Überlebenschance garantiert. So gibt es auch außerhalb des militärischen Bereichs, etwa bei der Feuerwehr, beim Seenotrettungsdienst und der Bergwacht, drillähnliche Übungsformen, die sich als notwendige Bedingung verantwortungsbewußter Rettungseinsätze erweisen. Obwohl der Begriff – wie diese Beispiele zeigen – in den allgemeinen Sprachgebrauch in der Bedeutung von „mechanisches Einüben", „Einschleifen" von Gewohnheiten und Automatismen, „stures Einpauken" von Kenntnissen und Fertigkeiten übernommen wurde, konnte er bis heute seinen militärischen Ursprung nicht verwischen, der in Konnotationen und Assoziationen auch weiterhin mitschwingt.

Diese primär negativen Bedeutungselemente dürften der Grund dafür sein, daß Drill in keinem neueren pädagogischen Lexikon mehr zu finden ist. Darüber hinaus liegt der mit Drill gemeinte Sachverhalt im semantischen Überlappungsbereich von Begriffen wie „Dressur", „Gewöhnung", „Übung" und „Konditionierung" und kann von daher – im Feld pädagogischer Fachtermini – als redundant bezeichnet werden.

Drill und pädagogische Theorie. In Familie und Schule wird Drill – ohne Berücksichtigung möglicher irreversibler negativer Nebenwirkungen – immer noch als Mittel effektiver Gewohnheitsbildung eingesetzt (beispielsweise Sauberkeitsdressur, Eßgewohnheiten, Disziplinierungspraktiken in der Schule). Im Bereich pädagogischer Theoriebildung hat sich die Einschätzung von Drill als pädagogische Maßnahme – historisch betrachtet – stark verändert: Im „Enzyklopädischen Handbuch der Erziehungskunde" (LOOS 1906) wird auf den Seiten 3 ff. Drill noch als eine – zwar zeitlich begrenzte – je nach Entwicklungsstufe zu differenzierende, pädagogisch notwendige Methode beschrieben, aber bereits hier mit dem kritischen Hinweis, daß „öder Formalismus, systematisches Hinarbeiten auf die Einhaltung sturer Schemata [...] auch den erlesensten Bildungsstoff um alle Wirkung" bringt. Ähnliche Argumentationen finden sich in Lexikonartikeln Anfang der 50er Jahre. So sollte nach DROTTENS (1950, S. 303) Drill – „mit Klugheit und Maß angewendet" – dazu dienen, „dem Schüler bestimmte Gewohnheiten und notwendige Automatismen beizubringen". Unter dieser Zielperspektive qualifizierte er Drill zusammenfassend als „ein Hilfsmittel für den Unterricht und eine Stärkung des Willens und damit des Charakters" (DROTTENS 1950, S. 304). Diese maßlose Überschätzung des Drills findet sich zwar bei Obst nicht, jedoch kann auch für ihn Drill „unter Umständen zu Schulungszwecken berechtigt sein, wenn nämlich, je nach der Art des Lehrgegenstandes, einsichtiges Lernen nicht hinreicht, notwendige lebenspraktische Erfolge zu sichern" (OBST 1952, Sp. 810). Gewohnheitsbildung ist eine unabdingbare Voraussetzung menschlicher Selbständigkeit und somit sowohl Ziel wie auch Bedingung auf selbständiges Handeln hin orientierter pädagogischer Maßnahmen; zu bezweifeln ist jedoch, ob Drill im Sinne eines mechanischen „Einschleifens" von Verhaltensmustern ein pädagogisch qualifiziertes Mittel zu diesem Ziel ist. So warnt beispielsweise SEIF (vgl. 1973, S. 236) vor nicht korrigierbaren Folgen des Drills auf Selbständigkeitsentwicklung und Verantwortungsfähigkeit; so spricht auch RIEMANN (1977, S. 126) vom Drill als „denkbare[m] Boden für spätere zwanghafte Persönlichkeitsentwicklungen des Kindes". Mit diesen Hinweisen wird zwar nicht die Effektivität von Drillmaßnahmen widerlegt, wohl aber ihre pädagogische Qualität – zumindest theoretisch – in Frage gestellt.

Waren die bisherigen Argumente allgemeinpädagogischer Art, so wird mit der Aspektverschiebung auf lernpsychologische Grundlagen und Möglichkeiten des Drills eine qualitativ neue Argumentationsstruktur sichtbar. Auf der Grundlage des behavioristischen Erklärungsmodells menschlichen Lernens begründet ROTH (1970, S. 272) die Notwendigkeit richtig verteilter Drillperioden mit dem Argument: „Alles Üben, das Automatisierung herbeiführen soll [...], hat den Sinn der Entlastung durch blindes Geläufigwerden untergeordneter Funktionen, um das bewußte Aufmerken und die bewußte Denktätigkeit für die wichtigsten Leistungen im Gesamtablauf freizusetzen." Als Vorstufe einsichtigen Lernens soll Drill im Sinne klassischer oder operanter Konditionierung notwendige „Freiräume" schaffen. Allerdings wird diese Entlastungsfunktion von Roth selbst in Frage gestellt, wenn er Formen „reinen Drills" nahezu ausschließt, „weil jede Situation Umstellungen und Neuanpassungen erfordert" (ROTH 1970, S. 275). Der gleichen lerntheoretischen Basis verpflichtet ist AUSUBEL (1974, S. 341), wenn er behauptet: „In Wirklichkeit ist Drill natürlich ein notwendiger und unvermeidbarer Aspekt des Klassenzimmerlernens." Für Ausubel ist Drill keine pädagogische, sondern eine primär lernpraktische Angelegenheit, die sich einzig und allein über die Wirkung, den Effekt legitimiert, und dieser ist für ihn empirisch nachgewiesen. Daß Drill in diesem Sinne effektiv sein kann, dürfte unbestritten sein, damit ist allerdings Drill noch keineswegs als pädagogisch qualifizierte Maßnahme legitimiert. Somit erscheint die lernpsychologische Begründung von Drill im Rahmen der vorgegebenen behavioristischen Prämissen konsequent, die Überzeugungskraft dieser Argumente nimmt allerdings in dem Maße ab, in dem die Reduktionen auf Teilaspekte des Menschen zurückgenommen werden, dann nämlich wird die Frage nach der Qualität von Drillmaßnahmen erneut eine pädagogische.

Drill und Fremdsprachendidaktik. Im Bereich der Fremdsprachendidaktik hat „Drill" einen systematischen Ort. Als „pattern drill", „pattern practice", „exercise structural", „Strukturmusterübung" kommt ihm im fremdsprachlichen Anfangsunterricht als mechanische Übungsform eine große Bedeutung zu. Wenn auch die Bezeichnungen jeweils variieren, so ist doch der gemeinte Sachverhalt identisch: Beim „pattern drill" handelt es sich um die „systematische Erarbeitung sprachlicher Strukturmuster mit wechselndem lexikalischem Material in Reihenübungen, um die mechanischen Tätigkeiten beim Sprachgebrauch zu Sprachgewohnheiten zu verfestigen, damit sich die Aufmerksamkeit der Lernenden stärker auf die inhaltliche Aussage konzentrieren kann" (KÖHRING/BEILHARZ 1973, S. 188). Die Begründung des „pattern drill" als unabdingbare Phase im Erwerb sprachlicher Mechanismen ruht auf behavioristischer Grundlage auf: Der mit Hilfe auswendig gelernter patterns („mustergültiges Beispiel") eingeleitete Konditionierungsprozeß ist um so effektiver, je weniger der Übende das zugrunde liegende sprachliche Problem kennt. Obwohl der didaktische Wert des „pattern drill" allgemein außer Frage steht, werden immer wieder kritische Argumente vorgebracht, die die Grenzen dieser Übungsform offenlegen. So weist ARNOLD (vgl. 1980, S. 113) darauf hin, daß die über Konditionierung erworbenen Automatismen in keiner Weise der Komplexität der Kommunikationsvorgänge entsprechen. Ähnlich wie im Bereich allgemeinpädagogischer Problematik stellt sich auch hier die Frage nach der pädagogischen Legitimation von Drill. Unbestritten ist die Notwendigkeit mechanischer Übungen in der Funktion einer Entlastung, die sich darin zeigt, daß in der jeweiligen Situation die geübten Verhaltensweisen routinemäßig ablaufen und somit Freiräume für verantwortliches variables Handeln geschaffen werden. Bezeichnenderweise lautet die deutsche Übersetzung von „pattern drill" „Strukturmusterübung"; ob dies allerdings als Indiz dafür gewertet werden kann, daß der mit Drill umschriebene Sachverhalt aufgegriffen wird, ohne daß der Begriff selbst Verwendung findet, kann hier nicht eindeutig beantwortet werden. Zum Schluß soll jedoch die Frage nach der Redundanz des Begriffs „Drill" noch einmal aufgegriffen werden: Die Ausführungen legen die Vermutung nahe, daß „Drill" eine Frage der Qualität und Intensität von Übung ist und somit auf diese reduzierbar scheint.

ARNOLD, W.: Fachdidaktik Französisch, Stuttgart ²1980. AUSUBEL, D. P.: Psychologie des Unterrichts, 2 Bde., Weinheim/Basel 1974. DROTTENS, R.: Drill. In: KLEINERT, H. u. a. (Hg.): Lexikon der Pädagogik, Bd. 1, Bern 1950, S. 303 f. KÖHRING, K./BEILHARZ, R.: Begriffswörterbuch, Fremdsprachendidaktik und -methodik, München 1973. LOOS, J. (Hg.): Enzyklopädisches Handbuch der Erziehungskunde, Bd. 1, Leipzig/Wien 1906. OBST, J.: Dressur, Drill. In: Lexikon der Pädagogik, Bd. 1, Freiburg 1952, Sp. 809 f. RIEMANN, F.: Grundformen der Angst, München 1977. ROTH, H.: Pädagogische Psychologie des Lehrens und Lernens, Hannover/Berlin/Darmstadt/Dortmund ¹²1970. SEIF, L.: Autorität und Erziehung. In: ADLER, A./FURTMÜLLER, C. (Hg.): Heilen und Bilden, Frankfurt/M. 1973, S. 233 ff.

Heinz Schneider

Eltern – Schule

Schule zwischen Elternrecht und Staatsautorität. Institutionalisierte Erziehung ist jahrhundertelang unter der Grundfrage diskutiert worden, ob sie Sache des Staates oder Aufgabe des Elternhauses sei. Dieses Spannungsverhältnis ist auch in der Polarität der Bestimmungen von Art. 6, Abs. 2 und Art. 7, Abs. 1 GG angelegt (vgl. GEIGER 1970, S. 341 f.; vgl. HAGE 1979, S. 42 f.; vgl. MÜLLER 1978, S. 14 ff.). Dem Staat obliegt die Schulaufsicht, die Eltern wirken an der Gestaltung der Schule mit: So sah es bereits die Verfassung von 1849 vor (vgl. DOLCH 1928, S. 89 ff.). Verstärkte die Weimarer Verfassung von 1919 die staatliche Schulhoheit (vgl. MÜLLER 1978, S. 19; vgl. SANDER 1934, S. 13), so erweiterte das Grundgesetz der Bundesrepublik Deutschland wieder die Elternrechte (vgl. MÜLLER 1978, S. 19; vgl. POLLERT 1979, S. 21; vgl. auch § 1666 BGB: Eingriffsrecht des Staates). Nach 1945 schien sich der Staat – als Reaktion auf die Folgen der Staatshypertrophie der vorangegangenen 12 Jahre – auf eine Wächterrolle beschränken zu wollen (vgl. MEYER-SEVENICH o. J., S. 27). In der Diskussion der Schulgesetze brach in den 60er Jahren der Konflikt erneut auf: Das Bundesverfassungsgericht urteilte schließlich 1972, daß Elternhaus und Schule bei der Erziehungsarbeit sinnvoll zusammenarbeiten müßten. Doch auch damit wurde das Verhältnis von Eltern- und Staatsrecht an der Schulgestaltung nur oberflächlich geklärt; offen blieb, wieweit Eltern die Erziehungsarbeit in Schulen konkret (mit-)bestimmen dürfen.

Elternmitwirkung und Elternvertretung. Zu unterscheiden wäre zunächst die direkte, unmittelbare Mitarbeit von Eltern in der Schule von der indirekten, am Rande des pädagogischen Feldes sich vollziehenden Mitwirkung. Eltern können im Unterricht Aufgaben eines Tutors übernehmen (vgl. BELSER 1974, BELSER u. a. 1975; vgl. PETERS u. a. 1979, S. 32 ff.) und sich ferner an der Gestaltung von Schulfesten (vgl. KAIENBURG 1979) und Schulhöfen (vgl. SCHULTE 1979, S. 46 ff.), an Werbekampagnen (vgl. ELTERN ... 1979, S. 31) und anderen Aktionen beteiligen, die der Schule insgesamt dienen. Allerdings zeigen die Beispiele, daß und wie sehr diese Formen der Mitwirkung an die Initiative einzelner Personen gebunden sind (vgl. SCHULTE 1979, S. 46 ff.). Zu *Beratungsgesprächen* mit Eltern (außerhalb von Elternabenden) wurden Lehrer bereits 1910 in Preußen verpflichtet (vgl. LAURIEN 1970, S. 343). Darin haben sie „umfassend und wahrheitsgemäß Auskunft zu erteilen" (MÜLLER 1978, S. 95; vgl. HEIM 1977, S. 24). Derartige Gespräche werden von drei Viertel aller Eltern wahrgenommen; sie kommen meist auf Wunsch der Eltern zustande (vgl. BÄRSCH u. a. 1976, S. 122 f.; zur Gesprächsführung vgl. HITZIGER 1979). Dabei geht es in fast der Hälfte der Anlässe um Schwierigkeiten in einzelnen Fächern, in einem Viertel um allgemeine Verhaltensschwierigkeiten (vgl. BÄRSCH u. a. 1976, S. 124); andere Gründe sind von quantitativ untergeordneter Bedeutung. Problematisch ist neben der schichtspezifisch unterschiedlichen Beteiligung vor allem die geringe Partizipationsneigung und -chance ausländischer Eltern (vgl. PIROTH 1979, S. 38). Hier werden erste zaghafte, mehr tastende Ansätze der Elternaktivierung durch besondere Lehrerinitiative spürbar (vgl. STRUTZ 1979 a, S. 148 ff.; vgl. 1979 b). Elternabende, Elternversammlungen, Elternräte und Schulkonferenzen rechnen zu den Institutionen der (organisierten) Elternvertretung in der Schule. Überschulisch kommen Kreiselternräte, Landeseltern(bei)räte beziehungsweise Elternkammern und der Bundeselternrat hinzu.

Zu *Elternabenden,* 1918 in Preußen erstmals verpflichtend eingeführt (vgl.

Eltern – Schule

DOLCH 1928, S. 134), werden alle Eltern der Kinder einer Schulklasse meist mindestens zweimal jährlich eingeladen. Hier präsentiert und erläutert der/die Klassenlehrer(in) – gelegentlich auch Fachlehrer(innen) – Inhalte, Methoden und Materialien des Unterrichts im kommenden (Halb-)Jahr, beantwortet Fragen zum Schülerverhalten, bespricht besondere Projekte (Klassenreisen, Betriebspraktika). Um diese vielfach unbefriedigend verlaufenden Abende aufzulockern und ergiebiger zu gestalten, werden zahlreiche Vorschläge unterbreitet. Sie reichen von gruppendynamischen Spielen bis zu besonderen Diskussionsthemen (vgl. FURIAN 1974, S. 66 ff.; vgl. KAIENBURG 1979, S. 135 f.; vgl. WEBER 1979, S. 25 ff.).

Die schulische und überschulische Elternvertretung ist des weiteren streng repräsentativ-hierarchisch organisiert (vgl. HAGE 1979, S. 45). Die Eltern der Kinder einer Schulklasse wählen am Elternabend zwei *Klassenelternvertreter*. Denen obliegt es, einerseits die Interessen aller Klasseneltern einzufangen, zu bündeln und an die Lehrer(innen) heranzubringen, andererseits den Lehrern bei der Erfüllung ihres „Erziehungsauftrages" als Bindeglied zur Elternschaft zur Verfügung zu stehen (was kaum in Anspruch genommen wird).

Die Klassenelternvertreter wählen (erstmals 1919, vgl. FISCHER 1973, S. 144; vgl. BURHENNE 1921) den *Eltern(bei)rat* der Schule. Dieser benennt Vertreter der mit Lehrer- und Schülervertretern gemeinsam zu bildenden *Schulkonferenz* (sehr bedeutsam in Nordrhein-Westfalen, vgl. POLLERT 1979, S. 20; vgl. auch ELTERN ... 1979, S. 30; vgl. WILHELMI 1979, S. 36). Außerdem entsendet der Elternrat eine(n) Delegierte(n) in den *Kreiselternrat,* der wiederum Delegierte für *Landeselternbeirat* beziehungsweise *Elternkammer* bestimmt. Derartige Elternvertretungen auf Landesebene bestehen (in unterschiedlicher Struktur, für Schleswig-Holstein beispielsweise schulformspezifisch – vgl. STURM 1975, für Hamburg schulformübergreifend) in allen Bundesländern mit Ausnahme Nordrhein-Westfalens. Sie beraten die Landesregierungen bei wichtigen schulpolitischen Entscheidungen. Und alle Landesvertretungen entsenden Delegierte in den *Bundeselternrat*. Er berät die Bundesregierung bei wichtigen bildungspolitischen Entscheidungen.

Zum Engagement von Eltern: Allein im Stadtstaat Hamburg (etwa 270 000 Schüler) werden rund 5 000 Elternratsmitglieder gezählt; allein im Bereich allgemeinbildender Schulen beteiligt sich etwa jedes siebte Elternteil an einem Vertretungsorgan (vgl. BÄRSCH u. a. 1976, S. 124).

Elterninteressen. Eltern sind offenbar heute stärker denn je an Erziehungsfragen interessiert (vgl. MÜLLER-KÜPPERS 1975, S. 69; vgl. WÖHLER 1978, S. 70); davon zeugen auch gestiegene Teilnehmerzahlen in Elternschulen (vgl. GROOTHOFF u. a. 1977, Spalte 62 ff.) und anderen Einrichtungen zur Elternbildung (vgl. PÖGGELER 1970). Die auf die Schule gerichteten Elterninteressen zielen zuvörderst auf die Intentionen und Inhalte, nur nachrangig auf Methoden oder gar Medien. So wird häufig die Behandlung von Gegenständen besonders des Politik- und des Sozialkundeunterrichts wie auch sexualkundlicher Themen von Eltern angegriffen (vgl. MÜLLER 1978, S. 63), deren Erziehungshaltung den Bewahrungs- gegenüber dem Sozialisationsaspekt betont. Diesen Eltern wird propagandistische Rückendeckung durch Elternverbände zuteil, die politisch meist konservativen Parteien zurechenbar sind (vgl. DOORMANN 1979, S. 13; vgl. FISCHER 1973, S. 170 ff.). Konflikte um Schülern zuträgliche Inhalte und ihrer Aufnahmefähigkeit angemessene Methoden werden auf Verbandsebene fortgesetzt. Gleich Lehrergewerkschaften und Lehrerkammern, Schülerorganisationen und Schülerkammern suchen Elternverbände und gewählte Elternvertretungen auf die Inhalte von Verordnungen einzuwirken, mit deren Hilfe die Arbeit von Lehrern und Schülern kultusbehördlich reglementiert wird. Methoden und Medien sind zumeist nicht Gegenstand behördlicher Richtlinien, sieht man von der Genehmigungspflicht bei Schulbüchern ab (auch auf dieses Verfahren suchen Elternvertretungen Einfluß zu gewinnen). Methoden und Medien setzt der Lehrer in einem regelungsfreien Raum ein, deklamatorisch durch das Postulat der pädagogischen Freiheit gesichert. Hier mangelt es Eltern meist an der nötigen Kompetenz, am unmittelbaren Einblick, an der Zeit (vgl. WILHELMI 1979, S. 36) und/oder am Interesse. Insofern richtet sich Elternunmut fast ausschließlich gegen unerfüllte Lehrplananforderungen und die Nichtübereinstimmung häuslicher und schulischer Erziehungsgepflogenheiten.

Auf der Ebene des Unterrichts und der Schule ist die Mitarbeit von Eltern stark auf die Interessen der eigenen Kinder zugeschnitten (vgl. BASTIAN/BASTIAN 1979a, S. 131 ff.). Vor allem bei Grundschülern suchen die Eltern meist die Integration der Kinder in einen „Klassenverband" zu unterstützen (vgl. WEISS 1972, S. 91 f.). Je weiter man sich von dieser Ebene entfernt, desto stärker werden parteipolitische und religiös-weltanschauliche Einflüsse spürbar.

Da elterliche Erziehung in starkem Maße auf die Integration, Allokation und Qualifikation der eigenen Kinder *für* die Gesellschaft gerichtet ist (vgl. FEND 1969), richtet sie sich zumeist an den bestehenden schulorganisatorischen Strukturen aus, achtet auf deren Stabilität und sucht aus eigener Schulzeit Gewohntes zu konservieren. Bekanntlich sind es vor allem Mittelschichteltern, insbesondere selbst akademisch vorgebildete, die ihre Kinder stärker auf bestehende Leistungsnormen orientieren als auf deren Problematisierung. Sie wollen diese Orientierung in der Schule fortgesetzt sehen (vgl. BÄRSCH u. a. 1976, S. 133 f.; vgl. STARCK 1977, S. 58 ff.). Da sie ihre Interessen überzeugend zu artikulieren verstehen, dominieren sie bereits auf Elternabenden (vgl. BÄRSCH u. a. 1976, S. 154). Dieser Selektionsprozeß verstärkt sich bis in die Landes- und Bundeselternvertretungen hinein (anders: vgl. ELTERN ... 1979, S. 31). Diese Gremien sorgen sich denn auch vornehmlich darum, daß mittelschichtspezifische Leistungserwartungen in bildungspolitischen Entscheidungen gewahrt werden; sie wirken gegenüber einer auf den Abbau von Chancenungleichheit gerichteten Bildungspolitik ausgesprochen reformrestriktiv.

Mit Anbruch der zweiten Hälfte der 70er Jahre treffen konservative Elternfunktionäre einerseits auf reformbestrebte Eltern, die sich aktiv für die Errichtung von Gesamtschulen einsetzen (vgl. DOORMANN 1979, S. 12), andererseits nach wie vor auf – eine quantitativ weit überwiegende Zahl – Eltern, die Schule als Dienstleistungseinrichtung begreifen, Bildung als Metier fachkompetenter Lehrer und darum das Feld den engagierten Mittelschichteltern überlassen. Elternvertretung stellt sich somit als Spiegelbild gesellschaftlicher Machtverteilung dar. Sie trägt so unmittelbar zur Reproduktion des hierarchisch gegliederten Gesellschaftsgefüges bei (vgl. DIETZE 1973, S. 121), indem sie die Selektionsmechanismen und Selektionsorientierung der Schule stabilisiert (vgl. BÜCHNER 1976, S. 12).

Ausblick. Der Gedanke zweier Erziehungskreise, eines häuslich-elterlichen und eines schulisch-lehrerverantworteten, wurde zwar durch die Schriften der Reformpädagogen (Kerschensteiner, Otto, Gaudig, Petersen) aufgebrochen, in einigen Versuchsschulen während der 20er Jahre bewußt aufgegeben (vgl. BÄUERLE 1972, S. 25) und wird von zahlreichen heute tätigen Lehrkräften gezielt angegangen, zieht sich gleichwohl nach wie vor durch die Schullandschaft, von Politikern und Schulbürokraten zur Verteidigung eigener Machtbereiche aufrechterhalten. Daß das Schulsystem heute offener sei, die Funktionen der Schule im gesellschaftlichen Kontext betrachtet werden (vgl. RANFT 1979, S. 4 f.), mag stimmen; aber der Weg zu einer von Lehrern und Eltern gemeinsam getragenen Erziehungsstätte ist gerade erst angetreten worden (vgl. KECK 1979).

Das System der institutionalisierten Elternvertretung ist ausgesprochen komplex und arbeitsabsorbierend. Wer sich auf die Gremienschiene begibt, investiert eine Menge Zeit, die er den eigenen Kindern, dem Engagement für die Schulklasse entzieht. Gewiß, indem Eltern von sich reden machen, sorgen sie auch mit dafür, daß ihre Rechte von Lehrern wie von Bildungspolitikern zumindest zur Kenntnis genommen werden. Elternvertretungen sind nicht entbehrlich, aber ihre mangelhafte finanzielle Ausstattung und ihre geringe personelle Kontinuität (vgl. FISCHER 1973, S. 154), ihre juristisch eng gezogenen Mitbestimmungsrechte und nicht zuletzt der chronisch gestörte Informationsfluß behördlicher Neuigkeiten (vgl. BÜCHNER 1979, S. 166) werden auf absehbare Zeit dafür sorgen, daß die Ebene der sogenannten Klassengemeinschaft, in der sich Lehrer, Schüler und Eltern zusammenfinden (sollten), die wichtigste Ebene der Elternmitwirkung bleiben wird.

BACH, H.: Schulische Erziehungsberatung, Hannover 1960. BÄRSCH, W. u. a.: Wechselwirkung zwischen Schule und Familie. Materialsammlung zur Hamburger Untersuchung, München 1976. BASTIAN, H./BASTIAN, J.: Die Elternversammlung – ein „lehrerzentrierter Zwangsverband". In: Westerm. P. Beitr. 31 (1979), S. 131 ff. (1979 a). BASTIAN, H./BASTIAN, J.: Eltern bilden Eltern. In: Westerm. P. Beitr. 31 (1979), S. 154 ff. (1979 b). BÄUERLE, W.: Jugendhilfe und Elternbildung, Diss., Hamburg 1970. BÄUERLE, W.: Theorie der Elternbildung, Weinheim/Berlin/Basel ²1972. BAUMWART-MAURER, E.: Das Recht auf Bildung und das Elternrecht: Art. 2 des 1. Zusatzprotokolls zur Europäischen Menschenrechtskonvention, Bern 1975. BEHÖRDE FÜR SCHULE, JUGEND UND BERUFSBILDUNG DER FREIEN UND HANSESTADT HAMBURG (Hg.): Richtlinien für die Mitarbeit von Eltern im Unterricht der Grundschule, Hamburg 1978. BELSER, H.: Der Hamburger Eingangsstufen-Versuch im Urteil der Eltern. In: STAATLICHE PRESSESTELLE HAMBURG (Hg.): Berichte und Dokumente aus der Freien und Hansestadt Hamburg, Nr. 398 (6. 3. 1974), Hamburg 1974. BELSER, H. u. a.: Curriculum-Materialien für Vorschule und Eingangsstufe, Bde. 1–3, Weinheim/Basel ³1975. BÜCHNER, P. (Hg.): Die Eltern und die Schule. Zwischen Konfrontation und Kooperation, München 1979. BÜCHNER, P. (Hg.): Elternarbeit und schulische Partizipationsgesetzgebung. In: Westerm. P. Beitr. 31 (1979), S. 163 ff. BUNDESMINISTER FÜR BILDUNG UND WISSENSCHAFT (Hg.): Bericht der Bundesregierung über die strukturellen Probleme des föderativen Bildungssystems, Schriftenreihe Bildung und Wissenschaft, Bd. 13, Bonn 1978. BURHENNE, H.: Elternbeiräte, Langensalza ²1921. DAUBER, H./WEBER, H.: Eltern aktiv. Handbuch für eine humane Schule, Reinbek 1976. DEUTSCHER BILDUNGSRAT: Zur Reform von Organisation und Verwaltung im Bildungswesen, Teil 1: Verstärkte Selbständigkeit der Schule und Partizipation der Lehrer, Schüler und Eltern, Bonn 1973. DIETZE, L.: Chancen und Grenzen des Elternrechts. In: SCHLEICHER, K. (Hg.): Elternmitsprache und Elternbildung, Düsseldorf 1973, S. 120 ff. DOLCH, J.: Das Elternrecht. Friedrich Manns Pädagogisches Magazin, Heft 1154, Langensalza 1928. DOORMANN, L.: Eltern für die Gesamtschule. Elternmitwirkung in Hamburg. In: s. managem. 10 (1979), 4, S. 12 f. ELTERN SIND GAR KEINE REFORMMUFFEL. Interview mit dem Vorsitzenden des Bundeselternrates Alois von Waldburg-Zeil, geführt v. S. Gerbaulet. In: s. managem. 10 (1979), 4, S. 29 ff. EVANGELISCHE AKADEMIE BAD BOLL (Hg.): Arbeitshilfe 1: Mitverantwortung in der Schule. Handbuch für Elternvertreter. Bad Boll 1977. FEND, H.: Sozialisierung und Erziehung, Weinheim/Basel 1969. FISCHER, A.: Funktionen von Elternvertretungen und Elternverbänden in der Verbandsdemokratie. In: SCHLEICHER, K. (Hg.): Elternmitsprache und Elternbildung, Düsseldorf 1973, S. 144 ff. FURIAN, M.: Praxis der Elternarbeit, Stuttgart 1974. GEIGER, W.: Elternrecht. In: WILLMANN-INSTITUT (Hg.): Lexikon der Pädagogik, Bd. 1, Freiburg/Basel/Wien 1970, S. 341 ff. GERBER, U. (Hg.): Kindeswohl contra Elternwillen? Aspekte eines neuen Familienrechts, Berlin 1975. GROOTHOFF, H. H. u. a. (Hg.): Lexikon für Eltern und Erzieher: vom Umgang mit Kindern und Jugendlichen, Gütersloh 1977. HAGE, K.-H.: Eltern: geduldet! Die Mitwirkungsrechte der Eltern im Schulrecht. In: s. managem. 10 (1979), 4, S. 42 ff. HEIM, D.: Lehrer begegnen Eltern, München 1977. HENECKA, H.-P./WÖHLER, K.: Organisationsprobleme der Schule. In: HENECKA, H.-P./WÖHLER, K. (Hg.): Schulsoziologie: eine Einführung in Funktionen, Strukturen und Prozesse schulischer Erziehung, Stuttgart/Berlin/Köln/Mainz 1978, S. 142 ff. HITZIGER, H.: Das Elterngespräch: Lehrer lernen mit Eltern sprechen. In: Westerm. P. Beitr. 31 (1979), S. 157 ff. HUPPERTZ, N.: Wie Lehrer und Eltern zusammenarbeiten, Freiburg 1979. JAMROSZYK, J. J.: Grundlagen einer schülerorientierten Didaktik, Kastellaun 1978. KAIENBURG, H.: Vom Elternabend zur Elternaktion. In: Westerm. P. Beitr. 31 (1979), S. 135 ff. KECK, R. W. (Hg.): Kooperation Elternhaus – Schule. Analysen und Alternativen auf dem Weg zur Schulgemeinde, Bad Heilbrunn 1979. LAURIEN, H.-R.: Elternsprechstunde. In: WILLMANN-INSTITUT (Hg.): Lexikon der Pädagogik, Bd. 1, Freiburg/Basel/Wien 1970, S. 343. LEMBERG, E.: Die soziale Rolle des Lehrers. In: KIPPERT, K. (Hg.): Soziologie für die Schule, Freiburg 1973, S. 71 ff. MEYER-SEVENICH, M.: Elternrecht und Kindesrecht. In: Sozialismus heute, Heft 1/2, Frankfurt/M. o. J. (1954). MÜLLER, E.: Spannungsfeld Elternhaus – Schule, Bamberg 1978. MÜLLER-KÜPPERS, M. (Hg.): modern erziehen. Ein Lexikon für Eltern und Erzieher, München 1975. OTTO, B.: Reformation der Schule, Berlin 1912. PETERS, E. u. a.: Hamburger Eltern machen mit. In: s. managm. 10 (1979), 4, S. 32 ff. PIROTH, G.: Was Ausländer von unseren Schulen erwarten. Mitarbeit ausländischer Eltern in deutschen Schulen. In: s. managem. 10 (1979), 4, S. 38 ff. PÖGGELER, F.: Eltern als Erzieher; Elternbildung; Elternschulen, Elternseminare. In: WILLMANN-INSTITUT (Hg.): Lexikon der Pädagogik, Bd. 1, Freiburg/Basel/Wien 1970, S. 340 ff. POLLERT, M.: Fortschritt oder Hemmnis? Elternmitwirkung in der Schule. In: s. managem. 10 (1979), 4, S. 20 ff. RANFT, D.: Eltern und Schule – ein Thema? In: s. managem. 10 (1979), 4, S. 4 f. SACKSER, D.: Elternarbeit und Sozialerziehung. In: Westerm. P. Beitr. 31 (1979), S. 144 ff. SANDER, E.: Leitgedanken über Erziehungsrecht von Eltern und Staat, Diss., Gießen 1934. SCHULTE, B.: Beharrlich und mutig. Elterninitiative verwandelt einen Schulhof. In: s. managem. 10 (1979), 3, S. 46 ff. SPALECK, F./KNEBEL, M.: Elternmitarbeit im Politikunterricht. In: Westerm. P. Beitr. 31 (1979), S. 139 ff. SPEICHERT, H.: Umgang mit der Schule. Taktik der kleinen Schritte zur Humanisierung des Unterrichts. Ein Eltern-Handbuch, Reinbek 1978. STARCK, W.: Grundfragen der Erziehung, Hamburg 1977. STRUTZ, I.: Arbeit mit ausländischen Eltern. In: Westerm. P. Beitr. 31 (1979), S. 148 ff. (1979a). STRUTZ, I.: Zur Praxis der Arbeit mit ausländischen Eltern. In: Im Brennpunkt (1979), 4, S. 14 ff. (1979b). STURM, E.: Eltern und Schule in Schleswig-Holstein: Informationsbroschüre mit Rechts- und Verwaltungsvorschriften und einer erläuternden Einführung, Köln ³1975. WÄCHTER, K.: Hilfe im „Hinterhaus". Beim Schülernotdienst sind Eltern in der Überzahl. In: s. managem. 9 (1978), 3, S. 96 f. WEBER, H.: Elternvertreter werden gewählt. In: s. managem. 10 (1979), 4, S. 25 ff. WEISS, C.: Pädagogische Soziologie und Sozialpsychologie der Schulklasse, Bad Heilbrunn ⁷1972. WILHELMI, J.: Eltern können Schule verändern. Elternmitwirkung in der Peter-Petersen-Schule. In: s. managem. 10 (1979), 4, S. 36 ff. WÖHLER, K.: Schule als Gesellschaftssystem. In: HENECKA, H.-P./WÖHLER, K. (Hg.): Schulsoziologie: eine Einführung in Funktionen, Strukturen und Prozesse schulischer Erziehung, Stuttgart/Berlin/Köln/Mainz 1978, S. 13 ff. WOLF, A.: Brennpunkte moderner Erziehungswissenschaft, Donauwörth 1972.

Wolfgang Seyd

Epochalunterricht

Der Epochalunterricht, auch Epochenunterricht genannt, ist das Ergebnis didaktischer und im Zusammenhang damit auch schul- und unterrichtsorganisatorischer Überlegungen, die darauf abzielen, die dem Schüler innerhalb einer Schulwoche üblicherweise zugemutete Fächervielzahl im Interesse einer stärkeren Konzentrationsmöglichkeit zu beschränken, ohne deswegen einzelne Unterrichtsfächer mit ihren spezifischen Lehrinhalten und Methoden aus dem Lehrangebot einer Unterrichtsinstitution für eine bestimmte Adressatengruppe auf Dauer zu verdrängen. Zu diesem Zwecke werden alle laut Stundentafel vorgesehenen Unterrichtsstunden derjenigen Fächer, die epochenweise unterrichtet werden sollen („Epochenfächer"), im Verlaufe eines Schuljahres für eine gewisse Dauer jeweils einem dieser Epochenfächer zugewiesen, um danach turnusgemäß einem anderen Epochenfach voll zur Verfügung zu stehen. Während allgemein die einem Unterrichtsfach zugeteilte Jahresstundenzahl gleichmäßig auf die einzelnen Wochen eines Schuljahres verteilt ist, können so durch die Einrichtung von Epochen Schwerpunkte für einzelne Unterrichtsfächer gebildet werden, ohne daß dadurch die einem Unterrichtsfach laut Stundentafel zustehende Jahresstundenzahl gemindert wird.

Der Epochalunterricht, der also ein epochenweise erteilter Fachunterricht ist, eröffnet didaktische Möglichkeiten, die demjenigen Fachunterricht, der unter den Bedingungen des heute allgemein üblichen Stundenplanes erteilt wird, nicht oder kaum zu Gebote stehen. Auf der anderen Seite aber erfordert er auch die Beachtung neuer Bedingungen. Begünstigt werden durch den Epochal- oder Epochenunterricht die Möglichkeiten zur Intensivierung der Arbeit in einem Unterrichtsfach. Größere Vorhaben können in dem überschaubaren Zeitraum einer Epoche leichter als sonst zu einem befriedigenden Abschluß gebracht werden. An das methodische Geschick des Lehrers stellt der Epochal- oder Epochenunterricht hohe Anforderungen. Eine umfassende, weit vorausschauende Planung ist ebenso notwendig wie die Beherrschung einer Vielzahl unterschiedlicher Unterrichtsverfahren.

Der Gedanke und die Praxis, die Aufmerksamkeit des Lernenden über eine längere Zeit auf einen bestimmten Gegenstandsbereich zu richten und sein Augenmerk erst dann auf einen nächsten Gegenstandsbereich zu lenken, wenn die Beschäftigung mit dem ersten bis zu einem gewissen Abschluß gebracht werden konnte, sind nicht neu. So weist zum Beispiel MANDL (vgl. 1963, S. 56 f.) auf den Unterricht im griechischen Altertum, auf die Unterweisung in den Sieben Freien Künsten (Grammatik, Dialektik, Rhetorik, Arithmetik, Geometrie, Astronomie und Musik) sowie auf den Unterricht in den Klosterschulen des Mittelalters hin. In der Folgezeit haben unter anderen Ratke, Comenius, Herbart, Diesterweg und Willmann immer wieder zur Konzentration gemahnt.

Als wegweisend für die Entwicklung des Epochenunterrichtes können die pädagogischen Arbeiten Steiners gelten. Auf ihn sind der besondere Organisationsgedanke für den Epochenunterricht sowie seine Bezeichnung zurückzuführen (vgl. BENTZIEN 1968, S. 15 ff.). Im Jahre 1919 spricht sich Steiner dezidiert und sehr drastisch gegen den damals an Schulen und Hochschulen wirksamen und noch heute in ihnen in der Regel vorherrschenden Stundenplan aus. Durch ihn werde, so meint STEINER (1964, S. 128), bei dem jungen Menschen die „Konzentrationskraft auf das allergründlichste zerstört". Er fordert daher, „daß in der Zukunft der heranwachsende Mensch so lange bei einer Sache bleiben kann, als das konzentrier-

te Verweilen auf einer Sache durch die Entwicklungszustände des Menschen notwendig ist" (STEINER 1964, S. 128 f.). In diesem Zusammenhang gebraucht Steiner den Ausdruck „Epoche" und führt aus, daß „dieses Sichaneignen [einer Sache, H.-H. H.] eine Epoche werden [müßte, H.-H. H.] beim heranwachsenden Menschen, das heißt, er müßte immerzu, ohne durch anderes fortwährend gestört zu werden, eine gewisse Zeit seines Lebens hindurch sich auf eines konzentrieren" (STEINER 1964, S. 129).
An der Waldorfschule (vgl. KIERSCH 1984) richtete Steiner 1919 den Epochenunterricht ein (vgl. RAUTHE 1961). Diesem stehen an der Waldorfschule die beiden ersten Unterrichtsstunden eines jeden Schultages zur Verfügung. Außer den Fremdsprachen, den handwerklichen Fächern, den künstlerischen Fächern, der Religion und dem Sport werden alle Fächer epochenweise unterrichtet. Die einzelne Unterrichtsepoche dauert etwa zwei bis vier Wochen. Für die Mathematik steht zusätzlich zu dem innerhalb der Mathematikepochen erteilten Mathematikunterricht je Schulwoche eine kontinuierlich erteilte Übungsstunde zur Verfügung.
Nach KLOSS (1955, S. 51) ist „der Epochenunterricht [...] diejenige Waldorfneuerung, der sich Schulbehörden wohl am bereitwilligsten zugewandt haben". In den amtlichen Lehrplänen und Richtlinien für den Unterricht an Schulen werden dem Epochenunterricht erstmals 1926 innerhalb der „Lehrordnung für die bayerischen Volksschulen" Möglichkeiten eingeräumt (vgl. BENTZIEN 1968, S. 17 f.). Heute lassen sich in vielen amtlichen Lehrplänen und Richtlinien für den Unterricht an Schulen verschiedener Art empfehlende Hinweise auf die Möglichkeiten der Unterrichtsgestaltung durch Epochalunterricht finden.
Inzwischen haben sich die unterschiedlichsten Organisationsformen für die Realisierung des Epochal- oder Epochenunterrichtes herausgebildet. Dies gilt sowohl für das zeitliche Ausmaß der Epochen als auch für die Einbettung des Epochalunterrichtes in den Tages- und Wochenplan der Schüler. Aus stundenplantechnischen Gründen hat es sich als wünschenswert erwiesen, daß zumindest zwei der innerhalb einer Klasse in die epochale Unterrichtung aufgenommenen Fächer von ein und demselben Lehrer unterrichtet werden oder aber daß eine Gruppe von Lehrern sich mit ihrem Unterricht in dem in einzelnen Klassen epochal erteilten Unterricht ablöst.

BENTZIEN, K.: Der Epochenunterricht auf der Oberstufe der Volksschule, Stuttgart 1968. KIERSCH, J.: Die Waldorfpädagogik. Eine Einführung in die Pädagogik Rudolf Steiners, Stuttgart 1984. KLOSS, H.: Waldorfpädagogik und Staatsschulwesen, Stuttgart 1955. MANDL, M.: Erziehung durch Unterricht. Periodenunterricht und exemplarisches Lehren in sinngemäßer Anwendung, Bad Heilbrunn 1963. RAUTHE, W.: Erfahrungen mit dem Epochenunterricht der Waldorfschule. In: Z. f. P. 7 (1961), S. 337 ff. STEINER, R.: Geisteswissenschaftliche Behandlung sozialer und pädagogischer Fragen (1919), Dornach 1964.

Hans-Hellmut Hansen

Erinnerung

Die Erinnerung wird in pädagogischen Abhandlungen oft in einem Atemzug mit der Ermahnung, dem Appell oder dem Tadel genannt. Von Interesse ist dann offensichtlich nicht in erster Linie die frei aufsteigende Erinnerung oder das Wirken verborgener Regeln, aufgrund deren dieses an jenes erinnert, sondern die Erinnerung als Erziehungsmaßnahme oder -mittel: Jemand wird – in erzieherischer Absicht – von einem andern an etwas erinnert. BOLLNOW (vgl.

1959, S. 62 ff.) hebt in seiner Beschreibung der unstetigen Formen der Erziehung die Verwandtschaft des *Ermahnens* mit dem Erinnern hervor. Jedes Ermahnen ist auch ein Erinnern. Soweit dieses Erinnern nur auf die Vergegenwärtigung des aus dem Gedächtnis Entschwundenen gerichtet ist, unterscheidet es sich als eine mehr theoretische Angelegenheit jedoch deutlich vom vorwurfsvollen Aufforderungscharakter einer Ermahnung. TROST (vgl. 1967, S. 71, S. 163 ff., S. 176) zählt die Erinnerung wie Gebot und Verbot, Bitte und Ermahnung zu den „erzieherischen Weisungen vor erhöhten Anforderungen". Die Erinnerung will einen geistigen Besitz wieder ins Bewußtsein heben; sie weist in die Zukunft, tut dies aber durch die Weckung von Kräften, die sich in der Vergangenheit ins Bewußtsein gesenkt haben.

Daß jemand von einem anderen Menschen an etwas erinnert wird, braucht nicht mit erzieherischen Absichten in Zusammenhang zu stehen. Wenn die Mutter ihren Sohn daran erinnert, daß er zum Zahnarzt gehen sollte, ist nicht einmal an der sprachlichen Form sicher abzulesen, ob es sich dabei um einen erzieherischen Akt handelt (wiewohl es zu denken gibt, daß man gerade an unangenehme Vorhaben, an Versäumtes, an lästig gewordene Pflichten erinnert werden muß). Die Spannweite von trivialen, alltäglichen Anlässen, die von einem Hof unausgesprochener Erwartungen umgeben bleiben, bis hin zur ausdrücklichen Abmachung in der Art eines „Erziehungspaktes" („bitte erinnere mich daran, wenn...") ist groß.

Beachtung verdient der Umstand, daß sowohl in der deutschsprachigen Literatur (vgl. GADAMER 1960, S. 13; vgl. SCHULZ 1972, S. 549; vgl. SPRANGER 1963, S. 140 f.) wie auch bei anderssprachigen Autoren (vgl. KIERKEGAARD 1964, S. 134; vgl. RYLE 1969, S. 373 ff.) *Gedächtnis* und Erinnerung voneinander unterschieden werden. Bei aller Verschiedenheit der Akzentsetzungen wird dabei deutlich, daß man unter dem Gedächtnis mehr die unmittelbare Merkfähigkeit, die Fähigkeit des Behaltens von Eindrücken und Gelerntem (zu dem auch das Gleichgültigste gehören kann) versteht, ein übbares Vermögen zur Speicherung dessen, was man weiß und kann, während unter Erinnerung die Fähigkeit zur Wiedererweckung und Vergegenwärtigung dessen begriffen wird, was als innerlich Angeeignetes in den individuellen Lebenszusammenhang sinnbestimmend eingeordnet worden ist und nun dem Vergessen abgerungen wird. Die Erinnerung führt Vergangenheitsbewußtsein mit sich, sie bezieht sich auf das Wesentliche, ja ist selbst ein Wesenszug des endlich-geschichtlichen Seins des Menschen. Erinnerung stützt sich auf das Gedächtnis, wurzelt aber in der Innerlichkeit des Subjekts und greift bestimmend in sie ein. Dieses Problem hat GEISSLER (vgl. 1982, S. 132 ff.) nicht mit dem nötigen Nachdruck verfolgt.

Mit dieser Eigentümlichkeit der Erinnerung ist aber auch eine spezifische Grenze des Sich-selbst-Erinnerns und, als deren Folge, die notwendig korrektive Funktion des Erinnertwerdens durch andere gegeben. Er-Innerung (so im emphatischen Sinne vgl. HEGEL 1952, S. 507, S. 524, S. 563 f.) ist nicht nur gedächtnismäßige Speicherung, sondern ein Aufgenommenwerden in ein Wechselverhältnis von Erinnerung und Gefühl (vgl. RAPAPORT 1977). Gefühle spielen bei der Abfuhr von Energie und der Organisation der Gedächtnisinhalte, nicht zuletzt auch bei der Tendenz, Unlust beim Erinnern zu vermeiden, eine Rolle. Trübungen, Widerstände, Störungen und Verfälschungen sowie die Ersetzung von Inhalten durch Symbole lassen sich nicht selten im Erinnerungsgeschehen dort nachweisen, wo es um die Aufarbeitung bedrückender Erfahrungen und schmerzhafter Wahrheiten ging (vgl. RAPAPORT 1977). Der Versuch, sich zu erinnern, muß grundsätzlich stets mit einer verborgenen Teleologie, einem dem Subjekt selbst nicht bewußten *„Gegen-Willen"* rechnen, der Erinnerungsinhalte verschiebt, verzerrt, ausblendet und in die Sprachlosigkeit verdrängt. Der Mensch lebt in der Spannung von Selbsterkenntnis und Selbsttäuschung (vgl. TUGENDHAT 1979, S. 144). Deshalb braucht er bei tiefgreifenden Erinnerungsstörungen die pädagogisch-therapeutische Hilfe anderer Menschen, die imstande sind, die Amnesie zu lüften, affektive Widerstände aufzuheben und über entsprechende Korrekturen den hermeneutischen Prozeß der Aufklärung und des Wiedererkennens individueller Bedeutungsstrukturen einzuleiten und zu begleiten (vgl. HABERMAS 1968, S. 266, S. 276, S. 283, S. 285, S. 300, S. 309). Das Angewiesensein auf das Gefragt- und Erinnertwerden durch andere folgt aus der faktisch fortwährenden Selbsttäuschungsmöglichkeit, der kein Mensch entgehen kann. Gerade die Erinnerungsfähigkeit, das wissen wir seit Augustinus, konstituiert die Selbstbeziehung im Sinne einer inneren Rückbezüglichkeit des Subjekts, seine Zurechnungsfähigkeit, seine Identität. Ohne Erinnerung entwickelt das Kind weder ein epistemisches noch ein praktisches Selbstbewußtsein. Die Erinnerung erst ermöglicht die „geschichtliche Selbsterfahrung". Identitätsvergewisserung geschieht in vielen Formen, in besonders nachhaltiger Weise aber in der im Rückwärtsschreiten ein Etwas aufrollenden Erzählung. Die Befähigung zum mündlichen und schriftlichen Erzählen ist daher, wo es um die Erinnerung geht, die zentrale pädagogische Aufgabe (als Beispiel einer literarischen Behandlung des gesamten Problems vgl. KASCHNITZ 1971, S. 35 ff.). Von hier aus zeigt sich, daß der ohne Zweifel wichtige therapeutisch-korrektive Aspekt durch eine andere Sicht ergänzt werden muß. Die Weckung und der Ausbau des Erinnerungsvermögens ist eine eigene, gesondert zu formulierende Erziehungsaufgabe. Erinnerung wirkt Bedeutung (vgl. DILTHEY 1958, S. 223), Erinnerung erzeugt in der Auseinandersetzung mit Erlebnissen jenen erworbenen seelischen Zusammenhang, durch den jeder aufgenommene Inhalt zu einer zu betätigenden Kraft im Menschen wird (vgl. NOHL 1947, S. 56 ff.). Erinnerung spitzt zu, was die Einbildungskraft aufbringt; sie steht am Ursprung des Denkens wie der Anschauung, sie wird zur produktiven Kraft, wenn sie erst einmal freigesetzt ist (vgl. LIPPS 1977, S. 92 ff.). Das Kind hat nicht einfach eine Vergangenheit und erinnert sich ihrer, sondern es lernt Begriff und Modus der Vergangenheit dadurch kennen, daß es sich erinnert (vgl. WITTGENSTEIN 1960, S. 543). Dazu gehört die Entwicklung des Fragenkönnens. Fragen sind Initiatoren, die Erzählungen (erinnerte Geschichte) in Gang bringen, die Betroffenheit erzeugen und ihrerseits individuelles Schicksal und Überlieferungen (tragende wie in Schuldzusammenhänge verstrickende Traditionen) als Bedingungen eigenen Lebens und Handelns bewußtmachen (vgl. GIEL 1977, S. 166 ff.; vgl. NOHL 1947, S. 57). Andere Erzählungen lagern sich an; im dialogischen Austausch von Erinnerungen werden so über Erzählungen, etwa wenn man sich nach längerer Zeit wieder trifft, Horizonte angenähert und Lebenskontexte rekonstruiert.

Kinder sollten an den Erzählungen älterer Menschen spüren können, daß Erinnerungen an die Kinderheimat nicht nur etwas sind, dem man wehmütig nachhängt. Sie gehören in die Vergewisserung über das Woher und Wohin; und in ihnen entfalten die guten, frischen, tröstlichen Eindrücke – als ursprünglich fundierende – ebenso ihre Wirkung für die Lebensgestaltung wie abstoßende und traumatische Erfahrungen, von deren Weiterwirken die Psychoanalyse so nachdrücklich spricht. Beiden Seiten lassen sich Gestaltungsmomente abgewin-

nen, die bei zu kurzer Erinnerung verborgen und unausgetragen bleiben.
Unter dem Eindruck der jüngsten Diskussionen hat neben O'NEILL (vgl. 1979, S. 273 ff.) besonders METZ (vgl. 1973a, S. 470 ff.; vgl. 1973b, S. 386 ff.) darauf hingewiesen, daß die Menschheit ohne den Willen zur kritischen Erinnerung der vielfältigen Leiden früherer Generationen nie ein freies und produktives Verhältnis zum gegenwärtigen und zukünftigen Geschehen erlangen wird. Von ihm kann, wie es die Bibel exemplarisch tut, nur erzählt werden. Deshalb gewinnt für den christlichen Theologen die Erinnerungs- und Erzählgemeinschaft, die die Sterblichkeit nicht der Verdrängung und konkretes Leiden nicht der Vergessenheit anheimgibt, den Vorrang vor der Argumentationsgemeinschaft. Pädagogisch zureichend wird das Erinnerungsproblem letztlich nur behandelt, wenn beide Aufgaben erkannt und keine der beiden Seiten auf Kosten der anderen verringert wird: Zur identitätsfördernden Erziehung gehört die Weckung und Schulung des Sich-erinnern-Könnens als einer produktiven Kraft ebenso wie die korrektive Hilfe, die einem im Erinnertwerden durch andere Menschen zuteil wird.

BOLLNOW, O. F.: Existenzphilosophie und Pädagogik. Versuch über unstetige Formen der Erziehung, Stuttgart 1959. DILTHEY, W.: Der Aufbau der geschichtlichen Welt in den Geisteswissenschaften. Gesammelte Schriften, Bd. 7, hg. v. B. Groethuysen, Stuttgart/Göttingen ²1958, S. 199 ff. GADAMER, H.-G.: Wahrheit und Methode. Grundzüge einer philosophischen Hermeneutik, Tübingen 1960. GEISSLER, E. E.: Erziehungsmittel, Bad Heilbrunn ⁶1982. GIEL, K.: Die Frage im Unterricht – zum Lehrer-Schüler-Verhältnis. In: RINGEL, E./BRANDL, G. (Hg.): Situationsbewältigung durch Fragen, Wien/Freiburg/Basel 1977, S. 156 ff. HABERMAS, J.: Erkenntnis und Interesse, Frankfurt/M. 1968. HEGEL, G.W.F.: Phänomenologie des Geistes (1806/07), hg. v. J. Hoffmeister, Hamburg 1952. KASCHNITZ, M.L.: Das Haus der Kindheit. In: BORGERS, W. (Hg.): Nicht nur von hier und heute. Ausgewählte Prosa und Lyrik, Stuttgart/Hamburg/München 1971, S. 35 ff. KIERKEGAARD, S.: Philosophische Brocken (1846). Werke, Bd. 5, hg. v. L. Richter, Reinbek 1964. LIPPS, H.: Die menschliche Natur. Werke, Bd. 3, Frankfurt/M. ²1977. METZ, J. B.: Erlösung und Emanzipation. In: GREIFFENHAGEN, M. (Hg.): Emanzipation, Hamburg 1973, S. 470 ff. (1973a). METZ, J. B.: Erinnerung. In: KRINGS, H. u.a. (Hg.): Handbuch der philosophischen Grundbegriffe, Bd. 2, München 1973, S. 386 ff. (1973b). NOHL, H.: Charakter und Schicksal. Eine pädagogische Menschenkunde, Frankfurt/M. ³1947. O'NEILL, J.: Kritik und Erinnerung. In: O'NEILL, J.: Kritik und Erinnerung. Studien zur politischen und sinnlichen Emanzipation, Frankfurt/M. 1979, S. 273 ff. RAPAPORT, D.: Gefühl und Erinnerung, Stuttgart 1977. RYLE, G.: Der Begriff des Geistes, Stuttgart 1969. SCHULZ, W.: Philosophie in der veränderten Welt, Pfullingen 1972. SPRANGER, E.: Erinnerung in Alterstagen. In: SCHLEMMER, J. (Hg.): Menschenleben und Menschheitsfragen. Gesammelte Rundfunkreden, München 1963, S. 140 ff. TROST, F.: Die Erziehungsmittel. 16 Vorlesungen, Weinheim/Berlin ²1967. TUGENDHAT, E.: Selbstbewußtsein und Selbstbestimmung. Sprachanalytische Interpretationen, Frankfurt/M. 1979. WITTGENSTEIN, L.: Philosophische Untersuchungen. Schriften I, Frankfurt/M. 1960, S. 276 ff.

Gottfried Bräuer

Experiment

Grundstrukturen naturwissenschaftlichen Experimentierens. Naturvorgänge werden durch das Zusammen- und Aufeinanderwirken verschiedener Faktoren verursacht und beeinflußt. Art und Gesetzmäßigkeit dieser Wechselwirkung sucht man im Experiment zu erforschen. Das Experiment stellt also ein Verfahren dar, in dem planmäßig Bedingungen geschaffen werden, welche die empirische Prüfung einer Aussage gestatten (vgl. BENNING/FREY 1984). Im Gegensatz zur Beobachtung läßt es sich im Prinzip jederzeit und an jedem Ort nachvollziehen. Das Experiment ist eine Frage an die Natur genannt worden. Jedoch muß man dabei berücksichtigen, daß diese Frage von einer Theorie aus gestellt wird und sich nur auf den Aspekt der Natur bezieht, der sich zeigt, wenn man sich messend mit ihr befaßt. Das Experiment steht in einem erkenntnistheoretischen Zusammenhang: Es setzt ein mit einem hypothetischen Ansatz, auf den das eigentliche Experiment ausgerichtet wird. Es liefert eine Widerlegung (Falsifizierung) oder Nicht-Widerlegung (Verifizierung) des Ansatzes.

Zur Durchführung eines Experiments wird ein System bewußt gesetzter Bedingungen ausgewählt, so daß die Hypothese geprüft werden kann. Zu diesem Zweck sind alle Einflüsse, die für den Naturvorgang als unwesentlich und deshalb als störend angesehen werden, auszuschalten. Dabei stellt die Definition störender Einflüsse einen Denkschritt dar. Die für den Naturvorgang als wesentlich angesehenen Faktoren werden in der Regel einzeln variiert, um Aussagen über die sich ergebenden Wirkungen zu gewinnen.

Die aus dem Ablauf eines Experiments gewonnenen Aussagen gelten zunächst nur für diesen besonderen Fall. Führt eine Vielzahl von Experimenten zu derselben Aussage, so schließt man auf deren Allgemeingültigkeit und sieht in ihr ein Naturgesetz. Dieser Induktionsschluß führt grundsätzlich nur zu Aussagen, die mit einer bestimmten Wahrscheinlichkeit, nicht aber mit Gewißheit, gelten.

Ein Gedankenexperiment ist die gedankliche Konstruktion eines im allgemeinen praktisch nicht durchführbaren Versuchs. Bei ihm handelt es sich nicht um eine rein theoretische Herleitung wie in der Mathematik, denn ihnen liegen immer experimentell gefundene Sachverhalte zugrunde.

Analysiert man die Bedingungen für naturwissenschaftliche Theoriebildung (vgl. KUHN 1976), so zeigt sich, daß Experimente nicht die entscheidende Rolle bei der Entwicklung der Naturwissenschaften gespielt haben. Zeitbedingte Hintergründe, Voraussetzungen und Anlässe beeinflußten in vielfältiger Wechselwirkung die Entwicklung (vgl. Abbildung 1).

Bedeutung des Experimentierens im Unterricht. Die Kenntnis naturwissenschaftlicher Verfahrensweisen und deren Bedeutung bildet ein Ziel des naturwissenschaftlichen Unterrichts. Solche Kenntnis läßt sich nur durch Anwendung und Übung der Verfahrensweisen erwerben. In der Regel gehört ein nicht zu unterschätzendes Maß an theoretischem Wissen dazu, um Experimente planen, angemessen durchführen und auswerten zu können. Aus dieser Sicht dürfen in der Schule nicht alle Experimente von Schwierigkeiten und Problemen befreit und auf einfache Daten reduziert sein. Es ist bedeutsam, daß der Einsatz von Schüler- wie von Demonstrationsexperimenten den Lernerfolg günstig beeinflußt und die Motivation der Schüler fördert (vgl. CORRELL u. a. 1969, HEUER 1972, WELTNER/WARNKROSS 1969). Ferner bietet das Experimentieren jenen Schülern die notwendige Entfaltungsmöglichkeit, die mehr manuell als sprachlich begabt sind. Da Versuchsplanung und -auswertung dennoch die sprachliche Darstellung fordern, ist damit für diese Schüler eine Anregung gegeben, ihr sprachliches Defizit zu überwinden.

Im Zusammenhang mit Planung, Durchführung und Auswertung von Versuchen werden zahlreiche Feinziele abgedeckt: die Erkenntnisabsicht von Experimenten verstehen, Versuchsstrategien entwickeln, Planungen vergleichen und bewerten, Bedingungen prüfen, Pa-

Abbildung 1: Einflußfaktoren auf die Entwicklung naturwissenschaftlicher Theoriebildung

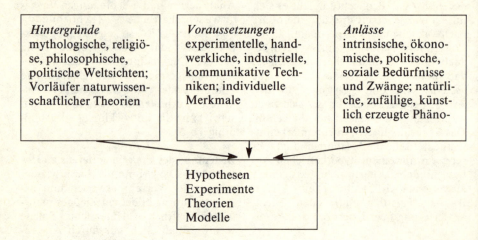

Didaktische Funktion von Experimenten. Eine Klassifikation von Experimenten unter didaktischen Gesichtspunkten muß die Beziehung von Unterrichtssituation und Experiment berücksichtigen. Daher sind zwei Felder zu untergliedern: Das Zielfeld gestattet die Zuordnung zu unterrichtlichen Situationen, das Bedingungsfeld die Auswahl und Gestaltung der Versuche.

Im Hinblick auf die erste Stufe eines Unterrichtsprozesses „Einführung und Motivierung" muß ein Experiment die Bedingung erfüllen, daß es eine Wissenslücke aufdeckt oder einen den Schülern unbekannten Effekt unmittelbar einsichtig zeigt, eine kurze Vorführdauer hat und einen einfachen Aufbau aufweist. Es bieten sich für den Unterricht Überraschungsversuche, Demonstrationen begreifbarer Naturerscheinungen, Einsatz von technischen Geräten und Modellen sowie Freihandversuche an. Bei der Stufe „Planung und Vorbereitung"

rameter unterscheiden und planmäßig variieren, Versuchsdurchführung und -auswertung sinnvoll aufteilen und kooperativ arbeiten, Ergebnisse beschreiben und interpretieren.

müssen die entscheidenden Parameter des Systems bestimmt und ausgewählt werden. Die zugehörigen Experimente müssen daher den Einfluß verschiedener Faktoren aufdecken; sie dürfen dabei nur ein Minimum an vermittelnden Schritten erfordern.

Auf der Stufe „Erarbeitung" sollen Zusammenhänge bestimmt werden. Qualitative und quantitative Versuche erschließen über die Widerlegung oder Verifizierung von Hypothesen Naturgesetze, Variationen führen zum Gültigkeitsbereich erschlossener Gesetze, und Bestätigungsversuche ergänzen die deduktive Methode. Als Bedingung für die zugehörigen Experimente gilt, daß die entscheidenden Parameter des Systems schon vorher bekannt sind, daß der Versuch aus dem Zusammenhang erklärbar ist und genaue Ergebnisse liefert. Voraussetzung für den Einsatz eines Experiments auf dieser Stufe ist, daß die Schüler ein gestelltes Problem aufgegriffen und Lösungsmöglichkeiten erörtert haben, denn nur so kann ihnen die das Experiment bestimmende Erkenntnisabsicht deutlich werden. Im Hinblick auf die Stufe „Vertiefung und Anwendung" des Zielfeldes bildet der Bezug auf ein Experiment zugleich eine anregende Form der Wiederholung, Festigung und Erweiterung des Gelernten. Mit einfachen Mitteln durchführbare, ungefährliche Experimente können als Hausaufgabe von den Schülern durchgeführt werden. Dies kann der Vorbereitung wie der vertiefenden Weiterführung des Unterrichts dienen.

Das Experiment kann seine didaktische Wirksamkeit nur entfalten, wenn es in methodische Vor- und Folgestufen eingebettet ist. Obwohl das Experiment anschauliche Erfahrung bietet, stellt es doch gegenüber der Wirklichkeit eine Abstraktion dar. Der Rückbezug auf die Wirklichkeit muß deshalb im Unterricht immer wieder hergestellt werden.

Organisationsformen von Schülerexperimenten. Neben der Beteiligung an Demonstrationsversuchen sollen die Schüler im naturwissenschaftlichen Unterricht Gelegenheit erhalten, selbsttätig und zunehmend selbständig zu experimentieren. Beim „arbeitsgleichen" Experimentieren arbeiten die Schüler einzeln oder in kleinen Gruppen jeweils mit gleichen oder ähnlichen Versuchsgeräten. In der einfachsten Organisationsform werden auf Anleitung des Lehrers jeweils gleichzeitig die Teilschritte eines Experiments vollzogen. Der Lehrer kann diese Teilschritte vorher demonstrieren. Diese Art von Schülerexperimenten hat schon im Sachunterricht der Primarstufe ihren methodischen Ort. Die Schüler lernen, zunehmend selbständig zu experimentieren: Während die Versuchsplanung gemeinsam mit dem Lehrer erörtert wird, tritt in der Stufe der Versuchsdurchführung die Anleitung des Lehrers mehr und mehr zurück, bis die Schülergruppen allein nach der zuvor erfolgten Planung die Durchführung übernehmen. Die Abfolge der Teilschritte ist dann nicht mehr zwischen den Gruppen abgestimmt. In der Planung ist daher zu berücksichtigen, womit schneller arbeitende Gruppen sich weiter beschäftigen sollen. Während der Versuchsdurchführung hat der Lehrer die Möglichkeit, die Schüler zu beobachten und bei auftretenden Schwierigkeiten helfend einzugreifen.

Beim „arbeitsteiligen" Experimentieren wird ein Problem in gemeinsamer Erörterung in Teilprobleme gegliedert. Diese werden von den einzelnen Gruppen unabhängig voneinander mit jeweils anderen Versuchen bearbeitet, wobei der Lehrer einzelne Gruppen beraten kann. Im Anschluß an das arbeitsteilige Experimentieren sind ausführlich die Ergebnisse aller Gruppen gemeinsam zu erörtern und im Hinblick auf das Gesamtproblem in einen Zusammenhang zu bringen. Dabei können die Gruppen ihre Experimente demonstrieren.

BAUER, H.F.: Die Bedeutung des Experiments für die naturwissenschaftliche Erkenntnisgewinnung. In: SIEVERT, J.: Theorie und Praxis des Physikunterrichts, Bad Heilbrunn 1976, S. 220 ff. BENNING, E./FREY, D.: Experiment. In: Enzyklopädie Erziehungswissenschaft, Bd. 2, Stuttgart 1984, S. 366 ff. CORRELL, W. u.a.: Die Bedeutung des Schülerexperiments für den Lernerfolg im Physikunterricht. In: aula 2 (1969), S. 258 ff. DUIT, R. u.a.: Unterricht Physik, Köln 1981. HEUER, D.: Der Lernerfolg durch physikalische Experimente im Unterricht. In: D. Dt. S. 64 (1972), S. 398 ff. KUHN, TH.S.: Die Struktur wissenschaftlicher Revolutionen, Frankfurt/M. 1976. TÖPFER, E./BRUHN, J.: Methodik des Physikunterrichts, Heidelberg ^{6}1979. WELTNER, K./WARNKROSS, K.: Über den Einfluß von Schülerexperiment, Demonstrationsexperiment und informierendem Unterricht auf Lernerfolg und Einstellung der Schüler. In: D. Dt. S. 61 (1969), S. 553 ff.

Jörn Bruhn

Fallstudie

Historische Entwicklung und Zielsetzung. Ihren Ausgangspunkt nahm die Fallstudie an der Harvard Business School Boston (HBS) in den USA. Dort begann man Anfang des Jahrhunderts im betriebswirtschaftlichen Bereich, angeregt durch die Kasuistik der Juristen, praktische Fälle aus dem Wirtschaftsleben zu bearbeiten. Weil man nur auf Fallmaterial aus dem Wirtschafts- und Handelsrecht zurückgreifen konnte, beschränkte man sich auf diesen Bereich, wie das Vorlesungsverzeichnis der HBS von 1908 zeigt: "In the courses on Commercial Law, the casesystem will be used. In the other courses an analogous method, emphasizing classroom discussion in connection with lectures and frequent reports on assigned topics – what may be called the 'problemmethod', will be introduced as far as practicable" (MCNAIR 1954, S. 25). In der Folgezeit legte die HBS eine umfangreiche Fallsammlung an und baute die Fallstudienmethode zu einem geschlossenen Lehrsystem aus, so daß die Fallmethode gelegentlich auch Harvard-Methode genannt wird (vgl. KAISER 1976, S. 51 ff.).

Wenngleich die Fallstudie nicht an allen Hochschulen die Bedeutung erlangt hat, die sie an der HBS genießt, so hat sie doch im amerikanischen Hochschulwesen und auch an den meisten wirtschaftswissenschaftlichen Fakultäten der europäischen Hochschulen Eingang gefunden.

Seit geraumer Zeit bedient man sich der Fallstudienmethode auch in der Lehrerbildung, wo man sie vor allem in der Ausbildung der Lehrer für die sozialwissenschaftlichen Fächer, insbesondere für Wirtschaftslehre, Gesellschaftslehre, Geographie, Geschichte anwendet. Die Ansätze einer Fallstudiendidaktik fanden in Europa daneben vor allem Anwendung für eine praxisorientierte Ausbildung in der Managementbildung und wurden dort in verschiedenen Formen weiterentwickelt. So gibt es heute unterschiedliche Fallstudienvarianten, die von Kurzfällen (incident cases) über umfangreich ausgearbeitete Fallstudien (case studies) bis hin zu Entscheidungsspielen auf Computerbasis reichen. Auch Kombinationen aus Fällen und Rollenspielen beziehungsweise Planspielen gehören inzwischen zum Ausbildungsprogramm der Managementschulen.

Charakteristikum der Fallstudienmethodik ist, daß sie die Schüler mit *praktischen Fällen* aus unterschiedlichen Lebensbereichen konfrontiert und so in erster Linie von praktischer Lebensbewältigung ausgeht und nicht von theoretischer Wissensvermittlung.

Die Fallstudie als Unterrichtsverfahren erlaubt einen lernorganisatorischen Rahmen, der in besonderer Weise geeignet ist, komplexe gesellschaftliche Realität *am Fall* zu analysieren. Die Fallstudiendidaktik stützt in ihrer spezifischen Ausprägung die Zielsetzung eines handlungs- und entscheidungsorientierten Unterrichts, der sich an der Lebenswelt der Schüler orientiert. Die Auswahl der Inhalte und Themen eines Lernbereiches orientiert sich danach nicht vorrangig an den Fachwissenschaften, sondern an lebensbedeutsamen Problem-, Handlungs und Entscheidungssituationen, mit denen der Jugendliche unmittelbar konfrontiert wird.

Insgesamt gesehen, steht die Fallstudienmethodik unter der Maxime einer emanzipatorischen Bildung, die den Menschen zur Mündigkeit erziehen will. Die Forderung nach Erziehung zur Mündigkeit beinhaltet notwendigerweise ein Programm der Erziehung zur Entscheidungsfähigkeit. Dazu gehört vorrangig, daß Schüler frühzeitig lernen, eigenverantwortlich Entscheidungen zu treffen und hierfür die Verantwortung zu tragen.

Begriffsbestimmung und Typologisierung. Fallstudien sind in der Regel so konstituiert, daß sie die Lernenden mit einer Entscheidungssituation konfrontieren. Es handelt sich dabei zumeist um die Beschreibung einer konkreten Situation aus dem Alltagsleben, die anhand bestimmter Tatsachen, Ansichten und Meinungen dargestellt wird, auf deren Grundlage eine Entscheidung getroffen werden muß. In einem bestimmten Umfang werden abhängig von der Zielsetzung, die mit der Fallstudie verfolgt wird, zum Fall gehörende Voraussetzungen und Rahmenbedingungen geschildert.

„Ein Fall (case) ist die möglichst wirklichkeitsgetreue Aufzeichnung eines Problems, mit dem ein oder mehrere Manager tatsächlich konfrontiert wurden, zusammen mit den dazugehörigen Fakten, Meinungen und Erwartungen, die die Entscheidungssituation determinieren" (STAEHLE 1974, S. 116). KOSIOL (1957, S. 36) definiert die Fallmethode als „methodische Entscheidungsübungen auf Grund selbständiger Gruppendiskussionen am realen Beispiel einer konkreten Situation". In der Regel werden in Kleingruppen von vier bis sechs Personen das *Fallmaterial* studiert und Lösungsvorschläge erarbeitet, die im Plenum zur Diskussion gestellt werden. Gelernt wird dabei, wie man Probleme analysiert, Informationen sammelt und auswertet, Fakten analysiert, alternative Lösungsvarianten entwickelt und Entscheidungen findet.

In der Literatur zur Fallstudiendidaktik gibt es eine Vielzahl von Versuchen, Fallstudien zu typologisieren und deren Varianten zu klassifizieren (vgl. PERLITZ/ VASSEN 1976, S. 1 f.). Im wesentlichen lassen sich vier Hauptarten herausstellen, die sich in der Darstellung der Fallvorlage, der Aufnahme und Verarbeitung der Informationen und der Problemfindung sowie Problemlösung unterscheiden:

Case Study Method: Diese Fallstudienmethode gilt als die klassische Harvard-Methode. Die Fälle sind oft sehr umfangreich, da neben der Fallschilderung auch das gesamte Informationsmaterial dem Fall beigefügt ist oder von den Teilnehmern angefordert werden kann. Das Schwergewicht dieser Methode liegt in erster Linie in der Analyse des vorgegebenen Tatbestandes und im Erkennen der verborgenen Probleme.

Case Problem Method: Hier werden den Lernenden mit der Fallschilderung die Probleme bereits ausdrücklich genannt. Sämtliche Informationen werden gleichzeitig zur Verfügung gestellt. Anhand der hervorgehobenen Probleme und der Informationen werden Lösungsvorschläge erarbeitet und eine Entscheidung gefällt. Die Lösung des Falles kann darüber hinaus mit der Realität verglichen werden. Der Vorteil dieser Spielart liegt darin, daß relativ viel Zeit für die Diskussion der Lösungsvarianten und der getroffenen Entscheidung zur Verfügung steht.

Case Incident Method: Der zu bearbeitende Fall wird häufig unvollständig und lückenhaft dargestellt, so daß der Prozeß der Informationsbeschaffung in den Mittelpunkt rückt. „Nur ein Fall-‚Torso' wird also angegeben. Um den Fall lösen zu können, müssen erst die relevanten Daten ermittelt werden" (SCHMIDT 1958, S. 28). Wenngleich diese Form sehr zeitaufwendig ist, wird sie im Vergleich zu den übrigen Varianten oft als praxisgerechter angesehen, da auch im praktischen Leben das Beschaffen der Informationen ein wesentlicher Bestandteil des gesamten Entscheidungsprozesses ist.

Stated Problem Method: Diese Fallart zeichnet sich dadurch aus, daß bereits fertige Lösungen und deren Begründungen präsentiert werden. Die Lernenden sollen in erster Linie eine Vorstellung von der Entscheidungsstruktur in der Praxis erhalten, getroffene Entscheidungen kritisch beurteilen und eventuell nach alternativen Lösungsmöglichkeiten suchen.

Obgleich die Fallstudien in der Regel

verbale Fallstudien (verbal cases) sind, können sie sehr unterschiedliche Formen annehmen und so gestaltet sein, daß sie Informationen nicht nur verbal im Sinne der literarischen Bedeutung als geschriebene Texte enthalten (vgl. KAISER 1979, S. 20 ff.). Unter mediendidaktischen Gesichtspunkten zeichnen sich gut gestaltete Fallstudien dadurch aus, daß sie neben dem Medium Sprache Tabellen, Diagramme, Symbole, Fotografien, Schaubilder, Karikaturen, Szenarien für Rollen- und Planspiele enthalten.

Darüber hinaus lassen sich durch die Medien Tonband, Film und Video Fallstudien so ausstatten, daß die Fallschilderung *Live-Charakter* gewinnt, indem Personen der Entscheidungssituation im Film oder Video präsentiert und interviewt werden. Besondere Anschaulichkeit erhält die Fallstudie durch die Medien Film und Fernsehen dadurch, daß sich *reale Fälle* aufzeichnen und dokumentieren lassen. Das Handlungsgeschehen des Falles kann vor Ort eingefangen und die Beteiligten mit ihren Ansichten, Werteinstellungen können durch Filmszenen und Interviews *live* den Schülern vor Augen geführt werden. Schließlich können Fallstudien auch so gestaltet sein, daß sie aktuelle Entscheidungs- und Konfliktsituationen aufgreifen. Damit eröffnet sich die Möglichkeit, an einer realen Entscheidung mitzuwirken und den Betroffenen Lösungsmöglichkeiten zu unterbreiten, die diese berücksichtigen können. Solche *Live Cases* gewinnen durch ihre Eingriffsmöglichkeiten in die Wirklichkeit den Charakter einer spezifischen Form des *projektorientierten* Unterrichts.

Verlaufsstruktur des Lernprozesses nach der Fallstudienmethode. Die unterschiedlichen Fallstudienvarianten ermöglichen unter den Bedingungen der konkreten Lebenssituation der Lernenden sowie unter dem Gesichtspunkt bestimmter erkenntnisleitender Interessen eine Vielzahl unterschiedlicher Gestaltungsmöglichkeiten für Hochschule und Schule. Die Zielsetzung der Fallstudie, Lernende zur Entscheidungsfähigkeit und -bereitschaft zu erziehen, legt eine Strukturierung des Lernprozesses nahe, der als Entscheidungsprozeß organisiert ist. In Anlehnung an die Konzeption offener Modelle des Entscheidungsverhaltens für den Entscheidungs- und Problemlösungsprozeß läßt sich der Ablauf des Lernprozesses bei der Fallstudie in sechs Phasen darstellen (vgl. Abbildung 1).

Die *Konfrontation* (erste Phase) mit dem Fall dient der Erfassung der Problemsituation. Nur wenn Klarheit über die gegebene Situation besteht, ist die erfolgreiche Behandlung des Falles möglich. Insgesamt umfaßt die Stufe der Konfrontation eine Problemanalyse, eine Situationsanalyse und eine Normen- und Zielanalyse. Dabei ist von besonderer Bedeutung, daß dem Schüler bewußt wird, inwieweit der entsprechende Fall unmittelbar mit seinem gegenwärtigen und künftigen Leben zusammenhängt und für ihn deshalb subjektive Bedeutung hat. In Hinblick auf die Normen- und Zielanalyse ist es wichtig, daß dem Schüler bereits in dieser Stufe deutlich wird, daß die Entscheidungsfindung nicht unwesentlich von den Wertvorstellungen und den Zielvorstellungen der am Entscheidungsprozeß beteiligten Personen gesteuert wird.

Im Hinblick auf die *Informationsphase* (zweite Phase) gilt es, insbesondere die Ergebnisse der Informationstheorie zu berücksichtigen. Die Teilnehmer müssen für die Lösung des Falles klären, wie wichtig und wertvoll die ihnen zur Verfügung gestellten Daten sind. Unter Berücksichtigung der dargestellten Entscheidungssituation und der Zielsetzung besteht die Hauptaufgabe auf dieser Stufe darin, Informationen zu analysieren, zu bewerten und auszuwerten.

Abbildung 1: Ablauf des Lernprozesses bei der Fallstudie

Konfrontation mit dem Fall	Ziel: Erfassen der Problem- und Entscheidungssituation
Information über das bereitgestellte Fallmaterial und durch selbständiges Erschließen von Informationsquellen	Ziel: Lernen, sich die für die Entscheidungsfindung erforderlichen Informationen zu beschaffen und zu bewerten
Exploration: Diskussion alternativer Lösungsmöglichkeiten	Ziel: Denken in Alternativen
Resolution: Treffen der Entscheidung in Gruppen	Ziel: Gegenüberstellung und Bewerten der Lösungsvarianten
Disputation: Die einzelnen Gruppen verteidigen ihre Entscheidung	Ziel: Verteidigen einer Entscheidung mit Argumenten
Kollation: Vergleich der Gruppenlösungen mit der in der Wirklichkeit getroffenen Entscheidung	Ziel: Abwägen der Interessenzusammenhänge, in denen die Einzellösungen stehen

(Quelle: vgl. KAUSER 1976, S. 60 ff.)

Ein besonderes Gewicht erhält neben der Problem- und Zielanalyse der Prozeß der Entwicklung von Alternativen und deren Bewertung in der *Explorationsphase* (dritte Phase), da die Qualität einer getroffenen Entscheidung wesentlich von der Art und Anzahl der *verfügbaren* Handlungsmöglichkeiten abhängt. Die Stufe der Exploration dient hauptsächlich dazu, die Lernenden zu befähigen, in einer gegebenen Situation stets nach mehreren Lösungen zu suchen und sich damit vom eindimensionalen Denken zu befreien.

Jede Alternative birgt Vor- und Nachteile und bestimmte Konsequenzen in sich, die bedacht werden müssen. Für die *Entscheidungsfindung* in der *Resolutionsphase* (vierte Phase) ist es unerläßlich, daß die Varianten herausgearbeitet, gegenübergestellt und bewertet werden.

Die vierte Phase, in der die Entscheidung getroffen wird, vollzieht sich in vier Teilschritten: Gegenüberstellung der Varianten, Vergleich der Werte der Varianten, Treffen der Entscheidung und schriftliche Begründung der Entscheidung.

In der Stufe der *Disputation* (fünfte Phase) wird die in der Kleingruppe vor der Entscheidung geführte Diskussion erneut aufgegriffen und unter einer neuen Perspektive fortgeführt. Methodisch wichtig ist, daß die Arbeitsgruppen in gewisser Weise Gegenspieler sind, deren Aufgabe es ist, die Argumente der anderen kritisch zu prüfen und darauf aufmerksam zu machen, wenn vorgebrachte Argumente nicht zutreffend, unzureichend sind oder der Lösungsvorschlag aufgrund vorhandener Wissens- und Informationslücken auf falschen Voraussetzungen beruht.

Die Stufe der *Kollation* (sechste Phase) weist darauf hin, daß in der Schule getroffene Entscheidungen nur in seltenen Fällen mit in der Realität getroffenen Entscheidungen übereinstimmen. Der Vergleich bietet dem Lehrer die Möglichkeit aufzuzeigen, wie in der Wirklichkeit Entscheidungen getroffen werden und welche Konsequenzen sich daraus ergeben.

Der dargestellte Phasenablauf bei der Fallbearbeitung simuliert einen Entscheidungsprozeß und stellt somit eine idealtypische Formulierung dar. Der Lern- und Entscheidungsprozeß muß bei der Bearbeitung von Fallstudien daher nicht zwangsläufig in der angegebenen Reihenfolge ablaufen. Es kann vielmehr Vor- und Rückgriffe geben, einzelne Phasen können besonders schnell, andere langsam durchlaufen, andere wiederholt oder übersprungen werden.

Insgesamt ist bei der Fallbearbeitung zu beachten, daß der Unterricht nicht zu einem bloßen entscheidungslogischen Konzept degeneriert. Vielmehr gilt es im einzelnen die neueren sozialwissenschaftlichen Erkenntnisse über das Entscheidungs- und Informationsverhalten zu berücksichtigen, die auf realistischen Hypothesen über ein rationales Verhalten aufbauen und den vielfältigen Unvollkommenheiten und Beschränkungen der realen Bedingungen des Entscheidens Rechnung tragen (vgl. KIRSCH 1977, MEFFERT u.a. 1979, THOMAE 1974, WITTE 1972).

BRONNER, R.: Grundlagen der Entscheidungsfindung, München 1980. GERDSMEIER, G.: Polytechnische Bildung in der Sekundarstufe I. Probleme und Methoden. In: SCHOENFELD, E. (Hg.): Polytechnik und Arbeit, Bad Heilbrunn 1979, S. 182 ff. KAISER, F.-J.: Entscheidungstraining. Bad Heilbrunn 1976. KAISER, F.-J.: Die Fallstudie. Lehrmethode, Lernstrategie, Lehrstoff und Medium. In: Lehrmittel aktuell 5 (1979), 3, S. 20 ff. KAISER, F.-J. (Hg.): Die Fallstudie. Theorie und Praxis der Fallstudiendidaktik, Bad Heilbrunn 1983. KIRSCH, W.: Einführung in die Theorie der Entscheidungsprozesse, Wiesbaden 1977. KOSIOL, E.: Die Behandlung praktischer Fälle im betriebswirtschaftlichen Unterricht (Case Method). Ein Berliner Versuch, Berlin 1957. MCNAIR, M.P. (Hg.): The Case Method at Harvard Business School, New York/Toronto/London 1954. MEFFERT, H. u.a. (Hg.): Konsumentenverhalten und Information, Wiesbaden 1979. PERLITZ, M./VASSEN, P.J.: Grundlagen der Fallstudiendidaktik, Köln 1976. RAFFÉE, H.: Grundprobleme der Betriebswirtschaftslehre, Göttingen 1974. SCHMIDT, H.B.: Die Fallmethode (Case Study Method). Eine einführende Darstellung, Essen 1958. STAEHLE, W.H.: Zur Anwendung der Fallmethode in den Wirtschafts- und Sozialwissenschaften. In: PILZ, R. (Hg.): Entscheidungsorientierte Unterrichtsgestaltung in der Wirtschaftslehre, Paderborn 1974, S. 116 ff. THOMAE, H.: Konflikt, Entscheidung, Verantwortung. Ein Beitrag zur Psychologie der Entscheidung, Stuttgart/Berlin 1974. WEIZSÄCKER, C.F.v.: Die Geschichte der Natur, Göttingen 1962. WITTE, E.: Das Informationsverhalten in Entscheidungsprozessen, Tübingen 1972.

Franz-Josef Kaiser

Fernsehen – Schulfernsehen

Zur Geschichte des Fernsehens. Fernsehen ist ein technisches Verfahren, bei dem bewegte Bilder punkt- und zeilenweise elektronisch abgetastet, mittels Kabel oder drahtlos übertragen und auf dem Bildschirm eines Empfängers sichtbar gemacht werden. Nach den ersten erfolgreichen Versuchen zu Beginn dieses Jahrhunderts, Bilder optisch zu zerlegen und die gewonnenen Bildinformationen in elektrische Impulse umzuwandeln, hat eine technische Entwicklung stattgefunden, die das Fernsehen mit seinen vielfältigen Möglichkeiten der Bild- und Tonaufnahme, Speicherung und Übertragung zu einem Kommunikationsmedium größter gesellschaftlicher und damit auch pädagogischer Bedeutung machte.

Die Möglichkeit gleichzeitiger, aber räumlich getrennter Aufnahme und Wiedergabe sicherte dem Fernsehen von Beginn an den Anschein absoluter Authentizität und Aktualität. Neben der Technik der Direktübertragung aus dem Studio oder mit dem Übertragungswagen gab es ebenso ein Verfahren zur Abtastung vorproduzierter Filme.

Bei der Eröffnung des ersten regelmäßigen Fernsehbetriebs 1935 wurde in der Ansprache des Reichssendeleiters Hadamowsky deutlich, daß vom Fernsehen neue Formen der Propaganda für das nationalsozialistische Regime erhofft wurden. Es ist bemerkenswert, daß im Programm selbst nur sehr wenige Sendungen mit direkt propagandistischem Anspruch enthalten waren. Programmanalysen lassen den Schluß zu, daß für das Fernsehen der Begriff der Unterhaltungspropaganda ebenso zutraf, wie ihn Hadamowsky für den Rundfunk verstand: „Alles was das Leben des deutschen Volkes ausmacht, soll der Rundfunk widerspiegeln. Volkshumor, heitere Dichtung, deutsche Volkslieder sind dazu angetan, nach Tagen harter Arbeit Stunden anspruchsloser Freude zu bringen [...] Der Rundfunk, wie er heute ist, enthält sich nur scheinbar der Propaganda, er bringt sie indirekt" (zitiert nach REISS 1979, S. 47). Nur die Tatsache, daß aufgrund des technischen Entwicklungsstandes bis Kriegsende lediglich im Raum Berlin Fernsehempfang möglich war, verhinderte einen ähnlich starken propagandistischen Effekt, wie er durch den gezielten Einsatz des Rundfunks und des Unterhaltungsfilms erreicht worden war.

Die Entwicklung des Fernsehens in der Bundesrepublik Deutschland wurde geprägt durch die Strukturen, nach denen der Rundfunk in der Nachkriegszeit durch die alliierten Besatzungsmächte organisiert worden war. Der öffentlich-rechtliche Charakter der Anstalten mit ihren Kontroll- und Aufsichtsgremien ist das Ergebnis von Bemühungen, die Wiedererstellung eines Staatsrundfunks zu verhindern. Aufgrund der föderalistischen Struktur wurden die ersten Fernsehsendungen nur auf regionaler Ebene ausgestrahlt. Der Zusammenschluß der regionalen Sendeanstalten erfolgte 1953 mit der Gründung der Arbeitsgemeinschaft der öffentlich-rechtlichen Rundfunkanstalten der Bundesrepublik Deutschland (ARD). Das föderalistische Prinzip zeigt sich noch heute darin, daß jede Landesrundfunkanstalt ihren Beitrag zum Gemeinschaftsprogramm leisten muß, sich aus dem Gemeinschaftsprogramm ausschalten kann und für ein Regionalprogramm eine festgelegte Sendezeit zur Verfügung hat. Die Forderung nach Ausgewogenheit wurde zum heute noch zentralen Anspruch an das Gemeinschaftsprogramm. Den Versuchen, ein privatwirtschaftliches beziehungsweise staatlich zentralistisches Fernsehen zu gründen, trat 1961 das Bundesverfassungsgericht unter Hinweis auf Artikel 5 des Grundgesetzes entgegen. Als Folge dieses Urteils wurde Ende 1961 das Zweite Deutsche Fernsehen (ZDF) gegründet, das wiederum als öffentlich-rechtliche Anstalt, jedoch zentral organisiert wurde. In der Zeit von 1964 bis 1969 schlossen sich verschiedene Landesrundfunkanstalten der ARD zur Bildung von dritten Programmen zusammen, um ein „Programm für qualifizierte Minderheiten" herzustellen.

Die Entwicklung des Fernsehens zum Massenmedium läßt sich deutlich an der Zahl der angemeldeten Geräte in der Bundesrepublik ablesen: Gab es 1954 100 000 Geräte, so waren es 1957 eine Million, 1964 waren mehr als zehn Millionen Geräte verkauft, 1980 mehr als zwanzig Millionen (vgl. HEINRICHS 1971, S. 94; vgl. STATISTIK 1981, S. 165).

Fernsehen als Medium der Massenkommunikation. Dem Fernsehen kommt unter den vorhandenen Massenkommunikationsmitteln eine besondere Bedeutung zu, wie die Dauer der Mediennutzung der Gesamtbevölkerung an einem durchschnittlichen Werktag in Minuten zeigt (vgl. Abbildung 1).
Dies resultiert aus einer gewissen Universalität, die durch die Übernahme der Funktionen anderer Massenmedien durch den gleichzeitigen Empfang von Bild- und Tongeschehen entsteht, einem hohen Grad von Aktualität, der vermeintlichen Authentizität, dem breiten

Abbildung 1: Dauer der Mediennutzung 1980 in Minuten

	Außerhalb der Freizeit	Während der Freizeit
Fernsehen	11	114
Hörfunk	91	44
Tageszeitung	16	22

(Quelle: KIEFER 1981, S. 267)

Angebot von Unterhaltung sowie der leichten Verfügbarkeit im Privathaushalt. Über die Wirkung einzelner Sendungen gibt es, trotz zahlreicher Untersuchungen, nur recht globale und zum Teil widersprüchliche Erkenntnisse. Zur Situation der Wirkungsforschung im Bereich der Massenmedien stellen zusammenfassend HACKFORTH u.a. (1976, S. 181) fest: „Es ist unmöglich, so verstreute und diverse Phänomene wie die Rezipienten-Prädispositionen, die Gruppen-Mitgliedschaften, die Meinungsführerschaft, die Glaubwürdigkeit, die Selektionsmechanismen, Wahrnehmungsfaktoren u.a.m. zu berücksichtigen; dies noch gar für alle Medien und die Fragestellungen der politischen Meinungsbeeinflussung, des Konsum- und Kaufverhaltens, der Lernoptimierung oder der Verbesserung des Wissens." Unabhängig von der Wirkung des Inhalts einzelner Sendungen ist davon auszugehen, daß allein die Tatsache des hohen Fernsehkonsums Wirkungen hervorruft, wie physiologische Belastungen, die Veränderung von Lebensgewohnheiten und Familienstrukturen, die Reduktion eigener Aktivitäten und den zunehmenden Verlust unmittelbarer Erfahrungen zugunsten der Wahrnehmung von „Realität aus zweiter Hand" (zu den Auswirkungen der Massenmedien auf die Sozialisation vgl. BAACKE 1983).

Fernseherziehung. Angesichts des hohen Fernsehkonsums von Kindern und Jugendlichen sowie des regelmäßigen Fernsehens von Kleinkindern sind die traditionellen pädagogischen Bemühungen, Kinder vom Bildschirm fernzuhalten, als gescheitert zu betrachten. Die seit den 50er Jahren laufenden Anstrengungen zur Desillusionierung des Mediums haben heute noch Bedeutung, da die Techniken zur Analyse von Aufnahme-, Schnitt- und Wiedergabeverfahren dazu beitragen können, die Authentizität des Fernsehens in Frage zu stellen. Ihr Ziel, der distanziert kritische Zuschauer, hat diese medienpädagogische Richtung nicht erreicht. Dieser Zielvorstellung kommen Verfahren näher, die sich entweder stärker an der Semiotik und Semantik, am Inhalt oder am gesellschaftlich normativen Hintergrund der jeweiligen Fernsehsendung orientieren. Als primär kognitiv rezeptive Verfahren liegt ihre Wirkung vor allem in der Ausbildung ideologiekritischer Wahrnehmungsmuster zur Beurteilung von Fernsehsendungen. Für die Veränderung vorhandener Einstellungen, die Entwicklung von Handlungsperspektiven und die Bildung neuer Verhaltensweisen sind handlungsorientierte Konzepte erforderlich, die es ermöglichen, neben den analytisch gewonnenen Erkenntnissen auch Erfahrungen durch eigenes Handeln zu gewinnen. Für die kritische Auseinandersetzung mit den über das Fernsehen vermittelten oder verstärkten Wertvorstellungen bedeutet dies, daß vorhandene eigene Normen erkannt, reflektiert und zu den vermittelten in Beziehung gesetzt werden müssen. Auf dieser Basis können dann alternative Handlungsmuster entwickelt und erprobt werden. Erkundungen von Lebensräumen, Interviews mit Betroffenen, Rollen- und Planspiele sind Methoden, um diesen Prozeß in Gang zu setzen. Innerhalb dieser Methoden kommt dem Fernsehen als technischem Mittel zur Aufzeichnung und Wiedergabe von Interaktionsprozessen besondere Bedeutung zu. Wenn dabei das Medium Fernsehen von den Lernenden selbst im Kontext ihrer inhaltlichen Arbeit eingesetzt wird, sind auch die Forderungen erfüllt, die im Sinne der aktiven Medienverwendung über technologisch orientierte Ansätze der Medienerziehung hinausführen sollen. Damit kann der Umgang mit dem Fernsehen auf eine neue Ebene gebracht werden, auf der Situationen hergestellt werden, die dem Konsum eigene Aktionsmöglichkeiten entgegensetzen. Wenn man davon ausgeht, daß durch den hohen Fernsehkonsum Wirklichkeit in großem Umfang nur noch vermittelt erfahren wird, so muß es Ziel pädagogischer Bemühungen sein, über das Angebot unmittelbarer Erlebnisformen wieder zunehmend Primärerfahrungen zu ermöglichen. Eine Fernseherziehung, die auf dieses Ziel gerichtet ist, verlangt in ihrer praktischen Umsetzung mehr als die Orientierung an einem Schulfach und auch mehr als den Versuch der fächerübergreifenden Organisation in Projekten. Sie muß Bestandteil einer Familienerziehung werden, die in der Hinführung der Familie zu eigenem Gestalten und unmittelbarem Erleben ihren Sinn findet.

Schulfernsehen. Der Begriff „Schulfernsehen" steht für den Teil des öffentlichen Fernsehens, der sich mit der Produktion, Programmgestaltung und Übertragung von Fernsehsendungen für die Schule befaßt. Die Organisation des Schulfernsehens unterliegt den regionalen Anstalten der ARD, die ihre Sendungen im Rahmen der dritten Programme ausstrahlen. Während in den USA und in Japan bereits seit 1952/1953 Schulfernsehprogramme gesendet wurden, begann man in der Bundesrepublik erst in den 60er Jahren mit Versuchssendungen (NDR 1961/1962, WDR 1966). Der Bayerische Rundfunk strahlte 1964 das erste reguläre Schulfernsehprogramm aus. Die damaligen Erwartungen an das Schulfernsehen lassen sich unter drei Kategorien subsumieren:
- Behebung von Bildungsdefiziten,
- inhaltliche und methodische Innovation des Unterrichts durch modellhafte Beispiele,
- Übernahme zentraler Lehrfunktionen (als Lehrerersatz) zur Minderung des Lehrermangels.

In allen Kategorien spiegelt sich die aktuelle bildungspolitische Situation der 60er Jahre wider, als man hoffte, mit Hilfe objektivierter Lehr-/Lernverfahren den bestehenden „Bildungsnotstand" beseitigen zu können. Auf dem Hintergrund traditioneller Erziehungsvorstellungen, die die Person des Lehrers in den Mittelpunkt schulischen Lehrens und Lernens stellt, vermochte das Schulfernsehen diesem Anspruch nicht zu genügen, da es ebenso wie alle anderen Medien immer nur so gut sein konnte wie der Lehrer, der mit diesem Medium in seinem Unterricht arbeitete. Die Möglichkeiten des Mediums Schulfernsehen werden so lange nicht adäquat genutzt, wie es sich einerseits an Vermittlungsformen orientiert, die bezüglich ihrer Lernziele, ihrer Methoden und Interaktionsformen einer realen Person bedürfen, und es andererseits den Anspruch erhebt, alle Funktionen eines didaktischen Prozesses selbständig zu übernehmen. Das Schulfernsehen muß so konzipiert sein, daß es sich in einen vom Lehrer hergestellten didaktischen Kontext einordnen läßt. In diesem Rahmen kann es motivieren, informieren, anleiten und zusammenfassen. Hierfür sind seine spezifischen Möglichkeiten, wie die Darstellung von Objekten, Prozessen und Sachverhalten, die auf anderem Wege nicht oder nur schwer zugänglich sind, und wie die Darstellung regionaler Gegebenheiten und aktueller Ereignisse unter politischen, geographischen, historischen oder ökologischen Aspekten, besonders hilfreich. Dabei sollte das Schulfernsehen auch aus dem breiten Angebot aller Programme unter curricularen Gesichtspunkten geeignete

Beiträge herausnehmen und für unterrichtliche Verwendungszusammenhänge aufbereiten. Den Befürchtungen der Kritiker des Fernsehens, das Schulfernsehen erziehe zu Passivität, kann es dadurch begegnen, daß seine Sendungen offen sind, zur Auseinandersetzung anregen und dem Schüler eigene Handlungsmöglichkeiten eröffnen.

Die Vielzahl unterschiedlicher Sendeformen (Bildreportage, Moderationsreportage, Kursprogramme, Spielfilme, Theater, Fernsehspiele, Live-Sendungen) erlaubt nur die Formulierung allgemeiner Verwendungshinweise für den Unterricht:
- Das Medium muß in den vom Lehrer vorgegebenen didaktischen Kontext sinnvoll eingeordnet werden,
- die Kommunikationsstruktur des Mediums (Einweg-Kommunikation) muß durch den Lehrer verändert und ergänzt werden (Vorführen von Ausschnitten, Wiederholen, Erklären, Zusammenfassen, Umsetzen in den Eigensprachgebrauch der Schüler),
- das Medium muß in den durch die Schul- und Unterrichtsorganisation vorgegebenen Zeitplan eingepaßt werden.

Diese Hinweise lassen sich in der Praxis schulischen Lehrens und Lernens durch den Einsatz des Videorecorders umsetzen. Seine technischen Möglichkeiten können dabei helfen, das didaktische Potential des Schulfernsehens für den Unterricht verfügbar zu machen.

BAACKE, D.: Massenmedien und Sozialisation. In: Enzyklopädie Erziehungswissenschaft, Bd. 8, Stuttgart 1983, S. 90 ff. BENEKE, K. M. u. a.: Schulfernsehen in Theorie und Praxis, Leverkusen 1981. BERGMANN, E.: Schulfernsehen, Frankfurt/Berlin/München 1969. HACKFORTH, J. u. a.: Massenmedien und ihre Wirkungen, Göttingen 1976. HEINRICHS, H. (Hg.): Lexikon der audiovisuellen Bildungsmittel, München 1971. KIEFER, M.-L.: Massenkommunikation 1964–1980. In: Media Persp. (1981), S. 261 ff. LA ROCHE, W. v./MAASSEN, L.: Massenmedien. Fakten, Formen, Funktionen in der Bundesrepublik Deutschland, Heidelberg 1983. MANDER, J.: Schafft das Fernsehen ab, Reinbek 1979. REISS, E.: Wir senden Frohsinn. Fernsehen unterm Faschismus, Berlin 1979. RÜDEN, P. V. (Hg.): Unterhaltungsmedium Fernsehen, München 1979. SCHWARZ, R. (Hg.): Didaktik der Massenkommunikation 2, Stuttgart 1970. STATISTIK. In: Media Persp. (1981), S. 165 ff. WEMBER, B.: Wie informiert das Fernsehen? München 1983.

Wolf André-Deitert/Sibylla Leutner-Ramme/Ernst Schaak

Film

Definition. Unter Film versteht man eine mittels optischer Verfahren hergestellte Laufbildfolge, mit der Bewegungsabläufe kontinuierlich dargestellt werden können. Durch die Anwendung und Kombination verschiedener Produktionstechniken reichen die Leistungen des Films von der „einfachen Abbildung" bis zur Präsentation komplexer Problembereiche unter verschiedenen Aspekten (wissenschaftlich dokumentarisch, künstlerisch-ästhetisch) mit verschiedenen Intentionen (Information, Analyse, Agitation, Unterhaltung) und für verschiedene Verwendungszusammenhänge (öffentliches Kino, Werbung, Hobbyfilm, Forschung, Unterricht).

Unter technischen Gesichtspunkten läßt sich der Film neben der Einordnung in Stumm- und Tonfilm, Schwarzweiß- und Farbfilm nach seinen Formaten kategorisieren: Super-8 (mm), 16 mm, 35 mm, 70 mm. Da mit zunehmender Größe des Formats die technische Qualität des Bildes (Auflösungsvermögen) sowie der technische Aufwand und die Kosten steigen, lassen sich die Formate Super-8 und 16 mm hauptsächlich dem Unterrichtsfilm, der wissenschaftlichen Dokumentation und dem Amateurbereich, die größeren Formate den kommerziellen Verwendungsbereichen zuordnen. In einem Teil seiner Anwendungsbereiche kann der Film heute durch elektronische Bildaufnahme-, Aufzeichnungs- und Wiedergabeverfahren ersetzt werden. Deshalb schließt der Begriff Film in der Praxis auch Produkte ein, die mit diesen Verfahren hergestellt wurden (Videofilm, Fernsehfilm). Für den Unterrichtsfilm ist die im Jahre 1931 auf der dritten internationalen Lehrfilmkonferenz in Wien getroffene Definition noch immer gültig: Der Unterrichtsfilm ist demnach „eine für den schulmäßigen Wissens- und Bildungserwerb geeignete Laufbildfolge, die einen deutlich begrenzten, dem Lehrplan entsprechenden Lehrinhalt bietet und nach didaktischen Gesichtspunkten aufgebaut ist" (zitiert nach NOWAK 1971, S. 323).

Geschichte. Die ersten Filmvorführungen im Jahre 1895 (Brüder Skladanowski, Berlin, und Gebrüder Lumière, Paris) galten als technische Attraktion, deren unterhaltender Effekt ausschließlich in der Darstellung von Bewegung bestand. Die Wissenschaft hatte mit dem Film endlich ein Instrumentarium gefunden, um Bewegungsvorgänge zu dokumentieren, zu analysieren und zu demonstrieren (Le Dantec, Pfeffer um 1900). Die wissenschaftliche und unterrichtsbezogene Verwendung des Films blieb in den Händen weniger Spezialisten, während die Verbreitung der Kinematographie als Unterhaltungsmedium rasch fortschritt. Inhaltlich waren die damals vorgeführten Filme sowohl am Theater als auch an den üblichen Jahrmarktsburlesken orientiert. Erste pädagogische Reaktionen darauf finden sich in einem Gutachten von Hamburger Lehrern aus dem Jahre 1907. Sie wiesen einerseits auf die negative Beeinflussung der Jugend durch das „Häßliche, Verbildende und sittlich Gefährdende" hin, betonten andererseits aber die positiven Aspekte des Films für die Veranschaulichung im Unterricht (vgl. NOWAK 1971, S. 324). Bis ungefähr 1915 bestanden Filme zumeist aus statischen Einstellungen ohne Veränderung des Kamerastandortes, ohne Kamerabewegung und ohne bewußt eingesetzten Filmschnitt. Die Dynamisierung des Films durch die Entwicklung neuer Gestaltungsmittel wie die Veränderung der Perspektive und des Bildausschnitts oder die Bewegung der Kamera führte zu einer Veränderung der Filmästhetik und der Wahrnehmung durch die Zuschauer. Die bewußte Verwendung der Montage, der gezielten Kombination verschieden gestalteter Einstellungen nach inhaltlichen Kriterien, ließ im Film eine „neue Wirklichkeit" entstehen. Über das Zusammenfügen von gleichzeitigen, aber räumlich getrennten Ereignissen (Parallelmontage) entwickelte der Film eine eigene Gesetzlichkeit von Raum und Zeit. Die Bedeutung der Montage wurde von W. Pudowkin und S. M. Eisenstein auch unter wahrnehmungspsychologischen Aspekten gesehen, indem sie darauf hinwiesen, daß die Aussage einer Einstellung durch die Kombination mit verschiedenen anderen Einstellungen entscheidend verändert wird (Assoziationsmontage). Während der Film unter den historischen Bedingungen der Sowjetunion sich zunehmend zu einem Aufklärungsmedium entwickelte, entstand in den USA aufgrund der besonderen ökonomischen Bedingungen der Filmindustrie der Starfilm und der Genrefilm (Western, Krimi, Liebesfilm). Die Filmproduktion orientiert sich an bestimmten Klischeevorstellungen, die als Bedürfnisse des Massenpublikums definiert werden. Diese Orientierung schließt die Behandlung bestimmter gesellschaftspolitischer Konflikte aus und erschöpft sich in der Darstellung einer „heilen Welt", in der alle Konflikte einem „Happy-End" zugeführt werden. Obwohl die Entwicklung des Tonfilms 1927 durch die Warner Bro-

thers neue gestalterische Dimensionen eröffnete, führte sie doch nicht zu einer wesentlichen Veränderung der bis dahin geprägten Strukturen, Inhalte und Intentionen. Die konsequenteste Anwendung des Mediums Film als politisches Instrument zur Legitimation und Stabilisierung herrschender Ideologien und Machtstrukturen läßt sich während der nationalsozialistischen Herrschaft in Deutschland feststellen. Hier standen die Produktion und Distribution sowohl des Unterhaltungs- als auch des Unterrichtsfilms unter direkter staatlicher Kontrolle. Wenn bis zum Ende des Zweiten Weltkrieges die technische und ästhetische Entwicklung des Films nicht als abgeschlossen zu betrachten ist, so sind doch die grundlegenden Strukturen entwickelt, nach denen sich der Film auch heute noch präsentiert als:
- Medium für die Abbildung von Bewegungsvorgängen (wissenschaftlicher Film),
- Unterhaltungsmedium (Genrefilm, Starfilm),
- Medium politischer Aufklärung oder Agitation,
- Medium künstlerischen Ausdrucks,
- Medium im didaktischen Kontext.

Es sei darauf verwiesen, daß die genannten Kategorien Konstrukte für einen analytischen Zugang darstellen, der einzelne Film sich aber nur selten eindeutig zuordnen läßt.

Film im unterrichtlichen Kontext. In der pädagogischen Praxis wird mit dem Film auf zwei unterschiedlichen Ebenen gearbeitet:
- in der Auseinandersetzung mit dem Film im Sinne einer Filmerziehung mit dem Ziel des kritischen Umganges mit öffentlichen Medien,
- bei der Einbeziehung des Films in den unterrichtlichen Kontext zur Vermittlung bestimmter Inhalte.

Das 1950 gegründete Institut für Film und Bild in Wissenschaft und Unterricht (FWU) als bundesdeutsche Nachfolgeeinrichtung der Reichsanstalt für Film in Wissenschaft und Unterricht (RWU, gegründet 1934) beeinflußte in hohem Maße die Arbeit mit dem Film im Bildungsbereich. Neben dem FWU und den Bildstellen bieten heute verschiedene andere Institutionen und gesellschaftliche Verbände wie Kirchen, Gewerkschaften, politische Parteien und Stiftungen sowie die Industrie Filme für den Ausbildungssektor an.

Den Filmen werden im Lehr-/Lernprozeß folgende Funktionen zugewiesen: Motivation, Veranschaulichung eines bestimmten Inhalts oder Problems, Bereicherung zu einem Problembereich und zusammenfassende abschließende Betrachtung eines behandelten Gegenstandsbereichs. Unterrichtsfilme gehen von einem impliziten oder expliziten didaktischen Konzept aus, das mit dem des Lehrers übereinstimmen muß, wenn der Film die ihm zugeschriebene Wirkung haben soll. Hieraus wird deutlich, daß es keine generalisierbaren Aussagen über den sinnvollen Einsatz des Unterrichtsfilms geben kann. Aussagen können nur über die Wirkung eines bestimmten Films im Hinblick auf einen bestimmten didaktischen Zusammenhang unter bestimmten Rezeptionsbedingungen für eine bestimmte Lerngruppe gemacht werden. Daraus ergeben sich für die praktische Arbeit mit Unterrichtsfilmen folgende Notwendigkeiten:
- Überprüfen des Films vor seiner Verwendung auf seinen Inhalt und seine didaktische Konzeption,
- Einordnen des Films in das vorhandene didaktische Konzept des Lehrers,
- Überprüfen der technischen, räumlichen und situativen Bedingungen für die Filmprojektion,
- Berücksichtigen der Motivation, Lernvoraussetzungen und Medienerfahrungen der Lerngruppe.

Anhand der folgenden Fragen kann der unterrichtliche Einsatz eines Films um-

fassend geplant und vorbereitet werden:
- Unter welchen Schwerpunkten wird das Thema im Film dargestellt, welche Aspekte fehlen?
- Welche Lernziele werden mit dem Film intendiert?
- Nach welchen didaktischen Prinzipien ist der Film aufgebaut? Stellt der Film etwa ein in sich geschlossenes Lehrangebot im Sinne einer programmierten Instruktion dar, ist der Film im Sinne des enzyklopädischen Films offen für vielfältige Fragestellungen, oder beschränkt sich der Film auf die Darstellung eng begrenzter Sachverhalte?
- In welcher Phase des Lernprozesses soll der Film gezeigt werden? (Zur Motivation am Anfang einer Unterrichtseinheit, als Arbeitsmittel zur Auseinandersetzung mit einem eng begrenzten Sachproblem, als zusätzliche Bereicherung des behandelten Themas, als Abschluß und Zusammenfassung am Ende einer Unterrichtseinheit.)
- Entsprechen die Inhalte und Ziele des Films denen des geplanten Unterrichts?
- Kann der Film in ganzer Länge gezeigt werden, oder ist es sinnvoll, bestimmte Ausschnitte zu verwenden?
- Müssen einzelne Ausschnitte oder der ganze Film zum besseren Verständnis mehrfach vorgeführt werden?
- Sind Film und Projektor in einwandfreiem technischem Zustand?
- Ist die Vorführung personell sichergestellt?
- Kann der Film im Unterrichtsraum gezeigt werden, oder muß ein anderer Raum aufgesucht werden?
- Welchen Einfluß können die situativen Bedingungen auf den Lernprozeß haben? (Sondersituation Filmvorführung, Verdunkelung des Raumes, Raumwechsel.)
- Ist die Lerngruppe bereit, den Film im Sinne der didaktischen Konzeption aufzunehmen?
- Welche Vorinformationen sind für das Verständnis des Films erforderlich?
- Sind die verwendeten Begriffe verständlich, oder müssen sie erläutert werden?
- Hat die Lerngruppe Erfahrungen mit dem Film als Arbeitsmittel, oder wird die Vorführung als willkommene Abwechslung und Unterhaltung angesehen?

Alle hier angeführten Aussagen beziehen sich auf rezeptiv-analytische Verwendungszusammenhänge des Films im Unterricht. Die Verbreitung des Super-8-mm-Filmsystems als einfach zu handhabendes und preisgünstiges System für Eigenproduktion sowie die Entwicklung von Video ermöglichen heute ein Verständnis des Unterrichtsfilms, in dem er nicht notwendigerweise ein Produkt von Spezialisten sein muß, das dem Benutzer nur die Möglichkeit der Rezeption einräumt. Lehrer und Schüler können heute selbständig für ihren Unterricht Filme herstellen und erreichen damit eine neue Ebene in der Auseinandersetzung mit dem Inhalt und dem Film als Medium im Sinne eines Paradigmas „aktiver Mediengebrauch".

BACHMAIR, B.: Medienverwendung in der Schule, Berlin 1979. FUSSHÖLLER, W./SCHRÖTER, E.: Der Film im Sachunterricht, Weinheim 1977. KRAUSS, H.: Der Unterrichtsfilm, Donauwörth 1977. NOWAK, W.: Unterrichtsfilm. In: HEINRICHS, H. (Hg.): Lexikon der audio-visuellen Bildungsmittel, München 1971, S. 323 ff. PROKOP, D.: Materialien zur Theorie des Films, München 1971.

Wolf André-Deitert/Sibylla Leutner-Ramme/Ernst Schaack

Foto

Zur Geschichte der Fotografie. Fotografie ist ein Verfahren zur Herstellung dauerhafter Abbildungen mittels eines optischen Systems auf einer lichtempfindlichen Schicht. Im Sinne dieser Definition beginnt die Geschichte der Fotografie nicht mit der Erfindung der Camera obscura (Lochkamera), die um das Jahr 1000 bei Ibn al-Haitham und um 1500 bei Leonardo da Vinci beschrieben wird, sondern erst zu Beginn des 19. Jahrhunderts, als es gelang, fotografische Bilder nicht nur kurzfristig zu gewinnen, sondern durch Fixierung beständig zu machen (C. und N. Niepce 1822, L. J. M. Daguerre 1837). Nachdem es W. H. F. Talbot 1841 gelungen war, mit Hilfe des Chlorsilberverfahrens mehrere Abzüge von einem Papiernegativ herzustellen, gewann die Fotografie auch als Vervielfältigungstechnik an Bedeutung. Mit der Weiterentwicklung der Schichtträger vom Papier über die Glasplatte zum Zelluloidfilm, der Verbesserung der fotografischen Emulsionen und Verarbeitungsprozesse – die Möglichkeiten der Farbfotografie eingeschlossen – sowie der Verbesserung der Kameras wurde die Fotografie zu einer wichtigen Technik der Dokumentation. Aus den heute noch erhaltenen Bildern der vergangenen 150 Jahre wird nicht nur die technische Entwicklung der Fotografie deutlich, vielmehr lassen sich an den Bildinhalten und der Gestaltung die Funktionen ablesen, die der Fotografie in den verschiedenen Epochen zugeschrieben wurden.

Für das Bürgertum des 19. Jahrhunderts etwa war die Fotografie das Medium zur repräsentativen Darstellung von Personen und Milieu. So steht heute neben den Fotografien, die gezielt zur Dokumentation erstellt wurden, umfangreiches Bildmaterial zur Verfügung, in dem Zeitgeist und Lebensgefühl zum Ausdruck kommen.

Von Beginn an wurde die Fotografie auch als künstlerisches Ausdrucksmittel verwendet, wobei die Diskussion um die Rolle der Fotografie in der Kunst bis heute nicht abgeschlossen ist. In Verbindung mit der Verbesserung der Reproduktions- und Drucktechniken wurde zu Beginn dieses Jahrhunderts eine Entwicklung eingeleitet, die die Fotografie zu einem der wichtigsten massenmedialen Informationsträger werden ließ. Heute gibt es kaum einen Lebensbereich, in dem die vielfältigen Möglichkeiten der Fotografie nicht angewendet werden. So setzt beispielsweise die Industrie fototechnische Fertigungsverfahren bei der Herstellung elektronischer Bauteile ein, die Kriminalistik benutzt die Fotografie zur Spurensicherung und Beweiserhebung, für die Medizin leistet die Röntgenfotografie wichtige Dienste, die Werbung lebt von Assoziationen, die durch Bilder ausgelöst werden sollen, die Meteorologen bedienen sich ebenso wie die Geographen und das Militär der Satellitenfotografie, ein Urlaub ohne Erinnerungsfoto ist fast unvorstellbar.

Schulfotografie. Entsprechend ihrer gesellschaftlichen Bedeutung hat sich die Fotografie in der Schule frühzeitig als eigenständiger Arbeitsbereich etabliert. Für den Einzug der Fotografie in die Schule können zwei Voraussetzungen genannt werden: erstens ihre Bedeutung für den naturwissenschaftlichen Unterricht, zweitens die Vereinfachung der Geräte für Aufnahme- und Entwicklungsverfahren. In einem Erlaß vom 9.7.1928 geht der Preußische Minister für Wissenschaft, Kunst und Volksbildung auf die Anfänge der Fotografie in der Schule ein: „Da seit einiger Zeit die praktische Betätigung von Schülern und Schülerinnen auf dem Gebiet der Photographie einen immer größeren Umfang annimmt, erscheint es angebracht, daß die berufenen Kreise diese sehr zu begrüßende Bewegung in richtige Bahnen lenken. An einigen Schulen ist man dazu übergegangen, die photographierenden Schüler und Schülerinnen zu sogenannten Lichtbildarbeitsgemeinschaften zusammenzufassen, in denen die Beteiligten neben einer ästhetischen Schulung eine phototechnische Ausbildung erhalten, damit sie gegebenenfalls in der Lage sind, ihre photographische Kunst in den Dienst der ganzen Schule zu stellen" (zitiert nach SOEST 1960, S. 635).

Als Folge der amtlichen Anerkennung und Unterstützung der Schulfotografie wurden an vielen Schulen Fotoarbeitsgemeinschaften gegründet. Die Industrie erkannte, daß sich durch diese Aktivitäten ein neuer Markt erschließen lassen würde, und förderte ihrerseits die Bemühungen der schulfotografischen Bewegung, so die Firma Agfa 1932 durch die Bereitstellung einfacher Boxkameras für die Schulen.

Nach dem Zweiten Weltkrieg ergaben sich neue Impulse im Zusammenhang der Gründung des Bundesgremiums für Schulfotografie im Jahre 1953. Diese Organisation nimmt über ihre Landesgremien in enger Zusammenarbeit mit den Bildstellen unter anderem folgende Aufgaben wahr:
- Ausstattung mit und Verbesserung von schulfotografischen Einrichtungen an Schulen, zum Beispiel durch finanzielle Unterstützung,
- Beratung in methodischen und organisatorischen Fragen,
- Durchführung von Tagungen und Lehrgängen für Lehrer zum Erfahrungsaustausch und zur Weiterbildung,
- Organisation und Durchführung von Fotowettbewerben und -ausstellungen für Schüler.

Mit der Einrichtung des Instituts für Schulfotografie an der Pädagogischen Hochschule Berlin wurde 1957 eine Institution geschaffen, an der Lehrer für eine qualifizierte Arbeit in diesem Bereich ausgebildet werden können.

Die Schulfotografie ist kein Unterrichtsfach, für das es allgemeingültige Curriculumvorstellungen gibt. Für das Erlernen der Technik und Gestaltungsmöglichkeiten der Fotografie stehen jedoch ausgearbeitete Lehrkonzepte zur Verfügung, die sowohl bei der Ausbildung von Fotogruppenleitern als auch bei der Arbeit in den Schulfotogruppen Anwendung finden. Tragendes Prinzip der Schulfotografie ist der aktive Gebrauch des Mediums durch die Schüler. Ausgehend von verschiedenen Unterrichtsfächern oder allgemeinen didaktischen Prinzipien, lassen sich dabei unterschiedliche Ansätze feststellen:
- der naturwissenschaftliche Ansatz: Zahlreiche Prinzipien der Fotografie sind als besonders anschauliche Demonstration chemischer und physikalischer Vorgänge geeignet, in den naturwissenschaftlichen Unterricht einbezogen zu werden (vgl. GRAEB 1974, S. 23);
- der Ansatz der Kunsterziehung: Die Fotografie ist aufgrund ihrer Sensibilisierungsleistungen gerade im Hinblick auf die visuelle Wahrnehmung und ihrer Förderung der Kreativität zum Einsatz bei künstlerischen Problemstellungen geeignet (vgl. GRAEB 1974, S. 23);
- der unterrichtstechnologische Ansatz: Die Fotografie kann einen Lehrstoff in ökonomischer, anschaulicher und eindringlicher Weise vermitteln (vgl. MASCHKE 1968, S. 219);
- der Ansatz der visuellen Kommunikation: Die Fotografie befähigt zu kritischer Rezeption und emanzipatorischem Mediengebrauch (vgl. MÖLLER 1970, S. 23).

Anwendungsmöglichkeiten. Wenn Unterricht nicht nur als Ort linearer Wissensvermittlung begriffen wird, sondern als Kommunikationsgefüge, in dem das Lernen durch eigenes Handeln einen zentralen Stellenwert besitzt, dann liegen in der Schulfotografie Handlungsanreize, die diesem Anspruch gerecht werden können. Die Lösung der Schulfo-

tografie aus ihrer traditionellen Bindung an bestimmte Fächer und ihre Einbeziehung in den unterrichtlichen Kommunikationsprozeß rechtfertigt sich durch die zunehmende Bedeutung des Bildes als Informationsträger in unserer Gesellschaft. Mit diesem Verständnis von Schulfotografie lassen sich Zielvorstellungen verwirklichen, die am Beispiel eines Projekts zum Sachunterricht der Primarstufe (Thema: „Bäckerei") skizziert werden sollen:
- inhaltliche Durchdringung einzelner Gegenstandsbereiche (Fotodokumentation über den Fertigungsprozeß in einer Bäckerei und in einer Brotfabrik, über den Menschen am Arbeitsplatz, über das Backen zu Hause, das Brotbacken in einem Museumsdorf);
- Sensibilisierung der Wahrnehmung (Foto- und Tondokumentation einer Passantenbefragung zu Ernährungsgewohnheiten, zu Kenntnissen über die Brotherstellung, nachträgliche Zuordnung und Vergleich von Bild und Ton, Thematisierung von Vorurteilen gegenüber bestimmten Personen);
- kritische Prüfung des Wahrheitsanspruchs von Bilddokumenten (Vergleich eines Unterrichtsfilms/einer Bildreihe zum gleichen Thema mit den eigenen Erfahrungen und den eigenen Bildern);
- Erlernen neuer Ausdrucksmöglichkeiten (Darstellung der Arbeitsergebnisse mit Hilfe von Wandzeitungen und Fotoserien);
- Reflexion über den Unterricht (Anfertigen und Auswerten von Fotodokumenten über den eigenen Arbeitsprozeß);
- Erwerb technischer Fertigkeiten (Umgang mit dem Kassettenrecorder, dem Fotoapparat, Grundlagen der Fotolabortechnik).

Solange Projektunterricht an unseren Schulen nur in Ausnahmefällen durchgeführt werden kann, muß versucht werden, die genannten Ziele auf den regulären Fachunterricht zu beziehen. Der technologische Entwicklungsstand der Fotografie im Amateurbereich ermöglicht es, mit geringem Aufwand relativ hochwertige Aufnahmen herzustellen. Die Fotografie kann im Gegensatz zur bisherigen Praxis schon in der Primarstufe in vielfältiger Form in den unterrichtlichen Kontext einbezogen werden. Entscheidend hierfür sind nicht weitreichende Kenntnisse des Lehrers in der Technik und Ästhetik der Fotografie, sondern seine Fähigkeit, eine allgemein verbreitete Technologie als Kulturtechnik in den Unterricht zu integrieren.

FEININGER, A.: Feiningers große Fotolehre, Düsseldorf 1978. GRAEB, G.: Didaktik der Fotografie, München 1974. LANGFORD, M.: Die große Fotoenzyklopädie, München 1983. MASCHKE, W.: Die Stellung der Photographie im Bildungsauftrag der modernen Schule. In: Photo - Technik und Wirtschaft 19 (1968), S. 218 ff. MÖLLER, H.R.: Gegen den Kunstunterricht, Ravensburg 1970. SOEST, H.: Handbuch der Schulfotografie, Remscheid 1960. SONTAG, S.: Über Fotografie, München 1978. SPITZING, G.: Schulfotografie. Didaktik und Methodik, München 1975.

Wolf André-Deitert/Sibylla Leutner-Ramme/Ernst Schaack

Globus

Gegenstandsbestimmung. Ein Globus ist das verkleinerte dreidimensionale Modell von Himmelskörpern (zumeist der Erde) sowie des Himmelsgewölbes. Die Gliederung von Globen kann nach sieben Gesichtspunkten erfolgen:
Nach der *Größenordnung* unterscheidet man: Himmelskörpergloben (Erdglobus, Mondglobus, Marsglobus) und Himmelsgloben oder Sterngloben.
Nach dem *Alter* spricht man von historischen Globen und aktuellen Globen.
Gemäß ihrer *Aufhängung* gibt es Globen mit Achsaufhängung und frei drehbare Globen, auch Rollgloben genannt.
Nach dem *Globusbild* (Oberflächendarstellung) lassen sich erstens die physischen Globen anführen. Zumeist handelt es sich um Globen mit farbiger Höhenschichtenwiedergabe, das heißt, die Landhöhen werden durch eine in der Regel drei- bis siebenstufige Farbskala wiedergegeben (beispielsweise Grüntöne für die tieferen und Brauntöne für die höheren Gebiete). Die Meerestiefen werden in einer abgestuften Blauskala dargestellt. Einen erheblichen Informationsgewinn brachte das sogenannte Orbitbild, dessen Farben nunmehr die Bodenbedeckung wiedergeben (etwa dunkelgrün für tropischen Regenwald, rötlich für Wüsten, gelb für landwirtschaftliche Nutzflächen). Unter den physischen Globen mit besonderem Anwendungsbereich ist der Klimaglobus hervorzuheben. Zweitens kennt man die politischen Globen. Die Farbgebung bezieht sich hier auf politische Einheiten (Staaten). Drittens haben wir es mit Spezialgloben (meist für Unterrichtszwecke) zu tun: Reliefgloben, Konturgloben, pneumatische Globen, Haftgloben. Ihre Merkmale werden weiter unten behandelt.
Nach der *Beleuchtungsart* unterscheidet man von außen beleuchtete, von innen beleuchtete sowie wahlweise von außen oder von innen beleuchtbare (Duo-) Globen. Letztere zeigen je nach Beleuchtung ein physisches oder politisches Erdbild.
Nach dem *Material* des Bildträgers haben wir es zu tun mit Holzgloben (massiv oder Gerüst), Metallgloben (massiv oder Metallblech), Pappmaché mit Gipsüberzug, Pappe, Glas und Kunststoff.
Schließlich lassen sich nach der *technischen Ausführung* der Globushaut unterscheiden: Segmentgloben (mit beiderseits lanzettlich auslaufender Polspitze, teilweise mit gesonderten Polkappen) und Halbkugelbild-Globen. Letztere sind an die Verwendung von verformbarem Kunststoffmaterial gebunden; erstere bestehen aus Papierstreifen.

Aus der Geschichte des Globus. Der älteste erhaltene Erdglobus ist der von Martin Behaim aus Nürnberg. Dieser Globus wird noch heute in derselben Stadt (im Germanischen Museum) aufbewahrt. Er wurde hergestellt im Jahre 1492, dem Jahr der Entdeckung Amerikas, als durch Columbus (der selbst Globen fertigte) das Bewußtsein von der Kugelgestalt der Erde Allgemeingut wurde. Die Renaissance brachte eine Blütezeit der Globen. Im Barock überbot man sich mit Riesengloben. Berühmt wurde unter anderem der Gottorper Riesenglobus von Busch (unter Mitarbeit von Olearius) aus der Zeit um 1660. Er war zu seiner Zeit der größte Globus der Welt – mit zirka 4 m Durchmesser – und bot von außen ein Erdbild, von innen einen Himmelsglobus, mit seiner Mechanik ein Vorläufer der Planetarien. Er ließ sich durch eine Tür öffnen. Besonders schaffensfreudig war der Venezianer Vincenzo Coronelli (1650–1718), der im Auftrag von Ludwig XIV. ein Paar Riesengloben von etwa der gleichen Größe wie der Gottorper herstellte (1680). Einen kleinen Globus von Coronelli als Beispiel für das Aussehen eines historischen Globus zeigt die Abbildung 1.

Globus

Abbildung 1: Globus von Coronelli

Nach diesem berühmten Globenbauer wurde die Internationale Coronelli-Gesellschaft für Globen- und Instrumentenkunde benannt, die 1952 von dem Wiener Diplom-Ingenieur Haardt (1884–1962) gegründet worden war und die sich weltweit aller Probleme annimmt, die die Herstellung, Erhaltung und Verbreitung von Globen betreffen. 1781 erfand der Prorektor Dübold in Durlach die Globen aus Pappe. Zuvor war meist Pappmaché mit Gipsüberzug als Träger üblich gewesen. Als kurz darauf (um 1797) durch Senefelder das Verfahren der Lithographie entdeckt wurde, das den Druck exakt begrenzter farbiger Flächen ermöglichte, begann allmählich die Produktion größerer Serien. Die größte Revolution in der Globenherstellung fand erst nach dem Zweiten Weltkrieg statt. Anstelle von Segmenten mit Meridianbegrenzung, die mühsam von Hand aneinandergeklebt werden mußten, erlaubt die Verwendung von modernen Kunststoffen das Tiefziehen von Globushälften aus einer einzigen, in planem Zustand bedruckten Platte. Derartige moderne Globen in Großserienfertigung sind an einem „Äquatorband" erkennbar, an dem beide Halbkugeln zusammenstoßen.

Schulrelevante Vorzüge des Globus gegenüber der Weltkarte. In einer Zeit der „planen Unterrichtsmedien" geht der Gebrauch des Globus in der Schule zurück, denn eine Karte ist leichter zu handhaben als ein Globus. Allerdings ist man sich oft nicht darüber im klaren, welche Nachteile man sich dabei einhandelt oder, mit anderen Worten, welche Vorteile der Globus gegenüber der Karte (gemeint ist stets die Weltkarte) bietet.

Erstens ist der Globus der Erde *ähnlicher* als die Karte, das heißt, er erfordert hinsichtlich des Verstehens der Erdgestalt eine geringere Abstraktionsleistung als die Karte. Auf einer Karte liegen rechter und linker Randinhalt weit auseinander, in Wirklichkeit sind sie benachbart. Oberer und unterer Rand sind hingegen sowohl auf der Karte als auch in Wirklichkeit weit voneinander entfernt. Dieser scheinbare Widerspruch ist für einen Schüler nur schwer aufzulösen. Zudem erscheint die Karte eckig oder unregelmäßig gebogen begrenzt, nimmt jedoch nie die vertraute Gestalt an und ist damit dem wahren Erdbild ziemlich unähnlich.

Zweitens wahrt der Globus gleichzeitig die *Längen-, Flächen- und Winkeltreue.* Unter Längentreue versteht man die Eigenschaft, daß die gesamte Abbildung einen einheitlichen Längenmaßstab aufweist. Flächentreue bedeutet, daß alle wiedergegebenen Flächen untereinander in ihrer Größe vergleichbar sind. Winkeltreue besagt, daß alle auf der Erdkugel gemessenen Winkel auch auf dem Abbild die gleichen Werte ergeben. Karten können diese drei Bedingungen nie gleichzeitig erfüllen. In der Regel ist, wenn überhaupt, nur die Flächentreue realisiert. Das bedeutet, daß die Lagezuordnung der Kontinente und Meere auf keiner Weltkarte richtig abgebildet werden kann. Allein der Globus leistet das.

Drittens vermittelt nur der Globus ein anschauliches Bild vom *wahren Verlauf des Gradnetzes.* Im Unterricht kann man das Gradnetz der Erde nur am Globus einleuchtend erklären, denn nur dieses Arbeitsmittel gibt das System von Meridianen und Breitenkreisen adäquat wieder.

Eine der wesentlichen Stärken des Globus bedeutet viertens die Möglichkeit, *große Entfernungen in beliebiger Richtung* messen zu können. Allein diese Leistung rechtfertigt bereits den Einsatz des Globus in der Schule. In einem Zeitalter zunehmender Nachrichtenverbindungen gewinnen Entfernungen in globalen Größenordnungen eine wachsende Bedeutung für den Unterricht. Die Karte scheidet für Messungen aus, denn die kürzeste Entfernung zwischen zwei Punkten auf der Erdoberfläche ist auf Karten ohne komplizierte Berechnungen im allgemeinen nicht feststellbar. Außerdem gilt der Maßstab meist nicht für das ganze Kartenbild, sondern nur für Teile oder bestimmte Linien. Als Konsequenz ergibt sich, daß Messungen großer Entfernungen grundsätzlich nicht mit Hilfe von Linealen auf der Karte, sondern nur mit geeigneten Mitteln auf dem Globus durchgeführt werden sollten.

Fünftens werden *Form und Richtung von Orthodromen* (Großkreise) nur auf dem Globus richtig abgebildet.

Die eben genannten Vorzüge lassen den Globus zu einem zuverlässigen und vielseitigen Arbeitsmittel in der Schule werden. Seine Verwendung beschränkt sich nicht nur auf die Fächer Geographie/Erdkunde beziehungsweise Weltkunde, sondern er kann überall dort mit Erfolg eingesetzt werden, wo es darauf ankommt, das „Raumschiff Erde" als Ganzes zu sehen. In der Physik geht es um die Kugelgestalt, die Drehung, die Gravitationsgesetze; in der Biologie um die Darstellung der weltweiten Verbreitung von Flora und Fauna, etwa Übereinstimmungen in der Flora Südamerikas und Afrikas aufgrund des früheren Zusammenhangs der Kontinente, ferner Vogelzüge, Fischwanderungen und nicht zuletzt ökologische Probleme wie Wanderungen von Schadstoffen, globale Zentren der Luftverschmutzung und der Pestizidbelastung. Im Geschichtsunterricht wird die Entdeckung und Erschließung der fernen Kontinente nachvollzogen.

Schulgeeignete Globen und ihre Anwendung. Der „normale" Schulglobus hat einen Durchmesser von etwa 40–70 cm, trägt ein physisches oder auch politisches Kartenbild und ist an einer starren Achse befestigt, die gegenüber der Senkrechten die Neigung der Ekliptik (23,5°) aufweist. Eine Aufhängung mit dieser Neigung ist für Schulzwecke jedoch nicht zwingend, eher irreführend, besagt sie doch, daß die Sonne in einer horizontalen Bahn in Höhe des Globusmittelpunkts gedacht werden muß. Das widerspricht dem Augenschein und ist daher für Schüler schwer nachvollziehbar. Überhaupt begünstigt die starre Aufhängung die Fehlvorstellung, es gäbe auf der Erde ein „Unten" und ein „Oben". Der herkömmliche Schulglobus ist zumeist Demonstrationsobjekt in der Hand des Lehrers. Im folgenden soll eine Reihe von Globen mit besonderer Eignung für die Schule aufgeführt werden, die einen erweiterten Einsatzbereich dieses Mediums zeigen:

Himmels- oder Sterngloben bilden das Himmelsgewölbe in idealisierter Form ab, das heißt unter der Annahme, daß die Erde im Mittelpunkt des Himmelsglobus steht und sich die Gestirne alle in gleichem Abstand von der Erde am Firmament befinden. Das bedingt, daß die Sternbilder auf dem Himmelsglobus seitenverkehrt erscheinen. Für Schulzwecke besonders vorteilhaft sind preiswerte 15-cm-Globen mit Visiereinrichtung, wie sie die folgende Abbildung 2 zeigt.

Sie erlauben durch einen verstellbaren Meridian auch, die Neigung des Globus gemäß der geographischen Breite des

Globus

Abbildung 2: Himmelsgloben für Schüler

Abbildung 3: Konturglobus aus Kunststoff

Heimatortes einzustellen. Die Schüler können durch direkte Peilung die gewünschte Gestirne am Himmel ausfindig machen.

Noch wenig bekannt sind die *Mond- und Marsgloben,* die man ebenfalls schon in kleinen Formaten erhält. Einen ausführlichen Überblick über das Gesamtangebot vermittelt die Aufstellung von WAWRIK (vgl. 1981).

Reliefgloben bilden das Relief der Erde plastisch ab. Es sind Globen zum Anfassen. Sie eignen sich vor allem für die Einprägung des Zusammenhangs der großen tertiären Faltengebirge der Erde.

Schiefergloben oder Konturgloben (vgl. Abbildung 3) tragen nur das Gradnetz der Erde sowie die Umrisse der Kontinente. Ihr weiterer Inhalt wird durch Lehrer und Schüler bestimmt. Schiefergloben sind mit Tafelkreide beschreibbar und schwarz oder grün gefärbt. Konturgloben bestehen aus Kunststoff mit weißem Untergrund und sind mit abwaschbaren Filzstiften oder mit Fettstiften bemalbar. Diese Globen sind hervorragend geeignet für das Zusammentragen von Arbeitsergebnissen nach vorangegangenem Gruppenunterricht. Meeresströmungen und Klimazonen, unterentwickelte Gebiete, Schiffahrtsrouten, Machtblöcke und Militärbündnisse können ohne die auf Karten so störenden Verzerrungen vom Schüler eingetragen werden.

Pneumatische Globen, also solche, die aufblasbar sind, haben sich besonders in der Grundschule bewährt, weil sie große Durchmesser erlauben und wegen ihres klaren Kartenbildes einprägsam sind.

Haftgloben, beispielsweise mit einer Nylon-Velours-Oberfläche überzogen, lassen Stoffe haften und erlauben Einstiche mit Farbnadeln. *Arbeitsgloben aus einfachen Styroporkugeln* sind für die Selbsttätigkeit der Schüler besonders zu empfehlen. In Büro- und Bastelgeschäften erhältliche Styroporkugeln von 15 cm Durchmesser werden mit Hilfe von Farbnadeln mit den selbstausgeschnittenen Kontinenten bestückt. Der Trennrand gilt dabei als Äquator (vgl. Abbildung 4).

Schließlich ist der *Rollglobus* anzuführen. Rollgloben wurden erstmalig von Haardt entwickelt (ab 1935). Als Demonstrationsglobus mit größerem Durchmesser ruht die Globuskugel frei auf einem filzüberzogenen Holzkreuz, das sich auseinandernehmen und zur Messung von Strecken verwenden läßt. Als kleiner Schülerglobus von 11 cm

Abbildung 4: Arbeitsglobus aus Styropor

Durchmesser liegt die Kugel in einem Ring mit entsprechenden Randskalen, darunter auch eine Kilometerskala (vgl. Abbildung 5). Eine besondere Stärke des Rollglobus liegt darin, jeden beliebigen Punkt der Erde ins Blickfeld rücken zu können. Schließlich können veraltete politische Kugeln einfach gegen aktuelle ausgetauscht werden.

Abbildung 5: Schüler-Rollglobus mit Entfernungsskala

Eine Weiterentwicklung des Rollglobus bedeutet der Univers-Globus von Scan Globe/Newig (vgl. Abbildung 6), der nicht mehr auf der Unterlage schleift, sondern auf drei Kugelrollen mit minimierter Reibung gleitet. Hier können Entfernungen bis 20 000 km abgelesen werden. Auf der Rückseite der durchsichtigen Halbschale wird durch ein Flächenraster von jeweils 1 Mio. km² Maschenweite eine unmittelbare Flächengrößenbestimmung möglich. Legt man eine Konturkugel in die Trägerschale, so sind Vorgänge wie die Kontinentalverschiebung simulierbar.

Abbildung 6: Univers-Globus

Insgesamt ist festzustellen, daß die modernen Unterrichtsgloben nicht mehr ausschließlich Demonstrationsobjekt in der Hand des Lehrers sind, sondern Arbeitsmittel für die Schüler. Im Gruppenunterricht bewähren sich besonders Größen von 15 bis 30 cm, bei Einzelbenutzung von 11 bis 15 cm Durchmesser.

Globusergänzende Medien. Als den Globus in der Schule ergänzende Medien sind zu nennen: Tellurium und Planetarium.

Tellurien sind Geräte, die eine dreidimensionale Demonstration der Umläufe der Erde um die Sonne sowie des Mondes um die Erde erlauben (vgl. Abbildung 7). Hauptbestandteile sind: ein kleiner Erdglobus, die Sonne, ein Verbindungsarm zwischen beiden sowie die Antriebsmechanik. Für das Verständnis der Bewegungen von Erde und Mond ist dieses Gerät unentbehrlich.

Endlich ist das *Planetarium* zu erwähnen (vgl. Abbildung 8). Es enthält in seinem Kern ein kleines Tellurium, das in einen durchsichtigen Himmelsglobus eingebettet ist. Planetarien erlauben es in besonderem Maße, Verständnis der

Globus

Abbildung 7: Tellurium

Abbildung 8: Planetarium

Vorgänge zu vermitteln, die sich aus dem Zusammenwirken zwischen Sonnensystem und den übrigen Gestirnen ergeben.

CORONELLI-WELTBUND DER GLOBUSFREUNDE (Hg.): Festschrift zum 25jährigen Bestand des Coronelli-Weltbundes der Globusfreunde, Bericht über das V. Internationale Symposium in Wien, Wien 1978. FIORINI, M./GÜNTHER, S.: Erd- und Himmelsgloben, ihre Geschichte und Konstruktion, Leipzig 1895. MURIS, O./SAARMANN, G.: Der Globus im Wandel der Zeiten, Berlin/Beutelsbach 1961. NEWIG, J.: Wozu taugt der Globus im Unterricht? In: Geogr. Rsch., 1. Beiheft, 1975, S. 21 ff. STEVENSON, E. L.: Terrestrial and Celestial Globes. Their History and Conservation, New Haven 1921. WAWRIK, F.: Mond- und Marsgloben. In: Information Nr. 4 der Internationalen Coronelli-Gesellschaft für Globen- und Instrumentenkunde, Wien 1981.

Jürgen Newig

Hausaufgaben

Mit den Begriffen „Hausaufgaben" oder „Schularbeiten" werden jene Tätigkeiten bezeichnet, welche den Schülern von der Schule zur Erledigung außerhalb der Unterrichtszeit übertragen werden. Schüler wenden dafür außerhalb der Schule noch einmal bis zu einem Drittel der Zeit auf, die sie in der Schule zubringen (vgl. EIGLER/KRUMM 1972, S. 46).

Historische Aspekte der Hausaufgabenproblematik. Hausaufgaben sind seit je Bestandteil des Schulrituals. Bereits in der Nördlinger Schulordnung von 1512 wird die Pflicht der Lehrer, Hausaufgaben zu erteilen, als eine überkommene Gewohnheit dargestellt (vgl. GEISSLER/SCHNEIDER 1982, S. 10).

Mit der Verallgemeinerung des öffentlichen Schulwesens im 18. und 19. Jahrhundert entstand ein hoher Bedarf an theoretischer Konzeptualisierung des Lehrerhandelns in der Schule, welche von Anfang an das Hausaufgabenthema mit einbezog. Wie bei vielen anderen Problemen waren zunächst auch die Versuche, das Hausaufgabenphänomen theoretisch zu erfassen, von der lange Zeit anhaltenden Schwäche pädagogikwissenschaftlichen Nachdenkens gekennzeichnet: Deskription und Präskription wurden nicht auseinandergehalten, die normativen Voraussetzungen des eigenen Theoretisierens nicht reflektiert. Autoren, welche an einem aufgeklärten Menschenbild des autonomen selbständigen Individuums orientiert waren, stellten die Funktion der Hausaufgabe zum Erlernen des *selbständigen* Arbeitens in den Mittelpunkt, jene, welche im Schüler vornehmlich den Erziehungsbedürftigen erblickten, diskutierten die Hausaufgabe als Mittel zur (phasengerechten) Fortsetzung des Unterrichts in der Wohnstube, indem sie vornehmlich die *Funktionen der Übung und der Festigung* des in der Schule Erlernten betonten (vgl. GEISSLER/SCHNEIDER 1982, S. 13 f.).

Bis zum Beginn des 20. Jahrhunderts basierte die Diskussion des Hausaufgabenthemas zudem auf Alltagsannahmen über die Wirkungen des Hausaufgabenmachens. 1904 legte Ernst Meumann seine Studie „Haus- und Schularbeit" vor, in der er die *Effektivität* von Hausarbeit und Arbeit in der Schule miteinander verglich – mit einem differenzierten Ergebnis: „Die Hausarbeit wird um so wertvoller, je mehr die Arbeit des Kindes den Charakter einer individuellen Leistung annimmt, die ein persönliches Gepräge tragen soll, und je mehr die höheren geistigen Tätigkeiten (wie Phantasie und Urteil und in sprachlicher Hinsicht Darstellungsgabe und Stil) bei ihr in Betracht kommen; die Schularbeit ist dagegen um so wertvoller, je mehr die Arbeit den Charakter einer mechanischen, gedächtnismäßigen Leistung trägt und je weniger persönliches Gepräge sie zu zeigen braucht" (MEUMANN 1925, S. 49).

Funktion und Wirkung. Meumanns differentielle Herangehensweise an die „Hausaufgabe" geriet nach dem Zweiten Weltkrieg in Vergessenheit und wurde von der bundesdeutschen Erziehungswissenschaft erst in den 70er Jahren wieder eingeholt; seine Bewertung der Hausaufgaben hinsichtlich ihres meß- und erfaßbaren Ertrages spielt auch in der heutigen Diskussion noch eine erhebliche Rolle, stieß aber schon früh auf Kritik. Fischer gab Meumanns Arbeit 1925 neu heraus und relativierte sie in einem umfangreichen Nachwort: „Die Qualität der Leistung *allein* reicht für eine Beurteilung der Hausarbeit als Bildungs- und Erziehungsmittel nicht aus" (FISCHER 1925, S. 102). Und er betonte, man müsse daran festhalten, daß „Hausaufgaben als Gelegenheit zur *Schulung sittlicher Einstellungen und Gewöhnungen* [Hervorhebung: H.S.] etwa in der Richtung auf das Pflicht-

und Arbeitsbewußtsein unerläßlich sind" (FISCHER 1925, S. 103).
Darüber hinaus betonte Fischer folgende Funktionen der Hausaufgabe:
- Anregung zu *Selbstbildung* (vgl. FISCHER 1925, S. 104),
- *Kontrolle* des Lehrerfolges (vgl. FISCHER 1925, S. 105),
und verlangte eine „Reform der Art, wie Hausaufgaben gestellt und behandelt werden" (FISCHER 1925, S. 111), um den Schülern zu einer „ergiebigen Arbeitstechnik" zu verhelfen (zu weiteren Funktionsbestimmungen vgl. KRUMM 1983).
Die Wiederbelebung der Diskussion in der Bundesrepublik der 60er Jahre war zunächst mehr durch den Rückgriff auf die in den angelsächsischen Ländern geführte Pauschal-Diskussion pro und contra Hausaufgaben als durch die differentielle Betrachtungsweise Meumanns gekennzeichnet. Ob mit oder ohne Hausaufgaben – das war denn auch das berühmt gewordene Ergebnis einer empirischen Studie –: die Kinder lernen gleich viel (vgl. WITTMANN 1964). Auch in der Erziehungswissenschaft wurde daraufhin die Forderung nach Abschaffung der Hausaufgaben erhoben, entsprechende Experimente in der Praxis wurden auch von Amts wegen durchgeführt (vgl. SPEICHERT 1976, S. 212). Dies hinterließ keine bedeutsamen Spuren in der Praxis.
Zugleich mehrten sich die Versuche, das Problem Hausaufgabe von unterschiedlichen wissenschaftlichen Fragestellungen her zu erfassen.
Bestimmende Kategorien ergaben sich dabei aus der schon bei FISCHER (vgl. 1925) deutlich gewordenen Unterscheidung zwischen der Bedeutung der Hausaufgabe für den manifesten schulischen Lernertrag und für die Persönlichkeitsentwicklung des Schülers, in anderen Worten: zwischen „unterrichtlichem" und „erziehlichem" Ertrag der Hausaufgaben.
Unter *soziologischer* Fragestellung kamen EIGLER/KRUMM (1972, S. 115) zu dem Ergebnis, daß „die Chancen von sogenannten Unterschichtkindern" durch die Erteilung von Hausaufgaben durch die geringere häusliche Unterstützung „gemindert" sind. Zugleich wurde immer wieder betont, daß sie ein wichtiges Bindeglied zwischen Elternhaus und Schule darstellen (vgl. GEISSLER/ SCHNEIDER 1982, S. 78 ff.).
Unter *motivationspsychologischer* Fragestellung wurde unter anderem darauf verwiesen, daß auch die Hausaufgabe als ein Lernprozeß der Motivation des Lernenden bedarf (vgl. ROTH 1969, S. 271). Zugleich wurden die differentiellen Wirkungen von Hausaufgaben auf die Lernmotivation untersucht, die sowohl von der Art der Hausaufgaben wie auch von den individuellen Lernvoraussetzungen der Schüler abhängig sind: Hausaufgaben können unter bestimmten Bedingungen Lernmotivationen freisetzen (vgl. SPEICHERT 1980, S. 32 ff.), aber auch motivationszerstörend und damit lernverhindernd und negativ auf das Selbstkonzept des Schülers wirken (vgl. SCHWEMMER 1980, S. 88).
Unter *lernpsychologischen* Fragestellungen wurden die differentiellen Wirkungen verschiedener Aufgaben-Konfigurationen untersucht, wobei sich zeigte, daß
- Hausaufgaben, bei denen nur der Kurzzeitspeicher des Lernenden in Anspruch genommen wird (etwa durch Einsetzen vorgegebener Wörter in einen Lückentext), lernerfolgsneutral sind (vgl. SPEICHERT 1982, S. 110 f.);
- Verfrühung (Überspringen beziehungsweise Vernachlässigen der Phase der handelnden Aneignung) stark lernhemmend wirkt (vgl. MANN 1979, S. 33 ff.) und daß
- die oft zu beobachtende Produktion von pro- und retroaktiven Hemmungen durch Hausaufgaben bereits vorhandene Fähigkeiten und Fertigkeiten zerstört (vgl. SCHÖNKE 1969).

Mit dem Begriff des *„heimlichen Lehrplans"* (vgl. ZINNECKER 1975) war ein griffiges Instrument bereitgestellt worden, um „Nebenwirkungen" unterrichtlichen Handelns zu untersuchen. Es zeigte sich, daß Hausaufgaben keineswegs – wie nach der Augenscheinvalidität beurteilt und von didaktischen Theorien gefordert – nur die gewünschten Auswirkungen auf die Persönlichkeitsentwicklung der Schüler haben. Wie SCHWEMMER (vgl. 1980) zeigte, führen Hausaufgaben unter den gegebenen Voraussetzungen
– zur kritiklosen Unterwerfung unter das Schulritual,
– zum Lügen und Betrügen und
– zur Auslösung elterlicher Aggressivität.

Hausaufgabentypen und Lernertrag. In unterrichtstheoretischer beziehungsweise -didaktischer Absicht liegt eine Reihe von Kategorisierungsversuchen vor, die es ermöglichen sollen, verschiedene Hausaufgabentypen für geplantes Unterrichtshandeln im Hinblick auf die angestrebten Lehrziele bewerten und einsetzen zu können.
Den Ausgang nahm die moderne Entwicklung bei der Typisierung durch die beiden DDR-Pädagogen DIETZ und KUHRT (vgl. 1960), die bei ihrem Versuch, Hausaufgaben im Hinblick auf ihren Lernertrag zu unterscheiden, vorweg eine Differenzierung nach Lehrabsichten vorgenommen haben (in Klammern jeweils, mit welchem Anteil der jeweilige Typus in den untersuchten Hausaufgaben vorkam):
„1. Hausaufgaben zur einfachen Festigung des Wissens und Könnens (54 %)
2. Hausaufgaben zur Erweiterung des Wissens (12 %)
3. Hausaufgaben zur Systematisierung des Wissens und Könnens (1 %)
4. Hausaufgaben zur Anwendung des Wissens und Könnens an gegebenen Beispielen und Situationen (17 %)
5. Hausaufgaben zur Anwendung des Wissens und Könnens an zu suchenden Beispielen und Situationen (12 %)
6. Hausaufgaben zur Hinführung auf den neu zu behandelnden Stoff (4 %)" (DIETZ/KUHRT 1960, S. 266 f.)
Diese Unterscheidung hat es ermöglicht, festzustellen, daß Hausaufgaben „zur einfachen Festigung des Wissens und Könnens" praktisch keinen Lernertrag und – was damit zusammenhängt – auch keine positiven motivationalen Effekte haben. Da auch angestrebte Veränderungen der Persönlichkeitsstruktur Lernprozesse sind und dementsprechend der Motivation bedürfen, sind solche Hausaufgaben auch nicht zum Erreichen von Lehrzielen wie etwa „Freude an der Arbeit" oder „Selbständigkeit" geeignet. Sie werden so lediglich zu Instrumenten der Durchsetzung von Anpassung an als sinnlos erlebte und tatsächlich sinnlose Anforderungen, wobei die Motivation genutzt wird, Angst und Strafe zu vermeiden.
Speichert hat darauf hingewiesen, daß „Übungen zur Festigung des Wissens und Könnens" nicht qua definitionem sinnlos sind, sondern einen Lernertrag bringen, wenn durch ein klar vorgegebenes Ziel der Lernende den Lernfortschritt selbst überprüfen kann und er motiviert ist, dieses Ziel zu erreichen (Bedingung der Ich-Beteiligung).
Solche Übungen nennt er „produktive Übungen" und setzt sie von den Aufgaben ab, bei denen ein „Werkstück" (beispielsweise Päckchen-Rechnen) abgeliefert werden muß, denen er keinen didaktischen Wert zuerkennt (vgl. SPEICHERT 1982, S. 5 ff.).
Die Anfertigung von Werkstücken ist dagegen Ziel komplexerer *produktiver Hausaufgaben,* die von individuellen Schülermotivationen ausgehen und von ihrer Gestalt her die eigenverantwortliche Arbeit des Schülers erfordern (vgl. SPEICHERT 1982, S. 138).
Im Alltagshandeln der Schule ist die

Hörfunk

Hausaufgabe aber nach wie vor ein Mittel, das – mehr in Abhängigkeit von der offenen oder verborgenen Beziehungsdynamik zwischen Lehrern und Schülern als von reflektierter unterrichtlicher Entscheidung – von Fall zu Fall verschiedene Wirkungen hervorbringt: die erstaunlichsten Schülerleistungen ebenso wie Aggressionen, Lüge, Täuschung, Ent-Täuschung und Gewalt.

Bossmann, D.: Die verdammten Hausaufgaben, Frankfurt/M. 1979. Derschau, D. v.: Hausaufgabe als Lernchance, München 1979. Dietz, B./Kuhrt, W.: Wirkungsanalyse verschiedener Hausaufgaben. In: S. u. Psych. 7 (1960), S. 264ff., S. 310ff. Eigler, G./Krumm, V.: Zur Problematik der Hausaufgaben, Weinheim/Basel 1972. Feiks, D./Rothermel, G. (Hg.): Hausaufgaben – pädagogische Grundlagen und praktische Beispiele, Stuttgart 1981. Fischer, A.: Zur Morphologie, Psychologie, Hygiene und Pädagogik von Haus- und Schularbeit. In: Meumann, E.: Haus- und Schularbeit, Leipzig ²1925, S. 60ff. Geissler, E./Plock, H.: Hausaufgaben – Hausarbeiten, Bad Heilbrunn ²1974. Geissler, E. E./Schneider, H.: Hausaufgabe, Darmstadt 1982. Kamm, H./Müller, E. H.: Hausaufgaben – sinnvoll gestellt, Freiburg 1975. Krumm, V.: Hausaufgaben. In: Enzyklopädie Erziehungswissenschaft, Bd. 8, Stuttgart 1983, S. 447ff. Mann, I.: Lernprobleme, München 1979. Meumann, E.: Haus- und Schularbeit, Leipzig ²1925. Roth, H.: Pädagogische Psychologie des Lehrens und Lernens, Hannover/Berlin/Darmstadt/Dortmund ⁹1969. Schönke, M.: Weniger Rechtschreibfehler. In: betr. e. 2 (1969), 4, S. 24ff. Schwemmer, H.: Was Hausaufgaben anrichten, Paderborn 1980. Speichert, H.: Umgang mit der Schule, Reinbek 1976. Speichert, H.: Hausaufgaben sinnvoll machen, Reinbek 1980. Speichert, H.: Praxis produktiver Hausaufgaben, Königstein 1982. Wittmann, B.: Vom Sinn und Unsinn der Hausaufgaben, Neuwied 1964. Zinnecker, J. (Hg.): Der heimliche Lehrplan, Weinheim/Basel 1975.

Horst Speichert

Hörfunk

Grundlegende Merkmale des Hörfunks als Massenmedium. Umgangssprachliche Varianten und Synonyme wie „Funk", „Radio", „Rundfunk" deuten an, daß der Begriff „Hörfunk" „erst neuerdings aufgekommen [ist], um den *nur Ton* verbreitenden Rundfunk vom *Fernsehen* deutlich abzugrenzen" (Eberhard/Schulz 1971, S. 36).
In der Bundesrepublik Deutschland – wie auch nach internationaler (vertraglich gesicherter) Definition – meint der technisch gefaßte Oberbegriff „Rundfunk" sowohl den Hörfunk als auch das Fernsehen. Laut Staatsvertrag der Länder über die Regelung des Rundfunkgebührenwesens vom 5. Dezember 1974 ist Rundfunk „die für die Allgemeinheit bestimmte Veranstaltung und Verbreitung von Darbietungen aller Art in Wort, Ton und Bild unter Benutzung elektrischer Schwingungen ohne Verbindungsleitung oder längs oder mittels eines Leiters" (Lehr/Berg 1976, S. 23).
Aus rundfunkhistorischer Sicht hat sich das Massenmedium Rundfunk zunächst in der Weimarer Republik über die technische Neuerung Hörfunk entwickelt und neue Kommunikationsmöglichkeiten eröffnet. Sie „hat sich von Anfang an ‚an alle' gewandt und deshalb nicht nur fernmelderechtliche, sondern auch politisch-gesellschaftliche Fragen aufgeworfen, die erst im Laufe eines historischen Prozesses in das Bewußtsein der Gesellschaft eingedrungen sind" (Bausch 1980a, S. 11). Damit ist in Umrissen angezeigt, daß eine Klärung des Begriffes „Hör(rund)funk" nicht an technischen Unterscheidungsmerkmalen anzusetzen hat, sondern an einer Theorie der Massenkommunikation, die Aufgaben und Struktur der Medien begründet in Beziehung setzt zu gesellschaftlicher Kommunikation.
Der Rundfunk in der Bundesrepublik Deutschland – in seiner Entwicklung nach dem Zweiten Weltkrieg durch fö-

deral aufgebaute Militärregierungen beeinflußt – weist folgende grundlegende Merkmale auf: Den Forderungen der Alliierten entsprechend, ist in der Bundesrepublik das *föderalistische Prinzip* in Ländergesetzen und Staatsverträgen fixiert. *Staatsunabhängigkeit, Ausschaltung privater und wirtschaftlicher Interessen, Rückkoppelung durch die Institution gesellschaftlicher Kontrollgremien, politische Bildung im Sinne einer Erziehung zur Demokratie sowie die Trennung von Rundfunk und Post* sind die wesentlichen Kennzeichen des öffentlich-rechtlichen Rundfunksystems (vgl. BAUSCH 1980 b, c).

Finanziert über Rundfunkgebühren und auch Werbeeinnahmen, strahlen heute neun in ihrer Größe und finanziellen Leistungskraft unterschiedliche *Landesrundfunkanstalten* (Bayerischer Rundfunk, Hessischer Rundfunk, Norddeutscher Rundfunk, Radio Bremen, Saarländischer Rundfunk, Sender Freies Berlin, Süddeutscher Rundfunk, Südwestfunk, Westdeutscher Rundfunk) regionale Hörfunkprogramme aus: 1. Hörfunkprogramm im Mittel- und Ultrakurzwellenbereich („rund um die Uhr"), 2. und 3. Programm im Ultrakurzwellenbereich (in unterschiedlicher Länge im Tagesablauf). Zwei *Bundesrundfunkanstalten*, die „Deutsche Welle" (Kurzwellenauslandsdienst) und der „Deutschlandfunk" (Langwellensender für „ganz Deutschland") sowie – sehr begrenzt – der „Rundfunk im amerikanischen Sektor" der Stadt Berlin (RIAS) sind ebenfalls im Bundesgebiet zu empfangen. „Deutsche Welle" und „Deutschlandfunk" können als staatlich-politische Rundfunkbetriebe bezeichnet werden. Das öffentlich-rechtliche Rundfunksystem hat sich trotz parteipolitischer Angriffe in den vergangenen Jahrzehnten als stabil erwiesen, nicht zuletzt aufgrund einiger Urteile des Bundesverfassungsgerichts, die – ohne ein grundsätzliches Privatfunkverbot auszusprechen – bestätigen, daß „alle maßgeblichen gesellschaftlichen Gruppen und Richtungen im Rahmen der öffentlich-rechtlichen Programme zu Worte kommen und die Teilnehmer sich umfassend informieren können" (URTEIL... 1981, S. 339).

Dieser Anspruch wird allerdings in der Realität kaum eingelöst, da einerseits der Parteieneinfluß in den Kontrollgremien (Rundfunkrat, Verwaltungsrat) durch parteipolitische Bindungen relativ groß ist, andererseits spontan- oder nichtorganisierten Interessengruppen der Zugang zu den Kontrollorganen und Programmen verwehrt ist. Als kritische Reaktion auf die herrschende Rundfunkpraxis in der Bundesrepublik ist seit Ende der 70er Jahre die politisch motivierte Arbeit von nicht legalen Lokalsendern festzustellen (vgl. NETWORK MEDIEN-COOPERATIVE 1983). Ob diese alternative Radiobewegung, die das Medium Hörfunk in erster Linie als Instrument politischer Verstärkung und Vermittlung „von unten" gebraucht, organisatorische und programmatische Impulse für eine legale, programmpolitisch unabhängige Radioarbeit geben kann, ist fraglich. Prinzipiell bestehen wenig Zweifel an der Nützlichkeit eines Regional.-(„Lebensraum")- oder Lokal-(„Gemeinde"-)Funks. Eher scheint die Einrichtung regionalen/lokalen Hörfunks eine Frage der medienpolitischen Durchsetzungsfähigkeit und des klaren Durchsetzungswillens der Rundfunkanstalten zu sein. Für die Zukunft zeichnet sich durch die bundesweite Einführung von privatem Hörfunk und Fernsehen eine Neuordnung des bundesdeutschen Rundfunkwesens ab. Wie sich das künftige Nebeneinander von privaten und öffentlich-rechtlichen Rundfunkstationen auf die Entwicklung und den Bestand des öffentlich-rechtlichen Rundfunks auswirken wird, ist derzeit (1985) nicht abzusehen.

Medienspezifische Merkmale. 97 % aller Haushalte in der Bundesrepublik verfügten 1982 über ein – häufig transportables – Hörfunkgerät, über die Hälfte der Haushalte ist mindestens mit zwei Geräten ausgestattet, in zwei Drittel aller Personenwagen ist ein Autoradio installiert (vgl. MEDIA PERSPEKTIVEN 1983 S. 32; vgl. KIEFER 1981, S. 263). Damit ist der Hörfunk auf der Empfängerseite fast jederzeit und überall verfügbar geworden. Indes ist der Nutzer keineswegs so orts- und zeitunabhängig wie beispielsweise bei der Zeitung, denn in gewissem Umfang zwingt das „flüchtige Medium" Hörfunk dem Hörer seinen Zeitplan auf. Aufgrund seiner technisch bedingten Beweglichkeit – oft genügt ein Mikrophon oder eine Telefonverbindung – ist der Hörfunk in der Lage, dem Hörer unmittelbar *aktuelle Informationen* anzubieten, sich *wechselnden Situationen anzupassen* und *flexibel in seiner Programmstruktur* zu reagieren. Ein *variationsreiches Gestaltungsrepertoire* mit Sende- und Darstellungsformen wie beispielsweise Nachrichten, Berichte, Interviews, Reportagen, Kommentare, Glossen, Magazinsendungen, Features, Hörspiele, Musikpräsentationen sowie ein umfangreicher Bestand an gespeicherten und damit ständig wiederholbaren Wort- und Musikproduktionen ermöglichen dem Hörfunk bei vergleichsweise geringen Herstellungskosten ein „Programm ohne Pause". So wird es dem Nutzer möglich, sich „nebenbei" auf ein ununterbrochenes Informations-, Unterhaltungs-, Bildungsangebot einzulassen (Hören als Sekundäraktivität).

Da dem Hörfunk mit Einführung des Fernsehens das Publikum am Abend weitgehend entzogen wurde, wurde seit den 60er Jahren versucht, ihn als ergänzendes Massenmedium zu profilieren, durch: *Spezialisierung* (Autofahrerwellen, Serviceprogramme, Regionalsendungen), *Zielgruppenorientierung* (Jugendprogramme mit höherem Anteil an populärer Musik und Beteiligungsmöglichkeiten, Dialogsendungen, konventionelle Sendeformen und Musikpräsentationen für die ältere Generation), *großflächige Programmstrukturen* (etwa Magazinsendungen mit Unterhaltungselementen), *Berücksichtigung des Tagesablaufs und der Tagessituation der Hörer* (nahezu alle Hörer am Morgen bis 7.30 Uhr sind Berufstätige, am Abend hören vor allem die 14- bis 40jährigen). Für die jüngere Generation ist der Hörfunk inzwischen zu dem Massenmedium geworden, für das sie – außerhalb der Freizeit – die meiste Zeit aufwendet. Junge Leute hören vor allem Nachrichtensendungen und Unterhaltungsmusik (vgl. DARKOW 1982, S. 34). Die Entwicklung des Hörfunkprogramms läuft nach Ansicht von Kritikern derzeit auf „weniger Zielgruppenprogramme und weniger Kultur zugunsten von mehr Politik und Unterhaltung ohne Pause" hinaus (KNILLI u.a. 1979, S. 217). Ob es gelingt, die charakteristischen Merkmale des Hörfunks über Sprache und Musik so herauszuarbeiten, daß der Hörfunk den Kommunikations- und Gebrauchswertansprüchen der Nutzer gerecht werden kann, muß die Zukunft zeigen. Generell bietet sich in den nächsten Jahrzehnten durch Satellitentechnik, Veränderung der Frequenzsituation und Ausbau von Kabelsystemen eine fast unbegrenzte Erweiterung des Programmangebots, die neue *bedürfnisorientierte Programmstrukturen* denkbar werden läßt, wie zum Beispiel: ein spezielles Angebot für Subregionen eines Sendebereichs, Sendungen für soziologisch genau definierte Zielgruppen, Werkstatt- und Experimentierprogramme, aus zentralen Datenspeichern direkt abrufbare Programme oder lokaler „Bürgerfunk" mit Rückkopplungsmöglichkeiten (vgl. DECKER u.a. 1976, S. 353 ff.). Die aktuelle Diskussion über diese sogenannten neuen Medien(-Techniken) wird ohne wesentliche Beteiligung der Bürger geführt. Hier ist vor allem die Medienpädagogik aufgefordert, ein Bewußtsein dafür zu schaffen, wie die neuen auditiven Medien als offene Einrichtungen für gemeinsames Hören und Sprechen genutzt werden können.

Hörfunk als didaktisches Medium. Bereits in der Weimarer Republik wurde der Hörfunk als ein geeignetes „Massenmittel der Bildungsübertragung" bezeichnet. Inzwischen lassen die vorliegenden empirischen Forschungsergebnisse vermuten, daß mit Hilfe des Hörfunks wirkungsvoll gelehrt und gelernt werden kann (vgl. SCHRAMM 1977, S. 50 f.). Dabei scheint das Medium besonders im emotionalen Bereich Lernwirkungen zu erzielen (vgl. STURM u. a. 1972).

Generell können dem „Vervielfältigungsmedium" Hörfunk bestimmte Funktionen zugeordnet werden, wenn es innerhalb eines Bildungssystems darum geht, die (Aus-)Bildungsqualität zu verbessern und curriculare Neuerungen zu unterstützen, benachteiligten Gruppen/Schichten der Bevölkerung den Zugang zu Bildungsangeboten zu erschließen oder Bildungsausgaben zu senken: Durch unverbindliche Informationsdarbietungen ist eine *Bereicherung* von Lehr-/Lernprozessen denkbar; *Direktunterricht* (direct teaching) wird ermöglicht durch das den Lehr-/Lernprozeß steuernde Leitmedium Hörfunk; auf den *Kontext* des Unterrichts bezogene Programme gestatten deren Einpassen in definierte Lehr-/Lernarrangements; *Fernstudium* wird realisierbar in Verbindung mit schriftlichen Materialien und organisierten Sozialphasen. Die Möglichkeiten und Grenzen einer funktional geeigneten Verwendung des Hörfunks können folgendermaßen eingeschätzt werden (vgl. Abbildung 1).

Die Leistungsfähigkeit wird sich dabei nicht nur aus der Erreichbarkeit und Verständlichkeit der medialen Angebote für die Nutzer bestimmen, sondern wird auch daran gemessen, ob und wie zur Aufklärung der vermittelten Gegenstände selbst und der gesellschaftlichen Praxis, die sich über die Gegenstände vermittelt, beigetragen werden kann.

Abbildung 1

Strategien	Ziele: Zugangsverbesserung	Qualitätsverbesserung	Kostenreduzierung
Bereicherung	Nein	Möglich	Nein
Direktunterricht	Nein	Ja	gewöhnlich: Nein
Kontextmodell	Nein	Möglich	Nein
Fernstudium	Ja	gewöhnlich: Nein	Ja

(Übersicht modifiziert nach JAMISON/MCANANY 1978, S. 134)

Hörfunkangebote, die primär für eine Verwendung in Schule und Unterricht vorgesehen sind und in der Bundesrepublik über Kanäle des öffentlich-rechtlichen Rundfunks ausgestrahlt werden, bezeichnet man als *Schulfunk*. Sie werden in der Regel von speziellen programmproduzierenden Organisationseinheiten (Schulfunkredaktionen) der Sendeanstalten, meist in Zusammenarbeit mit Kultusverwaltungen, nach didaktischen und curricularen Prinzipien erstellt. Hörer sind nicht nur Lehr-/Lerngruppen, sondern auch „Zaungäste" wie Schichtarbeiter, Rentner und Hausfrauen. Eine Reihe von Untersuchungen belegt, daß die Gruppe der „Zaungäste" die größte Nutzergruppe ist (vgl. BUSS 1978, S. 94 ff.). In einigen Sendebereichen berücksichtigt der Schulfunk diese Hörerschaft stärker und zeigt sich daher als „publizistisch orientiertes Bildungsprogramm". Schulfunk als Programmsparte gibt es seit den Anfängen des Rundfunks in der Weimarer Republik. Ab 1926 wurden täglich Schulfunksendungen ausgestrahlt (vgl. HALEFELDT 1976), die als „den Unterricht belebende und abwechslungsreiche Beigabe" definiert wurden. Außer an diesem unverbindlichen Bereicherungsmodell orientieren sich die Sendeanstalten heute in vielen Spielarten und Kombinationen auch am Kontext-Modell und vereinzelt am Direct-teaching-Modell. Dabei bestehen deutliche Unterschiede, was das didaktische Konzept, den Programmumfang und die Plazierung im Programm betrifft. Der Schulfunk richtet sich an alle Schularten und Schulstufen. Grundsätzlich bietet sich ihm die Möglichkeit, sich aller Ziel- und Inhaltsbereiche anzunehmen, sie verbal-akustisch zu verschlüsseln und als Einzelsendung, Sendereihe oder Kursangebot zu verbreiten. Ob dabei auf der Produzentenseite die Besonderheiten radiophoner Kommunikation berücksichtigt, Aktualitäts- und/oder Gestaltungspotential optimal genutzt und im Produkt „objektiviert" wurden, muß durch kritische Inhaltsanalyse und Berücksichtigung des jeweiligen spezifischen unterrichtlichen Handlungszusammenhanges bestimmt werden.

Wegen der Flüchtigkeit des Mediums schließt ein didaktisch bewußtes Umgehen mit dem Schulfunk heute immer das Umgehen mit dem Speichermedium Tonband ein. Schulfunkkonserven machen das Medium nicht nur verfügbar in Ort und Zeit, sondern lassen auch Produktdefizite gut aufdecken und unter Umständen durch gezielte Manipulationen am Inhalt ausgleichen (beispielsweise durch Vorführen ausgewählter Teile einer Sendung). Der Mitschnitt von Schulfunksendungen ist aufgrund des § 47 des Urheberrechtsgesetzes gestattet. Prinzipiell sind Schulfunksendungen geeignet, sowohl in unterschiedlichen Sozialformen Verwendung zu finden als auch unterschiedliche didaktische Funktionen zu übernehmen. Sie können der Informationsdarbietung, der Motivation, Wiederholung, Systematisierung, dem Transfer, weniger der Übung und Kontrolle dienen. Mit seinem inhaltlichen Angebot konzentriert sich der Schulfunk auf Unterrichtsbereiche/-fächer wie den muttersprachlichen Bereich und den sozialkundlichen Bereich des Sachunterrichts in der Grundschule, Deutsch, Literatur, Fremdsprachen, Politik, (Zeit-)Geschichte und Arbeitslehre. Sendungen für den Musikunterricht bilden ein eigenständiges Programmangebot. Der Schulfunk operiert mit allen spezifischen Sende- und Darstellungsformen des Hörfunks, vor allem mit dem traditionellen Hörspiel. Wesentliches Kennzeichen dieser akustischen Gattung, die ihre Entstehung dem Medium Hörfunk verdankt, ist es, daß sie für den Hörer gleichsam zum „akustischen Film" wird. Das Feature, eine akustische Inszenierungsmöglichkeit, bei der Formelemente wie Interview, Reportage, Kommentar, Hörszene oder Musikeinblendungen zu einer umfassenden inhaltlichen Darstellung verknüpft werden, hat sich zur dominanten Gestaltungsform entwickelt.

Programmangebote mit bildungsrelevanten Inhalten im weiteren Sinne, die sich auf die Erfahrungswelt des Hörers beziehen und durch Vermittlung von Bildungserlebnissen einen Beitrag zum Verständnis der Realität liefern wollen (Sendungen wie „Aus Technik und Natur", „Das kulturelle Wort"), bezeichnet man allgemein als *Bildungsprogramme*. In diesem weiteren Sinne ist der Schulfunk ebenfalls als Bildungsprogramm zu bezeichnen, da er prinzipiell allen lern- und bildungswilligen Hörerschichten zur Verfügung stehen kann und der Öffentlichkeit Gelegenheit gibt, indirekt an Schule und Unterricht teilzunehmen. Daneben existieren spezielle Bildungsangebote, die der Fort- und Weiterbildung definierter Zielgruppen dienen. So ermöglicht – seit den Anfängen im Jahre 1966 – das sogenannte *Funk-Kolleg* als Fernstudium im Verbund mit Hörfunk, Studienbegleitmaterial, Sozialphasen und Prüfungen die Ergänzung und Erweiterung abgeschlossener Studiengänge sowie Vorbereitung und Bereicherung im Laufe des Erststudiums. Nach spezieller Regelung können die im Rahmen eines Fernstudienganges erworbenen Zertifikate an Hochschulen/im Schuldienst als Bildungsnachweis anerkannt werden.

Der *Kinderfunk,* eine selbständige Programmsparte der Rundfunkanstalten, strahlt Sendungen für die Zielgruppe „Kinder unter 14 Jahren" aus. Mit informierenden, unterhaltenden und bildenden Programmangeboten kann er – gleichsam als „Hörfunk im kleinen" – für Kinder, Eltern und Erzieher Orientierungs-, Sozialisations- oder Erziehungshilfen bieten (vgl. THIEL 1984). Voraussichtlich werden die sogenannten *neuen Medien* für Schulfunk- und Bildungsprogramme neue Präsentations- und Nutzungsmöglichkeiten bieten, wie beispielsweise: mehr Programme durch Satellitentechnik; individueller, zeitunabhängiger Zugriff auf Sendungen über Kabelsysteme; Abruf von didaktischen Informationen über Fernseh- und Bildschirmtext (vgl. ISSING 1982). Theoriegeleitete medienpädagogische Aussagen zum Bedarf und zur Akzeptanz dieser neuen Techniken in Schule, Aus- und Weiterbildung fehlen bisher. Damit die pädagogisch-technischen Neuerungen mitsamt ihren möglichen Fehlentwicklungen dem Bildungssystem nicht einfach „implantiert" werden, müßte bereits jetzt im Planungsstadium von allen in Frage kommenden Personen, Gruppen und Einrichtungen ein umfassendes medienpädagogisches Konzept für die sinnvolle Nutzung und humane Bewältigung der neuen Medientechniken entwickelt werden (vgl. DEUTSCHER VOLKSHOCHSCHUL-VERBAND / ADOLF-GRIMME-INSTITUT o. J.).

Medienerzieherische Aspekte. Obwohl bekannt ist, daß der Hörfunk für Kinder und Jugendliche eine bedeutende Rolle im Freizeitbereich und als Informationsquelle spielt (vgl. KINDER – MEDIEN – WERBUNG 1981, S. 314 ff.), gilt das Interesse der Medienerziehung vor allem dem Fernsehen und dem Film. Umfassendere medienpädagogische Konzepte, die Radiokommunikation etwa in Beziehung setzen zu verschiedenen Kommunikationsarten, zu Produktions- und Rezeptionsbedingungen, zu gesellschaftlichen Verhältnissen, zur Entwicklung alternativer Kommunikationsformen, stehen bislang aus. Neben den weitgehend überwundenen „bewahrpädagogischen" Ansätzen, deren wesentliches Ziel der Schutz vor den „minderen Angeboten" des Hörfunks und die Nutzung „wertvoller" Hörfunkangebote ist, sowie gesellschafts- und ideologiekritischen Ansätzen, deren besonderes Interesse dem „kritischen Hörfunknutzer" gilt, werden heute *handlungs- und erfahrungsorientierte emanzipatorische Konzepte* diskutiert (vgl. DRÖGE u.a. 1979, FRÖHLICH 1982, PAECH 1977). Sie zielen generell darauf, den Mediennutzer zu gesellschaftlich bewußter Teilnahme an öffentlicher Kommunikation zu befähigen und ihm das Handeln mit Medien zum Zwecke der Selbstäußerung und Selbstverständigung zu ermöglichen. In diesem Sinne wären nicht nur die auditiven Medien, sondern auch die Erfahrungen, Interessen, Bedürfnisse und Probleme von Lehr-/Lerngruppen zum Gegenstand gemeinsamen Handelns zu machen. Könnten die Beteiligten dabei auch mit auditiven Medien wie Tonband und Kassettenrecorder praktisch arbeiten und die Inhalte ihrer Arbeit selbst bestimmen, könnten sie beispielsweise die Produktionsweisen der Medien, die begrenzte Reichweite und Wirkung ihrer Aussagen oder die Diskrepanz zwischen den eigenen Interessen und denen des Massenmediums Hörfunk erkennen. Solche Erfahrungen wiederum könnten die Reflexion über einen anderen Gebrauch der Medien anregen.

Hörfunk

Seit den Anfängen des Hörfunks wird eine *Hörerziehung,* die die Verstehensleistungen des Hörers verbessern kann, als besondere pädagogische Aufgabe gesehen. Wesentliches Ziel der Hörerziehung ist es, Kinder und Jugendliche zu befähigen, sich beispielsweise durch Übungen zur Laut- und Wortdiskrimination, durch Artikulations- und Zerlegungsübungen, Hör- oder Sprechspiele die „Hörwelt" (Musik, Sprache, Umwelt, Schall) emotional, sprachlich und handelnd anzueignen.

Eine gezielte Auseinandersetzung mit den Angeboten des Massenmediums Hörfunk in Erziehung und Unterricht wird in der Bundesrepublik durch urheberrechtliche Bestimmungen erschwert. Lediglich Schulfunksendungen, Nachrichten, Bundestagsdebatten und aktuelle Sendungen dürfen für Lehr-/Lernzwecke mitgeschnitten werden. Neben Schulfunkproduktionen bieten entleihbare Tonträger und audiovisuelle Medien bei den Landesbildstellen Beispiele für Gattungen und Sendeformen des Hörfunks, die unter inhaltlichen, formalen, gesellschafts- oder ideologiekritischen Aspekten im Deutsch-, Politik-, Musik- oder fächerübergreifenden Unterricht analysiert werden können. Besonders die Analyse des traditionellen und neuen Hörspiels in Verbindung mit eigenen Gestaltungsversuchen kann die Handlungs- und Rezeptionskompetenz von Lehr- und Lerngruppen erweitern (vgl. KLOSE 1974, LERMEN 1975).

Verstärkt mehrten sich in den 70er Jahren medienerzieherische Ansätze in den Sendeanstalten, den „Hörer zum Sprecher" (vgl. BRECHT 1967) zu machen. So versuchen vornehmlich Kinder- und Jugendfunkredaktionen – häufig gegen Widerstände in den Sendeanstalten –, ihre Zielgruppen sowohl indirekt als auch direkt an Produktion und Gestaltung von Sendungen zu beteiligen (so beispielsweise bis Ende 1980 die „Radiothek" des Westdeutschen Rundfunks). Auch im Bereich des Schulfunks finden sich medienerzieherische Beteiligungsangebote (Westdeutscher Rundfunk, Sender Freies Berlin), die in Ansätzen bemüht sind, die produktive Medienarbeit von Lehr- und Lerngruppen zu veröffentlichen (vgl. SCHILL 1979, S. 124 ff.). Der Hörfunk spielt als „heimlicher Musikerzieher" durch massenhafte Verbreitung populärer Unterhaltungsmusik für Kinder und Jugendliche eine bedeutsame Rolle (vgl. MERKT 1983) und erweist sich daher auch als ein Teilgegenstand musikpädagogischer Arbeit im schulischen und außerschulischen Bereich. Eine umfassende materiale Aufbereitung, die den komplexen Gegenstandsbereich Musik im Hörfunk in ihren technischen, soziokulturellen und sozioökonomischen Zusammenhängen darstellt, fehlt bislang. In diesem Zusammenhang dürfte es wesentlich für den Erfolg musikalischer Medienerziehung sein, daß zwischen Musikunterrichtung und Musikumwelt vermittelt wird durch: Anknüpfen an der Lebens- und Erfahrungswelt der jungen Hörer und Einbeziehen von verschiedenen Verhaltensweisen im Umgang mit Musik (Musik machen, hören, erleben, über Musik nachdenken).

ARMBRUSTER, B./HERTKORN, O. (Hg.): Schulfunk im Unterricht, Köln 1979. AUFERMANN, J. u. a. (Hg.): Fernsehen und Hörfunk für die Demokratie, Opladen 1979. BARTHELMES, J. u. a.: Untersuchungen zur pädagogischen Nutzung von Hörfunk und Fernsehen im Kindergarten, München 1979. BAUSCH, H.: Vorwort des Herausgebers. In: LERG, W. B.: Rundfunkpolitik in der Weimarer Republik. Rundfunk in Deutschland, hg. v. H. Bausch, Bd. 1, München 1980, S. 9 ff. (1980a). BAUSCH, H.: Rundfunkpolitik nach 1945, Teil 1. Rundfunk in Deutschland, hg. v. H. Bausch, Bd. 3, München 1980b. BAUSCH, H.: Rundfunkpolitik nach 1945, Teil 2. Rundfunk in Deutschland, hg. v. H. Bausch, Bd. 4, München 1980c. BRECHT, B.: Radiotheorie 1927–32. Gesammelte Werke, Bd. 18, hg. vom Suhrkamp Verlag in Zusammenarbeit mit

E. Hauptmann, Frankfurt/M. 1967, S. 119 ff. Buss, M.: Schulfunkuntersuchungen in der Bundesrepublik Deutschland seit 1973. In: Internationales Zentralinstitut für das Jugend- und Bildungsfernsehen (Hg.): Schulfunk in Europa, München/New York/London/Paris 1978, S. 94 ff. Darkow, M.: Weniger Hörfunk, mehr Fernsehen. In: Medien 4 (1982), 1, S. 31 ff. Decker, H. u. a.: Die Massenmedien in der postindustriellen Gesellschaft, Göttingen 1976. Deutscher Volkshochschul-Verband/Adolf-Grimme-Institut: Neue Medientechnologien und Bildung – Internationale Erfahrungen, Marl o. J. Diller, A.: Rundfunkpolitik im Dritten Reich. Rundfunk in Deutschland, hg. v. H. Bausch, Bd. 2, München 1980. Dröge, F. u. a.: Der alltägliche Medienkonsum, Frankfurt/New York 1979. Eberhard, F./Schulz, W.: Hörfunk. In: Noelle-Neumann, E./Schulz, W. (Hg.): Publizistik, Frankfurt/M. 1971, S. 36 ff. Fröhlich, A.: Handlungsorientierte Medienerziehung in der Schule, Tübingen 1982. Halefeldt, H. O.: Materialien zur Rundfunkgeschichte, Bd. 1: Schul- und Bildungsfunk in Deutschland, Quellen 1923–1945, Frankfurt/M. 1976. Issing, L. J.: Chancen für den Bildungsfunk. SFB-Werkstattheft 13, Berlin 1982. Jamison, D. T./McAnany, E. G.: Radio for Education and Development, London 1978. Kiefer, M. L.: Massenkommunikation 1964–1980. In: Media Persp. (1981), S. 261 ff. Kinder – Medien – Werbung. Schriftenreihe Media Perspektiven, Bd. 1, Frankfurt/M. 1981. Klose, W.: Didaktik des Hörspiels, Stuttgart 1974. Knilli, F. u. a.: Hörfunk. In: Faulstich, W. (Hg.): Kritische Stichwörter Medienwissenschaft, München 1979, S. 192 ff. Lehr, W./Berg, K.: Rundfunk und Presse in Deutschland. Rechtsgrundlagen der Massenmedien – Texte, Mainz ³1976. Lermen, B.: Das traditionelle und neue Hörspiel im Unterricht, Paderborn 1975. Media Perspektiven (Hg.): Daten zur Mediensituation in der Bundesrepublik, Frankfurt/M. 1983. Merkt, J.: Jugend – Musik. In: Enzyklopädie Erziehungswissenschaft, Bd. 8, Stuttgart 1983, S. 478 ff. Network Medien-Cooperative (Hg.): Frequenzbesetzer. Arbeitsbuch für ein anderes Radio, Reinbek 1983. Paech, J. (Hg.): Didaktik der Massenkommunikation, Bd. 3, Stuttgart 1977. Schill, W.: Auditive Medien im Unterricht, Köln 1979. Schill, W.: Medien, auditive. In: Enzyklopädie Erziehungswissenschaft, Bd. 4, Stuttgart 1985, S. 523 ff. Schmidt, H.-Ch. (Hg.): Musik in den Massenmedien Rundfunk und Fernsehen, Mainz 1976. Schramm, W.: Big Media, Little Media, Beverly Hills/London 1977. Sturm, H. u. a.: Medienspezifische Lerneffekte. Eine empirische Studie zu Wirkungen von Fernsehen und Rundfunk, München 1972. Thiel, Th.: Vorschul-Sendungen. In: Enzyklopädie Erziehungswissenschaft, Bd. 6, Stuttgart 1984, S. 421 ff. Urteil des Bundesverfassungsgerichts über die Veranstaltung von Rundfunksendungen im Saarland vom 16. 6. 1981. In: ARD Jahrbuch 1981, Hamburg 1981, S. 330 ff.

Wolfgang Schill

Karte

Intentionale und mediale Grundstruktur. Die didaktischen Ziele der Arbeit mit der Karte sind zahlreich. Hervorzuheben ist der Zweck, mit allen Kartenarten entweder ein detailliertes topographisches oder ein übergreifendes geographisches Grundgerüst als räumliches Vorstellungsvermögen der Schüler einzurichten. Da im Sprachgebrauch Topographie und Geographie nicht selten synonym verwendet werden, muß zunächst eine knappe Unterscheidung herausgestellt werden. Topographie (Ortsbeschreibung) im Sinne moderner Kartographie bemüht sich um die geometrisch richtige, begrifflich klare, die integrale Wirklichkeit der Landschaft charakteristisch vereinfachende Wiedergabe geographischer Gegenstände bis zum Maßstab 1: 300 000 / 1: 500 000. Geographische Gegenstände, die auf Karten abgebildet werden, sind nach dem heutigen Verständnis von Geographie nicht nur Dinge, die mit dem bloßen Auge wahrgenommen werden können. Nicht nur die Physiognomie, sondern auch die Funktion von Gegenständen in ihrem jeweiligen zeitlichen Entwicklungszustand, mit ihrer Geschichte und mit ihrer möglichen Zukunft als Begründungs- und Bedingungsfaktoren sind Gegenstand der Geographie und werden demzufolge sowohl von topographischen als auch von geographischen Karten erfaßt.

Topographisches und geographisches Grundwissen aus der Karte soll ein im Vorstellungsvermögen der Schüler befestigtes Grundgerüst räumlicher und raumbedingender Lagebeziehungen einrichten. Das Grundgerüst als Grobraster sollte am Ende der Schulzeit möglichst global verteilte Stützen haben, mit deren Hilfe ein weiterer Ausbau erleichtert wird. Geographie und Topographie mit Hilfe der Karte wollen dem Schüler nicht zuletzt die alltäglich nötige räumliche Orientierung erleichtern.

Die Karte ist zu allen vorgenannten Zielen Erkenntnisquelle, Arbeits- und Veranschaulichungshilfe gleichzeitig.

Darüber hinaus muß die Karte als schulisches Medium Selbständigkeit und kooperatives Sozialverhalten fördern. Dies kann sie inhaltlich und formal, aber auch methodisch leisten: Sie ist als individualisierendes Medium ebenso zweckmäßig (etwa stumme Karte als mögliches Testinstrument für den Kenntnisstand des Einzelschülers) wie auch als kommunikationsstiftendes Instrument (Orientierungsübungen im Gelände).

Die Karte hat aber auch ganz für sich allein gesehen besonderen Wert, denn durch thematische Auswahl lenkt sie die Aufmerksamkeit des Benutzers auf weniger geläufige Sichtweisen. Sie stellt also als selektierende Veranschaulichungshilfe einerseits und mit höchstmöglich der Wirklichkeit angenäherter Informationsdichte andererseits ein vielseitig verwendbares Medium dar. Mit diesen Eigenschaften entspricht die Karte der selektiven Wahrnehmungsfähigkeit und dem selektiven Informationsbedürfnis.

Anders als etwa beim geschriebenen oder gesprochenen geographischen Informationstext hat die Karte den didaktischen Vorteil der simultanen Darbietung ohne den Zwang zum Totalverständnis aller in ihr enthaltenen Informationen.

Atlas und Wandkarte. Von den zahlreichen Kartenarten werden im Schulunterricht heute überwiegend Atlanten und Wandkarten verwendet. Der *Atlas* hat dabei geschichtlich gesehen die größere Bedeutung erlangt. Vom letzten Drittel des 16. Jahrhunderts bis zur Wende vom 18. zum 19. Jahrhundert ist die vorzugsweise Verwendung von Atlanten in Geographie- und Geschichtsunterricht bekannt.

Die erste in Deutschland nachweisbar für Schulzwecke hergestellte Wandkarte

datiert aus dem Jahre 1838: „Asia" vom Verlag Perthes in Gotha. Zu dieser Zeit war der Atlas als schulisches Unterrichtsmittel schon länger bekannt und gebräuchlich.
Der globustragende Titan Atlas erschien erstmals als Titelkupfer der Kartensammlung des Italieners Antonio Lafreri (1570), nachdem der deutsche Kartograph Johannes Mercator (1512-1594) den Namen schon früher begründet und benutzt hatte. Das 16. und 17. Jahrhundert gelten als bahnbrechend und wegweisend für die Kartographie im Dienste der Schule. Namen wie Abraham Ortelius (1527-1598), Jodocus Hondius (1563-1611), Wilhelm Janszoon Blaeu (1571-1638) und Söhne zeigen, daß insbesondere die Niederlande mit den damaligen Welthäfen Antwerpen und Amsterdam Zentren der kartographischen Wissenschaft und Kunst waren.
Anfang des 18. Jahrhunderts gelang es Johann Baptist Homann (1664-1724) von seiner Niederlassung in Nürnberg aus, die niederländische Vorherrschaft zu brechen. Wie auch Homann hatten seine ebenfalls in Süddeutschland wirkenden Zeitgenossen, die Brüder Weigel und Matthäus Seutter, mit der Herstellung und dem Verlag von Schulatlanten begonnen. Methodische und didaktische Grundzüge der frühen Schulatlanten bestanden unter anderem darin, daß
- geographische, politische, kulturgeschichtliche und wirtschaftskundliche Sachverhalte neben den zugehörigen Karten durch umfangreichen Text kommentiert waren;
- ein handliches Format gewählt wurde (Weigels Weltatlas von 1718 umfaßte 30 Karten und 272 Seiten Text; er maß nur 18 × 11 cm, um von den Schülern ohne Schwierigkeiten getragen und benutzt werden zu können).

Bei den Einzelkarten werden didaktische Hilfen angeboten, die bis heute geläufig sind, etwa die Stiefelform Italiens oder die an ein ausgebreitetes Kalbfell erinnernde Form Spaniens. Interessant ist die gleichzeitige Funktion des im Format dem Weltatlas ähnlichen Weigelschen Schulatlas von Deutschland, der auch den Reisenden nützlich sein soll, „damit sich dieselbigen nicht mit denen großen und unbethulichen Carten und Atlantibus auf den Gassen und sonst plagen dürffen" (zitiert nach FICK 1970, S. 65).

Der Rektor Johann Hübner (1668-1738) gab zusammen mit Johann Baptist Homann 1719 einen Atlas heraus, der *stumme Karten* enthielt. Lediglich die Anfangsbuchstaben der verzeichneten Gegenstände waren für den Schüler Anhaltspunkte, denen er mit Hilfe eines Lösungsschlüssels nachspüren mußte. Das pädagogische Argument lautete, daß ausgeschriebene Namen Leichtsinn und Unaufmerksamkeit förderten, die stumme Karte aber das Gegenteil bewirken würde: „Das Maschinenmäßige, das man jetzt mit so vielem Eifer aus den Schulen [...] zu verdrängen sucht, kann bey dem Gebrauche dieses methodischen Atlasses gewiß nicht Statt finden" (zitiert nach FICK 1970, S. 67). Weiterhin werden fachdidaktische Forderungen gestellt, die noch heute gültig sind: „So wie es bey allen Wissenschaften, in welchen man die Jugend zu unterrichten sucht, nicht darauf ankommt, ihr nur bloß eine flüchtige und wörtliche Erkenntniß beyzubringen: so erfordert besonders die Geographie gewisse, deutliche und gründliche Begriffe. Es ist nicht genug, daß der Knabe bloß in seinem Gedächtnisse den Namen einer gewissen Stadt oder eines Flusses merke und aufbehalte: sondern es muß auch seiner Vorstellungskraft die Lage der Länder, Städte und Flüsse gegeneinander so fest eingeprägt werden, daß er, in Ermanglung einer Landkarte, sogleich in seinem Kopfe von seiner Einbildungskraft eine richtige Karte kan hinzeichnen lassen, um einer jeden Stadt ihre gehörige Lage anzuweisen" (zitiert nach FICK 1970, S. 67). Der moderne Schulatlas hat zwei beson-

ders hervorhebenswerte didaktische Eigenschaften:
- Er begleitet den Schüler häufig durch seine gesamte Schulzeit, oft darüber hinaus, und fördert so die nötige Gewöhnung und Sicherheit im Umgang damit.
- Er ist geographisches Lexikon, Arbeits- und Erkenntnismittel zugleich.

Allerdings müssen auch seine Nachteile genannt werden:
- Die in modernen Atlanten besonders reichhaltigen und zahlreichen thematischen Karten veralten rasch.
- Sogenannte Stufenatlanten oder verschiedene Ausgaben und inhaltliche Konzeptionen zu unterschiedlichen Schulbüchern (Medienverbund), Schulformen und Schularten bergen die Gefahr in sich, daß die Schülerschaft ein nach Inhalten und Methoden höchst unterschiedliches geographisches Grundwissen erwirbt. Grundwissen und Erkenntnispotential der Geographie sollten aber nicht in nach Schularten und -formen präjudizierender Weise differenziert werden.

Neben dem Gebrauch des Atlasses bleibt die *Wandkarte* nach wie vor bedeutsam, zumal die gleichzeitige Benutzung beider Kartenformen sowohl aus inhaltlichen als auch aus methodischen Gründen zweckmäßig ist.

Die Wandkarte eignet sich besonders zu Demonstrationszwecken im Frontalunterricht, der, allerdings unter anderen Aspekten als in früheren Jahrhunderten, heute ebenfalls noch seine didaktische Berechtigung hat. Nicht zu unterschätzen ist der Wert des optischen Dauerreizes: Gerade bei komplizierten geographischen Verteilungsmustern und vielfältigen Lagebeziehungen von Orten untereinander schadet nichts so sehr wie Flüchtigkeit. Sie verhindert die Überführung von Informationen in das Langzeitgedächtnis, wo aber das topographische Grundgerüst seinen Platz als ein Fundament geographisch-raumbezogenen Denkens und Handelns haben muß. Methodisch bereichert die Wandkarte durch ihre unterschiedlichen Arten den Unterricht: *Stumme Wandkarten,* die auf tafelfarbigem Untergrund nur wenige eingedruckte Hilfslinien und -punkte haben, sind mit Kreide beschriftbar. Sie ermöglichen neben verschiedenen Arbeits- und Erkenntnisformen die Förderung der Selbständigkeit von Schülern und sind ein effektives Testinstrument zur Erfolgs- und Leistungskontrolle. In diesem Zusammenhang muß auf arbeitsheftgroße Umrißstempel oder Vordrucke stummer Karten hingewiesen werden. Bedeutsam ist aber auch die reliefierte Wandkarte in stummer und beschrifteter Variante. Obwohl meist die Überhöhung und damit Verfälschung des Höhenmaßstabes nötig ist, erweist sich auch diese Sonderform als nützlich. Der bisweilen unterentwickelte Tastsinn der Schüler wird berücksichtigt, und die dritte Raumdimension bleibt anschaulich. In einem immer noch als allgemeinbildend verstandenen Unterricht kommt einem multisensorischen Vorgehen ohnehin besondere Bedeutung zu.

Der Wert der *Reliefkarte,* auch in kleineren Formaten, ist für die Blindenschulung unumstritten. Immer mehr in den Vordergrund getreten sind in den letzten Jahren die sogenannten *Folienkarten,* die, zu regelrechten Atlanten zusammengefaßt, eine thematisch abwechslungsreiche Overhead-(Tageslicht-)Projektion ermöglichen. Hierdurch ergeben sich neue positive methodische und fachinhaltliche Aspekte.

Ein Problem, zu dem von jeher gegensätzliche Meinungen vertreten werden, ist der Zeitpunkt der Einführung in das Kartenverständnis. Die Skala der Meinungen hierzu reicht von der zweiten Grundschulklasse bis zur ersten Klasse der Beobachtungsstufe.

Ausblick. Nachdem die Karte im Zuge fachdidaktischer Reformen seit etwa 1970 umstritten und allzusehr in den

Hintergrund gedrängt wurde, macht sich seit etwa 1977 eine Gegenbewegung immer stärker bemerkbar. Diese will nun keineswegs einen neuen topographisch-geographischen Materialismus wiedereinführen, der schon 1895 von Heinrich Harms beklagt wurde, sondern sie erinnert zu Recht nachdrücklich an die räumliche Orientierungsfunktion der Karte, die ohne topographisches Grundwissen unmöglich ist.

Wenn also heute im neuesten geographiedidaktischen Schrifttum gefordert wird, das topographisch-geographische Grundgerüst müsse standfest mit Hilfe der Karte errichtet werden, wenn Schüler sogenannte *mental maps* als das einer geistigen Landkarte korrespondierende Phänomen zeichnen sollen, wenn der korrekte Umgang mit Karten als unverzichtbare Kulturtechnik sogar von Gegnern der Geographie anerkannt wird, so erlaubt das folgende Feststellung:

Die geographiedidaktisch-curricularen Reformen seit 1969 haben dem didaktischen Fundament des Faches in wesentlichen Bereichen geschadet, indem sie die Topographie als ein Fundament der Geographie in Frage stellten und vernachlässigten.

Nach allen bisherigen Ausführungen darf behauptet werden, daß die Karte ein zentrales Erkenntnis-, Lehr-, Lern- und Arbeitsmittel insbesondere im Geographieunterricht ist.

Zwar läßt sich die ältere und über Jahrzehnte immer wieder vorgebrachte Meinung von der Karte als dem Hauptmedium des Geographieunterrichts nicht mehr aufrechterhalten, jedoch ist sie zusammen mit Bildern und Modellen aller Art zweifellos ein typisches und nicht zu ersetzendes Vermittlungsinstrument geographischen Wissens.

BRUCKER, A.: Topographiekenntnisse früher und heute. In: Prax. Geogr. 8 (1980), S. 329 ff. FICK, K. E.: Schulatlanten im 18. und 19. Jahrhundert. In: HINRICHS, E. (Hg.): Der Atlas im Erdkundeunterricht. Der Erdkundeunterricht 11, Stuttgart 1970, S. 55 ff. FUCHS, G.: Überlegungen zum Stellenwert und zum Lernproblem des topographischen Orientierungswissens im Geographieunterricht. In: Hefte z. Fachdid. d. Geogr. 1 (1977), 3, S. 4 ff. HÜTTERMANN, A.: Die Karte als geographischer Informationsträger. In: Geogr. u. S. 1 (1979), 2, S. 4 ff.

Karl H. Reinhardt

Kinder-/Jugendliteratur

Historische Entwicklung. Kinder- und Jugendliteratur in der Form, wie sie im 18. Jahrhundert im mitteleuropäischen Raum entstanden ist, hat von vornherein einen Bezug zum Pädagogischen und zum Unterricht, sie entsteht als pädagogisches Medium; sie ist von vornherein mit *beiden* Aufgaben betraut: Sie soll den Prozeß der „Literarisierung", der Befähigung zur Literatur und zur Teilnahme am Literaturprozeß („Erziehung *zur* Literatur") fördern, und sie dient der Vermittlung von Kenntnissen und Normen („Erziehung *durch* Literatur").

Die Anfänge dieser Entwicklung lassen sich historisch exakt bestimmen, sie liegen in Deutschland in den 70er Jahren des 18. Jahrhunderts. Kurz aufeinander entstanden: mit Johann Bernhard Basedows „Elementarwerk" (1774) das erste Lese- und Realienbuch, mit Christian Felix Weißes Wochenblatt „Der Kinderfreund" (1776–1782) die erste Kinderzeitschrift und mit Joachim Heinrich Campes „Robinson der Jüngere" (1779/1780) und „Kleine Kinderbibliothek" (1779–1784) die ersten Kinderbücher im modernen Verständnis als „spezifische Schriften" (von Vorläufern und dem „Schuldrama", etwa Christian Weises, sehen wir hier ab), heute bevorzugter

Terminus: „intentionale Kinder- und Jugendliteratur". Die erste, aus philanthropisch-aufklärerischem Geist entstandene Kinder- und Jugendliteratur, lange Zeit noch „Jugendschriften" genannt, hatte neben ihrer didaktischen zugleich auch eine familienstiftende (vgl. HURRELMANN 1974) Funktion, da sich Unterricht nicht nur an den damals aus dem Boden schießenden Schulen (etwa „Philanthropina"), sondern verbreitet in den „Häusern" vollzog: So hatte Campe seinen Robinson als Hauslehrer vor Niederschrift den Kindern einer Hamburger Kaufmannsfamilie und den Freunden auf dem Landgut der Familie vor der Stadt (im heutigen Stadtteil Billbrook) erzählt.

Die gleichsam plötzliche Entstehung von Kinder- und Jugendliteratur hat vielschichtige Gründe. So ist zu erinnern an den Übergang von Feudalismus (Adelsherrschaft, Ständegesellschaft mit agrarischer Grundlage, Handelszünfte und Handwerksgilden in den Städten, Familienform des „ganzen Hauses", „Traditionslenkung" - vgl. RIESMAN 1958) zum bürgerlichen Kapitalismus (Herrschaft des städtischen Wirtschaftsbürgertums, Industrialisierung, Verstädterung, Entstehung der „Klein- beziehungsweise Kernfamilie" - Trennung von Arbeit und „Leben", zunehmende „Entfremdung", „Innenlenkung" - vgl. RIESMAN 1958). Die Veränderungen im Arbeits- und Berufsbereich (neue Berufe schießen aus dem Boden, Verlegung der Arbeit aus dem Hause, Rationalisierung und Spezialisierung, Trennung von Kapital und Arbeit in der schrittweisen Ersetzung weiter Teile des Handwerks durch Industrie) verändern das Bildungswesen und machen eine allgemeinbildende Schule erforderlich.

Kinder hat es gewiß immer gegeben. „Kindheit" wird jedoch historisch-gesellschaftlich definiert, ist ein Erwartungsschema, modern-soziologisch gesprochen: eine Rolle (entsprechend „Jugend"). Bürgerliche „Kindheit" wird verstanden als Schonraum und Bewahrung einerseits und als Vorbereitung auf den Lebensernst andererseits. Dialektisch dazu muß man die Qualifizierung des Kindes als „kleinen Wilden" sehen, der lernen muß, seine „Triebe zu zügeln", ein Aspekt, der für die neue Kinderliteratur fundamental ist. Speziell „Jugend" in bürgerlichem Verständnis übernimmt dann mehr und mehr die Aufgabe der Vorbereitung auf den „Erwachsenen", eine seit Jahrzehnten zunehmend problematischer werdende „Verlängerung der Kindheit" und ein fortgesetztes „Fernhalten" von den Aufgaben und Verantwortungen des Erwachsenen, zugleich betraut mit der Aufgabe der „Emanzipation", ein für bürgerliches Selbstverständnis fundamentales Prinzip, das es erlaubt, gesellschaftliche Stellung nicht mehr auf Geburt, sondern auf Leistung zu gründen. Kinder- und Jugendliteratur, wie sie gegen Ende des 18. Jahrhunderts entsteht, ist nur im Zusammenhang mit den angedeuteten Veränderungen erklärbar.

Kinder- und Jugendliteratur als geschichtlich „neues" Medium. Kinder- und Jugendliteratur drückt in der Situation des erstarkenden Bürgertums pädagogische Zuwendung, aber auch bestimmte Erwartungen aus, die dem neu entdeckten Status „Kindheit" entsprechen. So ist sie von Anfang an (individual-)pädagogisches Medium und - da die Familie als Agentur bürgerlicher Erziehung fungiert - familienpädagogisches Medium. Die multifunktionale Bedeutung der Kinder- und Jugendliteratur ist an ihren ersten Werken bereits ablesbar, wie sich am Beispiel von Campes „Robinson der Jüngere" zeigen läßt.
Immanente Struktur: Der Verfasser hat das Original des 1719/1720 zuerst erschienenen Werkes des Daniel Defoe grundlegend verändert und zugleich daraus ausgewählt. Diese Selektion und Veränderung erfolgen intentional in Richtung auf Kinder als Zuhörer und Leser:

Campe macht den Robinson damit zum Instrument der Vermittlung eines (bürgerlich bestimmten) Weltbildes: Weltkenntnis soll verbreitet, der „Samen der Tugend" soll „in die jungen Herzen" eingestreut und es soll zu „Selbsttätigkeit" geführt werden. Da diese Absichten eine bestimmte Rezeption und Interpretation der Geschichte Robinsons bedingen, gibt er diese vor, indem er die Geschichte von einem Hauslehrer, verteilt über Abende, einer Schar Kinder erzählen läßt (wie er sie selbst in Billbrook erzählt hat): Die Kinder setzen sich, angeleitet vom Hauslehrer, aber auch „spontan" mit den Gegebenheiten der Geschichte so auseinander, wie der Verfasser es sich bei den (nicht kontrollierten) Lesern erhofft: Sie identifizieren und repetieren die „nützlichen Kenntnisse", sie arbeiten sittliche Normen heraus, und sie kommen zu Handlungsentschlüssen, die sie auch sogleich in die Tat umsetzen. (So beschließen sie einmal, Robinson nacheifernd und weiterführend, abends nichts zu essen, eine Nacht auf Schlaf zu verzichten – und dies, auf Drängen des Hauslehrers, durchaus nicht zerknirscht, sondern „fröhlich". Der Hauslehrer beschließt daraufhin, selber in Zukunft auf das Rauchen, den Kaffee und andere Genüsse zu verzichten.) Neben Selbstentsagung und Triebkontrolle sind es unter anderem die Tugenden des Gehorsams, der Geduld, des Fleißes und der Arbeitsamkeit, der Ordnung und der Zufriedenheit, die auf diesem Wege den Kindern nahegebracht werden.

Kommunikative Struktur: Dieser Aufwand gilt nur lesenden Kindern beziehungsweise Kindern vorlesender Eltern und Erzieher und dient einer Verbindung von „Unterhaltung" und „Unterricht", letzterer unterteilt in Vermittlung von – wie wir heute sagen würden – „Sachkompetenz", „moralisch-interaktiver Kompetenz" und „Handlungskompetenz". Unterhaltung verweist auf „literarische Kompetenz" (den oben erwähnten Aspekt „Erziehung *zur* Literatur"): Kinder sollen zu Lesern und dadurch fähig werden, die Literatur zu Unterhaltungszwecken zu nutzen. Das Buch wird als Medium der selbständigen Unterhaltung und des selbständigen Bildungserwerbs entdeckt. Die immanenten Gespräche „Robinsons des Jüngeren" selbst decken den Prozeß der Verinnerlichung von Handlungsnormen und damit des Selbständigwerdens, des „Freiwerdens" von anwesender Lenkung und Kontrolle zugunsten von „Selbstkontrolle" auf, führen ihn anschaulich vor. Zugleich gewinnen Buch und Lesen die Funktion von Lebensersatz: Die unterdrückte Triebenergie, die der Zivilisierungsprozeß verlangte, soll ihren Ausgleich im Lesen finden. Es ist wichtig, die Ambivalenz dieses Prozesses zu durchschauen, der *sowohl* den mit der Industrialisierung und der Entfremdung von Arbeit und Leben notwendig werdenden bürgerlichen Kanon von Tugenden und Normen *als auch* durch Normverinnerlichung möglich werdende Autonomie umfaßt. So entstehen im 18. Jahrhundert die bis heute gültigen Leseweisen; das Intensiv- und Wiederholungslesen (Bibel, theologisches Schrifttum, Andachtsbücher, Erbauungsliteratur) verändert sich im Laufe des Jahrhunderts zum Extensiv- und Viellesen (auch als „Lesesucht" diskriminiert; darüber geben die Sozialhistoriker des Lesens wie A. Hauser, R. Engelsing, J. Greven und R. Schenda Auskunft) (weltliche Literatur, beispielsweise Romane) mit seinen beiden Grundmöglichkeiten „Dichtung" und – wie wir heute sagen – „Trivialliteratur". Etwas schematisch und stark vereinfachend kann man beide Bereiche so unterscheiden, daß Dichtung (beginnend mit Sturm und Drang, Vorklassik und Klassik) auf die Wiederherstellung des im Wirtschaftsprozeß verlorengegangenen „ganzen" Menschen und Trivialliteratur auf illusionäre Befriedigung der nicht mehr realisierbaren Bedürfnisse und auf „Flucht" aus dem Alltag zielt. Dem entsprechen verschiedene Leseweisen. Beide sind dialektisch aufeinander bezogen und gemeinsam auf die mit Industrialisierung und Arbeitsentfremdung aufreißenden Lebensdefizite. Eine Trennung beider Leseweisen trat nach und nach mit der Dichotomisierung des Publikums und der Literaturen ein.

Zwischenstufe Heinrich Wolgast (1860 bis 1920): Position und Anstöße. Kinder- und Jugendliteratur war, zusammengefaßt, im 18. Jahrhundert entstanden im Zusammenhang mit der aus sozioökonomischen und sozialen Veränderungen resultierenden neuen Form von „Kindheit" und „Jugend", mit der Verweltlichung, Extensivierung und „Surrogatisierung" des Lesens, mit der Entstehung der Kernfamilie und Bildungsnotwendigkeiten und schließlich mit dem nach Herrschaft drängenden Bürgertum, das verschiedene Instrumente zur Verbreitung und Durchsetzung eines sein Selbstverständnis ausdrückenden Wertekanons brauchte und dafür die Kinder- und Jugendliteratur institutionalisierte. Der anfangs ausschließlich vom dritten Stand getragene Prozeß der „Literarisierung" (auch heute hat das „Lesen" bekanntlich seinen Mittelschichtenbezug noch nicht überwunden) findet seinen Abschluß im 19. Jahrhundert, während sich der „dienende Stand" zum „vierten Stand" (Arbeiterklasse) entwickelt und die Vorherrschaft des Bürgertums bedroht. Um auch seine für die Entwicklung der Produktivkräfte notwendige Literarisierung voranzutreiben, wird für ihn ein spezifisches Schrifttum produziert: Kolportageliteratur, populäre Lesestoffe, Bilderbogen (vgl. SCHENDA 1970); ein Schrifttum, dessen Aufgaben im 20. Jahrhundert die Trivialliteratur im engeren Sinn (Heftchen, Leihbuchroman, Kaufhausliteratur) übernimmt, wenn diese auch bald fast alle Sozialschichten erfaßt.

Dennoch wäre es ungerecht, die Trivialliteratur und ihre Vorläufer und die Kinder- und Jugendliteratur nicht in ihrer Bedeutung für die Literarisierung der „Massen" zu würdigen, die für sie immer auch ein Moment der Therapie ihrer unbefriedigenden Lebenssituation enthielt (vgl. PRUTZ 1973) (der Massen: bedingt durch zunehmende Entfremdung, Abhängigkeit und „Undurchschaubarkeit" der Verhältnisse; der Kinder: bedingt durch die Erfahrung ihrer Unterlegenheit, des nicht Ernstgenommenwerdens, des Zwanges zur Bedürfnisunterdrückung). Auf diese Situation bezieht sich der Hamburger Kunsterzieher und Literaturpädagoge Wolgast. Nach einigen folgenlos gebliebenen Vorläufern (Herbart, Jean Paul, Wackernagel) verwirft WOLGAST (vgl. 1950) als erster radikal die spezifische Kinder- und Jugendliteratur, wie sie überkommen ist und allerdings in der Wilhelminischen Ära immer autoritärere und chauvinistischere Züge angenommen hatte, in seiner Kampfschrift „Das Elend unserer Jugendliteratur" (1896). Seine Gesamtposition in der Jugendschriftenfrage kann hier nicht rekonstruiert werden (vgl. DAHRENDORF 1980a), wohl aber muß Wolgasts Stellung zum Medium Buch im Zusammenhang mit seinen Vorstellungen von literarischer Bildungsarbeit in der Schule gekennzeichnet werden, weil auf Wolgast und seine Schüler einige noch heute wirksame didaktische Motive und schulische Erschließungswege von Kinder- und Jugendliteratur zurückgehen, auch wenn Wolgasts Aussagen nicht einheitlich, ja manchmal sogar widersprüchlich sind, da er sie später, ständig zum Teil unsachlichen Angriffen ausgesetzt, teilweise modifizierte.

Wolgast wollte in seiner mit dem Medium Buch zusammenhängenden Didaktik einige schriftumspolitische und organisatorische Aufgaben mit im engeren Sinne didaktischen Prinzipien verbinden. Er stellte diese Didaktik in den Dienst von Zielvorstellungen, die man als (Wieder-)Herstellung des im entfremdeten und entfremdenden Arbeitsprozeß verlorengegangenen „ganzen Menschen" mit all seinen Möglichkeiten und Anlagen bezeichnen könnte. Dazu diente ihm erst einmal die Literatur selber, darin sah er – dabei auf Schillers „Briefe" zur ästhetischen Erziehung des Menschen" zurückgreifend – ihre hauptsächliche Funktion, die sich aber dem Menschen erst relativ spät erschließe, weshalb er „freie Lektüre" so lange wie möglich hinauszuzögern und das Kind von der Schundlektüre „abzuschirmen" empfahl. Auf die Tatsache der minderwertigen Massenlektüre reagierte er deshalb – Anfang dieses Jahrhunderts – mit der Förderung und Herausgabe sogenannter „billiger Reihen" (etwa „Quellen", erstes Heft 1909: Storms „Pole Poppenspäler"), mit denen er den „Schund" sozusagen auf seinem eigenen Feld schlagen wollte. Daß Wolgast in seinem Denken nicht auf „Literatur" eingeengt war, zeigt nicht nur sein humanistisches Verständnis von Dichtung als gegen Entfremdung und Zerstückelung des Menschen wirkend, sondern auch sein Vorschlag, dem jungen Menschen neue Handlungs- und Erlebnismöglichkeiten zu eröffnen, um damit der Surrogatlektüre das Wasser abzugraben. Von der Verwendung der Lektüre als Unterhaltung hielt Wolgast nichts, ebensowenig wie zum Zwecke der Belehrung oder Moralerziehung. Er stellte sich damit gegen die Vorzeichen, unter denen Kinder- und Jugendliteratur angetreten war, ihre sozialhistorischen Bedingungen entweder übersehend oder nicht hinnehmend.

Enger kenntnisbezogen waren seine Vorschläge zur Einrichtung einer Schülerbücherei, zur Lektüre „ganzer Bücher" unter Verzicht auf das Lesebuch, dessen „Zerstückelungsprinzip" für ihn nur Ausdruck menschlicher Entfremdung war. Gleichzeitig war er gegen eine übertriebene „Verschulung" durch analysierend-interpretierenden Umgang mit den Büchern und befürwortete einen eher erlebnishaften Nachvollzug wie auch ausgiebiges Vorlesen. Es ist hier nicht möglich, alle Vorschläge zur Buchdidaktik Wolgasts und ihre Motive und Begründungen zusammenhängend zu bewerten; sie muten teilweise aktuell und modern an (beispielsweise gegen „Verschulung", die Schulbibliothek), sind aber teilweise weltfremd und in den an sie geknüpften Erwartungen, unrealistisch, idealistisch und widersprüchlich in ihren teils bürgerlichen (Dichtungsbegriff, Zweckfreiheit der Literatur), teils antibürgerlichen bis sozialistischen Voraussetzungen. Dennoch hat Wolgast nachhaltig auf den Literaturunterricht der allgemeinbildenden Schulen, besonders der Volksschulen, und auch auf die Prinzipien der Ganz- und Buchlektüre eingewirkt. Sein Gedanke, statt der „spezifischen" und deshalb minderwertigen Literatur müsse dem „Volk" seine Dichtung erschlossen werden, wird bei Hermann HELMERS (vgl. 1976) wieder aufgegriffen, versucht aber – unrealistischerweise – an die Zeit *vor* Entstehung der Kinder- und Jugendliteratur und damit im Grunde *vor* Entstehung von „Kindheit" und „Jugend" im modernen Sinne anzuknüpfen. Mit ihren Lesern geriet Kinder- und Jugendliteratur einschließlich ihrer Institutionen (Autoren, Verlage, Buchhandel, Bibliotheken, wissenschaftliche Behandlung, Didaktik) in ein Getto, das für beide Seiten, Erwachsene und Kinder, fatal war und ist (vgl. DAHRENDORF 1980a, S. 167ff.; vgl. LYPP 1977). Mit dem Postulat der *einen* Literatur für Erwachsene, Kinder (Märchen, Sage, Novelle) und Jugendliche (weitgehend Dichtung der Erwachsenen) hat Wolgast jedoch durchaus einen „wunden Punkt" der (traditionellen) Kinder- und Jugendliteratur getroffen.

Stand der gegenwärtigen Diskussion. Den gegenwärtigen Diskussionsstand in der hier gebotenen Kürze zu beschrei-

Kinder-/Jugendliteratur

ben ist schwierig, da sich die Diskussion außerordentlich verzweigt und vielfältige Motive in sich aufgenommen hat. Es kann auch nur unter Vernachlässigung von Zwischenstufen geschehen.
Folgende Motive zur Verwendung des Mediums „Buch" in der Schule, insbesondere der Kinder- und Jugendliteratur, werden immer wieder angeführt und diskutiert (vgl. DAHRENDORF 1980a); sie lassen sich grob ordnen nach den zwei Hauptmotiven „Erziehung zur Literatur" und „Erziehung durch Literatur":

- Das Buch findet als *„Ganzform"* alternativ zum Lesebuch Verwendung (vgl. KRÜGER 1973, WOLGAST 1950).
- Es soll so eine *Brücke zwischen Schul- und Hauslektüre* geschlagen werden, um eine auf die Alltagssituation gerichtete Lesemotivation zu fördern (vgl. DAHRENDORF 1975, HAAS 1976).
- Das bedingt „entschulte", vom „freizeitlichen", außerschulischen Gebrauch beeinflußte Formen des Lesens und des Umgangs (vgl. HAAS 1976, WOLGAST 1950).
- Das Buch wird insbesondere deshalb zum Gegenstand des Schulunterrichts, da es eine *Propädeutik der Langform* ermöglicht und eine „Romankompetenz" entwickeln hilft (vgl. BAUMGÄRTNER 1972, GEISSLER/HASUBEK 1968, ZIMMERMANN 1976).
- Unter dem Gesichtspunkt des literarischen Werkes stellt stufengemäße Lektüre eine *Brücke zur authentischen Hochliteratur* dar beziehungsweise wird ein Curriculum werthafter Stufen vorgeschlagen (vgl. HASUBEK 1974, MAIER 1973).
- Kinder- und Jugendliteratur kann jedoch selber bereits „weltliterarischen Rang" haben und, in entsprechender Auswahl angeboten, eine Wertungskompetenz aufbauen helfen (vgl. KRÜGER 1973).
- Das „Gute (Jugend-)Buch" dient auch der Abwehr des Minderwertigen und hat daher eine Funktion als „positiver Jugendschutz"; dies gilt auch für in „billigen Reihen" angebotenen schul- und schülergeeigneten Lesestoff (vgl. BAMBERGER 1965, 1975; vgl. WOLGAST 1950).
- Das Buch als primär außerschulisch-freizeitliche Lektüre sollte auch deshalb in die Schule hineingenommen werden, um daran eine kritisch-distanzierte Lesehaltung zu entwickeln, da es als Produkt des „Marktes" dem Kulturwarenprinzip unterworfen ist, deren gesellschaftsaffirmative Funktion es entgegenzuwirken gilt (vgl. BREMER KOLLEKTIV 1974, HAIN/SCHILLING 1974).

Die oben dargestellten Motive akzentuieren den Charakter des Buches als literarisch-ästhetischen Gegenstand und sind primär dem Gesichtspunkt „Erziehung zur Literatur" zuzuordnen. Sie weisen gewiß eine Reihe von Berührungspunkten und Überschneidungen auf, wie sie teilweise einander auch ausschließen. Sie können daher nicht einfach summiert werden. Sie entstammen auch verschiedenen historischen Phasen der Diskussion, wie ein Vergleich mit den bereits von Wolgast und seiner Schule gemachten Vorschlägen zeigt. Die Motive stehen zum Teil auch in Verbindung mit dem zweiten Hauptmotiv: „Erziehung durch Literatur", die das Buch zum Medium „außerliterarischer" Intentionen macht; so dient „kritisches Lesen" der Ermöglichung einer Selbst-Sozialisierung, das heißt Autonomisierung gegenüber sozialisierenden Intentionen der Literatur, und geht deshalb über den Aufbau literaturbezogener Kompetenzen hinaus. – Die Motive sind im einzelnen auch kritisiert und in ihrer Bedeutung eingeschränkt worden. Darüber hinaus ist auch auf die im engeren Sinne pädagogischen Motive einer Behandlung von Kinder- und Jugendbüchern im Unterricht hinzuweisen, also auf den Aspekt einer „Erziehung *durch* Literatur":

- Das Buch hat vermöge der Prägewirkung seiner Hauptfiguren *eine „Lebenshilfe"*-Funktion; es vermittelt gesellschaftlich wichtige Normen und Maßstäbe für Verhalten (vgl. MAIER 1973). Diese Funktionsbestimmung ist allerdings im Zusammenhang mit einer Kritik an der „Leitbildpädagogik" nicht unwidersprochen geblieben, da sie mehr auf eine Anpassung an vorgegebene Normen hinausläuft.
- Da das Buch immer auch Sozialisationsprozesse vorführt und Normen darstellt, ermöglicht es dem Leser eine Auseinandersetzung mit Normen, einen Vergleich mit den eigenen Normen und dadurch eine *Aufarbeitung der eigenen (Leser-)Sozialisation* (vgl. MERKEL 1975). Dabei geht die „Aufarbeitung" einen entscheidenden Schritt über „Lebenshilfe" hinaus, indem sie Normdiskussion und die Möglichkeit der Normverwerfung zugunsten selbstgewählter Normen impliziert.
- Es macht dadurch *handlungskompetenter,* daß der Leser im Buch Möglichkeiten des Handelns und Problemlösens in konkreten Situationen modellhaft kennenlernt, und zwar auf quasi spielerische Art in einer vom unmittelbaren Handlungszwang entlasteten (Lese-)Situation (vgl. HILLMANN 1977, HURRELMANN 1974, SEHRINGER 1974). Die Erweiterung der Handlungs- und Problemlösungskompetenzen muß als ein wesentliches Motiv für die Buchlektüre und deren Förderung durch die Schule angesehen werden; es berührt sich mit den pädagogischen Intentionen des sozialen Rollenspiels, unterscheidet sich von diesem jedoch darin, daß es einerseits abstrakter ist und zu seiner Realisierung zusätzlicher Kompetenzen bedarf, andererseits aber auch jederzeit verfügbar.
- Das Medium Buch trägt zu *„intrapsychischen Problemlösungen"* bei, die entweder entwicklungsbedingt (vgl. KAISER 1976) oder durch Umwelt/Gesellschaft oder beides verursacht sind (Bewältigung von Angst, Aggression, Ablöseprozessen, Außenseiterpositionen). Diese psychologische Funktion der Konfliktverarbeitung ist für jegliche Lektüre wichtig; sie setzt ein sowohl identifikatorisches wie projektives Verhalten zur Lektüre voraus (vgl. HARTMANN-WINKLER 1970) und ist deshalb besonders für jüngere Leser wichtig. Daher wird für dieses Motiv oft auch das Märchen als besonders wirksame Textart angeführt (vgl. BETTELHEIM 1977).

Sicher sind die angeführten Motive nicht alle auf das Buch als Medium beschränkt (Märchen); ferner wäre auch noch eine Stufendifferenzierung vorzunehmen, die jedoch den Begründungen im einzelnen ohne weiteres entnommen werden kann. Schließlich müßte man auch im Hinblick auf die verallgemeinerte Verwendung des Begriffes „Buch" Differenzierungen vornehmen: Es liegt auf der Hand, daß man sich bei „Lebenshilfe" und „Aufarbeitung der eigenen Sozialisation" auf unterschiedliche Buchtypen beruft. Es kommt hinzu, daß Unterricht immer auch „Umgang" und „Operationen" am Gegenstand beinhaltet. Auch wenn man „Verschulung" oder jedenfalls eine zu weitgehende Verschulung ablehnt, heißt das ja nicht, daß deshalb das Buch völlig unbearbeitet gelassen werden soll, wie auch denkbar ist, daß man bei jedem Unterrichtsvorhaben nicht gleich verfährt und neben „entschulten" auch stärker verschulte ins Auge gefaßt werden.

BAMBERGER, R.: Jugendlektüre, Wien 1965. BAMBERGER, R.: Jugendschriftenkunde, Wien/ München 1975. BAUMGÄRTNER, A.C.: Einleitung. In: BAUMGÄRTNER, A.C. (Hg.): Jugendliteratur im Unterricht, Weinheim 1972. BETTELHEIM, B.: Kinder brauchen Märchen, Stuttgart 1977. BREMER KOLLEKTIV: Grundriß einer Didaktik und Methodik des Deutschunterrichts in der Sekundarstufe I und II, Stuttgart 1974. DAHRENDORF, M.: Literaturdidaktik im Umbruch, Düsseldorf 1975. DAHRENDORF, M.: Kinder- und Jugendliteratur im bürgerlichen Zeitalter, Königstein 1980a. DAHRENDORF, M.: Die Trivialliteratur und der Volksschüler. In: BECKER, J./BREDOW, W.v. (Hg.): Andere Aspekte der politischen Kultur. Freundesgabe für Charlotte Oberfeld, Frankfurt/M. 1980, S.108ff. (1980b). GEISSLER, R./HASUBEK, P.: Der Roman im Unterricht (5.-9.Schuljahr), Frankfurt/M. 1968. GIEHRL, H.E.: Der junge Leser, Donauwörth ^{3}1977. GRÖMMINGER, A./RITZ-FRÖHLICH, G.: Umgang mit Texten in Freizeit, Kindergarten und Schule, Freiburg 1974. HAAS, G.: Lesen - in der Schule, nicht (nur) für die Schule. In: Westerm. P. Beitr. 28 (1976), S.585ff. HAAS, G.: Lesen in der Schule mit dtv junior und dtv, München 1980. HAIN, U./SCHILLING, J.: Zur Theorie und Praxis des Literaturunterrichts in der Sekundarstufe I, Essen 1974. HARTMANN-WINKLER, W.: Lebensbewältigung im Kinderbuch, Wien 1970. HASUBEK, P.: Die Detektivgeschichte für junge Leser, Bad Heilbrunn 1974. HELMERS, H.: Didaktik der deutschen Sprache, Stuttgart ^{9}1976. HILLMANN, H.: Alltagsphantasie und dichterische Phantasie. Versuch einer Produktionsästhetik, Kronberg 1977. HURRELMANN, B.: Jugendliteratur und Bürgerlichkeit. Soziale Erziehung in der Jugendliteratur der Aufklärung am Beispiel von Christian Felix Weißes „Kinderfreund" 1776-1782, Paderborn 1974. KAISER, M.: Zur Frage der Leserentwicklung. In: Westerm. P. Beitr. 28 (1976), S.633ff. KARST, TH. (Hg.): Kinder- und Jugendlektüre im Unterricht, 2 Bde., Bad Heilbrunn 1978/1979 (Bd.1: Primarstufe, 1978; Bd.2: Sekundarstufe, 1979). KRÜGER, A.: Kinder- und Jugendbücher als Klassenlektüre, Weinheim ^{3}1973. KRÜGER, A.: Die erzählende Kinder- und Jugendliteratur im Wandel, Frankfurt/Aarau 1980. LYPP, M. (Hg.): Kinderblick und Wanderbühne. Zu den Texten von Günter Bruno Fuchs. In: LYPP, M. (Hg.): Literatur für Kinder, Göttingen 1977, S.21ff. MAIER, K.E.: Jugendschrifttum, Bad Heilbrunn ^{7}1973. MERKEL, J.: Die Abenteuerinsel. Wie eine Schulklasse eine Robinsonade schreibt. In: betr. e. 8 (1975), 4, S.33ff. NÜNDEL, E./SCHLOTTHAUS, W.: Angenommen: Agamemnon. Wie Lehrer mit Texten umgehen, München 1978. PRUTZ, R.: Schriften zur Literatur und Politik, hg. v. B. Hüppauf, Tübingen 1973. RIESMAN, D.: Die einsame Masse. Eine Untersuchung der Wandlungen des amerikanischen Charakters, Reinbek 1958. SCHENDA, R.: Volk ohne Buch, Frankfurt/M. 1970. SCHULTE-SASSE, J.: Literarische Wertung, Stuttgart ^{2}1976. SEHRINGER, W.: Konfliktanalyse im Unterricht, Stuttgart 1974. WOLGAST, H.: Das Elend unserer Jugendliteratur (1896), Worms ^{7}1950. ZIMMERMANN, P.: Texte - Basis einer Unterrichtseinheit. In: Westerm. P. Beitr. 28 (1976), S.573ff.

Malte Dahrendorf

Kinderkultur

Begriff/Geschichte. Der Terminus wurde unter anderen von K.-D. LENZEN (vgl. 1978) unter Bezug auf seine Verwendung im „Kursbuch" (vgl. HOFFMANN'S COMIC THEATER 1973) sowie durch BAUER/HENGST (vgl. 1978) der erziehungswissenschaftlichen Diskussion zugeführt, existiert jedoch bereits wesentlich länger (vgl. PERKINS GILMAN 1906). Das analytische Interesse von K.-D. Lenzen richtet sich dabei im Gefolge der sich seinerzeit abzeichnenden neuen Orientierung an den Gegenständen des erzieherischen *Alltags* (vgl. SCHRÜNDER 1983) auf die in der spätkapitalistischen Gesellschaft beobachtbare Warenkultur *für* Kinder. Diese, vor dem Hintergrund einer materialistischen Zugriffsweise verständliche Konzentration, impliziert allerdings eine Einengung des Kulturbegriffs mit der Folge, daß zwei wichtige Dimensionen der Kinderkultur vernachlässigt bleiben:

- Erstens fehlt der vergleichende Blick auf die Kindheit und ihre Kultur in anderen Gesellschaftsformationen, traditionell eine Domäne der Kultur-

anthropologie. Ein Beispiel für diese Form der Analyse von Kinderkultur lieferten die Studien MEADS (vgl. 1928, 1930, 1935; deutsch: 1970).
- Zweitens bleibt jene Kultur vergessen, die nicht von Dritten, also Erwachsenen, für Kinder errichtet wird, sondern die Kultur, die ein Produkt *der* Kinder selber ist. Für das Jugendalter ist ein Eigenrecht dieser „Jugendkultur" bereits durch die Jugendbewegung am Beginn des 20. Jahrhunderts nachhaltig gefordert worden. Für Wyneken ist „Jugendkultur" ein Kampfbegriff gegen die „Versklavung der Jugend" (WYNEKEN 1914, S. 34) durch die Erwachsenenkultur, wie sie ihren Ausdruck in der Schule jener Zeit fand.

Nun hat es eine Kinderbewegung, die es erlauben würde, im gleichen Sinne von ihr zu reden, bislang nicht gegeben. Der Eintritt für ein „Eigenrecht des Kindeslebens" ist beginnend mit der Bewegung „Vom Kinde aus" (vgl. KEY 1902, MONTESSORI 1913) in der Rezeption Rousseaus über die „antiautoritäre Erziehung" (vgl. NEILL 1960, deutsch: 1965 und nochmals deutsch, unter Anspielung auf die antiautoritäre Erziehung: 1969) bis zur Kinderrechtsbewegung in den USA (vgl. HOLT 1975, deutsch: 1978) und zur „Antipädagogik" (vgl. v. BRAUNMÜHL 1975) immer eine von Erwachsenen initiierte und getragene Aktivität gewesen. Das bedeutet, daß über Kinderkultur als Kultur *der* Kinder in emphatischer Befreiungsliteratur *für* Kinder nichts erfahren werden kann.

Von Kinderkultur zu reden, sollte deshalb immer ein Doppeltes heißen: Analyse einer vorgefundenen Kultur unter dem Gesichtspunkt, mit welchen Mitteln sogenannte Erwachsene den Typus Kind in einer spezifischen Kinderkultur konstituieren und wie sogenannte Kinder an dieser Konstitution selber aktiv teilhaben. Nach dieser Bestimmung besteht ein Unterschied zwischen beispielsweise dem Element der Kinderkultur „Kinderkleidung" und dem Element „Kinderspiel".

Kinderkleidung ist ein von Erwachsenen für Kinder verfertigtes Objekt, mit dessen Hilfe Erwachsene Zeichen setzen: Dieses ist ein Kind! Das Kinderspiel, soweit es nicht ein von Erwachsenen angeleitetes Spielen darstellt, ist demgegenüber eine Aktivität aus der Initiative der Kinder, die zu einem – nicht intentionalen – Zeichen für die Kindlichkeit eines Menschen geworden ist.

Behält man diese Differenzierung zu analytischen Zwecken bei, so findet man gegenüber einer großen Zahl von Elementen einer Kultur *für* Kinder eine vergleichsweise kleine Anzahl von kindlichen Kulturprodukten.

Kultur für Kinder. Der Kinderkultur als Kultur *für* Kinder sind zuzurechnen:
- Institutionen (der Ausbildung: Schulen und Pädagogik; der Gesundheitsfürsorge: Kinderkrankenhäuser, -ärzte und Pädiatrie; der Sozialfürsorge: Kinderheime und vergleichbare Einrichtungen sowie Sozialpädagogik; der Rechtspflege: Familien- und Vormundschaftsgerichte sowie Jugend- und Schulrecht);
- Objekte (der Ernährung: von der funktionalen Babykost zu dysfunktionalen Kindersüßigkeiten wie Überraschungseiern, Wundertüten und Gummibären; der Bekleidung: Kinderkleidung von der funktionalen Latzhose zum dysfunktionalen T-Shirt-Comic-Aufdruck; der Architektur: vom funktionalen „eigenen" Kinderzimmer zum multifunktionalen Spiel-Lern-Environment; des Spiels: vom Holzbaukasten zum „Activity-Center");
- Kunst (Kinderepik: von Defoes „Robinson Crusoe" bis „Micky Maus"; Kinderdramatik: vom Puppenspiel zur „Sesamstraße"; Kinderlyrik: vom Nachtgebet zum Abzählreim; Kindermusik: von Leopold Mozarts Symphonie C-dur, der „Kindersymphonie", zu „Die Rübe" von „Christiane

und Fredrik"; Kinderbilder: von den Illustrationen des „Leipziger Wochenblatt für Kinder", gegründet 1772, zu denen von „Superman");
- Ereignisse (Initiationsriten wie Kindtaufe, Heilige Erstkommunion, Einschulung, Konfirmation, ...; Feste und Feiern wie Kindergeburtstag, Schulfest, ...; Spiele wie Nullsummenspiele, Wettbewerbe, Glückspiele, ...; Reisen wie Kinderluftkuren, Kinderheimaufenthalte, Ferienlager, ...).

Diese Übersicht ist unvollständig und ihre Klassifikation lediglich an den Dimensionen des „Sachlichen" (Objekte), „Zeitlichen" (Ereignisse), des „Sozialen" (Institutionen) sowie des „Ästhetischen" (Kunst) orientiert. Eine Theorie der Kinderkultur wird sich andere Kategorien zur Grundlage machen müssen. Sie wird nicht rekurrieren können auf die unübersehbare Literatur, die zu den vier Dimensionen der Kultur *für* Kinder verfertigt worden ist. Dieses deshalb nicht, weil die *mediale Funktion* jener Kulturelemente für die Konstitution des Typus Kind und damit für den (pädagogischen) Umgang mit ihnen selber im Mittelpunkt des Interesses steht.

So konzentriert sich die Untersuchung der *Institutionen* der Kinderkultur zum einen auf *bestimmte* Institutionen, die der Ausbildung und der sozialen Versorgung, und zum anderen unter dem vorwiegenden Interesse ihrer Optimierung (mehr Lernen, mehr Gleichheit). Die bereits von BERNFELD (1967, S. 26 f.) eingeforderte „Instituetik" ist, auch nach der Orientierung der Erziehungswissenschaft an Psychologie und Soziologie in den 60er und 70er Jahren nicht entstanden. Der vielversprechende, weil vom doppelten, psychologischen und soziologischen Boden aus operierende Ansatz einer „Soziologie der Kindheit" von FÜRSTENAU (vgl. 1973) blieb ohne nennenswerte Nachfolger. Die für die Kinderkultur außerordentlich bedeutsame medizinische Dimension (Kinderärzte sind oftmals pädagogische Ratgeber in Einzelfällen wie in der Politik) wird kaum und der juristische Bereich (Verrechtlichung der kindlichen Lebenszusammenhänge) zumeist auf dem Kontinuum „Freiheit oder Reglementierung" diskutiert (vgl. etwa DIETZE 1976, KOKEMOHR 1985, I. RICHTER 1974).

Hinsichtlich der *Objekte* der Kinderkultur ist die Situation etwas anders. Mit dem wachsenden Interesse an der gesellschaftlichen „Wirklichkeit" der Kinder, zumal historisch, werden Arbeiten begünstigt, die eine Bestandsaufnahme dieser Objektwelt versuchen (Kindersüßigkeiten: vgl. WAWRZYN 1977; Kinderkleidung: vgl. DIRX 1964, S. 320 ff.; vgl. STOFFER 1964, S. 68 ff.; vgl. WEBER-KELLERMANN 1979 a, S. 23 ff.; vgl. WEBER-KELLERMANN 1985; Architektur: vgl. WEBER-KELLERMANN 1979 b; Spielzeug: vgl. FRITZSCH/BACHMANN 1965, RETTER 1979).

Diese und zahlreiche weitere Veröffentlichungen haben es allerdings aufgrund ihres archivarischen Charakters nicht vermocht, zu einer integrativen Theorie der Objekte der Kinderkultur beizutragen.

Dieses gilt nicht für den künstlerischen Bereich: Die gesellschaftliche Akzeptanz der Kunst in der Tradition des Bildungsbürgertums sowie die Repräsentanz der schönen Literatur, der Musik und der bildenden Kunst im Kanon des öffentlichen Schulwesens ist Anlaß vielfältiger Analysen nicht nur erziehungswissenschaftlicher, sondern auch literaturwissenschaftlicher, musikwissenschaftlicher beziehungsweise kunstwissenschaftlicher Provenienz geworden. Die wichtigste Literatur enthalten: HURRELMANN (vgl. 1983), STROH (vgl. 1983) und WUDTKE (vgl. 1985).

Die Orientierung an einer letztlich bildungstheoretischen Fragestellung, derjenigen nach den „richtigen" Inhalten des Literatur-, Musik- und Kunstunterrichts, gewährleistet zwar eine theoretische Integration, dieses jedoch nicht zu kultur*analytischen*, sondern zu

konstruktiven Zwecken der Lehrplangestaltung beziehungsweise der Kritik und Steuerung des „Kunstkonsums" (vgl. beispielsweise für den Bereich der Literatur BETTELHEIM 1984, D. RICHTER/ VOGT 1974).
Allein im Bereich kinderspezifischer *Ereignisse* finden sich kulturanthropologische Schriften, eine Tradition, die mit den völkerkundlichen Studien von PLOSS (vgl. 1911/1912) ihren Anfang nahm, ohne jedoch in der Erziehungswissenschaft eine nennenswerte Rezeption zu erfahren, weil eine im emphatischen Sinne „pädagogische" Anthropologie ihren Platz besetzt hielt (vgl. FLITNER 1963; vgl. LANGEVELD 1964, 1978; vgl. LOCH 1963, 1983).
Erst am Ende der 70er Jahre erscheinen im Gefolge des neu erwachten Interesses an der Ethnologie und den „einfachen" Kulturen Arbeiten, die sich insbesondere mit den rituellen Vollzügen an und mit Kindern befassen (vgl. BOYER 1979, LIEDLOFF 1980), zu denen Riten und Feste in besonderer Weise gehören. Von einer erziehungswissenschaftlichen Rezeption, geschweige denn einer theoretischen Verarbeitung, kann indessen noch keine Rede sein.

Kultur der Kinder. Der Kinderkultur im zweiten, häufig übersehenen Sinne sind Elemente zuzurechnen, die sie der tragenden Aktivität von Kindern verdanken. Das kann ökonomische Aktivität (Kinderarbeit) sein, aber auch ästhetische (Kinderlieder, -reime und -verse), sexuelle und vor allem spielerische. Dabei gehört das Kinderspiel zu den innerhalb und außerhalb der Erziehungswissenschaft am besten recherchierten (vgl. BUYTENDIJK 1934, FLITNER 1982, HUIZINGA 1956). Allerdings überwiegen auch hier gegenüber kulturanalytischen Zugriffen soziologische, psychoanalytische, lerntheoretische, in den meisten Fällen also solche, die nach einer Erklärung der objektiven oder subjektiven Funktion des Spiels suchen. Das ist strukturell bei der Untersuchung von Kinderliedern oder der Geschichte der Kinderarbeit nicht anders. Die Untersuchung der Phänomene ist selbst funktionalisiert, wie beispielsweise Bornemans Aufarbeitung der „verbotenen" Kinderlieder, -reime, -verse und -rätsel (vgl. BORNEMAN 1974, die er auf S. 15 als „Studien zur Befreiung des Kindes" bezeichnet) oder wie KUCZYNSKIS „Studien zur Geschichte der Lage des arbeitenden Kindes in Deutschland von 1700 bis zur Gegenwart" (1968), die erklärtermaßen eine parteiliche Analyse des Phänomens darstellen.

Perspektiven. Faßt man die Forschungslage in beiden Dimensionen der Kinderkultur zusammen, so läßt sich also sagen, daß die vorfindbaren Arbeiten bei aller Berechtigung und Sorgfalt im Detail zu einer integrierten Theorie der Kinderkultur keine Orientierung bieten, weil sie oftmals durch eine kausalistische Zugriffsweise Hypothesen über die mediale Wirkung bestimmter Phänomene der Kinderkultur verfolgen, wo allererst der Versuch angezeigt wäre, die Phänomene in ihrem kulturellen Zusammenhang zu verstehen, im zeitlichen und kulturellen Vergleich. Erst wenn man beispielsweise verstanden hat, daß, um ein ungewöhnliches Beispiel zu wählen, die Praxis des „Rooming-in" in einer Entbindungsstation die letzten Spuren eines mindestens 4000 Jahre alten Ritus beseitigt, der in der Isolation des Kindes von der Mutter bestand, indem man sie für „unrein" erklärte, während der Vater über die Annahme des Kindes, rituell begleitet, entschied, indem er das Kind vom Boden aufhob, dann können die Implikationen dieses Stücks Kinderkultur daraufhin abgetastet werden, ob sie beispielsweise die Position des Vaters vernichten und ob dieses eine kulturelle Entwicklung ist, die gesellschaftlich gewollt werden kann.
Erst wenn es also gelingt, die tragenden Elemente der alltäglichen Kinderkultur

auf ihre historischen und kulturellen Quellen hin zu untersuchen, besteht die Hoffnung, die vorgefundene Kinderkultur angemessen zu verstehen, vielleicht sogar zu modifizieren. Die Aufgabe einer solchen Rekonstruktion unserer Kinderkultur obliegt einer „Mythologie der Kindheit".

BAUER, K. W./HENGST, H. (Hg.): Kritische Stichwörter zur Kinderkultur, München 1978. BERNFELD, S.: Sisyphos oder die Grenzen der Erziehung (1926), Frankfurt/M. 1967. BETTELHEIM, B.: Kinder brauchen Märchen, München ^{7}1984. BORNEMAN, E.: Die Umwelt des Kindes im Spiegel seiner ‚verbotenen' Lieder, Reime, Verse und Rätsel, Olten/Freiburg 1974. BOYER, L. B.: Kindheit und Mythos, Stuttgart 1979. BRAUNMÜHL, E. v.: Antipädagogik, Weinheim/Basel 1975. BUYTENDIJK, F.J.J.: Wesen und Sinn des Spiels, Berlin 1934. DIETZE, L.: Von der Schulanstalt zur Lehrerschule, Braunschweig 1976. DIRX, R.: Das Kind, das unbekannte Wesen. Geschichte, Soziologie, Pädagogik, Hamburg 1964. FLITNER, A. (Hg.): Wege zur pädagogischen Anthropologie. Versuch einer Zusammenarbeit der Wissenschaften vom Menschen, Heidelberg 1963. FLITNER, A.: Spielen – Lernen. Praxis und Deutung des Kinderspiels, München ^{7}1982. FRITZSCH, K. E./BACHMANN, M.: Deutsches Spielzeug, Hamburg 1965. FÜRSTENAU, P.: Soziologie der Kindheit, Heidelberg 1973. HOFFMANN'S COMIC THEATER, Kinderkultur. In: Kursbuch (1973), 34, S. 25 ff. HOLT, J.: Escape from Childhood, o. O. 1975. HOLT, J.: Zum Teufel mit der Kindheit, Wetzlar 1978. HUIZINGA, J.: Homo Ludens, Hamburg 1956. HURRELMANN, B.: Kommunikation, literarische. In: Enzyklopädie Erziehungswissenschaft, Bd. 1, Stuttgart 1983, S. 461 ff. KEY, E.: Das Jahrhundert des Kindes, Berlin 1902. KOKEMOHR, R.: Zur Verrechtlichung unterrichtlicher Interaktion. In: Enzyklopädie Erziehungswissenschaft, Bd. 7, Stuttgart 1985. KUCZYNSKI, J.: Studien zur Geschichte der Lage des arbeitenden Kindes in Deutschland von 1700 bis zur Gegenwart, Berlin (DDR) 1968. LANGEVELD, M.J.: Studien zur Anthropologie des Kindes, Tübingen ^{2}1964. LANGEVELD, M.J.: Einführung in die theoretische Pädagogik, Stuttgart ^{9}1978. LENZEN, K.-D.: Kinderkultur – Die sanfte Anpassung, Frankfurt/M. 1978. LIEDLOFF, J.: Auf der Suche nach dem verlorenen Glück, München 1980. LOCH, W.: Die anthropologische Dimension der Pädagogik, Essen 1963. LOCH, W.: Phänomenologische Pädagogik. In: Enzyklopädie Erziehungswissenschaft, Bd. 1, Stuttgart 1983, S. 155 ff. MEAD, M.: Coming of Age in Samoa, New York 1928. MEAD, M.: Growing up in New Guinea, New York 1930. MEAD, M.: Sex and Temperament, New York 1935. MEAD, M.: Jugend und Sexualität in primitiven Gesellschaften, 3 Bde., München 1970. MONTESSORI, M.: Selbsttätige Erziehung im frühen Kindesalter, Stuttgart 1913. NEILL, A.S.: A Radical Approach to Child Rearing, New York 1960. NEILL, A.S.: Erziehung in Summerhill. Das revolutionäre Beispiel einer freien Schule, München 1965. NEILL, A.S.: Theorie und Praxis der antiautoritären Erziehung. Das Beispiel Summerhill, Reinbek 1969. PERKINS GILMAN (STETSON), CH.: Kinder-Kultur, Berlin 1906. PLOSS, H.: Das Kind in Brauch und Sitte der Völker, 2 Bde., Leipzig 1911/1912. RETTER, H.: Spielzeug. Handbuch zur Geschichte und Pädagogik der Spielmittel, Weinheim/Basel 1979. RICHTER, D./VOGT, J. (Hg.): Die heimlichen Erzieher. Kinderbücher und politisches Lernen, Reinbek 1974. RICHTER, I.: Grundgesetz und Schulreform, Weinheim/Basel 1974 ROUSSEAU, J.J.: Emil oder Über die Erziehung, Paderborn 1978. SCHRÜNDER, A.: Alltag. In: Enzyklopädie Erziehungswissenschaft, Bd. 1, Stuttgart 1983, S. 303 ff. STOFFER, H.: Die Bedeutung der Kindlichkeit in der modernen Welt, Basel 1964. STROH, W. M.: Kommunikation, musikalische. In: Enzyklopädie Erziehungswissenschaft, Bd. 1, Stuttgart 1983, S. 463 ff. WAWRZYN, L.: Eßbares Spielzeug – von Kaugummis, Gummibärchen und dem, was man damit machen kann. In: Ästh. u. Komm. (1977), 27, S. 28 ff. WEBER-KELLERMANN, I.: Die Kindheit. Arbeit und Spiel. Eine Kulturgeschichte, Frankfurt/M. 1979 a. WEBER-KELLERMANN, I.: Die gute Kinderstube. Zur Geschichte des Wohnens von Bürgerkindern. In: NIETHAMMER, L. (Hg.): Wohnen im Wandel, Wuppertal 1979, S. 44 ff. (1979b). WEBER-KELLERMANN, I.: Der Kinder neue Kleider. Zweihundert Jahre deutsche Kindermoden, Frankfurt/M. 1985. WUDTKE, H.: Kinderliteratur – Erzählkultur. In: Enzyklopädie Erziehungswissenschaft, Bd. 7, Stuttgart 1985. WYNEKEN, G.: Schule und Jugendkultur, Jena 1914.

Dieter Lenzen

Klassenraum

Der Klassenraum und seine Ausstattung. Unter Klassenraum soll ein Raum im Schulgebäude verstanden werden, in dem eine konstante Lerngruppe (in der Regel eine Jahrgangsklasse) für den täglichen, gemeinsamen Unterricht – sofern dafür keine Fachräume aufgesucht werden – zusammenkommt. Dieser Raum bleibt der Lerngruppe für eine längere Zeit (mindestens ein Schuljahr) zugeordnet.

Der Klassenraum ist zunächst durch *bauliche Vorgaben* wie Größe, Form, Luftraum, Lage der Fenster, Beheizung, Belüftung, Deckenbeleuchtung, elektrische und sanitäre Installationen, Wände und Fußbodenbelag bestimmt, die nur mit größerem Aufwand zu verändern sind und davon abhängen, zu welcher Zeit das zugehörige Schulgebäude errichtet oder renoviert wurde.

Schneller läßt sich die *technische Ausstattung* der Klassenräume wechselnden Erfordernissen anpassen. Reichte lange Zeit eine einfache Wandtafel mit Kartenhalter, so zeichnen sich heutige Klassenräume durch magnetische Schiebeklappwandtafeln, Haftflächen, Bilderleisten, Steckdosen sowie Projektionsflächen für Tageslichtschreiber, Dia- und Filmprojektor aus.

An *Mobiliar* findet man eine Standardausstattung mit beweglichen Schülertischen und -stühlen, Lehrertisch und -stuhl, Klassenschrank und Regalen.

Klassenraum und schulisches Lernen. Der so ausgestattete Klassenraum erlaubt lehrergesteuertes Lernen in zeitlich definierten Unterrichtsstunden. Für einzelne Unterrichtsphasen werden Medien als Demonstrationsobjekte, im Klassensatz oder in (audio)visueller Form vom Lehrer mitgebracht, gemäß der Unterrichtsplanung eingesetzt und danach wieder im Lehrmittelraum deponiert. Bei umfangreicherem Medieneinsatz (etwa im Physikunterricht) wird ein eigens dafür eingerichteter Fachraum aufgesucht. Vernachlässigt beziehungsweise als nicht bedeutsam angesehen werden in diesem Konzept von Unterricht die Einflüsse, die der Raum und seine Ausstattung auf die Lernmöglichkeiten, das Befinden und das soziale Verhalten einer Lerngruppe und der sie bildenden Individuen ausübt. Untersuchungen der Anthropologie, Verhaltenspsychologie, Psychotherapie, Psychosomatik und psychologischen Ökologie zeigen jedoch, daß es Wechselwirkungen zwischen Raum und menschlichem Befinden und Verhalten in diesem Raum gibt: „So muß Schule auch auf der Ebene des Raums als einer grundlegenden Vor-Ordnung der schulischen Lern- und Lebensprozesse ihren Anspruch auf totale Vermessung des Lerngeländes und auf Verwaltung von festgelegten Funktionen und Bedeutungen aufgeben, wenn sie wichtige Quellen des Lernens nicht einfach versiegen lassen will" (KASPER 1979, S. 22). Auch die Lehr- und Lernprozesse selbst haben unter den Bedingungen der wissenschaftlichen Zivilisation in einer demokratisch verfaßten Gesellschaft eine Wandlung erfahren. Das Lernen des Lernens und die Fähigkeit zur Kritik können nicht durch ausschließlich lehrergesteuerte Lernprozesse realisiert werden. In dem Maße, wie der Lehrer unter den allgemeinen Erziehungszielen Mündigkeit, Mitbestimmung und Selbständigkeit den Raum, das Material und die Zeit als Strukturmomente des Unterrichts (vgl. BUSCHBECK u.a. 1982, S. 68 ff.) aus seiner alleinigen Planungshoheit entläßt, erfordert dies neben anderem eine andere Klassenraumgestaltung und Materialausstattung.

Der Klassenraum als Lernumgebung. Änderungen des Klassenraums und darin stattfindende Lehr-/Lernprozesse stehen in einem gegenseitigen Abhängigkeitsverhältnis:

Klassenraum

- Das Vorhandensein von beweglichen Schülertischen und -stühlen erlaubt die Variation von Sozial- und Aktionsformen.
- Freie Arbeit sowie die dazu notwendigen und präsenten Materialien geben Regalen und Schränken im Klassenraum eine Bedeutung.

Wenn unter Berücksichtigung dieses Zusammenhanges der Klassenraum*absichtlich* verändert wird, kann von Klassenraumgestaltung gesprochen werden.

Während Änderungen in Gestaltungsbereichen, die vornehmlich dem Wohlbefinden und der Konzentrationsfähigkeit förderlich sind (wie Beleuchtung, Farbgebung und Akustik), oft mit hohem Aufwand verbunden sind, ist die räumliche Anordnung des beweglichen Mobiliars am ehesten einer Gestaltung zugänglich. Wenn Schülertische und -stühle umgestellt, Schränke als Raumteiler in den Raum gerückt, freistehende Regale und andere Möbel (Sofa, Sessel, Kisten) hinzugefügt werden, führt das zu einem Klassenraum, der in Lernecken eingeteilt ist (vgl. Abbildung 1).

Diesen Lernecken werden Materialien zugeordnet, die den Schülern frei zugänglich sind: *Leseecke:* Bücher, Lexika, Comic-Hefte, Zeitungen und Zeitschriften; *Schreibecke:* Druckkästen, Schreibmaschinen, Papier, Arbeitsblätter in einer Hängekartei; *Rechenecke:* Waage, Meßinstrumente, Rechenspiele; *Bauecke:* Bauklötze, Konstruktionsspiele.

Abbildung 1: Klassenraum vor und nach der Einteilung in Lernecken (Quelle: BURK/HAARMANN 1979, S. 30)

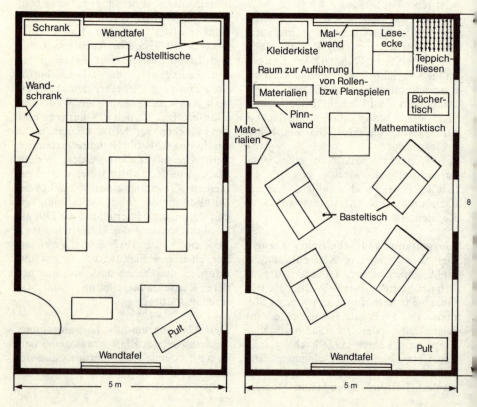

Hinzu kommen noch Aufbewahrungsmöglichkeiten für Material und möglichst viele Ausstellungsflächen für Arbeitsergebnisse der Schüler und wechselnde Sammlungen. Entsprechend den unterrichtlichen Erfordernissen werden weitere Ecken eingerichtet und/oder vorhandene verändert. Die verschiedenen Lernecken und das darin zugängliche Material stehen den Schülern zu bestimmten Zeiten während des Unterrichtstages, die vom Unterrichtskonzept der Lehrkraft abhängen, zur Verfügung: in der Zeit vor dem eigentlichen Unterrichtsbeginn, bei verschiedenen Formen der Gruppenarbeit, im Unterricht nach einem Wochenplan, in der freien Arbeit, beim Projektunterricht (vgl. BURK/HAARMANN 1979).

Je mehr „offene" Lernsituationen ein Lehrer in seinem Unterricht vorsieht, um so intensiver werden die Lernecken mit ihrem Materialangebot genutzt und um so mehr Lernmaterialien müssen im Klassenraum zur Verfügung stehen (vgl. BUSCHBECK u.a. 1982, S. 210 ff.). Das führt im Extrem zu Klassenräumen für binnendifferenzierten, offenen Unterricht, in denen lehrerzentrierte Unterrichtsverfahren über längere Zeiträume und für alle Kinder der Klasse gemeinsam nicht mehr oder nur noch sehr schwer möglich sind (vgl. Abbildung 2).

Abbildung 2: Klassenraumgestaltung für binnendifferenzierten Unterricht

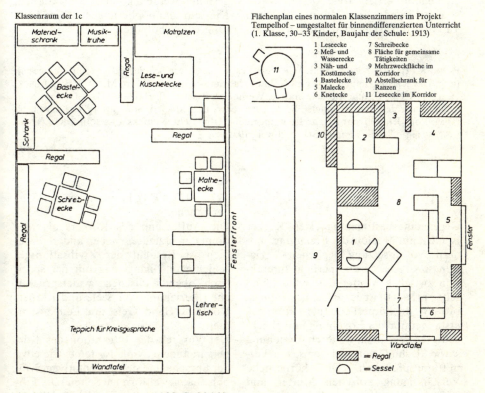

(Quelle: BUSCHBECK u. a. 1982, S. 204 f.)

Tendenzen und Entwicklung. In der Schulpraxis ist zur Zeit eine Bewegung zu beobachten, die als *Klassenraum* nicht mehr eine zweckrational organisierte „Lernschachtel" mit den vorgeschriebenen Rasterflächeneinheiten und genormter, pflegeleichter Einrichtung akzeptiert, wie sie in neueren Schulbauten zur Verfügung gestellt wurde. Statt dessen wird ein variabler, erfahrungsoffener Lernraum mit sich ständig veränderndem, den Schülern zugänglichem Lernangebot gestaltet. Die Forderung nach idealer Anlage und Ausstattung der Klassenräume von Amts wegen wird überwunden zugunsten einer selbstverantworteten Gestaltung der vorhandenen Räume durch Lehrer, Schüler und Eltern. Diese mit neueren unterrichtsmethodischen Konzepten (Wochenplanunterricht, freie Arbeit,...) korrespondierende Entwicklung, die zum Teil reformpädagogische Ansätze (P. Petersen, M. Montessori, C. Freinet) aufgreift und weiterführt, ist im Primarbereich wesentlich stärker ausgeprägt als im Sekundarbereich. Dort ist mit dem weitverbreiteten Fachlehrersystem auch eine Tendenz zum Fachraum festzustellen. Die zunehmende Erfahrung allerdings, daß die Abschaffung der Klassenräume zugunsten von Fach- und Kursräumen auch mit zu den ungewollten Nebenwirkungen neuerer Schulbauten wie Vandalismus, Aggressionen und ansteigende Abwesenheitsquoten (vgl. NIEDERSÄCHSISCHER KULTUSMINISTER 1981) beiträgt, führt nicht nur zu konzeptionellen Alternativen (Team-Kleingruppen-Modell, Projektwochen), sondern auch zum Überdenken der situativen Bedingungen, unter denen Lernen auch im Sekundarbereich erfreulicher gestaltet werden könnte: Malaktionen, Klassenraummöblierungen, Umgestaltung von Schulhöfen.

BURK, K./HAARMANN, D. (Hg.): Wie viele Ecken hat unsere Schule? Bd. 1: Schulraumgestaltung: Das Klassenzimmer als Lernort und Erfahrungsraum, Frankfurt/M. 1979. BUSCHBECK, H. u. a.: (K)eine Schule wie jede andere, Weinheim/Basel 1982. HALBFAS, H. u. a. (Hg.): Neuorientierung des Primarbereichs, Bd. 5: Lernwelten und Medien, Stuttgart 1976. KASPER, H. (Hg.): Vom Klassenzimmer zur Lernumgebung, Ulm 1979. NIEDERSÄCHSISCHER KULTUSMINISTER (Hg.): Schule kaputt? Braunschweig 1981.

Peter Kraft

Körper

Gegenstandsbestimmung. Der Körper ist nicht nur Medium der Erziehung, sondern Voraussetzung jeglichen Erziehungsprozesses. Die körperliche Interaktion zwischen Mutter und Kind (auch schon pränatal) ist der erste „Erziehungsprozeß", die körperliche Interaktion das erste Medium der Erziehung und gleichzeitig Matrix aller weiteren Erziehung sowie „Urbild" von pädagogischen Vermittlungsprozessen. Die körperliche Verständigung zwischen Mutter und Kind ist Grundlage der Einführung in Sprache überhaupt (vgl. LORENZER 1972, 1973, 1974), insbesondere der Körpersprache.

Die Auffassung des Körpers als Medium der Erziehung neben anderen Medien ist Resultat der Zivilisationsgeschichte und hängt eng mit der spezifisch abendländischen, widersprüchlichen Beziehung von Seele und Körper, Kopf und Hand, Geist und Leib zusammen.

Der Versuch der Integration des Körpers in andere Symbolsysteme, wie etwa der Sprache und der präsentativen Symbole, hat gewaltförmige Seiten. Die Einordnung des Körpers in Welt- und Menschenbilder geschieht über Erziehung.

Die Gewaltförmigkeit erzeugt eine subversive, inoffizielle Geschichte des Körpers in der Geschichte der Erziehung bis hin zum sogenannten „Verschwinden des Körpers" (BAUDRILLARD 1982, S. 350). Die in einer paradigmatisch vereinfachenden geschichtlichen Abfolge darstellbaren Stufen bis zum Verschwinden des Körpers aus der pädagogischen Interaktion sind gleichzeitig die Ebenen der gegenwärtigen Problematisierung des Körpers im Erziehungsprozeß.

Trennung von Körper und Geist. Sowohl der Beginn expliziten und (anfänglich) gesellschaftlich organisierten pädagogisch-didaktischen Handelns (Sophisten) in Europa als auch der Ursprung einer zunehmenden Trennung von Körper und Geist ist im 5. Jahrhundert v. Chr. paradigmatisch in Griechenland zu finden: Die allmähliche Abwendung von der päderastischen Pädagogik, vom „Einblasen des dorischen Liebhabers, zur entkörperlichten Vermittlung der Stimme des Lehrers" (SCHÉRER 1975, S. 94) läßt sich nach Schérer (mit Hinweis auf Lapassade) in Platons „Symposium" aufzeigen: Sokrates verweigert sich den Umarmungen des Alkibiades, läßt es nicht zum Geschlechtsakt kommen; er wird zum Gründervater des Diskurses. „Mit Sokrates weicht die rituelle Initiation der spirituellen" (LAPASSADE 1963, S. 27). Körperlichkeit in Form der Sexualität wird als „Medium" aus der Pädagogik ausgeschlossen, noch nicht der Eros. Die Trennung von Körperlichkeit und pädagogischer Vermittlung, die Ausschließung des Körpers aus der Pädagogik ist *ein* Moment in der gesamten Entwicklung immer differenzierterer Arbeitsteilungen von Kopf und Hand. Deren eine Folge ist die Differenziertheit und Kopflastigkeit unseres Schulsystems bis hin zu der Schwierigkeit, über die Stufen der Geometrisierung, der Disziplinierung des Körpers, über sein Verschwinden aus pädagogischen Prozessen verständig zu reden (vgl. KAMPER 1979, S. 114; vgl. WIMMER 1982).

Der andauernde – weil in jeder individuellen Entwicklung neu initiierte – Prozeß der gesellschaftlich und historisch unterschiedlich ausgeprägten Trennung von Körper und Geist ist eng verbunden mit jedem Erziehungsziel; ja man könnte sagen: mit jedem Lehr- oder Lernziel. Damit ist auch jede Vorstellung von einer in Erziehungsprozessen angestrebten Identität notwendig mit einer Vorstellung vom Verhältnis von Körper und Geist verknüpft (vgl. HARTWIG 1982, PAZZINI 1983, WIMMER 1982). Und eine hier nicht weiter belegbare Vermutung: Im Spannungsfeld des widersprüchlichen Verhältnisses von Körper und Geist, Kopf und Hand, entstehen erst die anderen Medien der Erziehung.

Geometrisierung, Formalisierung und Disziplinierung des Körpers. Descartes' Unterscheidung der Welt der Dinge in Res cogitans und Res extensa reflektiert eine inzwischen substantiell gewordene Trennung von Körper und Geist und gibt damit die Matrix vor für das Erziehungsziel einer Beherrschung des Körpers: Die Res extensa, die ausgedehnten Dinge, müssen in Form gebracht werden, damit der ordnende Geist sie ergreifen, begreifen und beherrschen kann: Der Körper wird eingereiht unter die anderen „Dinge" (vgl. HORKHEIMER/ADORNO 1947, S. 276 ff.). Er wird Körper unter anderen „Körpern" (siehe auch die Sprache der Strukturmathematik, der in der Didaktik so genannten „neuen Mathematik", die von „Körpern" und „Unterkörpern" spricht). Auf der Suche nach Gewißheit über die eigene Existenz, deren Ergebnis das „cogitans sum" ist, sagt DESCARTES (1959, S. 5): „Nun, zunächst bot sich mir an, daß ich ein Gesicht, Hände, Arme und diese ganze Gliedermaschine habe, die man auch an einem Leichnam wahrnimmt und die ich als Körper bezeichnete." Dies stimmt überein mit der Ge-

winnung und Vermittlung der Erkenntnisse der naturwissenschaftlich orientierten Medizin durch die Anatomie.
DESCARTES (1959, S. 5) formalisiert weiter: „Unter Körper verstehe ich alles, was durch irgendeine Figur begrenzt, was örtlich umschrieben werden kann und einen Raum so erfüllt, daß es aus ihm jeden anderen Körper ausschließt; was durch Gefühl, Gesicht, Gehör, Geruch oder Geschmack wahrgenommen oder auch auf mannigfache Weise bewegt werden kann, zwar nicht durch sich selbst, aber durch irgend etwas anderes, wodurch es berührt wird." Und vollkommen geometrisiert erscheint der Körper dann in den Principia philosophiae (1644): „Wir werden erkennen, daß die Natur der Materie oder des Körpers überhaupt nicht in Härte, Gewicht, Farbe oder irgendeiner anderen sinnlichen Eigenschaft besteht, sondern nur in seiner Ausdehnung, Länge, Breite und Tiefe" (DESCARTES 1965, S. 4).

Die Pädagogik des Alltags und der Schule bekommt damit eine neue Aufgabe. Erst die vor allem auf den Körper zielenden Prozesse der Selbstdistanzierung, Selbstkontrolle, Selbstbeobachtung, Dämpfung der Affekte, Entgegensetzen von Innen und Außen, von Nah und Fern erschaffen den Bourgeois, das Subjekt einer neuen Form der Gesellschaftlichkeit. Der Körper – zum individuellen geworden – wird paradox genug spätestens hier Hauptadressat der Erziehung und gleichzeitig und erst eigentlich von hier an wichtigstes Medium der Umsetzung ihrer Ziele: Aus der gesamten Körperlichkeit werden die Fernsinne, wird insbesondere das Sehen als Ziel der Formung herausgenommen. In der perspektivischen Wahrnehmung (eng verknüpft mit der Vorstellung eines individuellen Subjektes mit lokalisierbarer Identität) kommt es zu einer Geometrisierung der Wahrnehmung im Wechselspiel mit der Geometrisierung des gesamten Körpers und seiner Bewegungen (vgl. ZUR LIPPE 1979, S. 125 ff.; vgl. THEWELEIT 1977, S. 398 ff.). Zur Lippe zeigt paradigmatisch an den Veränderungen des Balletts auf, wie körperliche Bewegung mit Bewußtsein (= Wissen um Quantitäten und Symmetrien) geübt wird. „Der Triebverzicht war das verinnerlichte Prinzip der Naturbeherrschung auch am eigenen Leibe der Menschen" (ZUR LIPPE 1979, S. 173). Hier wird eine Haltung des Körpers und gegenüber dem Körper eingeführt, die noch bis heute (erst recht bis zum Beginn des 20. Jahrhunderts) Konsequenzen für das setting der Unterrichtssituationen bis hin zur Ausgestaltung von Schulhäusern (Architektur, Ergonomie) und Unterrichtssituationen (der Körper als Faktor: „Bewegungsdrang", „motorische Unruhe") hat. Wie im Tanz sollen dann auch in der Lernsituation Kopf und Schulterpartien vom übrigen Körper und seinen inneren und äußeren Bewegungen unabhängig erscheinen (vgl. ZUR LIPPE 1979, S. 197). Diese Trennung soll „die Kontinuität einer von den einzelnen unabhängigen Personen manifestieren" (ZUR LIPPE 1979, S. 197). Die Schulbank, der Tisch teilt den Lernenden in zwei Teile. Von hier an dürfte es die in der Rede vom „heimlichen Lehrplan" beschriebenen parallel laufenden Prozesse von „über der Bank" und „unter der Bank" geben, von öffentlichen und privaten Lernprozessen.

Die Selbsterkenntnis, insbesondere die körperliche, fällt in das Private, ebenso wie die Bedürfnisse nach Kontakt im Lernen. Durch Geometrisierung, das heißt durch jegliche Disziplinierung des Körpers und körperlicher Aktion nach sichtbaren Kriterien, wird die Erfahrung des eigenen Körpers bei Lehrer und Schüler, erst recht bei Lehrerin und Schüler oder bei Schülerin und Lehrer unterdrückt. Seine Regungen werden durch die Augen der Autorität der Schulordnung, der „Moral" gesehen (vgl. ZUR LIPPE 1979, S. 228), nicht in der gleichberechtigten Bewegung auf einen anderen zu, durch die Selbsterkenntnis im

anderen in der Anerkennung und Wahrnehmung seiner Bedürfnisse.
Der Körper wird zum Medium einer stärkeren Abgrenzung der Individuen untereinander und zeigt nach innen hin eine Unterdrückung jener Triebe, die als irrational und bedrohlich für die ubiquitäre Durchsetzung eines vorwiegend naturwissenschaftlich rationalen Weltbildes angesehen werden (vgl. RUMPF 1981, S. 80 ff.). Mit seinem materiellen Substrat, dem Körper, wird der Eros aus der pädagogischen Beziehung vertrieben oder ins Sadistische gewendet (vgl. RUTSCHKY 1977, D. G. M. SCHREBER 1858, D. P. SCHREBER 1973). Aus heutiger Sicht ließe sich die nunmehr geforderte Vereinzelung als das Heraustreten aus einer bis dahin in den mittelalterlichen Gesellungsformen möglichen lebenslangen Symbiose beschreiben. Medium der Trennung und des Heraustretens aus der Symbiose wird die Selbstbeherrschung, zunächst Selbstbeherrschung des Körpers und seiner Funktionen. Die Abgrenzung zur Außenwelt und zu den anderen Individuen scheint zunächst im Aufbau einer Art Körperpanzer zu bestehen: durch Muskelanspannung am ganzen Körper. Favorisiert ist eine Haltung, die im Stehen wie im Sitzen durch ein diffiziles Spiel von Anspannungen und Gegenspannungen den Körperschwerpunkt über den naturwüchsigen Schwerpunkt knapp unterhalb des Zwerchfelles ansiedelt.
In dieser Form der Disziplinierung werden die Extreme der entsprechenden körperlichen Symptome psychischer Erkrankung vorgeformt: Der „arc en cercle" der Hysterie und der wahnhafte Zerfall des Körpers in der Psychose (vgl. den „Fall" Schreber als Opfer der weitverbreiteten pädagogischen Schriften des Vaters). Auf diese psychische Misere reagiert die Psychoanalyse. Sie entwickelt eine Theorie des Unbewußten, die in bezug auf den Körper im Rahmen pädagogischer Prozesse durchaus ambivalente Auswirkungen zeigt: Sie trägt durch ihre Interpretationsverfahren durchaus bei zu einem Verschwinden des Körpers, wie sie auch durch eben diese Verfahren einen ersten Rahmen absteckt, im medizinischen, therapeutischen und pädagogischen Bereich (ausgelöst durch die Entdeckung der frühkindlichen Sexualität; vgl. FREUD 1949 und die verschiedenen Beiträge in der Zeitschrift für psychoanalytische Pädagogik [1926-1937]: vgl. BITTNER/REHM 1964) ein Terrain aufweist für seine Wiederkehr. Das Verschwinden wird begünstigt durch das, was man als Versprachlichung des Körpers und seiner Äußerungen bezeichnen könnte, den Körper zu sehen als Material für sprachähnliche Formulierungen. Die Wiederkehr ist dadurch angelegt, daß eine Rede (Diskurs) möglich wird darüber, was sich strenggenommen einem aristotelisch-descartesschen logischen, einem streng teleologischen Denken entzieht. Dieser Weg wird gangbar gemacht durch die freie Assoziation, durch die Anerkenntnis des Primärprozesses.
Die Disziplinierung und das dann folgende „Verschwinden des Körpers" gehen einher mit der Eliminierung des (weiblichen) Körperwissens durch die Hexenverfolgungen.

Verschwinden des Körpers. „Die humanistische Erziehung fing beim Körper an. Ihn im Griff zu haben ist Grundlage der Zivilisation [...]. Zwischen Impuls und Handlung schob sich eine gedankliche Zensur als Teil der Vernunft" (SCHUBERT 1982, S. 69; vgl. ELIAS 1965). Resultat dieses Prozesses, dessen Ebenen auch gegenwärtig noch übereinander lagern und die Pädagogik bestimmen, ist das metaphorisch so bezeichnete „Verschwinden des Körpers" (KAMPER/WULF 1982, S. 9). Damit ist nicht nur die verlorene „Einheit" gemeint, sondern auch die „Distanzierung, Disziplinierung, Instrumentalisierung des Körperlichen als Grundlage des historischen Fortschritts, die damit einhergehende

Entfernung und Ersetzung der menschlichen Natur durch ein vermitteltes gesellschaftliches Konstrukt (Rationalisierung im weitesten Sinn)" (KAMPER/WULF 1982, S. 9). Hier wird in allgemeiner Form auf eine andere Geschichte des Körpers hingewiesen: auf den Körper als Mittel (Medium) in Arbeitsprozessen, in der Produktion und die dazugehörige Affektmodellierung (zu den Normen, die im allmählichen Prozeß der reellen Subsumtion des Körpers unter das Kapital als „Teil" der Arbeitskraft „Mensch" geformt und vermittelt werden, vgl. KROVOZA 1975, PAZZINI 1983).

RUTSCHKY (vgl. 1977) weist auf der Grundlage von umfangreichem Quellenmaterial an Herbart exemplarisch nach, daß seine theoretischen Anstrengungen der Abwehr einer emotionalen und körperlich kaum erträglichen Nähe im Kontakt zu den Schülern dienen, der Abwehr von gesellschaftlich nicht zugelassenen Triebtendenzen.

Das „Verschwinden" des Körpers in der Pädagogik verdankt sich, wie ZUR LIPPE (vgl. 1982a, S. 28) zeigt, jener Subtraktionslogik, in der das Menschliche dadurch bestimmt wird, daß man vom Menschen die Körperlichkeit abzieht, sie dem Tier zuschreibt und den Menschen allein durch die Fähigkeit zur Rationalität charakterisiert. Die Subtraktion findet durch Disziplinierung und Zurichtung der Körper real statt, und das Subtrahierte taucht erst wieder in der Form des Motivationsproblems auf – als Suche nach dem Motor für die notwendigen Lernprozesse. Mit dem Verlust des Körpers beginnt in der Pädagogik die Geschichte seiner Substitution. Der Wunsch nach Motivation, nach „Rück"versinnlichung und Veranschaulichung der Lernprozesse führt dazu, daß das zentrale Medium des pädagogischen Bezugs, der Körper beziehungsweise die „verlorene" Einheit von Körper und Geist, durch eine Vielfalt instrumentell beherrschbarer Medien ersetzt werden muß. Anders könnte man sagen: Sind erst einmal die Zugänge zu den Bedürfnissen stark kanalisiert, ist die Bewegung und der Eros aus der pädagogischen Situation vertrieben, sitzen alle über der Trennlinie der Schulbänke relativ still, ist damit auch fast alle Motivation vertrieben. Ohne Bewegung wird aber nicht gelernt. Jetzt wird von außen bewegt mittels verschiedener hochgradig symbolisch organisierter Medien, die sich letztlich von der Bewegung der Körpersinne ableiten lassen: Schautafeln, Illustrationen, Arbeitsblätter, Dias, Projektoren, Overheadprojektoren (auch der Lehrende kann dann still stehen und sehend kontrollieren).

Der Körper wird besprochen, und man läßt ihn sprechen. Der Körper wird umfunktioniert zum didaktisch valenten Ausdrucksmedium:

„Die neue Interpretation des Körpers läßt sich durch fünf Merkmale kennzeichnen:

(1) Der Körper wird segmentiert, d. h. in eine Menge isolierbarer Einzelsymbole zerlegt.

(2) Die Körpereigenschaften werden als Ergebnisse von Anstrengungen aufgefaßt. Zwar wird das Rohmaterial ursprünglich durch die Natur gegeben, doch ist der Weg der Natur lenkbar und beeinflußbar.

(3) Der Körper erhält einen Produkt-Charakter. Seine Eigenschaften können zum Teil mit Hilfe von Geld erstanden werden. Der Körper wird partiell von der Person ablösbar.

(4) Die dargestellten Körpereigenschaften sind Bestandteile der Inszenierung von Personen. Sie werden als Ausdruck einer Persönlichkeit mit einer bestimmten Lebensweise, materiellen und geistigen Situation aufgefaßt.

(5) In der körperlichen Inszenierung werden die geleisteten Anstrengungen zum Verschwinden gebracht (z. B. die Arbeit des Pflegens, das Training, das Abmagern, die Askese usw.). Der darstellende Körper umgibt sich mit einer

mimetischen Sinnlichkeit, die in hohem Maße auf Einbildung beruht" (GEBAUER 1982, S. 319).

Wiederkehr des Körpers. Die Gefahren und die Zerstörungskraft der oben geschilderten Tendenzen wurden immer schon in oppositionellen pädagogischen Strömungen erkannt. Spätestens seit der Reformpädagogik, der Jugendbewegung, Freinet-Pädagogik, den verschiedensten „antipädagogischen" Vorstellungen (vgl. BECK 1976, ILLICH 1972, RAMSEGER 1975) hat die Auseinandersetzung in schulischen und außerschulischen Konzepten um mehr „Körperlichkeit", mehr Sinnlichkeit im pädagogischen und didaktischen Diskurs ihren Platz (vgl. WÜNSCHE 1982, S. 97 ff.). Gymnastikbewegung, Freiluftunterricht, die Anerkennung motorischer Bedürfnisse sind dafür ebenso Beispiele wie – auf anderer Ebene – Ausdrucks-, Anschauungs- und Gestaltungspostulate.
Hauptquellen der Wiederkehr des Körpers auch in der pädagogischen Beziehung scheinen in neuester Zeit die verschiedenen Weiterentwicklungen der psychoanalytischen (Be-)Handlungswissenschaft (etwa Freud, Ferenczi, Reich, Perls, Lowen, Feldenkrais, Haney, Guattari) und die Beschäftigung mit asiatischen Körpertechniken (und den entsprechenden Menschen- und Weltbildern) zu sein (vgl. ZUR LIPPE 1978). Daneben und teilweise angeregt durch diese beiden Quellen strahlen zivilisationshistorische (vgl. ARIÈS 1975, ELIAS 1965), kulturvergleichende (vgl. ERIKSON 1963, PARIN 1983, PARIN/MORGENTHALER 1967) und wissenschaftskritische Studien (vgl. DUERR 1978, FEYERABEND 1976, KUHN 1973) auf die pädagogische Theorie und Praxis aus.
Die Suche in diesen verschiedenen Bereichen und deren oft hektische Rezeption sind veranlaßt durch die drohende Ineffektivität einer den Körper beziehungsweise die enge Beziehung von Körper und Geist ausschließenden Erziehung. Sie reagieren auf immer deutlichere destruktive Tendenzen und Fluchtbewegungen, in deren Zentrum immer auch der Wunsch nach Intensivierung des körperlichen Erlebens steht (wie Vandalismus und Schlägereien in Schulen und Jugendzentren, Alkoholismus, Drogenkonsum, Hochleistungssport, anachronistische, handwerkliche Betätigung, Rückzug in Sekten, psychosomatische Erkrankungen – vgl. PAZZINI 1979). Die Situation ist im Moment offen: „Pädagogik, die den Körper ernst nahm, hatte ihn doch verfehlt, weil sie an ihm vorbei auf Vollkommenheit zielte [d. i. die Reformpädagogik]. Eine andere [...] hatte ihn dämonisiert [d. i. die Pädagogik des 18. und 19. Jahrhunderts] und sich mit pädagogischen Exorzismen gegen seine vermeintliche Bedrohung des Lernens gewehrt. Beide Arten, den Körper als Ganzes ernst zu nehmen, werden wohl nicht mehr riskiert; in der Regel versucht man ihn eher zu ignorieren" (WÜNSCHE 1982, S. 107 f.). Die beginnenden „paratherapeutischen Didaktiken" (WÜNSCHE 1982, S. 108) haben ebenso wie ausgesprochene Körpercurricula nur dann eine Chance, wenn sie nicht wiederum den Körper zu einem instrumentellen Medium werden lassen. Es liegt in der Natur der „Sache", daß die positive Beschreibung eines „Körperkonzeptes" pädagogischen Umgangs in diskursiver Sprache schwerfällt. Wege dorthin sind Feststellungen wie: „Durch Berührungen wurde der Körper Ort und Mittler von Vertrauen, Gespür füreinander, Heilung, Trost, Versprechen. Körperliche Gewandtheit und Kraft geben Sicherheit. Geschicktes Verhalten zeigt uns, was wir vermögen" (ZUR LIPPE 1982b, S. 26).
Gegen die distanzierende und damit rationalisierende Institutionalisierung von Lehr-/Lernprozessen steht die Personalisierung der Beziehung von Lehrer und Schüler, deren letztes „Medium" der Körper ist, der körperliche Angriff des

Schülers auf den Lehrer (vgl. WÜNSCHE 1982, S. 107). Das wichtigste Medium, in dem sich auch die Grundlagen sämtlicher Erziehungsziele konkretisieren und materialisieren, ist der Körper des Lehrers selber und wie dieser zu den Schülern in Beziehung tritt: „Über die Person des Lehrers und über diese Person hinaus führt die Spur in Richtung Zukunft, wenn der Lehrer als Erwachsener anwesend genug ist" (WÜNSCHE 1982, S. 105). Die Förderung einer Wiederkehr des Körpers geht, wenn sie angelockt wird durch den „Mythos eines natürlichen Körpers, der unterhalb seiner Entfremdung weiterexistiere und den es zu befreien gelte", leicht in die Irre. Es taucht dann lediglich „das idealisierte Spiegelbild des verdrängten Körpers" auf (WIMMER 1982, S. 89). Pädagogen befinden sich in einem Dilemma: Sie leben in einer sich rational(-istisch) gebenden Kultur „in emotionsrepressiven Gesellschaften, in denen die Spontaneität des Gefühlsausdrucks überhaupt zu einem Problem wird" (DREITZEL 1983, S. 191). Sie können nicht umstandslos Partei ergreifen gegen *den* Verstand und für *die* Gefühle, für *den* Körper. Der Verstand ist gerade in einer rationalistischen Kultur zur Orientierung unverzichtbar; es führte zur Sprach- und Ausdruckslosigkeit, wollten wir auf Körper und Gefühle unmittelbar rekurrieren, zumal „der Wunsch nach dem einfachen oder ‚lebendigen Leben' nicht zuerst die Handlungen und Bewegungen ergreift, sondern das Sprechen" (HARTWIG 1982, S. 25). Und dennoch müssen Pädagogen – bei Strafe ihrer pädagogischen Wirkungslosigkeit – den Körper und seinen Ausdruck als tätige Kritik am Verstand und an der bloßen Symbolproduktion in Lehr- und Lernprozesse einbeziehen.

ARIÈS, PH.: Geschichte der Kindheit, München/Wien 1975. BAUDRILLARD, J.: Vom zeremoniellen zum geklonten Körper: Der Einbruch des Obszönen. In: KAMPER, D./WULF, CH. (Hg.): Die Wiederkehr des Körpers, Frankfurt/M. 1982, S. 350 ff. BECK, J.: Eine Alternative im Schulalltag: Freinet-Pädagogik – Das Lernen mit dem Leben und der Arbeit verbinden. In: BECK, J./BOEHNCKE, H. (Hg.): Jahrbuch für Lehrer 1977, Reinbek 1976, S. 202 ff. BITTNER, G./ REHM, W. (Hg.): Psychoanalyse und Erziehung. Ausgewählte Beiträge aus der Zeitschrift für psychoanalytische Pädagogik, Bern/Stuttgart 1964. DESCARTES, R.: Meditationes de prima philosophia (Meditationen über die Grundlagen der Philosophie), hg. v. L. Gäbe, Hamburg 1959. DESCARTES, R.: Principia philosophiae (Die Prinzipien der Philosophie), hg. v. A. Buchenau, Hamburg 1965. DREITZEL, H.P.: Der Körper als Medium der Kommunikation. In: IMHOF, A.E. (Hg.): Der Mensch und sein Körper, München 1983, S. 179 ff. DUERR, H.P.: Traumzeit. Über die Grenze zwischen Wildnis und Zivilisation, Frankfurt/M. 1978. ELIAS, N.: Über den Prozeß der Zivilisation, 2 Bde., Bern/München ²1965. ERIKSON, E.H.: Kindheit und Gesellschaft, Stuttgart 1963. FEYERABEND, P.: Wider den Methodenzwang, Frankfurt/M. 1976. FREUD, S.: Drei Abhandlungen zur Sexualtheorie. Gesammelte Werke, Bd. 5, London 1949, S. 27 ff. GEBAUER, G.: Ausdruck und Einbildung. Zur symbolischen Funktion des Körpers. In: KAMPER, D./WULF, CH. (Hg.): Die Wiederkehr des Körpers, Frankfurt/M. 1982, S. 312 ff. HARTWIG, H.: Spielwut zwischen Identitäts- und Bruchkultur. In: Ästh. u. Komm. 13 (1982), 49, S. 16 ff. HORKHEIMER, M./ADORNO, TH.W.: Dialektik der Aufklärung, Amsterdam 1947. ILLICH, I.: Entschulung der Gesellschaft, München 1972. KAMPER, D.: Die Trennung von Körper und Geist. In: KAMPER, D.: Dekonstruktionen, Marburg 1979, S. 114 ff. KAMPER, D./WULF, CH. (Hg.): Die Wiederkehr des Körpers, Frankfurt/M. 1982. KROVOZA, A.: Zur Genese der Normen abstrakter Arbeit, Diss., Hannover 1975. KUHN, TH.S.: Die Struktur wissenschaftlicher Revolutionen, Frankfurt/M. 1973. LAPASSADE, G.: L'éducation négative. Essay sur les origines et les fondément rouseauiste du non directivisma, Diss., Paris 1963. LORENZER, A.: Zur Begründung einer materialistischen Sozialisationstheorie, Frankfurt/M. 1972. LORENZER, A.: Über den Gegenstand der Psychoanalyse oder: Sprache und Interaktion, Frankfurt/M. 1973. LORENZER, A.: Die Wahrheit der psychoanalytischen Erkenntnis. Ein historisch-materialistischer Entwurf, Frankfurt/M. 1974. PARIN, P.: Der Widerspruch im Subjekt. Ethnopsychoanalytische Studien, Frankfurt/M. 1983. PARIN, P./MORGENTHALER, F.: Observation sur la genèse du Moi chez les Dogons. In: Rev. Franç. de Psychoanal. 31 (1967), S. 29 ff. PAZZINI, K. J.: Mit dem ganzen Körper lernen! In: Denken und Machen, Kunst u. U., Sonderheft 1979, S. 86 ff. PAZZINI, K. J.: Die gegenständliche Umwelt als Erziehungsmoment – Zur Funktion alltäglicher Gebrauchsgegenstände in Erziehung und Sozialisation, Weinheim/Basel 1983. RAMSEGER, J.: Gegenschulen – Radikale Reformschulen in der Praxis, Bad Heilbrunn 1975. RUMPF, H.: Die übergangene Sinnlichkeit. Drei Kapitel über Schule, München 1981. RUTSCHKY, K. (Hg.): Schwarze Pädagogik. Quellen zur Naturgeschichte der bürgerlichen Erziehung, Frankfurt/Berlin/Wien 1977. SCHÉRER, R.: Das dressierte Kind. Sexualität und Erziehung: Über die Einführung der Unschuld, Berlin 1975. SCHÉRER, R.: Der Körper des Kindes. In: KAMPER, D./WULF, CH. (Hg.): Die Wiederkehr des Körpers, Frankfurt/M. 1982, S. 109 ff. SCHREBER, D. G. M.: Kallipädie oder Erziehung zur Schönheit durch naturgetreue und gleichmäßige Förderung normaler Körperbildung, Leipzig 1858. SCHREBER, D. P.: Denkwürdigkeiten eines Nervenkranken, hg. v. S. M. Weber, Berlin 1973. SCHUBERT, P.: Der Abstand zwischen uns selbst. In: SCHOLZ, R./SCHUBERT, P. (Hg.): Körpererfahrung, Reinbek 1982, S. 39 ff. THEWELEIT, K.: Männerphantasien, 2 Bde., Frankfurt/M. 1977/1978 (Bd. 1: 1977, Bd. 2: 1978). WIMMER, M.: Der gesprochene Körper. Zur Authentizität von Körpererfahrung in Körpertherapien. In: KAMPER, D./WULF, CH. (Hg.): Die Wiederkehr des Körpers, Frankfurt/M. 1982, S. 82 ff. WÜNSCHE, K.: Die Muskeln, die Sinne, die Reden: Medien im pädagogischen Bezug. In: KAMPER, D./WULF, CH. (Hg.): Die Wiederkehr des Körpers, Frankfurt/M. 1982, S. 97 ff. ZUR LIPPE, R.: Am eigenen Leibe, Frankfurt/M. 1978. ZUR LIPPE, R.: Naturbeherrschung am Menschen II, Frankfurt/M. 1979. ZUR LIPPE, R.: Am eigenen Leibe. In: KAMPER, D./WULF, CH. (Hg.): Die Wiederkehr des Körpers, Frankfurt/M. 1982, S. 25 ff. (1982 a). ZUR LIPPE, R.: Wiederbegegnung der Industriegesellschaft mit dem Körper. In: KÜKELHAUS, H./ZUR LIPPE, R.: Entfaltung der Sinne, Frankfurt/M. 1982, S. 25 ff. (1982 b).

Karl-Josef Pazzini

Körpersprache

Die Körpersprache begleitet jede menschliche Kommunikation und Interaktion, kann aber auch für sich allein Mittel der Verständigung sein. Die Rede von der Körpersprache reflektiert die Entwicklung des Körpers zu einem Ausdrucksmedium. Unter den Vorzeichen einer zunehmenden Rationalisierung von Lehr-/Lernprozessen ist ihre universelle und ubiquitäre Bedeutung in Vergessenheit geraten oder in bestimmte Areale wie Tanzunterricht, Theaterspiel und Pantomime abgedrängt worden. Eine systematische Erforschung dieses Bereiches läßt sich in den letzten zirka 30 Jahren erkennen, aber ihre Beachtung ist nicht neu: „Indem eine Person spricht, sehen wir zugleich ihre Blikke, ihre Gesichtszüge, ihre Hände, ja oft den ganzen Körper mitsprechen, und der mimische Teil der Unterhaltung wird nicht selten für den beredtsten erachtet" (v. SCHILLER o. J., S. 72).

Die Schwierigkeiten im Umgang mit der Körpersprache, sowohl in ihrem „Sprechen" selber wie in ihrem „Verstehen", liegen in der komplexen Struktur körperlichen Sprechens. Zwangsläufig verweben sich oft unbewußte und bewußte Mitteilungen in unentwirrbarer Weise. Dies macht ihren Reiz aus, ihr besonderes Potential als Medium der Erziehung, aber gleichzeitig ist dies auch Grund für vielfältige Hemmungen. Körpersprache läßt sich nicht zum Schweigen bringen. Sie ist immer Medium der Erziehung. Der Pädagoge steht also nicht vor der Wahl, dieses Medium einzusetzen oder nicht, sondern hat nur unterschiedliche Möglichkeiten, sie zu „sprechen" und bei seinen Schülern zu verstehen. Die unbewußten Anteile der Körpersprache lassen sich nicht rationalisieren (in des Wortes zweifacher Be-

Körpersprache

deutung).
Die Körpersprache steht damit quer zu anderen Medien. Sie ist nicht in der Art erlernbar wie eine andere („Fremd"-)-Sprache, obwohl viele populärwissenschaftliche Publikationen, aber auch therapeutische Konzeptionen dies zu suggerieren scheinen (vgl. etwa KELEMAN 1975, KURTZ/PRESTERA 1979, LOWEN 1971, MOLCHO 1983). Ihr Erlernen erfordert, abgesehen von einer rational und verbal vermittelbaren Aufmerksamkeitsstruktur, so etwas wie Intuition und Mimesis. Körpersprache ist auf dem Niveau der Kriterien, die an andere Medien gestellt werden, viel uneindeutiger. BONNAFONT (vgl. 1979, S. 25 ff.) zeigt dies an Beispielen auf, indem sie eine kurze Interaktion körpersprachlich denotiert, zu 41 gut umreißbaren Mitteilungen kommt und zu einer Mitteilung mühelos 16 Hypothesen für deren Bedeutung formuliert.

Die im Rahmen einer Alltagssituation nicht überschaubare und überprüfbare Fülle von Hypothesen resultiert daher, daß der Grad der Bewußtheit einzelner körpersprachlicher Momente und ihrer Bedingtheit wie etwa Biographie und soziographische Daten nicht bekannt ist. Außerdem sind stets ganz unterschiedliche Sinnesqualitäten gleichzeitig zu entschlüsseln und mit der Entschlüsselung beschäftigt: visuelle Eindrücke, Gehöreindrücke, Geruchssinn, Berührungseindrücke (vgl. BONNAFONT 1979, S. 35). – Das Medium Körpersprache ist immer „multimedial". Will man also Körpersprache nicht reduktionistisch behandeln (also nicht in dem Sinne, daß quasi ein Vokabular, Grammatik und Syntax für Körpersprache eingeführt werden), bedarf es einer nur unscharf beschreibbaren Intuition, die, wie HÖCHSTETTER (1982, S. 29) – auf Therapie bezogen – sagt: „nicht rational in jedem Detail begründbar ist". Dies gilt aber auch für pädagogische Beziehungen: Nur aufgrund der eigenen Erfahrung und Lebensgeschichte, der pädagogischen Erfahrung und des Austausches mit anderen können der Lehrer oder die Lehrerin mit den einzelnen körpersprachlichen Äußerungen anderer in Kontakt kommen, ein Gefühl für Angemessenheit der eigenen körpersprachlichen Äußerung entwickeln, versuchen zu entscheiden, ob Körpersprache, sprachliche und sonstige situative Bedeutungsträger kongruent zueinander sind oder nicht. Intuition könnte man dabei in Anlehnung an Jung (vgl. HÖCHSTETTER 1982, S. 29) bezeichnen als eine Wahrnehmungsfunktion, eine Fähigkeit, eine Situation zutiefst wahrzunehmen ohne umfangreiche Information; eine Gabe, die Kinder in ausgeprägtem Maße noch haben.

Das Medium Körpersprache liegt auf der Grenze der in die abendländische Kultur eingegrabenen Trennung von Körper und Geist und damit auch von Körper und Sprache. Die Rede von der „Körpersprache" ist so als eine Hilfskonstruktion zu sehen.

Der Begriff „Körpersprache" sieht sich leicht in der Gefahr, „daß er sich, statt zu bezeichnen, was er sagen will (Subversion des Zeichens), heimlich gegen die wendet, die ihn gebrauchen, und bei ihnen die imperative Durchsetzung der Ökonomie des Zeichens bezeichnet. Dessen Inthronisierung vollzieht sich in einem Wahrnehmungsdiskurs, der die vorgefundenen prä-signifikanten und dezentrierten Semiologien des Körpers (Gesten, Mimik, Körperhaltungen) in eine signifikante Semiologie transformieren soll" (WIMMER 1982, S. 90 f.). „Statt um die Realität des Körpers hinter dem Sprechen handelt es sich um einen fiktiven Sprachkörper, eine Bedeutungsmaschine, die – an das Ich angeschlossen – dem Subjekt die beruhigende Illusion seiner Ganzheit beschert" (WIMMER 1982, S. 92).

Was den Gebrauch des Mediums anbelangt, geht es dabei um etwas wie Kunst. „Sofern diese Hinweise nicht lediglich dazu dienen, das Problem der Interpre-

tation [von Körpersprache K.J.P.] zu verdecken, könnte ihre Befolgung einen Diskurs eröffnen, der die Notwendigkeit seiner eigenen Kritik in sich aufnimmt" (WIMMER 1982, S. 95).
Trotz der Schwierigkeiten ist Körpersprache als Medium von Erziehung und Unterricht unverzichtbar, denn die Aufmerksamkeit für Motorik, Mimik und Geste ist Voraussetzung für einen tieferen Kontakt, für einen über den Sekundärprozeß hinausgehenden Lernprozeß (vgl. PAZZINI 1983). Die unbewußte Aufmerksamkeit für die Körpersprache eines Menschen, für seine Signale der Nähe, der Distanz, der Abwehr, der Annäherung – all das läßt uns erst wichtige Daten für das Verständnis eines Menschen gewinnen und umgekehrt (vgl. GRUEN/KATTMANN 1983): Erst das unbewußte „Sprechen" des Pädagogen macht diesen verständlich, macht seine gesamten Mitteilungen präsent (vgl. ARGYLE 1979, S. 136 ff.). „Natürlich geschieht auch die unbewußte Beobachtung mit Hilfe der Sinnesorgane [...]. Wir registrieren Sonderbarkeiten in den Zügen, im Verhalten und [in] den Bewegungen anderer, die das Gesamtbild abrunden, ohne daß wir direkt darauf achten [...], Nebensachen wie Geruchsnuancen, Berührungsgefühl beim Händedruck, die Art des Blickes usw. [...] Die geringsten Bewegungen begleiten jeden Gedankenvorgang und sprechen zu uns ebenso wie Worte. Signale verborgener innerer Bewegungen und Regungen werden schweigend ausgegeben und empfangen" (REIK 1983, S. 154).
Die fehlende Aufmerksamkeit für Körpersprache boykottiert leicht Vermittlungsprozesse. ARGYLE (1979, S. 117 ff.) konnte sogar zeigen, „daß zur Mitteilung von Einstellungen zu anderen Menschen nonverbale Signale stärkere Wirkung haben als gleichbedeutende verbale Signale" (vgl. auch ARGYLE u. a. 1971). Andere Studien machen deutlich, daß gerade die Uneindeutigkeit körpersprachlicher Signale für Kommunikationen förderlich sein kann, einem nonverbalen Signal wird größere Aufmerksamkeit geschenkt, wenn verbale und nonverbale Komponenten einer Botschaft sich widersprechen (vgl. ARGYLE 1979, S. 122). Solche Widersprüche entstehen offenbar deswegen, weil die direkt verbalen diskursiven Mitteilungen einem direkteren sozialen Druck unterliegen, sich verbale Äußerungen besser an (vermeintliche) Forderungen einer Situation anpassen lassen. „Zum Beispiel werden nonverbale Mittel zur Beeinflussung oder zum Überreden benutzt, wenn soziale Konventionen eine verbale Beeinflussung unannehmbar machen", so können „widersprüchliche nonverbale Botschaften absichtlich benutzt werden, um z. B. einem anderen zu zeigen, daß er trotz kritischer verbaler Äußerungen immer noch akzeptiert sei" (ARGYLE 1979, S. 122).
Wie an diesem einem Beispiel zu sehen, dient das hochkomplexe Medium der Körpersprache verschiedenen Verwendungszwecken. Außer den bereits genannten dient sie der Unterstützung des Redens (vgl. ARGYLE 1979, S. 9), dem Mitteilen von Rollen- und Gruppenzugehörigkeit (vgl. ARGYLE 1979, S. 139), insbesondere der Geschlechterrollen (vgl. WEX 1980), und als Moment der Selbstdarstellung (vgl. ARGYLE 1979, S. 131 ff.; vgl. GOFFMAN 1969). Sie wird benutzt in Bereichen ohne oder ohne zureichende verbale Kodierung (vgl. ARGYLE 1979, S. 341), etwa bei der Verständigung über Formen (vgl. ARGYLE 1979, S. 156, S. 244; vgl. GRAHAM/ARGYLE 1975) sowie bei der Wahrnehmung der fremden Persönlichkeit und bei der Mitteilung über die eigene Persönlichkeit (vgl. ARGYLE 1979, S. 131 ff.).
Körpersprachliche Mitteilungen sind im allgemeinen weniger gut kontrolliert und gelten deshalb als „echter" (vgl. DREITZEL 1983, S. 190). Sie ermöglichen nonverbale Steuerung einer Interaktion ohne direkte Behinderung der verbalen

Körpersprache

Kommunikation. In der Körpersprache steht quasi ein zweiter Mitteilungskanal zur Verfügung etwa für synchronisierende Signale bei der verbalen Mitteilung, als Feedback.

ARGYLE, M.: Körpersprache und Kommunikation, Paderborn 1979. ARGYLE, M. u. a.: The Communication of Friendly and Hostile Attitudes by Verbal and Non-verbal Signals. In: eur. J. of soc. psych. 1 (1971), S. 385 ff. BONNAFONT, C.: Die Botschaft der Körpersprache, Genf 1979. DREITZEL, H. P.: Der Körper als Medium der Kommunikation. In: IMHOF, A. E.Hg.): Der Mensch und sein Körper, München 1983, S. 179 ff. GOFFMAN, E.: Wir alle spielen Theater. Die Selbstdarstellung im Alltag, München 1969. GRAHAM, J. A./ARGYLE, M.: A Cross-cultural Study of the Communication of Extra-verbal Meaning by Gestures. In: Int. J. of Psych. 10 (1975), S. 56 ff. GRUEN, E./KATTMANN, U.: Gemeinsame Zeichen – Verständigung zwischen Menschen. Ein Schüler-Arbeitsheft und Lehrerkommentar. In: OTTO, G./RISCHBIETER, H. (Hg.): Frieden. Anregungen für den Ernstfall, Seelze 1983, S. 15 ff. HÖCHSTETTER, K.: „Heuer lassen wir den Herbst mal aus". Gespräch mit den Herausgebern. In: SCHOLZ, R./SCHUBERT, P. (Hg.): Körpererfahrung, Reinbek 1982, S. 19 ff. KELEMAN, ST.: Your Body speaks its Mind. The Bioenergetic Way to Greater Emotional and Sexual Satisfaction, New York 1975. KURTZ, R./ PRESTERA, H.: Botschaften des Körpers – Bodyreading: ein illustrierter Leitfaden, München 1979. LOWEN, A.: The Language of the Body, New York 1971. MOLCHO, S.: Körpersprache, München 1983. PAZZINI, K. J.: Die gegenständliche Umwelt als Erziehungsmoment – Zur Funktion alltäglicher Gebrauchsgegenstände in Erziehung und Sozialisation, Weinheim/Basel 1983. REIK, TH.: Hören mit dem dritten Ohr. Die innere Erfahrung eines Psychoanalytikers, Frankfurt/M. 1983. SCHILLER, F. v.: Über Anmut und Würde (1793). Werke, hg. von J. Bellermann, Bd. 8, Leipzig/Wien o. J. WEX, M.: „Weibliche" und „männliche" Körpersprache als Folge patriarchalischer Machtverhältnisse, Frankfurt/M. 1980. WIMMER, M.: Der gesprochene Körper. Zur Authentizität von Körpererfahrung in Körpertherapien. In: KAMPER, D./WULF, CH. (Hg.): Die Wiederkehr des Körpers, Frankfurt/M. 1982, S. 82 ff.

Karl-Josef Pazzini

Lehren, exemplarisches

Exemplarisches Prinzip. Exemplarisch nennt man eine Unterrichtsweise, die größere Inhaltsbereiche mit möglichst repräsentativen „Exempla" auf ihr „Wesentliches" konzentriert und so darstellt oder erarbeiten läßt, daß der Übertragungseffekt („Transfer") des Gelernten möglichst hoch, jedenfalls deutlich höher zu sein verspricht als bei einer am Trugbild „stofflicher Vollständigkeit" orientierten Lehrweise. Doch was ist „wesentlich", und wieweit sind Inhalts- und Fachstrukturen durch Beispiele repräsentierbar? Und in welchem Umfang läßt sich „Transfer" von Unterricht überhaupt nachweisen? Diese Häufung von Unbekanntem ist eine der Ursachen dafür, daß das anspruchsvolle Programm des exemplarischen Lehrens zwar zunächst stimulierend auf die didaktische Diskussion gewirkt hat, bald aber zu einer Art Modeformel wurde, die rasch von anderen Parolen verdrängt werden konnte, obwohl sie auf ungelöste Grundprobleme des Lehrens und Lernens hinweist. Das Exemplarische ist somit zugleich Ausdruck einer bestimmten *zeitgeschichtlichen Konstellation* wie *prinzipielles Strukturproblem* aller Didaktik.

Historische Entwicklung. Historisch entstand die Diskussion über das exemplarische Lehren im ersten Jahrzehnt der bundesdeutschen Nachkriegspädagogik. Die Restauration des Bildungswesens knüpfte nach 1945 zunächst an reformpädagogische Ideen und Lösungen der Weimarer Zeit an. Doch die Reformpädagogik war vorwiegend *unterrichtsmethodisch* orientiert gewesen, hatte in Polemik gegen das Pensenunwesen der „alten Lernschule" vor allem die (subjektive) Freiheit der „Lehrerpersönlichkeit" und deren methodische Phantasie anregen wollen. „Stoffe" galten ihr (zumindest für die Volksschule) ohnehin als suspekt. Die Nachkriegssituation verlangte hingegen auch nach neuen *inhaltlichen* Orientierungen. „Didaktik im engeren Sinne" als Frage nach dem „Was", nach den „Bildungsinhalten" (ebenfalls eine zeittypische Formel jener Jahre) wurde thematisch vordringlich und mit ihr die Frage nach dem „Wesentlichen" und „Repräsentativen". Zwei gegenläufige Gründe intensivierten diese Diskussion gleichzeitig: Alle Schulinhalte und -fächer wuchsen in ihren Stoffmengen unaufhaltsam; neue Lehrgebiete wie Technik, Wirtschaft, Sozialkunde drängten zusätzlich in die Schulen, und man wußte nicht, was man als „Ballast" dafür abwerfen sollte. Ein damals gelegentlich beschworener „Mut zur Lücke" konnte als Problemlösung offensichtlich nicht ausreichen. Zugleich hatten die kulturellen Traditionen die früher ungebrochene Selbstsicherheit ihrer verbürgten Ordnungen eingebüßt und machten zunehmend einem pluralistischen Relativismus Platz. Die „Wesens-" und „Sinnfragen" wurden unausweichlich. Als die Debatte um das exemplarische Lehren entstand, erzwangen zunächst die unmittelbaren Probleme des Wiederaufbaus einen Konsens auf der Ebene praktischen Zupackens und „einfacher Sittlichkeit" (BOLLNOW 1947); und eine im Kontrast zum Nationalsozialismus vorherrschend werdende „abendländische" und ethisch-existentielle Denkweise bewirkte eine auch die Pädagogik beherrschende Grundstimmung, in der die pluralistischen Zweifel zurückgedrängt wurden. Man einigte sich über das „Wesentliche", indem man Kernbestände europäisch-christlicher, humanistischer und aufgeklärter Traditionen, gegen die das Hitler-Reich sich versündigt hatte, als inhaltlich konsensfähige neue gemeinsame Grundlage des Bildungswesens anerkannte (vgl. FLITNER 1965, WENIGER 1965). So konnte die Diskussion des exemplarischen Lehrens die Frage nach dem „Wesentlichen" als im großen und ganzen beantwortet voraussetzen und sich innerhalb der unterschiedlichen „kategorialen" Bereiche (vgl. DERBOLAV 1957, KLAFKI 1963) den Auswahlproblemen des „Repräsentativen" der Unterrichtsgebiete und Fächer zuwenden. Produktive Vorschläge kamen seit 1949 vor allem von Wagenschein für den naturwissenschaftlichen und mathematischen Unterricht; von ihm stammt auch das die Debatten beherrschende Stichwort des „Exemplarischen" selbst; es war bei ihm von Anfang an verknüpft mit dem Prinzip des „genetischen Lehrens", also mit einem Zurückgehen zu den Entstehungspunkten von Fragestellungen, die er als bei Kindern und Forschern ursprünglich identisch ansah. Vom „Einstieg" bei exemplarischen Einzelproblemen, die die Dimensionen eines Faches spiegeln können (Fallgesetz, Mondbahn; Nichtabbrechen der Primzahlreihe), sollte mit „Mut zur Gründlichkeit" das physikalische oder mathematische Sehen als solches in „entdeckendem Lernen" erfahren werden (vgl. WAGENSCHEIN 1980, S. 46, S. 170 ff., S. 228 ff.). – Auf dem Gebiet der Geschichte gab der Göttinger Historiker Heimpel Beispiele dafür, wie man durch „paradigmatische" Auswahl zentraler historischer Gestalten und Probleme „an einzelnen Stellen eine echte Begegnung mit der geschichtlichen Welt" herbeiführen könne, deren Erfahrungen auf andere Gebiete, Epochen und Methoden des Umgangs mit historischen Gegenständen übertragbar seien (vgl. HEIMPEL 1949, S. 81 ff.). Die schulpädagogischen und fachdidaktischen Zeitschriften sind seit etwa 1955 voll von diesbezüglichen Vorschlägen, Unterrichtsbeispielen und Problemdiskussionen; fachliche und interdisziplinäre Tagungen, dokumentiert in Sammelbänden (vgl. BALLAUFF/MEYER 1960), zeigten eine ausgesprochene Konjunktur der Thematik zu Ende der 50er Jahre an.

Doch mit dem Aufkommen neuer Fragestellungen, einem sich verstärkenden empirischen und sozialwissenschaftlichen Interesse und mit Curriculumrevisionen und -konstruktionen, die sich stärker an Lernzielen als an den Inhaltsfragen orientierten, ging das Interesse am Exemplarischen seit Mitte der 60er Jahre zumindest verbal wieder auffallend verloren.

Grenzen und Möglichkeiten des Exemplarischen. Die *strukturellen Grundfragen* blieben ungelöst zurück. Sie werden dringlicher und schwieriger, je brüchiger der Konsens über das inhaltlich „Wesentliche" wird. Analysen, die sich den grundlegenden Strukturfragen des Exemplarischen zugewandt haben, stammen aus der Endphase der aktuellen Diskussion gegen Ausgang der 50er Jahre: DERBOLAV (vgl. 1957) belegte an Struktur und Geschichte gymnasialer Bildung die Grundsätzlichkeit und den kategorialen Aufbau der Probleme und wies die Suche nach den wahren Exempla als eine der didaktischen Hauptfragen in ihren zeitübergreifenden historischen Dimensionen auf. SCHEUERL (vgl. 1969) hat in einer Strukturanalyse die Formen exemplarischer Repräsentation (Paradigma, Exemplar und Exempel, Typus, reiner Fall, Muster, Modell und Gleichnis, pars pro toto und Analogie) in ihren unterschiedlichen Möglichkeiten und Grenzen untersucht und zu den Rahmenzielen einer allgemeinen Schulbildung für jedermann auf der mittleren Stufe (heute: Sekundarstufe I) sowie deren fachlichen und überfachlichen Aspekten in Beziehung gesetzt. Grenzen des Exemplarischen ergeben sich aus dessen Relationscharakter: „Wofür" und „für wen" soll etwas exemplarisch sein? Ohne Sachbezug zur „Struktur der Disziplinen" (vgl. BRUNER 1970) einerseits, zur Lage und Ansprechbarkeit der Adressaten andererseits bleibt der Begriff leer. Außerdem ist exemplarisches Lernen, wie ROTH (vgl. 1973) gezeigt hat, immer in Beziehung zu „orientierendem Lernen" zu sehen und kann schon

deshalb für sich allein kein zureichendes Konstruktionsprinzip für Curricula und Lehrgänge sein.
Anfang der 70er Jahre hat NEGT (vgl. 1971) das exemplarische Prinzip noch einmal mit Blick auf die besondere Lage der „Arbeiterbildung" zu reaktivieren versucht: Eine exemplarische Reorganisation der Lehrfächer, die zuvor gescheitert sei, bleibe die einzige Chance, weiterführende Lösungen sowohl für das unbewältigte „Stoffelend" zu finden als auch für das grundsätzliche Problem der Beziehungslosigkeit heutiger Informationen und Wissensbestände untereinander wie zu den Adressaten.

BALLAUFF, TH./MEYER, E. (Hg.): Exemplarisches Lehren, exemplarisches Lernen, Stuttgart 1960. BOLLNOW, O.F.: Einfache Sittlichkeit, Göttingen 1947. BRUNER, J.S.: Der Prozeß der Erziehung, Berlin/Düsseldorf 1970. DERBOLAV, J.: Das „Exemplarische" im Bildungsraum des Gymnasiums, Düsseldorf 1957. FLITNER, W.: Grundlegende Geistesbildung, Heidelberg 1965. GERNER, B. (Hg.): Das exemplarische Prinzip, Darmstadt 1963. HEIMPEL, H.: Geschichte des Mittelalters. In: WENIGER, E.: Neue Wege im Geschichtsunterricht, Frankfurt/M. 1949, S. 81 ff. HEIMPEL, H.: Selbstkritik der Universität. In: D. Dt. Univ.-Ztg. 6 (1951), 20, S. 5 ff. KLAFKI, W.: Kategoriale Bildung. In: KLAFKI, W.: Studien zur Bildungstheorie und Didaktik, Weinheim 1963, S. 25 ff. MEYER, E.: Praxis des Exemplarischen, Stuttgart 1962. NEGT, O.: Soziologische Phantasie und exemplarisches Lernen. Zur Theorie der Arbeiterbildung, Frankfurt/M. 1971. ROTH, H.: Pädagogische Psychologie des Lehrens und Lernens, Hannover/Berlin/Darmstadt/Dortmund [14]1973. SCHEUERL, H.: Die exemplarische Lehre, Tübingen [3]1969. WAGENSCHEIN, M.: Naturphänomene sehen und verstehen, Stuttgart 1980. WENIGER, E.: Neue Wege im Geschichtsunterricht, Frankfurt/M. 1949. WENIGER, E.: Theorie der Bildungsinhalte und des Lehrplans (Didaktik als Bildungslehre I), Weinheim [8]1965.

Hans Scheuerl

Lehrererzählung

Gegenstandsbestimmung. Die Lehrererzählung oder eine entsprechende Form „fiktionaler Geschichten" findet sich in vielen Fächern, beispielsweise Erdkunde (vgl. HEYN 1973, S. 69 ff.; vgl. A. SCHMIDT 1970, S. 108 ff., S. 135 ff., S. 166 ff.), Sachunterricht, Fremdsprachen (Lesestücke), Religion („biblische Geschichten" und „moralische Exempel") und Politik (Schulfunksendungen wie „Du bist mitverantwortlich"). Obwohl die Lehrererzählung mindestens seit der „Erlebnispädagogik" eine methodische Grundform des Unterrichts überhaupt darstellt (vgl. FRIEDERICHS u.a. 1982, S. 128 ff.), sollen ihre Probleme hier ausschließlich am prototypischen Beispiel, dem Geschichtsunterricht, dargestellt werden, zumal die Überlegungen problemlos auf die anderen einschlägigen Fächer anzuwenden sind. „Lehrererzählungen" gelten vielfach als methodische Alternative zu „Quellenarbeit" beziehungsweise „Dokumentenanalyse". Die „Lehrererzählung" ist nicht weniger umstritten als die „Quellenarbeit".

„Geschichte lebt ihrem Wesen nach in der Sprache; sie ist Erzählung, und daher ist die Erzählung die methodische Grundform des Unterrichts: Der Lehrer erzählt und die Kinder hören die Geschichte. Die Erzählung des Lehrers soll bewirken, daß den Kindern das erzählte geschichtliche Ereignis nicht nur als Vorstellungszusammenhang vor dem geistigen Auge erscheint, sondern daß sie sich selbst in die vergangene Situation der Handelnden und in ihre Taten so einleben, als geschähe alles jetzt im gegenwärtigen Augenblick" (FIEGE 1969, S. 132). Dagegen: „,Durch Andeutung macht der Sprecher das Ganze aus seiner Perspektive sichtbar. Mit seiner Auswahl aus dem unbegrenzten Ganzen, das ihm real oder fiktiv zur Verfügung steht, erstellt er ein begrenztes Ganzes, getreu dem Gesetz, daß alles Bilden [...] ein Weglassen sei' (Lämmert). Wenn dem aber so ist, dann kann dies nur bedeuten, daß die Geschichtserzählung, da sie ja wie jede epische Form eine selbständige ‚Welt' schafft, in einem kritischen Geschichtsunterricht keinen Platz haben kann" (RIESENBERGER 1973, S. 65). Der erste Text steht für den konservativen Konsens der 60er, der zweite für den progressiven Trend der 70er Jahre; doch die Kontroverse bleibt aktuell (vgl. TOCHA 1979, 1980 gegen JUNG 1980): Sind Lehrererzählungen im Geschichtsunterricht fachwissenschaftlich und entwicklungspsychologisch zwingend geboten oder erkenntnistheoretisch und politisch-pädagogisch absolut unzulässig? Wie sahen Lehrererzählungen traditionell aus, wie wirkten sie? Welche Formen und Nutzungen sind illegitim, welche könnten unter Umständen neu aufgenommen werden? Wie lassen sich Lehrererzählungen vermeiden und ersetzen – und welche Nachteile haben diese Alternativen?

Begriffsklärung. Der Begriff „Lehrererzählung" ist zunächst mehr in der Fachdidaktik als in der Fachwissenschaft entfaltet worden. Eine Fülle von Rezepten für die Anfertigung erläutert das Gemeinte: „Detailliere, motiviere, lokalisiere, erzähle in Analogie zur Erlebniswelt der Altersstufe, dynamisiere, modernisiere, personifiziere [...] konkretisiere" (FINA 1973, S. 76). Oder: „Lokalisiere, detailliere, konstümiere, personifiziere, motiviere, dramatisiere, konturiere" (GLÖCKEL 1973, S. 191; vgl. METZGER 1972, S. 54 ff.; vgl. FIEGE 1969, S. 132 ff.; vgl. EBELING 1973, S. 104 ff.; vgl. DÖHN 1975, S. 115 ff.; vgl. MARIENFELD/OSTERWALD 1966, S. 108 ff.; vgl. KLEINKNECHT u.a. o.J., S. 133 ff.; vgl. E. SCHMIDT 1971, S. 82 ff.)
Lehrererzählungen in diesem Sinne sind also Geschichtsdarstellungen mit „Helden" und „Handlung", „Plot" oder „Story", mit Anfang, Höhepunkt und Ende. Sie unterliegen stark ästhetisch-literarischen Gesetzen („Novelle", „dramatische Szene") und orientieren sich an vorgeblichen entwicklungspsychologischen Notwendigkeiten (Anschaulichkeit, Abenteuerlichkeit, Identifikationsangebot, Gemüthaftigkeit). Daraus folgt ein weitgehend fiktionaler Charakter (Erfindung nichtüberlieferter Umstände, Details, Äußerungen, Motive), eine Fixierung auf Einzelpersonen und Ereignisse (statt Kollektive und Strukturen), eine Bevorzugung jeweils nur einer Perspektive und Partei und schließlich eine fraglose, unverhandelbare Eindeutigkeit der Handlungen und Wertungen.

In der Geschichtswissenschaft wird der Begriff „Erzählung" weit vielfältiger gebraucht. „Erzählende Quellen" sind etwa die Viten und Chroniken des Mittelalters im Unterschied zu „Akten und Urkunden". „Erzählende Darstellungen" legen – abweichend von „untersuchenden Darstellungen" – nur die Ergebnisse der Forschung, unter Ausklammerung des Arbeitsprozesses, vor (vgl. DROYSEN 1971, S. 276 ff.). Mit der analytischen Geschichtsphilosophie (vgl. ACHAM 1974, DANTO 1974) ist der Begriff der „Narrativität" ins Zentrum der Diskussion gerückt: „narrativ" ist jede geschichtliche Äußerung, da sie prinzipiell sprachliche Verknüpfung und menschliche Sinnstiftung enthalten muß (vgl. KOCKA/NIPPERDEY 1979, KOSELLECK/STEMPEL 1973). Ist noch die nüchternste annalistische Quelle und der trockenste Forschungsbericht in diesem Sinne eine „Erzählung", so wird der Begriff fast leer. Die fachwissenschaftliche Bedeutung von „Erzählung" verbindet also „Quelle" und „Darstellung", aber schließt „Fiktionalität" strikt aus. In beiden Punkten widerspricht sie dem „Erzählungsbegriff" der fachdidaktischen Tradition kraß.

Erzählungsarten und Erzählungsmerkmale. Bei den „Erzählungen" muß man zunächst nach dem Grad der „Fiktionalität" und der „Faktizität" unterscheiden:
- „erfundene Personen-Handlungs-Konstellation",
- „ausschmückende Nachgestaltung",
- „sinnstiftende Rekonstruktion",
- „verknüpfende Sprachabfolge".

Die beiden letzten Formen sind nur im weitesten Sinne der analytischen Geschichtsphilosophie „narrativ". Die beiden ersten sind auf ihre Legitimität zu befragen, indem nicht nur Verluste gegenüber der Wissenschaft, sondern auch mögliche Gewinne bedacht werden. An die Stelle der „Personalisierung" (Heroisierung der „Großen" und Bewunderung ihrer „Gestaltungskraft") kann etwa die „Personalisierung" (Alltag und Leistung der „Kleinen" anhand weniger, meist erfundener Beispielpersonen) treten (vgl. BERGMANN 1977).

Eine zweite Gliederung berücksichtigt den Träger der Erzählung, denn die Beschränkung auf den Lehrer ist durch die technische Entwicklung überholt; zeitgemäße Erzähler sind vor allem Film und Fernsehen. Unter Ausklammerung von sprachfreien „erzählenden" Abbildungen wie phantasievollen Historienbildern und wissenschaftlichen Rekonstruktionszeichnungen sind zu unterscheiden:
- „schriftliche Erzähler" (Buch, Zeitung),
- „personale Erzähler" (Lehrer, Eltern),
- „akustische Erzähler" (Radio, Schallplatte),
- „audiovisuelle Erzähler" (Film, Fernsehen, Theater, Oper).

Beide Gliederungen stehen quer zueinander. Die Filme und Fernsehsendungen lassen sich beispielsweise ebenfalls nach dem Ausmaß der Fiktionalität klassifizieren (vgl. v. BORRIES 1983).

Kritik der Lehrererzählung. Die klassische Erzählung im Unterricht deckt – wie gezeigt – nur einen winzigen Abschnitt der möglichen „Erzählgattungen" ab: Lehrer als Träger und Fiktion als Inhalt. Sie setzt voraus, daß sicheres, intuitives Verstehen („Vergegenwärtigung") möglich sei, daß „Kunst" einen der „Wissenschaft" ebenbürtigen Zugang zu Geschichte darstelle, daß fast jeder Lehrer durch Übung zum epischen Künstler werde und daß die mündliche Erzählung noch erfolgreich mit den aktuellen Fiktionsformen der audio-visuellen Massenmedien konkurrieren könne. Alle diese Voraussetzungen sind strittig oder widerlegt. Andererseits sind die Grundprinzipien der Erzählmethodik jüngst durch spektakuläre Fernseherfolge wie „Roots" und „Holocaust" in eklatanter und unerwarteter Weise bestätigt worden – einschließlich ihrer nur bedingt aufklärerischen Wirkung. Die traditionellen Lehrererzählungen in West (vgl. die Mustersammlungen von EBELING 1960ff., ZIERER 1969ff.) und Ost (vgl. MÜHLSTÄDT 1974f.) sind durchweg vorwiegend fiktional, zudem affirmativ und personalisierend. Gerade diese Züge werden von den Kritikern (vgl. RIESENBERGER 1973, WERNICKE 1970) bemängelt und für die Defizite des Geschichtsbildes der Jugend verantwortlich gemacht: „Die Elemente dieses Geschichtsbildes sind: übermächtige Subjekte, personalisierte Kollektiva, stereotype soziale Ordnungsschemata, anthropomorphe Bezugskategorien" (v. FRIEDEBURG/HÜBNER 1970, S. 11).

BERGMANN (vgl. 1977) lehnt Lehrererzählungen nur insoweit ab, als sie fiktional-literarisch, monoperspektivisch-parteilich, personalisierend-heroisch und affirmativ-legitimatorisch gestaltet sind. Nach Poetik und Praxis des modernen historischen Romans (vgl. v. BORRIES 1978, 1979) ist keines dieser Merkmale gattungsspezifisch unvermeidlich. Daraus wird abgeleitet, daß es auch möglich sein müsse, sachlich korrekt mehrperspektivisch Konflikte und

Lehrererzählung

Entscheidungssituationen zu erzählen. Auch hierzu lassen sich – in Aufnahme und Revision der traditionellen Ratschläge – Rezepte formulieren, etwa: „Personifiziere notfalls soziale Gruppen, aber personalisiere nie im Sinne übermächtiger Gestalten! [...] Kontrastiere, stelle Positionen gegenüber, laß Tatsachen, Standpunkte, Interessengegensätze, Werturteile begründen und bezweifeln, laß Entscheidungssituationen offen und Kontroversen austragen!" (v. BORRIES 1980, S. 146 f.). Soweit trotz aller grundsätzlichen Kritik an Erzählungen als einer Möglichkeit unter vielen festgehalten wird (vgl. SCHLEGEL 1975, TOCHA 1979, KIRCHHOFF 1981), ist vorwiegend an eine solche Gestaltung gedacht. Doch sind entsprechende Mustersammlungen für die Praxis noch nicht vorgelegt worden (vgl. ansatzweise FINA 1975).

Verengte Alternativen. Bei der „Lehrererzählung" als Methodenkonzept, also als – früher oft empfohlener – Hauptgrundlage des Geschichtsunterrichts überhaupt, handelt es sich, wie beim gelegentlich vorgeschlagenen Alternativkonzept und scheinbaren Gegenteil „Quellenarbeit", jeweils um eine Kurzformel, ein Stichwort für ein ganzes Bündel von Merkmalen. Demnach schlösse „Lehrererzählung" fiktional-künstlerische Geschichtsdarbietung, Lehrerdominanz, emotional-affirmative Gestaltung und ergebnishaftes Vorgehen (mit fertigproduktartigen Medien) ein; im Zentrum stünde der Gedanke der „Altersgemäßheit". Ganz entgegengesetzt bedeutete „Quellenarbeit" dokumentarisch-sachliche Aufbereitung. Schüleraktivität, rational-kritische Verarbeitung und prozeßhaftes Vorgehen (mittels rohstoffähnlicher Medien); der leitende Gesichtspunkt wäre „Problemgerechtigkeit". Die eindimensionale Polarität, die dabei unterstellt wird, ist analytisch recht ungenau. Statt des Lehrers kann zum Beispiel ebenso ein Schüler (oder das Buch, der Schulfunk, das Fernsehen) fiktional „erzählen", umgekehrt kann der Lehrer Quellen vortragen. Auch „Erzählungen" können ohne fiktive Elemente auskommen und rational ausgewertet werden. Andererseits können „Quellen" durchaus erzählenden Charakter haben und emotionalisierend wirken und so weiter. Illegitim (für Geschichtswissenschaft und -unterricht, nicht für Dichtung und Literaturunterricht) ist erst die Erfindung von Szenen, Reden, Personen, Dokumenten in fiktionaler Literatur (Novelle, Roman, Kurzgeschichte, Ballade). Hier sollte sicherheitshalber von „fiktiver Erzählung" gesprochen werden. Die Gegenüberstellung von „Quellenarbeit" und „Lehrererzählung" (besser „Lehrerfiktion") ist (wie gezeigt) nur als grobes idealtypisches Raster gültig. Im Einzelfall können sich Merkmale beider komplexer Typen miteinander mischen.

Idealtypische Methodenkonzepte. Zudem ist die Alternative „Quellenarbeit" gegen „Lehrererzählung", wie sie der Darstellung in vielen Methodiken zugrunde liegt (vgl. EBELING 1973, S. 104 ff.; vgl. MARIENFELD/OSTERWALD 1966, S. 106 ff.) unvollständig, weil beide Formen keineswegs alle Grundtypen des Geschichtsunterrichts abdecken (vgl. v. BORRIES 1984a, S. 319 ff.). Die Unterrichtsgrundform „Lehrererzählung" richtet sich – gemeinsam mit „Quellenarbeit" – unverkennbar gegen das verbreitete Einprägen eines „Leitfadens" mittels Lehrervortrag, Schulbuch oder Lernprogramm und hat zu dessen Überwindung beachtliche Beiträge geleistet. Eine starre Gegenüberstellung von „Lehrererzählung" und „Quellenarbeit" übersieht auch, daß viele Didaktiker (und auch ein großer Teil der Schulbücher) heute „gemäßigten Arbeitsunterricht" als Kompromiß empfehlen. Zudem bietet die „Lehrererzählung" die Chance emotionaler und gestaltender Aktivitäten der Schüler, während „Quellenarbeit" als Unterrichtsrezept – wegen angeblicher „Gängelung" und „Verkopfung" – beispielsweise vom Gedanken des „Projekts" her ernsthaft kritisiert wird.

Die Alternativen „Lehrererzählung" und „Quellenarbeit" sollten also zu einem vollständigeren Satz idealtypischer Methodenkonzepte ergänzt werden, der sich nach zwei Dimensionen anordnen läßt (vgl. v. BORRIES 1984b, S.170ff.). „Quellenarbeit" teilt die vorwiegend kognitive Lerndimension mit dem „Leitfadentyp", die prozeßhaft-halboffene Arbeitsweise mit dem „Projekt". Die „Lehrererzählung" stimmt als auch emotional-pragmatisches Lernen mit dem „Projekt", als lehrerdominiert-enges Verfahren mit dem „Leitfaden" zusammen. Der Mischtyp „gemäßigter Arbeitsunterricht" versucht zwischen Stofforientierung und Verfahrensorientierung sowie zwischen rein intellektuellem und ästhetisch-praktischem Arbeiten zu vermitteln. Wenn eine unkritische, unreflektierte Stoffaneignung beziehungsweise ein rein affirmativer (oder als Negation dazu: ein rein destruktiver) Geschichtsgebrauch intellektuell nicht zu rechtfertigen sind, dann müssen die Grundformen „Leitfaden" und fiktionale, traditionelle „Lehrererzählung" ausfallen. Sie sind nicht etwa methodisch aussichtslos, sondern ihre Lernziele lassen sich nicht vertreten. Das schließt nicht prinzipiell aus, einzelne ihrer Details – nach gründlicher Legitimitätsprüfung – in anderen Zusammenhängen und mit anderem Stellenwert zu benutzen.

Traditionelle und alternative Geschichtserzählung. Heute ist kaum noch zu bestreiten, daß die Lehrererzählung im Geschichtsunterricht in einer deutlich antiaufklärerischen antikritischen Tradition steht (vgl. FRIEDERICHS u.a. 1982, S.128ff.; vgl. RIESENBERGER 1973, S.41ff.). Es führt auch kein Weg hinter die Erkenntnis zurück, daß „Vergegenwärtigung" von geschichtlichen Situationen durch intuitiv ganzheitliches Verstehen und imaginatives Ausmalen erkenntnislogisch unmöglich ist, also im Unterricht nur suggeriert werden kann. Die Tendenz der Lehrererzählung zur Erfindung und Ausschmückung, zum Kunstwerk (oder besser: „schlechten Kunsthandwerk"), zur bloßen Personen- und Ereignisgeschichte, zum Abenteuer und Ethnozentrismus ist unverkennbar. Eine Rückkehr zur Erzählung als „methodischer Grundform" (FIEGE 1969, S.132), als „tragender Mitte der Geschichtsstunde" (METZGER 1972, S.54) darf es nicht geben. Anderseits haben die Kritiker in ihrem Übereifer oft übersehen, daß Lehrererzählungen stets nur als ein Unterrichtsschritt gemeint waren, dem Erarbeiten (Auswertung) und Aufarbeiten (Nachgestaltung) folgen sollten. Ebenso wurde oft die schlichte Tatsache vernachlässigt, daß „Erzählen" unvermeidlich, unerläßlich ist, nur eben in anderen Formen (nicht mehr als „Geschichtsnovelle") und mit anderem Stellenwert (nicht mehr als „Methodenkonzept").

Vor allem: Einige Hauptbefürworter der „Lehrererzählung" wollten keineswegs einen Methodenmonismus, haben zugleich Bahnbrechendes für „Quellenarbeit" und für regionale Fallstudien (heute würden wir sagen: „Projektarbeit") geleistet. Das gilt vor allem für EBELING (vgl. 1973; vgl. auch EBELING u.a. 1964), den bedeutendsten Geschichtsmethodiker der Nachkriegszeit, aber auch für Kirchhoff, Marienfeld, Fina und andere. Mit Nachdruck ist auf den Einwand hinzuweisen, daß methodische Eintönigkeit schlimmer sein kann als vereinzelte Lehrererzählungen: Ständig wiederkehrende häppchenweise Durchnahme von Quellenfetzchen eignet sich für einen besonders langweiligen, geschwätzigen und unverbindlichen Unterricht (vgl. SCHOEBE 1983). Angesichts der wachsenden Übermacht und Manipulation der Massenmedien ist kaum auszuschlie-

ßen, daß die Lehrererzählung auf ihre alten Tage und gegen ihre Tradition auch „emanzipatorische" und „alternative" Qualitäten entwickeln könnte.
Der starke Aufschwung „dokumentarischer Literatur" in Buchmarkt und Deutschunterricht sowie „mündlicher Geschichte" (oral history) in Geschichtswissenschaft und Unterrichtsprojekten mag diese Vermutung bestätigen und die Annahme einer Renaissance des „historischen Erzählens" unterstützen. Der Rehabilitierung der „Erzählung" in der Fachwissenschaft folgt unübersehbar auch die in der Fachdidaktik (vgl. JEISMANN/QUANDT 1982, QUANDT/ SÜSSMUTH 1982). Das bedeutet allerdings nicht die Wiederkehr von Fiktionalität, Lehrerdominanz und Affirmation. RÜSEN (vgl. 1982, S. 145 ff.) fordert vielmehr vier geschichtsdidaktische Konsequenzen einer erzähltheoretischen Historik: Erstens ist historisches Lernen als „Bildung von Geschichtsbewußtsein durch Erzählen" zu verstehen. Zum anderen bildet „narrative Kompetenz" ein oberstes Lernziel des Geschichtsunterrichts. Dann entwickelt sich mutmaßlich das individuelle Geschichtsbewußtsein - wie das gesellschaftliche - in der Stufenfolge der „traditionalen", „exemplarischen", „kritischen" und „genetischen Erzählweise". Schließlich gilt für die „unterrichtliche Erzählstruktur" das „Prinzip der Multiperspektivität". Dieses „neue Geschichtserzählen" verspricht damit weithin das Gegenteil der „traditionellen Lehrererzählung", wird aber wahrscheinlich bis jetzt selten realisiert.

ACHAM, K.: Analytische Geschichtsphilosophie, Freiburg 1974. BERGMANN, K.: Personalisierung im Geschichtsunterricht, Stuttgart ²1977. BORRIES, B. v.: Könige, Ketzer und Sklaven. In: Pol. Did. (1978), 3, S. 16 ff. BORRIES, B. v.: Alexander, Caesar & Co. In: Gesch. in W. u. U. 30 (1979), S. 479 ff. BORRIES, B. v.: Problemorientierter Geschichtsunterricht? Stuttgart 1980. BORRIES, B. v.: Geschichte im Fernsehen - und Geschichtsfernsehen in der Schule. In: Geschdid. 8 (1983), S. 221 ff. BORRIES, B. v.: Zur Praxis „gelungenen" historisch-politischen Unterrichts. In: Geschdid. 9 (1984), S. 317 ff. (1984a). BORRIES, B. v.: Schulbuch (Geschichtsschulbuch). In: NIEMETZ, G. (Hg.): Lexikon für den Geschichtsunterricht, Würzburg 1984, S. 170 ff. (1984b). DANTO, A.C.: Analytische Philosophie der Geschichte, Frankfurt/M. 1974. DÖHN, H.: Der Geschichtsunterricht in Volks- und Realschulen, Hannover ²1975. DROYSEN, J.G.: Historik, Darmstadt ⁶1971. EBELING, H.: Geschichten aus der Geschichte, 3 Bde., Braunschweig 1960 ff. EBELING, H.: Zur Didaktik und Methodik eines kind-, sach- und zeitgemäßen Geschichtsunterrichts, Hannover ⁵1973. EBELING, H. u.a.: Praxis des Geschichtsunterrichts, 2 Bde., Hannover 1964. FIEGE, H.: Geschichte, Düsseldorf 1969. FINA, K.: Geschichtsmethodik, München 1973. FINA, K.: Geschichte konkret. 157 dokumentarische Darstellungen, Hamburg 1975. FRIEDEBURG, L. v./HÜBNER, P.: Das Geschichtsbild der Jugend, München ²1970. FRIEDERICHS, K. u.a.: Unterrichtsmethoden, Oldenburg 1982. GLÖCKEL, H.: Geschichtsunterricht, Bad Heilbrunn 1973. HEYN, E.: Lehren und Lernen im Geographieunterricht, Paderborn 1973. JEISMANN, K. E./QUANDT, S. (Hg.): Geschichtsdarstellung, Göttingen 1982. JUNG, M.: Geschichtserzählung heute: Die Wiedergeburt einer untauglichen Methode. In: Geschdid. 5 (1980), S. 283 ff. KIRCHHOFF, H. G.: Erzählender Geschichtsunterricht in der Grundschule. In: HANTSCHE, J./SCHMID, H.-D. (Hg.): Historisches Lernen in der Grundschule, Stuttgart 1981, S. 108 ff. KLEINKNECHT, W. u.a.: Aufgabe und Gestaltung des Geschichtsunterrichts, Frankfurt/M. ⁵o.J. KOCKA, J./NIPPERDEY, TH. (Hg.): Theorie und Erzählung in der Geschichte, München 1979. KOSELLECK, R./STEMPEL, W.D. (Hg.): Geschichte - Ereignis und Erzählung, München 1973. MARIENFELD, W./OSTERWALD, W.: Die Geschichte im Unterricht, Düsseldorf 1966. METZGER, ST.: Die Geschichtsstunde, Donauwörth ²1972. MICKEL, W.: Methodik des politischen Unterrichts, Frankfurt/M. ⁴1980. MÜHLSTÄDT, H.: Der Geschichtslehrer erzählt, 4 Bde., Berlin (DDR) ⁷1975/⁶1975/⁴1975/¹1974. PANDEL, H.-J.: Visuelles Erzählen. In: PANDEL, H.-J./SCHNEIDER, G. (Hg.): Handbuch Medien im Geschichtsunterricht, Düsseldorf 1985, S. 389 ff. QUANDT, S./SÜSSMUTH, H. (Hg.): Historisches Erzählen, Göttingen 1982. RIESENBER-

GER, D.: Die Lehrererzählung im Geschichtsunterricht. In: SÜSSMUTH, H. (Hg.): Historisch-politischer Unterricht. Bd. 2: Medien, Stuttgart 1973, S. 41 ff. RÜSEN, J.: Geschichtsdidaktische Konsequenzen aus einer erzähltheoretischen Historik. In: QUANDT, S./SÜSSMUTH, H. (Hg.): Historisches Erzählen, Göttingen 1982, S. 129 ff. SCHLEGEL, W.: Geschichtserzählung oder Geschichtsquelle? In: SCHNEIDER, G. (Hg.): Die Quelle im Geschichtsunterricht, Donauwörth 1975, S. 113 ff. SCHMIDT, A.: Die Erdkundestunde, Wuppertal ²1970. SCHMIDT, E.: Grundriß des Geschichtsunterrichts, Bochum ⁶1971. SCHOEBE, G.: Quellen, Quellen, Quellen... Polemik gegen ein verbreitetes Unterrichtskonzept. In: Gesch. in W. u. U. 34 (1983), S. 298 ff. SÜSSMUTH, H. (Hg.): Historisch-politischer Unterricht, 2 Bde., Stuttgart 1973. TOCHA, M.: Zur Theorie und Praxis narrativer Darstellungsformen mit besonderer Berücksichtigung der Geschichtserzählung. In: Geschdid. 4 (1979), S. 209 ff. TOCHA, M.: Auf die Inhalte kommt es an. In: Geschdid. 5 (1980), S. 393 ff. WERNICKE, U.: Zur Praxis der Geschichtserzählung in der Mittelstufe. In: Gesch. in W. u. U. 21 (1970), S. 494 ff. ZIERER, O.: Hundert Geschichten aus 3 000 Jahren, 3 Bde., München 1969 ff.

Bodo v. Borries

Lehr-/Lernsystem

Unter System versteht man eine Menge von Elementen, die miteinander in Beziehung stehen und so eine Einheit bilden. Das Beziehungsgeflecht wird auch als Struktur bezeichnet. Systeme sind zum Beispiel Organismen, Maschinen, Gesellschafts- oder Wirtschaftssysteme. Sie können Subsysteme enthalten, wie das Nervensystem oder das Zündsystem eines Motors. Der abstrakte Begriff des Systems fand in Form der Begriffe „Lehrsystem", „Lernsystem" und „Lehr-Lern-System" Eingang in die Erziehungswissenschaft.

„Technische" Lehr-Lern-Systeme. Bei der Konstruktion von Lehrautomaten werden bestimmte Lehrfunktionen des menschlichen Lehrers maschinell realisiert (Darbietung von Information, Fragestellungen, Rückkopplung mit dem Adressaten). Wenn nur solche Lehrfunktionen ins Auge gefaßt werden, ist es zweckmäßig, den Oberbegriff des Lehrsystems einzuführen. Es zeigt sich aber, daß technische Lehrsysteme immer nur Teilfunktionen des menschlichen Lehrsystems ausführen können. Ähnliches gilt für Lernsysteme: Der Mensch als Lernsystem ist außerordentlich komplex. Er verfügt über zahlreiche Lernfunktionen, wie etwa den bedingten Reflex, das Lernen durch Nachahmung, durch Erfahrung oder produktives Denken. Demgegenüber realisieren maschinelle Lernsysteme (Lernautomaten) nur wenige Lernfunktionen wie Speicherung, bedingter Reflex, einfachste „Trial-and-error-Akte"

Unter dem Oberbegriff des Systems in der Pädagogik lassen sich mehrere Formen subsumieren: starre technische Lehrsysteme, kombinierte technische und menschliche Lehrsysteme, „intelligente" technische Lehr-Lern-Systeme und technische Lernsysteme.

Bei den starren technischen Lehrsystemen handelt es sich um Systeme, die mit dem (menschlichen) Adressaten durch wechselseitige Steuerung in Verbindung stehen; das Lehrsystem selbst ist nicht lernfähig. es handelt sich um die Abwicklung von Lehrprogrammen.

Um die Vorteile technischer Lehrsysteme zu nutzen und gleichzeitig deren Starrheit - etwa bei der Rückkopplung mit dem Adressaten - zu vermeiden, gibt es zahlreiche unterschiedliche Aufteilungen des Gesamtlehrsystems in menschliche und technische Komponenten. So werden Informationsschritte und Steuerungseinheiten durch technische Systeme realisiert, Rückkopplungsprozesse durch das flexible „menschliche Lehrsystem".

Der menschliche Lehrer ist grundsätzlich in der Lage, aus dem Verhalten des Adressaten zu lernen, das heißt, er kann aufgrund der gespeicherten Äußerungen adäquate Lehrstrategien auswählen oder entwickeln, er kann für den Adressaten angemessene Medien und Kommunikationsformen wählen. Heute ist es technisch möglich, derartige Fähigkeiten des Lehrers durch Computersysteme zu realisieren. Solche Systeme, die in bezug auf ihre Lehrfunktionen lernfähig sind, werden auch als „intelligente" Lehr-Lern-Systeme bezeichnet. Jedoch sind auch hier nur Subsysteme der menschlichen Funktionsvielfalt, insbesondere bezüglich der Rückkopplung, maschinell realisiert. Grundsätzlich ist der Adressat als technisches Lernsystem denkbar, das von einem (menschlichen oder technischen) Lehrsystem belehrt werden kann. Man könnte hier etwa an lernfähige Roboter, das heißt Handhabungsautomaten, denken, die in bezug auf die Minimierung von Material- oder Zeitaufwand lernfähig sind. Die technische Machbarkeit lernender Roboter ist vorhanden, teilweise sogar deren Wirtschaftlichkeit. Die Frage ist allerdings, ob solche Konstruktionen auch wünschenswert sind. Bisher jedenfalls wurde die technische Entwicklung lernender Automaten nicht weiter vorangetrieben.

„Intelligente" Lehr-Lern-Systeme. Die Weiterentwicklung des computerunterstützten Unterrichts oder der Computer Assisted Instruction im „intelligenten" Lehr-Lern-System orientierte sich am Vorbild des lernenden Lehrers, das heißt desjenigen Lehrers, der sich zuerst ein möglichst genaues Bild des Schülers macht und aufgrund dieses Wissens den Lehrinhalt auswählt, die Lehrstrategie und die Art der medialen Kommunikation. Dementsprechend verfügt das durch Computer realisierte „intelligente" Lehr-Lern-System über einen direkten Zugriff zu den erforderlichen Lehrinformationen, über eine Reihe unterschiedlicher Kommunikationskanäle und über die „Fähigkeit", durch den Dialog mit dem Benutzer ein Benutzermodell zu erstellen. Die Lernfähigkeit des Systems besteht darin, aufgrund dieses Modells ein individuell angemessenes Lehrprogramm zusammenzustellen und durchzuführen. Abbildung 1 zeigt die schematische Darstellung eines solchen Lehr-Lern-Systems.

Grundsätzlich kann das „intelligente" Lehr-Lern-System ein individuelles Benutzermodell auch für das weitere „Lehrverhalten" bezüglich dieses Benutzers heranziehen. Hier tauchen jedoch insofern Probleme auf, als auch der menschliche Lehrer nicht immer weiß, in welcher Weise er (durch Lernen) sein Verhalten gegenüber dem Adressaten ändern soll: Soll er beispielsweise einem zunächst als lernschwach eingestuften Schüler weitere Erklärungen von vornherein in kleinen Schritten anbieten, oder soll er erneut prüfen, ob die zunächst festgestellte Lernschwäche nur punktuell gewesen ist?

Im Zusammenhang mit der technischen Erstellung von Benutzermodellen stellt sich die Frage nach dem Datenschutz: Soll oder darf ein Modell des Benutzers (mit allen von diesem gemachten Fehlern) im Lehr-Lern-System abgespeichert werden?

Der Systembegriff im forschungsmethodischen Ansatz der kybernetischen Pädagogik. So, wie die Kybernetik als Forschungsmethode, das heißt als Anwendung bestimmter Theorien und Modelle (Informationstheorie, Systemtheorie, Regelkreismodelle), sich als Teilbereich der logisch-empirischen Forschungsmethode überhaupt versteht, also als Teilbereich des kritischen Rationalismus, so versteht sich die kybernetische Pädagogik als Teilbereich der kritisch-rationalen Pädagogik. Versucht man, mit der Methode des kritischen Rationalismus allgemeine, logisch-empirisch überprüfbare Aussagen zu ermitteln, so bedeutet dies bei der Anwendung auf die „Gegenstandsbereiche"

Abbildung 1: Modell eines Lehr-Lern-Systems

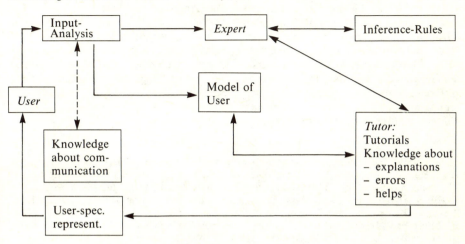

(Quelle: GUNZENHÄUSER 1983, S. 33 ff.)

Mensch und Erziehung, daß der Mensch nur als „Typ" in der (allgemeinen) Theorie auftreten kann. So schreibt POPPER (1925, S. 204): „Jedes Einzelwesen, in seiner Einzigartigkeit gesehen, ist eine Individualität. Dem Begriff des Einzigartigen steht der Begriff des Typischen als konträrer Gegensatz gegenüber: Das Typische sehen wir in einem Einzelwesen, wenn wir dieses von einem gegebenen, allgemeinen Gesichtspunkt aus betrachten; daher ändert sich das Typische mit jedem Wechsel des Gesichtspunktes. Mit dieser Überlegung erscheint es ausgeschlossen, daß eine Psychologie, Soziologie oder überhaupt irgendeine Wissenschaft sich mit der Individualität befassen kann; denn eine Wissenschaft ohne allgemeinen Gesichtspunkt ist unmöglich."

Die kybernetische Pädagogik ist insofern eine Teildisziplin der kritisch-rationalen Pädagogik, als sie bestrebt ist, kalkulierbare und damit gegenstandsübergreifende Aussagen zu erstellen. Das bedeutet, daß der „Typ" noch weiter abstrahiert wird, nämlich zum „System". So wird beispielsweise der lernende Adressat zum „Lernsystem", zum „endlichen Schema", das durch ein Repertoire endlich vieler Zeichen mit Wahrscheinlichkeitsverteilung gekennzeichnet ist. Dem endlichen Schema werden (in Analogie zum Menschen) bestimmte „Fähigkeiten" zugeordnet, wie Speicherung, informationelle Akkommodation und Superzeichenbildung. Theorien, die sich auf solche Systeme beziehen, wie die Redundanztheorie des Lernens (vgl. v. CUBE 1982), gelten dann für sämtliche Realisierungsmöglichkeiten hiervon, seien es menschliche, seien es technische Lernsysteme. Entsprechende Ergebnisse gelten für Lehrsysteme oder Lehr-Lern-Systeme.

Der wissenschaftliche Zweck eines solchen systematischen Vorgehens liegt einerseits in der Erforschung abstrakter, disziplinübergreifender Zusammenhänge, wie der Erforschung von Regelungsvorgängen in technischen, organischen, wirtschaftlichen und anderen Systemen, oder der Erforschung von Negentropieprozessen in wahrnehmenden, lernenden oder denkenden Systemen, andererseits in einer Verbreiterung der praktischen Anwendung. Diese besteht darin, daß die allgemeinen Parameter der System duch die jeweiligen realen Größen exakt oder näherungsweise ausgefüllt werden können. So beziehen sich in den Theorien der kybernetischen Pädagogik die allgemeinen Aussagen auf bestimmte Lernsysteme; sie gelten um so genauer für die Praxis, je genauer der reale Adressat die Bedingungen dieser Systeme erfüllt.

Das Arbeiten mit Systemen in der kybernetischen Pädagogik wird vielfach kritisiert (vgl. ALSHUTH 1982). Die Kritiker übersehen jedoch, daß zur Gewinnung allgemeiner und übergreifender Zusammenhänge und Vernetzungen der Systembegriff unbedingt erforderlich ist.

ALSHUTH, D.: Die wissenschaftstheoretischen Voraussetzungen der kybernetischen Pädagogik und deren Kritiker, Diss., Heidelberg 1982. BURTON, R. R./BROWN, J. S.: An Investigation of Computer Coaching for Informal Learning Activities. In: Int. J. of Man-Machine Stud. 11 (1979), S. 5 ff. CUBE, F. V.: Kybernetische Grundlagen des Lernens und Lehrens, Stuttgart 1982. FISCHER, G.: Mensch-Maschine-Kommunikation: Theorien und Systeme, Habil.-Schrift, Stuttgart 1982. FRANK, H./HOLLENBACH, G. (Hg.): Begriffswörterbuch der kybernetischen Pädagogik, Hannover/Paderborn 1973. GUNZENHÄUSER, R.: New Trends in Computer Assisted Learning (CAL). In: Training for Tomorrow. International Federation of Information Processing/International Federation of Automated Control – Conference, New York 1983. KLAUS, G. (Hg.): Wörterbuch der Kybernetik, Berlin (DDR) 1968. MEDER, S. B./SCHMID, W. (Hg.): Kybernetische Pädagogik. Schriften von 1958–1972, 4 Bde., Stuttgart/Berlin/Köln/Mainz 1973/1974. POPPER, K.: Über die Stellung des Lehrers zu Schule und Schüler. In: Sreform. 4 (1925), S. 204 ff. STEINBUCH, K.: Automat und Mensch – über menschliche und maschinelle Intelligenz, Berlin 1965.

Felix von Cube

Lernen, entdeckendes

Entstehung des Begriffs. Bis in die 60er Jahre wurde die amerikanische Lehr-/Lernforschung und die Entwicklung von Unterrichtsmethoden durch behavioristische Theorien dominiert. Um die Dominanz des Reiz-Reaktions-Modells zu überwinden, wurde von Bruner „entdeckendes Lernen" gefordert. Lernen ist danach kein ausschließlich reaktiver und von außen gesteuerter Prozeß, sondern ein aktiver Konstruktionsvorgang. Lernende selbst steuern diesen Vorgang durch intellektuelle Prozesse. In denkpsychologischen Laborstudien zum Lernen von Begriffen konnte BRUNER (vgl. 1981, S. 15 ff.) zeigen, daß die Entdeckung und Speicherung begrifflicher (kategorialer) Eigenschaften und Zusammenhänge durch Lernende als Hypothesenbildungs- und -prüfprozeß abläuft.

Bei diesem Prozeß werden Informationen über Sachverhalte etwa durch aktives Fragen oder systematisches Beobachten gesucht und mit Hilfe des bereits vorhandenen Wissens sinnvoll verarbeitet. Auch durch Unterricht sollen Begriffe, Kategorien und Regeln gelernt werden. Daher fordert BRUNER (vgl. 1961) für schulisches Lernen und Lehren:

– Es soll auf intellektuellen Prozessen des Lernenden aufbauen und als aktives Hypothesenbilden und -prüfen ablaufen sowie
– durch den Lernenden selbst gesteuert werden.

Als „entdeckendes Lernen" faßte Bruner daher alle „Formen des Wissenserwerbs mit Hilfe des eigenen Verstandes" zusammen, die im Extrem ohne äußere Lenkung ablaufen.

Folgende Vorteile ungelenkten Entdeckens steigern nach BRUNER (vgl. 1981)

die Handlungs- und Problemlösungskompetenz von Lernenden:
- Methoden des Lernens und der selbständigen Steuerung des Lernhandelns werden erworben (intellektuelle Potenz, heuristische Methoden);
- Lernende werden intrinsisch motiviert;
- das erworbene Wissen läßt sich optimal speichern (Gedächtnis) und auf neue Probleme anwenden (Transfer).

Bruners Forderungen lösten in den USA kontroverse Diskussionen aus. Sie verstärkten den Trend zu kognitionstheoretisch orientierten Instruktionsforschungen und Methodenentwicklungen, die die ausschließlich behavioristisch ausgerichteten allmählich ablösten. Dabei finden sich Parallelen in älteren europäischen Richtungen der Gestaltpsychologie und der Piaget-Tradition, die Lernen ebenfalls als sinnvolles Handeln auffaßten, das durch selbständige Denkaktivitäten des Lernenden gesteuert wird.

Erweiterung der Forschungsbasis und Entwicklung von Instruktionsverfahren.
Um wirksame Methoden entdeckenden Lernens zu entwickeln, mußten die kognitionspsychologische Grundlagenforschung erweitert, Unterrichtsforschungen intensiviert und Instruktionsverfahren entwickelt werden (vgl. NEBER 1981).

Kognitionspsychologische Grundlagenforschung. Die neuere Problemlösungs- und Gedächtnisforschung führte zu weiteren Aufschlüssen über Entdeckungsprozesse. Besonders Simon und Mitarbeiter erforschten Voraussetzungen des selbständigen Definierens von Problemen und des Erfindens von neuen Lösungsmethoden (problemlösendes Lernen, Lernen durch Tun). Daneben wurden Entdeckungsprozesse bei schulisch relevanten Inhalten genauer analysiert; so die Induktionstätigkeit, die zum Entdecken mathematischer Regeln und physikalischer Gesetze durch Lernende führt.

Individuelle Voraussetzungen von Lernenden für entdeckendes Lernen wurden ermittelt. Es ergaben sich Wechselwirkungen zwischen Schülermerkmalen und Lehrmethode, wobei effizientes entdeckendes Lernen meist hohe allgemeine oder fachspezifische Fähigkeiten von Lernenden voraussetzte. Die Ermittlung der Art des durch entdeckendes Lernen entstehenden Wissens und dessen Speicherung zeigte, daß Lernende bei Entdeckungsprozessen ihr bisheriges Wissen verwenden, um neue Information zu integrieren. Entdeckendes Lernen begünstigt so die langfristige Entwicklung integrierter handlungssteuernder Strukturen des Wissens. Diese Studien steigerten die Komplexität und die ökologische Relevanz von Grundlagenforschungen zum entdeckenden Lernen und trugen zur Theorie-Praxis-Integration auf empirischer Ebene bei.

Unterrichtsforschung. Die propagierten Vorteile eines ungelenkten entdeckenden Lernens wurden durch Unterrichtsforschung und -praxis nicht bestätigt. Schüler können Entdeckungsprozesse meist nicht selbständig steuern, und Verfahren des ungelenkten Entdeckens führen nicht zu optimalen Ergebnissen. Lenkung und Entdeckung sind daher zwei unabhängige, allerdings interagierende Dimensionen des Lehrens und Lernens. Dies führte zu folgenden Konsequenzen:

Die Lenkungsdimension wurde erforscht, wobei sich gelenktes Entdecken meist als optimale Methode erwies. Lenkungsmaßnahmen waren etwa Lernhilfen und Lernstrategien (vgl. EINSIEDLER 1976) oder Regeln zur Tutorsteuerung von Lernprozessen in sokratischen Dialogen. Daneben wurden Methoden zur Auslösung von Neugier durch kognitive Konflikte in Anlehnung an Berlyne erforscht; dies führte zu brauchbaren unterrichtspraktischen Verfahren (vgl. JOERGER 1980).

Trainingsverfahren zur Förderung von

Fertigkeiten der Selbststeuerung von Entdeckungsprozessen wurden entwickelt. So in Form eines Trainings des Suchens nach Information und der Induktion gesetzmäßiger Zusammenhänge durch Schülerfragen. Die epistemische (wissenssuchende) Fragetätigkeit von Grundschülern ließ sich durch Training erheblich steigern (vgl. NEBER 1981). Wang entwickelte Lernumwelten und Methoden zur Steigerung der Fähigkeit von Schülern, Lernziele langfristig zu planen und deren Erreichung selbständig zu kontrollieren. Neuere Programme zur Förderung des Problemformulierens und -lösens optimieren Fertigkeiten zur Selbststeuerung von Entdeckungsprozessen auch bei Studenten.

Die Forschung arbeitete bisher Einzelkomponenten entdeckender Instruktionen heraus, doch sollte die zeitliche Erstreckung dieser Forschungen künftig erweitert werden, um besonders langfristige Wirkungen entdeckenden Lernens und Lehrens zu ermitteln.

Entwicklung von Instruktionsverfahren.
Bereits die genannten Unterrichtsforschungen trugen zur Entwicklung einzelner, im Unterricht einsetzbarer Maßnahmen zur Förderung entdeckenden Lernens bei. Besonders Verfahren zum an Schülerfragen orientierten erkundenden Unterricht wurden in der Praxis aufgegriffen.

Doch wurden auch komplexere Instruktionsverfahren unter Entdeckungsperspektive entwickelt; dies erfolgte vorwiegend für den Grund- und Hauptschulbereich und führte zur Erprobung entsprechender Lernumwelten, Lernmaterialien und Kommunikationsformen. Um schülergesteuerte Unterrichtsverläufe zu ermöglichen, wurde nicht nur an psychologische Grundlagenforschungen angeknüpft, sondern es wurden auch Ergebnisse zum offenen Unterricht genutzt (vgl. KLEWITZ/MITZKAT 1977, NEFF 1977). Ein Kennzeichen dieser Verfahren ist, daß Lernende Probleme und Lernziele in Kommunikation mit anderen weitgehend selbst definieren. Dies setzt voraus, daß Schüler im Unterricht erweiterte Handlungsspielräume vorfinden und Lehrer eher die Rolle eines Tutors übernehmen. Bei der Realisierung dieser Verfahren wurden daneben auch institutionelle Begrenzungen, aber auch Möglichkeiten ihrer Überwindung herausgearbeitet.

Es zeigt sich, daß effizientes Lernen und Lehren von vielen Faktoren beeinflußt wird und ein solches Vorgehen jeweils spezifisch erarbeitet werden muß. Es trägt nur auf diese Weise zu selbständigkeits- und kompetenzorientierten Zielen bei und läßt sich in eine breite Tradition pädagogischer Bemühungen einordnen.

BRUNER, J.S.: The Act of Discovery. In: Harv. E. Rev. 31 (1961), S. 21 ff. BRUNER, J.S.: Der Akt der Entdeckung. In: NEBER, H. (Hg.): Entdeckendes Lernen, Weinheim/Basel ³1981, S. 15 ff. EINSIEDLER, W.: Lehrstrategien und Lernerfolg, Weinheim/Basel 1976. JOERGER, K.: Lernanreize, Kronberg 1980. KLEWITZ, E./MITZKAT, H.: Entdeckendes Lernen und offener Unterricht, Braunschweig 1977. NEBER, H. (Hg.): Entdeckendes Lernen, Weinheim/Basel ³1981. NEBER, H. u.a. (Hg.): Selbstgesteuertes Lernen – psychologische und pädagogische Aspekte eines handlungsorientierten Lernens, Weinheim – Basel 1978. NEFF, G. (Hg.): Praxis des entdeckenden Lernens in der Grundschule, Kronberg 1977.

Heinz Neber

Lernsituation

Lernen und situativer Kontext. Man lernt weder als isoliertes Individuum, noch lernt man ohne Bezug auf bestimmte Gegenstände, Themen oder Probleme, noch in immer derselben Art und Weise, mit derselben Intensität, mit gleichem Erfolg: Lernen ist vielmehr eingebunden in einen „situativen Kontext" (MOLLENHAUER 1972, S. 111).

Die Erziehungswissenschaft versucht auf vielfältige Weise, Faktoren, Bedingungen und Konstellationen zu identifizieren, die das Lernen beeinflussen: Es werden jene Dimensionen erforscht, die als bedingende oder intervenierende Variablen das Lernen beeinflussen, indem sie beispielsweise auf den Lernenden direkt einwirken (Störungen), die Interaktion zwischen dem Lehrenden und dem Lernenden bestimmen (emotionale Beziehungen) oder die Auseinandersetzung mit einem Gegenstand fördern (sachbezogene Verfügbarkeit). Untersuchungen in diesen Bereichen – häufig unter dem Stichwort „Lernklima" (vgl. DREESMANN 1982) – zielen darauf ab, solche Kenntnisse in eine verbesserte Gestaltung von Lernbedingungen einbringen zu können. Dieser engere Situationsbegriff zielt auf die Kontrollierbarkeit des Lernens im Sinne einer technologischen Optimierung.

In einem weiteren Sinne verweist der Begriff „Situation" auf die nicht verfügbaren, die nicht vorab planbaren Dimensionen des Lernens, die sich dem professionellen Zugriff entziehen. Nach diesem weiteren Begriff macht dieses situative Moment des Lernens das eigentliche Pädagogische aus. Unter „Situation" wird hier also nicht nur der situative Kontext verstanden, wie er auf den Lernenden einwirkt, sondern vielmehr die gesamte situative Konstellation, in der sich die vielfältigen Komponenten des Lehr-/Lernprozesses insgesamt zueinander befinden. In diesem Sinne kann die Lernsituation unter verschiedenen Dimensionen aufgeschlüsselt werden, die sich überlappen und miteinander in Beziehung und Wechselwirkung stehen.

Der Bereich, in dem sich das Lernen abspielt: Es können Kenntnisse und Fertigkeiten erworben werden, sich psychische Dispositionen verändern (Interessen, Ängste) und soziale Verhaltensweisen geformt werden.

Die Sozialform, in der das Lernen organisiert ist: Die Lernenden können gemeinsam „frontal" unterwiesen werden, sich etwas in Gruppen- oder Partnerarbeit erarbeiten, allein an einer Aufgabe oder einer Übung sitzen.

Lernsituationen können unterschiedliche Verbindlichkeit haben: Schüler müssen ihre Schulpflicht absolvieren, sie können aber auch länger und zusätzlich zur Schule gehen. Lernen findet aber auch ohne institutionelle Verbindlichkeit im Alltag statt.

Die Lernsituation hat eine „Zeitstruktur" (vgl. MOLLENHAUER 1981): Die Lernenden bringen ihre Erfahrungen mit den Gegenständen, wie auch mit dem Lernen allgemein in die gegenwärtige Situation ein, Defizite können sich kumuliert haben, Verhaltensweisen, Aufforderungen, Anforderungen können positiv oder negativ „besetzt" sein; das Lernen ist zugleich auf eine Zukunft bezogen, sei es, daß für antizipierte Lebenssituationen gelernt wird („Vorratslernen"), sei es, daß es lediglich um den „Tauschwert" der zu erwerbenden Zertifikate geht.

Das Lernen unterliegt historischen Wandlungen der kulturellen, politischen und ökonomischen Bedingungen: Lerninhalte und Lernziele können gesellschaftlich anerkannt sein oder sich ihre Legitimation erst noch beziehungsweise wieder erwerben müssen. Das Lernen kann auf die Tradierung des kulturellen Bestandes verpflichtet sein oder sich dem Lernen für die Zukunft mit veränderten oder zu verändernden Bedingungen öffnen.

Lernsituation

Die Lernsituation hat eine „Raumstruktur": Im Sinne einer „Ökologie des Lernens" kann der Raum beliebige Hülse der Lerntätigkeit sein oder in diese als Objekt der Gestaltung einbezogen werden. Der Gegenstand des Lernens kann gegenwärtig oder nur symbolisch verfügbar sein.

Die Beteiligten können zum Lerngegenstand unterschiedliche Beziehungen haben: Er kann für aktuelle Lebenssituationen Bedeutung haben, so daß sich Betroffenheit einstellt; er kann zweckfreien, problembezogenen Aufforderungscharakter haben, so daß sich intellektuelle Neugier einstellt.

Der Lerngegenstand kann didaktisch unterschiedlich aufgeschlossen sein: Er kann sich strukturiert in seiner sachimmanenten Logik und/oder seiner wissenschaftlichen Begrifflichkeit präsentieren, er kann lernzielorientiert aufbereitet sein oder sich als offenes Problem für die eigenständige Auseinandersetzung anbieten.

Die an einer Lehr-/Lernsituation Beteiligten verfolgen Intentionen, die ähnlich oder gegenläufig sein können: Diese können an die jeweiligen sozialen Rollen (als Lehrer, Schüler) gebunden sein, aber auch mit persönlichen Erfahrungen, Einsichten und Entscheidungen vermittelt sein; welche Intention jemand in einem bestimmten Augenblick verfolgt, ist von seiner aktuellen Befindlichkeit, seiner Befriedigung beziehungsweise Bedürftigkeit in verschiedenen Dimensionen (körperlicher, emotionaler, sozialer, intellektueller Art) abhängig.

Die verschiedenen Beteiligten haben unterschiedliche Möglichkeiten, die Situation zu beeinflussen, ihre Komponenten zu „definieren": Dies ist im wesentlichen von institutionellen, funktionalen Zuschreibungen abhängig (der Lehrer/ Erzieher hat größere Möglichkeiten als der Schüler/Zögling), aber auch von den subjektiven, personalen Ausformungen dieser Strukturen (Lehrer können sich „zurücknehmen", sich „überflüssig machen", Schüler können ihre Rechte offensiv vertreten).

Der gleiche Tatbestand wird von verschiedenen Personen unterschiedlich wahrgenommen (im Sinne selektiver Reizaufnahme) und unterschiedlich interpretiert und gewertet: Ein Verhalten, das den einen stört, ist dem anderen gleichgültig, oder es regt ihn zur Nachahmung an. Solche Unterschiede bestehen nicht nur zwischen verschiedenen Personen, sondern dieselbe Person kann auf das gleiche Verhalten zu verschiedenen Zeitpunkten anders reagieren.

Die genannten Dimensionen der Lehr-/ Lernsituation machen bereits deutlich, wie aspektreich und komplex die jeweilige aktuelle Handlungssituation ist. Dennoch wird mit Recht gegen solche „Faktorenkomplexionstheorien" (GRELL/ GRELL 1979, S. 20) eingewendet, daß sich die meisten Beteiligten trotz dieser Komplexität mehr oder weniger angemessen verhalten und schnell reagieren können. Sie können dies letztlich nur dadurch, daß sie in ihren Wahrnehmungen, Entscheidungsprozessen und Verhaltensweisen nicht die totale Komplexität zugrunde legen, sondern daß sie diese „reduzieren": Es werden nur jene Aspekte einbezogen, die in der jeweiligen Situation subjektiv als besonders wichtig erscheinen, im sozialen Kontext mit Nachdruck versehen werden und den Handelnden verfügbar sind. Eine andere Strategie besteht darin, die Handlungssituation durch Rituale, also durch standardisierte Verhaltensabläufe zu strukturieren. Dadurch wird das Verhalten der anderen kalkulierbar und das eigene Verhalten von Entscheidungsdruck entlastet, die psychischen Energien stehen für Aktionen und Reaktionen in anderen Dimensionen zur Verfügung. Dem gleichen Zweck dienen „Rezepte", die der Berufserfahrene für sich selbst entwickelt und die Berufsanfänger übernehmen möchten, um ihr Verhalten stabilisieren zu können.

Zur wissenschaftlichen Analyse von Lernsituationen. Auch die erziehungswissenschaftliche Forschung strebt danach, die situativen „Grauzonen" pädagogischen Handelns in den Griff zu bekommen, indem sie Kausalzusammenhänge zwischen verschiedenen Faktoren und dem Verhalten von Lehrenden und Lernenden aufzudecken versucht (vgl. KAHL 1977, TREIBER/WEINERT 1982). Dabei ist aufweisbar, daß zwischen einzelnen Aspekten Beziehungen bestehen, aus denen sich Folgerungen für professionelles pädagogisches Handeln ableiten lassen („Die Lehrer sollten..."), aber es bleibt schwierig, solche Kausalzusammenhänge in ihren vielfältigen Wechselbeziehungen (in ihrer „Struktur") zu erfassen, in denen linear und isoliert nachweisbare Effekte sich gegenseitig neutralisieren oder unerwünschte Nebenwirkungen haben können. Dies macht es den Handelnden oftmals schwierig, die aus Forschung abgeleiteten Empfehlungen als praxisrelevant zu akzeptieren und umzusetzen, nicht zuletzt deshalb sind Forschungsergebnisse in diesem Bereich so wenig konsistent (vgl. EICKHORST 1981).

Dennoch sind solche Untersuchungen durchaus nötig, weil sie die genannten funktionalen Beziehungen aufzeigen beziehungsweise überprüfen. Ihre Ergebnisse zur Kenntnis zu nehmen dürfte auch dem Praktiker helfen, seine Handlungssituation besser zu verstehen. Es muß bezweifelt werden, ob technologisch orientierte Ansätze ausreichen können, Handlungssituationen verfügbar zu machen, die in so starkem Maße von subjektiven Wahrnehmungen, Deutungen, Wertungen und Entscheidungen wie von interaktiven Prozessen wechselseitiger Beeinflussung determiniert sind, wie dies für das pädagogische Handlungsfeld anzunehmen ist. Hinzu kommt, daß es unter pädagogischen Gesichtspunkten problematisch ist, einen kommunikativen Prozeß durch Professionalisierung des einen Interaktionspartners so zu „verzerren", daß die „Definitionsmacht" noch stärker monopolisiert wird.

Für die Klärung des Situationsbegriffs in der Pädagogik ist die Alternative zu entscheiden, ob die situativen Faktoren des Lehrens und Lernens durch entsprechende Forschung (besser) verfügbar gemacht werden sollen oder ob mit dem Hinweis darauf, daß sich Lehren und Lernen in Situationen abspielt, die letztlich nicht durch Planung voll antizipierbar sind, die eigentliche Herausforderung an pädagogisches Handeln und der Grund für seine Notwendigkeit aufgezeigt werden soll. Diese Alternative ist insofern zu scharf formuliert, als die situative Offenheit des Lehrens und Lernens keineswegs davon entlastet, Lernprozesse optimal zu organisieren (vgl. ROTH 1969), sie so zu gestalten, daß die Beteiligten möglichst wenig unproduktiven Ritualisierungen unterliegen, daß möglichst wenig administrativ über sie verfügt wird, sondern daß sie selbst ihr Lehren und Lernen kommunikativ gestalten und so ihre eventuell unterschiedlichen Situationsdeutungen, Befürchtungen und Erwartungen miteinander aushandeln können.

DREESMANN, H.: Neuere Entwicklungen zur Erforschung des Unterrichtsklimas. In: TREIBER, B./WEINERT, F. W. (Hg.): Lehr-Lern-Forschung..., München 1982, S. 177 ff. EICKHORST, A.: Innovation im Unterricht. Bestandsaufnahme und Klassifikation empirischer Forschungsergebnisse zur Lernorganisation, München 1981. GRELL, J./GRELL, M.: Unterrichtsrezepte, München/Wien/Baltimore 1979. KAHL, TH. N.: Unterrichtsforschung. Probleme, Methoden und Ergebnisse der empirischen Untersuchung unterrichtlicher Lernsituationen, Kronberg 1977. MOLLENHAUER, K.: Theorien zum Erziehungsprozeß, München 1972. MOLLENHAUER, K.: Die Zeit in Erziehungs- und Bildungsprozessen. Eine Annäherung an eine bildungstheoretische

Lernspiele

Das Wort Lernspiel unterstellt, Spielen und Lernen seien im allgemeinen Gegensätze; es betont als besondere Bestimmung, daß bei diesem Spiel etwas gelernt werde. Demgegenüber besteht Konsens, daß, wer spielt, auch lernt, und es leuchtet ein, daß „*jedes* Lernen, das auf Kennen und Können gerichtet ist, in sich auch spielhafte Phasen [enthält], die dann am besten bewältigt werden, wenn sie spielhaft betrieben werden" (SCHEUERL 1973, S. 188).

Als Lernspiele werden Materialien gekennzeichnet, die die *Regeln von Gesellschaftsspielen* übernehmen – sie entsprechen Lotto, Domino, Puzzle, Karten- oder Würfelspiel – und deren *Inhalte didaktisch konzipiert* sind. Die überwiegende Zahl der Lernspiele gilt elementaren Fähigkeiten (Wörterlotto, Rechendomino), aber sie werden auch im Bereich des Fremdsprachenerwerbs verwendet sowie zur Festigung geographischen oder historischen Faktenwissens. Von anderen Formen des Spiels unterscheidet sich das Lernspiel vor allem dadurch, daß es nicht zweckfrei betrieben wird, daß es nicht gestalterische Fähigkeiten entfaltet, sondern eher experimentellen Tätigkeiten vergleichbar ist (vgl. SCHEUERL 1973).

Die Pädagogen haben Lernspiele schon immer erfunden. Wie vor ihm bereits die Humanisten entwirft auch Comenius zur Erleichterung des Lesens verschiedene Würfel, die die Schreibungen der Vokale und der Konsonanten (geordnet nach ihrer Artikulationsart) enthalten. Das Spiel mit dem einzelnen Würfel schult die Fähigkeit der Anfänger, Schriftzeichen und Laute einander zuzuordnen, das Spiel mit mehreren Würfeln übt ihre Fähigkeit zum „Syllabieren", zur Synthese. Wetteifer und die Freude an überraschenden Kombinationen sind der Antrieb für dieses Spiel. Solche und ähnliche Spiele werden über die Jahrhunderte in wechselnden Formen tradiert. Die Reformpädagogen intensivieren die Bemühungen um das Lernspiel. Als ein Beispiel für viele sind Decrolys „jeux educatifs" zu nennen, in denen es unter anderem um das Erkennen von Farb-, Form- und Lageunterschieden geht, um das Zuordnen von Wort- beziehungsweise Satzkarten zu Bildern und Bildfolgen. Hier – wie auch bei den verwandten Lernspielen von P. Petersen – hat das Spiel den Charakter eines *didaktischen Arbeitsmittels* (vgl. DÖRING 1969, S. 274).

Wesentliche Prinzipien der Reformpädagogik wie Selbsttätigkeit und Selbstkontrolle werden als Anspruch auch an das Lernspiel herangetragen:

Es soll als *Selbstbildungsmittel* einen deutlichen *Aufforderungscharakter* haben. Spielablauf und Ziel müssen möglichst unmittelbar aus dem Material hervorgehen und ausführliche Erklärungen des Lehrers ebenso überflüssig machen wie seine abschließende Kontrolle des Ergebnisses. Denn eine wesentliche Funktion dieses Arbeitsmittels besteht gerade darin, die Schüler vom Auftrag des Lehrers unabhängig zu machen. Der Aufforderungscharakter bezieht sich gleichermaßen auf die Spielkonzeption wie auf die Gestaltung des Materials in Form und Farbe.

Als *Übungsimpuls* (vgl. ODENBACH 1974) muß das Lernspiel in seinem *Anspruchsniveau* möglichst genau dem Leistungsvermögen des Kindes entsprechen. Ist das Anspruchsniveau zu gering, hat das Spiel keinen Anreiz für das Kind;

ist es zu hoch, wird es sinnlos. Das Lernspiel „kann seine Funktion als Nahziel des Lernens nicht erfüllen, wenn es kein spielerisches Gelingen mehr in Aussicht stellt" (SCHEUERL 1973, S.216f.). Dieser Grundsatz macht die genaue Stufung des Schwierigkeitsgrades erforderlich. Damit ist unmittelbar die Gefahr verbunden, daß komplexe Fähigkeiten atomisiert werden und die unterstellte Funktion nicht mehr mit dem Material erreichbar ist. Daraus folgt, daß Lernspiele nur in seltenen Fällen zum Erwerb von Wissen und Fähigkeiten verwendet werden können; in der Regel geht es um spielerische Festigung und Anwendung von gerade Gelerntem. Darüber hinaus werden Lernspiele heute auch danach beurteilt, ob sie im Hinblick auf den Zeitaufwand, den sie erfordern, ökonomisch und ob sie durch andere direktere Formen ersetzbar sind. In der Funktion als Arbeitsmittel waren Lernspiele in der ersten Hälfte dieses Jahrhunderts und noch darüber hinaus in der Schule verbreitet: In der wenig gegliederten Landschule und in großen städtischen Schulklassen ermöglichten sie neben manchen anderen Lern- und Übungsmaterialien, daß sich der Lehrer während der „Stillarbeit" eines Teils der Gruppe einem anderen Teil in direkter Unterweisung widmen konnte.

Heute haben Lernspiele in der Schule nur eine untergeordnete Bedeutung – sie sind zumeist auf die elementaren Lehrgänge des Primarbereichs beschränkt –; in der didaktischen Diskussion wird das Wort häufig durch Bezeichnungen wie *„didaktische Spiele"* oder „Spielmaterialien" ersetzt. Das hat vor allem zwei Gründe: Zum einen ist nach der Änderung der schulischen Bedingungen die Notwendigkeit, Arbeitsmittel einzusetzen, nicht mehr so groß wie zuvor; zum anderen hat die Auseinandersetzung über die Problematik des Spiels in der Schule (vgl. CALLIES 1973) zu Mißtrauen gegenüber solchen Formen geführt, die den Schüler möglicherweise täuschen, indem sie ihn glauben machen, er spiele, obwohl er in Wahrheit nur Gelerntes übt. Man ist skeptisch gegenüber Versuchen, kindliche Spielformen didaktisch auszuwerten (vgl. dazu auch die Erörterung über die Nutzbarmachung des kindlichen Rollenspiels für den Unterricht: KOCHAN 1981). Statt dessen verwendet man zum Zweck der Sicherung des Gelernten eher „Trainingsmappen" oder „programmierte Übungen". Sie müssen zwar denselben Kriterien wie die Lernspiele genügen (Aufforderungscharakter, Möglichkeit der Selbstkontrolle, Passung des Anspruchsniveaus), erheben aber nicht den Anspruch, Form und Verfahren bekannter Gesellschaftsspiele für Lernvorgänge zu übernehmen.

In der Schule soll nur dann gespielt werden, wenn die wesentlichen Bedingungen des Spiels, vor allem die Zweckfreiheit, gegeben sind. Im Kindergarten wie in der Eingangsstufe gibt es dafür den eigens ausgewiesenen Bereich des „freien Spiels"; auch für ältere Schüler wird Spielen als selbstverständlicher Bestandteil schulischen Alltags begründet. Mit dem Begriff des „Unterrichtsspiels" ist die unmittelbare Übernahme von Gesellschafts- und Interaktionsspielen in den Unterricht gemeint (vgl. HANNIG/HANNIG 1981). In neueren Abhandlungen werden Lernspiele gerade nicht als Arbeitsmittel verstanden, sondern als „Spielmittel" in den Zusammenhang anderer Formen schulischer Spiele gestellt (vgl. KLUGE 1981, S.61) und vor allem an ihrer spielpädagogischen Qualität gemessen.

Obwohl derzeit Lernspiele im Schulunterricht nur eine geringe Bedeutung haben, gibt es für „didaktische Spiele" einen großen Markt. Diese Entwicklung ist als Auswirkung der Diskussion um kognitive Frühförderung und kompensatorische Erziehung zu verstehen. Das umfangreiche Angebot an Materialien zur optischen und akustischen Differenzierung, zur Begriffsbildung und zur Entwicklung der Fähigkeit, Relationen zu erkennen und einzelnes in einen Zusammenhang einzuordnen, wendet sich an Kindergarten und Vorschule ebenso wie an das Elternhaus. Im Hinblick auf die spielpädagogische Qualität wie die Lerneffizienz werden diese Materialien allerdings häufig dem eigenen Anspruch nicht gerecht (vgl. KLINKE 1976).

CALLIES, E.: Spielen in der Schule – Motivationale Aspekte. In: DAUBLEBSKY, B. (Hg.): Spielen in der Schule. Vorschläge und Begründungen für ein Spielcurriculum, Stuttgart 1973, S. 227 ff. DÖRING, K.W.: Lehr- und Lernmittel. Zur Geschichte und Theorie unter besonderer Berücksichtigung der Arbeitsmittel, Weinheim/Berlin/Basel 1969. HANNIG, J./HANNIG, CH.: Unterrichtsspiele als integrierte Elemente der Unterrichtsgestaltung. In: Westerm. P. Beitr. 33 (1981), S. 316 ff. KLINKE, W.: Spiel- und Arbeitsmittel im Vor- und Grundschulalter, Wien 1976. KLINKE, W./MIESKES, H.: Schulpädagogische Aspekte des Spieles und der Spiel- und Arbeitsmittel, Wien 1979. KLUGE, N.: Spielen und Erfahren. Der Zusammenhang von Spielerlebnis und Lernprozeß, Bad Heilbrunn 1981. KOCHAN, B. (Hg.): Rollenspiel als Methode sozialen Lernens, Königstein 1981. ODENBACH, K.: Die Übung im Unterricht, Braunschweig 1974. SCHEUERL, H.: Das Spiel. Untersuchungen über sein Wesen, seine pädagogischen Möglichkeiten und Grenzen, Weinheim/Basel 1973. SCHEUERL, H.: Zur Begriffsbestimmung von „Spiel" und „spielen". In: Z. f. P. 21 (1975), S. 341 ff.

Mechthild Dehn

Lob

Begriffsbestimmung. Unter Lob versteht man die ausdrückliche Anerkennung von Leistungen oder Verhaltensweisen durch Worte oder nichtsprachliche Zeichen (Mimik, Gestik). Je nach theoretischem Interpretationsrahmen wird Lob als „positiver Verstärker" (Lernpsychologie), als „Motivationsmittel" (Motivationspsychologie) oder als „Erziehungsmittel" (Erziehungswissenschaft) bezeichnet. Wenn sich die drei genannten Formen ihren jeweiligen theoretischen Grundlagen entsprechend qualitativ erheblich voneinander unterscheiden, so ist ihnen doch die Beurteilung des Lobes als bewußt eingesetzte stabilisierende beziehungsweise positiv verändernde Maßnahme gemeinsam. Die qualitative Differenz resultiert aus der Unterschiedlichkeit der verfolgten Ziele. Abzuheben ist Lob von dem allgemeineren Begriff der „Ermutigung" wie dem spezielleren der „Belohnung". Häufig erscheint Lob im Kontext seines negativen Pendants „Tadel" (vgl. SCHNEIDER 1985).

Psychologische Aspekte. Lob als wichtiges Mittel der Stabilisierung beziehungsweise Veränderung von Motivations- oder Verhaltensstrukturen wurde früh Gegenstand empirischer Forschung im Bereich pädagogisch relevanter Psychologie. Bereits 1897 machte Binet die erste Untersuchung. Erkenntnisleitend war dabei die allgemein gehaltene Frage nach der Wirksamkeit des Lobes bezogen auf die Leistungsfähigkeit. Binet fand, daß durch anspornendes Lob alle Schüler seiner Versuchsgruppe zu erhöhten Kraftanstrengungen gebracht werden konnten. Dieses Ergebnis blieb jedoch nicht unwidersprochen, zumal sich in Folgeuntersuchungen (vgl. COMBS/TAYLOR 1952, HURLOCK 1925) zeigte, daß die Komplexität der Faktoren, die die Wirktendenz des Lobes bestimmen, erheblich größer ist, als angenommen wurde. So konnten folgende Faktoren als für die positive oder negative Wirkung des Lobes verantwortlich eruiert werden: Schwierigkeitsgrad der Aufgabe, Stärke und Häufigkeit des Lobs, Alter, Geschlecht, Intelligenz, Reifegrad, Persönlichkeitszüge, Einstellun-

gen, emotionales Klima. Ein Beispiel für eine neuere und relativ differenzierte, wenn auch keineswegs alle Faktoren berücksichtigende Untersuchung ist die Arbeit von JOHANNESSON (vgl. 1972) über die Wirkung von Lob und Tadel auf Leistungen (Mathematik) und Einstellungen (Selbsteinschätzung, Verhältnis zum Lehrer, Grund der Ängstlichkeit) von Schulkindern. Die wichtigsten Ergebnisse lassen sich kurz zusammenfassen:
- Positive Wirkungen von Lob konnten bei mechanischen Mathematikaufgaben nachgewiesen werden;
- bei Problemlöseaufgaben war der Effekt von Lob gering, vor allem dann, wenn der Lösungsweg nicht bekannt war;
- im Bereich der Einstellungen konnte gezeigt werden, daß „Selbsteinschätzung" in hohem Maße von Lob abhängig ist.

Viele Ergebnisse dieser Untersuchung sind plausibel, zeigen sie doch deutlich die Abhängigkeit der Wirktendenz des Lobes von individuellen und situativen Variablen. Jedoch bleibt eine Fülle von Fragen weiterhin empirisch unbeantwortet, weil die methodologisch notwendige Reduktion von Komplexität auf einzelne Faktorengruppen nur einen Bruchteil möglicher Wirkungsvarianten des Lobes erfaßt. Als Resultat der bisherigen Untersuchungen kann eine Aussage als gesicherte Erkenntnis betrachtet werden: Lob wirkt keineswegs in jedem Fall positiv, sondern je nach individueller und situativer Faktorenkonstellation positiv oder auch negativ.

Pädagogische Aspekte. Qualitativ unterscheidet sich Lob als Erziehungsmittel von den bisher besprochenen Funktionen durch die Art und Weise der normativen Fundierung. Unter der regulativen Idee „Selbständigkeit" gewinnt Lob erst dann pädagogische Qualität, wenn es die Tiefenschichten der werdenden Persönlichkeit im Sinne der Zielsetzung unterstützend fördert. In diese Richtung weisen beispielsweise Formulierungen wie Lob als „Hilfsmittel zur Bildung einer moralischen Struktur", als „Maßnahme zur Verbesserung der Ich-Struktur" oder als „Heil- und Kräftigungsmittel", bezogen auf sachliche und sittliche Anforderungen. Weit über die Verstärkungs- oder Motivationsfunktion hinaus zielt Lob als Erziehungsmittel auf die moralische Selbständigkeit und gesellschaftliche Verantwortlichkeit des Menschen. „Pädagogisch gerechtfertigt ist es nur dort, wo es wirklich notwendig ist, mit anderen Worten, wo es sich um einen unterstützungsbedürftigen guten Willen handelt, dem durch die sichernde Kraft des Lobes geholfen werden kann" (GEISSLER 1981, S. 114). Damit ein Lob im Sinne dieser Zielsetzungen pädagogisch wirken kann, müssen einige unabdingbare Voraussetzungen erfüllt sein. Im Bewußtsein der ambivalenten Wirktendenz des Lobes muß der Erzieher die Individualität des zu Lobenden wie den situativen Kontext in Rechnung stellen, will er kontraindikatorische Wirkungen oder unerwünschte Nebenwirkungen des Lobes ausschließen. Solche nicht gewollten Wirkungen, die verursacht sein können durch eine oberflächliche Situationsanalyse oder eine falsche Einschätzung der Vertrauensbasis zwischen Erzieher und zu Erziehendem, sind beispielsweise: Eitelkeit, Überheblichkeit, Selbstzufriedenheit, Stabilisierung von Abhängigkeiten (Leistungsfähigkeit wird abhängig von Lob) und falsches Selbstbewußtsein. Der Maßstab der Beurteilung eines pädagogisch qualifizierten Lobes ist dessen selbständigkeitsfördernde Wirkung; sowohl das sichernde wie auch das anspornende Lob stehen deshalb im Dienste der werdenden Persönlichkeit.

Lob

COMBS, A. W./TAYLOR, C.: The Effect of the Perception of Mild Degrees of Threat on Performance. In: J. of Exp. Soc. Psych. (1952), S. 420 ff. DINKMEYER, D./DREIKURS, R.: Ermutigung als Lernhilfe, Stuttgart 1978. GEISSLER, E.E.: Erziehungsmittel, Bad Heilbrunn ^{6}1981. GUSS, K.: Lohn und Strafe, Bad Heilbrunn 1979. HURLOCK, E.B.: An Evaluation of certain Inventives used in Schoolwork. In: The J. of E. Psych. (1925), S. 145 ff. JOHANNESSON, I.: Über die Wirkungen von Lob und Tadel auf Leistungen und Einstellungen von Schulkindern. In: WEINERT, F. (Hg.): Pädagogische Psychologie, Köln ^{7}1972, S. 336 ff. LEWIN, K.: Die psychologische Situation bei Lohn und Strafe, Leipzig 1931. SCHNEIDER, H.: Tadel. In: Enzyklopädie Erziehungswissenschaft, Bd. 4, Stuttgart 1985, S. 625 ff. TROST, F.: Die Erziehungsmittel, Weinheim/Berlin ^{2}1967. WINKEL, R.: Lohn und Strafe: geeignete Erziehungsmittel? In: TWELLMANN, W. (Hg.): Handbuch Schule und Unterricht, Bd. 1, Düsseldorf 1981, S. 251 ff.

Heinz Schneider

Medien, auditive

Unter auditiven Medien (von lateinisch *audire* = hören) werden elektronische Träger und Vermittler von solchen Informationen (Aussagen, Mitteilungen, Produkten) verstanden, die allein über den Hörsinn wahrgenommen werden können. Im allgemeinen Verständnis sind dies technische Informationsvermittler wie Hörfunk, Tonband/Ton(band)kassette, Schallplatte, Sprachlabor oder Telefon. Es sind also Medien, die lediglich akustische Erscheinungen der Wirklichkeit zu simulieren vermögen. Dementsprechend bieten sie „Hörgegenstände" dar, die durch so unterschiedliche Zeichen(systeme) verschlüsselt (codiert) sind, wie Sprache, Musik, Geräusche oder absichtsvoll verwendete Stille. Bezeichnend für den Prozeß des Entschlüsselns solcher Informationen durch einen Empfänger (Hörer, Nutzer, Konsument) ist es, daß dieser durch die Beschränkung auf das Hörbare veranlaßt wird, sich auf eine Wirklichkeit zu beziehen, die an *seine* Lebens-, Erfahrungs- und Vorstellungswelt gebunden ist. Nach ihren technischen Bedingungen und Möglichkeiten lassen sich auditive Medien so unterscheiden:
- Sie erlauben aufgrund mechanischer Speicherung lediglich die Wiedergabe (Reproduktion) akustisch codierter Informationen: Schallplatte.
- Sie können aufgrund elektromagnetischer Speicherung sowohl zu deren Aufnahme (Produktion) als auch Wiedergabe (Reproduktion) dienen: Tonband.
- Sie gestatten die Fernübertragung akustisch verschlüsselter Informationen mittels elektromagnetischer Schwingungen: über Kabel - Telefonrundspruch; drahtlos - Hör(rund)funk.

Aufgrund der technischen Merkmale ergeben sich verschiedene Kommunikationsketten. So lassen sich beispielsweise „lebendige" (live) Informationen nicht nur direkt vermitteln (Hörfunk), sondern auch auf Erzeuger- wie Empfängerseite unmittelbar speichern. Solche Informationskonserven können durch Energiezufuhr wieder „belebt" werden, so daß Erzeuger (Sprecher, Sender, Produzent) wie Empfänger von bestimmten Zeiten - vielfach auch vom Ort - unabhängig werden können. Ohne Eingliederung der *Speichermedien* Tonband und Schallplatte in den Produktionszusammenhang des Hörfunks wäre der technische und ästhetische Standard moderner Radiokommunikation nicht denkbar. Der auditive Kommunikationsprozeß ist nicht immer einseitig gerichtet. Dies zeigen sowohl das Medium Telefon - das auch im Bereich der Radiokommunikation im begrenzten Maße Rückkoppelung erlaubt - als auch neue Techniken, wie Kabelsysteme mit Rückkanal oder der sich gegenwärtig ausweitende private UKW-Sprechfunk: Sie erlauben sowohl das Senden als auch das Empfangen.

In pädagogisch-didaktischem Sinn werden hier unter auditiven Medien Träger und Vermittler von akustisch codierten Informationen verstanden, die den an Erziehung und Unterricht Beteiligten dazu dienen, sich über Intentionen (Ziele), Themen (Inhalte), Methoden (Verfahren) ihres jeweiligen sozialen Handlungsfeldes partnerschaftlich zu verständigen. Mit dieser weitgefaßten Begriffsbestimmung verknüpfen sich vor allem folgende grundlegende Gesichtspunkte:
- (Auditive) Medien stehen als Handlungsmoment pädagogisch-didaktischer Analyse-, Planungs- und Gestaltungsprozesse in einer dialektischen Wechselbeziehung zu den Handlungsstrukturen Intentionen, Themen, Methoden.
- Die Bezeichnung Träger und Vermittler von akustisch codierten Informationen meint das funktionale Zusammenwirken von technischem Gerät (Beispiel: Tonbandgerät), Informationsträger (Tonband) und verbal-akustischem Zeichensystem (Sprache,

Musik, Geräusche).
- Der Aspekt der Verständigung im jeweiligen sozialen Handlungsfeld umfaßt zwei Vermittlungsfunktionen (nicht nur) auditiver Medien: *auditive Medien als Instrument* in Verstehens-/Verständigungsprozessen (mediendidaktischer Aspekt) und *auditive Medien als Gegenstand (Inhalt)* von Verstehens-/Verständigungsprozessen (medienerzieherischer Aspekt). Beide Leistungen sind lediglich analytisch zu trennen, denn Medien und ihre Umwelten sind jeweils in das soziokulturelle und politische Gesamtsystem eingebunden und nur vor diesem Hintergrund zu interpretieren (vgl. HOLZER 1980), und sie lassen sich in der konkreten pädagogisch-didaktischen Situation häufig kaum isolieren und kontrollieren.

Als Ergebnisse einer vorweggenommenen Deutung und Bestimmung pädagogisch-didaktischer Situationen und ihrer Lernprozesse können auditive Medien dem Erreichen definierter Intentionen und dem Bearbeiten bestimmter Themen dienen. In Form vorgefertigter *Unterrichtsmedien* (Schulfunk, Sprachlabor-Tonband) können sie Zeit, Inhalt und Kommunikationsformen des Lehr-/Lerngeschehens bestimmen. Unter Umständen geschieht dies so zwingend, daß Lehrende und Lernende nur noch als „Nacharbeiter" auf die Vorentscheidungen einer fraglos anerkannten Autorität reagieren können. Je flexibler und „offener" auditive Medien angelegt sind, je mehr sie auf Selbständigkeit, schöpferische Phantasie oder Problembewußtsein zielen, desto eher können sie im Rahmen gemeinsamer Handlungsorientierung als brauchbare Mittel erkannt werden, um Ziele, Inhalte und Verlauf von Lehr-/Lernprozessen zu analysieren, zu planen und zu gestalten. Im Rahmen gemeinsamer Handlungsorientierung können pädagogisch-didaktische Situationen auch so beschaffen sein, daß auditive Medien von Lehr-/Lerngruppen als *Hilfsmittel* bestimmt werden, *um sich* im Sinne einer selbstgefundenen Intention *Wirklichkeit durch Handeln mit den Medien anzueignen* (Schüler führen gezielt Tonbandinterviews durch, Lehr-/Lerngruppen dokumentieren für Analyse- und Reflexionszwecke ihren Unterricht mit Hilfe von Tonbandaufnahmen).

Als vorfindbare Erscheinungen gesellschaftlicher Wirklichkeit und als *kommunikative Erfahrungen* können auditive Medien zum Gegenstand (Inhalt) pädagogisch-didaktischer Situationen werden. Vorwiegend werden dabei die Angebote auditiver *Massenmedien* (vgl. MALETZKE 1963) wie Hörfunk oder Schallplatte in ihrer inhaltlich-ästhetischen Struktur und ihrem gesellschaftlichen Zusammenhang untersucht. Wesentliches Ziel kann es dabei sein, selbstbestimmt, mit Sachverstand und solidarisch handelnd an öffentlicher Kommunikation teilzunehmen und produktiv mit Medien umzugehen (Beispiel: Schüler analysieren und produzieren Schulfunksendungen).

HOLZER, H.: Medien in der BRD. Entwicklung 1970–1980, Köln 1980. MALETZKE, G.: Psychologie der Massenkommunikation, Hamburg 1963. SCHILL, W.: Auditive Medien im Unterricht, Köln 1979.

Wolfgang Schill

Medienverbundsystem

Gegenstandsbestimmung. Medienverbundsysteme bestehen aus mehreren Medien, deren „pädagogisch sinnvoll integriertes Zusammenspiel" (ZIELINSKI 1971, S. 331) bereits konstitutives Element der Medienproduktion ist. Gegenüber der im Unterricht jederzeit herstellbaren Kombination personaler (Lehrer) und apersonaler Medien (Lehrbuch, Overhead-Folie, Schülerarbeitsbögen) und gegenüber dem „Kontextmodell", das auf das gleichgewichtige didaktische Zusammenwirken des Schulfernsehens mit der Lehrertätigkeit im Unterricht zielt (vgl. HEIMANN u. a. 1965 b), ist das Medienverbundsystem in folgender Hinsicht gekennzeichnet:
- Es umfaßt mehrere apersonale Medien und zumeist mindestens zwei Medienarten (audiovisuelle Medien).
- Didaktische Strukturen und Aufgaben, die im herkömmlichen Unterricht erst der Lehrer den eingesetzten Medien endgültig zuweist, sind den Medien des Medienverbundsystems bereits mitgegeben.
- Die Kombination verschiedenartiger apersonaler Medien mit unterschiedlichen didaktischen Funktionen ermöglicht eine weitgehende „Objektivierung" der Lehr-/Lernsituation, das heißt, die Übernahme von Unterrichtsfunktionen, deren Ausgestaltung sonst dem Lehrer beziehungsweise der Lerngruppe überlassen bleibt. Das führt beim Einsatz von Massenmedien zugleich zu einer Vereinheitlichung von Lehr-/Lernsituationen. Diese Eigenschaften sind bei Medienverbundsystemen so weit entwickelt, daß sie tendenziell das „Selbstlernen" ermöglichen.

Entwicklung und Zielsetzung. Im „Pädagogischen Jahresbericht" (vgl. SCHMIDT 1971, S. 279) wird erst 1969 „Medienpädagogik" zum eigenständigen Stichwort; 1970 taucht dann erstmals in weiterer Differenzierung das Stichwort „Medienverbund" auf (vgl. SCHMIDT 1972, S. 330).

Der Einsatz von Medienverbundsystemen ist aus technologischen, pädagogischen und bildungsökonomischen Sachverhalten und Entwicklungen heraus zu verstehen: Durch die Weiterentwicklung der Filmtechnologie (transportable Projektoren, Super-8-Film) und vor allem mit der wachsenden Verbreitung des Fernsehens waren zu Beginn der 60er Jahre die Voraussetzungen für die regelmäßige Nutzung audiovisueller Medien für pädagogische Zwecke gegeben. Angeregt durch die technologische Entwicklung, wurden im didaktischen Modell der „Berliner Schule" (vgl. HEIMANN u. a. 1965 a) die Medien erstmals als eigenständiger, gleichgewichtiger Faktor der Didaktik behandelt. Im sogenannten Kontextmodell wurden im besonderen den audiovisuellen Medien über die Funktion des „geschmeidigen didaktischen Werkzeugs" (NOWAK 1966, S. 9) hinaus eigenständige pädagogische Aufgaben zugewiesen. Gleichzeitig bildete sich in der Erziehungswissenschaft eine unterrichtstechnologische Strömung. Gestützt auf die lernpsychologische Schule des Behaviorismus und technologisch fundierte Informationstheorien, wurden Konzepte für Lehr-/Lernverfahren entwickelt, die zunächst als „programmierte Unterweisung", später auch als „computerunterstützter Unterricht" zeitweilig beträchtliche Aufmerksamkeit und Mittel auf sich zogen. Gemeinsames Ziel aller Ansätze war die zumindest teilweise Ablösung personaler Mittler durch apersonale Medien zur „Objektivierung" des Lernens. Schließlich wurde Anfang der 60er Jahre die als „Bildungskatastrophe" diskutierte Lücke zwischen sozioökonomisch geforderten und den im damals gegebenen Bildungssystem erreichbaren Qualifikationen sichtbar. Die Notwendigkeit erheblicher Investitionen, die zudem teilweise (zum Beispiel in der

Lehrerbildung) erst mit erheblichen zeitlichen Verzögerungen wirksam werden konnten, riefen das Interesse an einer beliebig reproduzierbaren und vermeintlich kostengünstigen Wissensvermittlung auf technologischer Basis wach (vgl. SCHORB u.a. 1976, S.11).

Medienverbundsysteme sind aus dem Zusammenwirken dieser verschiedenartigen Entwicklungen hervorgegangen und in ihren Zielsetzungen bestimmt. Sie bieten daher häufig die weitgehende Strukturierung und inhaltliche Ausgestaltung größerer Unterrichtseinheiten bis zu curricularen Gesamtkonzepten als multimediale Systeme.

Anwendungsbereiche und -probleme. Im Schulfernsehen werden viele Serien für die allgemeinbildenden Schulen als Medienverbundsysteme angeboten. Sofern sie tatsächlich stringent unter didaktischen Gesichtspunkten durchkonstruiert sind, konkurrieren sie mit der didaktischen Kompetenz des Lehrers und dem Konzept eines selbstbestimmten Lernens (vgl. SCHULZ 1980, S.126). Es wird dann vom Unterrichtsverständnis des einzelnen Lehrers abhängen, inwieweit er bereit ist und es für nützlich hält, fremdbestimmten Intentionen zu folgen. Als weitgehend geschlossene curriculare Systeme finden Medienverbundsysteme Anwendung in den (sich überlagernden) Bereichen:
- Fernunterricht/Fernstudium: Der weitgehende oder völlige Verzicht auf Direktunterricht machten diesen Bereich zu einem natürlichen Einsatzfeld von Medienverbundsystemen.
- Weiterbildung/Erwachsenenbildung: Diese Bildungsgänge sind zumeist kurz- oder mittelfristig, also überschaubar. Der Institutionalisierungsgrad ist gegenüber dem Schulsystem geringer. Die Dozenten üben ihre Tätigkeit häufig nebenamtlich aus und verfügen nicht immer über eine didaktische Schulung. Der Einsatz von Medienverbundsystemen ist daher naheliegend.

Medienverbundsysteme sind prinzipiell als Selbstlernsysteme angelegt, die auf personale Mittler völlig verzichten können. Sie haben sich in dieser Form jedoch nicht durchsetzen können. Medienverbundsysteme werden deshalb im allgemeinen durch Direktphasen ergänzt oder mit ihren audiovisuellen Teilen in den Direktunterricht eingebracht. Der Dozent übt seine Tätigkeit dann in Ergänzung der strukturellen und inhaltlichen Leitfunktionen des Medienverbundsystems aus.

Die Medienarten in einem Verbundsystem werden sich zumeist in ihren didaktischen Funktionen ergänzen. Sie können jedoch auch parallele Aufgaben übernehmen. In Anlehnung an das von BOECKMANN/HEYMEN (vgl. 1978, S.138) leicht modifizierte Konzept der Rothschen Lernstufen (vgl. ROTH 1957) – Motivierung, Aufnahme, Übung, Transferierung, Sicherung – soll das *Bauprinzip* eines Medienverbundsystems kurz dargestellt werden (Gegenstand sei das „Bekräftigungsprinzip" als Baustein innerhalb eines Medienverbundsystems zur Pädagogischen Psychologie):

Zur „Motivierung" wird ein *Film* über Lernverhalten und die zweifelhafte Wirkung von Strafe gezeigt.

Für die „Aufnahme" existiert eine *gedruckte Erläuterung* zum Aufbau und zur wissenschaftlichen Begründung des Bekräftigungsprinzips. Parallel werden modellhafte *audiovisuelle Unterrichtsbeispiele* dargeboten.

Die Stufe der Übung wäre ergänzt beziehungsweise angeleitet durch *schriftliches Material* oder auch in *spielerischer Wiederholung* (Rollenspiel) im Direktunterricht zu leisten.

Zur „Transferierung" werden Anwendungsbeispiele unter spezifischen Bedingungen (Mißerfolgsängstlichkeit eines Schülers) oder das Problem der Bekräftigung unerwünschten Verhaltens *schriftlich erläutert* und *audiovisuell veranschaulicht*.

Die „Sicherung" ist dann wieder Aufgabe des Direktunterrichts, angeleitet durch *schriftliche Vorschläge*. Das schriftliche Material setzt sich zusammen aus Informationen und Einsatzhinweisen für den Dozenten und einem Informationstext für die Teilnehmer.

Ein Medienverbundsystem setzt sich aus mehreren solcher Bausteine zusammen, die thematisch miteinander verbunden sind und aufeinander aufbauen. Zwischen den schriftlichen und audiovisuellen Teilen findet im allgemeinen eine didaktische Arbeitsteilung mit folgenden Schwerpunkten statt:
- audiovisuelle Medien zur Motivierung, Veranschaulichung, Darbietung dynamischer Abläufe,
- Druckmedien zur Strukturierung, theoretischen Fundierung, Verallgemeinerung.

In der Anwendung stoßen didaktisch stark gegliederte Bausteine (Lerneinheiten) auf Schwierigkeiten, wenn der audiovisuelle Teil vom Fernsehen ausgestrahlt wird. Aus sendetechnischen Gründen wird man nicht nach der Stufe der Motivierung und Aufnahme abbrechen, sondern in Folge senden. Damit gerät jedoch das didaktische Konzept durcheinander. Dieser Schwierigkeit läßt sich durch Aufzeichnung auf Videoband begegnen. Das kann im öffentlich-rechtlichen Bereich jedoch zu urheberrechtlichen Problemen führen. Bei privaten Adressaten kann die entsprechende Investitionsbereitschaft nicht vorausgesetzt werden.

Die Einführung und Verbreitung der Bildplatte kann jedoch die gesamte Situation erheblich verändern.

Angebote. Das erste curricular geschlossene Medienverbundsystem in der Bundesrepublik ist das ab 1967 vom Bayerischen Rundfunk, vom Südwestfunk und vom Saarländischen Rundfunk ausgestrahlte Telekolleg I. Es führt zum Abschluß der Fachschulreife (vgl. SCHORB u.a. 1976). Ziel war die Aufhebung regionaler Benachteiligungen, da das Netz der Berufsaufbauschulen nicht dicht genug war. Anfang der 80er Jahre wurde das Telekolleg I in Bayern erneut angeboten.

Ab 1972 wurde das Telekolleg II ausgestrahlt, das zum Abschluß der Fachhochschulreife führt. Es besteht wie das Telekolleg I aus folgenden Teilen: Fernsehsendungen, schriftliche Studienmaterialien, Kollegtagorganisation, Prüfungssystem, Informationsdienst. Die insgesamt 325 etwa halbstündigen Lehrsendungen verteilen sich auf 12 Fächer. 1980 bis 1982 wurde das vollständige Telekolleg II nach einer Erprobung an Fachoberschulen und Gymnasien vom dritten Programm des Süddeutschen Rundfunks und vom Westdeutschen Rundfunk angeboten.

Neben den Telekollegs sind vor allem die Funkkollegs bekanntgeworden („Quadriga"). Sie wurden unter Mitwirkung des Deutschen Instituts für Fernstudien (DIFF) unter teilweiser Beteiligung der Volkshochschulen durchgeführt. Sie dienen vorrangig der Weiterbildung von Lehrern in den Fächern Erziehungswissenschaft, Mathematik, Volkswirtschaftslehre, Biologie und Pädagogische Psychologie. Dieses Funkkolleg setzt sich aus folgenden Teilen zusammen: dreißig 60minütigen Hörfunksendungen, einem methodischen Vorkurs, elf Studienbegleitbriefe, zwei fakultative Reader mit Grundlagentexten, fakultativen Studienbegleitzirkeln, zwei Hausarbeiten, zwei Klausuren (vgl. REBEL 1975, S. 35).

Im Bereich der Erwachsenenbildung gibt es zahlreiche Medienverbundsysteme, die von den Volkshochschulen genutzt werden. Von den Fernsehanstalten ausgestrahlte Sendungen werden von Kursteilnehmern zu Hause gesehen und in den Kursen diskutiert oder von den Volkshochschulen aufgezeichnet und in den Kursen verwendet (vgl. ADOLF-GRIMME-INSTITUT 1979). Schwerpunkte sind Elternbildung („Erziehen

ist nicht kinderleicht") und Sprachen („Bridges", „Follow me").
Als Medienverbundsysteme sind auch die Studiengänge der Fernuniversität Hagen einzuordnen. Träger der Lernprogramme sind hier vielfältige schriftliche Materialien, die durch Ton- und Bildträger und Experimentierkästen ergänzt werden.
Ein bedeutsamer Teil des Produktionsvolumens liegt im Bereich des Schulfernsehens/-funks (vgl. ISSING/ STRANSFELD 1981, S.55f.). Die Zuordnung bleibt jedoch problematisch: Wenn auch ein großer Teil der Programme als Serien produziert und mit schriftlichem Begleitmaterial ausgestattet ist, bleibt fraglich, ob sie in den Schulen tatsächlich stringent als Medienverbundsystem genutzt oder in einer beliebigen Variation des „Kontextmodells" eingesetzt werden.

Perspektiven. Das Angebot an Medienverbundsystemen ist seit einiger Zeit rückgängig. Von 1975 bis 1977 wurden im Sendebereich der ARD noch 14 neue Medienverbundprogramme für die Erwachsenenbildung erstmals ausgestrahlt. 1979 ging der Produktionsumfang auf fünf zurück (vgl. PAUKENS/SCHMID 1980, S.3). Gleichzeitig erfolgte eine Konzentration auf „zertifikatsorientierte" Programme. Auch das wissenschaftliche Interesse am Medienverbund ist zurückgegangen, wie ein quantitativer Vergleich der Veröffentlichungen im „Pädagogischen Jahresbericht" aus den Jahren 1974 und 1978 zeigt.
Für diese Entwicklung gibt es mehrere Gründe: Medienverbundsysteme sind kostenaufwendig und rechtfertigen den Aufwand daher nur bei großen Adressatenzahlen, die vor allem bei „nicht zertifikatsfähigen" Programmen oft hinter den Erwartungen zurückgeblieben sind. Zu einem Problem aller Angebote wurden ferner die hohen „Drop-out"-Quoten von oft über 60%. Die Ursachen lagen zum einen in den didaktischen Mängeln der Medien (fehlende Ziel-Inhalts-Bezüge, zu große Lernschritte, fehlender Methodenwechsel bei längeren Sendungen), zum anderen in den typischen Problemen von Selbstlernsituationen (fehlende beziehungsweise verspätete Klärungsmöglichkeiten und Erfolgsrückmeldungen). Zunehmend wurde die Notwendigkeit des begleitenden Direktunterrichts deutlich. Damit waren jedoch die ursprünglichen Erwartungen - räumlich-regionale Unabhängigkeit, Einsparung personaler Mittler - hinfällig geworden, eine Entwicklung, die auch auf andere unterrichtstechnologische Konzepte wie den computerunterstützten Unterricht zutraf.
Geringere Investitionsbereitschaft war eine unmittelbare Folge dieser Erfahrungen. Bei einer Einschätzung künftiger Möglichkeiten von Medienverbundsystemen wird man sich an folgenden Aspekten orientieren müssen:
- verbesserte didaktische Feinstruktur und wechselseitige Abstimmung der Medien;
- Konzentration auf Inhalte, die formallogisch aufgebaut sind;
- Vermittlung von Grundlagenwissen (wegen der geringeren „Vergänglichkeit");
- berufs- und lebenspraktische Verwendungsnähe der Inhalte.

ADOLF-GRIMME-INSTITUT (Hg.): Partner im Medienverbund, Köln 1979. BOECKMANN, K./HEYMEN, N.: Medien als technische Zeichensysteme und ihre Verwendung im Unterricht. In: ARMBRUSTER, B./HERTKORN, O. (Hg.): Allgemeine Mediendidaktik, Köln 1978, S.95 ff. HEIMANN, P. u. a.: Unterricht. Analyse und Planung, Hannover 1965a. HEIMANN, P. u. a.: Fernsehen Schulintern, Berlin 1965 b. ISSING, L.J./STRANSFELD, R.: Planungsstudie Rahmen und Gesamtplanung für interaktive Bildungsdienste, Berlin 1981. NOWAK, W.: Didaktische Möglichkeiten des

Films. In: Film Bild Ton 16 (1966), 6, S. 116 ff. PAUKENS, H./SCHMID, W.: ... unter ferner liefen. Zum bundesdeutschen Bildungsfernsehen. In: Weiterb. u. Medien (1980), 1, S. 1 ff. REBEL, K.: Das unterrichtstechnologisch fundierte Lehr- und Lernsystem Funkkolleg. In: FORSCHUNGSGRUPPE DES DEUTSCHEN INSTITUTS FÜR FILM (DIFF) (Hg.): Forschungsreport Funkkolleg Modell V und VI, Weinheim 1975, S. 13 ff. ROTH, H.: Pädagogische Psychologie des Lehrens und Lernens, Hannover/Berlin/Dortmund 1957. SCHMIDT, H. (Hg.): Pädagogischer Jahresbericht. Textband 1969, Weinheim/Basel 1971. SCHMIDT, H. (Hg.): Pädagogischer Jahresbericht. Textband 1970, Weinheim/Basel 1972. SCHORB, A. O. u. a.: Telekolleg II, München 1976. SCHULZ, W.: Unterrichtsplanung, München/Wien/Baltimore 1980. STRITTMATTER, P.: Modellversuche zum Schulfernsehen, Stuttgart 1979. TULODZIECKI, G.: Einführung in die Theorie und Praxis objektivierter Lehrverfahren, Stuttgart 1975. WURSTER, J.: Technische Medien im Studiensystem der Fernuniversität, Hagen 1979. ZIELINSKI, J.: Verbundsysteme. In: HEINRICHS, H. (Hg.): Lexikon der audiovisuellen Bildungsmittel, München 1971, S. 331 ff.

Reinhard Stransfeld

Methoden, genetische

Begriff und Bedeutung. Genetisch kommt vom griechischen *gignomai* und bedeutet „ursprünglich werdend, entstehend"; Methode ist zusammengezogen aus *meta hodos,* wörtlich „Nach-Weg", „Nach-Gang". Genetische Methode will also dem Entstehen nachgehen, das Lehren am Entstehen ausrichten, faßt den „Werdegang als Lehrgang" (SCHWAGER o. J., S. 125).
„Alle methodische Kunst liegt darin beschlossen, tote Sachverhalte in lebendige Handlungen rückzuverwandeln, aus denen sie entsprungen sind: Gegenstände in Erfindungen und Entdeckungen, Werke in Schöpfungen, Pläne in Sorgen, Verträge in Beschlüsse, Lösungen in Aufgaben, Phänomene in Urphänomene" (ROTH 1970, S. 116). In dieser Beschreibung treten folgende Merkmale hervor: Genetisches Lehren ist sachgemäß, sofern und soweit der Lehrgegenstand eine Entwicklung durchgemacht hat, steht damit nicht im Belieben des Lehrers oder Schülers, ist primär objektiv angezeigt – nur was sich verwandelt hat, kann und muß die genetische Methode rückverwandeln. Dieser primär objektiv legitimierte Prozeß ist aber auch subjektiv hochwillkommen. Der methodische Blick muß zugleich auf Anfangs- und Endgestalt der Entwicklung gerichtet sein, braucht Bewegung und Ruhe, ist dynamisch und statisch – sowohl Lösungen wie Aufgaben werden betrachtet, neben der Rückverwandlung übrigens auch die Vorwärtsbewegung. Mag alles einer Veränderung unterliegen, Genese liegt nur dann vor, wenn Dinge nicht bloß von außen zurechtgestoßen, sondern aus inneren Kräften geworden, gewachsen sind, sich gestaltet und gebildet haben – „Werke in Schöpfungen rückverwandeln" ist hierfür deutlichstes Beispiel. WILLMANN (1957, S. 461) definiert: „Die organisch-genetische Methode zieht in dem mannigfaltigen Stoffe organische Einheiten und genetische Reihenfolgen hervor und macht sie zu Mittelpunkten für das übrige." Und: „Die Organismen entstehen durch die Entwicklung einer vorangelegten Potenz, eine Beobachtung, welche dieser nachgeht, ist genetisch" (WILLMANN 1957, S. 463). Schließlich: „Die genetische Methode beruht auf einer Verbindung von Synthese und Analyse; sie verfährt synthetisch, indem sie die Anfänge des Gegenstandes determinierend verfolgt bis zum Abschlusse seiner Entwicklung, aber bei dem Verfahren muß dieser Abschluß vorschweben und der Blick sich zurückwenden, also eine analytisch-regressive Betrachtung eintreten. Wer z. B. die Genesis eines Lebewesens verfolgen will, hat vom Embryo auszugehen, muß aber selbstverständlich den Organismus, dem dieser entgegenreift,

in seinem Vollendungszustande kennen, und das gleiche gilt von Kulturobjekten bis zu einer Dichtung hinauf, bei der wir die allmähliche Verwirklichung ihrer Idee nur auf Grund der Kenntnis des Werkes verfolgen können" (WILLMANN 1913, S. 219f.).

Historische Aspekte. „Alles, was gelehrt wird, möge so gelehrt werden, wie es ist und geschieht, d. h. mit Angabe der Ursachen [...]. Am besten also, am leichtesten und am sichersten werden die Dinge so erkannt, wie sie entstanden sind; einem, der lesen will, hältst du ja auch die Schrift in der Lage vor, wie sie geschrieben ist; von umgekehrtem oder quergelegtem Papier etwas abzulesen ist schwierig [...]. Daher möge der Gang der Lehre dem Gang der Tatsachen folgen und das Frühere zuerst, das Spätere nachher bringen" (COMENIUS 1961, S. 200).
Comenius' Vorbild hierfür ist die Natur: „Die Natur führt alles aus Anfängen heraus, die der Masse (moles) nach unbedeutend, der inneren Kraft nach stark sind.
Der Stoff z. B., woraus der Vogel gebildet werden soll, ballt sich in einem Tropfen zusammen und wird mit einer Schale umgeben, damit er leicht im Leibe getragen und ausgebrütet werden kann. Und doch enthält er der Kraft (virtus) nach den ganzen Vogel in sich, weil daraus später der Körper des Vögelchens von dem eingeschlossenen Lebensgeist (spiritus) gebildet wird.
So schließt der Baum, und sei er noch so groß, sein ganzes Wesen in den Kern seiner Frucht oder in den äußersten Ausläufer der Zweige, den Setzling, ein, und wenn man diesen in die Erde senkt, wird durch die in seinem Innern liegende Kraft wieder ein ganzer Baum daraus hervorgehen.
Ganz erstaunlich hat man gegen diesen Grundsatz allgemein in den Schulen verstoßen. Die meisten Lehrer nämlich mühen sich ab, statt des Samens Kräuter zu säen und statt der Setzlinge Bäume zu pflanzen, indem sie statt der grundlegenden Prinzipien ein Chaos von mannigfachen Schlußreihen, ja, vollständigen Texten den Schülern beibringen. Und doch [...] ist es ebenso gewiß, daß die wissenschaftliche Bildung von sehr wenigen Grundsätzen ausgeht, aus denen (wenn man nur die Weise der Differenzierungen kennt) eine unendliche Menge von Lehrsätzen erwächst; gleichwie bei einem Baum aus der sicher haftenden Wurzel Hunderte von Zweigen, Tausende von Blättern, Blüten und Früchten hervorwachsen können. Oh, möchte sich doch Gott unserer Zeit erbarmen und irgend jemandem die Augen des Geistes öffnen, daß er die Verknüpfung der Dinge wohl durchschauen und anderen nachweisen könnte! Wir werden, so Gott will, in einer Übersicht der christlichen Pansophie eine Probe unseres Versuchs liefern in der demütigen Hoffnung, daß Gott durch andere zu seiner Zeit mehr zutage fördern werde" (COMENIUS 1961, S. 150f.)
Die Natur allerdings ist ihm die gottgeschaffene Natur, und die genetische Methode sowie Eifer und Hoffnung bei der Suche nach ihr blieben historisch unverständlich ohne den religiösen, ja mystisch-magischen Beiklang. Ganz offenkundig wird dieser Hintergrund in dem von Hausmann herausgestellten Vorschlag Hamanns an Kant, er möge doch seine Physik in derselben Ordnung vortragen, in der Gott die Welt geschaffen und sie dem Menschen in der Bibel (Genesis) offenbart habe, also erstens: vom Licht und vom Feuer, zweitens: von der Dunstkugel und den Lufterscheinungen ... (vgl. HAUSMANN 1959, S. 162). Schon Comenius hat für seine enzyklopädischen – richtiger: pansophischen – Gesamtdarstellungen – exemplarisch im „Orbis pictus" – meist die Reihenfolge von der Schöpfung bis zum Jüngsten Gericht befolgt. Indessen – SCHALLER (vgl. 1967) macht immer wieder darauf aufmerksam – bleibt vorherr-

schend das Spiegelverhältnis von Mikrokosmos-Makrokosmos, die genetische Dynamik bleibt dagegen global und hintergründig.
Auch Pestalozzis Zentralgedanke der Elementarisierung geht kaum in die Richtung des Genetischen, sondern des Mechanischen (vgl. KLAFKI 1964, S. 37), und Pestalozzi selbst hat mit seiner (später zwar halbwegs korrigierten) Parole „mécaniser l'éducation" diese Richtung gewiesen. Immerhin finden sich bei diesem produktiv widersprüchlichen Autor auch solche Sätze: „Sie [die Erziehungsweise, H. Ch. B.] ist und soll elementarisch und als Elementarmethode organisch-genetisch seyn. Ich nenne die Methode organisch-genetisch im Gegensatze gegen den Begriff einer historisch-genetischen, weil dieser Begriff zu der Ansicht führen könnte, als müsse die Entwicklung und der Unterricht alle die Umwege, Krümmungen und Verirrungen durchlaufen, oder wenigstens mehr oder minder darstellen, um zur Wahrheit und Selbständigkeit zu gelangen, die das Menschengeschlecht, wenn es bloß nach seinem empirischen Gange ins Auge gefaßt wird, durchlaufen hat" (PESTALOZZI 1979, S. 135).
Bei Herbart findet sich die Feststellung, daß sich seine acht- bis zehnjährigen Zöglinge leicht für Homer begeistern, der für ihn das „Knaben-Alter" unserer Kultur darstellt: „Wo man die Jugend zu irgend einer Erhebung des Geistes vorbereiten wollte, da sähe man nur nach, welchen Weg die natürliche Entwicklung des menschlichen Geistes von selbst genommen habe; jene alten Documente würden zugleich die Anweisung, und die Mittel zur Ausführung an die Hand geben" (HERBART 1887, S. 133).
In dieser weitreichenden Formel ist eine frühe Vorformulierung des sogenannten biogenetischen beziehungsweise psychogenetischen Gesetzes zu sehen, das Spencer so formuliert hat: „Die Erziehung des Kindes muß sowohl in Art als in Anordnung mit der historisch betrachteten Erziehung der Menschheit übereinstimmen. Mit anderen Worten: Die Genesis des Wissens beim Individuum muß denselben Weg verfolgen wie die Genesis des Wissens bei der Rasse" (Spencer, zitiert nach DOLCH 1971, S. 354). Breit ausgestaltet ist die Rekapitulationstheorie in Zillers kulturhistorischem Stufenlehrplan, der den Unterricht der ersten bis achten Klasse um folgende acht menschheitliche Entwicklungsstufen konzentriert: 1. Märchen, 2. Robinson, 3. Patriarchen des alten Testaments, 4. jüdische Richter- und Heldenzeit, 5. Königszeit, 6. Leben Jesu, 7. Apostelzeit, 8. Musterbild einer beseelten Gesellschaft, eines irdischen Gottesstaates. Ein Beispiel in Zillers eigenen Worten: „Während der Zeit der Richter, an deren Spitze der größte unter ihnen, Moses, steht, regt sich in der Mitte der Israeliten ein phantasierendes Gedankenleben, das seine Führer im Lichte der Idee der Vollkommenheit zu Helden emporhebt und das dahin führt, daß die Gesamtheit sich nunmehr als Nation fühlt, das aber auch zu allen Arten von Ausschreitungen verleitet" (Ziller, zitiert nach REIN 1912, S. 56).
Willmanns weder vor- noch nachher erreichte Doppelleistung liegt darin, daß er zum einen die organisch-genetische Methode konzeptionell gefaßt hat (bis zur Verankerung in der aristotelischen Philosophie; vgl. WILLMANN 1909) und zum anderen praxisnah durch die Breite der Schulfächer durchgeführt hat. Beispielsweise werden in der genetischen Raumlehre die Raumformen nicht als Festes, Gegebenes gefaßt, sondern als Werdendes, Fließendes: eine Linie, entstanden aus der Bewegung eines Punktes, „Parallelen als Geraden, welche die nämliche Richtung einhalten, der Kreis als Figur, welche durch die Drehung einer Strecke um einen ihrer Endpunkte als unverrückten Punkt gebildet wird, oder noch besser als die Figur, welche durch gleichmäßige, von einem Punkt

ausgehende Raumerstreckung in der Ebene zustande kommt" (WILLMANN 1904, S. 153 f.). Ein zweites Beispiel: „Diejenige Schuldisziplin, welche sich dem organisch-genetischen Prinzip gegenüber am sprödesten verhält, ist die Sprachlehre. In ihrer gangbaren, aus dem Altertum stammenden Form ist sie das wahre Widerspiel eines organischen Systems. Wenn die lateinische Grammatik mit mensa, mensae beginnt, so kann man darin nicht weniger als sechs Verstöße gegen jenes Prinzip nachweisen" (WILLMANN 1957, S. 469). Und nun folgt auf einer Seite eine augenöffnend prägnante Materialfülle. Schließlich ist eine organisch-genetische Exposition der Philosophie zu finden (vgl. WILLMANN 1957, S. 487 ff.), die in ihren drei Teilen der Logik, empirischen Psychologie und Metaphysik gewidmet ist. Diese Überlegungen bildeten den Grundstein für den zehn Jahre später erschienenen „Abriß der Philosophie" (WILLMANN 1959).

Geprägt von langen glücklichen Lehrerjahren in der Odenwaldschule, hat WAGENSCHEIN (vgl. 1982) den altgriechischen Leitspruch ihres Gründers Paul Geheeb: „Werde, der du bist" (genoio hoios essi; Pindar), im Leitbegriff seiner Konzeption des genetischen Lehrens wiederaufleben lassen. Wagenscheins „Bildungsnovellen" wie die vom „Nichtabbrechen der Primzahlenreihe" (vgl. WAGENSCHEIN 1980, S. 52 ff., S. 228 ff.) entziehen sich einem lexikalischen Referat. Aber für den Leser lassen sich im Anschluß an WAGENSCHEINS Zentralaufsatz die Charakteristika genetischen Lehrens (vgl. 1982, S. 55 ff.) stichwortartig notieren:
- erstaunliche Phänomene zu Beginn,
- Anwesenheit der Wirklichkeit (anschaulicher Einstieg genügt nicht),
- volle Geistesgegenwart (nicht bloß Intelligenz),
- sokratische Beweglichkeit: Sokrates nicht bloß als Hebamme, sondern auch als Stechfliege,
- Lehrgänge historisch-genetisch geleitet.

Das genetische Lehren richtet sich erst zweitrangig auf konventionelle Leistung – die ist erfreuliches Nebenergebnis –, sondern vorrangig auf produktive Findigkeit, auf kritisches Vermögen und auf die Einwurzelung in die volle Wirklichkeit der Welt. Aus dieser Grundrichtung erfließen neun praktische Regeln: Erstaunliches zuerst; Naturphänomene vor Laborphänomenen; qualitativ vor quantitativ; Phänomene vor Theorie und Modell; Entdeckung vor Erfindung; Hände vor Werkzeugen; Fachsprache inmitten Muttersprache; langsame Schüler vor schnellen; Mädchen vor Jungen. Wagenschein hat die Gesinnung des genetischen Lehrens mit dem altchinesischen Gleichnis von Meng-Tse verglichen: „Ein Mann aus Sung war sehr betrübt, daß sein Korn nicht recht wachsen wollte. Er versuchte daher, die Halme selbst in die Höhe zu ziehen. Nach dieser Arbeit kam er ganz erschöpft nach Hause und sagte zu seinen Leuten: ‚Ich bin sehr müde, ich habe meinem Korn geholfen zu wachsen.' Sein Sohn lief hinaus, um sich dies anzusehen, fand aber alle Halme verwelkt. – Es gibt viele Menschen auf der Welt, die den Wunsch haben, dem Korn beim Wachsen zu helfen" (WAGENSCHEIN 1965, S. 335).

Ertrag und Aufgaben. Ungefähr gleichzeitig sind im späten 19. Jahrhundert ein genetischer Lehrplan (Ziller) und eine organisch-genetische Lehrmethode (Willmann) vorgelegt worden – leider beide nicht haltbar, sonst hätten wir heute das genetische Prinzip in seiner curricularen Fassung als großformatige Leitkarte und in seiner methodischen Fassung als Schrittfolge von Lektionen, vermittelt über das Wegenetz der Lehrgänge; beide suchten diese Bezüge. WILLMANN (1957, S. 416 f.) erläutert das mit einem künstlerischen Vergleich: Das Lehrverfahren gleicht der Fertigkeit, Mosaikstifte zu wählen und zu setzen, der Lehrgang bestimmt die Figuren, die dabei herauskommen sollen, der Lehrplan weist das ganze Gemälde auf, dem die einzelnen Figuren angehören sollen. Die Reformpädagogik hat beide Ansätze fallenlassen (Zillers Vorschlag wurde allerdings schon vorher kritisch demontiert; vgl. REIN 1912), weil ihr zu Recht der bildungsgemäße Umbau der Schulorganisation vordringlich war, hat nun aber die entstandene Lücke nicht füllen können. Denn der deutlich genetisch und rekapitulativ angelegte Waldorflehrplan blieb außerhalb der pädagogischen Diskussion, und die aus der Odenwaldschule stammende Wagenschein-Konzeption des genetisch-sokratisch-exemplarischen Lehrens hat keine Willmann vergleichbare Durchformung und Ausformung gewonnen. Interessanterweise legt AEBLI (vgl. 1981) einen differenzierten Bezug von Wagenschein und Ziller nahe und praktiziert recht zurückhaltend einen direkten Einbezug der genetischen Psychologie Piagets. Offenkundig fehlen große Studien zur genetischen Methode vom Format der Klafki-Studie zum Elementaren oder der Hausmann-Studie zum Dramaturgischen in der Didaktik. Einstweilen gilt es, praktisch-theoretisch kleinere genetische Lehrgänge nach Wagenscheins und Willmanns Vorbild anzusetzen, dabei „den belebenden Geist des Wissensgebietes so herauszuholen, daß der Geist des Lernenden daran wachsen kann" (WILLMANN 1957, S. 460), und zugleich extensive Wissensgebiete genetisch zu intensivieren: nicht also verholzte Riesenmassen lehren, sondern genetisch belebt und genetisch verdichtet „all in a nutshell".

AEBLI, H.: Grundformen des Lehrens, Stuttgart [12]1981. COMENIUS, J.A.: Große Didaktik, Berlin (DDR) 1961. DOLCH, J.: Lehrplan des Abendlandes, Ratingen [3]1971. HAUSMANN, G.: Didaktik als Dramaturgie des Unterrichts, Heidelberg 1959. HERBART, J.F.: Sämtliche Werke, Bd. 1, hg. v. K. Kehrbach, Langensalza 1887. KLAFKI, W.: Das pädagogische Problem des Elementaren und die Theorie der kategorialen Bildung, Weinheim [4]1964. MAREN-GRIESEBACH, M.: Methoden der Literaturwissenschaft, Bern/München 1970. PESTALOZZI, J.H.: Sämtliche Werke, Bd. 22, hg. v. E. Dejung, Zürich 1979. REIN, W.: Pädagogik in systematischer Darstellung, Bd. 3, Langensalza [2]1912. ROTH, H.: Pädagogische Psychologie des Lehrens und Lernens, Hannover [12]1970. SCHALLER, K.: Die Pädagogik des Johann Amos Comenius und die Anfänge des pädagogischen Realismus im 17. Jahrhundert, Heidelberg [2]1967. SCHEUERL, H.: Die exemplarische Lehre, Tübingen 1958. SCHWAGER, K.-H.: Wesen und Formen des Lehrgangs im Schulunterricht (1959), Weinheim o.J. SPENCER, H.: Die Erziehung in intellektueller, moralischer und physischer Hinsicht, Leipzig o.J. WAGENSCHEIN, M.: Ursprüngliches Verstehen und exaktes Denken, Stuttgart 1965. WAGENSCHEIN, M.: Naturphänomene sehen und verstehen, Stuttgart 1980. WAGENSCHEIN, M.: Verstehen lehren, Weinheim/Basel [7]1982. WILLMANN, O.: Die genetische Methode. In: WILLMANN, O.: Aus Hörsaal und Schulstube, Freiburg 1904, S. 149ff. WILLMANN, O.: Aristoteles als Pädagog und Didaktiker, Berlin 1909. WILLMANN, O.: Die genetische Methode. In: ROLOFF, E.M. (Hg.): Lexikon der Pädagogik, Bd. 2, Freiburg 1913, S. 219ff. WILLMANN, O.: Didaktik als Bildungslehre, Freiburg/Basel/Wien [7]1957. WILLMANN, O.: Abriß der Philosophie, Freiburg 1959. ZILLER, T.: Grundlegung der Lehre vom erziehenden Unterricht, Leipzig [2]1884.

Hans Christoph Berg

Modell

Objekt und Modell. Ein Modell ist ein für einen bestimmten Zweck benutzter oder geschaffener Gegenstand beziehungsweise theoretisches Konstrukt, bei dem zwischen bestimmten Elementen des Objekts und denen des Modells Analogien bestehen. Einerseits werden reale Gegenstände (Motormodelle) und andererseits theoretische Vorstellungen, wie etwa über den Aufbau von Atomen oder den Mechanismus der Vererbung, Modelle genannt.

Die Modelle der ersten Klasse nennt man Sachmodelle, die der zweiten Klasse theoretische Modelle. Eine weitergehende Unterteilung in drei Klassen – reale Modelle, ikonische Modelle, symbolische Modelle – hat JUNG (vgl. 1970, S. 41) angegeben. Noch differenzierter ist die Untergliederung, die MUCKE (vgl. 1969) vorschlägt.

Um den in der Definition des Modells auftretenden Begriff der Analogie festzulegen, benutzt BUNGE (vgl. 1973) die mathematische Abbildungstheorie. Danach sind Analogien homomorphe Abbildungen. Es stellt sich die Frage, inwiefern Modelle in ihrer Reduktionsfunktion noch die wahren Verhältnisse widerspiegeln. Da Modelle nur strukturtreue Bilder der Objekte sind, spielt die ontologische Frage nach der Wahrheit keine Rolle. Da die Modelle nicht irgendwelche Analogien eines Objekts sind, sondern immer durch Vermittlung des Menschen bestimmt sind, geht die wissenschaftliche Erfahrung der menschlichen Gesellschaft in die Konstruktion der Modelle ein (vgl. ANACKER 1967).

In den Fachwissenschaften werden Modelle zur Erklärung und zur Gewinnung von Hypothesen verwendet. Damit es möglich ist, aus einem Modell Vermutungen über Gesetzmäßigkeiten des Objektes zu gewinnen, muß das Modell Eigengesetzlichkeiten aufweisen, das heißt ein gesetzmäßiges Verhalten, das bei der Aufstellung des Modells über die Analogie nicht konstitutiv war. Eine anschließende Prüfung der Hypothese muß zeigen, wie weit die Analogie zwischen Modell und Objekt reicht. Die Aussagekraft und der erkenntnistheoretische Wert eines Modells wachsen mit zunehmender Eigengesetzlichkeit. Die Eigengesetzlichkeit eines Modells beinhaltet auch die Möglichkeit, daß das Modell außer einer Reihe auf das Objekt zutreffender Eigenschaften auch solche hat, die nicht zutreffen. Insofern ist das Modell ein Konstrukt auf Widerruf zum Zwecke der gezielten Hypothesenfindung. Allerdings zieht die Widerlegung einer Hypothese nicht unbedingt die Verwerfung des Modells nach sich. Als Hilfsmittel im Erkenntnisprozeß ist es nicht dem Kriterium „richtig" oder „falsch" unterworfen, sondern es geht um seine Fruchtbarkeit bei der Gewinnung von Hypothesen. Ist eine Hypothese falsch, so können dennoch andere aus demselben Modell gezogene Hypothesen sich als sehr brauchbar erweisen. Theoretische Modelle können aufgrund der Überprüfungsergebnisse von Hypothesen ständig verfeinert werden, wie dies die Geschichte der Atommodelle zeigt.

Modelle im Unterricht. Für die im Unterricht benutzten Modelle können nicht allein die Relationen zwischen Modell und Objekt berücksichtigt werden, vielmehr müssen Entsprechungen und Ähnlichkeiten zwischen den Vorerfahrungen und Vorkenntnissen des Lernenden und dem Modell bestehen. Verwendet man als Modell für den elektrischen Stromkreis ein Wasserkreismodell, so ist dieses aufgrund der Vorerfahrung für die Schüler anschaulich und vertraut. Um ein Modell einfach zu machen, werden Reduktionen und Akzentuierungen vorgenommen; unwesentliche Parameter werden vereinfacht, geändert oder fortgelassen. Die Einfachheit eines Modells kann daran gemessen werden, inwieweit die verbleibenden Begriffe „theoriegeladen" (vgl. JUNG 1975) sind. Anschaulichkeit kommt nicht nur dem sinnlich als vorhanden nachweisbaren Objekt oder einem gegenständlichen Modell zu. Auch theoretische Modelle können anschaulich sein, wenn durch häufigen Umgang mit dem Modell entsprechende Vorstellungen beim Modellbenutzer entstanden sind.

Für die Erstellung von Modellen im Unterricht ist die Ausnutzung von Strukturgleichheiten zwischen dem zu untersuchenden Objekt und einem bekannten Bereich ein wichtiger Ansatzpunkt; das Bekannte wird aufgrund einiger Analogien als Modell für das noch Unbekannte genutzt, wie dies auch in der Geschichte der Wissenschaften geschehen ist: Das Sonnensystem diente E. Rutherford als Modell für Atome, das Gesetz der Massenanziehung führte Ch. A. de Coulomb zur Beziehung zwischen elektrisch geladenen Körpern, der Zusammenhalt der Moleküle einer Flüssigkeit diente als Modell für den Atomkern. Wann immer Wissenschaftler sich der Modelle bedienten, dann wollten sie mit ihrer Hilfe Schwierigkeiten im Erkenntnisprozeß überwinden und neues Wissen erlangen: Modelle sind überwiegend ins Unbekannte gerichtete Entwürfe. Im Unterricht sollte daher der Modellbegriff an erster Stelle mit der Dynamik der Erkenntnisgewinnung verknüpft sein und das konstruktive Moment von Modellen herausgehoben werden. Hierfür sind schüleraktive Ausübungen der Modellmethode erforderlich, wobei die Lernenden einerseits vorgegebene Modelle benutzen, um Phänomene und Vorgänge in der Natur zu erklären und um Voraussagen über neue Effekte zu machen, und andererseits selbsttätig Modelle erstellen. So wird ein wichtiges Ziel des naturwissenschaftlichen Unterrichts abgedeckt: Der Lernende erkennt, daß Modelle Konstrukte des Menschen zur Erklärung und Voraussage von Gesetzmäßigkeiten in der Natur sind.

Wegen der Eigenschaften der Relation (Analogie, Homomorphie) zwischen Objekt und Modell muß das Arbeiten mit Modellen stets kritisch erfolgen: Die Schüler müssen um den hypothetischen Charakter der aus Modellen gezogenen Schlüsse über das Objekt wissen und berücksichtigen, daß Modelle nur einen begrenzten Anwendungsbereich haben; die abundanten Eigenschaften können zu Fehlschlüssen führen. So nahm der Physiker J. Black den Stofftransport als Modell für den Wärmetransport. Er zog wesentliche Schlüsse daraus über spezifische Wärme von Stoffen und ihre Schmelz- und Verdampfungswärme. Die abundante Eigenschaft, daß im Modell Materie transportiert wird, führte zu der unhaltbaren Vorstellung von einem Wärmestoff.

Unter didaktischen Gesichtspunkten ist auch auf den lernökonomischen Aspekt von Modellen hinzuweisen: in geeigneten Modellen kann eine Vielzahl von Informationen integriert werden. Gleichzeitig werden diese Informationen leichter gelernt, behalten und reproduziert.

ANACKER, F.: Die Begriffsbildung im Physikunterricht, Diss., Dresden 1967. BUNGE, M.: Method Model and Matter, Dordrecht 1973. JUNG, W.: Beiträge zur Didaktik der Physik, Frankfurt/M. 1970. JUNG, W.: Was heißt Physiklernen? Didaktik der Physik zwischen Physik und Wissenschaftstheorie. In: EWERS, M. (Hg.): Naturwissenschaftliche Didaktik zwischen Kritik und Konstruktion, Weinheim/Basel 1975, S. 135 ff. KIRCHER, E.: Fachdidaktische Aspekte des Modellbegriffs. In: DAHNCKE, H. (Hg.): Zur Didaktik der Physik und Chemie, Hannover 1975, S. 52 ff. MUCKE, H.: Das Modell im Physikunterricht, Habil.-Schrift, Dresden 1969. STACHOWIAK, H.: Allgemeine Modelltheorie, Wien/New York 1973. WÜSTENECK, K. D.: Einige Gesetzmäßigkeiten und Kategorien der wissenschaftlichen Modellmethode. In: Dt. Z. f. Phil. 14 (1966), S. 1452 ff.

Jörn Bruhn

Overhead-Projektor

Begriff. Der Overhead-Projektor wird offiziell als „Arbeitsprojektor" (Normblatt DIN 19040 im Deutschen Normenausschuß; der Vorgang als Arbeitsprojektion) bezeichnet; auch andere Bezeichnungen sind gebräuchlich und zeigen die Breite der Eigenschaften und des Anwendungsbereiches: Schreib-, Tageslicht-, Kommunikations-, Demonstrationsprojektor. Er ist ein Diaskop (Diaprojektor) zur Projektion von Informationen auf eine Projektionsfläche.

Die Transparentfolie beziehungsweise Aufbau-Transparentfolie ist der Informationsträger, also das Arbeitsmittel für den Overhead-Projektor: Die auf ihr festgehaltenen Informationen werden der Lerngruppe vermittelt, indem die Transparentfolie auf die Arbeitsplatte des Projektors aufgelegt und auf eine Projektionswand projiziert wird. Die Folie ist erhältlich als Blattfolie und als Rollenfolie (mit einer besonderen Vorrichtung am Projektor), auch mit Lineaturen. Die Beschriftung erfolgt durch spezielle Filz- oder Faserstifte in verschiedenen Farben und Strichstärken, wasserlöslich oder permanent (das heißt spirituslöslich; auch Folienradierer werden angeboten); sie ist aber auch durch Schreibmaschine möglich oder mit spezieller Tusche. Die Zeichen (Schrift,...) müssen dem Objekt und der Projektionsentfernung gemäß groß genug sein, um von der Lerngruppe – auch noch in der letzten Bank – gelesen werden zu können.

Es können auch transparente, nichttransparente und dreidimensionale Gegenstände projiziert werden. Bei dem Kopieren von (geschützten) Verlagserzeugnissen über (Thermo-)Kopiergeräte ist das sehr stringente Urheberrecht in der neuesten Fassung unbedingt zu beachten.

Didaktische Eigenschaften. Einige besondere Eigenschaften zeichnen die Arbeit mit dem Overhead-Projektor aus, die didaktisch, aber auch technisch von großer Bedeutung sind:

Das große Objektfeld (Bildebene, Nutzfläche; DIN A4 beziehungsweise 26 × 26 cm bis 30 cm) liegt bequem zum Schreiber (sitzend oder stehend) in der Waagerechten. Der nach oben gerichtete Strahlengang wird durch einen Spiegel um 90 Grad nach hinten („über den Kopf") abgelenkt, der Lehrer (Vortragende) schaut also in einem die Kommunikation fördernden Blickkontakt zur Lerngruppe hin, anders als bei der Tafelarbeit. Der Overhead-Projektor ist aber nicht einfach nur ein Tafelersatz! Die kurze Brennweite der Optik (Halogen, heute öfter Niedervoltlampe) ergibt bei der kurzen Projektionsentfernung (etwa 2–4 m) ein sehr helles Bild, es kann also bei Tageslicht (oder bei starker Sonne nur leicht abgedunkelt) gearbeitet werden.

Der Overhead-Projektor bietet die Möglichkeit, auch die Lerngruppen an der Arbeit zu beteiligen, das heißt, jedes Mitglied der Lerngruppe kann vor aller Augen auf den Transparentfolien Eintragungen vornehmen, ändern, löschen – ohne die „Tafelangst". Für Eintragungen auf vorgefertigten Transparentfolien empfiehlt es sich, eine Leerfolie darüberzulegen und auf diese einzutragen. Es können auch Einzel- und Gruppenergebnisse (auch zu Hause angefertigte) sofort der ganzen Lerngruppe mitgeteilt und zur Diskussion gestellt werden (vgl. PETER 1980).

„Die hohe Lichtleistung des Gerätes ermöglicht, *Aufbau*-Transparentfolien zu verwenden, die aus mehreren übereinandergelegten Folien bestehen. Durch Aufeinanderlegen bzw. Abheben der Einzeltransparente (Overlay-Verfahren) ist methodisch gesehen eine Bildsynthese bzw. Bildanalyse möglich. Dieses Verfahren erleichtert sowohl die Darstellung räumlicher Strukturgefüge als auch die Veranschaulichung räumlicher Prozesse" (BRAMEIER 1981, S. 377). Die Möglichkeit, durch aufeinanderfolgende Teilinformationen des „Overlay" räumliche, zeitliche oder logische Zusammenhänge mit besonderer Intensität und Überraschungseffekten deutlich zu machen, ist für den Overhead-Projektor spezifisch.

Die Arbeit mit einem Projektor birgt aber auch Gefahren: So könnte die Denk- und Handlungsweise eines rigiden Frontalunterrichts unterstützt werden, insbesondere mit didaktisch hochstrukturierten, also streng vorgeplanten Verlags- und Lehrererzeugnissen. Der Lerngruppe bliebe, da vieles schon vorgeschrieben, vor-gezeichnet ist, zu wenig Muße zum kreativen Nachdenken, zu Denkpausen. Der geistig-innovativen Ermüdbarkeit der Schüler sind also Grenzen gesetzt, für die Sekundarstufe I erfahrungsgemäß 10–20 Minuten (vgl. BRAMEIER 1981, S. 391, Anmerkung). Es „geht die Scheinwerfer-Wirkung (der ‚spotlight effect') der nur an didaktischen Höhepunkten eingesetzten Overhead-Projektion verloren. Der didaktische Ort für die OH-Projektion ist also dort, wo in einem unterrichtlichen Verlauf
- schlag(licht)artig neue visuelle Informationen gegeben oder Instruktionen erteilt,
- in einer begrenzten Phase Entwicklungen, Schritte, Stufen sichtbar gemacht,
- verbal zu abstrakte oder komplexe Sachverhalte visuell konkretisiert oder expliziert,
- visuelle Beiträge der Lernenden eingespielt,
- überhaupt didaktische Höhe-(Schnitt-, Wende-, End-)Punkte visuell besonders einprägsam markiert und dokumentiert werden sollen" (ALLENDORF/WIESE o.J., S. 10).

Die Vorteile der Arbeit mit dem Overhead-Projektor lassen diesen in besonderem Maße geeignet erscheinen, die Transparentfolie, vor allem die Aufbau-Transparentfolie als offenes Medium einzusetzen, das Kommunikation durch Vermittlung von Information bewirkt und zugleich Handlungsfelder erschließt – als Angebot für die Unterstützung einer von allen Beteiligten getragenen didaktischen Organisation des Lernprozesses im Sinne von WITTERN (vgl. 1975). Sie geben auch die Möglichkeit, Medien so aufzubauen, daß Lernen immer noch eine Spur von Abenteuer behält (vgl. WITTERN 1975a, S. 10), Abenteuer als die Freiheit zu kreativem und intuitivem Lernprozeß verstanden, als Suchen, Fragen, Finden!

Offene Lernwege – das Beispiel Stadtsanierung. Die Transparentfolie ist ein visualisierendes Medium, das als geschlossenes (Unterrichtsmaterial) und als offenes eingesetzt werden kann. Die Konstruktion und die Unterrichtsorganisation werden, je nach Intention, verschieden sein. Es sollen hier eine käufliche Aufbau-Transparentfolie in Teilen vorgestellt und Möglichkeiten zum Einsatz als offenes Medium vorgeschlagen werden.

Vorab seien einige Grundvoraussetzungen zitiert: „Unter visualisierenden Medien sollen Unterrichtsmittel verstanden werden, bei denen die Vermittlung durch das Wort als mündliche oder schriftliche Verdeutlichung visualisierender Prozesse in den Hintergrund tritt und die sich als Lernweg im Sinne der medialen Zielsetzung verstehen. Die Beachtung dieser Gewichtsverteilung macht die Grenze zwischen offenen und geschlossenen Formen der visualisierenden Medien aus. Didaktisch geschlossen sind visualisierende Medien, wenn sie den Anspruch erheben, vollständige Informationen über einen Gegenstand vermitteln zu wollen" (WITTERN 1975b, S. 235).

Es wird also darauf ankommen, die vorliegende Aufbau-Transparentfolie so einzusetzen, daß die Prämisse für den Einsatz als offenes Medium erfüllt wird: „Die Ergänzungsfähigkeit und die beabsichtigte Unvollständigkeit stellt eines der wichtigsten formalen Merkmale des offen visualisierenden Mediums dar" (WITTERN 1975b, S. 236). Daß diese Ergänzungsfähigkeit, das Arbeiten auf der Folie durch die Lerngruppe, für die Arbeitsprojektion grundsätzlich gegeben ist, wurde schon dargelegt. Es muß ein Informationsrahmen aufgebaut werden, der als Basis (und als Leitmedium) für die Auseinandersetzung mit dem konkreten Sachzusammenhang Stadtsanierung notwendig ist. Der Sachverhalt wird auf mehrere Folien verteilt, bleibt in seiner Thematik dennoch unvollständig und damit ergänzungsbedürftig. Die Konstruktion darf die Informationsvermittlung nicht als alleinige Aufgabe zum Ausdruck bringen.

Thema und Sachgegenstand ist die Stadtsanierung von Bamberg (vgl. NEUKIRCH u.a. 1981) im Rahmen der Stadtgeographie und Stadtplanung (Bauleitplanung) (vgl. NEUKIRCH 1979). Folie 1 zeigt den Grundriß der Altstadt (und, hier weggelassen, „geschützte Bereiche, öffentliche Nutzung, Einzelhandel und Gastgewerbe, Wohnen"), hier integriert (aufgelegt) in Folie 4 (vgl. Abbildung 1).

Folie 4 zeigt objektive Faktoren (Modernisierung), subjektive, individuelle Sanierungsbereitschaft und das Mietniveau. Folie 5 stellt die positive beziehungsweise negative Reaktion auf Wohnung und Wohnumgebung, die Bindungsbereiche und die (objektiven) Problembereiche dar (vgl. Abbildung 2).

Auf hier *nicht wiedergegebenen* weiteren Folien sind die Einwohnerdichte und die Arbeitsplätze, nach Bereichen gegliedert (Folie 2), die Berufsschichten und die Altersstruktur eingetragen (Folie 3) – eine Menge Information also und als solche ein ihrer topographischen Fixierung jeweils vollständig. Doch hinter jeder Aussage steht ein Bündel Fragen, die je nach der Intention der Lerngruppe zu erforschen sind, nach (immer weiteren) Fragestellungen und Sachverhalten und vor allem nach Zusammenhängen verlangen – Entscheidungssituationen genug für den Lernprozeß der Lerngruppe und ihren eigenen Lernweg. Gleichzeitig bietet sich so die Möglichkeit für die Lerngruppe, auch am Beispiel der eigenen Gemeinde die zugrunde liegenden Methoden und Arbeitsweisen anzuwenden und die Sachverhalte des Themas vor Ort zu konkretisieren und damit eine echte Betroffenheit zu erzeugen und in Handlung umzusetzen. Einige wenige praktische Hinweise müssen abschließend genügen: Das Mietniveau verlangt nach der Darlegung des Wohnwertes, der Bausubstanz und Ausstattung. Die objektiven und subjektiven Aussagen fragen nach den zugrunde gelegten Verfahren und Wertmaßstäben, aber auch nach den gesetzlichen Grundlagen der Sanierung; hierbei kann das Legespiel zum Städtebauförderungsgesetz (vgl. KONRAD/MEYER 1979) hilfreich sein. Die möglichen Alternativen für die Bewohner müssen konkret bekannt sein, dann erst ist der Aussagewert der Bewohner abzuschätzen. Für mögliche eigene Untersuchungen sei auf MARTIN (vgl. 1979) hingewiesen, für den Einsatz der Aufbau-Transparentfolie als Leitmedium auf WITTERN (vgl. 1975b, S. 246ff.). Das Umfeld für einen Lernweg mit dem Leitmedium Transparentfolie hat NEUKIRCH konkret aufgezeigt im „Diercke Weltraumbild Transparentatlas" (1983).

Overhead-Projektor

Abbildung 1: Stadtsanierung von Bamberg

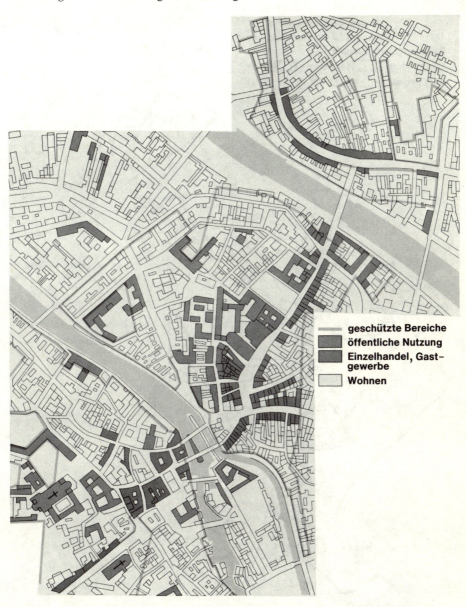

(Quelle: NEUKIRCH u. a. 1981)

Overhead-Projektor

Abbildung 2:

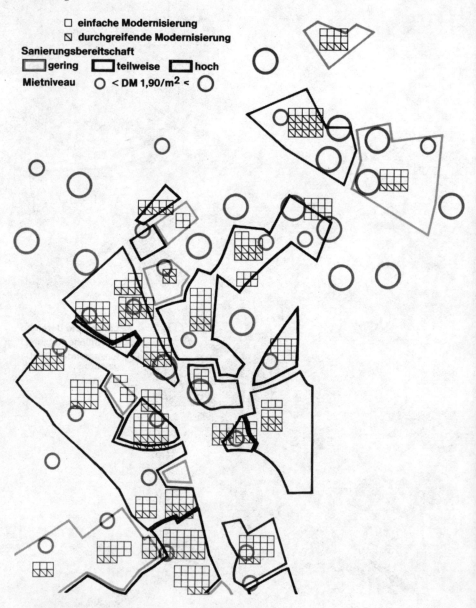

(Quelle: NEUKIRCH u. a. 1981)

ALLENDORF, O./WIESE, J. G.: Taschenbuch der Overhead-Projektion (1973), Köln o. J. BRAMEIER, U.: Der Einsatz des Arbeitsprojektors im Erdkundeunterricht. In: Geogr. im U. 6 (1981), S. 376 ff. KONRAD, K./MEYER, M.: Projekt „Altstadtsanierung". Bericht aus einem Schulversuch – das Beispiel Lich. In: Prax. Geogr. 9 (1979), 5, S. 221 ff. MARTIN, R.: Feldarbeit zur Anbahnung raumplanerischer Kompetenzen. Sanierung Limburg/Lahn. Unterrichtsreihe Klasse 10, Realschule. In: Prax. Geogr. 9 (1979), 5, S. 210 ff. MILAN, W.: Arbeiten mit dem Tageslichtprojektor, Wien ^{5}1976. NEUKIRCH, D. (Moderator): Stadtsanierung. Planung und Realität. Themenheft Prax. Geogr. 9 (1979). NEUKIRCH, D. u. a.: Bamberg: Sanierungsgebiet Altstadt. Arbeitstransparent Geographie/Geschichte, Braunschweig 1981 (Best.-Nr. 356546). NEUKIRCH, D.: Zum Einlesen (Vorwort). In: DIERCKE WELTRAUMBILD TRANSPARENT-ATLAS. Typenlandschaften der Erde, bearb. v. K. W. Julius und R. Martin, Braunschweig 1983. PETER, A.: Arbeit mit Klarsichtfolien in Schülerhand. In: Prax. Geogr. 10 (1980), 2, S. 59 ff. WITTE, A. (Hg.): Handbuch zur Arbeitsprojektion, Schwäbisch Gmünd ^{2}1974. WITTERN, J.: Mediendidaktik. Ihre Einordnung in eine offen strukturierte Entscheidungstheorie des Lehrens und Lernens, 2 Bde., Opladen 1975 (Bd. 1: 1975 a, Bd. 2: 1975 b).

Dieter Neukirch

Pantomime

Begriffliche und historische Aspekte. Als Pantomime (vom griechischen *pantomimos* = alles nachahmend) werden Darstellung und Darsteller von Handlungen und Gemütsbewegungen mit den Ausdrucksmitteln des Körpers bezeichnet. Die pantomimische Darstellung stützt sich dabei auf das Mienenspiel des Gesichts (Mimik), die Gebärdensprache (Gestik) und die Ausdrucksbewegungen des ganzen Körpers (Motorik). Pantomime kann selbständige Darstellung sein oder auch episodischer oder integrierter Bestandteil in anderen darstellenden Spielformen.

Die Bedeutung pantomimischer Darstellung als elementare Ausdrucksform ist seit den Ursprüngen des Theaters erkennbar (vgl. BOLLMANN 1968, S. 25 ff.): in kultischen Tänzen und religiösen Zeremonien früher Kulturstufen. Beim griechisch-römischen Pantomimus im Rom der Kaiserzeit gaben Chöre und Statisten in Massenveranstaltungen den Rahmen für pantomimische Solodarstellungen. Die Tradition des Pantomimus lebte in den akrobatisch oder tänzerisch ausgeprägten mimischen Szenen der mittelalterlichen Gaukler (Jokulatoren) weiter. Eine Neubelebung erfuhr die europäische Pantomime in den volkstümlichen Theaterformen seit der Commedia dell'arte, in der sie besonders in überwiegend mimischen Einlagen (lazzi) die Darstellung belebte.

Im 20. Jahrhundert hat vor allem Marcel Marceau mit seiner „Bip"-Figur in solistisch gespielten Episoden die Entwicklung der Pantomime geprägt. Marceau hat die pantomimische Darstellung wie folgt charakterisiert: „Für mich ist die Pantomime die Kunst, Gefühle mit Bewegungen oder durch Bewegungen auszudrücken, aber kein Ersatz der Worte durch Gesten. Die Kunst der Pantomime ist ebenfalls die Identifizierung des Menschen mit den Elementen, den Personen, der Natur, die uns umgibt. Es ist eine Art, das Unsichtbare sichtbar zu machen, es ist eine Kunst, den Raum zu gestalten, mit Händen zu bildhauern" (zitiert nach MÜLLER 1979, S. 9). Die hier benannten Charakteristika betonen in Abgrenzung zum verbalen Bereich das Besondere nonverbaler Darstellungsanteile. Unter pädagogischem und didaktischem Aspekt verdeutlichen sie die Nähe pantomimischer Darstellung zu emotionalen, sozialen und aktionalen Erfahrungsbereichen.

Bedeutung der pantomimischen Darstellung für die pädagogische Praxis. Versteht man Mimik, Gestik und Motorik als unterrichtliche Medien (vgl. SCHULZ 1980, S. 122 f.), so lassen sich die von Marceau in bezug auf künstlerische Praxis genannten Eigenschaften unter einem kommunikativen Aspekt auch für die pädagogische Praxis beschreiben. Seit der Diskussion um Watzlawicks pragmatische Axiome menschlicher Kommunikation ist die Bedeutung nonverbaler Kommunikationsanteile gegenüber den verbalen besonders bearbeitet worden (zur erziehungswissenschaftlichen Rezeption vgl. SCHRÜNDER 1983).

Nach WATZLAWICK u. a. (vgl. 1969) umfaßt digitale Kommunikation Schriftverkehr und gesprochene Sprache ohne affektive Komponenten, sie tendiert zur Abstraktion und zu diskursivem Verhalten und unterliegt den Kriterien der formalen Logik. Dagegen umfaßt analoge Kommunikation neben akustischen und taktilen Komponenten emotionalen Gesichtsausdruck, Blickbewegung und Blickrichtung, Gesten, Körperbewegungen, interpersonale Distanz, räumliche Orientierung, jedoch ohne eine der digitalen Kommunikation vergleichbare eindeutige logische Syntax. Dabei hat jede Mitteilung nicht nur einen Inhaltsaspekt, der vor allem Information enthält, sondern auch einen Beziehungsaspekt, der angibt, wie der Inhalt einer Kommunikation vom Empfänger verstanden werden soll. Da der Inhaltsaspekt einer Kommunikation überwiegend digital vermittelt wird, der Beziehungsaspekt aber vor allem analog, wird deutlich, daß ein Zusammenspiel von Mimik, Gestik und Motorik besonders dazu geeignet ist, Emotionen, Grundstimmungen und Beziehungen von Menschen untereinander transparent werden zu lassen.

Die Einbeziehung darstellerisch-pantomimischer Elemente in schulische Zusammenhänge sowie die Auseinandersetzung mit den Medien Mimik, Gestik und Motorik können jeweils fachlichen Kontexten (wie Sprache, Literatur, visuelle Kommunikation, Sport und Bewegung) zugeordnet werden. Die Einbeziehung dieser Medien ist geeignet, die Lernchancen bei der Förderung einer integrierten Persönlichkeitsentwicklung von Kindern und Jugendlichen zu verbessern (vgl. BOLLMANN 1985). Neben der allgemeinen Förderung in den Bereichen Wahrnehmung, Körperbewegung und Körperausdruck wird einer Beschäftigung mit pantomimischer Darstellung insbesondere zugeschrieben, Phantasietätigkeit durch improvisierendes Spiel zu begünstigen und eine kritische Auseinandersetzung mit den Ausdrucksphänomenen des menschlichen Gesichts und des ganzen Körpers sowie deren physische, psychische und soziale Bedingtheit zu fördern (vgl. BERTELSMANN 1975, S. 55; vgl. HASELBACH 1976, S. 5 ff.; vgl. MÜLLER 1979, S. 98).

Für Kinder im Grundschulalter erscheinen einfache pantomimische Spiele wie Scharaden oder kleine Situationen geeignet (vgl. KEYSELL 1977), wobei die Spielinhalte die reale soziale Umwelt jüngerer Spieler mit einbeziehen sollten. So läßt sich beispielsweise das Verhalten von Menschen in einem Warteraum oder vor dem Fernseher thematisieren. Besonders für komische Situationen, in denen man auch über sich selbst lachen kann, gibt es viele Anregungen in den Episoden, die Marcel Marceau oder Charlie Chaplin gespielt haben. Hier wird der Zusammenhang mit anderen Medien deutlich, die überwiegend von nonverbalen Darstellungsanteilen leben wie Clowns-Techniken und Slapstick (vgl. KRAMER 1982). In bezug auf formale pantomimische Ansprüche sollte man allerdings nach MÜLLER (1979, S. 98) „im darstellenden Spiel mit Kindern nie auf die Kunstform der Pantomime (wie z. B. das pantomimische Gehen) zurückgreifen, auch wenn der Leiter oder Lehrer der Kindergruppe sie beherrschen sollte. Pantomime ist im Spiel mit Kindern nur als stummes Spiel ohne Gegenstände zu betrachten, wobei man durchaus einmal die ‚wortlose Sprache' um einige Töne, Worte oder Requisiten ‚bereichern' darf, ohne die Kunst der Pantomime zu schmälern."

Für ältere Schüler kommt in zunehmendem Maße die Einbeziehung instrumenteller Fertigkeiten (wie pantomimisches Gehen, Greifen, Heben) als Basis ästhetischer Produktion in Betracht (vgl. BERTELSMANN 1975, HAMBLIN 1979, KRAMER 1982, MÜLLER 1979).

Dabei sollten neben den Möglichkeiten auch die Grenzen pantomimischer Darstellung mitreflektiert werden. Die Pantomime ist ungeeignet, als Sprachersatz zu fungieren, da ihr weitgehend die Möglichkeit fehlt, zu dialogisieren und zu informieren, das heißt auf der Basis einer eindeutigen logischen Syntax größere Handlungszusammenhänge zu verdeutlichen oder auf Kontexte zu verweisen (etwa auf abwesende Dritte), da diese pantomimisch schwer konkretisierbar sind. Entsprechend ist ihre Objektbeziehung: Mit Hilfe pantomimischer Darstellung ist nur eine Präsensbeziehung zum Objekt möglich, das sich, soweit es als imaginäres darstellerisch evoziert wird, oft nicht individualisieren läßt. Für die Darstellung etwa des Eingeschlossenseins bedeutet es, daß wohl die (imaginären) Wände des Raumes begriffen werden können, nicht aber ihre Farbe und Materialbeschaffenheit.

Nach BERTELSMANN (1975, S.52) soll die Pantomime „in lapidar abstrahierender Form den Kern von Verhaltensweisen treffen; Situationen, Handlungsmuster auf den Körperausdruck des Menschen reduzieren". In solchen pantomimischen Situationen oder auch Bildern („tableau vivant") können Schüler das subjektive Erleben ihrer Alltagswelt thematisieren von der pantomimischen Gestaltung eines Tagesablaufs im Leben eines Menschen oder der parodistischen Entlarvung des Starkults in der Popmusikszene bis zur Darstellung diffuser Ängste vor dem Atomtod. Durch die Betonung des Nonverbalen wird eine Sensibilisierung im emotionalen und im sozialen Bereich begünstigt und der „Kopflastigkeit" in der Schule entgegengewirkt.

BERTELSMANN, K.: Ausdrucksschulung, Stuttgart 1975. BOLLMANN, H.: Untersuchungen zur Kunstgattung Pantomime, Diss., Hamburg 1968. BOLLMANN, H.: Spiel, Darstellendes. In: Enzyklopädie Erziehungswissenschaft, Bd. 4, Stuttgart 1985, S.612ff. HAMBLIN, K.: Pantomime, Soyen 1979. HASELBACH, B.: Improvisation, Tanz, Bewegung, Stuttgart 1976. KEYSELL, P.: Pantomime für Kinder, Ravensburg 1977. KRAMER, M.: Vom Hanswurst zum Fools-Freak, Wetzlar 1982. MÜLLER, W.: Pantomime, München 1979. SCHRÜNDER, A.: Kommunikation, nonverbale. In: Enzyklopädie Erziehungswissenschaft, Bd. 1, Stuttgart 1983, S. 467ff. SCHULZ, W.: Unterrichtsplanung, München/Wien/Baltimore ²1980. WATZLAWICK, P. u.a.: Menschliche Kommunikation, Bern/Stuttgart/Wien 1969.

Hans Bollmann

Planungsdidaktik

Die Schulgeographie ist seit etwa 1970 intensiv auf räumliche Planungsprobleme eingegangen, wie allein schon das „Raumwissenschaftliche Curriculum-Forschungsprojekt" (vgl. FORSCHUNGSSTAB... 1978) zeigt. Geipel hat dann 1973 auch den Begriff „Planungsdidaktik" in die Diskussion gebracht: „Mit dem Begriff ‚Planungsdidaktik' wird umschrieben, daß sich auch die Angewandte Geographie nicht mehr damit begnügen darf, ohne einen Blick auf den ‚Konsumenten' bloße Ergebnisdokumentation zu betreiben [...]. Der gute Lehrer, der eine Unterrichtssequenz in beantwortbare Fragen auflöst, und der Stadtplaner, der die Bürger nicht mit fertigen Ergebnissen konfrontiert, sondern mit strukturiertem Material beliefert, der ihm Fragen stellt, die eine Entscheidung abverlangen, haben den Willen zur Partnerschaft gemeinsam" (GEIPEL 1973, S.9ff.).

Der Wille vieler Bürger heute, an den räumlichen Planungsaufgaben mitzuwirken, ist politische Realität geworden, ebenso der Wille des Gesetzes, dies zu ermöglichen und zu institutionalisieren, so zum Beispiel im Bundesbaugesetz (BBauG) §2a. Daraus läßt sich ein Erziehungsauftrag ableiten, der seine Begründung in der allgemeinen Didaktik finden muß. Die Mitwirkung des Bürgers an der politisch legitimierten Planung erfordert zweifellos dessen konkrete Befähigung dazu. HENDINGER (vgl. 1971) sieht es als eine Aufgabe der Geographiedidaktik, zum Aufbau von solchen Verhaltensdispositionen, etwa von räumlichem Denken und Handeln, beizutragen, die diese Mitarbeit des Bürgers ermöglichen.

KLEIN (1984, S.31) hat als Regionalplaner für die schulische Planungsdidaktik folgende Ziele genannt: „Das Heranführen an Langfristprobleme, die Vermittlung eines Raumverständnisses, das Üben gesellschaftlichen Verhaltens, das Verständnis für verzweigte Systemzusammenhänge. All dies soll durch möglichst praxisnahen Unterricht erreicht werden, der die Beschäftigung mit Pla-

nungsveröffentlichungen, den Besuch von Planungsinstitutionen (vor allem in deren konkreten Arbeitssituationen, z. B. Sitzungen, Besprechungen) und eigene planerische Grundhandlungen einschließt."
Die Erfüllung derartiger Intentionen obliegt in erster Linie dem Geographieunterricht. Hier sind die Grundlagen und Intentionen des Lernens zu schaffen, hier sind auch konkrete Feldarbeit und Projekte möglich, um den Schüler mit der Planungspraxis zu konfrontieren. Doch nicht jeder Bürger hat einen solchen Unterricht über Planung gehabt und ist (damit) für die Mitwirkung in der räumlichen Planung qualifiziert. So hat der Planer – durch § 2a BBauG und das Städtebauförderungsgesetz sogar auf gesetzlicher Grundlage – neben seiner fachlichen Aufgabe *auch* einen Erziehungsauftrag gegenüber der Gesellschaft, dem Bürger. Man kann noch hinzufügen: Der Bürger hat einen Anspruch auf Unterrichtung, auf Eingeführtwerden in die notwendigen Lernprozesse und Handlungsmöglichkeiten; dies ergibt sich allgemein aus seinem Recht als Bürger. Der Auftrag ist grundsätzlich derselbe wie der der Schule, die Stellung des Bürgers gegenüber dem Erziehungsauftrag ist natürlich eine andere als die des Schülers in der Schule. Das Lernen, das Erarbeiten von Lernwegen in bezug auf die räumliche Planung sind ebenfalls grundsätzlich gleich, die Methoden wiederum sicher verschieden.
Adressat für den didaktischen Auftrag des Planers ist aber auch der Politiker, der zum einen fachliche Grundlagen der räumlichen Planung (einschließlich der Konsequenzen von verschiedenen Grundintentionen und Konzeptionen räumlicher Planung) benötigt, zum anderen in der Lage sein muß, solche Grundintentionen *und* konkreten Planungsfälle und ihre Entscheidungsabläufe dem Bürger didaktisch richtig (das heißt nicht nur „geschickt", sondern einsichtig und ohne Manipulation seines Denkens) zu vermitteln. Der Planer muß durch seine Ausbildung in die Lage versetzt werden, diese Qualifikationen dem Politiker zu vermitteln.
Zur Erfüllung dieses Erziehungsauftrages gehört das Nachdenken darüber, ob für das Aufgabenfeld „räumliche Planung" und seine Didaktik eine bestimmte Auffassung über die Organisation von Unterricht, von Lernen, insbesondere in bezug auf die Ansprechpartner, Voraussetzung für den Lernerfolg ist. („Unterricht" sei hier sowohl für den Lehrer als auch für den Planer als Unterrichtenden in unserem Aufgabenfeld gebraucht, ebenso „Lernen".) Die Qualifikation zu Sach- und Entscheidungskompetenz setzt Formen der Organisation von Lernprozessen voraus, die ein hohes Maß an Eigenständigkeit und Selbständigkeit von Lernenden implizieren: Teilhabe der Lerngruppe an der Organisation des Lernens als Unterrichtsprinzip (vgl. MARTIN 1979, NEUKIRCH 1978, 1984; vgl. NEUKIRCH u. a. 1979). Hierbei hat die Mediendidaktik stets einen besonders hohen Stellenwert.
Eine Aufgabe der Planungsdidaktik ist es, zu erreichen, daß alle an der räumlichen Planung Beteiligten in die Lage versetzt werden, didaktische Grundsätze zu akzeptieren und anzuwenden, etwa Lernprozesse zu organisieren, mit Medien sachgemäß umzugehen, Entscheidungswege gemeinsam zu gehen, insgesamt gemeinsam lernen zu können, um sich über räumliche Planung grundsätzlich und in konkreten Planungsfällen verständigen und letztlich verantwortlich und das Ergebnis akzeptierend entscheiden zu können. Dieser Lernprozeß geht den Sachfragen voraus, er sagt also nichts über die faktische Verständigung in den Sachentscheidungen bei konkreten Planungsfällen aus. Dieser Lernprozeß ist aber *eine* – und zwar sehr wichtige – Voraussetzung für eine echte und demokratische Bürgerbeteiligung. Für planungsdidaktische Überle-

gungen ist es nun von größter Bedeutung, daß der Prozeßablauf der Raumplanung und der Prozeßablauf des Lernens parallelisierbar sind, sich also sehr gut zusammenfügen. Das heißt, Unterricht in angewandter Geographie an Themen der Raumplanung, ruft genau die Lernprozesse hervor, die heute politisch und gesellschaftlich notwendig sind (vgl. HENDINGER 1982).

Der Fachdidaktiker der räumlichen Planung wird die Lernenden immer wieder mit Lagen konfrontieren, „in denen sie Probleme entdecken, Probleme lösen und die begriffliche Verallgemeinerung der Lösungsverfahren und -mittel lernen" (v. HENTIG 1970, S. 36).

Für die Ausbildung des Geographen und Raumplaners wird damit ein vertiefendes zusätzliches Studium erziehungswissenschaftlicher, (fach)didaktischer und auch methodischer Fragen unter Einschluß vor allem mediendidaktischer, lernpsychologischer und lernorganisatorischer Fragen notwendig. Planungsdidaktik ist vor allem eine Sache der Lösung des Vermittlungsproblems wie der Erwerb und die Pflege einer geordneten räumlichen Vorstellungswelt möglich ist. Es gilt also, eine Organisation von Lernen herzustellen, die der Sache und der Lerngruppe gerecht wird, um eine Vermittlung möglich zu machen (vgl. WITTERN 1975).

Raumplanung hat es mit *Originalmedien* zu tun, mit Karten, Planungskarten, Plänen, Fachplänen, Modellen, auch Gesetzen und Verordnungen, mit Medien, die im allgemeinen der Planungspraxis entstammen und didaktisch nicht bearbeitet sind. Sie sind oft spröde und der Vermittlungsaufgabe der Medien widerstrebend, geben aber in ihren Inhalten die Realität ungebrochen wieder. Ziel des Lernens muß es stets sein, mit diesen Originalmedien arbeiten zu können, ob in der Schule oder mit den Bürgern. Um zu diesem durchaus erreichbaren Ziel hinzuführen, wird der Planungsdidaktiker graphisch gut gestaltete „Übersetzungen" der Konzeption und des Inhalts solcher Planungskarten oder von Teilen (etwa der Legende) zur Unterstützung des Lernprozesses einbringen. Derartige didaktische Medien sollten möglichst selbst angefertigt und von der Lerngruppe verändert und/oder weiterentwickelt sein. In diesem Zusammenhang ist es auch unabdingbar, auf die Geographie der Wahrnehmung und ihre Didaktik einzugehen. Dies kann beispielsweise geschehen durch Geländebeobachtung, „mental maps", kartographische Eintragungen auf Folien und Erarbeiten von Planungskarten (auch im konkreten Vergleich mit den räumlichen Gegebenheiten). In den Lernprozeß kann man auch Legespiele zum Planungsprozeß des Bundesbaugesetzes und der Regionalplanung einbringen (vgl. JAESCHKE 1982, KONRAD/MEYER 1979) oder Darstellungen aus der Vogelperspektive des Gebietes einer Planungskarte (vgl. MOEWES 1981) oder Wortfeldübungen zur Planersprache (vgl. KONRAD/MEYER 1979).

BAUER, L. (Hg.): Einführung in die Didaktik der Geographie, Darmstadt 1976. DEUTSCHER BILDUNGSRAT: Strukturplan für das Bildungswesen. Empfehlung der Bildungskommission, Bonn 1970. FORSCHUNGSSTAB DES RAUMWISSENSCHAFTLICHEN CURRICULUM-FORSCHUNGSPROJEKTES DES ZENTRALVERBANDES DER DEUTSCHEN GEOGRAPHEN (Hg.): Das raumwissenschaftliche Curriculum-Forschungsprojekt, Braunschweig 1978. GEIPEL, R. (Hg.): Stadtgeographie in einem neuen Curriculum – dargestellt am Beispiel Münchens. Münchener Geographische Hefte, Nr. 37, Kallmünz, Regensburg 1973. HENDINGER, H.: Erläuterungen zum Lernzielschema. In: Geogr. Rsch., 1. Beiheft, 1971, S. 12 ff. HENDINGER, H.: Aufgaben gegenwärtiger Curriculumrevision in der Geographie. In: HENDINGER, H./SCHRAND, H. (Hg.): Curriculumkonzepte in der Geographie, Köln 1981, S. 32 ff. HENDINGER, H.: Der Stellenwert der Angewandten Geographie für die unterrichtliche Auseinandersetzung mit geographischen Problemen im Rahmen eines lernzielorientierten Curriculums. Vortrag beim Festcolloquium für Prof. Dr. Karl Emil Fick, Mimeo, Frankfurt/M. 1982. HENTIG, H. V. (Hg.): Wissenschaftsdidaktik. In: N. Samml. 5 (1970), S. 13 ff. JAESCHKE, G.: „Planungsdidaktik" steht zur Diskussion an. In: Mitt. f. Hochsgeogr. 11 (1982), 3, S. 22 ff. JAESCHKE, G.: „Planungsdidaktik": Für die Wirklichkeit lernen heißt in die Wirklichkeit hineinpartizipieren. In: KILCHENMANN, A. (Hg.): Karlsruher Manuskripte zur Mathematischen und Theoretischen Wirtschafts- und Sozialgeographie, Heft 61, Karlsruhe 1983. KLEIN, B.: Akzeptanzprobleme der Landes- und Regionalplanung. In: DEUTSCHER VERBAND FÜR ANGEWANDTE GEOGRAPHIE E. V. (Hg.): Planungsdidaktik, Vermittlungsprobleme im räumlichen Planungsprozeß und die Aufgabe der Geographie. Materialien zur Angewandten Geographie, Bd. 8, Bochum 1984. KONRAD, K./MEYER, M.: Projekt „Altstadtsanierung". Bericht aus einem Schulversuch – das Beispiel Lich. In: Prax. Geogr. 9 (1979), 5, S. 221 ff. MARTIN, R.: Feldarbeit zur Anbahnung raumplanerischer Kompetenzen. Sanierung Limburg/Lahn. Unterrichtsreihe Klasse 10, Realschule. In: Prax. Geogr. 9 (1979), 5, S. 210 ff. MOEWES, W.: Grundfragen der Lebensraumgestaltung. Raum und Mensch, Prognose, „offene" Planung und Leitbild, Berlin 1980. MOEWES, W.: Grundfragen der Lebensraumgestaltung. Ergänzungsband: Stadt – Land – Verbund in der Planungspraxis, Berlin 1981. NEUKIRCH, D.: Gedanken zur Planungsbeteiligung aus der Sicht von Politik und Geographie. In: Geogr. Rsch., 2. Beiheft: Planungsbeteiligung. Inhalt und Organisationsformen im sozialgeographischen Unterricht, 1978, S. 50 ff. NEUKIRCH, D.: Angewandte Geographie im didaktischen und politischen Feld. In: HENDINGER, H./SCHRAND, H. (Hg.): Curriculumkonzepte in der Geographie, Köln 1981, S. 92 ff. NEUKIRCH, D.: Angewandte Geographie und Zielrichtungen raumwirksamer Planung. Überlegungen zur schulpraktischen Realisierung. Vortrag beim Festkolloquium für Prof. Dr. Karl Emil Fick, Mimeo, Frankfurt/M. 1982. NEUKIRCH, D.: Planungsdidaktische Studienziele aus der Sicht der Didaktik der Geographie. In: DEUTSCHER VERBAND FÜR ANGEWANDTE GEOGRAPHIE E. V. (Hg.): Planungsdidaktik, Bd. 8, Bochum 1984. NEUKIRCH, D. u. a.: Stadtsanierung. Sozialräumliche Vorstellungen und politische Entscheidungen. Aspekte fächerübergreifenden Unterrichts. Eine Einführung. In: Prax. Geogr. 9 (1979), 5, S. 206 ff. WITTERN, J.: Mediendidaktik. Ihre Einordnung in eine offen strukturierte Entscheidungstheorie des Lehrens und Lernens, 2 Bde., Opladen 1975.

Dieter Neukirch

Projekt

Begriffsbestimmung. Das Wort Projekt geht auf das lateinische Wort *proicere* (= vorwerfen, entwerfen, hinauswerfen) zurück und wird im heutigen Sprachgebrauch im Sinne von *Plan, Entwurf, Vorhaben* verwendet, wobei immer zugleich mitgedacht wird, daß der Plan auch tatsächlich realisiert werden soll. Somit schließt Projektarbeit vom Begriff her bereits die Planverwirklichung mit ein. Diese ausdrückliche Einbeziehung des *Moments der Aufgabenlösung* war schon von den Initiatoren der Projektmethode beabsichtigt (vgl. BOSSING 1970). Im Hinblick auf die schulische Projektarbeit ist darin die Absicht enthalten, Lernen so zu organisieren, daß Schüler befähigt werden, komplexe Aufgabenstellungen und Lebenssituationen zu bewältigen. Ausgangspunkt für Projekte sind in der Regel konkrete Aufgabenstellungen aus der Lebenswirklichkeit, die Lehrer und Schüler in gemeinsamer Arbeit lösen. Der Schwerpunkt der Projektarbeit liegt auf der praktischen Verwirklichung der Aufgabe, ihr primäres Ziel ist die gemeinsame aktive Lösung in der Realität bestehender Aufgaben. „Das Backen eines Brotlaibes, die Anfertigung eines Hemdes, die Erzeugung eines Scheffels Mais, die Herstellung eines Tisches, die Anlage einer elektrischen Klingel – dies alles wurde *Projekt* genannt, wenn es von Schülern ausgeführt und so betrieben wurde, daß es zu einem umfangreichen Erwerb von Wissen und Erfahrung führte" (Snedden, zitiert nach BOSSING 1970,

S. 124 ff.). Der amerikanische Pädagoge Bossing definierte Projekt wie folgt: „Das Projekt ist eine bedeutsame praktische Tätigkeit, die Aufgabencharakter hat, von den Schülern in natürlicher Weise geplant und ausgeführt wird, die Verwendung physischer Mittel in sich begreift und die Erfahrung bereichert" (BOSSING 1970, S. 129 ff.).

Nach dieser Definition sind vier Kriterien für das Projekt bestimmend: der Aufgabencharakter der praktischen Tätigkeit, die Planung und Ausführung durch die Schüler, die Verwendung physischer Mittel und die Bereicherung der Erfahrung. Aus den vier Wesensmerkmalen des Projekts leiten sich vier Stufen im Verfahren der Projektmethode ab: *Zielsetzung, Planung, Ausführung* und *Beurteilung*.

Historische Entwicklung der Projektmethode. Die Tradition der Projektmethode reicht in den USA bis zum Anfang des 20. Jahrhunderts zurück. Dabei entwickelte sich eine Diskussion zu der Frage, ob Projektarbeit nur eine Technik oder eine didaktische Konzeption sei. Dewey, der als herausragender Vertreter des erkenntnisphilosophischen Pragmatismus die Basis für die politische und wissenschaftliche Konzeption der Projektmethode schuf, und sein Kollege Kilpatrick verstanden Projekt ursprünglich in einem umfassenden Sinn als eine bestimmte *Philosophie der Erziehung* (vgl. BOSSING 1970), die eine bloße instrumentelle Verwendung des Projekts verhindern sollte. Dementsprechend definiert Kilpatrick Projekt als „planvolles Handeln aus ganzem Herzen, das in einer sozialen Umwelt stattfindet" (KILPATRICK 1935, S. 162). Nach dieser Vorstellung der Projektidee sollten die Schüler durch spezifische Bedingungen des Handelns Wissen erwerben. Es ging Dewey und Kilpatrick um die Grundlegung einer didaktischen Konzeption, in der eine Verknüpfung von Leben und Denken, von Handeln und Wissen, von Schule und außerschulischer Wirklichkeit erfolgte. Letztlich war für Kilpatrick „planvolles Handeln die typische Einheit des wertvollen Lebens in einer demokratischen Gesellschaft", und deshalb „sollte es auch zur typischen Einheit des Schulverfahrens gemacht werden" (KILPATRICK 1935, S. 165). Diese Frühform des Projektverständnisses setzte sich jedoch offenbar nur im Osten der USA durch (vgl. BOSSING 1970). Von anderen wurde dagegen der *Problemlösungsprozeß* als zentrales Merkmal der Projektmethode betrachtet. Damit konnte jedes Problem, das als eine ernsthafte und selbständig zu lösende Aufgabe angesehen wurde, als Projekt deklariert werden. So degenerierte die Projektmethode zum schematisierten Problemlösungsprozeß, in dem der Lehrer das Problem vorgab und die Schüler das Problem zu lösen hatten.

In Deutschland fand der Projektgedanke im Gesamtunterricht von B. OTTO (vgl. 1914) und in den arbeitsunterrichtlichen Verfahren seines Schülers REICHWEIN (vgl. 1951), die die Verbindung von Theorie und Praxis im Unterricht als *Vorhaben* bezeichneten, eine Basis. In B. Ottos Konzeption des Gesamtunterrichts spielte zunächst das Gespräch eine zentrale Rolle. Dabei ging er von der komplexen Lebenswirklichkeit des Kindes aus, die ganzheitlich als Erfahrungsfeld in den Unterricht hineingenommen und nicht in wissenschaftliche Disziplinen aufgelöst wurde. Die *freien* Unterrichtsgespräche, die die spontane Frage des Schülers aufgriffen und an ihr entlang den Unterricht entfalteten, entwickelten sich dann bei B. Otto und vor allem bei KRETSCHMANN (vgl. 1948) und Reichwein zu Gruppenarbeiten beziehungsweise Vorhaben oder Projekten. Einflüsse der Projektidee oder in die gleiche Richtung verlaufende Entwicklungen lassen sich aber auch in der von KERSCHENSTEINER (vgl. 1968) und GAUDIG (vgl. 1969) getrage-

nen Arbeitsschulbewegung und im Industrieschulkonzept von BLONSKIJ (vgl. 1973) sowie der Kolonie-Arbeitsschulerziehung von MAKARENKO (vgl. 1961) beobachten.
Eine Weiterentwicklung des Projektgedankens erfolgte in Europa vor allem während der „Innovationszeit der sechziger und siebziger Jahre" (FREY 1982, S. 41) und der Diskussion um die alternative Schule und den alternativen Unterricht. In dieser Periode wurde in mehreren europäischen Staaten eine Fülle von Bildungsreformen eingeleitet. Zu diesen Reformbemühungen gehören in der Bundesrepublik Deutschland die Pläne und Reformvorschläge zur Neugestaltung der Hauptschule und der gymnasialen Oberstufe, die Universitätsgründungen sowie der Aufbau von Gesamthochschulen und die Gründung von Gesamtschulen. Fast überall tauchte der Projektgedanke in irgendeiner Form auf.
Die Projektidee wurde hauptsächlich als Programm gegen das traditionelle Lernen in Schule und Hochschule verstanden. Projektidee und Projektmethode sollten die verkrusteten Institutionen und die festgefügten Fachstrukturen aufbrechen. Dabei wurden vor allem Gedanken der Alternativschulbewegung und der radikalen Schulkritiker wie ILLICH (vgl. 1973), KOZOL (vgl. 1973) und HOLT (vgl. 1975) aufgegriffen, die sogenannte offene Lernsituationen forderten. Konzepte des praxis- und handlungsorientierten Lernens sollten die Schulen lebensnah gestalten. Die Schule sollte offen gestaltet werden und sich an den ganzheitlichen Lebensvorgängen der Schüler orientieren sowie deren Bedürfnis nach Selbsttätigkeit und Selbstverwirklichung Rechnung tragen. Auch in den schulischen Richtlinien kam dem Projektunterricht stärkere Bedeutung zu.

Zielsetzung des Projektunterrichts. Die niedersächsischen Rahmenrichtlinien für die Orientierungsstufe enthalten nach STRUCK (vgl. 1980, S. 26 f.) folgende allgemeine Ziele für den Projektunterricht: Der Schüler soll durch den Projektunterricht
- seinen Neigungen und Interessen entsprechend Themen bestimmen und sich Aufgaben selbst stellen;
- sich aus eigenem Antrieb – seinen Fähigkeiten gemäß – Ziele setzen;
- lernen, zielstrebig mitgestaltend oder verändernd initiativ zu werden;
- Wege zum Erreichen der Ziele entwickeln und die notwendigen Arbeiten selbst ausführen;
- seine Fähigkeiten entfalten und erproben und dabei sowohl Erfolgserlebnisse als auch die Grenzen seines Leistungsvermögens kennenlernen;
- die Notwendigkeit arbeitsteiliger Tätigkeiten erkennen und erfahren, daß zur Lösung bestimmter Aufgaben kooperatives Handeln notwendig ist, und dabei lernen, eigene Fähigkeiten innerhalb der Gruppe einzuschätzen und einzusetzen;
- seine Anliegen artikulieren und vertreten lernen und sich in sachlicher Diskussion üben;
- bei auftretenden Spannungen und Konflikten selber Wege zu ihrer Lösung finden;
- selbständig Informationen einholen, sammeln, ordnen, auswerten und sie kritisch beurteilen und einsetzen;
- die eigenen Arbeitsergebnisse anderen zugänglich und verständlich machen;
- das eigene und das gemeinsame Tun am Arbeitsergebnis reflektieren.

Projektunterricht zielt in gewisser Weise auf den Abbau von traditionellen Lern- und Autoritätsstrukturen, die Aufgabenstellung orientiert sich an den Interessen der Schüler und eröffnet ihnen einen möglichst großen Spielraum für Spontaneität, selbständiges Handeln und das Sammeln von lebensnahen Erfahrungen. Unter der Maxime eines handlungsorientierten Didaktikkonzepts wird für den Projektunterricht eine Unterrichtsgestaltung gefordert, die Tun und Denken miteinander verbindet, die an den Erfahrungen der Schüler anknüpft, deren Fähigkeiten zur Mit- und Selbstorganisation entwickelt und die Bereitschaft und Fähigkeit zu gemeinsamem Handeln und Entscheiden fördert.

Projektorientiertes Lernen fordert vom Schüler insbesondere persönliches Engagement, Bestimmung der Ziele, planende Strategie, Verwirklichung des Arbeitsprogramms und schließlich die Kontrolle, ob das gesteckte Ziel auch tatsächlich erreicht wurde. Es verlangt, daß in der Schule geeignete Arbeits- und Übungsräume vorhanden sind, in denen die Schüler nicht nur passiv sitzen müssen, sondern aktiv gestalten und experimentieren können.

Es verlangt darüber hinaus, daß den Schülern unterschiedliche Handlungsfelder eröffnet werden und die Fachsystematik zugunsten der Erfahrung der Schüler zurücktritt. Dies stellt auch an die Überwindung des vielfach stark fächerbezogenen tradierten Denkens von Lehrern große Anforderungen hin zu mehr Interdisziplinarität und integrativen Lernverfahren und eine stärkere Abkehr von ausschließlich fachimmanenten Lehrgängen. Diese Forderungen finden sich auch in der verstärkten Berücksichtigung des Projektgedankens in den Lehrplänen wieder. So weist die Stundentafel für die Hamburger Haupt- und Realschulen von 1976 neben dem nach Fächern gegliederten Pflicht- und Wahlpflichtunterricht für die 7. Klasse bis zu fünf Wochen und für die oberen Klassen bis zu sechs Wochen Projektzeiten im Schuljahr auf. Die Einrichtung der Projektzeiten soll fächerübergreifenden Unterricht und die Durchführung mehrstündiger und mehrtägiger Sondervorhaben ermöglichen. Diese sind insbesondere durch folgende Merkmale gekennzeichnet: „Im Mittelpunkt steht die unmittelbare Realbegegnung, vorzugsweise im Zusammenhang mit Tätigkeiten und Erkundungen außerhalb der Schule; die Arbeit am Projekt ist in eine situationsbezogene Aufgabenstellung eingebettet, es werden deshalb in der Regel Gesichtspunkte aus mehreren Fachbereichen einzubringen sein; die Arbeit am Projekt ist handlungsbezogen (erkunden, beobachten, konstruieren, prüfen,...); die exemplarische Behandlungsweise hat den Vorrang gegenüber der systematisierenden Betrachtung" (STRUCK 1980, S. 17).

Nach der Idealvorstellung verläuft der Unterricht im Projekt wie folgt: „Die gruppe bestimmt selbst nach abwägung ihrer bedürfnisse und interessen ihr ziel, entwirft selbst den plan zur verwirklichung, wählt selbst die mittel, korrigiert selbst fehlentscheidungen, führt das projekt selbst durch, bestimmt selbst die verwendung des ergebnisses und beurteilt selbst den gesamterfolg des projekts sowie die leistung des einzelnen" (BEHR 1978, S. 68). Diese ideale Form von Projektarbeit läßt sich in der Unterrichtspraxis allerdings selten erreichen.

Erfolgreiche Projektarbeit erfordert sowohl von Lehrer- als auch von Schülerseite die Beachtung grundlegender Projektkriterien. Die unterschiedlichen Kriterien und vielfältigen Postulate, die in der pädagogischen Literatur zum Projekt immer wieder genannt und in abgewandelter Form aufgeführt werden, lassen sich zu insgesamt *fünf Projektkriterien* zusammenfassen, an denen die spezifischen methodischen Merkmale projektorientierten Lernens deutlich werden.

Projektkriterien und methodische Merkmale projektorientierten Lernens. *Produkt- und Handlungsorientierung.* Dieses Kriterium soll sicherstellen, daß dem Primat der Handlung im Erkenntnisprozeß eine zentrale Bedeutung zuerkannt wird. Es geht jedoch nicht um bloße Aktivität, sondern Grundlage des

Lernens sind die Arbeitspraxis und die darin gewonnenen Erfahrungen, Eindrücke und Erkenntnisse. Ziel ist die Herstellung eines Produktes, wobei sich über den Herstellungsprozeß eine Verbindung von Denken und Handeln, von Theorie und Praxis vollziehen soll.

Das Kriterium Produktorientierung führt gelegentlich dazu, daß schulische Projektarbeit auf die Herstellung verkäuflicher Produkte beschränkt wird. Weil aber der didaktische Wert der Projektarbeit hauptsächlich in den initiierten Denkprozessen und den im Rahmen konkreter Handlungsvollzüge gewonnenen und somit den ganzen Menschen (seine Hände, seine Sinne, seine Gefühle und seinen Verstand) betreffenden Erkenntnissen liegt, reicht die Palette möglicher Projekte von der Herstellung verkäuflicher Produkte (Brot, Kleidungsstücke und Werkstücke) über Dienstleistungen und Ausstellungen (Verbraucherinformation, Umweltschutzmaßnahmen) bis hin zu Aufführungen und Aktionen. Wesentlich ist, daß sichergestellt wird, daß die breite Palette motivationsfördernder Entscheidungs- und Handlungsfelder, die Schule mit Hilfe der Projektarbeit zu eröffnen imstande ist, auch tatsächlich genutzt werden kann.

Interdisziplinarität. Dieses Kriterium verlangt, daß Lernen nicht ausschließlich aus der Sicht der einzelnen Disziplinen beziehungsweise einzelner Fächer erfolgt, da gerade dies der Lösung einer komplexen Lernaufgabe abträglich wäre. Dabei gilt es jedoch, sich davor zu hüten, daß unter der Forderung nach Interdisziplinarität Mammutprojekte entstehen, in denen in einer Art „Klebekonzentration" thematische Zusammenhänge krampfhaft gesucht werden.

Das Postulat der Interdisziplinarität erfordert in vielen Fällen die Kooperation mehrerer Lehrer (Teamarbeit), kann aber auch bedeuten, daß außerschulische Kompetenzen in den Unterricht mit einbezogen werden, wie etwa Eltern, Vertreter der Wirtschaft, der Parteien, der Verbände.

In der Schule lassen sich Interdisziplinaritäten also auf verschiedenen Ebenen realisieren: entweder durch die Kooperation mehrerer Fachlehrer oder dadurch, daß außerschulische Kompetenzen für die Projektarbeit herangezogen oder indem fachspezifische Kenntnisse aus den anderen Fächern integriert werden, ohne daß die entsprechenden Lehrer in diese Kooperation eingebunden werden.

Interdisziplinarität und die Hilfe von Experten sind vor allem deshalb notwendig, weil Schüler die Realität *ganzheitlich erleben* und für die Lösung *komplexer Aufgaben* Kenntnisse und Fertigkeiten benötigt werden, die zumeist über den Horizont eines Faches hinausgehen.

Schülerorientierung. Im Zusammenhang mit Projekten beinhaltet dieses Kriterium, daß die Interessen und Bedürfnisse der Lernenden in besonderer Weise zu berücksichtigen sind, weil dann die Wahrscheinlichkeit steigt, daß Projekte besonders motivationsfördernd wirken. Die Forderung nach Schülerorientierung führt immer wieder zu dem Mißverständnis, die Projektthemen und Projektvorschläge müßten ausschließlich von den Schülern initiiert werden. Das aber ist nur in seltenen Fällen einlösbar. Die Bedürfnisbezogenheit eines Projekts kann vielmehr dadurch gegeben sein, daß die Schüler sich für eine Aufgabe entscheiden, weil der Lehrer die Schüler für die Arbeit an einem solchen Projekt begeistern oder motivieren kann.

Das bedeutet jedoch auch, daß sich der Lehrer trotz des Postulats der Schülerorientiertheit nicht aus der Verantwortung für die erfolgreiche Projektarbeit hinausstehlen darf. Auch im Rahmen der Projektarbeit hängt der Erfolg entschieden vom Engagement und von der Einsatzbereitschaft des Lehrers ab. Seine Arbeit, die er für die Vorbereitung, Planung und Durchführung des Unterrichts einbringt, wird nicht geringer. Nur seine Rolle wird anders definiert. Er ist nicht mehr derjenige, der die Aufgaben vorgibt, den Weg vorschreibt und die Lernprozesse vom Pult aus dirigiert und steuert. Er wird vielmehr Mitglied einer Lerngruppe, in der er mitplant, mitdenkt, Anregungen gibt, seine Ideen und sein spezifisches Wissen und Können einbringt, nach Lösungsmöglichkeiten sucht und darüber hinaus Mut macht, Denkanstöße gibt und in den Punkten Hilfen gibt, in denen die Schüler ratlos sind und nicht weiterkommen. Seine Arbeit wird zunächst einmal in der Regel zeitaufwendiger und anstrengender, wenn projektorientierter Unterricht den gewünschten Erfolg bringen soll.

Situations- und Gesellschaftsbezug. Die Schülerorientierung bleibt für sich genommen unzureichend, wenn der projektorientierte Unterricht nicht gleichzeitig die jeweils besondere Situation der Schüler, der Klasse, der Region berücksichtigt und einen Gesellschaftsbezug besitzt. Projekte können etwa gesellschaftliche Probleme aufgreifen und öffentlich machen (Dokumentation, Ausstellung, Theatervorführung) oder ein für die Gesellschaft nützliches Produkt hervorbringen.

Unter dieser Perspektive durchgeführter Projektunterricht erhöht die Möglichkeit, daß den Schülern unmittelbar der Sinn und die Bedeutung ihres Lernens für die Lebensbewältigung bewußt wird.

Das Kriterium Situations- und Gesellschaftsbezug bedeutet letztlich, daß bei der Auswahl von Projektthemen in besonderer Weise das soziale Umfeld der Schüler berücksichtigt werden muß. Das bedeutet zugleich: Projektorientierter Unterricht verlangt auch immer ein Stück *Entschulung.* – Schule muß sich gegenüber dem Leben, der Gesellschaft und der Arbeits- und Wirtschaftswelt öffnen oder auch mit ihren Aktivitäten in die gesellschaftliche Wirklichkeit eingreifen.

Vom Lehrer verlangt das erhöhte Verantwortung und zusätzliche Absicherungsmaßnahmen, weil seine schulische Arbeit weitaus öffentlicher geschieht als im Fall der Arbeit hinter der verschlossenen Klassentür. So müssen die Schule und der Lehrer sich vielfach erst durch vertrauensbildende Maßnahmen gesellschaftliche Kontakte aufbauen. Projektthemen, in denen gesellschaftliche Konflikte aufgearbeitet werden, setzen ein vertrauensvolles Verhältnis und die Zusammenarbeit der Schule mit den Eltern, der Verwaltung, den Parteien, den Verbänden, der heimischen Industrie voraus. Wer das nicht beachtet, schadet nicht nur seinem Ansehen als Lehrer, sondern zerstört längerfristig auch die Basis, auf der projektorientierter Unterricht beruht.

Gemeinsame Organisation von Lernprozessen. Dieses Postulat kann nicht bedeuten, daß die Schüler von der Zielsetzung, Planung, Ausführung bis zur Bewertung den Lernprozeß unbeeinflußt vom Lehrer organisieren. Das würde Lehrer und Schüler überfordern. Diese Forderung ist aber sinnvoll, wenn sie den Lehrer daran erinnert, daß motivationsfördernde Projektarbeit sich nur dann realisiert, wenn die Schüler mitplanen dürfen und im Planungs- und Realisierungsprozeß des Projektes Freiräume für die *Kreativität der Schüler* gegeben sind. Selbstorganisation des Lehr-/Lernprozesses bleibt dann keine unerreichbare Idealvorstellung, wenn der Lehrer mit seiner Planungskompetenz sich für die Handlungsmöglichkeiten der Schüler mitverantwortlich fühlt und auch Entscheidungs- und Planungsverfahren vermittelt. Die Selbstorganisation und die Beteiligung der Schüler an der Organisation von Lernprozessen können nicht einfach vorausgesetzt werden, sondern werden durch eine stufenweise Einführung in die Mitplanung

und Mitgestaltung von Lernprozessen ermöglicht.
Die gemeinsame Organisation von Lernprozessen verlangt im einzelnen, daß die Schüler an der Planung der Unterrichtsprozesse beteiligt werden, Arbeitstechniken beherrschen oder vermittelt bekommen und Planungs- und Entscheidungsverfahren anwenden können (vgl. KAISER 1983).

Schulische Rahmenbedingungen und projektorientierter Unterricht. Die erfolgreiche Durchführung von Projekten ist nicht nur abhängig von der Beachtung bestimmter didaktisch-methodischer Kriterien, sondern ganz wesentlich auch von den schulischen Rahmenbedingungen. Erfolgreiche Projektarbeit läßt sich nicht administrativ verordnen, sondern ist auf eine besondere schulische Atmosphäre angewiesen, die nicht unwesentlich von der vorhandenen Organisationsstruktur der Schule beeinflußt wird.

Je größer eine Schule ist und je mehr sich die Lehrer als fachwissenschaftliche Vertreter mit einem entsprechend festgefügten Fach- und Lehrgangssystem verstehen, um so geringer sind in der Regel die Chancen für projektorientierten Unterricht. Demgegenüber scheint sich auch die diesem Schulfächersystem oft immanente Schwerfälligkeit leichter dort überwinden zu lassen, wo kleinere, überschaubare Schulen oder kleine Einheiten innerhalb größerer Schulen bestehen und die Kontaktmöglichkeiten und somit auch die Kooperationsmöglichkeiten zwischen Lehrern günstiger sind. Folgendes muß als weitere wesentliche Voraussetzung für erfolgreiche Projektarbeit gelten:

Schule darf nicht eine einseitige Lern- und Buchschule sein, sondern sie muß sich zum Lebensraum entwickeln, in dem handlungsorientiertes Lernen im Vordergrund steht. Dieses Lernen verlangt, daß Schule ihre Arbeitsräume so gestaltet, daß die Schüler nicht passiv und vereinzelt über ihren Heften und Büchern sitzen, sondern Lernsituationen vorfinden, in denen sie planen, konstruieren, untersuchen, experimentieren, gestalten, arbeiten, spielen, organisieren und handeln können.

Schulische Lernprozesse dürfen nicht alle 45 Minuten zerrissen werden. Der stündliche Wechsel von Fach zu Fach muß auch stundenplanorganisatorisch aufgehoben werden und sollte zurücktreten zugunsten größerer Lerneinheiten, in denen anstelle des verbalistischen Unterrichts eine gleichwertige Verbindung von intellektuellen, künstlerischen und manuellen Tätigkeiten stattfindet. Das heißt zugleich: Zusammenfügen verschiedener Fachdisziplinen zu übergeordneten Lernbereichen mit einem höheren Stundenanteil und Zurückdrängung der äußeren Differenzierung.

Letztlich muß sich Schule nach außen öffnen, hin zum Leben der Schüler und der sie umgebenden Gesellschaft. Dies bedeutet, daß die Schule Glieder dieser Gesellschaft (Eltern, Vertreter der Wirtschaft, der Parteien) als aktive Elemente in den Unterricht einbinden muß. Dies bedeutet jedoch auch, daß die Schule autonomer werden und mehr Handlungsspielraum erhalten muß.

BEHR, K.: Das ende der fachdidaktik deutsch. In: REDAKTION „BETRIFFT: ERZIEHUNG" (Hg.): Projektorientierter Unterricht: Lernen gegen die Schule? Weinheim/Basel 1978, S. 65 ff. BLONSKIJ, P. P.: Die Arbeitsschule, 2 Bde., Paderborn 1973. BOSSING, N. L.: Die Projekt-Methode. In: GEISSLER, G. (Hg.): Das Problem der Unterrichtsmethode in der pädagogischen Bewegung, Weinheim/Berlin/Basel 1970, S. 123 ff. FREY, K.: Die Projektmethode, Weinheim/Basel 1982. GAUDIG, H.: Die Schule der Selbsttätigkeit (1922), Bad Heilbrunn ²1969. HOLT, J.: Wozu überhaupt Schule? Ravensburg 1975. ILLICH, I.: The Alternative to Schooling. In: KRAUSE, H.-J. u. a. (Hg.): Orientierungspunkte internationaler Erziehung, Hamburg 1973, S. 81 ff. KAI-

Projekt

SER, F.-J. (Hg.): Die Fallstudie. Theorie und Praxis der Fallstudiendidaktik, Bad Heilbrunn 1983. KERSCHENSTEINER, G.: Die Schule der Zukunft, eine Arbeitsschule (1908). In: KERSCHENSTEINER, G.: Ausgewählte pädagogische Schriften, Bd. 2, Paderborn 1968, S. 26 ff. KILPATRICK, W. H.: Die Projekt-Methode. Die Anwendung des zweckvollen Handelns im pädagogischen Prozeß. In: DEWEY, J./KILPATRICK, W. H.: Der Projekt-Plan. Grundlegung und Praxis, Weimar 1935, S. 161 ff. KOZOL, J.: Free Schools. Schule und Gegenschule, Ravensburg 1973. KRETSCHMANN, J.: Natürlicher Unterricht, neubearb. v. O. Haase, Wolfenbüttel/Hannover 1948. MAKARENKO, A. S.: Ausgewählte pädagogische Schriften, Paderborn 1961. OTTO, B.: Die Zukunftschule, Berlin 1914. OTTO, G.: Das Projekt. Merkmale und Realisationsschwierigkeiten einer Lehr-Lern-Form. In: KAISER, A./KAISER F.-J. (Hg.): Projektstudium und Projektarbeit in der Schule, Bad Heilbrunn 1977, S. 151 ff. REICHWEIN, A.: Schaffendes Schulvolk, Braunschweig ²1951. STRUCK, P.: Projektunterricht, Stuttgart/Berlin/Köln/Mainz 1980.

Franz-Josef Kaiser

Quellenarbeit

Gegenstandsbestimmung. „Quellenarbeit" oder „Dokumentenanalyse" ist in vielen Schulfächern eine gebräuchliche Methode, so besonders in Geschichte, aber auch in Politik (vgl. GIESECKE 1973, S. 157, S. 162 f; vgl. MICKEL 1980, S. 244), in Geographie (vgl. FICK 1968, S. 18, S. 22; vgl. HAUBRICH u. a. 1977, S. 254, S. 260, S. 266), in Religion (etwa Quellenbücher zur Kirchengeschichte) oder in der Philosophie (etwa Auszüge aus „Klassikern"). Es scheint, daß „Quellen" und „Dokumente" in den anderen Fächern vorwiegend für „geschichtliches Erkennen" gebraucht werden und daß in Analogie zur „historischen Arbeitsweise" auch die Auswertung andersartigen Materials (Luftbilder, Interviews) als „Quellenarbeit" bezeichnet wird. Deshalb soll im folgenden nur der exemplarische Fall des Faches Geschichte untersucht werden.

Die Ergebnisse lassen sich fast ohne Einschränkung auf die anderen betroffenen Fächer übertragen, insbesondere auch hinsichtlich der häufigen (vgl. MARIENFELD 1974, MÜLLER 1972, SCHNEIDER 1975) Gegenüberstellung von „Quellenarbeit" und „Lehrererzählung" (vgl. v. BORRIES 1985).

Der Stellenwert, ja die Möglichkeit von Quellenarbeit ist kontrovers: „So wenig guter naturwissenschaftlicher Unterricht ohne Schülerexperimente denkbar ist, so wenig kann der Geschichtsunterricht auf Schülerarbeit an Quellen verzichten. Von hieraus gesehen ist es sogar zu wünschen, daß die Zubereitung nicht alle Schwierigkeiten beiseite räumt, sondern noch einige Nüsse zu knacken stehen läßt" (GLÖCKEL 1979, S. 185). „Der Gedanke, den Schüler wenigstens das historische Wissen – in Allein- oder Gruppenarbeit – aus den Quellen schöpfen zu lassen, [ist] abwegig. In der Volksschule kann die historische Quelle niemals die Basis des Unterrichts bilden, die ihr innewohnenden Schwierigkeiten lassen dies nicht zu. Sie hat hier nur eine illustrativ-unterstützende Bedeutung" (DÖHN 1975, S. 139). Die beiden Zitate eher konservativer Geschichtsdidaktiker belegen, daß die Streitfrage über den Stellenwert der Quellenarbeit im Geschichtsunterricht (vgl. SCHNEIDER 1975, WILMANNS 1932) noch keineswegs endgültig entschieden ist. Die Illusion eines Konsenses zugunsten regelhafter Quellenverwendung ist neuerdings durch eine heftige Kontroverse zerstört worden (vgl. SCHOEBE 1983 gegen DÖRR 1983, vermittelnd ROHLFES 1983). Ist die Quelle das konstitutive Spezifikum des Geschichtsunterrichts (wie Beobachtung und Experiment in den Naturwissenschaften, Text und Werk im Deutsch- und Kunstunterricht)? Ist Quellenarbeit in der Schule als Abbildung von Methode und Struktur der Geschichtswissenschaft notwendig oder eine unpädagogische, altersfremde Überforderung? Wie sind – wenn überhaupt – historische Quellen im Unterricht zuzubereiten und einzubringen („illustrativ" versus „heuristisch")? Führt Quellenarbeit zu Forschungsverhalten, Schüleraktivität und Methodensicherheit oder zu Gängelung, Langeweile und Pseudo-Wissenschaftlichkeit?

Begriffsklärung. „Quelle" historischer Erkenntnis ist alles, woraus man historische Erkenntnis schöpfen kann. „‚Quellen' heißen in der Geschichtswissenschaft alle ‚historischen Materialien' (d. h. nach Droysen ‚alles und jedes, was die Spur von Menschengeist und Menschenhand an sich trägt'), aus denen und auf Grund deren – wie aus einer Quelle – historische (Er-)Kenntnis ‚geschöpft' werden kann" (BESSON 1961, S. 269 f.). Mithin sind alle „(Er-)Zeugnisse der Vergangenheit" potentiell Quellen, aktuell dagegen jeweils nur der Ausschnitt, der für historische Forschung oder Erkenntnis herangezogen wird. Nicht die „historischen Materialien" oder „Vergangenheits(er)zeugnisse" *an*

Quellenarbeit

sich sind „Quellen", sondern nur die *für uns* relevanten. Auch beim Quellenbegriff bleibt die Sicht von heute ausschlaggebend. Es ist also nicht so, daß die Geschichte sich gewissermaßen selbst schreibt, daß die Hinterlassenschaft einerseits eine Darstellung der Vergangenheit ergibt und andererseits automatisch Erbe und Auftrag (Tradition) darbietet. Geschichtswissenschaft heißt – dem Anspruch, nicht immer der Realisierung nach – kritische Fragestellung und Verarbeitung, Methodensicherheit und Theorieleitung, kompensatorische Umverteilung der Quellenbestände und interessenbezogene, reflektierte Aneignung alternativer, gescheiterter Traditionen.

Abbildung 1: Methode der Geschichtswissenschaft

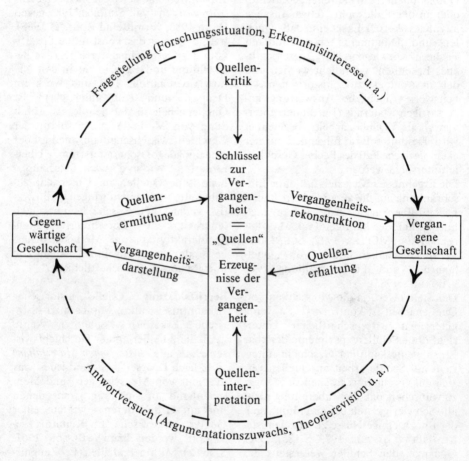

Der Vorgang historischer Erkenntnis und der Stellenwert von Quellen und Darstellungen wird durch Abbildung 1 verdeutlicht. Einerseits ist Geschichte ein Dialog zwischen gegenwärtiger und vergangener Gesellschaft (im Hinblick auf Zukunft), der von der Gegenwart ausgeht und kreisförmig reflexiv zu dieser zurückkehrt. Insoweit ist Geschichte gegenwartsbezogen und theoriegeleitet

(„kritisch-emanzipatorische Sozialwissenschaft" oder auch „herrschaftslegitimierender Ideologieproduzent"). Andererseits bilden die „Quellen" einen notwendigen und unhintergehbaren Filter zwischen Vergangenheit und Gegenwart: Ohne Quellen gibt es keine historische Erkenntnis. Alle Theoriebildung und Modellerstellung entbindet nicht von der Quellensuche und empiriegesättigten Vergangenheitsrekonstruktion, bei der gleichzeitig die Quellenerhaltung aufzuklären und eine Vergangenheitsdarstellung anzufertigen ist. Dies ist der unverzichtbare „historische" Teil geschichtlichen Erkennens, vor dem sich auch der „kritisch-sozialwissenschaftliche" Zugriff zu bewähren hat. In diesem Sinne müssen Quellenkritik und Quelleninterpretation (mit ihren Rationalitätskriterien) noch immer einen von zwei Kernpunkten historischer Ausbildung darstellen. Beide „Methoden" schließen sich nicht aus, sondern ergänzen sich: Die reine Quellenverhaftung macht gegenwartsblind und maßstablos, die bloße Theoriekonstruktion wirklichkeitsfremd und dogmatisch. Die „Quellen" haben also eine fundamentale Stellung in der historischen Erkenntnismethode. Sie sind ein (das wichtigste) Erkenntnismittel der Geschichte, aber nicht Gegenstand oder Ziel der Geschichtswissenschaft („antiquarisches" Mißverständnis). Gegenstand ist die vergangene Gesellschaft (ein Konstrukt), Ziel die Vorlage des Rekonstruktionsprozesses („untersuchende Darstellung") und/oder Rekonstruktionsergebnisses („erzählende Darstellung"). Quelle und Darstellung sind mithin erkenntnislogisch strikt gegensätzliche Begriffe, wenn auch Darstellungen später für andere Fragestellungen (etwa Geschichtsbewußtsein oder Wissenschaftsgeschichte) zu „Quellen" werden können.

In der Geschichtsdidaktik ist der Quellenbegriff nicht immer strikt wissenschaftsgemäß gefaßt worden, vor allem, weil vielen Praktikern Quellenarbeit in diesem Sinne als zu schwierig erschien. Selbst in Richtlinien der Weimarer Zeit wurden als „Quellen im Schulsinne" abschwächend definiert: „auch Biographien, Reisebeschreibungen (alles möglichst nicht zu bruchstückhaft), Gedichte, Novellen, Romane und Dramen kulturgeschichtlichen Inhalts und Abschnitte aus bedeutenden Geschichtswerken" (RICHTLINIEN... 1925, S. 68). Damit ist der Sinn von „Quelle" geradezu ins Gegenteil verkehrt; denn hier werden auch wissenschaftliche Darstellungen („Abschnitte aus bedeutenden Geschichtswerken") und fiktionale Darstellungen („Gedichte, Novellen, Romane und Dramen kulturgeschichtlichen Inhalts") als „Quellen" bezeichnet. Nicht mehr die erkenntnislogische Funktion, sondern die Anschaulichkeit und Altersgerechtheit ist damit der Inhalt des Quellenbegriffs „im Schulsinne", der eigentlich alle „Arbeitsmaterialien" umfaßt. Glücklicherweise hat die Diskussion nach 1945 diese Verirrung relativ selten wiederaufgenommen.

Dennoch haben bei vielen Fachdidaktikern Scheinlegitimationen - zum Beispiel: vorgeblich größere Wahrheit und Buntheit, Unmittelbarkeit und Anschaulichkeit, Motivationskraft und Erarbeitungschance der Quellen gegenüber den Darstellungen - die fundamentale Haupt-Rechtfertigung von Quellenarbeit überlagert und verdeckt, nämlich im Unterricht nicht nur feststehende „Ergebnisse" der Geschichtswissenschaft zu übernehmen und einzuprägen, sondern auch ihre Forschungsprozesse und Erkenntnisverfahren, Identitätsbeiträge und Kontroversen modellhaft vorzuführen und vereinfacht zu vollziehen.

Quellengruppen und Quellenverteilung. Fachwissenschaftlich sind zunächst Erzeugnisse verschiedener Art zu unterscheiden, nämlich Gegenstände und Abbilder (meist als „Sachquellen" zusammengefaßt), Schriftstücke/Texte und Zu-

Quellenarbeit

stände/Tatsachen. In der Forschungspraxis beschränken sich viele Historiker auf Schriftquellen als die einzige oder wenigstens wichtigste Gattung; an ihrer Existenz wird herkömmlich „Geschichte" von „Vorgeschichte" abgegrenzt. Dabei wird vernachlässigt, daß die Gegenstandsquelle (Grabstein, Pergament) das Primäre ist und die Spezialfälle Abbildung und Text einschließt und trägt. Tatsachen- und Zustandsquellen sind einerseits schwerer faßbar und interpretierbar, andererseits bilden sie eine erkenntnislogische Voraussetzung historischen Erkennens überhaupt (etwa Kontinuität von Sprache, Begriffen, Institutionen, Gewohnheiten). Quer zu dieser Gliederung steht die nach der Zweckbestimmung: Nicht nur Textquellen, sondern auch Gegenstände, Abbilder und Zustände sind auf mehrere Stufen der Absichtlichkeit – im Hinblick auf historische Erkenntnis – zu verteilen. Die alte Trennung von unwillkürlichem „Überrest" und absichtsvoller „Tradition" läßt sich verfeinern und systematisieren. Aus der Zunahme des Überlieferungszwecks von Relikten/Spuren über Produkte/Werke und Dokumente/Urkunden bis zu Monumenten/Denkmälern folgen jeweils unterschiedliche Verfahren der Quellensuche und Quellenkritik. Die Verteilung der Quellenbestände über die Quellengruppen ist recht ungleich, zudem noch für verschiedene historische Epochen und Regionen ganz unterschiedlich. Vor allem ist die Quellenbenutzung und -aufbereitung (-edition) durch die Geschichtswissenschaft einseitig. Die Historiker waren zunächst Philologen und haben daher für viele Epochen jedes winzige Textstückchen herauszugeben und zu bearbeiten versucht. Entsprechende Editionen bildlicher und gegenständlicher Quellen fehlen weithin; die Lücke wird durch vereinzelte „Bildatlanten" (vgl. DANZ/MITTE 1980, HAWKES 1977, HUBMANN 1972, JANKUHN u.a. 1981) nur höchst unzureichend gefüllt. Die archäologischen Spezialpublikationen sind schwer greifbar, Kunstgeschichten liefern einen stark tendenziösen, nämlich auf ästhetische Höchstleistungen statt auf Normalität und Alltagsrepräsentanz selektierten Ersatz. Die Schulgeschichtsbücher greifen daher immer wieder auf einen ziemlich bescheidenen Bildbestand zurück, der vor allem für die ältere Zeit zudem eine einseitig ästhetisierende Tendenz hat. Auch die Historikerausbildung kümmert sich fast ausschließlich um Texte und trägt dadurch zur Entsinnlichung und Unanschaulichkeit des Faches und zur Hilflosigkeit im Umgang mit Bildern und Gegenständen bei.

Die ungleichgewichtige Quellenauswahl und Quellenbenutzung der Geschichtswissenschaft bildet sich in der Geschichtsdidaktik ab. Neben den Schulbüchern liegen quantitativ reichliche und qualitativ ausgezeichnete Sammlungen von Textquellen (vgl. GUGGENBÜHL 1953 ff., LAUTEMANN/SCHLENKE 1965 ff., KLEINKNECHT/KRIEGER 1958 ff., LESEWERK ... o.J.) sowie umfangreiche Reihen von Quellenheften fast aller großen Schulbuchverlage vor. Entsprechende fachdidaktische Editionen von Bild- und Gegenstandsquellen fehlen völlig und sind nur unvollkommen und mühsam durch Reihen von populärwissenschaftlichen Sachbüchern sowie Diaserien einzelner Medienhersteller (vgl. SCHMID 1974) zu ersetzen. Nur wenige Autoren erkennen Text, Bild, Gegenstand und Sprache gleichermaßen als Quellen an und verarbeiten sie ungefähr gleichberechtigt sowie auch in Kombination (vgl. FINA 1973, 1978; vgl. HUG 1977). Zahlreiche Didaktiker beschränken den Quellenbegriff auf Texte und erörtern die Bilder getrennt davon unter Vermischung von Quellenbildern mit darstellenden Bildern (Rekonstruktionen, Historienmalerei, moderne Karten, graphische Schaubilder; vgl. EBELING 1973, S. 157 ff.; vgl. GLÖCKEL 1979, S. 202 ff.; vgl. MARIENFELD/OSTERWALD 1966, S. 171 ff.).

Hier liegt keine erkenntnislogische, sondern eine wahrnehmungspsychologische Gliederung der Erörterungen vor. Zumindest im Bereich der Bilder wirkt offenbar (unbewußt?) der Begriff „Quelle im Schulsinne" nach, denn ohne Methodenreflexion werden Rekonstruktionen (Sachdarstellungen) und kindertümliche Historienbilder (fiktionale Darstellungen) neben „Quellenbilder" gestellt. Auch die meisten Geschichtsschulbücher unterlassen es, Bildquellen von Bilddarstellungen zu trennen und mit Textquellen zusammenzustellen. Bei der systematischen Verwendung von Bildern und Gegenständen als historischen Quellen hat die Geschichtsdidaktik noch ein großes Nachholbedürfnis (Ansätze bei HINKEL 1978, PANDEL/SCHNEIDER 1985). Glücklicherweise ist in den letzten Jahren für den „Lernort" Museum eine umfangreiche Literatur entstanden, die ersatzweise herangezogen werden kann (vgl. GESCHICHTSUNTERRICHT UND MUSEUMSDIDAKTIK 1977, HUG 1978, KUHN/SCHNEIDER 1978, RIESENBERGER/TAUCH 1980).

Auch die Verteilung der im Unterricht benutzten Quellen nach dem Grad der „Absichtlichkeit" ist ungleich. Der überwältigende Anteil gehört der „Tradition" („Urkunden" und „Denkmäler") an. Für sie sind ja die klassischen Methoden der Quelleninterpretation und Ideologiekritik in erster Linie bestimmt; insofern scheinen sie für Schüler relativ leicht aufzuarbeiten zu sein. Die dabei erworbenen instrumentellen Fähigkeiten sind auch in anderen Fächern (Deutsch, Politik) und im Alltag (Zeitungslektüre, Medienkritik, Wahlkämpfe) brauchbar, das heißt transferfähig. Umgekehrt verursacht das eine beträchtliche Einseitigkeit der historischen Deutung und ein Schwergewicht auf Individualitäten, Einzelpersonen und punktuellen Entscheidungen. Die materiellen Bedingungen des Lebens und die jeweiligen Bilder von Mensch und Welt lassen sich eher aus unabsichtlichen „Überresten" ablesen. Dabei wären allerdings andere Auswertungsmethoden, etwa inhaltsanalytischer und quantitativer Art, nötig (vgl. STEINBACH 1975). Bei diesen Quellen ist der Schluß von einem Beispiel auf eine allgemeine Regel meist unzulässig, da erst die Fülle der Belege eine Generalisierung erlaubt. In der Unterrichtspraxis wird gegen diesen methodischen Grundsatz oft verstoßen. Eine gewisse Milderung des Problems tritt bei regional oder thematisch eng begrenzten „Fallstudien" ein. Da die „Überreste" für sich allein keinen Zusammenhang stiften, sind sie meist erst in Kombination mehrerer Beispiele (unter anderem als Zeitreihe oder als idealtypische Gegenüberstellung) motivierend und problemlösend einsetzbar. Einige Schulbücher machen mit der Vorlage ganzer Bild(quellen)serien davon Gebrauch und ermöglichen durch den Vergleich eine nicht nur „illustrative", sondern „konstitutive" oder „konstruktive" Bildquellennutzung (vgl. PANDEL/SCHNEIDER 1985).

Stellenwert und Realisierungsformen der Quellenarbeit. Es kann also nicht die Streitfrage sein, *ob* im Geschichtsunterricht Quellen zu verwenden sind. Die Auseinandersetzung kann nur noch darüber geführt werden, welche Quellen, zu welchen Zielen, mit welchem Gewicht, in welchem Lernalter, anhand welcher Aufbereitung, mit welchen Methoden, in welchen Kombinationen mit welchen anderen Materialien durchgearbeitet werden sollen. Ähnliches gilt für die Erzählungen. Die Abbildung 2 versucht anschaulich zu machen, daß es um Entscheidungen in mindestens vier Problemfeldern beziehungsweise Dimensionen geht, die deutlich quer zueinander stehen – und daher prinzipiell frei miteinander kombinierbar sind –, zwischen denen sich aber auch Rückkoppelungen ergeben.

Quellenarbeit

Abbildung 2: Stellenwert und Funktion von Quellenarbeit

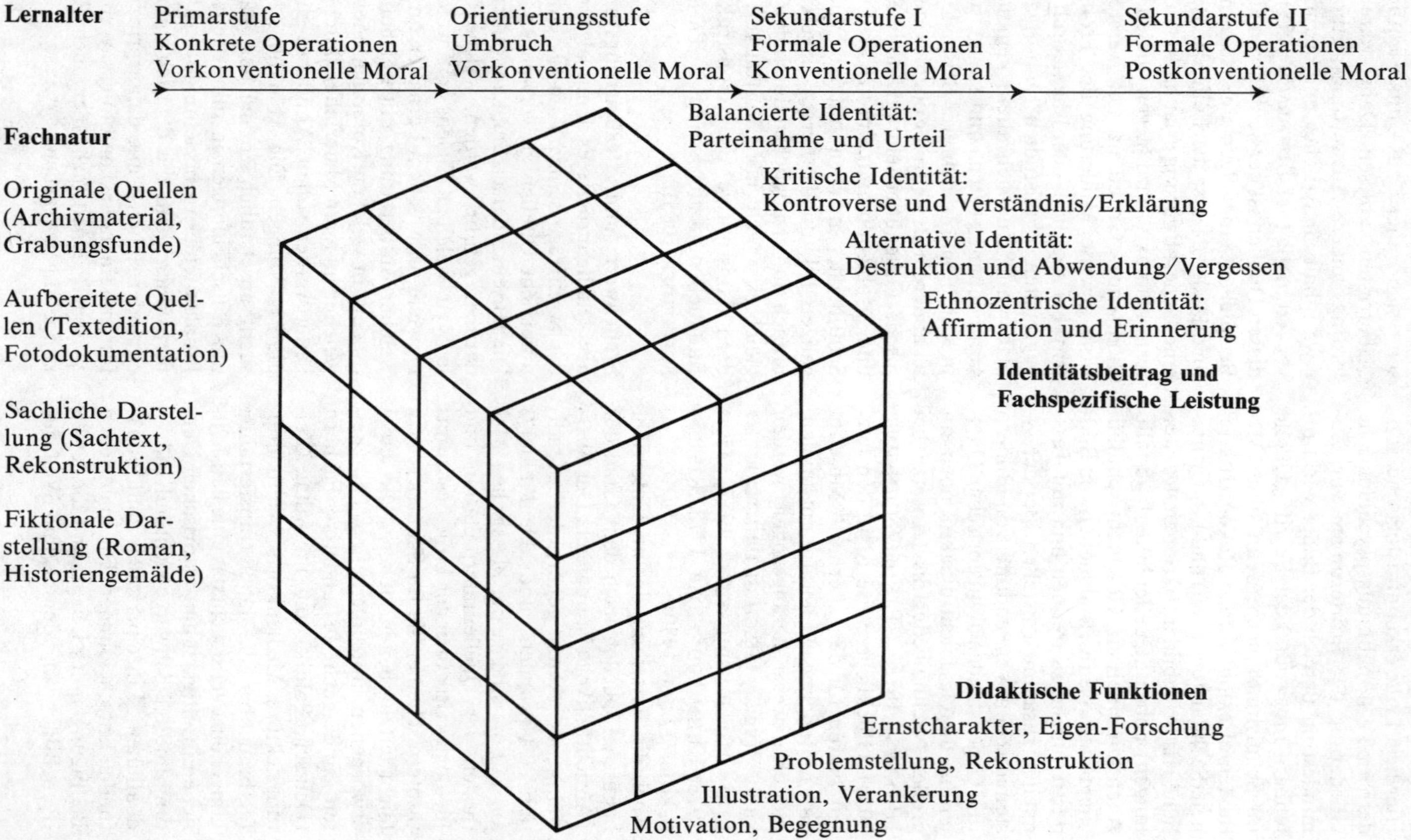

Lernalter

Primarstufe	Orientierungsstufe	Sekundarstufe I	Sekundarstufe II
Konkrete Operationen	Umbruch	Formale Operationen	Formale Operationen
Vorkonventionelle Moral	Vorkonventionelle Moral	Konventionelle Moral	Postkonventionelle Moral

Fachnatur

Originale Quellen (Archivmaterial, Grabungsfunde)

Aufbereitete Quellen (Textedition, Fotodokumentation)

Sachliche Darstellung (Sachtext, Rekonstruktion)

Fiktionale Darstellung (Roman, Historiengemälde)

Balancierte Identität: Parteinahme und Urteil

Kritische Identität: Kontroverse und Verständnis/Erklärung

Alternative Identität: Destruktion und Abwendung/Vergessen

Ethnozentrische Identität: Affirmation und Erinnerung

Identitätsbeitrag und Fachspezifische Leistung

Didaktische Funktionen

Ernstcharakter, Eigen-Forschung

Problemstellung, Rekonstruktion

Illustration, Verankerung

Motivation, Begegnung

Quellenarbeit

Fachliche Natur des Materials. Zweifellos besitzt die Quelle kein Monopol im Geschichtsunterricht; denn sie ist weder alleiniges Mittel noch Gegenstand noch Ziel der Geschichtswissenschaft. Dazu kommt, daß Geschichtsunterricht sich mit allen Äußerungsformen von Geschichtsbewußtsein in der Gesellschaft und allen Präsentationsformen von Geschichte befassen sollte. Ist er doch der einzige gesellschaftliche Ort, wo Geschichte rational zur Sprache kommen, verhandelt werden kann. Wenn die Aufarbeitung von historischen Fehleinschätzungen und Vorurteilen aus außerschulischen Quellen Aufgabe des Geschichtsunterrichts ist, dann wird es nötig, sich mit fiktionalen Darbietungen von Geschichte auseinanderzusetzen (wie etwa Sissi-Filmen, Asterix-Comics, Landser-Heften, Shakespeare-Verfilmungen). Triviale Geschichtserzählungen sind also weder Ziel noch Methode des Geschichtsunterrichts, können aber sein Problem und Thema werden. Dasselbe gilt für pseudowissenschaftliche, populärwissenschaftliche (Sachtexte) und wissenschaftliche Darstellungen. Wenn die öffentliche Diskussion durch die Hitler-Bücher von Joachim Fest oder Sebastian Haffner bestimmt wird, hat sich auch der Geschichtsunterricht dem zu stellen, auch wenn es ihm unmöglich ist, die Quellenfundierung der jeweiligen Thesen voll nachzuprüfen. Hier kann es zum Beispiel schon genügen, die gesellschaftlichen und weltanschaulichen Voraussetzungen und Folgen bestimmter Positionen aufzudecken. Geschichtsunterricht über (und mit Hilfe von) Geschichtsdarstellungen ist nicht automatisch schlecht. Vielmehr kommt es auf die Fragestellungen, Arbeitsweisen und Ergebnisse an. Ein kritischer (das heißt die Positionen aufdeckender und abwägender) Vergleich von vier kontroversen Taschenbuchdarstellungen über die Weimarer Republik ist wahrscheinlich ertragreicher als die Lektüre einer Quellensammlung darüber.

Quellenaufbereitung. Wie bei den Darstellungen fiktionale und sachliche (sachbuchartige, wissenschaftliche) zu unterscheiden sind und je ihren spezifischen begrenzten Stellenwert im Geschichtsunterricht besitzen, so ist bei den Quellen die Scheidung in aufbereitete und originale ausschlaggebend. Was gewöhnlich in Schulbüchern oder didaktisch konzipierten Quellensammlungen als „Dokumente" angeboten wird, steht nämlich durchaus auf der Mitte zwischen Quelle und Darstellung. Insbesondere Auswahl und Kürzung, Gliederung und Zuordnung, Überschriften und Zusammenfassungen, Übersetzungen und Vereinfachungen, Kommentare und Arbeitsaufgaben..., wie sie von fast allen Fachdidaktikern gefordert werden, machen Quellensammlungen (und entsprechende Schulbücher) zu einer eigenen Gattung; man könnte sie „Darstellungen in Quellen" nennen, wenn das kein begrifflicher Widerspruch wäre. Außerhalb des didaktischen Bereichs finden wir dieselbe Form in Büchern (wie etwa „Geschichte in Augenzeugenberichten" oder die beliebte angelsächsische Gattung der „documentary history") und audiovisuellen Medien („Dokumentarfilm").

Diese didaktische „Aufbereitung" von Quellen ist dann legitim, ja wünschenswert, wenn sie die Einübung in historisches Erkennen fördert, wenn die Schüler den Rohstoff zur „untersuchenden Darstellung" vollenden können und sollen. Dazu müssen zum Beispiel regelhaft mehrere Dokumente kontroversen Inhalts und gegensätzlicher Perspektiven vorgelegt werden („Eine Quelle ist keine Quelle!"). Wo das wegen der Quellenlage nicht möglich ist, ist wenigstens quellen- und ideologiekritisches Fragen und Arbeiten anzuleiten. Insgesamt hat das Dokument im normalen Unterricht einen anderen Stellenwert als in der Fachwissenschaft, denn der optimale Erkenntnisweg wird vom Lehrer (oder Schulbuchmacher) antizipiert und arrangiert. Vom bereits bekannten augenblicklichen Forschungsstand aus wird das Quellenmaterial auf seine Tauglichkeit untersucht und ausgewählt, um eben den abgelaufenen Forschungsprozeß zu simulieren (genetisches Lernen). Hier wird nicht aus den Quellen eine Geschichtsdarstellung, sondern aus dem Forschungsstand rückwärts eine Quellenaufbereitung (und erst im Unterricht dann wieder im normalen Verfahren Geschichtserkenntnis).

Ähnliches gilt auch für die didaktisch akzentuierte Präsentation in historischen Museen. Ganz anders ist die Lage, wenn Schüler wirklich selbst forschen. Dann haben sie es ebenso mit „Originalquellen" zu tun wie Geschichtswissenschaftler. Das geschieht aber nur im seltenen Ausnahmefall des Projekts (Fallstudie, regionale Erkundung), etwa im Schülerwettbewerb „Deutsche Geschichte" (um den Preis des Bundespräsidenten) (vgl. GALINSKI u. a. 1982; vgl. GALINSKI/LACHAUER 1980, 1982). Mit dem möglichen Ertrag steigt nämlich auch der Zeitaufwand und das Risiko des Scheiterns beträchtlich.

Materialverwendung und didaktische Funktion. Jahrzehntelang ist die Diskussion mit der Alternative „illustrativer" oder „heuristischer" Quellenbenutzung geführt worden; nur vereinzelt wird diese Entgegensetzung als unergiebig angesehen (HUG 1977, S. 149). Tatsächlich lassen sich wesentlich unterschiedliche Schwerpunkte ausmachen. Man kann Quellenmaterial als bloß äußerliche Motivation (Spannung, Echtheit, Bewunderung) benutzen; man kann es aber auch vertiefend zur Veranschaulichung und (was noch wichtiger ist) zur Verankerung im Gedächtnis benutzen. Als „Anekdoten" und „Stichworte" („Freiheit, Gleichheit, Brüderlichkeit") können bestimmte Bilder und Sätze sich tief in die Erinnerung eingraben (etwa Goyas „Erschießung der Aufständischen" und Luthers Schlußwort in Worms) oder als Ankerbegriffe („advance organizers") dienen. Diese Verwendungen wird man zu Recht als „illustrativ" (veranschaulichend) zusammenfassen. Hier werden durch Quellen nur Glanzlichter auf Informationen und Wertungen anderer Herkunft (fiktionale oder sachliche Darstellungen) aufgesetzt; Quellen sind dabei voll durch andere Materialien ersetzbar. Anderes geschieht, wo die Vergangenheit wirklich (wenn auch stückweise aus Quellen zusammengesetzt, rekonstruiert wird. Die sogenannte „heuristische" Nutzung sollte man besser „konstitutiv" (für den Lernprozeß), „konstruktiv" (für die Vergangenheit) nennen. Hier sind Quellen nicht mehr gegen andere Materialarten austauschbar. Man muß unterscheiden, ob das Material vorgefertigt und zugerichtet ist, oder ob es vom Lernenden selbst entdeckt und eigenverantwortlich verarbeitet wird. Beim Gebrauch von Quellenmaterial in „konstruktiver", „konstitutiver" Absicht sind eine Reihe von typischen Arbeitsschritten zu beachten, die von verschiedenen Autoren unterschiedlich beschrieben werden. HUG (1977, S. 150) unterscheidet für Textquellen „Paraphrase", „Inhaltsanalyse", „Begriffsanalyse", „Sachkritik" und „Ideologiekritik" mit vielen Unterpunkten (für Sachgüter entsprechend; vgl. HUG 1977, S. 158). Zusätzlich sollte berücksichtigt werden, daß gewöhnlich mehrere Quellen gegenüberzustellen und zu vergleichen sind, da sie automatisch Problemfragen hervortreiben und sich gegenseitig erhellen. Eine konstitutive, konstruktive Nutzung von Erzählungen (selbst nichtfiktionalen) ist schwerer vorstellbar, da sie ja eher eindrucksvolle Fertigprodukte als herausfordernde Rohstoffe des historischen Erkennens bedeuten, es sei denn, die Klasse vergliche mehrere kontroverse Erzähl-Versionen.

Beitrag zur Identitätsbildung. Form und Gewicht der Quellenarbeit hängen auch mit der Art des beabsichtigten Geschichtsbewußtseins zusammen; damit wird deutlich, daß es direkt um die Lernziele des Geschichtsunterrichts geht. Die vier Alternativen bilden eine normative Stufung. „Affirmation" und „Destruktion" (Entlarvung, totale Ideologiekritik im Interesse einer Alternativ-Tradition) müssen als eng verwandte Formen erkannt werden und können als „Indoktrination" zusammengefaßt werden. „Kritische Identität" (das heißt Unterscheidung und rationales Abwägen) läßt sich vor allem an Kontroversen einüben. Sie ist die erste Form von „Aufklärung" und eine unmittelbare Vorstufe der „reflektierten Parteinahme" (Urteil unter Einschluß von Fremdverstehen), die nicht mit Parteilichkeit verwechselt werden sollte und eine „balancierte Identität" voraussetzt. Erst die Art des Umgangs macht Quellenarbeit (wie auch Besprechung von historischer Fiktion) affirmativ, destruktiv oder balancierend. Angesichts der Einseitigkeit von Quellenbeständen (die Sieger und die Oberschichten produzieren Quellen!) ist bei naivem Vorgehen anhand von monoperspektivischen Dokumenten sogar Affirmation am wahrscheinlichsten. An dieser Stelle wird noch einmal besonders augenfällig, daß die bisherigen Überlegungen für alle betroffenen, das heißt „Dokumente analysierenden" und „historisch-politische Identitäten mitprägenden" Schulfächer gelten.

Lernalter. Ein viertes wichtiges Problemfeld der Quellenarbeit – im Sinne einer relativ unabhängigen Variablen – bildet das Lernalter, das nicht biologisch-reifungstheoretisch als Lebensalter gefaßt werden soll, sondern eher an der Schulstufe, an der Art der kognitiven Operationen (nach Piaget), an der Moralentwicklung (nach Kohlberg) gemessen werden kann. Die Abbildung 2 veranschaulicht die Dimension des Lernalters durch einen zusätzlichen Zeitstrahl. Im Zusammenhang der Quellenarbeit ist keine andere Frage so umstritten wie das Alter. Während die einen – aufgrund der älteren Entwicklungspsychologie – rundheraus Quellenarbeit von Schülern noch für die gesamte Sekundarstufe I verneinen, empfehlen nicht wenige Fachdidaktiker sie – wegen lerntheoretischer Überlegungen – schon für die Primarstufe (vgl. HANTSCHE/SCHMID 1981, VOIT 1980). Die krassen Widersprüche erklären sich nur teilweise daraus, daß über recht verschiedene Quellenarten gesprochen wird. Die frühere Skepsis gegen Quellen ist mit Sicherheit empirisch-psychologisch nicht abzusichern. Wenn vielfach jüngere Schüler Quellen nicht wünschten oder nicht bewältigten, war das auch eine Folge abweichender Erwartung und fehlender Übung, d. h. der Ablehnung von Quellenarbeit in Didaktik und Schulpraxis. Neuere Umfragen (vgl. MARIENFELD 1974, MÜLLER 1972) und Experimente (vgl. FINA 1965, 1974, 1978) haben schon in der Orientierungsstufe beachtliches Interesse und beträchtliche Fähigkeiten zur Quellenauswertung gefunden. Wenn aber Quellenarbeit aufgrund der kognitiven und moralischen Entwicklung einer bestimmten Altersstufe unmöglich sein sollte, dann wäre zu fragen, ob Lernen an historischen Fiktionen oder Sachdarstellungen im gleichen Alter möglich sein kann. Vieles spricht dafür, dies zu verneinen. Wenn etwas für jüngere Schüler zu schwer sein sollte, dann wäre es wohl nicht „Quellenarbeit", sondern „historisches Erkennen" selbst. Das Lernalter ist allenfalls eine begrenzende Bedingung: zu jedem Zeitpunkt sollte der jeweils erreichbare höchste Beitrag zur Identitätsbildung versucht und geleistet werden. Dafür sollten möglichst originale Materialien mit möglichst komplexen Methoden verarbeitet werden. Die Entscheidung kommt einer theoretisch reflektierten Praxis zu, da nur sie überzeugend klären kann, welche Ansprüche sich als empirisch einlösbar erweisen.

Quellenarbeit

Besson, W. (Hg.): Geschichte, Frankfurt/M. 1961. Borries, B. v.: Problemorientierter Geschichtsunterricht? Stuttgart 1980. Borries, B. v.: Lehrererzählung. In: Enzyklopädie Erziehungswissenschaft, Bd. 4, Stuttgart 1985, S. 503 ff. Danz, K./Mitte, W.: Bilder und Dokumente zur Weltgeschichte, Gütersloh 1980. Döhn, H.: Der Geschichtsunterricht in Volks- und Realschulen, Hannover ²1975. Dörr, M.: Quellen, Quellen, Quellen – und die Alternative? In: Gesch.in W. u. U. 34 (1983), S. 318 ff. Droysen, J. G.: Historik, Darmstadt ⁶1971. Ebeling, H.: Zur Didaktik und Methodik eines kind-, sach- und zeitgemäßen Geschichtsunterrichts, Hannover ⁵1973. Fick, K.: Geographische Reisebeschreibungen im Unterricht der Erdkunde und Gemeinschaftskunde. In: D. Erdku. (1968), 7. Fina, K.: Das Bild als Quelle im exemplarischen Geschichtsunterricht. In: Gesch. in W. u. U. 16 (1965), S. 623 ff. Fina, K.: Geschichtsmethodik, München 1973. Fina, K.: Kind und Bild. Ein Beitrag zur Erforschung des Geschichtsunterrichts. In: Filser, K. (Hg.): Theorie und Praxis des Geschichtsunterrichts, Bad Heilbrunn 1974, S. 110 ff. Fina, K.: Das Gespräch im historisch-politischen Unterricht, München 1978. Galinski, D./Lachauer, U. (Hg.): Feierabend und Freizeit im Wandel. Schüler erforschen die Sozialgeschichte des Alltags, Braunschweig 1980. Galinski, D./Lachauer, U. (Hg.): Alltag im Nationalsozialismus 1933–1939, Braunschweig 1982. Galinski, D. u. a. (Hg.): Nazis und Nachbarn. Schüler erforschen den Alltag im Nationalsozialismus, Reinbek 1982. Geschichtsunterricht und Museumsdidaktik. In: Geschdid. 2 (1977), 3. Giesecke, H.: Methodik des politischen Unterrichts, München 1973. Glöckel, H.: Geschichtsunterricht, Bad Heilbrunn ²1979. Guggenbühl, G. (Hg.): Quellen zur allgemeinen Geschichte, 4 Bde., Zürich 1953 ff. Hantsche, I./Schmid, H. D. (Hg.): Historisches Lernen in der Grundschule, Stuttgart 1981. Haubrich, H. u. a.: Konkrete Didaktik der Geographie, Braunschweig 1977. Hawkes, J.: Bildatlas der Frühen Kulturen, Gütersloh 1977. Hinkel, H.: Bilder vermitteln Geschichte? In: Gesch.-did. 3 (1978), S. 116 ff. Hubmann, F.: Das deutsche Familienalbum. Die Welt von gestern in alten Photographien, Wien 1972. Hug, W.: Geschichtsunterricht in der Praxis der Sekundarstufe I, Frankfurt/M 1977. Hug, W. (Hg.): Das historische Museum im Geschichtsunterricht, Würzburg 1978. Jankuhn, H. u. a. (Hg.): Deutsche Geschichte in Bildern. Von der Urzeit bis zur Gegenwart, Wiesbaden ²1981. Kleinknecht, W./Krieger, H. (Hg.): Materialien für den Geschichtsunterricht, 5 Bde., Frankfurt/M. 1958 ff. Kuhn, A./Schneider, G. (Hg.): Geschichte lernen im Museum, Düsseldorf 1978. Lautemann, W./Schlenke, M. (Hg.): Geschichte in Quellen, 7 Bde., München 1965 ff. Lesewerk zur Geschichte, 9 Bde., München o. J. Marienfeld, W.: Geschichtliches Interesse bei Kindern und Jugendlichen. In: Filser, K. (Hg.): Theorie und Praxis des Geschichtsunterrichts, Bad Heilbrunn 1974, S. 125 ff. Marienfeld, W./Osterwald, W.: Die Geschichte im Unterricht, Düsseldorf 1966. Mickel, W. (Hg.): Methodik des politischen Unterrichts, Frankfurt/M. ⁴1980. Müller, H.: Zur Effektivität des Geschichtsunterrichts, Stuttgart 1972. Pandel, H.-J.: Quellenarbeit, Quelleninterpretation. In: Bergmann, K. u. a. (Hg.): Handbuch der Geschichtsdidaktik, Bd. 2, Düsseldorf 1979, S. 25 ff. Pandel, H.-J./Schneider, G. (Hg.): Handbuch Medien im Geschichtsunterricht, Düsseldorf 1985. Richtlinien für die Lehrpläne der höheren Schulen Preussens, Berlin 1925. Renz, R.: Prinzipien wissenschaftlicher Quellenanalyse und ihrer Verwertbarkeit im Geschichtsunterricht. In: Gesch. in W. u. U. 22 (1971), S. 536 ff. Riesenberger, D./Tauch, M.: Geschichtsmuseum und Geschichtsunterricht, Düsseldorf 1980. Rohlfes, J.: Und noch einmal: Quellen. In: Gesch. in W. u. U. 34 (1983), S. 320 ff. Schmid, H. D.: Dia-Serien für den Geschichtsunterricht. Bestandsaufnahme und Kritik. In: Gesch. in W. u. U. 25 (1974), S. 660 ff. Schneider, G. (Hg.): Die Quelle im Geschichtsunterricht, Donauwörth 1975. Schoebe, G.: Quellen, Quellen, Quellen ... Polemik gegen ein verbreitetes Unterrichtsrezept. In: Gesch. in W. u. U. 34 (1983) S. 298 ff. Staehr, G. v.: Die Funktion der Quelle für die historische, soziale und politische Erkenntnisarbeit im Unterricht. In: Bergmann, K./Rüsen, J. (Hg.): Geschichtsdidaktik. Theorie für die Praxis, Düsseldorf 1978, S. 113 ff. Steinbach, L.: Der Pauperismus in Großbritannien in der ersten Hälfte des 19. Jahrhunderts. Eine didaktische Fallstudie. In: Schneider, G. (Hg.): Die Quelle im Geschichtsunterricht, Donauwörth 1975, S. 181 ff. Voit, H. (Hg.): Geschichtsunterricht in der Grundschule, Bad Heilbrunn 1980. Wilmanns, E.: Die Quelle im Geschichtsunterricht, Leipzig 1932.

Bodo v. Borries

Rollenspiel

Begriffsabgrenzung. Rollenspiel ist in einem allgemeinen Sinne Darstellen von Rollen in fiktiven Situationen (vgl. STANKEWITZ 1977, S. 3). Unter pädagogischem und didaktischem Aspekt versteht B. KOCHAN (1981a, S. 18) Rollenspiel als „ein Verfahren, bei dem sich *realitätswirksame Lernprozesse durch stellvertretendes Agieren in Als-ob-Situationen* ereignen oder zumindest anbahnen sollen". Diese Definition ist hinreichend weit gefaßt, so daß unterschiedliche didaktische Positionen und methodische Varianten einbezogen werden können. Der Begriff „Rollenspiel" wird im Zusammenhang mit unterschiedlichen darstellenden Spielformen verwendet. Er dient gelegentlich als Oberbegriff oder als Synonym für Planspiel, Simulationsspiel, Psychodrama, Soziodrama, Stegreifspiel oder für Formen wie Pantomime, Tanzimprovisation, Kindertheater (vgl. COBURN-STAEGE 1977, KRAMER 1979, NICKEL 1972).

Im Gegensatz dazu lehnt BINGER (1977, S. 182) den Begriff „Rollenspiel" ab. Er verwendet die Bezeichnung „Verhaltensspiel" und begründet dies damit, daß sich durch den soziologischen Begriff der Rolle das Rollenspiel „in keiner Weise von seinem rollentheoretischen Hintergrund ablösen läßt". Diesem Einwand hält WARM (vgl. 1981, S. 87f.) entgegen, daß der Begriff „Rollenspiel" besser als der Begriff „Verhaltensspiel" sowohl einen soziologischen Aspekt der Rolle als auch einen theaterwissenschaftlichen und einen psychoanalytischen Aspekt der Rolle implizieren kann. Danach ist Rollenspiel also nicht nur durch einen am Theaterspiel orientierten Rollenbegriff und durch einen soziologischen Rollenbegriff definierbar, nach dem die Rolle die Summe aller Erwartungen ist, die an den Inhaber einer gesellschaftlichen Position gerichtet werden, sondern auch durch einen psychoanalytischen Rollenbegriff, soweit in der Spielhandlung Projektionen und Übertragungen des Spielers auf seine Rollenfigur stattfinden.

Eine umfassende Definition formuliert RICHARD (1974, S. 325), vom Aneignungskonzept ausgehend: „Rollenspiel ist Selbst- und Improvisationsspiel. Als allgemeinen, umfassenden Begriff kennzeichne ich das Rollenspiel als Rezeption gesellschaftlicher Vorgänge durch deren innovative Darstellung. Ihre Basis ist die Nachahmung. Nachahmung ist hier nicht verstanden als exakte Imitation, z. B. Nachstellen des Gestischen, Nachsprechen von Sätzen usw., sondern als schöpferisches Aneignungs- und Ausdrucksverfahren gesellschaftlicher Prozesse in einer besonderen Form der Vergegenständlichung. Sie vollzieht sich auf der Grundlage realer sozialer Beziehung und hergestellter fiktiver sozialer Beziehung. Im dialektischen Verhältnis von realer sozialer und hergestellter fiktiver sozialer Beziehung liegt zugleich das konstitutive Moment des Rollenspiels."

Rollenspiel wird unter pädagogischem und didaktischem Aspekt in der Regel auf soziales Lernen bezogen und ist insofern als soziales Rollenspiel zu verstehen, wenn es auch in ganz unterschiedlichen Lernbereichen eingesetzt wird, am ausgeprägtesten in den sprachlichen, sozialen und politischen Lernbereichen (vgl. die teilweise kommentierenden oder analysierenden Bibliographien bei BROICH 1980, B. KOCHAN 1981b, WARM 1981). Dabei wird das Rollenspiel als problemorientiertes, Konflikte aufgreifendes oder Konflikte lösendes Spiel verstanden. Dementsprechend beziehen sich seine Inhalte auf die Realität der betroffenen Spieler.

Pädagogische Anleitung beim Rollenspiel. Unter dem Aspekt der pädagogischen Anleitung lassen sich *nichtangeleitetes* und *angeleitetes* Rollenspiel unterscheiden.

Das nichtangeleitete Rollenspiel wird auch als „spontan", „frei" oder „kindlich" bezeichnet. Die Funktion des nichtangeleiteten Rollenspiels beschreibt CO-BURN-STAEGE (1977, S. 68) zusammenfassend: „Kinder im Vorschulalter übernehmen durch Imitations- und Gestaltungsspiele, spielerisch, in fiktiver (vorgestellter) Form, Verhaltensweisen ihrer Umwelt, lernen so diese Verhaltensmuster und verinnerlichen die darin enthaltenen Werte, Normen, Einstellungen und werden in ihrer Gruppe, in ihrem Milieu handlungsfähig. Spiel, *spontanes Rollenspiel,* ist jedoch nicht eindimensionaler Abklatsch erfahrener Verhaltensmuster, sondern ebenso aktive Tätigkeit des Ausprobierens vorgestellter Möglichkeiten."

In bezug auf Relevanz und Wirkung des nichtangeleiteten Rollenspiels, insbesondere bezüglich der Reproduktion und Verfestigung starrer Rollen- und Interaktionsmuster, werden jedoch auch erheblich skeptischere Positionen vertreten (vgl. HARTUNG 1977, KRAPPMANN 1972).

Das angeleitete Rollenspiel unterscheidet sich dadurch vom nicht angeleiteten, daß ein Pädagoge über den Einsatz des Rollenspiels bestimmte Lernziele verfolgt und dabei Einfluß auf Spielinhalte sowie Aufbau und Organisation des Rollenspiels im Unterricht nimmt. Während in der vorliegenden Literatur weitgehend Übereinstimmung in bezug auf den methodischen Umgang mit dem angeleiteten Rollenspiel herrscht, entstand um Ziele und Interessen, die mit dem Rollenspiel verfolgt werden, eine intensive Auseinandersetzung.

Anpassung oder Emanzipation durch Rollenspiel? Die Entwicklung der Diskussion über das Rollenspiel seit etwa 1970 vollzog sich vor allem unter der Fragestellung: Anpassung oder Emanzipation?

Zunächst wurde der Vorwurf, ausschließlich gesellschaftliche Anpassung zu bewirken, gegenüber dem kompensatorischen Rollenspiel artikuliert, das sich auf Impulse des amerikanischen Rollenspiels stützte (vgl. SHAFTEL/SHAFTEL 1973). Bezugsrahmen für diese Rollenspiele waren konventionelle soziologische Rollentheorien, deren Vorstellung nach KRAPPMANN (1972, S.40) darauf hinausläuft, „daß die Menschen desto problemloser kooperieren können, je eindeutiger [...] Rollennormen formuliert wurden und je strikter sich die Inhaber der Rollen an sie halten". Im Sinne kompensatorischer Erziehung, die Kinder aus materiell und kulturell benachteiligten Schichten mit Fähigkeiten ausstatten will, die in der Regel an Mittelschichtnormen orientiert sind, wurde auch dem Rollenspiel besondere Bedeutung zuerkannt. „Es wird als eine bedeutsame Möglichkeit empfohlen, Unterschichtkinder in den Stand zu setzen, rigide Rollenzuweisungen, bedingt durch ihre sozioökonomische Situation, zu durchbrechen und Sprachbarrieren abzubauen" (GUTTE 1974, S.235). Mit einem sprachdidaktischen Ansatz im Sinne der kompensatorischen Spracherziehung sollte nach dem *Elaborierungskonzept* die Differenzierung der sprachlichen Ausdrucksfähigkeit von Unterschichtkindern gefördert werden.

Demgegenüber soll mit dem *Kompetenzkonzept* im Sinne eines emanzipatorischen Sprachunterrichts „kommunikative Kompetenz" gefördert werden, bei der sprachliches und soziales Handeln als Einheit verstanden wird. Unter Bezugnahme auf den Kompetenzanspruch forderte SCHULZ (1972, S.74), daß die bestehende Gesellschaft versuchen sollte, „diese Rollenspiele in der Weise umzufunktionieren, daß die gesellschaftsnotwendige *Kompetenz* nur zugleich mit einem Training in gesellschaftsrelativierender *Emanzipation* vermittelt wird". Dabei werden recht unterschiedliche Rollenspielkonzepte durch emanzipatorische Ansprüche ausgewiesen. Einen grundlegenden Unterschied beschreibt KOCHAN (1981a, S. 22) in bezug auf individuelle und kollektive Emanzipation: „Gegenüber der kompensatorischen Erziehung betonte die *emanzipatorische Pädagogik* die *Freisetzung bislang unterdrückter, noch nicht erkannter oder schon verdrängter Bedürfnisse und Ansprüche und die Befreiung aus Abhängigkeiten.* Das Ziel der Emanzipation verfolgten zwei *grundverschiedene pädagogische Richtungen,* die es entsprechend unterschiedlich definierten: Der einen ging es um die *Emanzipation des Individuums,* der anderen um die *Emanzipation der Arbeiterklasse.* Beide sahen im Rollenspiel ein geeignetes Instrument." Zwar orientieren sich die meisten Rollenspielansätze an der revidierten Rollentheorie des Interaktionismus (vgl. KRAPPMANN 1972), jedoch sind diese Ansätze immer wieder aus der Sicht des im marxistischen Sinn „parteilichen" Rollenspiels kritisiert worden. Bei diesem „angeleiteten Rollenspiel mit Arbeiterkindern" (RICHARD 1972; vgl. auch EBERT/PARIS 1976) soll zum parteilichen Handeln im gesellschaftlichen Konfliktfeld angeleitet werden. Dabei wird angestrebt, im Rollenspiel Klassenwidersprüche aufzudecken und solidarische Veränderungsstrategien zu erproben. Eine Grundlage dafür sind die Ergebnisse der materialistischen Spieltheorie (vgl. LEONTJEW 1973, WYGOTSKI 1973). Bezugspunkt ist auch die Rezeption des „proletarischen Kindertheaters" aus der Weimarer Zeit (vgl. BENJAMIN 1969).

Die Mehrzahl der neueren Rollenspielansätze bezieht sich auf das interaktionistische Rollenkonzept. Dabei wird häufig die Förderung von Grundqualifikationen des Rollenhandelns, die soziales Handeln strukturieren, als pädagogische Zielperspektive gewählt. KRAPPMANN (vgl. 1972, S. 42 f.) hat im Zusammenhang mit dem Anwendungsbereich Rollenspiel als Grundqualifikationen „Empathie", „Rollendistanz", „Ambiguitätstoleranz" und „kommunikative Kompetenz" herausgearbeitet.

Die unkritische Übernahme rollentheoretischer Annahmen ohne Angabe eines pädagogischen Standortes und ohne zu fragen, zu wessen Nutzen etwa Grundqualifikationen des Rollenhandelns zu fördern seien, wird jedoch von den Kritikern des soziologisch orientierten Rollenspiels als eher emanzipationshinderlich angesehen.

Methodische Organisation von Rollenspiel im Unterricht. Auch wenn methodische Fragen im einzelnen nur aus dem Zusammenhang einer spezifischen Gruppe in einem spezifischen inhaltlichen und intentionalen Kontext zu entscheiden sind, so lassen sich doch generalisierende Hinweise für Aufbau und Organisation von Rollenspiel im Unterricht geben, insbesondere weil sich der methodische Umgang mit dem Rollenspiel in seinen Grundzügen als weitgehend konsensfähig erwiesen hat. STEINCHEN (1974, S. 274) unterscheidet bei der methodischen Organisation des Unterrichts drei Phasen:

„1. Motivationsphase: Spielanlaß, Rollenübertragung und Beobachtungsaufträge.
2. Aktionsphase: Rollenspiel.
3. Reflexionsphase: Befragung und Diskussion – Generalisation."

In der Regel wird angeleitetes Rollenspiel „in didaktischer Einheit mit Gespräch" eingesetzt, das bedeutet, daß neben der Aktionsphase eine Reflexionsphase besteht, die oftmals methodisch detailliert durchstrukturiert ist und sich beispielsweise auf „Gesprächsregeln" stützt, die mit den Schülern erarbeitet und abgestimmt worden sind (vgl. BOLLMANN/WARM 1979, S. 130 ff.).

Steinchen hat zusammen mit B. Kochan ein Modell zur Organisation von Rollenspielen entwickelt (vgl. Abbildung 1). Dieses Grundmodell wird von STEINCHEN (1974, S. 278) wie folgt kommentiert: „Von der Realität und den daraus abgeleiteten fiktiven Umständen geht

Abbildung 1: Grundmodell zur Organisation von Rollenspielen

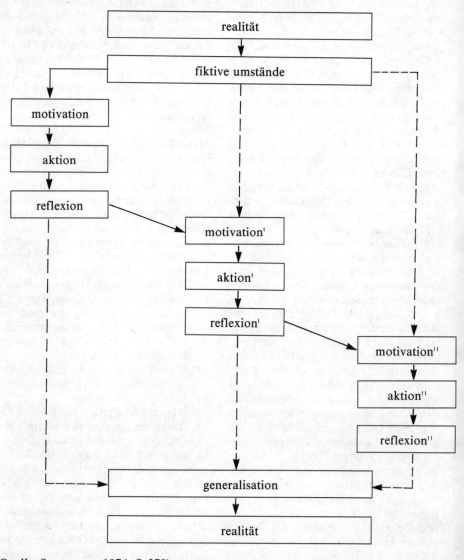

(Quelle: STEINCHEN 1974, S. 278)

die Motivation für das erste Spiel aus. Die Aktion und die darüber einsetzende Reflexion werden beliebig oft wiederholt. Dabei ist die Reflexion gleichzeitig die Motivation für das neue Spiel. Durch einen Vergleich aller Spiele wird die Situation repräsentativ und kann so verallgemeinert werden. Die Generalisation erfährt ihre Fortsetzung in der Realität."

Als „Variationen des Grundmodells" wird vorgeschlagen (vgl. STEINCHEN 1974, S. 279 f.), die Reflexion erst nach der letzten Aktion einsetzen und unter

bestimmten Bedingungen Rollenspiele parallel in verschiedenen Rollenspielgruppen ausführen zu lassen.
In den Sprachbüchern „Sprache und Sprechen" (vgl. D. C. Kochan u. a. 1972) ist Rollenspiel am konsequentesten in ein Lehr- und Lernwerk integriert worden. In den Lehrerbänden werden methodische Hinweise zum Rollenspiel gegeben. Leitsätze aus diesen Hinweisen sind:
„a) Der Lehrer sollte sich vergewissern, ob den Schülern die Ausgangssituation deutlich ist. [...]
b) Der Lehrer hat im allgemeinen die Aufgabe, die Spieler auszuwählen. [...]
c) Bevor das eigentliche Spiel beginnt, bereitet der Lehrer die zuschauenden Schüler darauf vor, am Rollenspiel als Beobachter teilzunehmen. [...]
d) In das Rollenspiel [...] sollte der Lehrer nicht eingreifen. Er wird es allerdings abbrechen lassen müssen, wenn er meint, daß die Schüler nicht weiterkommen oder ihr Handeln auf unwesentliche Punkte ausdehnen.
e) In dem anschließenden Gespräch sollte sich der Lehrer nicht urteilend beteiligen. Er regt das kritische Gespräch der Schüler neutral an. [...]
f) Grundsätzlich sollte der Lehrer jede moralische und stilistische Wertung unterlassen" (D. C. Kochan u. a. 1972, S. 32).

Gegenüber den hier entwickelten methodischen Hinweisen werden verschiedene differenzierende oder abweichende Positionen diskutiert, die meist die Lehrerrolle betreffen: Welche Funktion haben gezielte Beobachtungsaufgaben? Wer wählt die Spieler aus? Wer bestimmt die Spielinhalte? Werden aktuelle Konflikte thematisiert? Handelt es sich bei den Spielvorschlägen um Situationen oder offene Konflikte, deren Lösung von den Schülern erst im Spiel erarbeitet wird? Wieweit wird vor einem Rollenspiel der vorgegebene Konflikt inhaltlich behandelt? Inwieweit sollte sich der Lehrer „nicht urteilend" und „neutral" verhalten?
Als ein Defizit für die schulische Praxis wird angesehen, daß unter der Vielzahl von Rollenspielansätzen nur wenige für einen größeren Lernzusammenhang (beispielsweise für ein Schuljahr) systematisch aufgebaut und möglichst in der Schule entwickelt worden sind. Darüber hinaus erschwert der Mangel an empirischen Überprüfungen im Schulbereich der Bundesrepublik (Ausnahmen: vgl. vor allem Schmitt 1979, Warm 1981) und an grundlegenden kritischen Analysen (Ausnahme: vgl. Haug 1977) eine fundierte Einschätzung der Möglichkeiten und Grenzen des Rollenspiels in der Schulpraxis.

Benjamin, W.: Programm eines proletarischen Kindertheaters. In: Benjamin, W.: Über Kinder, Jugend und Erziehung, Frankfurt/M. 1969, S. 76 ff. Binger, L.: Fall aus der Rolle, Berlin 1977. Bollmann, H./Warm, U.: Kommunikative Handlungsfähigkeit durch Rollenspiel. In: Silkenbeumer, R. (Hg.): Politischer Unterricht und soziales Lernen in der Grundschule, Frankfurt/M. 1979, S. 129 ff. Broich, J.: Rollenspiele mit Erwachsenen, Reinbek 1980. Coburn-Staege, U.: Lernen durch Rollenspiel, Frankfurt/M. 1977. Ebert, H./Paris, V.: Warum ist bei Schulzes Krach? Kindertheater Märkisches Viertel, 2 Bde., Berlin 1976. Gutte, R.: Rollenspiel als „kompensatorische Spracherziehung". In: Kochan, B. (Hg.): Rollenspiel..., Kronberg 1974, S. 233 ff. Hartung, J.: Verhaltensänderung durch Rollenspiel, Düsseldorf 1977. Haug, F.: Erziehung und gesellschaftliche Produktion: Kritik des Rollenspiels, Frankfurt/M. 1977. Klewitz, M./Nickel, H. W. (Hg.): Kindertheater und Interaktionspädagogik, Stuttgart 1976. Kochan, B. (Hg.): Rollenspiel als Methode sprachlichen und sozialen Lernens, Kronberg 1974. Kochan, B.: Einleitung. In: Kochan, B. (Hg.): Rollenspiel..., Königstein 1981, S. 17 ff. (1981a). Kochan, B. (Hg.): Rollenspiel als Methode sozialen Lernens, Königstein 1981b. Kochan, D. C. u. a. (Hg.): Sprache und Sprechen. Lehrerband 3, Hannover/Dortmund/Darmstadt/Berlin 1972. Kramer, M.: Das praktische Rollenspielbuch, Wuppertal 1979.

Rollenspiel

KRAPPMANN, L.: Lernen durch Rollenspiel. In: KLEWITZ, M./NICKEL, H.W. (Hg.): Kindertheater..., Stuttgart 1976, S. 37 ff. LEONTJEW, A. N.: Probleme der Entwicklung des Psychischen, Frankfurt/M. 1973. NICKEL, H.-W.: Rollenspielbuch, Recklinghausen 1972. RICHARD, J.: Zum angeleiteten Rollenspiel mit Arbeiterkindern im Schulalter. In: Ges.-Info. 5 (1972), 3, S. 88 ff. RICHARD, J.: Rollenspiel. In: DINGELDEY, E./VOGT, J. (Hg.): Kritische Stichwörter zum Deutschunterricht, München 1974, S. 320 ff. SCHMITT, R.: Kinder und Ausländer, Braunschweig 1979. SCHULZ, W.: Zur Bedeutung des Rollenspiels in Kindergarten und Grundschule. In: KLEWITZ, M./NICKEL, H.W. (Hg.): Kindertheater..., Stuttgart 1976, S. 73 ff. SHAFTEL, F. R./SHAFTEL, G.: Rollenspiel als soziales Entscheidungstraining, München/Basel 1973. STANKEWITZ, W.: Szenisches Spiel als Lernsituation, München/Berlin/Wien 1977. STEINCHEN, R.: Methodische Organisation des Rollenspiels. In: KOCHAN, B. (Hg.): Rollenspiel..., Kronberg 1974, S. 273 ff. WARM, U.: Rollenspiel in der Schule, Tübingen 1981. WENDLANDT, W. (Hg.): Rollenspiel in Erziehung und Unterricht, München 1977. WYGOTSKI, L.S.: Das Spiel und seine Rolle für die psychische Entwicklung des Kindes. In: Ästh. u. Komm. 4 (1973), 11, S. 16 ff.

Hans Bollmann

Sandkasten

Objektbeschaffenheit. Der moderne Sandkasten ist nicht wie noch vor 20 Jahren eine unhandliche, zentnerschwere und deswegen wenig bewegliche Anlage. An die Stelle der mit Zinkblech ausgekleideten Holzwanne, die mit normalem Quarzsand gefüllt war, ist eine Neuentwicklung getreten, die seit Ende der 60er Jahre Verbreitung findet. Möglich geworden ist dies vor allem durch die Entwicklung eines neuen, Xyloform genannten Füllmaterials, das keinen Sand enthält. Es besteht aus einer leichten, trocken formbaren und formbeständigen Mischung (Quarzsand mußte wegen besserer Formbarkeit und Formbeständigkeit stets feucht gehalten werden) aus sandfarbenem Sägemehl mit Kunststoffbeimischung. Dieses Material sieht Sand sehr ähnlich. Farbiges Xyloform kann dünn und trotzdem gut flächenfärbend aufgestreut und anschließend wieder untergemischt werden, ohne daß die ursprüngliche Sandfarbe verlorengeht. Verschüttetes Material ist mit Handfeger und Kehrschaufel ohne Schwierigkeit und rückstandslos selbst von Schulheften und Kleidungsstücken entfernbar.

Wegen dieser Vorzüge ist es möglich, leichte und durchsichtige Acrylglaswannen oder in preisgünstigerer Ausführung auch weiße Kunststoffkästen als Behälter zu verwenden. Wegen des Wegfalls der vormaligen Sandbefeuchtung können derartige Kästen in Leichtbauweise aus Schubladenprofilen (erhältlich als Meterware, wünschenswerte Mindestbreite 15 cm) ohne Schwierigkeiten vom Lehrer selbst hergestellt werden. Die schubladenartigen Kästen aus der kommerziellen Produktion haben meist Kantenlängen von 1 x 1 m. Diese bestehen in der Regel aus einem Ensemble: Eine größere, zerlegbare Acrylglaswanne (1,3 x 1,1 m) mit abnehmbarem durchsichtigem Deckel ist auf ein leicht fahrbares und ebenfalls zerlegbares Gestell montiert. Darunter sind wie Schubladen bis zu fünf etwas kleinere Kästen eingeschoben. Somit ist es möglich, sechs Schülergruppen zu bilden. Die kleineren Einzelkästen wiegen mit allem Material (Xyloform und beispielsweise Modellhäuser, -bäume, -fahrzeuge, farbige Bleischnüre – Gardinenband – zur Markierung von Verkehrswegen oder Grenzen) nicht mehr als 3 kg.

Zum Gebrauch des Sandkastens im Unterricht. Es gibt mehrere *didaktische Begründungen* für den Gebrauch des Sandkastens im Unterricht:

Ist man der Meinung, Schule soll unter anderem den Schülern auch Freude bereiten, muß man überlegen, was Kinder im täglichen außerschulischen Leben gerne tun. Hierzu gehört zweifellos das Spiel im Sandkasten. Sandkästen auf öffentlichen und privaten Spielplätzen – sie gehören hier zur Grundausstattung alleine deshalb, weil sie billig sind – bieten dem Beobachter folgendes Bild:

– Im Sandkasten wird soziales Verhalten geübt. Gemeinsame Nutzungsansprüche mehrerer Kinder auf begrenztem Raum erfordern gegenseitige Rücksichtnahme. Gemeinsame Bauvorhaben fordern und fördern Kommunikation als eine der wichtigen sozialen Fähigkeiten.

– Das Material wird ohne komplizierte Hilfsmittel und Anweisungen dem gemeinsamen wie auch individuellen Gestaltungswillen und -vermögen sowie dem Formempfinden und dem jeweiligen Entwicklungsstand der Körpermotorik weitgehend gerecht.

– Andere Spielzeuge, meist Werkzeuge wie Schaufel, Harke, Sieb, aber auch Modelle von Fahrzeugen und Gebäuden aller Art können einbezogen werden. Der allgemein betonenswerte modellhafte Charakter des Sandkastens ist auch eine der Ursachen für seinen fachspezifischen Wert.

Geht man davon aus, daß jede Schulart und besonders die Grundschule Erfahrungen der Schüler in den Unterricht mit einbeziehen soll, und stellt man weiterhin fest, daß sich Kinder bis zum 13. Lebensjahr, teilweise noch länger, mit Begeisterung in Sandkästen von Spielplätzen tummeln und daß der Sandkasten in den allermeisten Standardwerken zur Geographiedidaktik wie auch in fachübergreifenden grundschuldidaktischen und allgemeindidaktischen Kompendien eine nicht geringe Rolle spielt, sollte entgegen der augenblicklich ungünstigen schulischen Situation die Wiederentdeckung des Sandkastens gefordert werden.

Seitens der *pädagogischen Psychologie* wird immer wieder und selbst von den unterschiedlichsten Ansätzen her der Wert des Spiels für die gesunde seelische Entwicklung des Kindes wie auch des Menschen im Erwachsenenalter betont. Der Sandkasten bietet dafür fast ideale Voraussetzungen. Dabei ist auch zu bedenken, daß die plastische Nachbildung geographischer Erscheinungen durch den Schüler selbst hohen erzieherischen und fachlichen Wert hat.

Der *geographische Elementarunterricht* Pestalozzis (1746-1826) beinhaltete bereits die modellhafte Erstellung von Reliefs mit Hilfe von Sand und Tonerde. Bei Fröbel (1782-1852) finden die Materialien Sand, Ton und Sägespäne größte Beachtung als Formmaterialien. Mit ihrer Hilfe und unter Hinzufügung von Haus- und Schiffsmodellen aus Pappe und Nußschalen wurden geographische Funktionsmodelle erstellt, die dem Gestaltungstrieb und -vermögen der Schüler besonders gut entsprachen. Das dabei als erwünschtes Sozialverhalten beschriebene Handeln der Kinder ist mit den in heutigen Richtlinien geforderten Erziehungszielen identisch.

Im Sandkastenspiel ahmen die Kinder die Welt der Erwachsenen nach. Gleichzeitig bilden sie ihre eigene Vorstellungswelt ab. Sand oder das neuentwickelte Material Xyloform erfüllt den Willen der Kinder dabei weitgehend. Diese Materialien lassen sich formen, klopfen, schieben, schneiden und drücken. Mißerfolge, die als Merkmal des Spiels ebenso wichtig sind wie Erfolge, bleiben als wichtige erzieherische Funktion zu nichtspielerischen Lebensbezügen nicht aus, wenn etwa das Wunschdenken des spielenden Kindes an die Grenzen der verfügbaren Materialmenge oder der andersartigen Wunschvorstellungen von Mitspielern stößt.

Zahlreiche *lernpsychologische Anhaltspunkte* weisen darauf hin, daß die Entwicklung des menschlichen Umweltverständnisses im direkten Zusammenhang mit der Intelligenzentwicklung steht. Legt man den Intelligenzgrad eines 17jährigen Jugendlichen mit der Indexzahl 100 zugrunde, so weisen neuere Untersuchungen nach, daß ein Kind mit der Vollendung des achten Lebensjahres bereits 80% dieses Grades erreicht hat. Das intelligenzabhängige Umweltverständnis ist aber wiederum Grundlage für die geographische Raumwahrnehmung. So ist es folgerichtig, den Sandkasten als grundlegendes Medium für die Geographie in der Grundschule zu bezeichnen.

Geht man davon aus, daß der Entwicklung *geographischer Raumvorstellungen* (vgl. REINHARDT 1985) beim allgemeinen Bildungsfaktor Umwelt hohe Bedeutung zukommt, so ist der Sandkasten in geographisch-fachlicher Hinsicht durch folgende erkenntnis- und verständnisfördernde Eigenschaften gekennzeichnet:

- Die Raumdimensionen Länge, Breite, Höhe werden der Wirklichkeit entsprechend, allerdings modellhaft verkleinert, dargestellt. Das entspricht in anschaulicher Weise dem kindlichen Wahrnehmungsvermögen und seiner altersspezifischen Vorstellungskraft.
- Die Herstellung von Raummodellen als dreidimensionale Reliefs zeigt dem Schüler, daß zu den drei Raumdimensionen in der Wirklichkeit noch weitere hinzukommen. Gemeint sind

natürliche Veränderungsvorgänge und die menschliche raumverändernde Aktivität, die, als Raumdynamik bezeichnet, sich als Geschichte, Aktualität und mögliche Zukunftsaussicht in gegenseitiger Bedingung wiederfinden und die Landschaft formen.

Mit Hilfe des Sandkastens ist der verstandesmäßig schwierige Schritt von der mehrdimensionalen Raumwahrnehmung zur zweidimensionalen (verebneten) Raumdarstellung (vgl. DINTER 1985) inhaltlich wirksam zu machen: Die Schüler fertigen ein mehrdimensionales Raummodell im Sandkasten. Über das Modell wird eine durchsichtige Acrylglasplatte (eventuell eine durchsichtige und nicht zu dünne Plastikfolie) gelegt, die an den Rändern des Sandkastens befestigt wird. Ähnlich der Sichtweise aus einem senkrecht über die Landschaft fliegenden Flugzeuges werden Teile des Modells (Berge, Flüsse, Siedlungen) mit abwaschbaren farbigen Filzschreibern aufgezeichnet. Die fertig bemalte und vielleicht noch zusätzlich beschriftete Platte (Folie) wird an der Wand befestigt: Die Karte, ihre Entstehung und verebnende, teilweise symbolisierende und generalisierende (abstrahierende) Aussagekraft ist nachhaltig eingeführt.

Steht ein wasserdichter Sandkasten zur Verfügung und scheut man den größeren Aufwand mit dem gewöhnlichen Sand nicht, können einfache Experimente zur Erosion und Denudation durchgeführt werden. Grassoden als vor linien- und flächenhafter Abtragung schützende Vegetation werden über ein Sandrelief gelegt. Die Gießkanne und der Haarfön fungieren als Regen- und Windmaschinen. Das grasbedeckte Sandrelief wird kaum oder gar nicht abgetragen. Ohne schützende Vegetation ist das ursprüngliche Relief bald zerstört. So kann eindringlich und zutreffend *Umweltgefährdung* durch Bodenabtragung gezeigt werden. Solche Experimente lassen sich auch in der Sprunggrube des Schulsportplatzes durchführen, wobei die tatsächlichen natürlichen Witterungsverhältnisse Fön und Gießkanne bisweilen überflüssig machen.

Bei der Arbeit mit Karte und Schulbüchern spielt das *Profil* eine Rolle (vgl. REINHARDT 1985). Das Profil ist die Aufrißzeichnung eines Teiles der Erdoberfläche, die sich aus dem senkrechten und geradlinig verlaufenden Schnitt durch ein Relief ergibt. Es veranschaulicht die Höhenverhältnisse, projiziert in die Ebene, und ermöglicht darüber hinaus die gleichzeitige Darstellung weiterer Natur- und Kulturverhältnisse (Geologie, Vegetation, Besiedlung, Wirtschaft). Im zuletzt genannten Falle spricht man von einem synoptischen oder Kausalprofil. Das Verständnis für solche Profile darf nicht als gegeben vorausgesetzt werden, wie die Unfähigkeit vieler Schüler beweist, die kein Profil aus der Karte verstehen oder gar selber erstellen können. Der Sandkasten ermöglicht auch hier – nicht nur in der Grundschule, sondern ebenfalls in den Sekundarstufen I und II – Abhilfe: Entweder wird ein gewünschtes Profil so an der durchsichtigen Kastenwand erstellt, daß es gleichzeitig mit dem gesamten Modell entsteht, oder aber eine Acrylglasplatte wird von oben in der gewünschten Schnittrichtung in das Sandkastenmodell hineingesteckt. Durch Freilegung einer Plattenseite wird das Profil sichtbar. Es kann nun, auch auf der Platte selbst, nachgezeichnet werden. Auf diese Weise wird ein weiterer notwendiger geographischer Grundbegriff im Gedächtnis der Schüler eingeprägt.

Ein abschließendes und gewichtiges Argument für den Einsatz des Sandkastens in höheren Klassen soll nicht nur lauten, daß auch viele Erwachsene Freude am Modellbau jeglicher Art haben. Bedenkt man den hohen Abstraktionsgrad schulischer Lerninhalte in höheren Klassen, so bedauert man vielleicht als mögliche Folge davon die häufig feststellbare Unfähigkeit, sich allgemeinverständlich und in anschaulicher Weise sprachlich auszudrücken. Die gelegentliche Arbeit mit dem Sandkasten oder mit anderen Medien modellhaft-anschaulichen Charakters könnte der Gefahr entgegenwirken, daß sich schon in der Schule junge Menschen gegenseitig kaum noch verstehen, weil sie auf zu hohen oder zu unterschiedlichen Abstraktionsniveaus aneinander vorbeireden.

ACHILLES, F.W.: Der Sandkasten als Arbeitsmittel im geographischen Sachkundeunterricht. In: Sachu. u. Math. in d. Grunds. 4 (1976), S. 474. DINTER, H.: Zeichnen. In: Enzyklopädie Erziehungswissenschaft, Bd. 4, Stuttgart 1985, S. 670 ff. FICK, K. E.: Die Funktion der Medien im lernzielbestimmten Geographieunterricht. In: KREUZER, G. (Hg.): Didaktik des Geographieunterrichts, Hannover 1980, S. 182 ff. KÖHLER, B./REINHARDT, K. H.: Die Fischbeker Heide (Harburger Berge). Landschaft als Zeugnis menschlicher Wertvorstellungen, Unterrichtsbeispiel für die Klasse 4. In: Prax. Geogr. (1979), S. 79 ff. KROIS, E.: Erdkunde: Kartenverständnis. In: KATZENBERGER, L. F. (Hg.): Der Sachunterricht der Grundschule in Theorie und Praxis, Teil I, Ansbach 1972, S. 189 ff. REINHARDT, K. H.: Der Sandkasten in Erziehung und Unterricht. In: Lehrmittel aktuell 6 (1980), 2, S. 30 ff. REINHARDT, K. H.: Karte. In: Enzyklopädie Erziehungswissenschaft, Bd. 4, Stuttgart 1985, S. 472 ff. SANDER, H.-J.: Didaktische Reflexionen zum Einsatz des Sandkastens im geographischen Sachunterricht. In: Sachu. u. Math. in d. Grunds. 1 (1973), S. 290 ff. SANDER, H.-J.: Die Modellfunktion des Sandkastens früher und heute. In: P. Welt 29 (1975), S. 546 ff. SAUTER, H.: Der Erdkundeunterricht in der Grundschule, Donauwörth 1976. SCHMIDTKE, K.-D.: Geographische Modelle im Sandkasten oder der Wiederbelebungsversuch eines traditionellen Arbeitsmittels. In: Geogr. im U. 12 (1977), S. 293 ff.

Karl H. Reinhardt

Schulbau

Historische Aspekte. Zu allen Zeiten haben die politischen, sozialen und wirtschaftlichen Verhältnisse eines Landes ebenso Einfluß auf den Bau und die Gestaltung von Schulen ausgeübt wie die in einer Epoche jeweils vorherrschenden pädagogischen Strömungen und ihre Auffassung von Erziehung und Bildung im allgemeinen und den Aufgaben der Schule im besonderen. Diese Einflüsse fanden weitgehend ihren Niederschlag in den Schulbaurichtlinien. Bis etwa zur Mitte des 18. Jahrhunderts gibt es keine eigenen Schulbaurichtlinien. Der Schulunterricht wird meistens im Haus des Lehrers abgehalten, der oft noch einen anderen Beruf, etwa als Küster, Organist oder Handwerker, ausübt. Das größte Zimmer dient nicht nur als Klassenraum, sondern häufig auch als Wohn- und Schlafzimmer des Lehrers.

Eine Ausnahme bilden die Pfarr-, Kloster-, Dom-, Stadt- und Lateinschulen, in denen sich ein eigener Unterrichtsraum, mit einer Tafel, einem Katheder und meist rundum laufenden starren Bänken ausgestattet, für die Unterweisung der „Haufen" oder „Rotten" der Schüler befindet. Ab etwa 1700 errichten die Gemeinden eigene Schulhäuser, einfache Wohnhäuser, in denen die größte Stube als Schulsaal für den seit Comenius (1592–1670) immer stärker aufkommenden Klassenunterricht benutzt wird. Bis ins 19. Jahrhundert überwiegen zwei Schulhaustypen: In vornehmlich ländlichen Gemeinden – bis 1900 waren dies etwa zwei Drittel aller Gemeinden – besteht das Dorfschulhaus aus ein bis zwei Klassenräumen, Lehrerwohnung, Stall und Scheune (vgl. Abbildung 1), da die Besoldung des Lehrers vielfach aus Naturalien und dem Recht besteht, einen Garten, Acker, Weinberg oder eine Wiese für sich zu nutzen. In größeren ländlichen und städtischen Gemeinden befinden sich im Schulhaus mehrere Klassenräume und die Lehrerwohnungen. Mit Durchsetzung des ganzjährigen Schulpflichtbesuches und der Betrachtung des Schulwesens als Aufgabe des Staates nimmt die Schülerzahl Ende des 19. Jahrhunderts stark zu. Die Schulbauten in Städten nehmen mit der Einrichtung von mehr- und vielklassigen Schulen immer mehr den Charakter von Schulkasernen an (vgl. Abbildung 2). In einem Klassenraum werden bis zu 80 Kinder unterrichtet (vgl. JÖRG 1960, S. 148 ff.). Noch „die preußischen Regulative" von 1854 betrachten die einklassige Schule als die Regelschule (vgl. STIEHL 1855, S. 84). Erst die „Allgemeinen Bestimmungen" von 1872 (vgl. SCHEVELING 1952, S. 75 f.) sehen eine Aufteilung in Unter-, Mittel- und Oberstufe vor, die erst durch das Hamburger Abkommen vom 28.10. 1964 (vgl. KMK 1977, S. 90 ff.) abgelöst wird.

Abbildung 1: Dorfschule

Plan einer Schule im Herzogtum Pfalz-Zweibrücken um 1791

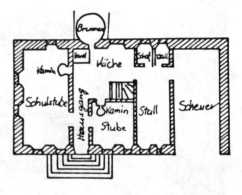

(Quelle: JÖRG 1970, S. 16)

Pädagogen wie Felbiger (1724–1788), v. Rochow (1734–1805) und Overberg (1754–1826) geben Anweisungen für eine sach- und kindgerechte Gestaltung des Schulhauses und Klassenzimmers (vgl. FELBIGER 1783, OVERBERG 1793, v. ROCHOW 1772). Dem Landesbaumeister der Markgrafschaft Baden müssen ab 1770 bei allen Schulneubauten die Pläne vorgelegt werden, da, wie auch in anderen Herrschaften jener Zeit bereits üblich, das Land Zuschüsse gewährt (vgl. JÖRG 1970, S. 15 f.). Schulhäuser dürfen fortan nicht mehr aus Lehm gebaut und mit Stroh gedeckt werden; sie sind als feste ein- oder zweistöckige Steinbauten zu errichten. Im 18. Jahrhundert werden in fast allen deutschen Ländern Schulgesetze und Schulordnungen erlassen (vgl. GRÄFE 1850; vgl. KUNTZE 1900, S. 9; vgl. SCHMID 1910, S. 51), die Vorschriften zur Verbesserung des Schulwesens und zum Schulhausbau enthalten (beispielsweise die Verordnung der Herrschaft Pfalz-Zweibrücken von 1755, im Staatsarchiv Koblenz, Abteilung 4/1519; Fürstliches Bauamt in Baden, Staatsarchiv Koblenz, Abteilung 33/1328; Schulbauvertrag 1769 der Gemeinde Hundsbach, Kirchen-Schaffnei-Archiv, Zweibrücken, Abteilung 6/345). In der ersten Hälfte des 19. Jahrhunderts erfährt der Schulhausbau durch das Schulgesetz von 1835 in Sachsen, das Volksschulgesetz von 1836 in Württemberg und durch die Vorgabe von amtlichen „Musterrissen" in Preußen, Bayern, Sachsen und Nassau einen erheblichen Aufschwung. Besonderen Einfluß auf die Gestaltung des Schulbaus haben auch die 1826 erschienene Schrift von SCHULZE (1826): „Die vorzüglichsten Gegenstände des Landschulwesens und der Verbesserung derselben" sowie die Veröffentlichung von ZERRENNER: „Über eine zweckmäßige Einrichtung des Schulwesens in kleineren Städten" (1832). Beide Schriften geben pädagogisch begründete Hinweise über Lage, Größe, Lüftung, Heizung und Ausstattung der Schulhäuser, Klassenräume und Lehrerdienstwohnungen. Die Entwicklung und die Erkenntnisse einer Psychologie des Kindes um die Jahrhundertwende und vor allem die Reformpädagogik zu Beginn des 20. Jahrhunderts bringen wesentliche Veränderungen für die innere und äußere Gestaltung des Schulwesens und damit auch des Schulbaus.

Abbildung 2: Rats-Freischule in Leipzig

(Quelle: HELM 1892, S. 1)

Lietz (1868–1919), der Begründer der Landerziehungsheime, sieht „in der Kunst der Verbindung von [...] Natur und Schulstube [...] das ganze Geheimnis der Erziehung" (RUSS 1963, S. 120). Seine Gedanken greifen viele Reformpädagogen auf, sie lehnen den Stil der Schulkaserne ab. Das Schulgebäude soll in einem gesunden, lärmgeschützten, naturnahen Milieu, möglichst am Ortsrand oder wenigstens von Büschen, Bäumen und Grünanlagen umgeben, liegen. Eine aufgelockerte Bauweise, nur Pavillonbauten, vor allem für Kinder im Vor- und Grundschulalter (Montessori), die den einzelnen Klassen weitgehend Unabhängigkeit vom übrigen Schulbetrieb geben und ihnen mehr „Wohnstubencharakter" (Petersen) verleihen, werden empfohlen. Bei diesen Bauten sollten Spielwiesen, Sportstätten, Freiunterrichtsplätze und Gärten liegen. Die Forderung zur Erziehung eines im späteren Beruf tüchtigen und verantwortungsbewußt handelnden Staatsbürgers (Kerschensteiner) wendet sich besonders nach Verkündigung des Reichsgrundgesetzes von 1920 gegen den nivellierenden, einseitigen Klassen- und Frontalunterricht.

Die „Aktivitäts-" (vgl. FERIÈRE 1920) und „Arbeitsschulpädagogik" (Kerschensteiner, Petersen, Oesterreich, Freinet), die Schule des „learning by doing" (Dewey, Washburn, Parkhurst, Kilpatrick) führen zur Differenzierung und

Individualisierung des Unterrichts. Es werden neben den Klassenräumen Gruppenräume, Werkstätten, Laboratorien, Schülerbüchereien, Küchen- und Handarbeitsräume eingerichtet.
Die „Kunsterziehungsbewegung" (Langbehn, Lichtwark, Lange, Hartlaub) will die kreativen Kräfte des Kindes fördern. Fachräume für das künstlerische und musische Tun im Zeichnen, Modellieren, Werken, Musizieren und szenischen Gestalten werden eingerichtet.
Die „Waldorfschule" (Steiner), der „Weltbund für die Erneuerung der Erziehung" fordern im Sinne Pestalozzis eine allseitige Bildung von „Kopf, Herz und Hand". All diese Bestrebungen haben konkrete Auswirkungen auf den Schulbau bis hin zu einem ganz eigenen Baustil der Waldorfschulen (vgl. RAAB/LINGBORG 1982). Die „Jugendbewegung" zielt auf eine gesunde Erziehung durch Sport und Spiel. Ab 1933 wird die „körperliche Ertüchtigung und Abhärtung" durch Sport verstärkt gefordert. Sporthallen, Sportplätze, Lehrschwimmbecken, Gymnastikräume werden erstellt. Neue Medien wie Film, Bildprojektion und Rundfunk führen zur Einrichtung besonderer Vorführräume.

Moderne Schulbautypen. Nach dem Zweiten Weltkrieg beginnt – bedingt durch die Zerstörung vieler Schulen – ein wahrer Bauboom. Zwar versucht man vielfach, zuerst überhaupt neuen Schulraum zu schaffen, doch mit zunehmendem wirtschaftlichem Aufschwung werden die Anliegen der pädagogischen Reformbewegung mehr und mehr im Schulbau berücksichtigt. Alle Bundesländer erlassen Schulbaurichtlinien (vgl. SCHOLTZ 1984, S. 562 ff.). In Berlin wird ein eigenes Schulbauinstitut der Bundesländer eingerichtet. DIN-Normen für den Schulbau werden als Planungsgrundsätze für die Größe, Lage, Bauweise und Ausstattung von Schulen unterschiedlicher Größe herausgegeben (vgl. JÖRG 1970, S. 223 ff.). Besondere Beachtung wird der Belichtung und Belüftung, der Farbgebung, der Schaffung von Freiräumen, Festräumen, den hygienischen Einrichtungen, Lehrmittel- und Geräteräumen, Laboreinrichtungen und Fachräumen geschenkt. Oft wird jedoch ohne Beachtung der Folgekosten gebaut, und die Heiz- und Unterhaltskosten führen die Gemeinden als Schulträger an die Grenzen der Belastbarkeit. Besondere Schultypen – wie: das ein- oder mehrgeschossige Pavillonsystem, die Gruppenbauweise, die Laubengangschulen, der Schustertyp, die Freiluftschule, Markthallenschule, Schulen mit Werkstatt- und Fachklassentrakten – werden verwirklicht. Die Einführung von Gesamtschulen führt zu neuen Bautypen. Denn einmal gilt es, die große Masse der Schüler unterzubringen, andererseits will man der Vermassung durch bauliche Aufgliederung des Schulkomplexes in übersichtliche Bau- und Funktionseinheiten entgegenwirken (vgl. SEIDEL 1983, S. 545 f.).
Neue Techniken und Medien führen dazu, daß die Jahresklassenschule heute bei Schulneubauten mehr und mehr zur Fachklassenschule mit eigenen Fachzentren für natur- oder geisteswissenschaftliche, musische oder technische Fächer, Sportstätten und Werkstätten, Sprachlabor- und Medienzentren, Aufenthalts- und Freizeiträume wird. Die sinkenden Schülerzahlen führen jedoch andererseits dazu, daß viele kleinere Schulen aufgelöst und nicht mehr tragbar sind. Diese Tatsache verlangt vom Schulbau größere Variabilität und Disponibilität in der Raumplanung, um bei Bedarf eine optimale und vielseitige Raumnutzung und Wirtschaftlichkeit zu garantieren. Nach 1970 wird der starre Schulbaukörper meistens weitgehend aufgelöst und es lassen sich vorwiegend vier Schulbautypen unterscheiden:

Schulbau

Abbildung 3: Zentralsystem

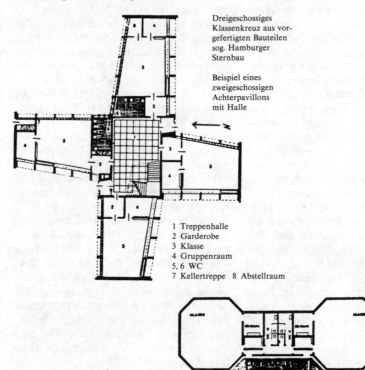

Dreigeschossiges Klassenkreuz aus vorgefertigten Bauteilen sog. Hamburger Sternbau

Beispiel eines zweigeschossigen Achterpavillons mit Halle

1 Treppenhalle
2 Garderobe
3 Klasse
4 Gruppenraum
5, 6 WC
7 Kellertreppe 8 Abstellraum

Beispiel eines zweigeschossigen Achterpavillons mit Halle Grund- und Hauptschule Halmerweg mit 24 Normalklassen
– Bremen 1959 –

(Quelle: JÖRG 1970, S. 73)

- Zentral-Systeme, bei denen alle schulischen Bereiche um ein Zentrum (Halle, Forum) gruppiert sind (vgl. Abbildung 3);
- Linear-Systeme, bei denen mehrere Hauptachsen in Längsrichtung durch vertikale Achsen verbunden sind: (vgl. Abbildung 4);
- Winkel-Systeme, die im wesentlichen eine abgewinkelte Form der Linear-Systeme darstellen und die zentrale Einrichtungen vorwiegend in der Winkelzone unterbringen (vgl. Abbildung 5);
- Netzsysteme, die in Längs- und Querrichtung nach einem Raster erbaut sind und eine großflächige Baustruktur ermöglichen (vgl. KREIDT u. a. 1974) (vgl. Abbildung 6).

Neue Bautechniken, wie etwa die Tafel- oder Skelettbauweise (vgl. JÖRG 1970, S. 204 ff.), werden bevorzugt. So können

Schulbau

Abbildung 4: Linearsystem: Kooperatives Schulzentrum in Ingolstadt/Bayern

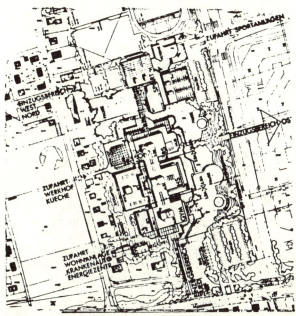

(Quelle: KREIDT u. a. 1974, S. 70)

Abbildung 5: Winkelsystem: Schul- und Sportzentrum in Meckenheim-Merl/ Nordrhein-Westfalen

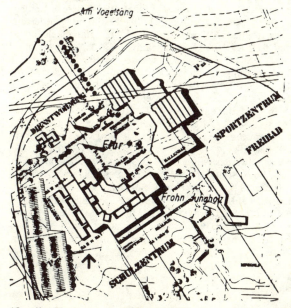

(Quelle: KREIDT u. a. 1974, S. 151)

Schulbau

Abbildung 6: Netzsystem: Gesamtschule in Tübingen-Waldhäuser-Ost/Baden-Württemberg

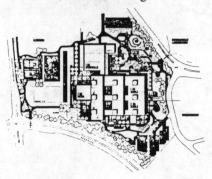
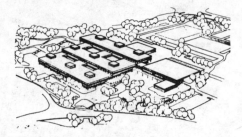

(Quelle: KREIDT u. a. 1974, S. 169)

heute Schulbauten besser und schneller den Veränderungen in unserer Gesellschaft, die ihre Schulen als Gehäuse sieht, in denen die Grundlagen von Bildung und Kultur gelegt werden, durch Rationalisierung und größere Variationsmöglichkeit angepaßt werden. Vernünftige bauliche Gestaltung unserer Schulen ist eine wesentliche Voraussetzung für die Verwirklichung sachgerechter und adressatengemäßer Formen des Lehrens und Lernens.

BERGER, W.: Schulbau von heute für morgen, Göttingen 1960. FELBIGER, J. I.: Anleitung, Schulgebäude auf dem Land wohl abzuteilen, Leipzig 1783. FERIÈRE, A.: Schule der Selbstbetätigung oder Tatschule, Leipzig 1920. GRÄFE, H.: Die deutsche Volksschule oder die Bürger- und Landschule nach der Gesamtheit ihrer Verhältnisse, Leipzig 1850. HELM, F. E.: Geschichte des städtischen Volksschulwesens in Leipzig, Leipzig 1892. JÖRG, H.: Die Entwicklung des Volksschulwesens im heutigen Kreis Kreuznach, Düsseldorf 1960. JÖRG, H.: Pädagogische Reformbestrebungen neuerer Zeit und ihre Auswirkungen auf die Schulbaubestimmungen der einzelnen Länder der Bundesrepublik Deutschland, Wuppertal 1970. KMK: Handbuch für die Kultusministerkonferenz 1977, Bonn 1977. KREIDT, H. u. a.: Schulbau, Bd. 1: Sekundarstufe I und II, München 1974. KUNTZE, G. C. CH.: Das Volksschulwesen der Provinz Schleswig-Holstein, Schleswig 1900. OVERBERG, B.: Anweisungen zum zweckmäßigen Schulunterricht, Münster 1793. RAAB, R./LINGBORG, A.: Die Waldorfschule baut – 60 Jahre Architektur der Waldorfschulen, 1920–1980, Stuttgart 1982. ROCHOW, F. E. V.: Versuch eines Schulbuches für Kinder der Landleute oder zum Gebrauch in Dorfschulen, Berlin 1772. RUSS, W.: Geschichte der Pädagogik, Bad Heilbrunn [6]1963. SCHEVELING, J.: Allgemeine Bestimmungen. In: DEUTSCHES INSTITUT FÜR WISSENSCHAFTLICHE PÄDAGOGIK/INSTITUT FÜR VERGLEICHENDE ERZIEHUNGSWISSENSCHAFT (Hg.): Lexikon der Pädagogik, Bd. 1, Freiburg 1952, S. 75 f. SCHMID, E.: Geschichte des württembergischen Volksschulwesens, Stuttgart 1910. SCHOLTZ, M.: Schulbau. In: Enzyklopädie Erziehungswissenschaft, Bd. 5, Stuttgart 1984, S. 562 ff. SCHULBAUINSTITUT DER LÄNDER: Schulbau-Informationen, Hefte 11 ff. Berlin 1970 ff. SCHULZE, G. L.: Die vorzüglichsten Gegenstände des Landschulwesens, Leipzig 1826. SEIDEL, E.: Schularchitektur. In: Enzyklopädie Erziehungswissenschaft, Bd. 8, Stuttgart 1983, S. 544 ff. STIEHL, A. W. F.: Aktenstücke zur Geschichte und zum Verständnis der 3. Preußischen Regulative, Berlin 1855. ZERRENNER, C. G.: Über eine zweckmäßige Einrichtung des Schulwesens in kleineren Städten, Magdeburg 1832.

Hans Jörg

Schulbuch

Problemaufriß. Schulbücher, nach Geschichte und Konzeption primär didaktische Medien zur Unterstützung und Entlastung schulischer Informations- und Kommunikationsprozesse, waren und sind in Vergangenheit wie Gegenwart immer wieder Gegenstand schulpädagogischer und mediendidaktischer, aber auch bildungs- und gesellschaftspolitischer Auseinandersetzungen. Wo Schulkritik sich artikuliert, da wird zumeist auch Schulbuchkritik laut. Schulbuchkritik kann als Ausdruck von Wert-, wenn nicht gar von Überschätzung eines bestimmten Typs didaktischer Medien begriffen werden. Die Einschätzung, welche Kritiker diesem oder jenem Schulbuch schulintern (als pädagogischem Hilfsmittel, „Leitmedium", als Hemmnis oder Schrittmacher bildungspolitischer Innovation) und schulextern (seine Wirkungsgeschichte als Informationsmedium und Sozialisationsfaktor betreffend) entgegenbringen, zeigt: Der Glaube an die schulpädagogische wie auch an die bildungs- und gesellschaftspolitische Bedeutung dieses didaktischen Mediums ist immer noch erstaunlich groß – gleichgültig ob Hoffnung oder Furcht den Kritiker bewegen. Neben dem Widerspruch von Kritik und Wertschätzung überrascht die Unbekümmertheit, mit der nicht nur in pädagogischen und politischen Diskussionen, sondern gelegentlich auch in fach- und erziehungswissenschaftlichen Publikationen von „dem" Schulbuch gesprochen wird. Auf Lehr- und Lernmittelmessen wie in den Katalogen der entsprechenden Verlage trifft man gegenwärtig auf eine Vielfalt von Formen didaktischer Medien in Buchform, deren undifferenzierte Subsumierung unter die Kategorie „Schulbuch" kaum zuläßt, zumindest aber eine eindeutige und zugleich umfassende Begriffsbestimmung (vgl. BECKER 1973) erschwert. Schulpädagogisch wie mediendidaktisch betrachtet, ist vielmehr hervorzuheben, daß es eine Reihe nach Grundkonzeption und speziellen Funktionen recht unterschiedlicher Schulbücher gibt: Fibeln für den Erstlese-, Rechen- und Verkehrsunterricht; Lehr- und Arbeitsbücher für fachbezogenen wie fächerübergreifenden Unterricht; Atlanten zur Geographie, Geschichte und Sexualerziehung; Schulbücher in Programmform sowie als in Medienpakete integrierte Elemente; Formel- und Daten-, Material- und Quellensammlungen; Ganzschriften, Sachbücher und Nachschlagewerke.

Historische Aspekte. Obgleich eingehende Untersuchungen zur Geschichte des pädagogischen Hilfsmittels Schulbuch bisher nur als auf bestimmte pädagogische Epochen eingeschränkte Einzelstudien vorliegen (vgl. ROMMEL 1968), kann davon ausgegangen werden, daß Schulbuchentwicklung wie Schulbuchkritik eng verknüpft sind mit didaktischen oder methodischen Theorien zur schulischen Unterrichts- und Erziehungspraxis (vgl. BAUMGÄRTNER 1981, DÖRING 1969). Schulbücher sind immer auch Spiegel des „Zeitgeistes" einer bestimmten Epoche, nicht zuletzt der jeweils vorherrschenden bildungspolitischen und pädagogischen Ansichten sowie des vorläufig anerkannten Diskussionsstandes der Didaktik schulischen Lehrens und Lernens. So finden etwa während der Zeit des Humanismus oder des Philanthropinismus (durch Erasmus und Ickelsamer beziehungsweise durch v. Rochow und Basedow) allgemein- und schulpädagogische Überlegungen ebenso ihren Niederschlag in Schullehrbüchern oder bei deren Weiterentwicklung wie in anderen Epochen allgemeindidaktische und -methodische Auffassungen eines Komenský, Pestalozzi oder Herbart. Den jeweils betonten didaktischen Prinzipien gemäß und favorisierten Vorstellungen einer Unterrichtsorganisation entsprechend, haben vor allem reformpädagogische Bewegungen im 16./17. und 18., aber auch im 20. Jahrhundert bestimmte Schulbuchkonzeptionen wenn nicht hervorgebracht, so doch gefördert – gelegentlich allerdings auch für die Abschaffung von Schulbüchern plädiert.

Eine problemgeschichtliche Betrachtung zeigt, daß Lehren, Schule und Bücher zwar von Anfang an eng zusammengehören (vgl. STACH 1981, S. 498 f.), die Geschichte „des" Schulbuches im heutigen Verständnis jedoch erst mit der Entwicklung von ausdrücklich für schulische Zwecke adaptierten und auch von den Schülern zu benutzenden Lehrbüchern beginnt (vgl. SCHWARTZ/KLAFKI 1971). Die Entstehung von Schulbüchern europäischer Prägung fällt, ermöglicht durch den Buchdruck, ins 16. Jahrhundert; sie ist zu sehen im Zusammenhang mit Bestrebungen, schulischen Unterricht effektiver zu gestalten. Die Schulbücher durchlaufen sodann verschiedene Entwicklungsphasen bezüglich der ihnen zugedachten medialen Funktionen (wie Text- und/oder Bildrepräsentation, Aufgabenstellung sowie partielle Unterrichtssteuerung). Die Entwicklungsgeschichte des didaktischen Mediums Schulbuch läßt deutlich Tendenzen der Veränderung erkennen:
- vom Lehrbuch zum Lern- und Arbeitsbuch,
- vom mono- zum multifunktionalen pädagogischen Hilfsmittel,
- von einem Strukturelement des Unterrichts neben anderen zu einem Produkt teilweise vorweggenommener Unterrichtsplanung,
- vom Einsatz als Leitmedium zu einer Verwendung als Baustein im Medienverbund.

Zur politischen und ökonomischen Dimension von Schulbüchern. Historisch-vergleichende Analysen zeigen, daß Schulbücher jedoch nicht allein Ausdruck der schulpädagogischen Praxis einer Zeit und Ausfluß der in ihr maßgeblichen Theorien des Lehrens und Lernens sind. Wie ein Schulbuch konzipiert wird, welche medialen Funktionen ihm im unterrichtlichen Kontext zugeschrieben werden, vor allem aber: was inhaltlich von ihm „re-präsentiert" wird (und was nicht!) – dies alles ist nicht nur Ergebnis rein didaktischer und/oder methodischer Erwägungen, sondern immer auch ideologischer, politischer wie pädagogischer Setzungen. „Lehrbücher verschiedener Epochen unterscheiden sich, auch wenn sie ‚denselben' Gegenstand traktieren, hinsichtlich ihrer Auswahlgesichtspunkte, ihrer Schwerpunkte und Akzente, ihrer Abgrenzungen, weil die Auffassungen und Meinungen darüber, was und warum bestimmte Inhalte ‚wichtig' sind, einem historischen Konsensus unterliegen" (HENNINGSEN 1970, Spalte 183). Was für Lehrbücher allgemein gilt, trifft auf Schulbücher in besonderem Maße zu. Dies belegen Schulbuchkontroversen der Gegenwart (vgl. STEIN 1979a), gleichgültig ob sie die Auswahl und Darstellung der fachlichen Inhalte von Schulbüchern oder die Zulassung beziehungsweise Nichtzulassung bestimmter Schulbücher betreffen. Derartige Auseinandersetzungen – verbal zumeist von pädagogischer oder bildungspolitischer Sorge um die heranwachsende Generation bestimmt, real nicht selten von partiellen sozioökonomischen oder soziokulturellen Interessen der Kläger und Kritiker geleitet – verdeutlichen, daß Schulen und das in ihnen institutionalisierte Lehren und Lernen ein Politikum ersten Ranges darstellen.

Die politische Dimension von Schulbüchern (vgl. STEIN 1976, S. 25 ff.) wird besonders offensichtlich etwa dort, wo Bemühungen um Schulbuchrevision eine parteipolitisch-weltanschauliche Normierung der Lehr- und Lerninhalte von Unterrichtsmedien intendieren. Begründet liegt die politische Dimension von Schulbüchern in deren Charakter als Ware und Steuerungsinstrument.

Der Warencharakter des Schulbuchs läßt sich durch Recherchen zum Medienmarkt in der Bundesrepublik Deutschland (vgl. NAUMANN 1974) unschwer belegen, etwa durch Aussagenanalysen zur Öffentlichkeitsarbeit des Verbandes der Schulbuchverlage und deren Institut für Bildungsmedien (vgl. BLICKPUNKT SCHULBUCH 1967 ff., INSTITUT FÜR BILDUNGSMEDIEN 1975). Das pädagogische Hilfsmittel Schulbuch ist zugleich ein Wirtschaftsgut und wird – trotz anderslautender Darstellungen unter dem Slogan „Bildung und Buch" – auch als solches produziert und gehandelt. Für Schulbuchverlage bestimmt unter ökonomischem Aspekt die „Vermarktungschance" eines Schulbuches die unternehmerische Disposition, zumal der Schulbuchmarkt durch die Merkmale „oligopolistisches Angebot" (wenige große Verlage konkurrieren auf den umsatzrelevanten Teilmärkten miteinander) und „monopolistische Nachfrage" (infolge staatlicher Schulbuchzulassung und Lernmittelfreiheit) gekennzeichnet ist. Bei Konstatierung wie Kritik eindeutiger Dominanz privatwirtschaftlicher Interessen auf dem Schulbuchmarkt läßt sich gleichwohl das mediendidaktische und bildungspolitische Engagement von Schulbuchverlagen nicht in Abrede stellen. Allerdings muß man provokative Impulse und reformerische Initiativen von Verlegerseite auf dem Mediensektor stets in Beziehung zu allen übrigen Faktoren schulischen Lehrens und Lernens setzen und sich die immer nur relative Bedeutung von Schulbüchern als Hemmnis oder Schrittmacher für bildungspolitische Innovation im Spannungsfeld schulreformerischer Aktionen und Reaktionen vergegenwärtigen.

In der Bundesrepublik Deutschland, wo man das in Schulen totalitärer oder autoritärer Staaten als Steuerungsmittel des Lehrens und Lernens bevorzugte Einheitsbuch nicht kennt, wird die Freiheit von Schulbuchproduktion und -absatz (und mit ihr die didaktisch-methodische Freiheit wissenschaftlich ausgebildeter Pädagogen!) dennoch nicht unerheblich eingeschränkt (vgl. BRINKMANN-HERZ 1980). Gemäß Art. 7, Abs. 1 des Grundgesetzes obliegt dem Staat die Aufsicht über das öffentliche Schulwesen und damit auch die Prüfung der in ihm Verwendung findenden Lehr- und Lernmittel. Ausgeübt wird diese durch die obersten Schulaufsichtsbehörden (Kultusministerien). Die Prüfungspraxis selbst geht auf einen Beschluß der Kultusministerkonferenz aus dem Jahre 1951 zurück. Das Verfahren wird in den einzelnen Bundesländern recht unterschiedlich gehandhabt (vgl. LACKAMP/ ZIEGENSPECK 1978), jedoch generell von kultusministeriell berufenen Prüfern: in der Regel von anonymen Einzelgutachtern, in Nordrhein-Westfalen teilweise auch von Schulbuchkommissionen, deren Mitglieder bekannt sind. Prüfungskriterien sind neben Verfassungs- und Gesetzeskonformität vor allem Richtlinien- und Lehrplanadäquatheit, Berücksichtigung des fachwissenschaftlichen und fachdidaktischen Diskussionsstandes, Aufmachung unter motivations- und lernpsychologischen Gesichtspunkten sowie die Preisgestaltung. Letzterem Gesichtspunkt kommt insbesondere im Zusammenhang mit den Regelungen zur Lernmittelfreiheit in verschiedenen Bundesländern (Ausleih- oder Übereignungs- beziehungsweise Mischform zwischen beiden Verfahren) eine nicht unwesentliche Bedeutung zu. Die Freiheit professioneller Pädagogen hinsichtlich der Schulbuchwahl wird mancherorts über die kultusministerielle Schulbuchprüfung hinaus eingeschränkt durch Selektionsverfahren lokaler oder regionaler Schulbuchausschüsse; diese wählen aus der Liste der amtlich genehmigten Schulbücher bestimmte Unterrichtswerke aus und machen sie für die Schulen ihres Bereichs verbindlich. Begründet wird diese restriktive, aber Kosten sparende Maßnahme vornehmlich damit, daß die Benutzung gleicher Schulbücher in den Schulen eines Aufsichtsbezirks eine flexible Unterrichtsorganisation begünstige sowie den Klassen- und Schulwechsel erleichtere. Die Einführung der Schulbücher in den einzelnen Schulen schließlich erfolgt durch Klassen- oder Fachkonferenzen.

Das privatwirtschaftliche Angebot der in der Regel von Autorenteams aus Verlagsredakteuren, Fachdidaktikern und Schulpraktikern entwickelten Schulbücher sieht sich somit einem dreistufigen Selektionsverfahren konfrontiert, in dem die vom Ergebnis der Schulbuchprüfungen Betroffenen nur höchst unzureichend beteiligt sind: vereinzelt in Schulbuchkommissionen (Lehrer und Eltern), teilweise auch in Schulbuchausschüssen und -konferenzen (Lehrer, Eltern und Schüler) aufgrund neuer Schulmitwirkungsgesetze. Offensichtlich stellt kultusministerielle Schulbuchprüfung – verfassungsrechtlich legitim, jedoch verfassungspolitisch nicht unproblematisch (vgl. STEIN 1982, WITTROCK 1978) – immer noch eines der Essentialien staatlicher Schulaufsicht dar, aus erziehungswissenschaftlicher Sicht als „Indiz für den para-pädagogischen Charakter" der öffentlichen Anstaltsschule kritisiert (MÜLLER 1977, S. 311), aus bildungspolitischer Sicht nicht zuletzt als Schutzmaßnahme zwecks Sicherung der Chancengleichheit im Bildungswesen verteidigt (vgl. HAMBRINK 1979, S. 171 f.).

Zur pädagogischen Dimension von Schulbüchern. Bei gesellschafts-, insbesondere bei partei- und wahlkampfpolitischen Auseinandersetzungen interessiert die informatorische Dimension von Schulbüchern nur mittelbar, und ihre pädagogische Dimension gerät dabei zumeist völlig in Vergessenheit. Außer acht bleibt demzufolge häufig, daß Schulbücher, bevor sie unter den zuvor genannten oder anderen Aspekten zu politischen Streitobjekten (gemacht) werden, als Unterrichtsmedien konzipiert sind, deren typenspezifische didaktische Funktionen – Strukturierung und Präsentation der Lehr- und Lerninhalte, Motivierung der Lernenden, Steuerung und Differenzierung des Unterrichtsprozesses, Training und Kontrolle des Gelernten (vgl. HACKER 1980 a) – den Adressaten, in erster Linie: Schülern und Lehrern, zugute kommen sollen. Daher sind sie eingangs als pädagogische Hilfsmittel bezeichnet und – wegen der in ihnen objektivierten Lehrfunktionen – als Medien zur Unterstützung und Entlastung schulischer Informations- und Kommunikationsprozesse definiert worden. Ausgesagt ist damit bereits, daß sie wie für den Schüler letztlich nur Lernhilfe und Arbeitsmittel, so auch für den Lehrer allenfalls Werkzeug, nie jedoch „heimliche Richtlinie", das heißt Ersatz für reflektierte und engagierte Planung von Unterricht (SCHULZ 1980, S. 122 ff.) sein dürfen.

Die Kennzeichnung eines Schulbuches als „Paedagogicum" nimmt Bezug auf eine Theorie pädagogischen Handelns, die Unterricht und Erziehung als kommunikative und kooperative, nicht manipulative Praxis interpretiert, durch welche Heranwachsende zu Selbstbestimmung und Weltverantwortung angeleitet werden sollen. Dem Schulbuch kommt somit im Rahmen unterrichtlicher und erzieherischer Praxis eine doppelte mediale Funktion zu: Es ist zugleich Mittel und Mittler, bedeutsam für den Inhalts- wie für den Beziehungsaspekt schulischen Lehrens und Lernens. Als „Informatorium" hat es kontroverse Texte und unterschiedlichste Materialien bereitzustellen sowie Anstöße und Hilfen zu multiperspektivischer Erörterung der dargebotenen Inhalte, Themen oder Probleme zu geben. Die in Schulbüchern zur Diskussion bereitgestellte Information muß nicht nur in sachlicher wie sprachlicher Hinsicht so präsentiert werden, daß sie der schulischen Lehr- und Lernsituation angemessen ist, sondern sollte auch die Befangenheit, Ergänzungsbedürftigkeit und Überholbarkeit des jeweils dargebotenen Schulbuchwissens verdeutlichen oder zumindest erkennen lassen. Mediendidaktisch betrachtet, wäre wünschenswert, daß sich das Schulbuch durch curriculare Offenheit, Polyvalenz in funktionaler Hinsicht und Aufgeschlossenheit für einen Medienverbund auszeichnet. Schulbücher mit Lese- und Arbeitsbuchcharakter werden sich nicht mit der Vermittlung von Wissen, Fertigkeiten und Handlungsentwürfen begnügen dürfen. Sie sollten zugleich zu rückhaltlosem Denken und Fragen herausfordern, neben „identifikatorischem" auch „distanzierendes" Lesen ermöglichen. Dann können solche Unterrichtsmedien Schüler wie Lehrer auch zu der Einsicht führen, daß nicht nur mit Hilfe von, sondern ebenso an Schulbüchern etwas zu lernen und zu lehren ist, daß es demnach pädagogisch sinnvoll und notwendig ist, didaktische Medien – nicht anders als Massenmedien – selbst zum Gegenstand schulischer Informations- und Kommunikationsprozesse zu machen (vgl. NITZSCHKE 1977).

Schulbuchtheorie. Immer schon hat es Artikulationsversuche einer Theorie des pädagogischen Hilfsmittels Schulbuch gegeben. Auch gegenwärtig finden sich – vor allem in der fachdidaktischen und schulpädagogischen Literatur – vielfältige Überlegungen, die als Ansätze zu einer fach- beziehungsweise lernbereichsbezogenen oder gar allgemeinen Theorie des Unterrichtsmediums Schulbuch Beachtung verdienen.
Hierbei handelt es sich jedoch weithin um Ansätze zu einer vorwiegend eindimensionalen Theorie des Unterrichtsmediums Schulbuch. Für eine mehrdimensional zu entwickelnde, offene Theorie dieses didaktischen Mediums sprechen aber nicht allein die Vielfalt von Schulbuchformen und -typen sowie die Mehrdimensionalität des Massenmediums Schulbuch als Politikum, Informatorium und Paedagogicum (vgl. STEIN 1977, S. 231 ff.), sondern darüber hinaus auch die zahlreichen unterschiedlichen Erwartungen, die an eine Schulbuchtheorie gestellt werden: Schulbuchadressaten etwa versprechen sich von ihr anderes als Schulbuchproduzenten oder Schulbuchkontrolleure; unterrichts- und erziehungspraktische Bedürfnisse legen nicht die gleichen Fragestellungen und Ansätze nahe wie politik- oder bildungstheoretische Reflexionen zur Sache Schulbuch. Angesichts solcher von recht unterschiedlichem Interesse geleiteten Ansprüche, die an eine Theorie des Schulbuches gestellt werden, erweist sich deren Entwicklung als ebenso schwierig wie notwendig, zumal die Vorstellungen der genannten Gruppen über das mit dem Terminus „Schulbuchtheorie" jeweils Gemeinte nicht weniger divergieren als begriffliche Bestimmungen des Mediums Schulbuch.
Insofern kann nicht verwundern, daß es eine Schulbuchtheorie, welche die angedeuteten Erwartungen und Ansprüche alle zugleich und gleichermaßen befriedigt (noch) nicht gibt. Gleichwohl ist die Behauptung: „Schulbücher gibt es seit 400 Jahren, eine Theorie des Schulbuches gibt es nicht" (HALBFAS 1975, S. 149), im Grunde nicht haltbar. Zwar existiert – trotz einer Vielzahl von Arbeiten zur Sache Schulbuch (vgl. STEIN 1979b) – noch keine spezielle Schulbuchtheorie, die sich unter pädagogisch-systematischer Fragestellung umfassend und differenziert zugleich mit dem didaktischen Medium Schulbuch und den typenspezifischen Problemen dieses pädagogischen Hilfsmittels befaßt hätte. Doch liegt bereits seit 1965 ein bemerkenswerter Theorieentwurf vor, der ausführlich nicht nur Funktion wie Konzeption jenes Unterrichtsmediums unter schulpädagogischen Gesichtspunkten thematisiert, sondern auch auf die politisch-administrative Kontrolle und den Öffentlichkeitscharakter von Schulbüchern näher eingeht (vgl. KOPP 1965).

Schulbuch

Zudem müßte die Behauptung „eine Theorie des Schulbuches gibt es nicht" speziell unter erziehungswissenschaftlich-problemgeschichtlichem Aspekt Widerspruch erfahren: Jan Amos Komenský (1592–1670) beispielsweise hat im Rahmen seiner allgemeinen Pädagogik („Pampaedia") auch eine Schulbuchtheorie („Pambiblia") entwickelt. Sowohl die klassische schulbuch-pädagogische Theorie des Comenius als auch der neuere Koppsche Versuch einer allgemeinen Theorie des Schulbuches stehen freilich, schulpädagogisch wie mediendidaktisch betrachtet, jeweils im Kontext einer bestimmten Bildungstheorie, was diese Schulbuchtheorien unter erziehungswissenschaftlichem wie bildungspolitischem Aspekt teilweise als überholt erscheinen läßt.

Eingedenk der Tatsache, daß jede Publikation zur Sache Schulbuch nach Zeit und Ort in einer bestimmten geschichtlich-gesellschaftlichen Situation steht und zu sehen ist, dürften neben den bereits genannten auch einige neuere Arbeiten sich als Bausteine für eine offene mehrdimensionale Schulbuchtheorie eignen. Erwähnt seien hier beispielhaft
- Vorschläge zu einer Systematisierung von nach Reflexionsstufe und Aussageart zu unterscheidenden Beiträgen zur Sache Schulbuch (vgl. RÖHRIG 1977, S. 61 ff.),
- Analysen zur Rolle von Schulbüchern als Produkt und Faktor gesellschaftlicher Prozesse (vgl. SCHALLENBERGER 1973, SCHALLENBERGER/STEIN 1978, STEIN 1976),
- Studien zur Interdependenz von Schulreform, Curriculumentwicklung und Schulbuchverbesserung (vgl. HACKER 1982, HALBFAS 1975, LICHTENSTEIN-ROTHER 1970, MICHEL 1975),
- Hinweise zur medialen Funktion von Schulbüchern und deren Verwendung im Unterricht (vgl. HACKER 1980b),
- Notizen zum Zusammenhang von schulbuchunterstützten Prozessen der Lernsteuerung mit dem erworbenen Wissenszusammenhang der Adressaten (vgl. HENNINGSEN 1973),
- Sondierungen zur sprachlichen Präsentation lebensweltlicher Situationen oder Sachverhalte und fachwissenschaftlicher Probleme in Schulbüchern (vgl. RUMPF 1971, 1980).

Schulbuchforschung. Kritik an Schulbüchern und Vorschläge zu ihrer Verbesserung beziehen sich von jeher sowohl auf das jeweils darzubietende Schulbuchwissen und die Modi seiner Vermittlung als auch auf Probleme der Schulbuchgestaltung und des Schulbucheinsatzes (vgl. ROMMEL 1968, S. 188 ff.). Seit der Einrichtung von Schulen wird daneben Schulbuchkritik unter administrativem Aspekt artikuliert, wobei diese in der Regel als Schulkritik mittelbar das soziopolitische Subsystem Schule verbessern will, gelegentlich darüber hinaus zur Gesellschaftskritik vorzustoßen trachtet. Kritik, die auf die Inhaltsdimension von Schulbüchern für die sogenannten gesinnungsbildenden Unterrichtsfächer (Deutsch, Religion, Geschichte, Politik) zielt und Empfehlungen zu deren Revision unterbreitet, erfolgt in der Regel nicht primär unter fachlichen und/oder pädagogischen Gesichtspunkten. Beleg dafür sind unter anderem die gezielten Bemühungen um Schulbuchverbesserung im Dienste der Völkerverständigung und einer internationalen Friedenserziehung, insbesondere nach den beiden Weltkriegen (vgl. SCHRÖDER 1961, SCHÜDDEKOPF 1976). Diese haben in der ersten Hälfte unseres Jahrhunderts zur Etablierung eines ideologisch-pragmatischen Ansatzes von Schulbuchrevision geführt, der inzwischen aufgrund wegweisender Anstöße Georg Eckerts und der Arbeitsgemeinschaft Deutscher Lehrerverbände sowie engagierter Bemühungen des 1951 gegründeten „Instituts für Internationale Schulbuchforschung" in Braunschweig (vgl. GEORG-ECKERT-INSTITUT ... 1980;

vgl. HIRSCH 1971, S. 47f., S. 81) und der UNESCO zu einem auch methodologisch relativ abgesicherten Zweig wissenschaftlicher Schulbucharbeit unter politischer Zielsetzung weiterentwickelt worden ist (vgl. BACHMANN 1978, ECKERT 1960, JEISMANN 1979).
Wo in der Bundesrepublik Deutschland von politischen Vorgaben unabhängige wissenschaftliche Schulbucharbeit in Angriff genommen wird, da intendiert diese vornehmlich Inhaltsanalysen von Schulbüchern unter fachwissenschaftlichem oder ideologiekritischem Aspekt. Weit seltener geht es um das Schulbuch als didaktisches Medium betrachtende erziehungswissenschaftliche, kaum um das Schulbuch als Produkt und Faktor gesellschaftlicher Prozesse thematisierende sozialwissenschaftliche Untersuchungen. Entsprechende Defizite, Einseitigkeiten und Ausblendungen bestimmter Fragestellungen im Rahmen wissenschaftlicher Schulbucharbeit sind einerseits Reflex einer jeweils auf aktuelle gesellschaftliche Streitpunkte beschränkten öffentlichen Diskussion über Schulbuchfragen (vgl. STEIN 1979c, TEWES 1979), andererseits Ausdruck eines auf die informatorische Dimension von Schulbüchern und deren Sozialisationswirkung gerichteten Interesses der meisten (Fach-)Wissenschaften an Schulbuchforschung. Das diesbezügliche Engagement hat zwar zu einer beachtlichen Verbesserung des Schulbuchangebots unter fachwissenschaftlichem und fachdidaktischem Aspekt geführt, nicht jedoch zu einer schulbuchbezogenen Aufarbeitung allgemeindidaktischer Probleme sowie der politisch-ökonomischen Rahmenbedingungen von Schulbuchentwicklung, -begutachtung und -einsatz.
Kritik an der einseitigen Schwerpunktbildung (vgl. STEIN 1977, S. 231 ff.) sowie an der unterentwickelten Methodologie und Methodik auf dem Gebiet der Schulbuchforschung (vgl. MARIENFELD 1979, SCHALLENBERGER 1976) lassen dreierlei als notwendig erscheinen:
- die Neuorientierung derzeitiger Schulbuchforschung – im Kontext von Schulreform, Curriculumentwicklung und Mediendidaktik – unter pädagogischer Fragestellung,
- die Weiterentwicklung herkömmlicher wissenschaftlicher Schulbucharbeit von einer inhaltsfixiert-monoperspektivischen zu einer problemorientiert-multiperspektivischen Schulbuchforschung,
- die Unterscheidung objekt- und metatheoretischer, fachspezifischer und fachübergreifender, nationaler und internationaler Beiträge sowie eine Koordinierung der entsprechend vielfältigen Ansätze wissenschaftlicher Schulbucharbeit im Rahmen einer systematischen Schulbuchforschung, die in geschichtlicher wie aktueller Hinsicht komparatistisch und integrierend verfährt.

Hierzu beizutragen bemüht sich das 1977 gegründete Duisburger „Institut für Schulbuchforschung" (vgl. INSTITUT FÜR SCHULBUCHFORSCHUNG... 1982), und zwar durch eine politik-, erziehungs- und fachwissenschaftliche Schulbucharbeit, die der Mehrdimensionalität des didaktischen Mediums Schulbuch Rechnung zu tragen und die Schulbuchwirklichkeit in der Bundesrepublik Deutschland umfassend, unter Einbeziehung der Schulbuchadressaten, -produzenten und -kontrolleure sowie ihres Umgangs mit Schulbüchern, zu erforschen sucht.

Vorrangig zu lösende Aufgaben der Schulbuchforschung sind gegenwärtig
- die Klärung der Methodologie und Methodenproblematik wissenschaftlicher Schulbucharbeit;
- die Inangriffnahme einer sozialwissenschaftlichen Rezeptions- und Wirkungsforschung, vor allem das Verhältnis von Schulbüchern und Adressaten betreffend;
- die Ausweitung vergleichender Schulbuchforschung über textbezogene

Aussagenanalysen hinaus auf vergleichende Untersuchungen zum politisch-ökonomischen Kontext von Schulbuchproduktion, -kontrolle und -konsumtion in Ländern mit unterschiedlichem soziokulturellem System;
- die Intensivierung erziehungswissenschaftlicher Schulbucharbeit mit dem Ziel einer schulbuchzentrierten Aufarbeitung allgemein- und schulpädagogischer sowie medien- und allgemeindidaktischer Erkenntnisse.

Wenn Schulbücher und der schulische wie außerschulische Umgang mit ihnen unter vielfältigen Gesichtspunkten betrachtet werden können und demzufolge inzwischen Forschungsgegenstand zahlreicher Wissenschaftsdisziplinen geworden sind, so erscheint es sinnvoll, wissenschaftliche Schulbucharbeit nicht mehr nur als Spezialforschung von Vertretern dieser oder jener Einzeldisziplinen, sondern vielmehr als Teamwork im Sinne multidiszipliner problemorientierter Medien- und Unterrichtsforschung zu betreiben (vgl. STEIN/SCHALLENBERGER 1981).

Schließlich ist das didaktische Medium Schulbuch nicht nur Objekt von (institutionalisierter, „freier" oder sogenannter Auftrags-)Forschung, sondern auch Gegenstand von Lehre und Unterricht in Schulen und Hochschulen. So setzt sich allmählich die Einsicht durch, daß Schulbücher in schulischer Unterrichts- und Erziehungspraxis in doppelter Hinsicht genutzt werden können: als Hilfsmittel im und als Gegenstand von Unterricht. In entsprechenden Vorstellungen vom Lehren und Lernen mit und an Unterrichtsmedien wird die hochschuldidaktische wie schulpädagogische Relevanz wissenschaftlicher Schulbucharbeit – speziell für die Lehrerbildung – sichtbar.

BACHMANN, S.: Internationale Schulbuchrevision als Teil internationaler Verständigung und Zusammenarbeit. In: MICKEL, W. W. (Hg.): Europäische Bildungspolitik, Neuwied 1978, S. 110 ff. BAUMGÄRTNER, A. C.: Aus der Geschichte des Schulbuchs. In: Blickp. Sbuch. (1981), 24, S. 23 ff. BECKER, G.: Überlegungen zum Begriff Schulbuch. In: SCHALLENBERGER, E. H. (Hg.): Das Schulbuch – Produkt und Faktor..., Ratingen 1973, S. 13 ff. BLICKPUNKT SCHULBUCH – Zeitschrift für moderne Unterrichtsmedien, Frankfurt/M. 1967 ff. BRINKMANN-HERZ, D.: Von der Schulbuchgenehmigung zur Kontrolle des Unterrichts. In: R. d. Jug. u. d. Bwes. 28 (1980), 2, S. 74 ff. DÖRING, K. W.: Lehr- und Lernmittel, Weinheim 1969. ECKERT, G.: Internationale Schulbuchrevision. In: Int. Z. f. Ew. – Neue Folge 6 (1960), S. 399 ff. GEORG-ECKERT-INSTITUT FÜR INTERNATIONALE SCHULBUCHFORSCHUNG: Selbstdarstellung. In: P. Rsch. 34 (1980), S. 603 ff. HACKER, H.: Anmerkungen zu einer Didaktik des Schulbuchs. In: B. u. E. 33 (1980), S. 127 ff. (1980a). HACKER, H. (Hg.): Das Schulbuch. Funktion und Verwendung im Unterricht, Bad Heilbrunn 1980b. HACKER, H.: Kodifizierte Bestimmungsfaktoren curricularer Lernereignisse: Schulbücher. In: HAMEYER, U. u. a. (Hg.): Handbuch der Curriculumforschung, Weinheim/Basel 1983, S. 351 ff. HALBFAS, H.: Prinzipien zur Gestaltung von curriculumbezogenen Schulbüchern. In: FREY, K. (Hg.): Curriculum-Handbuch, Bd. 2, München 1975, S. 149 ff. HAMBRINK, J.: Schulverwaltung und Bildungspolitik. Die Festlegung von Lerninhalten in ministeriellen Genehmigungsverfahren für Schulbücher, München 1979. HENNINGSEN, J.: Lehrbuch. In: Pädagogisches Lexikon, Bd. 2, Gütersloh 1970, Spalte 182 ff. HENNINGSEN, J.: Lernsteuerung und erworbener Wissenszusammenhang. In: SCHALLENBERGER, E. H. (Hg.): Das Schulbuch – Aspekte und Verfahren zur Analyse. Zur Sache Schulbuch, Bd. 2, Ratingen 1973, S. 53 ff. HIRSCH, H.: Lehrer machen Geschichte. Das Institut für Erziehungswissenschaften und das Internationale Schulbuchinstitut, Ratingen 1971. INTENTIONEN WISSENSCHAFTLICHER SCHULBUCHARBEIT. In: Lehrmittel aktuell 5 (1979), 2, S. 32 ff. INSTITUT FÜR BILDUNGSMEDIEN E. V. (Hg.): Kleine Schulbuchschule, Frankfurt/M. 1975. INSTITUT FÜR SCHULBUCHFORSCHUNG (IfS) E. V. AN DER UNIVERSITÄT DUISBURG: Selbstdarstellung. In: P. Rsch. 36 (1982), S. 479 ff. JEISMANN, K. E.: Internationale Schulbuchforschung – Aufgaben und Probleme. In: Int. Sbuchfo. 1 (1979), 1, S. 7 ff. KOPP, F.: Das Schulbuch im Unterricht der Volksschule, Donauwörth 1965. LACKAMP, A./ZIEGENSPECK, J.: Das Schulbuchgenehmigungs- und Schulbuchzulassungsverfahren in den Ländern der Bundesrepublik Deutschland. In: SCHALLENBERGER, E.H./STEIN, G. (Hg.): Das Schulbuch – zwischen staatlichem Zugriff..., Kastellaun 1978, S. 101 ff. LICHTENSTEIN-ROTHER, I.: Das Schulbuch – ein Hemmnis der Schulreform? In: ADRIAN, W. u.a. (Hg.): Das Buch in der dynamischen Gesellschaft, Trier 1970, S. 73 ff. MARIENFELD, W.: Schulbuch-Analyseverfahren am Beispiel von Schulbuchdarstellungen zum Thema Islam und Kreuzzüge. In: Geschdid. 4 (1979), S. 130 ff. MICHEL, G.: Das Schulbuch als Curriculumelement. In: Erziehen heute 2 (1975), 1, S. 10 ff. MÜLLER, W.: Schulbuchzulassung. Zur Geschichte und Problematik staatlicher Bevormundung von Unterricht und Erziehung, Kastellaun 1977. NAUMANN, J.: Medien-Märkte und Curriculumrevision in der BRD, Berlin 1974. NITZSCHKE, V.: Schüler untersuchen Schulbücher. In: Pol.Did. (1977), 4, S. 68 ff. RÖHRIG, H.: Studien zur Theorie des Schulbuchs, Mimeo, Düsseldorf 1977. ROMMEL, H.: Das Schulbuch im 18. Jahrhundert, Wiesbaden 1968. RUMPF, H. (HG.): SCHULWISSEN. PROBLEME DER ANALYSE VON UNTERRICHTSINHALTEN, GÖTTINGEN 1971. RUMPF, H.: Das Schulbuch als Medium im Zivilisationsprozeß. In: B. u. E. 33 (1980), S. 112 ff. SCHALLENBERGER, E.H. (Hg.): Das Schulbuch – Produkt und Faktor gesellschaftlicher Prozesse. Zur Sache Schulbuch, Bd. 1, Ratingen/Kastellaun/Düsseldorf 1973. SCHALLENBERGER, E.H. (Hg.): Studien zur Methodenproblematik wissenschaftlicher Schulbucharbeit. Zur Sache Schulbuch, Bd. 5, Kastellaun 1976. SCHALLENBERGER, E.H./STEIN, G. (Hg.): Das Schulbuch – zwischen staatlichem Zugriff und gesellschaftlichen Forderungen. Zur Sache Schulbuch, Bd. 7, Kastellaun 1978. SCHRÖDER, C.A.: Die Schulbuchverbesserung durch internationale geistige Zusammenarbeit, Braunschweig 1961. SCHÜDDEKOPF, O.E.: Vom Sinn und von der Bedeutung internationaler Schulbucharbeit. In: SCHALLENBERGER, E.H. (Hg.): Studien zur Methodenproblematik..., Kastellaun 1976, S. 109 ff. SCHULZ, W.: Unterrichtsplanung, München/Wien/Baltimore ²1980. SCHWARTZ, E./KLAFKI, W.: Schulbuch. In: GROOTHOFF, H.-H./STALLMANN, M. (Hg.): Neues Pädagogisches Lexikon, Stuttgart/Berlin ⁵1971, Spalte 1003 ff. STACH, R.: Schulbuch in Unterricht und Forschung. In: TWELLMANN, W. (Hg.): Handbuch Schule und Unterricht, Bd. 4.1, Düsseldorf 1981, S. 498 ff. STEIN, G.: Schulbuchkritik als Schulkritik, Saarbrücken 1976. STEIN, G.: Schulbuchwissen, Politik und Pädagogik. Zur Sache Schulbuch, Bd. 10, Kastellaun 1977. STEIN, G.: Immer Ärger mit den Schulbüchern, 2 Bde., Stuttgart 1979 a. STEIN, G.: Schulbuchforschung zwischen Wissenschaft und Politik – Eine Auswahlbibliographie. In: TEWES, B. (Hg.): Schulbuch..., Paderborn 1979, S. 155 ff. (1979 b). STEIN, G. (Hg.): Schulbuchschelte als Politikum und Herausforderung wissenschaftlicher Schulbucharbeit, Stuttgart 1979 c. STEIN, G.: Verrechtlichung von Schulbuchgenehmigung und -auswahl: Sicherung pädagogischer Freiheit vor Ort? In: R. d. Jug. u. d. Bwes. 30 (1982), S. 238 ff. STEIN, G./SCHALLENBERGER, E.H.: Multiperspektivische Schulbuchforschung im Umriß. In: Blickp. Sbuch. (1981), 24, S. 20 ff. TEWES, B. (Hg.): Schulbuch und Politik, Paderborn/München/Wien/Zürich 1979. WITTROCK, A.: Rechtsprobleme des Schulbuchgenehmigungsverfahrens. In: SCHALLENBERGER, E.H./ STEIN, G. (Hg.): Das Schulbuch – zwischen staatlichem Zugriff..., Kastellaun 1978, S. 47 ff.

Gerd Stein

Schülervertretung

Definition. Der Begriff „Schülervertretung" (SV) ist an die Stelle der Begriffe „Schülermitverwaltung", „Schülermitverantwortung", „Schülermitgestaltung" (meist als Kürzel SMV, SMG verwendet) getreten (zur Etymologie der SMV vgl. CZYMEK 1968). Ob dies zur Klärung der Möglichkeiten und Grenzen, Schülerrechte wahrzunehmen, beigetragen hat, ist fraglich. Denn Schülervertretung kann formal und inhaltlich interpretiert werden: als *Repräsentation* vieler durch einzelne Schüler oder als Sammlung, Bündelung und Wahrnehmung von Schüler*interessen*. In dem so umrissenen Spannungsfeld heben die Fürsprecher erweiterter Schülerrechte meist auf die inhaltliche Bedeutung ab, während von den Gegnern die formale Bedeutung betont wird.

Eine Schülervertretung ist auf drei Ebenen möglich: im Unterricht, in der Schule und schulübergreifend. Inhaltlich findet sich das Thema in drei Zusammenhängen: als Mitsprache bei der Unterrichtsplanung und -gestaltung, als Interessenvertretung innerhalb und außerhalb der Schule und als Unterrichtsgegenstand „Mitbestimmung" (vgl. LASKE 1981, S. 14). Allerdings gilt die Unterrichtsplanung und -gestaltung überwiegend als von der Mitbestimmung der Schüler ausgeklammert (vgl. GAMM 1970a, S. 90 ff.; vgl. PREUSS-LAUSITZ 1972, S. 132).

Schülervertretung ist zu begreifen als Teilbereich der Mitbestimmung, in dem gewählte Schüler die Interessen ihrer Mitschüler vornehmlich auf schulischer und überschulischer Ebene in behördlich sanktionierten Freiräumen unter Wahrung der gesellschaftlich definierten Regeln der Konfliktlösung vertreten dürfen (vgl. auch HETHEY 1970, S. 75).

Historische Aspekte. Sicherlich gab es lange vor ihrer Kodifizierung eine Interessenvertretung von Schülern, aber erst mit der Diskussion um die staatsbürgerliche Erziehung in Schulen seit der Jahrhundertwende gewann die Schülervertretung ihre bildungspolitische Dimension (vgl. REINHARDT 1971, S. 13). Unterscheiden lassen sich vier „Richtungen":
- eine *autokratisch-patriarchalische*, die den Schülern in der von Lehrern gesetzten Schulordnung strikte Gefolgschaft abverlangt (Pestalozzi, Gaggell) und *eingesetzten* Schülervertretern nur vom Lehrer ausdrücklich delegierte disziplinarische Funktionen auszuüben gestattet;
- eine *konservativ-pragmatische*, die den Schülern um ihrer staatsbürgerlichen Erziehung willen Aufgaben der Selbstverwaltung etwa bei Lehr- und Unterrichtsmitteln sowie Schulfeiern zuerkennt (Kerschensteiner, Foerster), aber am pädagogischen Prinzip strikter Distanz zum Lehrer festhält;
- eine *kulturkritisch-idealistische* mit starken Impulsen aus der Jugendbewegung (vgl. KUPFFER 1968, S. 719 ff.; vgl. ROCHE 1973, S. 274), die in der Idee der *Schulgemeinde* Lehrer und Schüler auf ein gemeinsames Ziel, die partnerschaftliche Interaktion, verpflichten will, damit lediglich sachlich gerechtfertigte Lehrerautorität gelten und die Schüler ihre Interessen gegenüber den Lehrern artikulieren läßt (Wyneken, Luserke);
- eine *sozialistische*, in der die Gleichberechtigung der Lehrer und Schüler als Teile einer „Vollschulgemeinde" ohne Status- und Autoritätsdifferenzen propagiert wird, damit letztlich das Abhängigkeitsverhältnis zwischen Lehrer und Schüler wegen der zahlenmäßigen Dominanz der Schüler und des Zwanges, Entscheidungen nur per Wahl zu treffen, umgekehrt werden soll (Bernfeld – vgl. KELL 1973, S. 20 ff.; vgl. REINHARDT 1971, S. 13 ff.).

Als bahnbrechend für die SMV gilt der Erlaß Gustav *Wynekens* (preußischer Minister für Wissenschaft, Kunst und Volksbildung) vom 27. 11. 1918. Darin wird die „völlig freie Aussprache von Lehrern und Schülern über Angelegenheiten des Schullebens" (REINHARDT 1971, S. 16) gefordert. Ein *Schülerrat* soll die Interessen der Schüler vertreten und an der Schulordnung mitwirken (vgl. SCHNEIDER 1968, S. 54). Der Erlaß wurde jedoch als sozialistisch diffamiert und mußte eingeschränkt werden. In der Zeit des Nationalsozialismus wurde dann jeder Anflug von Mitbestimmung durch das Führerprinzip erstickt (vgl. HINRICHS 1969, S. 13; vgl. SCHNEIDER 1968, S. 55).

Nach dem Zweiten Weltkrieg wurde mit der Anlehnung an das englische Prefect-System gleichfalls an die konservativ-pragmatische Konzeption angeknüpft. Schülervertreter galten als Partner der Lehrer; sie hatten deren Aufgaben zu ergänzen, aber nicht die Funktion, Konflikte aufzugreifen und Schülerinteres-

sen gegenüber Lehrern zu vertreten. Damit drohte die SMV sich zu einer Karriereleiter für Schülerfunktionäre zu entwickeln (vgl. HASE/LADEUR 1975, S. 296; vgl. HINRICHS 1969, S. 4). Diese Fehlentwicklung geißelte C.-L. Furck 1966: In sieben Thesen attestierte er der SMV die Bedeutung eines „demokratischen Feigenblatts"; Schüler erhielten eine „Scheinverantwortung", würden aber eigentlich wie Lehrlinge im vergangenen Jahrhundert behandelt (vgl. HINRICHS 1969, S. 9f.). Diese Entlarvung der SMV-Idylle gab in Niedersachsen und Hamburg den Anlaß zu modifizierten SMV-Erlassen; eine durchgreifende Erweiterung der Schülerrechte hatte sie nicht zur Folge (vgl. HOLTMANN 1971, S. 100f.; vgl. PREUSS-LAUSITZ 1972, S. 125). Dies geschah erst mit den Studentenprotesten 1967/1968, in denen die Notwendigkeit einer Demokratisierung gesellschaftlicher Institutionen deutlich gemacht wurde (vgl. HOLTMANN/REINHARDT 1971, S. 5). In der Folge dieser Ereignisse beeilten sich wie in anderen Staaten auch in der Bundesrepublik Deutschland zahlreiche Kultusminister, in SMV-Erlassen die Rechte der Schüler zu konkretisieren (vgl. SÜSSMUTH 1973, S. 47), ohne indessen die „Gemeinschaftsideologie" (GAMM 1970b, S. 157) aufzugeben und den Schülern echte Mitbestimmungsrechte einzuräumen. Erst Anfang der 70er Jahre, nachdem das Bundesverfassungsgericht die gemeinsame Verantwortung von Elternhaus und Schule in der Erziehung als Verfassungsgrundsatz bestätigt und die Kultusministerkonferenz eine Rahmenvereinbarung zur SMV beschlossen hatte (vgl. KMK 1973), wurden die Partizipationsrechte von Schülern in Schul(verfassungs)gesetzen der Länder kodifiziert.
In der Deutschen Demokratischen Republik ist demgegenüber ein System kollektiver Selbsterziehung der Schüler etabliert worden, bei dem Mitwirkung auf die Organisation außerunterrichtlicher gesellschaftlicher und politischer Schulveranstaltungen beschränkt und einzig die Freie Deutsche Jugend (FDJ) zur Repräsentation der Schülerinteressen legitimiert ist (vgl. ANWEILER 1973, S. 270).

Funktionen und Erscheinungsformen.
Die konservativ-pragmatische Konzeption der Schülervertretung wird nach wie vor durch folgende Hauptfunktionen offenbart:
- die Einübung „demokratischen Verhaltens" als Beitrag zur Integration der Jugendlichen in die Erwachsenengesellschaft (vgl. HINRICHS 1969, S. 13; vgl. SÜSSMUTH 1973, S. 247),
- die Entlastung der Lehrer von Disziplin- und Ordnungsaufgaben (vgl. REINHARDT 1971, S. 22),
- die Unterstützung der Lehrer bei der Planung und Durchführung außerunterrichtlicher Veranstaltungen (vgl. GAMM 1970b, S. 157; vgl. REINHARDT 1971, S. 25; vgl. SÜSSMUTH 1973, S. 249),
- die Herausgabe einer Schülerzeitung (vgl. HINRICHS 1969, S. 17),
- die Beratung (nicht: Mitbestimmung) von Organisations- und Verwaltungsbeschlüssen (vgl. SÜSSMUTH 1973, S. 249),
- die Sammlung und Bündelung von Schülerinteressen, ohne allerdings legitimiert zu sein, diese gegenüber dem Lehrer oder dem Schulleiter verfechten zu können (vgl. NOTSTAND ... 1968; vgl. SCHNEIDER 1972, S. 99); insofern dürfte die Mehrzahl der Schülerinteressen vorgeklärt, wenn nicht absorbiert statt durchgesetzt werden.

Entsprechend der Elternvertretung lassen sich auch bei der Schülervertretung zwei Ebenen unterscheiden, und zwar die (unmittelbare) Interessenvertretung in der Schule und die (mittelbare) überschulische. Die erstere ist teilweise, die letztere weitgehend kodifiziert.
Innerschulisch ist die Unterrichts- von

der Schulebene zu trennen. Unterrichtsplanung und -gestaltung gelten, nach Selbstverständnis des Lehrers unterschiedlich rigoros, als Feld, auf dem sich der Lehrerwille (als sogenannte pädagogische Freiheit) weitgehend ungehemmt durchsetzt. Schülerpartizipation kann hier – durch traditionelles Rollenverständnis abgesichert – nur individuell-partiell vom Lehrer eigenmächtig Schülern zuerkannt werden. Die institutionelle Vertretung durch gewählte Klassensprecher, die zugleich dem Schülerrat angehören, reduziert sich auf außerunterrichtliche Betätigungsfelder (vgl. LAWENSTEIN/WUNDER 1977, S. 347): Feste, kulturelle und politische Veranstaltungen zu organisieren, stellen die drei wichtigsten Aufgaben dar (empirisch gesichert, vgl. REINHARDT 1971, S. 46 f.). Einzigartig in der Bundesrepublik, nehmen in Hamburg Schülervertreter an der Wahl des Schulleiters teil: drittelparitätisch in der Schulkonferenz.

Überschulisch ist die Schülervertretung in den Bundesländern unterschiedlich ausgeprägt. Während in Bayern seit Jahren „jedweder Zusammenschluß auf Landesebene strikt untersagt" ist (vgl. MICHAL 1980, S. 14 f.), gibt es Schülerparlamente beispielsweise in Bremen, Berlin und Hamburg. Sie sind seit Jahren parteipolitisch majorisiert. Während überschulische Elterngremien nach oben hin stärker konservativ orientiert sind, setzen sich in Schülergremien offenbar eher reformerische Kräfte durch.

Trends und Probleme. Die Schülervertretung ist gekennzeichnet durch einen unterdurchschnittlichen Mädchenanteil. Immerhin ist eine Zunahme weiblicher Interessenvertreter erkennbar.

Als problematisch erweist sich auch die sozialisationsspezifische Selektion: Haupt- und Realschüler sind stark unterrepräsentiert, Sonder- und Berufsschüler so gut wie gar nicht vertreten, Gymnasiasten dominieren (vgl. BOECKEN 1977, S. 478; vgl. HINRICHS 1969, S. 15). Dies wirft die Gefahr der Verzerrung von Schülerinteressen durch nichtrepräsentative Selektion der Schülervertreter auf (vgl. LANGE 1968, S. 529).

Schulische wie überschulische Schülervertretung leiden an mangelnden Erfahrungen, fehlender Information und geringer personeller Kontinuität der Schülervertreter sowie unzureichender räumlicher und finanzieller Ausstattung (vgl. HABERHAUSEN/HEINTZE 1981, S. 19 f.; vgl. SÜSSMUTH 1973, S. 252).

Die sachgerechte Austragung von Konflikten über die Schülervertretung setzt voraus, daß Schüler zur Interessenvertretung befähigt werden. Politikschulbücher (vgl. MUSZYNSKI 1981, S. 9 f.) und -unterricht leisten das jedoch nicht; sie sind weitgehend reduziert auf eine Institutionskunde (vgl. LASKE 1981, S. 14); Mitbestimmung wird nur am Rande und auch nur partnerschaftlich-wirklichkeitsfern behandelt (vgl. SIEMON 1968, S. 251 f.; vgl. auch REETZ/WITT 1974 a, b). Sie darf aber nicht aus dem Unterricht ferngehalten werden, da sie nur handelnd erlernt werden kann (vgl. LASKE 1981, S. 11; vgl. MÜLLER 1968, S. 519 ff.). Daß Mitbestimmung als Unterrichtsprinzip bereits in der Primarstufe mit Gewinn gepflogen werden kann, zeigen Erfahrungen im Eingangsbereich der Laborschule Bielefeld (vgl. BIERMANN 1981, S. 21 ff.).

In Frage stellen läßt sich aber, ob im Eifer der Reformen nicht einfach politische Kategorien in pädagogische verwandelt wurden, indem gesellschaftliche Verhaltensregulative, die von der prinzipiellen Gleichberechtigung der (erwachsenen) Gesellschaftsmitglieder ausgehen, ungefiltert auf die Schule übertragen wurden (vgl. LANGE 1968, S. 527). Dabei könnte nämlich leicht übersehen werden, daß die Schule keinen isolierten sozialen Raum mit eigener Zielkompetenz darstellt, sondern ihr Sozialisationsfunktionen von der

Gesellschaft im Hinblick auf die Gesellschaft aufgegeben sind (vgl. FEND 1976). Insofern wird das Problem verkürzt, wenn die Forderung nach erweiterter Schülervertretung einfach aus dem Demokratiepostulat des Grundgesetzes abgeleitet wird, so beispielsweise von HOLTMANN (vgl. 1971, S. 129). Das frühe Erlöschen der vielversprechenden Ansätze antiautoritärer Erziehung (Kinderladen-Bewegung, Summerhill) hat überdies gezeigt, daß die Starrheit gesellschaftlicher Traditionen in der Aufbruchsstimmung allzu leicht unterschätzt wird und eine behutsame Strategie für die erfolgreiche Umsetzung von Reformansprüchen sehr bedeutsam ist.

ANWEILER, O.: Gesellschaftliche Mitwirkung und Schulverfassung in Bildungssystemen staatssozialistischer Prägung. In: B. u. E. 26 (1973), S. 260 ff. BIERMANN, C.: Früh übt sich... auch Mitbestimmung. In: Arb. + Lern. 3 (1981), 16, S. 21 ff. BOECKEN, G.: Die Rolle des SMV-Verbindungslehrers an Hauptschulen. In: Westerm. P. Beitr. 29 (1977), S. 474 ff. CZYMEK, H.: Schülermitverwaltung oder Schülermitverantwortung? In: R. d. Jug. u. d. Bwes. 16 (1968), S. 42 ff. DIETZE, L.: Schülervertretung. In: Enzyklopädie Erziehungswissenschaft, Bd. 5, Stuttgart 1984, S. 580 ff. FEND, H.: Gesellschaftliche Bedingungen schulischer Sozialisation, Weinheim/Basel ³1976. GAMM, H.-J.: Der soziale Raum der Schule. In: BRAUNEISER, M. (Hg.): Attacken auf die pädagogische Provinz, Stuttgart 1970, S. 87 ff. (1970a). GAMM, H.-J.: Kritische Schule, München 1970b. HABERHAUSEN, K. P./HEINTZE, H. H.: Schülervertretung - 10 Jahre danach; zum Beispiel: Niedersachsen. In: Arb. + Lern. 3 (1981), 16, S. 18 ff. HASE, F./LADEUR, K.-H.: Zum Verhältnis von S(M)V und politischer Bildung als Schulfach. In: R. d. Jug. u. d. Bwes. 23 (1975), S. 295 ff. HETHEY, E.-H.: Auf dem Wege zur innerschulischen Mitbestimmung der Schüler? In: R. d. Jug. u. d. Bwes. 18 (1970), S. 72 ff. HINRICHS, D.: SMV im Umbruch, Hannover 1969. HOLTMANN, A.: Schülermitverantwortung 1965-1970. In: HOLTMANN, A./REINHARDT, S.: Schülermitverantwortung, Weinheim 1971, S. 97 ff. KELL, A.: Schulverfassung, München 1973. KMK: Zur Stellung des Schülers in der Schule, Beschluß vom 25.5. 1973. In: R. d. Jug. u. d. Bwes. 21 (1973), S. 235 ff. KUPFFER, H.: Die „Demokratisierung" der Schule unter erzieherischem Aspekt. In: D. Dt. S. 60 (1968), S. 719 ff. LANGE, H.: Ent-Personalisierung als Weg zur Vermenschlichung? Eine Stellungnahme zum Aufsatz von C.W. Müller. In: Westerm. P. Beitr. 20 (1968), S. 527 ff. LASKE, ST.: Mitbestimmung als Grundprinzip von Lernprozessen. In: Arb. + Lern. 3 (1981), 16, S. 11 ff. LAWENSTEIN, K./WUNDER, D.: Die Mitbestimmung in der Schule und die Stellung des Schulleiters. In: R. d. Jug. u. d. Bwes. 25 (1977), S. 344 ff. MICHAL, W.: In der Kürze liegt die Würze! In: betr. e. 13 (1980), 11, S. 14 f. MÜLLER, C. W.: Die Stellung des Schülers an unseren Schulen. In: Westerm. P. Beitr. 20 (1968), S. 515 ff. MUSZYNSKI, B.: Die wirtschaftliche Mitbestimmung in Schulbüchern. In: Arb. + Lern. 3 (1981), 16, S. 9 f. NOTSTAND DER SMV, UNTERDRÜCKUNG ODER AUFSTAND? In: Westerm. P. Beitr. 20 (1968), S. 560 ff. PREUSS-LAUSITZ, U.: Emanzipation der Schüler - von der SMV zum Schülerkollektiv. In: LENHART, V. (Hg.): Demokratisierung der Schule, Frankfurt/M. 1972, S. 122 ff. REETZ, L./WITT, R.: Curriculumanalyse Wirtschaftslehre, Hamburg 1974a. REETZ, L./WITT, R.: Die Berücksichtigung von Lern- und Sozialinteressen der Auszubildenden in Wirtschaftslehre-Schulbüchern. In: D. Dt. Ber.- u. Fachs. 70 (1974), S. 27 ff. (1974b). REINHARDT, S.: Schülermitverantwortung 1900-1965. In: HOLTMANN, A./REINHARDT, S.: Schülermitverantwortung (SMV), Weinheim 1971, S. 11 ff. ROCHE, H.: Reform der Bildungsverwaltung in der Bundesrepublik Deutschland. In: B. u. E. 26 (1973), S. 273 ff. SCHNEIDER, S.: Kritische Bemerkungen zur Schülermitverwaltung. In: R. d. Jug. u. d. Bwes. 16 (1968), S. 54 ff. SCHNEIDER, S.: Zum Entwicklungsstand der Schülermitverwaltung. In: LENHART, V. (Hg.): Demokratisierung der Schule, Frankfurt/M. 1972, S. 93 ff. SIEMON, K.: Schülermitverwaltung aus der Sicht eines Schülers. In: Westerm. P. Beitr. 20 (1968), S. 521 ff. SÜSSMUTH, R.: Partizipation in westeuropäischen Schulsystemen. In: B. u. E. 26 (1973), S. 245 ff. TIEMANN, J.: Mitbestimmung und Frauen. In: Arb. + Lern. 3 (1981), 16, S. 6 f.

Wolfgang Seyd

Schulfest/-feier

Bezugsrahmen. Von ihrer Geschichte her ist Schule primär eine Stätte des Unterrichts. Sie begann als Institution der Unterweisung und ist auch heute noch vielerorts auf ihren wichtigsten Auftrag, den der Wissensvermittlung, beschränkt. Dennoch gab es bereits im vergangenen Jahrhundert Tendenzen, die von der Gesellschaft übertragene Aufgabe der Wissensvermittlung zu erweitern, indem auch der erzieherische Aspekt des gemeinsamen Lernens und Lebens in einer Schule Beachtung fand. „Schulleben" wurde gefordert, und zwar erstmalig 1826 von Fröbel, der damit die Vereinigung des Lebens in der Schule mit dem Familienleben meinte. Ihm ging es dabei um das Lernen der Schüler aus den Formen des Zusammenlebens und der sich daraus ergebenden Selbsttätigkeit.

In der pädagogischen Reformbewegung zu Beginn dieses Jahrhunderts wurden erneut Impulse zu einer Veränderung der Schule in Richtung Lebensstätte des Kindes und Jugendlichen gesetzt, so beispielsweise mit Petersens Jenaplan, mit Geheebs Odenwaldschule oder mit den Landerziehungsheimen von Lietz. Unterrichten wurde hier nicht mehr als einzige Aufgabe der Schule gesehen, sondern wurde zu einem – wenn auch nach wie vor dem wichtigsten – Bestandteil des Schullebens. Schließlich lassen sich auch die seit dem Ende der 70er Jahre vermehrt auftretenden Forderungen nach innerer Schulreform und einem Mehr an selbstbestimmten und sozialem Lernen als das Einklagen eines humaneren Schulalltags verstehen (vgl. REINERT/ZINNECKER 1978).

Terminologische Klärung. KRAFT (vgl. 1979, S. 85) bezeichnet „Feste als Hochformen des Schullebens, die ein- oder zweimal im Jahr die Schulgemeinde vereinen". Den Terminus „Fest" trennt er dabei deutlich von dem der „Feier":

- Feste und Geselligkeiten haben im Unterschied zur Feier einen „freudigen Anlaß". Sie umfassen „Spiel, Gesang, Musik, Tanz, Gespräch, Speise und Trank". Sie sind in ihrem Ablauf nicht durch ein alles regelndes, alles festlegendes Programm bestimmt, sondern ihr Rahmen wird gestaltet. Sie sind „auf das Mittun ihrer Teilnehmer angewiesen" und benötigen „Raum und Bewegungsfreiheit" (KRAFT 1979, S. 85). Sie können auch als Kern eine Feier haben.
- Die Feier ereignet sich dagegen in „gedämpfter Stimmung", „ernst, würdig, weihevoll und programmgemäß; sie möchte entheben und erheben" (KRAFT 1979, S. 85).

Dementsprechend sind Feste und Geselligkeiten im Rahmen des Schullebens beispielsweise Klassenfest, Grillabend, Faschingsfest, Sportfest, Schulfest, Spielnachmittag, Klassen- oder Schulbasar, Sommerfest, Tanzabend oder Diskothek, Laternenumzug und bunter Abend.

Zu den Feiern in der Schule gehören etwa Einschulungsfeier, Schulentlassungsfeier, Schulgründungsfeier, politische Feiern (wie aus Anlaß des Tages der deutschen Einheit), kirchliche Feiern (Weihnachtsfeier, Reformationsfeier), Gedenkfeiern (wie aus Anlaß des Geburts- oder Todestages einer mit dem Schulnamen verbundenen Persönlichkeit).

Sowohl Feste als auch Feiern beziehen die unterschiedlichsten Gruppen ein: Schüler der eigenen Klasse, deren Geschwister, Freunde oder Eltern, Schüler der ganzen Schule oder einer bestimmten Stufe, Schüler anderer Schulen, ehemalige Schüler, Schulverwaltungspersonal, Bewohner der Gemeinde oder des Schulbezirks.

BILLER (vgl. 1980) kritisiert die ungenaue und ungeklärte Verwendung des Geselligkeitsbegriffs und die gleichzeitig damit verbundene Abwertung des Feierns bei Kraft. Feiern muß nach seiner Auffassung nicht eine so ernste, so programmhafte und erwachsenenspezifische Lebensform sein, wie Kraft sie darstellt. Die mit dem Wort Feiern verbundene Ergriffenheit könne und müsse sich durchaus in kindgemäßer Weise auch im Schulleben ereignen, etwa bei einer Entlassungsfeier, die den Abschluß der pädagogischen Beziehung zwischen Lehrer und Schüler in seiner emotionalen Dimension aufarbeitet. Biller sieht eine enge Verflochtenheit von Fest- und Feierbegriff und auch ihre Verbindung zu dem Begriff „Schulleben".

Funktion. Schulische Feste und Feiern sind gestaltete Anlässe für soziales Lernen. Sie lenken den Blick des Schülers nicht vorrangig auf den Unterrichtsstoff, sondern auf zwischenmenschliche Kommunikations- und Interaktionsereignisse, die ihm Orientierungskompetenz in sozialen Gruppen, Identitätsfindung, den Aufbau von altersstufengemäßen Normen, Werten und Verhaltensweisen, Rollen- und Positionssicherheit und die Zunahme an Kooperations- und Konfliktfähigkeit ermöglichen, und zwar über selbstbestimmtes und nicht über - wie zumeist im Unterricht - vom Lehrer gesteuertes Handeln.
Feste und Feiern in der Schule dürfen jedoch nicht dahin gehend mißverstanden werden, daß sie lediglich ein alternatives pädagogisches Medium auf dem Wege zu sozialen Lernzielen sind. Sie haben im Rahmen des Schullebens auch einen Selbstzweck, der sich aus dem Genießen einer entspannten Atmosphäre als einem notwendigen Gegengewicht zu angespannten Lernsituationen ergibt. Es ist die soziale Dimension der schulischen Feste und Feiern, die das bewirkt, was der vor allem individualisierende, ja die Schülerschaft atomisierende Unterricht nur selten zustande bringt, eine „tief reichende Verbundenheit und Zusammengehörigkeit" der „Menschen untereinander" (vgl. WEBER 1979, S. 151).

Gestaltung. Zu Beginn dieses Jahrhunderts spielten Feiern - zumeist in Form von Feierstunden - in der Schule eine größere Rolle als heute, bei den Festen ist es umgekehrt. Aber auch inhaltlich haben sich Feste und Feiern in der Schule gewandelt. Während früher das Begehen von nationalen Gedenktagen oder kirchlichen Höhepunkten und der „bunte Abend" mit Laternenumzügen, Lagerfeuer, Scharaden, Chorsingen, Zaubereien, besinnlichem Erzählen und Vorlesen, Aufführungen und Reden eine größere Rolle gespielt haben, sind heute schulische Veranstaltungen mit Basaren, Square dances, sportlichen Wettkämpfen, Ausstellungen, Filmvorführungen, Rollenspielen, Diskussionen und ganz besonders mit Schulbands sowie Diskotheken vorherrschend. Wenn man Schüler heute fragt, welche Festform sie am liebsten haben, dann nennen sie ziemlich einmütig die der Diskothek, die auf den Außenstehenden der Erwachsenengeneration vielleicht als monotones Musik- und Tanzritual wirkt. Jedoch ist diese scheinbare Monotonie der Diskothek für den darin befindlichen Schüler überhaupt nicht monoton, sondern sie stellt für ihn ein ungemein vielgestaltiges Erlebnis- und Handlungsfeld dar, das distanziertes Empfinden in bezug auf musikalisches Gespür, visuelle, taktile, mimische und gestische Kommunikation, emotionale und atmosphärische Momente sowie die Beobachtung eigener Gefühlsabläufe ermöglicht.
Eine gelingende Gestaltung von schulischen Festen und Feiern ist nach KRAFT (vgl. 1979, S. 86 ff.) an folgende Voraussetzungen geknüpft:
- Feste dürfen nicht auf den Nachweis unterrichtlicher Erfolge wie etwa Lied, Ansprache, Gedicht oder Puppenspiel reduziert werden.
- Zu Festen und Geselligkeiten gehören Essen und Trinken, und zwar entsprechend der Formulierung WITTENBRUCHS (vgl. 1980, S. 179): „Das Schul-

leben nimmt ausgewählte Kulturbereiche und Lebensarten der Erwachsenen vorweg und repräsentiert sie in jugendgemäßer Form."
- Feste dürfen nicht wie Feiern einen starren Programmablauf und eine bestimmte Sitzordnung haben, und sie dürfen die Teilnehmer nicht in die Rolle des überwiegend rezeptiven Verhaltens drängen.
- Bei Festen und Geselligkeiten außerhalb der Unterrichtszeit muß gewährleistet sein, daß alle zugehörigen Schüler auch teilnehmen können.
- Anlässe für Feste und Geselligkeiten müssen immer wieder andersartig sein, damit sie noch Spaß bringen, die Kreativität der Teilnehmer anregen, immer wieder neue soziale Gruppenbildungen und neue Interaktionen begünstigen, Außenkontakt über die Binnenkontakte hinaus fördern und Generationsbarrieren abbauen helfen.
- Schüler und Lehrer müssen die für Feste und Geselligkeiten notwendigen Verhaltensweisen einüben. Dazu gehören auf der Lehrerseite Sensibilität für Erwartungen, Toleranz in bezug auf unvorhergesehene Bedürfnisse, Kommunikationskompetenz sowie das Bewußtsein, daß die Schüler ein Fest nur gut finden, wenn es *ihr* Fest ist. Auf der Schülerseite muß die Fähigkeit entwickelt werden, selbständig ein Fest vorzubereiten und durchzuführen.
- Feste und Geselligkeiten sollten - abgesehen von den ersten Festen einer neu zusammengesetzten Klasse - den abgeschlossenen Klassenverband nach außen öffnen.

Formen. Die häufigsten festlichen und feierlichen Formen in der Schule sind das Klassenfest, das Schulfest, das Sportfest und die Feierstunde.

Das Klassenfest ist eine wichtige Kommunikations- und Interaktionsalternative zum unterrichtlichen Klassenleben. Es kann beispielsweise im Klassenraum, als Sommerfest im Schulgarten, im Schullandheim, in Wohnung und Garten des Lehrers oder im Gemeindesaal stattfinden. Es kann von den Schülern allein oder gemeinsam mit dem Lehrer oder den Eltern geplant werden. Die Schüler sollten aber das Gefühl haben, daß es sich um *ihr* Fest handelt, damit sie sich für dessen Gelingen verantwortlich fühlen können. Die schülerzentrierten, selbstbestimmten und projekthaften Momente des Klassenfestes beziehen sich auf die Gestaltung der Festumwelt, das Besorgen von Speisen, Getränken und Musik sowie das Arrangieren der Festunterhaltung (Spiele, Tänze, Darbietungen, Kostümierungen, Rätsel, Zauberkunststücke, Späße). Gäste aus Parallel- oder Patenschaftsklassen, aus der Lehrer- und Elternschaft, aus Geschwister- und Freundeskreisen, aus der Gemeinde (etwa Behinderte, Ausländer oder alte Menschen) oder aus anderen Schulen können einbezogen werden.

Klassenfeste gestatten dem Lehrer und dem Schüler, das im Unterricht übliche Rollenverhalten abzulegen; sie begünstigen daher Kennenlernen, Abbau von Distanz und pädagogische Bindung. Darüber hinaus wirken sie integrativ innerhalb des Klassenverbandes, zum Beispiel gegenüber Außenseitern, neuen Schülern und Ausländerkindern, da sie ein Wir-Bewußtsein als Folge des gemeinsamen emotional und atmosphärisch gestalteten Erlebens fördern. Im Unterschied zum Schulfest, zum Sportfest und zur schulischen Feierstunde ist das Klassenfest durch Vertrautheit und Überschaubarkeit der Teilnehmer gekennzeichnet.

Das Schulfest bewirkt einen Blick über die eigene Klasse hinaus, eine Verringerung der Distanz zu den Schülern anderer Klassen, ein Gefühl für das gesamte Schulkollektiv, das alle Altersstufen der Schule sowie Schüler, Lehrer und Eltern und im Sinne von Schulgemeinde eventuell auch die kommunale Öffentlichkeit umfaßt. Es erlaubt einen

Einblick in die verschiedenartigen Entwicklungen, Leistungen und Perspektiven der jeweils anderen Klassen und Altersstufen. Gegenüber der außerschulischen Umwelt gibt es der Schule Gelegenheit zur Darstellung ihrer Arbeit und ihrer Anliegen. Schulfeste wirken sich insofern auf Schulleben und soziales Lernen aus, als sie Rücksichtnahme der älteren Schüler auf jüngere und Orientieren der jüngeren Schüler an den älteren begünstigen. Sie finden als Sommerfeste, Verkaufsbasare, Diskotheken, Jubiläumsfeiern, Faschingsfeste, aber auch als Dokumentation von Schülerleistungen gegenüber Eltern und Öffentlichkeit statt. Sie sind in der Regel vielgestaltiger als Klassenfeste, finden in verschiedenen Räumen und Nischen der Schule oder des Gemeindezentrums statt und haben insofern eine arbeitsteilige Organisation, als die einzelnen Klassen unterschiedliche Verantwortlichkeiten (Essen und Trinken, Vorführungen, Musik, Raumgestaltungen, Ausstellungen, Verkauf, Koordination, Betreuung, Dokumentation) übernehmen. Sie umfassen gelegentlich als Stufenfeste nur einige Jahrgänge, da sie den unterschiedlichen Bedürfnissen jüngerer und älterer Schüler Rechnung tragen wollen. So gibt es Grundschulfeste mit Laternenumzug, Dosenwerfen, Sackhüpfen, Singen, Kuchenbacken, Kasperletheater und Sportwettkämpfen, aber auch Mittel- oder Oberstufenfeste mit Ausstellungen, Aufführungen, Cafeteria und Diskothek.

Schulfeste müssen langfristiger als Klassenfeste geplant werden und erfordern daher vom Schüler in bezug auf die Perspektive der Vollendung des Projekts größeres Durchhaltevermögen und im Hinblick auf die Vielzahl der beteiligten Gruppen mehr Organisations- und Koordinationsleistungen. Sie sind insofern auch eine Einrichtung des sozialen Lernens.

Das Sportfest steht leider allzu häufig noch unter der dominierenden Regie der Lehrer. Darüber hinaus verliert es den Festcharakter, wenn es – wie bei den Bundesjugendspielen – eigentlich nur der Ermittlung der Sportnote für das Zeugnis dient.

Schulen müssen sich schon von dem zentral gelenkten Konzept der Leichtathletik- und Gerätewettkämpfe lösen, wenn das Sportfest wieder ein motivierendes und festliches Element des Schullebens werden soll. Ansätze zu derartigen schülerzentrierten Sportfesten gibt es bereits dort, wo beispielsweise Sekundarstufenschüler für Grundschüler Sport- und Spielfest mit Essen, Trinken und vielen Späßen organisieren oder wo Schüler selbst Handball-, Volleyball-, Basketball-, Faustball- oder Völkerballturniere für alle Klassen einer Schulstufe durchführen.

Sportfeste können vielfältig gestaltet werden, etwa durch Ballspiele zwischen einer Lehrer- und Schülermannschaft, Tauziehen zwischen einem Lehrer- und einem Schülerteam, Square-dance- oder Volkstanzvorführungen mit anschließendem Einbeziehen der Zuschauer in die Tänze, Kreisspiele, Sackhüpfen, Dosenwerfen, Kraft-, Konditions- und Zirkeltrainingsprogramme oder etwa durch die Einrichtung einer Fitneß-Ecke oder eines Trimm-dich-Pfades. Informationssammlung und Berichterstattung der Schülerpresse sowie eine gemeinsam von Schülern und Lehrern durchgeführte Auswertung der Veranstaltung mit dem Ziel, die Ergebnisse in die Planung des nächsten Sportfestes einzubringen, könnten ein derartiges Fest beschließen.

Feierstunden ergeben sich aus ernsthaften Anlässen des religiösen, gesellschaftlichen, kommunalen oder schulischen Lebens. Sie führen die Schülerschaft und die Lehrerschaft, gelegentlich auch Elternschaft und Öffentlichkeit in der Schule zusammen. Meistens ist die Aula der Ort, an dem durch ein Programm, durch einen würdig gestalteten Rahmen mit angemessener Kleidung, Chor, Orchester, mit Ansprachen oder Aufführungen eines Ereignisses oder einer Person gedacht wird. Historische Kontinuität oder gefühlsmäßige Verbundenheit mit Menschen, vielfach Mitgliedern der Schulgemeinde, werden über Feierstunden hergestellt. Im Vordergrund stehen dabei die verbale und die musische Gestaltung, die Andenken, Gedenken, Würdigung oder Besinnung in den Teilnehmern bewirken sollen. Insbesondere bei Einschulungs- und Entlassungsfeiern besteht die Möglichkeit, Schülergruppen oder Klassen die gesamte Planung und Durchführung oder zumindest die Raumgestaltung eines Festes zu überlassen. Schüler haben so die Möglichkeit, sich mit derartigen feierlichen Höhepunkten des Schullebens zu identifizieren. Sie lernen dabei gleichzeitig den Umgang mit Feiern, denn nach PETERSEN (vgl. 1954, S. 12 ff.) sind die vier „Urformen" menschlicher Auseinandersetzung Gespräch, Arbeit, Spiel und Feier.

BANASCHEWSKI, A.: Feste und Feiern. In: HORNEY, W./SCHULTZE, W. (Hg.): Die Erziehung in der Schule. Handbuch für Lehrer, Bd. 3, Gütersloh 1963, S. 421 ff. BILLER, K.: Schule ohne Feste und Feiern: Feste und Feiern ohne Schule? In: GUDJONS, H./REINERT, G. (Hg.): Schulleben, Königstein 1980, S. 96 ff. BOLLNOW, O. F.: Die pädagogische Atmosphäre, Heidelberg 1964. DIETRICH, TH.: Schulleben oder Unterricht? Eine 150 Jahre alte Auseinandersetzung. In: P. Welt 34 (1980), S. 2 ff. GUDJONS, H./REINERT, G.-B. (Hg.): Schulleben, Königstein 1980. JAKOBS, A.: Feste und Feiern. Praxisbericht aus einer Grundschule. In: GUDJONS, H./REINERT, G.-B. (Hg.): Schulleben, Königstein 1980, S. 108 ff. KECK, R. W./SANDFUCHS, U. (Hg.): Schulleben konkret. Zur Praxis einer Erziehung durch Erfahrung, Bad Heilbrunn 1979. KLUGE, N.: Die pädagogische Bedeutung von Fest und Feier in der Schule. In: Leb. S. 22 (1967), S. 407 ff. KRAFT, P.: Feste und Geselligkeiten in der Schule, Braunschweig 1979. PETERSEN, P.: Der kleine Jena-Plan (1927), Braunschweig ^{24}1954. REINERT, G.-B./ZINNECKER, J. (Hg.): Schüler im Schulbetrieb. Berichte und Bilder vom Lernalltag, von Lernpausen und vom Lernen in den Pausen, Reinbek 1978. SCHMACK, E.: Modernes Schulleben, Ratingen 1966. STRUCK, P.: Pädagogik des Schullebens, München/Wien/Baltimore 1980. WEBER, E.: Das Schulleben und seine erzieherische Bedeutung, Donauwörth 1979. WITTENBRUCH, W.: In der Schule leben. Theorie und Praxis des Schullebens, Stuttgart/Berlin/Köln/Mainz 1980.

Peter Struck

Schulgarten

Gegenstandsbestimmung. Gartenflächen auf dem Gelände oder in unmittelbarer Nähe einer Schule, die unterrichtlichen Zwecken dienen, werden als Schulgärten bezeichnet. Durch die Nähe zur Schule unterscheiden sie sich von zentralen Anlagen wie botanische und zoologische Gärten, Zentral- und Anzuchtgärten, Zentren für Biologie oder Umwelterziehung, die teilweise ähnliche Aufgaben und Ziele haben. Die Ziele der Arbeit im Schulgarten sind fachbezogen, vorwiegend auf den Biologieunterricht ausgerichtet, beziehen aber auch fächerübergreifend wirtschaftliche, technische, geographische, chemische und physikalische Fragestellungen ein. Neben den fachorientierten Zielen sollen im Schulgarten auch formale Ziele wie Beobachtungsschulung und erzieherische Ziele wie Verantwortungsbewußtsein und Erziehung zur Gemeinschaft verwirklicht werden.

Didaktische Schwerpunkte für die Arbeit im Schulgarten sind der hohe Grad der Anschaulichkeit durch die unmittelbare Objektbegegnung und der Gedanke der Arbeitsschule durch die Eigentätigkeit der Schüler bei Planung und Durchführung der Gartenarbeit.

Historische Aspekte. Schulgärten haben eine jahrhundertealte Tradition. Schon zur Zeit der Klosterschulen wurden die

Klostergärten in den Unterricht einbezogen. Der Schulgartengedanke zieht sich kontinuierlich durch die pädagogische Diskussion beginnend mit J. A. Comenius (1592-1670), der in seiner „Didactica magna" im Hinblick auf die Ausstattung der Schulen und auf den Unterricht schrieb: „Draußen soll nicht nur ein Platz vorhanden sein zum Springen und Spielen, denn dazu muß man den Kindern Gelegenheit geben [...], sondern auch ein Garten, in den man sie ab und zu schicken soll, daß sie sich am Anblick der Bäume, Blumen und Gräser freuen können" (COMENIUS 1954, S. 100). „Auch auf die Heilkunst kann man vorbereiten, wenn man die Schüler im Frühling aufs Feld oder in den Garten führt, ihnen die Arten der Kräuter zeigt und sie in ihren Kenntnissen wetteifern läßt. So wird sich nicht nur zeigen, wer eine natürliche Neigung zur Botanik hat, sondern die Flamme [einer solchen Neigung] wird gleich früh geschürt" (COMENIUS 1954, S. 132). Weitere Befürworter des Schulgartens sind neben vielen anderen A. H. Francke (1663-1727), J.-J. Rousseau (1712-1778), Ch. G. Salzmann (1744-1811), J. H. Pestalozzi (1746-1827), F. Fröbel (1782-1852), G. Kerschensteiner (1854-1932), H. Gaudig (1860-1923) und R. Steiner (1861-1925).

In der Didaktik der Biologie hat der Schulgartengedanke zu allen Zeiten eine mehr oder weniger bedeutende Rolle gespielt. Schwerpunkt aller methodischen Überlegungen ist die Prämisse, daß durch den Umgang mit dem Lerngegenstand, durch die handwerkliche, gärtnerische Betätigung eine sinnliche Erfahrung gewonnen wird, die Ausgangspunkt des menschlichen Lernens ist. Dem liegt ein Menschenbild zugrunde, daß nur durch eine ausgewogene Bildung von „Kopf, Herz und Hand" erreichbar ist. Das „Lernen durch die Hand" soll zur Anbindung des Verstandes an die Sinne und umgekehrt führen. Der Schüler soll sich selbsttätig mit dem Lerngegenstand auseinandersetzen. Durch die Eigenbetätigung wird beim Schüler eine starke, motivierende Beteiligung erreicht. Beobachten, Beschreiben, Untersuchen, Entdecken, Verallgemeinern und Schließen sind originäre Arbeitsformen im Sinne des „forschenden Lernens". Dieser induktive Weg des Erkenntnisprozesses entspricht auch neueren didaktischen Ansätzen von Arbeitsunterricht, „out of school education", „outdoor biology".

Durch die Jahrhunderte haben sich die Inhalte und Ziele, die mit dem Schulgarten verbunden sind, verändert. Gesellschaftspolitische Umstrukturierungen, Philosophien und Ideologien, neue Erkenntnisse der korrespondierenden Fachwissenschaften, insbesondere von Biologie und Erziehungswissenschaft, gaben der Schulgartenbewegung jeweils neue Richtungen, setzten Akzente, beschleunigten oder bremsten sie. Die ersten Schulgärten waren vorwiegend *Nutzgärten* mit starker landwirtschaftlicher, berufskundlicher Ausrichtung. Die praktische Ausbildung in Obst- und Gemüsebau stand im Vordergrund. Sehr bald erkannte man aber auch den Wert der Gartenarbeit als erzieherisches Mittel. Durch die Eigentätigkeit im *Arbeitsgarten* sollten die Schüler Vertrauen zur eigenen Leistung finden sowie durch Hegen und Pflegen bereit werden, Verantwortung zu übernehmen. Damit war gleichzeitig ein sozialpolitischer Aspekt verbunden. Die Kinder der ärmeren Bevölkerungsschichten – besonders in den durch die Industrialisierung entstandenen Arbeitersiedlungen der Großstädte – sollten ein Betätigungsfeld erhalten, daß neben Erholung und Gesundheit sowie Erziehung zur Pflichterfüllung und Verantwortung auch psychotherapeutische Bedeutung hatte. Diese Bewegung mündete letztlich bis heute in die Form der Freizeitgestaltung, die wir von der sich parallel entwickelnden Kleingartenbewegung kennen, die nach ihrem Förderer (D. G. M. Schreber) auch als

Schrebergärten bekannt und 1864 offiziell als Schrebergärtenverein gegründet wurden.

Erst gegen Ende des 19. Jahrhunderts konnte sich die unterrichtliche Ausrichtung der Schulgärten durchsetzen. Im Zusammenhang mit Aufstieg und Fortschritt der Naturwissenschaften und deren Anerkennung als Bildungsgut – zuerst für die Gymnasien, später auch für die Volksschulen – mußten für die Methodik des Unterrichts neue Wege beschritten werden. Die Forderung nach Realbegegnung, nach Auseinandersetzung mit dem lebenden Objekt, verbunden mit dem Gedanken der Arbeitsschule, führten zu einer verstärkten Einbeziehung des Schulgartens als *Lehr- und Unterrichtsgarten* in den Unterricht. In den Stadtschulen wurde der Schulgarten gleichzeitig Ersatz für die verlorengegangene Beziehung zur Natur. Er bietet Anschauungs- und Beobachtungsmaterial vorwiegend über Pflanzen und deren Lebensfunktionen am Standort sowie Möglichkeiten für physiologische und ökologische Versuche. Durch den unmittelbaren Umgang mit den Lebewesen, durch die Naturbeobachtung vor Ort soll eine bessere Einführung in ein sachgerechtes Naturverständnis erreicht und die Beziehung zur Natur positiv gestaltet und vertieft werden. Gegen Ende der 20er Jahre des 19. Jahrhunderts hatte die Schulgartenbewegung ihren Höhepunkt erreicht. Nach dem Zweiten Weltkrieg kam es zu einer kurzen Phase, die, der Not gehorchend, dem Nutzgarten Vorrang gab. Im Anschluß daran führte die Wissenschaftsorientierung und Intellektualisierung der Schule weg vom konkreten, handelnden Unterricht hin zum abstrakten, theoretischen Abhandeln von Unterrichtsinhalten. Fortschrittsgläubigkeit und Technisierung, Konsumhaltung und Hektik in einer modernen, komplexen Gesellschaft hatten keine inneren Bezüge mehr zur Arbeit im Schulgarten. Die Fülle der neuen, mehr theoriebezogenen Kenntnisse der Biologie drängte in den Unterricht. Neue Lehrpläne, verwissenschaftlicht und mit Inhalten überfrachtet, ließen keinen Freiraum mehr für zeitaufwendige Methoden. Auch die Rolle und das Selbstverständnis der Lehrer und anderer am Schulgeschehen beteiligter Personen änderten sich vom idealistischen und erziehenden Staatsdiener zum Inhalte vermittelnden Arbeitnehmer.

Zur gegenwärtigen Situation. Ende der 70er Jahre schlug diese emotionslose und naturferne Haltung um. In Folge des umweltpolitischen Trends wurden Defizite im Bereich einer sachgerechten und vor allem positiven Beziehung zur Natur deutlich. Inhaltlich wurde ein mehr auf projektorientierte Themen und auf ökologische Inhalte ausgerichteter Unterricht gefordert, der Naturschutzgedanken und Umweltfragen einschließt. Dadurch wurde der Schulgartengedanke neu belebt.

Die inhaltliche Gestaltung eines Schulgartens wird sich nach den Anforderungen der Schule, nach den landschaftlichen und finanziellen Möglichkeiten richten. Von entscheidender Bedeutung ist die Einsatzbereitschaft der betreuenden Personen, die mehr als das formal zu erwartende Maß an Engagement zu geben bereit sein müssen.

Neben der Stoffülle des Lehrplans und der großen Schülerzahl in einer Klasse erweist sich auch die Einteilung des Unterrichts in einzelne Stunden besonders ab der 5. Klasse als Hindernis für die Arbeit im Schulgarten. Als Unterrichtsformen bieten sich daher projektorientierte Gruppenarbeit, Kurse, Arbeitsgemeinschaften und außerunterrichtliche Neigungsgruppen an. Die Sommerferien bilden ein schwer zu bewältigendes Hindernis; durch eine biologisch und gartentechnisch sinnvolle Gestaltung können demotivierende negative Erlebnisse vermieden werden. Hinweise für die Anlage und Pflege eines Schulgartens kann man bei den Beratungsstellen der Länder für Biologieunterricht, bei botanischen Gärten oder anderen Formen von Zentralgärten und bei den Gartenbauämtern erhalten.

COMENIUS, J. A.: Große Didaktik, neu übersetzt v. A. Flitner, Düsseldorf/München 1954. HERBERG, M. (Hg.): Der Schulgarten, Leipzig 1928. KILGER, U.: Schul- und Lehrgärten, Wiesbaden 1981. KRÜGER, K./MILLAT, U. (Hg.): Schulgartenpraxis, Berlin 1972. OBERSEIDER, H. G.: Der Schulgarten – ein Garten bei der Schule, Frankfurt/M. 1961. SCHWARZ, U.: Der Naturgarten, Frankfurt/M. 1980.

Jürgen Petersen

Schulhof

Argumente für eine Veränderung der Schulhöfe. Als Schulhof wird der Teil eines Schulgeländes bezeichnet, der den Schülern vor Beginn des Unterrichts und in den Pausen regelmäßig zur Verfügung steht. Mit den Veröffentlichungen von HÖLTERSHINKEN (vgl. 1973) und KRAFT (vgl. 1975) kam der Schulhof ins Blickfeld von Lehrern, Eltern, Schulverwaltung und Versicherungsträgern. Die damalige Schulhofsituation kann in folgenden Punkten (vgl. KRAFT 1980, S. 6 ff.) zusammengefaßt werden:
- Schüler verbringen einen nicht unerheblichen Teil der Zeit, die sie sich in der Schule aufhalten, auf dem Schulhof.
- Schulhöfe bestehen in der Regel aus einer unstrukturierten Asphaltfläche.
- Die von Bundesland zu Bundesland unterschiedlichen, in bezug auf den Schulhof höchst unzureichenden Schulbaurichtlinien haben keinen verbindlichen Charakter.
- Der Schulhof liegt in der Unfallstatistik an herausragender Stelle.
- Das Verhalten der Schüler auf dem Schulhof ist mehr durch Zank und Streit als durch Kommunikation und Kooperation gekennzeichnet.

Diese Argumente für eine Veränderung bundesdeutscher Schulhöfe sind damals sehr unterschiedlich gewertet worden. In der breiten, durch die Tagespresse stark beeinflußten Diskussion hat das Unfallargument eindeutig im Vordergrund gestanden.

Die Reduzierung auf den Unfallaspekt hat dem Schulhof einen „Sensationscharakter" zugewiesen, der ihm auf der einen Seite Aufmerksamkeit und die Zuwendung finanzieller Mittel eingebracht hat, der aber auf der anderen Seite oft dazu beigetragen hat, größere Schulhofveränderungen unter dem vorrangigen Zweck der Unfallverhütung durchzuführen.

Schulhofgestaltung als pädagogische Aufgabe. Der Hinweis, daß „eine Änderung des Schulhofes nicht eine Reform des Unterrichts" erübrigt, und die Warnung, daß der veränderte Schulhof nicht dazu dienen kann, „Konflikte und Aggressionen, die ein bestimmter Interaktionsstil zwischen Lehrer und Schüler erst erzeugt, sozusagen sozialtechnologisch zu glätten" (KRAFT 1977, S. 72), sind zu einer Zeit, in der Schulleiter, Lehrer und Eltern Schulhofveränderungen selbst einfacher Art nach allen Seiten hin begründen mußten, nur selten beachtet worden. Als Ergebnis von mehreren Jahren Schulhofveränderung muß daher festgestellt werden, daß sich auf den Schulhöfen Hinkelkästchen, farbige Spielmarkierungen und Gummireifen vermehrt haben, mehr aber – von Ausnahmen abgesehen (vgl. BURK/HAARMANN 1980, KRAFT 1980, RAUCH 1981) – nicht geschehen ist:
- Die Phantasie und die Bereitschaft

der Erwachsenen sind schnell erschöpft.
- Die Schüler sind mit dem wenigen zufrieden, da das immerhin mehr ist als vorher.
- Die „Veränderung" war billig, die Folgekosten sind gering.
- Mancherorts blieben die Schulordnungen mit ihren zum Teil unsinnigen Bestimmungen über die Pausen in Kraft.

Diese Schulordnungen sind auch ein Zeichen dafür, daß viele Kollegien den Schulhof und das Geschehen auf ihm als marginalen Bestandteil von Schule und Unterricht ansehen. Der Schulhof ist jedoch kein „Versicherungsproblem", sondern eine pädagogische Aufgabe, die in die Verantwortung des Lehrerkollegiums fällt. Sie lautet:
Bei der Gestaltung des Pausenbereiches ist nicht auszugehen vom Schulhof als einem Unfallschwerpunkt, der zu entschärfen ist, sondern vom Schulhof als einem Handlungs- und Erfahrungsfeld, das es den Schülern zu eröffnen gilt. Das heißt aber, daß die Einheitsausstattung deutscher Spielplätze, die Kinder zu „Spielbeamten" degradiert, auf Schulhöfen nicht wiederholt werden sollte. Derartige gefahrenfreie Spielumwelten, die lediglich von Erwachsenen vorgeplante Spielvollzüge zulassen, stehen im Widerspruch zur realen Umwelt, „die voll unbewältigter Gefahren auf die untrainierten und unselbständigen Kinder wartet. Aufpassen lernen, Mut, Kraft und Geschicklichkeit entwickeln, Selbstvertrauen erwerben, Gefahren erkennen und überwinden lernen, anderen Kindern helfen, Rücksicht nehmen – all dies muß jedoch erst gelernt und geübt werden" (SPITZER u. a. 1975, S. 49).

Der Pausenbereich als Handlungs- und Erfahrungsfeld. Die erzieherische Aufgabe der Schule, die sich auch in der Forderung nach sozialem Lernen konkretisiert, kann nur erfüllt werden, wenn es gelingt, im Bereich der Schule Orte zur Verfügung zu stellen, an denen die Schüler ihre Handlungskompetenz erproben und erweitern können. Der gestaltete Schulhof wird so zum Lernort für soziales Verhalten. Darüber hinaus kann er Erfahrungen ermöglichen, die den verschiedenen Unterrichtsbereichen zugute kommen. Bei entsprechender Ausgestaltung kann das gesamte Schulgelände zum Lernort werden. Hier ist an den Schulgarten, Werkhöfe, eine Wetterbeobachtungsstation, gezielte Bepflanzung und physikalische „Versuchsanordnungen" (Seil, Rolle, schiefe Ebene, Wasser, Sand, Bauelemente) zu denken, die nicht nur für unterrichtliche Zwecke, sondern auch in den Pausen genutzt werden können.

Der Schulhof als Teil des Schulgeländes wird ersetzt durch den Pausenbereich, der alle Freiflächen des Schulgeländes umfaßt (vgl. Abbildung 1).

„Freiräume an Schulen, die nicht benutzt werden dürfen, sind sinnlos – es wäre ehrlicher, sie grün zu betonieren oder zu Kunstrasen zu greifen, damit auch eine wirklich hundertprozentig pflegeleichte Umgebung daraus wird. Eine natürliche Umgebung mit ihrer Bepflanzung kann so konzipiert werden, daß eine Nutzung durch die Schüler möglich ist, ohne daß die Umgebung zuschanden wird" (RAUCH 1981, S. 137f.).

Der Pausenbereich kann dann als Handlungs- und Erfahrungsfeld eine Alternative zur betonierten und asphaltierten Umwelt der Schüler werden, wenn er ihnen mehr als Hinkelkästchen, Spielzonenaufteilung und ein paar Sitzgelegenheiten anbietet. Es sind dies (vgl. KRAFT 1980, RAUCH 1981):
- Bauelemente vielfältiger Art,
- die Werkzeugkiste des Hausmeisters,
- Asphaltkreide und Flächen zum Bemalen,
- ein naturbelassener Boden, in den man Murmellöcher buddeln und Stöcke einschlagen kann,

Abbildung 1: Beispiel für einen Pausenbereich

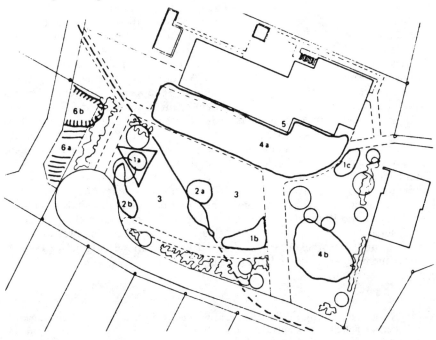

Teilbereiche	Elemente	Teilbereiche	Elemente
Ruhe- und Lernbereich 1 a	Sitzmulde, evtl. überdacht	3	Freifläche mit Rasen (bis auf den Bach unverändert), zusätzlich Gartenamt: Reifenschaukel
Ruhebereich 1 b	alternative Vorschläge		
Ruhebereich 1 c	Sitzelemente um Ahorn, Ausführung offen	4 a	neu geteerter Belag, Aufzeichnen von Hüpfspielen durch Planungsgruppe. Abgrenzung zum Kindergarten besonders beachten. Elemente als Beispiele zur Wahl
Aktivitätsbereich 2 a	Bach in gepflegtem Bett, gepflasterte kleine Insel, Staue mit Sicherheitsüberlauf, Möglichkeit für kleines Wasserrad		
2 b	bepflanzter Wall zur Begrenzung gegen Wendehammer, etwa 1 m mit 2 bis 3 Rutschen oder einer breiten Rutsche zum Schulhof hin	4 b	Klettern, Hangeln, Schwingen. Bevorzugt Netzlösung (Berliner Fabrikat)
		5 Einkaufen	evtl. kleiner Verkaufsstand
		6 a/b	Parken, Pkw und Fahrräder auf Randsteinen, schräg vom Weg führend

(Quelle: RAUCH 1981, S. 261 f.)

Simulationsspiel

- betretbare und bespielbare Rasenflächen,
- ein „Spielladen",
- Kletterbäume, wie sie die Natur und nicht die Spielgerätehersteller geschaffen hat,
- Spielnischen/Spielhäuser und Verkleidungsmaterial,
- Tischtennisplatten,
- vielfältig bespiel- und begehbare Kunstobjekte und Klangkörper,
- ein Baum/ein Gerüst, an dem man die Funktionen von Seil, Rolle und Flaschenzug erproben kann,
- Pumpe und Wasserbecken,
- ein Naturgarten mit Vogelschutzgehölz, Tümpel und Blumenwiese,
- eine Feuerstelle,
- Leseecken und Diskotheken,
- ein oder mehrere ausgediente Bauwagen,
- Diskussions- und Informationsecken (eine Litfaßsäule).

v. Hentig hat diese Bedingungen eines Schulhofes als Erfahrungsraum so gekennzeichnet:

„Viel ‚rohes' Gelände; ein wenig Schutz vor Wetter und aufgeregten Ordnungshütern; Schuppen, Schuppen, nochmals Schuppen; Materialien und Funktionen, die sichtbar und zugänglich sind; Personen in vielfältigster Funktion und Zusammensetzung – die gerade nicht durch Pädagogik bestimmt sind; Räume, die nicht Idylle und nicht Bahnhofshalle sind, von denen die einen Offenheit und die anderen Geborgenheit gewähren, die aber beide nicht darüber belehren, warum man sie jeweils braucht und wann man sie aufgibt" (v. HENTIG 1973, S. 32).

BURK, K./HAARMANN, D. (Hg.): Wieviel Ecken hat unsere Schule? Bd. 2: Schulraumgestaltung: Schulhaus – Schulhof – Schulanlage, Frankfurt/M. 1980. HENTIG, H. v.: Schule als Erfahrungsraum? Stuttgart 1973. HÖLTERSHINKEN, D.: Der „Schulhof" – eine Aufgabe für Lehrer und Eltern. In: D. Grunds. 5 (1973), S. 114ff. KAMMLER, H.: Der Pausenspielhof, Schorndorf 1978. KRAFT, P.: Der Schulhof. In: s. managem. 6 (1975), 4, S. 53ff. KRAFT, P.: Der Schulhof als Ort sozialen Verhaltens, Braunschweig ²1979. KRAFT, P. (Hg.): Neue Schulhöfe, Braunschweig 1980. RAUCH, M.: Schulhofhandbuch, Langenau-Albeck 1981. SPITZER, K. u. a.: Spielplatzhandbuch, Berlin 1975.

Peter Kraft

Simulationsspiel

Begriff. Der Ursprung des Simulationsspiels läßt sich über Unternehmensspiele und militärische Planspiele, die Planungs- und Erprobungszwecken dienen, bis zu jahrtausendealten Kampf- und Kriegsspielen zurückverfolgen.

Seit einiger Zeit verwendet man Simulationsspiele in den verschiedenen Bereichen der Aus- und Weiterbildung, insbesondere in den gesellschaftswissenschaftlichen Fächern Politik, Wirtschaftslehre, Sozialwissenschaften, Geographie, Geschichte. Diese Spiele übernehmen eine didaktische Funktion und sollen insbesondere:

- komplexe und/oder schwer zugängliche Zusammenhänge und Prozesse in einer für die jeweiligen Spielteilnehmer überschaubaren Weise repräsentieren, indem sie historische, gegenwärtige oder zukünftige Problemsituationen in inhaltlich reduzierter und zeitlich zumeist geraffter Form in einem Modell wiedergeben;
- die Handlungskompetenz der Spielteilnehmer erhöhen und eine aktive Auseinandersetzung mit dem jeweiligen Lerngegenstand ermöglichen, in-

dem die Lernenden entweder eine Rolle im Spiel übernehmen oder als Zuschauer Beobachtungsaufträge erhalten.
Während sich Simulationsspiele, die der Ausbildung von Führungskräften dienen, eher durch hohe *Komplexität*, *Realitätsnähe* und einen gewissen *Ernstcharakter* auszeichnen, kommt es beispielsweise bei Simulationsspielen für die Sekundarstufe I oder den Primarbereich vor allem auf eine didaktische Reduktion komplexer realer Probleme, auf möglichst *hohe Transparenz* und auf den *Spielcharakter* an.
Insgesamt hat die Simulationsspielentwicklung zu einer Vielzahl von didaktischen Spielvarianten geführt, die sich nicht nur in ihrem äußeren Aufbau, ihrem Formalisierungsgrad, in den verwendeten Hilfsmitteln, sondern auch in ihren spezifischen Intentionen und Inhalten erheblich voneinander unterscheiden. Diese Expansion didaktischer Simulationsspielkonzepte geht einher mit einer verwirrenden terminologischen Vielfalt. Begriffe wie Rollen-, Konflikt-, Konferenz-, Entscheidungs-, Plan-, Simulationsspiel oder Computersimulation kennzeichnen nur unzureichend die Unterschiede und Gemeinsamkeiten verschiedener didaktischer Konzeptionen. Deshalb wird hier von einem weitgefaßten Oberbegriff „Simulationsspiel" ausgegangen. Im Gegensatz zu den anderen genannten Begriffen ermöglicht er die didaktisch bedeutsame Differenzierung zwischen (nichtspielerischer) *Simulation*, *Simulationsspiel* und *Spiel*. Gleichzeitig signalisiert er, daß Simulationsspiele aus den Elementen „Spiel" und „Simulation" (= dynamisiertes Modell) bestehen.
Didaktische Simulationsspiele sind zunächst methodisch konstruierte *Medien*. Diese Medien besitzen die Funktion eines *statischen Modells*, das ein oder mehrere wirklichkeitsbezogene Probleme repräsentiert. Simulationsspiele sind als Medien allerdings nur unzureichend gekennzeichnet, denn im Rahmen ihrer unterrichtlichen Verwendung erlangen sie den Status einer *Methode*. Als methodisch konstruierte Medien sind sie in der Regel so angelegt, daß sie durch Spielmaterialien, vorgegebene Problemsituationen und/oder Rollenhinweise ein dynamisches Spiel provozieren, an dem je nach Spielkonzept entweder nur einige oder aber alle Schüler aktiv teilnehmen. Erst durch die Aktionen der Spieler entwickelt sich aus der statischen Ausgangssituation ein dynamisches Modell oder ein Simulationsprozeß, der auf eine Lösung der vorgegebenen Probleme gerichtet ist.
„Spiel" und „Modell" können als die konstitutiven Elemente des Simulationsspiels angesehen werden. Das Simulationsspiel läßt sich daher allgemein kennzeichnen als eine Unterrichtsmethode, mit der insbesondere gesellschaftliche Probleme in einem dynamischen Modell dargestellt und von Spielern aus der Interessenposition einer übernommenen Rolle im Spiel gelöst werden können.

Der Modellcharakter von Simulationsspielen. Gelegentlich wird behauptet, daß der Inhalt von Simulationsspielen „genauso wie in der Wirklichkeit" dargestellt wird. Damit wird allerdings ein didaktischer Anspruch erhoben, der nicht einlösbar ist und die produktiven Möglichkeiten verkennt, die das Simulationsspiel als Modell bietet.
Nach SALZMANN (vgl. 1974, S. 108) weisen Modelle folgende sieben Merkmale auf: Abbildung oder Repräsentation, Verkürzung oder Reduktion, Subjektivität oder Perspektivität, Akzentuierung, Transparenz, Intentionalität, Instrumentalität.
Modelle sind keine „realitätsgerechten Abbildungen", die sich für beliebige Verwendungszwecke einsetzen lassen, sondern lediglich Hilfskonstruktionen für die Erkenntnisgewinnung, die immer nur für eine bestimmte Zeitdauer, für

spezielle Zwecke und für bestimmte Benutzer entwickelt werden, während sie für andere Intentionen oder Benutzer durchaus untauglich sein können. Modelle besitzen eine produktive und erkenntnisfördernde Funktion aufgrund ihrer *Transparenz*. Diese gewinnen sie einerseits durch das bewußte Auslassen von Faktoren (Reduktion), die für den jeweiligen Erkenntniszweck als nebensächlich erachtet werden, andererseits durch die Hervorhebung der jeweils interessierenden Teilaspekte (Akzentuierung). Die Behauptung, Simulationsspiele seien „realitätsgerechte Abbildungen", impliziert außerdem, daß der Modellkonstrukteur einen unmittelbaren Zugriff auf „die Wirklichkeit" besitzt, die er nur noch in ein Modell zu formen braucht. Demgegenüber wird in der Modelltheorie sehr viel vorsichtiger vom *Original* gesprochen, wenn die Vorstufe des Modells gemeint ist (vgl. STACHOWIAK 1973, S. 131 ff., S. 285 ff.). Der Begriff „Original" signalisiert lediglich, daß das Modell eine Repräsentation von „etwas" ist. Das Original (eines Modells) kann wiederum ein Modell sein oder eine Theorie, das Ergebnis wissenschaftlicher Experimente, ein Plan, eine Idee, eine Alltagserfahrung. Jedes Original aber basiert auf Wahrnehmung und Erkenntnissen des Modellkonstrukteurs und kann aufgrund der begrenzten menschlichen Wahrnehmungs- und Erkenntnisfähigkeit niemals „die Wirklichkeit an sich", sondern immer nur ausschnitthafte Auffassungen und Interpretationen von Wirklichkeit wiedergeben.

Vor der *Konstruktion* von Modellen sind deshalb zwei grundlegende Fragen zu klären: Zunächst ist zu entscheiden, welches Original oder welche – immer schon perspektivische – Auffassung von Wirklichkeit als Basis für die Modellbildung dienen soll. In einem zweiten Schritt ist zu überlegen, welche Aspekte des ausgewählten Originals, mit Blick auf die künftigen Verwendungszwecke und die Benutzer des Modells, hervorgehoben beziehungsweise, welche reduziert werden sollen.

Bei der späteren *Verwendung* von Modellen beziehungsweise Simulationsspielen im Unterricht kommt es entscheidend darauf an, daß diese vom Modellkonstrukteur auf zwei Ebenen vorgenommenen Perspektivierungen von den Benutzern nachvollzogen werden. Nur wenn die Modellbenutzer, also Lehrer und Schüler, das jeweilige Modell als Hilfskonstruktion begreifen, in der ein schon immer perspektivisches Original für bestimmte Zwecke nochmals perspektivisch, das heißt akzentuiert und reduziert, wiedergegeben wird, läßt sich die Gefahr vermeiden, daß „Modell" und „Wirklichkeit" kurzschlüssig gleichgesetzt werden oder daß sich Modelle beziehungsweise Simulationsspiele in den Köpfen der Schüler zu einer eigenen „Wirklichkeit" verselbständigen.

Der Spielcharakter von Simulationsspielen. Dem Spielcharakter von Simulationsspielen und den daraus resultierenden didaktischen Implikationen wird in der Simulationsspielliteratur häufig wenig Beachtung geschenkt, oder aber der Spielbegriff wird nach didaktischen Zweckmäßigkeitsgesichtspunkten definiert, ohne daß nach dem eigentlichen Wesen des Spiels gefragt wird. Auf diese Weise sind didaktische Lernmaterialien entstanden, die zwar den Namen „Spiel" tragen, aus der Sicht der Lernenden aber lediglich nichtspielerische Simulationen darstellen. Zwar ist gegen die Verwendung derartiger ausschließlich zweck- und zielorientierter Simulationen aus didaktischer Sicht kein grundsätzlicher Einwand zu erheben, jedoch kann nicht erwartet werden, daß die Lernenden an solchen Simulationen genauso freiwillig, engagiert und begeistert teilnehmen wie an einem Simulationsspiel. Insbesondere von spielpädagogischer Seite wird die Gefahr gesehen, daß mit der Verwendung von Simulationsspielen im Unterricht eine „Verzweckung" einhergehe, die mit dem Wesen des Spiels unvereinbar sei, zu einer Perversion des Spiels führe und Simulationsspiele für den Lernenden in Mißkredit bringe (vgl. STANKEWITZ 1977, S. 11 ff.). An dieser Stelle können die Charakteristika des Spiels zwar nicht expliziert werden (vgl. BUDDENSIEK 1979, S. 39 ff.), die folgende Beschreibung von sozialen Spielen weist aber bereits auf die bedeutsamsten Wesensmerkmale des Spiels hin: „Spiel ist eine freiwillige Handlung oder Beschäftigung, die innerhalb gewisser festgesetzter Grenzen von Zeit und Raum nach freiwillig angenommenen, aber unbedingt bindenden Regeln verrichtet wird, ihr Ziel in sich selber hat und begleitet wird von einem Gefühl der Spannung und Freude und einem Bewußtsein des ‚Andersseins' als das ‚gewöhnliche Leben'" (HUIZINGA 1956, S. 34).

Insbesondere aus der Feststellung, daß Spiel sein Ziel in sich selber hat, anders als das gewöhnliche Leben ist, Freude bereitet und freiwillig gespielt wird, lassen sich grundlegende didaktische Schlußfolgerungen ziehen (vgl. BUDDENSIEK 1979, S. 55 ff., S. 98 ff.):

Erstens: Sofern Simulationen Spielcharakter besitzen, zeichnen sie sich nicht in erster Linie durch „Wirklichkeitsnähe", sondern durch einen bestimmten Abstand von der Alltagswirklichkeit aus. Diese *Distanz,* mit der die Schüler Alltagsprobleme im Spiel angehen, muß kein Nachteil des Spiels sein, sondern kann sich als besonders erkenntnisfördernd erweisen. Spiele eröffnen, ähnlich wie Modelle, die Möglichkeit, Selbstverständliches in einem neuen Licht darzustellen. Dies ist aber nur ein Aspekt der produktiven Distanz des Spiels vom Alltag. Spiele sind nicht nur künstlich arrangiert, sondern auch frei von Sanktionen und Konsequenzen, die über das Spiel hinausreichen. Dadurch fördern sie die Phantasie der Spieler und den Mut, Handlungsalternativen zu erproben, die im alltäglichen Leben mit erheblichen Risiken verbunden sind und daher gemieden werden.

Der Abstand vom Alltag, die Sanktionsfreiheit, die Spielphantasie und die damit einhergehende Faszination der Spieler lassen sich für didaktische Zwecke nur nutzen, wenn das Spiel eingebettet wird in Auswertungs- oder Reflexionsphasen, in denen die Spielwirklichkeit mit Alltagssituationen verglichen und hinsichtlich ihres Realitätsbezuges befragt wird. Ohne eine didaktische Rückbindung des Spielgeschehens an vergangene, gegenwärtige oder zukünftige Lebenssituationen geht besonders von Simulationsspielen die Gefahr aus, daß die Spieler sich illusionäre Welten schaffen, in denen das Spielgeschehen als gesellschaftliche Wirklichkeit interpretiert wird.

Zweitens: Die Schule muß *Freiräume* schaffen, wenn sie das Lernen spielerisch gestalten will (vgl. HALBFAS 1976, S. 18). Sie hat nicht nur Zeit zum Spielen zur Verfügung zu stellen, sondern muß den Schülern vor allem gestatten, sich innerhalb des jeweiligen Spielrahmens frei zu äußern. Dazu gehört, daß die Spieler, innerhalb der übernommenen Rollen, mit ihren Ausdrucksmitteln artikulieren dürfen, was sie denken und fühlen, ohne den Bewertungen, Belehrungen, Ermahnungen oder Sanktionen des Lehrers ausgesetzt zu sein.

Fragwürdig sind hier Spielkonzepte, in denen die Spielaktivitäten durch rigide Spielregeln, Ereigniskarten, Rollenvorgaben oder gar durch wörtlich festgelegte Argumente auf ein marionettenhaftes Pseudohandeln eingeengt werden. Wenn ein vorab bestimmbares Spiel- oder Lernergebnis wichtiger wird als die kreative Eigenaktivität der Spieler, leidet darunter nicht nur das Spielgeschehen, sondern ebenso der Erkenntnisprozeß, der maßgeblich durch Spielhandeln in Gang gesetzt wird.

Eine wichtige Voraussetzung für den erfolgreichen Einsatz von Simulationsspielen ist die Fähigkeit des Lehrers, seine traditionelle Rolle als „Belehrender" aufzugeben und selbst mitspielen zu können. In den Spielphasen sollte er die Gestaltung des Unterrichts weitgehend den Schülern überlassen, sich auf eine *offene Unterrichtssituation* einstellen und darauf vertrauen, daß die Schüler im Spiel zu produktiven Lernerfahrungen gelangen.

Drittens: Es gehört zum Wesen des Spiels, daß es um seiner selbst willen betrieben wird und von *spielexternen* Zwecken frei ist. „Spiele, die man veranstaltet, um außerhalb des Spiels liegende Ziele zu erreichen, bleiben nicht Spiele [...]. Ihre Determination durch curriculare Ziele, alles knauserig minutiöse Einpassen in spielfremde Unterrichtsschritte stört das unbekümmerte Verhältnis der Schüler zum Spiel" (HALBFAS 1976, S. 10).

Wenn man Spiele nicht gefährden oder pervertieren will, lassen sich Lernziele innerhalb einer Spielphase nur insoweit erreichen, als sie sich mit den *spielinternen* Zielsetzungen decken (weitergehende Ziele sollten dem spielauswertenden Unterricht vorbehalten bleiben). Spielinterne Ziele werden von den Spielern in der Regel nicht wegen des Lerneffekts verfolgt, sondern angestrebt, um erfolgreich spielen zu können. Lernen wird also im Spiel zur „Nebensache". Dieses „nebensächliche" Lernen kann jedoch wesentlich fruchtbarer sein als erzwungenes Lernen im herkömmlichen Unterricht.

Spielerisch gestaltetes Lernen findet in einer ungezwungenen und *angstfreien* Atmosphäre statt, bereitet den Schülern Freude und motiviert sie zu *freiwilligen* Leistungen innerhalb des Spiels. Äußere Leistungsanreize, Leistungsdruck und Leistungsbewertungen in Form von Zensuren passen nicht zu dieser Art intrinsisch motivierten Lernens. Damit ist jedoch nicht ausgeschlossen, daß bestimmte Spielstrategien im spielauswertenden Unterricht bewertet werden können hinsichtlich ihres Nutzens, den sie im Spiel erbracht haben oder im Alltag erbringen könnten. Diese Bewertung sollte sich jedoch nicht in Zensuren niederschlagen, weil sonst die produktive Möglichkeit des Spiels, auch aus Fehlern und Mißerfolgen zu lernen und riskante Verhaltensweisen zu erproben, durch die Notengebung verhindert würde.

Das Simulationsspiel als Synthese aus den Elementen „Modell" und „Spiel". Das Simulationsspiel besitzt, im Gegensatz zur nichtspielerischen Simulation und zum freien Spiel ohne didaktische Absicht, einen ambivalenten Charakter, denn es verbindet ein Modell, das mit bestimmten didaktischen Absichten konstruiert wurde, mit einem Spiel, das seinem Wesen nach frei ist von spielexternen Zwecken. Durch diese Synthese von „Spiel" und „Modell" wird die Dynamisierung des vorkonstruierten Handlungsrahmens bewirkt und der Spielablauf in eine bestimmte Richtung gelenkt. Das Spiel dynamisiert also das anfänglich statische Modell, während das Modell die spielinternen Ziele definiert und den Spielverlauf steuert. Allerdings besteht gerade bei Simulationsspielen die Gefahr, daß durch Mängel bei der Konstruktion des Handlungsrahmens entweder das Spielen oder aber das Lernen in einer Modellsituation zu kurz kommt. Entscheidend ist deshalb die Form und die Qualität der einzelnen Elemente, aus denen der Spielrahmen konstruiert wurde. Gängige Elemente sind:

- *offene Rollenhinweise,* die die Spieler zur selbständigen Ausgestaltung der übernommenen Rolle anregen, oder aber *geschlossene Rollenvorgaben*, die die Aktionen der Spieler begrenzen, auf ein spezielles Ziel ausrichten und manchmal bereits den Wortlaut der Argumente vorgeben,
- *offene Hinweise* oder aber *feste Vorgaben* für die *Spielleitung* (diese kann je nach Spielkonzept und Umfang der

ihr zugedachten Aufgaben aus einer oder aus mehreren Personen bestehen),
- *Spielregeln,* die entweder einen bestimmten, unveränderbaren Spielablauf vorprogrammieren oder aber offen sind für Veränderungen durch die Spieler und die Spielleitung,
- *ein Spielbrett* mit verschiedenem Zubehör, das in den meisten Fällen vorproduziert ist und von den Spielteilnehmern entweder gar nicht oder nur geringfügig verändert werden kann,
- *sonstige Spielmaterialien,* beispielsweise Spielgeld, Chips oder andere Symbole für Besitz und Macht,
- *Spielprotokolle* oder *-auswertungsformulare,* in denen die wichtigsten Ereignisse des Spielverlaufs oder die Spielergebnisse für den spielauswertenden Unterricht festgehalten werden.

Jedes dieser formalen Elemente bietet vielfältige inhaltliche Ausgestaltungsmöglichkeiten. Einzelne, mehrere oder auch alle genannten Elemente lassen sich auf verschiedenste Weise miteinander kombinieren und zu den unterschiedlichsten Simulationsspielkonzepten zusammenfügen. Auf der Basis der vorangegangenen Ausführung läßt sich das Simulationsspiel zusammenfassend beschreiben als *modellhafte, spielerische und sanktionsfreie Scheinwelt, die von den Spielteilnehmern dynamisiert und ausgestaltet wird, indem diese versuchen, eine vorgegebene Problemsituation in übernommenen Rollen, innerhalb eines mehr oder weniger vorstrukturierten Spielrahmens durch Spielhandeln zu einer Lösung zu bringen.*

Der im Simulationsspiel gewonnene Abstand von der Alltagswirklichkeit kann nur dann zu produktiven Erkenntnisprozessen führen, wenn die Vorbereitung, Durchführung und Auswertung von Simulationsspielen eine didaktische Einheit bilden. Spielhandeln in einer didaktisch konstruierten Scheinwelt kann angesichts der komplexen und schwer zugänglichen gesellschaftlichen Realität zu einer nützlichen, jedoch keinesfalls zu einer hinreichenden Vorübung für ein Handeln in Ernstsituationen werden. Sofern das Handeln in Ernstsituationen für die Lernenden möglich und angebracht ist, sollte es deshalb nicht durch Simulationsspiele ersetzt werden. Vielmehr ist, ausgehend von den je spezifischen Intentionen und Inhalten, zu prüfen, ob nicht andere Methoden wie beispielsweise Erkundung, Projekt, Fallstudie oder auch ein Methodenverbund von Simulationsspiel und Erkundung oder von Fallstudie und Simulationsspiel (vgl. BUDDENSIEK 1983) besser dem Ziel dienen, Schüler für die Bewältigung von Lebenssituationen zu qualifizieren.

BUDDENSIEK, W.: Pädagogische Simulationsspiele im sozio-ökonomischen Unterricht der Sekundarstufe I, Bad Heilbrunn 1979. BUDDENSIEK, W.: Entscheidungstraining im Methodenverbund – Didaktische Begründung für die Verwendung von Fallstudie und Simulationsspiel. In: KAISER, F.J. (Hg.): Die Fallstudie – Theorie und Praxis der Fallstudiendidaktik, Bad Heilbrunn 1983, S. 128 ff. HALBFAS, H.: Magister ludens. In: HALBFAS, H. u. a. (Hg.): Spielen, Handeln und Lernen, Stuttgart 1976, S. 7 ff. HUIZINGA, J.: Homo ludens. Vom Ursprung der Kultur im Spiel, Hamburg 1956. KAISER, F.J.: Entscheidungstraining, Bad Heilbrunn 1976. LEHMANN, J. (Hg.): Simulations- und Planspiele in der Schule, Bad Heilbrunn 1977. SALZMANN, CH.: Die Bedeutung des Modellbegriffs in der Unterrichtsforschung und Unterrichtsplanung. In: ROTH, L./PETRAT, G.: Unterrichtsanalysen in der Diskussion, Hannover 1974, S. 171 ff. SCHEUERL, H.: Das Spiel. Untersuchungen über sein Wesen, seine pädagogischen Möglichkeiten und Grenzen, Weinheim 1954. STACHOWIAK, H.: Allgemeine Modelltheorie, Wien/New York 1973. STANKEWITZ, W.: Szenisches Spiel als Lernsituation, München/Berlin/Wien 1977.

Wilfried Buddensiek

Spiel

Das deutsche Verb „spielen" wird intransitiv und transitiv verwendet. Es bezeichnet einerseits *Abläufe* von freier Beweglichkeit wie das Spiel der Wellen oder der Achsen und Kolben in einem Motor, andererseits *Tätigkeiten* von „Spielern", die solche Abläufe zum eigenen oder anderer Leute Vergnügen, aus sportlichen, ästhetischen, kultischen Gründen erzeugen. Spielerische Bewegungsphänomene sind charakterisierbar als ein freies, variables Hin und Her in einem „Spielraum" oder als ein in sich zurücklaufendes, in immer neuen „Spielarten" wiederholbares Kreisen. Sie kommen in fast allen Erfahrungsbereichen vor: von physikalisch bewegten Naturerscheinungen bis ins Reich der Phantasie, der Artistik und der ästhetischen Gestaltungen. Für sie alle eine gemeinsame Definition oder Theorie zu suchen ist aussichtslos. Spiel ist primär ein bildhaftes Wort und kein wissenschaftlicher Begriff.

Anthropologisch (damit auch kulturhistorisch, sozialwissenschaftlich, psychologisch und pädagogisch) interessant werden Spielphänomene immer dann, wenn erlebende und handelnde Subjekte einzeln oder gemeinsam sich auf diese einstellen: wenn sie sich als Zuschauer von einem „Schauspiel" (wie einer rollenden Kugel, einem Fußballmatch) faszinieren lassen oder mit Aktivität und Erfindungsreichtum solche Phänomene selber in Gang bringen und durch Regelgebung, Rollenabsprachen oder Ritualisierungen auf Dauer zu stellen und wiederholbar zu machen suchen.

Dies ergibt dann „die Spiele" mit ihren Spielzeugen, Spielmitteln, Spielplätzen, Spielregeln, die in den unterschiedlichsten Lebensbereichen in faktisch unendlicher Vielfalt vorkommen. Auch die Einstellungen und Tätigkeitsformen, die mit Spielen verbunden werden, sind so vielfältig, daß eine allgemeingültige (etwa psychologische oder soziologische) Theorie für alle Spiele zugleich kaum möglich erscheint.

Gemeinsam sind den Spielen, bevor man sie erklären kann, allenfalls einige phänomenologische *Grundmerkmale:* So benötigt jedes Spiel einen gewissen Freiraum, ein *„entspanntes Feld"*, in dem Spieler wie Zuschauer sich auf die Binnenspannungen des Spielablaufs selbst konzentrieren, sich ihnen „zweckfrei" hingeben können. Es gibt Spiele, die ihren Spielern (oft unbewußt) dazu dienen, unbewältigte Außenspannungen durch aktive, selbstgestaltete Wiederholungen oder Ersatzhandlungen im Spiel allmählich „abzubauen", was sich für Spieltherapie nutzen läßt; und es gibt andere, in denen Spannung eigens gesucht und aufgebaut wird, weil Spannungslosigkeit nicht nur im Leben unerträglich ist, sondern das Entstehen von Spielen verhindert. Von der Kontinuität des Alltagslebens und seiner Spannungen sind Spiele dadurch abgehoben, daß sie sich auf einer eigenen *bildhaften* oder *symbolischen Ebene* abspielen. Sie sind nicht das „wirkliche Leben" und bleiben für dieses ihrer Intention nach folgenlos, was tatsächliche Folgen therapeutischer, pädagogischer, manchmal auch wirtschaftlicher Art nicht ausschließt.

Alle Spielabläufe sind ferner gekennzeichnet durch *Mehrdeutigkeit* und *Offenheit;* ihre Spannung beruht gerade darauf, daß man ihren Verlauf nicht voraussagen kann. Wo sie eindeutig werden, endet ihr Reiz. Selbst die ritualisierten Reigenspiele im Kindergartenalter sind für das miterlebende Kind, das etwa den „Plumpsack" oder die „schwarze Köchin" auf sich zukommen weiß, von erregender Unentschiedenheit und nur so lange interessant, als sie diese *Ambivalenz* behalten. Alle Spiele haben eine besondere *Zeitstruktur:* Sie zielen nicht zweckhaft über sich hinaus, sondern erfüllen sich in der *Gegenwart*. Hier und jetzt ist es aufregend, lustig

oder bedeutsam, hier und jetzt will man wissen, wer unter Partnern oder gegenüber der Tücke eines Objekts der Überlegene ist, und die Überraschungen auskosten.
Das Ende kommt im glückenden Spiel stets von außen (Hunger, Ermüdung, die vereinbarte Zeit oder Punktezahl ist erreicht); die Spieltendenz selbst will „ewige Gegenwart" oder ständig neue *Wiederholungen*. Mit diesen wenigen Charakteristika ist das allen Spielen Gemeinsame bereits umrissen.
Als Merkmale werden in den Theorien benannt: Freiheit, innere Unendlichkeit, Scheinhaftigkeit, Ambivalenz, Geschlossenheit, Gegenwärtigkeit (vgl. SCHEUERL 1954); Betätigungen, die frei, abgetrennt, ungewiß, unproduktiv und entweder geregelt oder fiktiv sind (vgl. CAILLOIS 1961); Zweckfreiheit, Aktivierungszirkel von Spannung und Lösung, handelnde Auseinandersetzung mit einem Stück Realität, undifferenzierte Ziel- und unmittelbare Zeitperspektive sowie „Quasi-Realität" (vgl. HECKHAUSEN 1964).
Versuche, die verschiedenen *Spielformen* zu ordnen, gruppieren sich in den meisten Theorien um vier bis fünf Hauptkategorien: Funktions-, Konstruktions-, Imitations-, Rollen- und Regelspiele. Andere Einteilungen richten sich nach Erfahrungs- und Praxisfeldern, in denen typische Formen vorherrschen (Tierspiel, Kinder-, Jugend-, Erwachsenenspiele, Wettkampf-, Glücksspiel und darstellende Spiele, kultische Spiele, Liebesspiele, Planspiele, Lernspiele). Eine strenge Systematik ist bisher nicht gelungen, dazu sind die Spielphänomene zu variantenreich, allgegenwärtig und ineinander übergehend. Abgrenzungen nach außen (etwa gegen Arbeit, Ernst, Kampf, Kunst) sind fast immer unzulänglich, weil sie monoperspektivisch irreführende Kontrastschatten erzeugen.
Theorien zur *Erklärung und Deutung* von Spielen (vgl. RITTELMEYER 1983, S. 543 ff.) gehen an die stets mehrdimensional erlebbaren Phänomene aus je speziellen Perspektiven heran, etwa von der Erholungs- oder Kompensationsfunktion, von Vorübungs-, Abreaktions- oder Anpassungseffekten, von der kulturellen Symbolik oder vom personalen Entscheidungsanteil der Spieler. Jede dieser Perspektiven erfaßt Richtiges und Wichtiges, keine dürfte sich für alle Spiele ohne Verzerrungen verallgemeinern lassen. Auf allen diesen Ebenen zeigen sich Möglichkeiten, Spiele zur Förderung von Lernen, zur Unterstützung der Persönlichkeitsbildung, zur sozialen Sensibilisierung in „Rollenübernahme" wie „Rollendistanz" zu nutzen.
Eine *pädagogische Wertschätzung* des Spiels hat sich in der Neuzeit allgemein durchgesetzt: Seit Rousseau und Fröbel wird es als eines der wichtigsten Erfahrungsfelder für Kinder und Jugendliche gesehen; seit Schiller als eine der Chancen des Menschen, inmitten einer von Triebdruck und Moralzwängen determinierten Welt dennoch „ganz Mensch" zu sein und den „ästhetischen Zustand" zu erreichen, der zugleich ein erster Schritt zu kultureller und auch politischer Emanzipation ist (vgl. v. SCHILLER 1871). Vorbehalte melden sich, wo man in der Erziehung angesichts „ernsterer" Aufgaben dem Spielen praktisch meist nur erholende und anbahnende Funktionen zugesteht. Damit wird Fehlformen einer „Pädagogisierung" des Spiels der Weg bereitet, das doch nur bei „intrinsischer Motivation" überhaupt glücken und seine eigenen Rückwirkungen auf die Beteiligten ausüben kann. Zur Förderung von Umgangserfahrung, Ausdrucksdifferenzierung, eines vielseitigen inhaltlichen und sozialen Sensibilitäts- und Entscheidungstrainings können Spiele ihre Wirkungen nur dann entfalten, wenn sie als solche gelingen und in ihrer ganzen Faszination und zugleich Gefährdetheit erfahren werden. Eine nichtdirektive, zurückhaltend anregende und ermutigende Haltung, die sowe-

nig wie möglich vorschreibt oder interveniert, verspricht spielpädagogisch wie therapeutisch die förderlichsten Wirkungen.

AXLINE, V.M.: Kinder-Spieltherapie im nicht-direktiven Verfahren, München/Basel 1972. CAILLOIS, R.: Die Spiele und die Menschen, Stuttgart 1961. DAUBLEBSKY, B.: Spielen in der Schule, Stuttgart 1973. FLITNER, A.: Spielen – Lernen. Praxis und Deutung des Kinderspiels, München 1975. FLITNER, A. (Hg.): Das Kinderspiel. Texte, München 1978. HECKHAUSEN, H.: Entwurf einer Psychologie des Spielens. In: Psych. Fo. 27 (1964), S. 225 ff. HUIZINGA, J.: Homo ludens, Leiden/Köln 1938. KREUZER, K.J. (Hg.): Handbuch der Spielpädagogik, Bd. 1, Düsseldorf 1982. PIAGET, J.: Nachahmung, Spiel und Traum, Stuttgart 1969. RETTER, H.: Spielzeug. Handbuch zur Geschichte und Pädagogik der Spielmittel, Weinheim/Basel 1979. RITTELMEYER, CH.: Spiel. In: Enzyklopädie Erziehungswissenschaft, Bd. 1, Stuttgart 1983, S. 541 ff. SCHEUERL, H.: Das Spiel. Untersuchungen über sein Wesen, seine pädagogischen Möglichkeiten und Grenzen, Weinheim 1954. SCHEUERL, H.(Hg.): Theorien des Spiels, Weinheim/Basel [10]1975a. SCHEUERL, H.: Zur Begriffsbestimmung von „Spiel" und „spielen". In: Z. f. P. 21 (1975), S. 341 ff. (1975b). SCHILLER, F. v.: Über die ästhetische Erziehung des Menschen in einer Reihe von Briefen (1793/94). Schillers sämtliche Schriften, hg. v. K. Goedeke u.a., Bd. 10: Ästhetische Schriften, hg. v. R. Köhler, Stuttgart 1871, S. 274 ff. ZULLIGER, H.: Heilende Kräfte im kindlichen Spiel, Stuttgart 1952.

Hans Scheuerl

Spiel, darstellendes

Begriffliche Abgrenzung. Als „darstellendes Spiel" werden in Abgrenzung zu anderen Arten des Spiels unterschiedliche Spielformen bezeichnet, die im Sinne des Mediums Theater Darstellungscharakter besitzen. Vom Rollenbegriff her kann darstellendes Spiel als Darstellen von Rollen in fiktiven Situationen verstanden werden (vgl. STANKEWITZ 1977, S. 3). Bei einer solchen Verwendung läßt der Rollenbegriff in pädagogischem und didaktischem Kontext verschiedene Aspekte zu. Neben der naheliegenden theaterwissenschaftlich orientierten Interpretation als Rolle (aus lateinisch: *rotulus*) des Schauspielers können auch ein soziologischer und ein psychoanalytischer Aspekt einbezogen werden, soweit es der Funktion der jeweiligen Spielform entspricht (vgl. BOLLMANN 1985a).

Vom Lernbegriff her läßt sich darstellendes Spiel als Lernen durch Darstellen von Handeln beschreiben. In diesem Sinne spricht RITTER (vgl. 1981, S. 48) unter besonderer Betonung des Handlungsaspektes von „Theaterarbeit". Er distanziert sich dabei allerdings von dem Begriff „Darstellendes Spiel", der ihm zu stark durch die musische Tradition der 20er und besonders auch der 50er und frühen 60er Jahre geprägt erscheint. Andere Autoren entscheiden sich aus ähnlichen Gründen gegen darstellendes Spiel als Oberbegriff aller darstellenden Spielformen und wählen alternative Oberbegriffe wie „szenisches Spielen" (vgl. KOCHAN 1976) oder „szenisches Spiel" (vgl. INGENDAHL 1981, STANKEWITZ 1977) oder beschreiben den Gegenstandsbereich als „Spiel und Theater" (vgl. MÜLLER 1972), „Spiel- und Theaterpädagogik" (vgl. RITTER 1981), „Theater- und Interaktionspädagogik" (vgl. KLEWITZ/NICKEL 1976) oder „Spielpädagogik" (vgl. RICHARD 1975a, b). Der zuletzt genannte Begriff kennzeichnet oftmals sozialpädagogische Perspektiven. Gelegentlich werden noch die traditionellen Begriffe „Laienspiel" und vor allem „Schulspiel" verwendet. HANL (vgl. 1977) spricht von „kreativem Schulspiel". HAVEN (vgl. 1970, S. 13) setzt darstellendes Spiel mit Schulspiel gleich.

Häufiger wird auch „Rollenspiel" als Oberbegriff genannt (vgl. COBURN-STAEGE 1977, NICKEL 1972), was aus der intensiven Auseinandersetzung mit dem sozialen Rollenspiel seit Ende der 60er Jahre verständlich wird.
Insgesamt kann jedoch darstellendes Spiel für das breite Spektrum von Spielformen mit Darstellungscharakter in didaktischem und pädagogischem Kontext als dominierender Oberbegriff gelten. Mit diesem Begriff können szenische Spielformen in fachorientierten Lernprozessen ebenso erfaßt werden wie pädagogisch angeleitete oder nichtangeleitete Rollenspiele wie auch alle Formen des Theaterspiels, bei denen das Produkt die Aufführung als Zielperspektive dominiert. Der zuletzt genannte Bereich wird oftmals als darstellendes Spiel im engeren Sinn verstanden (vgl. BUBNER/MIENERT 1978, BULL 1971, GIFFEI 1982).

Allgemeine Lernchancen. Unter den allgemeinen Lernchancen, die dem darstellenden Spiel eingeräumt werden, lassen sich ganz besonders zwei hervorheben:
- die Förderung einer integrierten Entwicklung der Persönlichkeit und
- die Kreativität anregenden Wirkungen in unterschiedlichen darstellenden Spielformen.

Bei der Förderung einer integrierten Entwicklung der Persönlichkeit steht in der Regel die ausgeprägt aktionale Komponente des darstellenden Spiels im Vordergrund, die neben kognitiven Lernaspekten, die in der Schule gegenwärtig als dominierend angesehen werden, auch verstärkt emotional-affektive und soziale sowie psychomotorische Lernanteile begünstigt. So ist nach PEISE-SEITHE (1978, S.14ff.) „Darstellendes Spiel immer konkretes, praktisches und sinnliches Handeln. [...] Im Darstellenden Spiel handelt die gesamte Persönlichkeit. [...] Das aktive Tun ermöglicht den Kindern und Jugendlichen eine starke persönliche Beteiligung und echtes Erleben."

Gerade unter dem Handlungsaspekt wird auch auf den Zusammenhang von Spielen und Lernen hingewiesen (vgl. COBURN-STAEGE 1977; vgl. INGENDAHL 1981, S.8ff.), und der hohe Erlebnisanteil begünstigt das Vergnügen beim Lernen (vgl. KLUGE 1981, S.55). Darstellendes Spiel, als Lernform verstanden, ermöglicht wie kaum ein anderes Medium in der Schule die Verbindung von denkender und sinnlicher Erkenntnis. In bezug auf verschiedene darstellende Spielformen wird das dialektische Verhältnis von Spielen und Zuschauen, von theatralischem Handeln und reflektierendem Betrachten angesprochen. So werden die Zuschauer beim Rollenspiel als Methode sprachlichen und sozialen Lernens häufig dadurch einbezogen, daß sie gezielte Beobachtungsaufgaben übernehmen (vgl. KOCHAN 1981, S.30).
Für RITTER (1978, S.113) ist Theaterspiel auf Anregung Bertolt Brechts „Handeln in bewußt eingenommenen Haltungen, die der Betrachtung unterworfen sind". In diesem Sinne sind die Handelnden auch Betrachtende und die Betrachtenden potentielle Handelnde.
Eine günstige Voraussetzung für Prozesse integrierter Persönlichkeitsentwicklung ist die Möglichkeit des darstellenden Spiels, neben den verbalen Darstellungs- und Kommunikationsanteilen verstärkt auch nonverbale Anteile einzubeziehen. Nach STANKEWITZ (1977, S.112) ist „Theater als genuin eigenes Medium zu begreifen mit einem Zeichensystem, das durch Wortsprache, durch literarische Fixierung nur zu einem kleinen Teil geprägt werden kann". Es bietet sich an, im Zusammenhang mit darstellenden Spielformen den Defiziten in der schulischen Auseinandersetzung mit nonverbalen Kommunikationsanteilen entgegenzuwirken, der Bedeutung von Mimik, Gestik und Motorik als Medien pädagogischer Kommunikation wie auch für das menschli-

che Zusammenleben überhaupt gerecht zu werden (zur pantomimischen Darstellung vgl. BOLLMANN 1985 b).
Unter den allgemeinen Lernchancen, die dem darstellenden Spiel eingeräumt werden, dominieren die Kreativität fördernden Wirkungen. Gelegentlich werden sie fast programmatisch als Titel vorangestellt: „Spiel und Theater als kreativer Prozeß" (vgl. MÜLLER 1972) oder „Kreatives Schulspiel" (vgl. HANL 1977). Mit einem spezifischen Theorieansatz, der am Aneignungskonzept orientiert ist, arbeitet RICHARD (1975 b, S. 72) für den Zusammenhang von Phantasietätigkeit und Spielpädagogik heraus, daß „der Lehrer die Phantasien der Kinder in Erfahrungen organisieren [muß]. Das bedeutet, daß es keine autonome Erziehung zur Phantasietätigkeit geben darf, sondern sie muß als Dimension von sozialem Lernen überhaupt begriffen werden. ‚Erfahrungen organisieren' und ‚soziales Lernen' im Zusammenhang mit Phantasietätigkeit heißt jedoch auch, daß darin nicht immer schon die gesellschaftliche Aufklärung als konkrete Aufklärung über die eigene Lebenssituation verfügbar gemacht werden muß. Es käme darauf an, vor allem auch die Sinnestätigkeiten – neben der aufklärerischen Seite – zu entwickeln."
Wenn in diesem Sinne „Erfahrungen organisiert" werden sollen, wird der Akzent im darstellenden Spiel vor allem auf dem improvisatorischen Element liegen. Bei methodischen Überlegungen zur szenischen Improvisation (vgl. KRAUSE 1976) wird in der Regel weniger die Entwicklung von Phantasietätigkeit reflektiert. Vielmehr sind sie eher ganz allgemein auf die Förderung von Kreativität gerichtet. So ist etwa für HASELBACH (vgl. 1979, S. 6f.), die von der Bewegungserziehung her argumentiert, Improvisation primär kreative Aktivität. Darüber hinaus ist Improvisation aber auch als didaktisches Spiel einsetzbar im Rahmen von lernzielorientierter Themenstellung und institutionalisiertem Unterricht. Modellhaft sieht sie den Improvisationsprozeß in einem Spannungsfeld zwischen „erfahrend – nach innen wirkend" und „gestaltend – nach außen wirkend".

Die hier behandelten allgemeinen Lernchancen werden jedoch je nach Funktion und Form des darstellenden Spiels unterschiedlich gewichtet. Dabei variieren je nach theoretischem Bezugsrahmen und nach den Zielvorstellungen einzelner Konzepte das Erkenntnisinteresse und die Einschätzung des Zusammenhangs von ästhetischer Produktion und gesellschaftlichem Kontext (vgl. RICHARD 1975 a, S. 76).

Traditionen. Die wichtigsten historischen Impulse für die aktuelle spiel- und theaterpädagogische Diskussion gingen aus
- von der Laien- und Schulspielbewegung,
- vom proletarischen Kindertheater der Weimarer Zeit,
- von der Rollenspielentwicklung in den USA nach dem Zweiten Weltkrieg.

Die Entwicklung des traditionellen Laienspiels und Schulspiels ist eng verbunden mit der deutschen Jugendbewegung in der Weimarer Zeit und mit der musischen Bildung in den 50er und frühen 60er Jahren (vgl. PALLAT/LEBEDE 1924, LUTZ 1957, MIRBT 1960, HAVEN 1970). Gemeinschaftsmythos und Innerlichkeitstendenzen waren Kennzeichen von Spielformen, die im einzelnen recht unterschiedliche Ausprägungen und Akzentsetzungen erfahren haben (vgl. RICHARD 1975 a, besonders S. 57). MIRBT (1960, S. 72) betont: „Es war Spiel aus der Gemeinschaft, in der Gemeinschaft, für die Gemeinschaft."
Neue Impulse erhielt die Diskussion aus der Aufarbeitung der Ansätze des proletarischen Kindertheaters, die historisch vor allem auf BENJAMINS Schrift „Programm eines proletarischen Kindertheaters" (1969) basiert, das unter Be-

zugnahme auf die Spielprojekte der litauischen Schauspielerin Asja Lacis entstanden ist. Diese Projekte in Rußland stellten eine Verbindung dar zwischen Theater und Schule und führten vor allem durch das Kollektiverlebnis im Rahmen einer vielseitigen ästhetischen Erziehung zum Selbst- und Improvisationsspiel (vgl. SCHEDLER 1977, S. 209 ff.). Den entscheidenden Beitrag zu dieser Aufarbeitung leisteten die während der Studentenbewegung gegründeten „proletarischen Kindertheater", die – wie das bekannteste unter ihnen, das „Kindertheater Märkisches Viertel" in Berlin – im Rückgriff auf Benjamin und Hoernle ihre Spielkonzeptionen für Arbeiterkinder im Schulalter entwickelten (vgl. EBERT/PARIS 1976; vgl. RICHARD 1975a, S. 67 ff.). Solche Initiativen waren vor allem im außerschulischen Bereich wirksam. Eine Integration in den schulischen Lehr- und Lernprozeß wurde kaum betrieben (zur Entwicklung eines eigenständigen Jugendtheaters vgl. NICKEL 1983).

Die stärksten Impulse für die Entwicklung des darstellenden Spiels vor allem in der Schule seit Ende der 60er Jahre gingen aus von der Rezeption der Rollenspielentwicklung in den Vereinigten Staaten im Rahmen der „social studies" und unter Berufung auf rollentheoretische Konzepte. Insbesondere durch diese Anregungen entwickelte sich Anfang der 70er Jahre geradezu eine Rollenspieleuphorie, die oft, ohne die pädagogischen Kontexte hinreichend zu reflektieren, die Möglichkeiten des sozialen Rollenspiels als Methode vor allem sozialen Lernens überschätzte (vgl. BOLLMANN 1985a).

BAUER, K.W.: Emanzipatorisches Kindertheater, München 1980. BEIMDICK, W.: Theater und Schule, München 1980. BENJAMIN, W.: Programm eines proletarischen Kindertheaters. In: BENJAMIN, W.: Über Kinder, Jugend und Erziehung, Frankfurt/M. 1969, S. 76 ff. BOLLMANN, H.: Rollenspiel. In: Enzyklopädie Erziehungswissenschaft, Bd. 4, Stuttgart 1985, S. 565 ff. (1985a). BOLLMANN, H.: Pantomime. In: Enzyklopädie Erziehungswissenschaft, Bd. 4, Stuttgart 1985, S. 542 ff. (1985b). BUBNER, C./MIENERT, C.: Bausteine des Darstellenden Spiels, Frankfurt/M. 1978. BULL, R.: Lerneffektives Spiel im Unterricht, Kiel 1971. COBURN-STAEGE, U.: Lernen durch Rollenspiel, Frankfurt/M. 1977. EBERT, H./PARIS, V.: Warum ist bei Schulzes Krach? Kindertheater Märkisches Viertel, 2 Bde., Berlin 1976. GIFFEI, H. (Hg.): Theater machen, Ravensburg 1982. HANL, I. (Hg.): Kreatives Schulspiel, Wien 1977. HASELBACH, B.: Improvisation, Tanz. Bewegung, Stuttgart ²1979. HAVEN, H.: Darstellendes Spiel, Düsseldorf 1970. INGENDAHL, W.: Szenische Spiele im Deutschunterricht, Düsseldorf 1981. KLEWITZ, M./NICKEL, H.W. (Hg.): Kindertheater und Interaktionspädagogik, Stuttgart 1976. KLUGE, N.: Spielen und Erfahren, Bad Heilbrunn 1981. KOCHAN, B.: Szenisches Spielen. In: Prax. Dt. (1976), 20, S. 10 ff. KOCHAN, B. (Hg.): Rollenspiel als Methode sozialen Lernens, Königstein 1981. KRAUSE, S.: Darstellendes Spiel, Paderborn 1976. LUTZ, E.J.: Das Schulspiel, München 1957. MIRBT, R.: Laienspiel und Laientheater, Kassel 1960. MÜLLER, R. (Hg.): Spiel und Theater als kreativer Prozeß, Berlin 1972. NICKEL, H.-W.: Rollenspielbuch, Recklinghausen 1972. NICKEL, H.-W.: Jugend – Theater. In: Enzyklopädie Erziehungswissenschaft, Bd. 8, Stuttgart 1983, S. 481 ff. PALLAT, L./LEBEDE, H.: Jugend und Bühne, Breslau 1924. PEISE-SEITHE, M.: Darstellendes Spiel als pädagogisches Medium: Lernprozesse und Lernchancen. 4. Info/Theater – Spiel 2, Akademie Remscheid: Remscheid 1978. RICHARD, J.: Schulspiel und proletarisches Kindertheater. In: BAUER, K.W./VOGT, J. (Hg.): Lesen 1, Opladen 1975, S. 47 ff. (1975a). RICHARD, J.: Phantasietätigkeit – Spielpädagogik. In: Ästh. u. Komm. 6 (1975), 20, S. 68 ff. (1975b). RITTER, H.M.: Auf dem Weg zum Lehrstück in der Schule. In: STEINWEG, R. (Hg.): Auf Anregung Bertolt Brechts: Lehrstücke mit Schülern, Arbeitern, Theaterleuten, Frankfurt/M. 1978, S. 113 ff. RITTER, H.M.: Theater als Lernform, Studienmaterialien Spiel- und Theaterpädagogik, Berlin 1981. SCHEDLER, M.: Kindertheater, Frankfurt/M. 1977. STANKEWITZ, W.: Szenisches Spiel als Lernsituation, München/Berlin/Wien 1977.

Hans Bollmann

Sportstätten

Sportstätten sind die vorwiegend zum institutionalisierten Sporttreiben in Schule und Verein hergerichteten Orte. Die von dem Unterrichtsfach Sport genutzten Lernorte sind die Sporthalle, der Sportplatz und das Schwimmbad. Über keinen dieser Lernorte samt den dazugehörigen Geräten verfügt der Schulsport allein. Pädagogische oder didaktische Literatur über die Gestaltung und Nutzung dieser Lernorte liegt kaum vor. Probleme dieses Defizits sollen am Beispiel von Sporthallen erörtert werden.

Turn- beziehungsweise Sporthallen sind großflächige, überdachte, heizbare Lernräume des Unterrichtsfaches Sport. Sie sind zumeist eigenständige Gebäude, liegen in der Regel aber auf dem Schulgelände. Für Sportplätze und Schwimmbäder gilt letzteres in der Regel nicht, so daß sie räumlich zu den außerschulischen Lernorten des Unterrichtsfaches zu rechnen sind. Sporthallen dienen dem witterungsunabhängigen Erlernen und Betreiben der Schulsportarten wie Turnen, Spiele, Gymnastik und Tanz. Die meisten Schulen verfügen über eine Normalturnhalle mit einer Hallenfläche von 15 × 27 m, die jedoch nicht selten von zwei Klassen zugleich genutzt wird. Größere oder neuere Schulen verfügen bisweilen über Sporthallen mit einer Hallenfläche von 27 × 45 m, die sich bei Bedarf in zwei oder drei voneinander unabhängige Flächen unterteilen läßt. Die Wartung der vorhandenen und die Anschaffung neuer Sportgeräte werden von der Schulaufsicht oder dem Schulträger, der Gemeinde, übernommen.

In der unterrichtsfreien Zeit werden Turn- und Sporthallen von Sportvereinen benutzt, die bei Anlage und Ausstattung der Hallen ein Mitspracherecht haben. In der Regel gehen diesbezügliche Anforderungen der Vereine weiter als die der Schulen, oder sie finden in kommunalen Entscheidungsgremien mehr Berücksichtigung. Aufgrund dessen entsprechen Spielfeldmarkierungen und Geräteausstattung eher dem Reglement des Vereins- und Wettkampfsportes als spezifischen Interessen des Schulsports. Dies kann dazu führen, daß Sporthallen, auch wenn sie räumlich auf dem Schulgelände liegen, in institutioneller Hinsicht als außerschulische Lernorte anzusehen sind.

In Anbetracht der hohen Kosten von Sporthallen und ihrer langfristigen Planung, ihrer schulischen und außerschulischen Nutzung, ihrer sportlichen wie auch technischen Normierung sind Bau und Ausstattung von Sporthallen kaum didaktisch zu nennende Entscheidungen. Einzelne Lehrer, Lehrerkollegien oder ganze Schulen sind an ihnen nur selten beteiligt. Den Kauf von Schaumstoffbällen oder Plastikhockeyschlägern können Lehrer durchsetzen; den Tausch eines von vier Barren gegen eine zweite, besser zu gebrauchende Weichbodenmatte werden sie kaum verwirklichen; am Verkauf eines in der Schule nicht benötigten Seitpferdes oder Spannrecks werden sie scheitern. Das Beispiel will sagen: Sporthallen und Geräte sind Bestandteil langlebiger Inhaltsentscheidungen im Schulsport, die mehrere Lehrer und viele Schülergenerationen überdauern. Aufgrund ihrer Langlebigkeit und der Schwierigkeit, auf sie Einfluß zu nehmen, sind sie eher als soziokulturelle Bedingungen des Schulsports denn als didaktische Entscheidungen anzusehen. Ihr Vorhandensein und ihre Beschaffenheit müssen bei der Planung von Unterricht vorausgesetzt werden.

Werden Sportstätten zu den vorgängigen Bedingungen von Schulsport und Sportunterricht gerechnet, dann bedingen sie in erster Linie dessen Inhalte. Allein das ökonomisch begründete Gebot der gemeinsamen Nutzung von Sportstätten durch Schule und Verein führt zur Gleichheit ihrer Inhalte. So ist nicht verwunderlich, daß sowohl der Vereinssport als auch der Schulsport sich nach kodifizierten Sportarten wie

Turnen, Leichtathletik, Schwimmen oder Fußball gliedern. Die Möglichkeiten einer eigenen inhaltlichen Gestaltung des Schulsports, die stärker von pädagogischen Zielsetzungen ausgeht, sind somit kaum gegeben.

Über die Inhalte bedingen Sportstätten auch die Zielsetzungen von Schulsport und Sportunterricht. Man lehrt und lernt nicht nur die Arten des „großen" Sports, sondern damit auch die „richtigen" Weisen. Die Anforderungen von Lehrplänen, sich an und mit den in Sportstätten vorfindbaren Geräten sach- und regelgerecht zu bewegen, sind somit folgerichtig. Sportgeräte sind Repräsentanten von Bewegungsfertigkeiten, die in der Konstruktion der Geräte bereits vorausgenommen sind. Das Federsprungbrett, das Mini-Trampolin, das (große) Trampolin oder das Wassersprungbrett erfordern, ja erzwingen unterschiedliche Sprungbewegungen, deren Erwerb allein durch die Nutzung der Geräte zu den Zielsetzungen des Sportunterrichts wird. Spielfeldmarkierungen für Volleyball, Basketball oder Handball, wie sie in jeder Sporthalle anzutreffen sind, repräsentieren den Geltungsanspruch von Spielregeln. Sie werden Anlaß der Schülerforderung, auf dem „richtigen" Feld, mit „richtigen" Bällen und nach den „richtigen" Regeln zu spielen. So verständlich dieser Wunsch aus der Sicht der Schüler auch ist, er kann, insbesondere bei jüngeren Schülern, pädagogisch unvernünftig und didaktisch nicht zu erfüllen sein.

Daß die Ausstattung und Benutzung von Sportstätten Methodenentscheidungen bedingen, dürfte unmittelbar einsichtig sein. Wer nur über ein Mini-Trampolin verfügt, muß gezwungenermaßen den ganzen Klassenverband an einem Gerät unterrichten und kann ihn nicht in zwei oder drei Gruppen aufteilen. Wer keinen halben Klassensatz Volleybälle besitzt, kann keine Partneraufgaben stellen. Wer auf zwei abgetrennten Bahnen neben dem öffentlichen Badebetrieb Schwimmen unterrichtet, muß in Längsrichtung des Beckens und im „Strom" üben. Andere Aktions- und Organisationsformen des Unterrichts sind somit von vornherein ausgeschlossen.

Ob man die Tatsache und die Art der Benutzung von Sportstätten als Medienentscheidung ansieht, hängt von der Weite des angenommenen Medienbegriffes ab. Wer Unterrichtsmedien weitgehend mit audiovisuellen Medien gleichsetzt, wird Sportstätten nach ihrer Ausstattung und dem möglichen Mediengebrauch beurteilen. Bei einem weiteren Medienbegriff ist die Sportstätte selbst als Medium des Bewegungslernens anzusehen. Ob man im Wald läuft oder auf einer 400-m-Tartanbahn, ob man auf einen Baum klettert oder auf eine Gitterleiter in der Sporthalle, macht einen Unterschied aus. Insofern wäre bereits die Nutzung hergerichteter Sportstätten eine Medienentscheidung, ihr Verlassen oder ihre Verfremdung eine andere.

DEUTSCHER NORMENAUSSCHUSS: Normblätter DIN 18032 (Sporthallen) und 18035 (Sportplätze), Berlin 1973ff. DICKERT, J.: Sport und Umwelt - ein Problemaufriß. In: AUSSCHUSS DEUTSCHER LEIBESERZIEHER (Hg.): Sport - Lehren und lernen, Schorndorf 1976, S. 189ff. KAMMLER, H.: Der Pausenspielhof, Schorndorf 1978. SCHERLER, K.: Umwelt als Bewegungsraum. In: Sportp. 3 (1979), 6, S. 16ff.

Karlheinz Scherler

Strafe

Historisch-anthropologische Aspekte. Im Zeitalter einer extrem liberalistischen Individualitätskonzeption, für die die Gesellschaft in allen ihren institutionellen Ausprägungen einen grundsätzlich kupierenden (repressiven) Charakter besitzt, verfällt Strafe sowohl in ihren allgemein rechtlichen wie vor allem auch in ihren besonderen pädagogischen Funktionen einer umfassenden Kritik. Sie erscheint als Maßnahme und damit zugleich als Ausdruck einer noch unvollkommen entwickelten anthropologischen Konzeption, in der für „Freiheit" im Sinne von „Selbstbestimmung" noch kein angemessenes Verständnis besteht. Diese, die Freiheit der Selbstbestimmung, fände pädagogisch in der „Selbstentfaltung" ihre vollkommene Form, aus der heraus sich pädagogische Maßnahmen allein rechtfertigen könnten. Selbstentfaltung und Strafen wären folglich prinzipiell unvereinbar.

Dieses populäre anthropologische Denkmuster versteht sich selber gern unter dem Anspruch Hegelscher Geschichtsphilosophie, als entwickelte Form von Aufklärung nämlich, und verleiht sich dadurch selber moralische Dignität. In Wirklichkeit handelt es sich dabei um eine typisch historisch vermittelte Denkposition, vor allem aus der Philosophie des 19. Jahrhunderts hervorgegangen (romantische Individualitätskonzeption und Lebensphilosophie). Sie bedarf folglich durchaus einer rektifizierenden Konfrontation sowohl mit klassischer Anthropologie (der Mensch als Ens sociale) wie mit neueren Konzepten über den engen Zusammenhang von Sozialisation und Personalisation (wenn man diese freilich selber hoch problematischen Begriffe benutzen will). Von solcher Anthropologie („Der Mensch wird nur durch den Menschen Mensch") aus betrachtet, ist dann auch eine Diskussion der Strafe als pädagogische Maßnahme von Gegenwirkungen kein historischer Restbestand unaufgeklärten Denkens, sondern Konsequenz jener realistischen Anthropologie, in der man dem Programm der Selbstentfaltung mit Vorsicht begegnet.

Wie alle menschlichen Verhältnisse ist freilich auch Strafe, in ihren allgemein rechtlichen wie besonderen pädagogischen Formen, ein Verhältnis, das sich verfälschen und dabei deformieren läßt und infolgedessen auch pervertiert werden kann. Nimmt man hinzu, daß gerade Strafen in ihrer Geschichte allzu häufig machtpolitische Verformungen aufwiesen, dann wird verständlich, weshalb in der heutigen systematischen Problemdiskussion solche stark negativen Erfahrungen unverhältnismäßig kräftig nachwirken. Strafe im Bereich absolutistischer Machtverhältnisse war Konsequenz für Handlungen, in denen der Wille des Mächtigen vom Untergebenen nicht befolgt wurde. Dieses Deutungsmuster hat sich, in genauer Umkehrung freilich, bis heute erhalten, wenn über „autoritäre Strukturen" und vor allem über die durch Strafandrohungen erzwungene Submissivität des „autoritären Charakters" gesprochen wird.

Geschichtlich konkurrierte immer die auf die Person des Amtsträgers bezogene Strafversion mit der auf naturrechtliche Vorstellungen gestützten moralischen, die auch den Mächtigen selber der Strafandrohung unterwarf, weshalb sich dieser solchem Anspruch häufig dadurch zu entziehen trachtete, daß er sich selber die Gloriole der Divinität verlieh. Das geschah politisch im Zusammenhang mit der Vorstellung vom Gottesgnadentum, jedoch auch im Bereich des Pädagogischen: hier in einseitig überzogenen Auslegung des Verhältnisses von Vorbild und Nachfolge und einem daraus abgeleiteten Strafrecht, vor allem aber in der Ausformung einer „Führer-Gefolgschaft"-Ideologie, die eine Zeitlang als eine besondere Form des pädagogischen Bezugs gedeutet wurde (Jugendbewegung).

Demokratisierung des Strafrechts und pädagogische Straftheorien. Die durch demokratische Rechtstheorie veränderte Strafauffassung leitet die Rechtlichkeit der Strafe vom Willen der Mehrheit als ordnungstiftende und damit Gesetze kodifizierende Institution ab. Pädagogisch stößt man hier auf zwei wichtige Folgeprobleme:

Einmal ist diese Art rechtlicher Absicherung von Strafen pädagogisch nicht durchführbar, weil pädagogische Strafen gerade im Gegensatz zu allgemein gesellschaftlichen sich anders begründen und dadurch wiederum, ungewollt, in eine gewisse, sicherlich problematische Nähe zur personalisierten Strafpraxis absolutistischer Auffassungen geraten. Der demokratische Gleichheitsgrundsatz verlangt zwingend, daß Strafen weder beliebig verhängt oder ausgesetzt noch in beliebiger Höhe zugemessen werden dürfen. Der Grundsatz der Gleichbehandlung verlangt im Prinzip gleiche Verfolgung aller strafwürdigen Taten. Genau diese Voraussetzungen und Bedingungen bestehen jedoch im pädagogischen Raum nicht. Weder handelt es sich dabei (zumindest zum weitaus größeren Teil) um gesetzlich fixierbare strafwürdige Vorgänge, noch kann das Prinzip gleichförmiger Strafverfolgung angewendet werden, weil die Begründung pädagogischer Strafen sich aus dem Gesamtziel der Erziehung ableitet – Emanzipation eines noch Unselbständigen – und gerade deshalb nicht formale Rechtsgleichheit, sondern höchst individuelle Behandlung erfordert. Pädagogisch kann nur der jeweilig Verantwortliche im einzelnen Fall entscheiden, ob und wie gestraft wird. Damit wird, von außen her betrachtet, scheinbar pädagogisch jene absolutistische Willkür wieder eingeführt, die man politisch durch demokratische Fundierung des Strafrechtes ausgeräumt hatte. Die durch den weitreichenden persönlichen Entscheidungsspielraum zweifellos gegebene Gefahr von Willkür läßt viele pädagogische Theoretiker an der Verwendbarkeit pädagogischer Strafen zweifeln.

Auch das zweite sich zeigende Problem tendiert in diese Richtung. Die durch demokratische Rechtstheorie fundierte Strafauffassung leitet deren Rechtmäßigkeit vom Willen der Mehrheit ab. Wer soll pädagogisch als „Mehrheit" verstanden werden, wenn für pädagogische Verhältnisse kein kodifiziertes Recht verwendet werden kann, an das der Lehrer im einzelnen Straffall nachprüfbar gebunden werden könnte? Der Gedanke liegt nahe, über das Konzept von „Schulgemeinden" die Schulordnung durch die vorhandene Gruppe, das heißt durch die Schüler selber, beschließen und begründen zu lassen (die älteren Beispiele der Landerziehungsheime, Summerhill, so auch bereits bei Makarenko und in etwas anderer Form in den boys' towns Father Flanagans). Solche Überlegungen übertragen allerdings die allgemeine gesellschaftliche Ordnungsvorstellung auf den begrenzten Bereich der Schule, wobei übersehen wird, daß es sich dann im Straffall gar nicht um pädagogische Strafen im Sinne individueller Entwicklungsbeeinflussung handelt, sondern vielmehr um den Schutz gegebener Gruppenordnungen gegen Übertritte. Zwar kann auch davon im Einzelfalle eine pädagogische Wirkung ausgehen, doch diese ist immer nur Nebeneffekt (wenngleich zweifellos willkommener), indes nicht Hauptzweck.

Hinzu kommt das bei Erfahrungen mit Schulgemeinden regelmäßig zu kurz bedachte Moment einer prinzipiellen Schwierigkeit, ob man den noch pädagogischen Maßnahmen (auch der möglicherweise notwendigen Gegenwirkung) unterstellten Heranwachsenden ein generelles Urteil über diese Maßnahmen einräumen kann oder ob dann nicht das pädagogische Verhältnis in einen prinzipiellen Widerspruch zu sich selber gerät und sich damit aufhebt. Es ist schließlich etwas ganz anderes, Her-

Strafe

anwachsende an Überlegungen zur Verständlichmachung einer pädagogischen Maßnahme zu beteiligen oder aber diese in deren autonome Entscheidungskompetenz zu legen. Der begründete Hinweis, daß die Konstruktion rechtlich-politischer Autoritätsverhältnisse ganz anderen Bedingungen unterliege als die pädagogischer, ist nicht von der Hand zu weisen.

Strafformen. Von großer Bedeutung ist, zwischen Disziplinarstrafen im weiteren Sinne und pädagogischen Strafen im strengen Sinne des Wortes zu unterscheiden:
Disziplinarstrafen leiten sich aus der regelmäßig erfahrbaren Notwendigkeit ab, Vor-Ordnungen herzustellen und zu sichern, damit pädagogische Bezüge überhaupt anheben und stattfinden können. Gespräche brauchen schließlich Aufmerksamkeit und nötige Ruhe. Jeder Unterricht braucht elementare Ordnungsformen, ohne die er überhaupt nicht stattfinden könnte, die sich weder von selber einstellen noch sich naturwüchsig immer wieder von selber regenerieren würden. Derartige Disziplin ist selber noch kein direkter pädagogischer Vorgang, sondern eine für den Augenblick nötige negative Voraussetzung für dessen Möglichkeit. Beachtet werden muß freilich, daß auch Disziplinarvorgänge Nebeneffekte aufweisen, die ihrerseits wiederum hochgradig pädagogisch wirken können: Unbedachte Disziplinierungen können die Sympathierelation zwischen Schüler und Lehrer schwächen, können Spontaneität unterdrücken, können Sachinteressen negativ verändern. So betrachtet, untersteht Disziplinarstrafe weiterreichenden pädagogischen Überlegungen, wie sie für den Spezialfall pädagogischer Strafen gelten.

Pädagogische Funktionen von Strafe. Pädagogische Strafen dürfen nicht nur auf die Äußerlichkeit des Verhaltens abzielen, sondern auf die diesen zugrunde liegenden Einstellungen.
Hier nun tut sich das eigentliche pädagogische Problem auf, ob es einen solchen Zusammenhang von Strafe und gewünschter Einstellungsänderung überhaupt gibt oder ob nicht vielmehr gegenläufige Wirkungen viel wahrscheinlicher sind. Denn alle Strafe wirkt über das Strafleid. Dieses aber erzeugt zuerst vor allem Furcht, die wiederum regelmäßig den davon Befallenen in Ausweichmanöver treibt, die dem vorgegebenen pädagogischen Ziel genau entgegengesetzt liegen. Pädagogische Strafe darf folglich nicht mit dem sonst bei Strafen vorherrschenden Wirkmechanismus der Straffurcht arbeiten, sondern muß primär auf Einsichtsgewinnung abzielen.
Für viele pädagogische Theoretiker liegt hier eine zweite Schwierigkeit, weil sie Einsichtsgewinnung als rationalen Vorgang verstehen, der durch Strafe nicht nur nicht vorangetrieben, sondern weitaus eher behindert werde; folglich sind Gespräche auf jeden Fall Strafen vorzuziehen. Zweifellos darf es nicht die Alternative „Gespräche oder Strafen" geben. Unbegründet optimistisch wäre es aber auch, wenn man glaubte, Einsicht würde immer und überall ohne korrigierende Erfahrung von Realität zustande kommen. Da die Unmittelbarkeit von Widerstandserlebnissen indes nur im sehr begrenzten Bereich physikalischer Gegebenheiten besteht, bedarf es im allgemein gesellschaftlichen wie speziell moralischen Bereich und damit in den allermeisten Bereichen der persönlichen Lebensführung anderer Arten der Erfahrung von Widerstand als Gegenwirkung. Fallen diese aus, entsteht für den um solche Widerstandserfahrung Gebrachten in der Regel ein falsches Weltbild mit zugeordneten einseitigen Lebenseinstellungen, was die so erzogene Person in aller Regel über kurz oder lang in viel schwierigere Problemsituationen treiben wird, als dies in

den verschiedenen Strafsituationen der Fall ist.

Hier beginnen sich die Begriffe von „human" und „Humanität" entgegen landläufigem Gebrauch umzudrehen: Wer Heranwachsenden rechtzeitig und dann auch pädagogisch kontrolliert Erfahrungen von Widerstand vermittelt (soweit dies notwendig ist), handelt auf die Zukunft des Heranwachsenden hin humaner als der, der infolge verbreiteter „Vermeidungsstrategien" möglichst lange allen Widerstand ausräumt, eben dadurch aber ein realitätsfremdes Weltbild vermittelt, das zukünftige Konflikte wahrscheinlicher und sicherlich auch gravierender macht.

GEISSLER, E. E.: Erziehungsmittel, Bad Heilbrunn ⁶1982. GEISSLER, E. E.: Erziehungsmittel. In: SPECK, J. (Hg.): Problemgeschichte der neueren Pädagogik, Bd. 3, Stuttgart 1976, S. 40 ff. HELLMER, J.: Erziehung und Strafe, Berlin 1957. REBLE, A.: Das Strafproblem in Beispielen, Bad Heilbrunn 1965. ROMBACH, H.: Das Wesen der Strafe. Philosophische Untersuchungen in pädagogischer Hinsicht. In: WILLMANN-INSTITUT (Hg.): Pädagogik der Strafe, Freiburg 1976, S. 3 ff.

Erich E. Geißler

Studio

Gegenstandsumfeld. Der Begriff „Studio" wird schon im 19. Jahrhundert zur Bezeichnung eines Versuchstheaters (auch Studio-Bühne) verwendet, das meistens als Ort für experimentelle Aufführungen in Verbindung mit einer großen Bühne stand. 1897 baute Mèliés in Montreuil eine spezielle Theaterbühne für Aufnahmen mit einer Filmkamera und initiierte damit das erste *Filmstudio* der Filmgeschichte. Begnügte man sich bis dahin, Realität abzufilmen, wurden jetzt mit den Möglichkeiten der Bühnentechnik Situationen für den Film gestaltet und arrangiert. Diese Entwicklung führte bis zu den hochtechnisierten Studiobetrieben unserer Zeit.

Häufig verwendet man heute den Begriff „Studio" im Sinne von Künstlerwerkstatt (Fotostudio, Keramikstudio). Darüber hinaus werden alle möglichen handwerklichen und kommerziellen Betriebe als „Studio" bezeichnet, um den Anschein des Exklusiven, qualitativ Hochwertigen zu erwecken (zum Beispiel „Blumenstudio", „Haarstudio").

Studios im eigentlichen Sinne sind Räume und Betriebseinrichtungen zur Durchführung von Ton-, Fernseh- und Filmaufnahmen, die jeweils ihrer Aufgabenstellung entsprechend technisch ausgestattet sind. So besteht ein Tonstudio aus einem akustisch besonders präparierten und mit Mikrofonanlagen bestückten Raum und einem zusätzlichen Regieraum mit den erforderlichen Mischpulten und Tonaufnahmegeräten, der durch eine Glasscheibe vom eigentlichen Studio getrennt ist. Im Hinblick auf die hochwertige Ausstattung spricht man von „Studioqualität" zur Kennzeichnung des höchstmöglichen technischen Standards (Studionorm). Die hohen Betriebskosten eines Film- oder Fernsehstudios im Hinblick auf Technik und Personal erlauben den Fernsehanstalten und Filmproduktionsgesellschaften in immer geringerem Maße den Besitz eigener Studios für alle Zwecke. Es gibt daher heute zahlreiche Studio-Betriebsgesellschaften, die den Produzenten ihre Dienstleistungen anbieten.

Diese Studios zeichnen sich durch eine flexible Ausstattung (Dekor, Beleuchtung, Aufnahmetechnik, ...) aus, die vielfältig nutzbar ist. Dagegen gibt es besonders bei den Fernsehanstalten Studios, die für bestimmte Verwendungszwecke konzipiert sind (Beispiel: Tagesschaustudio). Aufgrund der neueren Entwicklungen der Produktionstechnik zeichnen sich für die Nutzung der Studios unterschiedliche Tendenzen ab. So ermöglichen einerseits transportable Geräte, hochempfindliches Filmmaterial und kompakte, lichtstarke Fernsehkameras mit relativ geringem Aufwand Aufnahmen vor Ort in Studioqualität, so daß im Produktionsablauf häufig auf die Nutzung von Studios verzichtet werden kann. Andererseits lassen sich im Bereich elektronischer Bildaufzeichnung durch blue screen, Rechner- und Speichertechnik sowie Simulation von Realität mit Hilfe ortsfester Anlagen Produktionsabläufe ökonomisch gestalten, so daß hierdurch eine stärkere Hinwendung zur Studionutzung erfolgen könnte.

Studios im pädagogischen Feld. Im Rahmen der Bemühungen, Lehr- und Lernprozesse im Schul- und Hochschulbereich sowie in der beruflichen Aus- und Weiterbildung durch Einsatz von technologischen Verfahren zu optimieren, wurden von der Erziehungswissenschaft Vorstellungen aus dem Bereich der professionellen Medienproduktion adaptiert. Am deutlichsten wird dies anhand der Konzeption für die technische Ausstattung von pädagogischen Hochschulen, wie sie von Heinrichs in den 60er Jahren entwickelt wurde. Danach sollte ein Zentrum für audiovisuelle Bildungsmittel folgende Einrichtungen erhalten: ein kombiniertes Film- und Fernsehstudio, ein Hörspielstudio, ein Sprachlabor, eine Unterrichtsmitschauanlage mit einem Klassenraumstudio, ein telediagnostisches Studio, ein mobiles Film- und Fernsehstudio, ein Telemobil, ein kybernetisches Studio, ein Fotolabor sowie die entsprechenden Bearbeitungs- und Vorführräume.

Nach HEINRICHS (vgl. 1970, S. 14) wären die Arbeitsaufgaben eines solchen Zentrums:
- wissenschaftliche Erfassung der Eigenart und Wirkweise der Massenmedien,
- Didaktik der audiovisuellen Bildungsmittel,
- Methodik ihres Einsatzes im Unterricht,
- Erforschung der mediendidaktischen Dramaturgie,
- kybernetische und informationswissenschaftliche Analysen,
- Erstellung von Modellreihen,
- Unterrichtsforschung anhand audiovisueller Aufzeichnungen,
- Rationalisierung, Objektivierung und Intensivierung der Hospitationen durch die Unterrichtsmitschau,
- Einführung der Studierenden in die Praxis der Bedienung unterrichtstechnologischer Instrumentarien.

Im Bereich der Schule wurden Studios vor allem im Zusammenhang mit den Versuchen zum schulinternen Fernsehen eingerichtet. Ging es hier hauptsächlich darum, Unterricht gleichsam zu ersetzen (Fernseh-Lehrer), so wurden in den Studios der beruflichen Aus- und Weiterbildungsinstitutionen vorwiegend Lehrfilme produziert und die Möglichkeiten der Fernsehaufzeichnung für Verhaltenstraining wie etwa die Verkaufsschulung genutzt (zum Lernort Studio in der Sekundarstufe II vgl. PETRY 1983).

Der Wunsch, auch in den Studios der pädagogischen Einrichtungen mit „Studioqualität" zu produzieren, bewirkte hohe Finanzaufwendungen für die Anschaffung und Installation der Geräte und Anlagen, hohe Betriebs- und Erhaltungskosten (Wartung und Instandsetzung), umfangreiche Raumanforderungen und einen großen Bedarf an technisch geschultem Personal.

Die Praxis zeigte in der Folge eine Reihe von negativen Auswirkungen auf die inhaltliche Arbeit, nicht zuletzt deshalb, weil die meisten der den Studios zugrunde liegenden didaktischen Vorstellungen eher an einer Medieneuphorie als an einem tatsächlichen Bedarf orientiert waren. Die Studios wurden im wesentlichen nur von wenigen Spezialisten genutzt und fanden keinen Eingang in die alltägliche pädagogische Praxis. Die bei der Beantragung der Studios artikulierten Erwartungen wurden oft nicht realisiert, und das pädagogisch Sinnvolle wurde auf das technisch Machbare reduziert.

Die mangelnde Flexibilität vieler Studios erwies sich unter den bildungspolitischen, didaktischen und medienpädagogischen Veränderungen als nachteilig. Da die Nutzer im allgemeinen von der Produktion ausgeschlossen waren, konnten die Forderungen nach einer aktiven Medienverwendung wie die Kontrolle über die Bedingungen einer Produktion, Möglichkeit zur Eigengestaltung und Reflexion des Produktionsprozesses nicht erfüllt werden. Aufgrund der technischen Entwicklung, insbesondere im Bereich der semiprofessionellen audiovisuellen Geräte wurden darüber hinaus die technischen und finanziellen Dimensionen zahlreicher Studios fragwürdig.

Perspektiven. Bei der Konzeption von audiovisuellen Studios für erziehungswissenschaftliche Aufgabenstellungen müssen unterschiedliche Kriterien berücksichtigt werden:
- medienpädagogische Aspekte, die sich aus der zunehmenden Bedeutung der Massenmedien und Kommunikationstechnologien ergeben,
- didaktische Forderungen wie danach, die Handlungs- und Erfahrungsdimension in den Lernprozeß stärker einzubeziehen,
- organisatorische Voraussetzungen, die sich aus der Struktur der jeweiligen Institution ergeben, wie die Sicherung der Verwaltung, Distribution, Wartung und Instandsetzung,
- finanzielle Erwägungen, wie eine angemessene Kosten-Nutzen-Relation, die Sicherstellung der kontinuierlichen Anschaffung von Software, die laufende Finanzierung des Betriebs und die Notwendigkeit, auf technische Neuerungen flexibel reagieren zu können.

Daraus ergibt sich die Forderung nach Auflösung starrer Studiokonzeptionen zugunsten von Einrichtungen mit Werkstattcharakter, die dem Anspruch des aktiven Gebrauchs der technischen Anlagen durch die Lernenden besser gerecht werden und ihnen die Möglichkeit erschließen, von tradierten Formen abweichende Medienverwendungen zu entwickeln und zu erproben. Zu einem Studio mit Werkstattcharakter im Bereich der Ausbildung von Pädagogen sollten folgende Elemente gehören:
- ein Aufnahmeraum mit vielfältig veränderbarer Beleuchtungstechnik, Raumgestaltung und -akustik, der für Ton-, Fernseh-, Film- und Fotoaufnahmen gleichermaßen geeignet und entsprechend technisch ausgestattet sein sollte;
- ein Bearbeitungsraum mit der Möglichkeit der Aufzeichnung, Bild- und Tonmischung, des Bildschnitts, der Überspielung sowie stationäre und mobile Wiedergabeeinrichtungen, Übungs- und Experimentierräume.

Das wissenschaftliche und technische Personal sollte seine Aufgaben weniger in der eigenen perfekten Produktion als in der didaktischen und medienpädagogischen Forschung und in der Qualifizierung der Lernenden für die Produktion und Verwendung von audiovisuellen Medien sehen. Arbeitsschwerpunkte wären die Ausbildung, Beratung und Betreuung sowie das Sicherstellen der organisatorischen und technischen Rahmenbedingungen.

Studio

HEINRICHS, H.: Lehrerbildung – audiovisuell. In: Film Bild Ton 20 (1970), 8, S.12ff. PETRY, L.: Studio. In: Enzyklopädie Erziehungswissenschaft, Bd.9.2 Stuttgart 1983, S.504ff. WEBERS, J.: Handbuch der Film- und Videotechnik, München 1983.

Wolf André-Deitert/Sibylla Leutner-Ramme/Ernst Schaack

Tadel

Begriffsbestimmung. Unter Tadel versteht man eine durch Worte oder nichtverbale Zeichen bekundete Mißbilligung eines Verhaltens oder einer Leistung. Der Tadel ist somit ein Urteil, das feststellt, daß etwas fehlt, was nicht fehlen dürfte, und das darüber hinaus impliziert, daß das Fehlen subjektiv schuldhaft ist. Die Festlegung des normativen Maßstabes, von dem das Urteil seine Legitimation erhält, ist in einer pluralistischen Gesellschaft problematisch, da den verschiedenen Wertsystemen – wenn überhaupt – lediglich ein minimaler Grundstock konsensfähiger Werte gemeinsam ist. So kann der nicht seltene Fall eintreten, daß der eine das lobt, was ein anderer tadelt. Mit dieser grundsätzlichen Problematik muß sich auch die Erziehungswissenschaft auseinandersetzen, will sie nicht die pädagogischen Urteile „Lob" und „Tadel" in der Beliebigkeit eines allgemeinen Wertrelativismus belassen. Der werdende Mensch braucht beide Urteilsformen als notwendige Orientierungshilfe. „Deshalb kann der pädagogische Sinn eines Tadels nicht nur in der Feststellung einer Unzulänglichkeit liegen, sondern muß auf die Überwindung der Unzulänglichkeit zielen" (GEISSLER 1981, S. 137).

Psychologische Aspekte. Die im Bereich der Lern- und der Motivationspsychologie vorgenommenen empirischen Untersuchungen über die Wirkung von Tadel sind ausnahmslos mit der Analyse der Wirkungen von Lob gekoppelt.
Die Untersuchung von JOHANNESSON (vgl. 1972) machte folgende Wirkungen des Tadels deutlich:
- Der Tadel des Lehrers hatte meistens eine leistungshemmende Wirkung;
- wiederholter Tadel wirkte sich besonders negativ auf Schüler mit hohen Leistungswerten aus;
- Tadel führt in vielen Fällen zu einer Verringerung der Selbsteinschätzung des Schülers.

Im Gegensatz zum Lob, bei dem keinerlei negative Folgen festgestellt werden konnten, sind die Wirkungen des Tadels – immer in Relation zur Fragestellung der Untersuchung – eindeutig negativ: sowohl, was die Leistung, als auch, was die Einstellung angeht. Wenn die bisher vorliegenden Untersuchungen lediglich die hemmende Wirkung des Tadels zu bestätigen scheinen, so darf doch vermutet werden, daß Untersuchungen, die sich der realen Faktorenkomplexion innerhalb der Situation „Tadel" annähern, zumindest eine ambivalente Wirktendenz des Tadels aufweisen könnten. Die Schwierigkeit des empirischen Nachweises möglicher positiver Wirkungen von Tadel liegt wahrscheinlich in der Tatsache begründet, daß die latenten Transformationsprozesse mit Hilfe des vorhandenen methodischen Instrumentariums nur unzureichend faßbar sind.

Pädagogische Aspekte. Es wäre pädagogisch unzulässig, auf der Basis vorhandenen empirischen Materials lediglich die Hemmwirkung des Tadels zu konstatieren; dagegen steht die folgende Aussage von TROST (1967, S. 190): „Die Menschen bedürfen auch des Neins, wenn sie irren und von ihrem Weg abkommen, um das, was zu bejahen ist, doch noch zu erreichen." Hier wird, wie beim Lob, jener Zentralbereich des Menschen angesprochen, der mit dem Begriff „moralische Persönlichkeit" belegt werden kann. Unter dieser Zielperspektive ist Tadel als Erziehungsmittel die mißbilligende Erklärung, daß eine Leistung, eine Handlung, eine Einstellung mangelhaft, unvollkommen oder fehlerhaft ist, mit der ausdrücklichen Absicht, Impulse zur Überwindung des getadelten Sachverhalts zu geben. Die Transformation einer negativ wertenden Feststellung in ein Aktivitätspotential zu dessen Überwindung ist somit die entscheidende Kategorie bei der Beurteilung eines pädagogisch qualifizierten Tadels. „Pädagogisch ist deshalb ein Tadel erst dort [...], wo durch ihn die Veränderung eingelenkt und mit verursacht wird" (GEISSLER 1981, S. 137). Alle Formen des Tadels brauchen deshalb eine transformierende Wirkung, wenn sie als Erziehungsmittel gerechtfertigt sein sollen. Ähnlich wie beim Lob sind auch beim Tadel Bedingungen zu berücksichtigen, die, je nach Grad der Beachtung, die umlenkende Wirkung des Tadels wahrscheinlicher werden lassen. Zum einen ist dies das Vorhandensein eines positiven Vertrauens- und Autoritätsverhältnisses, zum anderen die Notwendigkeit der Kenntnisnahme individueller und situativer Konstellationen. Folgen der Mißachtung dieser Voraussetzungen können unerwünschte Nebenwirkungen des Tadels sein, wie etwa Trotz, Ärger, Aggression und Wut. Aber auch bei Beachtung der vorgenannten Bedingungen ist die Form des Tadels von zentraler Bedeutung; denn soll er transformierend wirken, muß er so gegeben werden, daß der junge Mensch herauslesen kann, in welcher Richtung und wie er sich bessern kann. „Dies gelingt am besten, wenn man Tadelsformen findet, die im Lernenden ‚unterscheiden', das heißt an eine gute Leistung der gleichen Person anknüpfen und sie zum Vergleich wählen. Kritisierte und dagegengehaltene bessere Leistungen gehören also ein und derselben Person" (GEISSLER 1981, S. 143).

DINKMEYER, D./DREIKURS, R.: Ermutigung als Lernhilfe, Stuttgart 1978. GEISSLER, E. E.: Erziehungsmittel, Bad Heilbrunn 1981. GUSS, K.: Lohn und Strafe, Bad Heilbrunn 1979. JOHANNESSON, I.: Über die Wirkungen von Lob und Tadel auf Leistungen und Einstellungen von Schulkindern. In: WEINERT, F. (Hg.): Pädagogische Psychologie, Köln 1972, S. 336 ff. LEWIN, K.: Die psychologische Situation bei Lohn und Strafe, Leipzig 1931. SCHNEIDER, H.: Lob. In: Enzyklopädie Erziehungswissenschaft, Bd. 4, Stuttgart 1985, S. 520 ff. TROST, F.: Die Erziehungsmittel. 16 Vorlesungen, Weinheim/Berlin ²1967. WINKEL, R.: Lohn und Strafe: geeignete Erziehungsmittel? In: TWELLMANN, W. (Hg.): Handbuch Schule und Unterricht, Bd. 1, Düsseldorf 1981, S. 251 ff.

Heinz Schneider

Team-Kleingruppen-Modell

In der Entwicklung der Gesamtschulen ist lange darüber diskutiert worden, in welcher Form das Lehren und Lernen organisiert werden kann und soll, damit es den Zielen der Gesamtschule entspricht. Aus vielfältigen Ansätzen und Erfahrungen mit verschiedenen Formen der „Differenzierung", die als mehr oder weniger unbefriedigend eingeschätzt wurden (vgl. DREHER/SPECHT 1978), ist an einigen Gesamtschulen (insbesondere Göttingen-Geismar, Köln-Holweide und Hannover-Linden) die Idee entstanden, das Lehren und Lernen in einen gänzlich anderen organisatorischen Rahmen zu stellen. Es geht also nicht um eine neue Lösung von Problemen des Unterrichts, sondern um eine andere Art und Weise, in der Lehrer, Schüler und Eltern versuchen können, das Lehren und Lernen gemeinsam zu gestalten. Dabei wird nicht – wie bei vielen anderen Methoden – bei einem Teilaspekt des Lehrens und Lernens angesetzt, sondern der Blick richtet sich auf die Ganzheitlichkeit der Unterrichtsarbeit von Lehrern und Schülern.

Das Team-Kleingruppen-Modell (TKM) wendet sich intentional gegen Entwicklungen und Ansätze der Bildungsreform, die mit einer allzu forschen Technologisierung, Bürokratisierung und „Atomisierung" (Zergliederung, Aufspaltung) von Lernprozessen gute Absichten verfolgt haben (Objektivierung, Förderung, Chancengleichheit, Wissenschaftlichkeit), aber doch von den Nebenwirkungen eingeholt worden sind: Schüler und Lehrer treten sich zunehmend als Rollenträger gegenüber, und sie verhalten sich entsprechend distanziert und „sachlich"; die Zusammenhänge und die Bedeutung der verschiedenen Unterrichtsinhalte sind kaum erkennbar; Konkurrenzverhalten und/oder scheinbares Desinteresse der Schüler machen allen Beteiligten das Leben in der Schule schwer. Dieser Entwicklung setzt das Team-Kleingruppen-Modell das Prinzip der „*pädagogischen Einheit*" entgegen. Lernprozesse sollen möglichst wenig aufgesplittet werden, Beziehungsstrukturen sollen sich entfalten und verdichten können. Individualität im Sinne einer möglichst weiten und vielfältigen Entwicklung des Schülers soll sich in einem überschaubaren sozialen System besser entfalten können. Diesem Prinzip dient die *Organisationsstruktur*, mit der dem sozialpädagogischen Anliegen der Gesamtschule auch institutionelles Gewicht verliehen werden soll (vgl. BAUMERT 1983, S. 247). Einer Großgruppe von etwa 90 Schülern (drei Stammgruppen) wird ein entsprechend großes Lehrerteam zugeordnet. Dieses Team von etwa sechs Lehrern ist für den Unterricht „seiner" Schüler gemeinsam und (im Prinzip) allein verantwortlich. Das Team sollte so zusammengesetzt sein, daß alle Fächer vertreten sind; auch die Anteile von Frauen und Männern sowie gegebenenfalls der Lehrämter (an Gesamtschulen oder Orientierungsstufen) sollten gleich sein beziehungsweise dem „Standard" der jeweiligen Schule entsprechen. Die Schüler sind wie sonst auch in Klassen oder Stammgruppen eingeteilt und sollten einen eigenen Klassenraum haben, in dem sich mehr als Unterricht im engen Sinne abspielen kann. Innerhalb dieser Klassen soll sich eine soziale Struktur von möglichst stabilen, heterogenen Kleingruppen (etwa fünf bis sechs Schülern) entwickeln, die im Unterricht, aber auch im Schulleben, eine wichtige Rolle spielen.

Dem Einwand, daß dies unter den Bedingungen von Schule heute nicht realisierbar ist, sei entgegengehalten, daß eine so konsequente Organisation in autonome Lehrerteams und stabile Kleingruppen zwar wünschenswert wäre, aber nicht in Reinform Voraussetzung dafür ist, nach den Prinzipien des Teamkonzepts zu arbeiten, und nicht daran hindert, an einzelnen Punkten Änderungen in dieser Richtung vorzunehmen. So kann der Lehrereinsatz mit dem Ziel geplant werden, daß möglichst wenige Lehrer in eine Klasse gehen oder daß zwei oder drei Lehrer gemeinsam in zwei Klassen unterrichten.

Die Chancen dieser Organisation von Unterricht liegen darin, daß die pädagogische Dimension des Lehrerseins in der Kooperation des Teams wirksamer werden kann. Dabei spielt nicht nur eine Rolle, daß die Planung des Unterrichts von mehreren Lehrern getragen und aufeinander abgestimmt werden kann, sondern vor allem, daß dem einzelnen Lehrer mehr Informationen über die Lernentwicklung seiner Schüler zur Verfügung stehen. Um dies zu ermöglichen, muß freilich die Sammlung von Informationen und deren Verarbeitung institutionalisiert sein. Dies ist vor allem im Prozeß der Lerndiagnosearbeit möglich: Die Lehrer hospitieren nach Absprache in der (wöchentlichen) Teamkonferenz im Unterricht, wobei sie besonders auf die Lernentwicklung bestimmter Schüler (beispielsweise einer Kleingruppe) achten und ihre Beobachtungen festhalten. Die Ergebnisse dieser Hospitation werden im Team besprochen und fließen in die Planung des weiteren Unterrichts beziehungsweise besonderer Förderungsmaßnahmen ein. Dies erfordert ein gemeinsames pädagogisches Konzept, es ist aber zugleich Medium, in dem dieses an konkreten Problemen entwickelt werden kann. Methodische Entscheidungen sind im Team-Kleingruppen-Modell eingebunden in einen differenzierten Analyse- und Kommunikationsprozeß, der diese Entscheidungen besser begründbar macht.

Die Gefahr, daß diese Bedingungen von Lehrern benutzt werden, um ihre Schüler durch Beobachtung und Verhaltensabsprachen noch gezielter zu steuern und letztlich zu entmündigen, ist als Problem nicht zu leugnen. Dies ist freilich nicht intendiert und kann eigentlich auch nicht unbeabsichtigte Folgewirkung sein, wenn unter dem Begriff der „pädagogischen Einheit" nicht nur die „Einigkeit" der Lehrer verstanden wird, sondern die Schüler wie die Eltern als prinzipiell Gleichberechtigte einbezogen sind. Dies geschieht für die Schüler auch dadurch, daß die Notizen, die sich Lehrer bei Hospitationen über den Unterricht und die Arbeit einer Gruppe machen, mit den Schülern selbst durchgesprochen werden, oder dadurch, daß die Schüler zu den Lernrückmeldungen der Lehrer Stellung nehmen und den Lehrern auch sagen, was ihnen am Unterricht gefallen und nicht gefallen hat.

Die Eltern sind in den pädagogischen Prozeß durch eine intensive „Elternmitarbeit" einbezogen, die sich auf Mitarbeit in der Schule beziehen kann, sich vor allem aber in den Elternabenden abspielt, die nicht für alle Eltern einer Stammgruppe „zelebriert" werden, sondern unter den Eltern der Kinder stattfindet, die in einer Kleingruppe zusammen lernen. Die intensive Kommunikationsdichte und der gemeinsame Bezug auf eine kleine Gruppe von Schülern ermöglichen Mitbestimmung und pädagogische Mitwirkung aller Eltern.

In methodischer Hinsicht erleichtert die relative Autonomie des Teams einiges, was sonst schnell an organisatorische Grenzen stößt: Fachübergreifender Unterricht ist leichter durchzuführen, weil die beteiligten Lehrer ohnehin in engerem Arbeitszusammenhang stehen. Projekte können leichter realisiert werden, weil das Team über den Stundenplan weitgehend verfügen kann. Gruppenarbeit ist konstitutiver Bestandteil des Modells und muß nicht – wie häufig an herkömmlich organisierten Schulen – von einzelnen Lehrern gegen Kollegen durchgesetzt werden. Team-Teaching beschränkt sich nicht auf die Kollegen einzelner Fächer, sondern kann gerade fachübergreifend wirksam werden, und auch der 45-Minuten-Rhythmus kann flexibel gehandhabt werden.

Die pädagogischen Chancen des Team-Kleingruppen-Modells liegen also darin, die Komplexität von Lehr-/Lernprozessen besser bearbeiten zu können. Diese Komplexität wird einerseits abgebaut, weil der Rahmen, auf den sich pädagogisches Handeln bezieht, enger geworden ist. 90 Schüler und ein halbes Dutzend Lehrer sind überschaubarer als eine nach Jahrgängen, Fächern und Fachräumen „gegliederte" Schule. Für den Schüler gilt entsprechend, daß er die Beziehungen in seiner Kleingruppe, die Reaktionen seiner Mitschüler überschauen und im Zusammenhang seiner Persönlichkeitsentwicklung auch verarbeiten kann. Darüber hinaus sind unter den engeren Interaktionsbeziehungen der Beteiligten die Chancen größer, die unterschiedlichen Zielvorstellungen, Erwartungen, Erfahrungen und Ängste untereinander auszutauschen, also die Widersprüchlichkeit des Lehrens und Lernens in der Schule gemeinsam zu bearbeiten.

ARBEITSGRUPPE TEAM-KLEINGRUPPEN-MODELL (TKM): Das Team-Kleingruppen-Modell. Ansätze zur Realisierung sozialen Lernens, Gemeinnützige Gesellschaft Gesamtschule: Hamburg 1979. BAUMERT, J. (in Zusammenarbeit mit J. Raschert): Gesamtschule. In: Enzyklopädie Erziehungswissenschaft, Bd. 8, Stuttgart 1983, S. 228. BRANDT, H./LIEBAU, E.: Das Team-Kleingruppen-Modell. Ein Ansatz zur Pädagogisierung der Schule, München 1978. BRANDT, H./ SCHLÖMERKEMPER, J.: Schüler-Erfahrungen im Team-Kleingruppen-Modell. Untersuchungen und Berichte der Projektgruppe SIGS am Pädagogischen Seminar der Universität Göttingen, Göttingen 1984. DREHER, E./SPECHT, W.: Probleme der sozialen Organisation in der Sekundarstufe I. In: KEIM, W. (Hg.): Sekundarstufe I. Modelle – Probleme – Perspektiven, Königstein 1978, S. 264 ff. LIEBAU, E.: Das Team-Kleingruppen-Modell der pädagogischen Organisation. In: HAUSSER, K.(Hg.): Modelle schulischer Differenzierung. München 1981, S. 135 ff. LIEBAU, E./SCHLÖMERKEMPER, J.: Komplexität und Solidarität. Das Lernkonzept des Team-Kleingruppen-Modells (TKM). In: SCHEILKE, CH. u. a.: Lerntheorie – Lernpraxis. Lernkonzepte und alternaitve Lernmöglichkeiten. Argumente und Beispiele, Reinbek 1982, S. 217 ff.

Jörg Schlömerkemper

Team-Teaching

Team-Teaching ist ein Sammelbegriff für auf kooperativer Arbeitsteilung beruhende Formen der Unterrichtsgestaltung (vgl. SHAPLIN/OLDS 1964) und wird aus unterschiedlichen theoretischen Diskussionszusammenhängen, etwa der „Reformpädagogischen Bewegung" in Deutschland, der „progressive education" im angloamerikanischen Bereich, und Erkenntnissen über gruppendynamische Prozesse sowie zahlreiche praktische, theoretisch aufgearbeitete Erfahrungen begründet. Wurden diese Formen der Unterrichtsorganisation in den USA bereits ab 1957 mit dem Entwurf des Lexington Team Teaching Program (LTTP) geplant und realisiert (vgl. DAVIS 1966), sind derartige Versuche in der Bundesrepublik Deutschland (vgl. DECHERT 1972, S. 306 ff.) erst ab etwa 1965 dokumentiert. Zu diesen Unterrichtsversuchen gehören das Nürnberger Projekt der koordinierten Gemeinschaftskunde an einer gymnasialen Oberstufe (vgl. GLASER 1968) und der Vorversuch für den 1970 geplanten Gesamtschulversuch Weinheim an der Grund- und Hauptschule Obrigheim ab 1967 (vgl. MEYER 1971, S. 6). Besonders erwähnenswert ist das Reformmodell der Odenwaldschule, wo wesentliche Elemente des Team-Teaching-Unterrichts eigenständig entwickelt und selbständig erprobt worden sind (vgl. EDELSTEIN/SCHÄFER 1965).

Definition. Unter Team-Teaching ist jede Form von Unterricht zu verstehen, bei der zwei oder mehr Lehrerinnen und/oder Lehrer mit geteilter Verantwortung und arbeitsteilig Unterricht in einer Schülergruppe unter Einbeziehung von „Experten" (wie etwa Eltern und technisches Schulpersonal) planen, durchführen und auswerten (vgl. WARWICK 1973, S. 29). Zentraler pädagogischer Begründungszusammenhang für diese Form der Unterrichtsorganisation ist die Annahme, daß mehrere Lehrerinnen und Lehrer zusammen unter optimaler Ausnutzung gegebener schulischer Bedingungen (Räumlichkeiten, technischer Apparat, Bibliotheken) in einer sich schnell und laufend wandelnden gesellschaftlichen Wirklichkeit bessere Lernerfolge erzielen können (Moment der „funktionalen Effizienz").

Angesichts der Diskussion allgemeindidaktischer Theorien auf dem Hintergrund der „Kritischen Theorie" bedarf der stark lehrerzentrierte und auf „funktionale Effizienz" ausgerichtete Begriff von Team-Teaching einer Erweiterung: Zur Lehr-/Lerngemeinschaft gehören auch die Schülerinnen und Schüler, die als gleichberechtigte Partner im Team mitarbeiten können (vgl. SCHULZ 1981). Erst so wird das Team Teaching als nach demokratischen Prinzipien organisierte Methode von Lernprozessen für Schülerinnen und Schüler auch emanzipatorisch relevant und unterliegt nicht unmittelbar der Gefahr einer technisch-organisatorischen Funktionalisierung.

Team-Teaching zielt aus dem Verständnis einer „Kritischen Erziehungswissenschaft" auf eine Professionalisierung des Lehrerberufs durch die mit dem Prinzip des Team-Teaching verbundenen Implikationen ab und ist zugleich eine für den Erwerb einer umfassenden „sozialen Kompetenz" bei Schülerinnen und Schülern geeignete Methode. Bezugspunkt hierfür ist die pädagogische Intention, Schülerinnen und Schüler als in der Gesellschaft größtmöglich über sich selbst verfügende Subjekte hervorzubringen.

Organisationsformen. Die unterschiedlichen Formen des Team-Teaching lassen sich im wesentlichen in drei Dimensionen voneinander unterscheiden: Autoritätsstruktur, Teamzusammensetzung und Fachbereichsbezug.
Nach der Autoritätsstruktur sind zwei Formen unterscheidbar. Neben dem *hierarchisch* auf die Funktions-, Verantwortungs- und Gehaltsstruktur *gegliederten Team* gibt es das *offen-demokratische Team* mit wechselnden Aufgabenbereichen für die Teammitglieder bei geteilter Verantwortung ohne Gehaltsdifferenzierung bei den beteiligten Lehrerinnen und Lehrern (vgl. LORTIE 1972).
In bezug auf die Teamzusammensetzung lassen sich die Formen nach Beteiligung von „Experten", die ihre Sachkompetenz von außerhalb des unmittelbaren schulischen Geschehens in den Unterricht hineintragen, von technischen Mitarbeitern der jeweiligen Schule, von Eltern und vor allem den unmittelbar betroffenen Schülerinnen und Schülern sowie Lehrerinnen und Lehrern verschiedener Fachbereiche unterscheiden. Über den Fachbereichsbezug sind drei Formen des Team-Teaching unterscheidbar. Neben dem *fachspezifischen Team,* das gemeinsam in einer Schulstufe ein Fach unterrichtet, gibt es das *interdisziplinäre Team,* das in einer Schulstufe in verwandten Fächern kooperiert, und das *Gesamtfächerteam,* das in fach- und altersstufenübergreifenden Projekten arbeitet (vgl. WINKEL 1972, S. 410). Daneben bieten sich für besondere Zwecke, etwa die Organisation und Durchführung von Schulfesten, *Gelegenheitsteams* an.
Team-Teaching impliziert für die Realisierung insbesondere als emanzipatorisch relevante Unterrichtsform schulorganisatorische, lehrplanbezogene und interpersonale/identitätsbezogene Voraussetzungen, die bereits in der Anfangsphase von Teamarbeit hinreichend geklärt beziehungsweise transparent gemacht worden sein sollten. Hierzu gehören eine auf Lehrpläne und Stundentafeln gebotene Flexibilität für die Dispositionen des Teams sowie die Bereitschaft zur permanenten Kommunikation im Arbeitszusammenhang, ausreichende technische Einrichtungen und frei zur Verfügung stehende Räume unterschiedlicher Größe. Unter gegebenen institutionellen Bedingungen gewährleistet die Gesamtschule am ehesten die technisch-organisatorischen Minimalbedingungen für erfolgreiches Team-Teaching.

Bedeutung von Team-Teaching für Lehrerinnen und Lehrer. Prinzipiell gilt, daß Team-Teaching – besonders in der offen-demokratischen Form – während des gesamten Prozesses von Unterrichtsplanung, -durchführung und -auswertung auch die kritische Analyse der Arbeitsbedingungen impliziert. Diese Reflexionen sind für das unterrichtliche Geschehen insofern konstruktiv, als so konstitutive Bedingungen des pädagogischen Feldes benannt und in den Prozeß des unterrichtlichen Geschehens eingebracht werden können.
Die arbeitsteilige Kooperation ermöglicht die Berücksichtigung von besonderen Interessen und Fähigkeiten einzelner Teammitglieder, womit individuelle Unterschiede im Team zur Verbesserung der Qualität des Unterrichts kon-

struktiv verarbeitet werden können (vgl. WARWICK 1973, S. 36 f.). Dies gilt sowohl für organisatorische Fertigkeiten wie didaktisches Spezialwissen, psychologische, sozialpädagogische oder besondere Fachkenntnisse. Allein der organisatorisch-funktionale Aspekt von Teamarbeit durch den erhöhten Informationsanfall, die Arbeitsteilung, gezielte Arbeitszusammenlegung und Nutzung technischer Einrichtungen reichen für eine demokratische Unterrichtspraxis allein nicht aus. Im professionellen Selbstverständnis gilt es, im Team als Form der Weiterbildung neben dem Einbringen von Experten- oder Spezialwissen über wechselnde Funktionsübernahme die Fähigkeiten des „Generalisten" mit der Perspektive der Initiierung emanzipatorisch relevanter Lernprozesse auszubauen. Gegenseitige Hilfe und wechselseitige kritische Beratung im Team schaffen ein differenziertes Problembewußtsein für die eigene Arbeit und erhöhen damit als Form der laufenden Fortbildung die durch die Ausbildung erworbenen Standards der beruflichen Qualifikation (vgl. WELLENDORF 1972, S. 103). Zugleich kann durch diese konstruktive Binnenkontrolle im offen-demokratischen Team der Abbau von Außenkontrolle erzielt werden, der zudem über die erhöhte Transparenz des pädagogischen Handelns gegenüber der Umwelt durch deren aktive Einbeziehung zu begründen ist.

Insbesondere während der ersten Jahre eigenverantwortlicher Unterrichtspraxis junger Kolleginnen und Kollegen ist Team-Teaching hilfreich (vgl. WELLENDORF 1972, S. 101 f.). Hier wird die durch langjährige Unterrichtspraxis oder durch spezielle Kenntnisse erworbene Kompetenz der Kolleginnen und Kollegen im Team nicht zum unaufgedeckten Maßstab von Beurteilungen, sondern zu einem Moment reflektierbarer wechselseitiger Lehr- und Lernprozesse.

Den positiven Aspekten der erhöhten Transparenz von Entscheidungen, Berücksichtigung individueller Fähigkeiten, Weiter- und Fortbildungsfunktion sowie der permanenten Reflexion von Arbeitsbedingungen zur Verhinderung eines unhinterfragten pädagogischen Alltags in der Teamarbeit für die Beteiligten stehen einige Probleme gegenüber: Durch die Teamarbeit besteht der praktische Zwang zur permanenten Kooperation in einer Face-to-face-Interaktion mit einem Höchstmaß von arbeitsbezogenen und persönlichen Kontakten. Dies erfordert einerseits die Solidarität und Bereitschaft, persönliche Entscheidungen und Freizeit zugunsten gemeinsamer Entscheidungen und gemeinsamer Arbeit einzugrenzen und sich andererseits bei geteilter Verantwortung auch der konstruktiven Kritik anderer Teammitglieder zu stellen. Das Benennen von Konflikten, ihre Austragung im Dialog mit der Perspektive eines praktischen Minimalkonsenses erfordern von jedem Teammitglied ein ständiges Engagement.

Bedeutung von Team-Teaching für Schülerinnen und Schüler. Team-Teaching nach dem offen-demokratischen Prinzip besitzt im weiteren Sinne emanzipatorische Qualitäten. Dies betrifft - abgesehen von dem durch Team-Teaching grundsätzlich ermöglichten Moment einer besseren Differenzierung bei Berücksichtigung individueller Interessen und einer durch das Team gegebenen angemesseneren Beurteilung von Schülerleistungen - die *Mitbestimmung über eigene Lernprozesse* (vgl. BOETTCHER u. a. 1977). Indem die Schülerinnen und Schüler über die Möglichkeit der aktiven Mitbestimmung der eigenen Lernprozesse im Team zu einer größeren Selbständigkeit in realistischer Einschätzung eigener Interessen und Fähigkeiten gelangen können, wird ein zu erwerbender Aspekt „sozialer Kompetenz" im laufenden Dialog des Teams verwirklicht: größtmögliche Verfügung über sich selbst als Balanceakt zwischen individuellen und kollektiven Interessen sowie den durch die Thematik und den institutionellen Rahmen gesetzten Bedingungen. Wird einerseits den Schülerinnen und Schülern erheblich mehr Arbeitsaufwand durch die Mitarbeit und Mitverantwortung im Team abverlangt, so ist andererseits aber durch die aktive Einbeziehung in Planung, Durchführung und Auswertung des unterrichtlichen Geschehens von einer höheren Motivation auszugehen.

Ausblick. Prinzipiell eröffnet sich durch Team-Teaching die Möglichkeit, die Unterrichtsorganisation den Bedürfnissen und Interessen der Schülerinnen und Schüler durch das gemeinschaftliche und selbstverantwortete Handeln mit der professionellen Unterstützung der Lehrerinnen und Lehrer anzupassen. Hierbei kann die zumeist immer noch vorhandene klassische Trennung der Unterrichtsfächer überwunden werden, was sogar in intra- oder interdisziplinäre Projekte münden kann (vgl. KAISER/KAISER 1977), die den Bemühungen um eine aktive Aneignung und Verarbeitung der komplexen sozialen Wirklichkeit angemessen sind. Gerade in dieser inhaltsbezogenen dynamischen Form des Team-Teaching wird die Qualität des Unterrichts durch die laufende Einbeziehung und Aufarbeitung aktueller Materialien und wissenschaftlicher Erkenntnisse verbessert: Der Wandel der gesellschaftlichen Wirklichkeit wird zur durch pädagogisches Handeln bewußt aufgearbeiteten Erfahrung.

Team-Teaching ist eine Unterrichtsmethode, die in ihren vielfältigen Ausprägungen zwischen emanzipatorischen Zielen über bewußtes Praktizieren demokratischer Verfahrensweisen und Zielen eines funktional-effizienten Unterrichts schwankt. Als Demokratisierungsbeitrag (vgl. MEYER 1971, S. 104 ff.) für unterrichtliches Geschehen und eine aktive Professionalisierung des Lehrerberufes auch „on the job" ist Team-Teaching ebenso an der Hochschule (vgl. DECHERT 1970) wie in der gewerkschaftlichen und politischen Bildung (vgl. CHRISTIAN/SCHNEIDER 1970) anwendbar.

BOETTCHER, W. u. a.: Lehrer und Schüler machen Unterricht, München/Berlin/Wien 1977. CHRISTIAN, W./SCHNEIDER, E.: Team-Teaching und politische Bildung, Frankfurt/Berlin/München 1970. DAVIS, H. S.: How to Organize an Effective Team Teaching Program? Englewood Cliffs (N.J.) 1966. DECHERT, H.-W.: Team Teaching – ein Hochschul-Reformmodell? In: N. Samml. 10 (1970), S. 386 ff. DECHERT, H.-W. (Hg.): Team Teaching in der Schule, München 1972. EDELSTEIN, W./SCHÄFER, W.: Fächerübergreifender Unterricht in der gymnasialen Oberstufe. Gemeinschaftskundlicher Unterricht, Frankfurt/M. 1965. GLASER, H. (Hg.): Team Teaching – konkret, Freiburg 1968. KAISER, A./KAISER, F.-J. (Hg.): Projektstudium und Projektarbeit in der Schule, Bad Heilbrunn 1977. LORTIE, D. C.: Team Teaching: Versuch der Beschreibung einer zukünftigen Schule. In: DECHERT, H.-W. (Hg.): Team Teaching ..., München 1972, S. 37 ff. MEYER, E.: Team Teaching. Versuch und Kontrolle, Heidelberg 1971. SCHULZ, W.: Unterrichtsplanung, München/Wien/Baltimore ³1981. SHAPLIN, J. T./OLDS, H. F. (Hg.): Team Teaching, New York 1964. WARWICK, D.: Team Teaching, London 1971. WARWICK, D.: Team Teaching, Grundlegung und Modelle, Heidelberg 1973. WELLENDORF, F.: Formen der Kooperation von Lehrern in der Schule. In: FÜRSTENAU, P. u. a.: Zur Theorie der Schule. Weinheim/Basel/Berlin ²1972, S. 91 ff. WINKEL, R.: Team Teaching – was ist das? In: Westerm. P. Beitr. 24 (1972), S. 407 ff.

Michael Treder

Tonband – Tonkassette – Schallplatte

Gegenstandsbestimmung. Die Begriffe Tonband, Ton(band)kassette und Schallplatte stehen hier in pädagogisch-didaktischem Sinn als Synonyme für das *funktionale Zusammenwirken von technischen Geräten* (Tonbandgerät/Kassettenrecorder: Magnetbandgeräte zur Aufnahme/Wiedergabe hörbaren Schalls; Schallplattenspieler: Gerät zur Wiedergabe mechanisch aufgezeichneten hörbaren Schalls), *Trägermaterial* (Tonband: bandförmiger Tonträger, bestehend aus Schichtträger und Magnetschicht; Schallplatte: kreisrunde Kunststoffscheibe, die hörbaren Schall in Form mechanischer Größen trägt) und *verbal-akustischem Zeichensystem* (Sprache, Musik, Geräusche). Bespielte Tonkassette (Musikkassette) und Schallplatte werden allgemein als Massenmedien bezeichnet. Dagegen tritt das Tonband (zum Teil auch die unbespielte Tonkassette/Kompaktkassette: genormte Tonbandkassette mit zwei eingebauten Wikkelkernen) in der professionellen Tonstudiotechnik von Rundfunk und Schallplattenindustrie und im privaten Bereich als Instrument „semiprofessioneller" oder amateurmäßiger Produktion/ Aufzeichnung in einer Vielfalt von Verwendungsmöglichkeiten in Erscheinung, daß es sich als zweckmäßig erweist, das Tonband als ein für Produktions- und Aufzeichnungszwecke bestimmtes *Speichermedium* zu kennzeichnen. Im Gegensatz zur Schallplatte ist beim Tonband durch Löschen, Schneiden und/ oder Mischen die Manipulation und Montage möglich. Die moderne Schallplattenproduktion bedient sich des Tonbandes als Zwischenspeicher bis unmittelbar vor die Informationsaufzeichnung auf Schallplatten. Die verschiedenen Kommunikationsketten zwischen den auditiven Medien haben vor allem im Bereich der populären musikalischen Unterhaltung zu einem wirtschaftlichen Interessenverbund zwischen Schallplatten-, Geräteindustrie, Rundfunk, Diskotheken und Programmzeitschriften geführt (Beispiel: kostenlose Schallplattenwerbung im Hörfunk).

Neben dem Hörfunk haben sich die unterhaltungsorientierten Massenmedien Schallplatte und Tonkassette zu bedeutenden wirtschaftlichen und akustischen Umweltfaktoren entwickelt, die auch die Lebenswelt und Freizeitkultur von Kindern und Jugendlichen stark beeinflussen (vgl. HENGST 1979, ROGGE 1980). Viele Kinder und Jugendliche besitzen eigene Abspielgeräte, so daß es ihnen in ihrer Freizeit leicht möglich ist, Schallplatten und Tonkassetten selbständig zu nutzen (vgl. KINDER – MEDIEN – WERBUNG 1981, S. 333). Dabei dürften Kinder und Jugendliche vor allem „ihre Musik" hören, um die Stimmung zu kontrollieren und sich emotional von der Umwelt abzulenken (vgl. BONFADELLI 1981, S. 119).

Obwohl die Nutzung von Schallplatte/ Tonkassette in der Bundesrepublik ständig zugenommen hat und obwohl diese Medien inzwischen als *die Jugendmedien* bezeichnet werden können, läßt sich für die „Tonträgerforschung" ein kommunikationswissenschaftliches Forschungsdefizit feststellen (vgl. SILBERMANN 1977, S. 241). Zum einen dürfte dies auf die geringe Transparenz des Tonträgermarktes zurückzuführen sein, zum anderen dürften die Ursachen in einer vorwiegend kulturkritisch-pejorativen Bewertung des Unterhaltungsmediums Schallplatte zu suchen sein (vgl. ZEPPENFELD 1978).

Reproduktiver Aspekt. Von staatlichen Institutionen, Verlagen und Phonoindustrie vorgefertigte Tonträger oder gespeicherte Hörfunk-/Schulfunkproduktionen können nicht nur Lehrfunktionen objektivieren, sondern vor allem eine aufs Hörbare reduzierte Wirklichkeit verfügbar machen. Da sie natürliche, technische oder menschliche Gegenstände, Prozesse oder Zeichensysteme akustisch darzustellen vermögen, lassen sich Tonträger in den verschiedensten pädagogisch-didaktischen Planungs- und Verwendungszusammenhängen nutzen. Entsprechende Impulse gehen seit Ende der 70er Jahre von der „Kinderkulturforschung" aus. Sie versucht, die Funktionen der kommerziellen Kindertonträger („Babysitter aus der Konserve") als Komponenten einer Kultur *von Kindern* zu beschreiben (vgl. HENGST 1979) und Hinweise zu liefern, wie diese jederzeit verfügbaren „Filme ohne Bilder" kindlichen Bedürfnissen und Kommunikationsansprüchen entgegenkommen, nämlich: sich selbst zu finden, sich die Wirklichkeit angemessen zu erklären, die Phantasie produktiv zu entfalten, spielen zu können, spannende Unterhaltung zu genießen oder den Hörsinn bewußt zu gebrauchen. Tonträger, die sich inhaltlich an den Hörgewohnheiten, an den Verstehensleistungen, an den Unterhaltungsbedürfnissen, an der Erfahrungswelt und an bedeutsamen Lebenssituationen von Kindern orientieren, scheinen sich in Vorschulerziehung und Grundschulunterricht als brauchbare Mittel zu erweisen, um kindliche Begriffsbildung, Spracherwerb und soziales Lernen zu fördern.

Ihren spezifischen Merkmalen entsprechend, werden Tonträger besonders im Deutsch-/Literatur-, Fremdsprachen-, Politik- und Musikunterricht als Wiedergabemedium genutzt. Für den Deutschunterricht bieten sie Beispiele mündlich überlieferter Literatur (Hörspiele, Theaterinszenierungen, Erzählungen, Lesungen, Werkinterpretationen), ermöglichen den Vergleich mit anderen medialen Formen (Film, Fernsehen, Druckmedien) und veranschaulichen bestimmte literarische Epochen (Literatur nach 1945). Aufgezeichnete Textsorten radiophoner Sprache (Hörfunknachrichten, Bundestagsdebatten, Rundfunkwerbung) lassen sich unter dem Aspekt der Inhaltsauswahl, der Appell- und Argumentationsprinzipien, wertender oder verhaltenssteuernder Strukturen kritisch untersuchen. Für den Fremdsprachenunterricht liefern Tonträger vor allem „authentische" Sprachvorlagen (Sprechtempo, Rhythmus, Dialekt, Sprachcode). In Verbindung mit anderen Textsorten können Sprachmodelle dargeboten werden, die Lehr-/Lerngruppen das Bewältigen von Sprachanforderungen erleichtern und zur aktiven Auseinandersetzung mit fremdsprachlicher Realität auffordern. Besonders die leicht verfügbare und handhabbare Tonkassette (Sprachstudien-Kassettenrecorder) scheint im Vergleich zu herkömmlichen Sprachlehranlagen für differenzierendes und selbständiges Lernen neue Möglichkeiten zu erschließen. Im Politikunterricht lassen sich durch Mitschnitt des aktuellen Hörfunk-/Schulfunkprogramms Materialien und Dokumente zur kritischen Analyse politischen Tages- und Zeitgeschehens zusammenstellen. Ein kritisch distanziertes Bearbeiten hat vor allem für dramatisierte Formen (Hörspiele) zu gelten, die zwar politisch-gesellschaftliches Denken, Fühlen und Handeln problemorientiert, erfahrungsnah und im Kontext situativen sozialen Handelns darzustellen vermögen, aber auch durch Pseudokonkretheit Erscheinungsformen der Wirklichkeit verdecken oder verzerren können.

Für den Musikunterricht bieten vorwiegend Musiktonträger ein umfangreiches, didaktisch flexibles und disponibles Wahrnehmungsangebot für jede Art von Musik und Musikdarbietung. In die unterschiedlichsten didaktischen Handlungszusammenhänge einbezogen (Werkbetrachtung, Hörerziehung, Bewegungserziehung, Instrumentenkunde) können nicht nur die gesellschaftlich-kommunikativen Funktionen von Musik deutlich werden, sondern es können auch für Lehr-/Lerngruppen von den Vorbildwirkungen qualifizierter musikalischer Leistungen Anregungen zu produktivem Handeln ausgehen.

Produktiver Aspekt. Als Erzeugnisse gesellschaftlicher Kommunikation geben auditive Medien immer nur interpretierte und definierte Wirklichkeitsausschnitte wieder. Um auditive Medien aus ihrer scheinbar objektiven Rolle als Informationsvermittler herauszulösen und um die sozialen Verhältnisse zu klären, in denen diese Medien wirken und die diese Medien schaffen, eignet sich besonders die praktische Audio-Arbeit. Unter praktischer Audio-Arbeit wird das produktive Umgehen mit den Handlungsgegenständen Tonband und -kassette verstanden, das ohne ausgeprägte professionelle Kenntnisse ein weitgehend selbstbestimmtes und kollektives Herstellen von Kommunikationsinhalten erlaubt. Die vielfältigen Aufzeichnungs-, Bearbeitungs- und Verbreitungsmöglichkeiten, die sich aufgrund der technischen Möglichkeiten von Tonband und -kassette ergeben, machen die erfahrungs- und handlungsbezogene Aneignung und Rekonstruktion unmittelbar und vermittelt erlebter Realität möglich, können der Lebenspraxis von Kommunikationsteilnehmern Sprache geben und deren Lebens-, Erfahrungs-, Vorstellungswelt „mündig" machen.

In der vorschulischen Erziehung und im Grundschulunterricht ermöglicht erfahrungs- und umweltorientierte Audio-Arbeit beispielsweise durch Aufzeichnen von Rollenspielen, durch Produktion von Hör-, Klang- und Geräuschszenen, durch Experimente mit Stimmen, Klängen, Geräuschen oder durch „Hörbriefe" nicht nur das selbständige Umgehen mit dem technischen Gerät, sondern auch ein handelndes und schöpferisches Verarbeiten von Wirklichkeit und Phantasiewelt. Generell lassen sich Tonband und -kassette in allen Unterrichtsfächern und für alle Themenbereiche nutzen, um eigene *Unterrichtsmedien herzustellen* (Beispiele: Vertonen von Film- und Diamaterial, Bearbeiten von Hörfunkproduktionen oder kommerziellen Tonträgern), um autonom *aktuelle und authentische Informationen* zu *beschaffen und auszuwerten* („Journalismus in eigener Sache" durch Interview, Reportage, Dokumentation), um im Verbund mit anderen Medien eine *begrenzte Öffentlichkeit* (Klassen-/Schulöffentlichkeit) zu *informieren* und *meinungsbildend zu wirken* („tönende Wandzeitung", Kassettentausch mit anderen Klassen/Schulen, Elterninformationen). Schwerpunkte bilden Deutsch-, Politik- und Musikunterricht. Hör-, Sprach-, Schallspielproduktionen, sprachkritische Montagen und Collagen der öffentlichen Rundfunkprogramme bieten die Möglichkeit, Prinzipien radiophoner Sprache anzuwenden, Inhalte, Ziele und Verfahren eines kommunikativ orientierten Unterrichts, Probleme der Radiokommunikation sowie die Tätigkeit und Wirkung öffentlich-rechtlichen Hörfunks aufeinander zu beziehen.

In der außerschulischen Jugendarbeit und in der Erwachsenenbildung kann praktische Audio-Arbeit dazu dienen, Kommunikationsinhalte aufzunehmen und zu verbreiten, die in den öffentlichen Medien nicht oder nicht im Sinne der Betroffenen dargestellt werden. Ob solch eine alternative Audio-Arbeit dem Herstellen einer „(Gegen-)Öffentlichkeit" dienen kann, ist fraglich. In diesem Zusammenhang deutet sich für das Medium Tonkassette eine sinnvolle Nutzungsmöglichkeit an. In Form eines „kleinen Medienverbunds" (Tonkassette und schriftliches Begleitmaterial) lassen sich Dokumentationen, Selbstdarstellungen oder Betroffenenberichte, die aufgrund alternativer Audio-Arbeit entstanden sind, gezielt verbreiten (vgl. Network Medien-Cooperative 1983).

Tonband – Tonkassette – Schallplatte

BLAUKOPF, K.: Massenmedium Schallplatte, Wiesbaden 1977. BONFADELLI, H.: Die Sozialisationsperspektive in der Massenkommunikationsforschung, Berlin 1981. HELMS, S. (Hg.): Schlager in Deutschland, Wiesbaden 1972. HENGST, H.: Auf Kassetten gezogen und auf Scheiben gepreßt, Frankfurt/M. 1979. KINDER – MEDIEN – WERBUNG. Schriftenreihe Media Perspektiven 1, Frankfurt/Berlin 1981. LUDWIG, H.W.: Schallplatte/Tonband. In: FAULSTICH, W. (Hg.): Kritische Stichwörter Medienwissenschaft, München 1979, S. 277 ff. NETWORK MEDIEN-COOPERATIVE (Hg.): Frequenzbesetzer. Arbeitsbuch für ein anderes Radio, Reinbek 1983. ROGGE, J.U.: Der Schallplatten- und Kassettenmarkt für Kinder oder ein Lehrstück über Billigproduktionen. In: JENSEN, K./ROGGE, J.U.: Der Medienmarkt für Kinder in der Bundesrepublik, Tübingen 1980. SCHILL, W.: Medien, auditive. In: Enzyklopädie Erziehungswissenschaft, Bd. 4, Stuttgart 1985, S. 152 ff. SILBERMANN, A.: Massenkommunikation. In: KÖNIG, R. (Hg.): Handbuch der empirischen Sozialforschung, Bd. 10, Stuttgart 1977, S. 146 ff. ZEPPENFELD, W.: Tonträger in der Bundesrepublik Deutschland, Bochum 1978.

Wolfgang Schill

Unterricht, adaptiver

Adaptiv wird ein Unterricht genannt, der den individuellen Differenzen zwischen Schülern angepaßt ist. Schüler lassen sich im Hinblick auf eine Vielzahl von Merkmalen unterscheiden, wie etwa die kognitiven Lernvoraussetzungen, die Lern- und Leistungsmotivation und Besonderheiten der Persönlichkeit. Um einen optimalen Lernerfolg zu erreichen, muß der Unterricht auf diese Unterschiede abgestimmt werden. Dies erscheint trivial, doch gelingt es dem Lehrer nur selten, effektive Strategien zu entwickeln, um diesem Ziel näher zu kommen. Aufgabe der Erziehungswissenschaft ist es daher unter anderem, empirisch gehaltvolle Aussagen über Lehrstrategien zu formulieren und zu prüfen.

Differenzierung nach dem ATI-Prinzip. Ein Weg in diese Richtung ist die Suche nach Wechselwirkungen zwischen Lernermerkmalen und Lehrmethoden, was als *„aptitude-treatment interaction"* oder *„attribute-treatment interaction" (ATI)* bezeichnet wird (vgl. CRONBACH/SNOW 1977, GLASER 1977, R. SCHWARZER/STEINHAGEN 1975). Das einfachste Design beruht auf zwei Lehrmethoden, zwei Ausprägungen eines Schülermerkmals und einer abhängigen Variable wie dem Lernerfolg. Ein Forschungsresultat könnte lauten, daß ängstliche Schüler mehr von einem induktiv aufgebauten und nichtängstliche Schüler mehr von einem deduktiv aufgebauten Unterricht profitieren. Leider gibt es bei dem heutigen Forschungsstand nur eine sehr kleine Menge von solchen Befunden (vgl. TREIBER 1981), die als Ausgangspunkt für Entscheidungsregeln über die Zuweisung von Schülern zu Lerngruppen dienen können. Genau hierin liegt aber der entscheidende potentielle Nutzen des ATI-Prinzips, nämlich der vorübergehenden methodischen Differenzierung auf der Grundlage von Schülerunterschieden. Die intuitiven Erfahrungen damit überwiegen die empirischen Befunde. Dies hat verschiedene Gründe. Zum einen gibt es noch viele offene Fragen in der pädagogischen Diagnostik (vgl. Ch. SCHWARZER 1981), und zum anderen werden die Forschungsdesigns nur sehr selten der Komplexität des Schulalltags gerecht, etwa hinsichtlich der optimalen Dauer einer einmal gewählten Differenzierung sowie der Nebenwirkungen auf nichtberücksichtigte Kriteriumsvariablen.

Lernumwelt und Lernzeit. Während die ATI-Designs sich auf die Erforschung der Wirkung von isolierten Lehrmethoden meist unter Laborbedingungen richten, geht es der Lernumweltforschung um die Analyse von längerfristigen Sozialisationswirkungen unter natürlichen Bedingungen (vgl. LANGE u.a. 1983). Die Schule oder Klasse wird als komplexes „treatment" aufgefaßt und deren Wahrnehmung als „Klima". Wenn sich zeigen läßt, daß bestimmte Schüler von einer schulischen Sozialisationsbedingung mehr profitieren als andere, so ist dies eine Wechselwirkung im Sinne des adaptiven Unterrichts. Die dabei involvierten Variablen sind vielfältig. Dazu gehören Merkmale der physikalischen und der sozialen Lernumwelt sowie Aspekte des subjektiven Befindens der Schüler. Besondere Beachtung verdienen die Versuche, den individuellen Lernzeitbedarf mit der zur Verfügung stehenden Unterrichtszeit zur Passung zu bringen (vgl. BLOOM 1976, CARROLL 1963, TREIBER 1982). Auf der Schülerseite gibt es erhebliche interindividuelle Unterschiede im Lernzeitbedarf, was nach Carroll als eine mögliche Operationalisierung von „Intelligenz" angesehen werden kann. Auf der Umweltseite gibt es enorme Unterschiede im Lernzeitangebot zwischen verschiedenen Schulklassen. In vielen Klassen geht mehr als die Hälfte der nominellen Zeit für extracurriculare Aktivitäten verloren (Material ausgeben, Anweisungen erteilen). Leistungsstarke Schüler nutzen mehr als drei Viertel der verfügbaren Lernzeit, während leistungsschwache weniger als die Hälfte nutzen (vgl. STALLINGS 1980, S. 13). Didaktische Förderprogramme sollten daher darauf ausgerichtet sein, schwächere Schüler zur besseren Nutzung der Zeit anzuleiten. Aktiv genutzte Lernzeit korreliert in allen Studien deutlich mit dem Lerngewinn.

Lehrer und Klassenführung. Ein wichtiges Merkmal der sozialen Lernumwelt ist der Lehrer. Die Art und Weise, wie Lehrer auf individuelle Unterschiede zwischen Schülern reagieren, hat bedeutsame Auswirkungen auf Leistung und Selbstkonzept der Schüler (vgl. BROPHY/GOOD 1976). In ATI-Studien wurden Lehrerunterschiede als „treatment" aufgefaßt. PETERSON u.a. (vgl. 1980) haben den Unterricht bei verschiedenen Lehrern beobachtet, die bestimmte überdauernde Handlungsmuster bevorzugen. In Klassen mit vorwiegend frontalem und vorlesungsähnlichem Unterricht profitierten sprachlich kompetente Schüler mehr als die verbal schwächeren, die eher dann profitierten, wenn der Unterricht entdeckungsorientiert stattfand. CORNO (vgl. 1979) hat ebenfalls Lehrerunterschiede als Situationsfaktoren verwendet und mit Schülermerkmalen in der dritten Klasse in Beziehung gesetzt. Schüler mit hohen intellektuellen Lernvoraussetzungen profitierten eher von einem geringfügig strukturierten Unterricht, während Schüler mit geringen Voraussetzungen davon abhängig waren, daß die Lehrerinnen die Curricula für sie stärker vorstrukturierten. Als eine wesentliche Lernprozeßdeterminante hat sich die Fähigkeit von Lehrern erwiesen, Steuerungstechniken zur Anwendung zu bringen, mit denen die Unterrichtsbeteiligung der Schüler erhöht, die Lernzeitnutzung maximiert und der Unterrichtsverlauf störungsfrei gehalten werden. Dies wird als Klassenführung *(classroom management)* bezeichnet (vgl. DUKE 1979). Hier handelt es sich insofern um das Adaptivitätsprinzip, als die Gruppe der „schwierigen Schüler" gezielt angesprochen wird (vgl. CH. SCHWARZER 1983a). Kategorien zur Klassenführung hat KOUNIN (vgl. 1970) entwickelt, beispielsweise „Momentum", „Flüssigkeit" (smoothness) und „Kontinuität des Signalsystems". Unter Momentum versteht er die Erhaltung der Aktivität ohne Verlangsamung. Die Flüssigkeit ist die Abwesenheit von abrupten Sprüngen in der Ablaufsteuerung. Die Kontinuität des Signalsystems bedeutet die Erhaltung von Hinweisreizen, mit denen Standardverhaltensmuster der Schüler sequentiell gesteuert werden. In einer Untersuchung von ARLIN (vgl. 1979) ließen sich Schulklassen mit niedrigem Störungsgrad gut mit diesen Kategorien beschreiben. Die Übergänge von einer Unterrichtseinheit zur nächsten waren gut organisiert und flüssig genug, um kein aufgabenirrelevantes Verhalten aufkommen zu lassen. So waren die Schüler auf das Ende einer Einheit vorbereitet, der Lehrer wartete, bis alle Schüler für die nächste Einheit aufmerksam waren, und Anfang und Ende von untergeordneten Tätigkeiten waren klar definiert. Die Schüler waren von einem kontinuierlichen Signalsystem gesteuert, indem sie die Aufeinanderfolge bestimmter Abläufe im Unterricht kannten und routinemäßig einen Schritt nach dem anderen taten, ohne aus der ihnen zugedachten Lernerrolle zu fallen.

Die genannten Prinzipien stellen Kernfaktoren der sogenannten direkten Unterweisung *(direct instruction)* dar. Hierbei geht es um die intensiv genutzte Unterrichtszeit, eine Klassenführung, die den Unterricht störungsfrei und unterbrechungsarm macht und eine hohe Beteiligungsrate erzielt, eine explizite Aufgabenstruktur, nachhelfende Interventionen, eine kumulative Organisation der Lehrsequenzen, ein dichtes Interaktionsgefüge und hohe Text- beziehungsweise Aufgabenverständlichkeit. Direkte Unterweisung stellt nach heutigem Forschungsstand eine sehr effektive Form des lehrerzentrierten Unterrichts dar. Nicht nur der Lerngewinn wird dadurch optimiert, sondern auch Einstellungen, Selbstwertgefühl und Selbstsicherheit (vgl. CORNO u. a. 1981). In einer ATI-Studie wurde direkte Unterweisung für eine ganze Klasse mit einer Kleingruppenvariante von direkter Unterweisung verglichen (vgl. JANICKI/PETERSON 1981). Schüler, bei denen zuvor positive Einstellungen und eine internale Kontrollüberzeugung festgestellt worden waren, hatten mehr Erfolg in der Kleingruppenvariante, vermutlich weil ihnen mehr Möglichkeiten zur Selbststeuerung vergönnt waren.

Insgesamt haben sich die vielfältigen Ansätze zum adaptiven Unterricht als sehr fruchtbar für den Schulalltag und die erziehungswissenschaftliche Forschung erwiesen, wobei das einfache ATI-Design unter Laborbedingungen nur als Heuristik verstanden werden darf. Die vielen Forschungsresultate weisen den Weg zu einer „differentiellen Didaktik".

ARLIN, M.: Teacher Transitions can Disrupt Time Flow in Classroom. In: Am. E. Res. J. 16 (1979), S. 42 ff. BLOOM, B. S.: Human Characteristics and School Learning, New York 1976. BROPHY, J. E./GOOD, TH. L.: Die Lehrer-Schüler-Interaktion, München/Berlin/Wien 1976. CARROLL, J. B.: A Model of School Learning. In: Teachers Coll. Rec. 64 (1962/1963), S. 723 ff. CORNO, L.: A Hierarchical Analysis of Selected Naturally Occurring Aptitude-treatment Interactions in the Third Grade. In: Am. E. Res. J. 16 (1979), S. 391 ff. CORNO, L. u. a.: The Influence of Direct Instruction on Student Self-appraisals: A Hierarchical Analysis of Treatment and Aptitude-Treatment Interaction Effects. In: Am. E. Res. J. 18 (1981), S. 39 ff. CRONBACH, L. J./SNOW, R. E.: Aptitudes and Instructional Methods. A Handbook for Research on Interactions, New York 1977. DUKE, D. L.: Classroom Management. 78th Yearbook of the National Society for the Study of Education, Chicago 1979. GLASER, R.: Adaptive Education: Individual Diversity and Learning, New York 1977. JANICKI, T. C./PETERSON, P. L.: Aptitude-treatment Interaction Effects of Variations in Direct Instruction. In: Am. E. Res. J. 18 (1981), S. 63 ff. KOUNIN, J. S.: Discipline and Group Management in Classrooms, New York 1970. LANGE, B. u. a.: Schulangst und Schulverdrossenheit. Eine Längsschnittanalyse von schulischen Sozialisationseffekten, Opladen 1983. PETERSON, P. L. u. a.: Aptitude-Treatment Interaction Effects of Three Social Studies Teaching Approaches. In: Am. E. Res. J. 17 (1980), S. 339 ff. SCHWARZER, CH.: Einführung in die Pädagogische Diagnostik, München, 1981. SCHWARZER, CH.: Gestörte Lernprozesse, München 1983 a. SCHWARZER, CH.: Lehrer als ein Bestimmungsfaktor curricularer Lernereignisse. In: HAMEYER, U. u. a. (Hg.): Handbuch der Curriculumforschung, Weinheim/Basel 1983, S. 387 ff. (1983 b). SCHWARZER, R./STEINHAGEN, K. (Hg.): Adaptiver Unterricht. Zur Wechselwirkung von Schülermerkmalen und Unterrichtsmethoden, München 1975. STALLINGS, J.: Allocated Academic Learning Time Revisited, or beyond Time on Task. In: Ed. Reser. 9 (1980), S. 11 ff. TREIBER, B.: Attribute-Treatment Interaction (ATI). In: SCHIEFELE, H./KRAPP, A. (Hg.): Handlexikon zur Pädagogischen Psychologie, München 1981, S. 26 ff. TREIBER, B.: Lehr- und Lernzeiten im Unterricht. In: TREIBER, B./WEINERT, F. E. (Hg.): Lehr-Lern-Forschung, München 1982, S. 12 ff.

Christine Schwarzer

Unterricht, darstellender

Darstellender Unterricht beziehungsweise synonym gebrauchte Termini (so etwa darbietender Unterricht) werden in der neueren erziehungswissenschaftlichen Diskussion meist in einem distanzierend kritischen Kontext genannt. Eindeutige Priorität genießen sowohl in der aktuellen theoretischen Diskussion als auch in der modernen Lehrerausbildung Methoden, die die Selbsttätigkeit des Schülers fördern. Der darstellende Unterricht, der von seiner Herkunft den lehrerdominanten, monologischen oder auch akroamatischen (von griechisch *akroaomai* = anhören) Methoden zuzurechnen ist, steht dazu zunächst im Widerspruch.

Als didaktisch legitim gelten „zusammenfassen", „erzählen" und „einführen" immer dann, wenn es im Unterricht um Informationssequenzen geht. Lehrerdarbietungen, die zum Frontalunterricht entarten, werden in der Regel davon abgegrenzt und als asymmetrische Interaktionsform mit kritischer Distanz betrachtet (vgl. WINKEL 1982, S. 17).

Darstellender Unterricht – die älteste Lehrform der Schule. Begriffsgeschichtlich geht der Terminus „bloß darstellender Unterricht" auf Herbart zurück. In seiner „Allgemeinen Pädagogik aus dem Zwecke der Erziehung abgeleitet" schreibt er 1806: „man kann überhaupt alles dasjenige BLOSS DARSTELLEND versinnlichen, was hinreichend ähnlich und verbunden ist mit dem, worauf der Knabe bisher gemerkt hat" (HERBART 1887, S. 59).

Herbart unterscheidet Erfahrungen, die durch direkte Anschauung gewonnen werden können, und nachgeahmte Erfahrungen, die durch die sprachliche Darstellung des Lehrers erzeugt werden müssen. Dieser nachgeahmten Erfahrung dient der „bloß darstellende Unterricht", dessen Funktion er mit dem oft zitierten Satz kennzeichnet: „Denn ihrer Natur nach hat diese Lehrart nur ein Gesetz: so zu beschreiben, daß der Zögling zu sehen glaube" (HERBART 1887, S. 59).

MICHAEL (vgl. 1983, S. 16 ff.) führt im Rückgriff auf Arbeiten von MARROU (vgl. 1977) und GARIN (vgl. 1964) aus, daß der darstellende Unterricht „die älteste Lehrform der Schule" ist. „Sie ist [in der Antike, J. B.] auch weithin die einzige Lehrform, denn soweit nach den Quellen geurteilt werden kann, gilt sie für alle Fächer und für alle Stufen. Eine Ausnahme macht davon nur jener Teil des Unterrichts, in dem der Schüler üben muß, um das Dargebotene sich anzueignen" (MICHAEL 1983, S. 19). Dies gilt ebenso für das Mittelalter: „Im großen und ganzen übernimmt die christlich-abendländische Schule des Mittelalters die Lehrformen der antiken Schule und hält […] am Standardverfahren des darbietenden Unterrichts unverändert fest" (MICHAEL 1983, S. 20). Auch wenn im 17. und 18. Jahrhundert durch die aufkommende Lehrerbildung dialogische Lehrformen im Sinne des „fragend-entwickelnden Unterrichts" in die Diskussion kommen, handelt es sich hierbei weiterhin im Kern um eine Variante des darstellenden Unterrichts, weil es lediglich darum geht, den Schüler durch stark lenkende Fragen das finden zu lassen, was der Lehrer darstellen will.

Die didaktische Legitimation dieser Methode läßt sich über 2 000 Jahre auf eine zentrale bildungstheoretische Figur zurückführen: Es gilt, das Bildungsgut unverfälscht, möglichst unabhängig von der Person des Lehrenden und unter Vermeidung jedes Risikos, das mit der Selbsttätigkeit des Schülers verbunden wäre, direkt in die Person des Schülers zu übertragen.

Herbart war aber auch derjenige, der vom Monopol des „darstellenden Unterrichts" weg zu einer gewissen Öffnung des Unterrichts strebte. Er stellte den „bloß darstellenden Unterricht" in eine

Reihe mit dem „analytischen Unterricht" und dem „synthetischen Unterricht" und bezieht die Verwendung der jeweiligen Methode auf Gegenstand und Ziel des Unterrichts (vgl. HERBART 1887, S. 58 ff.).

Die zwiespältige Situation des darstellenden Unterrichts im 20. Jahrhundert. Die mit Beginn des 20. Jahrhunderts einsetzende Reformbewegung in der deutschen Pädagogik richtete sich deshalb im strengen Sinne nicht gegen Herbart, sondern gegen die „Erstarrung der Schule" (vgl. SCHARRELMANN 1902) des ausgehenden 19. Jahrhunderts, die geprägt ist von der allein als gültig anerkannten Methode der „Formalstufen", wie sie die „Herbartianer" - besonders Tuiskon Ziller (1817-1882) und Wilhelm Rein (1847-1929) - in „Fort"-Führung der Pädagogik Herbarts entwickelten. In diesem Konzept - dem zu dieser Zeit einzigen von Lehrerbildung, Schulverwaltung und Schulaufsicht gebilligten - steht die „Darstellung des Neuen" durch den Lehrer wieder im Mittelpunkt. Die Kritik der Reformpädagogen war sich hier bei aller Unterschiedlichkeit der pädagogischen Auffassungen einig in der Ablehnung der bestehenden Schule - der „Stoffschule", der „Buchschule", der „Lernschule" - und setzte gegen die Lehrerdominanz und den Methodenmonismus die Grundidee, das Kind zu beobachten, zu ergründen, zu verstehen, die Aktivitäten des Schülers zu fördern, und als Unterrichtsform das freie, ganz vom Interesse bestimmte Gespräch. Die Impulse der Reformpädagogik führen nach MICHAEL (1983, S. 41) zu einer zwiespältigen Situation in der Gegenwart: Er beobachtet eine „latente Existenz" und einen „funktionalen Wandel" des darstellenden Unterrichts. Die Resistenz der Unterrichtspraxis theoretischen Diskussionstendenzen gegenüber ist bekannt, ihre Ursachen sind vielfältig. Daß gerade junge Lehrer in einen Widerspruch geraten zwischen dem Anspruch, in symmetrischen Kommunikationsformen zu unterrichten und einer weit dahinter zurückfallenden Praxis lehrerzentrierter Unterrichtsformen, wird allzuleicht auf institutionelle Zwänge zurückgeführt. Ein neuerer Interpretationsansatz (vgl. BASTIAN 1981, S. 458 ff.) versucht die latente Existenz lehrerzentrierter Unterrichtsformen darauf zurückzuführen, daß gerade innovationsfreudige Lehrer die komplementäre Beziehungsstruktur im Lehrer-Schüler-Verhältnis - besonders bei der Planung schülerorientierten Unterrichts - vernachlässigen. Unterricht auf der Basis eines diese Voraussetzung nicht reflektierenden Gefühls von Gleichheit („Symmetrie - Sehnsucht"), der zum Beispiel darstellende Elemente als unzulässige Einmischung des Lehrers ablehnt, kann bei Schülern leicht eine Überforderung und bei Lehrern eine resignative Rückkehr zu lehrerzentrierten Unterrichtsformen bewirken (vgl. BASTIAN 1981, S. 462).

Überforderung von Schülern und Enttäuschung bei Lehrern führten in der Praxis aufgrund von Resignation oft zu einer „latenten Existenz" darstellender Verfahren in Form des Frontalunterrichts, in der theoretischen Diskussion zu einer kritischen Rückbesinnung auf die Rolle des Lehrers als „Informant", als „Planer", als „Helfer" gerade in Lernprozessen, die am Primat der Schülerbeteiligung orientiert sind (vgl. BASTIAN 1984, S. 293 ff.). Im letzteren Sinne kann denn auch von einem funktionalen Wandel des darstellenden Unterrichts gesprochen werden: „Die Darbietung hat sich zum Medium gewandelt, die der Selbsttätigkeit des Schülers oder der gemeinsamen Anstrengung von Lehrer und Schüler vielfach erst ihren Gegenstand gibt" (MICHAEL 1983, S. 45).

Systematisierungsversuche. Versuche, die Formen des darstellenden Unterrichts zu systematisieren, begrifflich überschaubar und für die Praxis hand-

Unterricht, darstellender

habbar zu machen, sind nicht häufig zu finden. Die Ansätze von AEBLI (vgl. 1959), ASCHERSLEBEN (vgl. 1974) und VOGEL (vgl. 1978) beschränken darstellenden Unterricht auf Grundformen des Lehrens, die ausschließlich vom Lehrer her definiert sind. Aeblis Hauptkategorien lauten „Erzählen" und „Vorzeigen". Vogel erweitert die Aufzählung, wird dabei aber gleichzeitig unschärfer; bei ihm handelt es sich um Methoden des darstellenden Unterrichts, wenn der Lehrer „erzählt, eine Sache oder Zusammenhänge beschreibt und erklärt, eine Übung oder einen Griff vormacht, etwas vorzeigt, Fragen zu einem bestimmten Sachverhalt stellt, Aufgaben nennt u. v. a. m." (VOGEL 1978, S. 24 ff.).

Einen erweiterten Systematisierungsansatz versuchen GIERA (vgl. 1974), WINKEL (vgl. 1978) und, fußend auf Winkel, BEUMER (vgl. 1982). Hier werden sowohl Lehrerdarbietungen als auch Schülerdarbietungen unter „darstellende Lehrformen" subsumiert und innerhalb eines kommunikationsdidaktischen Ansatzes den Formen „vierpoliger Interaktionen" zwischen Lehrer, Schüler, Mitschüler und Gegenstand zugeordnet. Diese Zuordnung ist erst verständlich, wenn man die Prämisse der Autoren (Winkel und Beumer) kennt, zweipoligen Interaktionsformen (zu denen man die Lehrerdarbietung zunächst zählen würde) nur Methoden zuzuordnen, die die Interaktion zwischen Schüler und Gegenstand betreffen. Die Zuordnung zur Gruppe der vierpoligen Interaktionen soll also verhindern, daß der darstellende Unterricht als lehrerzentrierter Frontalunterricht verstanden werden kann, beziehungsweise soll dazu ermuntern, „die Interaktion möglichst oft von der zweipoligen Form in die drei-, vier- und fünfpolige überzuleiten" (BEUMER 1982, S. 84).

Beumer gliedert darstellenden Unterricht auf in „rein verbal", „verbal - graphisch" und „dramatisierend". Er ordnet diesen Gruppierungen Darstellungsmethoden oder -formen von der „kurzen Erklärung" bis zum „Rollenspiel" zu. Die Funktion der Darstellung im Unterricht sieht er primär in der „Vermittlung grundlegender u./o. ergänzender Information", aber auch in der „Motivation" und der „Problemstellung" (BEUMER 1982, S. 76).

Eine sehr differenzierte und die unterschiedlichen methodischen Aktivitäten überschaubar und reflektiert handhabbar machende Systematik entwickelt MICHAEL (vgl. 1983). Er gliedert darstellenden Unterricht in vier „Grundformen" und ordnet diesen vier korrespondierende „Lernintentionen" zu:
Erste Grundform: Demonstrieren - Intention: imitatives Lernen; zweite Grundform: Interpretieren - Intention: intuitives Verstehen; dritte Grundform: Exponieren - Intention: kognitives Lernen; vierte Grundform: Informieren - Intention: konstruktives/entdeckendes Lernen.

Anhand dieser Einteilung ordnet er jeder Grundform die wichtigsten Einzelformen der Darstellung zu und diskutiert die jeweils entsprechenden methodologischen Erfordernisse (vgl. MICHAEL 1983, S. 105 ff.).

Den oben genannten Grundformen entsprechend, nennt der Autor die folgenden Einzelformen darstellenden Unterrichts:

Zeigen: Vormachen, Vorführen, Vorlesen, Vorsprechen, Vorschreiben, Vorsingen, Vorspielen, Vortragen, Vorturnen, Vorbilder darstellen ohne oder mit Erläuterungen;

Darstellen: Vortragen, Deklamieren, Rezitieren, Vorlesen, Vorspielen, Vorsingen, Vorführen, Aufführen, darstellendes Spiel, Erzählen, Schildern;

Erklären: Erläutern, Begründen, Beweisen, Ergänzen. Feststellen, Bezeichnen, Definieren, Verbessern, Berichtigen, Demonstrieren, Aufzeigen, Darlegen, Vorführen, Vortragen, Referieren, entwickelnd darstellen, fragend-lenkend entwickeln;

Informieren: Vorgeben einer Aufgabe, Darstellen beziehungsweise Entwickeln eines Problems, einer Frage, Darbieten von Material, einer Situation, eines Sachverhalts, Beschreiben, Berichten, Demonstrieren, Realbegegnung, Rollenspiel.

Ausblick. Der anfangs konstatierte Widerspruch zwischen dem Prinzip, die Selbsttätigkeit des Schülers zu fördern, und der Methode des darstellenden Unterrichts kann zwar nicht als aufgehoben gelten, entwickelt sich jedoch allmählich zu einem fruchtbaren Verhältnis. Ausdifferenzierung des methodischen Instrumentariums, Reflexion des Verwendungszusammenhangs der verschiedenen Einzelmethoden, Zuordnung zu ausgewählten Lernintentionen und Legitimation des darstellenden Unterrichts vor dem Primat eines die Schülerbeteiligung stimulierenden Unterrichts verdeutlichen den funktionalen Wandel des darstellenden Unterrichts von einer ausschließlich lehrerzentrierten Methode mit Monopolanspruch zu einem „multifunktionalen Lehrakt" (vgl. MICHAEL 1983, S. 68), der anderen Methoden nebengeordnet ist; ganz im Sinne Herbarts, der schon 1806 formulierte: „An sich unangenehm und drückend sind alle Manieren, welche den Hörer bloß passiv machen und ihm eine peinliche Verleugnung der eigenen Beweglichkeit anmuten. [...] Diejenige Manier ist die beste, welche am meisten Freiheit gibt innerhalb des Kreises, den die vorliegende Arbeit zu bewahren nötigt" (HERBART 1887, S. 58).

AEBLI, H.: Grundformen des Lehrens. Eine allgemeine Didaktik auf kognitionspsychologischer Grundlage, Stuttgart 1959. ASCHERSLEBEN, K.: Einführung in die Unterrichtsmethodik, Stuttgart 1974. BASTIAN, J.: Schülerbeteiligung zwischen Symmetrie-Sehnsucht und den Verhältnissen, die nicht so sind. In: Westerm. P. Beitr. 33 (1981), S. 460 ff. BASTIAN, J.: Lehrer im Projektunterricht – Plädoyer für eine profilierte Lehrerrolle in schülerorientierten Lernprozessen. In: Westerm. P. Beitr. 36 (1984), S. 293 ff. BEUMER, D.: Methoden der vierpoligen Interaktion. In: GUDJONS, H. u. a. (Hg.): Unterrichtsmethoden: Grundlegung und Beispiele, Braunschweig 1982, S. 72 ff. GARIN, E.: Geschichte und Dokumente der abendländischen Pädagogik, Reinbek 1964. GIERA, F.: Formen des Unterrichts. In: AHRENS, E. (Hg.): Einführung in die Schulpädagogik, Heidelberg 1974, S. 47 ff. HERBART, J. F.: Allgemeine Pädagogik aus dem Zwecke der Erziehung abgeleitet (1806). Sämtliche Werke, hg. v. K. Kehrbach u. O. Flügel, Bd. 2., Langensalza 1887. MARROU, H. I.: Geschichte der Erziehung im klassischen Altertum, München 1977. MICHAEL, B.: Darbieten und Veranschaulichen, Bad Heilbrunn 1983. SCHARRELMANN, H.: Herzhafter Unterricht, Hamburg 1902. VOGEL, A.: Unterrichtsformen I. Arbeits- und Aktionsformen im Unterricht, Workshop Schulpädagogik: Materialien 12, Ravensburg 1978. WINKEL, R.: Zur Theorie und Praxis der Unterrichtsmethoden. In: D. Dt. S. 70 (1978), S. 668 ff. WINKEL, R.: Die siebzehn Unterrichtsmethoden. In: GUDJONS, H. u. a. (Hg.): Unterrichtsmethoden: Grundlegung und Beispiele, Braunschweig 1982, S. 11 ff.

Johannes Bastian

Unterricht, mehrperspektivischer

Der mehrperspektivische Unterricht ist von der CIEL-Arbeitsgruppe in Reutlingen zwischen 1971 und 1975 für den Elementar- und Primarbereich entwickelt und erprobt worden. Die theoretischen Vorarbeiten und Grundlagen dieses Konzeptes haben im wesentlichen HILLER (vgl. 1973) und GIEL (vgl. 1975), die wissenschaftlichen Leiter des Projekts, geleistet. Als „Stücke zu einem mehrperspektivischen Unterricht" sind die Entwicklungsprodukte der Arbeitsgruppe in insgesamt zwölf Bänden publiziert und unterrichtlich materialisiert. Der Grundgedanke des mehrperspektivischen Unterrichts und sein Begründungszusammenhang können auf erkenntnisanthropologischer, gesellschaftlicher, didaktischer und unterrichtlicher Ebene dargestellt werden.

Erkenntnisanthropologische Ebene. Da Wirklichkeit nicht „an sich" ist, sondern für den Menschen immer nur als gedeutete erscheint und nur so verstanden und mitgeteilt werden kann, geht es zunächst darum, grundlegende Deutungsmuster und Sichtweisen, die dem Menschen möglich sind, ausfindig zu machen. Aufgrund der anthropologischen Kategorien von Raum, Zeit, Körper und Sprache ergeben sich folgende polare Zugangsweisen: Der Mensch lebt inmitten der Wirklichkeit, ist verstrickt beziehungsweise integriert in sie und hat doch zugleich die Möglichkeit, sich zu distanzieren und Abstand zu nehmen. Er konstituiert und repräsentiert seine Wirklichkeit einerseits in kommunikativer und andererseits in konstruierender Weise. Auf dem Achsenkreuz zwischen den Polen von Integration/Distanz und Kommunikation/Konstruktion werden vier grundlegende Konstitutions- beziehungsweise Repräsentationsformen formuliert und als didaktische Rekonstruktionstypen beziehungsweise Perspektiven bestimmt: die szientistische, die erlebnis- und erfahrungsbezogene, die politisch-öffentliche und die szenische.

Bei der *szientistischen Rekonstruktion* erscheint die Wirklichkeit in der Perspektive der Wissenschaft auf Distanz gebracht und nach Maßgabe wissenschaftlicher Kriterien, Verfahren und Instrumente als konstruierte. Die Übersetzung der Wirklichkeit in überprüfbare Hypothesen und Sätze und damit der Gebrauch von Meß- und Prüfverfahren steht hier im Unterricht zur Diskussion.

Der *erlebnis- und erfahrungsbezogenen Rekonstruktion* geht es dagegen um die individuelle und subjektive Perspektive der Kinder. Wirklichkeit soll, als in die persönliche Lebensgeschichte integrierte und durch persönliche Deutungsmuster strukturierte, sichtbar werden. Dieses Sichtbarmachen und das Verstehen der je unterschiedlich erlebten Wirklichkeit ist nur im kommunikativen Austausch möglich.

Die *politisch-öffentliche Rekonstruktion*, im Feld zwischen Integration und Konstruktion angesiedelt, thematisiert die Verfassung der Wirklichkeit in Form von politischen, ökonomischen und juristischen Verordnungen, Satzungen und Gesetzen. Unter dieser Perspektive einer gesellschaftlich konstruierten Wirklichkeit geht es im Unterricht darum, die Abhängigkeit des einzelnen von sozialen Gebilden, von Normen und Erwartungen aufzuzeigen, aber ebenso um Spielräume und Durchsetzungsstrategien von eigenen Interessen.

Bei der *szenischen Rekonstruktion* soll die individuell erlebte und öffentlich gelebte Wirklichkeit aus der distanzierend-kommunizierenden Perspektive eines Darstellers gesehen werden. Die Darstellungsbedürftigkeit und die Darstellung der sonst verdeckten Wirklichkeit selbst ist hier das Thema. Dabei geht es um Überzeichnungen, Rollenspiele, Repräsentation und Schaustellung unter Zuhilfenahme szenischer Texte, Requisiten und Choreographien.

Gesellschaftliche Ebene. Ein wichtiger Bezugspunkt des mehrperspektivischen Unterrichts ist die gesellschaftliche Wirklichkeit, die in Form der Alltagswirklichkeit für die unterrichtliche Rekonstruktion bedeutsam wird. Alltagswirklichkeit ist die immer wiederkehrende, wichtige und unausweichliche Wirklichkeit, für die Kinder handlungsfähig gemacht werden müssen. Damit werden Alltagswirklichkeit und Handlungsfähigkeit zu zentralen Begriffen. Die Alltagswirklichkeit kann unter folgenden anthropologischen und soziopolitisch bedeutsamen Funktionen gesehen werden: Erziehung, Verwaltung, Politik, Freizeit, Produktion, Verkehr, Handel, Kommunikation, Feier und Wohnen. Mit Hilfe dieser Funktionen lassen sich konkrete gesellschaftliche Handlungsfelder auswählen, die exemplarisch eine Funktion repräsentieren und auf die hin Handlungsfähigkeit inhaltlich bestimmt werden kann. Handlungsfähig ist man also immer nur bezogen auf Handlungsfelder, und dies in zweierlei Hinsicht: erstens in Form einer spezifischen Handlungsfähigkeit, bei der man ein je funktions- und rollengerechtes Wissen und Können besitzen muß; zweitens in Form einer allgemeinen Handlungsfähigkeit, bei der es um eine Sinnerörterungsfähigkeit des funktions- und rollengerechten Handelns geht.

Die CIEL-Arbeitsgruppe hat exemplarisch folgende Handlungsfelder und die ihnen entsprechenden Funktionen für die mehrperspektivische Rekonstruktion ausgewählt und als Teilcurricula konzipiert, materialisiert und unterrichtlich erprobt: Schule/Einschulung (Erziehung), Post (Dienstleistung), Supermarkt (Handel), Geburtstag (Fest), Technischer Überwachungsverein (Verkehr), Sprudelfabrik (Produktion), Kinderzimmer (Wohnen), Fernsehen (Kommunikation) und Wahlen (Politik).

Didaktische Ebene. Der mehrperspektivische Unterricht ist einem aufklärerischen Interesse verpflichtet und kann als Didaktik des Zeigens verstanden werden, bei der sowohl die gesellschaftliche Verfaßtheit der Wirklichkeit als auch die kindlichen Deutungen ernst genommen werden sollen. Da Kinder in den Formen ihrer Alltagswirklichkeit in diese Gesellschaft hineinverstrickt sind und dafür eingelebte, aber unaufgeklärte spezifische Handlungsfähigkeiten besitzen, geht es vor allem um eine allgemeine Handlungsfähigkeit und damit um die Möglichkeit der Befreiung aus unaufgeklärten Verstrickungen. Bei der aufklärerischen, mehrperspektivischen Rekonstruktion ihrer eingelebten Deutungs- und Verhaltensmuster können und müssen Kinder als kompetente Partner gesehen werden.

Der didaktische Ansatz des mehrperspektischen Unterrichts liegt quer zu den Konzepten, die im Zuge der Grundschulreform den heimatkundlichen Gesamtunterricht abgelöst haben: Er ist, im Unterschied zum struktur- oder verfahrensorientierten Ansatz, nicht (nur) an der Wissenschaft, sondern auch an persönlichen Deutungen, soziopolitischen Verfassungen und szenischer Darstellung orientiert; er übersteigt den situationsbezogenen Ansatz um den Anspruch der allgemeinen Handlungsfähigkeit und ist im Unterschied zu fachbezogenen Konzepten weniger an Propädeutik und Fachwissen, sondern mehr an Lebenswirklichkeit interessiert. Damit wird in neuer Weise an den heimatkundlichen Gesamtunterricht angeknüpft, ohne dessen problematische kulturanthropologische Vorstellungen zu übernehmen: Das ganzheitliche, integrative Moment des mehrperspektivischen Unterrichts ist die zum Nutzen von Kindern thematisierte Alltagswirklichkeit. Darauf bezogen können Kinder wieder ernst genommen werden und haben Fächer, Disziplinen und didaktische Überlegungen ihre Bedeutung.

Unterrichtliche Ebene. Der Unterricht wird als die Bühne der mehrperspektivischen Rekonstruktion von Handlungsfeldern gesehen. Gemäß den Rekonstruktionsperspektiven werden vier Ebenen der unterrichtlichen Kommunikation vorgeschlagen und vier Strukturmomente des Unterrichts herausgestellt.

Unterrichtliche Kommunikation: Auf einer ersten Ebene geht es um Informationsbeschaffung und Aktualisierung von gespeichertem Wissen. Auf einer zweiten, der empirisch-pragmatischen Ebene, soll gezeigt werden, wie Wirklichkeit in Form von Begriffen und Modellen schon instrumentiert ist. Die dritte, die logisch-grammatische Ebene, bringt das aktualisierte und begrifflich geordnete Wissen mit anderem Wissen in eine logische Beziehung. Mit der theoretisch-kritischen Ebene schließlich sollen Alternativen eröffnet und diskutiert werden.

Strukturmomente des Unterrichts: Zunächst geht es um die Präsentation des Vorverständnisses und der Richtung, in die der Unterricht laufen soll. Als zweites Moment wird das der Objektivation des Unterrichts, seines Themas und seiner Ergebnisse in Form von Materialien, Skizzen, Tafelanschrieben und Modellen hervorgehoben. Das dritte Strukturmoment wird in der Interaktion, das heißt in der problem- und perspektivenangemessene Handlungs- und Kommunikationsform gesehen. Die Integration, als vierter Aspekt, steht unter der Frage, wie der Unterricht, seine jeweiligen Perspektiven, didaktischen Erwartungsfelder und Ergebnisse wieder zusammengebracht und in die Handlungsfähigkeit der einzelnen Schüler integriert werden können.

CIEL-ARBEITSGRUPPE: Stücke zu einem mehrperspektivischen Unterricht, 12 Bde., Stuttgart 1974–1976. GIEL, K.: Vorbemerkungen zu einer Theorie des Elementarunterrichts. In: GIEL, K. u. a.: Stücke zu einem mehrperspektivischen Unterricht. Aufsätze zur Konzeption 2, Stuttgart 1975, S. 8 ff. HILLER, G. G.: Konstruktive Didaktik, Düsseldorf 1973.

Horst Ehni

Unterricht, programmierter

Unterricht als Regelungsvorgang. Der Begriff des programmierten Unterrichts oder der programmierten Instruktion wird häufig durch ein bestimmtes Verfahren definiert, wie etwa Darbietung kurzer Informationseinheiten mit anschließender Fragestellung, Beantwortung der Fragen durch den Adressaten/Antwortvergleich. Tatsächlich ist für den programmierten Unterricht jedoch die Automatisierung des rückgekoppelten Unterrichts schlechthin charakteristisch, das heißt, vom Adressaten her gesehen, die rückgekoppelte Selbstunterweisung ohne Lehrer.

Die mit Erziehung, Ausbildung und Unterricht beschriebenen Vorgänge bezeichnen in informationstheoretischer Hinsicht einen Prozeß, bei dem Adressaten zu einem Lernziel gesteuert werden. Diese Verhaltensänderung der Adressaten soll durch Lernen erreicht werden und nicht durch Verhaltensmanagement, also durch veränderte Reizsituationen. Schließlich muß die Steuerung ständig kontrolliert und korrigiert werden, weil der Lernende unvorhersehbaren äußeren und inneren Einflüssen unterliegt.

Ein zielgerichteter, ständig zu korrigierender Steuerungsprozeß wird in der Kybernetik „Regelung" genannt. Unterricht ist somit ein Regelungsvorgang, der als Regelkreis dargestellt werden kann (vgl. Abbildung 1).

Der Soll-Wert wird Lehrziel, Lernziel oder Unterrichtsziel genannt. Der Regler ist der Erzieher oder Ausbilder als Planer; er entwickelt eine Erziehungsstrategie (Lehrstrategie), das heißt einen Plan zur Erreichung des Lernziels. Die Stellglieder dienen der Durchführung der Lehrerstrategie; es handelt sich um personale oder technische Medien und deren Träger. Die Meßfühler dienen der Lernkontrolle; ihre Aufgabe ist es, den jeweiligen Lernzustand des Adressaten möglichst rasch und exakt festzustellen. Stimmen Ist- und Soll-Wert nicht überein, beginnt ein neuer Regelungsprozeß. Ein konkreter Unterricht kann aus zahlreichen solchen Regelungsprozessen be-

Abbildung 1: Unterricht als Regelkreis

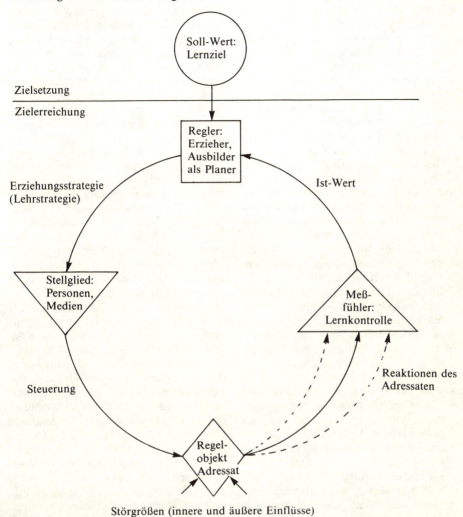

(Quelle: v. CUBE 1982, S. 22)

stehen, die jeweils auf Teilziele gerichtet sind. Im übrigen ist der Regelkreis der Erziehung (Ausbildung, Unterricht) ein Funktionsschema. Es gilt immer dann, wenn Lernziele angesteuert werden – wer diese auch immer setzen mag. Der hier definierte Begriff des Unterrichts kann daher auch – im Unterschied zu anderen Auffassungen, wie sie etwa in ISSING/KNIGGE-ILLNER (vgl. 1976) zusammengestellt sind – als lernzielorientierter Unterricht bezeichnet werden (vgl. SCHULZ 1980).

Automatisierung des Unterrichtsprozesses. Betrachtet man den Regelkreis des Unterrichts, so lassen sich mehrere Stufen der Automatisierung, das heißt der

Übertragung von Lehrfunktionen vom (menschlichen) Lehrer auf technische Lehrsysteme, unterscheiden:
- Der Lehrer benutzt zur Durchführung seiner Lehrstrategie technische Medien, wie Text, Bild oder Film – ob in Form eigener Konstrukte oder fertiger Unterrichtsteile –, übt aber die Kontroll- und Rückkopplungsfunktion des Unterrichts selbst aus.
- Der Lehrer realisiert seine Lehrstrategie vollständig durch technische Medien unter Verzicht auf die Rückkopplung mit dem Adressaten: Er wird so zum Autor von Lehrbüchern, -filmen oder sonstigen objektivierten Lehreinheiten ohne Rückkopplung. Diese Form der didaktischen Automation bringt dem Adressaten den Vorteil der Selbstunterweisung – mit dem Wegfall der Kontroll- und Rückkopplungsfunktion kann man jedoch nicht mehr von Unterricht im oben definierten Sinne sprechen. Gelegentlich ist es jedoch üblich, Vorträge, Lehrbücher und Lehrfilme zusammenfassend als „nichtrückgekoppelten Unterricht" zu bezeichnen.
- Wird der gesamte Unterrichtsprozeß (einschließlich der Rückkopplung) automatisiert, so spricht man von programmiertem Unterricht. Unter einem Programm versteht man zwar eine „eindeutige Anweisung für die Lösung einer Aufgabe" (KLAUS 1968, S. 484), bezüglich des Unterrichtsprozesses sind jedoch solche eindeutigen Anweisungen aufs engste mit deren Realisation durch technische Systeme verbunden: Es wäre absurd, dem (menschlichen) Lehrer ausgerechnet die Rolle der Verwirklichung eines festgelegten Programms zuzuweisen – er würde dadurch zu einer Art Marionette gemacht werden. Programmierter Unterricht heißt demzufolge immer auch automatisierter Unterricht, und zwar, im Gegensatz etwa zum Lehrbuch, automatisierter rückgekoppelter Unterricht.

Das Hauptproblem des programmierten Unterrichts, die Automatisierung der Rückkopplung, wird auf verschiedene Weise gelöst; generell gilt jedoch die Feststellung, daß die automatisierte Rückkopplung gegenüber der Rückkopplung durch den Lehrer erheblich eingeengt ist: Ein automatisches Lehrsystem kann ja immer nur auf der Basis vorgesehener Reaktionen des Adressaten aufgebaut werden. Dies gilt auch für den computerunterstützten Unterricht.
Der programmierte Unterricht ist also ein vollständig automatisierter, rückgekoppelter Unterrichtsprozeß. Dies hat schon Crowder (zitiert nach FLECHSIG 1969, S. 63) so gesehen: „Automatisiertes Lehren durch immanente Programmierung ist eine individuell anwendbare Methode des Lernens ohne Lehrer, welche den klassischen Vorgang der individuellen Betreuung durch einen Privatlehrer automatisiert." Ähnliche Auffassungen finden sich bei CORRELL (vgl. 1965), SCHIEFELE (vgl. 1966), SCHIRM (vgl. 1971) und FRANK (vgl. 1975).
Entscheidend bei dieser Definition ist, daß in ihr nichts ausgesagt wird über die Lehrstrategien, über die technischen Medien, über die Art der Rückkopplung (es kann sich ebenso um Auswahlantworten handeln wie um eine Texteingabe in den Comupter), über die Anzahl der Rückkopplungen und damit über die Größe der sogenannten Lernschritte (es kann sich um kurze „frames" aus wenigen Worten handeln oder um eingebaute Lehrbücher oder Filme). Es wird auch nichts ausgesagt über die technische Realisation des programmierten Unterrichts; es kann sich um programmierte Lehrbücher handeln, um mechanische Lehrgeräte oder um Computersysteme. Der programmierte Unterricht kann sich somit, je nach Anwendungsfeld, unterschiedlicher Lehrstrategien, Medien, Verfahren und Techniken bedienen. Für den Lernerfolg des programmierten Unterrichts sind also keineswegs nur Verfahren und Techni-

ken maßgebend, mindestens ebenso wichtig sind Lehrstrategien und Medieneinsatz (vgl. v. CUBE 1982, WALTER 1973). Damit wird auch verständlich, daß insgesamt zwischen Lehrerunterricht und programmiertem Unterricht kein Unterschied im Lernerfolg feststellbar ist (vgl. KÖBBERLING 1971).

Im Zusammenhang mit dem (vollständig automatisierten) programmierten Unterricht seien noch die teilprogrammierten Unterrichtssysteme erwähnt. Neben codierten Fertigteilen hat sich hier das sogenannte Gruppenlernprogramm bewährt. Es handelt sich dabei um eine Kombination von Lehrprogramm und Lehrerunterricht: Das Programm übernimmt die Informationsdarbietung und die Steuerungsfunktion, der Lehrer die Kontroll- und Rückkopplungsfunktionen.

Verfahren des programmierten Unterrichts. PRESSEY (vgl. 1965) erfand 1926 ein maschinelles Prüfungsverfahren und konstruierte daraus ein erstes Lehrgerät. SKINNER (vgl. 1965) und CROWDER (vgl. 1960) entwickelten zwei unterschiedliche programmierte Unterrichtsverfahren: das lineare und das verzweigte Programm.

Beim Skinnerschen Verfahren, dem linearen Programm, wird dem Adressaten eine kurze Information dargeboten; der Adressat muß dann eine Frage beantworten und niederschreiben oder eine sogenannte Lücke ausfüllen. Das Lehrprogramm kann also nicht auf seine Antwort eingehen, es kann nur dem Adressaten die richtige Antwort zum Vergleich darbieten. Damit nun der Adressat durch den Antwortvergleich sicher zum Lernziel geführt wird, die Rückkopplung also auch tatsächlich funktioniert, muß die Chance der richtigen Beantwortung sehr hoch liegen. Dies kann sich allerdings auch als Nachteil erweisen – dann nämlich, wenn die Erfolgserlebnisse nachlassen und das Programm langweilig wird. Als Beispiel eines Skinnerschen Programms kann folgender Ausschnitt aus dem Programm „Mengenalgebra" von LINDNER (1965, S. 11 ff.) dienen: „Eine Menge besteht aus Dingen oder Begriffen wie Bücher, Blumen, Zahlen, Punkten usw. Du kannst daher sagen
1 daß die Bücher in deiner Schultasche eine ... von Büchern bilden
2 daß die Tulpen in deiner Vase eine ... von Blumen darstellen
3 daß 1, 2, 3, 4 eine ... von Zahlen ist.

---

1 Menge
2 Menge
3 Menge

Die einzelnen Glieder, aus denen eine Menge besteht, werden ihre Elemente genannt. Als Beispiel betrachten wir die Menge, die aus den Schülern Andreas, Peter, Karin und Regine besteht.
Diese Menge besteht aus vier Kindern; jedes Glied ist ein ... der Menge.

Element

Mengen können aus wenigen oder vielen Elementen bestehen. Aus wie vielen Elementen besteht die Menge der Zahlen 1, 2, 3, 4, 5?"

Das Crowdersche Verfahren, das verzweigte Programm, arbeitet mit der Rückkopplung durch Mehrfachwahlantworten (multiple choice). Hier geht die Rückkopplung auch über das Lehrsystem, das heißt, der Adressat erfährt (eventuell auf Umwegen) nicht nur die richtige Antwort, er bekommt auch weitere Informationen, Berichtigungen und Hinweise. Als Beispiel dieses Verfahrens sei folgender Ausschnitt aus dem Programm „Wie lesen wir das Neue Testament?" von HEINEMANN (1970) herausgegriffen:
„Jesus hatte in einer seiner Predigten gesagt: Ich bin nicht gekommen, Gerechte zu rufen, sondern Sünder! (Markus 2,17).

Unterricht, programmierter

Versuche herauszufinden, welche literarische Form hier vorliegt!
Wir nennen das kurze Merkwort aus Jesus Predigt:
a) ein Gleichnis
b) eine Bildrede
c) ein Jesuswort"

Wählt der Lernende die Antwort a, wird er auf eine bestimmte Seite verwiesen, auf der er folgendes erfährt: „Du meinst, der kurze Satz: Ich bin nicht gekommen, Gerechte zu rufen, sondern Sünder! sei ein Gleichnis. Ein Gleichnis aber ist eine Form der Bildrede, in der den Zuhörern ein Bild vor Augen gemalt wird."

Wählt er die Antwort b, erhält er folgende Information: „Der Satz: Ich bin nicht gekommen, Gerechte zu rufen, sondern Sünder! malt dem Zuhörer doch kein Bild vor die Augen ..."

Wählt er die Antwort c, liest er (zu seiner Freude): „Richtig! Der Satz: Ich bin nicht gekommen, Gerechte zu rufen, sondern Sünder! ist ein Jesuswort." Löse bitte die Aufgaben auf Seite [...]

Das Crowdersche Verfahren braucht falsche Antworten nicht so zu scheuen wie das Skinnersche; sie sind ja im Programm vorgesehen und werden von diesem korrigiert. Das erlaubt entsprechend schwierigere Fragen an den Adressaten. Andererseits können sich die vorgegebenen Antwortmöglichkeiten aber auch negativ auswirken: Der Adressat speichert unter Umständen fehlerhafte Antworten, er wird zu „abwegigen" Gedankengängen angeregt, er wird zum Raten verführt oder zumindest zu einer Reaktion, die auf unsicherer Verständnisbasis beruht.

Zur Frage, welches der Verfahren das „bessere" sei, ist schon viel geschrieben worden (vgl. HILGARD/BOWER 1971, SCHRAMM 1963). So werden für das Skinnersche Verfahren die kleinen Schritte angeführt, die selbstgebildeten Antworten und die häufige Verstärkung des richtigen Verhaltens; für das Crowdersche Verfahren sprechen die auf den Adressaten eingehenden Antworten. Tatsächlich läßt sich die Frage in dieser Form nicht beantworten, da jedes Verfahren nur im Kontext des gesamten Lehrsystems (Lernziele, Lehrstrategien, Medieneinsatz, Adressaten, Lernkontrolle, Rückkopplung) erfolgreich sein kann.

Gelegentlich werden die unterschiedlichen Verfahren des programmierten Unterrichts durch bestimmte Lerntheorien legitimiert: das Skinnersche Verfahren durch die Theorie der operationalen Konditionierung, das Crowdersche durch die Theorie des „trial and error". Tatsächlich lassen sich jedoch aus keiner Theorie des Lernens Steuerungsmaßnahmen ableiten: Diese sind vielmehr auch vom Lernziel abhängig.

In der Praxis der Lehrprogrammierung wird in der Regel mit Kombinationen des Skinnerschen und Crowderschen Verfahrens gearbeitet, vor allem mit der Variation, schon vor der Beantwortung der Fragen „Hilfen" anfordern zu können (vgl. v. CUBE 1976).

Technische Entwicklungstendenzen. Beim programmierten Unterricht geht es insbesondere um zwei technische Problembereiche: um den Einsatz technischer Medien und um die technische Realisation der Rückkopplung mit dem Adressaten. Historisch gesehen verlief die Entwicklung so, daß man auf seiten der technischen Medien auf die traditionellen Zeichensysteme (Ikone und Symbole) des Lehrbuches zurückgriff (Text, Bild, Schema) und auf die traditionellen Träger (Papier, Folie, Dia). Die Kontroll- und Rückkopplungsfunktionen wurden durch programmierte Lehrbücher oder „scrambled books" realisiert, durch Arbeitsmappen mit verschiebbaren Masken zum Verdecken und Aufdecken der Fragen und Antworten, mechanisch betriebene Handgeräte (beispielsweise Rollen mit Papierstreifen, die an einem Darbietungsfenster vorbeitransportiert wurden), durch elektrische Geräte (Tonband, Sprachlabor, Mikrofilm) und elektronische adaptive Lehrmaschinen. Unter den elektrischen Geräten war der Auto-Tutor mit seinen auswechselbaren Filmen und zehn Antworttasten bekannt geworden; unter den Lehrmaschinen zum Erlernen von Fertigkeiten die adaptive Pasksche Maschine zum Erlernen der Bedienung eines Kartenlochers. Im Laufe der Zeit hat sich herausgestellt, daß sich eigens für Lehrzwecke konstruierte Lehrmaschinen weder vom Lernerfolg noch vom Aufwand her lohnen. Die technische Entwicklung ist vielmehr in zwei Richtungen weitergegangen: Zum einen wurden die programmierten Lehrbücher durch die neuen Techniken der audiovisuellen Medien bereichert; der Adressat kann heute mit Videorecorder und programmiertem Begleitmaterial medientechnisch hochwertige Programme absolvieren. Zum anderen haben die fortschreitende Technologie und die allgemeine Verbreitung des Computers zu einer Verbesserung und Ausweitung des computerunterstützten Unterrichts geführt.

So wurden zur medialen Präsentation und zur Rückkopplung zwischen Computersystem und Adressat flexible Lernplätze entwickelt: Zur Informationsdarbietung werden (computergesteuerte) Videorecorder oder (neuerdings) Bildplatten benutzt; der Bildschirm des Terminals kann durch sprachliche Ausgangseinheiten ergänzt werden. Als Antworteinheiten dienen neben den Tastaturen Zeigeinstrumente (Lichtgriffel, „Maus") oder auch sprachliche Eingabeeinheiten. Der computerunterstützte Unterricht bietet aufgrund laufender Antwortanalysen vielfältig verzweigte Lehrstrategien und -ablaufstrukturen an und gestattet so ein Höchstmaß an Individualisierung. Das Schema eines typischen Beispieles gibt Abbildung 2.

Die neueste Entwicklung geht zum sogenannten „intelligenten" Lehr-/Lernsystem, das Benutzermodelle aufzustellen vermag als Grundlage für individuelles Lehrverhalten.

Neben den programmierten Lehrbüchern mit vielfältigen audiovisuellen Zusatzinformationen und dem computerunterstützten Unterricht hat sich noch eine dritte Technik des programmierten Unterrichts bewährt: Geräte zum Training bestimmter Fertigkeiten, beispielsweise des Schreibmaschinenschreibens. Hier ist das technische Lehrsystem dem Ausbilder sogar überlegen: Der Ausbilder kann nämlich seine Anweisungen nur durch Worte und Gestik codieren, die der Auszubildende erst umständlich decodieren muß; das technische Lehrsystem hingegen codiert optimal: Es bildet die Tastatur analog ab und gibt die Anweisungen durch Aufleuchten der jeweiligen Tasten. Durch die analoge Anordnung der Tastaturen und die Kürze der Anweisung (Lichtsignal) erfolgt die Decodierung mit minimalem Zeitaufwand.

Die weitere Entwicklung der technischen Realisation des programmierten Unterrichts wird mit hoher Wahrscheinlichkeit durch den zu erwartenden massenhaften Einsatz von Mikrocomputern bestimmt werden.

Vorteile und Grenzen des programmierten Unterrichts. Der Sinn des programmierten Unterrichts als automatisches, rückgekoppeltes Lehrsystem ist das Lernen ohne Lehrer. Die Autonomie des Lerners bringt dabei eine Reihe von Vorteilen mit sich: Man denke etwa an die Unabhängigkeit von Ort und Zeit der Lehre, an die Bequemlichkeit der Lernumstände und an die Selbstbestimmung des Lerntempos. Hier stößt man auf die Vorteile jeder Automation: Diese ist ja kein Selbstzweck, sondern soll in irgendeiner Weise dem Menschen von Vorteil sein – sei es in ökonomischer Hinsicht, sei es als Entlastung, als Verbesserung oder Erweiterung seiner Möglichkeiten. Nun gelten die genannten Vorteile für sämtliche automatischen

Unterricht, programmierter

Abbildung 2

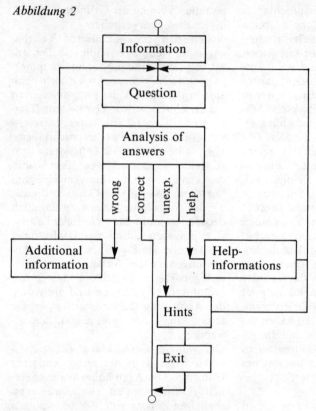

(Quelle: GUNZENHÄUSER 1983, S. 34)

Lehrsysteme, also auch für Bücher, Filme, Bildreihen. Der spezielle Vorteil des programmierten Unterrichts liegt hier in der durch häufige Lernkontrollen und Rückkopplungen erreichten hohen Wahrscheinlichkeit der Lernzielerreichung. Durch die häufigen Rückkopplungen wird sicher auch die Aktivität des Lerners angeregt, es kommen Erfolgserlebnisse zustande, die wiederum zur Motivation beitragen.

Die Grenzen des programmierten Unterrichts liegen wiederum in der Automation als solcher, das heißt im Fehlen von Kommunikation und im Fehlen aller für den menschlichen Lehrer spezifischen Eigenschaften. Das bedeutet insbesondere, daß der programmierte Unterricht für affektive Lernziele weniger gut geeignet ist. Kybernetisch gesehen, besteht die (absolute) Grenze des programmierten Unterrichts in der eingeschränkten Rückkopplung. Mit diesem Sachverhalt hängt es auch zusammen, daß der programmierte Unterricht für das Training von produktivem oder kreativem Denken nur beschränkt eingesetzt werden kann. (Ein Versuch in dieser Richtung sind die sogenannten Problemprogramme – v. CUBE 1982).

Die Tatsache der didaktischen Automation als solcher sowie die angeführten Vorteile und Grenzen bestimmen auch das Anwendungsgebiet des programmierten Unterrichts: Er hat überall da seinen Platz, wo der Adressat ohne Lehrer bestimmte Lernziele sicher und rasch erreichen will oder muß, also in der Weiterbildung, in ergänzenden, weiterführenden, speziellen Lehrgängen oder beim Nachholen versäumter Unterrichtseinheiten. In der Schule ist der Einsatz des programmierten Unterrichtes nur in Ausnahmefällen sinnvoll; so sind auch die sogenannten Eingreifprogramme (vgl. WELTNER 1973) für den Fall des fehlenden Lehrers konzipiert.

CORRELL, W. (Hg.): Programmiertes Lernen und Lehrmaschinen, Braunschweig 1965. CROWDER, N. A.: Automatic Tutoring by Intrinsic Programming. In: LUMSDAINE, A. A./GLASER, R. (Hg.): Teaching Machines and Programmed Learning, Washington 1960, S. 286 ff. CUBE, F. v.: Ausbildung zwischen Automation und Kommunikation, Bochum 1976. CUBE, F. v.: Kybernetische Grundlagen des Lernens, Stuttgart ⁴1982. FLECHSIG, K.-H.: Programmierter Unterricht als pädagogisches Problem. In: ROTH, H./BLUMENTHAL, A. (Hg.): Auswahl, Reihe A, Nr. 5, Hannover ²1969, S. 59 ff. FRANK, H.: Neue Bildungsmedien und -technologien in der Schul- und Berufsausbildung, Göttingen 1975. GUNZENHÄUSER, R.: New Trends in Computer Assisted Learning (CAL). In: Training for Tomorrow. IFIP: IFAC-Conference Leiden, New York 1983, S. 33 ff. HEINEMANN, H.: Wie lesen wir das Neue Testament? Lernprogramm, Hannover/Zürich 1970. HILGARD, E. R./BOWER, G. H.: Theorien des Lernens II, Stuttgart 1971. ISSING, L. J./KNIGGE-ILLNER H. (Hg.): Unterrichtstechnologie und Mediendidaktik, Weinheim/Basel 1976. KLAUS, G. (Hg.): Wörterbuch der Kybernetik, Berlin (DDR) 1968. KÖBBERLING, A.: Effektiveres Lehren durch Programmierten Unterricht, Weinheim/Basel/Berlin 1971. LINDNER, H.: Mengenalgebra – Ein Unterrichtsprogramm für die Mittelstufe des Gymnasiums, Stuttgart 1965. PRESSEY, S. L.: Ein einfaches Gerät, das Tests darbietet, sie auswertet und zugleich lehrt. In: CORRELL, W. (Hg.): Programmiertes Lernen ..., Braunschweig 1965, S. 25 ff. SCHIEFELE, H.: Lehrprogramme in der Schule, München 1966. SCHIRM, R. W.: Programmiertes Lernen, Stuttgart 1971. SCHRAMM, W.: Programmierter Unterricht heute und morgen, Berlin 1963. SCHULZ, W.: Unterrichtsplanung, München/Wien/Baltimore ²1980. SKINNER, B. F.: Die Wissenschaft vom Lernen und die Kunst des Lehrens. In: CORRELL, W. (Hg.): Programmiertes Lernen ..., Braunschweig 1965, S. 66 ff. WALTER, H.: Lehrstrategie und Lehreffektivität, München/Basel 1973. WELTNER, K.: Eingreifprogramme – Konzept, Realisierung und Erprobung. In: SCHÖLER, W. (Hg.): Buchprogramme im Aspekt der Integration, Paderborn 1973, S. 25 ff.

Felix v. Cube

Unterrichtssprache

Sprache als Bedingung von Belehrung. Wenn man Unterricht, ausgehend von seinen historisch vorfindbaren Erscheinungsformen, auf seine konstitutiven Bedingungen hin untersucht, zeigt sich eine Art Grundfigur: Belehrung als eine Form der Erziehung ist Weitergabe von Kenntnissen; sie erfolgt von Kenntnisreicheren an Kenntnisärmere. Art der Kenntnisse, Zahl der Beteiligten, Ort, Zeit und Dauer der Belehrung variieren ebenso wie die Bewertung des Vorgangs, seine Kosten, die Einordnung in den Alltag und ähnliches mehr. Nicht variieren läßt sich die Bedingung, daß es auch ein Medium der Belehrung geben muß, eine Form der Verständigung zwischen den Gebenden und Empfangenden, in der entschieden werden kann, worum es geht, was das Ziel ist, woran man Fortschritte erkennt, wie sich die Anstrengung begründen läßt, wann man gegebenenfalls die Sache unterbricht oder beenden kann. Dieses Medium der Verständigung zwischen den Beteiligten ist im allgemeinen die (jeweils kulturell vorfindliche) Sprache.

Sprache und Erziehung, Sprache und Belehrung gehören also der Sache nach zusammen. Für die Erziehungsgeschichte des Abendlandes gibt es zwei Quellen, die diesen Zusammenhang sowohl geklärt wie auch weiter befördert haben: die Poesie und die Philosophie, die in ihrem Ursprung sogar noch vereinigt waren. Die Lehrgedichte des Hesiod sind der älteste Beleg dafür, seine unmittelbare Fortsetzung die Texte der Vorsokratiker. Parallel dazu kann auf die Funktion der homerischen Epen für die Erziehung verwiesen werden (vgl. MARROU 1977). Die Reihe der Denker, die sich mit dem Zusammenhang Sprache und Erziehung befaßt haben, führt dann von Platon und Isokrates zu der römischen Adaption, insbesondere durch Cicero, und geht über Augustin und die Patristik sowie die, allerdings wenigen Autoren des Mittelalters zu Namen wie Erasmus, Luther, Comenius, Lessing, W. v. Humboldt und vielen anderen. Vollends im 20. Jahrhundert wird die Beschäftigung mit Funktion und Leistung der Sprache zu einem Hauptthema der Philosophie. Die Pädagogik, unter anderem auch wegen ihrer Trennung von der Philosophie in dieser Zeit, nimmt an dieser Entwicklung nur zögernd und keineswegs zielgerichtet teil. So ist die systematische Bedeutung der Sprache für den Unterricht erst andeutungsweise erkannt und untersucht; auch über die Bedeutung der Sprache für die Erziehung wird wenig gehandelt (vgl. LOCH 1970; vgl. PRIESEMANN 1979, S. 15 ff.).

Zur Bestimmung der Unterrichtssprache. In einem knappen Aufsatz hat SCHORB (vgl. 1969) von vier Formen des Zusammenhangs von Unterricht und Sprache gesprochen; allerdings ist diese Einteilung problematisch, weil zu Unterschiedliches vereinigt wird. Nach Schorb ist nämlich *Unterricht selbst* eine (Meta-)Sprache, die des Umgangs der Generationen miteinander. Das ist deutlich eine metaphorische Zuspitzung der Sache. Zweitens ist *Sprache* das *Hauptinstrument* für *organisierten Unterricht*; das ist der Sache nach von Bedeutung, aber eine unzureichende Bestimmung der Unterrichtssprache. Drittens kann Unterricht *Sprache als Gegenstand* haben. Das ist ein eher zufälliger Umstand; denn im Prinzip kann schlechthin alles unterrichtet werden, was jemand weiß oder beherrscht. De facto aber ist „Sprache" schlechthin fast nie Gegenstand von Unterrichts, sondern Gegenstand ist fast immer Sprachliches in bestimmter Form, sei es als Muttersprache, sei es als Fremdsprache oder als Kunstsprache. Viertens entsteht nach Schorb in der Schularbeit eine *Bereichssprache*, eben die Unterrichtssprache. Das ist in der Sache richtig; aber hier eben fällt die Bestimmung mit der zweitgenannten zusammen, und beide zusammengenommen besagen zu wenig.

Eine Bestimmung der Unterrichtssprache, die von der oben skizzierten Grundfigur des Unterrichts ausgeht, gibt PRIESEMANN (vgl. 1970, 1971). Hier wird *Sprache als das Konstituens für Unterricht* betrachtet. Ohne eine vorgegebene Möglichkeit der Verständigung zwischen (weithin) Wissenden und (teilweise) Unwissenden kommt Unterricht gar nicht zustande. Ohne ein Ziel, über das sich die Beteiligten ebenfalls verständigen können müssen, kommt Unterricht nicht voran. Ohne eine Möglichkeit, Ausgangslage, Ziel und die Zwischenschritte dahin zu bestimmen, zu überprüfen, gegebenenfalls zu bewerten, gerät Unterricht zu Willkür und Beliebigkeit. Sprache (oder allgemeiner: eine Form der Verständigung) ist also Bedingung der Möglichkeit für Unterricht, und ebenso Bedingung der Möglichkeit für alle Differenzierungen, die es im Unterricht geben kann. So ist die Formel von Priesemann zu verstehen: *Die Sprache ist das Medium aller Medien.*

Zur Differenzierung der Unterrichtssprache. Eine genauere Beschreibung der Unterrichtssprache muß, über die skizzierte Grundfunktion hinaus, die historisch-empirischen Differenzen berücksichtigen, die je einen Unterrichtsprozeß von allen anderen unterscheiden. Offen ist, bis zu welchem Feinheitsgrad das geschehen kann. Eine erste wichtige Unterscheidung ist die von *Ausgangssprache* und *Zielsprache*. Im Regelfall wird die Muttersprache, in dem Grad, wie Schulanfänger sie beherrschen, der Ausgang sein; es kann aber Abweichungen auch davon geben, so etwa im Fall von Dialektsprechern oder Ausländerkindern. Als Ziel, ganz gleich ob Zwischenziel oder Endziel, kann metaphorisch jedes Unterrichtsgebiet genommen und als „Ziel-Sprache" aufgefaßt werden, deutlich zum Beispiel im Falle Mathematik, Musik, Physik, weniger deutlich in Fällen wie Sport oder Handarbeit. Indessen gehört zu jedem Fach auch eine Fachsprache, so daß eine Sprachanalogie sich rechtfertigen läßt. Das *Sprachgeschehen im Unterricht* oder, anders, *der allmähliche Aufbau der Unterrichtssprache* vollzieht sich als Übergang von der Ausgangssprache zur Zielsprache. Im allgemeinen ist also der jeweilige Status quo in dieser Entwicklung eine Mischung aus dreierlei Elementen: solchen, die der Ausgangssprache, solchen, die der Zielsprache, und solchen, die der Entwicklung der Unterrichtssprache selbst entstammen.

Ähnlich wie eine Familie ihre Familiensprache, so entwickelt notwendigerweise jede für einige Zeit bestehende Lerngruppe ihre *Lerngruppensprache*. Die Unterrichtssprache ließe sich also als das System aller (jeweils bestehenden) Lerngruppensprachen definieren, die Bereichssprache für Unterricht also als ein Bündel von einander ähnlichen (schulischen) Soziolekten. Auf die Entwicklung der Lerngruppensprache(n) nehmen alle mitbeteiligten Faktoren Einfluß, vornehmlich natürlich Alter und Zahl der Beteiligten, Gegenstand des Unterrichts und Zielbestimmungen. Das Bündel der Außenwirkungen läßt sich nach PRIESEMANN (vgl. 1974) als *Außenkontext*, die Summe der im Lernprozeß erzeugten Faktoren als *Binnenkontext* betrachten und untersuchen.

Die Entwicklung der Unterrichtssprache, in ihrer Form als Lerngruppensprache, vollzieht sich als ein Wechselspiel zweier notwendiger Prozesse: Es muß erstens Äußerungen geben, die dem Erreichen des Zieles dienen, und es muß zweitens Äußerungen geben, die Fehler korrigieren, bei Abweichungen zum richtigen Weg zurücklenken, Irrtümer aufklären, Schwierigkeiten beseitigen, Unterbrechungen überbrücken und ähnliches mehr leisten. Das heißt, es gibt ein Wechselspiel von *Erzeugungsprozessen* und *Korrekturprozessen* oder, wie man auch sagen kann, ein Zusammenwirken von lernprozeßbezogenen (also: *fachspezifischen*) und *verständigungsbezogenen* (also: *metakommunikativen*) Äußerungen im Unterricht. Im Prinzip lassen sich diese Grundfunktionen stets unterscheiden; im Einzelfall kann die Zuweisung einer Äußerung(sfolge) zu nur einer der Funktionen schwierig oder unmöglich sein. Das liegt daran, daß Unterricht – von historischen Ausnahmen abgesehen – in Gruppen stattfindet. Die linguistische Grundstruktur der Unterrichtssprache ist also weder der Monolog noch der Dialog, sondern ein „Polylog".

Zur empirischen Erforschung der Unterrichtssprache. Die Erforschung der Unterrichtssprache, insoweit, als sie Konstituens für Unterricht ist, steht noch in den Anfängen. Das gilt für die linguistische Durchdringung des Polylogs ebenso wie für die empirische Erfassung vorhandener Lerngruppensprachen. Ein wesentlicher Grund für dieses Defizit der Forschung ist, daß man, wie in der Alltagsverständigung auch, im Unterricht nicht nur verbale Anteile zu untersuchen hat. Bis zu der Verwendung von Film-, später Videoaufzeichnungen war die Unterrichtsforschung beschränkt auf Protokolle, die mit „Papier und Bleistift" erstellt wurden, wobei wesentliche Momente des Unterrichtsgeschehens außer acht gelassen wurden. So haben die bis in die 70er Jahre vorgelegten Untersuchungen fragmentarischen Charakter und, auf die Zukunft gesehen, eher historischen als systematischen Wert; exemplarisch dafür kann die Arbeit von BELLACK u. a. (vgl. 1974) genannt werden. Indessen zeigen die vielen vorliegenden Arbeiten zu eingeschränkten Gesichtspunkten auch, daß die Aspektvielfalt von Unterricht unter Forschungsgesichtspunkten erschreckend groß ist und daß ein integrierender Gesichtspunkt mithin sehr schwer zu bestimmen war. Eine andere Folge ist, daß das methodologische Problem bei der Untersuchung von Unterricht und Unterrichtssprache sehr groß ist (vgl. PETERSEN/SCHYMANSKI 1979, S. 39 ff.). Ausgehend von den theoretischen Annahmen bei PRIESEMANN (vgl. 1974), haben PETERSEN/SCHYMANSKI (vgl. 1973; revidiert vgl. 1979, S. 107 ff.) eine Pilotstudie zum Zusammenhang von Unterrichtssprache und Lernerfolg unternommen, und es hat REHBEIN (vgl. 1978) ein Verfahren entwickelt, das es erlaubt, die mehrfachen Funktionen der Sprachäußerungen im Unterricht und ihren Zusammenhang mit extraverbalen Aktivitäten auch unter fachspezifischen Gesichtspunkten zu erfassen. Über die bisherigen Analysesysteme hinausgehend, hat REHBEIN (vgl. 1978) ein multidimensionales Kategoriensystem aufgestellt, mit dem (mindestens) folgendes erfaßt wird: verbale Äußerungen und extraverbale Äußerungen; Äußerungen des Lehrers und des Schülers (oder der Schüler); kollektiv gerichtete Äußerungen und individuell gerichtete Äußerungen; auf den Lehrrahmen (die Organisation von Unterricht) gerichtete Äußerungen und auf das Lehrziel (den Lernprozeß) gerichtete Äußerungen.

Das Wesentliche bei der Anwendung dieses Kategoriensystems, das sich fachspezifisch erweitern und variieren läßt, ist die Möglichkeit, ein und dieselbe Äußerung mehrfach zu verschlüsseln und so der im Unterrichtsgeschehen nun einmal vorhandenen Multifunktionalität von Sprache und außersprachlicher Aktivität nachzukommen. Voraussetzung der Analyse ist ein empirisches Datenmaterial, das sich mehrfach bearbeiten läßt. Die technische Möglichkeit dazu bietet die Videoaufzeichnung, die analytische Möglichkeit die Erstellung eines dem Fall angemessenen multidimensionalen Kategoriensystems nach Art des hier skizzierten.

Einrechnen muß man, daß jede Aufzeichnung ihrerseits perspektivisch ist, daß also auch Videodaten nur Teilbeweise zur empirischen Erforschung der Unterrichtssprache liefern können (vgl. PRIESEMANN 1979, S. 75 ff.). Eine Korrektur solcherart eingeschränkter Perspektivität liefert allenfalls eine langfristig angelegte Unterrichtsdokumentation, die mehr als ein Fach, mehr als eine Klassenstufe (oder einen Altersjahrgang), mehr als einen Schultyp, mehr als eine Lerngruppe über längere Zeit als nur einen Unterrichtsabschnitt hinweg erfaßt. Eine derartige Dokumentation wurde im Jahr 1978 in Kiel im Rahmen eines Fünfjahresprojektes begonnen (vgl. PRIESEMANN/PETERSEN 1978, 1979, 1980/1981; vgl. HAHN 1979, 1980). Im Rahmen dieser Untersuchung wurden vier Grundschuljahre und fünf Jahrgänge der Orientierungsstufe und Sekundarstufe I in zwei Fächern systematisch erfaßt und weitere Klassen(stufen) und Fächer abschnittsweise zur Ergänzung mit einbezogen. Aufgrund dieses umfangreichen Datenmaterials wird sich erstmals eine empirisch fundierte Aussage über die Entwicklung der Unterrichtssprache treffen lassen, die repräsentieren kann, welche Sprach- und Lernprozesse es im Laufe der regulären Schulzeit eines Schülers in einer allgemeinbildenden Schule gibt.

Zum didaktischen Problem. Auf die Effektivität des Lernens, die weitgehend, wenn auch nicht ausschließlich von der Entwicklung der jeweiligen Unterrichtssprache(n) abhängt, hat naturgemäß der Sprachgebrauch der Lehrer seinerseits weitreichenden Einfluß. Trotzdem scheint fraglich, ob eine linguistische Ausbildung aller Lehrer oder, wie man auch gefordert hat, ihre rhetorische Schulung der richtige Weg ist, der von der Theorie der Unterrichtssprache zu ihrer effektiven Nutzung führt. Auch die Interpretation didaktischer Probleme nach kommunikationstheoretischem Muster dürfte dieses Problem nicht lösen, zumal sich nur ein Teil des Sprachgebrauches rational steuern läßt. Die Direktiven, die man Lehrern im Lichte einer Theorie der Unterrichtssprache geben kann, sind allenfalls Umsetzungen allgemeiner Handwerksregeln und betreffen Anforderungen, ohne deren Erfüllung ohnehin Unterricht nicht erfolgreich sein kann (wie etwa: „Sprich altersgemäß!", „Sprich verständlich!", „Sprich reversibel!"). Es ist nicht bekannt, wie viele solcher Direktiven es überhaupt gibt; gewiß ist, daß sich der Bestand im Laufe der Zeit ändert. Es gibt aber Mindestforderungen an den Sprachgebrauch dessen, der erziehen will, mithin auch für jeden, der unterrichten will; solche Mindestforderungen sind zum einen moralischer, zum anderen sachlicher Natur. Die moralischen Maximen betreffen die Achtung vor der Person, die Rücksichtnahme auf das Individuum, die Förderung des einzelnen nach seinem Vermögen, die adäquate Belohnung und Bestrafung von Richtigem und Falschem. Ihr sprachliches Korrelat ist der humane Ton des Sprachgebrauchs im Unterricht. Die Maximen der Sache betreffen Art und Richtung des Lernfortschritts, sein Tempo und das Niveau der Ansprüche. Ihr sprachliches Korrelat haben sie in der fachspezifischen Ausprägung der Unterrichtssprache. Das didaktische Problem besteht darin, die aktuellen Forderungen aus beiden Normbereichen miteinander zu vereinen und lerngruppengemäß einzulösen. Der überlieferte Begriff für ein Können, das dem gewachsen ist, heißt „pädagogischer Takt". Er läßt sich wohl zur Anschauung, aber nicht auf einen einzigen Nenner bringen. So gesehen, ist das Erlernen des richtigen Sprechens für den Lehrer eine individuell und stets von neuem zu lösende Aufgabe; die Theorie der Unterrichtssprache ist dafür allenfalls die Rahmenbedingung.

Bellack, A.A. u.a.: Die Sprache im Klassenzimmer, Düsseldorf 1974. Bollnow, O.F.: Sprache und Erziehung, Stuttgart/Berlin/Köln/Mainz ³1979. Geest, T. van der: Entwicklung der Kommunikation, Bochum 1978. Goeppert, H.C. (Hg.): Sprachverhalten im Unterricht, München 1977. Hahn, H. (Hg.): ELKOM, Arbeitsbericht Nr. 2, Kiel 1979. Hahn, H. (Hg.): ELKOM, Arbeitsbericht Nr. 4, Kiel 1980. Heinemann, P.: Grundriß einer Pädagogik der nonverbalen Kommunikation, Kastellaun 1976. Lenzen, D.: Didaktik und Kommunikation, Frankfurt/M. 1973. Loch, W.: Sprache. In: Speck, J./Wehle, G. (Hg.): Handbuch pädagogischer Grundbegriffe, Bd. 2, München 1970, S. 481 ff. Marrou, H.I.: Geschichte der Erziehung im klassischen Altertum, München 1977. Menck, P.: Unterrichtsanalyse und didaktische Konstruktion, Frankfurt/M. 1975. Petersen, J./Schymanski, R.: Die Funktionen von Erzeugungsprozessen und ihr Einfluß auf den Lernerfolg der Schüler im Anfangsunterricht der Sekundarstufe I in den Fächern Biologie und Physik, Diss., Berlin 1973. Petersen, J./Schymanski, R. (Hg.): Unterricht - Sprache - Lernerfolg, Kastellaun 1979. Priesemann, G.: Zur Theorie der Unterrichtssprache. In: Spr. im techn. Zeitalter (1970), 33, S. 44 ff. Priesemann, G.: Zur Theorie der Unterrichtssprache, Düsseldorf ²1974. Priesemann, G.: Unterricht - Sprache - Lernerfolg. Eine Problemskizze. In: Petersen, J./Schymanski, R. (Hg.): Unterricht - Sprache - Lernerfolg, Kastellaun 1979, S. 13 ff. Priesemann, G./Petersen, J. (Hg.): ELKOM, Arbeitsbericht Nr. 1, Kiel 1978. Priesemann, G./Petersen, J. (Hg.): ELKOM, Arbeitsbericht Nr. 3, Kiel 1979. Priesemann, G./Petersen, J. (Hg.): ELKOM, Arbeitsbericht Nr. 5, Kiel

Unterrichtssprache

1980/1981. PRIESEMANN, G./PETERSEN, J. (Hg.): Lehrerbildung zwischen Unterrichtsforschung und Unterrichtspraxis, Kiel 1984. REHBEIN, E.: Systematische Beobachtung verbaler und extraverbaler Kommunikation im Sportunterricht, Diss., Kiel 1978. REINERT, G.-B./THIELE, J.: Pädagogische Kommunikation, Kastellaun 1976. REINERT, G.-B./THIELE, J.: Nonverbale pädagogische Kommunikation, München 1977. ROEDER, P. M./SCHÜMER, G.: Unterricht als Sprachlernsituation, Düsseldorf 1976. SCHERER, K. R./WALBOTT, H. G.: Nonverbale Kommunikation, Weinheim/Basel 1979. SCHORB, A. O.: Unterricht und Sprache – Vier Formen ihres Zusammenhanges. In: HÖFFE, W. L. (Hg.): Sprachpädagogik – Literaturpädagogik, Frankfurt/M. 1969, S. 84 ff. SCHRÖDER, H.: Kommunikation und Information im Unterricht, München 1975. SINCLAIR, J./COULTHARD, M.: Analyse der Unterrichtssprache, Heidelberg 1977. UHLE, R.: Verstehen und Verständigung im Unterricht, München 1978. WATZLAWICK, P. u. a.: Menschliche Kommunikation, Bern/Stuttgart 1975. ZIEGLER, J.: Kommunikation als paradoxer Mythos, Weinheim/Basel 1977.

Gerhard Priesemann

Video

Gegenstandsumfeld. Die Videoaufzeichnung ist ein Verfahren zur Speicherung von Bild- und Tonsignalen auf Magnetband mit Hilfe eines speziellen Aufnahmegerätes (Videorecorder). Der Begriff „Video" umfaßt diejenigen technischen Systeme, die im semiprofessionellen und im Amateurbereich Anwendung finden. Mit dem Videorecorder können Sendungen des öffentlichen Fernsehens aufgezeichnet und in Verbindung mit einer elektronischen Kamera eigene Videoaufnahmen hergestellt werden. Die Wiedergabe elektronischer Bild- und Tonaufzeichnungen erfolgt in Verbindung mit handelsüblichen Fernsehempfangsgeräten. Während im professionellen Bereich Magnetbänder von 2 Zoll und 1 Zoll Breite, im semiprofessionellen hauptsächlich 1-Zoll- und ¾-Zoll-Bänder eingesetzt werden, wird im Amateurbereich vorwiegend mit ½-Zoll-Bändern gearbeitet, die heute fast ausnahmslos in Form von Videokassetten angeboten werden. Da sich die Industrie nicht auf eine Kassettennorm geeinigt hat, befinden sich auf dem Markt mehrere Systeme, die untereinander nicht kompatibel sind. Für den Käufer ergibt sich die Notwendigkeit, unter den angebotenen Geräten dasjenige auszusuchen, das für seinen spezifischen Anwendungsbereich am besten geeignet ist und das als System auch dort Verwendung findet, wo ein Austausch gewünscht wird. Mit dem Einzug des Videorecorders in den privaten Haushalt und der damit verbundenen Massenproduktion wurden Geräte entwickelt, die in bezug auf ihre gute technische Qualität, ihre einfache Bedienbarkeit und ihren günstigen Preis für die semiprofessionellen Anwendungsbereiche wie betriebliche Aus- und Weiterbildung, Schule, Hochschule und Industrie interessant wurden und hier zunehmend die wesentlich teureren semiprofessionellen Geräte ablösen. Obwohl seit Beginn der 60er Jahre, als die ersten Videogeräte für den Amateurbereich auf den Markt gebracht worden waren, mit Hilfe elektronischer Kameras eigene Aufnahmen hergestellt werden konnten, standen bis Ende der 70er Jahre die Aufzeichnung von Sendungen des öffentlichen Fernsehens und die Wiedergabe vorgefertigter Videofilme im Vordergrund des Interesses. Über die Entwicklung kompakter, leicht transportabler, netzunabhängiger und farbtüchtiger Videorecorder und -kameras, die in einer für den Hobbybereich interessanten Preisklasse angeboten wurden, läßt sich eine zunehmende Tendenz erkennen, Video als Medium des Amateurfilmers zu propagieren. Hier ist für den Super-8-Film eine ernst zu nehmende Konkurrenz entstanden, die auf den folgenden Besonderheiten von Video beruht:
- unproblematische Simultanaufzeichnung von Bild und Ton auf einen Träger,
- direkte Kontrolle der Aufnahme über einen elektronischen Sucher oder ein angeschlossenes Fernsehgerät,
- sofortige Wiedergabe und Kontrolle der Aufzeichnung (ebenfalls über einen elektronischen Sucher oder ein angeschlossenes Fernsehgerät),
- schneller Vor- und Rücklauf mit Bildkontrolle sowie Zeitdehnung und Standbild,
- Vorführmöglichkeit über jedes handelsübliche Fernsehgerät oder Monitor,
- Wiederverwendbarkeit des Trägermaterials durch Löschen und Neuüberspielen,
- kostengünstiges Aufnahmematerial.

Die relativ eingeschränkte Flexibilität, bedingt durch die notwendige Kopplung der Videokamera an einen Recorder, die noch nicht hinreichend vereinfachte Schnittechnik, die Abhängigkeit von guten Lichtverhältnissen bei Farbaufnahmen sowie die Wartung der technisch aufwendigen Geräte stellen Problembereiche dar, an denen die Industrie ar-

Video

beitet und deren Bewältigung den weiteren Erfolg von Video wesentlich beeinflussen wird.

Anwendungsmöglichkeiten im pädagogischen Bereich. Die Verwendung der Videotechnik in pädagogischen Arbeitsfeldern läßt in der Praxis hauptsächlich folgende Schwerpunkte erkennen:
- Verwendung von Aufzeichnungen des öffentlichen Fernsehens (inklusive Schulfernsehens) sowie vorgefertigter Kassetten in schulischen und außerschulischen Lehr-/Lernsituationen, einerseits als Mittel zur Veranschaulichung bestimmter Problem- oder Gegenstandsbereiche, andererseits als Gegenstand kritischer Auseinandersetzung im Sinne einer rezeptivanalytischen Fernseherziehung.
- Herstellung eigener Aufzeichnungen mit einer Videokamera zur Gewinnung von Anschauungsmaterial sowohl für Demonstrations- oder Analyseaufgaben im Sinne einer technologisch orientierten Mediendidaktik als auch im Zusammenhang eines prozeßorientierten handlungsbezogenen Lernens.
- Aufzeichnung sozialer Interaktionsprozesse für Zwecke der Supervision und des Verhaltenstrainings sowie zur Reflexion von Gruppenprozessen und zur Auseinandersetzung mit der eigenen Person (Selbsterfahrung).
- Aktuelle Berichterstattung und Problemdarstellung zur Selbstartikulation von Gruppen im Sinne einer „Gegenöffentlichkeit", sei es im schulischen Kommunikationsprozeß, sei es bei Bürgerinitiativen, in der Stadtteilarbeit oder im Strafvollzug.

Im Rahmen eines am Thema Familienerziehung orientierten Projektes können Videoaufzeichnungen beispielsweise folgendes leisten:
- Aufzeichnung und Analyse von Sendungen des öffentlichen Fernsehens unter den Fragestellungen: Welches Bild von der Familie wird vermittelt? Welche Rollenklischees werden den Geschlechtern zugewiesen? Welche Konfliktlösungsstrategien werden angeboten?
- Aufzeichnung und Auswertung von Rollenspielen und realen Familiensituationen für die Reflexion der eigenen Familiensozialisation.
- Aufnahmen von Wohnungen, Wohngebieten, Spielplätzen und anderen Freizeiteinrichtungen, Einkaufszentren und Arbeitsplätzen zur Erkundung des sozialen Umfeldes der Familie.
- Wiedergabe von Aufzeichnungen für stadtteilbezogene Informationsveranstaltungen im Rahmen von Familienberatung, Familienbildung, Mieterinitiativen und Aktionen zur Freizeitgestaltung.
- Dokumentation und Analyse des gesamten Projekts zur Beschreibung von Arbeitsschritten, zum Erkennen von Lernmöglichkeiten, zur Reflexion von Gruppenprozessen.

Perspektiven. Mehr Bedienungskomfort, Reduzierung der Größe und des Gewichts, Verringerung der Kosten und die Spezifizierung der Geräte für bestimmte Funktionen werden die Ergebnisse der technologischen Bemühungen um die Weiterentwicklung von Video sein. Die zunehmende Ausbreitung auf dem Amateurmarkt führt zu einer immer selbstverständlicheren Einbeziehung von Video in alle Lebensbereiche, ähnlich der Entwicklung, die bei der Fotografie, dem Kassettenrecorder und dem Super-8-Film zu beobachten war. Für den Bildungsbereich bedeutet dies, daß bereits bei Grundschülern die selbständige Arbeit mit Video im Rahmen entsprechender didaktischer Konzeptionen als realistisch anzusehen ist. Hierbei sind die Bedeutung von Video für die Fernseherziehung (vgl. ANDRE-DEITERT u. a. 1985) und seine Möglichkeiten für die Selbsterfahrung besonders hervorzuheben. Ein weiterer positiver

Aspekt dieser Entwicklung ist darin zu sehen, daß Videoaufzeichnungen eine technische Qualität erreichen werden, die auch die Ausstrahlung über öffentliche Sender erlaubt. Damit könnte zumindest auf regionaler Ebene einer breiten Öffentlichkeit mit selbstproduzierten Beiträgen die Möglichkeit zu eigenständiger Artikulation eingeräumt werden. Diese positiven Ansätze dürfen nicht über die Gefahren hinwegtäuschen, die ebenfalls in den Möglichkeiten von Video liegen. Da unabhängig vom öffentlichen Programm Fernsehen konsumiert werden kann, ist zu befürchten, daß mehr Zeit vor dem Bildschirm verbracht wird und die Chancen, Primärerfahrungen zu sammeln, noch weiter reduziert werden. Darüber hinaus können durch den bevorzugten Konsum bestimmter Inhalte (Action- und Pornofilme), der durch das frei zur Verfügung stehende Angebot der Videoläden und den privaten Tausch uneingeschränkt möglich ist, Verhaltensmuster verstärkt werden, deren Folgen für die Gesellschaft heute nur schwer abzuschätzen sind.

ANDRE-DEITERT, W. u.a.: Fernsehen – Schulfernsehen. In: Enzyklopädie Erziehungswissenschaft, Bd. 4, Stuttgart 1985, S. 444 ff. DOSE, R.: Videoaufzeichnungen in der praxisintegrierenden Lehrerausbildung, Berlin 1980. KÖHLER, M. (Hg.): Alternative Medienarbeit. Videogruppen in der BRD, Opladen 1980. PAECH, J. (Hg.): Didaktik der Massenkommunikation 3, Stuttgart 1977. PAECH, J./SILBERKUHL, A.: Foto, Video und Film in der Schule, Reinbek 1979. PAUSCH, R.: Videopraxis, Köln 1978. RATZKE, D.: Handbuch der Neuen Medien, Stuttgart 1983.

Wolf André-Deitert/Sibylla Leutner-Ramme/Ernst Schaack

Wandbild

Gegenstandsbestimmung. Beim modernen Wandbild handelt es sich um ein im Offsetverfahren hergestelltes farbiges Papierbild, dessen Größe zirka 700 × 900 mm beträgt. Das Wandbild wird meistens auf der Grundlage eines Farbfotos hergestellt. Für den Bereich des Sachunterrichts in der Primarstufe gilt die Ausnahme, daß hier häufig auch gezeichnete Abbildungen verwendet werden.

Die Aufbewahrung und sinnvolle Ordnung der Bilder ist sehr einfach und nimmt wenig Platz in Anspruch. Im Jahre 1980 liegt das Angebot der sechs bedeutendsten deutschen und österreichischen Verlage allein für das Fach Geographie bei rund 800 Bildern. Textbegleithefte für die Hand des Lehrers werden bis auf eine Ausnahme von allen Herstellern mitgeliefert. Die Texthefte sind in der Qualität sehr unterschiedlich. Manche beschränken sich auf rein fachinhaltliche Analysen und Erläuterungen, andere zeichnen sich demgegenüber durch umfassende fachdidaktische Konzeptionen aus.

Historische Aspekte. In mediendidaktischen und fachdidaktischen Gesamtdarstellungen findet das Wandbild erst in den letzten Jahren erhöhte Aufmerksamkeit (vgl. BERNHAUSER 1979; vgl. STACH 1980, 1981a, b). Häufiger sind dagegen fachunterrichtlich orientierte Untersuchungen wie beispielsweise zur Verwendung von Wandbildern im Geschichtsunterricht (vgl. EBELING 1966) oder im Geographieunterricht (vgl. JÄGER 1978). Diese Sachlage hat Gründe, die in der geschichtlichen Entwicklung des Mediums zu finden sind. Die Geschichte des Wandbildes als Medium etwa im Geographieunterricht läßt sich bis zu den Philanthropen zurückverfolgen. Unter ihnen, als „Väter des geographischen Unterrichts" bezeichnet, verdient J.B. Basedow (1724–1790) besondere Erwähnung. Karte *und* Bild werden von ihm erstmals als gleichberechtigte Anschauungsmittel gefordert. Neben den Abbildungen im Schulbuch, das mit „vielen nützlichen Kupfern gezieret" sein sollte, mußte die Schulbibliothek über eine Kupfersammlung verfügen, die als Wandbilder verwendet wurden. Einige der unterrichtlichen Hauptziele jener Zeit waren die *ununterbrochene* Belehrung durch Dauerdarbietung des Wandbildes auch als bloßer Wandschmuck im Schulzimmer sowie die anschauliche Begriffsbildung durch Abbildung: In diesem Falle war der optische Dauerreiz des Wandbildes besonders wertvoll. Weiterhin wurde aber auch die lustbetonte und spielerische Funktion der Bildbetrachtung gepflegt (Ch.G. Salzmann, 1744–1811). Es verdient hervorgehoben zu werden, daß nicht nur die Philanthropen, sondern später auch die Anhänger J.F. Herbarts (1776–1841) im 19. Jahrhundert den Begriff der Anschauung besonders betonten, was wiederum bedeutsame pädagogische Verwendungsimpulse für das Wandbild gab. Technischerseits wurde das großformatige Wandbild durch die Erfindung des Steindrucks (Lithographie) in den Jahren 1796–1798 durch A. Senefelder in München begünstigt. Die sehr teuren Kupferstiche konnten durch den preisgünstigeren Steindruck ersetzt werden. Das Wandbild stand im 19. Jahrhundert im Dienste der Sprach- und Denkschulung, wo es Vorstellungen und Wortschatz, Sprach- und Sprechrichtigkeit fördern sollte. Weiteres Ziel war die Motivation zur Sprachäußerung überhaupt. Gewicht wurde besonders auf den sogenannten gesinnungs- und gemütsbildenden Effekt gelegt. Religiöse Erziehung, Erziehung zum Fleiß, zum Gehorsam und zur Dankbarkeit gegenüber den Eltern, zur Geschwisterliebe, zur Hilfsbereitschaft, zur Liebe zur Natur, zur Höflichkeit, zur Vaterlandliebe und zur Ästhetik wurden unter gewichtiger Beteiligung des Wandbildes und seiner

Inhalte angestrebt.

Im beginnenden 20.Jahrhundert erhielt der Begriff der durch großformatige Bilder zu gewinnenden Anschauung eine Neubewertung durch reformpädagogische Tendenzen. Der dabei auftretende Streit um die Bildinhalte bewegte sich zwischen extremen Positionen. Einerseits wurde die didaktische Reduzierung, andererseits eine didaktische Überhöhung gefordert. Beide Standpunkte mündeten schließlich in heute gleichermaßen als negativ bewertete Bilder ein: sogenannte Ideal-Tableaus mit stark vereinfachender detailarmer Aussage oder stark inhaltlich und in der Wirklichkeit so nicht vorkommender Detailfülle. Die kontroversen Positionen waren teilweise durch die ohnehin nicht zu vermeidende künstlerische Gestaltung der Wandbilder zu erklären, weil es das fotografische Wandbild noch nicht gab. Bilder mit metaphysischer Aussageabsicht des jeweiligen Künstlers waren daher die Regel.

In der Zeit zwischen den beiden Weltkriegen konnten sich didaktische Neuerungen wegen der ökonomischen und politischen Wirren und Verirrungen nicht durchsetzen, so daß unzeitgemäße pädagogische Wertungen in Wandbildsammlungen weiter wirkten. Nach dem Zweiten Weltkrieg ließen existentielle Sorgen anderer Art eine rechtzeitige Neubestimmung des Mediums mit Hilfe weiterentwickelter technischer Möglichkeiten ebenfalls auf sich warten. Die durchaus mögliche Revision des Wandbildes unter veränderten technischen und didaktischen Bedingungen wurde überholt von der Faszination des Lichtbildes (Diapositiv).

Zur gegenwärtigen didaktischen Diskussion. In jüngerer und jüngster Zeit ist durch Vervollkommnung von Foto- und Drucktechnik das lange Zeit in der fachdidaktischen Literatur verschwiegene oder sogar abgelehnte Wandbild wieder diskutabel geworden. Der geringe Organisationsaufwand steht beim Wandbild in einem besonders günstigen Verhältnis zu den erreichbaren Unterrichtszielen.

Als eine Art rückbesinnende Orientierung an vernachlässigten pädagogischen Traditionen stellt sich in jüngster Zeit wieder häufiger die Frage nach dem erzieherischen Wert des zeitgemäßen fotografischen und gezeichneten Wandbildes. Diese Frage ist vor allem wegen einer immer unübersehbarer gewordenen Stoffülle in allen Schulfächern durchaus aktuell. Sie will weiterhin einen Ausweg aus bloß fachwissenschaftlichem Legitimationszusammenhang (Abbilddidaktik) weisen. Wo die Vermittlung der Informationsfülle Selbstzweck zu werden oder zu bleiben droht, muß die Frage nach dem erzieherischen Wert des Wandbildes neu geprüft werden. Jüngste Untersuchungen zeigen, daß das Wandbild zum kooperativen Sozialverhalten und zur Selbständigkeit erzieht (vgl. REINHARDT 1978). Es ermöglicht infolge guter Drucktechnik – im Gegensatz zu älteren Bildern – auch die Nahbetrachtung, die für Gruppenarbeit nötig ist. Gleichzeitig bleibt das Wandbild wie schon traditionellerweise für den Frontalunterricht infolge seiner Größe und Fernwirkung geeignet. In beiden Fällen werden die Schüler zur Konzentration erzogen, weil das Wandbild, etwa im Gegensatz zu vielen Lehrbuchbildern, nicht durch verräterischen Text begleitet wird. Leider machen ungeduldige Lehrer diese wertvolle Eigenschaft durch zu viele verbale Vorgaben wieder zunichte. Der allgegenwärtigen optischen Reizüberflutung wird durch vertiefende Einzelbildbetrachtung entgegengewirkt. So können sich notwendige fachliche Grundbegriffe verfestigen. Dem anschaulichen Denken und Sprechen ist das Wandbild ebenfalls förderlich: Nicht nur in der vorpubertären Entwicklungsphase, wo die meisten Schüler ohnehin noch stark eidetisch veranlagt sind, sondern auch danach, wenn sich

Wandbild

der Entwicklungsschritt zum formaloperativen und abstrakten Denken vollzieht, ist das Wandbild wertvoll. Es wirkt allzu einseitiger abstrakter Denkschulung entgegen und bewahrt die für Alltagssituationen wichtige Fähigkeit zu allgemeinverständlicher Kommunikation. Das Wandbild provoziert weiterhin spontane und kreative Sprechsituationen. Es motiviert somit auch sprach- und sprechschwache Schüler. Darüber hinaus wird mit seiner Hilfe in allen Fächern die übergreifende Chance einer Erziehung zum ästhetischen Empfinden geboten. Die oft vernachlässigte emotionale und affektive Lernzieldimension wird dadurch häufiger berücksichtigt. Neben diesen in der jüngsten Literatur nachgewiesenen Wirkungen auf Schüler, die aus geographischen Unterrichtsstunden hervorgingen, kann das Wandbild allgemein durch folgende Begründungszusammenhänge legitimiert werden:

Bilder *aller Art*, und damit eben auch Wandbilder, gelten als zentrale Veranschaulichungsmittel des Unterrichts *(fachdidaktische Begründung)*.

Wenn der Schüler für eine auf ihn zukommende oder ihn auch schon jetzt massiv beeinflussende außerschulische Welt tüchtig gemacht werden soll, dürfen ihm entsprechende außerschulische Eindrücke als Gegenstand von Unterricht nicht vorenthalten werden. Wandbildgroße Fotografien, die der Schüler alltäglich auf zahlreichen Reklameflächen sieht, bedürfen der kritischen Wahrnehmungs- und Deutungsfähigkeiten des Betrachters *(curriculare Begründung)*.

Bekanntlich sind Menschen in Kindheit und Jugend besonders optisch ansprechbar und in höherem Maße auf Anschauung als Fundament der Erfahrung angewiesen. Werbepsychologen nutzen diese Erkenntnis konsequent, und es ist interessant, daß beispielsweise ein namhafter Wandbild-Verlag seine Produkte schon seit längerem als „Geo-Poster" anpreist *(pädagogisch-psychologische Begründung)*.

Zum Ansprechen und Weiterentwickeln des Farben- und Formenempfindens als wichtige Grundlagen des menschlichen Gefühlslebens gelten großflächige Bilder als besonders geeignet. Will man der Ansicht folgen, daß ein Schulfach wie die Geographie auch Gespür für landschaftliche Schönheiten vermitteln sollte, so ist dies eine Begründung im Sinne einer immer noch überwiegend anerkannten Notwendigkeit zur allgemeinen Bildung *(ästhetisch-/emotionale Begründung)*.

Nachhaltige bildhafte Eindrücke (optischer Dauerreiz des Wandbildes) fordern zum verbalen Austausch von Wahrnehmungen und zu deren Vergleich und Beurteilung heraus. Die Entwicklung des abstrahierenden Mediums Sprache in Wort und Schrift als bedeutsamster Kulturtechnik ist ohne Grundlegung auf bildhaften Eindrücken und ohne bildhaftes Vorstellungsvermögen kaum denkbar *(semantisch-kommunikationstheoretische Begründung)*.

Das menschliche Auge als ein sehr beweglicher Mechanismus bevorzugt große Bilder. Gestiegene Formate von Kinoleinwänden, Fernsehbildschirmen und Hobby-Fotos sind Belege dafür *(physiologische Begründung)*.

Bildinterpretation ist ein wichtiges Hilfsmittel in vielen Forschungsbereichen (Geschichte, Geographie, Biologie, Medizin). So ist beispielsweise im geographisch-kartographischen Bereich moderne Aufnahme- und Wiedergabetechnik (beispielsweise Satelliten-, Infrarot- und Falschfarbenfotografie) für den wissenschaftlichen Fortschritt unentbehrlich geworden *(wissenschaftspropädeutische Begründung)*.

BERNHAUSER, J.: Wandbilder im Anschauungsunterricht. Studien zur Theorie und Praxis der Medien in der Volksschule des 19. Jahrhunderts. Europäische Hochschulschriften, Reihe XI: Pädagogik, Bd. 75, Frankfurt/M./Bern/Cirencester 1979. EBELING, H.: Anschauen – behandeln – begreifen. Zur Arbeit mit Bildern im Unterricht, Hannover ³1966. FICK, K. E.: Das geographische Lichtbild, Wandbild und Lehrbuchbild. Psychologische und didaktische Anmerkungen über die Bildbetrachtung im Erdkundeunterricht. In: P. Rsch. 21 (1967), S. 665 ff. JÄGER, H.: Vom erdkundlichen Wandbild zum geographischen Geo-Poster. In: Lehrmittel aktuell 4 (1978), 1, S. 24 ff. REINHARDT, K. H.: Das Wandbild im Geographie-Unterricht. Eine Handreichung für Primarstufe und Sekundarstufe I, Beilage zu Lieferung 74/1978 der Kosmos-Wandbilder, Stuttgart 1978. STACH, R.: Die raumgestaltende und belehrende Funktion des schulischen Wandbildes. In: GUDJONS, H./REINERT, G.-B. (Hg.): Schulleben, Königstein 1980, S. 30 ff. STACH, R.: Bilder aus der Schule. Wandbilder aus hundert Jahren, Dortmund 1981a. STACH, R.: Wandbild in Unterricht und Forschung. Vom Handbild zum Wandbild. In: TWELLMANN, W. (Hg.): Handbuch Schule und Unterricht, Bd. IV, Düsseldorf 1981, S. 486 ff. (1981 b).

Karl H. Reinhardt

Wandtafel – Wandzeitung

Wandtafel und Wandzeitung sind zu verschiedenen Zeiten entstandene Medien, die während des Lernprozesses so unterschiedliche Funktionen übernehmen können, wie zum Beispiel Darbietung des Lernstoffes oder Dokumentation des Lernprozesses; in konkreten Situationen können sie einerseits der Lehrtätigkeit oder andererseits der Lerntätigkeit der Schüler stärker zugeordnet werden.

Die Wandtafel dürfte mit zu den ältesten Hilfsmitteln des Unterrichts gehören. Schon Anfang des 16. Jahrhunderts erwähnt, wird sie in der älteren schulpädagogischen Literatur und in Nachschlagewerken hinsichtlich ihrer Beschaffenheit und ihrer Funktion im Unterricht ausführlich beschrieben. Ihre Verwendung ist im 19. Jahrhundert administrativ verordnet: Das findet seine Entsprechung in den peniblen und detaillierten Datenkatalogen über Schulhäuser und ihre Einrichtung. Hier werden in der Regel drei Wandtafeln gefordert: „Eine größere zum Anschreiben namentlich für den Lehrer, eine kleinere, an welcher auch die Kinder zu arbeiten haben", diese sei entsprechend niedrig anzubringen, es sei denn, man entschließe sich, „die Erhöhung, auf welcher der Lehrer seinen Sitz hat, unter jene Tafel zu verlängern" (ZWEZ 1864, S. 89); dazu kommt eine Notentafel für den Gesangunterricht. Damit sind bereits wichtige Hinweise für die unterschiedlichen Funktionen, die die Wandtafel im Unterricht haben kann, gegeben.

Unter den heute handelsüblichen Wandtafeln sind Wandtafeln und Gestelltafeln (auf Staffeleien oder fahrbar) zu unterscheiden. Wandtafeln werden als Langwandtafeln (1 m hoch, 3 m lang), Wandschiebetafeln, Wandklapptafeln oder als Rolltafeln (Linoleum mit Tafellackbeschichtung) angeboten. Diese Tafeln sind aus Holz oder Spanmasse mit Kunststoffbeschichtung, aus Mattglas, als Magnethaftfläche ausgebildet oder als aufrollbare Tuchtafel erhältlich. Die Mattglastafeln haben Vorrichtungen, um Bildmaterialien dahinterzulegen, deren Aufbauprinzipien auf diese Art durch Tafelzeichnung herausgehoben werden können. Tafeln oder Tafelteile sind mit Lineaturen für den Musik-, Rechen- oder Schreibunterricht erhältlich. Die Tafelfarbe ist vorherrschend stumpfgrün, die Lineaturen sind meist in einem matten Rot oder Gelb aufgebracht. Zur Tafel gehört ein Gerätesatz für den Geometrieunterricht, der aus zwei Dreiecken, einem Winkelmesser, einem Zirkel mit Tafelschutz und einem Lineal besteht. Hinter verschiebbaren Tafeln ist meist eine Fläche für Filmvor-

führungen beziehungsweise Diaprojektion vorgesehen. Die Unterkante der Tafel sollte nicht niedriger als 70 cm liegen, damit die Tafel von allen Plätzen der Klasse aus ins Auge gefaßt werden kann. Auf der Tafel kann mit weißer oder farbiger Kreide gearbeitet werden. Für den Lehrer ist die Wandtafel von alters her ein vorzügliches Medium, um etwas „vorzumachen", was die Schüler „nachmachen" sollen, sei es, daß die Lehrerzeichnung, das Produkt also, nachgemacht werden soll, sei es, daß eine Verfahrensweise Schritt für Schritt mit- oder nachvollzogen werden soll. Schon an diesem simplen Sachverhalt wird klar, wie die Art der Nutzung des Mediums Wandtafel auf ein bestimmtes Verständnis des Lehrerhandelns, der Lehrer-Schüler-Interaktion, des Unterrichtskonzeptes verweist. Der Lehrer, der „vormacht", hat das Informationsmonopol, die Interaktionsstruktur läuft für jeden Schüler über den Lehrer, der Unterricht ist nur frontal vorstellbar. Die Wandtafel ist bei solcher Verwendung ein „geschlossenes Medium" (vgl. WITTERN 1975, S. 158). Der überlieferte Slogan, daß die Menge der verbrauchten Kreide auf die Qualität des Unterrichts schließen lasse, belegt die Wertschätzung eines anderen didaktischen Prinzips im Rahmen dieses Unterrichtskonzeptes: Anschaulichkeit. Im Schema des Vormachens und Nachmachens ist die Wandtafel ein Instruktionsmedium, das zu einem ganzen Kanon von Forderungen auch an den Lehrer führt: Das fängt bei der „Tafelschrift" an, führt hin zu zahlreichen Lehrgängen im Tafelzeichnen (vgl. WEBER 1922), das noch in den 50er Jahren dieses Jahrhunderts Lehrfach an den pädagogischen Hochschulen und den Kunsthochschulen war. Im Blick auf die Schüler wird in der Literatur früh die Chance der Selbsttätigkeit hervorgehoben, die die Tafelarbeit bietet. Schreiben und Zeichnen sollten wegen der Möglichkeit, großformatig zu arbeiten, oft an der Tafel geschehen. Formen der Selbsttätigkeit lassen sich über den manuellen und motorischen Bereich hinaus ausdehnen, wenn die Tafel als Medium für die Präsentation von Lernergebnissen der Schüler oder Schülergruppen einbezogen wird. Die heute an den meisten Tafeln vorgesehenen Aufhänge- oder Befestigungsvorrichtungen (Kork- oder Klemmleisten) machen einen gleitenden Übergang zwischen der Dokumentation eines Lernprozesses und der Präsentation von Lernergebnissen möglich. Im Rahmen solcher Vorgehensweisen verändert sich das Unterrichtskonzept in Richtung auf Partizipation der Schüler an den Steuerungsprozessen im Unterricht. Die Funktion des Mediums bewegt sich weg von der Präsentation der „Vorlage" zu der Veröffentlichung von Erkenntnissen und Entdeckungen. Die Wandtafel kann nicht nur Instruktionsmedium sein, sondern auch Kommunikationsmittel. An dieser Stelle verwischt sich der Unterschied zwischen den vorherrschenden Eigenarten von Wandtafel und Wandzeitung.
Als Wandzeitungen werden hier schriftliche, häufig durch Bilder ergänzte Mitteilungen beziehungsweise Kommunikationsangebote auf meist großformatigen Papierbögen- oder bahnen bezeichnet, die sich in der Regel nur an einen begrenzten Personenkreis richten und, an Wänden oder Mauern gut sichtbar angebracht, nur als Einzelstücke (Unikate) hergestellt werden.
Als Mittel der politischen Agitation und Auseinandersetzung hat die Wandzeitung, von der Sowjetunion ausgehend, besonders in der Volksrepublik China (als „Tatzu-pao" = „Zeitung mit großen Schriftzeichen") eine bedeutende, bis 1980 sogar in der Verfassung verankerte Rolle gespielt. In den westeuropäischen Ländern wurde die Wandzeitung besonders von der studentischen Protestbewegung (seit 1968), später jedoch zunehmend auch von anderen, sich „basisdemokratisch" verstehenden Bewegungen

und Initiativen als Möglichkeit genutzt, eine kritische „Gegenöffentlichkeit" zu der häufig als unangemessen und irreführend beurteilten Berichterstattung der Massenmedien herzustellen.

Im Kontext von Schule und Unterricht wird die Wandzeitung schon 1924 von FREINET (vgl. 1979) eingesetzt. Jede Woche erhalten die Schüler auf einer stets in gleicher Weise gegliederten Wandzeitung die Möglichkeit, Kritik und Anerkennung, eigene Wünsche und Leistungen zu vermerken. Am Ende der Woche werden die Eintragungen dann gemeinsam besprochen (vgl. JÖRG 1977, S. 558). Den Schülern soll dabei ihr eigener Beitrag, ihre Verantwortung für die gemeinsame Arbeit und für das soziale Klima in der Klasse bewußtgemacht werden.

Während Freinet die Wandzeitung primär als ein Instrument der moralischen Erziehung nutzt, wird in anderen pädagogischen Verwendungszusammenhängen die aus ihrer Herkunft resultierende politische Dimension dieses Mediums wesentlich deutlicher erkennbar. Dies gilt besonders für den Einsatz von Wandzeitungen als Mittel der „bildkünstlerischen Agitation" mit dem Ziel der „sozialistischen Bewußtseinsbildung" im Fach „Kunsterziehung" oder in der (pädagogisch betreuten) außerunterrichtlichen Arbeit von „Wandzeitungskollektiven" an den Schulen der DDR (vgl. BIEGHOLDT u.a. 1973). In einem weniger vordergründigen Verständnis von „politischer Erziehung" zielt der Einsatz von Wandzeitungen als „didaktisch offen konstruierte Medien" (vgl. WITTERN 1975, Bd. 1, S. 159 ff.; vgl. auch Bd. 2, S. 236 ff.) auf ein selbständiges, handlungsorientiertes Lernen, das mit der Skepsis gegenüber „didaktisch geschlossenen" Medien die Entwicklung von Kritikfähigkeit gegenüber den Gültigkeitsansprüchen massenmedialer Informationsangebote ebenso einschließt wie die Möglichkeit eines aktiven und selbstbestimmten Mediengebrauchs. Den damit berührten Zusammenhang von pädagogischer, ästhetischer und über die Schule hinausweisender politischer Praxis postuliert für die ästhetische Erziehung programmatisch KERBS (vgl. 1981a, S. 1, S. 4 ff.; zur Funktion der Wandzeitung vgl. KERBS 1981b, S. 99).

Versteht man Wandzeitungen als idealtypische Fälle didaktisch offen konstruierter Medien, lassen sich daraus – in grober Orientierung an den Lernschritten projektorientierter Lernformen – fünf Hinweise ableiten:

Erstens können Wandzeitungen helfen, ein Lernangebot zu strukturieren, und die Möglichkeiten unterrichtlicher Zugänge anschaulich machen. Um die „Planung einer Unterrichtseinheit zum Bestandteil unterrichtsbezogener Interaktion zu machen" (vgl. SCHULZ 1980a, S. 65), bedarf es in der Regel strukturierender Vorleistungen durch den Lehrer. Der Einsatz einer Wandzeitung kann in mehrfacher Hinsicht hierbei hilfreich sein: Die Wandzeitung entlastet den Lehrer von seiner Vermittlerrolle im Unterricht und stellt die Lerngegenstände selbst stärker in den Vordergrund. Sie ermöglicht in der Form von Dokumenten, Quellentexten, kommentierenden Texten, Zeitungsausschnitten, Fotos, Zeichnungen, Tabellen oder Schaubildern, die Lehrer *und* Schüler zusammentragen können, eine anschauliche und vielschichtige Präsentation von Elementen der Sachanalyse und der didaktischen Analyse. Vielfältiges Material kann gleichzeitig ausgebreitet werden. Die (Vor-)Strukturierung durch den Lehrer hilft, im Vergleich, Unterschiede der Sichtweisen, inhaltliche Schwerpunkte und Zugriffsmöglichkeiten zu erkennen, die dann zu Planungsalternativen weiter entwickelt werden können. Innerhalb dieses Lernschrittes wird die Wandzeitung wahrscheinlich am häufigsten verwendet.

Zweitens kann das auf der Wandzeitung als einem didaktisch „offenen" Medium präsentierte Material durch die Schüler weiter „bearbeitet" werden. Wenn das vorstrukturierte Lern*angebot* Kommunikation und Handlung ermöglichen soll, muß das auf der Wandzeitung präsentierte Material so aufbereitet werden, daß es durch die Schüler verändert, neu geordnet, ergänzt und kommentiert werden kann. Ein besonderer Vorteil der Wandzeitung besteht darin, daß das Lernangebot über einen längeren Zeitraum unabhängig von der Anwesenheit des Lehrers verfügbar bleibt.

Drittens erleichtern Wandzeitungen die Einteilung thematisch gebundener Arbeitsgruppen und bieten gute Möglichkeiten, Gruppenarbeitsergebnisse in die Gesamtlerngruppe einzubringen. Die Strukturierung des Lernangebots (als Verdeutlichung von „Sachansprüchen") und die auf der Wandzeitung „vergegenständlichten" subjektiven Stellungnahmen (als Artikulation von „Ich-Ansprüchen") erleichtern in ihrer gegenseitigen Zuordnung die Entwicklung konsensfähiger Konzepte kooperativen Lernens (zur Vermittlung von Sachansprüchen, Ich-Ansprüchen und Gruppenansprüchen in der Unterrichtsplanung (vgl. SCHULZ 1980b, S. 14f.). Nicht zuletzt macht die unterschiedliche Bewertung gemeinsam herausgearbeiteter Planungsalternativen dabei eine Aufteilung in thematisch gebundene Arbeitsgruppen sinnvoll.

Viertens können Wandzeitungen Lernprozesse dokumentieren und vergegenwärtigen. Indem Planungsmaterial und Planungsprodukte aus einzelnen Arbeitsphasen, wie Stoffsammlungen, schriftliche Strukturierungsversuche, Protokolle, Zwischenergebnisse oder Fotos, den gemeinsamen Lernprozeß in seiner zeitlichen Abfolge dokumentieren, bleibt er zugleich im Ganzen sinnlich gegenwärtig.

Fünftens eignen sich Wandzeitungen in besonderer Weise für die abschließende Präsentation und Veröffentlichung der Arbeitsergebnisse einer Lerngruppe. Das Herstellen einer solchen Wandzeitung bedeutet nicht nur eine klärende Zusammenfassung der erarbeiteten Resultate. Die Tatsache, daß die Beiträge der einzelnen Mitglieder der Lerngruppe und der Arbeitsgruppen als Teile einer gemeinsamen Leistung sichtbar werden, verstärkt bei den Schülern im gleichen Maße die Identifikation mit der Sache wie mit der Gruppe. Diese Wirkung wird noch verstärkt, wenn sich die Wandzeitung als „Ausstellung" (eventuell in Verbindung mit anderen Medien) an eine über die Lerngruppe hinausgehende Öffentlichkeit innerhalb oder außerhalb der Schule wendet. Ein solcher „Handlungsbezug nach außen" ist für Wittern konstitutives Merkmal didaktischer Offenheit (vgl. WITTERN 1975a, S. 69ff., S. 178ff.; über Ausstellungen als offene Medien vgl. WITTERN 1975b, S. 244ff.).

In einem Vergleich, der die tradierten und in der Praxis noch immer vorherrschenden Merkmale beider Medien bewußt hervorheben will, läßt sich festhalten: Wandtafeln und die Arbeit an ihnen haben eher eine „normative" Tendenz, deswegen auch die Sorge, daß nichts „Falsches" an der Tafel stehen möge; Wandzeitungen sind demgegenüber durch eine eher kommunikative Funktion bestimmt. Insofern korrespondiert die Wandtafel mit den eher „geschlossenen" Medien und die Wandzeitung mit den häufiger „offenen" Medien.

BIEGHOLDT, CH. u.a.: Plakat und Wandzeitung, Berlin (DDR) ²1973. BREITINGER, E.O./SEIPP, J.: Wandtafelzeichnen in der Volksschule, Neuwied 1966. BÜHS, R.: Tafelzeichnen kann man lernen. Lehrgang Tafelzeichnen. In: Westerm. P. Beitr. 36 (1984), S. 376ff., S. 446f., S. 512f., S. 568f., S. 618. FREINET, C.: Die moderne französische Schule, hg. v. H. Jörg, Paderborn ²1979. HERZ, O.: Gruppenarbeit – und was dann? In: Gess. 8 (1976), 3, S. 26. JÖRG, H.: Wandzeitung.

In: D. Grunds. 9 (1977), S. 557 ff. KERBS, D.: Große Medien – kleine Medien. Thesen über die politische und praktische Ermöglichung von Meinungsfreiheit. In: Kunst u. U., Sonderheft: Ästhetische Praxis – Politische Praxis, 1981, S. 4 ff. (1981 a). KERBS, D.: Wandzeitung/Plakatzeitung. In: Kunst u. U., Sonderheft, 1981, S. 99 (1981 b). SCHOSSIG, W.: Die Wandtafel im Klassenzimmer. In: D. berb. S. 20 (1968), S. 114 f. SCHULZ, W.: Ein Hamburger Modell der Unterrichtsplanung – Seine Funktionen in der Alltagspraxis. In: ADL-AMINI, B./KÜNZLI, R. (Hg.): Didaktische Modelle und Unterrichtsplanung, München 1980, S. 49 ff. (1980 a). SCHULZ, W.: Unterrichtsplanung, München/Wien/Baltimore ²1980 b. WEBER, E.: Die Technik des Tafelzeichnens (mit 25 Tafeln), Leipzig/Berlin ⁶1922. WITTERN, J.: Mediendidaktik. Ihre Einordnung in eine offen strukturierte Entscheidungstheorie des Lehrens und Lernens, 2 Bde., Opladen 1975 (Bd. 1: 1975 a; Bd. 2: 1975 b). ZWEZ, W.: Das Schulhaus und dessen innere Einrichtung, Weimar 1864.

Wolfgang Legler/Gunter Otto

Zeichnen

Die Zeichnung ist als übersprachliches, sprachunabhängiges und damit „internationales" Verständigungsmittel anerkannt. Fertigkeiten im Zeichnen und im Zeichnung-Lesen werden wie Schreib- und Lesefertigkeiten in mehreren Unterrichtsfächern, besonders in den Naturwissenschaften und im Technikunterricht, planmäßig geübt. Der Zeichenvorgang selbst hat darüber hinaus in lerntheoretisch-lernpsychologischem Zusammenhang besondere Bedeutung. Hier sind es vor allem Prozesse bei der Begriffs- und Vorstellungsbildung, in denen das Zeichnen eigene und sehr erfolgversprechende Wege eröffnet. Damit ist Zeichnen ein Mittel zur Denkerziehung.

Begriffsbildung durch Zeichnen. Sehr junge Kinder zeichnen oft Gegenstände, Teile von Gegenständen, sogar Funktionen beziehungsweise Funktionseinzelheiten, die sie „begriffen", erfahren haben, die sie aber noch nicht mit einem Namen benennen können. In solchen Zeichenvorgängen wird ihnen das Begriffene zum selbständigen Begriff, damit verfügbar und in bestimmtem Umfang übertragbar, koordinierbar und kombinierbar. Die Benennung kann dann der begrifflichen Feststellung folgen. Das ist entscheidend in der kindlichen Entwicklungsphase, in der sich die Heranwachsenden vom vorgestellten Bild einer individuellen, „gewußten" Wirklichkeit (intellektueller Realismus) zu lösen beginnen und zum Gegenstandsbezug (zum visuellen Realismus) streben.

Die zeichnerische „Aufnahme" eines (technischen) Gegenstands zwingt sie zu ständigem Vergleichen, zur Bestimmung und Überprüfung von (Begriffs-)Einzelheiten, zum Zusammendenken dieser Einzelheiten zu einem geschlossenen Ganzen und zum Weiterdenken auf die Funktion des Gegenstandes: zur Ablösung des Gewußten durch das Gesehene.

Vorstellungsbildung durch Zeichnen. Hier geht es um das Voraus-Denken, das Entwerfen und Planen von Gegenständen und/oder Funktionen, die noch nicht oder nicht in ihrer endgültigen Form vorhanden sind. Die Zeichnung ist hier die Niederschrift eines Gedankens, einer Gedankenkette, bei der ähnliche Phänomene auftreten, wie sie etwa Kleist in seinem Essay „Über die allmähliche Verfertigung der Gedanken beim Reden" beschreibt, also eine „allmähliche Verfertigung der Vorstellung beim Zeichnen". Die Zeichnung wird mit jedem Strich, mit dem sie dem Vorgestellten ähnlicher wird, auch konkreter. Das ist besonders für Schüler wichtig, die entwicklungsbedingt ihre Denkbemühungen so oft und so lange wie möglich am Konkreten ausrichten müssen.

Im Vergleich mit der Zeichnung technischer, realer Gegenstände können dem jungen Kind topologische Grunderfahrungen einsichtig werden, die anders in der unbewußten Einhaltung von Lagegesetzmäßigkeiten unerkannt bleiben; das Benachbarte und das Getrennte, Offenes und Abgeschlossenes, Begrenztes.

Beispiel für eine interessante Entwicklungszwischenstufe ist die folgende Zeichnung eines achtjährigen Mädchens. Die Struktur der Wohnung, die Gliederung der Räume um den Vorraum ist gut erfaßt, „Nachbarschaftsverhältnisse" hingegen bleiben noch ungeklärt. Was „hinter der Wand" ist, wird nicht eindeutig festgestellt. Besonders auffällig: Das Fenster im Wohnraum (= dunkle Fläche) zum Balkon hinaus „kommt dort nicht an".

Dem älteren Heranwachsenden sind dann Begriffe wie Kongruenz, Teilung, Gleichheit und Verschiedenheit, Symmetrie, Parallelität deutlich. Das, was bisher über das Zeichnen von Gegenständen allgemein gesagt worden ist, gilt

Abbildung 1: Aufnahme des Grundrisses der eigenen Wohnung (Mädchen, etwa acht Jahre)

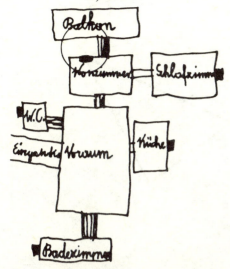

im besonderen und stark erweiterten Maße auch für das „technische Zeichnen", also für die regelgebundene Darstellung technischer Gegenstände und ihrer Funktionen. So muß in jeder Funktionsdarstellung ein Zeitfaktor mitgedacht und mitgezeichnet werden, und bestimmte Darstellungseinzelheiten müssen in eine knappe Symbolform übersetzt werden. Dabei ist es durchaus möglich, daß jeder Zeichnende zunächst ganz individuelle Zeichen entwickelt, die verhältnismäßig realitätsnah sind. Sie werden später auf weitgehend schematisierte, „verabredete" Zeichen umgestellt und zuletzt zu Symbolen umgeformt, die nicht realbezogen zu sein brauchen (Symbolbildung als Prozeß). Mit solchen Symbolen können allgemeinverständlich Bewegungen in Richtung, Stärke und Dauer oder Wirkungen vektoriell dargestellt werden. Beim Zeichnen von Schaltungen und Diagrammen verwendet man fast ausschließlich Symbole. Für den geübten Zeichner sind sie ebenso leicht zu „lesen" wie die Schrift.

Im Bereich der Technik, etwa in der Getriebelehre, finden sich Funktionseinzelheiten, die nur durch überaus schwierige mathematische Operationen höchst unanschaulich, durch eine Phasenskizze oder eine knappe Folge von Zeichnungen hingegen sinnfällig dargestellt werden können. Funktionsunterschiede, die selbst an einem Funktionsmodell nur sehr schwer zu beobachten sind, können dabei deutlich ablesbar gemacht werden. Die Geschwindigkeitsunterschiede in der Bewegung des Getriebes (vgl. Abbildung 2) werden weder durch länger dauernde Beobachtung noch durch Messungen mit schulüblichen Mitteln „erfaßbar".

Zeichnen heißt, Körperhaft-Räumliches auf einer Fläche darzustellen. Hieraus entwickeln sich bestimmte Schwierigkeiten. Sie begründen sich aus der menschlichen Wahrnehmungsstruktur und ihren besonderen Regeln, die darauf beruhen, daß wir Körperlichkeit im euklidischen Raum wahrnehmen. In dieser Struktur entsteht unser Weltbild. Die zweidimensionale Zeichnung verlangt die Ablösung von dieser Wahrnehmungseigenheit. Die langwierige Suche nach immer neuen scheinräumlichen/perspektivischen Darstellungsformen verweist auf die Bedeutung dieses Problems, hat es aber bisher nicht lösen können.

Auffällig ist dabei, daß der Ablösungsvorgang heranwachsenden Mädchen (10–14 Jahre) mühsamer und unvollkommener gelingt als gleichaltrigen Jungen, beispielsweise, daß es ihnen schwerer fällt, Gezeichnetes in Körperhaft-Räumliches umzudenken. Ohne besondere Förderung erwerben sie diese Fähigkeit auch in einer späteren Entwicklungsphase nicht (vgl. MACCOBY 1979). Vor allem mit Mädchen ist daher das Umdenken räumlich-körperhafter Formen in die Sprache der Zeichnung und, umgekehrt, der Zeichnung in echte Raumvorstellungen systematisch und in kleinen Schritten zu üben.

Zeichnen

Abbildung 2: Funktionsskizze einer Kurbelschwinge

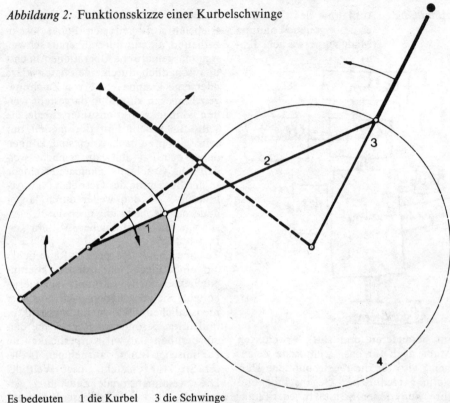

Es bedeuten 1 die Kurbel   3 die Schwinge
                2 die Koppel   4 „gedachter" Drehkreis der
                                     Schwinge; sie bewegt sich
                                     nur in Richtung der beiden
                                     Pfeile
               (das Gestell ist nicht mitgezeichnet)
Bei ● weitester Ausschlag der Schwinge nach rechts (durchgezogene Linien),
    ▼ weitester Ausschlag der Schwinge nach links (Strichlinien; die Kurbel wird durch die
       darüberliegende Koppel verdeckt).
Das gerasterte Feld im kleinen Kreis zeigt den Weg, den die Kurbel zurücklegt, wenn die Schwinge sich von ● nach ▼ bewegt (Linksbewegung); das weiße Feld zeigt die Gegenbewegung (Schwingen nach rechts). Bei gleichmäßiger Kurbeldrehung muß die Rückwärtsbewegung (▼ nach ●) *langsamer* ablaufen als die Linksbewegung, da die Kurbel dazu einen längeren Weg zurückzulegen hat.

BUNDESINSTITUT FÜR BERUFSBILDUNG (Hg.): Lehrprogramm zum Technischen Zeichnen, Berlin 1980. MACCOBY, E.: Die Psychologie der Geschlechter: Implikationen für die Erwachsenenrolle. In: SULLEROT, E. (Hg.): Die Wirklichkeit der Frau, München 1979, S. 284 ff.

Horst Dinter

Zeitung

Schüler und Zeitung. „Heute beginnen die Kinder sehr früh, im Hause Zeitung zu lesen, nicht immer mit dem Gewinn, den sie davon haben könnten, wenn sie wüßten, wie man Zeitungen liest. Sollte die Schule hier nicht die wichtige Aufgabe erfüllen, ihren Zöglingen als wertvolles Vermächtnis fürs Leben die Fähigkeit zu vermitteln, die Zeitung richtig und wesentlich zu lesen, nicht wahllos und oberflächlich? Man kann das gar nicht ernst genug nehmen, wenn man sich einmal vor Augen hält, daß die Zeitung für den größten Teil unseres Volkes nach der Schulentlassung oft die einzige Lektüre, die einzige geistige Nahrung ist und bleibt" (POLLIN 1928, S. 101).

Diese über ein halbes Jahrhundert alte Zustandsbeschreibung und Zielsetzung gilt heute noch gleichermaßen, wie eine neue Untersuchung bereits im Titel zu erkennen gibt: „Massenmedien und Journalismus im Schulunterricht. Eine unbewältigte Herausforderung" (WILKE/ESCHENAUER 1981). Die Verfasser führen ihr Ergebnis auf das bislang zu geringe Interesse der Publizistik an der Schule zurück. Das distanzierte Verhältnis von Schule und Zeitung folgt ebenso aus der Tatsache, daß die Schule nur gelegentlich und nicht systematisch diesen bedeutenden Informationsmittler zum Gegenstand von Unterricht gemacht hat. Ein neuer Ansatz zeichnet sich ab durch das Projekt „Zeitung in der Schule" von BRAND/SCHULZE (vgl. 1982), bei dem sich Schüler 13 Wochen lang in allen Fächern mit Zeitungen auseinandersetzen und dabei den richtigen, das heißt verständigen Umgang mit dem Medium erlernen sollen.

Verändert hat sich seit Pollins Äußerung die Bedeutung der Zeitung durch die Konkurrenz der neuen Massenmedien, Radio und Fernsehen. Nach WILKE/ESCHENAUER (vgl. 1981, S. 17) wenden sich in der Bundesrepublik Schüler zwischen 6 und 17 Jahren durchschnittlich zwei Stunden pro Tag den Massenmedien zu: 62% der Zeit sitzen sie vor dem Fernseher, 32% der Zeit hören sie Radio, für die Tageszeitung bleiben nur 7%, also rund acht Minuten. Diese Zahlen unterstreichen die große Attraktivität des aktionsreichen, den Zuschauer freilich zur Passivität verleitenden Fernsehens, während Radiohören als „Nebenbei-Beschäftigung" genutzt wird. Die Zeitung hingegen fordert uneingeschränkte Aktivität seitens des Konsumenten.

Das Interesse der Schüler konzentriert sich auf wenige Inhalte der Zeitung. Im Mittelpunkt stehen Sensationsmeldungen, Sportberichte und Lokalnachrichten. Nur geringe Aufmerksamkeit finden überregionale Nachrichten aus Kunst und Wissenschaft, Anzeigen und Ereignisse, am Ende der Skala rangieren Wirtschaft und Politik, wie mehrere Schülerbefragungen übereinstimmend ergaben (vgl. BRAND/SCHULZE 1982, S. 205; vgl. FUCHS 1980, S. 42).

Grundstrukturen des Mediums: Information, Selektion, Manipulation, Werbung. Die Zeitung ist ein wesentliches Element der demokratischen (Massen-)Gesellschaft. Ihre Aufgabe: „jüngstes Gegenwartsgeschehen in kürzester regelmäßiger Folge der breitesten Öffentlichkeit" zu vermitteln (DOVIFAT 1967, S. 8), um damit den Grund zu legen für unabhängige, sachbezogene und sachgerechte Meinungsbildung und Sachentscheidungen der Bürger. Denn „der Mensch von heute ist nur insoweit vollwertiger Bürger, als er eine genaue und vollständige Kenntnis der Dinge hat, die die Welt bewegen und formen" (CLAUSSE 1967, S. 12). Das darf nicht zu der Annahme verleiten, daß die Zeitung ein wert- und wertungsfreier Mittler ist. Das Gegenteil trifft zu, wie ein Blick in die zahlreichen Zeitungen offenbart. Bereits die Auswahl der gedruckten Informationen aus der Gesamtmenge aller von Agenturen übermittelten Informationen setzt eine Wertung voraus. Die Zeitung öffnet ihrem Leser ein „Fenster", durch das er die Welt anschaut. Damit steuert sie seine Wahrnehmung der Welt infolge der Position dieses „Fensters" (vgl. Abbildung 1).

Abbildung 1: Die Zeitung als Wahrnehmungsfilter

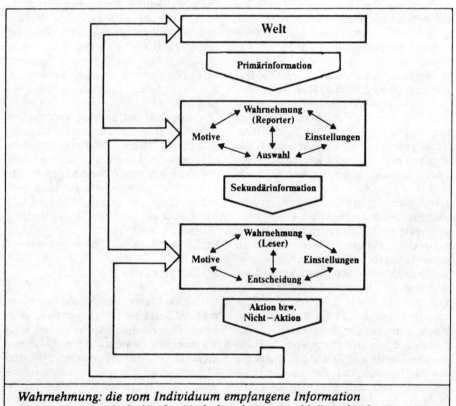

(Quelle: VOLKMANN 1982, S. 8)

Sofern dem Leser mehrere „Fenster" zur Wahl stehen, gibt es keine Einwände dagegen. Erst wenn diese Wahlmöglichkeit durch wirtschaftlich begründete Konzentration der Pressepublikationen eingeengt wird, erwachsen aus der nicht mehr vorhandenen Informationsvielfalt Gefährdungen für die Gesellschaft. Auch nimmt der Leser aus der ihm zugängigen Informationsmenge nur einen Teil wahr. Darüber hinaus will eine Zeitung auch beeinflussen durch Kommentare, Leitartikel und Glossen, in denen der Journalist seine Auffassung zur Diskussion stellt und den Leser zu überzeugen sucht (vgl. Abbildung 2).

Die Meinungswerbung kann dazu verleiten, Denkklischees zu übernehmen und das Denken des Lesers einzuschränken. Diese „veröffentlichte Meinung"

Abbildung 2: Textliche Darstellungsformen in der Zeitung

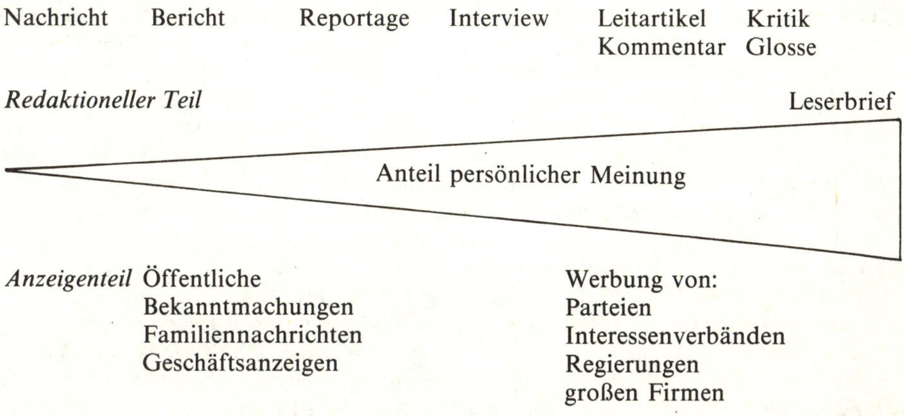

Nachricht   Bericht   Reportage   Interview   Leitartikel   Kritik
                                                             Kommentar   Glosse

Redaktioneller Teil   Leserbrief

Anteil persönlicher Meinung

Anzeigenteil Öffentliche   Werbung von:
              Bekanntmachungen   Parteien
              Familiennachrichten   Interessenverbänden
              Geschäftsanzeigen   Regierungen
                                                        großen Firmen

muß klar von der „reinen" oder „erläuterten" Information getrennt sein, da der Leser sonst der Möglichkeit zu eigener Meinungsbildung beraubt wird. Insbesondere die Boulevardpresse mißachtet dieses Gebot häufig und schreckt nicht zurück, wegen des Verkaufserfolges Informationen bewußt zu verzerren oder gar zu fälschen. Die Informationen einer Zeitung sind nie „objektiv wahr", sollten aber unbedingt „subjektiv wahrhaftig" sein.

Um einen großen Leser-(Käufer-)Kreis anzusprechen, bietet die Zeitung inhaltlich ein breites Spektrum an, das (fast) alle Lebensbereiche einbezieht und die Komplexität der Gesellschaft spiegelt, freilich mit den bereits genannten Einschränkungen, die maßgeblich von Auflagenhöhe, Verbreitungsgebiet, Erscheinungsweise (täglich/wöchentlich/monatlich) bestimmt werden. Eine große überregionale Tageszeitung hat einen ausführlicheren Wirtschafts- und Feuilletonteil als eine kleine Lokalzeitung, eine Wochenzeitung kann längere Reportagen bringen als eine Tageszeitung, bei monatlich erscheinenden (Fach-)Zeitschriften liegt auf ihnen das Hauptgewicht.

Neben redaktionell aufbereitete Mitteilungen treten private, die das Dienstleistungsunternehmen Zeitung verbreitet. Tageszeitungen decken rund 70% ihrer Unkosten durch diese Einnahmen. Bei den zahlreicher werdenden Anzeigenblättern, die ausschließlich Werbezwecken dienen, findet eine Umkehrung statt. Einige Lokalnachrichten werden zwischen die Anzeigen gestreut, um das Druckbild optisch aufzulockern.

Nicht jede Anzeige soll für ein Produkt werben, indem sie Bedürfnisse weckt oder schafft und die Handlungen der Leser in einer bestimmten Weise beeinflußt. Einige wollen nur etwas öffentlich mitteilen, weil die Zeitung eine bequeme und kostengünstige Möglichkeit dazu bietet: Bekanntmachungen von Gemeinden, Kreisen, Versorgungsunternehmen oder Familienanzeigen. Andere wenden sich an bestimmte Zielgruppen wie Mieter, Vermieter, Autokäufer.

Außer diesen Sachinformationen können Anzeigen auch Meinungen verbreiten wollen. Die Reisewerbung eines Landes, Informationen von Verbänden, Parteien, Regierungen und Firmen – etwa über die Umweltfreundlichkeit ihrer Produkte – verfolgen dieses Ziel (vgl. Abbildung 2).

Im Vergleich zu den anderen Massenmedien hat die Zeitung den Vorteil, jederzeit greifbar zu sein und eine schnelle Überblickinformation zu gestatten. Ton- und Videokassetten machen zwar auch von Sendezeiten unabhängig, setzen aber zusätzliche Geräte voraus. Die Bildschirmzeitung verliert den Vorteil der Zeitung (direkter Zugriff), erhöht aber die Aktualität.

Zeitung und Unterricht. Da Schule auf das Leben vorbereiten will, muß die Einübung des verständigen Umgangs mit Massenmedien ein Hauptanliegen sein (vgl. BAACKE 1983, S. 99 ff.). Die wesentlichen Merkmale der Zeitung,
- ihre öffentliche Aufgabe,
- die Auswahl ihrer Inhalte gemäß der Bedeutung (Lebensnähe) für den Adressaten, wobei eine gewisse Subjektivität in der Darstellung nicht ausgeschlossen, sondern angestrebt wird,
- durch Überzeugen Handeln auslösen wollen,
- die lebendige Darstellung und Anwendung des Prinzips der variierenden Wiederholung,
- die Möglichkeit der inneren Differenzierung der Leserschaft durch ein breites Themenspektrum,
- der Einsatz verschiedener Darstellungsformen wie Bilder, Texte, Graphiken, Zahlen,
- die Berücksichtigung psychologischer Wirkungen in der optischen Gestaltung, um die Aufnahmebereitschaft der Leser zu erhöhen,

lassen die partielle, jedoch keineswegs künstliche Parallelität in der Zielsetzung von Unterricht und Zeitung erkennen. Beide berufen sich auf „Freiheiten" (der Lehre/der Meinung). Der Einbezug von Zeitungen in den Unterricht wird dadurch wesentlich erleichtert. Die Medien- und Methodenvielfalt der Zeitung legt den Vergleich mit dem Schulbuch nahe, der auch hinsichtlich der Zielsetzung (durch Überzeugen Handeln auslösen), des Prinzips der Wiederholung und der Einbahnstraße der Kommunikation zutrifft.

Vom systematisch aufgebauten Schulbuch unterscheidet die Zeitung das von ihr gezeichnete lebensnahe, daher episodische und planlose „Welt-Bild" sowie die Sprache. Um den freiwillig Lesenden möglichst oft zur Zeitung greifen zu lassen, wecken zündende Schlagzeilen Neugierde und Interesse, ist die Sprache aus dem Alltag gegriffen und gut verständlich.

Die Arbeit an und mit der Zeitung im Unterricht kann unter folgenden curricularen Gesichtspunkten erfolgen:

Zeitung als Gegenstand kritischer Analyse. Wie die Schule sucht die Zeitung den Adressaten zu beeinflussen, ihn zu einem bestimmten Verhalten zu bewegen. Im Gegensatz zur Schule braucht sie ihre Ziele nicht zu rechtfertigen, ihre Erfüllung wird nicht von außen überwacht. Diesen Sachverhalt muß der Unterrichtende beim Einsatz von Zeitungsmaterialien berücksichtigen und darüber hinaus den Schülern sichtbar machen. Dies läßt sich offenlegen durch den Vergleich der verschiedenartigen Darstellung und Bewertung eines Ereignisses durch mehrere, am gleichen Tag erschienene Zeitungen. Der Schüler erhält dadurch Kriterien, die ihn befähigen, aus der Fülle des Angebots die informierenden von den „sensationssüchtigen" Zeitungen zu trennen. Er muß erfahren, daß bewußt und unbewußt Meinungen manipuliert werden, und fähig sein, dies zu erkennen. Zweifellos ist dies kein Auftrag an das einzelne Fach, sondern an die Schule in ihrer Gesamtheit. Allerdings können im jeweiligen Fachunterricht unterschiedliche analytische Hilfen vermittelt werden, mit denen sich der Wahrheitsgehalt einer Meldung überprüfen läßt.

Zeitungsmeldung als Motivation. Besonders in gesellschaftswissenschaftlichen Fächern übernimmt die Zeitung die Funktion der Motivation. Bereits die zündende Schlagzeile rückt den Gegenstand so in den Fragehorizont der Schüler, daß sie „sofort das Unterrichtsge-

spräch oder die Arbeit in Gang bringen und die ganze Unterrichtsstunde tragen" kann (ENGELHARDT 1975, S. 9).
Schlagzeilen können motivieren durch unglaubliche oder scheinbar widersinnige Aussagen, aber auch durch unvollständige Informationen oder ungewöhnliche Vergleiche.
Motivierend ist auch die Gegenüberstellung der im Schulbuch mit der in der Zeitung dargestellten Wirklichkeit, etwa beim Bau einer Umgehungsstraße, bei der Durchführung einer Demonstration, bei der Analyse des Wohnungs- oder Stellenmarktes.
Karikaturen wirken in höheren Klassen gesprächsfördernd, da ihre verkürzte, pointierte, bisweilen überzeichnete Aussage nicht leicht zu fassen ist. Sie müssen aus der Zeichensprache in die Normalsprache „übersetzt" werden.
„Lebensnähe" schafft eine spannende Reportage, die den Schüler in ihren Bann zieht und für ihn zu einer originalen Begegnung mit einem Sachverhalt werden kann.

Zeitungsmeldung als Informationsquelle.
Bereits im Vorfeld von Unterricht trägt die Zeitung zur Information von Schülern und Lehrer bei, wobei letzterer gezielt lesen und auswählen sollte. Darüber hinaus können Zeitungsartikel zur Aktualisierung von Schulbüchern beitragen. Wochenzeitungen und Monatszeitschriften können mit Hilfe ihrer großen Nachrichtenapparate so fundierte Berichte bringen, daß sie als Fallstudie das Schulbuch ergänzen. Da in Zeitungen rein fachspezifische Themen nur selten auftreten, wird damit Unterricht zu einer fachübergreifenden Betrachtungsweise geöffnet. Um Unterricht längerfristig planen zu können, bestimmte Zeitungsberichte aber nicht vorhersehbar sind, ist es sinnvoll, für den Schulbedarf ein Zeitungsarchiv nach fachspezifischen/fachübergreifenden Stichworten geordnet anzulegen.

BAACKE, D.: Massenmedien und Sozialisation. In: Enzyklopädie Erziehungswissenschaft, Bd. 8, Stuttgart 1983, S. 90 ff. BRAND, P./SCHULZE, V. (Hg.): Medienkundliches Handbuch. Die Zeitung, Braunschweig 1982. CLAUSSE, R.: Publikum und Information. Entwurf einer ereignisbezogenen Soziologie des Nachrichtenwesens, Köln/Opladen 1967. DOVIFAT, E.: Zeitungslehre, Bd. 1, Berlin 1967. ENGELHARDT, W. (Hg.): Aus der Presse für die Praxis, Regensburg 1975. FISCHER, H. D. (Hg.): Lehr- und Lernmittel „Presse". Beiträge zur Medienpädagogik, Ratingen/Kastellaun/Düsseldorf 1979. FUCHS, G.: Zeitungsberichte im Erdkundeunterricht, Stuttgart 1980. HASUBEK, P./GÜNTHER, W.: Sprache der Öffentlichkeit. Informierende Texte und informatorisches Lesen im Unterricht, Düsseldorf 1973. HOPPENKAMP, H. (Hg.): Medium Zeitung. Modelle für den Deutsch- und Politikunterricht, Düsseldorf 1978. POLLIN, F. W.: Die Zeitung in der Schule. In: Preuß. Lrztg. 9 (1928), 97, S. 101. REINISCH, L. (Hg.): Werden wir richtig informiert? Massenmedien und Publikum, München 1964. SCHWARZ, R. (Hg.): Didaktik der Massenkommunikation, 2 Bde., Stuttgart 1974/1976. VOLKMANN, H.: Die Zeitung. Öffentlicher und privater Mitteilungsträger. In: Prax. Geogr. 12 (1982), 3, S. 4 ff. WILKE, J./ESCHENAUER, B.: Massenmedien und Journalismus im Schulunterricht. Eine unbewältigte Herausforderung, Freiburg/München 1981.

Hartmut Volkmann

Abkürzungsverzeichnis der zitierten Zeitschriften

a) deutschsprachige Zeitschriften

Ästh. u. Komm.	– Ästhetik und Kommunikation
a. pol. u. zeitgesch.	– aus politik und zeitgeschichte
Arb. + Lern.	– Arbeiten + Lernen
Arch. f. d. ges. Psych.	– Archiv für die gesamte Psychologie
Aufg. u. Wege d. Philu.	– Aufgaben und Wege des Philosophieunterrichts
aula	– aula: Arbeitsmittel, Unterrichtshilfen, Lehrmittel, Ausstattungen
Auslki.	– Ausländerkinder
BDK-Mitt.	– BDK-Mitteilungen (Bund Deutscher Kunsterzieher)
betr. e.	– betrifft: erziehung
bild d. w.	– bild der wissenschaft
Bl. f. Taubstummenb.	– Blätter für Taubstummenbildung
Blickp. Sbuch.	– Blickpunkt Schulbuch
B. u. E.	– Bildung und Erziehung
D. berb. S.	– Die berufsbildende Schule
D. Dt. Ber.- u. Fachs.	– Die Deutsche Berufs- und Fachschule
D. Dt. S.	– Die Deutsche Schule
D. Dtu.	– Der Deutschunterricht
D. Dt. Univ.-Ztg.	– Die Deutsche Universitäts-Zeitung
D. Erdku.	– Der Erdkundeunterricht
d. ev. erz.	– der evangelische erzieher
Did. d. Phil.	– Didaktik der Philosophie
Disk. Dt.	– Diskussion Deutsch
D. Grunds.	– Die Grundschule
D. math. u. natw. U.	– Der mathematische und naturwissenschaftliche Unterricht
D. N. Spr.	– Die Neueren Sprachen
Dt. Z. f. Phil.	– Deutsche Zeitschrift für Philosophie
Engl.-Am. Stud.	– Englisch-Amerikanische Studien
Geogr. im U.	– Geographie im Unterricht
Geogr. Rsch.	– Geographische Rundschau
Geogr. u. S.	– Geographie und Schule
Gess.	– Gesamtschule
Gess.-Info.	– Gesamtschul-Informationen
Geschdid.	– Geschichtsdidaktik
Gesch. in W. u. U.	– Geschichte in Wissenschaft und Unterricht
Hefte z. Fachdid. d. Geogr.	– Hefte zur Fachdidaktik der Geographie
horus	– horus: Marburger Beiträge zum Blindsehen
Int. Sbuchfo.	– Internationale Schulbuchforschung
Int. Z. f. Ew.	– Internationale Zeitschrift für Erziehungswissenschaft
J. f. Math.-Did.	– Journal für Mathematik-Didaktik

Jug., Film, Ferns. (Vjs.)	– Jugend, Film, Fernsehen: Vierteljahresschrift des Wissenschaftlichen Instituts für Jugendfilmfragen, München
Katech. Bl.	– Katechetische Blätter
Kunst u. U.	– Kunst und Unterricht
Leb. S.	– Lebendige Schule
Ling. u. Did.	– Linguistik und Didaktik
Media Persp.	– Media Perspektiven
medien u. e.	– medien und erziehung
Mitt. d. GVT	– Mitteilungen der Deutschen Gesellschaft für Verhaltenstherapie (DGVT)
Mitt. f. Hochsgeogr.	– Mitteilungen für Hochschulgeographie
Natw. im U. – Phys./Chem.	– Naturwissenschaften im Unterricht – Physik/Chemie
N. Prax.	– Neue Praxis
N. Samml.	– Neue Sammlung
Org. f. Taubstb.	– Organ für Taubstummenbildung
päd. extra	– päd. extra
Päd. Arbbl.	– Pädagogische Arbeitsblätter
Phil.: Anreg. f. d. Uprax.	– Philosophie: Anregungen für die Unterrichtspraxis
Photo – Tech. u. Wirtsch.	– Photo – Technik und Wirtschaft
Pol. Did.	– Politische Didaktik
Prax. Dt.	– Praxis Deutsch
Prax. d. Math.	– Praxis der Mathematik
Prax. d. nspr. U.	– Praxis des neusprachlichen Unterrichts
Prax. Geogr.	– Praxis Geographie
Preuß. Lrztg.	– Preußische Lehrerzeitung
Progr. Lern. u. progr. U.	– Programmiertes Lernen und programmierter Unterricht
Progr. Lern., Utech. u. Ufo.	– Programmiertes Lernen, Unterrichtstechnologie und Unterrichtsforschung
P. Rsch.	– Pädagogische Rundschau
psych. heute	– psychologie heute
Psych. Beitr.	– Psychologische Beiträge
Psych. Fo.	– Psychologische Forschung
Psych. Rsch.	– Psychologische Rundschau
P. Welt	– Pädagogische Welt
R. d. Jug. u. d. Bwes.	– Recht der Jugend und des Bildungswesens
Rel. heute	– Religion heute
Rundf. u. Ferns.	– Rundfunk und Fernsehen
Sachu. u. Math. in d. Grunds.	– Sachunterricht und Mathematik in der Grundschule
s. managem.	– schul management
SO – S.- u. Uorganisat.	– SO – Schul- und Unterrichtsorganisation
Sportp.	– Sportpädagogik
Spr. im techn. Zeitalter	– Sprache im technischen Zeitalter
Sreform.	– Schulreform
S. u. Psych.	– Schule und Psychologie
Th. u. Prax d. Erwb.	– Theorie und Praxis der Erwachsenenbildung
U. Biol.	– Unterricht Biologie

Uw.	– Unterrichtswissenschaft
Weiterb. u. Medien	– Weiterbildung und Medien
Westerm. P. Beitr.	– Westermanns Pädagogische Beiträge
Z. f. angew. Psych.	– Zeitschrift für angewandte Psychologie
Z. f. d. Blinden- u. Sehbehindbwes.	– Zeitschrift für das Blinden- und Sehbehindertenbildungswesen
Z. f. Did. d. Phil.	– Zeitschrift für Didaktik der Philosophie
Z. f. exp. u. angew. Psych.	– Zeitschrift für experimentelle und angewandte Psychologie
Z. f. Grupp.	– Zeitschrift für Gruppenpädagogik
Z. f. Kunstp.	– Zeitschrift für Kunstpädagogik
Z. f. Litw. u. Ling.	– Zeitschrift für Literaturwissenschaft und Linguistik
Z. f. P.	– Zeitschrift für Pädagogik
Z. f. Psych.	– Zeitschrift für Psychologie
Z. f. Psychother. u. med. Psych.	– Zeitschrift für Psychotherapie und medizinische Psychologie
Zentrbl. f. Did. d. Math.	– Zentralblatt für Didaktik der Mathematik

b) englischsprachige Zeitschriften

Am. E. Res. J.	– American Educational Research Journal
Comput. Graph. and Comput. Process.	– Computer Graphics and Computer Processing
E. Res.	– Educational Research
E. Reser.	– Educational Researcher
e. tech.	– educational technology
eur. j. of soc. psych.	– european journal of social psychology
Harv. E. Rev.	– Harvard Educational Review
Int. J. of Man-Machine Stud.	– International Journal of Man-Machine Studies
Int. J. of Psych.	– International Journal of Psychology
J. of E. Measurem.	– Journal of Educational Measurement
J. of Exp. Soc. Psych.	– Journal of Experimental Social Psychology
J. of Persty. and Soc. Psych.	– Journal of Personality and Social Psychology
Psych. Rev.	– Psychological Review
S. and Society	– School and Society
Scandin. J. of E. Res.	– Scandinavian Journal of Educational Research
Sociom.	– Sociometry
S. Sc. and Math.	– School Science and Mathematics
Stud. in Sec. Lang. Acquis.	– Studies in Second Language Acquisition
Teachers Coll. Rec.	– Teachers College Record
The J. of E. Psych.	– The Journal of Educational Psychology
The J. of Soc-Psych.	– The Journal of Social Psychology

c) französischsprachige Zeitschrift

Rev. Franç. de Psychoanal.	– Revue Française de Psychoanalyse

Register

Namenregister

Das Namenregister enthält alle in diesem Band genannten Namen von Personen und Institutionen, wie Berufsvereinigungen, Fachverbände, nationale und internationale Kooperationen, Kommissionen und weitere Zusammenschlüsse im Bildungsbereich. Es ist grundsätzlich jede Seite aufgenommen worden, wo der Name **genannt** wird.
Bei einem Namen, dem kursive Seitenzahlen folgen, handelt es sich um den Namen eines Autors dieses Bandes. Die kursiven Seitenzahlen verweisen auf seinen Beitrag.
Ein → findet sich hinter der Abkürzung von Institutionennamen. Er verweist auf den vollständigen Namen der Institution, unter dem sich die Seitenangaben befinden.

Sachregister

Das Sachregister enthält Verweise auf die Titel der Lexikonbeiträge und auf alle Textstellen sowohl des Handbuch- als auch des Lexikonteils, die Auskünfte über das betreffende Stichwort enthalten.
Auf lexikalische Artikel, die ein Stichwort gesondert behandeln, wird durch Fettdruck des Stichwortes und kursiv gesetzte Seitenangaben besonders hingewiesen.
Institutionen, wie Berufsvereinigungen, Fachverbände, nationale und internationale Kooperationen, Kommissionen und weitere Zusammenschlüsse im Bildungsbereich enthält das Namenregister.
Ein ↗ verweist auf verwandte Begriffe, die in einem inhaltlichen Zusammenhang mit dem bereits genannten Terminus stehen.
Ein → bedeutet, daß die gesuchte Information nicht unter diesem, sondern unter einem anderen Stichwort gegeben wird.

Namenregister

Abt, C.C. 40, 49
Acham, K. 504, 508
Achilles, F.W. 574
Achtenhagen, F. 28, 49f., 259, 266
Adl-Amini, B. 54ff., 71, 669
Adler, A. 426
Adolf-Grimme-Institut 469, 471, 527f.
Adorno, Th.W. 60, 71, 491, 496
Adrian, W. 589
Aebli, H. 60, 71, 155, 158, 273, 276, 278, 353, 363, 377, 379, 533, 642f.
Agamemnon 482
Agfa 453
Ahrens, E. 643
Akademie Remscheid 615
Alhazen 452
Alisch, L.-M. 30, 49
Alkibiades 491
Allen, C.R. 66, 71
Allendorf, O. 395, 398, 537, 541
Alshuth, D. 512
Althaus, H.P. 267
Altvater, E. 411
Altvater, E., E. 409
Ammon, U. 266
Anacker, F. 534f.
Anderson, H.H. 136f., 140f.
Andre-Deitert, W. *444-448, 448-451, 452-454, 621-624, 659-661*
Anschütz, H. 371
Antenbrink, H. 126, 128
Antoch, R.F. 363
Antons, K. 64, 71
Anwander, G. 342ff., 363
Anweiler, O. 591, 593
Anzinger, W. 399
Apel, K.-O. 214, 227
Arbeitsgemeinschaft der öffentlich-rechtlichen Rundfunkanstalten der Bundesrepublik Deutschland (ARD) 445, 447
Arbeitsgemeinschaft Deutscher Lehrerverbände 586
Arbeitsgruppe Orientierungsstufe an der PH Niedersachsen, Abteilung Lüneburg 421
Arbeitsgruppe Team-Kleingruppen-Modell 628
Arbeitsstätte für Gruppenpädagogik Haus Schwalbach 146
ARD → Arbeitsgemeinschaft der öffentlich-rechtlichen Rundfunkanstalten der Bundesrepublik Deutschland
Aregger, K. 128f.

Arfeuil, J.-P. 40, 52
Argyle, M. 499f.
Ariès, Ph. 495f.
Aristoteles 213, 218, 383
Arlin, M. 638f.
Arlt, W. 405
Armbruster, B. 28, 49, 89, 104, 470, 528
Arnold, W. 425f.
Aschersleben, K. 389, 642f.
Athen, H. 405
Auckenthaler, A. 192, 202
Aufermann, J. 470
Augustinus 435, 654
Aurin, K. 413, 420
Ausschuß Deutscher Leibeserzieher 617
Ausubel, D.P. 169, 171, 277f., 331, 425f.
Axline, V.M. 612

Baacke, D. 30, 49, 79, 104, 347, 363, 446, 448, 676f.
Baade, W. 181
Bach, H. 383, 389, 430
Bach, J.S. 90
Bachmair, B. 79, 104, 343, 356, 360, 363, 451
Bachmair, G. 182, 202, 332, 363
Bachmann, M. 484, 486
Bachmann, S. 587f.
Backhaus, U. 305
Baethge, M. 60, 71
Bahro, R. 215, 227
Baldermann, I. 225, 227
Bales, R.F. 135, 141
Ballauff, Th. 122, 128, 502f.
Balovier, S.G. 96f., 103f.
Baltz, U. 225, 227
Bamberger, R. 480, 482
Banaschewski, A. 598
Bandura, A. 78, 104, 160, 162, 167f., 171
Barenbrock, G. 221, 227
Barkowski, H. 260, 262f., 266
Barnes, E.J. 192, 202
Bärsch, W. 427ff.
Barth, H. 224, 227
Barthelmes, J. 470
Basedow, J.B. 475, 581, 662
Bastian, H. 429f.
Bastian, J. 429f., *640-643*
Batz, M. 238, 240, 253
Baudler, G. 227
Baudrillard, J. 491, 496
Bauer, H.F. 439
Bauer, J. 156, 158
Bauer, K.W. 239, 253, 262, 266f., 482, 486, 615

Namenregister

Bauer, L. 345, 363, 546
Bäuerle, W. 429f.
Baumert, J. 627f.
Baumgärtner, A.C. 480, 482, 581, 588
Baumwart-Maurer, E. 430
Baur, K.W. 266
Baur, R.S. 264, 266
Baurmann, J. 188f., 202
Bausch, H. 464f., 470f.
Bausch, K.R. 257f., 266f.
Bausinger, H. 84, 87f., 104
Bayer, W. 348, 353, 363
Bayerischer Rundfunk 447, 465, 527
Bayerischer Schulbuchverlag 298, 305
Bayerisches Staatsministerium für Unterricht und Kultus 146, 158
Beck, J. 305, 347, 363, 495f.
Beck, O. 190, 202f.
Becker, E. 29, 43, 49
Becker, G. 581, 588
Becker, J. 482
Becker, O. 270, 272, 278
Becker, R. 229
Beckmann, H.-K. 27, 49
Behaim, M. 455
Behnken, J. 46, 49
Behörde für Schule, Jugend und Berufsbildung der Freien und Hansestadt Hamburg 430
Behr, K. 550, 553
Behrendt, D. 126, 128
Behrens, G. 80, 104
Beiler, A. 383, 389
Beilharz 425
Beilharz, R. 426
Beilner, H. 348, 358, 363
Beimdick, W. 239, 253, 615
Beinke, L. 316, 321, 327
Beisenherz, H.G. 42, 49
Beljajew, B.W. 258, 266
Bell, G. 405
Bellack, A.A. 58, 71, 656f.
Bellermann, J. 500
Belleville, P. 372, 374
Below, I. 242, 253
Below, P. 182ff., 202
Belser, H. 427, 430
Beneke, K.M. 448
Benjamin, W. 567, 569, 614f.
Benner, D. 15, 19
Bennet, W.R. 405
Benning, E. 437, 439
Bentzien, K. 432f.
Berg, H.Ch. *529-533*
Berg, H.K. 227

Berg, K. 464, 471
Berg, S. 227
Berge, M. 128
Berger, W. 580
Bergius, R. 98, 104, 161, 171
Bergmann, E. 448
Bergmann, K. 363, 505, 508, 564
Bergmann, W. 18, *230-254*
Berliner, D.C. 163, 165, 169, 171, 386, 389
Berliner Arbeitskreis Didaktik 144
Berliner Zentralinstitut für Erziehung und Unterricht 196
Berlyne, D.E. 513
Bernfeld, S. 56, 71, 409, 411, 484, 486, 590
Bernhauser, J. 662, 665
Bernsdorf, W. 152, 158
Bertelsmann, K. 543f.
Bertram, H. 243, 253
Besser, H. 182, 184, 202
Besson, W. 555, 564
Best, P. 34, 49
Bettelheim, B. 481f., 485f.
Betz, D. 193, 202
Betz, F. 222, 227
Betz, O. 17, *209-229*,
Betzen, K. 141
Beumer, D. 642f.
Biegholdt, Ch. 667f.
Biehl, P. 229
Bielefelder Lehrergruppe 299, 305
Bierhoff-Alfermann, D. 179, 202
Biermann, C. 592f.
Bildungstechnologisches Zentrum GmbH, Wiesbaden 395
Biller, K. 594f., 598
Billing, H. 398
Binder, J. 154, 159
Binet, A. 195, 520
Binger, L. 239, 253, 565, 569
Birkel, P. 192f., 202
Birkenhauer, J. 348f., 355, 357, 363
Birth, K. 135, 141
Bittner, G. 493, 496
Black, J. 535
Blaeu, W.J. 473
Blankenagel, A. 116f.
Blankertz, H. 13, 19, 29, 49, 56f., 71, 258f., 266
Blänsdorf, K. 16, 19, 305
Blaschek, H. 372, 374
Blaukopf, K. 636
Bleidick, U. 109, 117
Bloch, E. 124, 129, 214
Blonskij, P.P. 549, 553
Bloom, B.S. 197, 202, 272, 278, 327, 637, 639

Namenregister

Blumenfeld, W. 177, 187, 202
Blumenthal, A. 158, 653
BMBW → Bundesministerium für Bildung und Wissenschaft
Bobertag, O. 187, 195f., 202
Boecken, G. 592f.
Boeckmann, K. 83, 103f., 398, 526, 528
Boehncke, H. 305, 496
Boettcher, W. 43, 49, 59, 71, 349, 362f., 631f.
Böhm, J. 149, 158
Böhme, G. 290, 305
Bohrer, K.H. 380, 382
Bollmann, H. 18, *230-254, 542-544, 565-570*, 612, 614f.
Bollnow, O.F. 37, 44, 49f., 52, 105, 379f., 382, 433, 436, 501, 503, 598, 657
Bolscho, D. 186, 202, 204, 354, 363
Bonfadelli, H. 633, 636
Bonnafont, C. 498, 500
Bono, E. de 400, 402f.
Bönsch, M. 30f., 38, 49f., 159, *374-379, 382-389*, 410f.
Borchardt, J. 79, 104
Borchert, M. 338, 363
Borgers, W. 436
Born, G. 305
Born, H.W. 51
Born, W. 50, 52
Borneman, E. 485f.
Borries, B.v. 18, 80f., 104f., *328-366, 503-509, 555-564*
Bossing, C.N.L. 313, 327, 547f., 553
Bossmann, D. 464
Bower, G.H. 161f., 166, 168, 171, 650, 653
Boyer, L.B. 485f.
Brahn, M. 181, 202
Brameier, U. 536f., 541
Brand, P. 673, 677
Brandes, J. 156, 158
Brandl, G. 436
Brandt, H. 150, 158, 628f.
Brandtstätter, J. 140f., 171
Bratt, M. 405
Bräuer, G. *379-382, 433-436*
Brauer, J. 80, 105
Braun, F. 51
Braun, P. 266ff.
Brauneiser, M. 593
Braunmühl, E.v. 60, 71, 125, 129, 483, 486
Brecht, B. 68, 71, 240, 470, 613, 615
Bredenkamp, J. 162, 171
Bredow, W.v. 482
Breidenbach, W. 271, 278
Breiner, H. 114, 117
Breitinger, E.O. 668

Breitschuh, G. 176, 202
Breloer, G. 42, 50
Bremer Kollektiv 480, 482
Brenner, G. 335, 363
Breuer, K.D. 76, 78f., 105
Brezinka, W. 15, 19, 33, 50
Briese, V. 364
Briggs, D. 189, 202
Brinkmann, G. 28, 50
Brinkmann-Herz, D. 583, 588
Brocher, T. 154, 158
Broich, J. 565, 569
Bronner, R. 444
Brophy, J.E. 42, 50, 419f., 638f.
Brosch, U. 401, 403
Brown, J.S. 512
Brucker, A. 475
Brudny, W. 78
Brügelmann, H. 28, 39, 50, 59, 71
Brügelmann, K. 28, 50
Bruhn, J. 286f., 289f., 305, *404-406, 407-409, 436-439, 534-535*
Brumlik, M. 61, 71
Bruner, J.S. 97ff., 101, 105, 162, 272, 278, 331, 394, 398, 502f., 512ff.
Brunnstein, K. 405
Buber, M. 124, 129
Bubner, C. 239, 253, 613, 615
Buchenau, A., A. 496
Büchner, P. 429f.
Buck, G. 215, 227
Buckingham, R.B. 196, 202
Buddensiek, W. 40, 50, 327, *604-609*
Buer, J.van 266
Bühs, R. 668
Bull, R. 613, 615
Bülow, E. 421, 423
Bund Deutscher Kunsterzieher 254
Bundesarbeitsgemeinschaft Englisch an Gesamtschulen 259, 267
Bundeselternrat 427f.
Bundesgremium für Schulfotografie 453
Bundesinstitut für Berufsbildung 672
Bundesministerium für Bildung und Wissenschaft (BMBW) 430
Bundesvereinigung für Gesundheitserziehung 117
Bundesverfassungsgericht 427
Bung, P. 260, 267
Bunge, M. 534f.
Burbach, K.H. 181, 202
Bürger, W. 155f., 158
Burghardt, F. 405
Burhenne, H. 428, 430
Burk, K. 186, 202, 488ff., 601, 604

687

Namenregister

Burton, R.R. 512
Busch, A. 455
Buschbeck, B. 222, 228
Buschbeck, H. 487, 489f.
Buss, M. 467, 471
Buthig, W. 321, 327
Butzkamm, W. 258f., 267
Buytendijk, F.J.J. 485f.

Caillois, R. 611f.
Callies, E. 519f.
Campbell, D.T. 169, 171
Campe, J.H. 475ff.
Cantril, H. 99, 105f.
Carroll, J.B. 637, 639
Carter, R.S. 179, 202
Caselmann, C. 132ff., 141
Chaplin, Ch. 543
Chase, C.I. 189, 202
Chauncey, H. 187, 196, 202
Chiout, H. 32, 50, 332, 363
Christ, H. 267
Christian, W. 632
Chwarizmi, M. Ibn Musa Al 369
Cicero, M.T. 654
CIEL-Arbeitsgruppe 129, 643, 645f.
Claessens, D. 45, 50
Clausse, R. 673, 677
Claussen, B. 331, 344, 346, 348f., 351, 357, 360, 363
Coburn-Staege, U. 565f., 569, 613, 615
Coffman, W.E. 188, 202
Cohn, R.C. 63f., 71, 124, 129, 226, 228, 421
Columbus 455
Combe, A. 42, 50
Combs, A.W. 520, 522
Comenius, J.A. 125, 432, 518, 530, 533, 574, 586, 599, 601, 654 ↗ Komenský, J.A.
Copei, F. 45, 50
Corell, W. 28, 50
Corno, L. 638f.
Coronelli, V. 455, 460
Coronelli-Weltbund der Globusfreunde 460
Correll, W. 71, 394, 398, 437, 439, 648, 653
Coulomb, Ch.A. de 535
Coulthard, M. 658
Cousinet, R. 145, 158
Cox, R. 177, 187, 202
Craik, F. 166, 171
Crano, W.D. 179, 202
Criegern, A.v. 242f., 253
Cronbach, L.J. 170f., 637, 639
Crowder, N.A. 60, 648ff., 653

Cube, F.v. 30, 50, 362f., *369-371*, 392, 398, *509-512*, *646-653*
CUNA-Autorengruppe 298f., 301, 305
Czymek, H. 589, 593

Daguerre, J.L.M. 452
Dahllöf, U. 193, 203
Dahncke, H. 535
Dahrendorf, M. 267, *475-482*
Dale, E. 89ff., 105, 356f., 363
Dallmann, G. 88, 102, 105
Danto, A.C. 504, 508
Danz, K. 558, 564
Darkow, M. 466, 471
Darwin, Ch. 292
Dauber, H. 430
Daublebsky, B. 40, 50, 520, 612
Davis, A. 179, 203
Davis, G. 400f., 403
Davis, H.S. 629, 632
Dechert, H.-W. 150, 158, 629, 632
Decker, H. 466, 471
Decroly, O., O. 518
Defoe, D. 476, 483
Dehn, M. *518-520*
Dejung, E. 533
Delfs, W. 327
Dera, K. 97, 105
Derbolav, J. 27, 50, 228, 502f.
Derichs-Kunstmann, K. 338, 363
Derschau, D.v. 464
Descartes, R. 491f., 496
Deutscher Ausschuß für das Erziehungs- und Bildungswesen 308, 327
Deutscher Bildungsrat 117, 149, 151, 158, 253, 298, 305, 379, 410f., 420, 430, 546
Deutscher Normenausschuß 536, 617
Deutscher Verband für Angewandte Geographie e.V. 547
Deutscher Volkshochschul-Verband 469, 471
Deutsches Institut für Fernstudien (DIFF) 527, 529
Deutsches Institut für wissenschaftliche Pädagogik 580
Dewey, J. 46, 50, 54, 58, 71, 214, 313, 331, 388f., 548, 554, 576
Dichanz, H. 32, 50, 77f., 105f., 267, 349, 363
Dicker, H. 189f., 203
Dickert, J. 617
Dieck, L. van 67, 71
Dieckmann, J. 354, 363
Diederich, J. 63, 71
Diel, A. 76, 80, 105
Dienes, Z.P. 271, 274, 278, 387, 389

Namenregister

Diesterweg, F.A.W. 125, 128f., 432
Dieterich, R. 410f.
Dietrich, G. 152, 158
Dietrich, I. 257, 259f., 263, 267, 339, 363
Dietrich, Th. 54, 71, 148, 158, 598
Dietz, B. 463f.
Dietze, L. 429f., 484, 486, 593
DIFF → Deutsches Institut für Fernstudien
Diller, A. 471
Dilthey, W. 435f.
Dingeldey, E. 267, 570
Dinkmeyer, D. 522, 626
Dinter, H. *390-392*, 573f., *670-672*
Dirx, R. 484, 486
Dix, U. 339f., 363
Dobbin, J.E. 187, 196, 202
Doedens, F. 227
Dohmen, G. 110, 112, 117
Döhn, H. 353, 363, 504, 508, 555, 564
Döhring, K.W. 357
Dohse, W. 175f., 203
Dolch, J. 66, 71, 427f., 430, 531, 533
Dollard, J. 179, 203
Dollase, R. 125f., 129
Doormann, L. 428ff.
Dörger, H.J. 211, 223, 228
Döring, H. 396, 398
Döring, K.W. 28f., 42, 50, 80, 105, 132ff., 141, 363, 518, 520, 581, 588
Dornhaus, E. 243, 253
Dörpfeld, F.W. 382
Dörr, F. 126, 129
Dörr, M. 555, 564
Dose, R. 661
Douglas, K. 88
Dovifat, E. 673, 677
Dreesmann, H. 515, 517
Drefenstedt, E. 383, 389
Dreher, E. 626, 629
Dreikurs, R. 522, 626
Dreitzel, H.P. 496, 499f.
Drews, U. 128f.
Dröge, F. 469, 471
Drottens, R. 424, 426
Droysen, J.G. 504, 508, 555, 564
Dubin, R. 341, 363
Du Bois-Reymond, M. 65, 71
Duerr, H.P. 495f.
Duit, R. 439
Duke, D.L. 638f.
Duncker, K. 161, 167, 171

Ebbinghaus, H. 195, 203
Ebeling, H. 344, 348f., 353, 356, 363, 504ff., 558, 564, 662, 665

Eberhard, F. 464, 471
Ebert, G. 318, 327
Ebert, H. 567, 569, 615
Ebert, W. 106
Ebinger, H. 348f., 353, 357, 363
Eckert, G. 586ff.
Eckert, M. 316, 327
Eckstein, B. 204
Edelhoff, Ch. 260, 267
Edelstein, W. 36, 50, 629, 632
Edmondson, W. 263, 267
Eells, W.C. 190
Eggenberger, H. 225, 228
Egger, K. 236, 253
Eggersdorfer, F. 382, 389
Eheim, H.D. 184, 203
Ehlers, D. 224, 228
Ehni, H. *643-646*
Eichberg, D. 36
Eichberg, E. 50
Eichel, J. 405
Eichler, W. 189, 203
Eickhorst, A. 517
Eid, K. 242, 244, 253
Eigler, G. 30, 50, 277, 279, 420, 461f., 464
Einsiedler, W. 513f.
Eisenstein, S.M. 449
Elias, N. 496
Elias, W. 493, 495
Elliot, E.C. 177, 189, 204
Ellison, J.W. 102
Ellwein, Th. 254
Elzer, H.M. 129
Endlich, H. 365
Engel, A. 405
Engel, J.J. 218
Engel, U. 260, 267
Engelhardt, W. 677
Engelmayer, O. 181, 203
Engelsing, R. 477
Ennenbach, W. 50
Erasmus 581, 654
Erichson, Ch. 79, 105
Erikson, E.H. 228, 346, 495f.
Ermer, R.G. 339, 363
Ernst, J. 115, 117
Eschenauer, B. 673
Esser, W.G. 224, 228f.
Esterhues, J. 389
Estes, W.K. 162
Eubel, K.-D. 102f., 105
Eucker, J. 106, 240ff., 244, 253
Euler, M. 305
Europarat 372
Evangelische Akademie Bad Boll 430

689

Namenregister

Ewers, M. 305, 535
Exeler, A. 228

Faber, H.v. 261, 267
Fähnrich, H. 320f., 327
Failing, W.-E. 222, 228
Faulstich, W. 471, 636
Feifel, E. 228
Feiks, D. 464
Feil, Ch. 42, 49
Feininger, A. 454
Felbiger, J.I. 575, 580
Feldenkrais, M. 495
Fend, H. 14, 19, 55, 71, 158, 341, 363, 419f., 429f., 593
Fendtel, F. 409
Fenske, P. 344, 363
FeOLL → Forschungs- und Entwicklungszentrum für objektivierte Lehr- und Lernverfahren
Ferdinand, W. 188, 203
Ferenczi, S. 495
Fernuniversität Hagen 528
Ferrière, A. 151, 158, 576, 580
Fest, J. 561
Fetz, F. 235ff., 253
Fey, E. 213, 228
Fey, S. 213, 228
Feyerabend, P. 495f.
Fick, K.E. 348, 357, 363, 473, 475, 547, 555, 564, 574, 665
Fiedler, F.E. 135, 141
Fiege, H. 503f., 507f.
Filser, K. 344, 363f., 564
Fina, K. 331, 335, 349, 354f., 363, 504, 506ff., 558, 563f.
Fingerhut, K.H. 246f., 253, 266f.
Finkenstaedt, T. 257, 267f.
Fiore, Q. 77, 106
Fiorini, M. 460
Fischer, A. 428, 430, 461f., 464
Fischer, G. 512
Fischer, H.D. 677
Fischer, K.G. 365
Fischer, M. 151, 158
Fischer, W. 47, 50, 250, 253
Fisher, G. 187
Fiske, D.W. 193, 203
Fittkau, B. 137, 141, 185, 203
Flanagan, E.J. 619
Flanders, N.A. 139, 141
Flechsig, K.-H. 28, 50, 66, 71, 81f., 88, 105, 258f., 267, 357, 363, 393, 398, 648, 653
Flitner, A. 40, 50, 485f., 601, 612

Flitner, W. 55f., 58, 66, 71, 122f., 129, 143, 145, 158, 397f., 501, 503
Flößner, W. 415, 420
Flügel, O. 643
Foerster, F.W. 590
Foldenauer, K. 80, 105, 253
Forchhammer, G. 113, 117
Forsberg, B. 156, 158
Forschungs- und Entwicklungszentrum für objektivierte Lehr- und Lernverfahren (FEoLL) 395, 398f.
Förtsch, A. 204
Fraas, H.J. 222, 228
Francke, A.H. 599
Frank, H. 50, 79, 84, 88, 93f., 105, 370f., 394, 398, 512, 648, 653
Freese, P. 268
Freie Deutsche Jugend (FDJ) 591
Freie und Hansestadt Hamburg 244, 253, 317, 327
Freinet, C. 151f., 262, 266f., 490, 495f., 576, 667f.
Freire, P. 290, 305
Freise, G. 18, 47f., 50, *280-306*
Freud, S. 493, 495f.
Freudenreich, D. 40, 50
Freudenstein, R. 267
Frey, D. 437, 439
Frey, G. 235, 253
Frey, K. 16, 19, 28, 50, 54, 58, 71, 129, 298, 305, 405, 549, 553, 588
Fricke, R. 197, 199, 203
Friedeburg, L.v. 505, 508
Friederichs, K. 351, 362f., 503, 507f.
Friedrich, D. 420
Friedrichs, K. 382, 389
Fritz, J. 155, 158
Fritzsch, K.E. 484, 486
Fröbel, F. 122, 133, 141, 572, 594, 599, 611
Fröhlich, A. 80, 105, 469, 471
Frommberger, H. 396, 398
Frommelt, B. 181, 203, 327
Frommhold, M. 346, 366
Frör, H. 228
Frör, K. 228
Fuchs, G. 475, 482, 673, 677
Fuhr, R. 158
Furck, C.-L. 591
Furian, M. 428, 431
Fürnrohr, W. 331, 345, 349, 351, 355, 363f., 366
Fürstenau, P. 56, 58, 71, 484, 486, 632
Furtmüller, C. 426
Fusshöller, W. 451
FWU → Institut für Film und Bild in Wissenschaft und Unterricht

Namenregister

Gäbe, L. 496
Gadamer, H.-G. 434, 436
Gage, N.L. 102, 105, 163, 165, 169, 171, 386, 389
Gagel, W. 331, 354, 363, 365
Gagné, R.M. 94, 105, 162, 171, 370f., 377, 379, 394, 397f.
Galinski, D. 562, 564
Galperin, P.J. 60, 71, 385
Gamm, H.-J. 590f., 593
Gansberg, F. 145, 158
Garin, E. 640, 643
Garlichs, A. 28, 38, 50, 421, 423
Garner, W.R. 204
Garve, Ch. 218
Gast, W. 266f.
Gaudig, H. 64, 71, 349, 384, 389, 429, 548, 553, 599
Gauguin, P. 88
Gebauer, G. 495f.
Geest, T. van der 657
Geheeb, P. 532, 594
Gehlen, A. 91
Geiger, W. 427, 431
Geipel, R. 544, 546
Geißler 480
Geißler, E.E. 54, 71, 414, 420, 434, 436, 461f., 464, 521f., *618-621*, 625f.
Geißler, G. 71, 148, 158, 327, 553
Geißler, H. 71
Geißler, R. 480, 482
Gemeinnützige Gesellschaft Gesamtschule (GGG) 150, 156, 158, 628
Georg-Eckert-Institut für Internationale Schulbuchforschung 586, 588
Geppert, K. 378f.
Gerbaulet, S. 430
Gerber, U. 431
Gerdsmeier, G. 444
Gerighausen, J. 260, 267
Gerlach, S. 363
Gerner, B. 341, 363, 503
Gesellschaft für Programmierte Instruktion 394
Gesellschaft zur Förderung des Englischunterrichts 267
GGG → Gemeinnützige Gesellschaft Gesamtschule
Giehrl, H.E. 482
Giel, K. 36, 50, 69, 71, 99, 105, 435f., 643, 646
Giera, F. 642f.
Gies, H. 331, 345f., 351, 353, 355f., 363
Giesecke, H. 50, 331, 347ff., 351, 353ff., 358, 360, 363, 555, 564

Giffei, H. 239f., 253, 613, 615
Gizycki, R.v. 30, 50
Glaser, H. 150, 158, 632
Glaser, R. 59f., 71, 629, 637, 639, 653
Glatzel, M. 211, 214, 228
Glöckel, H. 47, 50, 345, 348f., 353, 363, 504, 508, 555, 558, 564
Glogauer, W. 152, 158
Gloy, H. 228
Glück, G. 343, 365
Gnatz, R. 405
Göbel, R. 260, 267
Goedeke, K. 612
Goeppert, H.C. 657
Goffman, E. 40, 50, 499f.
Gogh, V. van 88
Golding, E.W. 271, 274, 278
Gombrich, E. 101, 105
Good, Th.G. 419f.
Good, Th.L. 42, 50, 638f.
Göpfert, E. 113, 117
Gordon, Th. 65, 67, 71
Görlitz, D. 172
Gosewitz, U. 258, 267
Goslin, D. 141
Gottschaldt, K. 105, 203
Gottwald, P. 172
Goya, F. 562
Graeb, G. 453f.
Gräfe, H. 575, 580
Graham, J.A. 499f.
Grau, R. 80, 105
Graumann, C.F. 98f., 105, 192, 203
Greiffenhagen, M. 436
Grell, J. 62, 71, 362f., 516f.
Grell, M. 362f., 516f.
Greven, J. 477
Grips-Theater 239, 253
Groddeck, N. 38, 50
Groeben, N. 161, 171
Groene, H. 262, 267
Groethuysen, B. 436
Grömminger, A. 482
Groot, A.D. de 178, 203
Groothoff, H.-H. 42, 50, 428, 431, 589
Gropper, G.L. 394, 398
Grössing, S. 235ff., 253
Groth, G. 16, 18f., *307-327*
Grubitzsch, S. 204
Gruen, E. 499f.
Grund, U. 266f.
Grünewald, D. 80, 105
Guattari, F. 495
Gudjons, H. 45, 50, 52, 72, 598, 643, 665
Guggenbühl, G. 558, 564

691

Namenregister

Gukenbiehl, H.L. 29, 50
Günther, S. 460
Günther-Arndt, H. 341, 364
Gunzenhäuser, R. 512, 652f.
Gürge, F. 338, 364
Guss, K. 522, 626
Gust, B. 302, 305
Guthrie, E.R. 162
Gutschow, H. 259, 267f.
Gutte, R. 158, 566, 569
Guyer, W. 353, 364, 384, 389

Haardt, R. 456, 458
Haarmann, D. 488ff., 601, 604
Haas, G. 480, 482
Haas, H. 406
Haase, H. 179, 196, 201, 203
Haase, M. 261, 267
Haase, O. 325, 327, 554
Haberhausen, K.P. 592f.
Habermas, J. 43, 48, 50, 60, 71f., 91, 124f., 129, 217, 228, 245, 253, 392, 398, 422f., 435f.
Hacker, H. 584, 586, 588
Hackforth, J. 446, 448
Hadamowsky, E. 445
Hadley, S.T. 179, 203
Haecker, H. 189
Haefner, K. 84ff., 105, 393, 398
Haenisch, H. 184, 203
Haffner, S. 561
Hage, K.-H. 427f., 431
Hahn, H. 656f.
Hahne, K. 291, 297, 299, 302ff.
Hain, U. 480, 482
Halbfas, H. 228, 490, 585f., 588, 607ff.
Halefeldt, H.O. 468, 471
Haller, H.-D. *13-19*, 71, 357, 363
Hamann, J.G. 530
Hambleton, R.D. 199, 203
Hamblin, K. 543f.
Hambrink, J. 584, 588
Hameyer, U. 588, 639
Hanke, B. 180, 203
Hanl, I. 612, 614f.
Hannig, Ch. 519f.
Hannig, J. 519f.
Hansen, H.-H. *432-433*
Hansen, K.H. 85, 87, 105
Hantsche, I. 508, 563f.
Harder, G. 405f.
Hare, A.P. 154, 158
Harms, H. 475
Harre, D. 235, 253

Härtel, H. 305
Hartke, F. 181, 203
Hartlaub, G.F. 232, 253, 577
Hartmann-Winkler, W. 481f.
Hartog, P. 187, 189, 192
Hartung, J. 566, 569
Hartwig, H. 491, 496
Harvard Business School Boston 440
Hase, F. 591, 593
Haselbach, B. 240, 253, 543f., 614f.
Haseloff, O.W. 165, 171
Hasubek, P. 480, 482, 677
Haubrich, H. 345f., 348, 355, 357, 364, 555, 564
Haug, F. 569
Hauptmann, E. 471
Hauser, A. 477
Häusler, P. 305
Hausmann, G. 29, 45, 50, 530, 533
Haußer, K. 65, 71, 379, 389, 413, 420, 629
Haven, H. 612, 614f.
Hawkes, J. 558, 564
Heckhausen, H. 40, 50, 168, 171, 376f., 379, 611f.
Heckmann, G. 219, 228
Hegel, G.W.F. 219, 401, 403, 434, 436, 618
Heginger, W. 181, 203
Heidbrink, H. 17, *131-142*
Heidorn, F. 291, 293, 302, 305
Heidt, E.U. 77, 88, 103ff., 170f.
Heidt, M. 261, 267
Heiland, H. 126, 129
Heim, D. 427, 431
Heimann, P. 13, 16, 19, 29, 50, 54ff., 66, 71f., 74ff., 80ff., 88, 95, 105, 144, 158f., 235, 253, 333, 396ff., 525, 528
Heimpel, H. 502f.
Heinemann, H. 649, 653
Heinemann, P. 657
Heinrichs, H. 398f., 445, 448, 451, 529, 622, 624
Heintel, P. 219f., 228
Heintze, H.H. 592f.
Heinze, Th. 339, 347, 355, 360, 364
Heiß, R. 105
Heitmeyer, W. 106, 364
Hellige, W. 401, 403
Hellmer, J. 621
Hellweger, S. 48, 51, 298, 300f., 303, 305
Helm, F.E. 580
Helmers, H. 479, 482
Helms, S. 636
Hemmer, K.P. 125, 129
Hendinger, H. 544, 546f.
Hendricks, W. 80, 86f., 104, 106

692

Henecka, H.-P. 431
Hengst, H. 262, 266f., 482, 486, 633f., 636
Henningsen, J. 582, 586, 588
Hentig, H. v. 35, 42, 45, 51f., 252f., 546f., 604
Herbart, J.F. 54, 71, 148, 158, 250, 383f., 389, 432, 478, 494, 531, 533, 581, 640f., 643, 662
Herberg, M. 601
Herbig, M. 420
Herget, W. 405f.
Herndon, J. 338, 340, 364
Herold, N. 221, 228
Herrmann, Th. 54, 67, 71, 136, 141, 169, 171
Hertkorn, O. 28, 49, 89, 104, 395, 398, 470, 528
Herz, O. 668
Hesiod 654
Hesse, H. 341, 364
Hessischer Rundfunk 465
Hethey, E.-H. 590, 593
Hetzer, H. 141
Heuer, D. 437, 439
Heuer, H. 260, 267f.
Heydorn, H.-J. 60, 71
Heydt, B.v.d. 338f., 364
Heymans, P.G. 140f.
Heymen, N. 526, 528
Heyn, E. 333, 364, 503, 508
Hickethier, K. 267
Hielscher, H. 35, 51, 204, 409, 411
Hilgard, E.R. 161f., 166, 168, 171, 650, 653
Hiller, G.G. 30, 51, 643, 646
Hiller-Ketterer, T. 126, 129
Hilligen, W. 329, 341ff., 348f., 353ff., 357, 364
Hillmann, H. 72, 481f.
Hinkel, H. 559, 564
Hinrichs, D. 590ff.
Hinrichs, E. 475
Hinst, K. 83f., 106
Hinte, W. 60, 64, 69, 71
Hinz, K. 80, 106
Hirsch, H. 587f.
Hitler, A. 561
Hitziger, H. 427, 431
Hochheimer, W. 87
Höchstetter, K. 498, 500
Hoernle, E. 615
Hofer, M. 29, 51, 170, 172, 349, 364
Höffe, W.L. 658
Hoffmann, A. 353, 364
Hoffmann, W. 46, 51
Hoffmann's Comic Theater 482, 486
Hoffmeister, J. 436
Hofmann, F. 129

Hohmann, M. 389
Höhn, E. 179, 203
Holland, J.G. 394, 398
Hollenbach, G. 370f., 512
Holstein, H. 41, 51, 80, 106, 333, 357, 364
Holt, J. 483, 486, 549, 553
Höltershinken, D. 601, 604
Holtmann, A. 591, 593
Holzer, H. 524
Holzkamp, K. 57, 71, 409, 411
Homann, J.B. 473
Homer 531
Hondius, J. 473
Hopf, D. 36, 50, 412, 420
Hopster, N. 254
Horkheimer, M. 491, 496
Horn, H. 364
Horner, A. 321, 327
Horney, W. 598
Horsch, J. 320, 327
House, J. 263, 267
Huber, F. 93, 106, 126, 128f., 145, 158, 382, 389
Huber, G.L. 166, 172
Huber, L. 48, 51
Hubert, H. 228
Hubmann, F. 558, 564
Hübner, J. 473
Hübner, P. 505, 508
Hübner, R. 228
Hudelmayer, D. 114, 117
Hug, W. 331, 342ff., 348f., 351, 353, 358, 364, 558f., 562, 564
Huisken, F. 409, 411
Huizinga, J. 485f., 607, 609, 612
Hull, C.L. 162, 165, 172
Hülsewede, M. 80, 106
Humboldt, W.v. 175, 654
Hume, D. 213, 219
Hunfeld, H. 257, 267
Hüppauf, B. 482
Huppertz, N. 431
Hurlock, E.B. 520, 522
Hurrelmann, B. 481f., 484, 486
Hurrelmann, K. 55, 68, 71, 107, 172, 412, 420, 476
Husén, T. 34, 37, 51
Huth, A. 181, 203
Hüther, J. 79, 105ff.
Hüttermann, A. 475
Hylla, E. 196, 203

Ickelsamer, V. 581
Ide, H. 266f.

Namenregister

Illich, I. 495f., 549, 553
Imhof, A.E. 496, 500
Ingendahl, W. 612f., 615
Ingenkamp, F.-D. 199, 203
Ingenkamp, K. 17, 45, 51, 69, 71, 102, 106, *173-205*
Institut für Bildungsmedien e.V. 583, 588
Institut für Film und Bild in Wissenschaft und Unterricht (FWU) 333, 363, 450
Institut für Internationale Schulbuchforschung 586
Institut für Schulbuchforschung (IfS) e.V. an der Universität Duisburg 587f.
Institut für Vergleichende Erziehungswissenschaft 580
Internationale Coronelli-Gesellschaft für Globen- und Instrumentenkunde 456, 460
Internationales Zentralinstitut für das Jugend- und Bildungsfernsehen 471
International Federation for Information Processing 406
Isokrates 654
Issing, L.J. 79, 105ff., 398f., 469, 471, 528, 647, 653
Itelson, L. 371
Itschner, H. 382
Ittelson, W.H. 99, 106

Jaeschke, G. 546f.
Jäger, H. 662, 665
Jäger, R.S. 203
Jahn, K. 327
Jakobs, A. 598
Jamison, D.T. 467, 471
Jamroszyk, J.J. 431
Janicki, T.C. 639
Jankuhn, H. 558, 564
Jannasch, H.-W. 382, 389
Janowski, A. 185, 203
Janssen, B. 338, 340, 364f.
Jaspers, K. 214, 379, 382
Jauß, H.R. 248, 253
Jean Paul 478
Jegge, J. 338ff., 364
Jeismann, K.E. 508, 587f.
Jensen, K. 636
Joerger, K. 513f.
Johannesson, I. 521f., 625f.
Joppich, G. 389
Jörg, H. *574-580*, 667f.
Jorswieck, E. 165, 171
Judges, A.V. 187, 203
Jugendwerk der Deutschen Shell AG AG 65, 71

Julius, K.W. 541
Jung, C.G. 228, 498, 504
Jung, M. 508
Jung, U. 261, 267
Jung, W. 282, 293f., 305, 378f., 409, 534f.
Jungblut, G. 29, 49, 259, 267
Jussen, H. 117

Kadelbach, G. 266f.
Kafka, F. 267, 377
Kagelmann, H.J. 87, 106
Kagerer, H. 339f., 364
Kahl, Th.N. 517
Kaienburg, H. 427f., 431
Kaiser, A. 16, 19, 327, 554, 632
Kaiser, E. 420
Kaiser, F.-J. 16, 19, 126, 129, 315, 318, 321, 327, *440-444, 547-554*, 609, 632
Kaiser, M. 481f.
Kallinich, J. 91f., 106
Kaminski, W. 80, 105
Kamm, H. 464
Kammler, H. 604, 617
Kamper, D. 491, 493f., 496f., 500
Kämpf-Jansen, H. 106
Kampmann, Th. 228
Kandel, I.L. 187
Kant, I. 123, 213ff., 218ff., 228, 407, 530
Karb, W. 220, 228
Karst, Th. 482
Kasakos, G. 319, 327
Kaschnitz, M.L. 435f.
Kaspar, F. 226, 228f.
Kasper, H. 487, 490
Kassel, M. 224f., 228
Kastner, P.M. 403
Kattmann, U. 499f.
Katzenberger, L.F. 574
Kaufmann, H.-B. 223, 228f.
Keck, R.W. 383, 389, 430f., 598
Kehrbach, K. 533, 643
Keilhacker, M. 78, 106
Keim, H. 321, 327
Keim, W. 379, 420, 629
Kelbert, H. 371
Keleman, St. 498, 500
Kell, A. 590, 593
Keller, F.S. 388f.
Kelly, E.L. 193, 203
Kemmler, L. 178, 203
Kemper, H. 39, 51
Kerbs, D. 80, 106, 252f., 667, 669
Kern, E. 113, 117
Kerschensteiner, G. 151, 158, 271, 279, 384, 389, 429, 548, 554, 576, 590, 599

Namenregister

Kerschensteiner, W. 279
Kerstiens, L. 79, 106, 266f.
Keseling, G. 385, 389
Kessler, G. 188, 205
Key, E. 483, 486
Keysell, P. 543f.
Kiefer, M.-L. 446, 448, 466, 471
Kielich, H. 327
Kierkegaard, S. 434, 436
Kiersch, J. 433
Kieslich, R. 420
Kilchenmann, A. 547
Kilger, U. 601
Kilpatrick, F.P. 99, 106
Kilpatrick, W.H. 548, 554, 576
Kindertheater Märkisches Viertel 615
Kippert, K. 431
Kircher, E. 535
Kirchhoff, H.G. 364, 366, 506ff.
Kirsch, W. 444
Klafki, W. 13, 19, 27ff., 33, 51, 54f., 63, 71f., 80, 106, 125, 129, 145, 158, 319, 327, 351, 354, 362, 364, 410f., 502f., 531, 533, 582, 589
Klages, H. 420
Klauer, K.J. 190, 203, 393, 398
Klaus, G. 369, 371, 512, 648, 653
Klebel, H. 321, 327
Kleber, E.W. 181, 203
Kledzik, U.-J. 16, 19, 315, 327
Klein, B. 544, 547
Klein, H. 125, 127ff.
Kleinert, H. 426
Kleinknecht, W. 353, 364, 504, 508, 558, 564
Kleinschmidt, G. 85, 87, 105
Kleist, H.v. 670
Klemm, G. 228
Klettke, H. 106
Klewitz, E. 282, 305, 514
Klewitz, M. 51, 569f., 612, 615
Klingberg, L. 13, 19, 383, 389
Klink, J.-G. 338, 364
Klinke, W. 520
Klinke, W., W. 520
Klose, W. 470f.
Kloss, H. 433
Kluge, A. 106
Kluge, H. 47, 51
Kluge, K.-J. 81, 117
Kluge, N. 147, 158f., 519f., 598, 613, 615
Kluwe, R.H. 69, 72, 166f., 172
KMK → Ständige Konferenz der Kultusminister der Länder in der Bundesrepublik Deutschland
Knapp, K. 260, 267

Knapp-Potthoff, A. 260, 267
Knebel, M. 431
Knigge-Illner, H. 79, 105ff., 398f., 647, 653
Knilli, F. 466, 471
Knoche, W. 190, 203
Knoll, J. 107
Knoll, K. 409
Köbberling, A. 649, 653
Koch, G. 240, 253
Koch, S. 106
Kochan, B. 519f., 565, 567, 569f., 612f., 615
Kochan, D.C. 243, 253, 365, 569
Köck, P. 77f., 87, 106
Kocka, J. 504, 508
Koester, P.H. 214, 228
Koffka, K. 167, 172
Kohl, K. 235, 253
Kohlberg, L. 140f., 377, 379, 563
Köhler, B. 574
Köhler, F. 343, 364
Köhler, R. 612
Köhring, K. 425f.
Kokemohr, R. 484, 486
Kolb, G. 77, 105f., 267
Kolidt, H. 579f.
Komenský, J.A. 581, 586
Kommer, A. 214, 228
Koneffke, G. 33, 38, 51
König, E. 27, 51, 362, 364, 398
König, R. 636
Königs, F.G. 257f., 266f.
Konrad, K. 538, 541, 546f.
Kopp, F. 585, 588
Koppe, K. 245, 248, 253
Korczak, J. 60
Koselleck, R. 504, 508
Kosiol, E. 441, 444
Kounin, J.S. 638f.
Kozdon, B. 399
Kozol, J. 549, 554
Kraft, P. *487-490*, 594f., 598, *601-604*
Kraiker, C. 172
Krallmann, D. 266ff.
Kramer, M. 543f., 565, 569
Kramp, W. 64, 72
Krapp, A. 180, 204, 420, 639
Krappmann, L. 124, 129, 566f., 570
Krause, H.-J. 553
Krause, S. 240, 253, 614f.
Krauss, H. 451
Krauth, G. 79, 106
Krecher, F. 218, 228
Kreft, J. 245ff., 253f.
Kreibohm, H. 369, 371
Kreidt, H. 578ff.

695

Namenregister

Kretschmann, J. 325, 327, 548, 554
Kreuzer, G. 345f., 349, 355, 363f., 574
Kreuzer, H. 266f.
Kreuzer, K.J. 612
Krieger, H. 558, 564
Krings, H. 436
Krohne, H.W. 70, 72
Kröhnert, O. 17, *108-117*
Krois, E. 574
Krovoza, A. 494, 496
Krüger, A. 480, 482
Krüger, K. 601
Krüger, M. 112, 117, 338ff., 364
Krumm, H.-J. 17, *255-268*
Krumm, V. 461f., 464
Kuczynski, J. 485f.
Kudritzi, G. 158
Kühl, H. 348f., 363
Kuhlmann, H. 339f., 360, 364
Kuhn, A. 344, 346, 353, 362, 364, 559, 564
Kuhn, Th.S. 437, 439, 495f.
Kühnel, J. 275
Kuhrt, W. 463f.
Kükelhaus, H. 497
Kulke, Ch. 335, 364
Kultusministerium Hessen 182
Kunczik, M. 134, 141
Kunert, K. 51
Kunle, H. 405
Kuntze, G.C.Ch. 575, 580
Kuntze, M. 261, 268
Künzli, R. 669
Kupffer, H. 590, 593
Küppers, W. 344f., 364
Kurtz, R. 498, 500
Kurzrock, R. 81, 106
Kvale, St. 192, 201, 204

Lachauer, U. 562, 564
Lacis, A. 615
Lackamp, A. 583, 589
Ladeur, K.-H. 591, 593
Lado, R. 387, 389
Lafreri, A. 473
Lämmermann, H. 196, 204
Landa, L.N. 370f., 394, 399
Landau, E. 403
Landwehr, N. 122, 126f., 129
Lang, S.K. 254
Langbehn, A.J. 577
Lange, B. 637, 639
Lange, H. 577, 592f.
Langer, H. 137, 141
Langer, W. 223, 225, 228

Langeveld, M.J. 35, 51, 56, 72, 485f.
Langford, M. 454
Lansky, M. 394, 399
Lapassade, G. 491, 496
La Roche, W.v. 448
Laske, St. 590, 592f.
Lasurskii, A.F. 181
Latscha, F. 179, 204
Laurien, H.-R. 427, 431
Lautemann, W. 558, 564
Lautmann, R. 192, 204
Lauwerys, J.A. 202f.
Lawenstein, K. 592f.
Lay, W.A. 271, 279
Lebede, H. 614f.
Le Bon, G. 134, 141
Legler, W. 87, 106, 232, 251ff., *665-669*
Lehmann, J. 11, 327, 609
Lehnert, U. 398
Lehr, W. 464, 471
Leibniz, G.W. 213, 218
Lemberg, E. 431
Lenk, H. 215, 228
Lenné, H. 270, 279
Lenzen, D. 11, 71, *482-486*, 657
Lenzen, K.-D. 482, 486
Leonardo da Vinci 452
Leontjew, A.N. 161, 385, 567, 570
Lerg, W.B. 470
Lermen, B. 470f.
Lessing, G.E. 654
Letzelter, M. 235, 253
Leusmann, Ch. 343, 364
Leutner-Ramme, S. *444-448, 448-451, 452-454, 621-624, 659-661*
Lewin, K. 131, 133ff., 139, 141, 152, 154, 158, 522, 626
Lichtenstein-Rother, I. 586, 589
Lichtwark, A. 253, 577
Liebau, E. 150, 158, 628f.
Liedloff, J. 485f.
Lienert, G.A. 197, 204
Lietz, H. 576, 594
Lindenau, V. 279
Linder, F. 170, 172
Lindner, H. 649, 653
Lingborg, A. 577, 580
Linneweh, K. 400, 403
Lipmann, O. 181
Lippitt, R. 134, 141
Lipps, H. 435f.
Lissmann, U. 179, 204
Litt, Th. 128f., 133, 141
Loch, W. 35, 51, 155, 158, 353, 364, 485f., 654, 657

Namenregister

Lockhart, R.S. 166, 171
Löffler, R. 261, 268
Lohfert, W. 261, 268
Lohmann, Ch. 422f.
Lompscher, J. 161, 172
Longhardt, W. 228
Loos, J. 424, 426
Lorbeer, W. 30, 51
Lorenz, J.H. 271, 279
Lorenzen, A. 214, 221, 228
Lorenzer, A. 490, 496
Lortie, D.C. 630, 632
Loser, F. 69, 72, 170, 172, 261, 267
Loukes, H. 228
Löw, M. 340, 364
Lowen, A. 495, 498, 500
Lück, H.E. 17, *131-142*
Ludwig, H.W. 636
Ludwig XIV. 455
Lüers, U. 347, 351, 364
Luhmann, N. 129, 228, 423
Lukesch, H. 132ff., 136, 141
Lumbsdaine, A.A. 101ff., 653
Lumière, A.M.L.N. 449
Lundgreen, J. 335, 364
Luria, A.R. 163, 172
Luserke, M. 590
Lustenberger, W. 146, 158
Luther, M. 562, 654
Lutz, E.J. 614f.
Lypp, M. 479, 482

Maaßen, L. 448
Maccoby, E.E. 141, 671f.
Machiavelli, N. 134
Macht, K. 261, 268
Mager, R.F. 394, 397, 399
Maier, K.E. 480ff.
Makarenko, A.S. 549, 554, 619
Maletzke, G. 524
Mander, J. 448
Mandl, H. 166, 172, 180, 204, 432
Mandl, M. 433
Mann, H. 187
Mann, I. 35, 51, 337, 340, 364, 430, 462, 464
Marceau, M. 542f.
Maren-Griesebach, M. 533
Marienfeld,, W. 564
Marienfeld, W. 343, 348f., 353, 364, 504, 506ff., 555, 558, 563f., 587, 589
Marquard, O. 227
Marrou, H.I. 640, 643, 654, 657
Marshall, J.C. 189, 204
Marsolek, Th. 195f., 203f.

Martens, E. 17, 124, 129, *209-229*
Martin, D. 235, 253
Martin, R. 538, 541, 545, 547
Marx, K. 61, 72, 215
Maschke, W. 453f.
Mastmann, H. 327
Matthias, D. 243, 253
Matthiessen, K. 256, 268
Mattl, W. 226, 228
May, H. 228
Mayer, R. 140f.
Mayntz, R. 147, 158
McAnany, E.G. 467, 471
McLuhan, M. 77, 106
McNair, M.P. 440, 444
Mead, M. 483, 486
Meder, S.B. 51, 371, 512
Meffert, H. 444
Mehrgardt, O. 315, 327
Melenk, H. 246f., 253, 266f.
Melezinek, A. 396, 399
Mèliés, G. 621
Mellon, P.M. 179, 202
Memmert, W. 407, 409
Menck, P. 55ff., 71f., 144, 158, 349, 360, 363f., 657
Mendel, G. 292
Mendelssohn, M. 218
Meng-Tse 532
Menninger, K. 270, 279
Mercator, J. 473
Merkel, J. 481f.
Merkelbach, V. 188, 204
Merkt, J. 470f.
Mersi, F. 111, 117
Mertens, W. 181, 188, 205
Metz, J.B. 225, 228, 436
Metzger, St. 348f., 353, 364, 504, 507f.
Meumann, E. 461f., 464
Meyer, E. 28, 51, 146, 153f., 156, 158, 502f., 629, 632
Meyer, G. 371
Meyer, H. *13-19*, 127, 129, 333, 362, 364
Meyer, H.L. 49f.
Meyer, M. 538, 541, 546f.
Meyer, M.E. 228
Meyer, W.U. 170, 172
Meyer-Sevenich, M. 427, 431
Michael, B. 152, 158, 640ff.
Michal, W. 592f.
Michel, G. 586, 589
Michel, W. 261, 268
Mickel, W.W. 345, 347, 349, 354f., 358, 364, 508, 555, 564, 588
Mienert, C. 239, 253, 613, 615

Namenregister

Mieskes, H. 520
Milan, W. 541
Millat, U. 601
Miller, A. 60, 72
Mirbt, R. 614f.
Mitte, W. 558, 564
Mitzkat, H. 282, 305, 514
Modl, G. 156, 158
Moeller, Ch. 362, 364
Moeller, M.L. 192, 204
Moerbeke, W.v. 218
Moewes, W. 546f.
Mohn, E. 106
Molcho, S. 498, 500
Mollenhauer, K. 13, 19, 42, 51, 60, 68, 72, 100, 106, 124, 129, 252, 254, 378f., 422f., 515, 517
Möller, Ch. 127, 129, 397
Möller, H.R. 243, 254, 453f.
Moltmann, J. 228
Montada, L. 140f.
Montessori, M. 483, 486, 490, 576
Moore, H. 233
Morawietz, H. 378f., 416f., 420
Moreno, J.L. 135, 141
Morgenthaler, F. 495, 497
Moser, H. *421-423*
Mowrer, O.H. 161, 172
Mozart, L. 483
Muchow, H.H. 181
Mucke, H. 534f.
Muckle, G. 382
Mühle, G. 403
Mühlmeyer, H. 122, 129
Mühlstädt, H. 505, 508
Müller, C.W. 373f., 592f.
Müller, D.D. 399
Müller, E. 427f., 431
Müller, E.H. 364, 464
Müller, G. 335, 364
Müller, H. 341ff., 364, 555, 563f.
Müller, R. 199, 204, 612, 614f.
Müller, R.M. 257, 260, 267f.
Müller, W. 542ff., 584, 589
Müller-Küppers, M. 428, 431
Müller-Michaels, H. 265, 268
Müller-Petersen, E. 64, 72
Murch, G. 101, 106
Murdock, G. 78, 106
Muris, O. 460
Muszynski, B. 592f.

National Society for the Study of Education 639

Nauck, J. 184, 204
Naumann, J. 583, 589
NDR → Norddeutscher Rundfunk
Neander, J. 201, 204
Neber, H. 51, 64, 72, 97, 105f., 278, *509-514*
Neff, G. 514
Negt, O. 81, 106, 503
Neidhardt, W. 225, 228
Neill, A.S. 340, 364, 483, 486
Neisser, U. 166, 172
Nestle, W. 125f., 129
Network Medien-Cooperative 465, 471, 635f.
Neubert, W. 66, 72
Neuhaus, E. 47, 51
Neukirch, D. 312, 327, *536-541*, *544-547*
Neumann, D. 54
Neuner, G. 383, 389
Neunzig, W. 17, *269-279*
Newig, J. *455-460*
Newton, I. 294
Nickel, H. 140f.
Nickel, H.W. 51, 565, 569f., 612f., 615
Nicklis, W.S. 51, 158, 389, 397, 399
Niedersächsisches Kultusministerium 490
Niehl, F. 410f.
Niehoff, R. 243, 254
Niepce, C. 452
Niepce, N. 452
Niermann, J. 420
Niethammer, L. 486
Nipkow, K.E. 141, 223, 228f.
Nipperdey, Th. 504, 508
Nitsche, R. 339, 364
Nitzschke, V. 585, 589
Noelle-Neumann, E. 471
Nohl, H. 158, 214, 435f.
Norddeutscher Rundfunk (NDR) 447, 465
Nordhofen, E. 221, 229
Northemann, W. 364
Novick, M.R. 199, 203
Nowak, W. 449, 451, 525, 528
Nuber, F. 59, 72
Nuhn, H.-E. 39, 51
Nündel, E. 268, 482
Nussbaum, R. 357, 364
Nyssen, E. 364
Nyssen, F. 60, 72

Oberfeld, Ch. 482
Oberseider, H.G. 601
Obst, J. 424, 426
Ochs, D. 318, 327
Odenbach, K. 147, 158, 518, 520
Odenwaldschule 532f.

Oelkers, J. 54
Oerter, R. 169, 172
Oesterreich, P. 576
Oggel, R. 126, 129
Okon, W. 383, 389
Olds, H.F. 629, 632
Olearius, A. 455
O'Neill, J. 436
Opaschowski, H.W. *372-374*
Ortelius, A. 473
Orth, B. 175, 204
Ortner, E.G. *392-399*
Osborn, A.F. 399f., 403
Osnes, J. 189, 204
Osterwald, W. 348f., 353, 364, 504, 506, 508, 558, 564
Ott, Th. 18
Otte, R. 184, 204
Otto, B. 156ff., 429, 431, 548, 554
Otto, G(ert) 211, 223, 228f.
Otto, G(unter) 11, *13-19*, 17f., 29, 47, 50ff., 68, *74-107*, 101, 106, *230-254*, 265, 268, 299, 305, 398f., 403, 500, 554, *665-669*
Otto, W.F. 229
Overberg, B. 575, 580

Pädagogische Aktion München 336, 365
Pädagogische Hochschule Berlin 453
Paech, J. 469, 471, 661
Pallat, L. 158, 614f.
Pandel, H.-J. 80, 106, 365, 508, 559, 564
Panofsky, E. 243, 254
Papasilekas-Ohm, A. 58, 72
Papst, J. 156, 158
Parin, P. 495, 497
Paris, V. 567, 569, 615
Parkhurst, H. 152, 576
Parreren, C.F.van 60, 72
Pask, G. 651
Paukens, H. 528f.
Pauling, L. 286, 305
Paulsen, F. 409, 411
Pausch, R. 661
Pause, G. 54, 72
Pawelka, P. 346, 365
Pawlow, J.P. 161ff., 172
Payrhuber, F.-J. 203
Pazzini, K.-J. *490-497, 497-500*
Peise-Seithe, M. 613, 615
Pelz, M. 268
Perar, H.J. 229
Perkins Gilman (Stetson), Ch. 482, 486
Perlitz, M. 441, 444
Perls, F. 495

Pestalozzi, J.H. 122, 125, 293, 407, 409, 531, 533, 572, 577, 581, 590, 599
Peter, A. 536, 541
Peters, E. 427, 431
Peters, O. 54, 72, 81, 83, 106, 393, 399
Petersen, J. *598-601*, 656ff.
Petersen, P. 64, 145, 157f., 204, 429, 490, 518, 576, 594, 598
Peterson, P.L. 638f.
Peterßen, W.H. 76, 90f., 93ff., 106
Petillon, H. 179, 186, 204, 355, 365
Petrat, G. 609
Petry, L. 622, 624
Pfäfflin, M. 168, 172
Pfeiffer, H. 35, 51
Pfennig, R. 106
Phelps, G. 78, 106
Piaget, J. 60, 71, 104, 155, 158, 245, 272, 279, 346, 377, 379, 385, 394, 513, 533, 563, 612
Pilz, R. 444
Pindar 532
Piroth, G. 427, 431
Platon 213, 216ff., 220, 229, 409, 491, 654
Platte, H.K. 316, 327
Plock, H. 464
Ploß, H. 485f.
Poelchau, H.W. 260, 268
Poeschke, G. 321, 327
Pöggeler, F. 428, 431
Pollert, M. 427f., 431
Pollin, F.W. 673
Polya, G. 278f.
Pommerin, G. 260, 263, 268
Popp, W. 362, 365, 423
Popper, K. 511f.
Portele, G. 379
Postman, L. 98
Pötter, K. 80, 106
Powers, J.M. 189, 204
Preibusch, W. 88, 102, 105
Preiser, S. 193, 204
Pressey, S.L. 192, 202, 649, 653
Prestera, H. 498, 500
Preuß, E. 158, 378f.
Preußischer Minister für Wissenschaft, Kunst und Volksbildung 452
Preuß-Lausitz, U. 590f., 593
Priesemann, G. *653-658*
Prillwitz, G. 135, 141
Prior, H. 17, *143-159*, 410f.
Pritz, V. 194, 204
Prokop, D. 81, 106, 451
Prose, F. 422f.
Protzner, W. 97, 103, 106
Prutz, R. 478, 482

699

Namenregister

Pudowkin, W. 449
Pukies, J. 289, 300, 305

Quandt, S. 508f.
Quinn, A. 88

Raab, R. 577, 580
Rademacker, H. 30, 51
Radio Bremen 465
Radtke, W. 128f.
Raffée, H. 444
Ramseger, J. 39, 51, 362, 365, 495, 497
Ranft, D. 430f.
Rang, M. 129
Rank, K. 145, 158
Rank, Th. 179, 204
Rapaport, D. 434, 436
Raschert, J. 628
Rath, W. 17, *108-117*
Ratke, W. 432
Ratzke, D. 661
Rauch, E. 399
Rauch, M. 601ff.
Rauner, F. 399
Raupach-Strey, G. 229
Rauschenberger, H. 418, 420
Rauthe, W. 433
Rebel, K. 527, 529
Rebhuhn, H. 181
Reble, A. 621
Redaktion „betrifft: erziehung" 553
Reetz, L. 49, 51, 592f.
Rehbein, E. 656, 658
Rehfus, W.D. 229
Rehm, W. 493, 496
Reich, K. 398
Reich, W. 495
Reichsanstalt für Film in Wissenschaft und Unterricht (RWU) 450
Reichwein, A. 60, 548, 554
Reik, Th. 499f.
Rein, W. 384, 389, 531, 533, 641
Reinert, G.-B. 45, 50, 126, 129, 360, 365, 594, 598, 658, 665
Reinhardt, K.H. *472-475, 571-574,* 590ff., *662-665*
Reinhardt, S. 593
Reiss, E. 445, 448
Renz, R. 564
Resnick, D. 204
Retter, H. 484, 486, 612
Rexilius, G. 201, 204
Rhodes 187, 189, 192

Rice, U.M. 187, 190, 195
Richard, J. 239, 565, 567, 570, 612, 614f.
Richert, H. 213
Richter, D. 485f.
Richter, H.G. 251, 254
Richter, I. 484, 486
Richter, L. 436
Riedel, H. 27, 51, 362, 364, 398
Riemann, F. 424, 426
Riesenberger, D. 504f., 507, 509, 559, 564
Riesman, D. 476, 482
Riess, F. 397, 399
Ringel, E. 436
Ringshausen, G. 80, 107
Rischbieter, H. 500
Rist, G. 204
Rittelmeyer, Ch. 611f.
Ritter, H.M. 612f., 615
Ritz-Fröhlich, G. 482
Robinsohn, S.B. 28, 47, 51, 397, 420
Roche, H. 590, 593
Rochow, F.E.v. 575, 580f.
Roeder, P.M. 68, 72, 412, 420, 658
Rogers, C.R. 64, 72, 409ff.
Rogge, J.U. 633, 636
Rohlfes, J. 346, 365, 555, 564
Röhrig, H. 586, 589
Rolff, H.-G. 67, 72, 85, 107
Rollett, B. 399
Roloff, E.-A. 347, 365
Roloff, E.M. 533
Rombach, H. 125, 129, 621
Rommel, H. 581, 586, 589
Roscher, W. 16, 19, 252, 254
Rosemann, H. 342, 365
Rossmann, M. 336, 365
Rössner, L. 30, 49
Rost, F. 11
Roth, A. 157f.
Roth, F. 346, 354, 365
Roth, H. 13, 19, 29, 35, 37, 47, 50ff., 60, 67, 72, 123, 129, 181, 204, 272, 279, 345, 365, 377, 379, 383f., 389, 409, 411, 420, 425f., 462, 464, 502f., 517f., 526, 529, 533, 653
Roth, H.-G. 157f.
Roth, L. 32, 51, 125, 129, 158, 254, 271, 279, 420f., 609
Rothaus, U. 339, 364
Rothe, V. 344, 362, 364
Rother, E.F. 365
Rothermel, G. 464
Rousseau, J.J. 122, 483, 486, 599, 611
Rüden, P.v. 448
Ruhloff, J. 61, 72
Rülcker, Ch. 129

Rülcker, T. 58, 72, 123f., 129
Rumpf, H. 16, 19, 57, 63, 66, 72, 83, 107, 332, 338, 359, 365, 493, 497, 586, 589
Rupp, G. 265, 268
Ruppert, J.P. 134, 141
Ruprecht, H. 50f., 80, 107, 343, 363, 365
Ruprecht H. 49
Rüsen, J. 508f., 564
Russ, W. 576, 580
Rutherford, E. 535
Rutschky, K. 54, 60, 72, 493f., 497
Rütter, Th. 171f., 197, 204
Rutz, G. 316, 327
RWU → Reichsanstalt für Film in Wissenschaft und Unterricht
Ryle, G. 434, 436

Saarländischer Rundfunk 465, 527
Saarmann, G. 460
Sackser, D. 431
Sader, M. 42, 51, 154, 159
Sallwürk, E.v. 382
Salomon, G. 104, 107
Salzmann, Ch. 204, 599, 605, 609, 662
Sander, E. 427, 431
Sander, H.-J. 574
Sandfuchs, U. 598
Sauer, H. 259, 268
Sauer, K. 413, 420
Sauter, H. 574
Scanlon, D.G. 202f.
Schaack, E. *444-448*, *448-451*, *452-454*, *621-624*, *659-661*
Schaefer, E. 266ff.
Schäfer, K.-H. 30, 51, 64f., 72, 421, 423
Schäfer, W. 629, 632
Schaftel, G. 321f., 566
Schallenberger, E.H. 28, 51, 586ff.
Schaller, K. 30, 51, 72, 236, 421, 423, 530, 533
Scharrelmann, H. 151, 159, 641, 643
Scheckenhofer, H. 184, 199, 203f.
Schedler, M. 615
Scheel, B. 152, 159, 161, 171
Scheffer, W. 79, 107
Scheible, H. 298, 305
Scheibner, O. 382ff., 389
Scheilke, Ch. 629
Scheiterle, A. 302, 305
Schell, Ch. 153ff., 159, 403
Scheller, J. 386, 389
Schelsky, H. 91
Schenda, R. 477f., 482
Schepp, H.-H. 45, 52

Scherer, K.R. 658
Schérer, R. 491, 497
Scherler, K. 18, *230-254*, *616-617*
Scheuerl, H. 124f., 129, *501-503*, 518ff., 533, 609, *610-612*
Scheveling, J. 575, 580
Schiefele, H. 412, 420, 639, 648, 653
Schiffler, L. 265, 268
Schill, W. *464-471*, *523-524*, *633-636*
Schiller, F.v. 479, 497, 500, 611f.
Schilling, H. 229
Schilling, J. 480, 482
Schilson, A. 229
Schindler, M. 279
Schinzler, E. 343, 365
Schirm, R.W. 648, 653
Schittko, K. 38, 50, 159, 388f., 413, 418ff.
Schlegel, W. 333, 365, 506, 509
Schleicher, K. 42, 52, 430f.
Schlemmer, J. 436
Schlenke, M. 558, 564
Schlichting, H.J. 305
Schlömerkemper, J. 413, 420, *515-518*, *626-629*
Schlotthaus, W. 266, 268, 482
Schmack, E. 186, 204, 598
Schmid, E. 575, 580
Schmid, H.D. 331, 365, 508, 558, 563f.
Schmid, W. 51, 371, 512, 528f.
Schmidt, A. 355, 365, 503, 509
Schmidt, E. 353, 365, 504, 509
Schmidt, H. 525, 529
Schmidt, H.-Ch. 471
Schmidt, H.B. 441, 444
Schmidt, S. 271, 279
Schmidt, U. 378f.
Schmidt-Brunner, W. 253
Schmidtke, K.-D. 574
Schmidt-Sinns, D. 327
Schmiederer, R. 345, 365
Schmitt, R. 569f.
Schnädelbach, H. 219, 229, 423
Schneewind, K.A. 136, 141
Schneider, E. 632
Schneider, G. 80, 106, 365, 413, 420, 508f., 555, 559, 564
Schneider, H. *424-426*, 461f., 464, *520-522*, *625-626*
Schneider, N. 229
Schneider, P. 204
Schneider, R.G. 342, 344, 365
Schneider, S. 590f., 593
Schnell, H. 316, 327
Schnittke, K. 388
Schnurer, J. 156, 159

Namenregister

Schoebe, G. 507, 509, 555, 564
Schoenebeck, H.v. 337, 339f., 365
Schoenfeldt, E. 327, 444
Schöler, W. 60, 73, 94f., 107, 393ff., 399, 653
Scholl, N. 229
Scholtz, M. 577, 580
Scholz, R. 497, 500
Scholze, O. 126, 129
Scholz-Ziegelbauer, H. 11
Schön, K. 346, 365
Schonig, B. 65, 71
Schönke, M. 462, 464
Schorb, A.O. 526f., 529, 654, 658
Schorb, B. 78, 107
Schörken, R. 345, 365
Schossig, W. 669
Schramm, T. 227
Schramm, W. 102, 224, 467, 471, 650, 653
Schrand, H. 546f.
Schreber, D.G.M. 493, 497, 600
Schreber, D.P. 493, 497
Schreckenberg, W. 332, 365
Schreier, H. 282, 305
Schreiner, G. 28, 52, 138, 141, 155, 159
Schrettenbrunner, H. 365
Schröder, C.A. 586, 589
Schröder, H. 658
Schröder, K. 256, 267f.
Schrödter, H. 229
Schröter, E. 451
Schröter, G. 178, 188f., 204
Schroth, H. 238, 240, 253
Schründer, A. 482, 486, 542, 544
Schründer-Lenzen, A. 11
Schubert, P. 493, 497, 500
Schubring, G. 279
Schüddekopf, O.E. 586, 589
Schulbauinstitut der Länder 577, 580
Schüler, H. 38, 52
Schulte, B. 427, 431
Schulte, K. 113f., 117
Schulte-Sasse, J. 482
Schultze, W. 598
Schulz, W(alter) 229, 436
Schulz, W(infried) 464, 471
Schulz, W(olfgang) *13-19*, 29, 52, *53-73*, *121-130*, 144, 159, 215, 220, 229, 240, 254, 258, 268, 309, 319, 327, 358, 362, 365, *409-411*, 434, 464, 526, 529, 542, 544, 566, 570, 584, 589, 629, 632, 647, 653, 667ff.
Schulze, G.L. 576, 580
Schulze, Th. 31, 37f., 41, 52, 55f., 58, 72, 76, 107, 140f., 348, 350f., 353, 357, 365
Schulze, V. 673, 677
Schulz-Hageleit, P. 365

Schümer, G. 658
Schütte, E. 50
Schützenberger, A. 40, 52
Schwager, K.-H. 236, 254, 529, 533
Schwartz, E. 582, 589
Schwarz, J. 397, 399
Schwarz, R. 448
Schwarz, U. 601
Schwarze, H. 404, 406
Schwarzer, Ch. 183, 185, 202, 204, *637-639*, 638f.
Schwarzer, R. 183, 185, 204, 331, 365, 378f., 409ff., 637, 639
Schwemmer, H. 462ff.
Schwenk, B. 14, 19
Schwerdt, Th. 54, 72
Schwerdtfeger, I.Ch. 80, 107, 259, 262, 264, 268
Schwittmann, D. 105
Schymanski, R. 656f.
Searle, J.R. 380, 382
Seel, N.M. 89, 103f., 107
Seel, P.C. 260, 267
Seelig, G.F. 344, 365
Sehringer, W. 481f.
Seibt, P. 115, 117
Seidel, E. 577, 580
Seif, L. 424, 426
Seiffert, J. 60, 72
Seiler, Th. 27, 52
Seipp, J. 668
Seligman, M. 168, 172
Selman, R. 140f.
Semmer, N. 168, 172
Sender Freies Berlin 465, 470
Senefelder, A. 456, 662
Seutter, M. 473
Seyd, W. *427-431*, *589-593*
Seyfert, W. 382
Shaftel, F.R. 321f., 327, 566, 570
Shaftel, G. 321f., 327, 566, 570
Shakespeare, W. 561
Shaplin, J.T. 629, 632
Sharan, S. 155, 159
Sharan, Y. 155, 159
Sherman, J.G. 388f.
Shibayama, Z. 381f.
Sickinger, A. 414, 420
Siemon, H. 592f.
Sienknecht, J. 339, 365
Sievert, J. 439
Sighele, S. 134, 141
Silberkuhl, A. 661
Silbermann, A. 633, 636
Silkenbeumer, R. 159, 569

Namenregister

Simon, A. 152f., 159
Simon, H. 406
Simon, H.A. 513
Simon, Th. 195
Sinclair, J. 658
Singer, K. 347, 365
Skinner, B.F. 60, 79, 162, 164f., 169f., 172, 394, 398f., 649f., 653
Skladanowski, E. 449
Skladanowski, M. 449
Slotta, G. 146, 153, 159
Snedden, D. 547
Snow, R.E. 170f., 637, 639
Soest, H. 453f.
Sokrates 60, 215ff., 491, 532
Sommer, K.-H. 327
Sommer, W. 35, 52
Sommerhoff, B. 11
Sontag, S. 454
Sowa, A. 138, 141
Spaleck, F. 431
Spanhel, D. 44, 52, 341, 365f.
Specht, W. 626, 629
Speck, J. 621, 657
Speichert, H. 431, *461-464*, 462f.
Spencer, H. 531, 533
Sperner, P. 405f.
Spiegel, Y. 224, 229
Spier, A. 261, 268
Spitzer, K. 602, 604
Spitzing, G. 454
Spranger, E. 133f., 141, 434, 436
Spreckelsen, K. 126, 129, 378f.
Staatliche Pressestelle Hamburg 430
Stach, R. 80, 107, 582, 589, 662, 665
Stachel, G. 223, 225, 229
Stachowiak, H. 392ff., 399, 535, 606, 609
Stäcker, K.H. 136
Ständige Konferenz der Kultusminister der Länder in der Bundesrepublik Deutschland (KMK) 146, 158, 177, 185, 272, 279, 308, 327, 575, 580, 591, 593
Staehle, W.H. 441, 444
Staehr, G.v. 564
Stallings, J. 638f.
Stallmann, M. 589
Stanford, G. 155, 159
Stankewitz, W. 239, 254, 565, 570, 607, 609, 612f., 615
Stanley, J.C. 169, 171
Stansfeld, R. 107
Stapf, A. 136
Stapf, K. 136, 140f.
Starch, D. 177, 189, 196, 204
Starck, W. 429, 431

Staudte, A. *399-403*
Steak, L. 286, 288, 291f., 305
Steffens, W. 32, 50, 332, 363
Stein, G. 124, 129, *581-589*
Steinbach, L. 559, 564
Steinbuch, K. 512
Steinchen, R. 567f., 570
Steiner, G. 271, 279
Steiner, R. 432f., 577, 599
Steinhagen, K. 331, 365, 378f., 409ff., 637, 639
Steinmann, B. 318, 320, 327
Steinthal, H. 39, 45, 52
Steinwede, D. 225, 229
Steinweg, R. 615
Steltmann, K. 179, 204
Stempel, W.D. 504, 508
Stern, W. 181, 196, 204
Steuber, H. 363
Stevenson, E.L. 460
Stiehl, A.W.F. 575, 580
Stiehler, G. 235ff., 254
Stierle, K. 228
Stock, A. 226, 229
Stock, H. 223, 228f.
Stöcker, H. 410f.
Stöcker, K. 145, 159, 323, 327, 382, 389
Stoffer, H. 484, 486
Stoodt, D. 223, 226, 229
Stopinski, S. 11
Stork, H. 295, 305
Storm, Th. 479
Stottlemeier, H. 228
Stransfeld, R. 85f., *525-529*
Streiffeeler, F. 365
Strittmatter, P. 45, 52, 89, 103f., 107, 172, 529
Stroh, W.M. 484, 486
Struck, P. 39, 52, 313, 315, 327, 549f., 554, *594-598*
Strutz, I. 427, 431
Studiengruppe Lehrer - Dozenten Heidelberg 364
Studiengruppe Leipelt 300, 305
Studt, R. 243, 254
Sturm, E. 428, 431
Sturm, H. 467, 471
Süddeutscher Rundfunk 465, 527
Südwestfunk 465, 527
Suhrkamp Verlag 470
Sullerot, E. 672
Sulzer, J.G. 218
Süssmuth, H. 346, 353, 363, 365, 508f.
Süssmuth, R. 591ff.
Sutor, B. 346, 365

Namenregister

Tacke, G. 170, 172
Talbot, W.H.F. 452
Tauch, M. 559, 564
Tausch, A.-M. 29, 42, 52, 64, 66, 68, 72, 136ff., 141f., 148f., 154, 156, 159, 331, 341f., 344, 365
Tausch, R. 29, 42, 52, 64, 66, 68, 72, 136ff., 141f., 148f., 154, 156, 159, 331, 341f., 344, 365
Taveggia, Th.C. 341, 363
Taylor, C. 520, 522
Taylor, J.L. 318, 327
Tempel, H.-K. 351, 365
Tent, L. 179, 185, 204
Terhart, E. 170, 172
Terlinden, R. 79, 106
Teschner, W.-P. 151, 159, 410f., 420f.
Teske, U. 243, 254
Teufel, K.-D. 319, 327
Tewes, B. 587, 589
Theissen, U. 335, 365
Theweleit, K. 492, 497
Thiel, Th. 469, 471
Thiele, J. 224, 229, 658
Thiemann, F. 332, 365
Thoma, G. 55ff., 71f., 349, 360, 363f.
Thomae, H. 181, 204, 444
Thomas, H. 398, 420
Thomas von Aquin 218
Thorndike, E.L. 161ff., 165, 172, 196, 204
Thorndike, R.L. 202
Thurner, F. 42f., 52, 189, 203
Tiemann, J. 593
Tillich, P. 223, 229
Tillmann, K.-J. 56, 72
Tocha, M. 504, 506, 509
Tolman, E. 162
Tonnemacher, J. 85f., 107
Töpfer, E. 286f., 289f., 305, 408f., 439
Torrance, E.P. 403
Trabandt, H. 67, 72
Treder, M. *121-130, 629-632*
Treiber, B. 55, 57, 69, 103f., 107, 169ff., 517f., 637, 639
Treml, A.K. 127, 129
Treumann, K. 412, 420
Trimble, O.C. 192, 204
Trost, F. 54, 72, 379, 381f., 434, 436, 522, 625f.
Trost, G. 179, 204
Trzeciak, H. 66, 72
Tugendhat, E. 435f.
Tulodziecki, G. 103, 107, 395, 397, 399, 529
Turiel, E. 377, 379
Twellmann, W. 107, 268, 389, 522, 589, 626, 665

Uhle, R. 355, 365, 658
Ulich, D. 107, 148, 154, 159, 161, 172, 181, 188, 205, 375f., 379
Ullrich, H. 180, 205
Ulmann, G. 399f., 402f.
Ulshöfer, R. 187, 205
UNESCO → United Nations Educational, Scientific and Cultural Organization
Ungerer, T. 235, 254
United Nations Educational, Scientific and Cultural Organization (UNESCO) 372, 587
Upmeier, H. 320, 327
Uttendorfer, S. 138, 141

Vassen, P.J. 441, 444
Velber, J. 339, 365
Vettiger, H. 153, 159
Vierlinger, R. 155, 159
Vierzig, S. 223, 229
Vietor, W. 258
Voelmy, W. 321, 327
Vogel, A. 273, 275ff., 389, 642f.
Vogt, J. 267, 485f., 570, 615
Voit, H. 563f.
Vollertsen, P. 245, 247f., 254
Volpert, W. 162, 172
Völzing, P.-L. 423
Vorbach, K. 331, 365
Vowinkel, E. 132, 142

Wächter, K. 431
Wacker, A. 346, 365
Wackernagel, W. 478
Wagenschein, M. 48, 52, 125, 129, 271, 279, 286, 289, 293, 296, 300, 305f., 502f., 532f.
Wagner, A.C. 136, 138f., 141f., 355, 365, 410f.
Wagner, V. 353, 364
Wagner-Winterhager, L. 43, 52
Walbott, H.G. 658
Waldburg-Zeil, A.v. 430
Waldinger, K.G. 242, 244, 254
Waldmann, G. 266, 268
Walford, R. 318, 327
Walter, G. 268
Walter, H. 649, 653
Warm, U. 565, 567, 569f.
Warner Brothers 450
Warnkross, K. 437, 439
Warwick, D. 629, 631f.
Wasem, E. 76, 78, 106f.
Washburn, Ch. 576

Namenregister

Watson, J.B. 161
Watzlawick, P. 421, 423, 542, 544, 658
Wawrik, F. 458, 460
Wawrzyn, L. 484, 486
WDR → Westdeutscher Rundfunk
Weber, E. 132ff., 142, 382, 497, 595, 598, 666, 669
Weber, H. 428, 430f.
Weber-Kellermann, I. 484, 486
Webers, J. 624
Wegenast, K. 229
Wehle, G. 172, 657
Weidenmann, B. 70, 72, *160-172*
Weigl, F. 181
Weiler, U. 50
Weinert, F.E. 55, 57, 69, 72, 103f., 107, 169ff., 251, 254, 331, 364f., 379, 389, 517f., 522, 626, 639
Weingardt, E. 177, 205
Weinrich, H. 225, 229, 268
Weischedel, W. 228
Weise, Ch. 475
Weiß, C. 55, 73, 145ff., 152, 159, 429, 431
Weiss, R. 177ff., 188, 205
Weiße, Ch.F. 475, 482
Weizsäcker, C.F.v. 444
Wellendorf, F. 36, 43, 52, 56, 73, 631f.
Wellner, K. 18, *230-254*
Wellner-Pricelius, B. 245f., 254
Weltbund für die Erneuerung der Erziehung 577
Weltner, K. 393, 399, 437, 439, 653
Wember, B. 356, 365, 448
Wendeler, J. 199, 205
Wendlandt, W. 321, 327, 570
Wengel, E. 182f., 205
Weniger, E. 54, 73, 125, 129, 501, 503
Wenniger, G. 87, 106
Wernicke, U. 505, 509
Wertheimer, M. 161
Westdeutscher Rundfunk (WDR) 447, 465, 470, 527
Westmeyer, H. 169, 172
Wex, M. 499f.
Weyneken, G. 590
Wichelhaus, M. 226, 229
Wichmann, Ch. 373f.
Wichmann, O. 16, 19
Wieczerkowski, W. 66, 72, 188f., 205, 341f., 366
Wiederhold, K.A. 383, 389
Wienecke, G. 98, 106
Wierlacher, A. 267f.
Wiese, J.G. 396, 399, 537, 541
Wigdor, A.K. 204

Wildenberg, D. 406
Wilhelmi, J. 428f., 431
Wilke, J. 673
Williams, G.P. 189
Willmann, O. 382, 432, 529ff.
Willmann-Institut 431, 621
Willms, B. 215, 229
Wilmanns, E. 555, 564
Wimmer, M. 491, 496ff.
Wimmer, W. 339f., 366
Winkel, R. 30, 52, 145, 159, 354, 362, 366, 522, 626, 630, 632, 640, 642f.
Winkeler, R. 378f., 421
Winkelmann, W. 162, 172
Winnefeld, F. 13, 19, 56, 58, 66, 73, 147, 155, 159, 331, 354
Wippich, W. 162, 171
Wirth, N. 369, 371
Witt, R. 49, 51, 592f.
Witte, A. 541
Witte, E. 444
Wittenbruch, W. 42, 50, 595, 598
Wittern, J. *25-52*, 52, 55, 68, 73, 79, 96ff., 107, 285, 299, 301, 306, 348, 358, 366, 537f., 541, 546f., 666ff.
Wittgenstein, L. 213, 215, 229, 435f.
Wittmann, B. 462, 464
Wittmann, E. 271, 274, 279
Wittrock, A. 584, 589
Wöbcke, M. 180, 205
Wodraschke, G. 78
Wöhler, K. 125ff., 153, 158f., 428, 431
Wolf, A. 431
Wolf, B. 179, 205
Wolff, Ch. 213, 218
Wolff, K. 67, 72
Wolgast, H. 478ff., 482
Woodworth, G. 101, 106
Wöppel, J. 327
Wucherpfennig, H. 159
Wudtke, H. 484, 486
Wulf, Ch. 117, 125, 130, 158, 254, 379, 399, 411, 421, 493f., 496f., 500
Wunder, D. 592f.
Wunderlich, D. 124, 130
Wundt, W. 195
Wünsche, K. 59, 73, 339f., 366, 495ff.
Wurster, J. 529
Wüsteneck, K.D. 535
Wygotski, L.S. 385, 567, 570
Wyneken, G. 483, 486, 590

Yates, A. 151, 159, 420f.

705

Namenregister

Zacharias, W. 402f.
Zanna, M.P. 179, 205
Zapp, F.J. 266
ZDF → Zweites Deutsches Fernsehen
Zech, F. 271f., 279
Zecha, G. 221, 229
Zehrfeld, K. 138, 142
Zeier, H. 162, 172
Zenner, M. 342, 366
Zentralverband der Deutschen Geographen 546
Zeppenfeld, W. 633, 636
Zerrenner, C.G. 576, 580
Ziechmann, J. 28, 52
Ziegenspeck, J. 45, 52, 175ff., 182ff., 202f., 205, 421, 583, 589
Ziegler, J. 658
Zielinski, J. 60, 73, 394, 399, 525, 529
Zierer, O. 505, 509
Zifreund, W. 71
Ziller, T. 384, 389, 531ff., 641
Zimmer, J. 125, 129
Zimmermann, P. 480, 482
Zinnecker, J. 56, 61, 73, 138, 142, 347, 360, 365f., 463f., 594, 598
Zöchbauer, F. 78
Zoll, R. 154, 159
Zulliger, H. 612
Zur Lippe, R. 492, 494f., 497
Zweites Deutsches Fernsehen (ZDF) 445
Zwergel, H.A. 229
Zwez, W. 665, 669
Zwölfer, N. 346

Sachregister

Ablaufstruktur 353 ↗ **Artikulationsformen**
 ↗ Organisation von Lernprozessen
 ↗ Stundenaufbau
Additum 416
Algorithmus *369-371* ↗ Didaktik, kybernetische ↗ **Lehr-/Lernsystem** ↗ **Unterricht, programmierter**
Alltagsdiskurs 423
Ambiguitätstoleranz 321
Anfangsunterricht, fremdsprachlicher
 → **Drill**
Angemessenheit (Sach- und Kindgemäßheit) 122
Animateur 372, 374
Animation *372-374*
Anschaulichkeit 126
Anschauung 125, 407, 663
Ansprechbarkeit 122
Anspruchsniveau *374-379*
Antwort-Auswahl-Aufgabe 200 ↗ Mehrfachwahlantwort
Appell *379-382*
aptitude-treatment interaction 637
Arbeit → Einzelarbeit → Gruppenarbeit
 → Klassenarbeit → Kleingruppenarbeit
 → Mathematikarbeit (Beurteilung)
 → Partnerarbeit → Schularbeiten
 → Werkstattarbeit
Arbeitsgerät 303
Arbeitsidee 145
Arbeitslehre 308, 310, 313, 326
Arbeitsprojektor 536
Arbeitsstufentheorie 384
Arbeitsunterricht 599
Arbeitsweise 353
Artikulationsformen *382-389*
Artikulationsformen, fachorientierte 386
Artikulationsformen, schülerorientierte 386f.
Artikulationsmedien 95
Artikulationsmodelle 383
Assoziation, freie 400
Atlas 472f.
attribute-treatment interaction 637
Aufbau-Transparentfolie 536f.
Aufsatzbeurteilung 188
Ausgangslage 64f.
Ausgangssprache 655
Autorität 122

Baukasten *390-392*
Bedingung 70

Begriffsbildung 670
Begutachtung 180 ↗ Benotung ↗ Beurteilung ↗ Leistungsbeurteilung ↗ Leistungskontrolle ↗ Zensur ↗ Zeugnis
Behinderung 109
Belehrung 653
Benefizienzeugnis 175
Benotung 178, 193 ↗ Begutachtung ↗ Beurteilung ↗ Diagnosebogen ↗ Leistungsbeurteilung ↗ Leistungskontrolle ↗ Zensur ↗ Zeugnis
Beobachtung 437
Beobachtungslernen 167
Beratung, informative 373
Berliner Schule 29f.
Berufswahl 312, 316f.
Berufswahlreife 309
Bestrafung 164 ↗ **Strafe**
Betriebserkundung 316, 321
Betriebspraktikum 316f.
Beurteilerdifferenz 188
Beurteilung 185, 188, 190, 194 ↗ Aufsatzbeurteilung ↗ Begutachtung ↗ Benotung ↗ Leistungsbeurteilung ↗ Leistungskontrolle ↗ Zensur ↗ Zeugnis
Beurteilungsbogen 180
Beurteilungshilfen 181
Bewegungsaufgabe 237
Bewegungsbeschreibung 237
Bewegungsdeutung 237
Bewegungserklärung 237
Bewegungserziehung 234ff.
Bewegungsvorschrift 237
Bildsamkeit 122
Bildungsprogramm 468
Bildungstechnologie *392-399* ↗ Unterrichtstechnologie
Bildung, volkstümliche 47
Binnendifferenzierung 151
Biologie 285f., 599
Biologieunterricht → **Schulgarten**
Blindenschrift 115
Blindenunterricht 114f.
Brainstorming *399-403*
Bravheitssyndrom 136
Buchdidaktik (Wolgasts) 479

case incident method 441
case problem method 441
case study method 441
Chemie 285
classroom management 638
Cleverness-Syndrom 136
Computer – Taschenrechner *404-406*

Sachregister

Curriculum, offenes 28
Curriculumtheorie 28

Darstellung 557, 642
Darstellung, erzählende 504
Darstellung, pantomimische 542f.
Darstellungsanteil, nonverbaler 542
Darstellung, untersuchende 504
Demonstration - Anschauung *407-409*
Demonstrationsversuch 408
Deutsch (als Fremd-/Zweitsprache) 256, 260f.
Deutschunterricht 265
Diagnosebogen 180ff., 184
Diagnostik, pädagogische 195
Dialog 219
Didaktik 27f. ↗ Buchdidaktik (Wolgasts) ↗ Fallstudiendidaktik ↗ Geschichtsdidaktik ↗ Lernbereich Ästhetik ↗ Lernbereich Mathematik ↗ Lernbereich Natur ↗ Lernbereich Philosophie – Religion ↗ Lernbereich Politik – Geschichte – Erdkunde ↗ Lernbereich Sprache ↗ Lernbereich Technik – Wirtschaft – Gesellschaft ↗ Mediendidaktik ↗ Prinzipien, didaktische
Didaktik, kommunikative 30, 421
Didaktik, kybernetische 30 ↗ **Algorithmus** ↗ **Lehr-/Lernsystem** ↗ **Unterricht, programmierter**
Differenzierung *409-411*, 412, 420 ↗ Individualisierung
Differenzierung, äußere 412
Differenzierung, didaktische 410
Differenzierung, flexible 416
Differenzierung, innere 151, 411
Differenzierung, institutionelle 412
Differenzierung, schulorganisatorische 410
Differenzierungsebenen 413
Differenzierungsformen *411-421*
Differenzierungskriterien 412
Diktat (Beurteilung) 189
direct instruction 638
Diskrimination 164
Diskriminationslernen 165
Diskurs *421-423*
Disziplinarstrafe 620 ↗ Bestrafung
Disziplinierung (des Körpers) → **Körper**
Dreischritt, dialogischer 219
Dreischritt, methodischer 382
Drill *424-426*

educational technology 393

efficacy expectancies 168
Eichung 198
Einheit von Wissenschaftlichkeit, Parteilichkeit und Lebensverbundenheit 126
Einpauken 424
Einschleifen 424
Einsichtsgewinnung 620
Einüben, mechanisches 424
Einwirkung 55f.
Einzelarbeit 150
Eltern 427
Elternabend 427
Eltern(bei)rat 428
Elterninteressen 428
Elternkammern 427f.
Elternmitwirkung 427
Elternräte 427
Eltern - Schule *427-431*
Elternversammlungen 427
Elternvertretung 427, 429
Emanzipation 61
Empathie 321
Entscheidung 29
Entscheidung, didaktische 28
Entscheidung, normative 33
Entscheidungsebenen 35
Entscheidungsfeld, didaktisches 27, 29f., 33f.
Entscheidungsprozeß 443 → **Fallstudie**
Entsprechung 126
Entwicklungsbericht 180
Entwicklungsgemäßheit 126
Epochalunterricht *432-433*
Epochenunterricht 432
Erdkunde 329, 344, 350, 357, 362
Erfahrungskegel 89 ↗ Medien
Erfolgssicherung 126
Erinnerung *433-436* ↗ **Appell**
Erkenntnisgewinnung 535
Erkenntnismethode, historische 557
Erreichbarkeitsgrad, mittlerer 376
Erzählung 505
Erziehung 133 ↗ Bewegungserziehung ↗ Fernseherziehung ↗ Hörerziehung ↗ Medienerziehung ↗ Sporterziehung
Erziehung, ästhetische 232, 238, 240, 248, 251f.
Erziehung, funktionale 55
Erziehung, kompensatorische 566
Erziehung (Medien) *74-107*
Erziehung (Methoden) *53-73*
Erziehung (Prinzipien) *121-130*
Erziehungsmittel 520 → **Appell** → **Drill** → **Erinnerung** → **Lob** → **Strafe** → **Tadel**
Erziehungsstil, dominativer 137
Erziehungsstile 131-142, 137

Sachregister

Erziehungsstil, elterlicher 136
Erziehungsstilforschung 139f.
Erziehungsstil, integrativer 137
Erziehungsstil, sozialintegrativer 138
Erziehungsstil, vorgreifender 133
Erziehungs- und Unterrichtsstile 132
Erziehungsziele 33
Ethikunterricht 214
Exemplarischen 502
exercise structural 425
Experiment 302, *436-439*
Experimentieren 302
Experimentieren, arbeitsgleiches 439
Experimentieren, arbeitsteiliges 439
Extinktion 164

Fachdidaktiken → Didaktik → Lernbereich...
Fairneß 123
Fallstudie 299f., 315f., *440-444*
Fallstudiendidaktik 440
Fallstudienmethodik 440
Feature 468
FEGA-Modell 414
Feier 594
Feierstunde 597
Fernsehen - Schulfernsehen *444-448*
Fernseherziehung 447
Fernsehkonsum 446
Fertigkeitsschulung 324
Fest 594
FIAC-System 139
Film *448-451*
Flächentreue 456
Formalstufentheorie 383
Foto *452-454*
Frage 43, 49
Frage-/Antwortritual 44
Fragehaltung, offene 49
Freiheit 122f.
Fremdsprachendidaktik 256ff., 261, 265
Fremdsprachenunterricht 261ff.
Frontalunterricht 148
Führung, autoritäre 135
Führung, demokratische 135
Führungsforschung, eigenschaftsorientierte 135
Führungsstile 135
Führungsstilforschung, sozialpsychologische 134
Fundamentum 415
Funk 464
Funkkolleg 468, 527

Ganzheit 126
Ganzschrift 221
Gedankenexperiment 437
Gehörlose 111, 113f.
Gemeinschaftsbezogenheit 126
Gemeinschaftsidee 145
Gemeinschaftskunde 329, 346
Geographie 357, 472
Geographieunterricht 545 ↗ **Globus** ↗ **Sandkasten**
Gerechtigkeit 123
Gesamtunterricht (B. Otto) 548
Geschichte 329, 344, 350, 357, 362
Geschichtsdarstellung 504
Geschichtsdidaktik 557f.
Geschichtsunterricht 342
Geschichtswissenschaft 556
Gesellschaftskunde 346
Gesellschaftslehre 329, 346
Gespräch 43f.
Gestalttheorie 167
Gestelltafel 665
Gestik 542
Gleichheit 123
Globus *455-460* ↗ **Karte** ↗ Lernbereich Politik – Geschichte – Erdkunde ↗ **Sandkasten**
Globus, pneumatischer 458
Globus, politischer 455
Großgruppenunterricht 149f.
Grundlinien, didaktische 123
Grundstile (der Erziehung) 133
Gruppenarbeit 152f., 322f.
Gruppenunterricht 146, 153
Gültigkeit 197
Gütekriterien 197f.

Haftglobus 458
Handeln, didaktisches 31
Handeln, experimentelles 302
Handeln, kommunikatives 422
Handeln, methodisch-mediales (diverse Lernbereiche) *207-366*
Handlungen, ästhetische 252
Handlungsfeld, pädagogisches 31
Handlungsorientierung 39, 550
Handlungszusammenhang, pädagogischer (methodische/mediale Aspekte) 25-52
Harvard-Methode 440f.
Hausaufgaben *461-464*
Heimatbezogenheit 126
Himmelsglobus 457
Hörerziehung 470
Hörfunk *464-471*

709

Sachregister

Hörgeschädigte 111
Hypothesenfindung → **Modell**

Ideal-Tableau 663
Improvisation 239, 614
IMU-Projekt 416
Individualisierung 126, 416
Individualität 122
Induktion, didaktische 286
information processing 166f.
Informationsmedien, geschlossene 96
Informationsverarbeitung 165
Inhalte (Erziehung-Unterricht) 63
Innerlichkeit 126
Instruktion, programmierte 646
Intentionalität, edukative 57
Intentionen (Erziehung-Unterricht) 63
Interaktion 42
Interaktionsanalysesystem 139
Interaktions-Kategoriensystem, sozioemotionales 139
Interaktion, themenzentrierte 421
Interaktion, vierpolige 642
Interdependenz (der Entscheidungsfelder) 27, 29f., 34f.
Interdependenzverhältnis 56
Interdisziplinarität 551
Interessendifferenzierung 417
Interiosationstheorie 385
Interpretation 99f.
Intuition 498

Jugendschrift → **Kinder-/Jugendliteratur**

Karte *472-475* ↗ **Globus** ↗ Lernbereich Politik – Geschichte – Erdkunde ↗ **Sandkasten**
Karten, stumme 473
Kartographie 473
Kategorie, bildungstheoretische 407
Kinderbuch 475
Kinderfunk 469
Kinder-/Jugendliteratur *475-482*
Kinderkleidung 483
Kinderkultur *482-486*
Kinderspiel 483
Kindertheater 614
Klassenarbeit 186f., 189ff., 200 ↗ Leistungskontrolle ↗ Tests
Klasseneinheit 148
Klassenelternvertreter 428
Klassenfest 596

Klassenführung 638
Klassenraum *487-490*
Klassenraumgestaltung 488
Klassenunterricht 148
Kleingruppe 627
Kleingruppenarbeit 155
Kleingruppenarbeit, arbeitsteilige 156
Kleingruppenarbeit, themengleiche 155
Klimaglobus 455
Kommunikation, analoge 542
Kommunikation, digitale 542
Kommunikation, herrschaftsfreie 422
Kommunikation, pädagogische 421
Kommunikation, symmetrische 422
Kommunikation, unverzerrte 422
Konditionieren, instrumentelles 163
Konditionieren, klassisches 163
Konsensus 422
Konstruktionsteilsystem → **Baukasten**
Kontextmodell 525
Kontrolle (des Lehrerfolgs) 69
Konturglobus 458
Kooperation 123
Körper *490-497*
Körperausdruck → **Körpersprache** → **Pantomime**
Körper-Geist 491
Körpersprache *499-500* ↗ **Pantomime**
Kreiselternräte 427f.
Kreisgespräch 156
Kreissituation 156
Kriteriumstests 198f.
Kultiviertheit 123
Kunst 231, 234
Kunstbetrachtung 243
Kunstunterricht 240, 244
Kurszuweisung 415

Laienspiel 612, 614
Laissez-faire 135
Landeselternbeirat 427f.
Längentreue 456
Langstock 115
Langwandtafel 665
Lebens-/Gegenwartsnähe 126
Legalität 123
Lehralgorithmen 369f.
Lehraufgabe 353
Lehrautomat 509
Lehrbuch 582
Lehren, automatisiertes 648
Lehren, exemplarisches 296, *501-503*
Lehren, genetisches 502
Lehrer 42f., 45f., 308, 326

Sachregister

Lehrerbericht 340
Lehrererzählung *503-509*
Lehrer, logotroper 132
Lehrer, paidotroper 132
Lehrerpraxisbericht 338
Lehrertypologie 132f.
Lehrerurteil 190
Lehrerverhalten 134, 137 ↗ Unterrichtsstile
Lehrervortrag 276
Lehrformen, darstellende 642 ↗ Methoden
Lehr-/Lernsystem *509-514* ↗ **Algorithmus**
 ↗ Didaktik, kybernetische ↗ **Unterricht, programmierter**
Lehrmaterial 260 ↗ Medien
Lehrmittel 303 ↗ Medien
Lehrstrategie 370
Lehrsystem, technisches 509
Lehrverfahren, darbietendes 276 ↗ Methoden
Lehrverfahren, sophistisches 216
Lehrwerk 260
Leistungsbereitschaft 123
Leistungsbeurteilung 201 ↗ Benotung
 ↗ Beurteilung ↗ Leistungskontrolle
 ↗ Leistungsmessung ↗ Zensur
Leistungsdifferenzierung 412, 415
Leistungsdifferenzierung, fachspezifische 414, 416
Leistungsdifferenzierung, fachübergreifende 414
Leistungskontrolle 179, 191, 200f. ↗ Benotung ↗ Beurteilung ↗ Klassenarbeit
 ↗ Leistungsbeurteilung ↗ Leistungsmessung ↗ Tests ↗ Zensur
Leistungsmessung 198
Leitfrage, methodische 57
Lektion, novellenartige 333
Lektion, programmähnliche 333
Lernbereich Ästhetik 230-254
Lernbereich Mathematik 269-279
Lernbereich Natur 280-306
Lernbereich Philosophie – Religion 209-229
Lernbereich Politik – Geschichte – Erdkunde 328-366
Lernbereich Sprache 255-268
Lernbereich Technik – Wirtschaft – Gesellschaft 307-327
Lernecke 489
Lernen 160-172, 173-205, 515 ↗ Sprachenlernen
Lernen (am Erfolg) 163
Lernen (am Modell) 167
Lernen, entdeckendes 299, *512-514*
Lernen, exemplarisches 502
Lernen, forschendes 299

Lernen, handlungsorientiertes 553
Lernen, instrumentelles 164
Lernen, kognitives 165
Lernen, operantes 163f.
Lernen, problemorientiertes 385
Lernen, projektorientiertes 550
Lernen, soziales 147
Lernentwicklungsbericht 184
Lernerfolg (Erfassung-Rückmeldung) 190
Lernerfolgsmessung 195
Lerngegenstand 31
Lerngruppensprache 655
Lernorganisation 35
Lernort 616 ↗ **Klassenraum** ↗ **Schulbau**
 ↗ **Schulgarten** ↗ **Schulhof** ↗ **Sportstätten**
 ↗ **Studio**
Lernprozeß 31
Lernprozeß, ästhetischer 248
Lernsituation *515-518*
Lernspiele *518-520*
Lernsystem, technisches 510
Lerntheorien 160-172
Lerntheorie, soziale 167
Lernumweltforschung 637
Lernzielkontrolle 182
Lernzustandsbericht 180
Lesehilfe 116
Lexington Team Teaching Program 629
Liftkurs 415
Literatur 231, 234 ↗ **Kinder-/Jugendliteratur**
Literaturunterricht 239, 245, 248
live cases 442
Lob *520-522*
Löschung 164

Mannheimer Leistungsklassen 414
Marburger Erziehungsstil-Skalen 136
Markterkundung 320
Massenmedien 79, 81, 464, 673 ↗ **Fernsehen**
 -Schulfernsehen ↗ **Film** ↗ **Hörfunk**
 ↗ **Medien, auditive** ↗ **Tonband – Tonkassette – Schallplatte** ↗ **Zeitung**
Mathematik 270
Mathematikarbeit (Beurteilung) 189
Mathematikunterricht 271, 404
Mathematikunterricht, individualisierender 416
Medien 27ff., 37, 41, 68, 77, 109, 247, 261, 264, 291, 303f., 344, 348ff., 355ff., 490, 605 ↗ Artikulationsmedien ↗ Informationsmedien, geschlossene ↗ Massenmedien ↗ **Medienverbundsystem** ↗ Realisationsmedien ↗ Unterrichtsmedien
Medien, auditive *523-524*

Sachregister

Mediendidaktik 77f., 83, 398
Medienerziehung 77, 470
Medien (Erziehung – Unterricht) 74-107
Medienforschung 101ff.
Medien (im Sonderschulunterricht) 108-117
Medienklassifikation 91
Medienkunde 77f.
Medien, neue 84, 87, 469
Medien, offene 96f., 99, 101
Medien, öffentliche 304
Medienpädagogik 78f.
Medientaxonomie 90
Medien, technische 83 → **Fernsehen – Schulfernsehen** → **Film** → **Foto** → **Hörfunk** → **Medien, auditive** → **Overhead-Projektor** → **Tonband – Tonkassette – Schallplatte** → **Video**
Medienverbundsystem *525-529*
Medien, visualisierende 537
Medien, visuelle 97
Medienwahl 29
Meeresglobus 458
Mehrfachwahlantwort 649 ↗ Antwort-Auswahl-Aufgabe
Mehrperspektivität 125f.
mental map 475
Messung, kriterienorientierte 199
Messung, kriteriumsorientierte 199
Messung, normorientierte 199
Methoden 27ff., 35, 37, 40, 53-73, 57, 258, 298, 344, 348ff. ↗ **Artikulationsformen** ↗ **Brainstorming** ↗ case incident method ↗ case study method ↗ **Demonstration – Anschauung** ↗ **Differenzierung** ↗ **Differenzierungsformen** ↗ **Drill** ↗ Einzelarbeit ↗ **Epochalunterricht** ↗ Erkenntnismethode, historische ↗ **Experiment** ↗ Gruppenarbeit ↗ Kleingruppenarbeit ↗ **Lehren, exemplarisches** ↗ **Lehrerzählung** ↗ **Medienverbundsystem** ↗ **Methoden, genetische** ↗ Partnerarbeit ↗ **Projekt** ↗ **Quellenarbeit** ↗ Stated problem method ↗ **Team-Kleingruppen-Modell** ↗ **Team-Teaching** ↗ **Unterricht, adaptierter** ↗ **Unterricht, darstellender** ↗ **Unterricht, mehrperspektivischer** ↗ **Unterricht, programmierter** ↗ Unterrichtsmethode
Methoden, analytische 246f.
Methoden, experimentelle 302
Methoden, fremdsprachliche 258
Methoden, genetische *529-533*
Methoden, historisch-genetische 300
Methodenkonzepte 351
Methoden, kreative 247
Methodenlehre, pädagogische 393

Methoden-Medien-Profil 333, 336, 338
Methoden, pädagogische 55
Methoden, personal-sprachliche 43
Methoden, produktive 246f.
Methode, sokratische 216f.
Methodik 144, 258
Methodik, pädagogische 393
Mimik 542
Mitbestimmung 590, 592
Modell *534-535*, 605f.
Mondglobus 458
Montageteilsystem 390 → **Baukasten**
Motivation, intrinsische 168
Motivationsmittel 520
Motorik 542
multiple choice 649
Mundhandsystem 113
Mündigkeit 61ff., 65f., 69
Musik 231, 234
Musikunterricht 249f.

Narrativität 504
Naturbegriff, didaktischer 282ff.
Naturwissenschaft 289
Neigungsdifferenzierung 413
Note 175 ↗ Zensur

Objektivität 197
observational learning 167
operants 164
Orbitbild 455
Ordnung 123
Organisation (von Lernprozessen) 34
↗ Ablaufstruktur ↗ **Artikulationsformen** ↗ Stundenaufbau
Overhead-Projektor *536-541*
Overlay-Verfahren 536

Pädagogik, kybernetische 510ff.
Pantomime *542-544* ↗ **Körpersprache**
Partizipation (der Schüler) 65ff.
Partnerarbeit 152
Passung 375
pattern drill 425f.
pattern practice 425
Pausenbereich 602
Perspektivplanung 58, 309
Perzept 101
Pflichtbereich 418
Philosophie 217f.
Philosophiedidaktik 215
Philosophieunterricht 219, 221

Sachregister

Philosophieunterricht, gymnasialer 213
Physik 285
Planetarium 459
Planspiel 318, 565
Planung 34, 309 ↗ Prozeßplanung ↗ Rahmenplanung ↗ Umrißplanung ↗ Unterrichtsplanung
Planung, partizipative 374
Planungsdidaktik *544-547*
Planungssystem, offenes 34
Politik 329, 341, 344, 350, 357, 362
Polytechnik 308, 310, 313, 326
Prinzip des beziehungsvollen Lernens 126
Prinzip des Verstehens 126
Prinzip, dialogisches 124
Prinzip, genetisches 532
Prinzipien, didaktische 123, 125f., 375
  ↗ **Anspruchsniveau** ↗ **Demonstration – Anschauung**
Prinzipien, pädagogische 126
Problemeinheit, stundenübergreifende 335
Produktorientierung 551
Professionalität 61
Profil 573
Programm 648
programmed instruction 394
Programmieren 84
Programm, lineares 649
Programm, verzweigtes 649
Projekt 298f., *547-554*
Projekteinheit, fachüberschreitende 335
Projekteinheit, schulüberschreitende 335
Projektmethode 313
Projektor 536
Projektunterricht 549, 552
Prozeßplanung 58, 319
Prüfung, mündliche 191ff.
Prüfung, schriftliche 186
Psychodrama → **Rollenspiel**

Quelle 555
Quelle, erzählende 504
Quellenarbeit *555-564*

Radio 464
Rahmenplanung 58
Ratingskalen 185
Realisationsmedien 95
Reflex, bedingter 163
Reflexionsebenen, methodische 58
Reflex, unbedingter 163
Regelkreis (des Unterrichts) 646f.
Reifezeugnis 175

reinforcement 164
Rekapitulationstheorie 531
Rekonstruktionstypen, didaktische 644
Relativität 122
Reliefglobus 458
Religionsunterricht 222
respondents 164
Rollendistanz 321
Rollenkonflikt 45
Rollenspiel 321f., *565-570*
Rollenwechsel 42
Rollglobus 455, 458
Rolltafel 665
Rückkopplung 648f., 652
Rundfunk 464

Sachbezug 152
Sachmodelle 534
Sachstruktur 63
Sachunterricht 308, 310
Sandkasten *571-574*
Sandkastenspiel 572
Schallplatte 633
Schätzskalen 185
Schieferglobus 458
Schularbeiten 461
Schulbau *574-580*
Schulbuch *581-589*, 676f.
Schulbuchforschung 587
Schulbuchkritik 581
Schulbuchprüfung, kultusministerielle 583
Schuldifferenzierung 413
Schülerbegleitbogen 180, 184
Schülerbeschreibungsbogen 180
Schülerexperiment 439
Schülermitgestaltung 589
Schülermitverantwortung 589
Schülermitverwaltung 589ff.
Schülerorientierung 551
Schülerrat 590
Schülervertretung *589-593*
Schulfernsehen 447
Schulfest/-feier *594-598*
Schulfotografie 453f.
Schulfunk 467, 470
Schulgarten *598-601*
Schulhof *601-604*
Schulkonferenz 427f.
Schulleben 594f.
Schulleistungstests 197
Schulspiel 612, 614
Schulsport 616
Schulsystemdifferenzierung 413
Schultests 195f., 198, 200f.

713

Sachregister

Schwerhörige 111, 113
Segmentglobus 455
Sehbehinderte 116f.
Sehgeschädigte 114
Selbstbeherrschung (des Körpers) → **Körper**
Selbstbestimmung 123
Selbstregulation 168
Selbsttätigkeit 126, 151
setting 414f.
SIK-System 139
silent way 264
Simulationsspiel 565, *604-609*
Simulationsspiel, kommunikatives 301
Sittlichkeit 123
Situation 515
Situationsbezogenheit 125f.
Situations- Gesellschaftsbezug 552
Skinner-Box 163
Solidarität 123
Sonderschulunterricht (Medien) 108-117
Sozialbezug 152
Sozialformen (des Unterrichts) 143-159
Sozialisation 55
Sozialisation, kirchliche 222
Sozialisation, religiöse 222f.
Sozialität 122
Sozialkunde 346
Sozialehre 346
Sozialwissenschaft 346
Soziodrama → **Rollenspiel**
Soziologie 346
Spiel 39f., *610-612* ↗ Kinderspiel ↗ Laienspiel ↗ **Lernspiele** ↗ **Pantomime** ↗ **Rollenspiel** ↗ Sandkastenspiel ↗ **Spiel, Darstellendes** ↗ Theaterspiel ↗ Unterrichtsspiel ↗ Verhaltensspiel
Spielabläufe 610
Spiel, Darstellendes 231, 234, 238f., *612-615*
Spiele, didaktische 519
Spielen, szenisches 612
Spielformen, darstellende 542
Spielpädagogik 612
Spiel-/Theaterpädagogik 612
Spontaneität 122
Sport 231
Sporterziehung 235
Sportfest 597
Sportgerät 617
Sporthalle 616
Sportstätten *616-617*
Sportunterricht 235f.
Sprachaufbau, initialer 114
Sprache → Unterrichtssprache
Sprachenlernen 261
Sprachlehrforschung 265

Sprachunterricht 262, 264
Sprachunterricht (Gehörloser) 113
Sprechsituation, ideale 422
Staatsbürgerkunde 346
Stadtsanierung 538
stated problem method 441
Stegreifspiel → **Rollenspiel**
Sternglobus 457
Stil 132
Strafe *618-621* ↗ Bestrafung ↗ **Tadel**
Strafe, pädagogische 619
Straffurcht 620
Streaming 414
Strukturmusterübung 426
Studio *621-624*
Studioqualität 621f.
Stundenaufbau 66 ↗ Ablaufstruktur ↗ **Artikulationsformen** ↗ Organisation (von Lernprozessen)
Suggestopädie 264
System 509
Systemorientiertheit 126

Tadel *625-626* ↗ Bestrafung ↗ **Strafe**
Taschenrechner → **Computer − Taschenrechner**
Tastfühlstruktur 113
Team-Kleingruppen-Modell 150, *626-629*
Team-Stammgruppen-Modell 150
Team-Teaching *629-632*
Teamzusammensetzung 630
Technik 308
Techniklehre 308
Technologie, pädagogische 392, 395
Telekolleg I 527
Telekolleg II 527
Tellurium 459
Tests 195, 198f. ↗ Schulleistungstests ↗ Schultests
Tests, informelle 199
Tests, kriterienorientierte 199
Tests, lernzielorientierte 199
Tests, normbezogene 198
Tests, vergleichsnormorientierte 198f.
Theater-/Interaktionspädagogik 612
Theaterspiel 613
Toleranz 123, 126
Tonband - Tonkassette - Schallplatte *633-636*
Tonstudio 621
Tonträger 634
Topographie 472
Totalität 122
total physical response 264
Transfer 164

Sachregister

Transfer, positiver 165
Transparentfolie 536f.
Trivialliteratur 478
Turnhalle 616

Überprüfung (von Lernerfolgen) 187
Übertragung 31
Übung 426
Übungsform 425
UDIS-Konzept 418
Umgestaltung 244
Umrißplanung 58, 313
Universalität 122
Univers-Globus 459
Unterrichsstile 131-142
Unterricht 96 ↗ Arbeitsunterricht ↗ Blindenunterricht ↗ Deutschunterricht ↗ Fremdsprachenunterricht ↗ Frontalunterricht ↗ Geographieunterricht ↗ Geschichtsunterricht ↗ Großgruppenunterricht ↗ Gruppenunterricht ↗ Klassenunterricht ↗ Kunstunterricht ↗ Literaturunterricht ↗ Mathematikunterricht ↗ Musikunterricht ↗ Philosophieunterricht ↗ Projektunterricht ↗ Religionsunterricht ↗ Sachunterricht ↗ Sprachunterricht ↗ Verbandsunterricht ↗ Zeichenunterricht ↗ Zweitsprachenunterricht
Unterricht, adaptiver *637-639*
Unterricht, computerunterstützter 651
Unterricht, darbietender 640
Unterricht, darstellender 640
Unterricht, dialogischer 125
Unterricht, fächerübergreifender 126
Unterricht, fragend-entwickelnder 640
Unterricht, gesellschaftswissenschaftlicher 329
Unterricht, lehrerzentrierter 639
Unterricht, lernzielorientierter 647
Unterricht, mehrperspektivischer *643-646*
Unterricht, muttersprachlicher 265
Unterricht, naturwissenschaftlicher 292
Unterricht, nichtrückgekoppelter 648
Unterricht (Prinzipien) 121-130 ↗ **Anspruchsniveau** ↗ **Demonstration – Anschauung**
Unterricht, programmierter *646-653* ↗ **Algorithmus** ↗ **Didaktik, kybernetische** ↗ **Lehr-/Lernsystem**
Unterricht, projektorientierter 552f.
Unterrichtsbeurteilung 332
Unterricht, schülerzentrierter 139
Unterrichtsdifferenzierung 413
Unterrichtsexperiment 286
Unterrichtsfilm 449ff.

Unterrichtsformen 145
Unterrichtsformen, lehrerzentrierte 641
Unterrichtsgegenstand 63
Unterrichtsgespräch 275
Unterrichtsgespräch, freies 157
Unterrichtsgespräch, heuristisch-entwickelndes 273
Unterrichtsgespräch, offenes 220
Unterrichtsklassifikation 332
Unterrichtsmedien 74-107 ↗ **Fernsehen – Schulfernsehen** ↗ **Schulbuch** ↗ **Unterrichtsfilm**
Unterrichtsmedien, offene 97
Unterrichtsmethode 53-73, 145, 632 ↗ **Artikulationsformen** ↗ **Brainstorming** ↗ **Demonstration – Anschauung** ↗ **Differenzierung** ↗ **Differenzierungsformen** ↗ **Drill** ↗ **Einzelarbeit** ↗ **Epochalunterricht** ↗ **Experiment** ↗ **Gruppenarbeit** ↗ **Kleingruppenarbeit** ↗ **Lehren, exemplarisches** ↗ **Lehrerzählung** ↗ **Medienverbundsystem** ↗ **Methoden, genetische** ↗ **Partnerarbeit** ↗ **Projekt** ↗ **Quellenarbeit** ↗ **Team-Kleingruppen-Modell** ↗ **Team-Teaching** ↗ **Unterricht, adaptierter** ↗ **Unterricht, darstellender** ↗ **Unterricht, mehrperspektivischer** ↗ **Unterricht, programmierter**
Unterrichtsmethode, naturwissenschaftliche 286, 291
Unterricht (Sozialformen) *143-159*
Unterricht, sozialwissenschaftlicher 330, 332, 344, 347, 361
Unterrichtsplanung 58
Unterrichtsprinzip 125
Unterrichtsspiel 519
Unterrichtssprache *653-658*
Unterrichtsstile 134
Unterrichtsstilforschung 136
Unterrichtsstrategie 386
Unterrichtssystem, teilprogrammiertes 649
Unterrichtstechnologie 82f., 392, 395
Unterrichtsthemen 63
Unterrichtswissenschaft 396
Unterricht, wahldifferenzierter 418
Unterscheidungslernen 165
Unterweisung, direkte 638
Urteilsdifferenz 194
Urteilsstreuung 194

Veranschaulichungsmittel 93
Verbandsunterricht 149
Verhaltensspiel 565
Verlaufsstruktur 387

715

Sachregister

Vermittlungsform 31
Vermittlungsform, explorative 237
Vermittlungsform, imitative 236
Vermittlungsform, interpretative 237
Vermittlungsform, konstruktive 236
Vermittlungsträger 31
Verständigung, diskursive 422
Verstärker, positiver 520
Verstärkung 163f.
Vibrationen, technisch verdeutlichte 113
Video *659-661*
Videoaufzeichnung 661
Videorecorder 659
Vorstellungsbildung 670

Wahlbereich 417
Wahldifferenzierung 413
Wahlpflichtbereich 418
Wahrnehmung 97, 99, 101
Wahrnehmung, soziale 188
Waldorfschule 433
Wandbild *662-665*
Wandkarte 472, 474
Wandklapptafel 665
Wandschiebetafel 665
Wandtafel - Wandzeitung *665-669*

Wandzeitung → **Wandtafel – Wandzeitung**
Weltkunde, politische 346
Weltoffenheit 126
Welt-/Umweltkunde 346
Werken 308
Werkmeister 326
Werkstattarbeit 310
Werkstattordnung 311
Wertentscheidung 126
Winkeltreue 456
Wirksamkeits-Erwartungen 168
Wissenschaftsorientierung 46f.

Zeichenunterricht 241
Zeichnen *670-672*
Zeichnen, technisches 671
Zeitung *673-677*
Zensur 175f., 179f.
Zensurenskala 175
Zeugnis 175f.
Zeugnisbericht 185f.
Zielentscheidung 31, 33
Zielorientiertheit 126
Zielsprache 655
Zuverlässigkeit 197
Zweitsprachenunterricht 260

Autorenverzeichnis

Die mit (H) gekennzeichneten Beiträge sind Artikel des Handbuchteils.

Andre-Deitert, Wolf; Universität Hamburg: *Fernsehen – Schulfernsehen* (mit Leutner-Ramme und Schaak), *Film* (mit Leutner-Ramme und Schaak), *Foto* (mit Leutner-Ramme und Schaak), *Studio* (mit Leutner-Ramme und Schaak), *Video* (mit Leutner-Ramme und Schaak).
Bastian, Johannes; Dr.; Universität Hamburg: *Unterricht, darstellender.*
Berg, Hans Christoph; Prof. Dr.; Universität Marburg: *Methoden, genetische.*
Bergmann, Werner; Dr.; Technische Universität Berlin: *Methodisch-mediales Handeln im Lernbereich Ästhetik* (mit Bollmann, Ott, Otto, Scherler und Wellner) (H).
Betz, Otto; Prof. Dr.; Universität Hamburg: *Methodisch-mediales Handeln im Lernbereich Philosophie – Religion* (mit Martens) (H).
Bollmann, Hans; Prof. Dr.; Universität Hamburg: *Methodisch-mediales Handeln im Lernbereich Ästhetik* (mit Bergmann, Ott, Otto, Scherler und Wellner) (H); *Pantomime, Rollenspiel; Spiel, Darstellendes.*
Bönsch, Manfred; Prof. Dr.; Universität Hannover: *Anspruchsniveau, Artikulationsformen, Differenzierungsformen.*
v. Borries, Bodo; Prof. Dr.; Universität Hamburg: *Methodisch-mediales Handeln im Lernbereich Politik – Geschichte – Erdkunde* (H); *Lehrererzählung, Quellenarbeit.*
Bräuer, Gottfried; Prof. Dr.; Pädagogische Hochschule Ludwigsburg: *Appell, Erinnerung.*
Bruhn, Jörn; Prof.; Universität Hamburg: *Computer – Taschenrechner, Demonstration – Anschauung, Experiment, Modell.*
Buddensiek, Wilfried; Dr.; Universität – Gesamthochschule Paderborn: *Simulationsspiel.*
v. Cube, Felix; Prof. Dr.; Universität Heidelberg: *Algorithmus, Lehr-/Lernsystem, Unterricht, programmierter.*
Dahrendorf, Malte; Prof. Dr.; Universität Hamburg: *Kinder-/Jugendliteratur.*
Dehn, Mechthild; Prof. Dr.; Universität Hamburg: *Lernspiele.*
Dinter, Horst; Prof. Dr.; Universität Saarbrücken: *Baukasten, Zeichnen.*
Ehni, Horst; Prof. Dr.; Universität Hamburg: *Unterricht, mehrperspektivischer.*
Freise, Gerda; Prof. Dr.; Universität Hamburg: *Methodisch-mediales Handeln im Lernbereich Natur* (H).
Geißler, Erich E.; Prof. Dr.; Universität Bonn: *Strafe.*
Groth, Georg; Prof. Dr.; Technische Universität Berlin: *Methodisch-mediales Handeln im Lernbereich Technik – Wirtschaft – Gesellschaft* (H).
Hansen, Hans-Hellmut; Dr.; Universität Hamburg: *Epochalunterricht.*
Heidbrink, Horst; Dipl.-Psych.; Fernuniversität Hagen: *Erziehungs- und Unterrichtsstile* (mit Lück) (H).
Ingenkamp, Karlheinz; Prof. Dr.; Erziehungswissenschaftliche Hochschule Rheinland-Pfalz – Landau: *Erfassung und Rückmeldung des Lernerfolgs* (H).
Jörg, Hans; Prof. Dr.; Universität Saarbrücken: *Schulbau.*
Kaiser, Franz-Josef; Prof. Dr.; Universität Paderborn: *Fallstudie, Projekt.*
Kraft, Peter; Dr.; Universität Bielefeld: *Klassenraum, Schulhof.*
Kröhnert, Otto; Prof. Dr.; Universität Hamburg: *Medien im Unterricht der Sonderschulen* (mit Rath) (H).

Autorenverzeichnis

Krumm, Hans-Jürgen; Prof. Dr.; Universität Hamburg: *Methodisch-mediales Handeln im Lernbereich Sprache* (H).
Lenzen, Dieter; Prof. Dr.; Freie Universität Berlin: *Kinderkultur.*
Legler, Wolfgang; Dr.; Universität Hamburg: *Wandtafel – Wandzeitung* (mit Otto).
Leutner-Ramme, Sibylla; Universität Hamburg: *Fernsehen – Schulfernsehen* (mit Andre-Deitert und Schaak), *Film* (mit Andre-Deitert und Schaak), *Foto* (mit Andre-Deitert und Schaak), *Studio* (mit Andre-Deitert und Schaak), *Video* (mit Andre-Deitert und Schaak).
Lück, Helmut; Prof. Dr.; Fernuniversität Hagen: *Erziehungs- und Unterrichtsstile* (mit Heidbrink) (H).
Martens, Ekkehard; Prof. Dr.; Universität Hamburg: *Methodisch-mediales Handeln im Lernbereich Philosophie – Religion* (mit Betz) (H).
Moser, Heinz; Priv.-Doz. Dr.; Redakteur, Zürich: *Diskurs.*
Neber, Heinz; Prof. Dr.; Universität – Gesamthochschule – Essen: *Lernen, entdeckendes.*
Neukirch, Dieter; Prof. Dr.; Universität Gießen: *Overhead-Projektor, Planungsdidaktik.*
Neunzig, Walter; Prof. Dr.; Pädagogische Hochschule Freiburg i. Br.: *Methodisch-mediales Handeln im Lernbereich Mathematik* (H).
Newig, Jürgen; Prof. Dr.; Pädagogische Hochschule Kiel: *Globus.*
Opaschowski, Horst W.; Prof. Dr.; Universität Hamburg: *Animation.*
Ortner, Gerhard E.; Prof. Dr. Dr.; Fernuniversität Hagen: *Bildungstechnologie.*
Ott, Thomas; Prof. Dr.: Hochschule der Künste – Berlin: *Methodisch-mediales Handeln im Lernbereich Ästhetik* (mit Bergmann, Bollmann, Otto, Scherler und Wellner) (H).
Otto, Gunter; Prof.; Universität Hamburg: *Medien der Erziehung und des Unterrichts* (H), *Methodisch-mediales Handeln im Lernbereich Ästhetik* (mit Bergmann, Bollmann, Ott, Scherler und Wellner) (H); *Wandtafel – Wandzeitung* (mit Legler).
Pazzini, Karl-Josef; Dr.; Universität Münster: *Körper, Körpersprache.*
Petersen, Jürgen; Prof.; Universität Hamburg: *Schulgarten.*
Priesemann, Gerhard; Prof. Dr.; Universität Kiel: *Unterrichtssprache.*
Prior, Harm; Prof. Dr.; Universität Hamburg: *Sozialformen des Unterrichts* (H).
Rath, Waldtraut; Prof. Dr.; Universität Hamburg: *Medien im Unterricht der Sonderschulen* (mit Kröhnert) (H).
Reinhardt, Karl H.; Prof. Dr.; Universität Hamburg: *Karte, Sandkasten, Wandbild.*
Schaak, Ernst; Prof.; Universität Hamburg: *Fernsehen – Schulfernsehen* (mit Andre-Deitert und Leutner-Ramme), *Film* (mit Andre-Deitert und Leutner-Ramme), *Foto* (mit Andre-Deitert und Leutner-Ramme), *Studio* (mit Andre-Deitert und Leutner-Ramme), *Video* (mit Andre-Deitert und Leutner-Ramme).
Scherler, Karlheinz; Prof. Dr.; Universität Hamburg: *Methodisch-mediales Handeln im Lernbereich Ästhetik* (mit Bergmann, Bollmann, Ott, Otto und Wellner) (H); *Sportstätten.*
Scheuerl, Hans; em. Prof. Dr.; Universität Hamburg: *Lehren, exemplarisches; Spiel.*
Schill, Wolfgang; Landesbildstelle Berlin: *Hörfunk; Medien, auditive; Tonband – Tonkassette – Schallplatte.*
Schlömerkemper, Jörg; Dr.; Universität Göttingen: *Lernsituation, Team-Kleingruppen-Modell.*
Schneider, Heinz; Dr.; Universität Bonn: *Drill, Lob, Tadel.*
Schulz, Wolfgang; Prof.; Universität Hamburg: *Methoden der Erziehung und des Unterrichts unter der Perspektive der Mündigkeit* (H), *Prinzipien der Erziehung und des Unterrichts* (mit Treder) (H); *Differenzierung.*

Autorenverzeichnis

Schwarzer, Christine; Prof. Dr.; Universität Düsseldorf: *Unterricht, adaptiver*
Seyd, Wolfgang; Prof. Dr.; Universität Hamburg: *Eltern – Schule, Schülervertretung.*
Speichert, Horst; Dr.; Wissenschafts-Publizist – Wiesbaden: *Hausaufgaben.*
Staudte, Adelheid; Prof. Dr.; Universität Frankfurt: *Brainstorming.*
Stein, Gerd; Prof. Dr.; Universität-Gesamthochschule Duisburg: *Schulbuch.*
Stransfeld, Reinhard; Dr.; Heinrich-Hertz-Institut für Nachrichtentechnik – Berlin: *Medienverbundsystem.*
Struck, Peter; Prof. Dr.; Universität Hamburg: *Schulfest/-feier.*
Treder, Michael; Universität Hamburg: *Prinzipien der Erziehung und des Unterrichts* (mit Schulz) (H); *Team-Teaching.*
Volkmann, Hartmut; Prof. Dr.; Ruhr-Universität Bochum: *Zeitung.*
Weidenmann, Bernd; Dr.; Hochschule der Bundeswehr – München: *Lernen und Lerntheorien* (H).
Wellner, Klaus; Priv.-Doz. Dr.; Albrecht-Thaer-Gymnasium – Hamburg: *Methodisch-mediales Handeln im Lernbereich Ästhetik* (mit Bergmann, Bollmann, Ott, Otto und Scherler) (H).
Wittern, Jörn; Prof. Dr.; Universität Hamburg: *Methodische und mediale Aspekte des Handlungszusammenhangs pädagogischer Felder* (H).

Anton Makarenko
Gesammelte Werke

Aus dem Russischen übersetzt und kommentiert von Leonard Froese, Götz Hillig, Siegfried Weitz und Irene Wiehl unter Mitwirkung von V. v. Hlynowsky, H. Köttker und Chr. Rogger (Makarenko-Referat der Forschungsstelle für Vergleichende Erziehungswissenschaft, Philipps-Universität Marburg).
Zusammen 1673 Seiten einschließlich Faksimiledruck, Register, Anhang, Kommentar, Leinen mit Schutzumschlag.
Zweisprachige Marburger Ausgabe.
Band 3: Ein pädagogisches Poem, Teil 1, 595 Seiten, ISBN 3-12-939660-8
Band 4: Ein pädagogisches Poem, Teil 2, 524 Seiten, ISBN 3-12-939670-5
Band 5: Ein pädagogisches Poem, Teil 3, 654 Seiten, ISBN 3-12-939680-2

Als 1976 die ersten Bände des Gesamtwerks von Anton Makarenko in einer russisch-deutschsprachigen Ausgabe vorgelegt wurden, schrieb Hajo Matthiesen in der „Zeit": „Jetzt erscheinen in einem beispielhaften wissenschaftlichen Editionsvorhaben alle Werke Makarenkos neu auf deutsch in einer bisher nicht erreichten Vollständigkeit und Authentizität. Dies ist die umfangreichste Ausgabe, die je veröffentlicht wurde. Die Texte sollen in möglichst authentischer Form vorgestellt werden und sind deshalb in der Werksausgabe im Faksimiledruck wiedergegeben. Außerdem wurden zahlreiche Manuskripte aufgenommen, die nicht einmal in der siebenbändigen Ausgabe der sowjetischen Akademie der Pädagogischen Wissenschaften enthalten sind. Das war bisher die klassische Makarenko-Edition, die auch in die Sprachen aller russischen Satellitenstaaten übersetzt wurde. Allein das Marburger Makarenko-Referat hat nachgewiesen: „Quellen- und textkritischen Ansprüchen vermag die Akademie-Ausgabe nicht gerecht zu werden." Denn außer der Unvollständigkeit gibt es viele Abweichungen gegenüber früheren Publikationen, da die Texte mehrfach redaktionell überarbeitet wurden – die Marburger nennen „Gründe politischer Opportunität" für dieses wissenschaftlich unhaltbare Vorgehen. So fehlen in der Akademie-Ausgabe zum Beispiel kritische Bemerkungen über das alte Rußland und die Sowjetunion wie diese: „In ihrem Leben wirkten sich nicht nur die Flüche der jahrhundertelangen Gewaltherrschaft des Adels aus, sondern auch die Flüche der sprichwörtlichen Rückständigkeit des russischen Bauern, seiner völligen Unwissenheit und seiner aus der Not geborenen beispielhaften Hartherzigkeit."
Das „Pädagogische Poem" beendet die Edition der Gesamtausgabe, von dem der französische Schriftsteller Louis Aragon urteilt: „Von nun an kann keine Geschichte der Weltliteratur das ‚Pädagogische Poem' mit Schweigen übergehen, denn dieses Buch ist ohne Beispiel, es ist ein Buch neuen Typs."

Klett-Cotta